日讲春秋解义

薛　治　点校

华龄出版社

责任编辑：李成志
责任印制：李未圻

图书在版编目（CIP）数据

日讲春秋解义/薛治点校．—北京：华龄出版社，2013.12

ISBN 978—7—5169—0310—0

Ⅰ．①日…　Ⅱ．①薛…　Ⅲ．①中国历史—春秋时代—编年体②《春秋》—研究　Ⅳ．①K225.04

中国版本图书馆CIP数据核字（2013）第302681号

书　　名：	日讲春秋解义		
作　　者：	薛治　点校		
出版发行：	华龄出版社		
印　　刷：	三河科达彩色印装有限公司		
版　　次：	2014年1月第1版　2014年1月第1次印刷		
开　　本：	787×1092　1/16	**印　　张：**	43.5
字　　数：	443千字	**印　　数：**	1～3000册
定　　价：	68.00元		

地　　址：	北京市西城区鼓楼西大街41号	**邮　　编：**	100009
电　　话：	(010) 84044445	**传　　真：**	84039173

出版说明

一、本书以藏于台湾的乾隆钦定《四库全书荟要》为底本进行整理标点。

二、本书采用简体横排。对原书中异体字进行了统一规范，个别错漏处进行了改补。

三、为读者阅读方便，正文的经文部分采用黑体字，传文部分采用细黑体字，解义部分采用宋体字，注释部分采用楷体字。

四、由于点校人员水平所限，难免有谬误之处，希望读者加以指正。

目　次

日讲春秋解义序

尝考《春秋》经文不过万有六千三百余言，自三《传》以后，群儒义疏累数千万言，而微词隐义之难明者犹十有六七。盖是经乃孔子所手定也，辞约而义深，圣心之所运用，每举一事其义必贯于全经，非若他经一章一节各指一事，虽有不通而不害其可通者。故程、朱二子深探力索久之，皆见谓难明而止，至明初胡氏安国之说遂独列于学官，以朱子深病是经之难通，而教门人姑从胡氏之说也。然谓其以义理穿凿，则非义理之真，而于圣人笔削之旨未能吻合明矣。故自明以来，虽著功令科举之士禀为程式，而终不足以服学者之心。我圣祖仁皇帝聪明天亶，自少时即笃好经书，及躬揽大政，辨色出视朝，裁决万几甫毕，即召儒臣讲论经义，务抉其根源，参伍群言，以求至当。经筵所进日讲《四书》及《尚书》《周易》解义，皆裁自圣心以为无憾者，故即时刊布。及晚年，以明初《五经大全》收采讨论尚未精详，口授指画成《周易折衷》一书。《诗》《书》《春秋》则命重臣开馆编次，而亲厘定之。惟三《礼》体大，未议纂修，盖有待也。《周易折衷》成于康熙五十四年，《春秋传说》汇纂成于六十年，已经颁布。余二经则至我皇考继序之后始次第告成。皇考大孝尊亲，凡皇祖一言一动莫不敬述以昭示来兹。念钦定《春秋》于胡氏之说既多驳正，则廷臣当日所进讲义一遵胡氏之旧者，于圣心自多未洽，是以迟之又久，未尝宣布，必将俟诸经备成而后重加讨论也。故再降谕旨，命果亲王允礼、大学士张廷玉、内阁学士方苞详细校订，始事于雍正七年恭呈御览者再，而后告成，凡六十四卷。乾隆二年锓版既讫，诸臣请制序文，颁示海内：朕反覆循览于胡氏穿凿之说旷若发蒙，笔削之旨阐明者亦过半焉。夫解义之成，盖数十年于兹矣。观皇祖之久不宣布，可以征望道未见之心。观皇考之再三考订而后命刊，可以知善继善述之义。岂惟是经之窔奥，将由是以开通哉！即两朝圣人之心法治法亦于斯可睹矣。

乾隆丁巳仲春月

乾隆二年正月二十四日奉旨开载监修、总裁、分撰、校订、校录、校刊、监造诸臣名衔。

总裁：经筵日讲官起居注礼部左侍郎管翰林院掌院学士事臣库勒纳、经筵日讲官起居注翰林院掌院学士兼礼部侍郎臣李光地。

分撰：日讲官起居注詹事府少詹事兼翰林院侍讲学士臣王封溁、日讲官起居注詹事府少詹事兼翰林院侍讲学士臣高士奇、日讲官起居注詹事府少詹事兼翰林院侍讲学士臣田喜霶、日讲官起居注侍读学士臣德格勒、日讲官起居注侍读学士臣博济、日讲官起居注侍读学士臣朱都纳、日讲官起居注侍读学士臣思格则、日讲官起居注侍读学士臣彭孙遹。

监修：总理事务和硕庄亲王臣允禄。

校订：总理事务和硕果亲王臣允礼、总理事务少保大学士臣张廷玉、内阁学士兼礼部侍郎臣方苞。

校录：翰林院侍读今任福建学政臣周学健、翰林院编修臣朱良裘、翰林院编修臣余栋、翰林院编修臣邓启元、翰林院检讨臣周龙官、翰林院编修臣王兴吾、翰林院编修臣吕炽、翰林院编修臣夏廷芝、翰林院编修臣王检、原任翰林院编修今任山西道监察御史臣刘元燮、原任翰林院编修今任福建监察御史臣鹿迈祖、原任翰林院编修今任吏部验封司郎中臣陈其凝、原任翰林院编修今任刑部陕西司员外郎臣吴文焕、原任翰林院检讨今任分巡浙江金衢严道按察使副使臣程光钜、原任翰林院编修今任四川顺庆府知府臣王泰甡。

校刊：右春坊右庶子兼翰林院侍讲臣陈浩、左春坊左谕德兼翰林院修撰臣嵇璜、右春坊右赞善兼翰林院检讨臣赵大鲸、翰林院编修臣万承苍、翰林院检讨今任山东学政臣李光墺、翰林院编修臣于枋、翰林院编修今任江西学政臣于辰、翰林院编修臣林蒲封、翰林院编修臣柏谦、翰林院编修臣杨廷栋、翰林院编修臣徐以烜、翰林院编修臣吴士珣、翰林院检讨臣韩彦曾、翰林院编修臣邹一桂、原任翰林院编修今任云南道监察御史贵州学政臣陈大受、原任翰林院编修今任云南曲靖府知府臣王云铭。

监造：巡视长芦等处盐政监察御史内务府佐领臣三保、内务府南苑郎中兼佐领臣雅尔岱、内务府掌仪司郎中兼佐领臣永保、内务府织染局员外郎臣李之纲、内务府广储司司库臣三格、监造臣西宁、监造臣恩克。

日讲春秋解义卷目

第十卷　庄公　七年之十一年
第十一卷　庄公　十二年之十九年
第十二卷　庄公　二十年之二十六年
第十三卷　庄公　二十七年之三十二年
第十四卷　闵公　元年之二年
第十五卷　僖公　元年之四年
第十六卷　僖公　五年之九年
第十七卷　僖公　十年之十五年
第十八卷　僖公　十六年之二十年
第十九卷　僖公　二十一年之二十三年
第二十卷　僖公　二十四年之二十七年
第二十一卷　僖公　二十八
第二十二卷　僖公　二十九年之三十三年
第二十三卷　文公　元年之四年
第二十四卷　文公　五年之九年
第二十五卷　文公　十年之十四年
第二十六卷　文公　十五年之十八年
第二十七卷　宣公　元年之四年
第二十八卷　宣公　五年之十年
第二十九卷　宣公　十一年之十三年
第三十卷　宣公　十四年之十八年
第三十一卷　成公　元年之二年
第三十二卷　成公　三年之六年
第三十三卷　成公　七年之九年
第三十四卷　成公　十年之十四年
第三十五卷　成公　十五年之十六年
第三十六卷　成公　十七年之十八年
第三十七卷　襄公　元年之六年
第三十八卷　襄公　七年之九年
第三十九卷　襄公　十年之十三年
第四十卷　襄公　十四年之十六年
第四十一卷　襄公　十七年之二十年
第四十二卷　襄公　二十一年之二十三年
第四十三卷　襄公　二十四年之二十五年

臣等谨案：《日讲春秋解义》六十四卷，圣祖仁皇帝御定，世宗宪皇帝重加考论而后成书。《春秋》为圣人治世微权，三《传》已不无异同，胡安国以己意窥测穿凿尤多。是编先标左氏以征其事，次及公、谷以求其例，然后出以论断，体会笔削之旨。俾学者心目不为安国所淹，洵一辞莫赞矣。

乾隆四十年四月恭校上。

总纂官　臣纪昀　臣陆锡熊　臣孙士毅

总校官　臣陆费墀

日讲春秋解义总说

纲　领

孟子曰："《春秋》，天子之事也。是故孔子曰：'知我者，其惟《春秋》乎？罪我者，其惟《春秋》乎？'孔子成《春秋》而乱臣贼子惧。"

又曰："王者之迹熄而《诗》亡，《诗》亡然后《春秋》作，晋之《乘》、楚之《梼杌》、鲁之《春秋》一也。其事则齐桓、晋文，其文则史。孔子曰：'其义则丘窃取之矣。'"

又曰："春秋无义战。彼善于此则有之矣。征者，上伐下也。敌国不相征也。"

《礼记·经解》："属辞比事，《春秋》教也。"

庄氏周曰："《春秋》经世，先王之志，圣人议而不辨。"

又曰："《春秋》以道名分。"

董氏仲舒曰："《春秋》之道，视人所惑，大为说以明之。"

又曰："《春秋》无通辞，从变而移。"

又曰："有国者不可以不知《春秋》，前有谗而不见，后有贼而不知。为人臣者不可以不知《春秋》，守经事而不知其宜，遭变事而不知其权。为人君父而不通于《春秋》之义者，必蒙首恶之名。为人臣子而不通于《春秋》之义者，必陷死罪之名。故《春秋》礼义大宗也。"

刘氏向曰："《春秋》无通义。"

司马氏迁曰："孔子西观周室，论史记旧闻，兴于鲁而次《春秋》，约其辞文，去其烦重，以制义法。七十子之徒口受其传，指为有所刺讥褒讳挹损之文辞不可以书见也。"

班彪引古语："杀史见极，平易正直。"

韩氏愈曰："《春秋》谨严。"

又曰："《春秋》书王法不诛其人身。"

邵子曰："《春秋》，孔子之刑书也。功过不相掩。五伯者，功之首、罪之魁也。先定五伯之功过，而学《春秋》则大意立矣。《春秋》之间有功者未有大于四国者也，有过者亦未有大于四国者也。不先治四国之功过，则事无统理，不得圣人之心矣。"

程子曰："《春秋》大义数十，炳如日星，乃易见也。惟其微辞奥义、时措从宜者为难知也。或抑或纵，或予或夺，或进或退，或微或显，而得乎义理之安，文质之中，宽猛之宜，是非之公，乃制事之权术，揆道之模范也。"

又曰："《春秋》有重叠言者，如征伐会盟之类，盖欲成书，势须如此。不可事事各求异义，但一字有异，或上下文异，则义须别。"

胡氏安国曰："《春秋》为诛乱臣贼子而作，其法尤严于乱贼之党。"

朱子曰："《春秋》是圣人据鲁史以书其事，使人自观之以为鉴戒耳。如书即位者，是鲁君行即位之礼；继故不书即位者，是不行即位之礼。若桓公之书即位，则是桓公自正其即位之礼耳。"

通 论

公羊氏高曰："君子何为为《春秋》？拨乱世，反诸正，莫近诸《春秋》。"

董氏仲舒曰："孔子知言之不用、道之不行也。是非二百四十二年之中，以为天下仪表，曰：'我欲载之空言，不如见之行事之深切著明也。'"

又曰："《春秋》辨是非，故长于治人。"

王氏通曰："《春秋》之于王道，是轻重之权衡，曲直之绳墨也，舍则无所取衷矣。"

孔氏颖达曰："年时月日四者，史之所记，皆应具文，而《春秋》之经或时而不月、月而不日，亦有日不系月、月而无时者。或史文先缺而仲尼不改，或仲尼备文而后人脱误。桓十七年五月无夏，昭十年十二月无冬，既得其月，时则可知，仲尼不应故阙其时，独书其月，当是写者脱漏。其日不系于月，或史先阙文，若僖二十八年冬下无月，而有壬申丁丑，虽欲改正无以复知。其时而不月、月而不日者，史官之文亦或自有详略。案经传书日者，凡六百八十一事，自文公以上书日者二百四十九，宣公以下亦俱六公书日者四百三十二，计年数略同，而日数向倍，此则久远遗落，不与近同。且他国之告有详有略，若告不以日，鲁史无由得其日而书之，如是，则当时之史亦不能使日月皆具。仲尼从后修之，旧典参差，安能皆使齐同？去其日月则或害事之先后，备其日月则古史有所不载，自然旧有日者因而详之，旧无日者因而略之。既有详略，不可以为褒贬，故《春秋》诸事皆不以日月为例。"

啖氏助曰："左氏比余传，其功最高。博采诸家，叙事尤备，能令百代之下颇见本末，因以求意，经文可知。谷梁意深，公羊辞辩，随文解释，往往钩深，但以守文坚滞，泥难不通，比附日月，曲生条例。义有不合亦复强通，或至矛盾不近圣人夷旷之体。又不知有不告则不书之义，凡不书者皆以义说之。列国至多若盟会、征伐、丧纪，不告亦书，则一年之中可盈数卷，况他国之事不凭告命从何得书？但书所告之事定其善恶，以文褒贬耳。左氏言褒贬者，又不过十数条，其余事同文异者亦无他解，旧解皆言从告及旧史之文。若如此论，乃是夫子写鲁史耳，何名修《春秋》乎？故谓二者之说俱不得中。”

赵氏匡曰：“啖氏依公羊家旧说，云《春秋》变周之文，从夏之质。予谓《春秋》因史制经，以明王道。其指大要二端而已，兴常典也，著权制也。故凡郊庙、丧纪、朝聘、蒐狩、昏取皆违礼则讥之，是兴常也。非常之事典，礼所不及，则裁之圣心，以定褒贬，所以穷精理也。精理者，非权无以及之。故曰：可与适道，未可与立。可与立，未可与权。是以游、夏之徒不能赞一辞。然则圣人当机发断以定厥中，辨惑质疑为后王法，何必从夏乎？问者曰：然则《春秋》救世之宗指安在？答曰：在尊王室，正陵僭，举三纲，提五常，彰善瘅恶，不失纤芥而已。又曰：褒贬之指在乎例，缀叙之意在乎体，所谓者其大概有三，而区分有十。所谓三者：凡即位、崩薨、卒葬、朝聘、会盟，此常典所当载也。故悉书之，随其邪正而加褒贬。此其一也。祭祀、婚姻、赋税、军旅、蒐狩，皆国之大事，亦所当载也。其合礼者，夫子修经之时悉皆不取，故公、谷云‘常事不书’是也。其非者及合于变之正者乃取书之，而增损其文，以寄褒贬之意。此其二也。庆瑞、灾异，及君被杀被执，及奔放、逃叛、归入、纳立如此并非常之事，亦史册所当载，夫子则因之而加褒贬焉。此其三也。此述作之大凡也。所谓十者：一曰悉书以志实，二曰略常以明礼，三曰省辞以从简，四曰变文以示义，五曰即辞以见意，六曰记是以著非，七曰示讳以存礼，八曰详内以异外，九曰阙略因旧史，十曰损益以成辞。知其体，推其例，观其大意，然后可以议之耳。或曰：圣人之教求以训人也，微其辞何也？答曰：非微之也，事当尔也。人之善恶必有浅深，不约其辞不足以差之也。若广其辞，则是史氏之书耳，焉足以见条例而称《春秋》乎？”

周子曰：“《春秋》正王道、明大法也，孔子为后世王者而修也。乱臣贼子诛死者于前，所以惧生者于后也。”

程子曰：“《诗》《书》载道之文，《春秋》圣人之用。《诗》《书》如药方，《春秋》如用药治病。圣人之用全在此书。所谓不如载之行事深切著明者也。”

又曰：“五经之有《春秋》，犹法律之有断例也。律令惟言其法，至于断例，则始见其法之用也。”

又曰：“《春秋》之文一一意在示人，如土功之事无小大莫不书之，其意止欲人君重民力也。”

又曰：“《春秋》一句即一事，是非便见于此。乃穷理之要学者，只观《春秋》亦可以尽道矣。”

又曰：“《春秋》已前既已立例，到近后来书得全别，一般事便书得别有意思。若依前例观之，殊失也。《春秋》大率所书事同则辞同，后人因谓之例。然有事同辞异者，盖各有义，非可例拘也。”

汪氏藻曰："六经惟《春秋》为仲尼作，圣人见其所志之书也。学而不明乎是非，何以为人？治而不明乎刑赏，何以为国？此书之所以作而为万世法也。"

朱子曰："史记《易》本隐以之显，《春秋》推见至隐，《易》与《春秋》，天人之道也。《易》以形而上者，说出在那形而下者上。《春秋》以形而下者，说上那形而上者去。"

吕氏大圭曰："《春秋》穿凿之患，其大端有二：一曰以日月为褒贬，二曰以名称爵号为褒贬。春秋以事系日、以日系月、以月系时，事成于日者书日，事成于月者书月，事成于时者书时，其或宜月而不月、宜日而不日者，皆史失之也。"

刘氏永之曰："《春秋》因乎鲁史而笔之传之，而王法由诸而明，乱逆由诸而章也。言之重、辞之复必有大美恶焉，此先儒之说也。抑尝考之，盖史册之实录而其纪载之体异焉耳。其凡有五：有据其事之离合而书之者，有重其终而录其始者，有重其始而录其终者，有承赴告之辞而书之者，有非承赴告之辞闻而知之而书之者。此五者，其凡也，而皆所以纪实也。夫首止之与葵丘也，皆夏之会而秋之盟，是离而为二事矣，故再书焉。此据其事之离合而书之者也。践土之会美矣，而盟不异书同日也。平丘之会无美焉，而盟则异书异日也。皆实之纪也，非美之大而详其辞也。将书其取鼎也，于稷之会则始之以成宋乱。此重其终而录其始也。既书曰宋伯姬卒也，于澶渊之会则终之以宋灾故。此重其始而录其终也。会未有言其故者，于兹二者言之特以明，其所重也。他如书实来则先书州公如曹，书齐侯伐北燕则遂书暨齐平，皆是物也。子朝之乱，叔鞅至自京师而言之，未知其孰是焉，故曰王室乱。此非承赴告之辞闻知之而书之者也。刘单以王猛居于皇，则来告矣。敬王居翟泉而尹氏立子朝，则来告矣。此承赴告之辞而书之者也。皆实之纪也，非恶之大而详其辞也。曰言之重、辞之复必有大美恶焉者，先儒之过也。"

经传源流

班氏固曰："左史记言，右史记事，事为《春秋》，言为《尚书》。"

杜氏预曰："周礼有史官，掌邦国四方之事，达四方之志。诸侯亦各有国史，大事书之于策，小事简牍而已。孟子曰：'楚谓之《梼杌》，晋谓之《乘》，而鲁谓之《春秋》，其实一也。'韩宣子适鲁，见《易》象与鲁《春秋》，曰：'周礼尽在鲁矣。吾乃今知周公之德与周之所以王。'韩子所见，盖周之旧典礼经也。周德既衰，官失其守，上之人不能使《春秋》昭明，赴告策书，诸所记注，多违旧章。仲尼因鲁史策书成文，考其真伪而志其典礼，上以遵周公之遗制，下以明将来之法，其教之所存、文之所害则刊而正之，以示劝戒，其余则皆即用旧史。史有文质，辞有详略，不必改也。故传曰：'其善志'，又曰：'非圣人孰能修之。'"

陆氏德明曰："古之王者，必有史官，君举则书，所以慎言行、昭法式也。诸侯亦有国史，《春秋》即鲁之史记也。孔子应聘不遇，自卫而归，西狩获麟，伤其虚应，乃与鲁君子左丘明观书于太史氏，因鲁史记而作《春秋》。上遵周公遗制，下明将来之法，褒善黜恶，勒成十二公之经，以授弟子。弟子退而异言，丘明恐弟子各安其意以失其真，故论本事而为之传，明夫子不以空言说经也。《春秋》所贬损人，当世君臣其事实皆形于传，故隐其书而不宣，所以免时难也。及末世口说流行，故有公羊、谷梁、邹氏、夹氏之传。邹氏无师，夹氏有录无书，故不显于世。汉兴，齐人胡母生、赵人董仲舒并治《公羊春秋》。兰陵褚大、东平嬴公、广川段仲温、吕步舒，皆仲舒弟子。嬴公守学不失师法，授东海孟卿及鲁眭弘。弘授严彭祖及颜安乐，由是公羊有严、颜之学。弘弟子百余人，常曰《春秋》之意在二子矣。彭祖授琅邪王中。中授同郡公孙文及东门云。安乐授淮阳泠丰及淄川任翁。丰授大司徒马宫及琅邪左咸。始贡禹事嬴公而成于眭孟，以授颍川棠谿惠。惠授泰山冥都，又疏广事孟卿，以授琅邪筦路。筦路及冥都又事颜安乐，路授大司农孙宝。瑕丘江公受《谷梁春秋》及《诗》于鲁申公。武帝时为博士，使与董仲舒论，江公呐于口，而丞相公孙弘本为公羊学，比辑其义，卒用董生。于是上因尊公羊家，诏太子受。卫太子复私问谷梁而善之，其后浸微，唯鲁荣广、皓星公二人受焉。广尽能传其《诗》《春秋》。蔡千秋、梁周庆、丁姓皆从广受，千秋又事皓星公，为学最笃。宣宗即位，闻卫太子好谷梁，乃召千秋与公羊家并说。上善谷梁说，后又选郎十人从千秋受，会千秋病死，征江公孙为博士，诏刘向受谷梁，欲令助之。江博士复死，乃征周庆、丁姓待诏，使卒授十人，十余岁皆明习。乃召五经名儒太子太傅萧望之等大议殿中，平公羊、谷梁同异。望之等多从谷梁，由是大盛，庆、姓皆为博士。姓授楚申章、昌曼君。初尹更始事蔡千秋，又受左氏传，取其变理合者以为章句，传子咸及翟方进、房凤。始江博士授胡常，常授梁萧秉，为讲学大夫。　左丘明作传以授曾申。申传卫人吴起。起传其子期。期传楚人铎椒。椒传赵人虞卿。卿传同郡荀卿名况。况传武威张苍。苍传洛阳贾谊，传至其孙嘉。嘉传赵人贯公。贯公传其少子长卿。长卿传京兆尹张敞及待御史张禹。禹数为御史大夫萧望之言左氏，望之善之，荐禹征待诏，未及问会病死。禹传尹更始。更始传其子咸及翟方进、胡常。常授黎阳贾护。护授苍梧陈钦。《汉书·儒林传》云：汉兴，北平侯张苍及梁太傅贾谊、京兆尹张敞、太中大夫刘公子皆修春秋左氏传。始刘歆从尹咸及翟方进受左氏，由是言左氏者本之贾护、刘歆。歆授扶风贾徽。徽传子逵。逵受诏，列公羊、谷梁不如左氏四十事以奏之，名曰《左氏长义》，章帝善之。逵又作《左氏训诂》，司空南阁祭酒陈元作《左氏同异》，大司农郑众作《左氏条例章句》。南郡太守马融为三家异同之说。京兆尹延笃受左氏于贾逵之孙伯升，因而注之。汝南彭汪记先师奇说及旧注，太中大夫许淑、九江太守服虔、侍中孔嘉、魏司徒王朗、荆州刺史王基、大司农董遇、征士燉煌周生烈并注解左氏传。梓潼李仲钦著《左氏指归》，陈郡颍容作《春秋条例》。又何休作《左氏膏肓》《公羊墨守》《谷梁废疾》。郑康成针膏肓，发墨守，起废疾，自是左氏大兴。汉初立公羊博士，宣帝又立谷梁，平帝始立左氏。后汉建武中，以魏郡李封为左氏博士，群儒蔽固者数廷争之，及封卒因不复补。和帝元兴十一年，郑兴父子奏上，左氏乃立于学官，仍行于世，迄今遂盛行，二传渐微。左氏今用杜预注，公羊用何休注，谷梁用范宁注。”

啖氏助曰：“古之解说悉是口传，自汉以来乃为章句。如《本草》皆后汉时郡国，而题以神农。《山海经》广说殷时，而云夏禹所纪。自余书籍比比甚多，是知三传之义本皆口传，后之学者乃著竹帛而以祖师之目题之。予观左氏传自周、晋、齐、宋、楚、郑等国之事最详，晋则每一出师具列将佐，宋则每因兴废备举六卿，故知史策之文每国各异，左氏得此数国之史以授门人义，则口传未形竹帛，后代学者乃演而通之，总而合之，编次年月以为传记。又广采当时文籍，故兼与子产、晏子及诸国卿佐家传，并卜书及杂占书、纵横家小说、讽谏等杂在其中，故叙事虽多，释意殊少，是非交错，混然难证。公羊、谷梁初亦口授，后人据其大义散配经文，故多乖谬，失其纲统，然其大指亦是子夏所传。”

郑氏樵曰：“《春秋》者，鲁史记之名也。有未经夫子笔削之《春秋》，有已经夫子笔削之《春秋》。孔颖达曰：‘《春秋》之名无所经见。惟昭二年韩起来聘，见鲁《春秋》。《晋语》司马侯对悼公曰羊舌肸习于《春秋》，悼公使之传其太子。《楚语》申叔时论传太子之法，亦云教之以《春秋》。由此观之，是周之典礼不存。惟鲁《春秋》为列国所重，皆在夫子未修之前，旧有春秋之目，则韩起之所见与叔向、叔时之所学者，乃周公伯禽以来，上自天子下至列国，礼乐征伐等事无不备载，皆周之盛时为王之典章，此杜预所谓周之旧典礼经是也。今《汲冢琐语》亦有鲁《春秋》，记鲁献公十七年事，诸如此类，皆夫子未生之前，未经笔削之《春秋》也。’孟子云：‘王者之迹熄而《诗》亡，《诗》亡然后《春秋》作。’此鲁史记东迁以后事，已经夫子笔削之《春秋》也。或谓《春秋》之名取赏以春夏、刑以秋冬，或谓一褒一贬若春若秋，或谓春获麟、秋成书谓之春秋，皆非也。惟杜预所谓年有四时故错举以为所记之名，此说得之《汲冢琐语》，记夫子时事，自为夏殷春秋。墨子曰：‘吾见百国《春秋》。以至晏子、虞卿、吕不韦、陆贾著书，皆曰春秋，盖当时述作之流于正史外各记其书，皆取春秋以名之，然观其篇第，本无年月，与错举春秋以为所记之名则异矣。’”

问：“公、谷传大概皆同?”朱子曰：“所以林黄中说只是一人，只是看他文字疑若非一手者。”或曰：“疑当时皆有所传授其后门人弟子，始笔之于书耳。”曰：“想得皆是齐鲁间儒，其所著之书恐有所传授，但皆杂以己意，所以多差舛，其有合道理者疑是圣人之旧。”

马氏端临曰：“案《春秋》古经虽汉《艺文志》有之，然夫子所修之《春秋》其本文世所不见。而自汉以来，所编古经则俱自三传中取出经文，名之曰正经耳。”又曰：“《易》有彖象，本与卦爻为二，而王弼合之。《诗》《书》有序，本与经文为二，而毛苌、孔安国合之。《春秋》有三传，亦本与经文为二，而治三传者合之。先儒务欲存古，于是取其已合者复析之，命之曰古经。然彖象之与卦爻，序之与经，毛、孔、王三公虽以之混为一书，尚未尝以己意增损于其间，苟复析之，即古人之旧矣。独《春秋》一书，三传各以其说与经文参错，而所载之经文又各争异。盖事同而字异者，及邾仪父盟于蔑于昧之类是也。事字俱异者，尹氏君氏之类是也。元未尝书其事而以意增入者，孔子生、孔丘卒是也。然择其差可信者，则左氏为优，何也？盖公羊、谷梁直以其所作传文搀入正经，不曾别出，而左氏则经自经而传自传。又杜元凯《经传集解》序文以为分经之年与传之年相附，则是左氏作传之时，经文本自为一书，至元凯始以左氏传附之经文各年之后。是左氏传中之经文可以言古经矣。”

传注得失

欧阳氏修曰：“传之于经勤矣。其述经之事时有赖其详焉，至其失传，则不胜其戾也。其述经之意亦时有得焉，及其失也，欲大圣人而反小之，欲尊经而反卑之。取其详而得者，废其失者可也。嘉其尊大之心可也，取其卑小之说不可也。”

又曰：“经不待传而通者十七八，因传而惑者十五六。”

程子曰：“以传考经之事迹，以经别传之真伪。”

晁氏说之曰：“谷梁脱出于汉，因得监省左氏、公羊之违畔而正之。至其精深远大者，真得子夏之所传。范氏又因诸儒而博辩之，申谷梁之志也。其于是非亦少公矣。非若征南一切申传，汲汲然不敢异同也。”

杨氏时曰：“伯淳先生尝有语云：‘看《春秋》若经不通则当求之传，传不通则当求之经。’某曾问之云：‘传不通则当求之经，何也？’曰：‘只如《左氏春秋》书君氏卒，君氏乃惠公继室声子也。而《公羊春秋》则书曰尹氏，传云大夫也。然声子而书曰君氏是何义？当以尹氏为正。此所谓求之经。”

胡氏安国曰：“传《春秋》者三家，左氏叙事见本末，公羊、谷梁辞辩而义精。学经以传为案，则当阅左氏。玩辞以义为主，则当习公、谷。”

胡氏宁曰：“左氏释经虽简，而博通诸史，叙事尤详，能令百世之下颇见本末，其有功于《春秋》为多。公、谷释经其义皆密，如卫州吁以称人为讨贼之辞也，公薨不地故也不书葬，贼不讨以罪下也，若此之类，深得圣人诛乱臣讨贼子之意。考其源流必有端绪，非曲说所能及也。啖、赵谓三传所记本皆不谬，义则口传未形竹帛，近代学者妄加附益，转相传授，浸失本真，故事多迂诞，理或舛驳，其言信矣。然则学者于三传忽焉而不习，则无以知经。习焉而不察，择焉而不精，则《春秋》

之宏意大旨简易明白者，汩于僻说愈晦而不显矣。”

朱子曰：“左氏曾见国史，考事颇精，只是不知大义，专去小处理会，往往不曾讲学。公、谷考事甚疏，然义理却精，二人乃是经生，传得许多说话，往往不曾见国史。”

又曰：“《左传》君子曰最无意思，因举芟夷蕴崇之一段，是关上文甚事。《左传》是一箇审利害之几善避就底人，所以其书有贬死节等事，其间议论有极不是处。如周、郑交质之类，是何议论？其曰宋宣公可谓知人矣，立穆公其子飨之命以义。夫只知有利害，不知有义理，此段不如公羊说君子大居正，却是儒者议论。”

又曰：“或有解《春秋》者，专以日月为褒贬，书时月则以为贬，书日则以为褒，穿凿得全无义理。若胡文定公所解，乃是以义理穿凿，故可观。”

问：“胡《春秋》如何？”曰：“胡《春秋》大义正，但《春秋》自难理会。”

又曰：“前辈做《春秋》义言，辞虽粗率，却说得圣人大意。出如二程，未出时便有胡安定、孙泰山、石徂徕，他们说经虽是甚有疏略处，观其推明治道直是凛凛可畏。”

又曰：“《左传》是后来人做为，见陈氏有齐所以言八世之后莫之与京，见三家分晋所以言公侯子孙必复其始。左氏是史学，公、谷是经学。史学者记得事却详，于道理上便差。经学者于义理上有细，然记事多误。”

择之说文定：“说得理太多，尽堆在里面。”朱子曰：“不是如此底，亦压从这理来。”

问：“《春秋》胡文定公之说如何？”曰：“寻常亦不满于胡说。且如解经，不使道理明白，却就其中多使故事，大与做时文答策相似。”

晁氏公武曰：“三传之学，谷梁所得最多。诸家之解，范宁之论最善。”

郝氏经曰：“三传之说虽不同，要之，出于圣人之门而学有所自终，不外圣人之书，法自王通为三传作而《春秋》散之言，而卢仝辈遂谓三传当束高阁，而独抱遗经。陆淳、啖助、赵匡等因之遂创为之传，自是《春秋》之学不专于三传矣。”

虞氏集曰：“昔之传《春秋》者有五家。邹、夹先亡，学《春秋》者据左氏以记事以观圣笔之所断，而或议其浮华与经意远者多矣。是以公、谷据经以立义，专门之家是以尚焉。唐啖、赵师友之间，始知求圣人之意于圣人手笔之书。宋之大儒以为可与三传并治者，明其能专求于经也。然传亡存者惟纂例等书，意其传之所发明，无出于所存之书者。清江刘氏权衡三传，得之为多，而其所为传用意奥深，非博洽于典礼旧文者不足以尽明之，是以知者鲜矣。”

日讲春秋解义卷一

隐　公

公名息姑，鲁惠公之子。姬姓，侯爵，自周公子伯禽始受封。传世十有三而至隐公摄主国事。谥法不尸其位曰隐。

周　文、武开基，始都丰镐。幽、厉析荡，平王东迁洛阳，尽举故都而弃之秦，所谓东周也。于是王室微弱。至平王四十九年而入《春秋》。鲁隐公三年，平王崩，桓王立。

郑　姬姓，伯爵，自桓公始受封。周厉王之子，宣王之弟也。子武公，武公子庄公。庄公元年封弟段于京，二十二年克段于鄢入《春秋》。

齐　姜姓，侯爵，自太公相武王定殷受封于齐，受命专征侯伯。传世十三至僖公九年入《春秋》。

宋　子姓，公爵，周武王定殷邦，封微子启于宋，以奉殷祀。传世十四至穆公七年入《春秋》。鲁隐公三年，穆公卒，弟殇公与夷立。

晋　姬姓，侯爵，自唐叔始受封。传世十一而至昭侯，昭侯封文侯之弟成师于曲沃，晋始乱，分为二，以翼、曲沃别之。

翼　昭侯之后，传孝侯、鄂侯。鄂侯二年入《春秋》。隐公五年，曲沃伐翼，翼侯奔，随王命虢公立鄂侯之子光于翼，是为哀侯。隐公六年，晋逆翼侯于随，纳诸鄂，谓之鄂侯。

曲沃　成师之后，传曲沃庄伯，曲沃庄伯之十一年十一月，鲁隐公之元年正月也。隐公七年，曲沃庄伯卒，子称代立，是为曲沃武公。

卫　姬姓，侯爵，自康叔始受封。传世十三至桓公十三年入《春秋》。鲁隐公四年，卫州吁杀桓公自立，冬，杀州吁，宣公晋立。

蔡　姬姓，侯爵，蔡叔之子蔡仲率德改行，成王复封于蔡。传世十三至宣公二十八年入《春秋》。鲁隐公八年，宣公卒，子桓侯封人立。

曹　姬姓，伯爵，自曹叔振铎始受封。传世十二至桓公终生三十五年入《春秋》。

滕　姬姓，侯爵。至鲁隐公七年见滕侯卒，其后称子，盖为时王所黜。

陈　妫姓，侯爵，舜之后，自胡公始受封。传世十二至桓公二十三年入《春秋》。

杞 姒姓，侯爵，夏禹之后，自东栖公始受封。传五世至武公二十九年入《春秋》。鲁庄公二十七年，书杞伯来朝，盖为时王所黜，其后又称子。

薛 任姓，侯爵。至鲁隐公十一年见来朝。庄公三十年书薛伯卒，盖为时王所黜。其后至昭公三十一年见葬薛献公。

莒 己姓，子爵。至鲁文公十八年见庶其。

邾 曹姓，附庸国。自仪父入《春秋》，后为子。至鲁庄公十六年，书邾子克卒。

许 姜姓，大岳之后。至鲁隐公十一年，见许庄公及许叔。鲁桓公十五年，许叔入于许。即鲁僖公四年，许男新臣卒葬，许穆公也。

小邾 曹姓，颛顼之后。鲁庄公五年，书郳黎来来朝，盖附庸而未爵命。其后数从齐桓公尊王室，王命为诸侯。至鲁僖公七年始书小邾子。

楚 芈姓，子爵，自熊绎始受封。八世至熊渠，立其长子康为句亶王，中子红为鄂王，少子执疵为越章王，此僭王之始也。又八世至熊仪，是为若敖。又二世至熊眴，是为蚡冒。其弟熊通篡立，是为武王。武王十九年入《春秋》。

秦 嬴姓，伯爵，颛帝之后也。殷有蜚廉，周有造父。周孝王使非子畜马蕃息，分土为附庸邑之。秦六世至襄公，将兵救周，送平王东迁有功，封为诸侯。襄公卒，文公立文。公四十四年，是为隐公元年。又六世至穆公任好十五年，鲁僖公十五年，始见《春秋》。

吴 姬姓，子爵。自太伯祚吴五世至周章，而武王克殷，因封之吴。又十四世至寿梦，而吴始益大称王。鲁成公七年始见《春秋》。

越 其先禹之苗裔，少康之庶子也。封于会稽，以奉禹祀。后二十余世至于允常，鲁昭公五年偕楚伐吴，始见于《春秋》。允常与阖庐战而相怨伐。定公十四年，允常卒，子句践立，是为越王。是年吴伐越，越败之于槜李。

日讲春秋解义卷一

隐　公

名息姑，惠公之子。以平王四十九年嗣位。谥法不尸其位曰隐。

左传　惠公元妃孟子，子，宋姓。孟子卒，继室以声子，生隐公。声子，孟子之姪娣也。元妃卒，次妃摄治内事，故谓之继室。宋武公生仲子，宋，杜注：梁国睢阳县，今河南归德府治。仲子生而有文在其手，曰为鲁夫人。鲁，《括地志》曲阜县外城，伯禽所筑也，今属山东兖州府。故仲子归于我。生桓公，而惠公薨，是以隐公立而奉之。追成父志以位让桓，为桓尚少，立为太子，率国人奉之，为经元年春不书即位传。

元年。

公羊传　元年者何？君之始年也。

此鲁隐公即位之首年，孔子笔削所托始也。诸侯奉天子正朔，凡有事于天子之国必用天子之年，至纪本国之政亦得自用其年，旧史之常法也。首年称元，自董氏仲舒以为视大始而欲正本，何休、杜预附而益之，遂有体元之说。胡氏安国推衍乾元、坤元之用而谓："体元者，人君之职。调元者，宰相之事。"又曰："元即仁也。仁，人心也。"虽理亦可通，而非经之本指也。《舜典》称元日，《商书》称元祀。古之帝王义或有取，而遂目为圣人之书法则凿矣。

春，王正月。

左传　元年春王周正月。言周以别夏殷。不书即位，摄也。

公羊传　春者何？岁之始也。王者孰谓谓？文王也。文王，周始受命，制法之王。曷为先言王而后言正月？王正月也。何言乎王正月？大一统也。公何以不言即位？成公意也。何成乎公之意？公将平国而反之桓。曷为反之桓？桓幼而贵，隐长而卑，其为尊卑也微，母俱媵也。国人莫知。隐长又贤，诸大夫扳隐而立之，隐于是焉而辞立，则未知桓之将必得立也。且如桓立，则恐诸大夫之不能相幼君也，故凡隐之立，为桓立也。隐长又贤，何以不宜立？立適以长不以贤，立子以贵不以长。桓何以贵？母贵也。桓母右媵。母贵则子何以贵？子以母贵，母以子贵。

谷梁传　虽无事，必举正月，谨始也。公何以不言即位？成公志也。成隐让桓之志。焉成之？言君之不取为公也。君之不取为公，何也？将以让桓也。让桓正乎？曰不正。隐长桓幼。《春秋》成人之美，不成人之恶。隐不正而成之，何也？将以恶桓也。不明让者之善，则杀者之恶不显。其恶桓何也？隐将让而桓杀之，则桓恶矣。桓杀而隐让，则隐善矣。善则其不正焉，何也？《春秋》贵义而不贵惠，惠谓私惠。信道而不信邪。孝子扬父之美，不扬父之恶。先君之欲与桓，非正也，邪也。虽然，既胜其邪心以与隐矣，已探先君之邪志而遂以与桓，则是成父之恶也。兄弟，天伦也。兄先弟后，天之伦次。为子受之父，为诸侯受之君，隐为世子，受命于惠公。为鲁君，已受命于天王矣。已废天伦而忘君父。弟先于兄，是废天伦。私以国让，是忘君父。以行小惠，曰小道也。若隐者可谓轻千乘之国，蹈道则未也。

王正月者，周正建子之月也。周人即以是月为春。《夏书·甘誓》曰："怠弃三正。"则三正叠用，古已有此。而《汉书·陈宠传》曰："冬至之节，阳气始萌，天以为正。"周以为春，又其明徵也。以经文考之，桓十四年春正月无冰，成元年春二月无冰，襄二十八年春无冰。若夏正建寅之月则冻宜解，无冰非异矣，况卯辰之月乎？定元年冬十月陨霜杀菽，若建亥之月，则陨霜非异而亦无菽矣。以是知先儒夏时冠周月之说未得其实也。《春秋》之例必通，一时无事可纪，乃书首月以备四时而成岁。惟人君之始年，虽下二月有事可纪，必书元年春王正月。公即位，史策之正法也。隐公自居于摄，虽改元朝庙与国人更始，而未行即位之礼，故不书即位。庄、闵、僖元年不书即位与此同。盖事有其实，既行即位之礼，旧史所书，孔子不得而削也。未行即位之礼，旧史所无，孔子不得而增也。胡氏安国乃谓孔子首绌隐公以明大法，误矣。谓上不禀命于天子，则鲁十二公之所同也。谓内不承国于先君，则于定公之书即位不可通矣。侯国纪事虽得自用其年，而所奉乃天子之朔，故必书王正月。程氏端学曰："若周史则不书王，得其义矣。"先儒乃谓天下皆知有帝，故虞之正月不冠以帝。天下皆知有王，故夏之正月不冠以王。而以加王于正为孔子特笔，亦臆说也。

三月，公及邾仪父盟于蔑。凡书邾，公羊俱作邾娄。蔑，公羊、谷梁并作昧。此书盟之始。邾，今山东邹县。蔑，杜注：鲁地。今泗水县东有姑蔑故城。

左传　三月，公及邾仪父盟于蔑，邾子克也。未王命，故不书爵。曰仪父，贵之也。公摄位而欲求好于邾，故为蔑之盟。

公羊传　及者何？与也。会及暨皆与也，曷为或言会，或言及，或言暨？会犹最也。最，聚也。及犹汲汲也，暨犹暨暨也。及，我欲之。暨，不得已也。仪父者何？邾娄之君也。何以名？字也。曷为称字？褒之也。曷为褒之？为其与公盟也。与公盟者众矣，曷为犹褒乎此？因其可褒而褒之。此其为可褒奈何？渐进也。去恶就善曰进。昧者何？地期也。其所期处。

谷梁传　及者何？内为志焉尔。内谓鲁也。仪，字也。父犹傅也，男子之美称也。其不言邾子，何也？邾之上古微，未爵命于周也。不日，其盟渝也。渝，变也。眛，地名也。

按《聘礼》《大射仪》《燕礼》，五等诸侯皆称公，而公食大夫礼，又以名篇，则谓君为公，本周制也。鲁侯爵而称公，乃臣子尊君之辞，故孔子仍而不革。邾，鲁附庸国。仪父，其君之字也。附庸未得列于诸侯，故书字以别之，与王朝大夫诸侯兄弟同。《春秋》凡书盟者，恶之。及者，内为志。会者，外为主。是盟隐公所欲，故曰及也。诸侯当讲信守义以承王事，义不明而有私交，信不足而有盟诅，《春秋》志大道之公，是以恶之也。况数年以后公即伐邾，盟果何益哉？

附录左传　夏四月，费伯帅师城郎，不书，非公命也。费伯，鲁大夫费庈父也。费，庈父食邑，今山东鱼台县西南有费亭。郎，杜注：鲁邑。今鱼台县东北有郎城。传曰君举必书，然则史之策书皆君命也，今不书于经，亦因史之旧法，故传释之。

夏，五月，郑伯克段于鄢。郑，今河南新郑县。鄢，今河南鄢陵县。

左传　初，郑武公娶于申，曰武姜。凡传言初者，因此年之事而推其所由始也。申国，名姜姓，今河南南阳县北有故申城。生庄公及共叔段。共，今河南辉县。段出奔共，故曰共叔。庄公寤生，史记寤生，生之难也。惊姜氏，故名曰寤生，遂恶之。爱共叔段，欲立之，亟请于武公，公弗许。及庄公即位，为之请制。制，郑邑，一名虎牢，今河南汜水县西有虎牢城。武姜请于庄公，欲以制邑封段。公曰："制，岩邑也。言其地岩险。虢叔死焉，他邑惟命。虢叔，东虢君也。恃制岩险而不修德，郑灭之。虢故城在今汜水县东，近荥阳界。请京，京，杜注：郑邑。今荥阳县有京县故城。使居之，谓之京城大叔。祭仲曰：祭仲，郑大夫。"都城过百雉，国之害也。方丈曰堵，三堵曰雉，一雉之墙长三丈、高一丈。凡邑有宗庙先君之主曰都，无曰邑。邑曰筑，都曰城。过百雉，言城之周围过三百丈之数。先王之制，大都不过参国之一，三分国城之一。中五之一，小九之一。今京不度，不合三等法度。非制也，君将不堪。"公曰："姜氏欲之，焉辟害？"对曰："姜氏何厌之有？不如早为之所，无使滋蔓蔓难图也。蔓草犹不可除，况君之宠弟乎？"公曰："多行不义必自毙，子姑待之。"既而大叔命西鄙、北鄙贰于己。鄙，边邑。贰，两属也。公子吕曰：公子吕，郑大夫。"国不堪贰，君将若之何？欲与大叔，臣请事之。若弗与，则请除之，无生民心。叔久不除，则举国之民当生他心。公曰："无庸将自及。"言无用除之，彼将自及于祸也。大叔又收贰以为己邑，前两属者，今皆取为己邑。至于廪延。言所侵愈多。廪延，杜注：郑邑。今河南延津县。子封曰："可矣，厚将得众。"子封，即公子吕也。厚谓土地广大。公曰："不义不暱，言不义之人不为众所亲暱。厚将崩。以墙屋喻也，厚而无基必自崩，喻众所不附将自败也。大叔完聚，缮甲兵，具卒乘，完城郭，聚人民，缮治其甲胄与兵器，具备其步卒与车乘。将袭郑，夫人将启之。无钟鼓曰袭。启，开也。公闻其期，曰："可矣。"命子封帅车二百乘以伐京。古者，兵车一乘，甲士三人，步卒七十二人。京叛大叔段，段入于鄢，公伐诸鄢。五月辛丑，大叔出奔共。书曰郑伯克段于鄢。段不弟故不言弟。如二君，故曰克。称郑伯，讥失教也。谓之郑志，不言出奔，难之也。段实出奔，而以克为文，明郑伯志在于杀，难言其奔。遂置姜氏于城颍，城颍，杜注：郑地。《史记正义》曰："许州临颍县是。"今河南临颍县有故城。而誓之曰："不及黄泉，无相见也。"既而悔之。颍考叔为颍谷封人，颍谷，颍水所出，在今河南登封县。封人，典封疆之官。闻之，有献于公。公赐之食，食舍肉。食而不啜羹，欲以发问也。公问之，对曰："小人有母，皆尝小人之食矣，未尝君之羹，请以遗之。"公曰："尔有母遗，繄我独无。"颍考叔曰："敢问何谓也？"据武姜在，设疑也。公语之故，且告之悔。对曰："君何患焉？若阙地及泉隧而相见，其谁曰不然？"阙，掘也，隧地中道也。公从之。公入而赋："大隧之中，其乐也融融。"姜出而赋："大隧之外，其乐也泄泄。"赋，赋诗也。中融外泄，各自为韵，盖所赋之诗有此辞，传略而言之也。遂为母子如初。君子曰：颍考叔纯孝也，爱其母，施及庄公。言能广施孝道，感悟庄公。《诗》曰："孝子不匮，永锡尔类"，其是之谓乎！

公羊传　克之者何？杀之也。杀之则曷为谓之克？大郑伯之恶也。曷为大郑伯之恶？母欲立之，己杀之，如勿与而已矣。如即不如，齐人语也。段者何？郑伯之弟也。何以不称弟？当国也。其地何？当国也。齐人杀无知何以不地？在内也。在内虽当国不地也，不当国虽在外亦不地也。

谷梁传　克者何？能也。何能也？能杀也。何以不言杀？见段之有徒众也。段，郑伯弟也。何以知其为弟也？杀世子母弟目君，以其目君知其为弟也。段，弟也而弗谓弟，公子也而弗谓公子，贬之也。段失子弟之道矣，贱段而甚郑伯也。何甚乎郑伯？甚郑伯之处心积虑成于杀也。于鄢，远也。犹曰取之其母之怀中而杀之云尔，甚之也。段奔走至鄢，去已远矣，郑伯犹追杀之，何以异于探其母怀中赤子而之乎？然则为郑伯者宜奈何？缓追逸贼，亲亲之道也。

此《春秋》诛意之文也。按郑庄克段，君臣合谋，则当称国；命公子吕为帅，则当称将；出车二百乘，则当称师，而经专斥郑伯，所以恶庄也。克者，以力胜之，若仇敌然。不称弟，段不弟也。于鄢谓既伐诸京，又蹙诸鄢，极之于其所往也。自常情观之，段躬为不义，庄待其及而后讨之，似亦非过，而《春秋》归狱于庄，何哉？当其始，姜欲立段，段复多才，为国人所与。庄遽欲除之，而罪状未著，惧无辞于母氏与国人也。故授以大邑，为作乱之阶。命贰收贰，其势渐逼，犹曰姑待，曰无庸，纵使失道。俟其缮甲兴师，形迹显著，然后以叛逆讨之，则国人不敢从，姜氏不敢主。而段属籍当绝，不可复居父母之邦矣。夫王者以善养人，惟恐人之不入于善也。而郑庄于弟则惟恐不入于恶，《春秋》所为深诛其意以正人心而扶世道也。

秋，七月，天王使宰咺来归惠公、仲子之赗。此书王室下交诸侯之始。

左传　秋七月，天王使宰咺来归惠公、仲子之赗。缓，且子氏未薨，故名。惠公葬在《春秋》前，故曰缓也。子氏，仲子也。薨在二年。天子七月而葬，同轨毕至。同轨毕至，言海内皆至也。诸侯五月，同盟至。五月而葬，杀于天子，同方岳之盟，其地渐近，故五月可至。不言毕至，至不至无所拘。大夫三月，同位至。三月而葬，杀于诸侯，古者行役不逾时，故三月而同位至。士逾月，外姻至。过月而葬，杀于大夫，外姻之在他国者，过月可至。此言赴吊各以远近为差，因为葬节。赠死不及尸，尸，未葬之通称。吊生不及哀，诸侯已上既葬，则缞麻除无哭位。豫凶事，仲子在而豫凶事。非礼也。

公羊传　宰者何？官也。咺者何？名也。曷为以官氏？宰士也。言宰与周公同，言名又与宰周公异，是宰下之士也。惠公者何？隐之考也。仲子者何？桓之母也。何以不称夫人？桓未君也。赗者何？丧事有赗。赗者，盖以马，谓士不备四也。以乘马束帛。乘马，谓大夫已上备四也。束帛，谓玄三纁二。车马曰赗，货财曰赙，衣被曰襚。桓未君则诸侯曷为来赗之？隐为桓立，故以桓母之丧告于诸侯。然则何言尔？成公意也。尊桓母以赴告天子、诸侯，隐公之意也。其言来何？不及事也。时葬事已毕，无所复施。其言惠公、仲子何？兼之。兼之非礼也。言惠公、仲子当各使一使。何以不言及仲子？仲子微也。比夫人为微，故不得与惠公并。

谷梁传　母以子氏。妾不得体君，故以子为氏。仲子者何？惠公之母，孝公之妾也。礼，赗人之母则可，赗人之妾则不可。君子以其可辞受之，其志不及事也。赗者何也？乘马曰赗，衣衾曰襚，贝玉曰含，钱财曰赙。

天王，周平王也。系王于天，《春秋》之特笔也。宰者，冢宰。咺，其名也。惠公，隐公之父。仲子，惠公之妾也。王朝公卿例书爵，咺六卿之长而名之，何也？冢宰，纪法所从出，君有过举，当据纪法以争之。今乃承命下赗诸侯之妾，使咺不知其不可，是不智也。知其不可而不言，是不忠也。故特贬而书名，以见其失职也。

附录左传　八月，纪人伐夷。夷不告，故不书。纪，国名，姜姓，侯爵，今山东寿光县东南有纪城。夷，国名，妘姓。杜注：在城阳庄武县。今山东即墨县西有庄武故城。隐十一年传曰："凡诸侯有命，告则书，不然则否，《春秋》例也。"　有蜚，不为灾，亦不书。蜚，负蠜也，盖食苗虫之属。庄二十九年传曰："凡物不为灾，不书。"

九月，及宋人盟于宿。此书参盟之始。宿，国名，风姓，男爵。杜注：东平无盐县也。今无盐故城在山东东平州东。

左传　惠公之季年，败宋师于黄。黄，杜注：宋邑，外黄县有黄城。今外黄故县在河南杞县东北。公立而求成焉。九月，及宋人盟于宿，始通也。

公羊传　孰及之？内之微者也。

谷梁传　及者何？内卑者也。宋人，外卑者也。卑者之盟不日。宿，邑名也。

宿，国名。惠公与宋有郄，至隐公立而求成于宋，遂为此称及。外称人皆微者也，微者之盟会不志。此其志者，有宿国之君在也。凡书盟者，恶之。或谓周礼有司盟之官，至于诅祝、玉府、戎右、太史皆有职，以掌盟载之事。意者盟以结信，出于人情，亦先王所不禁乎？不知司盟之设非先王所欲而不禁，乃欲禁之而不能也。圣人欲尽去盟诅之私，直追大道之公，恶盟之心与先王设盟之心未尝不合，皆欲以维信义之穷耳。

附录左传　冬十月庚申，改葬惠公。公弗临，故不书。以桓为太子，故隐公让而不敢为丧主。惠公之薨也，有宋师，大子少，葬故有阙，是以改葬。　卫侯来会葬，不见公，亦不书。卫，杜注：在汲郡朝歌县。今朝歌故城在河南淇县东北。诸侯会葬，非礼也。不得接见成礼，故不书。　郑共叔之乱，公孙滑出奔卫。公孙滑，共叔段子。卫人为之伐郑，取廪延。郑人以王师、虢师伐卫南鄙。虢，西虢国也，姬姓，公爵。杜注：弘农陕县东南有虢城。陕县，今河南陕州也。凡师能左右之曰以。请师于邾，邾子使私于公子豫，公子豫，鲁大夫，私请师。豫请往，公弗许，遂行。及邾人、郑人盟于翼，翼，杜注：邾地。在今山东费县西南。不书，非公命也。　新作南门，不书，亦非公命也。

冬，十有二月，祭伯来。此书王臣私交之始。杜注：祭国，伯爵也。路史周圻内管城东北有古祭城。今河南开封府东北有祭伯城。

左传　十二月，祭伯来，非王命也。

公羊传　祭伯者何？天子之大夫也。何以不称使？奔也。奔则曷为不言奔？王者无外，言奔则有外之辞也。

谷梁传　来者，来朝也。其弗谓朝，何也？寰内诸侯非有天子之命不得出会诸侯。不正其外交，故弗与朝也。天子畿内，大夫有米地，谓之寰内诸侯。聘弓鍭矢不出竟场，束脩之内不行竟中，有至尊者，不贰之也。聘弓鍭矢者，古者以弓矢相聘问。故《左传》云："楚子问郤至以弓。"《尔雅·释器》云："金镞翦羽谓之鍭。"束脩之肉者，修脯也。臣无竟外之交，故弓矢不出竟场。在礼，家施不及国，故束脩之肉不行竟中。谓之竟场者，竟是疆界之名，至此易主，故谓之疆场。不贰之者，言臣当一一禀君命，无自专之道也。

祭，邑名。伯或曰爵，或曰字。祭伯，天子之卿，畿内诸侯。来者，来朝于鲁也。不曰朝而曰来，不与其朝也。曷为不与其朝？非王命也。私交者，人臣所禁，故寰内诸侯非有天子之命不得出会诸侯。况隐公之立未尝朝王，祭伯不奉王命而远来朝鲁，是为结外交，藐君父，营私蔽，公罪孰大焉？《春秋》于王臣外交皆贬而不与，所以正其本也。

公子益师卒。

左传　众父卒。众父，公子益师字。公不与小敛，故不书日。礼，卿佐之丧，小敛、大敛君皆亲临之，崇恩厚也。小敛，始死之敛。盖隐公不亲临众父始死之敛，故不书众父卒日。

公羊传　何以不日？远也。所见异辞，所闻异辞，所传闻异辞。所见谓昭、定、哀，所闻谓文、宣、成、襄，所传闻谓隐、桓、庄、闵、僖。

谷梁传　大夫日卒，正也。君之卿佐是谓股肱，股肱或亏，何痛如之？故录其卒日以纪恩。不日卒，恶也。恶故略之。

益师，鲁卿众父之名。称公子者，鲁侯之子也。诸侯之卿皆受命于天子，当时不复请命而使为卿，故皆不书，官不与其为卿也。其不书卒之日，公羊以为远，然公子彄远矣而书日，则非远也。谷梁以为恶，然公子牙、季孙意如恶矣而书日，则非恶也。左氏以为公不与小敛，然公孙敖卒于外而公在内，叔孙舍卒于内而公在外，不与小敛明矣，而书日，则左氏之说亦非也。程子曰："或日或不日，因旧史也。古史记事简略，日月或不备。《春秋》因旧史，有可损而不能益。"是为得之。胡氏谓见恩数之有厚薄，亦因左氏之说而失之者与。

二年，春，公会戎于潜。此书会之始。戎，今山东曹县胡戎城是也。潜，鲁近戎之地，当在今兖州府西南境。

左传　二年春，公会戎于潜，修惠公之好也。戎请盟，公辞。

谷梁传　会者，外为主焉尔。知者虑，察安审危。义者行，临事能断。仁者守。众之所归，守必坚固。有此三者，然后可以出会。会戎，危公也。

《春秋》之例，事以时成，则书时而不书月。而隐公自元年以后皆不书正月，虽事以月成者亦书时。故谷梁谓隐十年无正，隐不自正；公羊谓隐不有其正，皆非也。隐在位十有一年，王命五至，身既不朝，又无一介之使报礼于京师，是不奉正朔也，故不书正，以示义焉。《春秋》凡会皆议，君臣同词者，非封建之国也。

夏，五月，莒人入向。此书入国之始。莒，今山东莒州。向国，姜姓。汉置向县，今江南怀远县西有故县村。

左传　莒子娶于向，向姜不安莒而归。不安于莒，归其父母之国。夏，莒人入向以姜氏还。

公羊传　入者何？得而不居也。

谷梁传　入者，内弗受也。苛不以罪则义皆不可受。向，我邑也。

无骇帅师入极。骇，谷梁作侅。此书大夫专兵之始。极，附庸国。今山东鱼台县西有极亭。

左传　司空无骇入极，费庈父胜之。司空，鲁卿。无骇不书氏，未赐族。庈父，费伯也。

公羊传　无骇者何？展无骇也。何以不氏？贬。曷为贬？疾始灭也。始灭昉于此乎？昉，适也。前此矣。前此则曷为始乎此？托始焉尔。曷为托始焉尔？《春秋》之始也。此灭也，其言入何？内大恶，讳也。

谷梁传　入者，内弗受也。内谓所入之国。极，国也。苟焉以入人为者志，人亦入之矣。不称氏者，灭同姓，贬也。

莒，小国。称人，略之也。《春秋》小国卿大夫皆称人。无骇称名，春秋之初大夫未张，犹多不书其氏也。向、极，皆国名。入者，以兵造其国都，得之而不居也。其义为逆而不顺。诸侯非奉天子之命不得自相侵伐，其不率者，则大司马九伐之法施焉。今莒、鲁无王命而擅入人国，天王不能讨，直书其事而义自见矣。

秋，八月，庚辰，公及戎盟于唐。此书盟戎狄之始。唐，杜注：鲁地，方与县北有武唐亭。在今山东鱼台县。

左传　戎请盟。秋，盟于唐，复修戎好也。

戎在徐州之域，去鲁为近，故春既有潜之会，秋复有唐之盟。其书日者，以戎异于列国诸侯，故谨之也。潜之会，戎请盟而公辞，今乃遂与之盟，不可已乎？书及所以责公也。

九月，纪履緰来逆女。履緰，左作裂繻。

冬，十月，伯姬归于纪。

左传　九月，纪裂繻来逆女，卿为君逆也。

公羊传　纪履緰者何？纪大夫也。何以不称使？昏礼不称主人。为养廉远耻也。然则曷称？称诸父兄师友。宋公使公孙寿来纳币，则其称主人何？辞穷也。辞穷者何？无母也。宋公无母，莫使命之。然则纪有母乎？曰有。有则何以不称母？母不通也。礼，妇人无外事，母命不得达，故不得称母通使文，所以远别也。外逆女不书，此何以书？讥。何讥尔？讥始不亲迎也。始不亲迎昉于此乎？前此矣。前此则曷为始乎此？托始焉尔。曷为托始焉尔？《春秋》之始也。女曷为或称女，或称妇，或称夫人？女在其国称女，在涂称妇，入国称夫人。伯姬者何？内女也。其言归何？妇人谓嫁曰归。

谷梁传　逆女，亲者也。亲谓自逆之也。使大夫，非正也。以国氏者，以纪冠于履緰之上为以国氏。为其来交接于我，故君子进之也。　礼，妇人谓嫁曰归，反曰来归。反谓为夫家所遣。从人者也。妇人在家制于父，既嫁制于夫夫，死从长子，妇人不专行，必有从也。伯姬归于纪，此其如专行之辞何也？曰非专行也。吾伯姬归于纪，故志之也。其不言使何也？逆之道微无足道焉尔。

履緰，纪大夫。伯姬，鲁女，许嫁于纪者也。书履緰逆女，讥纪侯之不亲迎也。夫妇，人伦之本，父子君臣皆于此托始焉。孔子告哀公以大昏为政之本，文王之亲迎于渭，韩侯之亲迎于蹶里，并见《雅》诗。今纪侯不亲迎而使履緰来，岂所以重大昏之礼与？然程子有言，亲迎者迎于所馆，故有亲御授绥之礼。且如秦、楚远隔，岂有委宗庙社稷而亲迎妇者？文王亲迎于渭，未尝出疆，且为公子时也。以此义推之，韩侯因觐而迎，非私行，故于礼无讥。天子、诸侯之礼每与士庶人异，二说并存而不可偏废也。

纪子伯、莒子盟于密。伯，左氏作帛。此书外相盟之始。密，杜注：莒邑。今山东昌邑县东南有密乡故城。

左传　冬，纪子帛、莒子盟于密，鲁故也。

公羊传　纪子伯者何？无闻焉尔。

谷梁传　或曰纪子伯、莒子而与之盟。或曰年同爵同，故纪子以伯先也。伯长也。

以子系纪非其爵，以伯系子无其国，此阙文也。阙文之例有三。有自仲尼削之者，如桓公无王、王不称天之类，以大义削之而本非阙也。至于旧文脱简无从考按，而夫子因之。或秦灰之后卷帙散亡，经师口授，讹舛莫稽，而后儒又因之。皆不得不阙者。虽作者之圣、述者之明不能有所增损也。

十有二月，乙卯，夫人子氏薨。

公羊传　夫人子氏者何？隐公之母也。何以不书葬？成公意也。何成乎公之意？子将不终为君，故母亦不终为夫人也。

谷梁传　夫人薨不地。夫人者，隐之妻也。卒而不书葬，夫人之义从君者也。

夫人子氏之薨，《左传》无明文。杜预因归赗豫凶事之说而断以为桓公之母仲子夫，既为夫人，未有无谥者，何他日考宫仍称仲子而不书其谥乎？公羊以为隐公之母，果隐公之母则既以夫人之礼书薨，亦当以夫人之礼书葬矣。故程子独取谷梁隐妻之说，而胡氏安国因之。薨者，上坠之声。夫人先君而薨则不书葬，妇人从夫者也。

郑人伐卫。此书诸侯专征伐之始。

左传　郑人伐卫，讨公孙滑之乱也。治元年取廪延之乱。

郑公孙滑在卫，卫尝为滑伐郑，至是郑庄修怨以伐卫，夫段既糊口四方。滑，兄弟之子，必欲绝之而后快，庄之忮悻不待贬而自见矣。征伐者，天子之大权，就使卫果有罪可声，郑果有言可执，非奉王命不得兴师，而况迁怒复怨为廪延之微郄乎。不书战者，卫自输服而不待战也。凡书伐而不书战者，皆可以此义通之。

日讲春秋解义卷二

隐　公

三年，春，王二月，己巳，日有食之。此书日食之始。

公羊传　何以书？记异也。日食，则曷为或日或不日？或言朔或不言朔，曰某月某日朔，日有食之者，食正朔也。桓公三年，秋七月壬辰，朔日有食之是也。其或日或不日，或失之前，或失之后。失之前者，朔在前也。谓二日食，己巳日有食之是也。失之后者，朔在后也。谓晦日食，庄公十八年三月日有食之是也。

谷梁传　言日不言朔。食，晦日也。其日有食之，何也？吐者外壤，食者内壤。壤，日之轮廓。其所吐出者壤在外，其所吞食者壤入于内。阙然不见其壤，有食之者也。日既阙损，不知壤之所在，必有物食之。有，内辞也，或外辞也。食者内壤故曰内辞，吐者外壤故曰外辞。传无外辞之文者，盖时无外壤也。而曰或外辞者，因事以推明义例耳。有食之者，内于日也。日食既有两种之辞，今直云有食之者，为壤在于内也。其不言食之者，何也？谓经不明言月之食日也。知其不可知，知也。圣人慎疑，所谓"不知为不知，是知也。"

历法周天之度，日行疾，月行迟。日月一岁凡十二会，方会则月光都尽而为晦，已会则月光复苏而为朔。当月朔而日月之会，东西同度，南北同道，则月掩日而日为之食。精历算者皆能豫推之，是有常度矣。既有常度可求，则灾而非异矣。然每食必书示后世，以遇灾而惧之意也。亦以示后世治历明时之法也。日者，众阳之宗，为阴所掩，王者于此修德行政，扶阳抑阴，以见克谨天戒之意。经书日食三十六，示人君不可忽天象也。

三月，庚戌，天王崩。

左传　三年春王三月壬戌，平王崩，赴以庚戌，故书之。

公羊传　何以不书葬？天子记崩不记葬，必其时也。至尊无所屈也。诸侯记卒记葬，有天子存，不得必其时也。设有他故，葬必易期。曷为或言崩或言薨？天子曰崩，诸侯曰薨，大夫曰卒，士曰不禄。等杀其词，以别尊卑。

谷梁传　高曰崩，厚曰崩，尊曰崩。天子之崩，以尊也。其崩之何也？以其在民上，故崩之。其不名何也？大上，故不名也。名者，所以相别耳。居人之大，在民之上，故无所名。

崩者，上坠之形。天子之尊，四海之内皆当奔丧，鲁君闻赴不会，有慢上之心，故志崩不志葬，以著其罪。

夏，四月，辛卯，尹氏卒。尹，左作君。

左传　夏，君氏卒，声子也。不赴于诸侯，不反哭于寝，不祔于姑，隐不敢从正君之礼，故亦不敢备礼于其母。故不曰薨。不称夫人，故不言葬。不书姓，为公故曰君氏。隐见为君，故特书于经，曰君氏。

公羊传　尹氏者何？天子之大夫也。其称尹氏何？贬。曷为贬？讥世卿，世卿非礼也。外大夫不卒，此何以卒？天王崩，诸侯之主也。尹氏主傧赞诸侯。

谷梁传　尹氏者何也？天子之大夫也。外大夫不卒，此何以卒之也。于天子之崩为鲁主，故隐而卒之。隐犹痛也。《周礼》大行人之职曰："若有大丧，则诏相诸侯之礼。"尹氏，时在职而诏鲁人之吊者。

尹氏，王朝世卿。书卒，来赴也。古者论功命爵，辨材授职，世禄而不世官。故俊杰皆得在位，威福不至下移。尹氏秉钧为周阶乱，见于家父所刺，考之《左氏传》，世执王朝之政。《春秋》于其告丧与立子朝、以子朝奔楚皆以氏书，以著世卿之失，为后世戒。武氏仍叔之子，皆此义也。且王臣不得外交，其死也亦不得赴告。尹氏卒而来赴于鲁，越礼逾法，书之以明人臣之义，杜朋党之原，又圣人之微旨也。

附录左传　郑武公、庄公为平王卿士。王贰于虢，西虢公亦仕王朝，王欲分任之。郑伯怨王，王曰无之，故周、郑交质。王子狐为质于郑，狐，平王子。郑公子忽为质于周。忽，庄公子。王崩，周人将畀虢公政。四月，郑祭足帅师取温之麦。祭足即仲也。温，周畿内邑，今河南温县有古温城。秋，又取成周之禾。成周，洛邑也，今河南洛阳县有故城。周、郑交恶。君子曰：信不由中，质无益也。明恕而行，要之以礼，虽无有质，谁能间之？苟有明信，涧溪沼沚之毛，山夹水为涧，山渎无所通为溪。沼，池也。沚，小渚也。毛，草也。蘋蘩薀藻之菜，蘋，大蓱也。蘩，皤蒿。薀藻，聚藻也。筐筥锜釜之器，方曰筐，圆曰筥，有足曰锜，无足曰釜。筐、筥皆竹器，锜、釜皆金器。潢汙行潦之水，潢汙，停水。行潦，流潦。可荐于鬼神，可羞于王公，羞，进也。而况君子结二国之信。通言盟约，彼此之情，故云二国。行之以礼，又焉用质？《风》有《采蘩》《采蘋》，义取不嫌薄物。《雅》有《行苇》《泂酌》，行苇，义取忠厚。泂酌，义取行潦。可供祭祀。昭忠信也。

秋，武氏子来求赙。此书来求之始。

左传　武氏子来求赙，王未葬也。

公羊传　武氏子者何？天子之大夫也。其称武氏子何？讥。何讥尔？父卒，子未命也。武氏子父新死，未命而使为大夫，薄父子之恩，故称氏言子以讥之。何以不称使？当丧未君也。当丧谓天子也。未君者，丧未三年未可居君位称使。武氏子来求赙，何以书？讥。何讥尔？丧事无求，求赙非礼也，盖通于下。《礼记·少仪》臣为君丧纳货贝于君，则曰纳甸。于有司臣归之，礼也。君求之，非礼也。不独天子为然。

谷梁传　武氏子者何也？天子之大夫也。天子之大夫，其称武氏子，何也？未毕丧，孤未爵。未爵使之，非正也。其不言使何也？无君也。桓王在丧，未即位，故曰无君。归死者曰赗，归生者曰赙。曰归之者，正也；求之者，非正也。周虽不求，鲁不可以不归。鲁虽不归，周不可以求之。求之为言，得不得，未可知之辞也。交讥之。

武氏子，天子大夫之嗣也。不称使者，嗣王当丧，未得发命也。古者谅阴，百官总已以听于冢宰三年。当是时而有所使，称王则同于至尊，称冢宰则疑于无王，故不称使。所以谨通丧之礼，又以示君臣名分之际，如此其谨严也。尺土一毛皆天子所有，君取于臣岂得言求？鲁不归赙而周求之，周之失道，鲁之不臣，皆可见矣。武氏子，仍叔之子，或言之，或不言之，何也？盖言武氏之子则似武氏之子自来求赙，若仍叔之子，不言之又不见其父，尚存圣人之文，所以如化工之赋物也。

八月，庚辰，宋公和卒。

左传　宋穆公疾，召大司马孔父而属殇公焉，曰："先君舍与夷而立寡人，孔父嘉，孔子六世祖。先君，穆公兄宣公也。与夷，宣公子，即殇公。寡人弗敢忘。若以大夫之灵，得保首领以没，先君若问与夷，其将何辞以对？请子奉之以主社稷，寡人虽死亦无悔焉。"对曰："群臣愿奉冯也。"冯，穆公子庄公。公曰："不可。先君以寡人为贤，使主社稷，若弃德不让，是废先君之举也，岂曰能贤？光昭先君之令德，可不务乎？吾子其无废先君之功。"使公子冯出居于郑。辟殇公也。八月庚辰，宋穆公卒，殇公即位。君子曰：宋宣公可谓知人矣。立穆公，其子飨之，命以义夫。命出于义。《商颂》曰："殷受命咸宜，百禄是荷。"其是之谓乎！《诗·颂》，言殷汤、武丁受命皆以义，故任荷天之百禄。宣公能使其子任荷天禄，合此诗之义也。

谷梁传　诸侯曰卒，正也。

外诸侯卒来告则书。鲁君书薨，臣子之辞也。外诸侯书卒，非吾君也。或不书名，不知其名也。《左传》同盟则赴以名，非也。岂有臣子当创钜痛深之日，而称先君之名以告邻国者乎？且考之礼辞曰寡君不禄，则无称名之义审矣。赵氏匡谓："或同会盟而名见于载书，或通朝聘而名见于简牍，故国史按旧简书而纪其名。"然晋献公、惠公与鲁未同会盟、通聘问而卒书名，宿男同盟滕子、杞子来朝而卒不书名，则义无处也。孙氏觉谓"即位之初以名赴我"，亦无所据。盖承旧史之文而不可损益耳。

冬，十有二月，齐侯、郑伯盟于石门。此书外诸侯特相盟之始。齐，今山东临淄县西北营丘城。石门，杜注：齐地。或曰济北卢县故城西南济水之门。

左传　冬，齐、郑盟于石门，寻卢之盟也。卢，杜注：齐地。济北卢县故城在今山东长清县西南境。卢盟在《春秋》前。庚戌，郑伯之车偾于济。偾，仆也。济，水名。既盟而遇大风，传纪异也。十二月无庚戌日，误。

周室既微，霸业未起，诸侯无所统，各相为党。宋、鲁、陈、蔡、卫为一党，齐、郑为一党。石门之盟，齐、郑相结也。是盟也鲁公不与，经何以书？盖以为常事则不必书，以为非常之事则不可以不书。记曰：有虞氏未施信于民而民信，夏后氏未施敬于民而民敬，殷人作誓而民始畔，周人作会而民始疑。传曰："诰誓不及五帝，盟诅不及三王"，圣人有志于大道为公之世，故凡盟不削，乃以是为非常而志之也。

癸未，葬宋穆公。穆，公羊、谷梁作缪。

公羊传　葬者曷为或日或不日？不及时而日，渴葬也。不及时，不及五月也。渴喻急也。不及时而不日，慢葬也。慢，薄不能以礼葬。过时而日，隐之也。隐痛贤君，不得以时葬也。过时而不日，谓之不能葬也。解缓不能以时葬。当时而不日，正也。当时而日，危不得葬也。此当时，何危尔？宣公谓缪公曰："以吾爱与夷则不若爱女。以为社稷宗庙主，则与夷不若女，盍终为君矣。"宣公死，缪公立。缪公逐其二子庄公冯与左师勃，左师，官。勃，名也。曰："尔为吾子，生毋相见，死毋相哭。"所以远绝之。与夷复曰："先君之所为不与臣国，而纳国乎君者，以君可以为社稷宗庙主也。今君逐君之二子，而将致国乎与夷，此非先君之意也。且使子而可逐，则先君其逐臣矣。"缪公曰："先君之不尔逐可知矣。吾立乎此，摄也。"终致国乎与夷，庄公冯弑与夷。故君子大居正，宋之祸，宣公为之也。

谷梁传　日葬，故也。危不得葬也。

外诸侯之葬有书有不书，所以纪邦交之厚薄也。盖据鲁人会葬以为言，故不曰宋葬穆公，而曰葬宋穆公。其卒见于经而不书葬者，彼虽来赴而鲁不往会也。凡此皆旧史之文也。其变例有三：一曰贼不讨不书葬。隐公之薨而不葬，所以责臣子之不能讨贼也。宋殇、齐昭之不书葬视此矣。一则讳其辱。晋景公之丧，成公往吊，晋人止。公送葬，诸侯莫在，鲁人辱之，故讳而不书。一曰避其号。吴、楚之君书卒者十，襄公如楚，尝亲送其葬于西门之外矣。其余必多遣使会葬而无一见于经，盖据属词常法当书葬楚某王、葬吴某王，故削而不书也，示讨贼之义，避僭王之名。乃圣人之特笔而讳晋之辱，或亦因鲁史之旧文与。

附录左传　卫庄公娶于齐东宫得臣之妹，曰庄姜，得臣，齐大子名。美而无子，卫人所为赋《硕人》也。又娶于陈，曰厉妫。陈国，今河南陈州是也。生孝伯，早死。其娣戴妫生桓公，庄姜以为己子。厉、戴皆谥。妫，陈姓也。桓公名完。公子州吁，嬖人之子也。贱而得幸曰嬖。有宠而好兵，公弗禁，庄姜恶之。石碏谏曰：

石碏，卫大夫。“臣闻爱子教之以义方，弗纳于邪。骄、奢、淫、泆，所自邪也。四者之来，宠禄过也。将立州吁，乃定之矣。若犹未也，阶之为祸。夫宠而不骄，骄而能降，降而不憾，憾而能眕者，鲜矣。降谓强降其心。眕，重也，谓自重其身也。且夫贱妨贵，少陵长，远间亲，新间旧，小加大，淫破义，所谓六逆也。君义，臣行，父慈，子孝，兄爱，弟敬，所谓六顺也。去顺效逆，所以速祸也。君人者，将祸是务去而速之，无乃不可乎?”弗听。其子厚与州吁游，厚，石碏子。禁之，不可。桓公立，乃老。老，致仕也。四年经书州吁弑其君，故传先经以始事。

四年，春，王二月，莒人伐杞，取牟娄。此书伐国取邑之始。杞，杜注：本都雍丘，迁都淳于。雍丘，今河南杞县。淳于，今山东安丘县有故牟娄。杜注：杞邑。今诸城县有娄乡城。

公羊传　牟娄者何?杞之邑也。外取邑不书，此何以书?疾始取邑也。凡外小恶不书，取邑差为重，故先治之。

谷梁传　传曰：“言伐言取，所恶也。”称传曰者，谷梁子不亲受于师而闻之于传者。既伐其国又取其土，明伐不以罪而贪其利，故两书取伐以彰其恶。诸侯相伐取地于是始，故谨而志之也。

取者，收夺之名。诸侯土地受之天王，传之先祖，强者不得并兼，弱者不宜失守也。莒人声罪伐人而强夺其土，故特书曰取，以著其恶。然隐、桓以后传言外取地甚众，而无一见于经，何也？入《春秋》之始犹以取邑为重，中叶以后疆场之邑争夺滋多，一彼一此，失得无常，有不可胜书者矣。僖公取济西田，成公取汶阳田，乃复吾故田，而亦书取，何也？不请于天王以正疆理，而擅兵争夺，与取非所有者何以异乎？前书莒人入向，天讨不加，至是伐杞取邑为暴益甚。《春秋》于此盖深惜九伐不行，而凭弱犯寡之肆行无忌云。

戊申，卫州吁弑其君完。州，谷梁作祝。此书弑之始。

左传　四年春，卫州吁弑桓公而立。

公羊传　曷为以国氏?当国也。

谷梁传　大夫弑其君，以国氏者，嫌也。弑而代之也。窃据君位，故曰嫌。

州吁，卫公子。程子谓：“《春秋》之初弑君者多不称公子、公孙。盖身为大恶，自绝于先君也。大义既明于初，其后则皆以其属称，或见其以亲而宠任太过，或见其以天属而反为贼乱，立义各不同也。”孔氏颖达则谓：“自庄公以上诸弑君者皆不书氏，闵公以下皆书氏，乃时史有异同，非仲尼所笔削。”理亦可通，并存以俟参考。

夏，公及宋公遇于清。此书遇之始。清，杜注：卫邑，济北东阿县有清亭。今东阿县属山东兖州府。

左传　公与宋公为会，将寻宿之盟。宿盟在元年。未及期，卫人来告乱。夏，公及宋公遇于清。

公羊传　遇者何？不期也。一君出，一君要之也。言及公要之也。

谷梁传　及者，内为志焉尔。遇者，志相得也。不期而会曰遇，今曰内为志，非不期也。

不期而会曰遇。清，卫邑也。古者，诸侯或因朝觐、或从王事无期约而适值于途，必有两君相见之仪。近者为主，远者为宾，称先君以相接，所以崇礼让而绝慢易也。周衰，诸侯放恣，非朝非会私为之约，各简其礼如道路相值者然，异于古之不期而遇矣。鲁、宋将寻宿之盟，以卫来告乱而相见于清，谓之不期而会，可乎？《春秋》志内之遇四，并书及，若曰以此及彼然也。志外之遇三，并以爵，若曰以尊及卑然也。皆莫适为主之辞，而其出不以事、接不以礼之罪具见矣。

宋公、陈侯、蔡人、卫人伐郑。此书诸侯会伐之始，亦东诸侯分党之始。蔡，今河南上蔡县，县西南有故城。

左传　宋殇公之即位也，公子冯出奔郑。郑人欲纳之。及卫州吁立，将修先君之怨于郑，谓二年郑人伐卫之怨。而求宠于诸侯，以和其民。诸篡立者，诸侯既与之会则不复讨，故求此宠。使告于宋曰："君若伐郑以除君害，谓公子冯。君为主，敝邑以赋与陈、蔡从，则卫国之愿也。"宋人许之。于是陈、蔡方睦于卫，故宋公、陈侯、蔡人、卫人伐郑，围其东门，五日而还。公问于众仲曰：众仲，鲁臣。"卫州吁其成乎？"对曰："臣闻以德和民，不闻以乱。以乱，犹治丝而棼之也。棼，乱也。夫州吁阻兵而安忍。阻，恃也。阻兵无众，安忍无亲，众畔亲离，难以济矣。恃兵则民残，民残则众叛。安忍则刑过，刑过则亲离。夫兵犹火也，弗戢将自焚也。夫州吁弑其君而虐用其民，于是乎不务令德，而欲以乱成必不免矣。

州吁弑君自立，欲藉诸侯之宠以和其民，因揣宋殇之忌公子冯，为伐郑之说以动宋而已，亦托修先君廪延之怨，构成兵端，则首谋者卫也。而《春秋》以宋主兵，此圣人诛乱贼必治其党与之法也。宋为大国，于卫邻近，州吁弑逆，义所当诛。宋既不能申邻国讨贼之义，乃反与乱贼为党，连兵伐郑以遂其邪谋，则人欲肆而天理灭矣。故《春秋》以宋公为首，诸国为从，所以彰大义于天下也。

秋，翚帅师。此书大夫会伐之始。

左传　秋，诸侯复伐郑。宋公使来乞师，公辞之。从众仲之言。羽父请以师会之，羽父，翚之字。公弗许，固请而行。故书曰："翚帅师"，疾之也。

公羊传　翚者何？公子翚也。何以不称公子？贬。曷为贬？与弑公也。其与弑公奈何？公子翚谄乎隐公，谓隐公曰："百姓安子，诸侯悦子，盍终为君矣。"隐公曰："否，吾使修涂裘，吾将老焉。"涂裘，邑名。公子翚恐若其言闻乎桓，于是谓桓曰："吾为子口隐矣。口，以口语相发动也。隐曰：'吾不反也。'"称谥，传者所加。桓曰："然则奈何？"曰："请作难，弑隐公。"于钟巫之祭焉弑隐公也。

谷梁传　翚者何也？公子翚也。其不称公子，何也？贬之也。外大夫贬皆称人，内大夫贬皆去族称名。何为贬之也？与于弑公，故贬也。

天下惟大权最不可假人，而兵权尤甚。凡乱贼之欲动于恶，未有不专主兵权者。人主诚能辨之于早，逆折其心，则弑逆之萌杜矣。宋殇连诸侯以伐郑，使来乞师，隐公辞而弗许，而翚乘此以窃兵权，固请而行。翚于是时已有无君之心，故先儒以为钟巫之祸自帅师会伐始也。

会宋公、陈侯、蔡人、卫人伐郑。

左传　诸侯之师败郑徒兵，取其禾而还。时郑不车战。

前书宋公、陈侯、蔡人、卫人伐郑，此但言翚帅师会伐郑，于文义若何甚为简明，而再序四国，何也？言之重，词之复，其中必有大美恶焉。州吁弑君，人伦大变，宋及陈、蔡党恶构祸以反天常，翚又往会，使乱臣贼子之势益张，此世变之极也。圣人重言以著其恶，而未几鲁宋胥构篡弑之祸，岂非蔑义乱伦，气类实相为感召哉？

九月，卫人杀州吁于濮。濮，杜注：陈地水名。

左传　州吁未能和其民，厚问定君于石子。石子，石碏也。石子曰："王觐为可。"曰："何以得觐？"曰："陈桓公方有宠于王。桓公称谥，左氏追书。陈、卫方睦，若朝陈使请，必可得也。"厚从州吁如陈。石碏告于陈曰："卫国褊小，老夫耄矣，无能为也。此二人者，实弑寡君，敢即图之。"陈人执之，而请莅于卫。请卫人自临讨之。九月，卫人使右宰丑莅杀州吁于濮。右宰，官名。丑，卫臣名。石碏使其宰獳羊肩莅杀石厚于陈。宰，石碏家臣也。獳羊肩，宰之姓名。君子曰："石碏，纯臣也。恶州吁而厚与焉。大义灭亲，古语。其是之谓乎！"

公羊传　其称人何？讨贼之辞也。人人得而讨之。

谷梁传　称人以杀，杀有罪也。祝吁之挈，失嫌也。众所不与，故直挈其名而道之无据位之嫌。其月，谨之也。于濮者，讥失贼也。讥其不即讨。

州吁之杀，石碏主之，而书卫人者，弑君之贼人人得而诛之，不必士师，所以广忠孝之路也。若书石碏，则似一人之私讨，而不见其从众望诛有罪矣。濮，陈地。据左氏，陈人与有力焉，而不以讨贼之义予之者，州吁阻兵乘权，卫之臣子力不能诛，至于失贼之久，实因四国连兵欲定其位耳。故圣人以讨贼与卫人，以失贼罪诸侯。程子谓《春秋》为爰书，观此类可以得其义例矣。

冬，十有二月，卫人立晋。

左传　卫人逆公子晋于邢。邢，国名，姬姓，侯爵。杜注：在广平襄国县。今直隶邢台县有襄国故城。冬十二月，宣公即位。书曰："卫人立晋"，众也。

公羊传　晋者何？公子晋也。立者何？立者不宜立也。其称人何？众立之之辞也。然则孰立之？石碏立之。石碏立之则其称人何？与尹氏立王子朝不称人异词，故设问。众之所欲立也。众虽欲立之，其立之非也。

谷梁传　卫人者，众辞也。立者，不宜立者也。晋之名恶也，恶谓不正。其称人以立之，何也？得众也。得众则是贤也，贤则其曰不宜立，何也？《春秋》之义，诸侯与正而不与贤也。正谓嫡长。

人者，众辞。立者，不宜立也。晋乃桓公之弟，庄公之子，以次当立，国人所共推戴，而谓其不宜立者，卫之臣子可以讨贼，不可以置君。晋虽诸侯之子，而内不承国于先君，上不请命于天子，众谓宜立而遂自立焉，可乎？故《春秋》于卫人特书立晋，以著擅置其君之罪；于晋去其公子，以明不请王命之非，而父子君臣之道正矣。然曰卫人立晋，则一国之公也。与书尹氏立朝为一族之私者异矣。此圣人之权衡所以不爽于毫末也。

日讲春秋解义卷三

隐　公

五年，春，公观鱼于棠。观，左作矢。棠，今山东鱼台县鱼亭山是其处。

左传　五年春，公将如棠观鱼者。鱼，捕鱼也。鱼者犹言猎者。臧僖伯谏曰：臧僖伯，公子彄也，谥曰僖。“凡物不足以讲大事，大事，祀与戎。其材不足以备器用，材谓皮、革、齿、牙、骨、角、毛、羽。器用，军国之器。则君不举焉。君，将纳民于轨、物者也。故讲事以度轨量谓之轨，取材以章物采谓之物。不轨不物谓之乱政，乱政亟行，所以败也。故春蒐、夏苗、秋狝、冬狩，蒐，索也，择取不孕者。苗，为苗除害也。狝，杀也，以杀为名，顺秋气也。狩，围守也，冬物毕成，获则取之无所择也。皆于农隙以讲事也。三年而治兵，入而振旅。虽四时讲武，犹复三年大习。振，整也。归而饮至，以数军实。数车徒器械及所获也。昭文章，车服旌旗。明贵贱，辨等列，顺少长，出则少者在前，还则在后，所谓顺也。习威仪也。鸟兽之肉不登于俎，俎，祭宗庙器。皮革、齿牙、骨角、毛羽不登于器，以饰法度之器。则公不射，古之制也。若夫山林川泽之实，器用之资，皂隶之事，士臣皂，皂臣舆，舆臣隶。官司之守，非君所及也。”公曰：“吾将略地焉。”略，总摄巡行之名，言欲案行边竟。遂往，陈鱼而观之，陈，设也。谓大设捕鱼之备而观之。僖伯称疾不从。书曰：“公矢鱼于棠”，矢亦陈也。非礼也，且言远地也。棠，实他竟，故曰远地。

公羊传　何以书？讥。何讥尔？远也。公曷为远而观鱼？登来之也。齐人语也，齐人名求得为得来，作登来者，由口授也。百金之鱼，公张之。张谓张罔罟。正以价值百金，故言得来之。登来之者何？美大之之辞也。棠者何？济上之邑也。

谷梁传　传曰：“常事曰视，视朔之类。非常曰观。”观鱼之类。礼尊不亲小事，卑不尸大功。尸，主。鱼，卑者之事也。《周礼》渔人，中士、下士。公观之，非正也。

君举必书，故诸侯非朝观会同，省耕省敛，不得轻出。隐公慢弃国政，远事逸游，托略地之说，拒谏饰非，故特书其事以志非礼。

附录左传　曲沃庄伯以郑人、邢人伐翼，曲沃，晋别封成师之邑，今山西闻喜县。庄伯，成师子。翼，晋旧都，今山西翼城县。王使尹氏、武氏助之。尹氏、武氏皆周世族大夫。翼侯奔随。随，杜注：晋地。今山西介休县东有古随城。晋内相攻伐，不告乱，故不书。传具其事，为后晋事张本。

夏，四月，葬卫桓公。

左传　夏，葬卫桓公。卫乱，是以缓。有州吁之乱，十四月乃葬，明其非慢。

谷梁传　月葬，故也。

卫桓公被弑，至是阅十四月，而后得葬。鲁往会之，故书。杀逆，人道之大变。送终，臣子之大事。君弑而臣子能讨贼以葬其君，然后送终之道尽，故《春秋》于见弑之君必贼既讨，而后书葬也。谥者，行之迹也。卫侯见弑，而谥以桓名，实乖矣。周制五等，诸侯礼辞皆称公，又有公食大夫礼葬，以邻国会之为义，故从周之文而不革也。

附录左传　四月，郑人侵卫牧，牧，卫邑，今河南汲县地。以报东门之役，东门役在四年。卫人以燕师伐郑，燕，南燕国，姞姓，伯爵。今汲县西有古东燕城。郑祭足、原繁、泄驾以三军军其前，使曼伯与子元潜军军其后。燕人畏郑三军而不虞制人。制，北制，郑邑。六月，郑二公子以制人败燕师于北制。二公子，曼伯、子元也。君子曰：不备不虞，不可以师。　曲沃叛王。秋，王命虢公伐曲沃，而立哀侯于翼。翼侯子光。

秋，卫师入郕。郕，公羊作盛，国名，姬姓，伯爵。今山东宁阳县北有盛乡城。

左传　卫之乱也，郕人侵卫，故卫师入郕。

公羊传　曷为或言率师，或不言率师？将尊师众，称某率师。将尊谓大夫。师众者，满二十五百人以上。将尊师少，称将。师少者，不满二千五百人。将卑师众，称师。将卑谓士。将卑师少，称人。君将不言率师，书其重者也。

谷梁传　入者，内弗受也。郕，国也。将卑师众曰师。

卫与郕皆文之昭也。郕乘乱侵卫，固为非礼。卫宣继州吁暴乱之后，当惩艾修德，以固邦本，以恤民力，乃轻动大众以入同姓之国，故书卫师入郕，讥其用众而逞暴也。

九月，考仲子之宫。

公羊传　考宫者何？考犹入室也，始祭仲子也。考，成也。成仲子之宫庙而祭之，犹生人入宫室必有饮食之事。桓未君，则曷为祭仲子？隐为桓立，故为桓祭其母也。然则何言尔？成公意也。

谷梁传　考者何也？考者，成之也，成之为夫人也。立其庙，世祭之，成夫人之礼。礼，庶子为君，为其母筑宫，使公子主其祭也。公当奉宗庙，故不得自主别庙之祭。公子者，长子之弟及妾之子。于子祭，于孙止。仲子者，惠公之母，隐孙而修之，非隐也。非责也。

仲子者，惠公之妾，桓公之母。宫始成而祭之曰考。礼，诸侯无二嫡，庶子既立为君，则为其母别立宫以祀之。其祭也，以公子主之，君不亲祭，尊宗庙也。桓未为君，何以为其母立庙？隐将举国而让之也。经于来赗、考宫皆书仲子，而其不得为嫡明矣。隐公摄让之实辨矣，桓公篡杀之罪昭矣。凡宫庙之立，非失礼不书，此著其不宜立也。不书立宫而书考宫，盖连下初献六羽以为义。

初献六羽。

左传　九月，考仲子之宫将万焉。万，舞也。公问羽数于众仲，对曰："天子用八，八八六十四人。诸侯用六，六六三十六人。大夫四，四四十六人。士二。二二四人。士有功赐用乐。夫舞，所以节八音而行八风，八音，金、石、丝、竹、匏、土、革、木。八风，八方之风，为调风、明庶风、清明风、景风、凉风、阊阖风、不周风、广莫风。节者，使音声有作止之序。行者，宣布其风气也。故自八以下。"惟天子得尽物数，故以八为列，诸侯则不敢用八。公从之。于是初献六羽，始用六佾也。

公羊传　初者何？始也。六羽者何？舞也。初献六羽何以书？讥。何讥尔？议始僭诸公也。六羽之为僭，奈何？天子八佾，诸公六，诸侯四。诸公者何？诸侯者何？天子三公称公，王者之后称公，其余大国称侯，小国称伯、子、男。天子三公者何？天子之相也。天子之相则何以三？自陕而东者，周公主之。自陕而西者，召公主之。一相处乎内。始僭诸公昉于此乎？前此矣。前此则曷为始乎此？僭诸公犹可言也，僭天子不可言也。

谷梁传　初，始也。谷梁子曰："舞夏，夏，大也。天子八佾，诸公六佾，诸侯四佾。初献六羽，始僭乐矣。"尸子曰："舞夏，自天子至诸侯皆用八佾，初献六羽，始厉乐矣。"言时诸侯皆僭用八佾，鲁于是能自减厉而始用六，谷梁子言其始僭，尸子言其始降。

旧说成王特赐周王公以天子之礼乐，故鲁得以八佾祀用焉。仲子以别宫故不敢上同群庙，而用六羽。书初献者，明前此用八之僭也。不谓之佾而曰羽者，佾乃干羽之总称，羽之象文德，干以象武功，妇人无武事则独奏文乐，故谓之羽，而不曰佾也。《春秋》于鲁之郊禘皆因事而书，以志其僭，故僭用八佾亦因考仲子之宫而书初献以明之。若仲子之不宜别宫，献羽则不待贬而自见矣。

邾人、郑人伐宋。

左传　宋人取邾田。邾人告于郑曰："请君释憾于宋，敝邑为道。"释四年再见伐之憾。郑人以王师会之，郑庄为王卿士，故得用王师。不书，不以告也。伐宋，入其郛，以报东门之役。东门役在四年。宋人使来告命。公闻其入郛也，将救之，问于使者曰："师何及？"对曰："未及国。"公怒，乃止。怒其诡辞。辞使者曰："君命寡人同恤社稷之难，今问诸使者，曰：'师未及国'，非寡人之所敢知也"。为七年公伐邾传。

郑构郑以伐宋，则主兵者郑也，故序郑上。凡班序上下，以国之大小，从礼之常也。而会盟侵伐以主者先，因事之变也。故僖二十七年楚人、陈侯、蔡侯、郑伯、许男围宋，大夫主兵，亦序于诸侯之上，所以著事端所由起，以别其善恶之所归也。

螟。此书虫灾之始。

公羊传　何以书？记灾也。

谷梁传　虫灾也，甚则月，不甚则时。

虫食苗心曰螟，言其害在内，冥冥难知也。稼穑为民生首务，螟之害稼，国之灾也。《春秋》于灾异必书，示人君当恐惧修省，以谨天戒恤民隐也。

冬，十有二月，辛巳，公子彄卒。

左传　冬十二月辛巳，臧僖伯卒。公曰："叔父有憾于寡人，恨谏观鱼不听。寡人弗敢忘。"葬之加一等。

谷梁传　隐不爵命大夫，隐居摄，故不爵命大夫。其曰公子彄，何也？先君之大夫也。公子不为大夫，则不称公子。

彄称公子，以公葬之，有加礼也。观鱼之谏公虽不听，而犹不忘其忠，死而加礼，于义为得。然知其忠而不纳其言，则与郭公之善善而不能用等耳。

宋人伐郑，围长葛。此书围之始。长葛，杜注：郑邑。今河南长葛县有故城。

左传　宋人伐郑，围长葛，以报入郛之役也。

公羊传　邑不言围，据伐于余丘不言围。此其言围何？强也。恶其强而无义，必欲得邑。

谷梁传　伐国不言围邑，此其言围，何也？久之也。以此冬围之，至六年冬乃取之也。伐不逾时，战不逐奔，诛不填服。填，厌。苞人民，殴牛马，曰侵。苞，制也。斩树木，坏宫室，曰伐。

环而攻之曰围。以此年之冬围至六年之冬，而后取之，直书而恶自见矣。外伐国围邑四，自僖公后无复见于经者。春秋之初，犹以围邑为重也。兵争日多，疆场之邑一彼一此，攻夺无常，则不复赴告于邻国矣。

六年，春，郑人来输平。输，左作渝。

左传　六年春，郑人来渝平，更成也。渝，变也。公之为公子，战于狐壤，为郑所执，逃归，怨郑。郑伐宋，公欲救宋，宋使者失辞，公怒而止。忿宋则欲厚郑，郑因此而来，故经曰渝平，传曰更成。

公羊传　输平者何？输平犹堕成也。何言乎堕成？败其成也。曰："吾成败矣。"吾，鲁也。吾与郑人末有成也。吾与郑人则曷为末有成？狐壤之战，隐公获焉。然则何以不言战？讳获也。君获不言师败绩，故以输平讳也。

谷梁传　输者，堕也。平之为言，以道成也。来输平者，不果成也。《春秋》前鲁与郑平，四年翚与宋伐郑，故来绝鲁，坏前平也。

平者，两国昔有怨忿解释而使之平也。输谓输写其情。郑何为输情而求平于鲁？以利相结而离鲁、宋之党也。据左氏，公之未立，与郑人战于狐壤，止焉。元年，与宋盟于宿。四年，遇于清，其秋会师伐郑，即鲁、宋为党，而与郑有怨明矣。五年，郑人伐宋，宋来告命，使者失辞，公怒，不救。郑人，知其间可乘，故来输平，而自是鲁遂合于郑也。何以知其以利相结也？后此郑来归祊，而公遂会郑伐宋，取郜及防，皆归于我，则其输平乃以利相结可知矣。公、谷以输平为堕成，非也。前此鲁、郑未尝结好，不宜言堕。左氏作渝，谓变前恶而为和好。以前年翚会伐郑证之，于情事为合。故胡氏安国用左氏之义，而不从其文，主公、谷作输，而易其诂，曰纳也。

附录左传　翼九宗五正、顷父之子嘉父逆晋侯于随，唐叔始封，受怀姓九宗，职官五正。九宗，一姓为九族也。五正，五官之长。顷父之子嘉父，晋大夫，新为大夫，未甚著见，故系之于父。纳诸鄂，晋人谓之鄂侯。鄂，晋别邑，在今山西乡宁县南。

夏，五月，辛酉，公会齐侯盟于艾。此书齐、鲁交好之始。艾，山名，在今山东蒙阴县西北。

左传　夏，盟于艾，始平于齐也。《春秋》前鲁与齐不平，今乃结好，故言始平于齐。

宋殇既合五国之师以伐郑，又环其邑而围之，郑之怨宋深矣。去年与邾伐宋，未足以释憾，故特平齐、鲁，为他日伐宋之谋。鲁与齐盟，而曰郑庄合齐、鲁者，以三年齐、郑盟石门，知齐、郑合党故也。盟不书及而书会，则非鲁志而齐欲为盟也。《春秋》通例，凡书盟者恶之，而况于植党行私乎？

附录左传　五月庚申，郑伯侵陈，大获。往岁，郑伯请成于陈，陈侯不许。五父谏曰：五父，陈公子佗。"亲仁善邻，国之宝也。君其许郑。"陈侯曰："宋、卫实难，郑何能为?"遂不许。君子曰：善不可失，恶不可长，其陈桓公之谓乎！长恶不悛，悛，止也。从自及也。从，随也。虽欲救之，其将能乎?《商书》曰："恶之易也，如火之燎于原，不可乡迩，其犹可扑灭?"周任有言曰：周任，周大夫。"为国家者，见恶如农夫之务去草焉，芟夷蕴崇之，绝其本根，勿使能殖，则善者信矣。芟，刈也。夷，杀也。蕴，积也。崇，聚也。

秋，七月。

公羊传　此无事，何以书?《春秋》虽无事，首时过则书。首，始也。时，四时也。过历一时无事则书其始月。首时过则何以书?《春秋》编年，四时具，然后为年。

《春秋》之法，虽无事必书时，而系以首月，四时具而后成岁也。事在仲月、季月则不书首月，而书时以冠其月，月必系于时也。

冬，宋人取长葛。

左传　秋，宋人取长葛。经书冬而传书秋，盖秋取，冬乃告也。

公羊传　外取邑不书，此何以书？久也。古者师出不逾时，今宋更年取邑，暴师苦众，故书以疾之。

谷梁传　外取邑不志，此其志，何也？久之也。

不言郑长葛者，蒙上文伐郑围长葛之文也。以郑庄之雄黠，非不能保长葛，而委之于宋，盖方连结齐、鲁为后日报复之计也。宋殇役众经年，肆行贪暴，而忌郑之深，实由公子冯之在郑也，其不善之积已著，而不可解矣。

附录左传　冬，京师来告饥，公为之请籴于宋、卫、齐、郑，礼也。告饥不以王命，故传言京师而不书于经。　郑伯如周，始朝桓王也。桓王即位，周、郑交恶，至是乃朝，故曰始。王不礼焉，周桓公言于王曰："我周之东迁，晋、郑焉依。周桓公，周公黑肩也。食采于周，故城在今陕西岐山县南。平王东徙，晋文侯、郑武公左右王室，故曰晋、郑焉依。善郑以劝来者，犹惧不蔇，蔇，至也。况不礼焉？郑不来矣。"为桓五年诸侯从王伐郑传。

七年，春，王三月，叔姬归于纪。

谷梁传　其不言逆，何也？逆之道微，无足道焉尔。逆者非卿。

叔姬，伯姬之娣。古者，诸侯一娶九女，嫁女之国必以侄娣从。二国来媵，亦以侄娣从。二年，伯姬归于纪，叔姬至是始归者，待年也。娣归不书，而叔姬书，以其后纪亡，叔姬不归宗国而归于酅，能全归道，以贤而得书。故此年特书其归，将有其末必著其本也。

滕侯卒。滕国，今山东滕县西南，古滕城是也。

左传　七年春，滕侯卒。不书名，未同盟也。凡诸侯同盟，于是称名，故薨则赴以名，盟以名告神，故薨亦以名告同盟。告终、称嗣也。告亡者之终，称嗣位之主。以继好息民，谓之礼经。

公羊传　何以不名？微国也。微国则其称侯何？不嫌也。《春秋》贵贱不嫌同号，美恶不嫌同辞。

谷梁传　滕侯无名，少曰世子，长曰君，狄道也。其不正者，名也。

诸侯卒书名，滕侯不名，程子谓史阙文也。不书葬，鲁不会也。古者邦交有常，春秋之时，则惟以强弱为厚薄。如晋、楚之远而鲁君亲奔其丧，以俟其葬。滕，邻境也。宿，同盟也。而赴告虽及，不会其葬。无其事，阙其文，鲁史之旧也。圣人无加损焉。存其卒，阙其葬，而义自见矣。

夏，城中丘。此书土功之始。中丘，鲁地，今山东沂州东北有中丘城。

左传　夏，城中丘。书不时也。

公羊传　中丘者何？内之邑也。城中丘何以书？以重书也。以功重故书。

谷梁传　城为保民为之也。民众城小，则益城。益城无极。凡城之志，皆讥也。

凡书城者，完旧也。书筑者，创始也。《春秋》凡用民力必书其所。兴作不时害义，固为罪矣，虽时且义亦书，见劳民为重事也。然僖公尝修泮宫、复閟宫矣，非不用民力也，而不书，盖复古兴废、奉先育贤乃为国之先务，虽用民力不可以已，故以为常事而不书耳。

齐侯使其弟年来聘。此书列国来聘之始。

左传　齐侯使夷仲年来聘，结艾之盟也。艾盟在六年。

公羊传　其称弟何？诸侯之子称公子。母弟称弟，母兄称兄。谓同母弟兄。

谷梁传　诸侯之尊，弟兄不得以属通。礼，非始封之君则臣诸父。昆弟，匹敌之称。人臣不可以敌君，故不得以属通。所以别贵贱，明尊君卑臣之义。其弟云者，以其来接于我，举其贵者也。弟为臣之亲贵者。

年者，僖公母弟也。其不称公子而变文书弟者，罪僖公以母弟之故而宠爱之过也。亲亲之道，尊其位，重其禄，而非贤则不及以政事。僖公私于同母，宠爱异于他弟，聘鲁致女，交政邻国，一以委之，遂致乱嫡庶之辨，以启异日无知篡弑之阶，故特书弟以示贬，著祸乱之所由始也。使使致问曰聘。古者，诸侯间于天子之事，乃有殷聘之礼。自隐公即位，未尝朝周，而受同列之聘。是后内外交聘八十有七，而尊王之礼罕见，故悉书以示讥焉。

秋，公伐邾。此书伐邾之始。

左传　秋，宋及郑平。七月庚申，盟于宿。公伐邾，为宋讨也。为宋报入郛之憾。

公与邾人元年盟于蔑，至是而伐邾，为宋讨也。其为宋讨何也？鲁尝拒宋而与郑平，今郑复与宋盟，故惧而伐邾，欲以悦宋也。用此见经之书伐，乃纪其用兵之实迹以别于侵，而非谓主兵者皆有言可执，见伐者皆有罪可讨，至于渝蔑之盟则不待贬而自见矣。

冬，天王使凡伯来聘。此书王聘之始。凡，国名，姬姓，伯爵，杜注：汲郡共县东南有凡城。在今河南辉县西。

戎伐凡伯于楚丘以归。此书戎患之始。楚丘，杜注：卫地。今山东曹县东楚丘亭是也。

左传　初，戎朝于周，发币于公卿，发，陈也。凡伯弗宾。凡伯，周卿士。冬，王使凡伯来聘。还，戎伐之于楚丘以归。传言凡伯所以见伐。

公羊传　凡伯者何？天子之大夫也。此聘也，其言伐之何？执之也。执之则其言伐之何？大之也。尊天王命，责当死位，故使与国同。曷为大之？不与夷狄之执中国也。其地何？大之也。天子大夫衔王命而被伐，所在当赴其难，与国君等。

谷梁传　凡伯者何也？天子之大夫也。国而曰伐，此一人而曰伐，何也？大天子之命也。戎者，卫也。戎卫者，为其伐天子之使，贬而戎之也。楚丘，卫之邑也。以归犹愈乎执也。讳执言以归，尊尊之正义。

《周礼》时聘以结诸侯之好，诸侯不修臣职而聘之，非王法也。国而曰伐，此一人而曰伐，见其以徒众也。楚丘，卫地。王使过宾，戎伐之而卫不救，是不臣也。凡伯见执不能死于其位而从之归，是失身也。王灵之不振如此，桓、文之功所以不可没与。

附录左传　陈及郑平。六年，郑侵陈，大获，今乃平。十二月，陈五父如郑莅盟。壬申，及郑伯盟，歃如忘。志不在歃。泄伯曰：泄伯，郑泄驾。“五父必不免，不赖盟矣。”郑良佐如陈莅盟，良佐，郑大夫。辛巳，及陈侯盟，亦知陈之将乱也。入其国，观其政治，故总言之也。为桓五年、六年陈乱，蔡人杀陈佗传。　郑公子忽在王所，故陈侯请妻之，以忽有王宠故。郑伯许之，乃成昏。为郑忽失齐昏援以至出奔传。

日讲春秋解义卷四

隐　公

八年，春，宋公、卫侯遇于垂。垂，杜注：卫地，济阴句阳县东北有垂亭。今山东曹州北句阳店是其地也。

左传　八年春，齐侯将平宋、卫，平宋、卫于郑。有会期。宋公以币请于卫，请先相见，卫侯许之，故遇于犬丘。犬丘，垂也，地有两名。

谷梁传　不期而会曰遇。遇者，志相得也。

按左氏，齐侯将平宋、卫于郑，而以经考之，后此瓦屋宋、齐、卫参盟而郑不与。十年，入郑伐戴，又宋、卫为党以仇郑，则此遇所谋，盖欲从齐，而无意于释郑憾也。三国既有会期，而宋以币请先见，则非不期而遇可知矣。

三月，郑伯使宛来归祊。庚寅，我入祊。祊，公羊、谷梁作邴。杜注：郑祀泰山之邑。今山东费县治故祊城是也。

左传　郑伯请释泰山之祀而祀周公，以泰山之祊易许田。三月，郑伯使宛来归祊，不祀泰山也。许田，成王赐周公朝宿之邑，后世因立周公别庙焉，地近郑。祊，郑助祭泰山汤沐之邑，地近鲁。郑以天子不能复巡狩，故欲以祊易许田，各从本国所近。恐鲁以周公别庙为疑，故云已废泰山之祀，欲为鲁祀周公，逊辞以求之也。

公羊传　宛者何？郑之微者也。邴者何？郑汤沐之邑也。天子有事于泰山，诸侯皆从。泰山之下，诸侯皆有汤沐之邑焉。有事者，巡狩祭天告至之礼也。当沐浴洁斋以致其敬，故谓之汤沐邑，所以尊待诸侯而共其费也。其言入何？难也。入非已至之文，难词也。其日何？难也。言不可即入，至此日乃入也。其言我何？言我者，非独我也。自入邑不得言我，有他人在其中，乃得言我。齐亦欲之。以齐与鲁、郑比聘会知之。

谷梁传　名宛，所以贬郑伯，恶与地也。去其族，恶擅易天子邑。入者，内弗受也。日入，恶入者也。邴者，郑伯所受命于天子，而祭泰山之邑。入之例见前，嫌易田与兵入异，故重发之。

六年，郑人来输平，盖请以祊归也。今使宛来归祊，盖将以易许也。许者，朝宿之地，在王畿之内，成王所以特赐周公也。祊者，汤沐之邑，在泰山之旁，宣王所以特赐郑伯也。祊近于鲁，许邻于郑，故各以所便相易。用此见郑有无君之心，而谓天王不复能巡狩矣。用此见郑有无亲之心，而敢以先祖所受之邑与人矣。入者，不顺之词，非我所有而强入之也。

附录左传　夏，虢公忌父始作卿士于周。周人遂畀之政。　四月甲辰，郑公子忽如陈逆妇妫。辛亥，以妫氏归。甲寅，入于郑。陈针子送女，先配而后祖。针子曰："是不为夫妇，诬其祖矣。非礼也，何以能育?"针子，陈大夫。礼，逆妇必先告祖庙而后行，郑忽先逆妇而后告庙，故曰先配而后祖。

夏，六月，己亥，蔡侯考父卒。

谷梁传　诸侯日卒，正也。

辛亥，宿男卒。

谷梁传　宿，微国也。未能同盟，故男卒也。

周人以谥易名，在礼赴告之词曰："寡君不禄"，则赴不以名明矣。而卒以名书，以会盟聘问素与鲁通，故志其人，以别其世次也。已通而不名者，旧史失之也。宿与鲁元年同盟，而卒不书名，则他可知矣。蔡宣公未与鲁通而卒书名，盖别有所微。凡此类皆旧史之文，孔子不得而加损者也。

秋，七月，庚午，宋公、齐侯、卫侯盟于瓦屋。此书外参盟之始。瓦屋，杜注：周地。今河南洧川县南瓦屋里是也。

左传　齐人卒平宋、卫于郑。秋，会于温，盟于瓦屋，以释东门之役，礼也。会温不书，不以告也。郑不与盟，故不书。

谷梁传　外盟不日，此其日，何也?诸侯之参盟于是始，故谨而日之也。三人为曰参盟。诰誓不及五帝，盟诅不及三王，交质子不及二伯。

瓦屋之盟，左氏以为齐平宋、卫于郑，而程子以为与郑绝者，盖宋、卫虽屈于齐而终不与郑平也。入《春秋》来书盟者七，皆二国相为盟。自参盟作而诸侯各树其党，邦交离合无常，会盟侵伐益多事矣。瓦屋，周地，三国会于此，既不入觐于王，而刑牲歃血私相要结，其蔑视王室之罪可胜诛哉？是盟也，关于世道升降之机为甚，故谨之。

八月，葬蔡宣公。

公羊传　卒何以名而葬不名?卒从正，而葬从主人。卒名，谨终辨实之正义。葬称公，从臣子之辞。卒何以日而葬不日?卒赴而葬不告。

谷梁传　月葬，故也。

蔡侯考父卒以夏六月，而以八月葬，盖逾月而葬矣。诸侯五月而葬，不及期，简也。葬举谥，故不名。不日，史失之。

附录左传　八月丙戌，郑伯以齐人朝王，礼也。郑伯不以虢公得政而背王，故礼之。上有七月庚午，下有九月辛卯，则八月不得有丙戌。

九月，辛卯，公及莒人盟于浮来。浮，公羊、谷梁作包。此书好莒之始，亦书鲁君特会外大夫之始。浮来，杜注：纪邑。在今山东莒州西。

左传　公及莒人盟于浮来，以成纪好也。二年纪、莒盟于密，为鲁故，今公寻之，故曰以成纪好。

公羊传　公曷为与微者盟？称人，微者。称人，则从不疑也。从，随也。称微者，则非公从人盟，而人从公盟，不疑矣。

谷梁传　可言公及人，不可言公及大夫。言大夫则敌公矣。

公曷为及莒之微者盟？左氏曰："成纪好也。"及者，内为志。凡公与强国之大夫盟则不书公及，讳强国之以无道加于公也，及齐高傒、晋处父盟是也。与小国之大夫盟则不讳公，以公自欲与盟，非为彼所强也。然以望国之君而降班以盟小国之大夫，失礼亦甚矣。

螟。

民以食为天，有灾必书，重民命也。

附录左传　冬，齐侯使来告成三国。公使众仲对曰："君释三国之图以鸠其民，鸠，集也。君之惠也。寡君闻命矣，敢不承受君之明德。"

冬，十有二月，无骇卒。骇，谷梁作侅。

左传　无骇卒，羽父请谥与族。公问族于众仲，众仲对曰："天子建德，立有德为诸侯。因生以赐姓，若舜由妫汭，故陈为妫姓。胙之土而命之氏。诸侯以字诸侯位卑不得赐姓，故其臣因氏其王父字。为谥，因以为族。或使即先人之谥称以为族。官有世功，则有官族，邑亦如之。"谓取其旧官旧邑之称以为族。公命以字为展氏。诸侯之子称公子，公子之子称公孙，公孙之子以王父字为氏。无骇，公子展之孙，故为展氏。

公羊传　此展无骇也。何以不氏？疾始灭也，故终其身不氏。入极为始灭，故终身贬之。

谷梁传　无侅之名，未有闻焉。或曰隐不爵大夫也，或说曰故贬之也。

无骇，公子展之孙也。何以名？公孙之子未赐族而为大夫者则书名，与异姓之臣等也。盖古者置卿，惟贤德是选。有世禄而无世官，春秋之初犹为近古。无骇与挟皆书其名而不氏耳。其后大夫世官无不赐之族，如鲁三桓、郑七穆，以字族也；宋戴氏、卫齐氏，以谥族也；晋士氏、中行氏，以官族也；韩氏、魏氏，以邑族也。子孙相继，亦世其官而不改，而先王之礼亡矣。故其弊至于三家专鲁，华向乱宋，六卿分晋，诸侯失国而出奔者相继，则惟其不遵先王世禄而不世官之礼，是以至此极也。观《春秋》所书，而是非之迹、治乱之效昭然可睹矣。

九年，春，天王使南季来聘。

谷梁传　南，氏姓也。季，字也。聘，问也。聘诸侯，非正也。

古者，天子于诸侯有时聘闲问之典，所以洽恩惠而通情志也。载在《周礼》，掌之行人。而谷梁氏乃以聘诸侯为非正，何也？按王制，诸侯之于天子，比年一小聘，三年一大聘，五年则躬往述职而朝焉。天子念其勤，故有时聘遣问以慰答之。今鲁隐嗣世九年，史策不书遣使如周，亦不书公如京师，则是朝聘之典俱缺也。以王法论之，贬爵削地在所不免，而遣使聘焉，其斯以为不正乎。通经所书，公如京师者一，朝于王所者二，卿大夫如京师者五，鲁于王室最亲，怠慢不臣如此，则他国可知矣。天王来聘于鲁者七，锡命者三，归脤者一，赗葬者四，恩数稠叠若此，则齐、晋、秦、楚诸大国聘问之勤不后于鲁，又可知矣。夫君臣上下之分，恃有纪纲礼法以维之，王朝无纪纲而后征伐自诸侯出，诸侯蔑礼法而后政事自大夫出，岂一朝一夕之故乎？记曰：聘觐之礼废则君臣之位失，而倍畔侵陵之败起矣，可不戒哉？

三月，癸酉，大雨，震电。庚辰，大雨雪。

左传　九年春王三月癸酉，大雨霖以震，书始也。书癸酉，始雨日。庚辰大雨雪，亦如之，书时失也。凡雨自三日以往为霖，平地尺为大雪。经有电无霖，传有霖无电，传不解经，盖所据简策错误。

公羊传　何以书？记异也。何异尔？不时也。何以书？记异也。何异尔？俶甚也。俶，始怒也。甚，犹太甚也。

谷梁传　震，雷也。电，霆也。电，雷之光，有霆必有电，故曰电霆。　志疏数也。八日之间，再有大变，阴阳错行，故谨而日之也。雨月，志正也。雨得其时则书月。

阳精发而为雷电，阴气凝而为雨雪，阴阳运动宜有常而无忒。周之三月，实夏之正月，雷未可以出，电未可以见，而大震电，此阳失其节也。雷既出，电既见，则雪不当复降，而大雨雪，则阳不能制阴而阴气纵矣。凡变见于天曰异，害及于民曰灾，《春秋》遇灾异必书，虽不若汉儒五行之说，每事强为征应，而天人相感之际实未可忽也。

挟卒。挟，公羊、谷梁俱作侠。

公羊传　侠者何？吾大夫之未命者也。

谷梁传　侠者，所侠也。侠，名也。所，其氏。或云所斥也，未详孰是。弗大夫者，隐不爵大夫也。隐之不爵大夫，何也？曰不成为君也。

夏，城郎。

左传　夏，城郎。书不时也。

隐公元年，费伯已帅师城郎。至此年复城之，盖因其旧而加修筑也。案，桓十年，三国来战于此。庄八年，俟陈、蔡师次于。此十年，齐、宋之师又次于此。是郎为鲁之要地，非不宜城，而城以夏，则非其时也。城以卫民，而因此以夺农时，则昧于为政之本矣。

秋，七月。

谷梁传　无事焉，何以书？不遗时也。

冬，公会齐侯于防。防，公羊作邴，杜注：鲁地，在琅琊华县东南。今山东费县东北有华城，即华县。

左传　宋公不王，郑伯为王左卿士，以王命讨之，伐宋。宋以入郛之役怨公，不告命。入郛在五年。公怒，绝宋使。　秋，郑人以王命来告伐宋。伐宋未得志，故欲再伐之。　冬，公会齐侯于防，谋伐宋也。

谷梁传　会者，外为主焉尔。

《周礼》大行人职，时会以发四方之禁，王事也。至《春秋》，诸侯或讲好，或谋事，自相见于隙地。或诸侯与邻国之大夫相见，或列国之大夫自相见，并以会名。故凡书会，皆讥也。据左氏，宋公不王，郑伯以王命讨之，使来告命，会于防，谋伐宋也，于中丘为师期也。果尔则奉王命讨不庭，经于会防及后伐宋宜有异文以发明其善，而与私会私伐者同辞，以是知其非王事也，盖矫假以逞私忿耳。

附录左传　北戎侵郑。郑伯御之，患戎师，曰："彼徒我车，惧其侵轶我也。"轶，突也。公子突曰：突，郑厉公也。"使勇而无刚者，尝寇而速去之。尝，试也。勇则能往，无刚不耻退。君为三覆以待之。戎轻而不整，贪而无亲，胜不相让，败不相救。先者见获，必务进。进而遇覆，必速奔。后者不救，则无继矣。乃可以逞。"从之。戎人之前遇覆者奔，祝聃逐之，祝聃，郑大夫。衷戎师，谓戎师在三伏之中。前后击之，尽殆，殆，死也。戎师大奔。十一月甲寅，郑人大败戎师。

十年，春，王二月，公会齐侯、郑伯于中丘。

左传　十年春王正月，公会齐侯、郑伯于中丘。癸丑，盟于邓，为师期。传言正月会癸丑盟，推经传日月，癸丑是正月二十六日，经二月，误。盟不书，盖公还告会而不告盟。邓，杜注：鲁地。当在今山东兖州府境。

春秋之初，诸侯擅兴不过彼此修怨耳。郑伯为王卿士，无王命而会齐、鲁，齐、鲁亦无王命而私与郑连兵，自是诸侯始横行而无所忌，此礼乐征伐自诸侯出之始事也。

夏，翚帅师会齐人、郑人伐宋。

左传　夏五月，羽父先会齐侯、郑伯伐宋。言先会，明非公本期。

公羊传　此公子翚也，何以不称公子？贬。曷为贬？隐之罪人也。故终隐之篇贬也。终隐之世皆去其族，至桓而复书族，明与桓同恶也。

翚之悖逆其来有渐，隐公不能辨之于早，始焉伐郑固请而行，今兹伐宋先期而往，肆行无忌，不待钟巫之变而已知其有无君之心矣。故兵柄下移，《春秋》屡致意焉，以示当制之于未乱也。若夫伐宋之是非，则直书其事而自见矣。

六月，壬戌，公败宋师于菅。菅，杜注：宋地。

左传　六月戊申，公会齐侯、郑伯于老桃。经不书会，不告于庙也。老桃，杜注：宋地。今山东济宁州北有桃乡城。六月无戊申，戊申五月二十三日，日误。

公羊传　壬戌，公败宋师于菅。

谷梁传　内不言战，举其大者也。战然后败，故败大于战。

两军皆陈曰战，今不言战而言败，盖不待陈而薄人于险，以诈谋取胜也，故以败之者为主。矫假王命，弃好怒邻，而遂郑报怨之私，虽以正用兵犹贬，况以诈谖取胜乎？

辛未，取郜。辛巳，取防。郜，在今山东城武县东南。防，在今山东金乡县西。

左传　庚午，郑师入郜。辛未，归于我。庚辰，郑师入防。辛巳，归于我。君子谓郑庄公于是乎可谓正矣，以王命讨不庭，下之事上，皆成礼于庭中。不贪其土，以劳王爵，正之体也。劳者，叙其勤以答之。鲁爵尊，郑爵卑，故言以劳王爵。

公羊传　取邑不日，此何以日？一月而再取也。何言乎一月而再取？甚之也。内大恶讳，此其言甚之何？《春秋》录内而略外。于外，大恶书，小恶不书。于内，大恶讳，小恶书。明取邑为小恶，一月再取，小恶中甚者耳，故书而不讳。

谷梁传　取邑不日，此其日，何也？不正其乘败人而深为利，取二邑，故谨而日之也。

经于二邑书鲁取，地归于鲁也。传书郑入而归于鲁，盖郑实主兵，故让鲁取之也。鲁、宋同盟，未尝有怨，入郛不救，其曲在鲁，乃中变而合郑以仇宋，实由输平归祊以利相结，故既胜之后复以二邑让鲁。直书其事，而背义尚诈、结党肆暴之恶具见矣。

附录左传　蔡人、卫人、郕人不会王命。不伐宋也。

秋，宋人、卫人入郑。

齐、鲁地远，宋量力不能报，故先结卫以报郑。郑方息师于郊，不暇守御，故入之易。诸侯不务讲信修睦，而结党报复，反覆相攻，皆由王政不纲，是以肆行而无所忌也。

宋人、蔡人、卫人伐戴。郑伯伐取之。戴，公羊、谷梁作载。戴国，子姓，杜注：陈留外黄县东南有戴城。今河南考城县东南考城故城是也。

左传　秋七月庚寅，郑师入郊，犹在郊。驻兵远郊，诱三国敝其师，因而取之。宋人、卫人入郑，蔡人从之伐戴。八月壬戌，郑伯围戴。癸亥，克之，取三师焉。宋、卫既入郑，而以伐戴召蔡人，蔡人怒，故不和而败。

公羊传　其言伐取之何？易也。其易奈何？因其力也。因谁之力？因宋人、蔡人、卫人之力也。

谷梁传　不正其因人之力而易取之，故主其事也。

戴居郑之北鄙，三国入郑而不能克，故移兵以伐其附庸。郑伯乘其敝，与戴合攻而取三师，其残民甚矣。

附录左传　九月戊寅，郑伯入宋。报入郑也。九月无戊寅，戊寅八月二十四日。

冬，十月，壬午，齐人、郑人入郕。郕，公羊作盛。

左传　冬，齐人、郑人入郕，讨违王命也。

谷梁传　入者，内弗受也。日入，恶入者也。郕，国也。

二国入郕，以郕不会伐宋也。宋以公子冯在郑，故二国交恶。左氏传云："宋公不王，郑伯以王命讨之。"据经所书不见其为王讨也。王臣不行，王师不出，矫假以逞私忿耳。盖齐所欲者，郕也。郑所欲者，许也。郑助齐以入郕，故明年秋，齐复助郑以入许。狥私结党，冯弱暴寡，其恶极矣。按传，隐三年，周人将畀虢公政与郑交恶。六年，郑伯朝周王不礼焉。八年，虢公作卿士于周。是年，郑伯以齐朝王。九年，以王命讨宋。于时郑伯为王左卿士，疑因再朝王复任之，而郑之朝王，阴欲假王命以搂诸侯而报私怨也。观其前则有取麦取禾之悖，观其后且为繻葛之战矣。春秋之不王孰有过于郑庄者？左氏蔽于其迹而不究其情，当以程子之说正之。

十有一年，春，滕侯、薛侯来朝。此书诸侯朝鲁之始。薛，任姓，杜注：鲁国薛县。今薛城在山东滕县南。

左传　十一年春，滕侯、薛侯来朝，争长。薛侯曰："我先封。"薛祖奚仲，夏所封，在周之前。滕侯曰："我周之卜正也。卜正，卜官之长，《周礼》有春官太卜。薛，庶姓也。非周同姓。我不可以后之。"公使羽父请于薛侯曰："君与滕君辱在寡人，周谚有之曰：'山有木，工则度之。宾有礼，主则择之。'周之宗盟，异姓为后。寡人若朝于薛，不敢与诸任齿。君若辱贶寡人，则愿以滕君为请。"薛侯许之，乃长滕侯。

公羊传　其言朝何？诸侯来曰朝，大夫来曰聘。其兼言之何？微国也。

谷梁传　天子无事，诸侯相朝，正也。事谓巡狩崩葬兵革之事。考礼修德，所以尊天子也。诸侯来朝，时正也。朝宜以时，故书时则正也。特言，同时也。特言谓别言也。如谷伯、邓侯来朝，同时来不俱至。累数，皆至也。累数，总言之也。如滕、薛来朝同时俱至。

《周礼》行人职，凡诸侯之邦交，殷相聘、世相朝也，其为礼亦节矣。周衰，典礼大坏，邦交惟视势之强弱。以鲁事考之，或来朝而不报其礼，或屡往而至于不纳，无复有以礼义相接者矣。况于天子述所职者，盖阙如也，而自相朝聘，可乎？故经于大国来聘，小国来朝，一切书而不削，恶其慢于王事也。且非天子不旅见诸侯，滕、薛二君不各书来朝而累数之，与谷伯、邓侯之来朝异文，是同日而旅见矣。隐公偃然而受之，罪可胜诛乎？

夏，公会郑伯于时来。公羊、谷梁夏字下有五月。时来，公羊作祁黎。杜注：时来，郑也。荥阳县东有厘城，郑地。在今河南开封府东。

左传　夏，公会郑伯于郑，谋伐许也。郑伯将伐许。五月甲辰，授兵于太宫。郑祖庙。公孙阏与颍考叔争车，公孙阏，郑大夫。颍考叔挟辀以走，辀，车辕。子都拔棘以逐之。子都，即公孙阏。棘，戟也。及大逵，逵，道方九轨。弗及，子都怒。

会者，外为主，此会郑志也。许远于齐、鲁而邻于郑，郑庄日思兼并，然不藉邻国之势则动非万全。故前年伐宋，克其二邑，郑不取而让于鲁，又助齐入郕，齐、鲁之交益固。然后连兵以压许，盖郑计入许之后齐、鲁不能越国以鄙远，则己安坐而得之矣。齐、鲁特为其所愚而不觉耳。故时来之会以郑主之也。

秋，七月，壬午，公及齐侯、郑伯入许。许，今河南许州，故城在州东北。

左传　秋七月，公会齐侯、郑伯伐许。庚辰，傅于许。附于城下。颍考叔取郑伯之旗蝥弧以先登，蝥弧，旗名。子都自下射之，颠。颠，坠而死。瑕叔盈又以蝥弧登，瑕叔盈，郑大夫。周麾而呼曰："君登矣！"郑师毕登。壬午，遂入许。许庄公奔卫。齐侯以许让公，公曰："君谓许不共，故从君讨之。许既伏其罪矣，虽君有命，寡人弗敢与闻。"乃与郑人。郑伯使许大夫百里奉许叔以居许东偏，许叔，许君弟。东偏，东鄙也。曰："天祸许国，鬼神实不逞于许君，而假手于我寡人，寡人惟是一二父兄，不能共亿，共，给。亿，安也。其敢以许自为功乎？寡人有弟，不能和协，而使糊其口于四方，弟谓共叔段。糊，鬻也，《说文》云寄食。其况能久有许乎？吾子其奉许叔以抚柔此民也，吾将使获也佐吾子。获，郑大夫。若寡人得没于地，天其以礼悔祸于许，无宁兹许公复奉其社稷，无宁，宁也。惟我郑国之有请谒焉，如旧昏媾，其能降以相从也。无滋他族，实逼处此，以与我郑国争此土也。吾子孙其覆亡之不暇，而况能禋祀许乎？寡人之使吾子处此，不惟许国之为，亦聊以固吾圉也。"圉，边垂也。乃使公孙获处许西偏，曰："凡而器用财贿，无置于许。我死，乃亟去之！吾先君新邑于此，先君谓武公。周宣王封弟友为郑伯，食采于畿内。友之子武公从平王东迁，取虢、郐二国之地居之，乃为新郑。王室而既卑矣，周之子孙日失其序。夫许，大岳之胤也。大岳，神农之后，尧四岳也。天而既厌周德矣，吾其能与许争乎？"君子谓郑庄公于是乎有礼。礼，经国家、定社稷、序民人、利后嗣者也。许无刑而伐之，刑，法也。服而舍之，度德而处之，量力而行之，相时而动，无累后人，死乃亟去之言，欲不累后人也。可谓知礼矣。　郑伯使卒出豭，行出犬鸡，以诅射颍考叔者。豭，猪别名。百人为卒，二十五人为行。君子谓郑庄公失政刑矣。政以治民，刑以正邪。既无德政，又无威刑，是以及邪。邪而诅之，将何益矣？

及者，内为主。时来书公会郑伯，明伐许本郑志也。此书公及齐侯、郑伯，则入许者公所欲也。盖自输平而后宛来归祊，又助鲁取二邑于宋，故公欲助郑并许以为报也。隐公即位十有一年，受天王之使而未尝朝聘，王室告丧既不奔赴且无赗赙，擅兴甲兵，植党肆暴，夺人城邑，今又助郑为虐，入人之国而逐其君，其不善积盖有不可逭者矣。

附录左传　王取邬、刘、蒍、邘之田于郑，邬，杜注：缑氏县西南有邬聚。在今河南偃师县西南。刘，杜注：缑氏县西北有刘亭。今亦属偃师县。蒍，在今河南怀庆偃师孟县之间。邘，今河南河内县西北邘台镇是也。而与郑人苏忿生之田，苏忿生，周武王司寇苏公也。温、注见前。原、杜注：在沁水县西。今河南济源县西北有原乡。絺、杜注：在野王。今河内县西南有絺城。樊、杜注：一名阳樊，野王县西南有阳城。在今济源县东南。隰郕、杜注：在怀县西南。今河南武陟县西南隰城是也。欑茅、杜注：在修武县北。今河南修武县北大陆村即其地。向、杜注：轵县西有地名向上，今济源县西南有向城。盟、杜注：盟津。在今孟县南。州、杜注：州县。今故城在河内县治东。陉、杜注：阙。《元和志·太行》陉在河内县西北三十里。在今怀庆府西北，一名丹陉。隤、杜注：在修武县北。京相璠曰："河内修武县北有故隤城。"怀。杜注：怀县。今武陟县西有怀县故城。十二邑皆苏忿生之田。君子是以知桓王之失郑也。恕而行之，德之则也，礼之经也。已弗能有，而以与人，人之不至，不亦宜乎？苏氏叛王十二邑，王所不能有，为桓五年从王伐郑张本。

郑、息有违言。息，国名，姬姓，侯爵，今河南息县。违言，以言语相违恨。息侯伐郑，郑伯与战于竟，息师大败而还。君子是以知息之将亡也，不度德，不量力，不亲亲，郑、息同姓之国。不征辞，不察有罪。犯五不韪，而以伐人，韪，是也。其丧师也，不亦宜乎？冬十月，郑伯以虢师伐宋。壬戌，大败宋师，以报其入郑也。入郑在十年。宋不告命，故不书。凡诸侯有命，告则书，不然则否。传因宋不告败而发此例。师出臧否亦如之。虽及灭国，灭不告败，胜不告克，不书于策。

冬，十有一月，壬辰，公薨。

左传　羽父请杀桓公，将以求大宰。太宰，官名。公曰："为其少故也，吾将授之矣。使营菟裘，吾将老焉。"菟裘，杜注：鲁邑，在泰山梁父县南。今山东泰安州南泗水县北有梁父城菟裘聚。羽父惧，反谮公于桓公而请弑之。公之为公子也，与郑人战于狐壤，止焉。内讳获，故言止。狐壤，郑地，《后汉志》颍川郡颍阴县有狐宗乡，疑即此，在今河南许州西。郑人囚诸尹氏。尹氏，郑大夫。赂尹氏，而祷于其主钟巫。主，尹氏所主祭。遂与尹氏归，而立其主。立钟巫于鲁。十一月，公祭钟巫，齐于社圃，园名。馆于寪氏。鲁大夫。壬辰，羽父使贼弑公于寪氏，立桓公，而讨寪氏，有死者。欲以弑公之罪加寪氏而不能正法，仅有死者而已。不书葬，不成丧也。

公羊传　何以不书葬？隐之也。何隐尔？弑也。弑则何以不书葬？《春秋》君弑贼不讨，不书葬，以为无臣子也。子沈子曰：称子冠氏上者，著其为师也。“君弑，臣不讨贼，非臣也。不复仇，非子也。葬，生者之事也。《春秋》君弑贼不讨，不书葬，以为不系乎臣子也。”公薨，何以不地？不忍言也。隐何以无正月？隐将让乎桓，故不有其正月也。

谷梁传　公薨不地，故也。隐之，隐犹痛也。不忍地也。其不言葬，何也？君弑贼不讨，不书葬，以罪下也。隐十年无正，隐不自正也。元年有正，所以正隐也。明隐宜立。

死者，人道之终也。故《春秋》于鲁君之薨，路寝而外，于小寝于别宫薹下皆明著其地，至薨而不地，则不有忍言者矣。不书葬，贼不讨也。使书公薨于寪氏，桓、翚之罪非徒不讨，后世且无由而识之矣。不书地，以著君父不得其死之实。不书葬，以警臣子复仇讨贼之心。非圣人莫能修此类是也。

日讲春秋解义卷五

桓公

公名轨，惠公之子，隐公之弟，弑兄自立。《史记》一名允。谥法辟土服远曰桓。

周 桓王九年。鲁桓公十五年，桓王崩，子庄王立。

郑 庄公三十三年。鲁桓公十一年，庄公卒，子昭公忽立。是年忽奔卫，厉公突立。桓公十五年，厉公奔蔡，昭公归。秋，突入于栎。桓十七年，昭公弑，立子亹。桓十八年，齐杀亹，祭仲立子仪。

齐 僖公二十年。鲁桓公十四年，僖公卒，子襄公诸儿立。

宋 殇公九年。鲁桓公二年，殇公弑，庄公冯立。

晋 翼哀侯七年。鲁桓公二年，哀侯侵陉庭，陉庭与曲沃武公谋。桓三年，曲沃伐翼，获哀侯。晋人立其子小子侯。桓七年，曲沃武公杀小子侯。桓八年，曲沃灭翼。冬，王命虢仲立晋哀侯之弟缗于晋。○曲沃武公六年。

卫 宣公八年。鲁桓公十二年，宣公卒，惠公朔立。桓十六年，惠公奔齐，公子黔牟立。

蔡 桓侯四年。鲁桓公十七年，桓侯卒，子哀侯献舞立。

曹 桓公四十六年。鲁桓公十年，曹桓公卒，庄公射姑立。

滕 详见隐公元年。

陈 桓公三十四年。鲁桓公五年，陈桓公卒，陈陀杀太子免而自立。桓六年，蔡人杀陈陀，厉公跃立。桓十二年，厉公卒，庄公林立。

杞 武公，详见隐公元年。

薛 详见隐公元年。

莒 详见隐公元年。

邾 仪父，详见隐公元年。

许 许叔，详见隐公元年。鲁桓公十五年，许叔入于许。

小邾　详见隐公元年。

楚　武王三十年。鲁桓公六年，伐随，使随请周尊楚号，周室不听，还报楚。桓公八年，熊通怒，自立为楚武王，与随人盟而去。详见庄公四年传注。

秦　详见隐公元年。

吴　详见隐公元年。

越　详见隐公元年。

日讲春秋解义卷五

桓　公

名轨，《史记》名允，惠公之子，隐公之弟。以桓王九年即位。谥法辟土服远曰桓。

元年。

人君继世，逾年改元，自是循数以编年，虽久而不易。至汉孝文改后元年，孝武又因事别建年号，历代因之。或一世而屡易，或一岁而再更，记注繁芜，莫可胜纪。乃知《春秋》编年为万世不易之法也。

春，王正月，公即位。

公羊传　继弑君不言即位，此其言即位何？如其意也。弑君欲即位，故如其意，以著其恶。

谷梁传　桓无王，其曰王何也？桓公十八年，唯元年、二年、十年、十八年有王，自外皆无王，故传据以发问。谨始也。其曰无王何也？桓弟弑兄，臣弑君，天子不能定，诸侯不能救，百姓不能去，以为无王之道，遂可以至焉尔。元年有王，所以治桓也。　继故不言即位，正也。故谓弑也。继故不言即位之为正，何也？曰：先君不以其道终，则子弟不忍即位也。继故而言即位，则是与闻乎弑也。继故而即位，是为与闻乎弑，何也？曰：先君不以其道终，已正即位之道而即位，是无恩于先君也。推其无恩，则知与弑也。

继故而书即位，则为与闻乎弑，何也？以无哀先君之心，故泰然而行即位之礼也。桓公之书即位与文、成、襄、昭同，何以知其与闻乎弑也？隐公之薨，不地不葬，则不以道终显然矣。桓之篇十四年春不书王，以王纲不振，故篡弑之贼得泰然而安于其位也。元年书王，以逾年即位，正王法当行之日也。然则公羊氏所称桓幼而贵、隐长而卑者非乎？非也。诸侯不再娶，惠公元妃既卒，继室以声子，则是摄行内主之事矣。隐之立，正也。其欲授桓，实让而非摄也。隐让而桓弑，罪不容于诛矣。

三月，公会郑伯于垂。

谷梁传　会者，外为主焉尔。郑伯所以欲为此会者，为易田故。

郑伯欲得许田以自广，是以为垂之会。盖知桓之篡逆意不自安，特假以求赂焉，度鲁急于会诸侯，必从所欲故也。夫郑庄与隐公同盟缔好，今见其贼不能讨，反有所要求，欲以定其位，故书公会郑伯。会者，外为主，言郑志也。

郑伯以璧假许田。

左传　元年春，公即位，修好于郑。郑人请复祀周公，卒易祊田，事在隐八年。公许之。三月，郑伯以璧假许田，为周公祊故也。鲁不宜听郑祀周公，又不宜易取祊田，犯二不宜以动，故隐其实。不言祊，称假璧，言若进璧以假田，非久易也。

公羊传　其言以璧假之何？易之也。易之，则其言假之何？为恭也。使若暂假借之辞。曷为为恭？有天子存则诸侯不得专地也。许田者何？鲁朝宿之邑也。诸侯时朝乎天子，天子之郊，诸侯皆有朝宿之邑焉。古者，诸侯朝于天子，至远郊不敢便入，必先告至天子，以诸侯远来朝为告，至之须当有所止宿，故赐邑于远郊，其实天子地，诸侯不得专也。此鲁朝宿之邑也，则曷为谓之许田？讳取周田也。讳取周田，则曷为谓之许田？系之许也。曷为系之许？近许也。此邑也，其称田何？田多邑少称田，邑外之田亩多，邑内之家数少，则称田。邑多田少称邑。邑内之家数多，邑外之田亩少，则称邑。

谷梁传　假不言以，言以非假也。非假而曰假，讳易地也。礼，天子在上，诸侯不得以地相与也。无田则无许可知矣。不言许，不与许与也。但言以璧假许而不继田，则许属郑也。今言许田，明以许之田与郑，不与许邑。许田者，鲁朝宿之邑也。邴者，郑伯之所受命而祭泰山之邑也。泰山非郑竟，从天王巡狩，受命而祭也。用见鲁之不朝于周，而郑之不祭泰山也。擅相易则知朝祭并废。

隐公八年，郑来归祊，本欲易许田也。鲁受祊而未与许田，以祊薄于许也。及桓公弑立，郑伯乘其位之未定，复要许田，而加璧以请焉。知桓方自危，不敢不从也。其不曰以璧易而谓之假者，为国讳恶且示有归道也。桓乃无父无君之人，则弃先祖之地，废朝觐之礼，曾不以动其心宜矣。

夏，四月丁未，公及郑伯盟于越。越，杜注：近垂，地名。当在今山东曹州附近。

左传　夏四月丁未，公及郑伯盟于越，结祊成也。盟曰："渝盟，无享国。"

谷梁传　及者，内为志焉尔。越，盟地之名也。

郑伯先为垂之会以求许田，公既以许田委郑，而因欲固郑好以自安，故复为此盟。书公及，鲁志也。卫州吁弑桓公而自立，则朝陈而请觐于王。曹负刍弑宣公之子而自立，诸侯与会于戚而执之，曹人请于晋曰："若有罪则君列诸会矣。"乱臣贼子所惧者，天子之征、邻封之讨耳。天子而许之觐，邻国而与之会，则可安于其位矣。此衰周之乱政也。鲁自隐公以来与齐、郑亲，郑伯数假王命以兴师，战克攻取，诸侯畏之，故桓公不惜弃先祖之地以求为此盟，而又求昏于齐以自固也。至郑伯之恶，则不待贬绝而自见矣。

秋，大水。此书水灾之始。

左传　秋，大水。凡平原出水为大水。广平曰原。雨自上而下，浸润于土，陂障下地，可使水潦停焉。平原高地不应有水，而云出水者，水不入于土而出于地上也。

公羊传　何以书？记灾也。

谷梁传　高下有水灾曰大水。

水灾，阴沴之发也。大者，非常之词。书大水则害禾稼、毁庐舍不待言矣。书时不书月，以见泛滥为害，历时未平也。变不虚生，盖可忽乎哉？

冬，十月。

谷梁传　无事焉，何以书？不遗时也。《春秋》编年，四时具而后为年。

附录左传　冬，郑伯拜盟。郑伯若自来则经不书，若遣使则当言郑人，不得称郑伯，疑谬误。宋华父督见孔父之妻于路，华父，大夫氏。督，名。宋戴公孙。孔父，宋大司马。父，其名。谷梁以父为字谥，非也。目逆而送之，曰："美而艳。"

二年，春，王正月。

谷梁传　桓无王，其曰王何也？正与夷之卒也。

元年书王，篡弑之贼逾年即位而临臣民，王法宜急施也。二年复书，王丧期未毕，犹冀王之能讨也。过此而不讨，则终无望矣。故三年以后不复书王也。先儒以为正宋督之弑，义亦可通。但二百四十年，他国有篡弑之变，未尝不书王，则非《春秋》之本旨也。

戊申，宋督弑其君与夷及其大夫孔父。

左传　二年春，宋督攻孔氏，杀孔父而取其妻。公怒，督惧，遂弑殇公。君子以督为有无君之心，而后动于恶，故先书弑其君。

公羊传　及者何？累也。从君而死曰累。弑君多矣，舍此无累者乎？曰有。仇牧、荀息皆累也。仇牧事在庄十二年，荀息事在僖十年。舍仇牧、荀息无累者乎？曰有。有则此何以书？贤也。何贤乎孔父？孔父可谓义形于色矣。其义形于色奈何？督将弑殇公，孔父生而存，则殇公不可得而弑也。故于是先攻孔父之家，殇公知孔父死己必死，趋而救之，皆死焉。孔父正色而立于朝，则人莫敢过而致难于其君者，孔父可谓义形于色矣。

谷梁传　孔父先死，其曰及，何也？书尊及卑，《春秋》之义也。孔父之先死，何也？督欲弑君而恐不立，于是乎先杀孔父，孔父闲也。闲，捍御也。何以知其先杀孔父也？曰：子既死，父不忍称其名。臣既死，君不忍称其名。以是知君之累之也。孔氏父字，谥也。或曰：其不称名，盖为祖讳也。孔子故宋也。

孔父既死而后殇公弑，先书弑君者，督有无君之心，而后敢加刃于孔父也。书及其大夫，褒死节也。孔父不能早正殇公之德，预遏华督之奸，而《春秋》褒其节，何也？孔父生而存，则殇公不可得而弑，其正色立朝，实足以卫宗而怵奸邪，不可以变出意外而遂没其节也。观华督及徒人费、石之纷如、贾举、州绰之类，皆与君偕死而不书，则知书者皆《春秋》之所予矣。

滕子来朝。

滕，侯国，何以称子？时王所贬也。王政之不行于诸侯久矣，何以能加于滕小国？犹有听命者也。故杞于桓以侯见，至僖而书子。薛于隐以侯见，至庄而书伯。与滕子为三，皆微国也，大国莫见焉。杞于僖以子见，至文复书伯，亦时王进之也。或以为孔子之褒贬，非也。诸侯之恶有大于三国者矣，何以不贬？以是知其不可通也。按卓氏尔康曰："灌甫曰，乐正子记滕、薛旅朝隐公，桓王闻之。征朝皆黜焉"，则信而有征矣。

三月，公会齐侯、陈侯、郑伯于稷，以成宋乱。稷，杜注：宋地，当在今河南归德府境。

左传　会于稷，以成宋乱，为赂故，立华氏也。言立以为卿。宋殇公立，十年十一战，民不堪命。孔父嘉为司马，嘉，孔父字。督为太宰，故因民之不堪命，先宣言曰："司马则然。"已杀孔父而弑殇公，召庄公于郑而立之以亲郑。庄公，公子冯也。隐三年出居于郑。以郜大鼎赂公。郜国所造之鼎，故名郜大鼎。郜，杜注：国名，济阴城武县东南有郜城。盖郜有二城，南郜城则为宋邑，隐十年取郜是也。北郜城则为郜国。俱在山东城武县。

齐、陈、郑皆有赂，故遂相宋公。

公羊传　内大恶讳，此其目言之何？目，指斥也。远也。所见异辞，所闻异辞，所传闻异辞。隐亦远矣，曷为为隐讳？谓观鱼之事。隐贤而桓贼也。桓篡弑与宋督同恶相济，故贱不为讳也。

谷梁传　以者，内为志焉尔。公为志乎成是乱也。此成矣，取不成事之辞而加之焉。取不成事之辞，若云宋乱本不可成，桓实强成之。于内之恶，而君子无遗焉尔。桓，弑逆之人，故极言其恶。无所遗漏。

会未有言其所为，此特言所为者，盖事关世变篡弑之祸，接迹天下，自此会始也。向也，合五国之君大夫以定州吁，而州吁卒讨。今也，合四国之君以立华督，而督遂世为国卿。乱臣贼子自是泰然无所忌惮矣。《春秋》讳国恶，独此直书公会，以桓公身为大恶，诸侯不能讨其乱而反与共会成宋乱，乃人道之极变也。《春秋》特书所为者二，此会与澶渊之会是也。盖不书以成宋乱，则此会疑谋讨华督。不书宋灾故，则澶渊之会疑谋讨蔡般。此所谓大义数十，炳如日星，圣人直书以著褒贬者也。

夏，四月，取郜大鼎于宋。戊申，纳于大庙。

左传　夏四月，取郜大鼎于宋。戊申，纳于大庙，非礼也。臧哀伯谏曰：哀伯，鲁大夫僖伯之子。“君人者，将昭德塞违以临照百官，犹惧或失之，故昭令德以示子孙。是以清庙茅屋，清庙，肃然清兆之称。茅屋，以茅饰屋。大路越席，大路，玉路，祀天车也。越席，结草为席。大羹不致，大羹，肉汁。不致五味。粢食不凿，黍稷曰粢，不精凿。昭其俭也。衮冕黻珽，衮，画衣。冕，冠也。黻，韦韠，以蔽膝。珽，玉笏也。带裳幅舄，带，革带。裳，下衣。幅，今之行縢，逼束其胫，自足至膝。舄，复履。衡紞纮綖，衡，维持冠者。紞，冠之垂者。纮，缨从下而上者。綖，冠上覆。昭其度也。藻率鞞鞛，藻率，以韦为之，所以藉玉。鞞，佩刀削上饰。鞛，下饰。鞶厉游缨，鞶，大带。厉，大带之垂者。游，旌旗之游。缨，在马膺前。昭其数也。火龙黼黻，火，画火也。龙，画龙也。白与黑谓之黼，文如斧。黑与青谓之黻，文如两已相背。昭其文也。五色比象，车服器械之有五色，皆以比象天地四方。昭其物也。示器物不虚设。钖鸾和铃，钖在马额，鸾在镳，和在衡，铃在旂。昭其声也。三辰旂旗，日月星为三辰，画于旂旗。昭其明也。夫德，俭而有度，登降有数。登降谓上下尊卑。文物以纪之，声明以发之，以临照百官。百官于是乎戒惧而不敢易纪律。今灭德立违，谓立华督违命之臣。而置其赂器于大庙以明示百官。百官象之，其又何诛焉？国家之败由官邪也，官之失德，宠赂章也。郜鼎在庙，章孰甚焉？武王克商，迁九鼎于洛邑，九鼎，殷所受夏九鼎也。武王克商乃营洛邑，而迁九鼎焉。洛邑，杜注：武王但营洛邑，未有都城。周公乃卒营洛邑，谓之王城，即河南城也。今河南洛阳县城内西偏即王城故址。义士犹或非之，夷齐之属。而况将昭违乱之赂器于大庙，其若之何？”公不听。周内史闻之曰：内史，周大夫官。“臧孙达其有后于鲁乎！君违，不忘谏之以德。”

公羊传　此取之宋，其谓之郜鼎何？器从名，从旧主之名。地从主人。从见在得地之主人。器何以从名？地何以从主人？器之与人，非有即尔。器之始造各有主，非今有之，而即可为是人之器也。故其名必从本主。宋始以不义取之，故谓之郜鼎。至乎地之与人则不然，俄而可以为其有矣。土地无常主，故俄而可以为其有矣。然则为取可以为其有乎？承上文言，地既可以俄而为所有，则既为所取，遂可以为所有，而于义无伤乎？曰否。何者？若楚王之妻娟，无时焉可也。娟，妹也。引此为喻，明其终不可为有也。何以书？讥。何讥尔？遂乱受赂，遂，成也。纳于大庙，非礼也。

谷梁传　桓内弑其君，外成人之乱，受赂而退，以事其祖，非礼也。其道以周公为弗受也。郜鼎者，郜之所为也。曰宋，取之宋也，鼎本郜国所作，宋后得之。以是为讨之鼎也。讨宋乱而更受其赂鼎。孔子曰：“名从主人，谓作鼎之主人。物从中国。”谓鼎在宋。故曰郜大鼎也。

宋以郜鼎赂公，不曰宋人来归，而曰取于宋，蔽罪于鲁也。曰郜大鼎，宋本以不义取鼎于郜，而鲁又取之于宋也。定弑逆之贼，取其赂器，置于太庙，以明示百官。其后公子牙、庆父仲遂意如之恶，岂非则而象之者与？取者，得非其有之。称纳者，内不受之辞。不曰献而曰纳，其义以先祖为不受也。《春秋》书致赂者三。宋以郜鼎赂而书鲁取，蔽罪于鲁也。鲁以济西赂而书齐取，蔽罪于齐也。齐致卫宝而书齐人来归，明齐首恶，且结正诸侯之罪，不独在鲁也。

秋，七月，杞侯来朝。公羊、谷梁皆作纪侯。

左传　秋七月，杞侯来朝，不敬。杞侯归，乃谋伐之。

谷梁传　朝时，此其月，何也？前滕侯、薛侯来朝止称时。桓内弑其君，外成人之乱，于是为齐侯、陈侯、郑伯讨，数日以赂，讨，计也。为三国计功劳，数日月多寡，以责宋赂。己即是事而朝之。己，纪也。恶之，故谨而月之也。

左氏误以纪为杞，见下有入杞事，遂为不敬之说。杞爵非侯，文误也。及纪侯大去之后，杞无以侯见者矣。故知凡杞称侯者，皆当为纪。

蔡侯、郑伯会于邓。邓，按公羊盖邓国，今湖广襄阳府东北邓城是，与杜注异。

左传　蔡侯、郑伯会于邓，邓，杜注：颍川召陵县西南有邓城，盖蔡地也。始惧楚也。楚，杜注：楚国，南郡江陵县北纪南城也。今江陵县属湖广荆州府，纪南城在府北。

公羊传　离不言会，二国会曰离。此其言会何？盖邓与会尔。

此外诸侯相会之始，而楚为中国患，已兆其端。关于天下之故非小，故《春秋》特书之。荆楚负险恃强，有道后服，见于《商颂》《周雅》。及周之衰，僭号称王，威行江汉，至是遂有凭陵上国之心。三国地与之近，是以惧而为会。其后邓首见灭，蔡侯为俘，终春秋之世，郑被蹂轥不能自强于政治，而欲恃外交以抗强大，果何益乎？此孟子所以言以小事大，惟在于强为善也。

九月，入杞。

左传　九月，入杞，讨不敬也。

谷梁传　我入之也。

将卑师少，外则称入，内则但云入某、伐某。故知入杞者，鲁也。或疑蔡、邓入杞，然考之于经，如灭逼阳、灭赖蒙，前事而书者皆称遂，此不称遂，则为鲁人无疑矣。

公及戎盟于唐。

左传　公及戎盟于唐，修旧好也。惠、隐之好。

隐公因戎请至再，而后与之盟。今戎未尝请，而桓及之盟，盖身负大恶，欲结好以自固，与及郑盟越之意同也。

冬，公至自唐。此书至之始。

左传　冬，公至自唐，告于庙也。凡公行，告于宗庙。反，行饮至，舍爵策勋焉，礼也。爵，饮酒器。既饮置爵，则书勋劳于策，速纪有功也。特相会，往来称地，让事也。特相会，公与一国会也。会必有主，二人独会则莫肯为主，彼此相让，会事不成，故但书地。自参以上则往称地、来称会，成事也。成会事。

谷梁传　桓无会而其致，何也？远之也。桓会甚众，而曰无会者，无致会也。此以远故，危而致之。

凡君行，告于宗庙，反必告至，礼之常也。书至者，未行饮至之礼也。凡书至，皆称自会以盟，皆因会而为之。还时虽并以盟告，而出则未有以盟告者，故不云至自盟也。其或会盟之后复有侵伐之事，如僖二十八年会于温，遂围许，而书公至自围许。襄十年会于柤，遂灭逼阳，而书公至自会。则时史之异亦因其告庙之文本异，而书于册耳。

附录左传　初，晋穆侯之夫人姜氏以条之役生大子，条，杜注：晋地。今山西安邑县有中条山，县北有鸣条冈。穆侯七年，战条。大子，文侯也。命之曰仇。意取战相仇怨。其弟以千亩之战生。弟，桓叔也。千亩，杜注：西河介休县南有地名千亩。今山西介休县有千亩原。穆侯十年，战千亩。命之曰成师。意取能成其众。师服曰：晋大夫。"异哉，君之名子也！夫名以制义，名之必可言也。义以出礼，礼从义出。礼以体政，政以礼成。政以正民，是以政成而民听，易则生乱。嘉耦曰妃，怨耦曰仇，古之命也。自古有此言。今君命太子曰仇，弟曰成师，始兆乱矣。兄其替乎！"太子、桓叔并因战为名，而所附意异，故师服知桓叔之党必盛于晋以倾宗国。惠之二十四年，鲁惠公也。晋始乱，故封桓叔于曲沃。文侯卒，子昭侯立，危不自安，故封桓叔为曲沃伯。靖侯之孙栾宾傅之。靖侯，桓叔之高祖，以贵宠公孙为傅相。后遂为栾氏，盖其父字栾。师服曰："吾闻国家之立也，本大而末小，是以能固。故天子建国，立诸侯也。诸侯立家，立卿大夫之家。卿置侧室，侧室，众子也。得立此一官。大夫有贰宗，大夫，身是適子为小宗，亦立次者为贰宗，以相辅贰。士有隶子弟，士卑，自以子弟为仆隶。庶人、工商各有分亲，皆有等衰。衰，杀也。自天子至于庶人，各有等第降杀。是以民服事其上，而下无觊觎。下不冀望上位。今晋，甸侯也，而建国，本既弱矣，其能久乎？"惠之三十年，晋潘父弑昭侯而纳桓叔，不克。潘父，晋大夫。时桓叔入晋败归。晋人立孝侯。昭侯子。惠之四十五年，曲沃庄伯伐翼，弑孝侯。庄伯，桓叔子。翼人立其弟鄂侯。鄂侯生哀侯。鄂侯，以隐五年奔随，其年王立哀侯于翼。哀侯侵陉庭之田。陉庭，杜注：翼南鄙邑。今山西翼城县东南有荧庭，《城志》云即陉庭也。陉庭南鄙启曲沃伐翼。

三年，春，正月。

自三年以后月不系王，以著桓之无王，与天王之失政也。诸侯丧毕，以士服见天子，天子锡之爵命，然后归治其国。桓弑其君，又成人之乱，当类见之期又不入见而请命焉，是无王也。桓王不能施九伐之法，又明年而宰纠且下聘焉，王纲尽坠，天下自是不复知有王矣。或以为周不颁历，昭公末年，王室有子朝之乱，岂暇颁历？

而经皆书王，非不颁历明矣。又以为此阙文，安得一公之内凡十四年皆不书王？为此说者皆不明于《春秋》讨贼之义者也。

附录左传　三年春，曲沃武公伐翼，武公，庄公子。次于陉庭。凡师再宿为信，过信为次。韩万御戎，韩万，庄伯弟。梁弘为右。右，戎车之右。逐翼侯于汾隰，汾，《释例》汾水出太原，故汾阳县，至河东汾阴入河。今汾水出山西静乐县，西南至荥河县北入河。静乐，汉汾阳。荥河，汉汾阴也。汾隰，汾水边。骖絓而止，骖，騑马。夜获之，《国语》云杀哀侯。及栾共叔。共叔，桓叔之傅，栾宾之子。

公会齐侯于嬴。嬴，杜注：齐邑，泰山嬴县。故城在今山东泰安州东南。

左传　会于嬴，成昏于齐也。公不由媒介，自与齐侯会而成昏。

鲁桓惧方伯之有讨而乞昏于齐，以为此会。非媒而昏，昏不以正也。越境而会，会不以正也。使其私人往，逆不以正也。为齐侯而亲迎，迎不以正也。故于嬴之会谨而书之。

夏，齐侯、卫侯胥命于蒲。蒲，杜注：卫地，在陈留长垣县西南。今直隶长垣县治故蒲或是也。

左传　夏，齐侯、卫侯胥命于蒲，不盟也。

公羊传　胥命者何？相命也。相命以言，不歃血为誓。何言乎相命？近正也。此其为近正奈何？古者不盟，结言而退。

谷梁传　胥之为言，犹相也。相命而信谕，谨言而退，以是为近古也。是必一人先，其以相言之，何也？不以齐侯命卫侯也。倡和理均，不以齐大卫小而分别之。

世至春秋，列国多变，倾危成俗，盟诅多渝。二国为会，相命以言，不复刑牲歃血，要质于鬼神。故公羊、谷梁皆以为近古。而荀卿亦谓春秋善胥命也。或谓相命为方伯，则经当明著其事，以正其不命于王而私相命之罪矣。按左氏，庄二十一年，郑、虢胥命于弭同谋纳王，不可谓相命以伯。况齐、卫胥命以后，不闻有会盟侵伐之事，其战于郎及盟于恶曹，皆以郑忽之故，则非相命以伯明矣。

六月，公会杞侯于郕。杞，公羊作纪。郕，公羊作盛。

左传　公会杞侯于郕，杞求成也。

凡称杞侯者，皆当作纪。纪侯惧齐，欲亲鲁为援，冀抗齐、郑。观桓之六年复与公为郕之会，而冬又来朝，则此会之为纪明矣。

秋，七月，壬辰，朔，日有食之，既。

公羊传　既者何？尽也。

谷梁传　言日言朔，食正朔也。既者，尽也。有继之辞也。尽而复生，谓之既。

言日言朔，食正朔也。既，尽也。历家以日月交会，月掩日故食，食既则正相掩，而日光为之尽也。《谷梁传》曰："言日言朔，食正朔也。"言朔不言日，食既朔也。言日不言朔，食晦日也。不言日不言朔，夜食也。夫夜食而晓见其伤，则时刻可稽，何为不书朔与日乎？且使日食于亥子之交，未出地而明复，则虽朝日何从见其亏伤之处耶？盖日食不占夜，犹月食不占昼，是以唐一行算历上溯往古千有余年，日食常在昼，月食常在夜。《春秋》所书日食，或有日而无朔，或有朔而无日，或日朔并失，乃旧史有详略耳。

公子翚如齐逆女。

左传　秋，公子翚如齐逆女，修先君之好，故曰公子。昏礼虽奉时君之命，其言必称先君以为礼辞。故公子翚逆女，传称修先君之好。公子遂逆女，传称尊君命。互举其义。

谷梁传　逆女，亲者也。使大夫，非正也。

翚至桓公之编始称公子，桓以为谋主，德其援立，而加崇宠也。翚为桓弑隐，即为桓逆女以结好于齐，所以定桓而因自固也。遂之于宣亦然，皆不待贬绝而罪恶见者也。

九月，齐侯送姜氏于讙。讙，杜注：鲁地，济北蛇丘县西有下讙亭。《水经注》云："俗讹为夏晖城。"今山东肥城县西南有故城。

左传　齐侯送姜氏，非礼也。凡公女嫁于敌国，姊妹则上卿送之，以礼于先君；公子则下卿送之。于大国，虽公子亦上卿送之。于天子，则诸卿皆行，公不自送。于小国，则上大夫送之。

公羊传　何以书？讥。何讥尔？诸侯越竟送女，非礼也。此入国矣，何以不称夫人？自我言齐，父母之于子，虽为邻国夫人，犹曰吾姜氏。

谷梁传　礼，送女，父不下堂，母不出祭门，诸母兄弟不出阙门。祭门，庙门也。阙，两观也，在祭门外。父戒之曰：谨慎从尔舅之言。母戒之曰：谨慎从尔姑之言。诸母般申之曰：谨慎从尔父母之言。般，囊也。所以盛朝夕所须，以备舅姑之用。送女逾竟，非礼也。讙，鲁地也。父母兄弟无越竟送女之礼，讥齐侯也。入国矣，何以不称夫人？未庙见犹未入国也，故从齐侯而为之辞。

公会齐侯于讙。

谷梁传　无讥乎，曰为礼也。齐侯来也，公之逆而会之可也。

齐侯送女入鲁竟，公以会礼接之，两失之矣。《春秋》谨而书之，所以正人伦之始也。

夫人姜氏至自齐。

公羊传　翚何以不致？得见乎公矣。

谷梁传　其不言翚之以来，何也？公亲受之于齐侯也。子贡曰："冕而亲迎，不已重乎？"冕，祭服。孔子曰："合二姓之好，以继万世之后，何谓已重乎？"

前书翚逆，此不书翚，以夫人姜氏至，以桓既会齐侯，而受之于讙也。《家人》之初曰："闲有家，悔亡。"桓失其闲，敝笱之刺兆矣。

冬，齐侯使其弟年来聘。

左传　冬，齐仲年来聘，致夫人也。

女出嫁，随使大夫聘问，自鲁出则曰致女，自他国来则总曰聘。盖以聘礼致故，传曰致女，而经曰聘也。隐七年，年尝来聘，隐弑而结昏于桓，又使年来聘。深爱其女而以归于篡弑之人，所谓失其本心者与。

有年。

公羊传　有年何以书？以喜书也。大有年何以书？亦以喜书也。此其曰有年何？仅有年也。彼其曰大有年何？谓宣十六年。大丰年也。仅有年亦足以当喜乎？恃有年也。恃，赖也。谓民犹赖此有年也。

谷梁传　五谷皆熟，为有年也。

《春秋》二百四十二年之中岂无丰年？而不见于经，惟于桓书有年，于宣书大有年，盖桓、宣享国皆十有八年，而书有年者各一岁，则他年多歉而民不聊生具见矣。《春秋》独于二公书有年，以著其逆天而殃及于民也。

附录左传　芮伯万之母芮姜恶芮伯之多宠人也，故逐之，出居于魏。为明年秦侵芮张本。芮，杜注：芮国在冯翊临晋县。今陕西朝邑县有芮故城，在黄河西岸。魏，杜注：魏国，河东河北县。《括地志》魏故国在芮城县北。今山西芮城县河北故城是也。孔疏《世本》芮、魏皆姬姓。

日讲春秋解义卷六

桓　公

四年，春，正月，公狩于郎。此书蒐狩之始。

左传　四年春，正月，公狩于郎。书时，礼也。

公羊传　狩者何？田狩也。田者，蒐狩之总名。春曰苗，秋曰蒐，蒐，简择也，舍小取大。冬曰狩。常事不书，此何以书？讥。何讥尔？远也。以其地远。诸侯曷为必田狩？一曰乾豆，上杀乾之以为豆实，可以祭祀。二曰宾客，次杀以供宾客。三曰充君之庖。下杀备君庖厨之用。

谷梁传　四时之田，皆为宗庙之事也。春曰田，取兽于田。夏曰苗，秋曰蒐，冬曰狩。四时之田用三焉，惟其所先得，一为乾豆，二为宾客，三为充君之庖。

戎、祀，国之大事，蒐、苗、狩皆所以讲祀事也。然先王四时之田皆于农隙以讲事，有常时矣。诸侯田狩不过郊，皆择山林翳密之地，有常所矣。有常时，有常所，则民不以为累物，不以为害。周之正月，夏之仲冬，于时为宜狩。但鲁狩大野乃常所也，今不于大野而远至郎地，则非常所矣，故书以示讥。

夏，天王使宰渠伯纠来聘。

左传　夏，周宰渠伯纠来聘。父在，故名。

公羊传　宰渠伯纠者何？天子之大夫也。其称宰渠伯纠何？下大夫也。

宰，冢宰也。渠氏，伯爵。纠，其名也。桓弟弑兄，臣弑君，不类见，不请命，天王不能讨而反使冢宰下聘，天理灭，人道亡矣。王朝公卿书爵，大夫书字，上士、中士书名，下士书人。纠位六卿之长，降而书名，罪失职也。操刑赏之柄以驭下者，王也。论刑赏之法以诏王者，宰也。乃为乱首承命以聘弑君之贼乎。于来聘名宰，而天王从其常称，示王当奉天命、彰天讨也。于锡命王不称天，而荣叔无讥焉，其义盖互相备。纠书官又书爵，任愈重则责愈大，而耻愈深也。

附录左传　秋，秦师侵芮，败焉，小之也。秦国，今陕西清水县有故秦城。冬，王师、秦师围魏，执芮伯以归。

五年，春，正月，甲戌、己丑，陈侯鲍卒。

左传　五年春，正月甲戌、己丑，陈侯鲍卒。再赴也。于是陈乱，文公子佗杀太子免而代之。佗，桓公弟五父也。称文公子，明非桓公母弟也。免，桓公大子。公疾病而乱作，国人分散，故再赴。

公羊传　曷为以二日卒之？怴也。怴者，狂也。齐人语。甲戌之日亡，己丑之日死而得，君子疑焉，故以二日卒之也。二日卒之者，阙疑。

谷梁传　鲍卒何为以二日卒之？《春秋》之义，信以传信，疑以传疑。有实录也。陈侯以甲戌之日出，己丑之日得，不知死之日，故举二日以包也。言陈侯避病，以甲戌日出，己丑之日得之，不知其死之日，故举二日以包之。

陈侯鲍曷为以二日卒？按左氏，公疾病而乱作，则甲戌之下当有陈佗作乱之事，而史阙之耳。疑以传疑，圣人之慎也。

夏，齐侯、郑伯如纪。

左传　夏，齐侯、郑伯朝于纪，欲以袭之。纪人知之。

公羊传　外相如不书，此何以书？离不言会也。时纪不与会，故略言也。

外相朝曰如。《春秋》之世，小役大，弱役强，虽敌体之国不相朝也。今以齐、郑之强大相率而朝小弱之纪，盖实袭之，幸纪人觉其诈而不得逞耳。此外相如尔，何以书？纪人主鲁故来告，而鲁史书之。孔子存而不削，以著齐人灭纪之罪，明纪侯去国之由，刘敞所谓圣人诛意之效是也。纪近于齐，许近于郑，齐欲得纪，与郑谋之而卒得纪。郑欲得许，与齐谋之而卒得许。王纲解纽，强大横行，相要以利，相倾以势，相尚以诈，相助以恶，而弱小无所逃其祸。此《春秋》于纪侯之去、弦子之奔所以无多责也。

天王使仍叔之子来聘。仍，谷梁作任。

左传　仍叔之子，弱也。讥使童子出聘。

公羊传　仍叔之子者何？天子之大夫也。其称仍叔之子何？讥。何讥尔？讥父老，子代从政也。

谷梁传　故微其君臣而著其父子，不正父在子代仕之辞也。

古者，官有世禄，但使之食租衣税，而不畀以政事，先王所以优恤功臣而防其敝者至矣。周衰，官人以世，而大臣固位赖宠，惟恐失之。欲及其尚存而见子孙之进用，故未有职司者，或承王命而有事于诸侯。《春秋》书武氏子仍叔之子云者，戒后世人主徇大臣私意，用其子弟，而任之不以其贤，使之不以其能也。

葬陈桓公。

不书月，史失之也。盖陈佗篡立而葬之。

城祝丘。祝丘，杜注：鲁地，汉即丘县。孟康曰："春秋时之祝丘也。"今山东沂州东南有即丘城。

祝丘，齐、鲁两境上邑也。齐将袭纪，公欲助纪而畏齐，故城此以备之。书，讥不时也。

秋，蔡人、卫人、陈人从王伐郑。

左传　王夺郑伯政，郑伯不朝。秋，王以诸侯伐郑，郑伯御之。王为中军，虢公林父将右军，虢公林父，王卿士。蔡人、卫人属焉。周公黑肩将左军，黑肩，周桓公也。陈人属焉。郑子元请为左拒，子元，郑公子。拒，方陈也。以当蔡人、卫人；为右拒，以当陈人。曰："陈乱，民莫有斗心，若先犯之，必奔。王卒顾之，必乱。蔡、卫不枝，固将先奔。既而萃于王卒，可以集事。"萃，聚也。集，成也。从之。曼伯为右拒，曼伯，檀伯。祭仲足为左拒，原繁、高渠弥以中军奉公，二人，郑臣。为鱼丽之陈。先偏后伍，伍承弥缝。《司马法》车战，二十五乘为偏，以车居前，以伍次之，承偏之隙而弥缝阙漏也。五人为伍。此盖鱼丽陈法。战于繻葛，繻葛，杜注：郑地。或云即长葛也。命二拒曰："旝动而鼓。"旝，旃也。通帛为之。盖今大将之麾也，执以为号令。蔡、卫、陈皆奔，王卒乱，郑师合以攻之，王卒大败。祝聃射王中肩，王亦能军。祝聃，郑臣。王虽伤，犹殿而不奔，故言能军。祝聃请从之，公曰："君子不欲多上人，况敢陵天子乎？苟自救也，社稷无陨，多矣。"夜，郑伯使祭足劳王，且问左右。

公羊传　其言从王伐郑何？从王，正也。

谷梁传　举从者之辞也。谓若王不亲伐，直举三国从王命之辞也。其举从者之辞，何也？为天王讳伐郑也。讳自伐郑。郑，同姓之国也。在乎冀州，于是不服，为天子病矣。冀州者，天下之中州，自唐虞及夏殷皆都焉。则冀州是天子之常居，后王虽不都冀州，亦得以冀州言之。郑近王畿，故云在乎冀州。言亲近犹不能服，则疏远者可知。

王不称天，非天讨也。不书败，示诸侯不可敌王也。郑伯不朝，固为有罪，然其罚至贬爵削地而止耳。鲁桓弑君而自立，宋督弑君而得政，天讨不加，乃亲帅与郑私憾之三国以伐之，而陈佗篡弑之贼亦许以从师。用此为郑所窥，乘其瑕衅以败王师，而自是王命遂不行于天下。《春秋》明治乱得失之原，故王不称天以正其本，三国书从以著人臣之义，伐不书败以存共主之体，而郑抗王师之罪亦不可掩。轻重之权衡，君臣之名分，莫不毕见。凡此皆裁自圣心，非国史所能与也。

大雩。此书雩之始。

左传　秋，大雩。书不时也。凡祀，启蛰而郊。启蛰，夏正建寅之月，祀天南郊。龙见而雩，龙见，建巳之月，苍龙之宿，昏见东方。万物始盛，待雨而大，故祭天为百谷祈膏雨。始杀而尝，建酉之月，阴气始杀，嘉谷始熟，故荐尝于宗庙。闭蛰而烝。建亥之月，昆虫闭藏，万物皆成，可荐者众，故烝祭宗庙。过则书。祭必当卜，卜有吉否，不吉则改卜次旬。卜不过三，故限以一月，过涉次月之节则书之，以讥其慢。

公羊传　大雩者何？旱祭也。雩，旱请雨祭名。然则何以不言旱？言雩则旱见，言旱则雩不见。何以书？记灾也。

大雩，雩于上帝，用盛乐也。诸侯雩于境内之山川，而配以上公，礼也。大雩则僭天子之礼矣。然鲁僭郊禘大雩旧矣，欲悉书于策则不胜书。故雩祭则因旱以书，而特谓之大郊禘，亦各因事而书，以见其非义。盖分所不属，则气不能相感，此先王制礼之精义，按以《春秋》所书而可见者也。

螽。公羊作蝝。

公羊传　何以书？记灾也。

谷梁传　螽，虫灾也。甚则月，不甚则时。

螽之为物，常因旱而生以害稼，故书。

冬，州公如曹。州，国名，姜姓。曹，杜注：曹国，济阴定陶县。今山东定陶县西北有故城即曹国也。

左传　冬，淳于公如曹。度其国危，遂不复。淳于，杜注：州国，所都城阳淳于县也。今山东安邱县东北有淳于故城。

公羊传　外相如不书，此何以书？过我也。

谷梁传　外相如不书，此其书，何也？过我也。

天子三公称公，王者之后称公。州称公，与祭公同，盖天子三公而食邑于州者。外相如不书，此何以书？自曹而来鲁，将有其末，故先录其本也。

六年，春，正月，实来。

左传　六年春，自曹来朝。书曰实来，不复其国也。

公羊传　实来者何？犹曰是人来也。孰谓？谓州公也。曷为谓之实来？慢之也。曷为慢之？化我也。行过国竟而无礼于人谓之化。

谷梁传　实来者，是来也。何谓是来？谓州公也。其谓之是来，何也？以其画我，过我也。故简言之也。诸侯不以过相朝也。

实，或曰州公名，或曰州公如曹而实来鲁，从省文也。言奔则来行朝礼，言朝则遂留不去，故曰实来。若覆书州公来，则与祭伯来同，而无以见不复其国之义矣。

附录左传　楚武王侵随，随，国名，姬姓，侯爵。杜注：义阳随县西，魏置随州。今属湖广德安府，古城在州南。使薳章求成焉，薳章，楚大夫。军于瑕以待之。瑕，随地。随人使少师董成。董，正也。斗伯比言于楚子曰：伯比，楚大夫，令尹子文父。“吾不得志于汉东也，汉，《释例》汉水出武都至江夏入江。武都，今陕西宁羌州。江夏，今湖广江夏县。我则使然。我张吾三军而被吾甲兵，以武临之，彼则惧而协以谋我，故难间也。汉东之国，随为大。随张，张，自侈大也。必弃小国，小国离，楚之利也。少师侈，请羸师以张之。”羸，弱也。熊率且比曰：“季梁在，何益？”熊率且比，楚大夫。季梁，随贤臣。斗伯比曰：“以为后图，少师得其君。”言季梁之谏不过一见从，卒当以少师为计，故云以为后图。王毁军而纳少师。少师归，请追楚师。随侯将许之，季梁止之，曰："天方授楚。楚之羸，其诱我也。君何急焉？臣闻小之能敌大也，小道大淫。所谓道，忠于民而信于神也。上思利民，忠也。祝史正辞，信也。今民馁而君逞欲，祝史矫举以祭，臣不知其可也。"公曰："吾牲牷肥腯，牲，牛、羊、豕也。牷，纯色完全也。腯，亦肥也。粢盛丰备，黍稷曰粢，在器曰盛。何则不信？"对曰："夫民，神之主也，神依于民。是以圣王先成民而后致力于神。故奉牲以告曰博硕肥腯，谓民力之普存也，博，广也。硕，大也。谓其畜之硕大蕃滋也，谓其不疾瘯蠡也，谓其备腯咸有也。虽告神以博硕肥腯，其实皆当兼此四谓。民力适完，则六畜既大而滋也。皮毛无疥癣，兼备而无有所阙。奉盛以告曰絜粢丰盛，谓其三时不害而民和年丰也。奉酒醴以告曰嘉栗旨酒，嘉，善也。栗，敬也。谓其上下皆有嘉德而无违心也。所谓馨香，无谗慝也。故务其三时，修其五教，父义，母慈，兄友，弟恭，子孝。亲其九族，以致其禋祀，禋，洁敬也。九族，谓外祖父、外祖母、从母子及妻父、妻母、姑之子、姊妹之子、女子之子，非己之同族，皆外亲有服而异族者也。于是乎民和而神降之福，故动则有成。今民各有心，而鬼神乏主，君虽独丰，其何福之有？君姑修政而亲兄弟之国，庶免于难。"随侯惧而修政，楚不敢伐。

夏，四月，公会纪侯于郕。郕，《左传》《公羊传》作成。杜注：鲁地，泰山钜平县东南。今山东宁阳县东北有故城社，即古成城也。

左传　夏，会于成，纪来谘谋齐难也。齐欲灭纪，故来谋。

五年，齐、郑如纪，欲以袭之，而弗遂。至是，且将大加兵其国。纪睦于鲁，越境而谋，公往会之，盖有不得已者，是以《春秋》无讥焉。

附录左传　北戎伐齐，齐侯使乞师于郑。郑大子忽帅师救齐。六月，大败戎师，获其二帅大良、少良，二帅名。甲首三百，甲首，被甲者首。以献于齐。于是诸侯之大夫戍齐，齐人馈之饩，生曰饩。使鲁为之班，后郑。班，次也。郑忽以其有功也，怒，故有郎之师。郎师在十年。公之未昏于齐也，齐侯欲以文姜妻郑大子忽，大子忽辞。人问其故，大子曰："人各有耦，齐大，非吾耦也。《诗》云：'自求多福'，在我而已，大国何为？"君子曰：善自为谋。及其败戎师也，齐侯又请妻之，欲以他女妻之。固辞。人问其故，大子曰："无事于齐，吾犹不敢。今以君命奔齐之急，而受室以归，是以师昏也。民其谓我何？"遂辞诸郑伯。假父之命以为辞，为十一年郑忽出奔卫传。

秋，八月，壬午，大阅。此书大阅之始。

左传　秋，大阅，简车马也。

公羊传　大阅者何？简车徒也。何以书？盖以罕书也。罕，希也。大阅之礼，三年一举，桓公忽忘武备，过于三年，是以书之。

谷梁传　大阅者何？阅兵车也。修教明谕，修先王之教，以明达于民。国道也。

治国之道。平而修戎事，非正也。平谓不因田猎，无事而修之。其日，以为崇武，故谨而日之，盖以观妇人也。

大阅者，简阅车徒而训习之也。周礼以仲冬之月大阅，其法视三时为独详者，农隙故也。周之八月乃夏正建未之月，以盛夏而大阅，则非其时矣。昭、定之间，或书蒐，或书大蒐，凡称大者，皆僭用天子之礼也。先王寓军政于四时之田，训民御暴，其备豫也。今以惧郑忽，畏齐人，非时越礼而简兵车，不独厉农失政，平时军政之不修亦可见矣。

蔡人杀陈佗。

公羊传　陈佗者何？陈君也。陈君则曷为谓之陈佗？绝也。曷为绝之？贱也。其贱奈何？外淫也。恶乎淫？淫乎蔡，蔡人杀之。

谷梁传　陈佗者，陈君也。其曰陈佗，何也？匹夫行，故匹夫称之也。其匹夫行奈何？陈侯憙猎，淫猎于蔡，与蔡人争禽。蔡人不知其是陈君也而杀之。何以知其是陈君也？两下相杀，不道。两大夫相杀不书。其不地，于蔡也。

蔡人杀陈佗者，讨贼之辞也。乱臣贼子，或本国之臣子，或邻国之君臣，苟有一人能起而诛之，则《春秋》以讨贼之义予之矣。凡篡弑而称君者，著其国之臣子不以为贼而奉之也。书陈佗，则知陈之臣子本不以佗为君矣。用此见春秋之初，先王之泽未泯，人心正理犹存，故州吁、陈佗、无知皆不容于天壤焉。又以知五年陈侯鲍卒，甲戌以下所阙，即佗弑大子免事也。

九月，丁卯，子同生。

左传　九月丁卯，子同生。以大子生之礼举之，接以大牢，大牢，牛、羊、豕也。以礼接夫人，重嫡也。卜士负之，士妻食之，礼，世子生三日，卜士负之。射人以桑弧蓬矢，射天地四方。卜士之妻为乳母。公与文姜、宗妇命之。世子生三月，君夫人沐浴于外，寝立于阼阶，西乡。世妇抱子升自西阶，君命之乃降。宗妇，同宗之妇。命之，命名也。公问名于申繻，鲁大夫。对曰："名有五，有信，有义，有象，有假，有类。以名生为信，若唐叔虞、鲁公子友。以德命为义，若文王名昌、武王名发。以类命为象，若孔子首象尼丘。取于物为假，若伯鱼生，人有馈之鱼，因名之曰鲤。取于父为类。若子同生，有与父同者。不以国，不以官，不以山川，不以隐疾，不以畜牲，不以器币。周人以讳事神，名，终将讳之。讳始于周，周人以讳法敬事明神。子生三月为之立名，以其终将讳之，故须豫有所避。故以国则废名，国不可易，故废名。以官则废职，以山川则废主，改其山川之名。以畜牲则废祀，以器币则废礼。晋以僖侯废司徒，僖侯名司徒，废为中军。宋以武公废司空，武公名司空，废为司城。先君献、武废二山。二山，具、敖也。鲁献公名具，武公名敖，更以其乡名山。是以大物不可以命。"公曰："是其生也，与吾同物，物，类也。谓同日生。命之曰同。"

公羊传　子同生者孰谓？谓庄公也。何言乎子同生？喜有正也。喜国有正嗣。未有言喜有正者，此其言喜有正何？久无正也。子公羊子曰："其诸以病桓与?"

谷梁传　疑，故志之。文姜淫于齐襄，疑非公之子。时曰同乎人也。时人佥曰齐侯之子同于他人。

先儒皆谓"嫡长始生，即书于策"，此旧史之法，非《春秋》书子同生之义也。文公、成公皆嫡嗣，何以庄之生独书？文姜禽兽行，故书之，以正周公之后，决后世之疑。而朱子按经以核其事迹，谓桓三年姜氏至自齐，六年子同生，十八年桓公乃与姜氏同如齐，则庄公诚非齐侯之子，以正二传之妄也。不曰世子，何也？天下无生而贵者，故誓于天子，然后为世子。

冬，纪侯来朝。

左传　冬，纪侯来朝，请王命以求成于齐。公告不能。纪微弱不能自通于天子，欲因公以请王命，公无宠于王，故告不能。

鲁桓弑君篡立，天下之大恶也。纪侯有齐难，不能上告于天子，自强于政治，和辑其民，效死以守，而求援于篡弑之人，其能国乎？

七年，春，二月，己亥，焚咸丘。咸丘，杜注：鲁地，高平钜野县南有咸亭。今属山东兖州府。

公羊传　焚之者何？樵之也。樵，薪也。以樵烧之，故曰樵之，齐人语。樵之者何？以火攻也。何言乎以火攻？疾始以火攻也。咸丘者何？邾娄之邑也。曷为不系乎邾娄？国之也。曷为国之？君存焉尔。

谷梁传　其不言邾咸丘，何也？疾其以火攻也。

古者，昆虫蛰而后火田去莽翳，以逐禽兽。但焚一丛一聚，非竭山泽而焚之也。易称王用三驱，在礼天子不合围，诸侯不掩群，所以养仁心而尽物之性也。周之二月，夏之十二月，昆虫未出，固可以用火，但已过冬狩之期，而未及春蒐，且咸丘非狩地，故不言蒐狩，直书曰焚，以讥其尽物也。

夏，谷伯绥来朝，邓侯吾离来朝。谷，杜注：谷国，在南乡筑阳县北。今湖广谷城县治为故筑阳城，古谷城在县北。

左传　七年春，谷伯、邓侯来朝。名，贱之也。二国以春来，夏乃行朝礼，故经书夏。

公羊传　皆何以名？失地之君也。其称侯朝何？贵者无后，待之以初也。贵者无后，即郊特牲。古者，寓公不继世之义，诸侯不臣寓公，寓公死，则臣其子，不得继父寓公之世，故曰无后也。待之以初，言谷、邓与鲁本同贵为诸侯，当待之如初也。

谷梁传　其名，何也？失国也。失国则其以朝言之，何也？尝以诸侯与之接矣。虽失国，弗损吾异日也。待之以初。

春秋时，诸侯相朝，皆小国迫于邻近之大国，不得已而为恭也。谷、邓近楚，而远于鲁地，之相去千有余里，无缘越蔡、许、陈、曹、宿、郑而来朝于鲁。以情事揆之，必为楚所逼，失地而奔。近楚之国皆不敢容，故远托于鲁。而鲁桓以篡弑得国，欲以远国来朝为名，俾行朝礼以自侈大，而震耀其臣民，故旧史承而书之。而实则失地之君，故《春秋》据其实而称名也。先儒以为贬其朝。桓则身为篡弑者，会盟侵伐皆不书名，而独于朝之者举罚，颇其类矣。至谓去秋冬二时，以二国朝桓，逆乱天道，岁功不成，则穿凿附会，将以扶植世教而转破碎经指，义不可通。使孔子果以宰纠聘桓而阙秋冬，则次年仍叔之子来聘亦宜复阙；果以邓、谷朝鲁而阙秋冬，则当于滕子来朝、四国会稷以成宋乱先见此义。圣人作经不若是之疏也。且幸四年、七年秋冬适无事可书而阙之，如有事将并阙其事耶？抑书其事而独阙二时耶？义益无所处矣。

附录左传　夏，盟、向求成于郑，既而背之。盟、向，二邑名。隐十一年，王以与郑，故求与郑成。秋，郑人、齐人、卫人伐盟、向。王迁盟、向之民于郏。郏，杜注：王城。今河南洛阳县西有郏鄏陌。　冬，曲沃伯诱晋小子侯弑之。曲沃伯，武公也。小子侯，哀侯子。

八年，春，正月，己卯，烝。

公羊传　烝者何？冬祭也，春曰祠，祠，犹食也，犹继嗣也。春物始生，孝子思亲继嗣而食之，故曰祠。荐尚韭卵。夏曰礿，始熟可礿，故曰礿。荐尚麦鱼。秋曰尝，尝者，先辞也。秋谷成者，非一黍先熟可得荐，故曰尝。荐尚黍豚。冬曰烝。烝，众也，气盛貌。冬万物毕成，所荐众多，芬芳备具，故曰烝。荐尚稻雁。常事不书，此何以书？讥。何讥尔？讥亟也。亟，数也。亟则黩，渫黩也。黩则不敬。君子之祭也，敬而不黩。疏则怠，怠则忘。士不及兹四者，则冬不裘，夏不葛。四者，四时祭也。裘葛，冬夏之美服。言士有公事不得及此四时之祭，则不敢美其衣服，盖思念亲之至也。

谷梁传　烝，冬事也，春兴之，志不时也。

周人以建子为岁首，周之春正月，夏之十一月也。烝以中冬不失时矣。常事不书，此何以书？经有先起事以见义者，书此以见夏五月之再烝为黩礼也。谷梁以春举冬祭为不时，则未知周虽改朔，而巡狩烝享犹用夏时，则《尚书·洛诰》王在新邑烝祭，岁在十有二月，则用亥月烝祭，亦未为失礼也。

天王使家父来聘。家父，天子大夫。家，氏。父，字。

下聘弑逆之人而无贬，何也？既名冢宰，于其重者而举法焉，余则从同之义也。盖君相一，体任之重，斯责之专。故归赗仲子，会葬成风，则宰咺书名于前，王不称天于后。来聘桓公，锡桓公命，则宰纠书名以正其始，王不称天以正其终，而荣叔、家父之徒无贬也。此即《虞书》君臣相戒庶事之原，皆系于元首股肱之义。

附录左传　八年春，灭翼。曲沃灭之。　随少师有宠。楚斗伯比曰："可矣。仇有衅，不可失也。"无德者宠，国之衅也。

夏，五月，丁丑，烝。

公羊传　何以书？讥亟也。

谷梁传　烝，冬事也。春夏兴之，黩祀也。志不敬也。

以季春而举冬祭，非时也。建子之月既烝，而建辰之月复烝，必以前烝为不备也，其黩乱不经甚矣。

附录左传　夏，楚子合诸侯于沈鹿。沈鹿，杜注：楚地。今湖广钟祥县东里有鹿湖池，即其地也。黄、随不会。黄，嬴姓，杜注：黄国。弋阳城在州东，黄城在州西。使薳章让黄。让，责也。楚子伐随，军于汉、淮之间。《淮汉志》南阳郡平氏县，《禹贡》桐柏大复山在东南，淮水所出。平氏故城在今河南南阳府西北。季梁请下之：下之，请服也。"弗许而后战，所以怒我而怠寇也。"少师谓随侯曰："必速战，不然，将失楚师。"随侯御之。望楚师，遥见楚师。季梁曰："楚人尚左，君必左，君，楚君也。无与王遇。且攻其右，右无良焉，必败。偏败，众乃携矣。"少师曰："不当王，非敌也。"弗从。战于速杞，速杞，杜注：随地。当在今湖广应山县境。随师败绩，随侯逸。逃也。斗丹获其戎车。丹，楚大夫。与其戎右少师。宠之。以为车右。秋，随及楚平，楚子将不许，斗伯比曰："天去其疾矣，少师见获而死，是去其疾。随未可克也。"乃盟而还。

秋，伐邾。

桓自弑立，恃其强恶以陵小国，小国皆畏而从之。故纪、郕、滕、杞或朝或会，惟邾恃旧好而不顾，至是遂伐之，以是和仪父，盖知义者也。隐有让国之心，则即位三月即来讲好。桓有篡弑之恶，则定位六年尚不与通。伐之而仍不至，逮十五年然后与牟、葛同来，盖困于力之不支耳。

冬，十月，雨雪。

公羊传　何以书？记异也。何异尔？不时也。周之十月，夏之八月，未当雨雪，故曰不时。

建酉之月未霜而雪，书异也。阴阳方中而寒气先至，此积阴侵阳之象。《春秋》凡三书雨雪，其二言大，以大为异也。此不言大，以非时为异也。

随录左传　冬，王命虢仲立晋哀侯之弟缗于晋。虢仲，王卿士，虢公林父。

祭公来，遂逆王后于纪。此书遂之始。

左传　祭公来，遂逆王后于纪，礼也。天子娶于诸侯，使同姓诸侯为之主。祭，公来受命于鲁，故曰礼。

公羊传　祭公者何？天子之三公也。祭者，采也。天子三公，氏采称爵。何以不称使？昏礼不称主人。时王者有母也。遂者何？生事也。生犹造也。专事之辞。

大夫无遂事，此其言遂何？成使乎我也。以上来无事，知遂成使于我。其成使乎我奈何？使我为媒，可则因用是往逆矣。昏礼成于五，先纳采，问名，纳吉，纳徵，请期，然后亲迎。今王使祭公来，命鲁为媒，即因用鲁往迎之，不复成礼，疾王不重妃匹也。女在其国称女，此其称王后何？王者无外，其辞成矣。成其为王后之辞也。

谷梁传　其不言使焉，何也？不正其以宗庙之大事即谋于我，故弗与使也。时天王命祭公就鲁，共卜择纪女可为后者，便逆之，不复反命。遂，继事之辞也。其曰遂逆王后，故略之也。以其遂逆无礼，故不书逆女，而曰王后。略谓不以礼称。或曰天子无外，王命之则成矣。四海之滨，莫非王臣。王命纪女为后，则已成王后，非如诸侯入国乃称夫人。

大夫出疆，有以二事出者，有以一事出而专继事者，其书皆曰遂。祭公盖受王命，问期于鲁，并逆后于纪耳。未有无王命而敢专行者。独书曰来，正见非有聘问之事于鲁，即为逆后来耳。不称使，昏礼不称主人也。《左传》庄十八年，虢公、晋侯、郑伯使原庄公逆王后于陈，不言王使，而曰虢、晋、郑使，盖古礼如此。先儒谓三公师傅之官，坐而论道，不宜逆女，宜使卿往公监之。盖据襄公十五年，刘夏逆王后于齐，传称官师从单靖公逆王后于齐，而经独书刘夏为义，盖谓刘夏以非卿而书，靖公合礼则不书也。然以传所书原庄公、单靖公证之，又似三公逆后，周制固然，故并存以备稽考。

日讲春秋解义卷七

桓　公

九年，春，纪季姜归于京师。

左传　九年春，纪季姜归于京师。凡诸侯之女行，唯王后书。

公羊传　其辞成矣，则其称纪季姜何？自我言纪，父母之于子，虽为天王后，犹曰吾季姜。京师者何？天子之居也。京者何？大也。师者何？众也。天子之居，必以众大之辞言之。

谷梁传　为之中者归之也。中谓关与昏事。

往逆称王后，既归何以称季姜？自逆者言之，王者无外王命之斯后之矣。自归者言之，未见宗庙不敢以尊自处也。京师者，大众之称。经书逆王后者二，惟季姜书归于京师，鲁主之故，必书其归。刘夏逆王后不书归，过鲁而鲁不为之主也。

夏，四月。

秋，七月。

附录左传　巴子使韩服告于楚，请与邓为好。巴，国名，姬姓。今四川巴县。韩服，巴行人。楚子使道朔将巴客以聘于邓，道朔，楚大夫。巴客，韩服。邓南鄙鄾人攻而夺之币，鄾，今湖广襄阳县东北鄾城是也。杀道朔及巴行人。楚子使薳章让于邓，邓人弗受。夏，楚使斗廉帅师及巴师围鄾。斗廉，楚大夫。邓养甥、聃甥帅师救鄾。三逐巴师，不克。二甥皆邓大夫。斗廉衡陈其师于巴师之中，以战，而北。衡，横也。分巴师为二部，斗廉横陈于其间，以与邓师战而伪北。北，走也。邓人逐之，背巴师，而夹攻之。楚师伪走，邓师逐之，背巴师。巴师攻之，楚师自前还与战。邓师大败，鄾人宵溃。　秋，虢仲、芮伯、梁伯、荀侯、贾伯伐曲沃。梁国，嬴姓。《汉志》左冯翊夏阳，故少梁。今少梁城在陕西韩城县南。荀国，姬姓。《水经注》古水西南迳荀城，在绛州西十五里。今绛州属山西。贾国，姬姓。今山西临汾县有贾乡。

冬，曹伯使其世子射姑来朝。

左传　冬，曹大子来朝，宾之以上卿，礼也。诸侯之適子，未誓于天子而摄其君，则以皮帛继子、男，故宾之以上卿，各当其国之上卿。享曹大子。初献，乐奏而叹。施父曰：施父，鲁大夫。“曹大子其有忧乎！非叹所也。”

公羊传　诸侯来曰朝，此世子也。其言朝何?《春秋》有讥父老子代从政者，则未知其在齐与？在曹与？在齐，世子光也。言射姑来朝，与齐光序诸侯之上皆当讥。而下文曹伯卒葬全录，或于曹无讥未可知也。此传者依违之词。

谷梁传　朝不言使，言使非正也。使世子伉诸侯之礼而来朝，曹伯失正矣。诸侯相见曰朝，以待人父之道待人之子，以内为失正矣。内失正，曹伯失正，世子可以已矣。则是放命也。放命犹言方命，谓逆命。《尸子》曰："夫已，多乎道。"已，止也。止曹伯使朝之命，则曹伯不陷非礼之愆，世子无苟从之咎，鲁无失政之讥。三者正，则合道多矣。

《周官·典命》凡之嫡子，誓于天子而摄其君，则下其君之礼一等，未誓则以皮帛继子、男。谓诸侯老疾，当朝觐之期，身不能亲得，使子摄急述职也。诸侯闲于王事，则相朝本无定期。曹伯既有疾，何急于朝鲁而使世子摄哉？故曹伯使朝世子当辞，而鲁亦不当受，盖参讥之。

十年，春，王正月。

谷梁传　桓无王，其曰王，何也？正终生之卒也。

桓无王，此复书王，何也？或曰：十者，盈数也。天道十年则必反，故《易》称守贞者十年而反常，传论恶远者十年而必弃。桓弑君篡国，其数已盈，故以天道王法正之也。或曰：鲁，采服之国也。宜四岁而一见，并类见之期计之，三不朝矣，正天王当以六师移之之节也。其义皆可通。

庚申，曹伯终生卒。

左传　十年春，曹桓公卒。终施父之言。

夏，五月，葬曹桓公。

附录左传　虢仲谮其大夫詹父于王。詹父有辞，以王师伐虢。夏，虢公出奔虞。虢仲，王卿士。詹父，属大夫。虞，国名，姬姓。古虞城在今山西平陆县东北。

秋，公会卫侯于桃丘，弗遇。桃丘，杜注：卫地，济北东阿县东地有桃城。今山东东阿县西有桃城铺，旁有丘即桃丘也。

公羊传　会者何？期辞也。其言弗遇何？公不见要也。

谷梁传　弗遇者，志不相得也。弗，内辞也。托言卫侯不遇，则若卫侯不蒙鲁公之接者，以杀其耻。

卫侯与公为会期，中背而与齐、郑，故公往会而不相遇。盖齐、郑急于谋纪，而纪、鲁姻也。伐郑之役，卫实从王，故鲁欲以为援而往会之，而胥命于蒲。齐、卫既合，故卫始以郑之怨而约与鲁会，终以齐之故背鲁，而与郑为郎之师也。

附录左传　秋，秦人纳芮伯万于芮。四年围魏所执者。　初，虞叔有玉，虞叔，虞公之弟。虞公求旃，旃，之也。弗献。既而悔之，曰："周谚有之，匹夫无罪，怀璧其罪。吾焉用此，其以贾害也？”贾，买也。乃献之。又求其宝剑，叔曰：“是无厌也。无厌，将及我。”将杀我，遂伐虞公，故虞公出奔共池。共池，杜注：地名，阙。今山西平陆县西有共池。志云：“虞公出奔地。”

冬，十有二月，丙午，齐侯、卫侯、郑伯来战于郎。

左传　冬，齐、卫、郑来战于郎，我有辞也。初，北戎病齐，诸侯救之，郑公子忽有功焉。齐人饩诸侯，使鲁次之。鲁以周班后郑。郑人怒，请师于齐。齐人以卫师助之，故不称侵伐。不称侵伐而以战为文，明鲁直诸侯曲，故言我有辞。以礼自释，交绥而退，无败绩。先书齐、卫，王爵也。郑主兵，而序齐、卫下者，以王爵次之也。

公羊传　郎者何？吾近邑也。吾近邑，则其言来战于郎何？近也。恶乎近？近乎围也。兵近都城，几与围无异。此偏战也，偏，一面也。结日定地，各居一面，鸣鼓而战不相诈。何以不言师败绩？内不言战，言战乃败矣。

谷梁传　来战者，前定之战也。内不言战，言战则败也。不言其人，以吾败也。不言及者，为内讳也。

内不言战，言战则败也。《春秋》所书加兵于鲁者众矣，未有称来战者，此著罪之在三国也。鲁桓弑逆，人人得而诛之，郑伯则首盟于越以定其位，齐侯则继会于稷以济其奸，且重之以婚姻，今乃以私忿小怨亲帅其师而来战，尚为知类也哉！郑人主兵而首齐，以非得齐不能举是师也。《春秋》时列国之邦交，惟利所在，向背无常。齐僖嫁女于鲁，乃听郑而与鲁战，盖齐与郑谋纪而鲁欲庇之，故尽力于郑以固其交，而姻亲有不暇顾也。

十有一年，春，正月，齐人、卫人、郑人盟于恶曹。恶曹，杜注：地阙。

左传　十一年春，齐、卫、郑、宋盟于恶曹。宋不书，经阙。

恶曹之盟，即前此三国之君来战于郎者也。其称人何？自有参盟，其恶莫甚于恶曹。前此郑败王师，后此齐灭后之母家，卫抗王人子突而自立，皆与鲁桓同恶，故变文以发后人之疑，而著其罪也。按翟泉之盟七国皆书人，蜀之盟十有一国皆书人，澶渊之会十有二国皆书人，未必皆微者。苟皆微者，不宜著于经，以此证之，则此盟乃三国之君审矣。

附录左传　楚屈瑕将盟贰、轸。贰、轸皆国名，贰在今湖广应山县境，轸在今湖广应城县西。郧人军于蒲骚，郧，国名，杜注：江夏云杜县东南有郧城。在今湖广安陆县。蒲骚，郧邑，在今应城县北。将与随、绞、州、蓼伐楚师。绞、州、蓼皆国名。绞，在今湖广郧阳府西北。州，今湖广监利县东有州陵城。蓼，在今河南唐县南。莫敖患之。莫敖，楚官名，即屈瑕。斗廉曰：“郧人军其郊，必不诫。且日虞四邑之至也。虞，度也。四邑，随、绞、州、蓼也。邑亦国也。君次于郊郢，以御四邑，君谓屈瑕。郊郢，杜注：楚地。今湖广安陆府治郢州故城是其地也。我以锐师宵加于郧。郧有虞心而恃其城，莫有斗志。若败郧师，四邑必离。”莫敖曰：“盍请济师于王？”济，益也。对曰：“师克在和，不在众。商、周之不敌，君之所闻也。成军以出，又何济焉？”莫敖曰：“卜之。”对曰：“卜以决疑，不疑何卜？”遂败郧师于蒲骚，卒盟而还。卒盟贰、轸。

夏，五月，癸未，郑伯寤生卒。

左传　郑昭公之败北戎也，齐人将妻之，昭公辞。祭仲曰：“必取之。君多内宠，子无大援，将不立。三公子皆君也。”谓子突、子亹、子仪其母皆有宠。弗从。夏，郑庄公卒。初，祭封人仲足有宠于庄公，祭，杜注：郑地，陈留长垣县东北有祭城。今属直隶大名府。封人，守封疆者，因以所守为氏。庄公使为卿。为公娶邓曼，曼，邓姓。生昭公，故祭仲立之。

春秋之初，罪莫甚于郑庄，宋、鲁、齐、卫次之，而其后祸乱相仍，亦未有甚于五国者。考其终始，可为乱常不义者戒矣。

秋，七月，葬郑庄公。

卒逾两月而葬，虞有争也。盖嗣子为丧主，诸侯会葬，其位定则不敢争，故凡速葬者必有故也。

九月，宋人执郑祭仲。此书执之始。

左传　宋雍氏女于郑庄公，曰雍姞，生厉公。雍氏，姞姓，宋大夫。以女妻人曰女。雍氏宗有宠于宋庄公，故诱祭仲而执之，曰：“不立突，将死。”亦执厉公而求赂焉。祭仲与宋人盟，以厉公归而立之。

公羊传　祭仲者何？郑相也。何以不名？贤也。何贤乎祭仲？以为知权也。其为知权奈何？古者，郑国处于留。先郑伯有善于郐公者，通乎夫人以取其国，而迁郑焉，迁郑都于郐。而野留。野，鄙也。庄公死已葬，祭仲将往省于留，涂出于宋，宋人执之，谓之曰：“为我出忽而立突。”祭仲不从其言，则君必死，国必亡。从其言，则君可以生易死，国可以存易亡，少辽缓之，则突可故出，而忽可故反，是不可得则病，出突反忽之计不可得行，则己实耻之。病，耻也。然后有郑国。计虽不行，然仍须力讨之。令忽有国，即费功力，犹愈于国之亡也。古人之有权者，祭仲之权是也。权者何？权者，反于经然后有善者也。权之所设，舍死亡无所设。设，施也。舍，置也。如置死亡之事不得施。行权有道，自贬损以行权。不害人以行权，杀人以自生，亡人以自存，君子不为也。

谷梁传　宋人者，宋公也。其曰人，何也？贬之也。

祭仲何以不名？命大夫也。诸侯之大夫，三命受位，列为王臣，则同于王朝之大夫而书字。祭仲之恶，不待贬而见，著其爵列所以甚其罪也。或疑名其君于下不宜，字其臣于上不知，君前臣名乃生人应对之礼，非所施于国史之纪事，各从其宜者也。公羊传以祭仲为知权害义伤教，自范宁发之皆知其悖矣。

突归于郑。

公羊传　突何以名？挈乎祭仲也。挈，犹提挈也。其言归何？顺祭仲也。

谷梁传　曰突，贱之也。曰归，易辞也。突篡兄之位，制命权臣，故言归为易辞，非善之也。祭仲易其事，权在祭仲也。易言废立在己。死君难，臣道也。今立恶而黜正，恶祭仲也。

小白阳生系之齐，明其当有齐也。突不系郑，明其不当立也。不称公子，春秋之初，凡争国者皆不称公子也。书归有二义，一顺词也，一易词也。后书郑世子忽，则突之不顺，其迹显著，盖易词也。内则权臣许之立，外则大国为之援，而世子忽之才不能自固，故其归为易耳。

郑忽出奔卫。此书奔之始。

左传　秋九月丁亥，昭公奔卫。己亥，厉公立。

公羊传　忽何以名？《春秋》伯、子、男一也，辞无所贬。既葬称子。合伯、子、男为一，辞无所贬，皆从子。忽不称子者，贬而名之也。

谷梁传　郑忽者，世子忽也。其名，失国也。

忽系郑，明其正也。不称子，责不能守其位，未终丧而出奔，失子之道矣。其义与国君失位以自奔为文，而不书其逐之者同。所以警居位者当自强于为善也。

柔会宋公、陈侯、蔡叔盟于折。此大夫会盟诸侯之始。折，杜注：地阙。

公羊传　柔者何？吾大夫之未命者也。

公会宋公于夫钟。钟，公羊作童。夫钟，杜注：郕地。今山东宁阳县盛乡城北有夫钟里。

冬，十有二月，公会宋公于阚。阚，杜注：鲁地。今山东汶上县西有阚亭，在南旺湖中。

臣与宋公盟于折，君与宋公会于夫钟、于阚。明年又会于虚、于龟。盖公与突皆篡立，声势相倚，而又有憾于忽。宋自纳突之后，以责赂生隙，故公不惮屈己力为突请以固宋交，而定其位也。然屡盟而卒畔，数会而卒离，观此益见盟会之不足恃矣。

十有二年，春，正月。

夏，六月，壬寅，公会杞侯、莒子，盟于曲池。杞，公羊、谷梁作纪。曲池，公羊作殴蛇。杜注：鲁地，鲁国汶阳县北有曲水亭。在今曲阜县东北，源出石门山。

左传　十二年夏，盟于曲池，平杞、莒也。隐公四年，莒人伐杞，自是遂不平。杞当作纪。是时纪为齐难，危急甚矣，鲁桓切切为纪谋，故屡会焉。而大国无与同心者，曲池之盟仅能与弱小之莒偕，其不能为助而无救于纪之亡也，盖可知矣。

秋，七月，丁亥，公会宋公、燕人，盟于谷丘。燕人，杜注：南燕大夫。谷丘，杜注：宋地。在今山东曹州北。

左传　公欲平宋、郑。秋，公及宋公盟于句渎之丘。句渎之丘，杜注：即谷丘也。今其地名句阳店。宋以立厉公故多责赂于郑，郑人不堪，故不平。

入《春秋》来，燕未尝见经。杜预谓燕人南燕大夫，以昭公三年书北燕伯款出奔齐，知此为南燕也。庄公之三十年，齐伐山戎，始为燕通道于周，则此年及十三年所书为姞姓之燕可知矣。《左传》称谷丘之盟亦为平郑、宋，观十三年四国来战燕亦与焉，则燕乃宋之与国，而此盟之为郑请可征也。

八月，壬辰，陈侯跃卒。壬辰，七月二十三日，书于八月，从赴。

公会宋公于虚。虚，公羊作郯。杜注：宋地。疑在今河南睢州境。

冬，十有一月，公会宋公于龟。龟，杜注：宋地。疑在今河南睢州境。

左传　宋成未可知也，故又会于虚。冬，又会于龟。

诸侯非王事不出境，桓公委宗社人民，五出与宋会，厉民荒政甚矣。鲁、宋五会之地，阚，鲁地，夫钟亦近鲁，故宋公来会，欲因鲁以责赂。虚、龟与谷丘皆宋地，故桓公往会，欲为突请免赂。观所会之地而情事可推矣。

丙戌，公会郑伯，盟于武父。武父，杜注：郑地，陈留济阳县东北有武父城。在今直隶东明县西南。

左传　宋公辞平，故与郑伯盟于武父。

郑终不肯致赂，宋遂辞平，是以与郑盟而谋宋也。突称郑伯，不没其实也。虽篡弑之贼，国人君之，诸侯君之，其会盟侵伐苟不以爵书，则非其实而亦无以属辞。盖列国之君书爵，而一人独书名，则与大夫之会盟、会伐者无以异矣。王迹既熄，霸统未兴，诸侯自擅，无所禀命。观隐十年，见兵革之乱也。桓十一年、十二年，见会盟之乱也。霸统兴而诸侯有所忌，无复此乱矣。故君子不得已而与桓、文。

丙戌，卫侯晋卒。

谷梁传　再称日，决日义也。决日者，谓二事决宜书日，故经两举日文也。

通一经惟此重书日，盖册书之体，一日二事本宜各书其日，而史所未详不可复考，偶有存者则仍其旧文耳。或曰不应再书丙戌，非后申则前子，非也。会盟宜日者也，其不日者，史失之耳。武父之盟既书日，使晋卒不再书日，则不知其卒于何日矣。

十有二月，及郑师伐宋。丁未，战于宋。

左传　遂帅师而伐宋，战焉，宋无信也。君子曰：苟信不继，盟无益也。《诗》云："君子屡盟，乱是用长"，无信也。《诗·小雅》，言无信故数盟，数盟则情疏，情疏而憾结，故乱长。

公羊传　战不言伐，此其言伐何？辟嫌也。恶乎嫌？嫌与郑人战也。不言伐，则嫌内微者与郑人战于宋地，故举伐以明之。此偏战也，何以不言师败绩？内不言战，言战乃败矣。上十年郎战之下已有此传，上来战于鲁，此往战于宋，嫌其异故复明之。

谷梁传　非与所与伐战也。非，责也。责鲁又与其所与伐者战也。不言与郑战，耻不和也。于伐与战，败也。内讳败，举其可道者也。战轻于败，战可道，而败不可道。

公及郑伯十有一月盟于武父，则十有二月伐宋者，为公与郑伯明矣。内不书公，而郑亦称师，何也？变文以著其罪也。来战者，罪在彼。往战者，罪在我。宋人责赂不已，固不为无过。然鲁桓取其赂以成乱，郑突资其力以篡国，及郑以责赂背宋，而鲁遂党郑渝数会之信，连兵深入，战于国都，邦交之翻覆、谋计之倾危若此，此圣人所以深恶鲁、郑也。

附录左传　楚伐绞，军其南门。莫敖屈瑕曰："绞小而轻，轻则寡谋，请无扞采樵者以诱之。"扞之，绞人获三十人。获楚人也。明日，绞人争出，驱楚役徒于山中。楚人坐其北门，而覆诸山下。坐犹守也。覆，设伏兵而待之。大败之，为城下之盟而还。伐绞之役，楚师分涉于彭。彭，水名。杜注：在新城昌魏县。今故昌魏县在湖广房县西南。罗人欲伐之，使伯嘉谍之，三巡数之。罗，杜注：熊姓国，在宜城县西山中，后徙南郡枝江县。今湖广宜城县西罗川城乃罗故国，其在平江县南之罗城与汀阴县接界者，是后徙处也。伯嘉，罗大夫。谍，伺也。巡，遍也。

十有三年，春。

附录左传　十三年春，楚屈瑕伐罗，斗伯比送之。还，谓其御曰："莫敖必败，举趾高，心不固矣。"遂见楚子，曰："必济师。"难言屈瑕将败，故以益师讽谏。楚子辞焉。入告夫人邓曼，邓曼曰："大夫其非众之谓，邓曼，楚武王夫人。言伯比意不在于益众。其谓君抚小民以信，训诸司以德，而威莫敖以刑也。莫敖狃于蒲骚之役，将自用也，狃，忕也。必小罗。君若不镇抚，其不设备乎！夫固谓君训众而好镇抚之，召诸司而劝之以令德，见莫敖而告诸天之不假易也。言天不借贷慢易之人。不然，夫岂不知楚师之尽行也？"楚子使赖人追之，不及。赖，国名，子爵。《后汉志》褒信侯国有赖亭，故赖国。褒信故县在今息县东北，其赖亭在商城县南，皆属河南光州。杜注：在义阳随县，则去光州甚远，不知何据。赖人，仕于楚者。莫敖使徇于师曰："谏者有刑。"徇，宣令也。及鄢，乱次以济，鄢，杜注：鄢水，在襄阳宜城县入汉。今湖广宜城县南有宜城故城。遂无次，且不设备。及罗，罗与卢戎两军之，卢戎，杜注：南蛮。即今中卢故城，在湖广南漳县东。大败之。莫敖缢于荒谷。荒谷，杜注：楚地。《荆州记》州东三里有三湖，湖东有水名荒谷，在今湖广荆州府。群帅囚于冶父，冶父，杜注：楚地。《水经注》荒谷东岸有冶父城，在今荆州府东。以听刑。楚子曰："孤之罪也。"皆免之。

二月，公会纪侯、郑伯。己巳，及齐侯、宋公、卫侯、燕人战，齐师、宋师、卫师、燕师败绩。

左传　宋多责赂于郑，郑不堪命，故以纪、鲁及齐与宋、卫、燕战。不书所战，后也。公后地期不及其战，故不书所战之地。　郑人来请修好。

公羊传　曷为后日？恃外也。其恃外奈何？得纪侯、郑伯然后能为日也。得纪侯、郑伯之助，然后乃能结战日以胜。内不言战，此其言战何？从外也。从外诸侯相与战例。曷为从外？恃外，故从外也。何以不地？近也。恶乎近？近乎围。郎亦近矣，郎何以地？郎犹可以地也。郎虽在郊内，尚非攻城，犹可以举其地。

谷梁传　其言及者，由内及之也。其曰战者，由外言之也。战称人，败称师，重众也。其不地，于纪也。《春秋》战无不地，郑氏曰纪当为己，谓在鲁也，字之误耳。

此战，先儒多主谷梁，谓战于纪，其实当以公羊为正。盖宋怨鲁、郑伐其国都，故连三国之师造于城下，无四鄙城邑可书，故不地也。使战于纪，则当书齐侯、宋公、卫侯、燕人伐纪，公会郑伯救纪，及齐侯、宋公、卫侯、燕人战。事乃明著，何为故隐其辞，使人莫辨哉？首齐侯国强而近鲁，故宋推以主兵也。先言会而后言日，既会而后战，会与战异日也。卫侯书爵，先君未葬而以吉礼从金革之事也。凡诸侯在丧有境外之事，以丧行者称子，以吉行者称爵，志其恶有浅深也。

三月，葬卫宣公。

列国诸侯之葬，必我往会而始书。鲁方与卫战而不废丧纪，盖鲁秉周礼，与卫旧睦故也。

夏，大水。

自禹濬畎浍距川，周公因之，益详井田沟洫之制，故年之丰凶一视农力，而水旱不能为灾。周衰，暴君污吏慢其经界，司空之法不修，于是水无所泄，旱无以溉。寻常水旱犹或有蓄积可支，苟遇大水，则不独禾稼不登，而庐舍人民且不可问矣。《春秋》备书于策，所以悼禹功之远，悯周制之废，生民受患而无以拯济也。

秋，七月。

冬，十月。

日讲春秋解义卷八

桓　公

十有四年，春，正月，公会郑伯于曹。

左传　十四年春，会于曹。曹人致饩，礼也。熟曰饔，生曰饩。

前年，鲁会郑、纪败齐、卫之师，恐其报怨，故为此会以谋之。曹素与鲁协，故鲁会郑于其地。公于郑突比之至矣。十二年，屡会以平宋、郑而不克，则为武父之盟，为宋之伐。十三年，会战。今又为此会，同恶相济明矣。

无冰。

公羊传　何以书？记异也。周之正月，乃夏之十一月，时当坚冻，无冰者温也，故曰异。

谷梁传　无冰，时燠也。

《周官》凌人职，正岁，十有二月，令斩冰，三其凌。《豳风·七月》之诗，二之日凿冰冲冲，三之日纳于凌阴，以供宾食丧祭，下逮老疾，其藏之也，周用之也遍，则冬无愆阳，夏无伏阴，春无凄风，秋无苦雨，盖亦燮理阴阳之一事。仲冬之月燠而无冰，刘向以为纪纲纵弛，善恶不明，赏罚不行之象，《春秋》所书皆经邦大训，而四时寒暑之变必详，亦《洪范》念用庶徵之义也。

夏五。

公羊传　夏五者何？无闻焉尔。

谷梁传　孔子曰："听远音者，闻其疾而不闻其舒。望远者，察其貌而不察其形。"貌，姿体。形，容色。立乎定、哀以指隐、桓，隐、桓之日远矣。夏五，传疑也。

不书月，阙文也。先儒或谓疑而不益，见圣人之慎。或曰此修经以后传写者之脱漏耳。后说似得其实。盖事之疑者不敢书，阙者不敢益，圣人之慎也。若五下脱月，则何所疑而不敢益乎？如旧史五下有所系之事，孔子自宜益月而具书其事。或仅存夏五二字，又宜用无事必具时与首月之例，削五而书夏四月，以是知为修经后之脱漏也。

郑伯使其弟语来盟。语，谷梁作御。

左传　夏，郑子人来寻盟，且修曹之会。子人即弟语也，其后为子人氏。

谷梁传　诸侯之尊，弟兄不得以属通。其弟云者，以其来我举其贵者也。来盟，前定也。不日，前定之盟不日。言信在前，非结于今。

突之篡立本由宋人，而复与宋恶，所恃惟鲁而已。郑非无大夫，而来盟必使其母弟，盖惧忽方在外，仪亹在内，诸大夫或有异心也。使来盟，则盟已前定，与高子之盟异矣。

秋，八月，壬申，御廪灾。

公羊传　御廪者何？粢盛委之所藏也。御者，谓御用于宗庙也。委，积也。御廪灾，何以书？记灾也。

门观灾而新作则书。御廪，粢盛之所藏，其新也必矣。何以不书？记曰：子将营宫，室宗庙为先。御廪所储，以供宗庙也，故其新也，以为常事而不书，垂教之意深矣。盖国之本务，虽勤于工筑，而民无劳怨也。

乙亥，尝。

左传　秋八月壬申，御廪灾。乙亥，尝，书不害也。灾其屋，救之则息，不及谷，故曰书不害。

公羊传　常事不书，此何以书？讥。何讥尔？讥尝也。曰犹尝乎？御廪灾，不如勿尝而已矣。

谷梁传　御廪之灾不志，此其志，何也？以为唯未易灾之余而尝可也，志不敬也。言用火焚之余以祭宗庙，不敬之大也。天子亲耕，以共粢盛。王后亲蚕，以共祭服。国非无良农工女也，以为人之所尽事其祖祢，不若以己所自亲者也。何用见其未易灾之余而尝也？曰：甸粟而内之三宫，三宫米而藏之御廪。甸，甸师，掌田之官。三宫，三夫人也。庙之礼，君亲割，夫人亲舂。夫尝必有兼甸之事焉。夫人亲舂，是兼甸之事。一本甸作旬。旬，十日也。壬申御廪灾，乙亥尝，以为未易灾之余而尝也。壬申、乙亥相去止四日，故知未易灾之余。

尝，祭时事之常，何以书？周之八月，非时也，不改卜而祭不敬也。谷梁以御廪所藏为既舂之米，故曰："易灾之余而尝。"考之《周官》廪人职，大祭祀共其接盛。郑康成云："扱以授舂人"，是御廪所藏，固未舂也。舂人为米以献于三宫，三宫夫人择之以授饎。人，使为粢盛，非兼旬莫办。壬申距乙亥甫四日，则粟之出廪久矣。以此知谷梁之说非也。但遇灾之后不敢卜，而遽尝，则未免慢易耳。

冬，十有二月，丁巳，齐侯禄父卒。

宋人以齐人、蔡人、卫人、陈人伐郑。公羊序蔡人在卫人下。

左传　冬，宋人以诸侯伐郑，报宋之战也。战宋在十二年。焚渠门，郑城门。

入，及大逵，伐东郊，郑郊。取牛首。牛首，杜注：郑邑。今河南陈留县西南有牛首城。以大宫之椽归为卢门之椽。大宫，郑祖庙。卢门，宋城门。椽，榱也。圆为椽，方为桷。

公羊传　以者何？行其意也。

谷梁传　以者，不以者也。不以者，谓本非所得制，今得以之。民者，君之本也。使人以其死，非正也。剌四国使宋专用其师，轻民命也。

师而曰以，在人之师者，则为能左右之以行己意；在为人所以者，则为非其本意而为人所用之称。凡见于经，皆以弱而假强者也。前此，诸侯有会伐者矣，非一国之意，故以爵序，即小国主兵而序乎大国之上，亦非一国之意，不得书以也。齐、蔡、卫、、陈与郑无怨，徒以宋怨郑突之背己而出师，以听宋所为，故书以。自此始霸事既兴，则征兵于诸侯，虽能左右之，而不复书以矣。其书以者，如鲁以楚师伐齐，蔡以吴子伐楚，皆以弱假强也。列国之兵有制，皆统于天子，而敢私用之与。私为人用，以驱人于死地，皆大乱之道也。故谷梁氏曰："以者，不以者也。"

十有五年，春，二月，天王使家父来求车。

左传　十五年春，天王使家父来求车，非礼也。诸侯不贡车服，车服，上之所以赐下。天子不私求财。诸侯有常职贡。

公羊传　何以书？讥。何讥尔？王者无求，求车，非礼也。

谷梁传　古者，诸侯时献于天子，以其国之所有，故有辞让而无征求。求车，非礼也。求金，甚矣。

前此求赙，虽非王朝之体，然赙乃诸侯所当归也。车服上所以赐下，而以求于下，失礼甚矣。周礼，列国虽有器贡，不过桃弧、棘矢、鲁壶之类耳。左氏诸侯不贡车服，礼之经也。或谓车为器贡，误矣。

三月，乙未，天王崩。

此桓王也，赴告及鲁，故书于策。此后庄王、僖王不书崩，盖王室不告鲁，亦不赴，见诸侯之不臣也。

夏，四月，己巳，葬齐僖公。

五月，郑伯突出奔蔡。

左传　祭仲专，郑伯患之，使其壻雍纠杀之。将享诸郊。雍姬知之，谓其母曰："父与夫孰亲？"其母曰："人尽夫也，父一而已，胡可比也？"遂告祭仲曰："雍氏舍其室而将享子于郊，吾惑之，以告。"祭仲杀雍纠，尸诸周氏之汪。周氏，郑大夫。汪，池也。暴其尸以示戮。公载以出，曰："谋及妇人，宜其死也。"夏，厉公出奔蔡。

公羊传　突何以名？夺正也。

谷梁传　讥夺正也。

郑突患祭仲之专，使雍纠杀之，为仲所觉，纠见杀，而突奔。书名，著其篡也。书郑伯，见国人已奉之为君，诸侯已与为同列也。陆淳曰："逐君之臣，其罪易知也。君而见逐，其恶大矣。圣人之教，在乎端本清源，故凡诸侯之奔皆不书其逐之者，所以警乎人君。"其说是也。突谋夺嫡，始藉宋之力以胁仲，与仲比以窃国，又与其亲戚谋杀之，为反覆盗贼之计，则其出亡自取焉耳。苟正其本，爵赏刑威惟君所操，虽有奸邪，孰敢窥伺哉？

郑世子忽复归于郑。

左传　六月乙亥，昭公入。

公羊传　其称世子何？复正也。曷为或言归或言复归？复归者，出恶，归无恶。复入者，出无恶，入有恶。入者，出入恶。归者，出入无恶。

谷梁传　反正也。

忽之奔不称爵，责不能守其位也。返国称世子，见国其所当有也。诸侯世国，失位出奔，归而称复，正也。大夫不世爵，失位出奔，归而称复，则恶也。

许叔入于许。

左传　许叔入于许。

谷梁传　许叔，许之贵者也。莫宜乎许叔。其曰入，何也？其归之道，非所以归也。言不请王命而归。

以复国书入，有郑之难，未可以安然而归也。书叔，著其兄弟之行次，见国破君亡，以序可嗣立也。其义与纪季、蔡季相发兴。复之善者，莫过于许叔。存礼之善者，莫过于纪季。归国之善者，莫过于蔡季。皆圣人之所与也。使书名，则与入篡者无别矣。

公会齐侯于艾。艾，公羊作鄗，谷梁作蒿。

左传　公会齐侯于艾，谋定许也。

左氏以为谋定许也。然入许本齐、鲁与郑合谋，今许叔乘郑之乱以复其国，齐、鲁不兴师以问之则已矣，何故反为会以定其位也？且会艾之后，鲁再伐郑而齐不与焉，安见其为谋定许哉？高氏闶曰："鲁尝与齐绝矣，襄公新立，复通好，彭生之祸兆于此矣。故《春秋》志之。"以齐为主，盖齐志也。

邾人、牟人、葛人来朝。牟国，今山东历城县东有牟城。葛国，嬴姓，今河南宁陵县有葛城。

公羊传　皆何以称人？夷狄之也。

此来朝者三国之君也，其称人何？天王崩不奔丧，而相率以朝弑逆之贼，且行旅见之礼，故特文以见义也。

秋，九月，郑伯突入于栎。栎，杜注：郑别都也，河南阳翟县。今禹州是也。

左传　秋，郑伯因栎人杀檀伯，而遂居栎。檀伯，郑守栎大夫。

公羊传　栎者何？郑之邑。曷为不言入于郑？末言尔。末者，浅也。曷为末言尔？祭仲亡矣。然则曷为不言忽之出奔？言忽为君之微也。祭仲存则存矣，祭仲亡则亡矣。

郑已有君，突自外窃入，亦书郑伯，此因旧史之文而存之以示戒也。鲁桓与突同恶，相济出师，辅篡至于再三，故鲁史卑忽而崇突以郑伯书，《春秋》因之而不革，程子所谓"以戒居正者之不能保也"。卫侯之入夷仪不名，衎正而突篡也。衎之入卫书而突之入郑不书，衎告而突不告也。盖诸侯以突为郑君，突亦自以为郑君久矣，故不复以入郑告也。至大都耦国之害，则昭十一年传载申无宇之言备矣。

冬，十有一月，公会宋公、卫侯、陈侯于袲，伐郑。袲，公羊作侈。宋公上公羊有齐侯。袲，杜注：宋地。沛国相县西南有袲亭，在今江南宿州境。

左传　冬，会于袲，谋伐郑，将纳厉公也。弗克而还。

谷梁传　地而后伐，疑辞也，非其疑也。郑突篡国，伐而正之，义也，不应疑，故责之。

忽在郑而诸侯伐郑，则助突明矣。谷梁谓地而后伐，为有所疑，非也。先会而后伐，纪其实耳。或谓宋既责赂而伐突，不当又纳突。鲁方与突伐宋，不当又会宋纳突。且忽之奔也，卫实受之，亦不应伐忽以纳突。以是有疑。不知鲁轨、宋冯、卫朔皆以不正得国，其与突为党，乃水之流湿，火之就燥。又以正继正，则邻国无所求。以不正夺正，则可以责赂。其来旧矣。故不复知有人纪之常、邦交之正耳。

十有六年，春，正月，公会宋公、蔡侯、卫侯于曹。

左传　十六年春正月，会于曹，谋伐郑也。前年冬，谋纳厉公，不克，故复更谋。

夏，四月，公会宋公、卫侯、陈侯蔡侯伐郑。

左传　夏伐郑。

鲁、宋、卫再会，连兵以伐正而助不正，非徒为突谋，亦欲植党示威以自固也。其恶固不待贬而见矣。春正月会于曹，蔡先于卫。夏四月伐郑，卫先于蔡。《周官·大司马》设仪辨位，以等邦国，九仪之命不可乱也。至春秋时，霸者以意之向背为升降，列国以势之强弱相上下，而旧典不可复问矣。此民志所以不定，争攘所以日繁也。

秋，七月，公至自伐郑。此书致伐之始。

左传　秋七月，公至自伐郑，以饮至之礼也。

谷梁传　桓无会，其致何也？危之也。助篡伐正，危殆之甚。

鲁桓躬为篡弑，求助于强邻。其身既定，遂会于稷，以成宋乱。乱臣贼子由是益张。今又再会，连兵伐正以助篡，方且饮至策勋，自鸣得意，积不善之殃将至矣。

冬，城向。

左传　冬，城向，书时也。

杜氏预谓城以十一月。以长历推之，此年闰在六月。月却而节前水星可在十一月，而正以证传曰书时非误。但纵是十一月，亦夏之九月，农功未毕。盖城筑之事非可月成，戒事于此月，而以春正月毕功，则无妨农之病耳。

十有一月，卫侯朔出奔齐。

左传　初，卫宣公烝于夷姜，生急子，夷，姜宣公之庶母也。上淫为烝。属诸右公子。为之娶于齐，而美，公取之。生寿及朔，属寿于左公子。左右公子，左右媵之子，因以为号。夷姜缢。失宠故。宣姜与公子朔构急子。宣姜即宣公所娶急子之妻。构，会其过恶。公使诸齐，使盗待诸莘，将杀之。莘，杜注：卫地。今山东华县北有莘亭。寿子告之，使行，不可，曰："弃父之命，恶用子矣？有无父之国则可也。"及行，饮以酒。寿子载其旌以先，盗杀之。急子至，曰："我之求也，此何罪？请杀我乎。"又杀之。二公子故怨惠公。惠公，朔也。十一月，左公子泄、右公子职立公子黔牟。黔牟，群公子。惠公奔齐。

公羊传　卫侯朔何以名？绝。曷为绝之？得罪于天子也。其得罪于天子奈何？见使守卫朔，朔，十二月朔政事也。而不能使卫小众。时天子使发小众，不能使行。越在岱阴齐。越，走也。岱，泰山也。山北曰阴。属负兹舍，不即罪尔。属，托也。诸侯有疾称负兹。舍，止也。即，就也。言托疾止，不就罪也。

谷梁传　朔之名恶也。天子召而不往也。

朔继立已五年，二公子虽怨之，以其承国于父，未敢废立。必因召而不往，王欲致讨，然后得行其志。庄六年，诸侯纳朔，而王人子突救卫，则公、谷所传，盖信而有征也。

十有七年，春，正月，丙辰，公会齐侯、纪侯，盟于黄。黄，杜注：齐地。《路史》登之黄县东南有古黄城。本纪邑，后入齐。案，登州府黄县，齐东垂也，去鲁殊远，疑非会盟处。

左传　十七年春，盟于黄，平齐、纪，且谋卫故也。

纪、鲁之婚姻，而卫朔在齐，齐欲纳朔，而鲁欲平纪，故释前憾而为此盟也。

然二年之后齐遽迁纪三邑，六年之后鲁卒会齐纳朔，事之顺逆，交之离合，一听乎强者而弱者不敢违，则盟何足恃耶？又齐之图纪十有二年矣，鲁为纪纳后于王，故纪虽从鲁败齐，而齐不敢报怨。至襄公而后逞志焉。用此见襄之无道，而僖犹知畏义也。

二月，丙午，公会邾仪父，盟于趡。会，公羊、谷梁作及。趡，杜注：鲁地。当在今山东泗水邹县之间。

左传　及邾仪父盟于趡，寻蔑之盟也。

隐公元年，尝与邾盟于蔑。至七年，鲁渝盟而伐邾，遂绝通好。及桓立十五年，邾与牟葛来朝，因寻蔑之好而为此盟。乃不逾年，又兴师会伐，何哉？从宋志也。夫前此伐邾既为宋讨，后此伐邾又从宋志。己欲盟而盟，人欲伐则伐，邦交之反覆无常一至于此，《春秋》凡盟皆恶有以夫。

夏，五月，丙午，及齐师战于奚。公羊阙夏字。奚，谷梁作郎。此齐、鲁交兵之始。奚，杜注：鲁地。今山东滕县南奚公山下有奚邑。

左传　夏，及齐师战于奚，疆事也。争疆界也。于是齐人侵鲁疆，疆吏来告。公曰：“疆埸之事，慎守其一，而备其不虞。不虞，犹不意也。姑尽所备焉。事至而战，又何谒焉？”

谷梁传　内讳败，举其可道者也。不言其人，以吾败也。不言及之者，为内讳也。

不名及者，疆吏得公命与战，微者之名不载于策书也。观明年公会齐侯于泺，则齐、鲁之怨未深，其非公与战明矣。

六月，丁丑，蔡侯封人卒。

左传　蔡桓侯卒。

秋，八月，蔡季自陈归于蔡。

左传　蔡人召蔡季于陈。秋，蔡季自陈归于蔡，蔡人嘉之也。

谷梁传　蔡季，蔡之贵者也。自陈，陈有奉焉尔。

旧说蔡季与献舞俱桓侯弟也。桓侯无子，立献舞，季遂去而之陈。封人卒，献舞立，蔡人思而召之。其去以道，其归以礼，故称字以褒之。按杜氏预谓季即献舞。先儒多谓季让国之贤，不宜失国见执而不死于位，以此断献舞为异人。以经考之，突归于郑，赤归于曹，皆称名，而季书字，则归无恶可知矣。陈侯之弟黄、楚公子比之归皆先书其奔，而季之如陈不书，则出无恶可知矣。盖奔者，以恶出也。故鲁公子之奔未有不书者。而季友如陈不书，其归也特书季子来归。用此观之，则蔡季之出入无恶信矣。但人之才分有限，而事变无常，以归国无恶而决其无失国见执之事，亦非定论。并存二说，兼发所疑，以俟参考。

癸巳，葬蔡桓侯。

《春秋》惟封人之葬书侯。故先儒皆谓五等诸侯，本国臣子皆称之曰公。其卒也，不请谥于王，遂私谥为某公。《春秋》从而书之，以见其非礼。惟蔡季贤，知请谥于王，王之策书则云谥曰某侯，故特书之以明得礼也。

及宋人、卫人伐邾。

左传　伐邾，宋志也。

邾、宋争疆，鲁从宋志，以为此伐，其距趡之盟仅数月耳。刑牲诏神弃如敝屣，渎信而不仁亦甚矣。

冬，十月朔，日有食之。

左传　冬十月朔，日有食之。不书日，官失之也。天子有日官，诸侯有日御。日官居卿以底日，礼也。日官，天子掌历者，不在六卿之数，而位从卿，故言居卿也。底，平也。谓平历数也。日御不失日，以授百官于朝。言日御奉天子所颁之历，不失天时，以授百官。

谷梁传　言朔不言日，食既朔也。既，尽也。尽朔一日至明日乃食，是月二日食也。

书朔不书日，旧史阙文也。历家谓有平朔、有定朔。以日平行月平行，推算某日某时某刻合朔，是为平朔。日有盈缩，月有迟疾，取均度或加或减于平行，以定某日某时某刻日月相会，是为定朔。自刘洪乾象历始用定朔，于是非朔不食。汉初以前皆用平朔，故有食于朔前后者。但朔前、朔后圣人何难据实以书，而必曲生义例乎？日食于朔二日则不得为朔矣。故当以文阙为正。

附录左传　初，郑伯将以高渠弥为卿，昭公恶之，固谏，不听。昭公立，惧其杀己也。辛卯，弑昭公而立公子亹。昭公弟。君子谓昭公知所恶矣。公子达曰：达，鲁大夫。"高伯其为戮乎！复恶已甚矣。"复，重也。本为昭公所恶，而又弑君，是重为恶也。

十有八年，春，王正月。

是年，桓公之终也。复书王正月，明弑君之贼虽身已没而王法不得赦也。又桓十五年天王崩，至是嗣王三年之丧毕矣，明弑君之贼后王宜加讨也。然则篡弑者身无存没，时无古今，而不可容于天地之间，故曰：孔子成《春秋》而乱臣贼子惧。

公会齐侯于泺。公与夫人姜氏遂如齐。公羊无与字。泺，水名。杜注：在济南历城县，西北入济。今趵突泉即泺水之源也，盖济水伏流重发处。

左传　十八年春，公将有行，遂与姜氏如齐。申繻曰：鲁大夫。"女有家，男有室，无相渎也，谓之有礼。易此必败。"公会齐侯于泺，遂及文姜如齐。齐侯通焉。

公谪之，以告。夫人告齐侯。

公羊传　公何以不言及夫人？夫人外也。若言夫人，已为公所绝外也。夫人外者何？内辞也，言内为公讳之辞。其实夫人外公也。

谷梁传　泺之会不言及夫人，何也？以夫人之伉，弗称数也。夫人骄伉，不可言及，故舍而弗数。

公往会齐侯，夫人欲同往，而公不能制。会礼毕，夫人欲从齐侯至齐，公不能止而身从之，礼防尽溃而乱象已形矣。泺之会不言夫人，夫人不与会也。僖公及夫人姜氏会齐侯于阳谷，以夫及妇，恒辞也。此独变文书与，与者，相敌而不相属之辞，明夫人不属于公。公羊氏所谓"夫人外公"是也。夫不夫，妇不妇，欲无败得乎？故变文以著见杀之由也。

夏，四月，丙子，公薨于齐。丁酉，公之丧至自齐。

左传　夏四月丙子，享公。使公子彭生乘公，公薨于车。上车曰乘。彭生多力，拉公干而杀之。鲁人告于齐曰："寡君畏君之威，不敢宁居，来修旧好。礼成而不反，无所归咎，恶于诸侯。请以彭生除之。"齐人杀彭生。

谷梁传　其地，于外也。薨称公，举上也。公，五等之上。

鲁君弑而薨者，以不地见其弑，而此书薨于齐，何也？薨在外，不得不书其地也。然前书公与夫人如齐，已见起祸之端。后书夫人孙于齐则去其姓氏，以正与闻乎弑之罪。庄公不书即位，以明先君不以道终，子不忍即位之义，则虽书薨于齐，而见戕之实亦不可掩矣。

秋，七月。

附录左传　秋，齐侯师于首止，首止，杜注：卫地，陈留襄邑县东南有首乡。在今河南睢州东南。子亹会之，高渠弥相。不知齐欲讨己。七月戊戌，齐人杀子亹，而轘高渠弥。轘，车裂也。祭仲逆郑子于陈而立之。昭公弟子仪是。是行也，祭仲知之，故称疾不往。人曰："祭仲以知免。"仲曰："信也。"子亹之立，本非仲意，故然讥者之言。　周公欲弑庄王而立王子克，克，庄王弟子仪。辛伯告王，辛伯，周臣。遂与王杀周公黑肩。王子克奔燕。初，子仪有宠于桓王，桓王属诸周公。辛伯谏曰："并后，妾如后。匹嫡，庶如嫡。两政，臣擅命。耦国，都如国。乱之本也。"周公弗从，故及。及于难。

冬，十有二月，己丑，葬我君桓公。

公羊传　贼未讨，何以书葬？仇在外也。仇在外则何以书葬？君子辞也。齐强鲁弱，不可立报，故君子量力而为恕辞。

谷梁传　葬我君，接上下也。言我君，举国上下之辞。君弑，贼不讨，不书葬，此其言葬，何也？不责逾国而讨于是也。桓公葬而后举谥，谥所以成德也。谥者，行之迹所以表德。于卒事乎加之矣。人之终卒，事毕于葬，故于葬定称号也。智者虑，义者行，仁者守，有此三者备，然后可以会矣。桓无此三者，而出会大国，所以见杀。

贼未讨而书葬，仇在外也。凡在官者杀无赦，谓本国之臣子耳。仇在敌国，势或不能即讨，而亲之丧不可久暴露，故于葬无责焉，非谓讨可缓也。若庄公之忘亲暱仇，则又非欲报而不能者所可比，书葬而其罪愈不容逭矣。

日讲春秋解义卷九

庄　公

公名同，桓公之子，母文姜。谥法胜敌克壮曰庄。

周　庄王四年。鲁庄公十二年，庄王崩，子僖王立。庄十七年，僖王崩，子惠王立。

郑　子仪元年。鲁庄公十四年，郑傅瑕杀子仪而纳厉公。庄二十一年，厉公卒，子文公立。

齐　襄公五年。鲁庄公八年，襄公弑。庄九年，齐桓公小白入于齐，是年齐管仲为政。

宋　庄公十八年。鲁庄公二年，宋庄公卒，子闵公捷立。庄十二年，闵公弑弟桓公御说立。

晋　翼晋侯缗十二年。缗之二十七年，鲁庄公之十六年也，曲沃武公伐晋灭之。○曲沃武公二十三年。鲁庄公十六年，灭晋侯缗，周僖王命曲沃伯以一军为晋侯，始更号曰晋武公。鲁庄公十七年，武公卒，子献公佹诸立。

卫　惠公七年，黔牟二年。鲁庄公六年，齐纳惠公，放黔牟于周。庄二十五年，惠公卒子，懿公赤立。

蔡　哀侯二年。鲁庄公十年，楚败蔡师，执哀侯以归。庄十九年，哀侯卒于楚，蔡人立其子肸为缪侯。

曹　庄公九年。鲁庄公二十三年，曹庄公卒，子僖公夷立。鲁庄公三十二年，僖公卒，子昭公班立。

滕　详见隐公元年。

陈　鲁庄公元年十月，庄公林卒，子宣公杵臼立。

杞　详见隐公元年及僖公元年。

薛　鲁庄公三十一年，薛伯卒。

邾　鲁庄公十六年，邾子克卒，即仪父也。邾子琐立。庄公二十八年，邾子琐卒，文公蘧蒢立。

许　许叔入许五年，即僖公四年，许穆公新臣也。

小邾　鲁庄公五年，郳黎来来朝，详见隐公元年。

楚 武王四十八年。鲁庄公四年，卒，子文王熊赀立。庄十九年，文王卒，子堵敖熊囏立。庄二十二年，熊恽弑兄堵敖代立，是为楚成王。《史记》以庄十八年为堵敖元年，堵敖立五年遇弑，楚成立。十六年，齐桓公以兵侵楚，至陉山。○庄公三十年，楚子文为令尹。

秦 详见隐公元年。

吴 详见隐公元年。

越 见上注。

日讲春秋解义卷九

庄　公

名同，桓公之子，母文姜，以庄王四年即位。谥法胜敌克壮曰庄。

元年，春，王正月。

左传　元年春，不称即位，文姜出故也。

公羊传　公何以不言即位?《春秋》君弑子不言即位。君弑则子何以不言即位?隐之也。孰隐?隐子也。隐痛是子之祸。

谷梁传　继弑君不言即位，正也。继弑君不言即位之为正，何也?曰：先君不以其道终，则子不忍即位也。

不书即位，继故而不忍行即位之礼也。闵公、僖公亦然。然闵、僖之立不忘讨贼，故叔牙、庆父终无所逃其死。庄公则宴然安于其位，而且与仇人亲暱焉，天理灭熄，罪不容于诛矣。

三月，夫人孙于齐。

左传　三月，夫人孙于齐，不称姜氏，绝不为亲，礼也。

公羊传　孙者何?孙犹孙也。孙，犹遁也。内讳奔，谓之孙。夫人固在齐矣，其言孙于齐何?念母也。从庄公念母起见。正月以存君，念母以首事。正月以存君者，正月岁终复始，臣子喜其君父与岁终而复始，执贽以存之。今此练祭亦是臣子闵君父往年此日没，今年复此日存而礼祭之，取法存君也。念母以首事者，夫人当首营祭事。时庄公将为练祭，念母而欲迎之也。夫人何以不称姜氏?贬。曷为贬?与弑公也。其与弑公奈何?夫人谮公于齐侯，公曰："同非吾子，齐侯之子也。"齐侯怒，与之饮酒。于其出焉，使公子彭生送之。于其乘焉，乘，将上车时。搚干而杀之。干，胁也。搚，折声也。念母者，所善也，则曷为于其念母焉贬?不与念母也。念母则忘父，背本之道也。

谷梁传　孙之为言犹孙也。讳奔也。接练时，录母之变，始人之也。于练时感夫人不与祭，始以人道录之。不言氏姓，贬之也。人之于天也，以道受命；于人也，以言受命。不若于道者，天绝之也。不若于言者，人绝之也。臣子大受命。臣子受天与君父之命，义得贬夫人。

桓公之死实由姜氏，乃鲁之臣子不共戴天之仇，在庄公虽有母子之私恩，不得以夺君父之大义也。《春秋》于其孙齐不称姜氏，传曰绝不为亲，而人道之大防立矣。不称姜氏而曰夫人，所以罪鲁之臣子不知其为贼，而使泰然居夫人之位也。内讳奔曰孙，臣子辞也。姜氏以桓十八年如齐，无归鲁之文，盖以淫与闻乎弑无颜告庙，故史不书。至书孙于齐，则往年之从丧而归鲁具见矣。

夏，单伯逆王姬。逆，左氏作送。

公羊传　单伯者何？吾大夫之命乎天子者也。诸侯大夫例称名，以命于天子故称字。何以不称使？天子召而使之也。逆之者何？使我主之也。曷为使我主之？天子嫁女于诸侯，必使诸侯同姓者主之。诸侯嫁女于大夫，必使大夫同姓者主之。

谷梁传　单伯者何？吾大夫之命乎天子者也。命大夫，故不名也。其不言如，何也？其义不可受于京师也。其义不可受于京师，何也？曰：躬君弑于齐，使之主婚姻，与齐为礼，其义固不可受也。

单伯为鲁大夫之命于天子者也。诸侯之大夫命于天子则不名，比于王臣也。逆王姬，使鲁为主也。天子嫁女于诸侯，必使诸侯同姓者主之，鲁方有丧而使主婚姻，非礼也。庄公忘不共戴天之仇，不辞而与齐为礼，其恶不待贬而见矣。

秋，筑王姬之馆于外。

左传　秋，筑王姬之馆于外。为外，礼也。外，城外也。

公羊传　何以书？讥。何讥尔？筑之，礼也。于外，非礼也。于外何以非礼？筑于外，非礼也。其筑之何以礼？主王姬者，必为之改筑。主王姬者则曷为必为之改筑？于路寝则不可，小寝则嫌。路寝则外内无别，小寝则亵渎，皆所以远别也。群公子之舍，谓女公子也。则以卑矣。其道必为之改筑者也。

谷梁传　筑，礼也。于外，非礼也。筑之为礼，何也？主王姬者必自公门出，于庙则已尊，于寝则已卑。为之筑，节矣。筑之外，变之正也。筑之外，变之为正，何也？仇仇之人非所以接婚姻也，衰麻非所以接弁冕也。其不言齐侯之来逆，何也？不使齐侯得与吾为礼也。

鲁为王室懿亲，其主王姬旧矣。馆于国中，宜有常所，而特筑于外，盖知其不可而为之也。然以仇仇而接婚姻，以衰麻而接弁冕，筑馆于外，遂可以自掩乎？窃按齐、鲁之邦交以察庄公之用心，非畏王命而不敢辞，乃欲藉是以结齐好也。故自是以后命伐同狩，与齐昵好，绝无间疑，废人伦，灭天理，莫此为甚。故《春秋》于主王姬事特书屡书，以正庄公忘亲暱仇之大恶云。

冬，十月，乙亥，陈侯林卒。

谷梁传　诸侯日卒，正也。

王使荣叔来锡桓公命。此书锡命之始。

公羊传　锡者何？赐也。命者何？加我服也。其言桓公何？追命也。追命死者，故举谥。

谷梁传　礼有受命，无来锡命，锡命非正也。生服之，死行之，礼也。生不服，死追锡之，不正甚矣。

天子锡命诸侯车服礼器，所以旌有功、褒有德也。桓公身为大恶，庄王不能讨之于生前，及其既死又从而追锡之，是使乱臣贼子不惟免罪而反以邀宠，非小失也。夫王者履天位，奉天道，赏则承天命，罚则行天讨，故王必称天，所以法天也。今庄王宠篡弑以乱天常，无天甚矣，故不称天。

王姬归于齐。

公羊传　何以书？我主之也。

谷梁传　为之中者归之也。

鲁主王姬之嫁，在他公时则以为常事而不书，此独屡书而不厌其烦，以归于齐故也。不书伯季，尊王姬而异于诸侯之女也。不书来逆，杜氏预谓公不与接，非也。齐侯傲慢，实未至鲁亲迎耳，果来鲁，则宜特书以见义矣。

齐师迁纪郱、鄑、郚。此书迁之始。郱，杜注：在东莞临朐县东南。今属山东青州府。鄑、訾同音，杜注：都昌县西有訾城。都昌，今山东昌邑县也，有訾亭社在县西。郚，杜注：在朱虚县东南。今山东安邱县西南有郚城。

公羊传　迁之者何？取之也。取之则曷为不言取之也？为襄公讳也。外取邑不书，此何以书？大之也。何大尔？自是始灭也。

谷梁传　纪，国也。郱、鄑、郚，国也。或曰迁纪于郱、鄑、郚。

郱、鄑、郚皆纪邑。迁者，徙其民而取其地也。邑不书迁，迁不书师，今齐将灭纪，先取其旁邑。其书师迁，见纪民犹足与守，而齐用大众迫之，以为己属也。按宋人迁宿，齐人迁阳。宿与阳，国也，而迁书人。郱、鄑、郚，邑也，而迁书师。此《春秋》特笔著纪季入齐、纪侯去国之由，以见王纲纵弛，小国困敝，而暴乱者得以逞其志也。

二年，春，王二月，葬陈庄公。

夏，公子庆父帅师伐于余丘。于余丘，杜注：国名。

公羊传　于余丘者何？邾娄之邑也。曷为不系乎邾娄？国之也。曷为国之？君存焉尔。

谷梁传　国而曰伐。于余丘，邾之邑也。其曰伐，何也？公子贵矣，师重矣。而敌人之邑，公子病矣。病公子，所以讥乎公也。其一曰君在而重之也。

庆父，公庶兄，或曰弟。于余丘，或国或邑，不可考。以庆父主兵，为后弑子般、闵公之祸所托始，故谨而书之。鲁在《春秋》中弑逆之祸三见，皆以贵戚主兵，威柄下移，卒为君父之患。公子翚、仲遂之变与庆父同出一辙也。且庄公于不共戴天之仇释而不图，乃侵伐小国，师出无名，徒使公族擅兵，祸及国本，圣人特书伐，所以著履霜之戒也。

秋，七月，齐王姬卒。

公羊传　外夫人不卒，此何以卒？录焉尔。曷为录焉尔？我主之也。

谷梁传　为之主者，卒之也。主其嫁则有兄弟之恩，死则服之，服之故书卒。

内女嫁为诸侯妻则书卒，王姬而比内女，主其嫁也。按戴记，齐告王姬之丧，鲁庄公为之大功。或曰由鲁嫁，故为之服姊妹之服。收于册者，以君为之服也。庄公之忘礼仇仇，而不知有父，遂至于此，故屡书以正其汩大伦、灭天理之罪云。

冬，十有二月，夫人姜氏会齐侯于禚。禚，公羊作部，杜注：齐地。《左传》定九年齐侯致禚、媚、杏于卫，杜注：三邑皆齐西界。据此当为齐、鲁、卫分界之地。

左传　二年冬，夫人姜氏会齐侯于禚，书奸也。

谷梁传　妇人既嫁不逾竟，逾竟非正也。妇人不言会，言会非正也。飨，甚矣。谓四年飨齐侯于祝丘。

书夫人，见于鲁为国君之母。书姜氏，见于齐襄为同气之人。乃靦然出会，甘为禽兽之行，直书其事，以著姜氏、齐侯之恶，而庄公之罪亦不可逭矣。

乙酉，宋公冯卒。

三年，春，王正月，溺会齐师伐卫。

左传　三年春，溺会齐师伐卫，疾之也。

公羊传　溺者何？吾大夫之未命者也。

谷梁传　溺者何也？公子溺也。其不称公子，何也？恶其会仇仇而伐同姓，故贬而名之也。

卫朔奔齐，齐欲纳之。时天王已绝朔而立公子黔牟矣。庄公乃兴师会仇仇，逆王命以伐同姓，纳不义之君。直书其事，不待贬而罪自见矣。溺不称公子，内大夫之未命者也。

夏，四月，葬宋庄公。

谷梁传　月葬，故也。

五月，葬桓王。

左传　夏五月，葬桓王，缓也。

公羊传　此未有言崩者，何以书葬？盖改葬也。

谷梁传　传曰改葬也。改葬之礼，缌，举下，缅也。缌，五服最下。缅，藐远也。天子诸侯易服而葬，以为交于神明，不可以纯凶，况其缅者乎？故改葬之礼，其服唯轻，言缅，释所以缌也。或曰却尸以求诸侯。言停尸七年，以求诸侯会葬。天子志崩不志葬，必其时也。何必焉？举天下而葬一人，其义不疑也。志葬，故也，危不得葬也。曰：近不失崩，不志崩，失天下也。京师去鲁不远，赴告之命可不逾旬而至。史不志崩，则乱可知。独阴不生，独阳不生，独天不生，三合然后生。凡生类禀灵，知于天资，形于二气。故曰：母之子也可，天子之也可。尊者取尊称焉，卑者取卑称焉。其曰王者，民之所归往也。

桓王崩在桓十五年，至是始葬。或曰桓十八年传载子仪、黑肩之难，是以缓。或曰东迁之初尚有志归葬于西周，已而诸侯背叛，王师伤败，故至此始葬。不书公如，又不书卿大夫往，盖鲁使征者会葬也。

秋，纪季以酅入于齐。酅，杜注：纪邑，在齐国东安平县。今山东临淄县东有安平城，又有酅亭。

左传　秋，纪季以酅入于齐，纪于是乎始判。判，分也。言分为附庸始于此。

公羊传　纪季者何？纪侯之弟也。何以不名？贤也。何贤乎纪季？服罪也。其服罪奈何？鲁子曰："请后五庙，以存姑姊妹。"纪与齐仇，小大不敌，季知必亡，故以酅首服，请为五庙后，以供祭祀。存姑姊妹者，言兄弟子姪亦随国亡，但外出之女有所归趣而已。

谷梁传　酅，纪之邑也。入于齐者，以酅事齐也。入者，内弗受也。

纪季，纪侯之弟。季，字也。诸侯兄弟贬则书名，不贬则书字。是时，齐欲灭纪，故纪季以邑入齐，请为附庸，以存先祀，盖纪侯命之也。夫弃君以避患，挟地以附敌，非人臣之义也。而《春秋》于纪季无讥焉，盖强暴凭陵，天子不能正，邻国不能救，宗社危亡，计日可待，不得已而屈己下敌，以存五庙，乃行权而不悖乎经，与他公子之去国者异矣。不书奔，原其情也。书入，难辞，盖闵之也。

冬，公次于滑。滑，公羊、谷梁作郎。杜注：郑地，在陈留襄邑县北。今河南睢州有滑亭。

左传　冬，公次于滑，将会郑伯，谋纪故也。郑伯辞以难。厉公在栎故。凡师，一宿为舍，再宿为信，过信为次。

公羊传　其言次于郎何？刺欲救纪而后不能也。

谷梁传　次，止也。有畏也，欲救纪而不能也。

纪将灭于齐，公以师出次于滑，欲会郑伯谋纪。郑伯不会，遂中止焉。次者，止也。救而书次，讥辞也。鲁于纪有婚姻之好，于齐有君父之仇，苟能救纪抑齐，一举而两善并矣。乃畏齐而中止，故书公次于滑，以讥师出之无名也。

四年，春，王二月，夫人姜氏享齐侯于祝丘。享，公羊、谷梁作飨。祝丘，杜注：鲁地。

谷梁传　飨，甚矣。飨齐侯，所以病齐侯也。

两君相见之礼曰享。礼，姑姊妹已嫁而反，兄弟不与同席而坐，况妇人轻去其国，而用两君相见之礼乎？前曰会，至是曰享，渎亵益甚矣。经于孙齐去其氏以绝之，自会禚以下复书夫人姜氏者，盖揭其氏姓所以示之有别，而正其乱伦之罪也。

三月，纪伯姬卒。

谷梁传　外夫人不卒，此其言卒，何也？吾女也。适诸侯则尊同，以吾为之变，卒之也。礼，诸侯绝旁期，姑姊妹嫁于国君者，尊与己同，则为之服大功，变不服之例，故书卒。

内女适诸侯，尊同则为之服，而史书其葬。内女为诸侯夫人者七，惟纪伯姬、宋伯姬志卒志葬，盖闵纪之亡，褒共姬之贤，而详其本末也。

附录左传　四年春王三月，楚武王荆尸，授师孑焉，以伐随。尸，陈也。荆亦楚也。更为楚陈兵之法。孑者，戟也。参用戟为陈。将齐，授兵于庙，故齐。入告夫人邓曼曰："余心荡。"荡，动散也。邓曼叹曰："王禄尽矣。盈而荡，天之道也。先君其知之矣。故临武事，将发大命，而荡王心焉。若师徒无亏，王薨于行，国之福也。"王遂行，卒于樠木之下。樠，木名也。令尹斗祈、莫敖屈重除道梁溠，时秘王丧，故为奇兵，更开直道。梁，桥也。溠，杜注：溠水，在义阳厥县西，东南入郧水。《释例》云即溠水，源出县北，在今湖广随议处东南。营军临随，随人惧，行成。莫敖以王命入盟随侯，且请为会于汉汭而还。汭，内也，谓汉西。济汉而后发丧。

夏，齐侯、陈侯、郑伯遇于垂。

齐谋取纪，恐陈、郑为之援，故结欢于二国，是以三国遇垂，而纪侯遂去也。苏氏以郑伯为子仪，然子仪之为君也微，岂敢轻去国都，远与诸侯会？此所书者，实厉公也。盖厉公善结四邻之援，诸侯亲之，故旧史以爵书，而《春秋》亦不没其实耳。

纪侯大去其国。

左传　纪侯不能下齐，以与纪季。夏，纪侯大去其国，违齐难也。

公羊传　大去者何？灭也。孰灭之？齐灭之。曷为不言齐灭之？为襄公讳也。《春秋》为贤者讳，何贤乎襄公？复仇也。何仇尔？远祖也。哀公亨乎周，郑氏云"懿始受谮而亨齐哀公"是也。纪侯谮之。以襄公之为于此焉者，事祖祢之心尽矣。尽者何？襄公将复仇乎纪，卜之曰："师丧分焉。"分，半也。师丧亡其半。"寡人死之，襄公答卜者之辞。不为不吉也。"远祖者，几世乎？九世矣。九世犹可以复仇乎？虽百世可也。家亦可乎？家谓大夫家。曰不可。国何以可？国君一体也。先君之耻，犹今君之耻也。今君之耻，犹先君之耻也。国君何以为一体？国君以国为体，诸侯世，故国君为一体也。今纪无罪，此非怒与？怒谓迁怒，言怒纪之先祖，迁之于子孙。曰非也。古者，有明天子，则纪侯必诛，必无纪者。纪侯之不诛，至今有纪者，犹无明天子也。古者，诸侯必有会聚之事，相朝聘之道，号辞必称先君以相接，然则齐、纪无说焉，不可以并立乎天下。故将去纪侯者，不得不去纪也。有明天子，则襄公得为若行乎？曰不得也。不得则襄公曷为为之？上无天子，下无方伯，缘恩疾者可也。恩谓先祖之恩。疾，痛也。因痛先祖而可复仇也。

谷梁传　大去者，不遗一人之辞也。言民之从者，四年而后毕也。纪侯贤而齐侯灭之，不言灭而曰大去其国者，不使小人加乎君子。

纪侯为齐所逼，图存不获，委宗庙于其弟而去之，举土地、人民、仪章、器物悉委置之而不顾，故曰大去。凡失国宜书奔，宜书名，今于纪独否，闵其不得已而不忍罪之尔。太王迁邠，不以养人者，害人权也。凿池筑城，与民死守，弗去，经也。纪无太王转败为功、以屈为伸之势，又不能守土誓死，拱手以避敌，其事固无足取，特其不能下齐之志，则殊有可悲者焉。圣人以其不争而去为无罪，故不以失国之君待之，盖寓兴灭继绝之义于言外也。

六月，乙丑，齐侯葬纪伯姬。

公羊传　外夫人不书葬，此何以书？隐之也。何隐尔？其国亡矣，徒葬于齐尔。此复仇也，曷为葬之？灭其可灭，葬其可葬。此其为可葬奈何？复仇者，非将杀之，逐之也。以为虽遇纪侯之殡，亦将葬之也。

谷梁传　外夫人不书葬，此其书葬，何也？吾女也。失国，故隐而葬之。

国灭不书葬，而纪伯姬书葬，其义有二。一则以内女之失所而闵之也。一则以纪之夫人葬于齐侯，为人道之变而著之也。齐襄迫逐纪侯，虽其夫人在殡而不及葬，其恶甚矣，乃欲以葬伯姬自掩乎。故不称齐人而目其君，以斥其诈也。

秋，七月。

冬，公及齐人狩于禚。禚，公羊、谷梁作郜。

公羊传　公曷为与微者狩？齐侯也。齐侯则其称人何？讳与仇狩也。前此者有事矣，后此者有事矣，则曷为独于此焉讥？于仇者将壹讥而已。故择其重者而讥焉，莫重乎其与仇狩也。于仇者则曷为将壹讥而已？仇者无时焉可与通，通则为大讥，不可胜讥，故将壹讥而已，其余从同同。孔氏颖达曰："考诸古本传及注，同字之下皆无重语，有者衍文。"

谷梁传　齐人者，齐侯也。其曰人，何也？卑公之敌，所以卑公也。何为卑公也？不复仇而怨不释，刺释怨也。

齐侯书人，隐辞也。不忍公之与仇仇会猎也。何以知其为齐君？蒐狩非微者之事也。不共戴天之仇而与之会猎以为乐，且禚乃二年夫人姜氏会齐侯之地也，庄公于是无羞恶之心矣。

五年，春，王正月。

夏，夫人姜氏如齐师。

谷梁传　师而曰如，众也。妇人既嫁不逾竟，逾竟非礼也。

曰会曰享，犹假礼为名，兵众集之地以妇人翱翔其间，为禽兽之行，可谓无忌惮矣。不言地者，师之进止无常也。前此会禚、享祝丘，皆历日而返，故书月。至此历月而返，故书时。使鲁之臣子早为防闲，岂至于此？此《春秋》所以反复深责于庄公也。

秋，郳犁来来朝。郳，公羊作倪。犁，公羊、谷梁作黎。郳，杜注：附庸国也，东海昌虑县东北有郳城。今昌虑城在山东滕县东南，郳城在县东。

左传　五年秋，郳犁来来朝。名，未王命也。

公羊传　倪者何？小邾娄也。小邾娄，国名。小邾娄则曷为谓之倪？未能以其名通也。倪为小邾娄之都邑，时未能为附庸，不足以小邾娄名通，故略谓之倪。黎来者何？名也。名何？微国也。

谷梁传　郳，国也。黎来，微国之君，未爵命者也。

郳为荒远附庸之国，其后数从齐桓以尊周室，王命为小邾子。犁来此时尚未受爵命也。而来朝则已能自进于礼矣。按《春秋繁露》云："附庸，字者方三十里，名者方二十里。"犁来书名，虽不得与邾仪父同，而视介葛卢来不能行朝礼者，则有间矣。

冬，公会齐人、宋人、陈人、蔡人伐卫。

左传　冬，伐卫，纳惠公也。

公羊传　此伐卫何？纳朔也。曷为不言纳卫侯朔？辟王也。朔得罪于王，故辟王而不明言纳朔。

谷梁传　是齐侯、宋公也，其曰人，何也？人诸侯，所以人公也。其人公何也？逆天王之命也。

三年，齐师会鲁伐卫以纳朔，不克。至是又会四国之兵以纳之。不言纳，不与纳也。诸侯失国，诸侯纳之，正也。纳朔何以非正？王命黜之而立黔牟，则已绝于卫矣。乃违命以逞，无君之罪可胜诛哉？故直书以著其恶。

六年，春，王正月，王人子突救卫。此书救之始。

左传　六年春，王人救卫。

公羊传　王人者何？微者也。子突者何？贵也。贵则其称人何？系诸人也。曷为系诸人？王人尔。

谷梁传　王人，卑者也。称名，贵之也。称子则非名。善救卫也。救者善，则伐者不正矣。

王人，微者称字，尊王命也。自伐郑以来，王师不书，此书救卫何？天下方无道，贱夺贵，少陵长，天子不能禁。幸而发愤诛卫，而诸侯不顾顺逆，党同拒命，其恶甚矣。故特书救，以为王师之出，惟此犹合司马九伐之法，而重著王命不行，正诸国乱常之罪也。

夏，六月，卫侯朔入于卫。

左传　夏，卫侯入，放公子黔牟于周，放宁跪于秦。宁跪，卫大夫。杀左公子泄、右公子职，乃即位。君子以二公子之立黔牟为不度矣。夫能固位者，必度于本末，而后立衷焉。不知其本不谋，知本之不枝弗强。本末，始终也。衷，节适也。譬之树木，本弱者其枝必披，非人力所能强成。《诗》云："本支百世。"《诗·大雅》，言文王本支俱茂，蕃滋百世也。

公羊传　卫侯朔何以名？绝。曷为绝之？犯命也。犯天子命。其言入何？篡辞也。

谷梁传　其不言伐卫纳朔，何也？不逆天王之命也。不与诸侯得纳天王之所绝。入者，内弗受也。何用弗受也？为以王命绝之也。朔之名恶也，朔入逆则出顺矣。朔出入名，以王命绝之也。

《春秋》复国有以难词而书入者，有以逆词而书入者。卫朔藉五诸侯力抗王命，以拒子突，逐黔牟，势诚无难，而书入，逆辞也，内不受也。凡奔君返国未有不言复者，卫侯郑、曹伯襄、卫侯衎皆称复归是也。蔡侯庐、陈侯吴不称复，非奔君也。朔奔君不言复，而以内不受之辞书，其恶大无可复之道也。

秋，公至自伐卫。

公羊传　曷为或言致会，或言致伐？得意致会，不得意致伐。卫侯朔入于卫，何以致伐？不敢胜天子也。

谷梁传　恶事不致，此其致，何也？不致则无用见公之恶、事之成也。

公附仇仇，奖不义，连逆党，以抗王师，而得其所欲。归告于庙，著于册，直书其事，而罪不容诛矣。

螟。

冬，齐人来归卫俘。俘，公羊、谷梁作宝。

左传　冬，齐人来归卫宝，文姜请之也。

公羊传　此卫宝也，则齐人曷为来归之？卫人归之也。卫人归之则其称齐人何？让乎我也。其让乎我奈何？齐侯曰："此非寡人之力，鲁侯之力也。"

谷梁传　以齐首之分，恶于齐也。使之如下齐而来我然，恶战则杀矣。若卫自归宝于齐，而后齐以与鲁，以齐为首事，则鲁与王人战，罪恶差减也。

俘，军所获也。二传经文作宝。按书序称"遂伐三朡，俘厥宝玉"，则俘者，军获之总名。而或取其人，或取其器物，皆可言俘也。齐侯受天子之罪，人，连诸侯而纳之卫，故以宝赂齐，而齐以分于四国焉。书曰齐人来归，则党恶之罪，鲁、宋、陈、蔡同之，而齐为首恶可知矣。夫朔弑君兄，逆王命，苟有人心者皆知其恶，而诸侯乃援之甚力，观卫宝之归，然后知所以丧其本心，而甘为大恶者，皆由于欲货也。孟子言"终去仁义，怀利以相接，不至篡弑攘夺不厌"，其深得《春秋》之义也夫。

附录左传　楚文王伐申，过邓。邓祁侯曰："吾甥也。"楚文王，夫人邓曼子，故邓侯以为甥。止而享之。骓甥、聃甥、养甥请杀楚子，皆邓甥，仕于舅氏。邓侯弗许，三甥曰："亡邓国者，必此人也。若不早图，后君噬齐。喻不可及。其及图之乎！图之，此为时矣。"邓侯曰："人将不食吾余。"言自害其甥，必为人所贱。对曰："若不从三臣，抑社稷实不血食，而君焉取余？"言君无复余。弗从。还年，伐申还之年。楚子伐邓。十六年，楚复伐邓，灭之。

日讲春秋解义卷十

庄　公

七年，春，夫人姜氏会齐侯于防。防，杜注：齐地。

左传　七年春，文姜会齐侯于防，齐志也。

谷梁传　妇人不会，会非正也。

文姜数与齐侯会，至齐地则奸发夫人，至鲁地则齐侯之志。

夏，四月，辛卯，夜，恒星不见。夜中，星陨如雨。陨，公羊作霣。辛卯夜，谷梁夜作昔。

左传　夏，恒星不见，夜明也。星陨如雨，与雨偕也。恒，常也。常见之星，应见之时而不见，日光不以昏没，至夜犹明也。如，而也。偕，俱也。夜半星落而且雨，星与雨俱下也。

公羊传　恒星者何？列星也。常以时列见。列星不见，则何以知？夜之中，星反也。反者，星复其位也。星反在夜凌晨之后，则知向者不见之时是夜中矣。如雨者何？如雨者，非雨也。非雨则曷为谓之如雨？《不修春秋》曰：“雨星不及地尺而复。”《不修春秋》，鲁史记旧文。不及地尺而复，谓不至地而没也。君子修之曰：“星陨如雨。”明其状似雨尔，不当言雨星。何以收？记异也。

谷梁传　恒星者，经星也。经，常也。谓常列宿。日入至于星出谓之昔。不见者，可以见也。夜中星陨如雨。其陨也如雨，是夜中与？《春秋》著以传著，疑以传疑，中之几也。而曰夜中，著焉尔。著，著见也。几，微也。言《春秋》之书皆以实录，今星陨而雨，则夜中之时几微难知，而曰夜中，必是事之著见而有据尔，非臆度而知也。何用见其中也？失变而录其时，则夜中矣。失变，不知星变始于何时也。言经以何事知其夜中，以失星变之始，而录其已陨之时，揆度刻漏，则正当夜中矣。其不曰恒星之陨何也？我知恒星之不见，而不知其陨也。此解不得言恒星之陨也。我见其陨而接于地者，则是雨说也。著于上，见于下，谓之雨。著于下，不见于上，谓之陨。岂雨说哉？此又解不言雨星而言陨星之意。

恒星，天之经星，常见者也。如雨，言众也。先儒谓前此五国连兵抗拒王命，后此齐、晋更霸，政归盟主、先王之纪纲法度扫灭殆尽，故恒星宜见而不见，众星不当陨而陨，天人相感之理信可畏也。经书星陨、陨石、陨霜或先或后，立文各异，盖星在天有象，先见星而后见其陨，石与霜则既陨而后见耳。

秋，大水。

谷梁传　高下有水灾曰大水。

无麦、苗。

左传　秋无麦、苗，不害嘉谷也。黍、稷尚可更种，故曰不害嘉谷。

公羊传　无苗，则曷为先言无麦而后言无苗？苗，禾也。生曰苗，秀曰禾。一灾不书，一谷之灾，不书于经也。待无麦然后书无苗。何以书？记灾也。

谷梁传　麦、苗同时也。麦与黍稷之苗同时死。

周之秋，夏正之五月也。麦熟苗将秀而大水漂荡，则麦、苗俱无矣。《春秋》谨而书之，畏天灾、重民命也。此亦周人即以子月为春之征，若夏时之秋，则麦之登既久，而谷将成熟不复有苗矣。

冬，夫人姜氏会齐侯于谷。谷，杜注：齐地，济北谷城县。今山东东阿县治故谷城是也。

谷梁传　妇人不会，会非正也。再发传者，防，鲁地；谷，齐邑，故重发之。

春，夫人姜氏会齐侯于防；冬，夫人姜氏会齐侯于谷，在齐在鲁，一岁宣淫者再，人欲肆而廉耻丧，恶积不可掩矣。以致无知篡弑之祸，天理之不诬者也。

八年，春，王正月，师次于郎，以俟陈人、蔡人。

公羊传　次不言俟，此其言俟何？托不得已也。师出，本为下灭成讳。灭同姓，故托以待二国为辞。

谷梁传　次，止也。俟，待也。

用大众曰师。次，止也。《春秋》书次，其义不一。伐而次者有整兵慎战之意，盖善之也。救而次者有爱师畏敌之意，盖讥之也。若郎之次则无名妄动，尤为非义。经书俟陈、蔡而未明所事，杜预谓期共伐郕，于情事为合。贾逵、范宁皆云陈、蔡欲伐鲁，非也。陈、蔡与鲁隔远，未闻构怨，何因来伐？且俟者，相须同行之辞，非防敌拒寇之称也。

甲午，治兵。治，公羊作祠。

左传　八年春，治兵于庙，礼也。

公羊传　祠兵者何？出曰祠兵，入曰振旅，出兵必祠于近郊，杀牲以飨士卒。其礼一也，皆习战也。何言乎祠兵？为久也。曷为为久？吾将以甲午之日，然后祠兵于是。讳为久留辞，使若无欲灭同姓之意。

谷梁传　出曰治兵，习战也。入曰振旅，习战也。治兵而陈、蔡不至矣。兵事以严终，以严整终事。故曰善陈者不战，此之谓也。善为国者不师，道之以德，齐之以礼，四海宾服，何师之为？善师者不陈，师众素严，不须耀军列陈。善陈者不战，军陈严整，敌望而畏之，莫敢战。善战者不死，投兵胜地，故无死者。善死者不亡。民尽其命，无奔背散亡者。

此所治者，即次郎之师也。俟而不至，暴师既久，则有失伍，故复申明军法，以整齐之。其志非善之也，讥黩武也。

夏，师及齐师围郕。郕降于齐师。 郕，公羊作成。

左传　夏，师及齐师围郕。郕降于齐师。仲庆父请伐齐师，仲庆父，公子庆父也。齐不与鲁共其功，故欲伐之。公曰："不可。我实不德，齐师何罪？罪我之由。《夏书》曰：'皋陶迈种德，德乃降。'《书》称皋陶能行布其德，德乃下洽于民。今引之断章，取证降义，言皋陶能行布其德，由其有德，乃为人降服也。姑务修德，以待时乎！"

公羊传　成者何？盛也。盛，鲁之同姓国。盛则曷为谓之成？讳灭同姓也。曷为不言降吾师？辟之也。辟灭同姓。使若鲁围之而去，成自从后降于齐师也。

谷梁传　其曰降于齐师何？不使齐师加威于郕也。使若齐无武功而郕自降。

齐，仇仇也。郕，同姓也。及者，内为志也。郕降于齐师者，义不服也。直书而其恶著矣。

秋。师还。

左传　秋，师还。君子是以善鲁庄公。

公羊传　还者何？善辞也。此灭同姓，何善尔？病之也。慰劳其罢病。曰师病矣。曷为病之？非师之罪也。君之使非师之罪也。

谷梁传　还者，事未毕也，遁也。郕已降而以未毕为文者，盖辟灭同姓之国，示不卒其事。

书师还者，言师至是而始还也。其次、其及、其还皆不称公者，《春秋》之法，内大恶讳庄公举大众会仇仇以伐同姓，暴师于外，更历三时，力屈而后还，无名黩武，非义害人，未有若此之甚者。故以为大恶而讳不书公也。

冬，十有一月，癸未，齐无知弑其君诸兒。

左传　齐侯使连称、管至父戍葵丘，二子，齐大夫。葵丘，杜注：齐地，临淄县西有地名葵丘。今山东临淄县西有西安城，葵丘在其处。瓜时而往，曰："及瓜而代。"期戍，公问不至。问，命也。请代，弗许。故谋作乱。僖公之母弟曰夷仲年，生公孙无知，有宠于僖公，衣服礼秩如適。適，大子。襄公绌之。二人因之以作乱。二人，连称、管至父。连称有从妹在公宫，无宠，使间公，伺公之间隙。曰："捷，吾以女为夫人。"捷，克也。宣无知之言。冬十二月，经书十一月癸未，盖月六日也。传云十二月，传误。齐侯游于姑棼，遂田于贝丘。姑棼，杜注：齐地，即薄姑也。今山东博兴县东北有薄姑城。贝丘，杜注：济地，博昌县有地名贝丘。今山东博兴县南有贝中聚。见大豕，从者曰："公子彭生也。"公见大豕，而从者见彭生，盖妖鬼。公怒曰："彭生敢见！"射之，豕人立而啼。公惧，队于车，伤足，丧屦。

反，还也。诛屦于徒人费。诛，责也。弗得，鞭之，见血。走出，遇贼于门。即连、管之徒为乱者。劫而束之。费曰："我奚御哉?"袒而示之背，信之。费请先入。诈欲助贼。伏公而出，斗，死于门中。石之纷如死于阶下。齐小臣也。遂入，杀孟阳于床。孟阳亦齐小臣，代公居床。曰："非君也，不类。"见公之足于户下，遂弑之，而立无知。初，襄公立，无常。政令无常。鲍叔牙曰："君使民慢，乱将作矣。"奉公子小白出奔莒。鲍叔牙，小白傅。小白，僖公庶子。乱作，管夷吾、召忽奉公子纠来奔。管夷吾、召忽，子纠傅。子纠，小白庶兄。为九年公伐齐、纳子纠、齐小白入于齐传。初，公孙无知虐于雍廪。雍廪，齐大夫。为杀无知传。

谷梁传　大夫弑其君，以国氏者，嫌也，弑而代之也。

弑君者，连称、管至父，而专罪无知者，君弑而无知受之，则贼不在二子矣。无知不称公孙，隐、桓、庄之《春秋》凡贼皆名之也。徒人费、石之纷如皆死君难而不见于经，如、费等乃便嬖私暱之臣，逢君之恶，使百姓苦之者也。与孔父之义形于色、仇牧之不畏强御而死于其职者异矣。

九年，春，齐人杀无知。

左传　九年春，雍廪杀无知。

谷梁传　无知之挈，失嫌也。称人以杀大夫，杀有罪也。

传称齐公孙无知虐于雍廪。九年春，雍廪杀无知，则是杀无知者，雍廪也。而书齐人，讨贼之辞也。弑君之贼，人人得而诛之，所以使乱臣贼子无所容于天地之间也。无知不称君，已不能君，齐人亦莫之君也。春秋之初，王道犹未尽坠，人心知有礼义。故州吁之弑，卫人以为贼，不逾年卒讨之。无知之弑，齐人以为贼，逾年卒讨之。无知不成君，而雍廪得书人，国犹有臣子也。

公及齐大夫盟于蔇。蔇，公羊、谷梁作暨。杜注：鲁地，琅琊缯县北有蔇亭。在今山东峄县东故郐城。

左传　公及齐大夫盟于蔇，齐无君也。

公羊传　公曷为与大夫盟？齐无君也。然则何以不名？为其讳与大夫盟也，使若众然。邻国之臣犹吾臣也。君之于臣当告从命行，而反歃血约折，故讳，使若悉得齐诸大夫而约束之者。

谷梁传　公不及大夫，大夫不名，无君也。盟纳子纠也。不日，其盟渝也。变盟立小白。当齐无君，制在公矣。当可纳而不纳，故恶内也。

及者，内为志也。蔇，鲁地也。公邀齐大夫至鲁地而盟，纳子纠也。大夫不名来者，非一人也。公于不共戴天之仇，生则屡与会好，殁则谋定其国家，而图其后嗣，天理灭矣。故书及，以著其本心之丧失也。

夏，公伐齐，纳纠。齐小白入于齐。纳纠，左作纳子纠。

左传　夏，公伐齐，纳子纠。桓公自莒先入。

公羊传　纳者何？入辞也。其言伐之何？伐而言纳者，犹不能纳也。纠者何？公子纠也。何以不称公子？君前臣名也。公子无去国之义，去公子见臣于鲁也。曷为以国氏？称齐小白。当国也。其言入何？篡辞也。

谷梁传　当可纳而不纳，齐变而后伐，故乾时之战不讳败，恶内也。大夫出奔反，以好曰归，以恶曰入。齐公孙无知弑襄公，公子纠、公子小白不能存，出亡。齐人杀无知，而迎公子纠于鲁，公子小白不让公子纠，先入，又杀之于鲁。故曰齐小白入于齐，恶之也。

纠不称子，国非其国也。入者，难辞也。小白系齐，宜有国也。按公、谷、《荀子》、《史记》皆以子纠为兄，小白为弟。程子以薄昭之言证小白为兄。朱子以为疑。《左传》、《史记》、杜预谓小白、子纠为僖公子，而程子以为襄公子，未知孰是。而以经文断之，忽系郑而突不系郑，则嫡庶之辨也。捷菑不系邾，而书弗克纳，则长幼之辨也。今小白系齐，则郑忽之例也。纠不称子而书纳，则捷菑之例也。小白与纠当立不当立之义明矣。小白与纠当立不当立之义明，而管仲、召忽之是非功罪亦辨，直以经断传可也。

秋，七月，丁酉，葬齐襄公。

九月乃葬，乱故也。无知已诛，可以葬矣。

八月，庚申，及齐师战于乾时，我师败绩。乾时，杜注：齐地时水，在乐安县界，岐流，旱则竭涸，故曰乾时。今乐安故城在山东博兴县北，时水在县南。

左传　秋，师及齐师战于乾时，我师败绩。公丧戎路，传乘而归。传乘，乘他车。秦子、梁子以公旗辟于下道，二子，公御及戎右也，以误齐师。是以皆止。获也。

公羊传　内不言败，此其言败何？伐败也。伐夸大也。曷为伐败？复仇也。复仇以死败为荣。此复仇乎大国，曷为使微者？公也。公则曷为不言公？不与公复仇也。曷为不与公复仇？复仇者在下也。公实为不纳子纠伐齐，诸大夫以为不如以复仇伐之，非诚心至意，故不与也。

内不言败，而乾时之败不讳者，能与仇战，虽败犹荣也。传称公丧戎路，传乘而归，而经不书公，何也？明公之志在纳纠，不知仇之当复也。微者之战不名而书及者有之矣，此书及，何以别于微者之战也？上书公及齐大夫盟于蔇，公伐齐纳纠，则此战公实主之，不待传而明矣。

九月，齐人取子纠杀之。

左传　鲍叔帅师来言曰："子纠，亲也，请君讨之。管、召，仇也，请受而甘心焉。"乃杀子纠于生窦。生窦，杜注：鲁地。《史记》作笙渎。贾逵曰："句，句渎也。"今山东曹州北有句阳古城，即句渎故地。召忽死之。管仲请囚，鲍叔受之，及堂阜而税之。堂阜，杜注：齐地，东莞蒙阴县西北有夷吾亭。鲍叔解夷吾缚于此，因以为名。今尝阜在山东蒙阴县西北。税，脱同。归而以告曰："管夷吾治于高傒，高傒，齐卿高敬仲也。言管仲治理政事之才多于敬仲。使相可也。”公从之。

公羊传　其取之何？内辞也。胁我，使我杀之也。其称子纠何？贵也。其贵奈何？宜为君者也。

谷梁传　外不言取，言取，病内也。取，易辞也。犹曰取其子纠而杀之云尔。十室之邑可以逃难，百室之邑可以隐死，以千乘之鲁而不能存子纠，以公为病矣。

鲁杀子纠于生窦，而经书齐人取之者，齐令也。是犹齐人取于鲁而杀之尔。恶齐而亦以病鲁也。纳纠不称子，明不当立也。此特书子，明不当杀也。不目桓公而称齐人，并其国人而罪之也。废立之际，权寄于当国大臣，齐大夫始谋不审，既与鲁盟，而欲立之，终乃假手于鲁以加刃焉，则皆不得辞其罪矣。

冬，浚洙。洙水，出鲁国东北，西南入沂水，下合泗。

公羊传　洙者何？水也。浚之者何？深之也。曷为深之？畏齐也。洙在鲁北，齐所由来。曷为畏齐也？辞杀子纠也。时鲁见胁于微弱可耻，故讳使若辞不肯杀子纠，齐自取杀之，畏齐怒而为备也。

谷梁传　浚洙者，深洙也。著力不足也。

洙水在鲁北，齐伐鲁之道也。鲁虽杀子纠，犹有畏齐之心，故浚而深之，以备齐也。公不能明刑政、结人心以自强于为治，使大国畏之，而以畏齐浚洙。不知固国以保民为本，轻用民力，妄兴大役，适足以摇邦本。况洙水近在鲁城之北，欲恃此以不恐，即此见谋国之无人，而召侮于邻敌矣。

十年，春，王正月，公败齐师于长勺。长勺，杜注：鲁地。

左传　十年春，齐师伐我，公将战。曹刿请见。曹刿，鲁人。其乡人曰：“肉食者谋之，又何间焉？”肉食，在位者。间犹与也。刿曰：“肉食者鄙，未能远谋。”乃入见，问以战。公曰：“衣食所安，弗敢专也，必以分人。”对曰：“小惠未遍，民弗从也。”衣食所惠，不过左右，故曰未遍。公曰：“牺牲玉帛，弗敢加也，必以信。”祝辞不敢以小为大，以恶为美。对曰：“小信未孚，孚，大信也。神弗福也。”公曰：“小大之狱，虽不能察，必以情。”必尽己情察审也。对曰：“忠之属也，上思利民，忠也。可以一战。战则请从。”公与之乘。共乘兵车。战于长勺。公将鼓之，刿曰：“未可。”齐人三鼓，刿曰：“可矣”。齐师败绩。公将驰之，刿曰：“未可。”下视其辙，视车迹也。登轼而望之，曰：“可矣。”遂逐齐师。既克。公问其故，对曰：“夫战，勇气也。一鼓作气，再而衰，三而竭。彼竭我盈，故克之。夫大国，难测也。惧有伏焉。恐诈奔。吾视其辙乱，望其旗靡，故逐之。”

谷梁传　不日，疑战也。言不剋日而战，以诈相袭。疑战而曰败，胜内也。谓胜在内。

长勺之战，以报乾时之役。鲁地而齐师至焉，疑罪之在齐也。乃经于齐不书伐，而鲁书败，意在责鲁，何也？观长勺之胜，鲁非甚弱必不能与齐敌也。使庄公移乾时之战于桓公见戕之时，移长勺之战于齐襄未死之日，则胜亦荣也，败亦荣也。庄公之师不以复父仇，而以纳仇人之子，既败而逞忿以勦民，设诈以怒敌，败固为耻，而胜亦不足道矣。故主鲁而以诈战书，其义可谓深切著明矣。

二月，公侵宋。此书侵之始。

公羊传　曷为或言侵，或言伐？觕者曰侵，侵者，兵加其竟而已。以罪轻无深责焉，于义为觕。精者曰伐。执词以伐于义为精。战不言伐，围不言战，入不言围，灭不言入，书其重者也。

谷梁传　侵时，此其月，何也？乃深其怨于齐，又退侵宋以众其敌，恶之，故谨而月之。

潜师掠境曰侵。宋、鲁未尝有隙，庄公以侥幸得志于齐，遂举无名之师乘胜以掠宋境，皆召兵之道，非保国之谋，所以致次郎之师也。

三月，宋人迁宿。此迁国之始。

公羊传　迁之者何？不通也。以地还之也。还，绕也。宋欲迁宿，先绕取其地，使不得通四方。宿穷，从宋求迁，故得言迁。子沈子曰："不通者，盖因而臣之也。"宿不得通四方，宿君迁宋，因臣有之。

谷梁传　迁，亡辞也。为人所迁，则无复国家，故曰记辞。其不地，宿不复见也。国亡，不复见经。迁者，犹未失其国家以往者也。谓自迁者。

迁国之例有二。其以自迁为文者，刑迁于夷仪、卫迁于帝丘之类是也。以迁国为文者，宋人迁宿，齐师迁纪郱、鄑、郚之类是也。宿介宋、鲁之间，属宋而亲鲁，宋人以为贰而迁之，自是亡矣。然迁之使属役于己，而不灭其社稷宗庙，尚知有所畏忌，则是王泽之未竭也。僖、文以后有灭国，无迁国矣。

夏，六月，齐师、宋师次于郎。公败宋师于乘丘。乘丘，杜注：鲁地。西汉泰山郡有乘丘县，颜师古曰："即《春秋》乘丘也。"《括地志》乘丘在瑕丘县西北。今山东滋阳县西有古瑕丘城。

左传　夏六月，齐师、宋师次于郎。公子偃曰："公子偃，鲁大夫。宋师不整，可败也。宋败，齐必还。请击之。"公弗许。自雩门窃出，蒙皋比而先犯之。雩门，鲁南城门。皋比，虎皮。公从之。大败宋师于乘丘。齐师乃还。

公羊传　其言次于郎何？伐也。伐则其言次何？齐与伐而不与战，故言伐也。此解本所以当言伐意。谓若齐本与宋共伐，而但不与战，则既成乎伐，可言伐也。我能败之，故言次也。此解本所以不言伐言次之意。言二国才止次，未成于伐鲁，即能败宋师、齐师罢去，故不言伐言次也。

谷梁传　次，止也。畏我也。不日，疑战也。疑战而曰败，胜内也。

齐以长勺之役，宋以公侵之，故致怨于鲁，连兵境上，意欲乘衅报复。固为无名之师，鲁不能修辞执礼以退二国，而偷一时之便，攻其不备，以积怨怒邻，亦非安国便民之道也。故次者不以其事，胜者不以其理，盖交讥之。

秋，九月，荆败蔡师于莘，以蔡侯献舞归。舞，谷梁作武。莘，杜注：蔡地。在今河南汝阳县境。

左传　蔡哀侯娶于陈，息侯亦娶焉。息妫将归，过蔡。蔡侯曰："吾姨也。"妻之姊妹曰姨。止而见之，弗宾。不礼敬也。息侯闻之，怒。使谓楚文王曰："伐我，吾求救于蔡而伐之。"楚子从之。秋九月，楚败蔡师于莘，以蔡侯献舞归。

公羊传　荆者何？州名也。州谓九州，冀、兖、青、徐、扬、荆、豫、梁、雍。州不若国，国不若氏，氏不若人，人不若名，名不若字，字不若子。蔡侯献舞何以名？绝。曷为绝之？获也。曷为不言其获？不与夷狄之获中国也。

谷梁传　荆者，楚也。何为谓之荆？狄之也。何为狄之？圣人立必后至，天子弱必先判，故曰：荆，狄之也。蔡侯何以名也？绝之也。何为绝之？获也。中国不言败，此其言败，何也？中国不言败。蔡侯其见获乎，其言败，何也？释蔡侯之获也。讳获，故止言败。以归，犹愈乎执也。讳见执，故言以归。

楚，祝融之后。其先鬻熊为文王师，封于丹阳，而始见经。以州举者，僭号称王，肆毒于上国也。诸侯不生名，而书败、书入、书灭，而以其君归者则名，以不能守其国又不能守于位，而甘为臣仆，故贱之也。蔡侯献舞、潞子婴儿、沈子嘉、许男斯、顿子牂、胡子豹、曹伯阳、邾子益皆名，而夔子不名，虽国灭而身执，其义不可屈也。

冬，十月，齐师灭谭。谭子奔莒。此书灭国之始。谭，杜注：谭国，在济南平陵县西南。今山东历城县东南有谭城。

左传　齐侯之出也，过谭，谭不礼焉。及其入也，诸侯皆贺，谭又不至。冬，齐师灭谭，谭无礼也。谭子奔莒，同盟故也。

公羊传　何以不言出？国已灭矣，无所出也。

诸侯国灭，失地则名，而谭子不名者，盖其所失者，事大国之礼，而未尝有可灭之罪，故恕之也。灭而书奔，责不死于其位也。不书出，国亡无所出也。不书名者，已无取灭之罪，为强大所併，出于不幸而义未可约也。齐桓公图霸之初，用管仲攻瑕之术，肆其兵威，凌暴弱小，以恐惧天下之诸侯。谭之亡也，特出于不幸耳。故存其爵，而不比于失地之君。楚子灭弦，弦子奔黄；狄灭温，温子奔卫，义犹是也。

十有一年，春，王正月。

夏，五月，戊寅，公败宋师于鄑。鄑，杜注：鲁地。当在今山东兖州府境，与元年在都昌县西者乃二地。

左传　十一年夏，宋为乘丘之役故侵我。公御之。宋师未陈而薄之，败诸鄑。凡师，敌未陈曰败某师，谓设权谲变诈以胜敌，彼我未得成列，成列而未得用，故以未陈独败为文。皆陈曰战，坚而有备，其所成败决于志力者也。大崩曰败绩，师徒桡败，丧其功绩，故曰败绩。得儁曰克，克，胜也。战胜其师，获得其雄儁者。

覆而败之曰取某师，覆，隐也。攻其不备，若网罗所掩覆，一军皆见禽，制故曰取。京师败曰王师败绩于某。王者无敌于天下，故以自败为文，明天下莫之得校。

谷梁传　内事不言战，举其大者。其日，成败之也。结日列陈，不以诈相袭，得败师之道，故曰成。宋万之获也。

宋师再至，再败，兵祸旋及其君。鲁虽再胜，国亦困于兵矣。传书侵我，经不书侵，盖与长勺义同。

秋，宋大水。

左传　秋，宋大水。公使吊焉，曰："天作淫雨，害于粢盛，若之何不吊？"对曰："孤实不敬，天降之灾，又以为君忧，拜命之辱。"臧文仲曰：臧文仲，鲁大夫。"宋其兴乎！禹、汤罪己，其兴也悖焉。悖，勃同，盛貌。桀、纣罪人，其亡也忽焉。忽，速貌。且列国有凶，称孤，礼也。言惧而名礼，其庶乎！"言惧，罪己。名礼，称孤。其庶，庶几于兴。既而闻之曰："公子御说之辞也。"御说，宋庄公子。臧孙达曰："是宜为君，有恤民之心。"

公羊传　何以书？记灾也。外灾不书，此何以书？及我也。时鲁亦有水灾，书鲁则宋灾不见，两举则烦文不省，故诡例书外以见内也。

谷梁传　外灾不书，此何以书？王者之后也。高下有水灾曰大水。

《春秋》凡外灾来告则书者，诸侯之于四邻有恤病救急之义，则告为得礼，而不可以不吊。故四国同灾，许人不吊，君子讥之。凡志灾皆所以示天戒之当谨、民隐之宜恤也。

冬，王姬归于齐。

左传　冬，齐侯来逆共姬。

公羊传　何以书？过我也。时王者嫁女于齐，涂过鲁，明当有送迎之礼。在涂不称妇者，王者无外，故从在国辞。

谷梁传　其志过我也。

王姬，齐桓公夫人也。主襄公之昏，其罪大，故书之详。主桓公之昏，其罪小，故书之略。此轻重之权衡也。《春秋》之义，尊王朝，抑列国，惟王姬下嫁与列国之女同辞而不异，盖以王姬虽贵，其当执妇道，与公卿、大夫、士、庶人之女同，所以述天理、训万世也。

附录左传　乘丘之役，在十年。公以金仆姑射南宫长万，金仆姑，矢名。南宫长万，宋大夫。公右歂孙生搏之。搏，取也。宋人请之，宋公靳之，鲁听其得还。戏而相愧曰靳。曰："始吾敬子，今子鲁囚也，吾弗敬子矣。"病之。万不以为戏，而以为己病，为宋万弑君传。

日讲春秋解义卷十一

庄　公

十有二年，春，王三月，纪叔姬归于酅。

公羊传　其言归于酅何？隐之也。何隐尔？其国亡矣，徒归于叔尔也。叔者，纪季也。妇人谓夫之弟曰叔。

谷梁传　国而曰归，此邑也，其曰归何也？吾女也。失国喜得其所，故言归焉尔。叔姬守节，积有年矣。纪季以酅入于齐，时齐听后五庙，故叔姬归于酅，鲁喜其女得申其志而书之。

纪亡矣，叔姬至是始归者，纪侯卒也。归，顺辞。妇人夫死无子，而终于父母家，非正也。纪季入齐，五庙在焉，叔姬不归于鲁而归于酅，鲁人高其节义，恩礼有加焉。其归及卒葬，悉书于册。孔子存而不削，为后世劝也。先儒谓叔姬归奉纪，非也。凡祭必夫妇亲之，故舅没则姑老，纪侯大去，季之主祀久矣，叔姬何与焉？但妇人以夫家为家，无论纪侯有子与否，义当归于酅耳。

夏，四月。

秋，八月，甲午，宋万弑其君捷，及其大夫仇牧。捷，公羊作接。

左传　十二年秋，宋万弑闵公于蒙泽。蒙泽，杜注：宋邑，梁国有蒙县。今河南商丘县，北有蒙泽，南有蒙县古城。遇仇牧于门，批而杀之。手批之也。遇大宰督于东宫之西，华督。又杀之。杀督不书，宋不以告。立子游。子游，宋公子。群公子奔萧，萧，杜注：宋邑，沛国萧县。今县属江南徐州府，县北有萧城。公子御说奔亳。亳，杜注：宋邑，蒙县西北有亳城。今河南商丘县北有大蒙城。皇甫谧所谓蒙为北亳是也。南宫牛、猛获帅师围亳。牛，长万之子。猛获，其党。

公羊传　及者何？累也。弑君多矣，舍此无累者乎？孔父、荀息皆累也。舍孔父、荀息无累者乎？曰有。有则此何以书？贤也。何贤乎仇牧？仇牧可谓不畏强御矣。其不畏强御奈何？万尝与庄公战，即乘丘之役。获乎庄公。为庄公所获。庄公归，散舍诸宫中，散，放也。舍，止也。数月然后归之。归反，为大夫于宋。与闵公博，博，戏名。妇人皆在侧，万曰："甚矣！鲁侯之淑，鲁侯之美也。美，好。天下诸侯宜为君者，惟鲁侯尔。"闵公矜此妇人，自矜其色于此妇人。妒其言，顾曰："此虏也。顾谓侧妇人。此，万也。虏，执虏也。尔虏焉故，尔，汝也，谓万也。更向万曰：汝尝执虏于鲁侯，故称誉尔。鲁侯之美恶乎至?”恶乎至，犹何所至。万怒，搏闵公，绝其脰。脰，颈也。齐人语。仇牧闻君弑，趋而至，遇之于门，手剑而叱之。万臂搬仇牧，侧手曰搬。碎其首，齿著乎门阖。阖，扇。仇牧可谓不畏强御矣。

谷梁传　宋万，宋之卑者也。卑者以国氏。　以尊及卑也。仇牧，闲也。仇牧扞卫其君，故见杀也。

君弑，大夫死于其难，而经书之者，厉臣节也。大夫之死君难有不书者，故知书者皆圣人所取也。仇牧不能讨贼，虽死无益于事，然不计力之强弱、事之济否，而以身殉国，亦可以愧人臣之食焉而逃其难者矣。若大宰督则身为大恶，死不足偿，故削而不书。

冬，十月，宋万出奔陈。

左传　冬十月，萧叔大心叔，萧大夫名。及戴、武、宣、穆、庄之族，宋五公之子孙。以曹师伐之。杀南宫牛于师，杀子游于宋，立桓公。桓公，御说。猛获奔卫。南宫万奔陈，以乘车辇其母，一日而至。驾人曰辇。宋去陈二百六十里，言万之多力。宋人请猛获于卫。卫人欲勿与，石祁子曰：石祁子，卫大夫。“不可，天下之恶一也，恶于宋而保于我，保之何补？得一夫而失一国，与恶而弃好，非谋也。”卫人归之。亦请南宫万于陈，以赂。陈人使妇人饮之酒，而以犀革裹之。比及宋，手足皆见，宋人皆醢之。

万，弑君之贼也。陈受其奔为逋逃主，及贪宋赂然后以狙诈缚之，故书万出奔陈，而不书宋人杀万，以著陈人党恶之罪也。先儒或并罪宋人之逸贼缓讨，则过矣。万既多力又执国权，立子游而遣师围亳，萧叔以五族及曹师伐之，连兵浃月，仅乃克之，岂能禁万之逸耶？庆父弑鲁闵公奔莒，莒人受赂而后归之，及境而缢，故闵公不书葬，不以讨贼予鲁也。宋人杀万不书，疑若庆父自缢之类，或使者畏其勇，因其手足皆见而道杀之，至宋然后醢之耳。果生致于宋而明正其诛，安得不以讨贼许宋哉？盖臣子之心急于得贼，邻国求赂，不容不致，故陈人求赂罪不可宽，而宋人致赂则义无可责也。

十有三年，春，齐侯、宋人、陈人、蔡人、邾人会于北杏。齐侯，谷梁作齐人。北杏，杜注：齐地。当在今山东东阿县境。

左传　十三年春，会于北杏，以平宋乱。遂人不至。

谷梁传　是齐侯、宋公也，其曰人，何也？始疑之。何疑焉？桓非受命之伯也，将以事授之者也。言诸侯将权推齐侯，使行伯事。曰：可矣乎？未乎？举人，众之辞也。

先儒以四国称人、齐侯书爵以始霸之辞，非也。宋先君见弑，新君出会，如以丧服见则当书宋子，以嘉服见则当书宋公，以著其违礼，何故没而不书？若以示齐霸，则齐以侯爵序宋上，虽书宋公，亦知主会者齐也。至谓四国之君贬而称人，以诛乱始，益误矣。谓桓非受命之伯，诸侯不宜私相推戴以为盟主，则首乱者齐也，许首乱者以霸而罪推戴者，以无王圣人之赏罚，乃若是其无章乎？况据经所书，乃诸国之大夫听命于会之常辞，无以知宋人之独为君也。后儒因此谓曹南独书宋公，城濮独书晋侯，皆始霸之辞，穿凿支离，皆由称爵为褒、称人为贬之说误之耳。

夏，六月，齐人灭遂。遂，杜注：遂国，在济北蛇丘县东北。今山东宁阳县西北有遂乡。

左传　夏，齐人灭遂而戍之。戍，守也。为后歼于遂张本。

谷梁传　遂，国也。其不日，微国也。

灭者，亡国之善词，上下之同力也。齐桓恃其众强以刦制诸侯，惧其未尽从也，约之以会，要之以盟，其不顺者则侵之、伐之、执之、灭之。外假尊周之名，实以自封殖耳。北杏之会，鲁、遂皆不至，齐于鲁有纳纠之憾，有败师之怨，比于遂之可疾轻重较然矣。乃于鲁则屈意而与之和，于遂则凭怒而灭其国。盖知鲁之难服，故结以为助。知遂之无援，则借以示威，且利其土地耳。故曰：五霸者，三王之罪人也。

秋，七月。

冬，公会齐侯，盟于柯。柯，杜注：济北东阿，齐之柯邑。今山东东阿县地。

左传　冬，盟于柯，始及齐平也。

公羊传　何以不日？易也。其易奈何？桓之盟不日，其会不致，信之也。其不日何以始乎此？庄公将会乎桓，曹子进曰："君之意何如？"曹子，曹刿，《史记》作曹沫。见庄将会，有惭色，故问之。庄公曰："寡人之生则不若死矣。"自伤伐齐纳纠，不能纳，反为齐所胁而杀之。曹子曰："然则君请当其君，臣请当其臣。"当，犹敌也。将刦之之辞。庄公曰："诺。"于是会乎桓。庄公升坛，曹子手剑而从之。管子进曰："君何求乎？"管子，管仲。桓公卒愕不能应，故管子进为此言。曹子曰：庄公亦造次不知所言，故任曹子。"城坏压竟，齐数侵鲁取邑以，喻侵深也。君不图与？"管子曰："然则君将何求？"曹子曰："愿请汶阳之田。"欲复鲁竟。管子顾曰："君许诺。"桓公曰："诺。"曹子请盟，桓公下与之盟。已盟，曹子摽剑而去之。摽，辟也。要盟可犯，强见要胁而盟，故云可犯。而桓公不欺。曹子可仇，而桓公不怨。桓公之信著乎天下，自柯之盟始焉。

谷梁传　曹刿之盟也，信齐侯也。桓盟虽内与，不日，信也。公盟例日，外诸侯盟例不日，桓信著，故虽公与盟犹不日。

书会，齐志也。齐桓图霸，欲结鲁、宋，是以释屡战之怨而为此盟也。鲁于齐世仇，而平可乎？传曰："敌惠敌怨，不在后嗣。"鲁庄忘亲暱仇，当齐襄之身，数为会好，著于经者详矣。今既易世，而桓公倡霸，合诸侯以尊周室，又可背乎？故书公会而无贬辞也。

附录左传　宋人背北杏之会。

十有四年，春，齐人、陈人、曹人伐宋。

左传　十四年春，诸侯伐宋。背北杏会故。齐请师于周。假王命以示大顺。

宋背北杏之会，桓公请命于周而伐之。盖不得鲁、宋，诸侯不肃，故疾图之而不敢缓也。其称人，师少也。齐自灭谭、遂后救邢，而外四十年未尝兴大众，盖管仲得政，师有节制，其赋于民薄，而蓄诸侯之力者亦厚矣。故天下乐为之用，而动则有成也。先儒谓未尝遣大夫为主将，非也。春秋之初，惟内大夫帅师书名，外则众称师、少称人，无以大夫之名氏见者。

夏，单伯会伐宋。

左传　夏，单伯会之，取成于宋而还。

公羊传　其言会伐宋何？后会也。本期而后，故但举会。

谷梁传　会，事之成也。伐事已成，单伯乃至。

伐宋之役，齐止用近宋之陈、曹，而不烦远兵。鲁新从霸，故齐虽不征于鲁，而鲁自遣单伯以兵往会也。内大夫会伐者八，独翚会四国伐郑与单伯会伐宋先列诸国之伐，盖后会之文。左氏以单伯为周大夫，非也。成十六年、十七年，尹子、单子三会伐郑，不书会伐。又定四年，传云刘文公合诸侯侵楚，经书公会刘子，则此书单伯会伐为鲁大夫明矣。

附录左传　郑厉公自栎侵郑，及大陵，大陵，杜注：郑地。今河南临颍县北有大陵城。获傅瑕。傅瑕，郑大夫。傅瑕曰："苟舍我，吾请纳君。"与之盟而赦之。六月甲子，傅瑕杀郑子及其二子，而纳厉公。郑子，子仪。初，内蛇与外蛇斗于郑南门中，内蛇死。六年而厉公入。公闻之，公，鲁庄公。问于申繻曰："犹有妖乎？"对曰："人之所忌，其气焰以取之。妖由人兴也。人无衅焉，妖不自作。人弃常则妖兴，故有妖。"厉公入，遂杀傅瑕。使谓原繁曰："傅瑕贰，言有二心于己。周有常刑，既伏其罪矣。纳我而无贰心者，吾皆许之上大夫之事，吾愿与伯父图之。"上大夫，卿。伯父谓原繁。且寡人出，伯父无里言。无纳我之言。入又不念寡人，不亲附己。寡人憾焉。"对曰："先君桓公命我先人典司宗祏。桓公，郑始受封君也。宗祏，宗庙中藏主石室。言己世为宗庙守臣。社稷有主，而外其心，其何贰如之？苟主社稷，国内之民其谁不为臣？臣无贰心，天之制也。子仪在位十四年矣，而谋纳君者，庸非贰乎？庄公之子犹有八人，若皆以官爵行赂劝贰而可以济事，君其若之何？臣闻命矣。"乃缢而死。

秋，七月，荆入蔡。

左传　蔡哀侯为莘故，绳息妫以语楚子。莘役在十年。绳，誉也。楚子如息，以食入享，遂灭息。以息妫归，生堵敖及成王焉。未言，未与王言。楚子问之，对曰："吾一妇人而事二夫，纵弗能死，其又奚言？"楚子以蔡侯灭息，遂伐蔡。欲以说息妫。秋七月，楚入蔡。君子曰：《商书》所谓“恶之易也，如火之燎于原，不可乡迩，其犹可扑灭”者，其如蔡哀侯乎！”《商书·盘庚》，言恶易长而难灭。

谷梁传　荆者，楚也。其曰荆，何也？州举之也。州不如国，国不如名，名不如字。

齐桓图霸，力尚未能帖荆。十年荆方败蔡而执其君，今又破蔡而入其国。蔡近于楚，受祸独深。故自北杏以后，齐桓之会盟蔡不复与矣。蔡始见经则会邓以惧楚，终录于经则迁州来以避楚。楚始见经则败蔡，终录于经则围蔡。齐、晋之霸，其极盛则侵蔡以伐楚，其极衰则会召陵以救蔡而不能。柏举之战，吴张而陵齐、晋，亦以蔡故。原蔡之始终，而中国消长之形，荆楚强弱之势，皆可见矣。

冬，单伯会齐侯、宋公、卫侯、郑伯于鄄。鄄，杜注：卫地。今山东濮州东旧城集，故鄄城也。

左传　冬，会于鄄，宋服故也。

谷梁传　复同会也。

是春三国伐宋，至夏单伯始会，伐宋已服，而三国旋师，不及至宋境，故复会齐、宋之君以结成，而卫、郑之君以始不与北杏之会，亦来会也。至是齐霸略定矣。若陈、蔡、曹、邾或从会、或从伐，已归齐者，不复更与此会。盖桓公之霸，政务简便不欲烦诸侯也。

十有五年，春，齐侯、宋公、陈侯、卫侯郑伯会于鄄。

左传　十五年春，复会焉，齐始霸也。

谷梁传　复同会也。

十三年、十四年会，此年复会，三合诸侯而不盟，以示重慎，是以盟则众信莫改渝也。陈旧序卫下，齐桓始霸，楚亦始强，陈介二国之间，齐桓以为三恪，进之于卫上，欲重结之也。自是遂为定列。

夏，夫人姜氏如齐。

谷梁传　妇人既嫁不逾竟，逾竟非礼也。

姜氏自齐襄见杀，八年不出。至是鲁欲通好于齐，姜假托国事以愚其昏懦之子，齐亦欲善鲁而姑受之，复启越境之恣矣。

秋，宋人、齐人、邾人伐郳。郳，即小邾国。公羊作兒。

左传　秋，诸侯为宋伐郳。郳，附庸，属宋而叛，故齐桓为之伐。

北杏之会，齐桓已序诸国之上，此复序宋下者，为宋伐郳故，推宋主兵也。后此伐郑、伐徐亦然。至二十七年，同盟于幽，霸体既正，无复有先齐者矣。

郑人侵宋。

左传　郑人间之而侵宋。乘伐郳之间。

郑背二鄄之会，间诸侯之伐郳而侵宋，其反覆于齐、楚之间，盖始于此。侵、伐之义，三传不同。左氏曰：有钟鼓曰伐，无钟鼓曰侵。据此则齐侯侵蔡、晋侯侵楚皆用大师，而总数国，若无钟鼓何以行师？公羊氏曰：粗者曰侵，精者曰伐。盖以精为深、粗为浅也。然传所载有侵师至破其国、伐而未深入者。谷梁氏曰：苞人民、殴牛马曰侵，斩树木、坏宫室曰伐。齐桓伐楚，不战而服，岂有坏宫室、伐树木之事耶？先儒既辨其非，而以伐为声罪致讨，侵为无名行师，然考之《诗》《书》，曰侵自阮疆，曰侵于之疆，《周官》九伐之法，负固不服则侵之，而谓之无名可乎？盖声罪致讨曰伐，潜师掠境曰侵。伐者，兵法所谓正也。侵者，兵法所谓奇也。

冬十月。

十有六年，春，王正月。

夏，宋人、齐人、卫人伐郑。南北争郑于是始。

左传　十六年夏，诸侯伐郑，宋故也。

楚势浸强，陈、蔡、郑、许适当其冲，而郑尤南北之枢纽，郑之贰非细故也，故合诸侯以伐之。但突始篡国，及忽复位，又入栎以逼之。忽以弑死，齐桓当请于王以正突之罪，今乃为宋而伐之，末矣。然宋自是与齐为一，鲁、宋，诸侯之望也，鲁、宋服而中国诸侯之志定矣。

秋，荆伐郑。

左传　郑伯自栎入，在十四年。缓告于楚。秋，楚伐郑，及栎，为不礼故也。

齐方图霸，楚亦有事于北方，郑地要绾南北，中国得郑则可以拒楚，楚得郑则可以窥中国，故争郑自此始。自是郑被兵于楚者二十，中国侵之、伐之三十有九，考郑之始终，可以见南北盛衰之大略矣。

附录左传　郑伯治与于雍纠之乱者，在桓十五年。九月，杀公子阏，刖强鉏。二子，祭仲党。公父定叔出奔卫。共叔段之孙。定，谥也。三年而复之，曰："不可使共叔无后于郑。"使以十月入，曰："良月也，就盈数焉。"数满于十。君子谓：强鉏不能卫其足。言其不能早辟害。

冬，十有二月，会齐侯、宋公、陈侯、卫侯、郑伯、许男、滑伯、滕子，同盟于幽。公羊作公会。许男下公羊、谷梁俱有曹伯。此书同盟之始。滑，杜注：滑国，河南缑氏县。今河南偃师县南有缑氏故城，古滑国也。幽，杜注：宋地。当在今河南考城县境。

左传　冬，同盟于幽，郑成也。

公羊传　同盟者者何？同欲也。

谷梁传　同者，有同也，同尊周也。不言公，外内寮一疑之也。寮谓诸侯也。鲁与齐仇，外内诸侯同一疑公未知可事齐乎？不乎？故会不云公，以著疑焉。

齐自北杏以后屡合诸侯，有会而无盟，诸侯之心未一也。至此郑服，始合九国之君而为此盟。举天下而听命于一国，古未有也。然犹未敢专主盟之权，故载书曰同盟。至僖二年盟贯，齐始为盟主，自后不复书同矣。会不书公，讳之也。陈氏以为齐初主盟不言公，楚初与盟不言公，晋大夫初会盟不言公，得其义矣。

郳子克卒。

谷梁传　其曰子，进之也。

此郳仪父也。附齐而尊王室，王命进其爵，故书卒，与诸侯同。

附录左传　王使虢公命曲沃伯以一军为晋侯。曲沃武公伐晋侯缗灭之，尽以其宝器赂献于王，王因命为晋侯。周礼小国一军，晋土地虽大，以武公初为诸侯，故以小国之礼命之。　初，晋武公伐夷，执夷诡诸。夷诡诸，周大夫。夷，采地名。蒍国请而免之。蒍国，周大夫。既而弗报，诡诸不报施于蒍国。故子国作乱，子国即蒍国。谓晋人曰："与我伐夷而取其地。"遂以晋师伐夷，杀夷诡诸。周公忌父出奔虢。周公忌父，王卿士，辟子国之难。惠王立而复之。

十有七年，春，齐人执郑詹。詹，公羊作瞻。

左传　十七年春，齐人执郑詹，郑不朝也。

公羊传　郑瞻者何？郑之微者也。以无氏也。此郑之微者，何言乎齐人执之？书甚佞也。

谷梁传　人者，众辞也。以人执，与之辞也。郑詹，郑之卑者。卑者不志，此其志，何也？以其逃来志之也。逃来则何志焉？将有其末，末谓逃来。不得不录其本也。郑詹，郑之佞人也。

称人以执，非霸讨也。詹不氏，未赐族也。讨得其罪则称爵，谓之霸讨，桓未闻朝王而讨郑之不朝已可乎？詹必至齐而后见执，不书行人，非以使事执也。

夏，齐人歼于遂。歼，公羊作瀸。

左传　夏，遂因氏、颌氏、工娄氏、须遂氏飨齐戍，醉而杀之，齐人歼焉。四族，遂之强宗。歼，尽也。

公羊传　瀸者何？瀸，积也。瀸，积死非一之辞。众杀戍者也。

谷梁传　歼者，尽也。然则何为不言遂人？尽齐人也，无遂之辞也。无遂则何为言遂？其犹存遂也。以其能杀齐戍，故若遂之存。存遂奈何？曰：齐人灭遂，使人戍之，遂之因氏饮戍者酒而杀之，齐人歼焉，此谓狎敌也。狎犹轻也。

齐人灭遂，虑其不服，置兵戍守，防患周矣。而终为遂人所歼，信乎力不足以服人也。不曰遂人歼齐人者，已无遂之辞，又以见齐人之自取也。观此益见遂以灭书乃亡国之善词，上下之同力矣。

秋，郑詹自齐逃来。

公羊传　何以书？书甚佞也，曰：佞人来矣，佞人来矣。

谷梁传　逃义曰逃。

逃者，匹夫苟免之行也。詹既见执，若齐人不释，守死以待命可也。即齐欲释之，亦当执礼以争，请暴其无罪于诸侯，乃不辱君命。而遁逃苟免，耻孰甚焉？鲁方与齐同盟而受其逋逃，罪亦不可掩矣。

冬，多麋。

公羊传　何以书？记异也。

麋，鲁所有，不足为异，而多则反常，且有伤稼之害，故志之。

十有八年，春，王三月，日有食之。

谷梁传　不言日，不言朔，夜食也。何以知其夜食也？曰：王者朝日，谓日始出而亏伤之处尚存，故知其夜食也。故虽为天子，必有尊也；贵为诸侯，必有长也。故天子朝日，诸侯朝朔。

经书日食三十六，大都皆书日、书朔，独此与僖十五年夏五月朔与日皆不书，史失之也。合朔在夜，日食地中，故谷梁以为夜食。然苟朝日而见其亏伤，是即朔日食矣。如日未出而明复，即朝日何从见其亏伤？以是知为旧史之阙也。

附录左传　十八年春，虢公、晋侯朝王。王飨醴，命之宥。王之觐群后，始则行飨礼，先置醴酒，示不忘古。饮宴则命以币物。宥，助也。所以助欢敬之意。皆赐玉五瑴，双玉为瑴。马三匹，非礼也。王命诸侯，名位不同，礼亦异数，不以礼假人。侯而与公同赐，是借人礼。　虢公、晋侯、郑伯使原庄公逆王后于陈。陈妫归于京师，虢、晋朝王，郑伯又以齐执其卿，求王为援，皆在周，倡义为王定昏，得同姓宗国之礼，故传详其事。不书，不告也。实惠后。陈妫后宠爱少子，乱周室，故传，并举其从王之谥。

夏，公追戎于济西。

左传　夏，公追戎于济西。不言其来，讳之也。戎来侵鲁，鲁人不知，去乃追之，故讳不言其来。

公羊传　此未有言伐者，其言追何？大其为中国追也。此未有伐中国者，则其言为中国追何？大其未至而豫御之也。其言于济西何？大之也。

谷梁传　其不言戎之伐我，何也？以公之追之，不使戎迩于我也。于济西者，大之也。何大焉？为公之追之也。

追者，寇已去而蹑之。追齐至酅，先言侵而后言追。此不言侵伐，明不觉其来，敌去而始追之也。书者，讥内无戎备。

秋，有蜮。蜮又作蜮。

左传　秋，有蜮，为灾也。

公羊传　何以书？记异也。

谷梁传　一有一亡曰有。或有有时，或有无时，言不常也。故书曰有。蜮，射人者也。

国之所有，则以多为异。国之所无，则以有为异。蜮者，阴物。《汉书·五行志》刘向以为蜮生南越，越地男女同川乱气所生，故圣人名之曰蜮。蜮犹惑也。能含沙射人，甚者至死。乃鲁之所无，故以有书。

冬，十月

附录左传　初，楚武王克权，权，杜注：国名，南郡当阳县东南有权城。《水经注》沔水东会权口，南流迳。权城北，古之权国也。今属湖广安陆府。使斗缗尹之，斗缗，楚大夫。以叛，缗以权叛。围而杀之。迁权于那处，那处，杜注：楚地，南郡编县东南有那口城。在今湖广荆门州东南。使阎敖尹之。阎敖，楚大夫。及文王即位，与巴人伐申，而惊其师。巴人叛楚而伐那处，取之，遂门于楚。阎敖游涌而逸。杜注：涌水在南郡华容县。游，浮行也。楚子杀之。其族为乱。冬，巴人因之以伐楚。

十有九年，春，王正月。

附录左传　十九年春，楚子御之，御巴人。大败于津。津，杜注：楚地，江陵县有津乡。在今湖广枝江县。还，鬻拳弗纳，鬻拳，楚大阍。遂伐黄。黄，嬴姓国。败黄师于踖陵。踖陵，杜注：黄地。当在今河南光州西南境。还，及湫，湫，杜注：南郡都县东南有湫城。在今湖广宜城县。有疾，夏六月庚申卒。鬻拳葬诸夕室。夕室，杜注：地名。亦自杀也，而葬于绖皇。绖皇，冢前阙。生守门，故死不失职。初，鬻拳强谏楚子，楚子弗从。临之以兵，惧而从之。鬻拳曰："吾惧君以兵，罪莫大焉。"遂自刖也。楚人以为大阍，谓之大伯。伯，长也，为门官之长。使其后掌之。君子曰：鬻拳可谓爱君矣，谏自纳于刑，刑犹不忘纳君于善。

夏，四月。

秋，公子结媵陈人之妇于鄄，遂及齐侯、宋公盟。

公羊传　媵者何？诸侯娶一国则二国往媵之，以侄娣从。侄者何？兄之子也。娣者何？弟也。诸侯壹聘九女，诸侯不再娶。媵不书，此何以书？为其有遂事书。大夫无遂事，此其言遂何？聘礼，大夫受命不受辞，辞谓专对之辞。出竟有可以安社稷利国家者，则专之可也。

谷梁传　媵，浅事也，不志。此其志，何也？辟要盟也。鲁实使结要二国之盟，恐齐、宋不与，故假媵妇为名。何以见其辟要盟也？媵，礼之轻者也。盟，国之重也。以轻事遂乎国重，无说。其曰陈人之妇，略之也。其不日，数渝，恶之也。数，疾也。渝，渝盟也。

不书如陈送媵，而书媵陈人之妇，则非奉君命而媵，陈之微者明矣。以国卿而私行出疆，见鲁之无政也。聘礼，大夫受命不受辞，出竟有可以安社稷利国家者，专之可也。谓本有此命，得以便宜从事特不受专对之辞耳。结本以私事，出无君命，而要盟于大国公侯，故书遂以著其生事专命之罪。若齐、宋之盟出于公命，则当如公孙兹如牟，因聘而娶，但书其聘之例，书盟而不书媵矣。

夫人姜氏如莒。

谷梁传　妇人既嫁不逾竟，逾竟非正也。

前此姜氏如齐桓公不讨，遂使荡然无忌，恣情如莒，非惟鲁之辱，亦齐之羞也。

附录左传　初，王姚嬖于庄王，生子颓。王姚，庄王之妾，姚姓。子颓有宠，蔿国为之师。及惠王即位，惠王，庄王孙。取蔿国之圃以为囿。边伯之宫近于王宫，边伯，周大夫。王取之。王夺子禽、祝跪与詹父田，三子皆周大夫。而收膳夫之秩，膳夫，石速也。故蔿国、边伯、石速、詹父、子禽、祝跪作乱，因苏氏。苏氏，周大夫，桓王夺其十二邑以与郑，自此遂不和。秋，五大夫奉子颓以伐王，不克，出奔温。苏子奉子颓以奔卫。卫师、燕师伐周。燕，南燕。冬，立子颓。

冬，齐人、宋人、陈人伐我西鄙。此鲁国见伐之始。

谷梁传　其曰鄙，远之也。其远之，何也？不以难迩我国也。

齐、宋方与结定盟，而旋伐我，何也？自郑詹逃来，已得罪于齐，又以结之抗盟重怒。但齐、宋当拒不与盟，不宜既盟而复伐。且据传王室方有子颓之乱，卫、燕称兵伐周，桓公不能讨，而合二国以伐鲁，傎矣。

日讲春秋解义卷十二

庄　公

二十年，春，王二月，夫人姜氏如莒。

谷梁传　妇人既嫁不逾竟，逾竟非正也。

妇人既嫁不愈境，父母没不得归宁。文姜十五年如齐尚为越礼，况频年如莒乎？文姜为禽兽之行，与闻乎弑，其如莒何足深责？而圣人备书于经，痛庄公君国二十年尚不能防闲其母，任其荡检逾闲，至于此极也。记曰："礼，禁乱之所自生，犹防止水之所自来也。以旧防为无所用而坏之者，必有水败。以旧礼为无所用而去之者，必有乱患。"信哉！

附录左传　二十年春，郑伯和王室，不克。执燕仲父。南燕伯。夏，郑伯遂以王归，王处于栎。秋，王及郑伯入于邬。邬，王所取郑邑。遂入成周，取其宝器而还。冬，王子颓享五大夫乐及遍舞。遍舞，六代之乐，云门、大卷、大咸、大磬、大夏、大濩、大武是也。郑伯闻之，见虢叔曰：叔，虢公字。"寡人闻之，哀乐失时，殃咎必至。今王子颓歌舞不倦，乐祸也。夫司寇行戮，君为之不举，去盛馔。而况敢乐祸乎？奸王之位，祸孰大焉？临祸忘忧，忧必及之。盍纳王乎？"虢公曰："寡人之愿也。"

夏，齐大灾。

公羊传　大灾者何？大瘠也。瘠，病也。大瘠者何？痢也。痢，民疾疫也。何以书？记灾也。外灾不书，此何以书？及我也。

谷梁传　其志，以甚也。

天火曰灾，来告故书。经所书宋灾、陈灾，宋、卫、陈、郑灾皆不言大，此独书大，旧史从来告之辞，而孔子因之也。

秋，七月。

冬，齐人伐戎。谷梁作伐我。

周有子颓之乱，齐桓始霸，若罔闻。知郑伯、虢公胥命于弭，讨乱杀子颓，王入于王城，齐皆不预。去年伐鲁，今年伐戎，大率逐利以自私，于王室何有？盖其志在图霸，谋先自固，国势之张必自近始。故深结鲁、宋，并吞谭、遂，耀武邾、戎，于王室有不暇顾耳。此仲尼之徒所以羞称五霸也。

二十有一年，春，王正月。

夏，五月，辛酉，郑伯突卒。

左传　二十一年春，胥命于弭。郑、虢相命。弭，杜注：郑地。当在今河南密县境。夏，同伐王城。郑伯将王自圉门入。虢叔自北门入。杀王子颓及五大夫。郑伯享王于阙西辟，阙，象魏也。西辟，阙之西偏。乐备。备六代之乐。王与之武公之略，自虎牢以东。略，界也。武公旧竟，后失其地，故惠王复与。虎牢，杜注：河南成皋县。今河南汜水县西有虎牢城。原伯曰：原伯，原庄公。"郑伯效尤，言效子颓舞遍乐。其亦将有咎。"五月，郑厉公卒。

春秋自突归于郑之后，其出奔蔡，入于栎，虽书名而皆系以爵。以突虽篡而实君，虽君而实篡，不没其实也。自入栎以后，凡与诸侯会盟侵伐者皆突，而忽亹仪无见焉。旧史备其卒葬，孔子安得而削之乎？然备记其始终，亦所以著王法不行，乱贼寿终，以为居正而不能保者之戒也。

秋，七月，戊戌，夫人姜氏薨。

谷梁传　妇人弗目也。弗目谓不言其地也。妇人无外事，居有常所，故薨不书地。

文姜之恶极矣，而卒葬一用小君之礼，此鲁之祸所以未艾也。

附录左传　王巡虢守，虢公为王宫于玤，玤，杜注：虢地。在今河南渑池县界。王与之酒泉。酒泉，杜注：周邑。今陕西同州有甘泉，出匮谷中，造酒尤美，名酒泉。郑伯之享王也，王以后之鞶鉴予之。后，王后也。鞶带而以鉴为饰也。虢公请器，王予之爵。爵饮酒。郑伯由是始恶于王。郑伯，厉公子文公。为僖二十四年郑执王使张本。冬，王归自虢。

冬，十有二月，葬厉公。

郑突与虢公讨子颓，定惠王，勋在王室而不免谥为厉，以此见周室虽衰，公议尚在。臣子私谥不敢妄加美名，古意犹可考也。

二十有二年，春，王正月，肆大眚。眚，公羊作省。

公羊传　肆者何？跌也。跌，过度。大省者何？灾省也。肆大省何以书？讥。何讥尔？讥始忌省也。省日，忌吉事不忌凶事。时鲁有夫人之丧，乃以省日忌不哭，故讥之。

谷梁传　肆，失也。眚，灾也。灾纪也，失故也。纪，治理也。有罪当治理之，今失之者，以文姜之故。为嫌天子之葬也。文姜罪应诛绝，须赦而后得葬，不赦而葬，则嫌天子不许之并矣。所以举一国之大恶皆赦除之，使文姜亦得以除其罪也。

肆大眚，讥失刑也。《舜典》眚灾肆赦，乃不幸而过误者。《易》曰："君子以赦过宥罪。"过乃赦之，罪则少宽宥焉耳。《周官》三宥三赦，皆情之可原。孽非已作者未闻肆大眚也。大眚皆肆，则废天讨，亏国典，纵有罪，虐无辜，恶人幸以免矣。

诸葛亮曰："治世以大德不以小惠。"其治蜀军旅数兴，而赦不妄下。蜀人久而歌思，如周人之思召公也，盖得《春秋》之旨矣。

癸丑，葬我小君文姜。

公羊传　文姜者何？庄公之母也。

谷梁传　小君非君也，其曰君何也？以其为公配，可以言小君也。

文姜孙齐，不称姜氏，后此则一，仍其恒称，何也？鲁之臣子既不能讨庄公，又不能以大义绝之，而生则纵其所为，死则葬之备礼，著于史册者固不可得而易矣。妇人生无爵，从夫之爵；死无谥，从夫之谥。鲁夫人别为谥自文姜始，岂非以淫乱弑逆，不敢以先君之谥配之而然与。其后鲁夫人皆别作谥，不察其由，违礼害义甚矣。

陈人杀其公子御寇。御，公羊、谷梁俱作禦，此书专杀之始。

左传　二十二年春，陈人杀其大子御寇。宣公，大子也。陈人恶杀大子之名，故以公子告。陈公子完与颛孙奔齐。完、颛孙，皆御寇党。颛孙自齐来奔。齐侯使敬仲为卿。敬仲，完字。辞曰："羁旅之巨，幸若获宥，及于宽政，赦其不闲于教训，而免于罪戾，弛于负担，弛，去离也。君之惠也，所获多矣。敢辱高位，以速官谤？请以死告。《诗》云：'翘翘车乘，招我以弓，岂不欲往？畏我友朋。'"逸《诗》也。翘翘，远貌。古者聘士以弓，言虽贪显命，惧为朋友所讥责。使为工正。掌百工之官。饮桓公酒，乐。公曰："以火继之。"辞曰："臣卜其昼，未卜其夜，不敢。"君子曰：酒以成礼，不继以淫，义也。以君成礼，弗纳于淫，仁也。初，懿氏卜妻敬仲。懿氏，陈大夫。其妻占之，曰："吉。是谓凤皇于飞，和鸣锵锵。凤皇，雌雄俱飞，相和而鸣锵锵然，犹敬仲夫妻相随适齐有声誉。有妫之后，将育于姜。妫，陈姓。姜，齐姓。五世其昌，并于正卿。八世之后，莫之与京。"京，大也。陈厉公，蔡出也。蔡女所出。故蔡人杀五父而立之。五父，陈佗也。生敬仲。其少也，周史有以《周易》见陈侯者，陈侯使筮之，遇观䷓坤下巽上，观。之否䷋，坤下乾上，否。观六四爻变而为否。曰："是谓观国之光，利用宾于王。此《易》观卦六四爻辞。此其代陈有国乎？不在此，其在异国。非此其身，在其子孙。光远而自他有耀者也。坤，土也。巽，风也。乾，天也。风为天于土上，巽变为乾，故云风为天。六四爻位在坤上，坤为土，故云于土上。山也。互体正卦三四五爻为艮，变卦二三四爻亦为艮，故云山也。有山之材而照之以天光，于是乎居土上，山则材之所生，上有乾下有坤，故言居土上，照之以天光。故曰观国之光，利用宾于王。四爻为诸侯，变而之乾，有国朝王之象。庭实旅百，奉之以玉帛，天地之美具焉，故曰利用宾于王。艮为门庭，乾为金玉，坤为布帛，诸侯朝王陈贽币之象。旅，陈也。百，言物备。犹有观焉，故曰其在后乎！观非在己之言，故知在子孙。风行而著于土，巽在坤上，故为著土。故曰其在异国乎！若在异国，必姜姓也。姜，大岳之后也。

姜姓之先为尧四岳。山岳则配天。物莫能两大。陈衰，此其昌乎！”变而象艮，故知当兴于大岳之后。及陈之初亡也，昭八年，楚灭陈。陈桓子始大于齐。桓子，敬仲五世孙陈无宇。其后亡也，哀十七年，楚复灭陈。成子得政。成子，陈常也，敬仲八世孙。

谷梁传　言公子而不言大夫，公子未命为大夫也。其曰公子，何也？公子之重视大夫，命以执公子。大夫既命，得执公子之礼。

惟天子得奉天命而专生杀，故二百四十年书杀大夫者四十有七，皆诸侯也。盖诸侯之大夫皆命于天子，而不得专命。大夫有罪，当请于天子，而不得专杀。春秋之世，国无大小，其卿大夫皆专命之，有罪无罪皆专杀之。公子之重视大夫，故备书之，著其罪也。其专杀称君者，独出于其君之意，而大夫、国人不与焉，如晋侯杀其世子申生是也。称国者，君与当国大臣主之，如郑杀其大夫申侯是也。称人，义有二。一则国乱无政，众人擅杀而不出于君，陈人之杀御寇是也。其一弑君之贼人人得而诛之，背叛之臣国人所同恶，如卫人杀州吁、郑人杀良霄是也。其见杀者，所称亦不一，或称大夫，或称公子，或称大夫公子。称公子者，公子而非大夫也。称大夫者，大夫而非公子也。称大夫公子者，公子而为大夫者也。

夏，五月。

《春秋》无事书首时，未有书五月者。或谓下有事而文脱，或四讹而为五也。何休谓讥庄公娶仇女，不可奉先祖四时祭祀，犹五月不宜首时，则凿矣。

秋，七月，丙申，及齐高傒盟于防。

公羊传　齐高傒者何？贵大夫也。曷为就吾微者而盟？公也。公则曷为不言公？讳与大夫盟也。

谷梁传　不言公，高傒伉也。骄伉与公敌体，耻之，故不书公。

高傒，齐贵卿也。鲁无使微者与盟之理，盖公也。讳不言公，以谋娶仇人之女，而与大夫要盟，恶莫大焉，故隐之。

冬，公如齐纳币。

公羊传　纳币不书，此何以书？讥。何讥尔？亲纳币，非礼也。

谷梁传　纳币，大夫之事也。礼有纳采，采择，女之德性也。其礼用雁为执。有问名，问女名而卜之。有纳征，征成也，纳币以成昏。有告期，告迎期。四者备而后娶，礼也。公之亲纳币，非礼也。故讥之。

纳币，大夫之事也。而公亲之，盖齐疑昏议，故自往与要言也。娶夫人以承宗庙也，先君见戕而娶仇女，苟有人心者忍此乎？至在丧而图昏，又不足责矣。

二十有三年，春，公至自齐。

公羊传　桓之盟不日，其会不致，信之也。此之桓国，何以致？危之也。何危尔？公一陈佗也。公如齐淫与陈佗相似。

齐桓之编，庄公与之会盟遇伐救者九，皆不书至，独三如齐书至。以娶仇女，而行乃返告于先君之庙，其恶极矣。

祭叔来聘。

谷梁传　其不言使，何也？天子之内臣也。不正其外交，故不与使也。

祭，畿内之国。祭叔，王朝之大夫。五十以伯仲，周道也。假聘礼以私行，故不书使。义与祭伯来朝而不言朝，尹氏、王子虎、刘卷来讣而不书其爵同，皆所以正私交之罪、绝朋党之萌也。

夏，公如齐观社。

左传　二十三年夏，公如齐观社，非礼也。曹刿谏曰："不可。夫礼，所以整民也。故会以训上下之则，制财用之节。贡赋多少。朝以正班爵之义，帅长幼之序。征伐以讨其不然。不然，不用命。诸侯有王，从王事。王有巡守，以大习之。大习，朝会之礼。非是，君不举矣。君举必书。书而不法，后嗣何观？"

公羊传　何以书？讥。何讥尔？诸侯越竟观社，非礼也。

谷梁传　常事曰视，非常曰观。观，无事之辞也，以是为尸女也，尸，主也。主为齐女往，借观社为辞。无事不出竟。

齐因社祭而蒐军，实以示威，已为非礼。庄公逾境往观，其失益大矣。天子祀上帝，诸侯会以受事焉，不闻诸侯之相会祀也。庄公盖托名而往，以坚昏约，故谷梁氏以为尸女耳。凡公出以朝及丧葬但书如，而不言其事，观社非常，故特书。

附录左传　晋桓、庄之族逼，桓叔、庄伯之子孙强盛，逼迫公室。献公患之。士蔿曰："士蔿，晋大夫。去富子，富子，二族之富强者。则群公子可谋也已。"公曰："尔试其事。"士蔿与群公子谋，谮富子而去之。

公至自齐。

谷梁传　公如，统言公出行之例。往时，正也；致月，故也。如，往月致月，有惧焉尔。

荆人来聘。楚交中国始此。

公羊传　荆何以称人？始能聘也。

谷梁传　善累而后进之。其曰人，何也？举道不待再。谓一举而进之。

《春秋》于楚始书荆，继书荆人，继书楚子，著其渐盛也。楚迩年加兵于蔡、郑，而聘使至鲁，盖远交近攻之术。介人欲侵萧而先朝鲁，秦人归禭来聘而有河曲之师，盖鲁为春秋望国，而亲于齐、晋，故介人来朝，欲藉以为援；秦、楚来聘，欲以间齐、晋之交也。

公及齐侯遇于谷。

谷梁传　及者，内为志焉尔。遇者，志相得也。

及者，内为志。盖齐犹以昏议为疑，故公汲汲而为此遇也。书之以著庄公之不子，而齐桓私意回惑，不能以礼接人，亦于是可见矣。

萧叔朝公。

公羊传　其言朝公何？公在外也。言于谷朝公。

谷梁传　微国之君未爵命者，其不言来，于外也。朝于庙，正也。于外，非正也。

萧，宋之附庸。谷，齐地。嘉礼不野合，萧叔朝公在齐之谷，则非其所也。朝必于庙，公不辞而受之于谷，亦过矣。盖交讥之。

秋，丹桓宫楹。

左传　秋，丹桓宫之楹。

公羊传　何以书？讥。何讥尔？丹桓宫楹，非礼也。

谷梁传　礼，天子、诸侯黝垩，黝，黑色。凡涂饰皆言垩。大夫仓，士黈。黈，黄色。丹楹，非礼也。

楹，柱也。楹未有以丹饰者，为将娶仇女欲夸示之，而乱王制以渎先君，直书而恶见矣。

冬十有一月，曹伯射姑卒。

十有二月，甲寅，公会齐侯盟于扈。扈，杜注：郑地，在荥阳卷县西北。《后汉志》卷县有扈城亭。今河南原武县西北扈亭是也。

公羊传　桓之盟不日，此何以日？危之也。何危尔？我贰也。鲁子曰："我贰者，非彼然，我然也。"

此盟亦要结姻好也。鲁求之愈急，而齐许之愈缓。盖庄公为文姜所制，必使娶于母家，而齐女待年，庄公时已三十有六矣，故越礼不顾如此其亟耳。

二十有四年，春，王三月，刻桓宫桷。

左传　二十四年春，刻其桷，桷，椽也。皆非礼也。合上丹楹而发。御孙谏曰：御孙，鲁大夫。"臣闻之，俭，德之共也；侈，恶之大也。先君有共德，而君纳诸大恶，无乃不可乎？"

公羊传　何以书？讥。何讥尔？刻桓宫桷，非礼也。

谷梁传　礼，天子之桷，斫之砻之，斫，削也。砻，磨也。加密石焉。又以细石磨之。诸侯之桷，斫之砻之。大夫斫之，士斫本。刻桷，非正也。夫人，所以崇宗庙也。取非礼与非正，而加之于宗庙，以饰夫人，非正也。刻桓宫桷，丹桓宫楹，斥言桓宫，以恶庄也。不言新宫，而直谓之桓宫，以桓见杀于齐，而饰其庙，以荣仇国之女，恶庄不子。

桷有斫砻，未闻复刻镂之也。王制，革制度曰畔，其君讨。丹楹刻桷，乃宫庙所未有之饰，即无故而为此，亦不容于王法矣。况娶仇人之女以荐舍于祢庙，而特为非礼之饰以夸耀之。死者有知，其怨恫当何如？至五庙并列而独崇饰于桓宫，又其恶之浅者矣。

葬曹庄公。

夏，公如齐逆女。

公羊传　何以书？亲迎礼也。

谷梁传　亲迎，恒事也，不志。此其志，何也？不正其亲迎于齐也。

亲迎者，昏礼之常。《春秋》常事不书，此独书之，不正其亲迎于齐也。所谓常者，其事非一，如视朔则月事之常也，蒐狩则时事之常也，郊祀、雩祭之类则岁事之常也。至于纳币、逆女、至归之类，昏姻之常也。合礼为常，常则不书。若夫崩薨、卒葬、即位之类，乃人道始终之大变，即合礼亦书，非亲迎之比也。

秋，公至自齐。

谷梁传　迎者，行见诸，舍见诸。诸，之也。言瞻望夫人乘车。先至，非正也。

八月，丁丑，夫人姜氏入。

左传　秋，哀姜至。

公羊传　其言入何？难也。其言日何？难也。其难奈何？夫人不偻，偻，疾也。齐人语。不可使入，言夫人稽留，不肯疾顺公意，故不能使之即入。与公有所约，约，谓约远媵妾也。然后入。

谷梁传　入者，内弗受也。日入，恶入者也。何用不受也？以宗庙弗受也。其以宗庙弗受，何也？取仇人子弟以荐舍于前，荐，进。舍，置。其义不可受也。

不书至而书入，不可以见乎宗庙也。入者，不顺之辞，以宗庙为不受也。且昏义以正始为，先公既亲迎而不与夫人同至，则夫道不正于始矣。姜氏既归而不从公以俱入，则妇道不正于始矣。弑闵逊邾之乱其兆已见此，皆忘亲越礼之所致也。故《春秋》详书其事，以为后戒。

戊寅，大夫宗妇觌，用币。

左传　公使宗妇觌，用币，传不言大夫，唯举非常。非礼也。御孙曰："男贽，大者玉帛，公、侯、伯、子、男执玉，诸侯、世子、附庸、孤卿执帛。小者禽鸟，卿执羔，大夫执雁，士执雉。以章物也。章，所执之物，别贵贱。女贽，不过榛、栗、枣、脩，以告虔也。榛，似栗而小。脩，脯也。今男女同贽，是无别也。男女之别，国之大节也。而由夫人乱之，无乃不可乎？"

公羊传　宗妇者何？大夫之妻也。觌者何？见也。用者何？用者不宜用也。见用币，非礼也。然则曷用？枣栗云乎？腶脩云乎。

谷梁传　觌，见也。礼，大夫不见夫人，不言及，谓不言大夫及宗妇。不正其行妇道，谓见夫人乃宗妇之道。故列数之也。男子之贽，羔雁雉腒。士，冬用雉，夏用腒。腒，乾雉也，夏用之，备腐臭也。妇人之贽，枣栗腶修。用币，非礼也。用者，不宜用者也。大夫，国体也，国体谓为君股肱。而行妇道，恶之，故谨而日之也。

何休曰："礼，夫人至，大夫郊迎。明日，大夫、宗妇皆见。公事曰见，私事曰觌。见夫人，礼也。而以私言之，夫人不可以见宗庙，则亦不可以临群臣也。且大夫宜见于庙，宗妇宜见于宫中，今男女并觌，而又同贽，乱男女之别，自夫人之至始。庄公自坏其防，何怪夫人？异日之躬为大恶哉！"《春秋》所书，自盟防至此凡十有三事，词繁而不杀，所以示正始之道者，可谓深切著明矣。

附录左传　晋士蔿又与群公子谋，使杀游氏之二子。游氏，亦桓庄之族。士蔿告晋侯曰："可矣。不过二年，君必无患。"

大水。

冬，戎侵曹。曹羁出奔陈。赤归于曹。

公羊传　曹羁者何？曹大夫也。曹无大夫，此何以书？贤也。何贤乎曹羁？戎将侵曹，曹羁谏曰："戎众以无义，君请勿自敌也。"曹伯曰："不可。"三谏不从，遂去之。故君子以为得君臣之义也。

书法与突归于郑、郑忽出奔卫同，故杜预知二传之非，而以羁为曹世子也。庄公既葬，羁嗣世一年矣，而奔不称爵，以微弱不能君，犹郑忽之不称爵也。归者，易辞。赤恃戎之力以篡国，其归为易，犹突恃宋以篡而书归也。《春秋》于忽与羁皆系国而书名，以为居正者之戒。

郭公。公羊、谷梁并以"赤归于曹""郭公"连文为句。

公羊传　赤者何？曹无赤者，盖郭公也。郭公者何？失地之君也。

谷梁传　赤盖郭公也，何为名也？礼，诸侯无外归之义，外归非正也。

郭公之义本不可晓，而公、谷之说更不可通。先儒有以为郭亡者，公与亡字相近而偶误耳。管子之书曰："齐桓公之郭，问父老曰：'郭何故亡？'曰：'以其善善而恶恶也。'公曰：'若子之言，乃贤君也，何至于亡？'父老曰：'郭君善善而不能用，恶恶而不能去，所以亡也。'"考其时与事，谓之郭亡，理或有之。夫不知其善恶犹觊，一旦而知之也。既知其善而不能用，则君子登进之路绝。既知其恶而不能去，则小人益肆行而无所忌矣。《春秋》以郭之自亡书，与梁亡同义。

二十有五年，春，陈侯使女叔来聘。

左传　二十五年春，陈女叔来聘，陈卿。女，氏。叔，其字也。始结陈好也。嘉之，故不名。

谷梁传　其不名，何也？天子之命大夫也。

季友相鲁，原仲相陈，二人有旧，故各请于君，通聘以结好，此大夫交政于中国之渐也。命大夫，故不名，鲁单伯、郑祭仲、陈女叔是也。齐、晋无命大夫，盖自恃强大不复请命于王耳。

夏，五月，癸丑，卫侯朔卒。

卫朔入国，鲁庄与有力焉，未必不会其葬。盖朔构杀其史，而逆天子之命，故不书葬，以示其罪之当讨耳。

六月，辛未，朔，日有食之，鼓、用牲于社。

左传　夏六月辛未，朔，日有食之，鼓、用牲于社，非常也。非常鼓之月，辛未，实七月朔，置闰失所，故致月错。惟正月之朔，慝未作，正月，夏之四月，周之六月，谓正阳之月。今书六月而传云惟者，明此月非正阳月也。慝，阴气。日有食之，于是乎用币于社，伐鼓于朝。食于正阳之月，则诸侯用币于社，请救于上。公伐鼓于朝，退而自责，以明阴不宜侵阳，臣不宜掩君，以示大义。

公羊传　日食则曷为鼓、用牲于社？求乎阴之道也，求，责求也。以朱丝营社，或曰胁之，胁与责求同义。社，土地之主。月，土地之精。月犯日，故攻社以胁其本。朱丝营之，助阳抑阴也。或曰为暗，恐人犯之，故营之。社者，土地之主，尊也。为日光尽，天暗冥，恐人犯历之，故营之。

谷梁传　言日言朔，食正朔也。鼓，礼也。用牲，非礼也。天子救日，置五麾，麾，旌旛也。陈五兵、五鼓。五兵，矛、戟、钺、楯、弓、矢。诸侯置三麾，陈三鼓、三兵。大夫击门，士击柝，言充其阳也。充，实也。凡有声皆阳事，以压阴气。

日、月之食皆有常度，古人遇日食必书者，盖深致其扶阳抑阴之旨，言当恐惧修省而不敢忽也。左氏谓唯正月之朔慝未作，于是用币于社，伐鼓于朝，非也。《夏书》季秋日食，有奏鼓之文，岂独正阳之月哉？所以书者，讥其不鼓于朝，又用牲耳。

伯姬归于杞。

谷梁传　其不言逆，何也？逆之道微，无足道焉尔。

伯姬，庄公女。婚姻常事不书，此何以书？逆者非卿则名姓不登于史策，见昏礼之日坏也。内女适邻国而为夫人，则书归，适大夫则否，别尊卑也。其得礼者皆不书，常事也。

秋，大水，鼓、用牲于社于门。

左传　秋大水，鼓、用牲于社于门，亦非常也。凡天灾，有币，无牲。非日月之眚不鼓。

公羊传　其言于社于门何？于社，礼也。于门，非礼也。

谷梁传　高下有水灾曰大水。既戒鼓而骇众，用牲可以已矣。救日以鼓兵，救水以鼓众。

附录左传　晋士蔿使群公子尽杀游氏之族，乃城聚而处之。聚，杜注：晋邑。冬，晋侯围聚，尽杀群公子。

冬，公子友如陈。此内大夫出聘之始。

凡公及内卿往他国皆书如，盖外诸侯来鲁者书朝，外卿来鲁者书聘，则内书所如不言其事而自明矣。隐、桓、庄之间，上而周、近而齐有来聘者矣。鲁未尝有报聘者，而女叔一来，季友旋报，继又躬会原仲之葬，则陈、鲁之交虽有君命，而实出于季友、原仲之私情，不独大夫渐张，而季氏之专鲁微兆已见于斯矣。朱子于季友独以为无状，诚论世知人之特识也。

二十有六年，春，公伐戎。公羊无春字。

隐、桓世有戎盟，至庄始渝，为鲁之患。今此伐戎，为济西之役也，故无讥辞。

附录左传　二十六年春，晋士蒍为大司空。夏，士蒍城绛，以深其宫。绛，杜注：晋所都也。今山西绛县。《史记》是年晋始都绛。

夏，公至自伐戎。

曹杀其大夫。此专杀大夫之始。

公羊传　何以不名？众也。曷为众杀之？不死于曹君者也。君死乎位曰灭，曷为不言其灭？为曹羁讳也。此盖战也，何以不言战？为曹羁讳也。以大夫即是曹羁。按，公、谷此等传皆出其所传闻，无可考证，始存其文耳。他皆仿此。

谷梁传　言大夫而不称名姓，无命大夫也。无命大夫而曰大夫，贤也。为曹羁崇也。

称国以杀者，国君与当国大夫共主之，而不请于天子也。不书名，或曰非一人，或曰不知其名也。齐桓蔡丘之会申明王禁曰无专杀大夫，其视当时之诸侯可谓彼善于此矣。

秋，公会宋人、齐人伐徐。徐，杜注：徐国。在下邳僮县东南。《括地志》徐城县西有大徐城，即古徐国也。今江南泗州北有徐城。韩氏愈曰："徐与秦俱出伯翳，为嬴姓。"昭五年，楚人执徐子，盖子爵。

戎在徐州之域，旧为鲁患。是年春，公伐戎，秋又伐徐，必戎与徐相表里以侵轶鲁也。故二国将卑师少，而公独亲行，齐桓致勤于鲁、宋，又屡推宋主兵，鲁、宋亲附，是以诸侯众服。而明年盟幽，同心以相推戴与。

附录左传　秋，虢人侵晋。冬，虢人又侵晋。为传明年晋将伐虢张本。

冬，十有二月，癸亥，朔，日有食之。

日讲春秋解义卷十三

庄　公

二十有七年，春，公会杞伯姬于洮。伯姬，庄公女。洮，杜注：鲁地。今山东濮州南有洮城，亦作桃城。《水经注》云："桃城亦曰姚城，因姚墟而得名也。"

左传　二十七年春，公会杞伯姬于洮，非事也。天子非展义不巡守，天子巡守，所以宣布德义。诸侯非民事不举，卿非君命不越竟。

妇人无会礼，内女为夫人者，七见于经，未有与公会者，而会自伯姬始。其后来朝，其子来求妇，皆礼所未有也，而鲁政之不纲亦可见矣。

夏，六月，公会齐侯、宋公、陈侯、郑伯同盟于幽。

左传　夏，同盟于幽，陈、郑服也。二十二年，陈乱，而齐纳敬仲。二十五年，郑文公获成于楚。皆有贰心于齐，今始服也。

谷梁传　同者，有同也，同尊周也。于是而后授之诸侯也。其授之诸侯，何也？齐侯得众也。桓会不致，安之也。桓盟不日，信之也。信其信，仁其仁。衣裳之会十有一，未尝有歃血之盟也，信厚也。兵车之会四，未尝有大战也，爱民也。

十六年于幽之盟，郑人附楚而侵宋，鲁人弃信而受逃，是诸侯犹未能深信桓公之心也。至是霸势愈盛，陈、郑协服，鲁亦与会，故载书。复要言曰同诸国，盖自是无离遏矣。而卫人不至，故明年复有伐卫之师。

秋，公子友如陈，葬原仲。

左传　秋，公子友如陈，葬原仲，非礼也。原，氏。仲，字。原仲，季友之旧也。

公羊传　原仲者何？陈大夫也。大夫不书葬，此何以书？通乎季子之私也。通，表而出之之义。私行，不以公事行也。何通乎季子之私行？辟内难也。君子辟内难而不辟外难。《礼记》曰："门内之治恩掩义，门外之治义掩恩。"内难者何？公子庆父、公子牙、公子友，皆庄公之母弟也。公子庆父、公子牙通乎夫人，以胁公。季子起而治之则不得与于国政，坐而视之则亲亲，因不忍见也，故于是复请至于陈而葬原仲也。

谷梁传　言葬不言卒，不葬者也。不葬者，不合书葬也。不葬而曰葬，讳出奔也。言季友辟内难而出，以葬原仲为辞。

人臣之义无私交，大夫非君命不越境。葬原仲，季友之私也，而书如陈，从出聘之文，是有公命也。季友之请为越礼，庄公之从之为失政，直书其事而义自见矣。何以知其为季友之私也？凡以公事行而因及其私者，经皆不言其事，直书如某国而已。

冬，杞伯姬来。

左传　冬，杞伯姬来，归宁也。凡诸侯之女，归宁曰来，出曰来归。夫人归宁曰如某，出曰归于某。

公羊传　其言来何？直来曰来，直来，无事而来也。大归曰来归。大归，废弃来归也。

归宁常事不书，此何以书？数也。礼，父母在，岁一归宁。春会而冬复至，越礼可知矣。或曰哀姜方挟势，而骄恣伯姬庶女，素不以礼待，故不敢遽归，先与父会，使归与姜氏成言，而后至鲁也。不然，岂有归宁父母不径返国都，而待于下邑，父往会之者哉？

附录左传　晋侯将伐虢。士蔿曰："不可。虢公骄，若骤得胜于我，必弃其民。无众而后伐之，欲御我，谁与？夫礼、乐、慈、爱，战所畜也。夫民，让事、乐和、爱亲、哀丧，而后可用也。让事，礼也。乐和，乐也。爱亲，慈也。哀丧，爱也。有此四者，然后可用以战。虢弗畜也，亟战，将饥。"言虢不畜义让而力战，弃民不养，故云将饥。

莒庆来逆叔姬。

公羊传　莒庆者何？莒大夫也。莒无大夫，此何以书？讥。何讥尔？大夫越竟逆女，非礼也。

谷梁传　诸侯之嫁子于大夫，主大夫以与之。主大夫，谓使大夫同姓者主之。来者接内也，接内谓公自主之。不正其接内，故不与夫妇之称也。夫妇之称，当言逆女。

诸侯嫁女于大夫，命大夫主之，君不敌臣也。二百四十年鲁君嫁女于大夫者多矣，而见于经者，惟莒庆及齐高固，以公自主之故以为非常而志之也。大夫为君逆则称女，自逆则称字，而不书归，盖尊卑之别。

杞伯来朝。

致伯姬也。杞伯不能制其内，纵伯姬之数出，又来朝而致之，其卑弱可知矣。

附录左传　王使召伯廖赐齐侯命，召伯廖，王卿士，赐命为侯伯。且请伐卫，以其立子颓也。立子颓在十九年。

公会齐侯于城濮。城濮，杜注：卫地。

传称王赐齐侯命，且请伐卫。以情事推之，子颓伏诛已十年，卫君又易世矣，齐桓特以卫不会幽之盟，申明其立子颓之罪，而请讨于王耳。与公会于卫地而伐卫之师，鲁不与焉。亦犹会于鲁济以谋伐戎，而鲁不与伐耳。

二十有八年，春，王三月，甲寅，齐人伐卫。卫人及齐人战，卫人败绩。

左传　二十八年春，齐侯伐卫，战，败卫师，数之以王命，取赂而还。

公羊传　伐不日，此何以日？至之日也。战不言伐，此其言伐何？至之日也。《春秋》伐者为客，伐人者为客。伐者为主，见伐者为主。故使卫主之也。及者为主。曷为使卫主之？卫未有罪尔。盖为幽之会服父丧未终而不至故。败者称师，卫何以不称师？未得乎师也。未得成列为师也。

谷梁传　于伐与战，安战也？战卫。战则是师也，其曰人，何也？微之也。何为微之也？今授之诸侯，而后有侵伐之事，故微之也。其人卫，何也？以其人齐，不可不人卫也。卫小齐大，其以卫及之，何也？以其微之可以言及也。其称人以败，何也？不以师败于人也。

战不言伐，伐不言日，而书日者，战之日也。见齐人奉辞伐罪，方以是日至，而卫不请其故，即以是日与之战，其劲忿而不知自反具见矣。凡书及者，为其志乎战也。卫人之急战若此则宜书卫及，非褒贬之所系也，是非则存乎其事矣。败必称师，而卫不称师，何也？齐甫至而遂战，未得集众而成军耳。

附录左传　晋献公娶于贾，无子。烝于齐姜，齐姜，武公妾。生秦穆夫人及太子申生。又娶二女于戎，大戎狐姬生重耳，大戎，杜注：唐叔子孙，别在戎狄者。当在今陕西延安府境。小戎子生夷吾。小戎，杜注：允姓之戎。孔氏安国曰："此即瓜州之允姓戎也。"故瓜州在今陕西肃西。子，女也。晋伐骊戎，骊戎男女以骊姬，骊戎，杜注：在京兆新丰县。今陕西临潼县东有骊戎城。其君姬姓，其爵男也。纳女于人曰女。归，生奚齐，其娣生卓子。骊姬嬖，欲立其子，赂外嬖梁五与东关嬖五，姓梁名五，在闺闼之外者。东关嬖五，别在关塞者，亦名五。皆大夫，为献公所嬖幸，视听外事。使言于公曰："曲沃，君之宗也。曲沃，桓叔所封，先君宗庙所在。蒲与二屈，君之疆也。蒲，杜注：平阳蒲子县。今山西隰州东北有蒲子故城。二屈，杜注：平阳北屈县。今山西吉州东北有北屈废县。不可以无主。宗邑无主，则民不威。疆场无主，则启戎心。戎之生心，民慢其政，国之患也。若使大子主曲沃，而重耳、夷吾主蒲与屈，则可以威民而惧戎，且旌君伐。"旌，章也。伐，功也。使俱曰："狄之广莫，于晋为都。晋之启土，不亦宜乎！"献公未决，故复使二五俱说之。广莫，狄地之旷绝也。即谓蒲子北屈也。言遣二公子出都之，则晋方当大开土界。晋侯说之。夏，使大子居曲沃，重耳居蒲城，夷吾居屈。群公子皆鄙。鄙，边邑。唯二姬之子在绛。二五卒与骊姬谮群公子而立奚齐，二五，梁五、东关五也。晋人谓之二五耦。二耜相耦，广一尺，共起一伐，言二人垦伤晋室。

夏，四月，丁未，邾子琐卒。

秋，荆伐郑。公会齐人、宋人救郑。宋人下公羊有邾娄人。

左传 楚令尹子元欲蛊文夫人，子元，文王弟。文夫人，文王夫人息妫也。蛊，惑以淫事。为馆于其宫侧而振万焉。振，动也。万，舞也。夫人闻之，泣曰："先君以是舞也，习戎备也。今令尹不寻诸仇仇，而于未亡人之侧，不亦异乎！寻，用也。妇人既寡，自称未亡人。御人以告子元，御人，夫人之侍人。子元曰："妇人不忘袭仇，我反忘之。"秋，子元以车六百乘伐郑，入于桔柣之门。桔柣，郑远郊之门也。子元、斗御疆、斗梧、耿之不比为旆，子元自与三子特建旆以居前，缁广充幅，长寻曰旐，继旐曰旆。斗班、王孙游、王孙喜殿。三子在后为反御。众车入自纯门，及逵市。纯门，郑外郭门也。逵市，郭内道上市。县门不发。楚言而出。子元曰："郑有人焉。"县门，施于内城门。郑示楚以闲暇，故不闭城门，出兵而效楚言，故子元畏之不敢进。诸侯救郑，楚师夜遁。郑人将奔桐丘，桐丘，杜注：许昌县东北有桐丘城。今许昌故城在河南许州东北。谍告曰："楚幕有乌。"乃止。谍，间也。幕，帐也。

谷梁传 荆者，楚也。其曰荆，州举之也。善救郑也。

郑服于齐，故楚来争郑，此盛衰之大界也。桓公救郑，独与鲁、宋偕，以陈、卫惧楚，方自守而未暇及郑耳。楚在春秋时最强大，首服陈、蔡，继争郑，而耀武于王畿，非齐桓有以遏之，将为周室忧。故圣门羞称五霸，而《春秋》不没桓、文之功，其道盖并行而不相悖也。

冬，筑郿。郿，公羊、谷梁作微。杜注：鲁下邑。京相璠曰："寿张县西北有故微乡，鲁邑也。"今山东平州西有微乡城。

左传 筑郿，非都也。凡邑，有宗庙先君之主曰都，无曰邑。邑曰筑，都曰城。《周礼》四县为都，四井为邑。然宗庙所在则虽邑曰都，尊之也。

谷梁传 山林薮泽之利，所以与民共也。虞之，非正也。虞，典禽兽之官。言筑邑置官司以虞之，非正也。

凡土功，大曰城，小曰筑。故馆则书筑，台则书筑，囿则书筑。郿邑而书筑，创作邑也。冬虽工筑之时，而下书大无麦禾，则公轻用民力而时绌举赢具见矣。

大无麦、禾。

公羊传 冬既见无麦、禾矣，曷为先言筑微而后书无麦、禾？讳以凶年造邑也。

谷梁传 大者，有顾之辞也。于无禾及无麦也。顾犹待也。待无禾然后追，录无麦，故言大，以明不收之甚也。

二谷不升谓之饥，五谷不升为大饥。禾者，谷之总名。无麦、禾则、黍、稷稻及二麦皆无矣。曰大无者，见举国皆无也。王制冢宰制国用，必于岁之秒五谷皆入，然后制国用。故无麦、禾至冬然后书，频年无水旱之变，而一旦大无麦、禾，推验事实，由鲁不务蓄，积日损削，以至于麦、禾皆尽，而后觉之，非一岁之事也。不书饥者，大无麦禾而至于告籴，则饥不待言矣。

臧孙辰告籴于齐。

左传　冬饥，臧孙辰告籴于齐，礼也。臧孙辰，鲁大夫臧文仲。

公羊传　告籴者何？请籴也。买谷曰籴。何以不称使？以为臧孙辰之私行也。曷为以臧孙辰之私行？君子之为国也，必有三年之委。一年不熟告籴，讥也。古者，三年耕必余一年之储，九年耕必有三年之积，虽遇凶灾，民不饥乏。庄公享国二十八年，而无一年之畜，危亡切近，故讳，使若国家不匮，大夫自私行籴也。

谷梁传　国无三年之畜，曰国非其国也。一年不升，登也。告籴诸侯。告，请也。籴，籴也。不正，故举臧孙辰以为私行也。国无九年之畜，曰不足。无六年之畜，曰急。无三年之畜，曰国非其国也。诸侯无粟，诸侯相归粟，正也。臧孙辰告籴于齐，告然后与之，言内之无外交也。古者税什一，丰年补败。败谓凶年。不外求而上下皆足也，虽累凶年民弗病也。一年不艾，艾，获也。而百姓饥，君子非之。不言如，为内讳也。

古者，三年耕必有一年之食，九年耕必有三年之食。以三十年之通制国用，虽有旱干水溢，民无菜色。今鲁一年不艾而百姓饥，汲汲焉求救于邻国，故不书如齐告籴，而曰告籴于齐，所以著情急于籴，以见鲁政之无经也。而辰犹以急病让夷为贤，陋矣。

二十有九年，春，新延厩。

左传　二十九年春，新作延厩，书不时也。凡马，日中而出，日中而入。日中，春秋分也。治厩当以秋分，因马向入而修之，今以春作，故曰不时。

公羊传　新延厩者何？修旧也。修旧不书，此何以书？讥。何讥尔？凶年不修。

谷梁传　延厩者，法厩也。《周礼》天子十二闲，马六种。邦国六闲，马四种。每厩一闲。言法厩者，六闲之旧制也。其言新，有故也。言改故而新之。有故则何为书也？古之君人者，必时视民之所勤。民勤于力则功筑罕，民勤于财则贡赋少，民勤于食则百事废矣。凶荒杀礼。冬筑微，春新延厩，以其用民力为已悉矣。悉，尽也。

凡以筑言新者，有故也。有所增益曰作，刱始曰筑。闲牧之设以修马政，久而新之，常事也，何以书？谷梁子曰："古之人君必时视民之所勤，民勤于力则功筑罕，民勤于财则贡赋少，民勤于食则百事废矣。"大无麦、禾，告籴于齐，以救朝夕之急，而犹兴不急之役，其用民力为已悉矣。故修旧厩不书，而于此特书，以示戒也。或谓后世以兴功筑为救荒之要政，《春秋》乃用以为讥，何也？后世力役佣于官，故可因此以聚穷民。古者力役征于民，而于凶年举之，则民不堪命矣。延，延绵也。牧马欲其滋息，故谓之延，犹库藏欲其有余而谓之长府也。

夏，郑人侵许。

左传　夏，郑人侵许。凡师，有钟鼓曰伐，无曰侵，轻曰袭。掩其不备。

许，郑世仇也。许自盟幽之后不与齐桓之会，郑人侵之，或亦齐之命与。

秋，有蜚。

左传　秋，有蜚，为灾也。凡物，不为灾不书。

公羊传　何以书？记异也。

谷梁传　一有一亡曰有。

有者，昔之所无，故书之，以记异也。刘向曰："蜚，色青。南越盛暑，男女同川，淫气所生为虫，臭恶，非中国所有。"或曰即负蠜，好以清旦食稻花。或曰《山海经》以蜚为兽，若牛而白首，一目，虬尾。未知孰是，姑存之以备参考。

冬，十有二月，纪叔姬卒。

娣之卒不书，叔姬执节守义，妇德可仪，故鲁人贤而录之，孔子不削也。

城诸及防。诸、防，杜注：皆鲁邑。诸在今山东诸城县，县又有故防城。

左传　冬十二月，城诸及防，书时也。凡土功，龙见而毕务，戒事也。周十一月，今九月。龙星角、亢晨见东方，三务始毕，戒民以土功事。火见而致用，大火心星。十月之初，心星次角、亢之后而晨见东方。致用谓致筑作之物也。水昏正而栽，北方之宿为水星。营室谓之定。水昏正，谓十月之中定星昏而正中。栽，树也，谓树版干而兴作。日至而毕。日南至，微阳始动，故土功毕。

谷梁传　可城也，凡城之志皆讥。今云可者，谓冬可用城，不忍农役耳。不谓作城，无讥也。以大及小也。诸大防小。

凡土功得其时亦书，重劳民也。及者，先后之辞。

附录左传　樊皮叛王。樊皮，周大夫。樊，其采地。皮，名。

三十年，春，王正月。

附录左传　三十年春，王命虢公讨樊皮。夏四月丙辰，虢公入樊，执樊仲皮，归于京师。

夏，师次于成。左氏无师字。

谷梁传　次，止也，有畏也，欲救鄣而不能也。不言公，耻不能救鄣也。

谷梁以为欲救鄣而不能。然纪、鲁姻亲，纪之亡，鲁次成而不敢救，理或有之。纪亡久矣，鄣乃纪之附庸，鲁明知力不能救，何故出师？虚为德于鄣而间齐好。观前此之会城濮，明年之献戎捷，则次成之师乃欲会齐，围鄣待命于成，闻鄣已降而不复行耳。

附录左传　楚公子元归自伐郑，而处王宫。欲遂蛊文夫人。斗射师谏，射师，斗廉也。则执而梏之。梏，刑具在手曰梏。秋，申公斗班杀子元。申，楚县。楚僭号，县尹皆称公。斗班，若敖之孙。斗谷於菟为令尹，斗谷於菟，令尹子文也。斗伯比之子。自毁其家，以纾楚国之难。

秋，七月，齐人降鄣。鄣，杜注：纪附庸国。东平无盐县东北有鄣城。今山东东平州东有鄣城集，即鄣故城也。

公羊传　鄣者何？纪之遗邑也。降之者何？取之也。取之则曷为不言取之？为桓公讳也。外取邑不书，此何以书？尽也。言纪邑至此而尽。

谷梁传　降，犹下也。鄣，纪之遗邑也。

不书鄣降于齐，而曰齐人降鄣者，小国孤危不能自固，齐以兵威胁使附，专罪齐也。鄣乃纪之附庸，纪犹折而入齐，鄣岂能与齐抗乎？是以于鄣无责焉。齐桓假德礼以属大国诸侯，而数并吞小国，以自封殖，故荀卿恶其以让饰争、依乎仁而蹈利也。

八月，癸亥，葬纪叔姬。

公羊传　外夫人不书葬，此何以书？隐之也。何隐尔？其国亡矣，徒葬乎叔尔。谓国亡不得与夫合葬，故言徒。徒，空也。

谷梁传　不曰卒而曰葬，闵纪之亡也。

灭国之君不书葬，况媵乎？盖鲁君闵纪之亡，高叔姬之义，为服姑姊妹之服，而使人会其葬，故旧史书之也。子存而不削，以明彰万世之女教，先儒所谓以贤得书者也。

九月，庚午，朔，日有食之，鼓、用牲于社。

冬，公及齐侯遇于鲁济。鲁济，杜注：盖鲁地。济水历齐、鲁界，在齐界为齐济，在鲁界为鲁济。

左传　冬，遇于鲁济，谋山戎也。以其病燕故也。燕，杜注：蓟县。今属顺天府。

谷梁传　及者，内为志焉尔。遇者，志相得也。

据左氏，谋伐山戎也。齐桓伐郳、伐郑、伐徐，皆以宋主兵。与公会城濮而后伐卫，与公会鲁济而后伐戎，不自恃其智力，而集人之功以为功，此霸业之所以独盛与。

齐人伐山戎。

公羊传　此齐侯也，其称人何？贬，曷为贬？子司马子曰："盖以操之为已蹙矣。"此盖战也，何以不言战？《春秋》敌者言战，桓公之与戎狄，驱之尔。

谷梁传　齐人者，齐侯也。其曰人，何也？爱齐侯乎山戎也。不以齐侯敌乎山戎，故称人。其爱之何也？桓内无因国，因国，因缘山戎左右之国为内间者。外无从诸侯，而越千里之险，北伐山戎，危之也。则非之乎？善之也。何善乎尔？燕，周之分子也。燕，周大保召康公之后，与周同姓。分子，谓周之别子孙也。贡职不至，山戎为之伐矣。言由山戎为害，伐击燕使之隔绝于周室。

齐人伐山戎，谷梁以为善，公羊及胡氏以为讥，皆谓齐侯亲伐，其实非也。以僖十年书齐侯、许男伐北戎观之，则伐山戎齐侯不亲也。果齐侯也，则事同而称人、称爵前后互异，义安处与？

三十有一年，春，筑台于郎。

公羊传　何以书？讥。何讥尔？临民之所漱浣也。台近于泉，即泉台也。未成为郎台，既成为泉台。礼内则，冠带垢请漱，衣裳垢请澣，澣即浣也。

《左氏传》曰："公既视朔，遂登观台以望，而书"，云物为备故也。楚语曰："台高不过望国氛，大不过容宴豆，瘠硗之地于是乎为之。"鲁之先公候时占物之台，必有定所，不缘占候而去国。筑台于远，是为游观之所，厉民以自乐也。一之为甚，而至于三，坏法乱纪亦甚矣。

夏，四月，薛伯卒。

隐十年，薛来朝称侯，今称伯，时王所黜也。诸传皆无文。杜氏于滕、纪降爵皆曰时王黜，独此无注。故或以为齐桓所黜，非也。非天子之命，《春秋》当以王爵正之矣。

筑台于薛。薛，杜注：鲁地。今山东滕县东南有薛城。

公羊传　何以书？讥。何讥尔？远也。

六月，齐侯来献戎捷。

左传　三十一年夏六月，齐侯来献戎捷，非礼也。凡诸侯有四夷之功，则献于王，王以警于夷，中国则否。诸侯不相遗俘。

公羊传　齐，大国也，曷为亲来献戎捷？威我也。其威我奈何？旗获而过我也。言悬所获于旗以过鲁。

谷梁传　齐侯来献捷者，内齐侯也。不言使，内与同，不言使也。谓内齐侯若同一国，故不称使。献戎捷，军得曰捷，戎菽也。菽，今之胡豆也。按管子云："出戎菽冬葱布之天下"，则以戎为豆也。

捷者，战胜之所俘获也。献者，下奉上之辞也。诸侯自相遗俘，非礼矣。二传据此谓齐侯亲伐山戎，称人为贬。不知山戎在齐北，鲁在齐南，伐戎而归，道不经鲁。盖齐、鲁邻封，偶来会公，因献戎捷，与鲁济之会等耳。伐戎则大夫帅师，故称人。献捷则齐侯亲之，故书爵。皆据其事之实耳。献捷不足为亲伐之征也。

秋，筑台于秦。秦，杜注：东平范县西北有秦亭。在今山东范县南。

公羊传　何以书？讥。何讥尔？临国也。社稷、宗庙、朝廷皆为国，明皆不当临也。

谷梁传　不正罢民三时，不正，犹不与也。虞山林薮泽之利，且财尽则怨，力尽则怼，怼，恚恨也。君子危之，故谨而志之也。或曰倚诸桓也。桓外无诸侯之变，内无国事，越千里之险，北伐山戎，为燕辟地。鲁外无诸侯之变，内无国事，一年罢民三时，虞山林薮泽之利，恶内也。

冬，不雨。

公羊传　何以书？记异也。

冬不雨，不害禾稼，而亦书者，见圣人燮理阴阳，对时育物，以顺天心之切也。僖、文不雨，或历三时，或历四时，此年止一时不雨耳，二百四十年间一时不雨者岂止一年？而此特书，以庄公灾歉之后亟兴土功，昧于敬天勤民之义也。

三十有二年，春，城小谷。小谷，范氏宁曰："鲁地泰山。"孙氏曰："曲阜西北有小谷城。"

左传　三十二年春，城小谷，为管仲也。杜注：小谷，齐邑。济北谷城县城中有管仲井。大都以名通者则不系国。公感齐桓之德，故为管仲城私邑。

小谷，鲁邑也。左氏谓为管仲城。杜预以楚丘下阳不系国例之说亦可通。但经所书夫人会谷、公以楚师伐齐取谷、晋士匄侵齐至谷，传所称置桓公子雍于谷、使申叔去谷、齐师违谷七里，未有言小谷者，则此为鲁邑明矣。

夏，宋公、齐侯遇于梁丘。梁丘，杜注：高平昌邑县西南。今山东城武县东北有梁丘山，山南有梁丘城。

左传　齐侯为楚伐郑之故，请会于诸侯。楚伐郑在二十八年，谋为郑报楚。宋公请先见于齐侯。夏，遇于梁丘。

谷梁传　遇者，志相得也。梁丘在曹、邾之间，去齐八百里，非不能从诸侯而往也。辞所遇，遇所不遇，大齐桓也。辞所遇，谓八百里间诸侯必有愿从者，而不与之遇。所不遇，谓远遇宋公也。

齐桓公时，诸侯强大者莫如晋、宋，望国莫如鲁。晋拥河山之固不与诸侯会盟，非齐所能致也。故于鲁、宋未服，慑之以威；既合，怀之以德，下之以礼。遇济则远至鲁境，献捷则亲至鲁庭。既为宋出师而再推以主兵，复远遇于宋地而推以主会，所以服鲁、宋之心，使为诸侯倡而其霸事也。

附录左传　秋七月，有神降于莘。有声以接人。莘，杜注：虢地。惠王问诸内史过曰：内史过，周大夫。"是何故也？"对曰："国之将兴，明神降之，监其德也。将亡，神又降之，观其恶也。故有得神与兴，亦有以亡，虞、夏、商、周皆有之。"王曰："若之何？"对曰："以其物享焉。其至之日，亦其物也。"其至之日，谓此神初降之日。若以甲、乙之日至，则祭先脾，王用苍，服上青也。以此类祭之。王从之。内史过往，闻虢请命，闻请于神，求赐虢土田之命。反曰："虢必亡矣。虐而听于神。"神居莘六月。虢公使祝应、宗区、史嚚享焉。神赐之土田。史嚚曰："虢其亡乎！吾闻之，国将兴，听于民；将亡，听于神。"神，聪明正直而壹者也，依人而行。唯德是与。虢多凉德，其何土之能得？为僖二年晋灭下阳传。

秋，七月，癸巳，公子牙卒。

左传　初，公筑台，临党氏，党氏，鲁大夫。筑台不书，不告庙。见孟任，孟任，党氏女。从之。閟，閟，不从公。而以夫人言，许之，许以为夫人。割臂盟公。生子般焉。雩，讲于梁氏，讲，肄也。梁氏，鲁大夫。女公子观之。女公子，般妹。圉人荦自墙外与之戏。圉人，掌养马者名荦。子般怒，使鞭之。公曰："不如杀之，是不可鞭。荦有力焉，能投盖于稷门。"盖，覆也。稷门，鲁南城门。走而自投，接其屋之桷，反覆门上。公疾，问后于叔牙。牙，庆父同母弟僖叔。对曰："庆父材。"盖欲进其同母兄。问于季友，对曰："臣以死奉般。"公曰："乡者牙曰庆父材，成季使以君命命僖叔，待于针巫氏，成季，季友也。僖叔，牙之谥。针巫氏，鲁大夫。使针季酖之，酖，鸟名，其羽有毒，以画酒，饮之则死。曰："饮此，则有后于鲁国。不然，死且无后。"饮之，归，及逵泉而卒。逵泉。杜注：鲁地。今山东曲阜县南逵泉是也。立叔孙氏。不以罪诛，故得立后，世其禄。

公羊传　何以不称弟？杀则曷为不言刺？为季子讳杀也。曷为为季子讳杀？季子之遏恶也，不以为国狱，言不显为刑戮。缘季子之心而为之讳。季子之遏恶奈何？庄公病，将死，以病召季子，召子于陈。季子至而授之以国政，曰："寡人即不起此病，吾将焉致乎鲁国？"致，与也。季子曰："般也存，君何忧焉？"公曰："庸得若是乎？牙谓我曰：'鲁一生一及，君已知之矣。'子继父曰生，弟继兄曰及。庆父也存。"此庄公之辞也，谓牙欲立庆父。季子曰："夫何敢？是将为乱乎？夫何敢？"俄而牙弑械成。时牙实欲弑君，兵械已成，但事未行耳。季子和药而饮之，曰："公子从吾言而饮此，则必可以无为天下戮笑，必有后乎鲁国。不从吾言而不饮此，则必为天下戮笑，必无后乎鲁国。"于是从其言而饮之，饮之无傫氏，无傫氏，盖大夫家，或云地名。至乎王堤而死。王堤，地名。公子牙今将尔，今将，言欲弑。辞曷为与亲弑者同？亲，躬亲也。君亲无将，将而诛焉。然则善之与？曰然。杀世子母弟直称君者，甚之也。季子杀母兄，何善尔？诛不得辟兄，君臣之义也。然则曷为不直诛而酖之？行诛乎兄，隐而逃之，使托若以疾死然，亲亲之道也。

左氏、公羊皆谓牙之死季友实诛之。陆淳谓季子恩义俱立，变而得中。夫子书其自卒以示无讥，先儒皆据此为义。按经所书，前此则公子友如陈葬原仲，后此则季子来归，似庄、闵终始之际，季友实不在鲁，姑发其疑以俟后之治经者，不敢强为之说。

八月，癸亥，公薨于路寝。

左传　八月癸亥，公薨于路寝。子般即位，次于党氏。即丧位。次，舍也。

公羊传　路寝者何？正寝也。公之正居也。天子、诸侯皆有三寝，一曰高寝，二曰路寝，三曰小寝。

谷梁传　路寝，正寝也。寝疾居正寝，正也。男子不绝于妇人之手，以齐终也。

齐，洁也。

先王制礼，疾必正寝。欲使公卿得受顾命，所以远女子、小人，而杜奸邪之隙，虑至深远也。鲁庄在位日久，薨又得其正，何以甫殁而祸乱相寻若是？盖其失在忘父仇，徇母命，闺闱不饬，兵柄下移，得免其身，幸矣。

冬，十月，己未，子般卒。己未，公羊、谷梁作乙未。

左传　冬十月己未，共仲使圉人荦贼子般于党氏。共仲，庆父。成季奔陈。立闵公。闵公，庄公庶子，哀姜之娣叔姜所生，年甫八岁。

公羊传　子卒云子卒，文十八年冬十月子卒。传云子卒者孰谓？谓子赤是也。此其称子般卒何？君存称世子，君薨称子某，既葬称子，逾年称公。子般卒，何以不书葬？未逾年之君也。有子则庙，庙则书葬。无子不庙，不庙则不书葬。

谷梁传　子卒日，正也。襄三十一年秋九月癸巳子野卒是也。不日，故也。文十八年冬十月子赤卒是也。有所见则日。闵公不书即位，是见继弑者也。故庆父之弑子般可以日卒，不待不日而后显。

未逾年曰卒，未成君也。未葬名之，既葬则不名。或谓子般、子赤被弑而书卒，子野过毁亦书卒，不睹传文，何以知之？然闵公不书即位，则继故可知矣。赤之卒，下书夫人姜氏归于齐，先君既殁，嗣子暴卒，而夫人大归，则国有祸变，可知与子野异矣。

公子庆父如齐。

谷梁传　此奔也，其曰如，何也？讳莫如深，深则隐。深谓君弑贼奔，隐痛之至。苟有所见，莫如深也。闵公不书即位，则子般被弑、庆父出奔俱可见。

子般之卒，庆父弑也，宜书出奔。其曰如齐，见庆父主兵日久，专行自恣，国人不能制也。内大夫以君命适他国例书如，子般既卒，则非君命矣，其如齐盖惧讨而饰辞以自解也。齐桓主霸，与庄公数为会好，齐、鲁壤接，庆父为贼，岂得无闻？乃不能执而诛之，纵使复归以成再弑，有愧于方伯边帅之职矣。

狄伐邢。

狄始见于《春秋》而伐刑、入卫，两年之间涂炭二国，故齐桓刜霸之功不可没也。

日讲春秋解义卷十四

闵　公

公名启方，庄公之子，《史记》云名开。谥法在国逢难曰闵。

周　惠王十六年。

郑　文公十二年。

齐　桓公二十五年〇管仲为政。

宋　桓公二十一年。

晋　献公十六年。是年晋作三军。

卫　懿公八年。鲁闵二年，狄灭卫，宋桓公立卫戴公，以庐于曹。戴公名申，立其年卒，而立文公。

蔡　穆公十四年。

曹　昭公元年。

滕　详见隐公元年。

陈　宣公三十二年。

杞　详见隐公元年及僖公元年。

薛　鲁庄公三十一年，薛伯卒。

莒　详见隐公元年。

邾　文公五年。

许　穆公三十七年。

小邾　见庄公元年。

楚　成王十一年〇令尹子文为政。

秦　详见隐公元年。

吴　详见隐公元年。

越　详见隐公元年。

日讲春秋解义卷十四

闵　公

名启方，《史记》云名开。庄公之子，以惠王十六年即位。谥法在国逢难曰闵。

元年，春，王正月。

左传　元年春，不书即位，乱故也。

公羊传　公何以不言即位？继弑君不言即位。孰继？继子般也。孰弑子般？庆父也。杀公子牙，今将尔，季子不免。庆父弑君，何以不诛？将而不免，遏恶也。既而不可及，因狱有所归，不探其情而诛焉，谓弑君之贼已有邓扈乐，遂不及探刺隐情并诛庆父。亲亲之道也。恶乎归狱？归狱仆人邓扈乐。曷为归狱仆人邓扈乐？庄公存之时，乐曾淫于宫中，子般执而鞭之。庄公死，庆父谓乐曰："般之辱尔，国人莫不知，盍弑之矣？"使弑子般，然后诛邓扈乐而归狱焉，季子至而不变也。

谷梁传　继弑君不言即位，正也。亲之非父也，子般，闵公兄也。尊之非君也，般未逾年也。继之如君父也者，受国焉尔。

不书即位，未行即位之礼也。闵公甚幼，岂能哀子般之弑而不行即位之礼？必在国诸臣尚知大义，亦幸庆父在齐，犹能守礼而勿失耳。记称鲁庄公之丧既葬而绖不入库门，士大夫既卒，哭麻不入，盖庆父归自齐，则犯义悖礼，专行无忌，莫可如何矣。

齐人救邢。

左传　狄人伐邢。管敬仲言于齐侯曰：敬仲，管夷吾。"戎狄豺狼，不可厌也。诸夏亲暱，不可弃也。宴安酖毒，不可怀也。以宴安比之酖毒。《诗》云：'岂不怀归？畏此简书'引《诗·小雅》断章取义，言诸侯有事则书之于简，遣使执以告命，告则须救，故畏而不归也。简书，同恶相恤之谓也。同恤所恶。请救邢以徒简书。"齐人救邢。

谷梁传　善救邢也。

凡书救者，未有不善之也。救在王室则罪诸侯，救在吴、楚则罪中国，救在远国则罪四邻。救而不速救者，则书所次，以著其慢。救而不敢救者，则书所至，以著其怯。兵者，圣人所甚重，至于救兵，则书法如此。盖《周官》大司马职大合军以救无辜、伐有罪，乃先王制军结禁之本义也。邢以冬被兵，桓公以春救，或谓罪其缓，过矣。其称人，将卑师少也。

夏，六月，辛酉，葬我君庄公。

左传　夏六月，葬庄公。乱故，是以缓。十一月乃葬。

谷梁传　庄公葬而后举谥，谥所以成德也，于卒事乎加之矣。

鲁君之葬皆不逾五月之期。惟桓公戕于齐，故九月乃葬。昭公客死乾侯，故八月乃葬。庄公之薨至是十有一月而始克葬，盖以国乱子弑、嗣君幼弱故也。或乃谓子般非弑，误矣。

秋，八月，公及齐侯盟于落姑。季子来归。落，公羊、谷梁作洛。落姑，杜注：齐地。在今山东平州平阴县界。

左传　秋八月，公及齐侯盟于落姑，请复季友也。闵公初立，国家多难，以季子忠贤，故请霸主而复之。齐侯许之，使召诸陈，公次于郎以待之。季子来归，嘉之也。

公羊传　其称季子何？贤也。其言来归何？喜之也。来归则国安，故喜之。

谷梁传　盟纳季子也。　其曰季子，贵之也。大夫称名氏，今曰子，是贵之也。其曰来归，喜之也。

此旧史缘鲁人之情贤季友而喜其归，故称季子。孔子因而不改，以季友亦实有功于国耳。落姑之盟，传称请复季友，闵公甚幼，必鲁之世臣尚有忠于谋国者阴告于齐，请复季友，故桓公以霸令召闵公至齐地而与之盟，使复季友。而公次于郎以待之，命出于齐桓，则庆父不敢违，而友得安然而返国矣。或曰齐方厚陈而友托焉，陈、鲁旧好，故陈人为请于齐，亦可通。

冬，齐仲孙来。

左传　冬，齐仲孙湫来省难，湫，仲孙名。书曰仲孙，亦嘉之也。仲孙归，曰："不去庆父，鲁难未已。"时庆父亦还鲁。公曰："若之何而去之？"对曰："难不已，将自毙，君其待之。"公曰："鲁可取乎？"对曰："不可。犹秉周礼。周礼，所以本也。臣闻之，国将亡，本必先颠，而后枝叶从之。鲁不弃周礼，未可动也。君其务宁鲁难而亲之。亲有礼，因重固，能重能固，则当就成之。间携贰，离而相疑者，则当因而间之。覆昏乱，霸王之器也。"霸王所用，故以器为喻。

公羊传　齐仲孙者何？公子庆父也。公子庆父则曷为谓之齐仲孙？系之齐也。曷为系之齐？外之也。曷为外之？《春秋》为尊者讳，为亲者讳，为贤者讳。子女子曰："以春秋为《春秋》，齐无仲孙，其诸吾仲孙与？"

谷梁传　其曰齐仲孙，外之也。其不目而曰仲孙，疏之也。其言齐，以累桓也。

仲孙之来，齐侯使之也。不称使而曰来者，非聘非盟。名曰省难，而实有窥伺之心。则桓公之使臣不以礼，而仲孙之奉命亦非义矣。其不书名而曰仲孙，亦因旧史之文也。盖仲孙归，有"鲁秉周礼，君其务宁鲁难"之言，而高子卒来盟以定鲁，鲁人怀其德、高其义，故与高子同不书名。仲尼修经，因之以著情实。若以为《春秋》特文，则季子、高子之不书名为贤，而仲孙之不书名为讥，义无所处矣。

附录左传　晋侯作二军。初，曲沃武公灭翼，王命以一军为晋侯，见庄十六年。公将上军，大子申生将下军。赵夙御戎，毕万为右，为公御右也。夙，赵衰兄。毕万，魏犨祖父。以灭耿、灭霍、灭魏。耿，杜注：平阳皮氏县东南有耿乡。今山西河津县东南有古耿城，一名耿乡城。霍，杜注：永安县东北有霍大山。今山西霍州西有霍城，古霍国也。三国皆姬姓。还，为大子城曲沃，赐赵夙耿，赐毕万魏，以为大夫。士蔿曰："大子不得立矣。分之都城，而位以卿，先为之极，又焉得立？位以卿，谓将下军。不如逃之，无使罪至。为吴大伯，不亦可乎？大伯，周大王之適子，知其父欲立季历，故让位而适吴。犹有令名，与其及也。言虽去犹有令名，胜于留而及祸。且谚曰：心苟无瑕，何恤乎无家？天若祚大子，其无晋乎。"为晋杀申生传。卜偃曰："毕万之后必大。卜偃，晋掌卜大夫。万，盈数也。魏，大名也。以是始赏，天启之矣。天子曰兆民，诸侯曰万民，今名之大，以从盈数，其必有众。"以魏从万，有众象。初，毕万筮仕于晋，遇屯䷂震下坎上，屯。之比䷇，坤下坎上，比。屯初九变而为比。辛廖占之，辛廖，晋大夫。曰："吉。屯固、比入，屯，险难所以为坚固。比，亲密所以得入。吉孰大焉？其必蕃昌。震为土，震变为坤。车从马，震为车，坤为马。足居之，震为足。兄长之，震为长男。母覆之，坤为母。众归之，坤为众。六体不易，初一爻变，有此六义，不可易也。合而能固，安而能杀，公侯之卦也。比合屯固，坤安震杀，故曰公侯之卦。公侯之子孙必复其始。万，毕公之后。传为魏之子孙众多张本。

二年，春，王正月，齐人迁阳。阳，杜注：国名。今山东沂水县南有阳都城，即阳国也。

阳，小国。齐迁其民于国中，以为附庸，而并其地。盖以成遂而歼焉为戒也。桓公逞其谋力，并吞小国，而不度于义理如此。

附录左传　二年春，虢公败犬戎于渭汭。犬戎，西戎别在中国者。渭水出陇西，东入河。水之隈曲曰汭。舟之侨曰：舟之侨，虢大夫。"无德而禄，殃也。殃将至矣。"遂奔晋。

夏，五月，乙酉，吉禘于庄公。

左传　夏，吉禘于庄公，速也。三年丧毕，致新死者之主于庙。庙之远主当迁入祧，因是大祭，以审昭穆谓之禘，盖吉祭也。庄公丧制未阕，时别立庙成，因而吉祭，故讥其速。

公羊传　其言吉何？言吉者，未可以吉也。曷为未可以吉？未三年也。三年矣，曷为谓之未三年？据庄公三十二年八月薨，今闵公二年五月，已入三年之竟。三年之丧，实以二十五月。庄公薨至是适二十二月，所以必二十五月者，取一期再期，恩倍，渐三年也。其言于庄公何？未可以称宫庙也。时闵公以庄公丧在三年中，未可入大庙，禘之于新宫，故不称宫庙。曷为未可以称宫庙？在三年之中矣。吉禘于庄公何以书？讥。何讥尔？讥始不三年也。

谷梁传　吉禘者，不吉者也。庄公薨至此方二十二月，丧未毕，不可为吉。丧事未毕而举吉祭，故非之也。

礼，不王不禘。王者，禘其祖之所自出，而以其祖配之。鲁，侯国，而僭天子之祭，虽用于周公之庙，亦为非礼，况群公乎？据经所书，有事于宫庙无言某公者，此独书庄公，盖方祀于寝，非宫庙也。丧未三年而行吉祭，一举而犯大不义者二焉，《春秋》之所谨也。时祭有禘之名，乃汉儒约《春秋》所书以为之说而误焉耳。赵氏伯循辨之详矣。

秋，八月，辛丑，公薨。

左传　初，公傅夺卜齮田，公不禁。卜齮，鲁大夫。公即位，年八岁，知爱其傅，而遂成其意，以夺齮田。齮怨其傅，并及公，故庆父因之。秋八月辛丑，共仲使卜齮贼公于武闱。共仲即庆父。宫中小门谓之闱。

公羊传　公薨何以不地？隐之也。何隐尔？弑也。孰弑之？庆父也。杀公子牙，今将尔，季子不免。庆父弑二君，何以不诛？将而不免，遏恶也。既而不可及，缓追逸贼，亲亲之道也。

谷梁传　不地，故也。其不书葬，不以讨母葬子也。凡君弑贼讨则书葬，哀姜与弑被讨而不书葬者，不以讨母葬子。

公薨不地，弑也。不书葬，贼未讨也。庆父既缢，何以谓贼未讨？谥为共仲而立其子为卿，讨贼之法宁有是耶？故不书葬，以罪鲁臣子之昧于大义也。

九月，夫人姜氏孙于邾。

谷梁传　孙之为言，犹孙也，讳奔也。

夫人称孙，与闻乎故也。不去姓氏，罪降于文姜也。齐女而奔于邾，盖身负大恶，畏齐桓之讨也。鲁桓见戕于齐，经虽不书，而庄公不书即位。夫人孙于齐，则君非正终，而夫人与闻乎故可知矣。闵公薨而不地，夫人孙于邾，庆父出奔莒，则贼由庆父，而夫人与闻乎故可知矣。《春秋》之书微而显，此非其较著者与？

公子庆父出奔莒。

左传　成季以僖公适邾，僖公，闵公庶兄，成风之子。共仲奔莒，乃入，立之。以赂求共仲于莒，莒人归之。及密，使公子鱼请。密，杜注：鲁地。公子鱼，奚斯也。不许，哭而往。共仲曰："奚斯之声也。"乃缢。闵公，哀姜之娣叔姜之子也。故齐人立之。共仲通于哀姜，哀姜欲立之。闵公之死也，哀姜与知之，故孙于邾。齐人取而杀之于夷，以其尸归，为僖元年齐人杀哀姜传。夷，杜注：鲁地。僖公请而葬之。

谷梁传　其曰出，绝之也，庆父不复见矣。

书公子庆父出奔莒，讥失贼也。其缢不书，何也？不可以讨贼之辞书，又不可以自缢书，故第书其奔，以罪季友之失刑、莒人之党恶耳。先儒多以庆父之死比于宋万，非也。宋犹醢万，鲁于庆父乃加恩礼焉。季友忘君父之仇而市小惠，其罪大矣。

附录左传　成季之将生也，桓公使卜楚丘之父卜之。卜楚丘，鲁掌卜大夫。曰："男也。其名曰友，在公之右。在右，言用事。间于两社，为公室辅。两社，周社、亳社。两社之间，朝廷执政所在。季氏亡则鲁不昌。"言季氏之后当与鲁国相存亡。又筮之，遇大有☲乾下离上，大有。之乾☰，乾下乾上，乾。大有六五变为乾。曰："同复于父，筮者之辞也。乾为君父，离变为乾，故曰同复于父。敬如君所。"言其贵与君同。及生，有文在其手曰友，遂以命之。遂以为名。

冬，齐高子来盟。

公羊传　高子者何？齐大夫也。谓高傒。何以不称使？我无君也。时闵公弑，僖公未立。然则何以不名？喜之也。何喜尔？正我也。其正我奈何？庄公死，子般弑，闵公弑，比三君死，旷年无君，设以齐取鲁，曾不兴师，徒以言而已矣。桓公使高子将南阳之甲，南阳，何氏休曰齐下邑。立僖公而城鲁，或曰自鹿门至于争门者是也，或曰自争门至于吏门者是也，鹿门，何氏休曰鲁南城东门。争门、吏门，亦鲁城门名。鲁人至今以为美谈，曰犹望高子也。

谷梁传　其曰来，喜之也。其曰高子，贵之也。盟立僖公也。不言使，何也？不以齐侯使高子也。

鲁人喜高傒之来，故史不书名以贵之。不称使者，齐桓之使高子，非有讨乱扶危一定不移之计，而不称使，以明权在高子，而著其情实也。高子、仲孙皆不称名、不言使，而传以为有予夺之异者，仲孙言来以见其徒来觇鲁而不能弭乱，高子言来盟则扶危定倾之义著矣。且仲孙来之后，闵公再弑，夫人孙，庆父奔；高子盟之后，则僖公立，哀姜诛，比事以观而奉使可见矣。经书来盟而不称使者三，高子恤邻，屈完服义，独华孙为贬。盖鲁、宋无事，华孙私来结盟，则罪也。《春秋》属辞之义，以前后事迹考之，则得其实矣。

十有二月，狄入卫。

左传　冬十二月，狄人伐卫。卫懿公好鹤，鹤有乘轩者。轩，大夫车。将战，国人受甲者皆曰："使鹤。鹤实有禄位，余焉能战？"公与石祁子玦，与宁庄子矢，使守，玦，玉玦。庄子，宁速也。曰："以此赞国，择利而为之。"赞，助也。玦示以当决断，矢示以御难。与夫人绣衣，曰："听于二子。"绣衣，取其文章顺叙。渠孔御戎，子伯为右。黄夷前驱，孔婴齐殿。传言卫侯素失民心，虽临事而戒，犹无所及。及狄人战于荥泽，荥泽，杜注：此荥泽当在河北，与郑之荥泽不同。卫师败绩，遂灭卫。卫侯不去其旗，是以甚败。师之耳目在旗，懿公既败而旗不去，故君臣俱尽。狄人囚史华龙滑与礼孔，以逐卫人。二人曰：“我，大史也，实掌其祭。不先，国不可得也。”狄人畏鬼，故恐之言当先白神。乃先之。至，则告守曰：“不可待也。”守，石、宁二大夫。夜与国人出。狄入卫，遂从之，又败诸河。卫将东走渡河，狄复逐而败之。初，惠公之即位也少，齐人使昭伯烝于宣姜，昭伯，惠公庶兄，宣公子顽也。不可，强之。生齐子、戴公、文公、宋桓夫人、许穆夫人。文公为卫之多患也，先适齐。及败，宋桓公逆诸河，迎卫败众。宵济。卫之遗民男女七百有三十人，益之以共、滕之民为五千人。共及滕，杜注：卫别邑。立戴公以庐于曹。庐，舍也。曹，杜注：卫下邑。孔疏云：当在河东近楚邱。戴公，名申，是年立即卒，复立文公。许穆夫人赋《载驰》。《载驰》，《诗·卫风》。许穆夫人痛卫之亡，思归唁之不可，故赋此。齐侯使公子无亏帅车三百乘、甲士三千人以戍曹。无亏，齐桓公子武孟也。归公乘马，祭服五称，牛、羊、豕、鸡、狗皆三百，与门材。归，遗也。四马曰乘，衣单复具曰称。门材，使先立门户。归夫人鱼轩，重锦三十两。鱼轩，夫人车，以鱼皮为饰。重锦，锦之熟细者。三十两，三十疋也。

或问孔子删诗，如《墙有茨》《鹑之奔奔》《桑中》诸篇何以不删？先儒杨时曰：“此著卫为狄所灭之由也。”故列于《定之方中》之前。卫之淫恣丑恶乃祸乱所从始，肇于晋而成于朔，其礼先亡，而国从之矣。不书灭者，狄虽入卫而未尝据有其地，卫虽举国窜亡而宗社复立也。

郑弃其师。

左传　郑人恶高克，使帅师次于河上，久而弗召。高克，郑大夫。文公恶之，不能逐，故使帅师而不召。师溃而归，高克奔陈。郑人为之赋《清人》。《清人》，《诗·郑风》，刺文公退臣不以道，危国亡师之本也。

公羊传　郑弃其师者何？恶其将也。郑伯恶高克，使之将，逐而不纳，弃师之道也。

谷梁传　恶其长也，长谓高克也。兼不反其众，则是弃其师也。

《郑风·清人》序言高克之进不以礼，文公退之不以义，交责之也。《春秋》书郑弃其师，而克之奔陈不书，何也？诸侯专制国中，生杀予夺，惟义所在，使高克罪不可逭，请于王而诛之可也；职事不共，黜而退之可也；奸邪不测，放而逐之可也，乃托为御患，使驻师境上，日久众散，惧罪而自奔，郑伯之失政甚矣。不书郑伯而以国称者，当国大臣与其谋也。

附录左传　晋侯使大子申生伐东山皋落氏。皋落氏，赤狄别种，在晋之东。里克谏曰：里克，晋大夫。“大子奉冢祀、社稷之粢盛，以朝夕视君膳者也，故曰冢子。君行则守，有守则从，从曰抚军，守曰监国，古之制也。夫帅师，专行谋，誓军旅，帅师者，必专谋军事、宣号令。君与国政之所图也。国政，正卿。非大子之事也。师在制命而已，命，将军所制。禀命则不威，专命则不孝，故君之嗣適不可以帅师。君失其官，帅师不威，将焉用之？大子统师，是失其官也。专命不孝，是为帅必不威也。且臣闻皋落氏将战，君其舍之。”公曰：“寡人有子，未知其谁立焉。”不对而退。见大子，大子曰：“吾其废乎？”对曰：“告之以临民，谓居曲沃。教之以军旅，谓将下军。不共是惧，何故废乎？且子惧不孝，无惧弗得立。修己而不责人，则免于难。”大子帅师，公衣之偏衣，偏衣，左右异色，其半似公服。佩之金玦。玦如环而不连。以金为之，为偏衣之珮饰。狐突御戎，先友为右。狐突，伯行，重耳外祖父也。为申生御车。申生以大子将上军。梁余子养御罕夷，先丹木为右。罕夷，晋下军卿也。梁余子养为罕夷御。羊舌大夫为尉。羊舌大夫，叔向祖父也，尉，军尉。先友曰：“衣身之偏，偏，半也。握兵之要，谓佩金玦，将上军。在此行也。子其勉之，偏躬无慝，分身之半，非恶意也。兵要远灾，威权在己，可以远害。亲以无灾，又何患焉？”狐突叹曰：叹先友之言为不知君心。“时，事之征也。衣，身之章也。章贵贱。佩，衷之旗也。旗，表也。所以表明其中心。故敬其事则命以始，当命以四时之始。服其身则衣之纯，必以纯色为服。用其衷则佩之度。衷，中也。佩玉者，士君子常度。今命以时卒，閟其事也。冬十二月，閟尽之时。衣之尨服，远其躬也。尨，杂色。佩以金玦，弃其衷也。服以远之，时以閟之。尨凉，冬杀，金寒，玦离，胡可恃也？虽欲勉之，狄可尽乎？”梁余子养曰：“帅师者，受命于庙，受脤于社，脤，宜社之肉，盛以脤器。有常服矣。军服韦弁。不获而尨，命可知也。死而不孝，不如逃之。”罕夷曰：“尨奇无常，杂色奇怪，非常之服。金玦不复，虽复何为？君有心矣。”先丹木曰：“是服也，狂夫阻之。阻，疑也。言虽狂夫犹知有疑。曰尽敌而反。曰，公辞。敌可尽乎？虽尽敌，犹有内谗，不如违之。”违，去也。狐突欲行，羊舌大夫曰：“不可。违命不孝，弃事不忠。虽知其寒，寒，薄也。恶不可取。子其死之。”大子将战，狐突谏曰：“不可。昔辛伯谂周桓公，云：‘内宠并后，外宠二政，嬖子配適，大都耦国，乱之本也。’周公弗从，故及于难。今乱本成矣，骊姬为内宠，二五为外宠，奚齐为嬖子，曲沃为大都，故曰乱本成矣。立可必乎？孝而安民，子其图之。奉身为孝，不战为安民。与其危身以速罪也。” 成风闻成季之繇，乃事之，成风，庄公之妾，僖公之母也。繇，卦兆之占辞。而属僖公焉，故成季立之。 僖之元年，齐桓公迁邢于夷仪。二年，封卫于楚丘。邢迁如归，卫国忘亡。忘其灭亡之困。 卫文公大布之衣，大帛之冠，卫文公名燬，戴公之弟。大布，粗布。大帛，厚缯。务材，训农，通商，惠工，敬教，劝学，授方，方，百事之宜。任能。元年，革车三十乘。季年，乃三百乘。卫文以此年冬立，季年在僖二十五年，盖招怀逃散，故能致十倍之众。

日讲春秋解义卷十五

僖　公

公名申，庄公之子，闵公之兄。谥法小心畏忌曰僖。

周　惠王十八年。鲁僖公八年，惠王崩，子襄王立。

郑　文公十四年。鲁僖公三十二年，文公卒，子穆公兰立。

齐　桓公二十七年。鲁僖公十七年，桓公卒，寺人貂作乱，立无亏。僖十八年，杀无亏，孝公昭立。僖二十七年，孝公卒，弟昭公潘立。

宋　桓公二十三年。鲁僖公九年，桓公卒，子襄公兹父立。僖十九年，盟于曹南。○宋襄公图霸，僖二十一年，为鹿上之盟，以求诸侯于楚。僖二十二年，及楚战，败于泓。二十三年，襄公卒，子成公王臣立。

晋　献公十八年。鲁僖公九年，献公卒，子奚齐立。冬，杀奚齐，卓子立。僖十年弑卓子，惠公夷吾立。僖二十三年，惠公卒，怀公圉立。僖二十四年，杀怀公，文公重耳立。僖二十八年，败楚人于城濮，合诸侯于践土，文公主伯。鲁僖公三十二年，文公卒，子襄公谨立。僖三十三年，败秦于郩，襄公继伯，是年败狄于箕。

卫　文公元年。鲁僖公二十五年，文公卒，子成公立。僖二十八年，成公奔楚，卫元咺奉叔武以受盟于践土，卫成复归，杀叔武，晋人执卫侯，元咺立公子瑕。僖三十年，杀瑕，卫成公归卫。

蔡　穆侯十六年。鲁僖公十四年，穆公卒，子庄公甲午立。

曹　昭公三年。鲁僖公七年，昭公卒，子共公襄立。僖二十八年，晋文公执曹伯，畀宋人，是年曹伯归曹。

滕　详见隐公元年。鲁僖公十九年，宋执滕宣公。

陈　宣公三十四年。鲁僖公十二年，宣公卒，子穆公款立。僖二十八年，穆公卒，子共公朔立。

杞　杜氏年表，武公十二年入《春秋》，至僖公二十三年始载杞成公卒，弟桓公姑容立。而考之《史记》，自武公、靖公、共公、德公至桓公姑容立，共九十六年，而无成公一代。世本谯周索隐徐广所说，又云惠公生成公、桓公各有互异。又如《春秋》所书隐四年伐杞、桓三年来朝、三年会杞、庄二十五年伯姬归杞，传并不载何公。今但当以《左传》所载桓公及杜氏年表为正。

薛　鲁庄公三十一年载薛伯卒。

莒　详见隐公元年。鲁僖公二十六年，传见莒兹丕公。

邾　文公七年。

许　穆公三十九年。鲁僖公四年，穆公卒于师，僖公业立。

小邾　鲁庄公五年书郳黎来。至鲁僖公七年始书小邾子，始爵命也。自郳黎来为小邾子，天下无未命诸侯矣。

楚　成王十三年。鲁僖公元年始书楚。僖四年，齐桓公服楚召陵。僖二十二年，楚败宋于泓，皆子文为令尹时也。僖二十三年，子文使子玉为令尹。僖二十八年，晋败楚于城濮。

秦　穆公元年。鲁僖公十五年战韩始见经。僖二十四年，纳晋文公。僖三十三年，晋襄公败秦于郩，遂成秦、晋七十二年兵争之始。

吴　详见隐公元年。

越　详见隐公元年。

日讲春秋解义卷十五

僖　公

名申，庄公之子，闵公庶兄，以惠王十八年即位。谥法小心畏忌曰僖。

元年，春，王正月。

左传　元年春，不称即位，公出故也。国乱，身出复入，故即位之礼有阙。公出复入，不书，讳之也。讳国恶，礼也。

公羊传　公何不言即位？继弑君，子不言即位。此非子也，僖公者，闵公庶兄。其称子何？臣子一例也。臣继君，犹子继父。

谷梁传　继弑君不言即位，正也。

不书即位，未行即位之礼也。在礼，诸侯臣诸父昆弟，故闵、僖之嗣位不以兄弟相及为义，而礼如子之继父，传称臣子一例明此义也。

齐师、宋师、曹师次于聂北，救邢。曹伯，公羊、谷梁俱作曹师。按下城邢书曹师，则此作伯，《左传》文误也。聂北，杜注：邢地。今山东聊城县东北有聂城，齐之西界近邢地也。

公羊传　救邢。救不言次，此其言次何？不及事也。不及事者何？邢已亡矣。孰亡之？盖狄灭之。曷为不言狄灭之？为桓公讳也。曷为为桓公讳？上无天子，下无方伯，天下诸侯有相灭亡者，桓公不能救，则桓公耻之。曷为先言次而后言救？君也。据叔孙豹次雍榆先言救，今后言救者，豹为臣，当先通君命，此诸侯，故先言次。君则其称师何？不与诸侯专封也。曷为不与？实与，而文不与文。曷为不与？诸侯之义不得专封也。诸侯之义不得专封，则其曰实与之何？上无天子，下无方伯，天下诸侯有相灭亡者，力能救之，则救之可也。

谷梁传　救不言次，言次非救也。非救而曰救，何也？遂齐侯之意也。录其本意。是齐侯与？齐侯也。何用见其是齐侯也？曹无师。曹师者，曹伯也，小国卿将称人，不得称师，称师则是曹伯也。其不言曹伯，何也？以其不言齐侯，不可言曹伯也。其不言齐侯，何也？以其不足乎扬，救不及事，不足称扬。不言齐侯也。

救，急辞也。次，缓辞也。邢之患狄亟矣。桓公合三国之师，兵力有余，而宿师聂北，坐视其敝，故称师书次，责其众可救而徒次以为声援，致邢之不保其国，非拯急恤困之道也。

夏，六月，邢迁于夷仪。夷仪，公羊作陈仪，后同。杜注：邢地。今直隶邢台县西有夷仪城，俗讹为随宜城是也。

左传　诸侯救邢。邢人溃，出奔师。奔聂北之师。师遂逐狄人，具邢器用而迁之，师无私焉。皆撰具还之，无所私取。夏，邢迁于夷仪。

公羊传　迁者何？其意也。意自欲迁。迁之者何？非其意也。

谷梁传　迁者，犹得其国家以往者也。其地，邢复见也。非若宋人迁宿，灭不复见。

齐师、宋师、曹师城邢。

左传　诸侯城之，救患也。凡侯伯，救患、分灾、讨罪，礼也。

公羊传　此一事也，曷为复言齐师、宋师、曹师？不复言师，则无以知其为一事也。

谷梁传　是向之师也，使之如改事然，是向聂北之师。重言师者，若不因前事更来城邢也。美齐侯之功也。

诸侯救邢不亟，邢遂奔溃。书邢迁于夷仪，而齐师缓不及事之罪著矣。复序城邢之师者，以齐桓志义终有救患之功也。盖始缓于救邢，圣人不以功掩过，卒能城邢，亦不以过掩功，此《春秋》定功过之权衡也。不曰城夷仪者，邢既迁，则夷仪即邢国也。

秋，七月，戊辰，夫人姜氏薨于夷，齐人以归。

公羊传　夷者何？齐地也。齐地则其言齐人以归何？夫人薨于夷，则齐人以归。夫人薨于夷，则齐人曷为以归？桓公召而缢杀之。

谷梁传　夫人薨不地。地，故也。不言以丧归，非以丧归也。加丧焉，讳以夫人归也。先书薨，则似夫人至夷而死，然后齐人以其丧归。讳言夫人，为齐人所杀也。其以归，薨之也。

夫人薨不书地，书薨于夷，明不得其死也。以归之义，胡氏安国、程氏迥皆谓齐以丧归鲁，然以归之后越百七十日而丧始至，无是理也。经凡言以归者，归其国，如杞伯迎叔姬之丧以归是也。凡言归者，归于鲁，如齐人归公孙敖之丧是也。以此断之，盖杀之于夷而以丧归齐，然后请而归于鲁耳。不然何以言夫人氏之丧至自齐，而不言至自夷，与至自乾侯同文乎？书齐人以归，所以著齐人杀之也。不曰齐侯而曰齐人，讨贼之词也。

楚人伐郑。荆始书楚。

左传　秋，楚人伐郑，郑即齐故也。

荆自庄公之世败蔡伐郑，皆举其号，惟来聘改称人。至是伐郑称楚人者，盖时兵众地大，骎骎乎将与齐、晋争衡，诸侯畏之，故书史皆称人。而孔子不革，俾论世者有考焉。

八月，公会齐侯、宋公、郑伯、曹伯、邾人于柽。柽，公羊作朾。杜注：宋地，陈县西北有柽城。陈县，今河南陈州州境有荦城，即柽城也。

左传 盟于荦，谋救郑也。

九月，公败邾师于偃。偃，公羊作缨。杜注：邾地。当在今山东费县南。

左传 九月，公败邾师于偃，虚丘之戍将归者也。虚丘，杜注：邾地。当在今山东弗县界。鲁有乱，邾使戍虚丘，公恶邾受姜氏，故要其归师败之。

谷梁传 不日，疑战也。疑战而曰败，胜内也。明鲁之胜。

楚人伐郑，齐桓召诸侯谋之，将以救郑，此义举也。公与邾人同会，未两月遽以诈败邾师，于此见僖公无安攘之诚矣。邾受姜氏，公不请于会而讨之，乃既会而掩其归师，非礼也。诈战曰败，败之者为主。

冬，十月，壬午，公子友帅师败莒师于郦，获莒挐。郦，公羊作犁，谷梁作丽。杜注：鲁地。

左传 冬，莒人来求赂，求还庆父之赂。公子友败诸郦，获莒子之弟挐。非卿也，嘉获之也。公赐季友汶阳之田及费。汶阳田，杜注：汶水北地。定十年，齐人归郓、讙、龟阴田三邑，皆汶阳也。今山东宁阳县境。

公羊传 莒挐者何？莒大夫也。莒无大夫，此何以书？大季子之获也。何大乎季子之获？季子治内难以正，谓拒庆父。御外难以正。其御外难以正奈何？公子庆父弑闵公，走而之莒，莒人逐之，将由乎齐，齐人不纳，却反舍于汶水之上，使公子奚斯入请。季子曰："公子不可以入，入则杀矣。"奚斯不忍反命于庆父，自南涘北面而哭。涘，水涯。时庆父在汶水之北。庆父闻之曰："嘻！嘻，发痛声。此奚斯之声也，诺已。"诺已，皆自毕语。曰："吾不得入矣。"于是抗辀经而死。辀，小车辕。莒人闻之曰："吾已得子之贼矣！"以求赂乎鲁，鲁人不与，为是兴师而伐鲁，季子待之以偏战。

谷梁传 莒无大夫，其曰莒挐，何也？以吾获之目之也。内不言获，此其言获，何也？恶公子之绐。绐，欺也。绐者奈何？公子友谓莒挐曰："吾二人不相说，士卒何罪？"屏左右而相搏。搏，手搏也。公子友处下。左右曰："孟劳。"孟劳者，鲁之宝刀也。公子友以杀之。然则何以恶乎绐也？曰弃师之道也。舍三军之整，侥身独斗，非慎战之道。

莒人受贼责赂而以季友主此战，书败、获，何也？莒固有罪，鲁若责以大义，使自知不直而还师，则善矣。至于兵刃既接，又以诈谋擒其主将，岂以礼止乱之道哉？王者之师不贵幸而胜，不贵幸而获，此《春秋》之志也。小国之大夫不名，以获于我，故名之。

十有二月，丁巳，夫人氏之丧至自齐。

左传 夫人氏之丧至自齐。君子以齐人之杀哀姜也为已甚矣，女子，从人者也。

女子有三从之义，在夫家有罪，非父母家所宜讨也。

公羊传　夫人何以不称姜氏？贬。曷为贬？与弑公也。然则曷为不于弑焉贬？贬必于重者，莫重乎其以丧至也。

谷梁传　其不言姜，以其杀二子贬之也。或曰为齐桓讳杀同姓也。

夫人身为淫乱，与弑二君，齐桓既正其罪，鲁人亦当以大义绝之，乃复请其丧，而齐亦听之，书曰至自齐，交讥之也。孙邾、薨夷皆书夫人姜氏，而丧至则削其姓，何也？正其罪于臣子迎集之时，示不宜以夫人之礼治其丧也。使齐桓当日能拒鲁之请，即其死所而葬之，则义得矣。

二年，春，王正月，城楚丘。楚丘，杜注：卫邑。朱子《诗经集注》楚丘在滑州。今直隶滑县东随卫南废县，即古楚丘城也。案，此楚丘之在北者，与戎伐凡伯之地不同。

左传　二年，春，诸侯城楚丘而封卫焉。建国谓之封。卫旧国以君死国灭故言封。不书所会，后也。因鲁后至不及会，期故独言城。

公羊传　孰城？城卫也。曷为不言城卫？灭也。孰灭之？盖狄灭之。曷为不言狄灭之？为桓公讳也。曷为为桓公讳？上无天子，下无方伯，天下诸侯有相灭亡者，桓公不能救，则桓公耻之也。然则孰城之？桓公城之。曷为不言桓公城之？不与诸侯专封也。曷为不与？实与而文不与。文曷为不与？诸侯之义不得专封。诸侯之义不得专封，则其曰实与之何？上无天子，下无方伯，天下诸侯有相灭亡者，力能救之，则救之可也。

谷梁传　楚丘者何？卫邑也。国而曰城，此邑也，其曰城，何也？封卫也。则其不言城卫，何也？卫未迁也。其不言卫之迁焉，何也？不与齐侯专封也。其言城之者，专辞也。故非天子不得专封诸侯，诸侯不得专封诸侯，虽通其仁，以义而不与也。故曰仁不胜道。仁谓存亡国，道谓上下之礼。

齐桓合诸侯以城楚丘而封卫，功莫大焉，《春秋》略而不序，何也？封国，天子之大权，非诸侯所得擅也。然则城邢何以序三国之师？邢国未灭，自迁而后城之，无专封之嫌。卫灭复封此，非有天子之命不可，书法所以异也。或谓不举诸侯者，齐桓以伯命令诸侯，各自受功，鲁奉齐命从本国往，非与诸侯同行，故不得书诸侯，义亦可通。

夏，五月，辛巳，葬我小君哀姜。

公羊传　哀姜者何？庄公之夫人也。

书夫人姜氏孙于邾，夫人姜氏薨于夷，夫人氏之丧至自齐，其诛绝之义明矣。及其终书日葬，书小君，书谥，更无所贬者，此亦《春秋》端本澄源，治于未乱之意也。文姜亦然，始而不谨终，欲正之可乎？

虞师、晋师灭下阳。公羊、谷梁作夏阳。晋始见经。下阳，杜注：虢邑，在河东大阳县。今大阳废县在山西平陆县东北又三十里，为故下阳城。

左传　晋荀息请以屈产之乘与乘棘之璧假道于虞以伐虢。荀息，晋大夫。屈，杜注：地生良马。何休谓屈产为地名。今山西石楼县东南有屈产泉。乘棘，地名，出美玉。自晋适虢，途出于虞，故假道。公曰："是吾宝也。"对曰："若得道于虞，犹外府也。"公曰："宫之奇存焉。"宫之奇，虞臣。对曰："宫之奇之为人也，懦而不能强谏，且少长于君，君暱之，虽谏，将不听。亲而狎之，必轻其言。乃使荀息假道于虞，曰："冀为不道，入自颠軨，伐鄍三门。冀，杜注：国名。平阳皮氏县东北有冀亭。在今山西河津县东北。颠軨，杜注：河东大阳县东北有颠軨坂。在今山西平陆县东北。鄍，杜注：虞邑。今山西平陆县东北有故鄍城。先是冀尝伐虞至鄍也。冀之既病，则亦唯君故。言虞报伐冀使病，将欲假道，故称虞强以说其心。今虢为不道，保于逆旅，以侵敝邑之南鄙。逆旅，客舍也。言虢遣人分依客舍，掠晋边邑。敢请假道，以请罪于虢。"虞公许之，且请先伐虢。喜于厚赂而欲求媚。宫之奇谏，不听，遂起师。夏，晋里克、荀息帅师会虞师，伐虢，灭下阳。先书虞，贿故也。晋主兵而先书虞，恶贪贿也。

公羊传　虞，微国也，曷为序乎大国之上？使虞首恶也。曷为使虞首恶？虞受赂，假灭国者道，以取亡焉。其受赂奈何？献公朝诸大夫而问焉，曰："寡人夜者寝而不寐，其意也何？"诸大夫有进对者曰："寝不安与？其诸侍御有不在侧者与？"献公不应。荀息进，曰："虞、郭见与？"见谓见于心也。荀息素知献公欲伐此二国，故云尔。献公揖而进之，遂与之入，而谋曰："吾欲攻郭，则虞救之，攻虞则郭救之，如之何？愿与子虑之。"荀息对曰："君若用臣之谋，则今日取郭，而明日取虞尔，君何忧焉？"献公曰："然则奈何？"荀息曰："请以屈产之乘与乘棘之白璧往，必可得也。则宝出之内藏，藏之外府，马出之内厩，系之外厩尔，君何丧焉？"献公曰："诺。虽然，宫之奇存焉，如之何？"荀息曰："宫之奇知则知矣。虽然，虞公贪而好宝，见宝必不从其言，请终以往。"于是终以往，虞公见宝许诺。宫之奇果谏："记曰：唇亡则齿寒。虞、郭之相救，非相为赐，则晋今日取郭，而明日虞从而亡尔，君请勿许也。"虞公不从其言，终假之道以取郭，还。四年，反取虞。还复往，故言反。虞公抱宝牵马而至。荀息见曰："臣之谋何如？"献公曰："子之谋则已行矣，宝则吾宝也，虽然，吾马之齿亦已长矣。"盖戏之也。夏阳者何？郭之邑也。曷为不系于郭？国之也，曷为国之？君存焉尔。

谷梁传　非国而曰灭，重夏阳也。虞无师，其曰师，何也？以其先晋，不可以不言师也。其先晋，何也？为主乎灭夏阳也。夏阳者，虞、虢之塞邑也，灭夏阳而虞、虢举矣。虞之为主乎灭夏阳，何也？晋献公欲伐虢，荀息曰："君何不以屈产之乘、垂棘之璧而借道乎虞也？"公曰："此晋国之宝也。如受吾币而不借吾道，则如之何？"荀息曰："此小国之所以事大国也。此谓璧、马之属。彼不借吾道，必不敢受吾币。如受吾币而借吾道，则是我取之中府，而藏之外府；取之中厩，而置之外厩也。”公曰：“宫之奇存焉，必不使受之也。”荀息曰：“宫之奇之为人也，达心而懦，又少长于君。达心则其言略，明达之人则言必简要，愚者不悟。懦则不能强谏，少长于君，则君轻之。且夫玩好在耳目之前，而患在一国之后，此中知以上乃能虑之，臣料虞君中知以下也。”公遂借道而伐虢。宫之奇谏曰：“晋国之使者，其辞卑而币重，必不便于虞。”虞公弗听，遂受其币而借之道。宫之奇谏曰：“语曰唇亡则齿寒，其斯之谓与！”挈其妻子以奔曹。献公亡虢，五年而后举虞，荀息牵马操璧而前曰：“璧则犹是也，而马齿加长矣。”

晋人为伐虢之谋，主兵者晋也，而先虞于晋，以虞为首恶也。晋非假道于虞不能越境出师，而虞公贪赂为晋所愚，忘唇齿之义，戕兄弟之邦，《春秋》盖深罪虞之灭虢并以自灭也，故先书虞师以著其罪。下阳者，虞、虢之塞邑也。下阳既失，则虢不能自保，虢亡则虞不能独存，一邑也而重若国。然变文书灭，以见虞、虢之灭由于灭下阳也。

秋，九月，齐侯、宋公、江人、黄人盟于贯。贯，公羊作贯泽。江，杜注：江国，在汝南安阳县。《括地志》云：“安阳故城在新息县西南。”新息，今河南息县是也。贯，杜注：宋地。梁国蒙县西北有贳城，贳与贯字相似。今山东曹县西南蒙泽故城，即古贯国也。

左传　秋，盟于贯，服江、黄也。江、黄，楚与国，始来服齐。

公羊传　江人、黄人者何？远国之辞也。远国至矣，则中国曷为独言齐、宋至尔？大国言齐、宋，远国言江、黄，则以其余为莫敢不至也。

谷梁传　贯之盟，不期而至者，江人、黄人也。江人、黄人者，远国之辞也。中国称齐、宋，远国江、黄，以为诸侯皆来至也。

楚人伐郑，势陵中原，而江、黄在楚东北境，为其与国。桓公谋楚，不先服江、黄则无以制其肘腋，故因其远来而与定盟，服楚之虑周矣。惟宋与盟，不欲重烦诸侯也。

附录左传　齐寺人貂始漏师于多鱼。寺人，内奄竖貂也。多鱼，杜注：地名，阙。齐桓多嬖，貂于此始擅贵宠，漏泄军事，为齐乱张本。　虢公败戎于桑田。桑田，杜注：虢地，在弘农陕县东北。今河南灵实县西，稠桑驿即其地也。晋卜偃曰：“虢必亡矣。亡下阳不惧，而又有功，是天夺之鉴，而益其疾也。必易晋而不抚其民矣。不可以五稔。稔，熟也。为下五年晋灭虢张本。

冬，十月，不雨。

公羊传　何以书？记异也。

谷梁传　不雨者，勤雨也。欲得雨之心勤也，明君之恤民。

楚人侵郑。

左传　冬，楚人伐郑，斗章囚郑聃伯。为后年楚伐郑、郑伯欲成张本。

楚人兵势浸强，比年凌郑，若非齐桓有召陵之举，则执宋公、盟诸侯不在僖十九年之后矣。书人、书侵，恶楚也。

三年，春，王正月，不雨。夏，四月，不雨。

公羊传　何以书？记异也。

谷梁传　不雨者，勤雨也。一时言不雨者，闵雨也。闵雨者，有志乎民者也。

每时书不雨，传以为闵雨者，以文公之篇自十有二月不雨至秋七月而书，自正月不雨至秋七月而书，以累时而后书者，为慢于民事而不以不雨为忧，则知每时而一书者，为勤于民事而以不雨为忧也。不雨八，越月而不书旱，何也？凡书旱者，虽有时而雨，犹以不足为旱，若直书不雨，则旱不必言矣。

徐人取舒。徐，杜注：徐国，在下邳僮县东南。《括地志》徐城县西有大徐城，即古徐国也。今江南泗州北有古徐城，相传为徐偃王筑。舒，杜注：舒国，庐江舒县。今江南庐江县西舒县古城是。

公羊传　其言取之何？易也。易者，无守御之备。

舒者，楚之与国。《鲁颂》曰："荆舒是惩"，则荆与舒比而为中国患久矣。徐人取舒，为齐桓挠楚也。按，徐偃始称王，故《春秋》外之，楚败徐、徐伐莒是也。惟取舒、伐英氏得称人，以附齐也。舒本附庸之国，旧服于楚，徐人取以自属，先儒以为灭而书取，误矣。

六月，雨。

左传　三年，春，不雨。夏，六月，雨。自十月不雨至于五月，不曰旱，不为灾也。

公羊传　其言六月雨何？上雨而不甚也。

谷梁传　雨云者，喜雨也。喜雨者，有志乎民者也。

周之六月，夏正建巳之月也。万物始盛，得雨而大。古者以是月雩则是月之雨尤为可喜。先书三时不雨，盖未雨而闵，忧民之忧，此既雨而喜，乐民之乐，君国子民之道也。何休谓僖公饬过求己，循省百官，放佞臣郭都等，理冤狱四百余人，精诚感天，不雩而得澍雨，盖天人相与之际，其感通有不爽者矣。

秋，齐侯、宋公、江人、黄人会于阳谷。阳谷，杜注：齐地，在东平须昌县北。今山东阳谷县东北有故城。

左传　秋，会于阳谷，谋伐楚也。二年楚侵郑故。

公羊传　此大会也，曷为末言尔？末者，但言会不言盟。桓公曰："无障谷，无障断川谷，专水利也。水注川曰溪，注溪曰谷。无贮粟，有无当相通。无易树子，树，立也。无易当立之子。无以妾为妻。时桓公功德既盛，诸侯咸从，故不用盟，但告誓而已。

谷梁传　阳谷之会，桓公委端搢笏而朝诸侯，委，委貌之冠也。端，玄端之服。

搢，插也。笏，以记事者也。诸侯皆谕乎桓公之志。

按左氏，谋伐楚也，自北杏之会至是二十余年，诸侯从齐，然必待江、黄再会而谋始定，何也？荆楚盛强，凭恃险固，虽合诸侯之师未易罙入其阻而制其死命，惟披其肘腋附从之国，使之内附，然后诸侯声罪致讨，楚不能无内顾之忧，所以陉亭之师甫至而遽受盟也。桓公欲蓄诸侯之力，故江、黄二会皆就近而与宋公主之，先儒乃谓大会而末言，凿矣。

冬，公子友如齐涖盟。公子友，谷梁作公子季友。涖，公羊、谷梁作莅。

左传　齐侯为阳谷之会来寻盟。冬，公子友如齐莅盟。

公羊传　莅盟者何？往盟乎彼也。其言来盟者何？来盟于我也。

谷梁传　莅者，位也。约誓素定，今但往其位而盟。其不日，前定也。不言及者，以国与之也。不言其人，亦以国与之也。谓举国为主，此内外通例，故重见华孙来盟，孙良夫来盟，及荀庚盟之下。

莅，临也。受命而往莅，非大夫之专盟也。阳谷之会，鲁君未与，故齐侯使人来寻盟，而季友往莅，以听伐楚之期而受命焉。经书莅盟者四，惟此盟佐齐谋楚，有辅霸之善，非他盟比矣。

楚人伐郑。

左传　楚人伐郑，郑伯欲成。孔叔不可，孔叔，郑大夫。曰："齐方勤我，弃德不祥。"

楚自庄十六年以来，五加兵于郑矣，齐桓不救，而孔叔犹有勤我之言，盖知柽、贯、阳谷之会皆为伐楚救郑计也。

附录左传　齐侯与蔡姬乘舟于囿，荡公。蔡姬，齐侯夫人。荡，摇也。公惧，变色。禁之，不可。公怒，归之，未绝之也。蔡人嫁之。为明年齐侵蔡传。

四年，春，王正月，公会齐侯、宋公、陈侯、卫侯、郑伯、许男、曹伯侵蔡。蔡溃，遂伐楚，次于陉。陉，杜注：楚地，颍川召陵县南有陉亭。今属河南郾城县。

左传　四年，春，齐侯以诸侯之师侵蔡。蔡溃，遂伐楚。楚子使与师言曰："君处北海，寡人处南海，唯是风马牛不相及也。马牛风逸，盖末界之微事，以喻齐、楚远，不相干也。不虞君之涉吾地也，何故？"管仲对曰："昔召康公命我先君大公曰：召康公，周大保召公奭。大公，吕望。'五侯九伯，女实征之，以夹辅周室。'赐我先君履，履，所践履之界。东至于海，西至于河，南至于穆陵，北至于无棣。穆陵，杜注：齐地。今山东临朐县东南有穆陵关，在大岘山上。无棣，杜注：齐地。伏琛《齐地记》无棣在渤海高城县。今直隶盐山县即古无棣也，县南有无棣沟。尔贡包茅不入，王祭不共，无以缩酒，包，裹束也。茅，菁茅也。束茅而灌之以酒，为缩酒。寡人是征。昭王南征而不复，寡人是问。"对曰："贡之不入，寡君之罪也，敢不共给？昭王之不复，君其问诸水滨。"师进，次于陉。楚不服罪，故复进师。

公羊传　溃者何？下叛上也。国曰溃，邑曰叛。　其言次于陉何？有俟也。孰俟？俟屈完也。

谷梁传　溃之为言，上下不相得也。侵，浅事也。侵蔡而蔡溃，以桓公为知所侵也。不土其地，不分其民，明正也。遂，继事也。次，止也。

前此数会皆谋伐楚，而兵先加于蔡，盖以楚势方张，称兵远伐，楚人夙备，以逸待劳，未可以得志。蔡近于楚，帅八国之师以震之，其桡败可必也。俟蔡既溃，而后移师以向楚，出其不意，俾仓卒不暇为谋，而又先之以文告，整兵次陉，示齐无必战之心，楚有可从之道，是以不战而受盟也。然陉亭之师实不足以慑楚，故既盟之后灭弦伐黄，陵暴如故，但不敢复逞志于陈、郑耳。

夏，许男新臣卒。

谷梁传　诸侯死于国，不地；死于外，地。死于师何为不地？内桓师也。齐桓威德洽著，诸侯安之，虽卒于外，与在国同。

诸侯卒于外，在师则称师，在会则称会，而许男但书卒者，此去师与会而复归其国之验也。盖召陵地在颍川，故遇疾而归，遂卒于其国耳。传乃谓实卒于师而不书，易事之实以为褒贬，《春秋》无是法也。

楚屈完来盟于师，盟于召陵。召陵，杜注：颍川县也。今河南郾城县东有召陵故城。

左传　夏，楚子使屈完如师。屈完，楚大夫。如陉之师，观强弱。师退，次于召陵。完请盟故。齐侯陈诸侯之师，与屈完乘而观之。乘，共载。齐侯曰："岂不谷是为？先君之好是继，与不谷同好如何？"不谷，诸侯谦称。对曰："君惠徼福于敝邑之社稷，辱收寡君，寡君之愿也。"齐侯曰："以此众战，谁能御之？以此攻城，何城不克？"对曰："君若以德绥诸侯，谁敢不服？君若以力，楚国方城以为城，汉水以为池，方城，杜注：山在南阳叶县南，言其险固以当城池。虽众，无所用之。"屈完及诸侯盟。

公羊传　屈完者何？楚大夫也。何以不称使？尊屈完也。曷为尊屈完？以当桓公也。其言盟于师、盟于召陵何？师在召陵也。师在召陵，则曷为再言盟？喜服楚也。何言乎喜服楚？楚，有王者则后服，无王者则先叛。夷狄也，而亟病中国，南夷与北狄交，南夷谓楚，灭邓、谷，伐蔡、郑。北狄谓狄，灭邢、卫，至于温。中国不绝若线。桓公救中国，而攘夷狄，卒帖荆，帖，服也。以此为王者之事也。其言来何？与桓为主也。前此者有事矣，后此者有事矣，则曷为独于此焉与桓公为主？序绩也。序，次也。绩，功也。桓公之功绩莫大于服楚。

谷梁传　楚无大夫，无命卿也。其曰屈完，何也？以其来会桓，成之为大夫也。其不言使，权在屈完也。则是正乎？曰非正也。臣无自专之道。以其来会诸侯，重之也。来者何？内桓师也。来者，内辞也。内桓师，故言来。于师，前定也。于召陵，得志乎桓公也。得志者，不得志也，屈完来盟，桓公退于召陵，是屈完得其本志，而桓公服楚之志犹未大遂。以桓公得志为仅矣。屈完曰："大国之以兵向楚，何也?"桓公曰："昭王南征不反，菁茅之贡不至，故周室不祭。"屈完曰："菁茅之贡不至，则诺，昭王南征不反，我将问诸江。"

屈完书名氏，盖齐桓心畏楚强，因完受盟，有辞以退，故假以为名也。完不称使，以楚使如师，本以观齐之强弱，未尝有必盟之意，而其权在完也。盟于召陵者，退师召陵而后与之盟，欲以礼柔楚也。或曰前书屈完来盟，后书盟于召陵，而不列序诸侯与楚大夫，为桓公讳也。

齐人执陈辕涛涂。辕，公羊、谷梁作袁。

左传　陈辕涛涂谓郑申侯曰：辕涛涂，陈大夫。申侯，郑大夫。"师出于陈、郑之间，国必甚病。当有供给之费故。若出于东方，观兵于东夷，循海而归，其可也。"申侯曰："善。"涛涂以告齐侯，许之。申侯见曰："师老矣，若出于东方而遇敌，惧不可用也。若出于陈、郑之间，共其资粮屝屦，屝，草屦。其可也。"齐侯说，与之虎牢，虎牢，郑邑。执辕涛涂。

公羊传　涛涂之罪何？辟军之道也。其辟军之道奈何？涛涂谓桓公曰："君既服南夷矣，何不还师滨海而东，服东夷且归?"桓公曰："诺。"于是还师滨海而东，大陷于沛泽之中。草棘曰沛，渐洳曰泽。顾而执涛涂，执者曷为或称侯、或称人？称侯而执者，伯讨也。称人而执者，非伯讨也。此执有罪，何以不得为伯讨？古者，周公东征则西国怨，西征则东国怨。桓公假途于陈而伐楚，则陈人不欲其反由己者，师不正故也。不修其师而执涛涂，古人之讨则不然也。

谷梁传　齐人者，齐侯也。其人之，何也？于是哆然外齐侯也。不正其逾国而执也。

辕涛涂，陈大夫。恐齐师归取道于陈，沮之使其东行，致误军道，固可罪矣。然齐桓不能反求诸己，思陈人所以厌苦之故，增修其德，而遽执涛涂以逞其忿，不特桓德之衰，而管仲之器小亦于是乎见矣。

秋，及江人、黄人伐陈。

左传　秋，伐陈，讨不忠也。

谷梁传　不言其人及之者何？内师也。

齐人既执涛涂，愤犹未平，以黄、江近陈，故使鲁及二国伐之。观此则伐楚之师江、黄不会，盖用之以为犄角之势，明矣。或谓书及者，蒙上齐人之文，盖齐及之也。然考经所书，他国再有事必书遂，此不言遂，实鲁及之尔。

八月，公至自伐楚。

公羊传　楚已服矣，何以致伐？楚叛盟也。

谷梁传　有二事偶，则以后事致。后事小，则以先事致。其以伐楚致，大伐楚也。

两事书至，或原其志而至之，或举其重而至之。此侵蔡伐楚，不致侵者，以伐楚事重，策勋于庙，故因其实而志之也。

葬许穆公。穆，公羊作缪。

左传　许穆公卒于师，葬之以侯，礼也。凡诸侯薨于朝、会，加一等；诸侯命有三等，公为上等，侯、伯为中等，子、男为下等。死王事，加二等。于是有以衮敛。衮衣，公服也。谓加二等。

冬，十有二月，公孙兹帅师会齐人、宋人、卫人、郑人、许人、曹人侵陈。兹，公羊作慈，后同。霸国大夫会诸侯大夫侵与国，自此始。

左传　冬，叔孙戴伯帅师会诸侯之师侵陈。陈成，归辕涛涂。戴伯，即公孙兹，叔牙子。戴，谥也。

涛涂既执，复帅江、黄以伐之，合七国之大夫以侵之，修怨为已甚矣。伐楚之师，陈实与焉。其臣一谋之不协而陵暴之，若此于楚，则责之略而待之恭，于陈则怒之深而报之过，此仲尼之徒所以羞称五伯也。

附录左传　初，晋献公欲以骊姬为夫人，卜之，不吉；筮之，吉。公曰："从筮。"卜人曰："筮短龟长，物生而后有象，象而后有滋，滋而后有数。龟象筮数，故象长数短。不如从长。且其繇，曰：'专之渝，攘公之羭。繇，卜兆辞。渝，变也。攘，除也。羭，美也。言变乃除公之美。一薰一莸，十年尚犹有臭。'薰，香草。莸，臭草。十年有臭，言善易消、恶难除。必不可。"弗听，立之。生奚齐，其娣生卓子。及将立奚齐，既与中大夫成谋，姬谓大子曰："君梦齐姜，必速祭之。"齐姜，大子母。言求食。大子祭于曲沃，归胙于公。公田，姬置诸宫六日。公至，毒而献之。毒酒经宿辄败，而经六日，明公之惑。公祭之地，地坟。坟，起也。与犬，犬毙。与小臣，小臣亦毙。姬泣曰："贼由大子。"大子奔新城。新城，曲沃。公杀其傅杜原款。或谓大子："子辞君，必辩焉。"以六日之状自理。大子曰："君非姬氏，居不安，食不饱。我辞，姬必有罪。君老矣，吾又不乐。"曰："子其行乎?"大子曰："君实不察其罪，被此名也以出，人谁纳我?"十二月戊申，缢于新城。姬遂谮二公子曰："皆知之。"重耳奔蒲，夷吾奔屈。

日讲春秋解义卷十六

僖　公

五年，春。

附录左传　五年春王正月辛亥，朔，日南至。周正月，今十一月，冬至之日，日南极。公既视朔，遂登观台以望而书，礼也。视朔，亲告朔也。观台，台上构屋，可以远观者也。凡分、至、启、闭必书云物，分，春、秋分也。至，冬、夏至也。启，立春、立夏。闭，立秋、立冬。云物，气色灾变也。传重申周典，不言公者，日官掌其职。为备故也。素察妖祥，逆为之备。

晋侯杀其世子申生。

左传　晋侯使以杀大子申生之故来告。释经必告乃书。初，晋侯使士蔿为二公子筑蒲与屈，不慎，置薪焉。不谨慎所为，多置薪于中。夷吾诉之。公使让之。士蔿稽首而对曰："臣闻之，无丧而戚，忧必仇焉；仇犹对也。无戎而城，仇必保焉。保而守之，寇仇之保，又何慎焉？守官废命不敬，固仇之保不忠，失忠与敬，何以事君？诗云：'怀德惟宁，宗子惟城。'《诗·大雅》。怀德以安，则宗子之固若城。君其修德而固宗子，何城如之？三年将寻师焉，焉用慎？"寻，用也。退而赋曰："狐裘龙茸，一国三公，吾谁适从？"士蔿自作诗也。龙茸，乱貌。公与二公子为三，言城不坚则为公子所诉，为公所让；坚之则为固仇不忠，无以事君，故不知所从。及难，公使寺人披伐蒲。重耳曰："君父之命不校。"乃徇曰："校者，吾仇也。"逾垣而走，披斩其祛。祛，袂也。遂出奔翟。

公羊传　曷为直称晋侯以杀？杀世子母弟，直称君者，甚之也。

谷梁传　目晋侯，斥杀，恶侯也。斥，指斥。

申生自杀而斥言晋侯，何也？《春秋》之法，有谗而不见，则其君之罪也。故申生以骊姬之谮自杀，宋痤以伊戾之谮自杀，皆直称君杀。端本清源，以为后戒也。僖十六年，郑伯杀其世子华，杀得其罪，故不书。

杞伯姬来朝其子。

公羊传　其言来朝其子何？内辞也，与其子俱来朝也。

谷梁传　妇人既嫁不逾竟，逾竟非正也。诸侯相见曰朝，伯姬为志乎朝其子也。伯姬为志乎朝其子，则是杞伯失夫之道矣。诸侯相见曰朝，以待人父之道待人之子，非正也。故曰杞伯姬来朝其子，参讥也。参讥，谓伯姬、杞伯、鲁侯也。

伯姬归杞，十三年耳。其子必幼，而以之来朝者，盖是年杞惠公卒，疑方有疾，伯姬以子为鲁之甥，故携之至鲁，令摄父行朝礼，以豫托于鲁也。先王之制，童子侯不朝，况诸侯之子幼而未誓于天子者乎？伯姬失妇道，杞伯失夫道，鲁公失主道，皆非也。故谷梁子曰参讥也。

夏，公孙兹如牟。

左传　夏，公孙兹如牟，娶焉。因聘而娶，故传实其事。

凡内朝聘皆曰如。牟，小国也。桓十五年，邾人、牟人、葛人来朝，自是邦交之礼无闻焉。传言兹因聘而娶，经不书，常事故也。先儒谓罪其托君命以遂其私，非也。韩侯因觐而娶，事列《大雅》，则无悖于礼可知矣。果罪之也，则当明著其事，今见于经者，乃内大夫出聘之常词，而不书其娶，何由知其托君命以遂私哉？

公及齐侯、宋公、陈侯、卫侯、郑伯、许男、曹伯会王世子于首止。首止，公羊、谷梁俱作首戴，后同。杜注：卫地，陈留襄邑县东南有首乡。

左传　会于首止，会王太子郑，谋宁周也。惠王以惠后故，将废太子郑而立王子带，故齐桓帅诸侯会王太子，以定其位。

公羊传　曷为殊会王世子？世子，贵也，世子犹世世子也。解贵意也，言当父父位。

谷梁传　及以会，尊之也。何尊焉？王世子云者，唯王之贰也。云可以重之存焉，尊之也。言使天下晓然，知其为至尊之储贰，至重所在，非人臣比。何重焉？天子世子世天下也。

王世子不得与诸侯列序也，故特书及以会。若曰王世子在是而诸侯咸往会焉，示不可得而抗也。葵丘之会，宰周公序诸侯之上，与盟洮之王人同例，而不得与王世子之殊会同文者，以世子之尊非宰臣比也。不书会齐侯者，齐侯不敢为会主也。

附录左传　陈辕宣仲怨郑申侯之反己于召陵，宣仲，辕涛涂。故劝之城其赐邑。齐桓所赐虎牢。曰："美城之，大名也。子孙不忘，吾助子请。"乃为之请于诸侯而城之，美。楼橹之备毕设。遂谮诸郑伯，曰："美城其赐邑，将以叛也。"申侯由是得罪。为七年郑杀申侯传。

秋，八月，诸侯盟于首止。

左传　秋，诸侯盟。

公羊传　诸侯何以不序？一事而再见者，前目而后凡也。

谷梁传　无中事而复举诸侯，何也？尊王世子而不敢与盟也。尊则其不敢与盟，何也？盟者，不相信也，故谨信也。不敢以所不信而加之尊者。桓，诸侯也，不能朝天子，是不臣也。王世子，子也，块然受诸侯之尊己而立乎其位，块然，安然也。是不子也。桓不臣，王世子不子，则其所善焉何也？是则变之正也。天子微，诸侯不享觐。桓控大国，扶小国，统诸侯，不能以朝天子，亦不敢致天王。尊王世子于首戴，乃所以尊天王之命也。世子含王命会齐桓，亦所以尊天王之命也。世子受之可乎？是亦变之正也。天子微，诸侯不享覲。世子受诸侯之尊己，而天王尊矣，世子受之可也。

无中事而复举诸侯，明王世子不与盟也。盟者，不相信也。不敢以所不信而加之尊者，桓公之谨于礼也。《春秋》常法，会、盟同地不再书其地，此会、盟同地而再言首止者，书之重，词之复，其中必有大美恶焉。首止之盟，美之大者也。王将以爱易世子，桓公控大国、扶小国，会于首止，同心翊戴，尊王世子，而不敢与盟，显明大义，潜革奸萌，一举而父子、君臣之道皆得焉。一匡之烈，莫大于此，《春秋》所以特文以著其美也。

郑伯逃归不盟。

左传　王使周公召郑伯，曰："吾抚女以从楚，辅之以晋，可以少安。"周公，宰孔。王恨齐桓定大子之位，故召郑伯使叛齐也。晋、楚不服于齐，故以镇安郑。郑伯喜于王命，而惧其不期于齐也，故逃归不盟。孔叔止之曰："国君不可以轻，轻则失亲，失亲患必至。病而乞盟，所丧多矣。君必悔之。"弗听，逃其师而归。

公羊传　其言逃归不盟者何？不可使盟也。时郑伯内欲与楚，外依古不盟为解，安居会上，不肯从桓公盟，故后言不盟。不可使盟，则其言逃归何？鲁子曰："盖不以寡犯众也。"

谷梁传　以其去诸侯，故逃之也。

郑伯书逃，贱之也。国君而匹夫行，故恶之。或曰召郑伯以从楚王命也，何恶乎郑伯？《春秋》以大义正天下。谋定世子，天下之公也。召郑，从楚惠王之私也。君能制命曰义，臣能守命曰信，制命非义而守之，非所谓信也。故《春秋》深罪郑伯，以示为人臣子，遭变事而不知其权者。

楚人灭弦，弦子奔黄。弦，杜注：弦国，在弋阳轪县东南。今河南光州西南有弦城，湖广蕲水县有轪县故城，皆魏晋时弋阳郡境。此楚灭国之始。

左传　楚斗谷於菟灭弦，弦子奔黄。于是江、黄、道、柏方睦于齐，皆弦姻也。道，杜注：道国在汝南安阳县。案，安阳，《汉志》作阳安。应劭曰："阳安县有道亭。"今河南确山县东北有阳安故城，其南即道国也。柏，杜注：国名，汝南西平县有柏亭。今县属河南汝宁府，亭在县西。弦子恃之而不事楚，又不设备，故亡。

谷梁传　弦，国也。其不日，微国也。

弦子书奔，不服于楚也。不书名，有兴复之望焉，其位盖未绝也。弦以恃齐不设备而亡，桓不能救，此楚所以无忌驯至于伐黄灭江，而为桓公霸业之累与。

九月，戊申，朔，日有食之。

冬，晋人执虞公。

左传　晋侯复假道于虞以伐虢。宫之奇谏曰："虢，虞之表也。虢亡，虞必从之。晋不可启，寇不可玩。一之为甚，其可再乎？为二年假晋道灭下阳。谚所谓

'辅车相依，唇亡齿寒'者，其虞、虢之谓也。"辅，颊辅。车，牙车。辅为外表，车是内骨，故云相依。公曰："晋，吾宗也，岂害我哉?"对曰："大伯、虞仲，大王之昭也。大伯不从，是以不嗣。大伯、虞仲皆大王之子，不从父命，让国适吴。仲雍支子，别封西吴虞公，其后也。虢仲、虢叔，王季之穆也。王季、大伯，虞仲母弟。虢仲、虢叔，王季之子，文王之母弟也。仲、叔皆虢君名。为文王卿士，勋在王室，藏于盟府。盟府，司盟之官。将虢是灭，何爱于虞?且虞能亲于桓、庄乎?其爱之也?桓、庄之族何罪而以为戮，不唯逼乎?桓叔之族，从祖昆弟也。庄伯之族，从父昆弟也。献公患其逼，尽杀之，事在庄二十五年。亲以宠逼，犹尚害之，况以国乎?"公曰："吾享祀丰洁，神必据我。"据，犹安也。对曰："臣闻之，鬼神非人实亲，惟德是依。故《周书》曰：'皇天无亲，惟德是辅。'又曰：'黍稷非馨，明德惟馨。'又曰：'民不易物，惟德繄物。'皇天无亲，惟德是辅，《蔡仲之命》文也。黍稷非馨，明德惟馨，《君陈》文也。民不易物，惟德繄物，《旅獒》文也。繄，《书》作其。言黍稷牲玉，无德则不见飨，有德则见飨，物一而异用也。如是则非德，民不和、神不享矣。神所冯依，将在德矣。若晋取虞，而明德以荐馨香，神其吐之乎?"弗听，许晋使。宫之奇以其族行，曰："虞不腊矣。腊，岁终祭众神之名。在此行也，晋不更举矣。"八月甲午，晋侯围上阳。上阳，杜注：虢国都，在弘农陕县东南。问于卜偃曰："吾其济乎?"对曰："克之。"公曰："何时?"对曰："童谣云：'丙之晨，龙尾伏辰。龙尾，尾星也。日月之会曰辰。日在尾，故尾星伏不见。均服振振，取虢之旂。戎事上下同服。振振，盛貌。旂，军之旌旂。鹑之贲贲，天策焞焞，火中成军，虢公其奔。'鹑鹑，火星也。贲贲，鸟星之体也。天策，傅说星。时近日，星微。焞焞，无光耀也。言丙子平旦，鹑火中，军事有成功也。此已上皆童谣言也。其九月、十月之交乎?以星验推之，知九月、十月之交谓夏九月、十月也。交，晦朔交会。丙子旦，日在尾，月在策，是夜日月合朔于尾，月行疾，故至旦而过在策。鹑火中，必是时也。"冬十二月丙子朔，晋灭虢。虢公丑奔京师。周十二月，夏之十月。师还，馆于虞，遂袭虞，灭之。执虞公及其大夫井伯，以媵秦穆姬。秦穆姬，晋献公女。送女曰媵，以屈辱之。而修虞祀，虞所命祀。且归其职贡于王。故书曰晋人执虞公，罪虞，且言易也。

公羊传　虞已灭矣，其言执之何?不与灭也。曷为不与灭?灭者，亡国之善辞也。灭者，上下之同力者也。

谷梁传　执不言所于地，缊于晋也。时虞已包裹属于晋，故虽在虞执而不书其处。其曰公，何也?犹曰其下执之之辞也。其犹下执之之辞，何也?晋命行乎虞民矣。虞、虢之相救，非相为赐也。今日亡虢，而明日亡虞矣。

虞、虢之灭不见于经，故三传各为之说。然旧史从赴告，传曰虽及灭国，灭不告败，胜不告克，不书于策，旧史所不书，孔子不得而益也。虞、虢之灭，盖晋人修其祀而不以灭告，而所告独执虞公，故旧史所书，孔子无以易耳。

六年，春，王正月。

附录左传　六年春，晋侯使贾华伐屈。夷吾不能守，盟而行。贾华，晋大夫。非不欲校，力不能守，言不如重耳之贤。将奔狄，郤芮曰："后出同走，罪也，嫌与重耳同谋而相随。不如之梁，梁近秦而幸焉。"乃之梁。以梁为秦所亲幸，秦既大国，且穆姬在焉，故欲因以求入。

夏，公会齐侯、宋公、陈侯、卫侯、曹伯伐郑，围新城。新城，杜注：郑新密，荥阳密县。今河南密县东南有故密城。

左传　夏，诸侯伐郑，以其逃首止之盟故也。围新密，郑所以不时城也。密，邑名。郑人所新筑者不时城，解经言新城之意。

公羊传　邑不言围，此其言围何？强也。

谷梁传　伐国不言围邑，此其言围，何也？病郑也，著郑伯之罪也。

秋，楚人围许，诸侯遂救许。

左传　秋，楚子围许以救郑，诸侯救许，乃还。　冬，蔡穆侯将许僖公以见楚子于武城。楚子退舍武城，犹有忿志，而诸侯各罢兵，故蔡将许君归楚。武城，杜注：楚地，在南阳宛县北。许男面缚，衔璧，大夫衰绖，士舆榇。缚手于后，惟见其面，以璧为贽，手缚，故衔之。榇，棺也。将受死，故衰绖。楚子问诸逢伯。逢伯，楚大夫。对曰："昔武王克殷，微子启如是。微子启，纣庶兄。武王亲释其缚，受其璧而祓之。祓，除凶之礼。焚其榇，礼而命之，使复其所。"楚子从之。

谷梁传　善救许也。

冬，公至自伐郑。

谷梁传　其不以救许致，何也？大伐郑也。

齐桓之伐郑，讨其逃首止之盟也。故书伐、书围，乃以见郑之不服罪，而诸侯无讥焉。楚人围许以救郑，与晋阳处父伐楚以救江同，不书楚人救郑，而书诸侯之救许，则楚罪明矣。凡书救，皆善之也。书遂，救善之尤也。救许乃继事，鲁公会师，本以伐郑告庙，故归仍以伐郑致也。

七年，春，齐人伐郑。

左传　七年春，齐人伐郑。孔叔言于郑伯曰："谚有之曰：'心则不竞，何惮于病？'竞，强也。惮，难也。既不能强，又不能弱，所以毙也。国危矣，请下齐以救国。"公曰："吾知其所由来矣，姑少待我。"欲以申侯说。对曰："朝不及夕，何以待君？"

郑人逃义，甘心即楚，新城之役犹未悔祸，齐为是复治之，则罪在郑也。其称人，将卑师少也。

夏，小邾子来朝。公羊作小邾娄子，后同。小邾，杜注：邾之别封。宋忠曰："邾颜别封小子肥于郳，为小邾子。"今山东滕县、峄县并有郳城。《乐史》云："郳城在承县。"《文献通考》云："郳城，今沂州峄，即古承地，属沂州。"据此二说，则在峄者为近。

郳乃邾之别封，齐桓请于王而进之，命为小邾子，始得王命而来朝。杜预以为郳黎来也。

郑杀其大夫申侯。

左传　夏，郑杀申侯以说于齐，且用陈辕涛涂之谮也。初，申侯，申出也，有宠于楚文王。文王将死，与之璧，使行，曰："惟我知女。女专利而不厌，予取予求，不女疵瑕也。后之人将求多于女，后之人，谓嗣君也。求多，以礼义大望责之。女必不免。我死，女必速行，无适小国，将不女容焉。"既葬，出奔郑，又有宠于厉公。子文闻其死也，曰："古人有言曰知臣莫若君，弗可改也已。"

公羊传　其称国以杀何？称国以杀者，君杀大夫之辞也。

谷梁传　称国以杀大夫，杀无罪也。

称国以杀者，罪郑伯也。已则逃盟不知自反，而内忌信谗，委罪执政，其刑颇矣。然则申侯无罪乎？左氏载申侯初有宠于楚文王，自楚奔郑，则不忘故国，导郑从楚，理或有之，故郑伯暴其罪以告齐也。不然齐方受申侯而赐以虎牢，郑乃杀之，得罪于齐矣，何能说于齐乎？

秋，七月，公会齐侯、宋公、陈世子款郑、世子华盟于甯母。甯母，谷梁作寧母。杜注：鲁地。高平方与县东有泥母亭。今山东鱼台县东谷城镇即其地。

左传　秋，盟于甯母，谋郑故也。管仲言于齐侯曰："臣闻之，招携以礼，携，离也。怀远以德。德礼不易，无人不怀。"齐侯修礼于诸侯，诸侯官受方物。诸侯官司，各于齐受其方所当贡之物。郑伯使大子华听命于会，言于齐侯曰："泄氏、孔氏、子人氏三族实违君命，三族，郑大夫。若君去之以为成，我以郑为内臣，以郑事齐，如封内臣。君亦无所不利焉。"齐侯将许之。管仲曰："君以礼与信属诸侯，而以奸终之，无乃不可乎？子父不奸之谓礼，守命共时之谓信，守君命，共时事。违此二者，奸莫大焉。"公曰："诸侯有讨于郑，未捷。今苟有衅，从之，不亦可乎？"对曰："君若绥之以德，加之以训辞，而帅诸侯以讨郑，郑将覆亡之不暇，岂敢不惧？若总其罪人以临之，总，将领也。子华奸父之命即罪人。郑有辞矣，以大义为辞。何惧？且夫合诸侯以崇德也。会而列奸，何以示后嗣？夫诸侯之会，其德刑礼义无国不记。记奸之位，位，会位也。子华为奸人而列在会位，将为诸侯所记。君盟替焉。替，废也。作而不记，非盛德也。君举必书，虽复齐史隐讳，亦损盛德。君其勿许，郑必受盟。夫子华既为大子，而求介于大国以弱其国，亦必不免。郑有叔詹、堵叔、师叔三良为政，未可间也。"齐侯辞焉。子华由是得罪于郑。冬，郑伯使请盟于齐。以齐侯不听子华故。

谷梁传　衣裳之会也。

按《周礼·大行人》，侯服、甸服、男服、采服、卫服、要服，各有职贡。及周之衰，诸侯惰慢。齐桓为衣裳之会，总率诸侯，量其国之大小，号令所出之物，以贡于天子。又能纳管仲之言，却子华之请，首止、葵丘而外，甯母之盟为盛矣。据左氏，记奸之位，君盟替矣。又曰齐侯辞焉，似子华未与盟。而三传经文皆有郑世子华，岂齐桓但却子华内臣之请，而未尝拒之，使不与盟与？

曹伯班卒。班，公羊作般。

公子友如齐。

甫盟甯母而又使季友修聘，所以勤伯国之好也。

冬，葬曹昭公。

附录左传　闰月，惠王崩。襄王恶大叔带之难，襄王，惠王大子郑也。大叔带，襄王弟、惠王之子也。有宠于惠后，惠后欲立之。惧不立，不发丧，而告难于齐。为八年盟洮传。

八年，春，王正月，公会王人、齐侯、宋公、卫侯、许男、曹伯、陈世子款，盟于洮。郑伯乞盟。陈世子款下公羊有郑世子华。洮，杜注：曹地。今山东濮州西南有洮城。

左传　八年春，盟于洮，谋王室也。郑伯乞盟，请服也。襄王定位而后发丧。王人会洮，还而后王定位。

公羊传　王人者何？微者也。曷为序乎诸侯之上？先王命也。　乞盟者何？处其所而请与也。其处其所而请与奈何？盖酌之也。酌，挹也。时郑伯欲与楚，不肯自来盟，处其国，遣使挹取其血而请与也。

谷梁传　王人之先诸侯，何也？贵王命也。朝服虽敝，必加于上。弁冕虽旧，必加于首。周室虽衰，必先诸侯。兵车之会也。　以向之逃归乞之也。向谓五年逃首戴之盟。乞者，重辞也。重是盟也。乞者，处其所而请与也。盖汋之也。汋血而与之。

王人微者而序乎诸侯之上，重王命也。王臣与列国同盟，诸侯之抗也。而于是盟，则无讥焉。盖襄王告难于齐，本欲藉侯伯之权以镇抚王室，桓公大合诸侯，同心翊戴，而推王人以莅。斯盟俾以微者而列天下公侯之上，则子带之党不觉震慑而辑其邪心矣。此桓公之以大义行权，而不悖乎经也。乞者，卑逊以屈之词。郑伯始而逃归，今则乞盟，直书其事，以见其不明于义，而自取愧辱也。

夏，狄伐晋。

左传　晋里克帅师，梁由靡御，虢射为右，以败狄于采桑。传言前年事也。采桑，杜注：平阳北屈县西南有采桑津。在今山西宁乡县西大河津济处。梁由靡曰："狄无耻，从之，必大克。"不耻走，故可逐。里克曰："惧之而已，无速众狄。"虢射曰："期年狄必至，示之弱矣。"夏，狄伐晋，报采桑之役也。复期月。明期年之言验。

齐桓尝存邢、卫而不能挫狄师，晋恃强且远，不与齐合，故狄无所忌而伐之。

秋，七月，禘于大庙，用致夫人。

左传　秋，禘而致哀姜焉，非礼也。凡夫人，不薨于寝，不殡于庙，不赴于同，不祔于姑，则弗致也。

公羊传　用者何？用者，不宜用也。致者何？致者，不宜致也。禘用致夫人，非礼也。夫人何以不称姜氏？贬。曷为贬？讥以妾为妻也。其言以妾为妻奈何？盖胁于齐媵女之先至者也。僖公本聘楚女为嫡，齐女为媵。齐先致其女，胁僖公，使用为嫡。

谷梁传　用者，不宜用者也。致者，不宜致者也。言夫人必以其氏姓。言夫人而不以氏姓，非夫人也，立妾之辞也，非正也。夫人之，我可以不夫人之乎？夫人卒葬之，我可以不卒葬之乎？君以为夫人，君以夫人之礼卒葬之，不得不以夫人书也。成风以文四年薨，五年葬，传终说其事。一则以宗庙临之而后贬焉，臣无贬君之义，故于大庙去夫人姓氏，以明君之非正。一则以外之弗夫人而见正焉。秦人来归僖公成风之襚，不言夫人。

礼，不王不禘，故程子以为成王之赐、伯禽之受皆非也。圣人因事而书，以见其非礼。使于礼无违，则当书大事而不书禘矣。致夫人之说，三传各异。刘向祖谷梁，而胡氏从之，盖成风也。致者，用夫人之礼见于庙，而正位号也。以私恩崇其母于大庙，则轻宗设矣。故不称姓氏，以深贬之。

冬，十有二月，丁未，天王崩。

左传　冬，王人来告丧。难故也，是以缓。

附录左传　宋公疾，大子兹父固请曰："目夷长且仁，君其立之。"兹父，襄公也。目夷，襄公庶兄子鱼。公命子鱼，子鱼辞曰："能以国让，仁孰大焉？臣不及也，且又不顺。"遂走而退。

九年，春，王正月，丁丑，宋公御说卒。正月，公羊、谷梁作三月。御，公羊、谷梁作禦。

左传　九年春，宋桓公卒。未葬而襄公会诸侯，故曰子。凡在丧，王曰小童，在丧，未葬也。小童，王自称之辞。公侯曰子。

公羊传　何以不书葬？为襄公讳也。

不书葬，鲁不会也。宋襄方出会葵丘，葬礼遂简，故诸侯亦不遣人往会尔。公羊以为为襄公讳，岂有鲁史而为宋讳之义乎？

夏，公会宰周公、齐侯、宋子、卫侯、郑伯、许男、曹伯于葵丘。葵丘，杜注：陈留外黄县东有葵丘。《释例》曰："宋地也。"在今河南考城县东。

左传　夏，会于葵丘，寻盟，且修好，礼也。王使宰孔赐齐侯胙，胙，祭肉。《周礼·大宗伯》以脤膰之礼亲兄弟之国，则异姓不合赐也。二十四年传曰："宋，先代之后也。于周为客，天子有事膰焉。"是二王之后，礼得赐之。今赐齐侯，尊之比二王后也。曰："天子有事于文、武，有祭事也。使孔赐伯舅胙。"天子谓异姓诸侯曰伯舅。齐侯将下拜，孔曰："且有后命。天子使孔曰：'以伯舅耋老，加劳，赐一级，无下拜。'"七十曰耋。级，等也。对曰："天威不违颜咫尺，言天鉴察不远，威严常在颜面之前。八寸曰咫。小白余敢贪天子之命无下拜？小白，齐侯名。余，身也。恐陨越于下，陨越，颠坠也。以遗天子羞，敢不下拜？"下拜登受。自堂下受胙于堂上。

公羊传　宰周公者何？天子之为政者也。

谷梁传　天子之宰，通于四海。冢宰掌建邦之六典，以佐王治邦国，故曰通于四海。宋其称子，何也？未葬之辞也。礼，柩在堂上，孤无外事。今背殡而出会，以宋子为无哀矣。

宰周公，冢宰而兼三公也。以冢宰而兼三公，其职任重矣。乃与诸侯列序，而不得与王世子之殊会同，天泽之义也。凡诸侯在丧而出会，以丧服行者称子，以吉服行者称爵。宋子与会，君子以为无哀，而在齐桓亦为过举矣。

秋，七月，乙酉，伯姬卒。

公羊传　此未适人，何以卒？许嫁矣。妇人许嫁，字而笄之，《昏礼》曰："女子许嫁，笄而礼之，称字。"死则以成人之丧治之。不以殇礼降也。

谷梁传　内女也，未适人不卒，此何以卒也？许嫁笄而字之，死则以成人之丧治之。谓许嫁于诸侯，尊同，则服大功九月。

伯姬未嫁，何以书卒？在礼，女子许嫁，以成人之丧治之。许嫁于诸侯，故不以殇礼降也。其为诸侯之媵，与嫁于世子、大夫者，则不书，荡伯姬、子叔姬之类是也。惟纪叔姬之卒以执节，故特书。

九月，戊辰，诸侯盟于葵丘。

左传　秋，齐人盟诸侯于葵丘，曰："凡我同盟之人，既盟之后，言归于好。"宰孔先归，遇晋侯，曰："可无会也。齐侯不务德而勤远略，故北伐山戎、南伐楚、西为此会也。东略之不知，西则否矣。言或向东，必不能复西略。其在乱乎！君务靖乱，无勤于行。"在，察也。微戒献公，言晋将有乱。晋侯乃还。

公羊传　桓之盟不日，此何以日？危之也。何危尔？贯泽之会，桓公有忧中国之心，不召而至者，江人、黄人也。葵丘之会，桓公震而矜之，叛者九国。震之者何？犹曰振振然。亢阳之貌。矜之者何？犹曰莫若我也。

谷梁传　桓盟不日，此何以日？美之也。为见天子之禁，故备之也。令诸侯以天子之禁，故备日美之。葵丘之盟，陈牲而不杀，读书加于牲上，壹明天子之禁，壹犹专也。曰：毋雍泉，雍，塞也。专水利以障谷。毋讫籴，讫，止也。谓贮粟。毋易树子，树子，嫡子。毋以妾为妻，毋使妇人与国事。女正位于内。

齐桓尊王之实，事于三会见之。初会首止，以尊王嗣而正大本。继会于洮，以谋王室而遏乱萌。今会葵丘，以明王禁而垂大法。故孟子称葵丘五命以为桓公盛事，而《春秋》再书其地以美之也。嗣王初立，群小尚怀异心，而大合诸侯，申严王禁，首以诛不孝，毋易树子命焉。是以王子带之党终桓公之世不敢为非也。

甲子，晋侯诡诸卒。甲子，公羊作甲戌。诡诸，左氏作佹诸。

冬，晋里克杀其君之子奚齐。杀，公羊作弑。

左传　九月，晋献公卒。里克、丕郑欲纳文公，故三公子之徒作乱。丕郑，晋大夫。三公子，申生、重耳、夷吾。初，献公使荀息傅奚齐。公疾，召之曰："以是藐诸孤，言其幼稚，与诸子县藐。辱在大夫，其若之何?”稽首而对曰：“臣竭其股肱之力，加之以忠贞。其济，君之灵也。不济，则以死继之。”公曰：“何谓忠贞?”对曰：“公家之利，知无不为，忠也。送往事居，耦俱无猜，贞也。”往，死者。居，生者。耦，两也。送死事生，两无疑憾，所谓正也。及里克将杀奚齐，先告荀息曰：“三怨将作，三公子之徒。秦、晋辅之，子将何如?”荀息曰：“将死之。”里克曰：“无益也。”荀叔曰：荀叔，荀息也。“吾与先君言矣，不可以贰。能欲复言而爱身乎?虽无益也，将焉辟之?且人之欲善，谁不如我?我欲无贰，而能谓人已乎?”言不能止里克，使不忠于申生等。　冬十月，里克杀奚齐于次。次，丧寝。书曰杀其君之子，未葬也。荀息将死之，人曰：“不如立卓子而辅之。”荀息立公子卓以葬。十一月，里克杀公子卓于朝。荀息死之。君子曰：《诗》所谓“白圭之玷，尚可磨也。斯言之玷，不可为也”，《诗·大雅》，言言之缺失，难治甚于白圭。荀息有焉。

公羊传　此未逾年之君，其言弑其君之子奚齐何?弑未逾年君之号也。

谷梁传　其君之子云者，国人不子也。国人不子，何也?不正其杀世子申生而立之也。

晋献公杀其世子申生而立奚齐，自谓身为君父，废立惟其所欲，臣民莫敢不从也。今献公甫卒，奚齐立而里克杀之，《春秋》不曰弑君，而曰杀其君之子者，明国人不子也。其君自子之，而国人不以为子，盖天理根于人心，不可灭息也。公羊氏以未逾年为义，按齐舍亦未逾年，而不书君之子，则其说不可通矣。

附录左传　齐侯以诸侯之师伐晋，及高梁而还，讨晋乱也。高梁，杜注：晋地，在平阳县西南。今山西临汾县东高梁都，地名梁墟是也。令不及鲁，故不书。　晋郤芮使夷吾重赂秦以求入，郤芮，郤克祖父，从夷吾者。曰：“人实有国，我何爱焉?入而能民，土于何有?”从之。齐隰朋帅师会秦师，纳晋惠公。隰朋，齐大夫。惠公，夷吾。秦伯谓郤芮曰：“公子谁恃?”对曰：“臣闻亡人无党，有党必有仇。言夷吾无党，援则无仇衅，易出易入，以微劝秦也。夷吾弱不好弄，弄，戏也。能斗不过，长亦不改，不识其他。”公谓公孙枝曰：“夷吾其定乎?”公孙枝，秦大夫子桑也。对曰：“臣闻之，唯则定国。《诗》曰：‘不识不知，顺帝之则’，文王之谓也。”《诗·大雅》。帝，天也，则，法也。又曰：‘不僭不贼，鲜不为则。’僭，过差也。贼，伤害也。皆忌克也。能不僭贼，则可为人法则。无好无恶，不忌不克之谓也。今其言多忌克，难哉!”言能自定难。公曰：“忌则多怨，又焉能克?是吾利也。”其言虽多忌，适足以自害，不能胜人也。秦伯虑其还害己，故曰是吾利。　宋襄公即位，以公子目夷为仁，使为左师以听政，于是宋治。故鱼氏世为左师。子鱼之后，以王父字为氏，故曰鱼氏。

钦定四库全书荟要卷一千七百四十二　经部

日讲春秋解义卷十七

僖　公

十年，春，王正月，公如齐。

盟柯以后，庄公因昏姻一再如齐，自此鲁不朝齐几二十年。盖桓公霸业未盛，不责诸侯以朝礼。今僖始朝齐，见于葵丘之后，霸势益张。诸侯不朝周而朝霸主，自此始矣。

狄灭温，温子奔卫。

左传　十年春，狄灭温，苏子无信也。苏子，周司寇苏公之后也。国于温，故曰温子。苏子叛王即狄，又不能于狄，叛王事在庄十九年。狄人伐之，王不救，故灭。苏子奔卫。

弦、江、黄近楚，楚侵而灭之，诸侯不能救，以其远也。温乃畿内之国，而狄灭之，诸侯坐视不救，所以病齐桓也。

晋里克弑其君卓。卓，公羊作卓子。弑卓在前年，而以今春书者，从赴也。

国人不子之义已见于奚齐之死，故于卓正其君臣之名，以著里克弑逆之罪也。骊姬作难，所难者里克耳。使克明于大义，据经廷诤，以动其君闻，优施之言，执节不贰，固大子以携其党，多为之故以变其志，骊姬之谋未必不懈。使献公终不能寤而杀申生，则以死徇之，大臣匡君、师傅受子之义交尽矣。乃以中立求免，固谗贼之谋，速申生之死，克尚有人心哉？故正其弑君之罪以示人臣。遭遇国难，求生避祸，以陷于大恶，而终亦不免于死亡者，先儒有言："为人臣子而不明于《春秋》之义，必陷篡弑之诛死罪之名。"岂不信与？

及其大夫荀息。

公羊传　及者何？累也。弑君多矣，舍此无累者乎？曰有。孔父、仇牧皆累也。舍孔父、仇牧无累者乎？曰有。有则此何以书？贤也。何贤乎荀息？荀息可谓不食其言矣。其不食其言奈何？奚齐、卓子者，骊姬之子也，荀息傅焉。骊姬者，国色也。其颜色一国之选。献公爱之甚，欲立其子，于是杀世子申生。申生者，里克傅之。献公病将死，谓荀息曰："士何如则可谓之信矣？"荀息对曰："使死者反生，生者不愧乎其言，则可谓信矣。"献公死，奚齐立。里克谓荀息曰："君杀正而立不正，废长而立幼，如之何？愿与子虑之。"荀息曰："君尝讯臣矣，臣对曰：'使死者反生，生者不愧乎其言，则可谓信矣。'”里克知其不可与谋，退，弑奚齐。荀息立卓子，里克弑卓子，荀息死之。荀息可谓不食其言矣。

谷梁传　以尊及卑也。荀息闲也。

荀息从君于昏，而《春秋》以死节书，比于孔父、仇牧，何也？人情于死生之际，每至夺其本心，甘弃名义而不顾，息之不食其言，亦足以愧天下受寄托之任而背之者矣。故进之以甚，苟免之恶也。使荀息初闻献公废立之命，即能以大义争之，使知变易国常非，所以全二子，则其义益高、其功益远。左氏引《白圭》之诗，盖嘉息之不食其言，而深惜其始言之玷也。司马光之论笃矣。

夏，齐侯、许男伐北戎。

北戎，或曰即山戎，或曰非也。当时患有大于戎者，狄灭温，楚灭弦、围许，舍此不图，而从事于戎，是不务德而勤远略。况许方患楚，而驱以伐戎，亦非用人之道也。

晋杀其大夫里克。

左传　夏四月，周公忌父、王子党会齐隰朋立晋侯。周公忌父，周卿士。王子党，周大夫。晋侯杀里克以说。自解说不篡。将杀里克，公使谓之曰：“微子，则不及此。虽然，子弑二君与一大夫，为子君者，不亦难乎?”对曰：“不有废也，君何以兴？欲加之罪，其无辞乎？臣闻命矣。”伏剑而死。于是丕郑聘于秦，且谢缓赂，故不及。丕郑，里克党。以在秦故不及与里克俱死。

公羊传　里克弑二君，则曷为不以讨贼之辞言之？惠公之大夫也。然则孰立惠公？里克也。里克弑奚齐、卓子，逆惠公而入。里克立惠公，则惠公曷为杀之？惠公曰：“尔既杀夫二孺子矣，又将图寡人，为尔君者，不亦病乎?”于是杀之。然则曷为言惠公之入？晋之不言出入者，踊为文公讳也。踊，豫也。献公杀申生，文公、惠公恐见及，出奔，不子当绝，还入为篡，文公功足以并掩前人之恶，故惠公入、怀公出、文公入皆不书，悉为文公讳故也。为文公讳者，欲明文公之功大也。齐小白入于齐，则曷为不为桓公讳？桓公之享国也长，美见乎天下，故不为之讳本恶也。文公之享国也短，美未见乎天下，故为之讳本恶也。

谷梁传　称国以杀，罪累上也。里克弑二君与一大夫，其以累上之辞言之，何也？其杀之不以其罪也。其杀之不以其罪，奈何？里克所为弑者，为重耳也。夷吾曰：“是又将杀我乎?”故杀之，不以其罪也。其为重耳弑，奈何？晋献公伐虢，得丽姬，献公私之。有二子，长曰奚齐，稚曰卓子。丽姬欲为乱，乱谓杀申生而立其子。故谓君曰：“吾夜者梦夫人趋而来，曰：‘吾苦畏。’夫人，申生母。胡不使大夫将卫士而卫冢乎?”公曰：“孰可使?”曰：“臣莫尊于世子，则世子可。”故君谓世子曰：“丽姬梦夫人趋而来，曰：‘吾苦畏’，女其将卫士而往卫冢乎?”世子曰：“敬诺。”筑宫。宫成，丽姬又曰：“吾夜者梦夫人趋而来，曰：‘吾苦饥。’世子之宫已成，则何为不使祠也?”故献公谓世子曰：“其祠。”世子祠。已祠，致福于君。君田而不在，丽姬以酖为酒，药脯以毒。献公田来，丽姬曰：“世子已祠，故致福于君。”君将食，丽姬跪曰：“食自外来者，不可不试也。”覆酒于地而地贲，贲，沸起也。以脯与犬，犬死。丽姬下堂而啼呼曰：“天乎！天乎！国子之国也，子何迟于为君?”君喟然叹曰：“吾与女未有过切，吾与女未有过差切急。是何与我之深也。”使人谓世子曰：“尔其图之。”世子之傅里克谓世子曰：“入自明。入自明则可以生，不入自明则不可以生。”世子曰：“吾君已老矣，已昏矣。若此而入自明，明则丽姬必死，丽姬死则吾君不安。所以使吾君不安者，吾不若自死。吾宁自杀以安吾君。以重耳为寄矣。”虑丽姬又谮重耳，故以托里克，使保全之。刎脰而死。故里克所为弑者，为重耳也。夷吾曰：“是又将杀我也。”

里克既负弑君之罪，晋人杀之，则当从州吁、无知之例为讨贼之词，乃称国以杀，而不去其官，以惠公杀之，不以其罪也。始以赂求，既而背之，又惧其意在重耳，而假词以杀之，非能为二孺子讨贼也。

秋，七月。

附录左传　晋侯改葬共大子。共大子，申生也。秋，狐突适下国，下国，曲沃新城。遇大子。大子使登仆，忽如梦而相见。狐突本为申生御，故复使登车为仆。而告之曰：“夷吾无礼，余得请于帝矣，将以晋畀秦，秦将祀余。”对曰：“臣闻之，神不歆非类，民不祀非族。君祀毋乃殄乎？且民何罪？失刑乏祀，君其图之。”君曰：“诺，吾将复请。七日，新城西偏将有巫者而见我焉。”将因巫而见。许之，遂不见。及期而往，告之曰：“帝许我罚有罪矣，敝于韩。”敝，败也。韩，杜注：晋地。今属陕西西安府，地名韩原。　丕郑之如秦也，言于秦伯曰：“吕甥、郤称、冀芮实为不从，若重问以召之，三子，晋大夫。不从，不与秦赂。问，聘问之币。臣出晋君，君纳重耳，蔑不济矣。”

冬，大雨雪。雪，公羊作雹。

公羊传　何以书？记异也。

《春秋》书大雨雪者三，在隐则以日书，在桓则以月书，此以时书。周之冬，酉、戌、亥月也。是时阴结而未凝，故以大雨雪为异。

附录左传　冬，秦伯使泠至报问，且召三子。泠至，秦大夫。郤芮曰：“币重而言甘，诱我也。”遂杀丕郑、祁举，及七舆大夫，左行共华、右行贾华、叔坚、骓歂、累虎、特宫、山祁，皆里、丕之党也。祁举，晋大夫。七舆，侯伯七命，副车七乘，每乘一大夫主之。七子，七舆大夫。丕豹奔秦，丕豹，丕郑之子。言于秦伯曰：“晋侯背大主而忌小怨，民弗与也。大主，秦也。小怨，里、丕。伐之，必出。”公曰：“失众，焉能杀？谓杀里、丕之党。违祸，谁能出君?”谓豹避祸也。为明年晋杀丕郑传。

十有一年，春，晋杀其大夫丕郑父。

左传　十一年春，晋侯使以丕郑之乱来告。释经书在今年。

谷梁传　称国以杀，罪累上也。

按左氏，丕郑言于秦伯，欲出晋君，则信有罪矣。曷为称国以杀，而不去其官？郑非弑君之贼也。惠公徒以其异己而杀之，则杀之不以罪。观丕郑之事，则里克之死出于惠公之私，而非以讨贼，益明矣。其称国者，兼罪用事之臣不能格君心之非，而赞其滥刑以危国也。

附录左传　天王使召武公、内史过赐晋侯命。召武公，周卿士。内史过，周大夫。诸侯即位，天子赐之命圭为瑞。受玉惰。过归，告王曰："晋侯其无后乎！王赐之命，而惰于受瑞，先自弃也已，其何继之有？礼，国之干也。敬，礼之舆也。不敬则礼不行，礼不行则上下昏，何以长世？"为惠公不终张本。

夏，公及夫人姜氏会齐侯于阳谷。

公之娶、夫人之归皆不见于经，合礼故也。夫人于传无考，而按其时代，当为桓公之女，可以归宁不可以与会。公稔知桓、庄之失而不改其辙，桓公亲见两国之事，亦苟循其迹，以两君相会而使妇人厕于其间，桓公之志益怠、业益衰至。楚人灭黄而不能救，于是可征矣。

附录左传　夏，扬、拒、泉、皋、伊、雒之戎，扬、拒、泉、皋，杜注：皆戎邑，伊阙北有泉亭。今河南洛阳县西南有前城，即泉亭也。伊、雒之戎，杜注：诸杂戎，居伊水、雒水之间者。同伐京师，入王城，焚东门，王子带召之也。王子带，甘昭公。召戎欲因以篡位。秦、晋伐戎以救周。秋，晋侯平戎于王。为二十四年天王出居郑传。

秋，八月，大雩。

谷梁传　雩月，正也。雩，得雨曰雩，不得雨曰旱。礼，龙见而雩。常事不书，书者皆以旱也。故得雨则喜，以月为正也。不得雨则书旱，明旱灾成。

冬，楚人伐黄。

左传　黄人不归楚贡。冬，楚人伐黄。黄人恃齐故。

贯之盟，管敬仲言于齐侯曰："江、黄远齐而近楚，楚为利之国也。若伐而不能救，则无以宗诸侯矣。"桓公不听，遂与之盟。既知力不能救，乃与之盟以怒楚，而速其亡。桓公之处心不仁，而制事亦失理矣。故《春秋》于弦、温之灭皆不书伐，而黄独书伐，以示告命既至，效死固守，更历三时，援绝势穷，而上下同力以就灭，为可哀也。

十有二年，春，王三月，庚午，日有食之。不书朔，官失之。

附录左传　十二年春，诸侯城卫楚丘之郛，惧狄难也。为明年春狄侵卫传。

夏，楚人灭黄。

左传　黄人恃诸侯之睦于齐也，不共楚职，曰："自郢及我九百里，焉能害我？"

郢，楚都。**夏，楚灭黄。**

谷梁传　贯之盟，管仲曰："江、黄远齐而近楚，楚为利之国也。若伐而不能救，则无以宗诸侯矣。"宗诸侯，谓诸侯宗之。桓公不听，遂与之盟。管仲死，楚伐江、灭黄，桓公不能救，故君子闵之也。

《春秋》灭人之国其罪则一，而见灭之例有三。以归者既无死难之节，又无兴复之志，贪生畏死，甘就执辱，其罪为重，许斯、顿牂之类是也。出奔者虽不能死社稷，犹有兴复之望焉，托于诸侯，礼称寓公，其罪为轻，弦子、温子之类是也。若夫国灭而死于其位，是谓得正，而毙于事为不幸，于礼为无愆，公羊氏所谓"亡国之善词，上下之同力"也，若江、黄二国是矣。

秋，七月。

附录左传　王以戎难故，讨王子带。子带前年召戎伐周。秋，王子带奔齐。　冬，齐侯使管夷吾平戎于王，使隰朋平戎于晋。前年晋救周伐戎，故戎与周、晋不和。王以上卿之礼飨管仲，管仲辞曰："臣，贱有司也有。天子之二守国、高在，国子、高子，天子所命为齐守臣，皆上卿也。若节春秋，来承王命，何以礼焉？节，时也。陪臣敢辞。"诸侯之臣称于天子曰陪臣。王曰："舅氏，伯舅之使，故曰舅氏。余嘉乃勋。应乃懿德，谓督不忘。往践乃职，无逆朕命。"功勋美德，可谓正而不可忘者。不言位而言职者，管仲位卑而执齐政，故欲以职尊之。管仲受下卿之礼而还。不敢以职自高，卒受本位之礼。君子曰：管氏之世祀也宜哉！让不忘其上。《诗》曰："恺悌君子，神所劳矣。"《诗·大雅》，言乐易君子为神所劳来，故世祀也。

冬，十有二月，丁丑，陈侯杵臼卒。杵，公羊作处。

十有三年，春，狄侵卫。

春秋之初，狄最盛强，桓公虽救邢、卫，未尝亲与敌战。今见楚人灭黄而齐不能救，是以复逞志于卫。明年侵郑，逼近王都，而淮夷亦来病杞。盖霸者以力假仁，其心不能有勤而无怠，故其业必至初盛而终衰。观《春秋》所书，则知仲尼之徒所以不道桓、文之事也。

附录左传　十三年春，齐侯使仲孙湫聘于周，且言王子带。前年王子带奔齐，言欲复之。事毕，不与王言。归，复命曰："未可。王怒未怠，其十年乎？不十年，王弗召也。"

夏，四月，葬陈宣公。

公会齐侯、宋公、陈侯、卫侯、郑伯、许男、曹伯于咸。咸，杜注：卫地，东郡濮阳县东南有咸城。在今直隶开州东南。

左传　夏，会于咸，淮夷病杞故，且谋王室也。　秋，为戎难故，诸侯戍周。齐仲孙湫致之。致诸侯戍卒。

谷梁传　兵车之会也。

咸之会，谋城杞也。城杞之诸侯，即在会者。凡土功，龙见而戒事，夏之二月，周之四月也。水昏正而栽，日至而毕，日至，夏之十一月，周之正月也。故会在今年之夏，明年春始城之，正合土功之时。盖诸侯受功于会，旋返其国，至明年春，始各就功役耳。

秋，九月，大雩。

冬，公子友如齐。

观友之聘，则齐侯在国明矣。是知诸侯咸返其国也。

附录左传　冬，晋荐饥，麦、禾皆不熟。使乞籴于秦。秦伯谓子桑："与诸乎?"对曰："重施而报，君将何求? 言不损秦。重施而不报，其民必携。携而讨焉，无众必败。"不义故民离。谓百里："与诸乎?"百里，秦大夫。对曰："天灾流行，国家代有。救灾恤邻，道也。行道有福。"丕郑之子豹在秦，请伐晋。欲为父报怨。秦伯曰："其君是恶，其民何罪?"秦于是乎输粟于晋，自雍及绛相继，雍，杜注：秦国都。今陕西凤翔县南有古雍城。绛，杜注：晋国都。命之曰泛舟之役。雍临渭，绛临汾，从渭水运入河、汾。

十有四年，春，诸侯城缘陵。缘陵，杜注：杞邑。《后汉志》北海郡有营陵县。薛瓒曰："《春秋》谓之缘陵是也。"其故城在乐昌县东南。今属山东青州府。

左传　十四年春，诸侯城缘陵，而迁杞焉。不书其人，有阙也。阙，谓器用未具、城池未固而去，为惠不终也。

公羊传　孰城之? 城杞也。曷为城杞? 灭也。孰灭之? 盖徐、莒胁之。曷为不言徐、莒胁之? 为桓公讳也。曷为为桓公讳? 上无天子，下无方伯，天下诸侯有相灭亡者，桓公不能救，则桓公耻之也。然则孰城之? 桓公城之。曷为不言桓公城之? 不与诸侯专封也。曷为不与? 实与而文不与。文曷为不与? 诸侯之义不得专封也。诸侯之义不得专封，则其曰实与之何? 上无天子，下无方伯，天下诸侯有相灭亡者，力能救之，则救之可也。

谷梁传　其曰诸侯，散辞也。直曰诸侯，无大小之序，是各自欲城，无总一之者，非伯者所制，故曰散辞。聚而曰散，何也? 诸侯城，有散辞也。桓德衰矣。

不书城杞，杞未迁也。齐桓之城三国，书辞各异。邢以自迁为文，则其国尚存，无专封之嫌，故再序三国之师，以见得救患恤邻之义也。楚丘之城，则卫已灭而复封之，其功虽大，其事尤专，故没诸侯而不书，以责其不禀王命也。至于缘陵之城，则淮夷病杞，诸侯城而迁之，其功不若楚丘之大，其事亦不若楚丘之专，故直书诸侯而不序。所谓轻重之权衡，曲直之绳墨，于此可见矣。

夏，六月，季姬及鄫子遇于防。使鄫子来朝。鄫，谷梁作缯，后同。杜注：鄫国，琅琊鄫县。今山东峄县东有鄫城。

左传　鄫季姬来宁，公怒，止之，以鄫子之不朝也。夏，遇于防，而使来朝。

公羊传　鄫子曷为使乎季姬来朝？言为季姬所使。内辞也。非使来朝，使来请己也。

谷梁传　遇者，同谋也。来朝，来请己也。朝不言使，言使非正也。以病缯子也。

范宁曰："鲁女无故远会诸侯，遂得淫通。"此亦事之未必然。《左传》鄫季姬来宁，公怒，止之，以鄫子之不朝也。故遇于防，而使来朝。此近合人情，但季姬不系于鄫，乃女子未嫁之称，且遇者，邂逅之辞，夫妇相会不宜言遇。又明年宜书鄫季姬归，而曰季姬归于鄫，义皆未安，姑并存以俟参考。

秋，八月，辛卯，沙鹿崩。沙鹿，杜注：山名。平阳元城县东有沙鹿土山。今沙鹿山在直隶元城县东，其西有沙鹿城。

左传　秋八月辛卯，沙鹿崩。晋卜偃曰："期年将有大咎，几亡国。"国主山川，山崩川竭，亡国之征。

公羊传　沙鹿者何？河上之邑也。此邑也，其言崩何？袭邑也。袭者，默陷入于地中。沙鹿崩，何以书？记异也。外异不书，此何以书？为天下记异也。

谷梁传　林属于山为鹿。鹿，山足。沙，山名也。无崩道而崩，故志之也。其日，重其变也。

国主山川，山川之变，咎归国君。此年沙鹿崩，明年晋侯见获于秦。《春秋》不言事应，而事应具存。志物之反常，使人恐惧修省之义也。

狄，侵郑。

冬，蔡侯肸卒。

谷梁传　诸侯时卒，恶之也。

附录左传　冬，秦饥，使乞籴于晋，晋人弗与。庆郑曰：庆郑，晋大夫。"背施无亲，幸灾不仁，贪爱不祥，怒邻不义，四德皆失，何以守国？"虢射曰：虢射，惠公舅。"皮之不存，毛将安傅？"皮以喻所许秦城，毛以喻籴。言既背秦施，为怨已深，虽与之籴，犹无皮而施毛。庆郑曰："弃信背邻，患孰恤之？无信患作，失援必毙，是则然矣。"虢射曰："无损于怨，而厚于寇，不如勿与。"庆郑曰："背施幸灾，民所弃也。近犹仇之，况怨敌乎？"弗听。退曰："君其悔是哉！"

十有五年，春，王正月，公如齐。

《周官》行人职，诸侯之邦交，岁相问，殷相聘，世相朝，此周之旧典也。王制，诸侯于天子五年一朝。僖公十年朝齐，此年又朝齐，盖用五年一朝之礼，直同于事天子矣。故曰：五霸者，三王之罪人也。

楚人伐徐。

三月，公会齐侯、宋公、陈侯、卫侯、郑伯、许男、曹伯盟于牡丘，遂次于匡。公孙敖帅师及诸侯之大夫救徐。帅，公羊作率，后同。牡丘，杜注：地名，阙。今聊城县东北有牡丘，或云即《春秋》会盟处。匡，杜注：卫地，在陈留长垣县西南。《后汉志》长垣县有匡城。今属直隶大名府。

左传　十五年春，楚人伐徐，徐即诸夏故也。三月，盟于牡丘，寻葵丘之盟，且救徐也。葵丘盟在九年。孟穆伯帅师及诸侯之师救徐，孟穆伯，公孙敖庆父之子。诸侯次于匡以待之。

谷梁传　兵车之会也。　遂，继事也。次，止也，有畏也。　善救徐也。

徐尝为齐取舒，以披楚之与国，故楚人灭黄之后，嗣事于徐，是徐为齐受师也。况楚人凭陵东夏，其势渐张，援徐以遏其锋，当如救焚拯溺。且青、徐地接，无馈饷越险之难，桓公乃逡巡牡丘，遂止于匡，而使大夫救徐，何其志之衰、气之馁也。以霸主合七国之君，尚畏楚而不敢前，诸大夫之志能毋怯？士众之气尚可鼓乎？用此知帝王之道至诚无息，故盛德大业克保于终，霸者假仁义以为名，则始勤终怠，德衰而业亦堕矣。

夏，五月，日有食之。

左传　夏五月，日有食之。不书朔与日，官司失之也。

秋，七月，齐师、曹师伐厉。厉，杜注：楚与国。义阳随县北有厉乡。今湖广随州北有厉山，厉乡在山下。

左传　秋，伐厉，以救徐也。大夫救徐，楚师不退，故二师复伐厉救之。

厉介徐、楚之间，乃楚与国。兵法攻所必救，伐厉以救徐也。然继此楚败徐于娄林，则知厉非楚所必救矣。用师而漫无成算，无怪其威顿而势屈也。

八月，螽。公羊作蝝

谷梁传　螽，虫灾也。甚则月，不甚则时。

九月，公至自会。

公羊传　桓公之会不致，此何以致？久也。

《春秋》于鲁君归国而以会致者始此。公自正月如齐，因会诸侯，盟于牡丘，次于匡，以俟大夫之救徐。逾三时而以会致，见救徐之无功也。

季姬归于鄫。

己卯，晦，震夷伯之庙。

左传　震夷伯之庙，罪之也。于是展氏有隐慝焉。夷伯，鲁大夫展氏之祖父。慝，恶也。

公羊传　晦者何？冥也。昼日而冥。震之者何？雷电击夷伯之庙者也。夷伯者，曷为者也？季氏之孚也。孚，信也。季氏所信任臣。季氏之孚则微者，其称夷伯何？

大之也。曷为大之？天戒之，故大之也。何以书？记异也。

谷梁传　晦，冥也。震，雷也。夷伯，鲁大夫也。因此以见天子至于士皆有庙。天子七庙，祭法曰：王立七庙，曰考庙、王考庙、皇考庙、显考庙、祖考庙。有二祧，远庙称祧。诸侯五，曰考庙、王考庙、皇考庙、显考庙、祖考庙。大夫三，曰考庙、王考庙、皇考庙。士二。曰考庙、王考庙。士，上士也。故德厚者流光，德薄者流卑。是以贵始，德之本也。始封必为祖。

不曰夷伯之庙震，而曰震夷伯之庙，明天人相感之义也。大夫之家庙震，事甚微细，而圣人不削，谨天变也。夷，谥。伯，字。在礼，大夫既殁，虽言于君所称谥若字，故史册因之，与始卒称名异。刘敞之说非也。

冬，宋人伐曹。

左传　冬，宋人伐曹，讨旧怨也。庄十四年，曹与诸侯伐宋。

曹尝从齐伐宋，宋人憾焉。今诸侯始贰，曹方伐厉救徐，而襄公乘虚伐之。宋襄固为不义，而自齐桓刱霸诸侯，无私争者垂三十年，至此不能制诸侯之侵伐，即桓德之衰可见矣。

楚人败徐于娄林。娄林，杜注：徐地，下邳僮县东南有娄亭。在今江南虹县东北。

左传　楚败徐于娄林，徐恃救也。恃齐救。

谷梁传　夷狄相败，志也。

楚人越千里以攻徐，齐桓统七国之师，畏楚而不敢进。《春秋》书诸侯盟次，大夫帅师于前；书齐、曹伐厉，宋人伐曹于中；书楚人败徐于后，则齐桓之无志，诸侯之解体，救徐之不力，其情具见矣。

十有一月，壬戌，晋侯及秦伯战于韩，获晋侯。秦始见经。

左传　晋侯之入也，秦穆姬属贾君焉，晋侯入在九年。穆姬，申生姊，秦穆夫人。贾君，晋献公次妃贾女也。且曰："尽纳群公子。"群公子，晋献、武之族。宣二年传曰："骊姬之乱，诅无畜群公子。"晋侯烝于贾君，又不纳群公子，是以穆姬怨之。晋侯许赂中大夫，中大夫，国内执政里、丕等。既而皆背之。赂秦伯以河外列城五，河外，河南也。东尽虢略，虢略，杜注：从河南而东尽虢界。今河南嵩县境是也。南及华山，华山，杜注：在弘农华阴县西南。今属陕西西安府。内及解梁城，解梁城，杜注：河东解县。今山西临晋县东南有解城。既而不与。晋饥，秦输之粟。在十三年。秦饥，晋闭之籴。在十四年。故秦伯伐晋。卜徒父筮之，吉。徒父，秦之掌龟卜者。卜人而用筮，不能通三《易》之占，故据其所见杂占而言之。涉河，侯车败。秦军涉河，则晋侯车败也。诘之，秦伯不解，谓败在己，故诘之。对曰："乃大吉也。三败必获晋君。其卦遇蛊☶☴，巽下艮上，蛊。曰：'千乘三去，三去之余，获其雄狐。'夫狐蛊，必其君也。三去犹《易》所谓三驱。盖卜筮书杂辞以狐蛊为君，喻晋惠公也。蛊之贞，风也。其悔，山也。内卦为贞，外卦为悔。巽为风，秦象。艮为山，晋象。岁云秋矣，我落其实，而取其材，所以克也。周九月，夏之七月，孟秋也。艮为山，山有木，今岁已秋，风吹落山木之实，则材为人所取。实落材亡，不败何待?"三败，及韩。秦三败晋师，遂从之及于韩。晋侯谓庆郑曰："寇深矣，若之何?"对曰："君实深之，可若何?"公曰："不孙。"卜右，庆郑吉，弗使。恶其不孙。步扬御戎，步扬，郤犨之父。家仆徒为右。乘小驷，郑入也。郑所献马名小驷。庆郑曰："古者，大事必乘其产，生其水土而知其人心，安其教训而服习其道，唯所纳之，无不如志。今乘异产，以从戎事，及惧而变，将与人易。乱气狡愤，阴血周作，张脉偾兴，外强中干。狡，戾也。偾，动也。气狡愤于外，则血脉必周身而作，随气张动，外虽有强形，而内实干竭。进退不可，周旋不能，君必悔之。"弗听。九月，晋侯逆秦师，使韩简视师。韩简，晋大夫韩万之孙。复曰："师少于我，斗士倍我。"公曰："何故?"对曰："出因其资，谓奔梁求秦。入用其宠，为秦所纳。饥食其粟，三施而无报，是以来也。今又击之，我怠秦奋，倍犹未也。"公曰："一夫不可狃，况国乎?"遂使请战，曰："寡人不佞，能合其众而不能离也。君若不还，无所逃命。"秦伯使公孙枝对曰："君之未入，寡人惧之。入而未定列，犹吾忧也。"列，位也。苟列定矣，敢不承命? 韩简退曰："吾幸而得囚。"得囚为幸，言必败。壬戌，战于韩原。九月十三日。晋戎马还泞而止。泞，泥也。还，便旋也。小驷不调，故堕泥中。公号庆郑，庆郑曰："愎谏，违卜。愎，戾也。固败是求，又何逃焉?"遂去之。梁由靡御韩简，虢射为右，辂秦伯，将止之。辂，迎也。止，获也。郑以救公误之，庆郑不知其将获秦伯，呼使救惠公，遂误其师。遂失秦伯。秦获晋侯以归。经书十一月壬戌十四日，从赴。晋大夫反首拔舍从之。反首，乱头发下垂也。拔草舍止，坏形毁服，以示忧戚。秦伯使辞焉，曰："二三子何其戚也！寡人之从君而西也，亦晋之妖梦是践，岂敢以至?"狐突不寐与神言，故谓之妖梦。申生言帝许罚有罪，今将晋君而西，以厌息此语。践，厌也。以至，言至于已甚。晋大夫三拜稽首，曰："君履后土而戴皇天，皇天后土实闻君之言，群臣敢在下风。"穆姬闻晋侯将至，以大子罃、弘与女简、璧登台而履薪焉。罃，康公名。弘，其母弟也。简、璧，罃、弘姊妹。古之宫闭者，皆居之台以抗绝之。穆姬欲自罪，故登台而荐之以薪，左右上下者必履柴乃得通。使以免服衰绖逆，免衰绖遭丧之服，令行人服此逆秦伯。且告，曰："上天降灾，使我两君匪以玉帛相见，而以兴戎。若晋君朝以入，则婢子夕以死，夕以入则朝以死，唯君裁之!"乃舍诸灵台。灵台，杜注：在京兆鄠县，周之故台。今陕西鄠县东有鄠宫，又东有灵囿，囿中有灵台。大夫请以入，公曰："获晋侯以厚归也，既而丧归，焉用之? 若将晋侯入，则夫人或自杀。大夫其何有焉? 何有犹何得。且晋人戚忧以重我，谓反首拔舍。天地以要我。不图晋忧，重其怒也。我食吾言，背天地也。重怒难任，任，当也。背天不祥，必归晋君。”公子縶曰：“公子縶，秦大夫。不如杀之，无聚慝焉。”恐夷吾归，复相聚为恶。子桑曰：“归之而质其大子，必得大成。晋未可灭，而杀其君，只以成恶。只，适也。且史佚有言曰：史佚，周武王时大史名佚。‘无始祸，无怙乱，恃人乱为己利。无重怒。’重怒难任，陵人不祥。”乃许晋平。晋侯使郤乞告瑕吕饴甥，郤乞，晋大夫。瑕吕饴甥，即吕甥也。盖姓瑕吕，名饴甥，字子金。且召之。晋侯闻秦将许之平，故告吕甥，召使迎己。子金教之言曰：“朝国人而以君命赏。恐国人不从，故先赏之于朝。且告之曰：‘孤虽归，辱社稷矣，其卜贰圉也。’”贰，代也。圉，惠公大子怀公。众皆哭，哀君不还国。晋于是乎作爰田。爰，易也。言分公田之税。旧应入公者，改易与所赏之众。吕甥曰：“君亡之不恤，而群臣是忧，惠之至也，将若君何?”众曰：“何为而可?”对曰：“征缮以辅孺子。征，赋也。缮，治也。孺子，谓太子圉。诸侯闻之，丧君有君，群臣辑睦，甲兵益多。好我者劝，恶我者惧，庶有益乎!”众说，晋于是乎作州兵。五党为州，州二千五百家也，因此又使州长各缮甲兵。初，晋献公筮嫁伯姬于秦，遇归妹䷵兑下震上，归妹。之睽䷥。兑下离上，睽。归妹上六变而为睽。史苏占之，曰：“不吉。史苏，晋卜筮之史。其繇曰：‘士刲羊，亦无衁也。女承筐，亦无贶也。《周易》归妹上六爻辞也。离为中女，震为长男，故称士女。衁，血也。贶，赐也。刲羊，士之功。承筐，女之职。上六无应，所求不获。故下刲无血，上承无实，不吉之象也。西邻责言，不可偿也。兑，西方也。兑为口舌，以兑从震，是口舌雷动。归妹之睽，犹无相也。’归妹，女嫁之卦。睽，乖离之象。故曰无相。相，助也。震之离，亦离之震。二卦变而气相通。为雷为火，为嬴败姬。震为雷、为木，离为火。木者，火之母，火动炽而焚木，女嫁反害母家之象。故曰为嬴败姬。车说其輹，火焚其旗，不利行师，败于宗丘。輹，车下缚也。震为车，上六爻在震则无应，故车脱輹；在离则失位，故火焚旗。言皆失车火之用也。车败旗焚，故不利行师。火还害母，故败不出国外，近在宗邑，丘犹邑也。归妹、睽孤，寇张之弧。此睽上九爻辞也。处睽之极，故曰睽孤。失位孤绝，故遇寇难，而有弓矢之警，皆不吉之象。侄其从姑，震木离火，火从木生，离为震妹，于火为姑，谓我侄者，我谓之姑，此子圉质秦之象。六年其逋，逃归其国，而弃其家。逋，亡也。家谓子圉妇怀嬴。明年其死于高梁之虚。”惠公死之，明年文公入，杀怀公于高梁。高梁，杜注：晋地，在平阳府杨氏县西南。今山西临汾县梁墟是。及惠公在秦，曰：“先君若从史苏之占，吾不及此夫!”韩简侍，曰：“龟，象也。筮，数也。物生而后有象，象而后有滋，滋而后有数。先君之败德及可数乎?史苏是占，勿从何益?”言龟以象示，筮以数告，象数相因而生，然后有占。占所以知吉凶，不能变吉凶。先君败德，致公及此，非筮数所生，虽复不从史苏，何益于祸?《诗》曰：“下民之孽，匪降自天。僔沓背憎，职竞由人。”《诗·小雅》，言民之邪恶非天所降。僔沓面语，背相憎疾，主于竞逐为恶者由人耳。因以讽谏惠公有以召此祸也。　十月，晋阴饴甥会秦伯，盟于王城。阴饴甥，即吕甥也。食采于阴，故曰阴饴甥。今山西霍州吕乡有阴地村。王城，杜注：秦地，冯翊临晋县东有王城。在今陕西朝邑县东。秦伯曰："晋国和乎?"对曰："不和。小人耻失其君而悼丧其亲，痛其亲为秦所杀。不惮征缮以立圉也，曰：'必报仇，宁事戎狄。'君子爱其君而知其罪，不惮征缮以待秦命，曰：'必报德，有死无二。'以此不和。"秦伯曰："国谓君何?"对曰："小人戚，谓之不免。君子恕，以为必归，小人曰：'我毒秦，秦岂归君。'毒谓三施不报。君子曰：'我知罪矣，秦必归君。贰而执之，服而舍之，德莫厚焉，刑莫威焉。服者怀德，贰者畏刑，此一役也，秦可以霸。纳而不定，废而不立，以德为怨，秦不其然。'"秦伯曰："是吾心也。"改馆晋侯，馈七牢焉。牛、羊、豕各一为一牢。蛾析谓庆郑曰：蛾析，晋大夫。"盍行乎?"对曰："陷君于败，败而不死，又使失刑，非人臣也。臣而不臣，行将焉入?"十一月，晋侯归。丁丑，杀庆郑而后入。丁丑，月二十九日。是岁，晋又饥，秦伯又饩之粟，曰："吾怨其君，而矜其民。且吾闻唐叔之封也，箕子曰：'其后必大。'晋其庸可冀乎?唐叔，晋始封之君，武王之子。箕子，《宋世家》云纣亲戚也。姑树德焉，以待能者。"于是秦始征晋河东，置官司焉。征，赋也。河东，即惠公许赂秦以河外列城五之地。

公羊传　此偏战也，何以不言师败绩?君获，不言师败绩也。

谷梁传　韩之战，晋侯失民矣。以其民未败而君获也。

秦伯伐晋，而经不书伐，专罪晋也。获晋侯不书以归，未至其国都也。不书师败绩，君重于师，故君获不言师败绩也。晋侯三施不报，抗兵逆战，及见获于秦，秦伯舍诸国外而旋归之，在晋侯为自取败，在秦伯为善取胜，故书法如此。

日讲春秋解义卷十八

僖　公

十有六年，春，王正月，戊申，朔，陨石于宋五。是月，六鹢退飞，过宋都。陨，公羊作霣。鹢，谷梁作鶂。

左传　十六年春，陨石于宋五，陨星也。六鹢退飞，过宋都，风也。鹢，水鸟，遇迅风而退飞。周内史叔兴聘于宋，宋襄公问焉，曰："是何祥也？吉凶焉在？"祥，吉凶之先见者。对曰："今兹鲁多大丧，明年齐有乱，君将得诸侯而不终。"鲁丧，齐乱，宋襄公不终，别以政刑吉凶他占知之。退而告人曰："君失问。是阴阳之事，非吉凶所生也。言石陨、鹢退阴阳错逆所为，非人所生。襄公不知阴阳而问人事，故曰君失问。叔兴自以对非其实，恐为有识所讥，故退而告人。吉凶由人，吾不敢逆君故也。"积善余庆，积恶余殃，故曰吉凶由人。君问吉凶，不敢逆之，故假他占以对。

公羊传　曷为先言霣而后言石？霣石记闻，闻其磌然，视之则石，察之则五。是月者何？仅逮是月也。何以不日？晦日也。晦则何以不言晦？《春秋》不书晦也。朔有事则书，晦虽有事不书。曷为先言六而后言鹢？六鹢退飞，记见也，视之则六，察之则鹢，徐而察之则退飞。五石、六鹢何以书？记异也。外异不书，此何以书？为王者之后记异也。

谷梁传　先陨而后石，何也？陨而后石也。于宋四竟之内曰宋。后数，散辞也。耳治也。陨石先以耳闻，故先言陨。　是月者，决不日而月也。是月，陨石之月，若不言是月，嫌与戊申同。六鶂退飞过宋都，先数，聚辞也。目治也。鶂退先以目见，故先言数。子曰："石，无知之物。鶂，微有知之物。石无知，故日之。石无知而陨，必天使之然，故详而日之。鶂，微有知之物，故月之。鶂或时自欲退飞耳，是以略而月之。君子之于物，无所苟而已。石、鶂且犹尽其辞，而况于人乎？故五石、六鶂之辞不设，则王道不亢矣。不遗细微，故王道可举。民所聚曰都。

陨石者，星坠于天，半空凝结而成石也。退飞者，有气逆驱，力不能前，而反却也。此宋异而书于鲁史，则当时诸国有非所当告而告者矣。《春秋》存而不削，以明天人感应之理，垂戒于后世也。宋襄多行不义，见石陨、鹢退之异，不自省德而欲以力争成霸业，后五年见执于盂，六年有泓之败。圣人不言灾异之应，而事应具存，不可不察也。

三月，壬申，公子季友卒。

公羊传　其称季友何？贤也。

谷梁传　大夫日卒，正也。称公弟叔仲，贤也。大夫不言公子、公孙，疏之也。

友，名也。季，字也。公子、公孙为大夫，其卒也以名承世系，宜书公子。友卒而加季者，生而赐氏，使世为卿，季友、仲遂是也。季友忠贤，在僖公有翼戴之功。襄仲弑逆，在宣公有援立之力。二君欲以异赏报之，皆生而赐氏，俾世其官。经于其卒，各以氏书，志坏法乱纪之端，贻强家专政之祸，深切著明矣。

夏，四月，丙申，鄫季姬卒。

经所书内女为诸侯夫人者七，备卒葬者二，纪伯姬、宋伯姬是也。杞叔姬以出不书葬。郯伯姬出齐、子叔姬遭变而大归并不书卒。杞伯姬归杞四十余年，卒、葬皆不书。鄫季姬非出也，卒而不葬，与杞叔姬同，其义无考。但以杞姬不宜书卒、葬而以贤得书例之，则宜书而不书者必有故也。

附录左传　夏，齐伐厉，不克，救徐而还。

秋，七月，甲子，公孙兹卒。

附录左传　秋，狄侵晋，取狐厨、受铎、涉汾及昆都，狐厨，杜注：晋邑，临汾县西北有狐谷亭。今属山西襄陵县。受铎，杜注：晋邑。昆都，杜注：晋邑。今山西平阳府南有昆都聚。因晋败也。即战韩之败。　王以戎难告于齐，齐征诸侯而戍周。十一年戎伐京师以来，遂为王室难。　冬十一月乙卯，郑杀子华。终管仲之言，事在七年盟甯母传。

冬，十有二月，公会齐侯、宋公、陈侯、卫侯、郑伯、许男、邢侯、曹伯于淮。淮，杜注：临淮郡左右。按，临淮郡，后汉下邳国，今江南泗州。

左传　十二月会于淮，谋鄫，且东略也。淮夷病鄫故。城鄫，役人病，有夜登丘而呼曰："齐有乱！"不果城而还。役人遇厉气，不堪久驻，故作妖言。

谷梁传　兵车之会也。

桓公安攘之志至会淮而愈怠矣。却淮夷而不力，城鄫而不果，盖自管仲既没，其内治且不能自持，而况于武略乎？自齐桓倡霸，邢未尝一与会盟，而此会忽与焉，盖旧服属于卫，不堪征求，而特自请从于会也。十八年遂与狄人伐卫，殆犹介人侵萧，而先来朝于鲁也与。

十有七年，春，齐人、徐人伐英氏。英氏，杜注：楚与国。今江南六安州西有英氏城，接英山县境。

左传　十七年春，齐人为徐伐英氏，以报娄林之役也。娄林役在十五年。

牡丘之会，齐桓不能救徐，以致娄林之败，复为徐伐英氏，以报娄林之役。避强敌而凌弱小，岂惟不足以服诸侯，将益为楚所玩矣。

附录左传　夏，晋太子圉为质于秦，秦归河东而妻之。秦征河东，置官司，在十五年。惠公之在梁也，惠公以六年奔梁。梁伯妻之。梁嬴孕，过期。卜招父与其子卜之，其子曰："将生一男一女。"招曰："然。男为人臣，女为人妾。"故名男曰圉，女曰妾。圉，养马者。不聘曰妾。及子圉西质，妾为宦女焉。宦，事秦为妾。

夏，灭项。项，杜注：项国，汝阴项县。今河南项城县东北故项城是也。

左传　师灭项。师，鲁师。淮之会，公有诸侯之事，未归，而取项。淮会在前年冬。诸侯之事，会同讲礼之事。齐人以为讨，而止公。内讳执，皆言止。

公羊传　孰灭之？齐灭之。曷为不言齐灭之？为桓公讳也。《春秋》为贤者讳。此灭人之国，何贤尔？君子之恶恶也疾始，绝其始则不得终其恶。善善也乐终。乐贤者终其行。桓公尝有继绝存亡之功，故君子为之讳也。

谷梁传　孰灭之？桓公也。何以不言桓公也？为贤者讳也。项，国也。不可灭而灭之乎？桓公知项之可灭也，而不知己之不可以灭也。既灭人之国矣，何贤乎？君子恶恶疾其始，善善乐其终。桓公尝有存亡继绝之功，故君子为之讳也。

先儒谓考之于经，未有书外灭而不言国者，如齐师灭谭之类是也；未有书内取而直言鲁者，如取鄟、取邿、取鄫是也。僖公在会，灭项乃季孙所为，故不讳其恶，与取鄟、取邿、取鄫为君讳恶实灭而书取异义，旧说相承，未敢更易。但季友卒后，鲁卿见经者惟公子遂、叔孙得臣、公孙敖。季友生而赐氏，使世为卿，而友子无佚不见于经，不书其卒，故传记谓其早亡。行父至文六年始使于齐。则是时灭项之季孙果何人耶？公、谷皆谓齐灭，以襄十年春会于柤、夏灭逼阳观之，与此年春伐英氏、夏灭项书法正同。若谓彼称遂灭，则彼继会而灭，文不相蒙，此以灭承，可不称遂？公、谷之义未始不可通也。

秋，夫人姜氏会齐侯于卞。卞，杜注：鲁国卞县。今故卞城在山东泗水县东。

左传　秋，声姜以公故会齐侯于卞。声姜，僖公夫人齐女。

卞乃桓公归齐所经之地。夫人，齐女也。故要于路而会之。妇人迎送不出门，见兄弟不逾阈，况僖公尚未至国，而私自出会，非礼甚矣。声姜在鲁夫人中称贤，诗人以令妻颂之，而犹有此失，盖习于闻见之非，而昧于礼义之正也。

九月，公至自会。

左传　九月，公至。书曰至自会，犹有诸侯之事焉，且讳之也。

先儒皆据《左传》谓齐以灭项止公，夫人会齐侯请而释之。但公若以灭项见止，则夫人当如齐侯，俟齐侯之归而请之，岂能致齐侯来会？况齐侯夙重鲁、宋，鲁君方以霸事在会，理宜诘问鲁臣擅兴灭国之故，无缘遽执鲁君。疑齐侯以疾先归，而留诸侯于会，以防淮夷之变，援伐英之师。齐侯道经鲁境，故夫人亲往问疾，而公九月始至自会耳。

冬，十有二月，乙亥，齐侯小白卒。

左传　齐侯之夫人三，王姬、徐嬴、蔡姬，皆无子。齐侯好内，多内宠，内嬖如夫人者六人。长卫姬，生武孟。武孟，公子无亏。少卫姬，生惠公。公子元。郑姬，生孝公。公子昭。葛嬴，生昭公。公子潘。密姬，生懿公。公子商人。宋华子，生公子雍。华氏之女，子姓。公与管仲属孝公于宋襄公，以为大子。雍巫有宠于卫共姬，因寺人貂以荐羞于公，雍巫，雍人，名巫，即易牙。共姬，即长卫姬。亦有宠。公许之立武孟。管仲卒，五公子皆求立。冬十月乙亥，齐桓公卒，乙亥，十月八日。易牙入，与寺人貂因内宠以杀群吏，内宠，内官之有权宠者。而立公子无亏。孝公奔宋，十二月乙亥，赴。辛巳，夜殡。六十七日乃殡。

谷梁传　此不正，其日之，何也？其不正前见矣。其不正之前见，何也？以不正入虚国，故称嫌焉尔。虚国谓齐无人。庄九年，齐小白入于齐，贬不称公子，传例曰：以国氏者，嫌也。既于入齐，见其不正，故卒不重见。

十有八年，春，王正月，宋公、曹伯、卫人、邾人伐齐。宋公下公羊有会字。

左传　十八年春，宋襄公以诸侯伐齐。三月，齐人杀无亏。以说宋。

谷梁传　非伐丧也。

附录左传　郑伯始朝于楚。楚子赐之金，既而悔之，与之盟曰："无以铸兵。"楚金利故。故以铸三钟。

夏，师救齐。

谷梁传　善救齐也。

五月，戊寅，宋师及齐师战于甗。齐师败绩。甗，杜注：齐地。在今山东历城县界。

左传　齐人将立孝公，不胜，四公子之徒，无亏已死，故曰四公子。遂与宋人战。夏五月，宋败齐师于甗，立孝公而还。

公羊传　战不言伐，此其言伐何？宋公与伐而不与战，故言伐。《春秋》伐者为客，伐者为主。曷为不使齐主之？与襄公之征齐也。曷为与襄公之征齐？桓公死，竖刁、易牙争权不葬，为是故伐之也。

谷梁传　战不言伐，客不言及。言及，恶宋也。

狄救齐。

谷梁传　善救齐也。

战之书及，本以别异客主，直与不直自视乎其事。然兵凶战危，志乎战则皆有可贬之道矣。《春秋》书伐而战者三，其二皆以受伐者为主，盖敌国来伐，主人固守而不出，则师无由合也。惟此变文以客及主，而下书师救齐、狄救齐，则罪宋明矣。无亏之杀、昭之纳皆不书，何也？鲁救无亏不克，而忌宋之功，故旧史不书，孔子虽知其事，不得而益也。

秋，八月，丁亥，葬齐桓公。八月无丁亥，日误。

左传　秋八月，葬齐桓公。孝公立而后得葬。

诸侯五月而葬，桓公之卒至此十一月然后葬，乱故也。自管仲殁，竖刁、易牙竞进，桓公不能慎终如始，付托非人，几亡其国，虽威令加乎四海，亦何益哉？以是知霸德之浅与功利之不足尚，而《春秋》明道正谊之旨，不可一日不讲也。

冬，邢人、狄人伐卫。

左传　冬，邢人、狄人伐卫，围菟圃。卫侯以国让父兄子弟及朝众，曰："苟能治之，燬请从焉。燬，卫文公名。众不可，而后师于訾娄。訾娄，杜注：卫邑。今直隶滑县西南有訾娄城，与长垣县接界。狄师还。独言狄还，则邢留拒卫，见邢所以终为卫灭。

谷梁传　狄其称人，何也？善累而后进之。累，积。伐卫，所以救齐也。功近而德远矣。言齐桓不能行王道，功甚浅近，而既没狄人犹怀之，则其德为远。

邢为周公之裔，卫为武之穆，皆当亡于狄，赖齐复存。至帅甲士三千而戍卫者，非公子无亏乎？乃桓死未逾年，而卫与诸侯奉公子昭以伐齐丧，其致伐固宜，故人狄以见罪卫之深也。然卫虽可伐，而邢与卫亲，不当连狄以伐之，其后卫卒灭邢，未必不基于此。

附录左传　梁伯益其国而不能实也，多筑城邑，而无民以实之。命曰新里，秦取之。

十有九年，春。

附录左传　十九年春，遂城而居之。承前年传取新里，故不复言秦也。为此冬梁亡传。

王三月，宋人执滕子婴齐。

左传　宋人执滕宣公。宣公即婴齐。

宋称人，非霸讨也。凡执得其罪而不归于京师，则称人，恶其专也。归于京师而执非其罪，则称人，恶其滥也。经所书见执之君皆不名，而滕子名，遂失国也。旧说以称名为罪滕子，非也。婴齐之罪于传无征，即先儒所云不过失事霸国之礼耳。见执之君罪浮于此者众矣，而惟婴齐是责乎？

夏，六月，宋公、曹人、邾人盟于曹南。鄫子会盟于邾。己酉，邾人执鄫子，用之。宋公，公羊作宋人。鄫，谷梁作缯。会盟于邾，公羊无盟字。

左传　夏，宋公使邾文公用鄫子于次睢之社，欲以属东夷。睢水受汴水，东入泗，此水次有妖神，东夷皆社祠之。盖杀人而用祭，以惧东夷，使来归己也。司马子鱼曰：司马子鱼，公子目夷也。"古者，六畜不相为用，谓若祭马先不用马。小事不用大牲，而况敢用人乎？祭礼以为人也。民，神之主也。用人，其谁飨之？齐桓公存三亡国以属诸侯，三亡国，鲁、卫、邢。义士犹曰薄德，谓欲因乱取鲁，缓救邢、卫。今一会而虐二国之君，三月执滕子，六月执鄫子。又用诸淫昏之鬼，非周社故。将以求霸，不亦难乎？得死为幸。”

公羊传　其言会盟何？后会也。　恶乎用之？用之社也。其用之社奈何？盖叩其鼻以血社也。

谷梁传　微国之君，因邾以求与之盟。人因己以求与之盟，己迎而执之，恶之，故谨而日之也。用之者，叩其鼻以衈社也。衈者，衅也。取鼻血以衅祭社器。

秋，宋人围曹。

左传　宋人围曹，讨不服也。曹南盟，不修地主之礼故。子鱼言于宋公曰：“文王闻崇德乱而伐之，崇，崇侯虎。军三旬而不降。退修教而复伐之，因垒而降。垒，军垒也。言不增兵，但因旧垒，而崇自服。《诗》曰：‘刑于寡妻，至于兄弟，以御于家邦。’《诗·大雅》，言文王之教自近及远。今君德无乃犹有所阙，而以伐人，若之何？盍姑内省德乎无阙而后动？”

齐桓倡霸，深结鲁、宋，布德邢、卫，抚循曹、邾、陈、蔡、郑、许，招来徐及江、黄，依于仁义礼信，数十年而后有成。宋襄思继齐桓之迹，而以无道行之，首伐齐丧，次执滕子婴齐，将以威慑诸侯，而曹南之盟从者仅曹、邾二国，又纵邾人虐用鄫子，宜乎曹人不服，既盟而旋背之也。乃不自省德，而兴围曹之师，霸者以力假仁，宋襄力既不足，又多行不仁，卒之兵败身伤，为天下笑，不亦宜乎？

卫人伐邢。

左传　秋，卫人伐邢，以报菟圃之役。邢不速退，所以独见伐。于是卫大旱，卜有事于山川，不吉。有事，祭也。宁庄子曰：“昔周饥，克殷而年丰。今邢方无道，诸侯无伯，天其或者欲使卫讨邢乎？”从之。师兴而雨。

卫不自省其从宋伐丧之罪，而以报复为事，直书而罪自见。左氏所传宁庄子之所云，诬妄之辞也。

冬，会陈人、蔡人、楚人、郑人盟于齐。公羊作公会。此楚与夏盟之始。

左传　陈穆公请修好于诸侯，以无忘齐桓之德。冬，盟于齐，修桓公之好也。地于齐，齐亦与盟也。

微者会盟不志于《春秋》，此其志者，必鲁公与陈、蔡、楚、郑之君或其大夫矣。曷为内不言公，而外称人？以楚人之得与中国会盟自此始，故讳之也。齐桓声罪以伐楚，屈完来盟于师，特受盟耳。自是以后，终桓之世，楚人未尝一与诸侯之会。盖桓公、管仲不欲引而近之也。及诸侯苦宋襄之暴诈，遂启楚人窥伺之心，故假不忘桓德，以参与中国之会盟，而齐孝公堕其术中，而不知鲁以周公之裔亦俛首以从之楚，因是得行其志于中国，盟于鹿上，会于盂，遂执宋公以伐宋，俨然列位于陈、蔡之上，而楚氛于是乎渐恶矣，则皆盟齐为之厉阶也。先陈，陈为倡也。后郑，桓公没后首朝于楚，故为楚屈也。陈、蔡亦服属于楚，而先楚，必君亲与会，而楚、郑则大夫也。

梁亡。

左传　梁亡，不书其主，自取之也。不书取梁者主名，初，梁伯好土功，亟城而弗处，民罢而弗堪，则曰："某寇将至。"乃沟公宫。沟，堑。曰："秦将袭我。"民惧而溃，秦遂取梁。

公羊传　此未有伐者，其言梁亡何？自亡也。其自亡奈何？鱼烂而亡也。鱼烂从肉发也。

谷梁传　自亡也。湎于酒，淫于色，心昏，耳目塞，上无正长之治，大臣背叛，民为寇盗。梁亡，自亡也。如加力役焉，湎不足道也。如以伐灭为文，犹不足形容其淫湎，惟云自亡，然后其恶明。梁亡，郑弃其师，我无加损焉，正名而已矣。因旧史之文，故无加损。梁亡，出恶正也。正谓政教。郑弃其师，恶其长也。长谓高克。

书梁亡而不书其取之者，即国君出奔不书其逐之者之义也。民罢而溃，则其国已亡，而后秦取之，非因秦取而后亡也。《成汤之诰》曰："凡我造邦，无从匪彝，无即慆淫，各守尔典，以承天休。"凡有国家者，不能自强于政治，则日危月削，如火销膏，以至灭亡而莫觉矣。况如梁伯之好土功尽民力、湎于酒、淫于色、心昏而出政恶者乎？故变文以著其自亡，为万世戒也。

二十年，春，新作南门。鲁城南门也，本名稷门，僖公更高大之。

左传　二十年春，新作南门，书不时也。失土功之时。凡启塞，从时。门户道桥谓之启，城郭墙堑谓之塞。皆官民之开闭，不可一日而阙，故特随坏时而治之。传既讥僖公作门不时，嫌开闭至急之事，亦将待土功之月，故别起从时之例，以明二义。言启塞不须待时，其新作南门则须待耳。

公羊传　何以书？讥。何讥尔？门有古常也。恶奢泰，不奉古制常法。

谷梁传　作，为也，有加其度也。更加使大。言新，有故也，非作也。责其改旧制。南门者，法门也。天子、诸侯皆南面而治，法令之所出入，故谓之法门。

言新者，有故也。言作者，刱始也。新延厩不言作，而此言作，则改旧可知矣。其曰南门，南非一门也，记称鲁之库门制如天子之皋门，雉门制如天子之应门，则僭侈逾度可知矣。《春秋》凡用民力，虽得其时制者犹书于策，以见劳民为重事，而况轻用于所不当为乎？僖公尝修泮宫、复閟宫，史克作颂，而经不书，盖宫庙以事祖考，学校以教国之子弟，虽重，民力不可使，废且泮宫为诸侯之学，则閟宫或亦鲁之旧也。又经所书新宫灾，大室屋坏无不新之理，而经不书。惟此及雉门两观书新作，则修旧不书，而书者皆非礼可知矣。

夏，郜子来朝。郜，姬姓国后。《汉志》济阴成武北有郜城。

公羊传　郜子者何？失地之君也。何以不名？兄弟辞也。

夹漈郑氏曰："郜有二。桓二年，取郜大鼎，北郜也。在今单州成武。郜子来朝，南郜也。今单州有二郜城。"王氏曰："郜分为南北，皆附庸于宋意。"是时宋襄无道，荆楚日强，郜以宋为难恃，而鲁为宗国，故来朝，以求依附与。

五月，乙巳，西宫灾。

公羊传　西宫者何？小寝也。小寝则曷为谓之西宫？有西宫则有东宫矣。鲁子曰："以有西宫，亦知诸侯之有三宫也。"西宫灾，何以书？记异也。

谷梁传　谓之新宫，则近为祢宫。言闵公非僖公之父，故不言新宫也。以谥言之，则如疏之然。以是为闵宫也。

《谷梁传》以为闵公之庙。礼，宗庙居左，不得称西宫。盖僖公所居之小寝，《公羊传》曰有西宫则有东宫是也。若实闵宫，何妨言新宫乎？为其已久，何妨言闵宫乎？

郑人入滑。

左传　滑人叛郑，而服于卫。夏，郑公子士泄、堵寇帅师入滑。公子士泄，郑文公子。堵寇，郑大夫。

滑与郑为邻，齐桓时当与郑同盟于幽。桓殁未几，郑首从楚，继入滑，无忌惮甚矣。此天王出居于郑之始衅也。

秋，齐人、狄人盟于邢。

左传　秋，齐、狄盟于邢，为邢谋卫难也。于是卫方病邢。

谷梁传　邢为主焉尔。邢小，其为主，何也？其为主乎救齐。十八年，邢人、狄人伐卫，以救齐是也。

书狄例以国称，而与齐同称人者，昔宋伐齐丧而狄能救之，今卫欲灭邢而狄能谋之，故人以进之。人狄则罪卫之意明矣。此见圣人仁天下之公心也。

冬，楚人伐随。

左传　随以汉东诸侯叛楚。冬，楚斗谷於菟帅师伐随，取成而还。君子曰：随之见伐，不量力也。量力而动，其过鲜矣。善败由己，而由人乎哉？《诗》曰："岂不夙夜，谓行多露。"《诗·召南》，以喻违礼而行必有污辱，是亦量力相时而动之义。

谷梁传　随，国也。

春秋之初，随常与楚为斗国，楚斗伯比曰："汉东之国，随为大。我张吾三军而以武临之，彼则惧而协以谋我。随张，必弃小国。"方是时，随尚能率小国以抗楚，自随服而汉阳诸姬楚实尽之矣。然自庄以前，楚人侵伐江汉间小国，无一见于经，盖未有告命也。至是托言同盟，告庆于鲁，以为恐动诸侯之计。观此益见于齐之盟讳不书公，盖深罪齐孝之失图，病鲁僖之无志也。

附录左传　宋襄公欲合诸侯。臧文仲闻之曰："以欲从人则可，屈己之欲，从众之善。以人从欲鲜济。"为明年鹿上盟传。

日讲春秋解义卷十九

僖　公

二十有一年，春，狄侵卫。

狄前伐卫、盟邢，以其有救患之善，故称人。今兹侵卫师，出无名，故从其本称也。

宋人、齐人、楚人盟于鹿上。鹿上，杜注：宋地，汝阴有原鹿县。今江南颍州太和县西有原鹿城。

左传　二十一年春，宋人为鹿上之盟，以求诸侯于楚。欲借楚之令使诸侯从己。楚人许之。公子目夷曰："小国争盟，祸也。宋其亡乎！幸而后败。"

宋襄曹南之盟，从者曹、邾，而曹复贰齐之盟，则陈、蔡、鲁、郑皆服于楚，故心窃慕焉，而求于楚。夫欲逞志于列国者，楚也。不能攘楚以安列国，反盟楚以求诸侯，义乖而计失莫此为甚矣。盟于宋地，必宋公亲之，而书人者，齐、楚皆大夫，故赴告之辞不言宋公亲与之盟，而鲁史从之也。

夏，大旱。

左传　夏，大旱。公欲焚巫尪。巫尪，女巫也。主祈祷请雨者。或以为尪非巫也，瘠病之人，其面上向，俗谓天哀其病，恐雨入其鼻，故为之旱。是以公欲焚之。臧文仲曰："非旱备也。修城郭，贬食省用，务穑劝分，穑，俭也。劝分，有无相济。此其务也。巫尪何为？天欲杀之，则如勿生。若能为旱，焚之滋甚。"公从之。是岁也，饥而不害。不伤害民。

公羊传　何以书？记灾也。

谷梁传　旱时，正也。旱必历时，非一月之事，故以书时为正。

《春秋》之例，旱则修雩，雩而得雨则书雩，雩不得雨则书旱，明灾成也。大者，久甚之辞。

秋，宋公、楚子、陈侯、蔡侯、郑伯、许男、曹伯会于盂。执宋公以伐宋。盂，公羊作霍，谷梁作雩。杜注：宋地。今河南睢州有盂亭。

左传　秋，诸侯会宋公于盂。子鱼曰："祸其在此乎！君欲已甚，其何以堪之？"于是楚执宋公以伐宋。

公羊传　孰执之？楚子执之。曷为不言楚子执之？不与夷狄之执中国也。

谷梁传　以，重辞也。国之所重，故曰重辞。

执宋公者，楚子也。何以不书楚子？宋率诸侯为会，而楚执会主，诸侯莫违，故以同执为文，所以分恶于诸侯也。楚子使宜申来献捷称楚人，此则书爵，何也？执宋公不可称执宋人，爵宋公而人诸国，则疑若君与大夫会，故皆称爵，而楚之诈、宋之愚皆不待贬而自著矣。

冬，公伐邾。

左传　任、宿、须句、颛臾，风姓也。实司太皞与有济之祀，司，主也。大皞，伏羲也。四国，伏羲之后，故主其祀。任，杜注：任城县也。今山东济宁州。须句，杜注：在东平须昌县西北。今山东东平州东南有须句故城。颛臾，杜注：在泰山南武阳县东北。今山东费县西北有颛臾城。四国封近于济，故世祀之。以服事诸夏。与诸夏同服王事。邾人灭须句。须句子来奔，因成风也。须句，成风母家。成风为之言于公曰："崇明祀，保小寡，周礼也。明祀，大皞、有济之祀。保，安也。蛮夷猾夏，周祸也。邾曰蛮夷，盖迫近诸戎，杂用夷礼，故极言之。若封须句，是崇皞、济而修祀纾祸也。"纾，解也。为明年公伐邾传。

邾灭须句，经虽无文，以明年取须句征之，则此年伐邾，必感于成风所云也。然大旱经时，不知贬食损用，而重兴戎以困民，非其道矣。

楚人使宜申来献捷。

公羊传　此楚子也，据称使知为楚子。其称人何？贬。曷为贬？为执宋公贬。曷为为执宋公贬？宋公与楚子期以乘车之会，公子目夷谏曰："楚，夷国也，强而无义，请君以兵车之会往。"宋公曰："不可，吾与之约以乘车之会，自我为之，自我堕之，曰不可。"终以乘车之会往，楚人果伏兵车，执宋公以伐宋。宋公谓公子目夷曰："子归守国矣。国，子之国也。吾不从子之言，以至乎此。"公子目夷复曰："君虽不言国，国固臣之国也。"所以坚宋，公意绝强楚之望。于是归，设守械而守国。楚人谓宋人曰："子不与我国，吾将杀子君矣。"宋人应之曰："吾赖社稷之神灵，吾国已有君矣。"楚人知虽杀宋公犹不得宋国，于是释宋公。宋公释乎执，走之卫。宋公愧前语，故走之卫。不书者，执解而往，非出奔也。公子目夷复曰："国为君守之，君曷为不入？"然后逆襄公归。恶乎捷？捷乎宋。曷为不言捷乎宋？为襄公讳也。宋襄守信见欺，故为之讳。此围辞也，据上言守国，知围也。曷为不言其围？为公子目夷讳也。目夷遭难设权，有存国免主之功，故为之讳。

谷梁传　捷，军得也。其不曰宋捷，何也？不与楚捷于宋也。

君使大夫何以称人？贬之也。楚逞诈力欺诸侯，执宋公而伐其国，以鲁不与会，特假宋捷以威之。僖公不能以礼拒而受其使命，故不言宋捷，为鲁讳也。

十有二月，癸丑，公会诸侯盟于薄，释宋公。薄，宋地。汉置薄县，属山阳郡。后汉改属梁国。今河南归德府治西北有亳城，即薄也。

左传　冬，会于薄，以释之。子鱼曰："祸犹未也，未足以惩君。"为二十二年战泓传。

公羊传　执未有言释之者，此其言释之何？公与为尔也。公与为尔奈何？公与议尔也。

谷梁传　会者，外为主焉尔。外释不志，此其志，何也？以公之与之盟目之也。不言楚，不与楚专释也。

凡盟不书所为，盟于薄特言释宋公者，宋公方主会，而楚执而伐之，鲁既不能明正其罪，反慑于献捷之威，就楚求盟以请释，是操纵之权皆自楚出，此天下大变，故特书所为以谨之。楚主盟而书公会诸侯，不与楚主盟也。诸侯请释于楚，而不言楚释，不与楚专释也。凡国君见执而返皆书归，此言释不言归者，归则自己主之，释则自人主之，若曰诸侯不俛焉受盟于楚，则宋公不得释，所以甚楚而病宋公也。

二十有二年春，公伐邾，取须句。句，公羊作朐。后同。

左传　二十二年春，伐邾，取须句，反其君焉，礼也。得恤寡小之礼。

须句为成风母家，邾取而我伐之，反其地，置其君。左氏所传必信而有征，但以经书取断之，则罪其不请王命，专为母家报仇，虽存须句之祀，而取为内臣，实贪其土也。使果有存亡继绝之功，则《春秋》必书公伐邾，归须句子于须句，以著其善矣。

夏，宋公、卫侯、许男、滕子伐郑。

左传　三月，郑伯如楚。　夏，宋公伐郑。怒其朝楚，故伐之。子鱼曰："所谓祸在此矣。"

郑之朝楚，信有罪矣。然宋公本欲求好于楚以属诸侯，及力不能抗，甘就执辱，何以责郑之附楚哉？不知自反，而遽兴师以伐郑，谷梁氏所谓"过而不改而又甚之"者也。然宋公见执，而三国旋就宋弃楚，陈亦与楚离心，盖深惧楚人暴诈，而思中国之有霸也。使襄公当此能恤民厉士以厚国势，布德修礼以绥诸侯，则诸侯可以复合，霸事可以复兴，乃不度德、不量力而急于争郑辞楚，以致师败身伤，使楚氛益炽，见小欲速无德而寡谋，其祸败乃自取耳。

附录左传　初，平王之东迁也。因犬戎之变，迁都洛邑。辛有适伊川，辛有，周大夫。伊川，杜注：周地，伊水也。见被髪而祭于野者，曰："不及百年，此其戎乎！其礼先亡矣。"被髪而祭，衣冠之礼先亡。秋，秦、晋迁陆浑之戎于伊川。允姓之戎居陆浑，在秦、晋西北，至是二国诱而徙之伊川，辛有之言果验。　晋大子圉为质于秦，在十七年。将逃归，谓嬴氏曰：嬴氏，秦所妻子圉，怀嬴也。"与子归乎？"对曰："子，晋太子，而辱于秦。子之欲归，不亦宜乎？寡君之使婢子侍执巾栉，婢子，妇人之卑称。以固子也。从子而归，弃君命也。不敢从，亦不敢言。"遂逃归。传终史苏之占。　富辰言于王曰："请召大叔。富辰，周大夫。大叔，王子带，十二年奔齐。”《诗》曰：‘协比其邻，昏姻孔云。’《诗·小雅》。邻犹近也。孔，甚也。云，旋也。言王者先协和近亲，则昏姻甚相归附也。吾兄弟之不协，焉能怨诸侯之不睦?”王说。王子带自齐复归于京师，王召之也。终仲孙湫之言。为二十四年天王出居于郑传。

秋，八月，丁未，及邾人战于升陉。升陉，杜注：鲁地。

左传　邾人以须句故出师。公卑邾，不设备而御之。卑，小也。臧文仲曰："国无小，不可易也。无备，虽众，不可恃也。《诗》曰：‘战战兢兢，如临深渊，如履薄冰。’《诗·小雅》，言常戒惧。又曰：‘敬之敬之，天维显思，命不易哉!’《诗·周颂》。显，明也。思，语辞。言天之降鉴甚明，其命靡常不易保。先王之明德，犹无不难也，无不惧也，况我小国乎！君其无谓邾小，蜂虿有毒，而况国乎!”弗听。八月丁未，公及邾师战于升陉，我师败绩。邾人获公胄，县诸鱼门。鱼门，邾城门。

谷梁传　内讳败，举其可道者也。不言其人，以吾败也。不言及之者，为内讳也。

邾之出师，以须句故也。不书败，讳耻也。内以讳为贬，不书公，其贬可知。观此则鲁取须句之非存亡继绝也益信。

冬，十有一月，己巳，朔，宋公及楚人战于泓，宋师败绩。泓，杜注：水名。在今河南柘城县北。

左传　楚人伐宋以救郑。宋公将战，大司马固谏曰：固，庄公之孙公孙固也。言大司马以别于鱼。“天之弃商久矣，君将兴之，弗可赦也已。”弗听。冬十一月己巳朔，宋公及楚人战于泓。宋人既成列，楚人未既济。未尽渡泓水。司马曰：子鱼也。“彼众我寡，及其未既济也，请击之。”公曰：“不可。”既济而未成列，又以告。公曰：“未可。”既陈而后击之，宋师败绩。公伤股，门官歼焉。门官，守门者。师行则在君左右。歼，尽也。国人皆咎公。公曰：“君子不重伤，不禽二毛。二毛，头白有二色。古之为军也，不以阻隘也。不因阻隘以求胜。寡人虽亡国之余，以商之后，故称亡国之余。不鼓不成列。”耻以诈取胜也。子鱼曰：“君未知战，勍敌之人，隘而不列，天赞我也。勍，强也。言楚在险隘，不得陈列，乃天所以佐宋。阻而鼓之，不亦可乎?犹有惧焉。虽因阻击之犹恐不胜。且今之勍者，皆吾敌也。虽及胡耇，胡耇，元老之称。获则取之，何有于二毛?明耻教战，求杀敌也。明设刑戮，以耻不果。伤未及死，如何勿重?言尚能害己。若爱重伤，则如勿伤，爱其二毛，则如服焉。言苟不欲伤杀敌人，则本可不须斗。三军以利用也，本为利兴。金鼓以声气也。所以佐士众之声气。利而用之，阻隘可也。声盛致志，鼓儳可也。”儳，岩，未整陈。

公羊传　偏战者日尔，此其言朔何?据桓十七年奚之战不言朔。《春秋》辞繁而不杀者，正也。繁，多也。杀，省也。正，得正道。何正尔？宋公与楚人期战于泓之阳，水北曰阳。楚人济泓而来，有司复曰："请追其未毕济而击之。"宋公曰："不可。吾闻之也，君子不厄人，吾虽丧国之余，寡人不忍行也。"既济，未毕陈，有司复曰："请追其未毕陈而击之。"宋公曰："不可。吾闻之也，君子不鼓不成列。"已陈，然后襄公鼓之，宋师大败。故君子大其不鼓不成，列临大事而不忘大礼，有君而无臣，以为虽文王之战，亦不过此也。

谷梁传　日事遇朔曰朔。此日之事遇朔则书朔。《春秋》三十有四战，未有以尊败乎卑，以师败乎人者也。以尊败乎卑，以师败乎人，则骄其敌。此论《春秋》书法，谓如以尊败乎卑，则以卑为主为，若骄肆敢于犯尊者然。襄公以师败乎人，而不骄其敌，何也？责之也。泓之战，以为复雩之耻也。雩即盂。雩之耻，宋襄公有以自取之。伐齐之丧，执滕子，围曹，为雩之会，不顾其力之不足，而致楚成王，成王怒而执之，故曰：礼入而不答则反其敬，爱人而不亲则反其仁，治人而不治则反其知。过而不改，又之，又，复。是谓之过。襄公之谓也。古者被甲婴胄，非以兴国也，则以征无道也。岂曰以报其耻哉！宋公与楚人战于泓水之上，司马子反曰：子反，当为子鱼。"楚众我少，鼓险而击之，胜无幸焉。"若要而击之，必可破，非侥幸也。襄公曰："君子不推人危，不攻人厄，须其出。"待其出险。既出，旌乱于上，陈乱于下。子反曰："楚众我少，击之，胜无幸焉。"襄公曰："不鼓不成列，须其成列而后击之。"则众败而身伤焉，七月而死。倍则攻，敌则战，少则守。人之所以为人者，言也。人而不能言，何以为人？言之所以为言者，信也。言而不信，何以为言？信之所以为信者，道也。信而不道，何以为道？道之贵者时，其行势也。道贵随时制宜，顺其所行之势而变通之，不在守匹夫之小信。

此战，三传皆称楚人。先儒或谓楚子在师，贬而称人。盖据左氏郑夫人劳楚子于柯泽而言。不知楚之军法，每使大夫前进，而君次于后，以为之援，其在柯泽不足为临敌之征。但楚师救郑而不书，则恶楚可知矣。书宋及，外楚而内宋也。公羊氏以不鼓不成列为临大事不忘大礼，误矣。宋襄多行不义，而独爱重伤与二毛，徇末遗本，其道大悖，何所取哉？

附录左传　丙子晨，郑文夫人芈氏、姜氏劳楚子于柯泽。芈氏，楚女。姜氏，齐女。楚子还，过郑，故文公夫人出而劳之。柯泽，杜注：郑地。楚子使师缙示之俘馘。师缙，楚乐师，名缙。俘，所得囚。馘，所截耳。君子曰：非礼也。妇人送迎不出门，见兄弟不逾阈，阈，门限。戎事不迩女器。器，物也。言俘馘非近妇人之物。丁丑，楚子入飨于郑，九献，用上公之礼。庭实旅百，加笾豆六品。廷中所陈之实，品数有百。笾豆所盛之物，又加六品。飨毕，夜出，文芈送于军。取郑二姬以归。二姬，文芈女也。叔詹曰："楚王其不没乎！为礼卒于无别，无别不可谓礼。将何以没？"诸侯是以知其不遂霸也。言楚子所以师败城濮，终为商臣所弑。

二十有三年，春，齐侯伐宋，围缗。缗，谷梁作闵。后同。杜注：宋邑。高平昌邑县东南有东缗城。在今山东金乡县东北。

左传　二十三年春，齐侯伐宋，围缗，以讨其不与盟于齐也。十九年盟于齐，以无忘桓公之德，而宋独不会，复召齐人共盟鹿上，故今讨之。

公羊传　邑不言围，此其言围何？疾重故也。疾，痛也。故，旧伤也。重故者，于旧伤之处而加其伤。宋襄新为楚败，齐不能助，反因其困而伐之，其痛与加旧伤无异。故言围，以恶其不仁也。

谷梁传　伐国不言围邑，此其言围，何也？不正其以恶报恶也。前十八年宋伐齐之丧，是恶也。今齐乘其败而报，是以恶报恶也。

楚与五国盟于齐，乘间以携诸侯于宋耳。宋之不与，义未愆也。齐侯不悟，而反以责宋，伐之于败伤之后，悖义甚矣。其以爵书，盖恶其昧敌忾之义，忘定己之德，故目其人以罪之。

夏，五月，庚寅，宋公兹父卒。兹，公羊作慈。

左传　夏五月，宋襄公卒，伤于泓故也。

公羊传　何以不书葬？盈乎讳也。盈，满也。襄公前以背殡出会，不书其父葬以为之讳。至襄公身亦不书葬，所以满其讳之之义也。

谷梁传　兹父之不葬，何也？失民也。其失民何也？以其不教民战，则是弃其师也。为人君而弃其师，其民孰以为君哉？

宋襄德政不修，诸侯皆贰，复不量力以与楚战，兵败身伤，赍志而殁，其所以图霸者，非其道也。不书葬者，时僖公已有志附楚，故不使人往会。

秋，楚人伐陈。

左传　秋，楚成得臣帅师伐陈，成得臣，子玉也。讨其贰于宋也。遂取焦、夷，城顿而还。焦，杜注：陈邑，谯县也。今江南亳州。夷，杜注：陈邑，谯郡城父县。今故城在亳州东南。顿，杜注：顿国，汝阴南顿县。今河南项城县北有南顿故城。子文以为之功，使为令尹。叔伯曰："子若国何？"叔伯，楚大夫薳吕臣也。言子玉不任令尹。对曰："吾以靖国也。夫有大功而无贵仕，其人能靖者与有几？"言必矜功为乱，不可不赏。

楚伐陈，以为贰于宋也。考之经传，宋襄曹南之盟、伐郑之役陈皆不与，而盟齐会盂，陈实从楚，未见其贰也。特以伐宋之后郑朝而陈不朝，即诬以贰，而伐取其二邑，城顿以逼之。盖将有事于北方，虑陈为梗，故先慑以威，使之困折而属服耳。

附录左传　九月，晋惠公卒。经在明年，从赴。怀公命无从亡人。怀公，子圉。亡人，重耳。期，期而不至，无赦。狐突之子毛及偃从重耳在秦，偃，子犯也。弗召。冬，怀公执狐突，未期而执突，以不召子故。曰："子来则免。"对曰："子之能仕，父教之忠，古之制也。策名，委质，贰乃辟也。名书于所臣之策，委质而君事之，则不可以贰。质，执也。辟，罪也。今臣之子名在重耳，有年数矣。若又召之，教之贰也。父教子贰，何以事君？刑之不滥，君之明也，臣之愿也。淫刑以逞，谁则无罪？臣闻命矣。”乃杀之。卜偃称疾不出，曰：“《周书》有之，乃大明服。《周书·康诰》，言君能大明则民服。己则不明而杀人以逞，不亦难乎？民不见德而惟戮是闻，其何后之有？”言怀公必无后于晋，为二十四年杀怀公张本。

冬，十有一月，杞子卒。

左传　十一月，杞成公卒。书曰子，杞，夷也。不书名，未同盟也。凡诸侯同盟，死则赴以名，礼也。赴以名则亦书之，谓未同盟。不然则否，谓同盟而不以名告。辟不敏也。敏犹审也。例已见隐七年，此又举凡者，为国史承告而书例也。

杞，二王后。初书杞侯，继而称伯、称子，盖时王所黜。后复称伯，亦时王复之。《春秋》从史文耳。不名者，史逸之。

附录左传　晋公子重耳之及于难也，晋人伐诸蒲城。事在五年。蒲城人欲战，重耳不可，曰：“保君父之命而享其生禄，保犹恃也。享，受也。人以禄生，故曰生禄。于是乎得人。以禄致众。有人而校，罪莫大焉。吾其奔也。”遂奔狄。从者，狐偃、赵衰、颠颉、魏武子、司空季子。赵衰，赵夙弟。魏武子，魏犨。司空季子，胥臣臼季也。时狐毛、贾佗皆从，独举此五人，以贤而有大功。狄人伐廧咎如，廧咎如，杜注：赤狄之别种，隗姓。获其二女叔隗、季隗纳诸公子。公子取季隗，生伯儵、叔刘。以叔隗妻赵衰，生盾。盾，赵宣子。将适齐，谓季隗曰：“待我二十五年，不来而后嫁。”对曰：“我二十五年矣，又如是而嫁，则就木焉。请待子。”处狄十二年而行。以五年奔狄，至十六年适齐。过卫，卫文公不礼焉。出于五鹿，五鹿，杜注：卫地，卫县西北有地名五鹿，阳平元城县东亦有五鹿。今直隶五鹿城二，属元城县者即沙鹿城，属开州者，此卫地五鹿是也。乞食于野人，野人与之块。土块也。公子怒，欲鞭之，子犯曰：“天赐也。”得土，有国之祥，故以为天赐。稽首，受而载之。及齐，齐桓公妻之，有马二十乘。公子安之，从者以为不可。齐桓既卒，知孝公不足恃故。将行，谋于桑下。蚕妾在其上，以告姜氏。即齐女妻重耳者。姜氏杀之，恐孝公怒其去，故杀妾以灭口。而谓公子曰：“子有四方之志，其闻之者，吾杀之矣。”公子曰：“无之。”姜曰：“行也。怀与安，实败名。”公子不可。姜与子犯谋，醉而遣之。醒，以戈逐子犯。无去志，故怒。及曹，曹共公闻其骈胁，骈胁，合干。欲观其裸。浴，薄而观之。裸，赤体。薄，迫也。僖负羁之妻曰：僖负羁，曹大夫。“吾观晋公子之从者，皆足以相国。若以相，夫子必反其国。夫子谓重耳。反其国，必得志于诸侯。得志于诸侯，而诛无礼，曹其首也。子盍蚤自贰焉。”自贰，自别异于曹。乃馈盘飧，置璧焉。臣无外交，故用盘藏璧飧中，不欲令人见。公子受飧反璧。及宋，宋襄公赠之以马二十乘。及郑，郑文公亦不礼焉。叔詹谏曰：

“臣闻天之所启，人弗及也。晋公子有三焉，天其或者将建诸，君其礼焉。男女同姓，其生不蕃。晋公子，姬出也，而至于今，一也。离外之患，出奔在外。而天不靖晋国，殆将启之，二也。有三士足以上人，而从之，三也。《国语》狐偃、赵衰、贾佗，三人皆卿材。晋、郑同侪，侪，等也。其过子弟，固将礼焉，况天之所启乎?”弗听。及楚，楚子飨之，曰：“公子若反晋国，则何以报不谷。”对曰：“子女玉帛，则君有之。羽毛齿革，则君地生焉。其波及晋国者，君之余也，其何以报君?”曰：“虽然，何以报我?”对曰：“若以君之灵，得反晋国，晋、楚治兵，遇于中原，其辟君三舍。若不获命，其左执鞭弭，右属櫜鞬，以与君周旋。”弭，弓末无缘者。属，著也。櫜以受箭，鞬以受弓。周旋，相追逐也。子玉请杀之，楚子曰：“晋公子广而俭，志广而体俭。广而有礼。其从者肃而宽，忠而能力。晋侯无亲，晋侯，惠公也。外内恶之。吾闻姬姓唐叔之后，其后衰者也其，将由晋公子乎！天将兴之，谁能废之，违天必有大咎。”乃送诸秦。秦伯纳女五人，怀嬴与焉。怀嬴，子圉妻。奉匜沃盥，既而挥之。匜沃，盥器。挥，湔也。怒，曰：“秦、晋匹也，匹，敌也。何以卑我?”公子惧，降服而囚。去上服，自拘囚以谢之。他日，公飨之，子犯曰：“吾不如衰之文也，文，有文辞。请使衰从。”公子赋《河水》，《河水》，逸诗。义取河水朝宗于海，海喻秦。公赋《六月》，《六月》，《诗·小雅》，言尹吉甫佐宣王北伐，喻重耳还晋必能匡王国。赵衰曰：“重耳拜赐。”君前臣名，故名重耳。公子降，拜，稽首，公降一级而辞焉。下阶一级，辞重耳稽首。衰曰：“君称所以佐天子者命重耳，重耳敢不拜?”诗首章言匡王国，次章言佐天子，故赵衰因通言之，为明年秦伯纳之张本。

钦定四库全书荟要卷一千七百四十五　经部

日讲春秋解义卷二十

僖　公

二十有四年，春，王正月。

附录左传　二十四年春王正月，秦伯纳之。纳重耳也。不书，不告入也。及河，子犯以璧授公子，曰："臣负羁绁从君巡于天下，羁，马络首。绁，马缰。臣之罪甚多矣。臣犹知之，而况君乎？请由此亡。"公子曰："所不与舅氏同心者，有如白水。"子犯，重耳舅也。诸言有如皆是誓辞。投其璧于河。质信于河。济河，围令狐，入桑泉，取臼衰。令狐，今山西猗氏县，西有令狐城。桑泉，杜注：在河东解县西。今山西临晋县东有桑泉城。臼衰，杜注：解县东南有臼城。在今山西解州西北。二月甲午，晋师军于庐柳。怀公遣军距重耳。庐柳，今山西猗氏县西北有庐柳城。秦伯使公子絷如晋师。师退，军于郇。晋师从秦命纳文公，故退师。郇，杜注：解县西北有郇城。在今山西临晋县东北。辛丑，狐偃及秦、晋之大夫盟于郇。壬寅，公子入于晋师。丙午，入于曲沃。丁未，朝于武宫。文公之祖武公庙。戊申，使杀怀公于高梁。怀公奔高梁。不书，亦不告也。　吕、郤畏逼，吕甥、郤芮，惠公旧臣，故畏为文公所逼害。将焚公宫而弑晋侯。寺人披请见，公使让之，且辞焉，辞不见。曰："蒲城之役，在五年。君命一宿，女即至。其后余从狄君以田渭滨，女为惠公来求杀余，命女三宿，女中宿至。虽有君命，何其速也？夫袪犹在。袪，披所斩文公衣袂也。女其行乎。"对曰："臣谓君之入也，其知之矣。知君人之道。若犹未也，又将及难。君命无二，古之制也。除君之恶，唯力是视，蒲人、狄人，余何有焉？当二君世君为蒲、狄之人，于我有何义？今君即位，其无蒲、狄乎？齐桓公置射钩而使管仲相，乾时之役，管仲射桓公中带钩。君若易之，何辱命焉？言若反齐桓念旧恶，则己将自去耳，不须辱君命。行者甚众，岂唯刑臣？"披，奄人，故称刑臣。公见之，以难告。告吕、郤欲焚公宫。三月，晋侯潜会秦伯于王城。己丑晦，公宫火。瑕甥、郤芮不获公，乃如河上，秦伯诱而杀之。晋侯逆夫人嬴氏以归。秦穆公女文嬴也。秦伯送卫于晋三千人，实纪纲之仆。新有吕、郤之难，国未辑睦，故以兵卫文公，诸门户仆隶之事皆秦卒共之，为之纪纲。　初，晋侯之竖头须，守藏者也。头须，一曰里凫须。竖，左右小吏。《韩诗外传》云："文公亡过曹，里凫须从，因盗重耳资而亡，重耳无粮馁不能行，介子推割股以食重耳，然后能行。"其出也，窃藏以逃，尽用以求纳之。求纳文公。及入，求见。公辞以沐。谓仆人曰："沐则心覆，心覆则图反，宜吾不得见也。沐则头低，故心反覆也。居者为社稷之守，行者为羁绁之仆，其亦可也，何必罪居者？国君而仇匹夫，惧者甚众矣。"仆人以告，公遽见之。言文公弃小怨所以能安众。　狄人归季隗于晋，而请其二子。二子，伯儵、叔刘。请其进退之命。文公妻赵衰，生原同、屏括、楼婴。原、屏、楼三子之邑。赵姬请逆盾与其母，赵姬，文公女也。盾，狄女叔隗之子。子余辞。子余，赵衰字。姬曰："得宠而忘旧，何以使人？必逆之。"固请，许之。来，以盾为才，固请于公，以为嫡子，而使其三子下之。以叔隗为内子，而己下之。卿之嫡妻为内子。皆非此年事。盖因狄人归季隗，遂终言叔隗。　晋侯赏从亡者，介之推不言禄，禄亦弗及。介推，文公从亡微臣。之，语助。推曰："献公之子九人，唯君在矣。惠、怀无亲，外内弃之。天未绝晋，必将有主。主晋祀者，非君而谁？天实置之，而二三子以为己力，不亦诬乎？窃人之财犹谓之盗，况贪天之功以为己力乎？下义其罪，上赏其奸。上下相蒙，蒙，欺也。难与处矣。"其母曰："盍亦求之？以死谁怼？"对曰："尤而效之，罪又甚焉。且出怨言，不食其食。"怨言，谓上下相蒙难与处。其母曰："亦使知之，若何？"欲令推达言于文公。对曰："言，身之文也。身将隐，焉用文之？是求显也。"其母曰："能如是乎？与女偕隐。"遂隐而死。晋侯求之不获，以绵上为之田，曰："以志吾过，且旌善人。"旌，表也。绵上，杜注：西河介休县南有地名绵上。今山西沁原县北有绵上关、绵上城。

夏，狄伐郑。

左传　郑之入滑也，滑人听命。入滑在二十年。师还，又即卫。郑公子士泄、堵俞弥帅师伐滑。堵俞弥，郑大夫。王使伯服、游孙伯如郑请滑。二子，周大夫。郑伯怨惠王之入而不与厉公爵也，事在庄二十一年。又怨襄王之与卫、滑也。怨王助卫为滑请。故不听王命而执二子。王怒，将以狄伐郑。富辰谏曰："不可。臣闻之，大上以德抚民，无亲疏也。其次亲亲，以相及也。先亲以及疏，推恩以行义。昔周公吊二叔之不咸，故封建亲戚以蕃屏周。吊，伤也。咸，同也。周公伤夏、殷之叔世，疏其亲戚，以致灭亡，故广封其兄弟。管、蔡、郕、霍、鲁、卫、毛、聃、郜、雍、曹、滕、毕、原、酆、郇，文之昭也。十六国皆文王子也。管，杜注：管国，在荥阳京县东北。隋置管城县。今河南开封府郑州治废管城是也。毛，杜注：采邑。今河南宜阳县界。雍，杜注：雍国，在河内山阳县西。今河南修武县西有雍城。毕，杜注：毕国，在长安县西北。今陕西咸阳县北有毕原。酆，杜注：酆国，在始平鄠县东。今鄠县属西安府。邘、晋、应、韩，武之穆也。四国皆武王子。应，杜注：应国，在襄阳城父县西。今河南宝丰、鲁山二县界有应城。凡、蒋、邢、茅、胙、祭，周公之胤也。胤，嗣也。蒋，杜注：在弋阳期思县。今河南尉氏县西有蒋城。茅，杜注：高平昌邑县西有茅乡。今山东金乡县西北有昌邑城，其西有茅乡，古茅国也。胙，杜注：东郡燕县西南有胙亭。今河南胙城县是也。召穆公思周德之不类，故纠合宗族于成周而作诗，类，善。纠，聚也。召穆公，周卿士，名虎。召，杜注：穆公采地，扶风雍县东南有召亭。在今陕西凤翔府境。《常棣》，诗属《小雅》。曰：'常棣之华，鄂不韡韡。常棣，棣也。鄂，鄂然，华外发。不，岂不也。韡以喻兄弟和睦则强盛而有光辉韡韡然。凡今之人，莫如兄弟。'其四章曰：'兄弟阋于墙，外御其侮。'阋，争讼貌。言内虽不和，犹且外扞异族之侵侮。如是，则兄弟虽有小忿，不废懿亲。今天子不忍小忿以弃郑亲，其若之何？庸勋、亲亲、暱近、尊贤，德之大者也。庸，用也。暱，亲也。即聋、从昧、与顽、用嚚，奸之大者也。弃德崇奸，祸之大者也。郑有平，惠之勋，平王东迁，晋、郑是依。惠王出奔，虢、郑纳之。是其勋也。又有厉、宣之亲，郑始封之祖桓公友，周厉王之子，宣王之母弟。弃嬖宠而用三良，七年杀嬖臣申侯，十六年杀宠子子华也。三良，叔詹、堵叔、师叔，所谓尊贤。于诸姬为近，郑居河洛，道近当暱之。四德具矣。耳不听五声之和为聋，目不别五色之章为昧，心不则德义之经为顽，口不道忠信之言为嚚，狄皆则之，四奸具矣。周之有懿德也，犹曰莫如兄弟，故封建之。其怀柔天下也，犹惧有外侮。扞御侮者，莫如亲亲，故以亲屏周。召穆公亦云。周公诗，召公歌之，故言亦云。今周德既衰，于是乎又渝周、召以从诸奸，无乃不可乎？民未忘祸，王又兴之，前有子颓之乱，中有叔带召狄，故曰民未忘祸。其若文，武何？"言将废文、武之功业。王弗听，使颓叔、桃子出狄师。二子，周大夫。　夏，狄伐郑，取栎。王德狄人，将以其女为后。富辰谏曰："不可。臣闻之曰：'报者倦矣，施者未厌。'有劳则望报过甚。狄固贪惏，杀人而取财曰惏。王又启之，女德无极，妇怨无终，妇女之志，近之则不知止足，远之则忿怨无已。终，犹已也。狄必为患。"王又弗听。初，甘昭公有宠于惠后，王子带，食邑于甘，杜注：河南县西南有甘水。今河南洛阳县，即河南县也，县西南有甘城，甘水在焉。惠后将立之，未及而卒。昭公奔齐，在十二年。王复之，在二十二年。又通于隗氏。隗氏，王所立狄后。王替隗氏。替，废也。颓叔、桃子曰："我实使狄，狄其怨我。"遂奉大叔以狄师攻王。王御士将御之，《周礼》王之御士十二人。王曰："先后其谓我何？先后，惠后。诛大叔，恐违先后志。宁使诸侯图之。"王遂出，及坎欿，国人纳之。坎欿，杜注：周地。在河南巩县东。秋，颓叔、桃子奉大叔，以狄师伐周，大败周师，获周公忌父、原伯、毛伯、富辰。原、毛，皆采邑。王出适郑，处于氾。氾，杜注：郑南氾也。在襄城县南。今属河南开封府。大叔以隗氏居于温。

郑在畿内，王所倚毗，颓叔、桃子将欲叛王，故先以狄伐郑，盖为叔带谋也。伐郑果出王意，则是年冬王出居于郑，伐焉而又依之，非情也。左氏所传未可尽信。

附录左传　郑子华之弟子臧出奔宋，十六年杀子华故。好聚鹬冠。鹬，鸟名。聚鹬羽以为冠，非法之服。郑伯闻而恶之，使盗诱之。八月，盗杀之于陈、宋之间。

君子曰：服之不衷，身之灾也。衷犹适也。《诗》曰：“彼己之子，不称其服。”《诗·曹风》，刺小人在位，德不称其服。子臧之服，不称也夫！《诗》曰：“自诒伊戚”，其子臧之谓矣。《诗·小雅》，言其自取忧。《夏书》曰：“地平天成”，称也。《夏书·大禹谟》，地平其化，天成其施，上下相称为宜。　宋及楚平，宋成公如楚。还，入于郑。郑伯将享之，问于皇武子。皇武子，郑卿。对曰：“宋，先代之后也。于周为客，天子有事，膰焉；有事，祭宗庙也。膰，祭肉。尊之，故赐以祭胙。有丧，拜焉。宋吊周丧，王特拜谢之。丰厚可也。”郑伯从之，享宋公有加，礼也。

秋，七月。

冬，天王出居于郑。

左传　冬，王使来告难，曰：“不谷不德，得罪于母弟之宠子带，鄙在郑地氾，鄙，野也。敢告叔父。”天子谓同姓诸侯曰叔父。臧文仲对曰：“天子蒙尘于外，敢不奔问官守？”官守，王之群臣。王使简师父告于晋，使左鄢父告于秦。二子，周大夫。天子无出，书曰天王出居于郑，辟母弟之难也。天子凶服、降名，礼也。凶服，素服。降名，称不谷。　郑伯与孔将鉏、石甲父、侯宣多省视官、具于氾，三子，郑大夫。省，官司。具，器用。而后听其私政，礼也。得先君后己之礼。

公羊传　王者无外，此其言出何？不能乎母也。鲁子曰：“是王也，不能乎母者，其诸此之谓与。”

谷梁传　天子无出，出，失天下也。居者，居其所也。虽失天下，莫敢有也。虽实出奔，而王者无外，王之所居，诸侯不敢有之以为国。

天王居于狄泉不书出者，虽去京师，犹在畿内也。此则去畿内而越在诸侯之国，故书出。出而曰居者，天子以天下为家，王出在郑，则郑伯莫敢私其地，故曰居。

晋侯夷吾卒。

据左氏，晋惠公卒以二十三年九月。先儒谓大公定位而后告丧，鲁史即告时书之，传所据他国之史，故经、传年月各异，义亦可通。

附录左传　卫人将伐邢，礼至曰：“不得其守，国不可得也。礼至，卫大夫。守谓邢正卿国子。我请昆弟仕焉。”乃往，得仕。为明年灭邢传。

二十有五年，春，王正月，丙午，卫侯燬灭邢。

左传　二十五年春，卫人伐邢，二礼从国子巡城，二礼，礼至兄弟。掖以赴外，掖，持臂也。谓执持其臂投之城外也。杀之，正月丙午，卫侯燬灭邢，同姓也，故名。礼至为铭曰：“余掖杀国子，莫余敢止。”恶其不知耻，诈以灭同姓，而反铭功于器。

公羊传　卫侯燬何以名？绝。曷为绝之？灭同姓也。

谷梁传　燬之名何也？不正其伐本而灭同姓也。绝先祖支体，故谓之伐本。

邢、卫近族，又皆齐桓所存之亡国也。卫侯忘旧德以伐齐丧，反怒邢救齐，至使其臣设诈行险以戕灭之，绝先祖之裔，无人理矣，故生而名之。

夏，四月，癸酉，卫侯燬卒。

宋荡伯姬来逆妇。

公羊传　宋荡伯姬者何？荡氏之母也。荡氏，宋世大夫。其言来逆妇何？兄弟辞也。其称妇何？有姑之辞也。宋、鲁之间，名结婚姻为兄弟。称妇者，见姑之辞。

谷梁传　妇人既嫁不逾竟，宋荡伯姬来逆妇，非正也。其曰妇，何也？缘姑言之之辞也。

伯姬，鲁君之女，而配荡氏。其嫁不见于经，国君不与大夫敌，故不书于策也。今来逆妇，而经书之，见僖公失礼，自主大夫之婚，上下之分乱矣。妇人不专行，姑自逆妇，非礼也。盖交讥之。

宋杀其大夫。

公羊传　何以不名？宋三世无大夫，三世内娶也。礼，不臣妻之父母。

谷梁传　其不称名姓，以其在祖之位，尊之也。

义系于杀，则止书其官，不纪名氏。公羊氏以为内娶，非也。君娶一卿之女，何得一国之内悉无大夫？且既称大夫，则非无大夫明甚。谷梁氏又以为讳祖之名，然《春秋》国史，礼无私讳，其说亦非也。盖因鲁史记旧文，而不能益尔。

附录左传　秦伯师于河上，将纳王。狐偃言于晋侯曰："求诸侯莫如勤王。勤，纳王也。诸侯信之，且大义也。继文之业，而信宣于诸侯，今为可矣。"晋文侯仇为平王侯伯，匡辅周室。使卜偃卜之，曰："吉。遇黄帝战于阪泉之兆。"黄帝与神农之后姜氏战于阪泉之野，胜之，今得其兆，故以为吉。公曰："吾不堪也。"对曰："周礼未改，今之王，古之帝也。"言周德虽衰，其命未改。今之周王自当帝兆，不谓晋。公曰："筮之。"筮之，遇大有☲☰乾下离上，大有。之睽☲☱，兑下离上，睽。大有九三变而为睽。曰："吉。遇公用享于天子之卦。大有九三爻辞也。三为三公而得位，变而为兑，兑为说，得位而说，故能为王所宴飨。战克而王飨，吉孰大焉？言卜、筮协吉。且是卦也，天为泽以当日，天子降心以逆公，不亦可乎？乾为天，兑为泽，乾变为兑，而上当离，离为日，日之在天，垂曜在泽，天子在上，说心在下，是降心逆公之象。大有去睽而复，亦其所也。"言去睽卦还论大有，亦有天子降心之象，乾尊离卑，降尊下卑，亦其义也。晋侯辞秦师而下。辞让秦师使还。顺流故曰下。三月甲辰，次于阳樊，右师围温，大叔在温故。左师逆王。　夏四月丁巳，王入于王城。取大叔于温，杀之于隰城。戊午，晋侯朝王。王飨醴，命之宥。请隧，弗许。阙地通路曰隧，王之葬礼也，诸侯皆县柩而下。曰："王章也。未有代德而有二王，亦叔父之所恶也。"与之阳樊、温、原、欑茅之田。晋于是始启南阳。四邑在晋山南河北，故曰南阳。阳樊不服，围之。仓葛呼曰：仓葛，阳樊人。"德以柔中国，刑以威四夷，宜吾不敢服也。此谁非王之亲姻其俘之也？"乃出其民。取其土而已。

秋，楚人围陈，纳顿子于顿。

左传　秋，秦、晋伐鄀。鄀，杜注：本在商密，秦楚界上小国，其后迁于南郡鄀县。今河南淅川县西有丹水故城，古鄀国也。楚斗克、屈御寇以申、息之师戍商密。斗克，申公子仪。屈御寇，息公子边。皆楚大夫。商密，杜注：鄀别邑，在南乡丹水县。戍，守也。二子屯兵于析，以为商密援。秦人过析，隈入而系舆人，以围商密，昏而傅焉。析，杜注：楚邑，一名白羽。今河南内乡县即其地也。隈，隐蔽之处。系缚舆人，诈为克析，得其囚俘者，昏而传城，不欲令商密知囚非析人。宵，坎血加书，伪与子仪、子边盟者。掘地为坎，以埋盟之余血，加盟书其上。商密人惧，曰："秦取析矣，戍人反矣。"乃降秦师。囚申公子仪、息公子边以归。楚令尹子玉追秦师，弗及。不复言晋者，秦为兵主。遂围陈，纳顿子于顿。

公羊传　纳者，内弗受也。围一事也，纳一事也，而遂言之，盖纳顿子者陈也。围陈，使纳顿子。

顿子迫于陈而奔，楚人围陈以纳之，故不言遂，明其本一事也。诸侯不能保恤小寡，反使荆楚假义以操废置之权，此传所以闵无霸与。凡国君失地出奔则名，他国纳之则不名，以诸侯不得相名也。

葬卫文公。

附录左传　冬，晋侯围原，原亦如阳樊不服故。命三日之粮。原不降命去之。谍出，谍，间也。曰："原将降矣。"军吏曰："请待之。"公曰："信，国之宝也，民之所庇也。得原失信，何以庇之？所亡滋多。"退一舍而原降。迁原伯贯于冀。伯贯，周守原大夫也。赵衰为原大夫，狐溱为温大夫。狐溱，狐毛之子。

冬，十有二月，癸亥，公会卫子、莒庆盟于洮。洮，杜注：鲁地。孔氏颖达曰："八年盟于洮。"杜注鲁地，三十一年鲁始得曹田，此时不得为鲁地，注误耳。

左传　卫人平莒于我，十二月，盟于洮，修卫文公之好，且及莒平也。莒以元年郦之役怨鲁，卫文公将平之，未及而卒，成公追成父志，故曰修文公之好。

谷梁传　莒无大夫，其曰莒庆，何也？以公之会目之也。

卫欲平莒于鲁，故为会于洮。称卫子，丧未逾年也。莒子不至，盖疑鲁未肯平，故先以大夫听命。小国之大夫不名，而莒庆名，以事接于我，旧史称名，孔子仍而不革也。

附录左传　晋侯问原守于寺人勃鞮，勃鞮，披也。对曰："昔赵衰以壶飧从径，馁而弗食。"言其廉且仁不忘君也。径，犹行也。故使处原。

二十有六年，春，王正月，己未，公会莒子、卫宁速，盟于向。速，公羊作遬。后同。宁速，卫大夫，庄子也。向，杜注：莒地。《寰宇记》曰："莒州南有向城。"今属山东青州府。

左传　二十六年春王正月，公会莒兹丕公、兹丕，时君之号。莒，夷，无谥，以号为称。宁庄子，盟于向，寻洮之盟也。洮盟在前年。

谷梁传　公不会大夫，其曰宁速，何也？以其随莒子可以言会也。

洮之盟，莒、鲁平矣，以莒子不亲至，复为是会以成之。二国既通，故卫侯不会，使大夫即事以质信而已。凡书盟者恶之，此无贬辞者，逾月再盟，比书之，而义自见矣。

齐人侵我西鄙，公追齐师，至酅，弗及。酅，公羊、谷梁皆作巂。酅，杜注：齐地。济北谷城县西有地名酅下。今山东东阿县西南有酅下聚。

左传　齐师侵我西鄙，讨是二盟也。讨鲁与卫、莒为洮、向之盟。

公羊传　其言至巂弗及何？侈也。侈，大也。大公却强齐之兵。

谷梁传　人，微者也。侵，浅事也。公之追之，非正也。至巂，急辞也。弗及者，弗与也，弗与战也。可以及而不敢及也。其侵也曰人，其追也曰师，以公之弗及，大之也。弗及，内辞也。弗及者，若曰我自不及耳，非齐不可及。

凡追师，在境内则讥其不豫，追戎于济西是也；在境外则讥其深入，追齐师至酅是也。弗者，迂辞也，有畏而弗敢及之也。齐、鲁私愤之兵，均为不义，然先儒谓书人为罪齐，非也。自隐以来，凡以兵加我，君、大夫皆书人，君将书君。自文十五年齐懿公始，大夫将书大夫。自襄七年齐高厚始，至邾、莒小国，则终《春秋》恒书人。凡此皆旧史之文，孔子所不能易者也。又谓前书齐人，是见其弱以诱鲁，后书齐师是伏其众以邀鲁，亦非也。城濮、柏举皆战书楚人，败书楚师，则其义不可通矣。

夏，齐人伐我北鄙。

卫人伐齐。

左传　夏，齐孝公伐我北鄙。卫人伐齐，卫救鲁，故伐齐。洮之盟故也。公使展喜犒师，展喜，鲁大夫。使劳齐师。使受命于展禽。展禽，食邑柳下，谥曰惠。齐侯未入竟，展喜从之，曰："寡君闻君亲举玉趾，将辱于敝邑，使下臣犒执事。"齐侯曰："鲁人恐乎？"对曰："小人恐矣，君子则否。"齐侯曰："室如县罄，野无青草，何恃而不恐？"时夏四月，今之二月，野物未成，故言居室而资粮县尽，在野则无蔬食之物，所以当恐。对曰："恃先王之命。昔周公、大公股肱周室，夹辅成王。成王劳之而赐之盟，曰：'世世子孙无相害也'，载在盟府，载，载书也。大师职之。职，主也。桓公是以纠合诸侯而谋其不协，弥缝其阙而匡救其灾，昭旧职也。及君即位，诸侯之望曰：'其率桓之功。'我敝邑用不敢保聚，用此旧盟，故不聚众保守。曰：'岂其嗣世九年而弃命废职，其若先君何？君必不然。'恃此以不恐。"齐侯乃还。

卫平莒、鲁，为洮、向之盟。齐何与焉？乃连兴侵伐之师，非义甚矣。二盟乃卫人平莒于鲁，故为鲁报齐，然亦无名之师也。

公子遂如楚乞师。书乞师始此。

左传　东门襄仲、臧文仲如楚乞师。襄仲，公子遂，居东门故以为氏。臧文仲，为襄仲副使，故不书。臧孙见子玉而道之伐齐、宋，以其不臣也。言其不臣事周室，可以此罪责而伐之。

公羊传　乞师者何？卑辞也。曷为以外内同若辞？重师也。曷为重师？师出不正反，战不正胜也。正，预期也。

谷梁传　乞，重辞也。何重焉？重人之死也，非所乞也。师出不必反，战不必胜，故重之也。

书乞，卑辞也。荆楚僭王，陵暴列国，僖公不忍齐人侵伐之怨，乃自屈于楚，乞师以报齐。是犹揖盗以困邻也，害义孰大焉？

秋，楚人灭夔，以夔子归。夔，公羊作隗。杜注：楚同姓国。建平秭归县。《湖广归州志》云："州西南有夔子城，地名夔沱。"

左传　夔子不祀祝融与鬻熊，祝融，高辛氏之火正，楚之远祖也。鬻熊，祝融之十二世孙。夔，楚之别封，故亦世绍其祀。楚人让之。对曰："我先王熊挚有疾，鬼神弗赦，而自窜于夔，熊挚，楚嫡子，有疾不得嗣位，故别封为夔子。吾是以失楚，又何祀焉？"秋，楚成得臣、斗宜申帅师灭夔，以夔子归。成得臣，令尹子玉。斗宜申，司马子西。

谷梁传　夔，国也。不日，微国也。以归，犹愈乎执也。

《春秋》凡灭国以其君归者，无不名，夔子何以不名？诸侯之祀不过其祖，夔祖熊挚，其不祀祝融、鬻熊，礼也。以是见灭，实非其罪，故特宽假之。不日，赴告阙也。

冬，楚人伐宋，围缗。缗，谷梁作闵。

左传　宋以其善于晋侯也，重耳之出，宋襄公赠马二十乘。叛楚即晋。冬，楚令尹子玉、司马子西帅师伐宋，围缗。

公羊传　邑不言围，此其言围何？刺道用师也。时以师与鲁未至，又道用之，恶其轻民命，不仁之甚也。

谷梁传　伐国不言围邑，此其言围，何也？以吾用其师，目其事也，非道用师也。楚人为鲁伐齐，而中道更伐宋，故伐、围兼书，所以责楚。

前年宋公忘仇即楚，今复从晋，能徙义矣。楚遂伐其国而围其邑，备书之，以著其横，兼罪鲁之召寇也。

公以楚师伐齐，取谷。公至自伐齐。

左传　公以楚师伐齐，取谷。凡师，能左右之曰以。左右，谓进退在己。置桓公子雍于谷，易牙奉之以为鲁援。雍本与孝公争立，故使君谷以逼齐。楚申公叔侯戍之。为二十八年楚子使申叔去谷张本。桓公之子七人，为七大夫于楚。言孝公不能抚公族。

公羊传　此已取谷矣，何以致伐？未得乎取谷也。未可谓得意于取谷。曷为未得乎取谷？曰：患之起，必自此始也。鲁内虚而外乞师，以犯强齐，会齐侯昭卒，晋文行霸，幸而得免。

谷梁传　以者，不以者也。民者，君之本也。使民以其死，非其正也。　恶事不致，此其致之，何也？危之也。

以楚师伐齐、取谷，置戍以逼之，不待贬而罪见矣。而僖公方自以为得，告至而策勋焉，岂非失其本心与？

二十有七年，春，杞子来朝。

左传　二十七年春，杞桓公来朝。用夷礼，故曰子。公卑杞，杞不共也。

杞称子，时王所黜也。《春秋》有褒贬而无黜陟，传谓公卑杞，似谓旧史称子，果旧史变易王爵，孔子岂仍其非而不革乎？

夏，六月，庚寅，齐侯昭卒。

左传　夏，齐孝公卒。有齐怨，前年齐再伐鲁。不废丧纪，丧纪，丧事之总名。礼也。

齐桓既殁，诸侯犹思其德。孝公不能继志述事，乃盟楚、狄，伐宋及鲁、卫，为谋不远，霸业遽隳，惜哉！

秋，八月，乙未，葬齐孝公。

三月而葬，非礼也。鲁有齐怨，而会其君之葬，岂非去古未远犹秉周礼之验与？

乙巳，公子遂帅师入杞。八月无乙巳。乙巳，九月六日。

左传　秋，入杞，责无礼也。以来朝不共故。

杞、鲁甥舅之国，伯姬在焉，方来朝而帅师入之，凭弱犯寡不义甚矣。鲁自季友卒，公子遂用事，乞楚师以仇齐，今又入杞，背旧弃亲，结憾四邻。僖公之末造无一可观者，俭人之害政于此可见矣。

冬，楚人、陈侯、蔡侯、郑伯、许男围宋。

左传　楚子将围宋，使子文治兵于睽，子文时不为令尹，故云使治兵，习号令也。睽，楚也。终朝而毕，不戮一人。子文欲委重于子玉，故略其事。子玉复治兵于蔿，子玉为令尹故。蔿，亦楚邑。终日而毕，鞭七人，贯三人耳。以矢穿其耳。国老皆贺子文，贺子玉堪其事。子文饮之酒。蔿贾尚幼，后至不贺，蔿贾，伯嬴，孙叔敖之父。子文问之，对曰："不知所贺。子之传政于子玉，曰以靖国也。请诸内而败诸外，所获几何？子玉之败，子之举也。举以败国，将何贺焉？子玉刚而无礼，不可以治民，过三百乘，其不能以入矣。三百乘，二万二千五百人。苟入而贺，何后之有？"　冬，楚子及诸侯围宋。宋公孙固如晋告急。先轸曰：先轸，原轸也。"报施救患，取威定霸，于是乎在矣。"狐偃曰："楚始得曹，而新昏于卫，若伐曹、卫，楚必救之，则齐、宋免矣。”前年，楚使申叔戌谷以逼齐。于是乎蒐于被庐，被庐，晋地。作三军，闵元年，晋献公作二军，今复增一军。谋元帅。元帅，中军帅。赵衰曰：“郤谷可。臣亟闻其言矣，说礼、乐而敦《诗》《书》。《诗》《书》，义之府也。礼、乐，德之则也。德、义，利之本也。《夏书》曰：‘赋纳以言，明试以功，车服以庸。’《尚书·虞夏书》也。赋，犹取也。庸，功也。取纳以言，观其志也。明试以功，考其事也。车服以庸，报其劳也。君其试之。”乃使郤縠将中军，郤溱佐之。使狐偃将上军，让于狐毛而佐之。狐毛，偃之兄。命赵衰为卿，让于栾枝、先轸。栾枝，贞子也，栾宾之孙。使栾枝将下军，先轸佐之。荀林父御戎，荀林父，中行桓子。魏犨为右。晋侯始入而教其民，二年，欲用之。二十四年入国。子犯曰：“民未知义，未安其居。”无义则苟生。于是乎出定襄王，二十五年定襄王，以示事君之义。入务利民，民怀生矣。将用之，子犯曰：“民未知信，未宣其用。”宣，明也。未明于见用之信。于是乎伐原以示之信。伐原在二十五年。民易资者，不求丰焉，明征其辞。民以货物易资财者，不诈以求多，明定其辞，不二价，重言信也。公曰：“可矣乎?”子犯曰：“民未知礼，未生其共。”于是乎大蒐以示之礼，蒐，顺少长，明贵贱。作执秩以正其官。执秩，主爵秩之官。民听不惑，而后用之。出谷戍，释宋围，楚子使申叔去谷、子玉去宋。一战而霸，文之教也。谓明年城濮之战。

公羊传　此楚子也，其称人何？贬。曷为贬？为执宋公贬，故终僖之篇贬也。

谷梁传　楚人者，楚子也。其曰人，何也？人楚子，所以人诸侯也。其人诸侯，何也？不正其信夷狄而伐中国也。

传称楚子及诸侯围宋，十二月公会诸侯盟于宋，就楚子而受盟也。然则楚子在师明矣。具书楚人，以明年晋兴楚屈，故旧史以公之就见楚子为讳，而书人也。先儒谓书人为贬，书爵为褒，观楚穆、楚灵之侵伐皆书爵，则其义不通矣。

十有二月，甲戌，公会诸侯，盟于宋。

鲁方亲楚，故往会盟。楚子主盟，而曰会诸侯，讳公从楚，亦不与楚以主盟也。

钦定四库全书荟要卷一千七百四十六　经部

日讲春秋解义卷二十一

僖　公

二十有八年，春，晋侯侵曹，晋侯伐卫。

左传　二十八年春，晋侯将伐曹，假道于卫，曹在卫东故。卫人弗许。还，自南河济，南河，杜注：从汲郡南渡出卫南而东。《水经注》河水迳东，燕县故城北有棘津之名，即此也。棘津，在今河南汲县南。侵曹，伐卫。正月戊申，取五鹿。二月，晋郤縠卒。原轸将中军，胥臣佐下军，上德也。先轸以下军佐超将中军，故曰上德。晋侯、齐侯盟于敛盂。敛盂，杜注：卫地。今直隶开州东南敛盂聚是也。齐侯以谷戍之迫故从晋求援。卫侯请盟，晋人弗许。卫侯欲与楚，国人不欲，故出其君，以说于晋。卫侯出居于襄牛。襄牛，杜注：卫地。今属河南归德府。

公羊传　曷为再言晋侯？非两之也。然则何以不言遂？未侵曹也。未侵曹，则其言侵曹何？致其意也。其意侵曹，则曷为伐卫？晋侯将侵曹，假涂于卫，卫曰不可得，则固将伐之也。言欲侵曹，而因卫之不肯假途，遂伐卫。则尚未侵曹，而推其意。故两书之也。

谷梁传　再称晋侯，忌也。以修曹、卫之宿怨，故再称晋侯，以刺之。

齐桓因蔡溃而伐楚，故言遂。此则侵曹既反而后伐卫，故再言晋侯。皆各据事之实而书之，非褒贬所系也。晋文之兴，其势与齐桓异。齐桓之时，楚虽间犯上国，犹无远图，故合诸侯正问罪之名，以求其服而已。晋文之时，则陈、蔡、郑、许久服于楚，且与之联兵以围宋，又戍谷以逼齐，非大挫其锋，楚祸不息。而楚子入居于申，使子玉去宋，非侵曹、伐卫，多方以激之，无由致楚而与之战，先儒乃专罪晋侯之报怨，且谓宜先伐陈、蔡、郑、许，曹、卫自服，皆昧于情实之论也。

公子买戍卫，不卒戍，刺之。

左传　公子买戍卫，晋伐卫，卫、楚之昏姻，鲁欲与楚，故戍卫。楚人救卫，不克。公惧于晋，杀子丛以说焉。子丛，公子买字。谓楚人曰："不卒戍也。"诈告楚人之词。杀子丛在楚救卫下，经在上者，救卫之赴后至。

公羊传　不卒戍者何？不卒戍者，内辞也。不可使往也。不可使往，则其言戍卫何？遂公意也。以不可使之事使其臣，故为公讳言，使若臣不遵君命者然。刺之者何？杀之也。杀之则曷为谓之刺之？内讳杀大夫，谓之刺之也。有罪无罪皆不得专杀，故讳杀，言刺之。

谷梁传　先名后刺，杀有罪也。公子启曰："不卒戍者，可以卒也。"可以卒而不卒，讥在公子也，刺之可也。公子启，鲁大夫。

内杀大夫曰刺。刺未有书其故者，而曰："不卒戍，刺之。"所以见其辞之不直，情之甚私。买之死实非其罪，不止于专杀大夫而已也。公既附楚，遣买戍卫，又惧晋而杀之，诡辞以谢楚，政刑如此，其能国乎？

楚人救卫。

《春秋》凡书救者皆善，此书救，非善楚也。见晋伐所必救，能致楚人分围宋之师以出，而战克取威，正其谋之谲也。故曰：比事属辞，《春秋》之教。

三月，丙午，晋侯入曹，执曹伯。畀宋人。

左传　晋侯围曹，门焉，多死。攻曹城门。曹人尸诸城上，晋侯患之。听舆人之谋曰："称舍于墓。"舆，众也。舍墓，为将发冢。师迁焉。曹人凶惧，凶凶恐惧声。为其所得者，棺而出之。欲加礼晋师，以免发冢之祸。因其凶也而攻之。三月丙午，入曹，数之，以其不用僖负羁而乘轩者三百人也，且曰献状。轩，大夫车。言其无德居位者多，故责其功状。令无入僖负羁之宫而免其族，报施也。报飧璧之施。魏犫、颠颉怒，曰："劳之不图，报于何有?"爇僖负羁氏。爇，焚也。魏犫伤于胸，公欲杀之，而爱其材，使问，且视之。病，将杀之。魏犫束胸见使者，曰："以君之灵，不有宁也。"言不以病故自安宁。距跃三百，曲踊三百。距跃，超越也。曲踊，跳踊也。百犹励也。盖三次勉励为之。乃舍之。杀颠颉以狥于师，立舟之侨以为戎右。舟之侨，故虢臣，闵二年奔晋，以代魏犫，为先归张本。宋人使门尹般如晋师告急。门尹般，宋大夫。时楚犹未解宋围。公曰："宋人告急，舍之则绝，告楚不许，我欲战矣，齐、秦未可，若之何?"先轸曰："使宋舍我而赂齐、秦，藉之告楚。我执曹君，而分曹、卫之田以赐宋人。欲以激怒楚人。楚爱曹、卫，必不许也。喜赂怒顽，能无战乎?言齐、秦喜得宋赂，而怒楚之顽，必自战也。不可告请，故曰顽。公说，执曹伯，分曹、卫之田，以畀宋人。

公羊传　畀者何?与也。其言畀宋人何?与使听之也。与使听其狱也。曹伯之罪何?甚恶也。其甚恶奈何?不可以一罪言也?

谷梁传　入者，内弗受也。日入，恶入者也。以恶侯而斥执曹伯，恶晋侯也。恶其忌怨深。畀，与也。其曰人，何也?不以晋侯畀宋公也。畀，上与下之词，故不以侯畀公。

曹虽即楚，文之昭也，晋侯苟修其训典、善其辞令以镇抚之，曹伯羸者，畏威怀德，自当翻然改图。乃遽兴师而入其国、执其君，又分其田，暴矣。然使执之以归京师，俾天子治其即楚之罪，犹不失为霸讨。今特欲致楚与战，乃以曹伯畀宋人，而激其怒，何其谲也？虽一战而胜为诸夏盟主，其功虽多，其道不足尚也。

夏，四月，己巳，晋侯、齐师、宋师、秦师及楚人战于城濮，楚师败绩。

左传　楚子入居于申，申在方城内，故曰入。使申叔去谷，二十六年，申叔戍谷。使子玉去宋，曰："无从晋师。晋侯在外十九年矣，而果得晋国。晋侯生十七年而亡，亡十九年而反，凡三十六年，至此年四十矣。险阻艰难，备尝之矣。民之情伪，尽知之矣。天假之年而除其害，除惠、怀、吕、郤。天之所置，其可废乎？《军志》曰允当则归，《军志》，兵书。允当，无求过分。又曰知难而退，又曰有德不可敌。此三志者，晋之谓矣。"子玉使伯棼请战，伯棼，子越椒也，斗伯比之孙。曰："非敢必有功也，愿以间执谗慝之口。"间执，犹塞也。谗慝，若蔿贾讥子玉之言。王怒，少与之师，唯西广、东宫与若敖之六卒实从之。楚有左右广，西广即右广也。又大子有宫甲，分取以给之。若敖，楚武王之祖父，葬若敖者，子玉之祖也。六卒，子玉宗人之兵六百人。言不悉师以益之。子玉使宛春告于晋师曰：宛春，楚大夫。"请复卫侯而封曹，臣亦释宋之围。"卫侯未出竟，曹伯见执，在宋已失位，故言复卫封曹。子犯曰："子玉无礼哉！君取一，臣取二，取一谓释宋，取二谓复曹、卫。不可失矣。言可伐。先轸曰："子与之。定人之谓礼，楚一言而定三国，我一言而亡之。我则无礼，何以战乎？不许楚言，是弃宋也。救而弃之，谓诸侯何？言将为诸侯所怪。楚有三施，我有三怨，怨仇已多，将何以战？不如私许复曹、卫以携之，携，离也。执宛春以怒楚，既战而后图之。"须胜负决乃定计。公说。乃拘宛春于卫，且私惯许复曹、卫。曹、卫告绝于楚。子玉怒，从晋师。晋师退，军吏曰："以君辟臣，辱也。且楚师老矣，何故退？"犯曰："师，直为壮，曲为老，岂在久乎？微楚之惠不及此，重耳过楚，楚成王有赠送之惠。退三舍辟之，所以报也。践晋侯辟君三舍之言。背惠食言，以亢其仇，亢犹当也。仇谓楚。我曲楚直，其众素饱，直，气盈饱。不可谓老。我退而楚还，我将何求？若其不还，君退臣犯，曲在彼矣。"退三舍。楚众欲止，子玉不可。夏，四月戊辰，晋侯、宋公、齐国归父、崔夭、秦小子慭次于城濮。国归父、崔夭，齐大夫。小子慭，秦穆公子。楚师背酅而舍，酅，丘陵险阻名。晋侯患之。听舆人之诵，恐众畏险，故听其歌诵。曰："原田每每，舍其旧而新是谋。"高平曰原。喻晋君美盛，若原田之草每每然，可以谋立新功，不足念旧惠。公疑焉。疑众谓己背旧谋新。子犯曰："战也。战而捷，必得诸侯。若其不捷，表里山河，必无害也。"晋国外河而内山。公曰："若楚惠何？"栾贞子曰："汉阳诸姬，楚实尽之。水北曰阳。姬姓之国在汉北者，楚尽灭之。思小惠而忘大耻，不如战也。"晋侯梦与楚子搏，搏，手搏。楚子伏己而盬其脑，盬，唼也。是以惧。子犯曰："吉。我得天，楚伏其罪，吾且柔之矣。"晋侯上向，故得天。楚子下向地，故伏其罪。脑所以柔物。子犯审见事宜，故权言以答梦。子玉使斗勃请战，斗勃，楚大夫子上。曰："请与君之士戏，君冯轼而观之，得臣与寓目焉。"寓，寄也。晋侯使栾枝对曰："寡君闻命矣。楚君之惠，未之敢忘，是以在此。为大夫退，其敢当君乎？既不获命矣，不获止命。敢烦大夫，谓二三子：'戒尔车乘，敬尔君事，诘朝将见。'"诘朝，平旦。晋车七百乘，韅、靷、鞅、靽。七百乘，五万二千五百人。在背曰韅，在胸曰靷，在腹曰鞅，在后曰靽。言驾乘修备。晋侯登有莘之虚以观师，有莘，杜注：故国名。今河南陈留县有莘城，山东曹县有莘仲集，其地接二县界。曰："少长有礼，其可用也。"遂伐其木，以益其兵。伐木以益攻战之具，舆曳柴亦是也。己巳，晋师陈于莘北，胥臣以下军之佐当陈、蔡。子玉以若敖之六卒将中军，曰："今日必无晋矣。"子西将左，子西，斗宜申。子上将右。胥臣蒙马以虎皮，先犯陈、蔡。陈、蔡奔，楚右师溃。陈、蔡属楚右师。狐毛设二旆而退之。旆，大旗。又建二旆而退，使若大将稍却。栾枝使舆曳柴而伪遁，曳柴起尘，诈为众走。楚师驰之，楚师见二旆先退，曳柴尘起，以为晋师已走，故驰而逐之。原轸、郤溱以中军公族横击之。公族，公所率之军。狐毛、狐偃以上军夹攻子西，楚左师溃。楚师败绩。子玉收其卒而止，故不败。晋师三日馆谷，馆，舍也。食楚军谷三日。及癸酉而还。

公羊传　此大战也，曷为使微者？微者谓楚称人。子玉得臣也。子玉得臣，则其称人何？贬。曷为贬？大夫不敌君也。

书晋及，以主是战者实晋侯也。盖子玉虽从晋师，而初告于晋曰："请复卫侯而封曹，臣亦释宋之围"，则固无必战之心。也自先轸献计，许曹、卫以携之，拘宛春以怒之，必欲致楚与战，则宜书晋及明矣。夫齐桓既殁，楚势益张，灭黄而霸主不能恤，败徐而诸大夫不能救，执中国盟主而在会者不敢争，今又戍谷逼齐，合兵围宋，非一战而胜之无以夺蛮荆之气、定中夏之心。非若齐桓师次召陵，楚即受盟，犹可以礼服也。所遇不同，故为谋亦异，其有功于天下则一也。

楚杀其大夫得臣。楚始书大夫。

左传　初，楚子玉自为琼弁玉缨。弁，以鹿子皮为之。缨，结于颔下而垂者。琼，玉之别名，次之以饰弁及缨。《诗》云："会弁如星。未之服也。先战，梦河神谓己曰："畀余，余赐女孟诸之麋。"孟诸，杜注：宋薮泽。今河南归德府有孟诸泽。水草之交曰麋。弗致也。大心与子西使荣黄谏，大心，子玉之子。子西，子玉之族。子玉刚愎，故因荣黄以谏。荣黄，荣季也。弗听。荣季曰："死而利国，犹或为之，况琼玉乎？是粪土也。而可以济师，将何爱焉？"因神之欲，以附百姓之愿，济师之理。弗听。出，告二子曰："非神败令尹，令尹其不勤民，实自败也。"尽心尽力、无所爱惜为勤。既败，王使谓之曰："大夫若入，其若申、息之老何？"申、息二邑子弟皆从子玉而死，言何以见其父老。子西、孙伯曰：孙伯，即大心。"得臣将死。二臣止之曰：'君其将以为戮。'"及连谷而死。连谷，杜注：楚地。当在楚方城之外。王无赦命，故自杀。晋侯闻之而后喜可知也。喜见于颜色。曰："莫余毒也已。

蒍吕臣实为令尹，奉己而已，不在民矣。”言其自守无大志。

败绩固得臣之罪，然楚子既知晋侯非子玉所可敌，则当申无从晋师之命而禁止之，乃怒而少与之师，及其败而致之死，则弃将弃师之罪其谁任之哉？故称国以杀，而不去其官也。

卫侯出奔楚。

诸侯失地名，卫侯之奔不名，盖其出也，使元咺奉叔武以受盟，则国犹其国也。或曰晋文以私怨逐卫侯，若书名，则与郑伯突、蔡侯朱自失其国者无别矣，义亦可通。

五月，癸丑，公会晋侯、齐侯、宋公、蔡侯、郑伯、卫子、莒子，盟于践土。践土，杜注：郑地。今属河南开封府。

左传　甲午，至于衡雍，晋师癸酉自城濮还，二十二日为甲午。衡雍，杜注：郑地。荥阳卷县。在今河南原武县西北。作王宫于践土。襄王闻晋战胜，自往劳之，故为作宫。乡役之三月，乡犹属也。城濮役之前三月。郑伯如楚致其师。为楚师既败而惧，使子人九行成于晋。子人，氏。九，名。晋栾枝入盟郑伯。五月丙午，晋侯及郑伯盟于衡雍。丁未，献楚俘于王，驷介百乘，徒兵千。驷介，四马被甲。徒兵，步卒。郑伯傅王，用平礼也。傅，相也。以周平王享晋文侯仇之礼享晋侯。己酉，王享醴，命晋侯宥。王命尹氏及王子虎、内史叔兴父策命晋侯为侯伯，尹氏、王子虎，皆王卿士。叔兴父，王大夫。以策书命晋侯为伯也。《周礼》九命作伯。赐之大辂之服、戎辂之服、大辂，金辂也。祭祀所乘，其服鷩冕。戎辂，戎车也。兵事所乘，其服韦弁。彤弓一、彤矢百、玈弓矢千、彤，赤色。玈，黑色。弓一矢百，则矢千弓十矣。诸侯赐弓、矢然后专征伐。秬鬯一卣、秬，黑黍。鬯，香酒。所以降神。卣，器名。虎贲三百人，曰：“王谓叔父，敬服王命，以绥四国，纠逖王慝。”逖，远也。有恶于王者，纠而远之。晋侯三辞，从命曰：“重耳敢再拜稽首，奉扬天子之丕显休命。”丕，大也。休，美也。受策以出。出入三觐。出入，犹去来也。从来至去，凡三见王。卫侯闻楚师败，惧，出奔楚，遂适陈，自襄牛出。使元咺奉叔武以受盟。奉，使摄君事。元咺，卫大夫。叔武，卫侯弟。癸亥，王子虎盟诸侯于王庭。践土宫之庭，书践土，别于京师。要言曰：“皆奖王室，无相害也。有渝此盟，明神殛之。俾队其师，无克祚国。队，陨也。及其玄孙，无有老幼。”甚言变盟之祸。君子谓是盟也信，谓晋于是役也能以德攻。以文德教民，而后用之。

谷梁传　讳会天王也。实会天王而文不言，若诸侯自共盟然。

践土之会，天王下劳晋侯，削而不书，存王朝之体也。然下书鲁君之朝，则亦不没其实矣。传言王子虎盟诸侯于王庭，而经不书王人，虎虽莅盟而不与歃也。齐非霸主而序宋公之上主盟者，以势之强弱相上下也。子者，君未逾年之称。晋文怒卫成奔楚，立叔武以受盟，故称子，以著晋文废置诸侯之罪，而叔武不敢自安之义亦可见矣。

陈侯如会。

公羊传　其言如会何？后会也。

谷梁传　如会，外乎会也。于会受命也。外乎会，不及序也。受命于会，故书如会。

陈侯本附于楚，今以晋胜为践土之盟，天王在焉，惧而归命，愿与斯会。《春秋》喜其悔罪知反，故曰如会。如者，缓而不迫，不及盟亦不求盟也，与书乞盟者异矣。

公朝于王所。

公羊传　曷为不言公如京师？天子在是也。天子在是，则曷为不言天子在是？不与致天子也。诸侯宜往朝天子，无致天子之礼。

谷梁传　朝不言所，言所者，非其所也。非京师朝。

王所者，王在践土，非京师也。古者，诸侯五年一朝，必于庙，礼也。若王时巡，则朝于方岳，其时有定，其地有常。今天王下劳晋侯，而公朝焉，则非其时与地矣。故曰言所，非其所也。然天子在是，其可以不朝乎？故《春秋》不以诸侯就朝为非，而以王所非其所为贬，正其本之义也。诸侯皆朝，而独书公，乃鲁史记事之法。

六月，卫侯郑自楚复归于卫。卫元咺出奔晋。

左传　或诉元咺于卫侯曰："立叔武矣。"其子角从公，公使杀之。角，元咺子。咺不废命，奉夷叔以入守。夷叔，叔武。夷，谥也。六月，晋人复卫侯。以叔武受盟于践土，故听卫侯归。宁武子与卫人盟于宛濮，武子，宁俞也。宛濮，杜注：陈留长垣县西南有宛亭，近濮水。曰："天祸卫国，君臣不协，以及此忧也。卫侯欲与楚，国人不欲，故不和。今天诱其衷，衷，中也。使皆降心以相从也。不有居者，谁守社稷？不有行者，谁扞牧圉？牛曰牧，马曰圉。不协之故，用昭乞盟于尔大神，以诱天衷。以诱掖中心之天理。自今日以往，既盟之后，行者无保其力，居者无惧其罪。有渝此盟，以相及也。以恶相及。明神先君，是纠是殛。"国人闻此盟也，而后不贰。卫侯先期入，不信叔武。宁子先，长牂守门，以为使也，与之乘而入。长牂，卫大夫。宁子患公欲速，故先入，欲安喻国人。公子歂犬、华仲前驱，二子，卫大夫。叔武将沐，闻君至，喜，捉发走出，前驱射而杀之。公知其无罪也，枕之股而哭之。歂犬走出，公使杀之。元咺出奔晋。元咺以卫侯驱入杀叔武，故至晋诉之。

谷梁传　自楚，楚有奉焉尔。奉藉楚之力。复者，复中国也。中国，犹国中也。归者，归其所也。郑之名，失国也。

卫侯出奔不名，归国何以名？杀叔武也。杀叔武何以不书？或卫侯不告，鲁史本无其文，或鲁史承告归狱于歂犬，孔子核其情实而削之。乃斥卫侯之名、志元咺之奔，以示其义也。其称复归，国乃所宜复也。

陈侯款卒。

秋，杞伯姬来。

伯姬，庄公女。归宁曰来。鲁尝遣师入杞，数加侵辱，伯姬来鲁，将以谢过而求平然。庄公既殁，无归宁之义，非礼也。

公子遂如齐。

鲁尝以楚师伐齐取谷，乃晋文主霸，齐、鲁均往受盟，齐不敢背晋盟而报鲁怨，鲁因使公子遂聘齐讲好。亦足见霸权之立，可以平诸侯之憾而息其争也。

附录左传　城濮之战，晋中军风于泽，牛马因风而走，皆失之。亡大旆之左旃。大旆，旗名。系旐曰旆，通帛曰旃。祁瞒奸命，掌此二事而不修，为奸军令。司马杀之，以徇于诸侯，使茅茷代之。师还，壬午济河。舟之侨先归，士会摄右。士会，随武子，士蔿之孙。摄右，权代舟之侨。秋七月丙申，振旅，恺以入于晋，恺，乐也。师出有功，则恺歌入国。献俘授馘，授，数也。数所截耳。饮至大赏，征会讨贰。征召诸侯，将冬会于温。杀舟之侨以徇于国，民于是大服。君子谓文公其能刑矣，三罪而民服。三罪，颠颉、祁瞒、舟之侨。《诗》云："惠此中国，以绥四方。"不失赏刑之谓也。《诗·大雅》民劳篇。

冬，公会晋侯、齐侯、宋公、蔡侯、郑伯、陈子、莒子、邾子、秦人于温。谷梁无齐侯。秦与诸侯会始此。

左传　冬会于温，讨不服也。讨卫、许。

天王狩于河阳。狩，谷梁作守。河阳即温，盖古孟津，周畿内地，襄王以赐晋文公。杜注：晋地。河内有河阳县。今属河南怀庆府，古河阳城在县西三十里。

左传　是会也，晋侯召王，以诸侯见，且使王狩。晋侯大合诸侯而欲尊，事天子以为名义，自嫌强大不敢朝周，喻王出狩，因得尽群臣之礼。仲尼曰："以臣召君，不可以训。"故书曰天王狩于河阳，言非其地也，言若天子自行出狩河阳，非王狩地，失地故书。且明德也。隐晋文召君之阙，以明其功德。河阳之狩、赵盾之弑、泄冶之罪，皆变例以起义之词，故特称仲尼以明之。

公羊传　狩不书，此何以书？不与再致天子也。鲁子曰："温近而践土远也。"此鲁子一说也。温近狩地，故可言狩。践土远狩地，故不言狩。

谷梁传　全天王之行也。时实晋文公召王，以臣不可致君，因天子有巡守之体，故以自行为文。为若将守而遇诸侯之朝也，为天王讳也。水北为阳，山南为阳。温，河阳也。

晋侯召王，而孔子书曰天王狩于河阳，为若将狩而遇诸侯之朝者，所以尊周而全晋也。盖晋侯之召王，则非而其本心，乃欲率诸侯以尊周室，若直书以示贬，则无以异于心迹皆悖，而躬为大恶者。故原其情而为之讳，此圣人待人之忠恕也。践土之会出自天王，故削而不书，以掩其迹。温之会出自晋侯，故变文起义以原其情。非圣人莫能修此类其较著者也。

壬申，公朝于王所。

公羊传　其日何？录乎内也。朝于外为失礼，录此以见鲁之非。

谷梁传　朝于庙，礼也。于外，非礼也。独公朝与？诸侯尽朝也。其日，以其再致天子，故谨而日之。主善以内，谓公朝于王所。目恶以外。谓晋侯再致天子。言曰公朝，逆辞也，而尊天子。公若朝于庙，当言如京师，令言公朝，是逆常之辞也。虽逆常而实主于敬王，故曰尊天子。会于温，言小诸侯。温，河北地，以河阳言之，大天子也。温即河阳，小诸侯，故以一邑言之；尊天子，故以广大言之。日系于月，月系于时。壬申，公朝于王所，其不月，失其所系也。以为晋文公之行事为已傎矣。以臣召君，颠倒上下，日不系于月，犹诸侯不宗于天子。

朝系日，见先狩而后朝也。有月日而无月，盖旧史之阙。

晋人执卫侯，归之于京师。

左传　卫侯与元咺讼，争杀叔武事。宁武子为辅，针庄子为坐，士荣为大士。元咺不宜与君对坐，故使针庄子代卫侯为坐狱之主，宁子为辅位高，故先言之。大士，治狱官也。以其主狱事，与晋之狱官对理质正。卫侯不胜。三子词屈。杀士荣，刖针庄子，谓宁俞忠而免之。执卫侯，归之于京师，置诸深室。深室，别为囚室。宁子职纳橐饘焉。橐，衣囊。饘，糜也。宁子以君在幽囚，故亲以衣食为己职，言其忠至所虑者深。

公羊传　归之于者何？归于者何？归之于者，罪已定矣。归于者，罪未定也。罪未定，则何以得为伯讨？归之于者，执之于天子之侧者也，罪定不定已可知矣。执于天子之侧，已白天子，罪定不定自在天子，故言已可知。归于者，非执之于天子之侧者也，罪定不定未可知也。未得白天子，分别之者，故曰未可知。卫侯之罪何？杀叔武也。何以不书？为叔武讳也。《春秋》为贤者讳。何贤乎叔武？让国也。其让国奈何？文公逐卫侯而立叔武，叔武辞立，而他人立，则恐卫侯之不得反也，故于是己立。然后为践土之会，治反卫侯。卫侯得反，曰："叔武篡我。"元咺争之曰："叔武无罪。"终杀叔武。元咺走而出。此晋侯也，其称人何？贬。曷为贬？卫之祸，文公为之也。文公为之奈何？文公逐卫侯而立叔武，使人兄弟相疑，放乎杀母弟者，文公为之也。放，至也。

谷梁传　此入而执，其不言入，何也？不外王命于卫也。入者，自外来。晋以王命讨卫，卫为王之土，故曰不外王命。归之于京师，缓辞也，断在京师也。

卫元咺自晋复归于卫。

左传　元咺归于卫，立公子瑕。瑕，卫公子适也。

公羊传　自者何？有力焉者也。得晋之力以归。此执其君，其言自何？怪咺诉执其君，晋实主之。为叔武争也。解晋助咺之故。

谷梁传　自晋，晋有奉焉尔。复者，复中国也。归者，归其所也。

卫侯虽有杀叔武之罪，然于元咺为君，晋文为臣执君，故卫侯不名，而书晋人，示不得为霸讨也。归之于者，执之于天子之侧，其罪已定矣，特归其人于京师耳。晋厉公之执曹伯，书归于京师，盖白其事于王，而不敢专治其罪，所以得为霸讨而称爵也。大夫归不言复，必诸侯也。而后言复国，其所自有，有归道也。大夫言复者，抗也。元咺复归，宋鱼石、晋栾盈复入，皆抗辞也。

诸侯遂围许。

左传　丁丑，诸侯围许。会温诸侯也。丁丑，十月十五日。

谷梁传　遂，继事也。承上文之事。

晋帅诸侯围许，虽曰讨其不朝于河阳，然当时滕、薛、杞、郳之属不朝者众矣，盖齐桓既殁，诸侯南向，陈、蔡、郑、许且与楚连兵以围宋，城濮之后，蔡、郑受盟，陈亦如会，惟许再会不至，故帅诸侯围之。盖许在郑南，远晋而近楚，其亦惩于江、黄之灭，中国不能救，而姑附楚以纾祸与。

曹伯襄复归于曹，遂会诸侯围许。

左传　晋侯有疾，曹伯之竖侯獳货筮史，竖，掌通内外者，姓侯名獳。史，晋史。使曰："以曹为解。齐桓公为会而封异姓，封邢、卫。今君为会而灭同姓。曹叔振铎，文之昭也。叔振铎，曹始封君，文王之子。先君唐叔，武之穆也。且合诸侯而灭兄弟，非礼也；与卫偕命，私许复曹、卫。而不与偕复，非信也；同罪异罚，非刑也。卫已复故。礼以行义，信以守礼，刑以正邪。舍此三者，君将若之何？"公说，复曹伯，遂会诸侯于许。

谷梁传　复者，复中国也。天子免之，因与之会。其曰复，通王命也。免之于宋，身未反国，因会于许，即从反国之辞通王命。遂，继事也。

曹伯何以名？不能执义陈辞，而货筮史以求免其归之道，非所以归也。不书所自，以言自晋则身方在宋，言自宋则释之者晋，故第曰复归。

附录左传　晋侯作三行以御狄。荀林父将中行，屠击将右行，先蔑将左行。晋置上、中、下三军，今复置三行，以辟天子六军之名。三行无佐，疑大夫帅。

日讲春秋解义卷二十二

僖　公

二十有九年，春，介葛卢来。介，杜注：东夷国，在城阳黔陬县。后为密州胶西县地。今山东胶州西南有黔陬城。葛卢，介君名。附庸，无爵。

左传　二十九年春，介葛卢来朝，舍于昌衍之上。昌衍，杜注：鲁县东南有昌平城。在今山东曲阜县东南。公在会，馈之刍、米，礼也。

公羊传　介葛卢者何？夷狄之君也。何以不言朝？不能乎朝也。不能行朝见之礼。

谷梁传　介，国也。葛卢，微国之君，未爵者也。其曰来，卑也。

介僻处东隅，其来于鲁，与郳黎来同，不能行朝礼，故书来，略之也。

公至自围许。

温之会，公朝于王所，不以王所致，而曰至自围许，所以著温之会意在谋许，而不在尊王也。

夏，六月，会王人、晋人、宋人、齐人、陈人、蔡人、秦人，盟于翟泉。会上公羊、谷梁有公字。翟泉，杜注：洛阳城内大仓西南池水也。今古城在河南洛阳县东北。

左传　夏，公会王子虎、晋狐偃、宋公孙固、齐国归父、陈辕涛涂、秦小子慭，盟于翟泉，寻践土之盟，且谋伐郑也。卿不书，罪之也。王子虎下盟列国，诸侯大夫上敌公、侯，亏礼伤教，故贬诸大夫，讳公与盟。在礼，卿不会公、侯，会伯、子、男可也。大国之卿当小国之君，故可以会伯、子、男。传言诸卿，所以见贬。

是会为王子虎、晋狐偃、宋公孙固、齐国归父、陈辕涛涂、秦小子慭，而公在焉，乃贬而称人，讳不书公，何也？翟泉近在王城之内，而王子虎于此下与列国盟，是谓上替。诸侯、大夫入天子之境，上盟王子，是谓下陵。而无君之心著矣。故以为大恶，讳公不书。诸国之卿贬称人，而王子亦与焉，此正其本之义也。按，晋文三大盟会，此其一也，既非践土王子莅盟之比，又无于温自嫌之心，渎分乱常，莫此为甚，《春秋》所以恶之。

秋，大雨雹。

左传　秋，大雨雹，为灾也。

刘向曰："盛阳雨水温煖，而湿热阴气胁之不相入，则转而为雹雹者，阴胁阳也。”胡氏以为鲁之政在大夫，故有是兆。

冬，介葛卢来。

左传　冬，介葛卢来，以未见公故，复来朝。礼之，加燕好。燕，燕礼。好，好货。一岁再来，故加之。介葛卢闻牛鸣，曰：“是生三牺，皆用之矣。其音云。”问之而信。

葛卢复来，而明年有侵萧之事，则其再至非无故而修礼也。

三十年，春，王正月。

夏，狄侵齐。

左传　三十年春，晋人侵郑，以观其可攻与否。狄间晋之有郑虞也。夏，狄侵齐。

齐霸国之后与晋同盟，狄之侵齐，盖料晋方图郑而不暇救也。齐桓召陵之后狄加兵于晋，晋文城濮之后狄加兵于齐，皆置而不问。以楚人僭王，力争中夏，其志不测，恐力分于狄而不能御楚耳。

秋，卫杀其大夫元咺。

左传　晋侯使医衍酖卫侯。衍，医名。晋侯怨卫侯，欲杀而罪不及死，故使医因治病而加酖毒。宁俞货医，使薄其酖，不死。公为之请，纳玉于王与晋侯，皆十瑴，双玉曰瑴。鲁本与卫同好，故为之请。王许之。秋，乃释卫侯。　卫侯使赂周歂、冶廑，曰：“苟能纳我，吾使尔为卿。”恐元咺拒己，故赂周、冶。周、冶杀元咺及子适、子仪。子仪，瑕母弟。不书杀，贱也。公入，祀先君，周、冶既服，将命，服，卿服。将入庙受命。周歂先入，及门，遇疾而死。冶廑辞卿。见周歂死而惧。

公羊传　卫侯未至，其称国以杀何？道杀也。时已得天子命还国，于道路遇而杀之，故坐之与至国同。

谷梁传　称国以杀，罪累上也，以是为讼君也。卫侯在外，其以累上之辞言之，何也？待其杀而后入也。

元咺以臣讼君，君入则己奔，君执则己归，不臣之罪固不容诛，乃称国以杀，而不去其官，何也？咺虽有罪，而卫侯赂其臣使，杀其同列而求入焉，则讨之不以其罪矣。卫侯在外而称国杀，待杀而后入也。

及公子瑕。

谷梁传　公子瑕，累也，以尊及卑也。

瑕之见杀，以元咺欲立之也。然使瑕安于其位，则当与卫剽之书爵同。经书公子，是瑕能拒咺，辞其位而不居也。卫侯告杀，必以讨篡为言，鲁、卫方睦，旧史承告而书，未必不蔽罪于瑕。经以公子冠瑕而书及，则衅由元咺，而瑕本无罪可知矣。此孔子之特笔也。

卫侯郑归于卫。

公羊传　此杀其大夫，其言归何？归恶乎元咺也。曷为归恶乎元咺？元咺之事君也，君出则己入，晋人执卫侯归京师，元咺自晋归卫。君入则己出，卫侯自楚归卫，元咺出奔晋。以为不臣也。

卫侯出奔于楚、见执于晋皆不名，今既归国，何以名之？始归而杀叔武，再归而及公子瑕，《春秋》所深恶也。诸侯之执不书，归其书归者，危不得归也，诸侯之归必称复，不称复者，其义当绝也。或曰难则书复，易则第书归，义亦可通。

晋人、秦人围郑。

左传　九月甲午，晋侯、秦伯围郑，以其无礼于晋，且贰于楚也。晋军函陵，秦军氾南。杜注：此东氾也，在荥阳中牟县南。今属河南开封府。佚之狐言于郑伯曰："国危矣，若使烛之武见秦君，师必退。"佚之狐、烛之武，皆郑大夫。公从之。辞曰："臣之壮也，犹不如人，今老矣，无能为也已。"公曰："吾不能早用子，今急而求子，是寡人之过也。然郑亡子亦有不利焉。"许之。夜，缒而出。缒，县城而下。见秦伯曰："秦、晋围郑，郑既知亡矣若。亡郑而有益于君，敢以烦执事。越国以鄙远，君知其难也，设得郑以为秦边邑，则越晋而难保。焉用亡郑以倍邻？倍，益也。邻之厚，君之薄也。若舍郑以为东道主，行李之往来，共其乏困，郑在东，故曰东道主。行李，使人。君亦无所害，且君尝为晋君赐矣，许君焦、瑕，朝济而夕设版焉，君之所知也。晋君谓惠公。焦、瑕，杜注：晋河外五城之二邑。在今陕州南朝。济河而夕设版筑以距秦，言背秦之速。夫晋何厌之有？既东封郑，又欲肆其西封。封，疆也。肆，广也。若不阙秦，将焉取之？阙秦以利晋，唯君图之。"秦伯说，与郑人盟，使杞子、逢孙、扬孙戍之，乃还。三子，秦大夫。反为郑守。子犯请击之，公曰："不可，微夫人之力不及此。"夫人谓秦穆公。因人之力而敝之，不仁。失其所与，不知。以乱易整，不武。秦、晋和整而还相攻，更为乱也。吾其还也。"亦去之。　初，郑公子兰出奔晋。兰，郑穆公。从于晋侯伐郑，请无与围郑。许之，使待命于东。晋东界。郑石甲父、侯宣多逆以为大子，以求成于晋，晋人许之。二子，郑大夫。言穆公所以立。

献俘践土，郑伯傅王，温之会，同朝王所，而翟泉之盟不与，故晋以贰于楚讨之。先儒皆据左传，谓晋侯、秦伯亲将，贬而称人，而以经考之，自阳处父伐江以前，外大夫无以名见者，凡称人，皆大夫将之辞耳。

介人侵萧。

萧，宋附庸也。介再来鲁，而次年遂侵萧，岂惧为宋所忌，而预附于鲁，以求援与？

冬，天王使宰周公来聘。

左传　冬，王使周公阅来聘，阅，周公名。飨有昌歜、白黑、形盐。昌歜，昌蒲菹。白，熬稻。黑，熬黍形。盐，盐形象虎。辞曰："国君，文足昭也，武可畏也。则有备物之飨，以象其德。荐五味，羞嘉谷，盐虎形，嘉谷，熬稻、黍也，以象文。盐虎形，以象武。以献其功，吾何以堪之?”

谷梁传　天子之宰，通于四海。

公子遂如京师。此聘周之始。

遂如晋。此聘晋之始。

左传　东门襄仲将聘于周，襄仲，即公子遂。遂初聘于晋。

公羊传　大夫无遂事，此其言遂何？公不得为政尔。不从公政令也。

谷梁传　以尊遂乎卑，此言不敢叛京师也。谓若即言如京师、如晋，则同周于晋，叛而不尊天子，故云遂。使若公子遂因聘周而自往晋也。

天王使宰周公下聘，必因晋侯帅诸侯再朝，重礼以报之，而因及齐、鲁诸大国也。鲁君不能躬拜王命，而使公子遂报聘，又比周于晋，不待贬绝而恶见矣。凡书遂，有以二事出者，公子遂如京师遂如晋、祭公来遂逆王后于纪是也；有以一事出于而继事者，公子结媵陈人之妇，遂及齐侯、宋公盟是也。其是非得失，则存乎其事矣。

三十有一年，春取济西田。

左传　三十一年，春，取济西田，分曹地也。二十八年，晋文讨曹，分其地，竟界未定，至是乃以赐诸侯。使臧文仲往，宿于重馆。重，鲁地。杜注：高平方与县西北有重乡城。馆，候馆也。重馆人告曰：“晋新得诸侯，必亲其共。不速行，将无及也。”从之。分曹地，自洮以南，东傅于济，尽曹地也。言获地之多。杜注：济水自荥阳东，过鲁之西，至乐安入海。

公羊传　恶乎取之？取之曹也。曷为不言取之曹？讳取同姓之田也。此未有伐曹者，则其言取之曹何？言鲁未尝伐曹，何以言取曹田？晋侯执曹伯，班其所取侵地于诸侯也。班者，遍还之辞。晋侯执曹伯，班其所取侵地于诸侯，则何讳乎取同姓之田？久也。济西故鲁田见侵于曹，历时既久，不得复为鲁地，故以取邑之例讳之。

济西之田不系曹者，明其为鲁田也。复故田而谓之取，何也？借晋人之力而强取之，则与取非其有者同。凡取人之有，其恶易见，取己之有而不以道，其罪难知。圣人正名曰取，所以显微也。

公子遂如晋。

左传　襄仲如晋，拜曹田也。

往年宰周公来，而公子遂报聘，则以二事出。今复以济西之田，使遂如晋，慢于尊周而谨于事晋，直书而罪自见矣。

夏，四月，四卜郊，不从，乃免牲，犹三望。

左传　夏四月，四卜郊，不从，乃免牲，非礼也。犹三望，亦非礼也。礼不卜常祀，必其时。而卜其牲、日。卜牲与日，知吉凶。牛卜日曰牲。既得吉日，则牛改名曰牲。牲成而卜郊，上怠慢也。怠于古典，慢渎龟策。望郊之细也，不郊亦无望可也。

公羊传　曷为或言三卜，或言四卜？三卜，礼也。四卜，非礼也。三卜何以礼？四卜何以非礼？求吉之道三。三卜吉凶必有相奇者，可以决疑，故求吉必三卜。禘、尝不卜，郊何以卜？卜郊非礼也。卜郊何以非礼？鲁郊，非礼也。鲁郊何以非礼？天子祭天，诸侯祭土，土谓社也。天子有方望之事，方望谓郊时所望祭四方群神，日月星辰，风伯雨师，五岳四渎，及余山川，凡三十六所。无所不通，尽八极之内，天地之所覆载，无所不至，故得郊也。诸侯山川有不在其封内者，则不祭也。曷言或言免牲，或言免牛？免牲，礼也。免牛，非礼也。免犹纵也。卜郊不吉，则不敢郊，故免牲也。免牛何以非礼？伤者曰牛。养牲不谨致灾伤，天不飨用，不得复为天牲，故以本牛名之。三望者何？望祭也。然则曷祭？祭大山河海。曷为祭大山河海？山川有能润于百里者，天子秩而祭之。此皆助天宣气布功，故祭天及之。秩者，随其大小、尊卑、高下所宜。触石而出，肤寸而合，侧手为肤，按指为寸，言其触石理而出，无有肤寸而不合。不崇朝而遍雨乎天下者，惟大山尔。河海润于千里。亦能通气致雨，润泽及乎千里。犹者何？通可以已也。已，止也。何以书？讥不郊而望祭也。

谷梁传　夏四月，不时也。郊，春事也。四卜，非礼也。四卜则入夏。免牲者，为之缁衣熏裳，有司玄端奉送，至于南郊。免牛亦然。玄端黑衣，接神之道。玄熏者，天地之色也。南郊，天位归之于阳也。全曰牲，伤曰牛，牛有变而不郊，故卜免牛。乃者，亡乎人之辞也。亡乎人，若曰无贤人也。犹者，可以已之辞也。

天子以长至之日郊祀上帝，孟春辛日祈谷亦谓之郊。鲁僭祈谷之郊，已为岁事之常矣。《春秋》欲削而不存则无以志其失，悉书之则有不胜书，故因礼之变而特书，以见义也。凡郊三卜，不从则不郊，三不吉而至于四，失礼又甚矣。不郊而或言免牲，或言免牛，何也？未牲曰牛，既卜曰牲。免牛犹可再卜牛，至卜免牲吉，则不可郊明矣。故不复言不郊望，望而祭之，郊之细也。《周官》四望，盖望四方。鲁望止于三，公羊谓大山河海，郑玄谓海岱淮，贾逵、服处谓分野之星及国中山川，杜预因之，而胡氏安国独取公羊之说。于理为近要。非诸侯所得为也。不郊而望，故特书曰犹。犹者，可已而不已之词。

秋，七月。

附录左传　秋，晋蒐于清原，作五军以御狄。二十八年，晋作三行，今罢之，更为上、下新军。清原，杜注：河东闻喜县北有清原。在今山西稷山县西北。赵衰为卿。二十七年，命赵衰为卿，让于栾枝。今始从原大夫，为新军帅。

冬，杞伯姬来求妇。

公羊传　其言来求妇何？兄弟辞也。其称妇何？有姑之辞也。

谷梁传　妇人既嫁，不逾竟。杞伯姬来求妇，非正也。

婚姻常事不书，此何以书？求妇，非正也。妇言不逾阃阈，越竟而为子谋昏，失妇义矣。故谨之。

秋，围卫。

十有二月，卫迁于帝丘。帝丘，杜注：东郡濮阳县。帝颛顼之虚，故曰帝丘。今直隶开州有颛顼城。

左传　冬，狄围卫，卫迁于帝丘。卜曰三百年。卫成公梦康叔曰："相夺予享。"相，夏后启之孙，居帝丘。享，祭也。公命祀相。宁武子不可，曰："鬼神非其族类，不歆其祀。歆，犹享也。杞、鄫何事？言杞、鄫夏后，自当祀相。相之不享于此久矣，非卫之罪也。不可以间成王、周公之命祀，诸侯受命，各有常祀。请改祀命。"改祀相之命。

狄尝入卫，齐桓率诸侯为城楚丘以定之。今为狄所围，又自迁于帝丘。夫立国在于自强，楚人谋迁于都，蒍贾曰："我能往，寇亦能往。"《春秋》书此，以见卫之不能自强，而晋文衰暮，无以大庇诸姬，亦可见矣。

附录左传　郑泄驾恶公子瑕，郑伯亦恶之，故公子瑕出奔楚。瑕，文公子。泄驾，郑大夫。传为纳瑕张本

三十有二年，春，王正月。

附录左传　三十二年春，楚斗章请平于晋，晋阳处父报之，晋、楚始通。阳处父，晋大夫。晋、楚自春秋以来始交使命为和同。

夏，四月，己丑，郑伯捷卒。捷，公羊作接。

卫人侵狄。

左传　夏，狄有乱，卫人侵狄，狄请平焉。

秋，卫人及狄盟。

左传　秋，卫人及狄盟。

及者，卫为志。不地者，盟于狄也。卫畏狄强，迁都避之，今不能声罪致讨，乃乘乱而掠其境，则不武；又就其地汲汲而与之盟，则非礼。《春秋》书之，以罪卫也。

冬，十有二月，己卯，晋侯重耳卒。

左传　冬，晋文公卒。庚辰，将殡于曲沃。殡，窆棺也。曲沃有旧宫焉。出绛，柩有声如牛。如牛响声。卜偃使大夫拜，曰："君命大事，将有西师过轶我，击之，必大捷焉。"声自柩出，故曰君命。大事，戎事也。卜偃闻秦密谋，故因柩声以正众心。杞子自郑使告于秦曰：三十年，秦使大夫杞子戍郑。"郑人使我掌其北门之管，管，籥也。若潜师以来，国可得也。"穆公访诸蹇叔，蹇叔，秦大夫。蹇叔曰："劳师以袭远，非所闻也。师劳力竭，远主备之，无乃不可乎？师知所为，郑必知之，

勤而无所，必有悖心。士卒劳而无所得，必生悖戾之心，害及良善。且行千里，其谁不知?”公辞焉。召孟明、西乞、白乙，使出师于东门之外。孟明，百里孟明视。西乞，西乞术。白乙，白乙丙。蹇叔哭之曰：“孟子，吾见师之出，而不见其入也。”公使谓之曰：“尔何知？中寿，尔墓之木拱矣。”合手曰拱，言其过老悖不可用。蹇叔之子与师，哭而送之曰：“晋人御师必于殽。殽，杜注：在弘农渑池县西。殽有二陵焉，大阜曰陵。其南陵，夏后皋之墓也；皋，夏桀之祖父。其北陵，文王之所辟风雨也。此道在二殽之间，南谷中谷深委曲，两山相嵚，故可以辟风雨。必死是间，以其深险故。余收尔骨焉。”秦师遂东。为明年晋败秦于殽传。

晋文公之入也，左氏言之甚详，而经不书，何也？诸侯有朝聘之礼、赴告之命，若告命不通，记注文阙。圣人因鲁史以作经，有可损而不能益也。

三十有三年，春，王二月，秦人入滑。

左传　三十三年春，秦师过周北门，左右免胄而下，北门，王城之北门。胄，兜鍪。兵车非大将，御者在中，故左右下，御不下。超乘者三百乘。王孙满尚幼，观之，言于王曰：“秦师轻而无礼，必败。无礼，谓过天子门不卷甲束兵，超乘示勇。轻则寡谋，无礼则脱。脱，易也。入险而脱，又不能谋，能无败乎?”及滑，郑商人弦高将市于周，遇之，以乘韦先，牛十二犒师。乘韦，四韦也。皮熟曰韦，生曰革。古者，将献遗于人，必有以先之。曰：“寡君闻吾子将步师出于敝邑，敢犒从者。不腆敝邑，为从者之淹，居则具一日之积，行则备一夕之卫。”弦高知秦将袭郑，欲败其谋，故诈言君命。步，犹行也。积谓刍、米、菜、薪。卫，捍御之具。且使遽告于郑。遽，传车。郑穆公使视客馆，秦杞子、逢孙、扬孙戍郑，郑人馆之。至是闻弦高之言，使视其所为。则束载、厉兵、秣马矣。果见三子欲为内应。使皇武子辞焉，皇武子，郑大夫。曰：“吾子淹久于敝邑，唯是脯资饩牵竭矣，资，粮也。生曰饩。牵谓牛、羊、豕。为吾子之将行也，郑之有原圃，犹秦之有原囿也。吾子取其麋鹿以间敝邑，若何?”原圃、具囿，皆囿名。杜注：荥阳中牟县西有圃田泽。使秦戍自取麋鹿以为行资，盖明示三子已知其情。杞子奔齐，逢孙、扬孙奔宋。孟明曰：“郑有备矣，不可冀也。攻之不克，围之不继，吾其还也。”灭滑而还。

谷梁传　滑，国也。

灭滑而书入者，不能有其地，非末灭也。诈谋不遂，又肆悖心，以灭无罪之小国，不虞晋之拟其后，非道失谋，其困也宜矣。

齐侯使国归父来聘。

左传　齐国庄子来聘，自郊劳至于赠贿，礼成而加之以敏。聘礼，宾至于郊，君使卿朝服用束帛劳。及聘事皆毕，乃去。宾遂行，舍于郊，公使卿赠如觌币。是来有郊劳，去有赠贿也。敏，审当于事也。臧文仲言于公曰：“国子为政，齐犹有礼，君其朝焉。臣闻之，服于有礼，社稷之卫也。”为公如齐传。

二十八年，公子遂如齐，平旧怨也。今国归父来报遂之聘也。古者，诸侯邦交，其礼甚简。入春秋时，比周相结，使命日烦，至国归父来聘，而大夫之交政列国者纷纷无制矣。

夏，四月，辛巳，晋人及姜戎败秦于殽。败秦下左传、谷梁有师字。姜戎，姜姓之戎，居晋南鄙，戎子驹支之先也。殽，杜注：在弘农渑池县西。在今河南永宁县北。

左传　晋原轸曰："秦违蹇叔，而以贪勤民，天奉我也。秦师还，过晋竟，先轸谋邀而伐之。奉，与也。奉不可失，敌不可纵。纵敌患生，违天不祥，必伐秦师。"栾枝曰："未报秦施，而伐其师，其为死君乎？"言以君死故忘秦施。先轸曰："秦不哀吾丧，而伐吾同姓，滑与晋同姓。秦则无礼，何施之为？吾闻之，一日纵敌，数世之患也。谋及子孙，可谓死君乎？"遂发命，遽兴姜戎。以传车起姜戎之兵，欲其速也。子墨衰绖，晋文公未葬，故襄公称子，以凶服从戎，故墨之。梁弘御戎，莱驹为右。夏四月辛巳，败秦师于殽，获百里孟明视、西乞术、白乙丙以归。遂墨以葬文公，晋于是始墨。后遂常以为俗，记礼所由变。文嬴请三帅，文嬴，晋文公始适秦，秦穆公所妻夫人，襄公嫡母。三帅，孟明等。曰："彼实构吾二君，寡君若得而食之，不厌，君何辱讨焉？使归就戮于秦，以逞寡君之志，若何？"公许之。先轸朝，问秦囚。公曰："夫人请之，吾舍之矣。"先轸怒曰："武夫力而拘诸原，妇人暂而免诸国，暂，犹卒也。堕军实而长寇仇，堕，毁也。亡无日矣。"不顾而唾。公使阳处父追之，及诸河，则在舟中矣。释左骖，以公命赠孟明。矫称襄公命赠，欲使还拜谢，因而执之。孟明稽首曰：孟明知其诈，乃遥于舟中稽首拜命。"君之惠，不以累臣衅鼓，累，囚系也。杀人以血涂鼓，谓之衅鼓。使归就戮于秦，寡君之以为戮，死且不朽。若从君惠而免之，三年将拜君赐。"意欲报伐晋。秦伯素服郊次，待之于郊。乡师而哭曰："孤违蹇叔，以辱二三子，孤之罪也。"降名称孤。不替孟明，孤之过也，大夫何罪？且吾不以一眚掩大德。"眚，过也。

公羊传　其谓之秦何？称国。夷狄之也。曷为夷狄之？秦伯将袭郑，百里子与蹇叔子谏曰："千里而袭人，未有不亡者也。"秦伯怒曰："若尔之年者，宰上之木拱矣，宰，冢也。尔曷知？"师出，百里子与蹇叔子送其子而戒之曰："尔即死必于殽之嶔岩，是文王之所辟风雨者也，其地险隘，一可要百，故文王过之驱驰，常若辟风雨，袭郑所当由也。吾将尸尔焉。"子揖师而行。揖其父于师中，介胄不拜，为其拜如蹲。百里子与蹇叔子从其子而哭之。秦伯怒曰："尔曷为哭吾师？"对曰："臣非敢哭君师，哭臣之子也。"弦高者，郑商也。遇之殽，矫以郑伯之命而犒师焉。或曰往矣，或曰反矣。军中语也，时以为郑实使弦高犒之，或以为郑伯已知将见袭，必设备，不如还，或曰师既出当遂往。然而，晋人与姜戎要之殽而击之，然而，上议犹豫留往之顷也。要，邀也。匹马只轮无反者。言尽获之。其言及姜戎何？姜戎，微也。称人，亦微者也。何言乎姜戎之微？先轸也。先轸，晋大夫也。言姜戎微，则知称人者尊。或曰襄公亲之。亲将。襄公亲之，则其称人何？贬。曷为贬？君在乎殡而用师，危不得葬也。诈战不日，诈，卒也，齐人语也。此何以日？尽也。尽俘之，恶其不仁。

谷梁传　不言战而言败，何也？狄秦也。其狄之，何也？秦越千里之险入虚国，滑无备，故言虚国。进不能守，退败其师，徒乱人子女之教，无男女之别。秦之为狄，自殽之战始也。进不能守，谓入滑而去。退败其师，谓败于殽。乱人子女，谓入滑之时纵暴乱也。秦伯将袭郑，百里子与蹇叔子谏曰："千里而袭人，未有不亡者也。"秦伯曰："子之冢木已拱矣，何知？"言其老无知。师行。百里子与蹇叔子送其子而戒之曰："女死必于殽之岩唫之下，我将尸女于是。"尸女者，收女尸。师行，百里子与蹇叔子随其子而哭之，秦伯怒曰："何为哭吾师也？"二子曰："非敢哭师也，哭吾子也。我老矣，彼不死则我死矣。"畏秦伯怒，故云彼我必有死者。晋人与姜戎要而击之殽，匹马倚轮无反者。倚轮，一只之轮。晋人者，晋子也。其曰人，何也？微之也。何为微之？不正其释殡，而主乎战也。

秦自十三年围郑，已识地形，又见齐、晋更霸，宋、楚争衡，乘晋文新殁，逾周而袭郑。使其谋得逞，将据郑以力征东夏，蚕食诸姬，其无王之心未必不同于荆楚。晋襄要而击之，只轮不反，终春秋之世，秦卒不能逾晋而东，故败殽之勋等于城濮。先儒乃以墨衰即戎为晋子罪，误矣。国君之孝异于匹夫，社稷之役可以变礼。故鲁公禽父在丧而从金革，孔子与之，誓在《尚书》，论具《礼记》。且《春秋》之法，外以讳为善，故特书晋人，若晋子未尝在师者。然如以为贬，则凡会盟侵伐以丧出而称爵、称子者，乃得为褒乎？陆氏淳谓孔子许其以权变礼，故为之讳卓矣。

癸巳，葬晋文公。

谷梁传　日葬，危不得葬也。

晋先君有文侯，而重耳复谥为文，非礼也。

狄侵齐。

左传　狄侵齐，因晋丧也。

狄间晋丧而侵齐，殽师方罢，营葬先君，齐、晋悬隔千里，即有赴告，晋师非逾月不能出绛，何及于狄？先儒既以墨衰御秦责晋，而又以不能攘狄罪之，义无所处矣。

公伐邾，取訾娄。訾娄，公羊作丛，谷梁作訾楼。訾娄，邾地，当在今山东济宁州界。

秋，公子遂帅师伐邾。

左传　公伐邾，取訾娄，以报升陉之役。在二十二年。邾人不设备。秋，襄仲复伐邾。

僖公怀升陉之忿，以晋文始霸，不敢兴报怨之师，晋文既殁，秦、狄交讧，故乘其间而再伐邾以取利焉。齐桓之殁，楚、宋争霸，鲁亦间之而再伐邾。每乘霸国多事而陵弱暴寡，何以为秉礼之国乎？

晋人败狄于箕。箕，杜注：大原阳邑县南有箕城。在今山西大谷县东南。

左传　狄伐晋，及箕。八月戊子，晋侯败狄于箕。郤缺获白狄子。白狄，狄别种也。子，白狄之君子爵也。先轸曰："匹夫逞志于君而无讨，谓不顾而唾。敢不自讨乎?"免胄入狄师，死焉。狄人归其元，元，首。面如生。初，臼季使过冀，见冀缺耨，其妻馌之，臼季，胥臣也。冀，杜注：晋邑。今山西河津县东有冀亭。冀缺，即郤缺。耨，锄也。野馈曰馌。敬，相待如宾。与之归，言诸文公曰："敬，德之聚也。能敬必有德，德以治民，君请用之。臣闻之，出门如宾，承事如祭，仁之则也。"公曰："其父有罪，可乎?"缺父冀芮欲弑文公，在二十四年。对曰："舜之罪也殛鲧，其举也兴禹。管敬仲，桓之贼也，实相以济。《康诰》曰：'父不慈，子不祗，兄不友，弟不共，不相及也。'《康诰·周书》。祗，敬也。《诗》曰：'采葑采菲，无以下体。'君取节焉可也。"《诗·国风》。葑、菲之菜，上善下恶。食之者不以其恶而弃其善，言可取其善节。文公以为下军大夫。反自箕，襄公以三命命先且居将中军，且居，先轸之子，其父死敌，故进之。以再命命先茅之县赏胥臣，曰："举郤缺，子之功也。先茅绝后，故取其县以赏胥臣。以一命命郤缺为卿，复与之冀，还其父故邑。亦未有军行。虽登卿位，未有军列。

秦谋袭郑，狄攻齐、卫，乘文公之新殁，而争衡于中夏也。晋子败秦于殽，又败狄于箕，而霸统遂定，诸侯宾服，其功甚伟，且皆应敌之师，而先儒多以为病，亦未揆于事理之实耳。

冬，十月，公如齐。

十有二月，公至自齐。

报国庄子之聘也。天王下聘，不朝于京师，齐国归父来，乃躬报谢，不加贬而义自见矣。

乙巳，公薨于小寝。

左传　冬，公如齐朝，且吊有狄师也。反，薨于小寝，即安也。小寝，夫人寝也。讥公就所安，不终于路寝。

谷梁传　小寝，非正也。

周制，王宫六寝，路寝一，小寝五。戴记：君日出而眡朝，退适路寝听政，使人眡大夫，大夫退，然后适小寝释服。是路寝，治事之所；小寝，燕息之地也。鲁子以诸侯有三宫，则列国之制盖降于王，其以路寝为正则一尔。

陨霜不杀草。李梅实。陨，公羊作霣。

公羊传　何以书？记异也。何异尔？不时也。

谷梁传　未可杀而杀，举重也。可杀而不杀，举轻也。定元年，陨霜杀菽，此年陨霜不杀草。重谓菽也，轻谓草也。轻者不死，则重者不死可知。实之为言，犹实也。实，子也。

周之十二月，夏之十月也。霜既陨而草不杀，固已异矣。梅、李再荣，非时而成实，阴阳失序，物反其常。先儒以为鲁政不纲，三桓盛强，干权擅国，咎征之先见者也。

晋人、陈人、郑人伐许。

左传　晋、陈、郑伐许，讨其贰于楚也。

陈、郑久服于楚，晋人讨许，不用齐、鲁、宋、卫之师，而独与陈、郑同役，以继文之业，席败秦、败狄之威，楚人不敢北乡，职是故也。而先儒皆以为讥，亦过矣。

附录左传　楚令尹子上侵陈、蔡。子上即斗勃。陈、蔡成，遂伐郑，将纳公子瑕。三十一年，瑕奔楚。门于桔柣之门，瑕覆于周氏之汪，车倾覆池水中。外仆髡屯禽之以献。郑之外仆，髡发而名屯者，杀瑕以献郑伯。文夫人敛而葬之郐城之下。郑文公夫人也。郐城，杜注：故郐国在荥阳密县东北。今属河南开封府。　晋阳处父侵蔡，楚子上救之，与晋师夹泜而军。泜水，杜注：出鲁阳县东，经襄城定陵入汝。阳子患之，使谓子上曰："吾闻之，文不犯顺，武不违敌。有文德者不犯顺意，谓相约涉水而伐其师，是犯顺也。有武德者不弃敌意，谓相约退舍而自弃去，是违敌也。子若欲战，则吾退舍，子济而陈。欲辟楚，使渡成陈，而后战。迟速唯命。不然，纾我。纾，缓也。老师弗财，亦无益也。"乃驾以待。子上欲涉，大孙伯曰：大孙伯即成大心。"不可。晋人无信，半涉而薄我，悔败何及？不如纾之。"乃退舍。楚退，欲使晋渡。阳子宣言曰："楚师遁矣。"遂归。楚师亦归。大子商臣谮子上曰："受晋赂而辟之，楚之耻也。罪莫大焉。"王杀子上。商臣怨子上止王立己，谮之。

葬僖公，缓，十一月僖公薨，文公元年四月葬僖公，并闰七月乃葬，故传云缓。作主，非礼也。文二年乃作主，遂因葬文通讥之。凡君薨，卒哭而祔，祔而作主，特祀于主，烝、尝、禘于庙。既葬反虞则免丧，故曰卒哭，哭止也。以新死者之神祔之于祖，尸柩已远，孝子思慕，故造木主，立几筵，特用丧礼，祭祀于寝，不同之于宗庙言。凡君者，谓诸侯以上，不通于卿、大夫。冬祭曰烝，秋祭曰尝。新主既立，特祀于寝，则宗庙四时常祀自如旧也。三年礼毕，又大禘，乃皆同于吉。

日讲春秋解义卷二十三

文　公

公名兴，僖公子，母声姜。谥法慈惠爱民曰文，忠信接礼曰文。

周　襄王二十六年。鲁文公八年，襄王崩，子顷王立。文十四年，顷王崩，子匡王立。

郑　穆公二年。

齐　昭公七年。鲁文公十四年，昭公卒，子舍立，九月，舍弑，商人立。文十八年，懿公弑，惠公元立。

宋　成公十一年。鲁文公七年，成公卒，昭公杵臼立。文十六年，昭公弑，弟文公鲍立。

晋　襄公继霸二年。鲁文公六年，襄公卒，子灵公夷湟立。是年赵盾为政。

卫　成公九年。

蔡　庄公十九年。鲁文公十五年，庄公卒，子文公申立。

曹　共公二十七年。鲁文公九年，共公卒，子文公寿立。

滕　详见隐公元年。鲁文公十二年，滕昭公来朝。

陈　共公六年。鲁文公十三年，共公卒，子灵公平国立。

杞　详见隐公元年。

薛　详见隐公元年及僖公元年。

莒　鲁文公十八年，莒太子仆弑纪公庶其，子季佗立。

邾　文公四十二年。鲁文公十三年，邾文公卒，子定公貜且立。

许　僖公二十九年。鲁文公五年，僖公卒，昭公锡我立。

小邾　详见僖公元年。

楚　成王四十六年。鲁文公元年，冬，商臣弑成王，而自立为穆王。文十三年，穆王卒，子庄王立。始争霸。

秦　穆公三十四年。○秦用孟明以为政。鲁文公二年，秦伯伐晋，济河焚舟，遂霸西戎。《史记》穆公三十七年，益国十二，开地千里，天子使召公过贺，穆公以金鼓。文六年，穆公卒，子康公罃立。文十八年，康公卒，子共公稻立。

吴　详见隐公元年。

越　详见隐公元年。

日讲春秋解义卷二十三

文　公

名兴，僖公之子，母声姜，以襄王二十六年即位。谥法慈惠爱民曰文，忠信接礼曰文。

元年，春，王正月，公即位。

谷梁传　继正即位，正也。继正，谓继正卒也。隐去即位以见让，桓书即位，示安忍。庄、闵、僖不言即位，皆继弑。

即位者告庙，临群臣也。必逾年然后改元。书即位者，缘始终之义，一年不二君，缘臣民之心不可旷年无君也。即位必以岁首，正始也。自古通丧三年，告庙则冢宰摄而行之，如伊尹祠于先王是也。唯即位临群臣，则权一时之宜，如借吉例，事毕即反丧服，盖易世传授，国之大事，当严其礼。而王侯以国为家，虽先君之丧，犹以为己私服也。鲁自隐至文，桓公弑立外，惟文公书即位，盖国无变事，举行其礼，则史书其事也。

二月，癸亥，日有食之。公羊日上有朔字。

天王使叔服来会葬。

左传　元年春，王使内史叔服来会葬。叔氏，服字。公孙敖闻其能相人也，公孙敖，鲁大夫庆父子。叔服能视人颜色知吉凶。见其二子焉，叔服曰："谷也食子，难也收子。谷，公孙敖长子文伯。难，公孙敖次子惠叔。食子，奉祭祀供养者也。收子，葬身者也。谷也丰下，必有后于鲁国。"丰下，盖面方，为八年公孙敖奔莒传。

公羊传　其言来会葬何？会葬礼也。

谷梁传　葬曰会，言会，明非一人之辞。其志重天子之礼也。

凡崩、薨、卒、葬，人道之大变也。不以得礼为常事而不书。其甚害于王法，如君弑、贼不讨、吴楚称王之类，则圣人有削而不书，以示义者矣。诸侯使卿来会葬不书，常事也。王使来鲁则无不书，尊王命，且以著鲁不朝聘，而王数加礼，为失政也。王于诸侯有吊赗含襚之礼，而使人会葬，则诸侯相交之丧纪也。况天王之丧葬，鲁君不闻亲赴，而王臣先至以待诸侯之葬期，冠履倒置至此极矣。

附录左传　于是闰三月，非礼也。于历法当在僖公末年，误于今年三月置闰，盖时达历者所讥。先王之正时也，履端于始，举正于中，归余于终。履，步也。日月运转于天，犹人之行步，故推历谓之步历。步历之始，以为术之端首，谓以十一月一日子初一刻冬至为历首期之日。三百六十有六日，日月之行又有迟速，而必分为十二月，举中气以正月。月朔之与月节，每月各剩一日，所有余日归之于终，积成一月，则置之为闰，故言归余于终。履端于始，序则不愆。四时无愆过。举正于中，民则不惑。斗建不失其次，寒暑不失其常，故无疑惑。归余于终，事则不悖。四时得所，则事无悖乱。

夏，四月，丁巳，葬我君僖公。

左传　夏四月丁巳，葬僖公。

谷梁传　薨称公，举上也。葬我君，接上下也。僖公葬而后举谥，谥所以成德也。于卒事乎加之矣。

诸侯五月而葬，僖公以十二月薨，以四月葬，于礼为合矣。

天王使毛伯来锡公命。

左传　王使毛伯卫来锡公命。毛国，伯爵。卫，其字也。诸侯为王卿士者。

公羊传　锡者何？赐也。命者何？加我服也。复发传者嫌礼与桓公同死生异也。古者，三载考绩，三考黜陟幽明。文公新即位，功未足施，而锡之，非礼也。

谷梁传　礼，有受命，无来锡命。锡命，非正也。

命所当锡者三。终丧入见，则有黻冕圭璧之锡礼，所谓以士服见天子，赐之黻冕圭璧然后归是也。岁时来朝，则有车马衮黼之锡，如《采菽》之诗所称是也。敌忾献功，则有彤弓旅矢之锡，如《彤弓》之诗所称是也。然是三者皆诸侯至王所受之，天子无往锡之礼。今文公居丧，始越五月，既非初见之时，又无继朝献功之事，毛伯之锡何为哉？故书以讥之。

晋侯伐卫。

左传　晋文公之季年，诸侯朝晋，卫成公不朝，使孔达侵郑，伐绵、訾及匡。孔达，卫大夫。匡，杜注：在颍川新汲县东北。今河南扶沟县西有匡城。晋襄公既祥，祥谓小祥也。使告于诸侯而伐卫，及南阳。南阳，杜注：河内地。先且居曰："效尤，祸也。尤卫不朝，故伐。今不朝王，是效卫致祸。时王在温，故勤之。请君朝王，臣从师。"晋侯朝王于温。先且居、胥臣伐卫。五月辛酉朔，晋师围戚。六月戊戌，取之，获孙昭子。昭子，卫大夫，食戚邑。

齐桓于霸为盛，而业止其身。晋文得国日浅，视桓少逊，而子孙继霸者凡十世，则以襄公克缵父功，尊奖王室，故威加诸侯，而霸业不替。如卫侯不朝，将告于诸侯而伐之，乃能听先且居之言，朝王于温，而后往伐，可谓知礼矣。

叔孙得臣如京师。

左传　叔孙得臣如周，拜。得臣，叔牙之孙。如周谢锡命。

不自朝而使卿拜命，终丧之后又不类见，慢王之罪其可逭乎？赵氏鹏飞以拜命为非，谓释衰服祓于心不安，说亦无据。在礼，丧，公吊之必有拜者，使人拜，未闻遂释服也。

卫人伐晋。

左传　卫人使告于陈。以晋伐告。陈共公曰："更伐之，我辞之。"见伐求和，不竞大甚。故使报伐，示己力足以距晋。我，陈侯也。言为卫以辞谢晋求和。卫孔达帅师伐晋。君子以为古。古者越国而谋。

卫人听陈共公谋，使孔达伐晋。夫古者越国而谋，必义事也。今陈与卫不谋以小事大之礼，而乃称兵报伐，他日陈为卫请而执达以说，其为谋也过矣。

秋，公孙敖会晋侯于戚。此大夫专会诸侯之始。戚，杜注：卫邑，在顿丘卫县西。今直隶开州北有古戚城。

左传　秋，晋侯疆戚田，故公孙敖会之。晋取卫田，正其疆界。公孙敖，即穆伯庆父之子也。

鲁之三家虽自僖公，而僖之世尚未见其恣也。及文公之初，则已专盟会矣。夫诸侯非王命自为会犹以为罪，况以列卿上会霸主，岂非政逮大夫之渐乎？鲁与晋交失之矣。

冬，十月，丁未，楚世子商臣弑其君頵。頵，公羊、谷梁作髡。

左传　初，楚子将以商臣为太子，访诸令尹子上。子上曰："君之齿未也，齿，年也。言尚少。而又多爱，黜乃乱也。楚国之举，恒在少者。举，立也。且是人也，蜂目而豺声，忍人也。不可立也。"弗听。既，又欲立王子职，而黜大子商臣。职，商臣庶弟。商臣闻之而未察，告其师潘崇曰："若之何而察之？"潘崇曰："享江芈而勿敬也。"江芈，成王妹，嫁于江。从之。江芈怒曰："呼！役夫。呼，发声也。役夫，贱者称。宜君王之欲杀女而立职也。"告潘崇曰："信矣。"潘崇曰："能事诸乎？"问能事职否。曰："不能。""能行乎？"曰："不能能行大事乎？"曰："能。"大事谓弑君。冬十月，以宫甲围成王。大子宫甲。僖二十八年，王以东宫卒从子玉，盖取此宫甲。王请食熊蹯而死。熊掌难熟，冀久将有外救。弗听。丁未，王缢。谥之曰灵，不瞑。曰成，乃瞑。穆王立，以其为大子之室与潘崇，使为大师，且掌环列之尹。环列之尹，宫卫之官，列兵而环王宫。

谷梁传　日髡之卒，所以谨商臣之弑也。夷狄不言正不正。中国君卒正者例日，篡立不正者不日。夷狄君卒皆略而不日。今书日，谨识商臣之大逆耳，不以明髡正与不正。

楚僭号已久，世子必不誓于天子。今特书世子，以著其罪也。不言其父言其君者，君之于世子有父之亲，有君之尊，言世子所以明有父之亲，言君所以明有君之尊也。楚頵僭王在位四十六年，陵暴列国，战克攻取，毒被天下，终以昧于父子君臣之道，祸发萧墙，所谓"不善之积，必有余殃。"岂不信与？

公孙敖如齐。

左传　穆伯如齐，始聘焉，礼也。凡君即位，卿出并聘，践修旧好，要结外援，好事邻国，以卫社稷，忠信卑让之道也。忠，德之正也。信，德之固也。卑让，德之基也。

诸侯初即位，于列国有通嗣君之礼。然得臣聘周而敖聘齐，等周于齐，失礼已甚。或谓聘齐以请婚，在丧谋婚，尤为非礼，不贬而恶见矣。

附录左传　殽之役，在僖三十三年。晋人既归秦师，秦大夫及左右皆言于秦伯曰："是败也，孟明之罪也，必杀之。"秦伯曰："是孤之罪也。周芮良夫之诗曰：'大风有隧，贪人败类。《诗·大雅》。隧，蹊径也。言贪人之败，善类若大风之行，毁坏众物，所在成蹊径。听言则对，诵言如醉。言得道听涂说之言则喜而答对，典诵之言则闻之若醉。匪用其良，覆俾我悖。'覆，反也。俾，使也。不用良臣之言，反使我为悖乱。是贪故也，孤之谓矣。孤实贪以祸夫子，夫子何罪？"复使为政。为明年秦、晋战彭衙传。

二年，春，王二月，甲子，晋侯及秦师战于彭衙，秦师败绩。彭衙，杜注：秦地。冯翊郃阳县西北有彭衙城。在今陕西白水县东北。

左传　二年春，秦孟明视帅师伐晋，以报殽之役。二月，晋侯御之，先且居将中军，赵衰佐之。代郤溱。王官无地御戎，代梁弘。狐鞫居为右。鞫居，续简伯。甲子，及秦师战于彭衙，秦师败绩。晋人谓秦拜赐之师。以孟明言三年将拜君赐，故嗤之。战于殽也，晋梁弘御戎，莱驹为右。战之明日，晋襄公缚秦囚，使莱驹以戈斩之。囚呼，莱驹失戈，狼瞫取戈以斩囚，禽之以从公乘。遂以为右。因上文莱驹失戈故言禽之。生死皆曰禽。箕之役，在僖三十三年。先轸黜之，而立续简伯，狼瞫怒，其友曰："盍死之？"瞫曰："吾未获死所。"其友曰："吾与女为难。"欲共杀先轸。瞫曰："周志有之，勇则害上，不登于明堂。周志，周书也。明堂所以策功序德，故不义之士不得升。死而不义，非勇也。共用之谓勇。共用，死国用。吾以勇求右，无勇而黜，亦其所也。言今死而不义，更成无勇，宜见进。谓上不我知，黜而宜，乃知我矣。言今见黜而合宜，则吾不得复言上不我知。子姑待之。"及彭衙，既陈，以其属驰秦师，死焉。晋师从之，大败秦师。君子谓狼瞫于是乎君子。《诗》曰："君子如怒，乱庶遄沮。"《诗·小雅》。遄，疾也。沮，止也。言君子之怒必以止乱。又曰："王赫斯怒，爰整其旅。"《诗·大雅》。怒不作乱，而以从师。可谓君子矣。　秦伯犹用孟明。孟明增修国政，重施于民。赵成子言于诸大夫曰：成子，赵衰。"秦师又至，将必辟之，惧而增德，不可当也。"《诗》曰："毋念尔祖，聿修厥德。"《诗·大雅》，言念其祖考，则宜述修其德以显之。毋念，念也。孟明念之矣。念德不怠，其可敌乎？为明年秦人伐晋传。

秦穆公邀利以取败，不自悔责，而事报复，师出无名，故不称伐。晋襄公得志于殽，可以已矣。秦兵再至，不修文告以郤之，而逞志于再战，是主乎战者也，故言及。盖秦穆愤于败而不能平，晋襄狃于胜而不能屈，血气用事，无理义以养其心，终于稔怨结仇、黩武残民而已。《春秋》书秦、晋之战，所以为世之不能惩忿窒欲者戒也。

丁丑，作僖公主。

左传　丁丑，作僖公主。书不时也。过葬十月，故曰不时。

公羊传　作僖公主者何？为僖公作主也。主，天子长尺二寸，诸侯长一尺。主者曷用？虞主用桑，礼，平明而葬，日中而反虞，以阳求阴。谓之虞者，亲丧已下圹，皇皇无所亲，求而虞事之。虞犹安神也。用桑者，取其名与其粗觕，所以副孝子之心。礼，虞祭，天子九，诸侯七，卿、大夫五，士三，其奠处犹吉祭。练主用栗，谓期年练祭也。埋虞主于两阶之间，易用栗也。夏后氏以松，殷人以柏，周人以栗。《礼·士虞记》曰："桑主不文，吉主皆刻而谥之，盖为禘祫时别昭穆也。"虞主三代同者，用意尚粗觕，未暇别也。用栗者，藏主也。藏于庙室中堂。作僖公主何以书？讥。何讥尔？不时也。其不时奈何？欲久丧而后不能也。礼，作练主当以十三月，文公乱制，欲服丧三十六月，十九月作练主，又不能卒，竟故以二十五月也。

谷梁传　作，为也。为僖公主也。立主，丧主于虞。吉主于练，以虽为练作之主，终入庙以辨昭穆，故传以吉言之。作僖公主，讥其后也。僖公薨至此已十五月。作主坏庙有时日，于练焉坏庙。坏庙，之道易檐可也，改涂可也。礼，亲过高祖，则毁其庙，以次而迁，将纳新神。然作主在十三月，坏庙在三年丧终，传连言之，非谓作主、坏庙同时也。

作主，常礼也。何以书？盖丧主作于方葬之时，吉主作于小祥。今僖公之薨已十有五月，乃始作主，慢甚矣，故书之，讥不时也。

三月，乙巳，及晋处父盟。因朝而盟始此。

左传　晋人以公不朝来讨，公如晋。夏四月己巳，经书三月乙巳，经传必有误。晋人使阳处父盟公以耻之。书曰及晋处父盟，以厌之也。厌，犹损也。适晋不书，讳之也。

公羊传　此晋阳处父也，何以不氏？讳与大夫盟也。

谷梁传　不言公，处父伉也，为公讳也。何以知其与公盟？以其日也。何以不言公之如晋？所耻也。出不书，反不致也。

凡盟必书地，其不地，于晋也。公在丧，未朝天子，而畏晋之威，越礼朝晋。晋侯乃使大夫盟公以辱之，是以没不书公，讳之也。齐、晋霸业正盛时，未尝使诸侯受盟于其国。鲁闵公、襄公，童子侯也。桓公出盟闵公于落姑，悼公出盟襄公于长樗，不敢以非礼加诸侯也。而襄公乃使大夫盟公于国都，故诸侯慑于其势而心不服，此晋霸之所以易世而衰与。

夏，六月，公孙敖会宋公、陈侯、郑伯、晋士縠盟于垂陇。縠，谷梁作谷。垂陇，公羊、谷梁作垂敛。杜注：郑地。荥阳县东有陇城。在今河南荥泽县东北。此外大夫书名之始。

左传　公未至，朝晋未归。六月，穆伯会诸侯，及晋司空士縠盟于垂陇，晋讨卫故也。书士縠，堪其事也。晋司空，非卿也，以士縠能堪卿事，故书。陈侯为卫请成于晋，执孔达以说。

谷梁传　内大夫可以会外诸侯。

大夫而敌诸侯于是始。晋遂以大夫主诸侯也。自书士縠而后，凡役书大夫，大夫张也。大夫之张，君使之也。或疑当时君权尚尊，非如襄、昭之际大夫专国，然防微杜渐，不可不谨也。

自十有二月不雨，至于秋七月。

公羊传　何以书？记异也。大旱以灾书，此亦旱也，曷为以异书？大旱之日短而云灾，云，言也。言有灾。故以灾书。此不雨之日长而无灾，故以异书也。

谷梁传　历时而言不雨，文不忧雨也。不忧雨者，无志乎民也。

不雨之月，历时而总书，与僖公之每时一书不雨者异。盖僖公有闵雨之心，文公无望雨之意也。不雨止于七月，则八月雨亦不书，见不以民事系忧乐也。其怠于政事可知矣。

八月，丁卯，大事于大庙，跻僖公。

左传　秋八月丁卯，大事于太庙，跻僖公，逆祀也。于是夏父弗忌为宗伯，尊僖公，且明见曰："吾见新鬼大，故鬼小。亲鬼，僖公，既为兄，死时年又长。故鬼，闵公，死时年少。弗忌明言其所见。先大后小，顺也。跻圣贤，明也。又以僖公为圣贤。明、顺，礼也。"君子以为失礼。礼无不顺。祀，国之大事也，而逆之，可谓礼乎？子虽齐圣，不先父食久矣。齐，肃也。臣继君，犹子继父。故禹不先鲧，汤不先契，鲧，禹父。契，汤十三世祖。文、武不先不窋。不窋，后稷子。宋祖帝乙，郑祖厉王，犹上祖也。帝乙，微子父。厉王，郑桓公父。二国不以帝乙、厉王不肖，犹尚之。是以《鲁颂》曰："春秋匪解，享祀不忒，皇皇后帝，皇祖后稷。"忒，差也。皇皇，美也。后帝，天也。诗颂僖公郊祭上天，配以后稷。君子曰礼，谓其后稷亲而先帝也。先称帝也。《诗》曰："问我诸姑，遂及伯姊。"《诗·邶风》。君子曰礼，谓其姊亲而先姑也。僖亲文公父，夏父弗忌欲向时君先其所亲，故传以此二诗深责其意。仲尼曰："臧文仲其不仁者三，不知者三。下展禽，展禽，柳下惠也。知其贤而使在下位。废六关，塞关、阳关之属，凡六所，以禁绝末游而废之。妾织蒲，言与民争利。三不仁也。作虚器，谓居蔡山节藻棁也。有其器而无其位，故曰虚。纵逆祀，听夏父，跻僖公。祀爰居。海鸟曰爰，居止于鲁东门外，文仲以为神，命国人祀之。三不知也。"

公羊传　大事者何？大祫也。大祫者何？合祭也。其合祭奈何？毁庙之主，陈于大祖；毁庙谓亲过高祖，毁其庙，藏其主于大祖庙中。陈者，陈列大祖前。大祖东乡，昭南乡，穆北乡。其余孙从王父。父曰昭，子曰穆。昭取乡明，穆取北面，尚敬。未毁庙之主皆升，合食于大祖，自外来曰升。五年而再殷祭。殷，盛也。谓三年祫，五年禘，禘所以异于祫者，功臣皆祭也。跻者何？升也。何言乎升僖公？讥。何讥尔？逆祀也。其逆祀奈何？先祢而后祖也。文公以僖公为闵公庶兄，升僖公于上，失先后之义，故讥之。曰后祖者，僖公以臣继闵公，犹子继父，故闵公于文公亦犹祖也。

谷梁传　大事者何？大是事也，著祫尝。祫，合也。尝，秋祭。祫祭者，毁庙之主，陈于大祖；未毁庙之主皆升，合祭于大祖。祫祭者，合祭诸庙已毁、未毁者之主，于大祖庙中，以昭穆为次序，祭毕则复还其庙。跻，升也。先亲而后祖也，逆祀也。逆祀则是无昭穆也，无昭穆则是无祖也，无祖则无天也。故曰文无天。无天者，是无天而行也。谓天道先尊而后亲，今乱其上下，不仰法天也。君子不以亲亲害尊尊，此《春秋》之义也。

凡祭而失礼则书祭名，祭非失礼、为下事张本则称事，此大事于大庙，盖祫祭也。祫者，吉祭。不言吉者，主为逆祀书也。闵、僖二公昭穆虽同世而继，序有先后。闵公，弟也，实为僖之君。僖公，兄也，实为闵之臣。入庙之主有定序，僖不得先闵明矣。今文公私于其父，序兄弟，略君臣，升僖之主于闵之上，非礼甚矣。公、谷皆以大事为祫，左传无明文，而杜预以为禘。公羊注又曰："三年祫，五年禘"，皆非也。五年而再殷祭，谓三年一祫，五年再祫耳。

冬，晋人、宋人、陈人、郑人伐秦。

左传　冬，晋先且居、宋公子成、陈辕选、郑公子归生伐秦，取汪及彭衙而还，以报彭衙之役。卿不书，为穆公故，尊秦也，谓之崇德。

自入春秋至此，惟鲁大夫帅师以名见，外师非君将恒称人。外大夫自士縠专盟始以名见，阳处父专将始以名见，而余犹称人。大夫虽张而未甚也。至晋、秦结怨勦民，报复无已，则不待贬而恶见矣。

公子遂如齐纳币。

左传　襄仲如齐纳币，礼也。凡君即位，好舅甥，修婚姻，娶元妃以奉粢盛，孝也。谓谅闇既终，嘉好之事通于外内，外内之礼始修，此除凶之即位也。孝，礼之始也。

公羊传　纳币不书，此何以书？讥。何讥尔？讥丧娶也。娶在三年之外，则何讥乎丧娶？三年之内不图昏。僖公以十二月薨，至此未满二十五月。又礼先纳采，问名，纳吉，乃纳币。此四者皆在三年之内，故云尔。吉禘于庄公，讥。然则曷为不于祭焉讥？三年之恩疾矣，疾，痛。非虚加之也。以人心为皆有之。以人心为皆有之，则曷为独于娶焉讥？娶者，大吉也，非常吉也。其为吉者主于己，以为有人心焉者，则宜于此焉变矣。变者，变恸哭泣也。念亲者闻。欲为己图昏，则当变恸哭泣，况乃至于纳币成昏哉？

婚姻常事不书，其书纳币者，讥丧未终而图昏也。妇姜之迎在四年夏，丧服已毕，何以讥之？盖事莫重乎志，故曰：志哀而居约，与之知丧。逆妇虽在三年外，而纳币尚在丧期之内，未祥而行嘉礼，哀戚忘矣，志可问乎？《春秋》此义使人抑情以去私，其垂教切矣。

三年，春，王正月，叔孙得臣会晋人、宋人、陈人、卫人、郑人伐沈。沈溃。 沈，杜注：姬姓国。汝南平舆县北有沈亭。按《汉志》，汝南治平舆，故沈子国，属蔡州。今河南汝阳县东南有平舆故城，沈亭在其地。霸国大夫会诸大夫伐国自此始。

左传　三年春，庄叔会诸侯之师伐沈，庄叔即得臣。以其服于楚也。沈溃。凡民逃其上曰溃，在上曰逃。

晋襄继霸，未尝一出与诸侯会盟，而使大夫主之。自伐卫而后，军政亦委之大夫，其志益怠矣。方是时，商臣有覆载不容之罪，国人恶之，使晋襄能伸大义，亲帅诸侯以讨楚，则商臣不能自安，楚人必有因敌势、顺众心起而讨贼，改立君以听命于诸侯者，如此则有光于桓文矣。乃视非己事，而使大夫主兵，伐其与国之小者，商臣以是料晋之无能为，是以沈虽溃而围江之师旋出也。

附录左传　卫侯如陈，拜晋成也。二年，陈侯为卫请成于晋。

夏，五月，王子虎卒。

左传　夏四月乙亥，王叔文公卒，来赴，吊如同盟，礼也。王子虎与僖公同盟于翟泉，文公是同盟之子，故赴以名。

公羊传　王子虎者何？天子之大夫也。外大夫不卒，此何以卒？新使乎我也。

谷梁传　叔服也，此不卒者也，何以卒之？以其来会葬，我卒之也。或曰以其当执重以守也。僖二十四年，天王出居于郑，叔服执重任以守国。

王子虎者，谷梁以为即叔。然左氏于叔服称内史，于子虎称王叔文公。而后此星孛入斗之时，叔服复见于传，则非王子虎明矣。践土之役，王子虎盟诸侯于王庭，盖天子之秉政者。王臣无外交，今死而赴告于鲁，故书以讥之。

秦人伐晋。

左传　秦伯伐晋，济河焚舟，示必死也。取王官及郊，王官，杜注：晋地。今山西临晋县东南王官谷有废垒，即王官城也。郊，杜注：晋地。当为今临晋平阳间小邑。晋人不出。遂自茅津济，封殽尸而还。茅津，杜注：在河东大阳县西。今山西平陆县南大阳渡，即茅津也。有古茅城。封，埋藏之。遂霸西戎，用孟明也。君子是以知秦穆公之为君也，举人之周也，周，修也。不偏以一恶弃其善。与人之壹也。壹，无二心。孟明之臣也，其不解也，能惧思也。子桑之忠也，其知人也，能举善也。子桑，公孙枝，举孟明者。《诗》曰："于以采蘩？于沼于沚。于以用之？公侯之事。"秦穆有焉。《诗·国风》，言沼沚之蘩至薄，犹采以共公侯，以喻秦穆不遗小善。"夙夜匪懈，以事一人。"孟明有焉。《诗·大雅》。"诒厥孙谋，以燕翼子。"子桑有焉。诒，遗也。燕，安也。翼，成也。《诗·大雅》，喻子桑有举善之谋。

旧说秦伯知过复贰，故贬而称人，非也。考之于经，惟战韩称秦伯，盖两君亲战，若书秦人，则疑晋侯见获于秦大夫。其余终穆公之篇皆书秦人，未有称爵者。又谓晋人畏秦而不出，秦伯逞其忿而后悔，自是见伐不报，始能践其自誓之言，亦非也。考之传记，则喻二年而穆公卒，何由知其自悔而不报乎？先儒曲生义例，谓圣人以常情待晋襄，以王事责秦穆，皆因书录《秦誓》，谓孔子以穆公为贤，不知誓词有足为天下后世法者，故不废其言。至其穷兵报怨，则备书于《春秋》以著其罪，犹化工赋物，生杀并行而不相悖也。

秋，楚人围江。

左传　楚师围江，晋先仆伐楚以救江。

自齐桓之霸，江、黄以近楚之国并从齐盟，楚深憾之。灭黄已久，今复围江，亦以晋不能合诸侯以讨其弑逆之罪，故轻视中国，而围江以试之也。

雨螽于宋。

左传　秋，雨螽于宋，队而死也。

公羊传　雨螽者何？死而坠也。何以书？记异也。外异不书，此何以书？为王者之后记异也。

谷梁传　外灾不志，此何以志也？曰灾甚也。其甚奈何？茅茨尽矣。茅茨犹尽，则嘉谷可知。茨，蒺藜。著于上，见于下，谓之雨。

雨，自上而下者也。螽不见其所从来，自上而下，众多如雨，异之大者也。

冬，公如晋。十有二月，己巳，公及晋侯盟。此书公如晋之始。

左传　晋人惧其无礼于公也，请改盟。改二年处父之盟。公如晋，及晋侯盟。晋侯飨公，赋《菁菁者莪》。《诗·小雅》，义取既见君子，乐且有仪。庄叔以公降拜，谢其以公比君子也。曰："小国受命于大国，敢不慎仪？赋诗曰乐且有仪，故答以敢不慎仪。君贶之以大礼，何乐如之？抑小国之乐，大国之惠也。"晋侯降，辞。降阶辞让公。登，成拜。俱还上，成拜礼。公赋《嘉乐》。《嘉乐》，《诗·大雅》，义取显显令德，宜民宜人，受禄于天。

晋人惧无礼而请改盟，于公为不辱，故适晋书，而反国亦致。不书地，盟于晋都也。

晋阳处父帅师伐楚以救江。公羊、谷梁无以字。外大夫书帅师自此始。

左传　冬，晋以江故告于周，王叔桓公、晋阳处父伐楚以救江。桓公，周卿士，王叔文公之子。不书，不亲作也。门于方城，遇息公子朱而还。子朱，楚大夫，伐江之帅也。闻晋师起而江兵解，故晋亦还。

公羊传　此伐楚也，其言救江何？为谖也。谖，诈。其为谖奈何？伐楚为救江也。救人之道，当指其所之实，欲救江而反伐楚，以为其势必当引围江兵还自救也，故云尔。

谷梁传　此伐楚，其言救江，何也？江远楚近，伐楚所以救江也。

大夫帅师以名氏，见大夫强也。《春秋》于侵伐多不言所事，此书伐以救何？言救江虽善，而所以救之者，非其道也。是时，楚商臣负弑逆之罪，恃强凌弱，晋襄不能大合诸侯奉词伐罪，而独遣一军，又不敢径造江之城下，而声言伐楚，一遇子朱即避之而返，既不能伐楚又不能救江，畏怯甚矣。故特起伐以救之文以罪之。以者，不以者也。

四年，春，公至自晋。

附录左传　四年春，晋人归孔达于卫，以为卫之良也，故免之。二年，卫执孔达以说晋。　夏，卫侯如晋拜。谢归孔达。　曹伯如晋会正。会受贡赋之政也。传言襄公能继文之业，而诸侯服从。

夏，逆妇姜于齐。

左传　逆妇姜于齐，卿不行，非礼也。礼，诸侯有故，则使卿逆。君子是以知出姜之不允于鲁也，文公薨而见出，故曰出姜。允，信也。始来不见尊贵，故终不为国人所敬信也。曰：贵聘而贱逆之，公子遂纳币，是聘也。君而卑之。君，小君也。立而废之，弃信而坏其主，主，内主也。在国必乱，在家必亡，不允宜哉！《诗》曰："畏天之威，于时保之"，敬主之谓也。《诗·颂》言畏天威，于是保福禄。为十八年姜氏归齐张本。

公羊传　其谓之逆妇姜于齐何？略之也。谓不书逆者之姓名，不言如齐，不称女，不书至也。高子曰："娶乎大夫者，略之也。"谓夫人乃齐大夫女，贱，不可奉宗庙，故略之。

谷梁传　其曰妇姜，为其礼成乎齐也。昏礼成于齐，故在齐便称妇。其逆者谁也？亲逆而称妇。或者公与，何其速妇之也？怪称妇速，故设为问辞，而反覆推。曰公也。其不言公，何也？非成礼于齐也。非责。曰妇，有姑之辞也。其不言氏，何也？贬之也。何为贬之也？夫人与有贬也。夫人能以礼自防，则夫妇之礼不成于齐，故讥公而夫人与焉。

纳币卿行，则逆妇必非微者。谷梁谓公自逆是也。未至而称妇，则成礼于齐明矣。图昏于丧期之内，又成礼于妇家，所谓失礼之中又失礼也。故讳不书公，以示贬。

狄侵齐。

春秋霸业之盛首推桓、文，以其攘外而安内也。狄虽败于箕，未几复侵齐，《春秋》书之，讥晋襄无攘却之谋，而齐霸不绍也。

秋，楚人灭江。

左传　楚人灭江，秦伯为之降服，出次，不举，过数。降服，素服也。出次，辟正寝。不举，去盛馔。邻国之礼有数，今秦伯过之。大夫友谏。公曰："同盟灭，秦、江同盟，不告故不书。虽不能救，敢不矜乎？吾自惧也。"君子曰：《诗》云："惟彼二国，其政不获。惟此四国，爰究爰度"，其秦穆之谓矣。《诗·大雅》。爰，于也。究、度，皆谋也。言夏、商之君政不得人心，故四方诸侯皆惧，而谋度其政事。喻秦穆亦能感江之灭，惧而思政也。

《春秋》中以慕义从霸遂致灭亡者，江与黄是也。当桓之世，黄为楚灭，齐不能救，君子悯之。江被围经年，晋霸不竞，不能撼楚以庇江。《春秋》书围、书灭，著晋襄之无远谋，见江上下同力效死，乃亡国之善辞也。不书奔，死社稷也。

晋侯伐秦。

左传　秋，晋侯伐秦，围邧、新城，邧，杜注：秦邑。在今陕西澄城县境。新城，杜注：秦邑。今澄城县东北有古新城，即梁国之新里也。以报王官之役。王官役在三年。

晋襄以王官之役不报为耻，未若商臣得志于江为耻之大也。报秦而不诛商臣，末矣。况救江则遣大夫伐秦，则君亲之，故书晋侯伐秦于灭江之下，见其急于修怨而缓于恤患也。爵晋侯，非善之，以其狥私亟战而不知戢，故目其人而责之。

卫侯使宁俞来聘。

左传　卫宁武子来聘，公与之宴，为赋《湛露》及《彤弓》。非礼之常，公特命乐人以示意，故言为赋。《湛露》《彤弓》，《诗·小雅》。不辞，又不答赋。使行人私焉。私问之。对曰："臣以为肄业及之也。肄，习也。以鲁人失所赋，故佯为不知。昔诸侯朝正于王，朝而受政教也。王宴乐之，于是乎赋《湛露》，则天子当阳，诸侯用命也。《诗》云："湛湛露斯，匪阳不晞。"晞，乾也。言露见日而乾，犹诸侯禀天子命而行。诸侯敌王所忾，而献其功，敌犹当也。忾，恨怒也。王于是乎赐之彤弓一、彤矢百、玈弓矢千，以觉报宴。觉，明也。谓诸侯有四夷之功，王赐之弓矢，又为歌《彤弓》以明报功宴乐。今陪臣来继旧好，因论天子之乐，故自称陪臣。故辱贶之，其敢干大礼以自取戾？"贶，赐也。干，犯也。戾，罪也。解己所以不辞亦不答之意。

礼，诸侯岁相问、殷相聘。殷，众也。殷见曰同。十有二年，五服尽朝，故曰殷见。殷见既毕，诸侯更遣大夫，以交于邻邦，谓之殷聘。今殷见则亡，而殷聘则存，圣人书之，以伤周道也。

冬，十有一月，壬寅，夫人风氏薨。

左传　冬，成风薨。为明年王使归含赗传。

《春秋》正名定分之书也。仲子不称夫人，称夫人自风氏始。《春秋》记其卒葬，各以实书，不为异辞者，谨礼之所由变也。

日讲春秋解义卷二十四

文　公

五年，春，王正月，王使荣叔归含，且赗。

左传　五年春，王使荣叔来含且赗。荣叔，天子之上大夫。荣，采地。叔，字也。

公羊传　含者何？口实也。孝子所以实亲口也。缘生以事死，不忍虚其口。天子以珠，诸侯以玉，大夫以碧，士以贝。其言归含且赗何？兼之。兼之非礼也。

谷梁传　含，一事也。赗，一事也。兼归之，非正也。其曰且，志兼也。其不言来，不周事之用也。赗以早，乘马曰赗，所以助葬，成风未葬，故言早。而含已晚。已殡，故言晚。

《春秋》系王于天，以履天位、治天职。所惇庸者，天叙天秩。所刑赏者，天命天讨。文公以风氏之丧讣于王，非礼也。王不能正，反归含、赗，失天理矣。故特不称天，言弗克若天也。

三月，辛亥，葬我小君成风。

公羊传　成风者何？僖公之母也。

成风书葬，是祔于姑也。隐公时，仲子犹别立宫以祀，今则俨然并尊，又私谥焉，乱礼甚矣。书其实以示讥也。

王使召伯来会葬。召伯，谷梁作毛伯。

谷梁传　会葬之礼于鄗上。鄗，竟也。为送葬来，故从竟至墓上。

王臣下聘，桓公宰纠书名示贬，而大夫再聘则书字，从同也。今王以夫人之礼丧成风，再不称天，何也？薨而赗、含尚曰不可，又使卿来会葬，将祔之于庙，则其事益隆，失益甚矣。故复去天以示义。

夏，公孙敖如晋。

王含且赗，又使卿来会葬，礼莫隆焉。不往谢而亟如晋，慢王尊霸，不贬而恶见矣。

秦人入鄀。

左传　初，鄀叛楚即秦，又贰于楚。夏，秦人入鄀。

鄀介秦、楚之间，商臣弑逆，鄀叛楚而即秦，以穆公为可恃也。及楚灭江，惧而贰于楚，秦不能庇鄀，乃称兵以入之，而其后鄀卒为楚所并。王政不行，小国之无罪而就灭亡，如此可哀也夫。

秋，楚人灭六。六，杜注：六国，卢江六县。在今江南六安州北。

左传　六人叛楚即东夷。秋，楚成大心、仲归帅师灭六。仲归，子家。　冬，楚公子燮灭蓼。蓼，杜注：蓼国，安丰蓼县。今河南固始县东北蓼城冈即其地。臧文仲闻六与蓼灭，曰："皋陶庭坚不祀，忽诸，蓼与六，皆皋陶后也。庭坚，皋陶字。德之不建，民之无援，哀哉！"

邾灭须句，楚灭六、蓼，皆世变之大者。须句司大皞之祀，六、蓼实皋陶之后，上古建国，历唐、虞三代，绵延不绝，入春秋而后荡灭无遗，盖不独周纲解纽，自古，圣王之政教至是而尽废，故不足以相维持也。

冬，十月，甲申，许男业卒。

附录左传　晋阳处父聘于卫，反过宁，宁嬴从之，宁，杜注：晋邑，汲郡修武县。今河南获嘉县西北有故城。嬴，逆旅大夫。及温而还，其妻问之，嬴曰："以刚。《商书》曰：'沈渐刚克，高明柔克。'沈渐犹滞弱也。高明犹亢爽也。言各当以刚柔胜己本性，乃能成全也。此在《洪范》，今谓之《周书》。夫子壹之，谓纯任刚也。其不没乎！天为刚德，犹不干时，寒暑相顺。况在人乎？且华而不实，言过其行。怨之所聚也。犯而聚怨，刚则犯人。不可以定身。余惧不获其利而离其难，是以去之。离，丽也。为六年晋杀处父传。　晋赵成子、赵衰，新上军帅、中军佐也。栾贞子、栾枝，下军帅也。霍伯、先且居，中军帅也。臼季胥臣，下军佐也。皆卒。为六年蒐于夷传。

六年，春，葬许僖公。

附录左传　六年春，晋蒐于夷，舍二军。僖三十一年，晋蒐清原作五军，今舍二军，复三军之制。夷，杜注：晋地。前，前四卿卒，故蒐以谋军帅。使狐射姑将中军，代先且居。赵盾佐之。代赵衰也。盾，赵衰子。阳处父至自温，往年聘卫过温，今始至。改蒐于董，董，杜注：河东汾阴县有董亭。在今山西闻喜县东北，接绛州界。易中军。易以赵盾为帅，射姑佐之。阳子，成季之属也，处父尝为赵衰属大夫。故党于赵氏，且谓赵盾能，曰："使能，国之利也。"是以上之。宣子于是乎始为国政，宣，赵盾谥。制事典，典，常也。正法罪，轻重当。辟刑狱，辟犹理也。董逋逃，董，督也。由质要，由，用也。质要，券契也。治旧洿，治理洿秽。本秩礼，贵贱不失其本。续常职，修废官。出滞淹。拔贤能也。既成，以授大傅阳子与大师贾佗，使行诸晋国，以为常法。贾佗以公族从文公，而不在五人之数。

夏，季孙行父如陈。

左传　臧文仲以陈、卫之睦也，欲求好于陈。夏，季文子聘于陈，季文子，即行父季友之孙。且娶焉。

季友以原仲之旧如陈者再，今行父之往，盖因其祖旧好，假公室之聘而图婚耳。韩侯因朝而娶，诗列大雅，则于礼无讥，故经但以出聘书，而不及其私与友之葬原仲异也。

附录左传　秦伯任好卒，任好，秦穆公名。以子车氏之三子奄息、仲行、针虎为殉，子车，秦大夫氏也。以人从葬为殉。皆秦之良也。国人哀之，为之赋《黄鸟》。《黄鸟》，《诗·秦风》。义取黄鸟止于棘桑，往来得其所，伤三良不然。君子曰：秦穆之不为盟主也，宜哉！死而弃民。善人者，民之望也。杀以殉葬，是弃民望。先王违世，犹诒之法，而况夺之善人乎？《诗》曰："人之云亡，邦国殄瘁。"《诗·大雅》，言善人亡则国瘁病。无善人之谓。若之何夺之？古之王者知命之不长，是以并建圣哲，建立圣知，以司牧民。树之风声，因土地风俗为立声教之法。分之采物，旌旗衣服，各有分制。著之话言，话，善言也。为作善言遗戒。为之律度，钟律度量，所以治历明时。陈之艺极，艺，准也。极，中也。贡献多少之法。传曰贡之无艺。又曰贡献无极。引之表仪，引，导也。表仪犹威仪。予之法制，告之训典，训典，先王之书。教之防利，防恶兴利。委之常秩，委，任也。常秩，官司之常秩。道之以礼则，使毋失其土宜，众隶赖之，而后即命。即，就也。圣王同之。今纵无法以遗后嗣，而又收其良以死，难以在上矣。君子是以知秦之不复东征也。不能复征东方诸侯为霸主。

秋，季孙行父如晋。

左传　秋，季文子将聘于晋，使求遭丧之礼以行。闻晋侯疾故。其人曰："将焉用之？"其人，从者。文子曰："备豫不虞，古之善教也。求而无之，实难。难卒得，过求，何害？"

王制，诸侯比年一小聘，三年一大聘，五年一朝，文公即位六载，未尝一如京师，而朝晋者再，且数遣聘问，知霸主而不知有王，比事以观，罪可见矣。

八月，乙亥，晋侯讙卒。讙，公羊作讙。

左传　八月乙亥，晋襄公卒。灵公少，晋人以难故，欲立长君。赵孟曰：赵孟赵盾也"立公子雍。公子雍，文公子、襄公庶弟杜祁之子。好善而长，先君爱之，且近于秦。秦，旧好也。置善则固，事长则顺，立爱则孝，结旧则安。为难故，故欲立长君。有此四德者，难必抒矣。"抒，除也。贾季曰："不如立公子乐。乐，文公子，怀嬴所出。辰嬴嬖于二君，辰嬴即怀嬴。二君，怀公、文公也。立其子，民必安之。"赵孟曰："辰嬴贱，班在九人，班，位也。其子何震之有？震，威也。且为二嬖，淫也。为先君子，不能求大，而出在小国，辟也。母淫子辟，无威陈小而远，无援，将何安焉？杜祁以君故让逼姞而上之，杜祁，杜伯之后祁姓也。逼，国名。姞，姞姓女，生襄公，为世子。故杜祁让，使在己上。以狄故让季隗，而己次之，故班在四。以季隗是文公处狄时妻，故复让之。先君是以爱其子，而仕诸秦，为亚卿焉。言其贤故位尊。秦大而近，足以为援。母义子爱，足以威民。立之，不亦可乎？"使先蔑、士会如秦逆公子雍。先蔑，士伯也。士会，随季也。贾季亦使召公子乐于陈，赵孟使杀诸郫。郫，杜注：晋地。今河南济源县西有郫亭。

冬，十月，公子遂如晋。葬晋襄公。

左传　冬十月，襄仲如晋葬襄公。

礼，诸侯五月而葬，今三月，不及期，非礼也。又礼，诸侯之丧，士吊，大夫送葬。及晋文昉为霸令，使大夫吊，卿共葬事，故襄仲以卿往会，亦非礼也。

晋杀其大夫阳处父。晋狐射姑出奔狄。射，谷梁作夜。

左传　贾季怨阳子之易其班也，本中军帅，易以为佐。而知其无援于晋也。少族多怨。九月，贾季使续鞫居杀阳处父。鞫居，狐氏之族。书曰晋杀其大夫，侵官也。君已命帅，处父易之，故曰侵官。　十一月丙寅，晋杀续简伯。讨其杀处父。简伯，续鞫居。十一月无丙寅，丙寅，十二月八日也。日月必有误。贾季奔狄。宣子使臾骈送其帑。臾骈，赵盾属大夫。帑，妻子也。宣子以贾季佐中军，同官故。夷之蒐，贾季戮臾骈，戮，辱也。臾骈之人欲尽杀贾氏以报焉。臾骈曰："不可。吾闻前志有之曰：'敌惠敌怨，不在后嗣，忠之道也。'敌犹对也。若及子孙，则为非对，是迁怒也。夫子礼于贾季，我以其宠报私怨，无乃不可乎？介人之宠，非勇也。介，因也。损怨益仇，非知也。杀季家欲以除怨，宣子将复怨己，是益仇。以私害公，非忠也。释此三者，何以事夫子？"尽具其帑，与其器用财贿，亲帅扞之，送致诸竟。扞，卫也。

公羊传　晋杀其大夫阳处父，则狐射姑曷为出奔？射姑杀也。射姑杀，则其称国以杀何？君漏言也。其漏言奈何？君将使射姑将。谓作中军大夫。阳处父谏曰："射姑民众不说，不可使将。"于是废将。阳处父出，射姑入，君谓射姑曰："阳处父言曰：'射姑民众不说，不可使将。'"射姑怒，出刺阳处父于朝而走。

谷梁传　称国以杀，罪累上也。襄公已葬，其以累上之辞言之，何也？君漏言也。上泄则下暗，下暗则上聋。且暗且聋，无以相通，臣暗不言，君无所闻，上下否塞。夜姑杀者也。夜姑之杀奈何？曰："晋将与狄战，使狐夜姑为将军，赵盾佐之。"阳处父曰："不可。古者君之使臣也，使仁者佐贤者，不使贤者佐仁者。今赵盾贤，夜姑仁，其不可乎？"贤者，多才也。战主攻伐，仁者有恻隐之心，不如多才者有权略。襄公曰："诺。"谓夜姑曰："吾始使盾佐女，今女佐盾矣。"称处父语以语之，故传曰漏言也。夜姑曰："敬诺。"襄公死，处父主竟上事，待诸侯会葬在鄙上。夜姑使人杀之，君漏言也。故士造辟而言，诡辞而出，辟，君也。言与君言。出则诡辞，不以实告人。曰："用我则可，不用我则无乱其德。"此士对君言之辞。

凡君与臣同杀则称国。今射姑实杀处父，而罪累上者，见人君以公正之道进退其臣，人自心服，无所归咎。襄公乃漏言于射姑，嫁怨于处父，虽非身杀之，而以失言杀之，等杀耳。故襄公已卒，而书国杀，所以为后世戒也。

闰月不告月，犹朝于庙。

左传　闰月不告朔，非礼也。经称告月，传称告朔，明告月必以朔。闰以正时，四时渐差，则置闰以正之。时以作事，顺时命事。事以厚生，事不失时，则年丰而民生厚。生民之道于是乎在矣。不告闰朔，弃时政也，何以为民？为，治也。

公羊传　不告月者何？不告朔也。礼，诸侯受十二月朔政于天子，藏于祖庙。每月朔朝庙，使大夫南面奉天子命，君北面而受之。比时使有司先告朔，谨之至也。曷为不告朔？谓不言朔而言月。天无是月也。闰月矣，何以谓之天无是月？非常月也。犹者何？通可以已也。朝者，因视朔政尔，无政而朝，故曰犹不言朔者。闰月无告朔，礼也。

谷梁传　不告月者，何也？不告朔也。不告朔，则何为不言朔也？闰月者，附月之余日也，积分而成于月者也。一岁三百六十日，余六日，又有小月六，积五岁约得六十日，而再闰，积众月之余分以成此月。天子不以告朔，而丧事不数也。闰是丛残之数，非月之正，故吉凶大事皆不用也。犹之为言，可以已也。告朔，然后朝庙，既废其大，而行其细，故讥之。

诸侯月朔告于庙，谓之告朔。因以听治此月之政，谓之视朔。不告月者，不告朔也。因月之盈亏置闰，是主乎月而有闰也，故不言朔而言月。在礼，天子闰月听朔于明堂，闰者所以定四时成岁，天子以为月，而颁之诸侯，不奉以告，是轻正朔、慢时令也。况一月之内，百官修政于朝，庶民服事于野，闰虽无常，而政有常，安得不告？犹朝于庙者，幸其不已之词也。

七年春，公伐邾。

左传　七年春，公伐邾，间晋难也。公因霸国有难而侵小。

三月，甲戌，取须句。遂城郚。句，公羊作朐。郚，杜注：鲁邑。卞县南有郚城。在今山东泗水县东南。

左传　三月甲戌，取须句，须句，鲁封内属国。僖公反其君之后，邾复灭之。置文公子也，邾文公子叛邾在鲁，故使为守须句大夫。非礼也。绝大皞之祀以与邻国叛臣，故曰非礼。

公羊传　取邑不日，此何以日？内辞也，使若他人然。据昭三十二年正月取阚，亦邾娄之邑，未尝书日。今以日为内辞者，使若公春伐邾娄而去，他人自以甲戌日取之，所以深讳其贪利取邑也。然僖公尝伐邾取须朐矣，何以不为内辞哉？公羊之说非也。

谷梁传　取邑不日，此其日，何也？不正其再取，故谨而日之也。僖二十二年，公已伐邾，取须句，过而不改，故录日以志之。然非也，设不日则听其取已乎。遂，继事也。因伐邾之师

晋襄既卒，国未立君，公乘其间伐邾取邑，绝大皞之祀，俾邾之叛臣守之，贪

土地而舍逋逃，又重劳民力，城内邑以防郑师之至，心有慊焉。故畏邻国之伐，而不知愈重其过耳。

夏，四月，宋公王臣卒。王臣，谷梁作壬臣。

宋人杀其大夫。

左传　夏，四月，宋成公卒。于是公子成为右师，庄公子。公孙友为左师，目夷子。乐豫为司马，戴公玄孙。鳞矔为司徒，桓公孙。公子荡为司城，桓公子也。以武公名。废司空为司城。华御事为司寇，华元父也。传言六卿皆公族，昭公不亲信之，所以致乱。昭公将去群公子，成公卒，其弟御杀世子而自立，国人杀御而立其少子杵臼，是为昭公。乐豫曰："不可。公族，公室之枝叶也。若去之，则本根无所庇荫矣。葛藟犹能庇其本根，故君子以为比，诗人取以喻九族兄弟。况国君乎？此谚所谓'庇焉而纵寻斧焉'者也。纵，放也。寻，即将寻斧柯之寻。必不可。君其图之。亲之以德，皆股肱也，谁敢携贰？若之何去之？"不听。穆、襄之族率国人以攻公，穆公、襄公之子孙，昭公所欲去者。杀公孙固、公孙郑于公宫。二子在公宫，故为乱兵所杀。六卿和公室，乐豫舍司马以让公子卬。卬，昭公弟。昭公即位而葬。书曰宋人杀其大夫，不称名，众也，且言非其罪也。杀者众，故名不可知。死者无罪，则例不称名。

公羊传　何以不名？成公十五年秋，宋杀其大夫山称名。宋三世无大夫，三世内娶也。

谷梁传　称人以杀，诛有罪也。臣以权宠逼君，故曰有罪。

成公在殡，昭公首为乱阶，至使公族构难，大夫罹殃，经书宋人，以著国乱无政，而昭公之不君亦可见矣。

戊子，晋人及秦人战于令狐。晋先蔑奔秦。蔑，公羊作眛，奔上有以师字。

左传　秦康公送公子雍于晋，曰："文公之入也无卫，故有吕、郤之难。"在僖二十四年。乃多与之徒卫。穆嬴日抱太子以啼于朝，曰：穆嬴，襄公夫人，灵公母也。"先君何罪？其嗣亦何罪？舍適嗣不立而外求君，将焉置此？"出朝，则抱以适赵氏，顿首于宣子曰："先君奉此子也而属诸子曰：'此子也才，吾受子之赐；不才，吾唯子之怨。'今君虽终，言犹在耳，而弃之，若何？"宣子与诸大夫皆患穆嬴，且畏逼，畏国人以大义来逼己。乃背先蔑而立灵公，初使先蔑逆子雍，故言背。灵公，大子夷皋也。以御秦师。箕郑居守。赵盾将中军，先克佐之。克，先且居子，代狐射姑。荀林父佐上军。箕郑将上军居守，故佐独行。先蔑将下军，先都佐之。步招御戎，戎津为右。及堇阴，先蔑、士会逆公子雍前还晋，晋人始以逆雍出军，故蔑犹在职。堇阴，杜注：晋地。宣子曰："我若受秦，秦则宾也；不受，寇也。既不受矣，而复缓师，秦将生心。先人有夺人之心，军之善谋也。逐寇如追逃，军之善政也。"训卒利兵，秣马蓐食，潜师夜起。蓐食，早食于寝蓐也。戊子，败秦师于令狐，至于刳首。刳首，杜注：令狐在河东，与刳首相接。按，令狐，今山西猗氏县地，刳首当在今荥河临晋间。己丑，先蔑奔秦，士会从之。先蔑之使也，荀林父止之，曰："夫人、太子犹在，而外求君，此必不行。子以疾辞，若何？不然，将及摄卿以往可也，何必子？同官为寮，吾尝同寮，敢不尽心乎？"弗听。为赋《板》之三章，《板》，《诗·大雅》。其三章义取刍荛之言犹不可忽，况同寮乎？僖二十八年，林父将中行，先蔑将左行。又弗听。及亡，荀伯尽送其帑及其器用财贿于秦，荀伯，林父。曰："为同寮故也。"士会在秦三年，不见士伯。士伯，先蔑。其人曰："能亡人于国，言能与人俱亡于晋国。不能见于此，焉用之？"何用如此？士季曰：士季，士会。"吾与之同罪，非义之也，言己非慕先蔑之义而从之。将何见焉？"及归，遂不见。责先蔑为正卿而不匡谏，且俱出奔，恶有党也。士会归在十三年。

公羊传　晋先眛以师奔秦，此偏战也，何以不言师败绩？敌也。此晋先眛也，其称人何？贬。曷为贬？外也。其外奈何？以师外也。怀持二心，有功欲还，无功便持师出奔，故于战贬之。何以不言出？遂在外也。言从竟外去。

谷梁传　不言出，在外也。辍战而奔秦，以是为逃军也。辍，止也。为将而独奔，故曰逃军。

晋人舍適嗣而外求君，其始已失。及畏逼立君，不知以礼谢秦，而悍然兴戎，掩其不备，盖晋人为志乎。是战也，言战不言败，胜负敌也。先蔑之奔不言出，明自军中去也。

狄侵我西鄙。

左传　狄侵我西鄙，公使告于晋。赵宣子使因贾季问酆舒，且让之。时贾季奔在狄。酆舒，狄相。酆舒问于贾季曰："赵衰、赵盾孰贤？"对曰："赵衰，冬日之日也。赵盾，夏日之日也。"冬日可爱，夏日可畏。

鲁尝患戎，未尝患狄，远鲁且慑晋也。至是晋构秦难，不在诸侯。鲁间之而近伐邾，狄亦间之而远侵鲁。《春秋》书此，罪鲁之不自正，而晋业之替亦见矣。

秋，八月，公会诸侯、晋大夫盟于扈。扈，杜注：郑地。荥阳卷县西北有扈亭。在今河南原武县西北。

左传　秋八月，齐侯、宋公、卫侯、陈侯、郑伯、许男、曹伯会晋赵盾，盟于扈，晋侯立故也。公后至，故不书所会。凡会诸侯，不书所会，谓不具列公侯及卿大夫。后也。后至不书其国，辟不敏也。不敏，犹不达也。诸国皆在，公独后，是不达于事。此传自释凡例之意。

公羊传　诸侯何以不序？大夫何以不名？公失序也。公失序奈何？诸侯不可使与公盟，昳晋大夫使与公盟也。以目通指曰昳。文公内则丧娶逆祀，外则贪利取邑，为诸侯所薄贱，故不见序。

谷梁传　其曰诸侯，略之也。

以大夫主盟诸侯，自会扈始。赵盾初立灵公，专执晋政，强会八国之君而自主盟，若晋无君然。故诸侯不序，而赵盾不名，所以著大夫之专也。

冬，徐伐莒。

徐僭号，即戎厥。后自进于中国，数从会伐，经皆称人，以其能附中国也。今以中国无霸，兴兵伐莒，故复以号举。

公孙敖如莒涖盟。涖，公羊、谷梁作莅。

左传　穆伯娶于莒，曰戴己，生文伯，其娣声己生惠叔。穆伯，公孙敖也。文伯，谷也。惠叔，难也。戴己卒，又聘于莒，莒人以声己辞，则为襄仲聘焉。襄仲，公子遂，敖从父昆弟。冬，徐伐莒，莒人来请盟，见伐，故欲结援。穆伯如莒莅盟，且为仲逆。及鄢陵，鄢陵，杜注：莒邑。登城见之，美，自为娶之。仲请攻之，公将许之。叔仲惠伯谏曰：惠伯，叔牙孙。"臣闻之，兵作于内为乱，于外为寇，寇犹及人，乱自及也。今臣作乱而君不禁，以启寇仇，若之何？"公止之。惠伯成之，平二子。使仲舍之，舍，不娶。公孙敖反之，还莒女。复为兄弟如初。从之。为明年公孙敖奔莒传。

谷梁传　莅，位也。其曰位，何也？前定也。其不日，前定之盟不日也。以徐伐莒而往莅盟，嫌非两国交盟之例，故明之。

莒为徐所伐，故来求援，请修洮之盟。而敖因盟莒以代弟逆妇，且为不道。经第书莅盟，所谓《春秋》书王法，不诛其人身也。

附录左传　晋郤缺言于赵宣子曰："日卫不睦，故取其地。日，往日。元年，晋伐卫，取戚田。今已睦矣，可以归之。叛而不讨，何以示威？服而不柔，何以示怀？非威非怀，何以示德？无德何以主盟？子为正卿，以主诸侯，而不务德，将若之何？《夏书》曰：'戒之用休，董之用威，劝之以九歌，勿使坏。'九功之德皆可歌也，谓之九歌。六府、三事，谓之九功。水、火、金、木、土、谷，谓之六府。正德、利用、厚生，谓之三事。义而行之，谓之德、礼。德，正德也。礼，以制财用之节，又以厚生民之命。无礼不乐，所由叛也。若吾子之德，莫可歌也，其谁来之？盍使睦者歌吾子乎？"宣子说之。为明年晋归郑卫田张本。

八年，春，王正月。

附录左传　八年春，晋侯使解扬归匡、戚之田于卫，解扬，晋大夫。匡，本卫邑，中属郑，孔达伐不能克，今晋令郑还卫，并归所取戚田。且复致公壻池之封，自申至于虎牢之竟。公壻池，晋君女壻，旧取卫地以封之，今并还卫也。申，杜注：郑地。当在今河南池水县界。

夏，四月。

附录左传　夏，秦人伐晋，取武城，以报令狐之役。令狐役在七年。

秋，八月，戊申，天王崩。

左传　秋，襄王崩。子顷王壬臣立，为公孙敖如周吊传。

冬，十月，壬午，公子遂会晋赵盾，盟于衡雍。

左传　晋人以扈之盟来讨。前年盟扈，公后至。　冬，襄仲会晋赵孟，盟于衡雍，报扈之盟也。

乙酉，公子遂会雒戎，盟于暴。公羊作伊雒戎。暴，杜注：郑地。

左传　遂会伊雒之戎。伊雒之戎将伐鲁，公子遂不及复君，故专命与之盟。书曰公子遂，珍之也。珍，贵也。

翟泉之盟犹有王人及鲁公莅焉，以大夫而专会盟，自衡雍始，其后赵盾、仲遂皆为弑君之贼，而有后于鲁、晋，三桓专鲁，六卿分晋，其兆早见于斯矣。遂既盟赵盾，四日又盟雒戎，而再以名见，不书遂会，盖以二事出皆有公命，左氏之说非也。

公孙敖如京师，不至而复。丙戌，奔莒。公羊无而字。

左传　穆伯如周吊丧，不至，以币奔莒，从己氏焉。己氏，莒女。

公羊传　不至复者何？不至复者，内辞也，不可使往也。安居不肯行，故讳，使若已行但不至而还尔。不可使往，则其言如京师何？遂公意也。正其义，不使君命壅塞。何以不言出？据庆父言出奔。遂在外也。讳使若从外来不敢复还者也。

谷梁传　不言所至，未如也。若其已行，当如公子遂至黄乃复，今不言所至，而直言复，知其实未如也。未如，则未复也。未如而曰，如不废君命也。受命而出，义无私留，书如京师以显命行，于下不书所至，以表不去之罪。未复而曰复，不专君命也。复者，事毕之辞。未如故知其未复，加毕事之文者，君命无辄专之道。其如非如也，其复非复也。唯奔莒之为信，故谨而日之也。

还者，事毕。复者，事未毕也。礼，君言不宿于家，况敖受命以赴天王之丧，废天命而徒返，无王无君，罪莫甚焉。文公既不加诛，又不再使卿往，亦罪也。不言所至者，举京师为重也。不言出，受命矣，自外出也。

螽。螽，公羊作蝝

宋人杀其大夫司马。宋司城来奔。

左传　宋襄夫人，襄王之姊也，昭公不礼焉。昭公適祖母。夫人因戴氏之族，华乐皇皆戴族。以杀襄公之孙孔叔、公孙钟离及大司马公子卬，皆昭公之党也。司马握节以死，故书以官。节，国之符信也。握之以死，示不废命。司城荡意诸来奔，效节于府人而出。效犹致也。意诸，公子荡之孙。公以其官逆之，皆复之。卿违从大夫，公贤其效节，故以本官逆之，请宋而复之司城。官属悉来奔，故言皆复。亦书以官，皆贵之也。

公羊传　司马者何？司城者何？皆官举也。皆以官名举言之。曷为皆官举？据宋杀其大夫山不官举。宋三世无大夫，三世内娶也。宋以内娶三世，妃党争权相杀，主或不知所任，故举其官。

谷梁传　司马，官也。其以官称，无君之辞也。　司城，官也。其以官称，无君之辞也。来奔者不言出，举其接我也。

杀其大夫，志乱也。二人皆以官举，见主兵者不能其官至于见杀，守土者不能其官至于出奔，故以其官责之。而宋国无政，昭公之不能定位，已于此见其端兆矣。

附录左传　夷之蒐，晋侯将登箕郑父、先都，登之于上军也。夷蒐在六年。而使士縠、梁益耳将中军。士縠本司空。先克曰："狐、赵之勋，不可废也。"狐偃、赵衰有从亡之勋。从之。先克夺蒯得田于堇阴。七年，晋御秦师于堇阴，以军事夺其田也。先克，中军佐。故箕郑父、先都、士縠、梁益耳、蒯得作乱。著五人作乱之由，为明年杀先克张本。

九年，春，毛伯来求金。来求止此。

左传　毛伯卫来求金，非礼也。天子不私求财，故曰非礼。不书王命，未葬也。

公羊传　毛伯者何？天子之大夫也。何以不称使？当丧未君也。逾年矣，何以谓之未君？襄王崩在八年，逾年当即位。即位矣，而未称王也。未称王，何以知其即位？以诸侯之逾年即位，亦知天子之逾年即位也。俱继体，其礼不得异。以天子三年然后称王，亦知诸侯于其封内三年称子也，各信恩于其下。逾年称公矣。则曷为于其封内三年称子？缘民臣之心，不可一日无君，缘终始之义，一年不二君，故君薨称子某，既葬称子，明继体以系民臣之心。不可旷年无君。故逾年称公。缘孝子之心，则三年不忍当也。孝子三年志在思慕，不忍当父位，故虽即位犹，于其封内三年称子。毛伯来求金何以书？讥。何讥尔？王者无求，求金，非礼也。然则是王者与？据未称王。曰非也。非王者，则曷为谓之王者王者无求？曰：是子也，继文王之体，守文王之法度，文王之法无求，而求故讥之也。引文王者，文王始受命制法度。

谷梁传　求车犹可，求金甚矣。求俱不可，在丧尤甚。

公孙敖既不至京师，鲁遂不供天子之丧，故毛伯来风鲁以求金。何以不称使？当丧未君也。冢宰不能制国用而下求，诸侯不贡而致王求，皆非也。自是以后，鲁不修贡，而王亦无求矣。

夫人姜氏如齐。

二月，叔孙得臣如京师。

谷梁传　京，大也。师，众也。言周，必以众与大言之也。

辛丑，葬襄王。

左传　二月，庄叔如周葬襄王。庄叔即得臣。

公羊传　王者不书葬，此何以书？不及时书，过时书，我有往者则书。

谷梁传　天子志崩不志葬，举天下而葬一人，其道不疑也。志葬，危不得葬也。不得备礼葬。日之，甚矣，其不葬之辞也。王室微弱，诸侯无复往会葬。

前年，公子遂如晋葬襄公。今此得臣如京葬襄王，是夷周于晋也。

晋人杀其大夫先都。

左传　九年春王正月己酉，使贼杀先克。箕郑等所使也。不赴，故不书。乙丑，晋人杀先都、梁益耳。乙丑，正月十九日，经书二月，从告。

三月，夫人姜氏至自齐。

谷梁传　卑以尊致，病文公也。夫人行，例不致，乃以君礼致，刺公宠之过。

夫人与君敌体，然适他国未有致之者，则其行非礼，以不致见其罪也。此书致，以归宁告庙，得其正也。归宁常事尔，宜不书，然不一书则终无以著其正，故于出姜之至见之，又归宁虽常事，而出姜之归宁以不安于鲁，而归告于父母，则非常也。

晋人杀其大夫士縠及箕郑父。

左传　三月甲戌，晋人杀箕郑父、士縠、蒯得。梁益耳、蒯得不书，皆非卿。

谷梁传　称人以杀，诛有罪也。郑父累也。

三大夫作乱，杀中军佐，固有罪矣。曷为不称国讨？时晋侯年幼，政在赵盾，故称人以杀，见大夫专作威福，而政不自君出也。

楚人伐郑。

左传　范山言于楚子曰：范山，楚大夫。“晋君少，不在诸侯，北方可图也。”楚子师于狼渊以伐郑。狼渊，杜注：颍川颍阴县有狼陂。在今河南许州。囚公子坚、公子龙及乐耳。三子，郑大夫。郑及楚平。

公子遂会晋人、宋人、卫人、许人救郑。

左传　公子遂会晋赵盾、宋华耦、卫孔达、许大夫救郑，华耦，华督曾孙。不及楚师。卿不书，缓也，以惩不恪。独书公子遂者，《春秋》于鲁事自非特为褒贬，则皆从国史，不同之于他国也。

楚自城濮以来不敢窥诸国，以文、襄之烈存也。今狼渊之师正其尝试之时，而赵盾不能折冲弭患，乃视为常役，缓不及事，致楚得志，而晋遂不竞矣。

夏，狄侵齐。

楚得志，而狄交侵矣。故书以病晋也。

附录左传　夏，楚侵陈，克壶丘。壶丘，杜注：陈邑。在今河南陈州南境。以其服于晋也。　秋，楚公子朱自东夷伐陈，子朱，息公也。陈人败之，获公子茷。陈惧，乃及楚平。以小胜大，故惧而请平也。传言晋君少，楚陵中国，明年所以有厥貉之会。

秋，八月，曹伯襄卒。

九月，癸酉，地震。

公羊传　地震者何？动地也。何以书？记异也。天动地静者，常也。地动者，象阴为阳行，故曰异。

谷梁传　震，动也。地，不震者也，震，故谨而日之也。

地道以静为体，以顺为正，安以承天者也。逆其常理而不得节，则震而不安其所承矣。

冬，楚子使椒来聘。椒，谷梁作萩。楚君臣始并见经。

左传　冬，楚子越椒来聘，子越椒，令尹子文从子。执币傲。叔仲惠伯曰："是必灭若敖氏之宗。傲其先君，神弗福也。"十二年传曰："先君之敝器，使下臣致诸执事。"明奉使皆告庙。故言傲其先君也。为宣四年楚灭若敖氏张本。

公羊传　椒者何？楚大夫也。楚无大夫，此何以书？始有大夫也。始有大夫，则何以不氏？据屈完氏。许夷狄者，不一而足也。许，与也。言进之当以渐。

谷梁传　楚无大夫，其曰萩，何也？以其来我，褒之也。

先儒皆谓《春秋》与楚慕义，能以礼交诸侯，故褒进之，乃乐与人为善之义，此大非也。商臣负覆载不容之罪，乘晋霸之衰，围江、围巢、灭江、灭六、灭蓼、伐郑、侵陈、侵宋，其聘鲁乃远交近攻之术，亦所以窥伺东夏耳。《春秋》乃用此褒之而赦其大恶，逆天理悖人情矣，而谓孔子有是乎？盖中国无霸楚势日张，鲁人畏其凭陵，喜于来聘，而以待齐、晋之礼待之，故旧史备其辞。孔子仍而不革，以著诸侯畏楚之情实耳。观十年冬楚次厥貉亦书爵，则以书爵为褒，其不可通也审矣。

秦人来归僖公、成风之禭。

左传　秦人来归僖公、成风之禭，礼也。秦本非鲁方岳同盟，无相赴吊之制，故不讥其缓，而以接好为礼。诸侯相吊贺也，虽不当事，送死不及尸，故曰不当事。苟有礼焉，书也以无忘旧好。

公羊传　其言僖公、成风何？兼之。兼之，非礼也。礼主于敬，当各使一使，所以别尊卑。曷为不言及成风？成风尊也。不可使卑及尊也。

谷梁传　秦人弗夫人也，言秦人弗以成风为夫人，故不言夫人。即外之弗夫人而见正焉。见不以妾为妻之正。

秦、晋方不睦，而鲁善于晋，故秦人归禭以结鲁，犹楚欲图北方而来聘也。过时始至，不以缓为讥，以其始通录之也。僖公、成风虽母子，先君后夫人，体当然也。不言及，卑不及尊也。不称夫人，以义不得言及，苟称夫人，则辞不别白，嫌于僖公之夫人耳。

葬曹共公。

日讲春秋解义卷二十五

文　公

十年，春，王三月，辛卯，臧孙辰卒。

臧孙，鲁之名大夫也。知柳下惠之贤而不与立，自庄公末已与闻国政四十余年，鲁政多疵，安在其为贤哉？

夏，秦伐晋。

左传　十年春，晋人伐秦，取少梁。夏，秦伯伐晋，取北征。少梁，杜注：冯翊夏阳县。今陕西韩城县南有少梁城。北征，古徵国，今陕西澄城县西南有古城。

晋舍適嗣而外求君，罪也。既而悔之，正矣。秦不顾义理是非，报复不已，且结楚以为援，致晋人力疲于西，楚人逞志于南，庸、萧、陈、郑围灭相继，中国之屈于楚，秦为之也。故伐晋不称人，第举号以黜之。

楚杀其大夫宜申。

左传　初，楚范巫矞似矞似，范邑之巫。谓成王与子玉、子西曰："三君皆将强死。"城濮之役，王思之，故使止子玉曰："毋死。"不及。止子西，子西缢而县绝。在僖二十八年。王使适至，遂止之，使为商公。商，杜注：楚邑，上雒商县。今属陕西商州。沿汉泝江，将入郢。沿，顺流。泝，逆流。王在渚宫，下见之。惧而辞曰：子西仓卒见王而惧，以辞谢王。"臣免于死，又有谗言，谓臣将逃，臣归死于司败也。"陈、楚名司寇为司败。王使为工尹。掌百工之官。又与子家谋弑穆王。穆王闻之，五月杀斗宜申及仲归。仲归，子家。不书非卿。

宜申谋弑穆王，而称国以杀，不去其官。何哉？曰穆王者，即楚世子商臣也，而《春秋》之义微矣。

自正月不雨，至于秋七月。

谷梁传　历时而言不雨，文不闵雨也。不闵雨者，无志乎民者也。

历时总书不雨，言雨、不雨皆漫不系于公心也。

及苏子盟于女栗。女栗，杜注：地名阙。

左传　秋七月，及苏子盟于女栗，顷王立故也。僖十年，狄灭温，苏子奔卫。今复见者，盖王复之。

苏子来盟，王使之也。顷王新立，不能修明王度，以朝诸侯，而乃使大夫盟，鲁辱也。故讳而书及。及者，我所欲也。其不书公，为公讳也。襄王丧葬，公未尝往，顷王既立，公又不朝，乃与王臣要盟，臣子之义安在哉？故讳之。

冬，狄侵宋。

狄历侵诸国，犹未及宋，至是见侵，盖乘宋乱，且料晋之不能救也。

楚子、蔡侯次于厥貉。厥，公羊作屈。厥貉，杜注：地名阙。当在今河南项城县。

左传　陈侯、郑伯会楚子于息。冬，遂及蔡侯次于厥貉，将以伐宋。陈、郑及宋麇子不书者，宋、郑执卑，苟免为楚仆任，受役于司马，麇子耻之，遂逃而归，三君失位降爵，故不列于诸侯。宋、郑犹然，则陈侯必同也。宋华御事曰：华御事，华元之父。"楚欲弱我也，先为之弱乎？何必使诱我？我实不能，民何罪？"乃逆楚子，劳且听命。遂道以田孟诸。孟诸，杜注：宋大薮也。在梁国睢阳县东北。在今河南商邱县东北。宋公为右盂，郑伯为左盂。盂，田猎陈名。期思公复遂为右司马，子朱及文之无畏为左司马，期思，杜注：弋阳期思县。在今河南固始县西北。复遂，期思公名。子朱、无畏，皆楚大夫。将猎，张两甀，故置左司马二人，分于左右，以右司马一人居中。命夙驾载燧。宋公违命，无畏抶其仆以徇。燧，取火者。抶，挞也。或谓子舟曰："国君不可戮也。"子舟，无畏字。子舟曰："当官而行，何强之有？《诗》曰：'刚亦不吐，柔亦不茹。'《诗·大雅》，美仲山甫不辟强御。'毋纵诡随，以谨罔极。'《诗·大雅》。诡、随，心不正者。罔，无。极，中也。是亦非辟强也。敢爱死以乱官乎？"为宣十四年宋人杀子舟张本。　厥貉之会，麇子逃归。为明年楚子伐麇传。

次者，欲进而不前之意。楚将伐宋而不果，故书次，以著其包藏祸心，欲凭陵诸夏而未遂也。楚子侵伐书爵，其势益张，而诸侯畏之也。蔡侯首附楚，故序于楚下，以示讥。书爵者，斥言以罪其人也。

十有一年，春，楚子伐麇。麇，公羊作圈。楚始书君将。

左传　十一年春，楚子伐麇。成大心败麇师于防渚。防渚，杜注：麇地。今湖广房县。潘崇复伐麇，至于锡穴。锡穴，杜注：麇地。今湖广郧阳府治。

厥貉之会，麇子逃归，盖见宋、陈、郑以大国公侯而受役于楚司马，故耻于失列，而去之也。以传考之，一败于防渚，再迫于锡穴，而不闻与楚成，所谓"与民守之效死而民弗去"者也。《春秋》不书麇子之逃，而独书楚子伐麇，圣人之情见矣。

夏，叔仲彭生会晋郤缺于承筐。公羊、谷梁无仲字，筐作匡。承筐，杜注：宋地，在陈留襄邑县。今河南睢州西有故城。此大夫特相会之始。

左传　夏，叔仲惠伯会晋郤缺于承筐。惠伯即彭生。谋诸侯之从于楚者。九年，陈、郑及楚平。十年，宋听楚命。

是会谋诸侯之从楚，未为非义，然大夫专会以谋国事，诸侯之政大夫擅之矣，故谨而志之。

秋，曹伯来朝。

左传　秋，曹文公来朝，即位而来见也。曹文公即位在九年。

诸侯世相朝，礼也。曹伯即位来朝，常事尔，然不先如京师，故书之以见失尊王之义也。曹本服宋，自晋文执曹共公以畀宋人，遂不与诸侯之事。盖晋方恶曹，宋遂挟为私属也。至是晋政中衰，曹文公嗣立，遂自附于鲁，而后此复列于诸侯之会盟。

公子遂如宋。

左传　襄仲聘于宋，且言司城荡意诸而复之。八年，意诸来奔，归不书，史失之。因贺楚师之不害也。前年，楚次厥貉，将以伐宋。

鲁聘宋者八，盖始于此。是时顷王立已三年，且使苏子来盟，公既不朝，又不遣聘，而亟修礼于宋，其悖甚矣。

秋，侵齐。

冬，十月，甲午，叔孙得臣败狄于咸。咸，杜注：鲁地。

左传　鄋瞒侵齐，鄋瞒，狄国名。漆姓。在夏为防风氏，殷为汪芒氏。遂伐我。公卜使叔孙得臣追之，吉。侯叔夏御庄叔，绵房甥为右，富父终甥驷乘。侯叔夏、绵房甥、富父终甥，皆鲁大夫。驷乘，四人共车。　冬十月甲午，败狄于咸，获长狄侨如。侨如，鄋瞒之君，盖长三丈。富父终甥摏其喉，以戈杀之。摏犹冲也。埋其首于子驹之门。子驹，鲁郭门。骨节非常，恐后世怪之，故详其处。以命宣伯。得臣待事而名其三子，因名宣伯曰侨如，以旌其功。初，宋武公之世，鄋瞒伐宋。在《春秋》前。司徒皇父帅师御之。耏班御皇父充石，公子谷甥为右，司寇牛父驷乘，以败狄于长丘，皇父，戴公子，充石，其名。耏班、谷甥、牛父，皆宋大夫。长丘，杜注：宋地。在今河南封邱县东。获长狄缘斯。缘斯，侨如之先。皇父之二子死焉，宋公于是以门赏耏班，使食其征，谓之耏门。皇父与谷甥及牛父皆死，故耏班独受赏。门，关门征税也。晋之灭潞也，在宣十五年。获侨如之弟焚如。齐襄公之二年，鲁桓十六年也，鄋瞒伐齐。齐王子成父获其弟荣如，埋其首于周首之北门。荣如，焚如之弟，以鲁桓公十六年死，至宣十五年一百三岁，其兄犹在。传言既长且寿，有异于人。王子成父，齐大夫。周首，杜注：齐邑。济北谷城县东北有周首亭。在今山东东阿县东北。卫人获其季弟简如。伐齐退走，于卫见获。鄋瞒由是遂亡。长狄之种绝。

公羊传　狄者何？长狄也。兄弟三人，一者之齐，一者之鲁，一者之晋。其之齐者，王子成父杀之。其之鲁者，叔孙得臣杀之。则未知其之晋者也。其言败何？大之也。敌一人而言败，以狄长大，非一人所能敌。与师动众，然后杀之，如大战然，故就其事言败。其日何？大之也。如约日大战。其地何？大之也。如据地大战。何以书？记异也。

谷梁传　不言帅师而言败，何也？直败一人之辞也。一人而曰败，何也？以众焉言之也。言其力足以敌众。传曰长狄也。弟兄三人，佚宕列国，佚，更也。宕，扰也。瓦石不能害。叔孙得臣，最善射者也。射其目，身横九亩，广一步，长百步，为一亩。九亩，五丈四尺。断其首而载之，眉见于轼。兵车之轼，高三尺三寸。然则何为不言获也？曰：古者不重创，不禽二毛。故不言获，为内讳也。既射其目，又断其首，是重创，非古道，故讳之。其之齐者，王子成父杀之，则未知其之晋者也。

十余年之间，狄四侵齐，而侵鲁、宋者各一。今得臣出其不虞而败之，自是始有惧心，其势少戢。不言帅师，将尊师少也。不曰战者，内胜之辞也。不言获长狄侨如，贱之也。

附录左传　郕大子朱儒自安于夫钟，国人弗徇。安，处也。夫钟，杜注：郕邑。徇，顺也。为明年郕伯来奔传。

十有二年，春，王正月，郕伯来奔。郕，公羊作盛。

左传　十二年春，郕伯卒，郕人立君。大子自安于外邑故。大子以夫钟与郕邽来奔。郕邽，杜注：郕邑。公以诸侯逆之，非礼也，非公宠叛人。故书曰郕伯来奔。不书地，尊诸侯也。既尊以为诸侯，故不复见其窃邑之罪，所以深责鲁也。

公羊传　盛伯者何？失地之君也。何以不名？兄弟辞也。义见僖二十年郜子来朝传。

诸侯失地皆名，其不名者，非其自取也。庄八年，郕降于齐师，自是入齐为附庸。今又来奔，盖为齐所逼耳。《春秋》不名，恕之也。

杞伯来朝。

左传　杞桓公来朝，始朝公也。且请绝叔姬而无绝昏，公许之。不绝昏，立其娣以为夫人。不书来归，未笄而卒。

二月，庚子，子叔姬卒。

左传　二月，叔姬卒。不言杞，绝也。既许其绝，故不言杞。书叔姬，言非女也。女未嫁而卒，不书。

公羊传　此未适人，何以卒？许嫁矣。妇人许嫁，字而笄之，死则以成人之丧治之。其称子何？贵也。其贵奈何？母弟也。

谷梁传　其曰子叔姬，贵也，公之母姊妹也。同母姊妹。其一传曰：许嫁，以卒之也。别据一说，以叔姬时已许嫁，故书其卒。男子二十而冠，冠而列丈夫，三十而娶。女子十五而许嫁，二十而嫁。礼，女子许嫁而卒，即为长殇，有服，引此以明许嫁而卒之之意。

叔姬曰子，盖时君之女，以别于先君之女也。女子适人，必系国，叔姬字，未嫁也。

夏，楚人围巢。巢，杜注：吴、楚间小国。庐江六县东有居巢城。今江南庐州府巢城西巢湖即其处。

左传　楚令尹大孙伯卒，成嘉为令尹。成嘉，若敖曾孙，子孔。群舒叛楚。群舒，杜注：偃姓，舒庸、舒鸠之属。庐江南有舒城，西南有龙舒。按，今江南舒城、庐江二县之境，皆群舒地。夏，子孔执舒子平及宗子，遂围巢。平，舒君名。宗、巢二国，群舒之属。

书称巢伯来朝，则巢之建国久矣。王道不行，小国困于强暴，不得保其社稷。书围巢者，恶楚之不仁，而小国之无所庇赖也。

秋，滕子来朝。

左传　秋，滕昭公来朝，亦始朝公也。

曹、杞、滕相继来朝，以鲁为秉礼之国也。文公乃不思述职有阙，而越再朝之期，觐礼不修，不亦悖乎？

秦伯使术来聘。术，公羊作遂。

左传　秦伯使西乞术来聘，且言将伐晋。襄仲辞玉，玉，圭璋也。《礼·聘义》云："以圭璋聘，已聘而还圭璋。"今聘礼方行而辞玉，不与秦之伐晋也。曰："君不忘先君之好，照临鲁国，镇抚其社稷，重之以大器，寡君敢辞玉。"对曰："不腆敝器，不足辞也。"主人三辞。宾答曰："寡君愿徼福于周公、鲁公以事君，不腆先君之敝器，使下臣致诸执事，以为瑞节，节，信也。《周礼·大宗伯》以玉作六瑞以等邦国是也。要结好命，所以藉寡君之命，结二国之好，是以敢致之。"襄仲曰："不有君子，其能国乎？国无陋矣。"厚贿之。

公羊传　遂者何？秦大夫也。秦无大夫，秦、楚、吴、越之国，不书其大夫。此何以书？贤缪公也。何贤乎缪公？以为能变也。其为能变奈何？唯諓諓善竫言，俾君子易怠，而况乎我多有之，諓諓，浅薄之貌。竫犹撰也。易怠，轻慢也。唯一介断断焉，无他技，其心休休，能有容，是难也。

秦将为河曲之战，故以贿结鲁，而鲁亦厚贿之，是相与以利也。归禭称人，此称君大夫，盖渐进之。术不氏，未命之卿来鲁皆书名也。遣聘者，康公也，而传以为贤缪公，朱子谓公羊、谷梁未见国史，观此类可知。

冬，十有二月，戊午，晋人、秦人战于河曲。河曲，杜注：在河东蒲坂县南。今山西蒲州东南隅有故城。

左传　秦为令狐之役故。在七年。冬，秦伯伐晋，取羁马。羁马，杜注：晋邑。在今山西蒲州南。晋人御之。赵盾将中军，荀林父佐之。代先克。郤缺将上军，代箕郑父。臾骈佐之。代林父。栾盾将下军，栾枝子，代先蔑。胥甲佐之。胥臣子，代先都。范无恤御戎，代步招。以从秦师于河曲。臾骈曰："秦不能久，请深垒固军以待之。"从之。秦人欲战。秦伯谓士会曰：晋士会七年奔秦。"若何而战？"对曰："赵氏新出其属曰臾骈，必实为此谋，将以老我师也。赵有侧室曰穿，侧室，支子。穿，赵夙庶孙。晋君之壻也。有宠而弱，不在军事。未尝涉知军事。好勇而狂，且恶臾骈之佐上军也。若使轻者肆焉，其可。"肆，暂往而速退也。秦伯以璧祈战于河。十二月戊午，秦军掩晋上军，赵穿追之不及。反，上军不动，赵穿独追之，秦军速退，故不及。怒曰："裹粮坐甲，固敌是求。敌至不击，将何俟焉?"军吏曰："将有待也。"穿曰："我不知谋，将独出。"乃以其属出。宣子曰："秦获穿也，获一卿矣。时穿为散卿，如前郤缺之未有军行。秦以胜归，我何以报?"乃皆出战，交绥。《司马法》曰从绥不及是。古名退军为绥。秦、晋兵未及争，而两退，故曰交绥。秦行人夜戒晋师曰："两军之士皆未憖也，明日请相见也。"憖，缺也。臾骈曰："使者目动而言肆，惧我也，将遁矣。目动，心不安。言肆，声放失常节。薄诸河，必败之。"胥甲、赵穿当军门呼曰："死伤未收而弃之，不惠也。不待期而薄人于险，无勇也。"乃止。谋泄故不行，为宣元年放胥甲传。秦师夜遁。复侵晋，入瑕。

公羊传　此偏战也，何以不言师败绩? 敌也。曷为以水地? 以水地者，以水之曲折为地名，意谓水曲甚多，疑不足以定地之名，如战泓不言曲。河曲疏矣，河千里而一曲也。千里而始一曲，则为河曲有几，故水亦可以定地之名也。

谷梁传　不言及，秦、晋之战已亟，故略之也。亟，数也。战必有曲直，以一人主之。二国战斗数，曲直不可得详，故略不言及。

凡战皆以主及客，秦为令狐之役积忿不已，又为是战，曲在秦，故不云晋及。不书败绩，交绥而退，无胜负也。

季孙行父帅师城诸及郓。郓，公羊作运。后同。杜注：城阳姑幕县南有员亭，即郓也。今山东沂水县北郓城是。按，此为东郓，成四年城西郓，乃在东平州。

左传　城诸及郓，书时也。

谷梁传　称帅师，言有难也。

帅师而城，畏莒故也。郓，莒邑，而介于鲁，城非其所有，虑莒必争，于是乎以兵往。诸，鲁邑也，而近于郓，故并以师城。

十有三年，春，王正月。

附录左传　十三年春，晋侯使詹嘉处瑕，以守桃林之塞。詹嘉，晋大夫。赐其瑕邑，令帅众守桃林，以备秦。桃林，杜注：在弘农华阴县东潼关。《地理通释》自潼关至函谷历陕、华二州地，俱谓之桃林塞。今陕西华阴县以东，河南灵宝县以西，皆是也。

夏，五月，壬午，陈侯朔卒。

附录左传　晋人患秦之用士会也，以前年士会为秦画计故。夏，六卿相见于诸浮。诸浮，杜注：晋地。赵宣子曰："随会在秦，贾季在狄，难日至矣，若之何?"中行桓子曰：中行桓子，荀林父也。僖二十八年，始将中行，故以为氏。"请复贾季，能外事，且由旧勋。"有狐偃之旧勋。郤成子曰："贾季乱，且罪大，杀阳处父故。不如随会。能贱而有耻，柔而不犯，不可犯以不义。其知足使也。且无罪。"乃使魏寿余伪以魏叛者，以诱士会，执其帑于晋，使夜逸。魏寿余，毕万之后。帑，寿余子。请自归于秦，秦伯许之。履士会之足于朝，蹑士会足，欲使行。秦伯师于河西，将取魏。魏人在东，寿余曰：“请东人之能与夫二三有司言者，吾与之先。”欲与晋人在秦者共先告喻魏有司。使士会，士会辞曰：“晋人，虎狼也。若背其言，臣死，妻子为戮，无益于君，不可悔也。”辞行示己无去心。秦伯曰：“若背其言，所不归尔帑者，有如河。”乃行。绕朝赠之以策，绕朝，秦大夫。策，马杖。曰：“子无谓秦无人，吾谋适不用也。”示已觉其情。既济，魏人口噪而还。喜得士会。秦人归其帑。其处者为刘氏。士会，尧后刘累之裔，别族复累之姓。

邾子蘧蒢卒。谷梁作籧篨。

左传　邾文公卜迁于绎。绎，杜注：邾邑。在今山东邹县东南。史曰：“利于民而不利于君。”邾子曰：“苟利于民，孤之利也。天生民而树之君，以利之也。民既利矣，孤必与焉。”左右曰：“命可长也，君何弗为？”邾子曰：“命在养民。死之短长，时也。民苟利矣，迁也。吉莫如之。”左右以一人之命为言，文公以百姓之命为主。一人之命各有短长，不可如何。百姓之命乃传世无穷，故卒徙之。遂迁于绎。五月，邾文公卒，君子曰知命。

自正月不雨，至于秋七月。

大室屋坏。大，公羊作世。

左传　秋七月，大室之屋坏，书不共也。

公羊传　世室者何？鲁公之庙也。周公称大庙，鲁公称世室，群公称宫。此鲁公之庙也，曷为谓之世室？世室犹世室也，世世不毁也。鲁公，始封之君，故不毁。周公何以称大庙于鲁？封鲁公以为周公也，周公拜乎前，鲁公拜乎后。始受封时，拜于文王庙也。曰：成王始授其茅土之辞。生以养周公，死以为周公主。如周公死，当以鲁公为祭礼主。然则周公之鲁乎？曰：不之鲁也。封鲁公以为周公主。然则周公曷为不之鲁？欲天下之一乎周也。周公德至重、功至大，嫌之鲁恕，天下回心趋向之，所以一天下之心于周室。鲁祭周公何以为牲？周公用白牲，白牲，殷牲也。周公死有王礼，谦不敢与文、武同也。鲁公用骍犅，骍犅，赤脊，周牲也。鲁公以诸侯不嫌，故从周制，以脊为差。群公不毛。不毛，不纯色，所以降于尊祖。鲁祭周公，何以为盛？盛，粢盛也，在器曰盛。周公盛，盛者，谓新谷满其器。鲁公焘，焘者，冒也。下故而上冒以新也。群公廪。廪谓全用故谷，上少有新谷，相连而已。世室屋坏，何以书？讥。何讥尔？久不修也。

谷梁传　大室屋坏者，有坏道也，讥不修也。大室犹世室也。周公曰大庙，伯禽曰大室，群公曰宫。礼，宗庙之事，君亲割，割牲。夫人亲舂，舂粢盛。敬之至也。为社稷之主，而先君之庙坏，极称之，志不敬也。极称言屋坏，不复依违其文。

鲁以周公为始祖，祀于大庙。伯禽为昭之第一室，亲尽当毁，鲁人以其始封，不祧其主，以为世室。文公怠慢，庙久不葺，当恒旸之时而屋自坏，不恭甚矣。更造不书者，虽用民力，不可已也。

冬，公如晋。卫侯会公于沓。会下公羊无公字。沓，杜注：地阙。

秋，侵卫。

晋不能霸，以启戎心，故狄因卫侯之出，乘间侵之。书之以病晋也。

十有二月，己丑，公及晋侯盟。

公还自晋，郑伯会公于棐。还上公羊、谷梁无公字。棐，公羊作斐，杜注：郑地。即棐林。今河南新郑县东林乡城是也。

左传　冬，公如晋朝，且寻盟。寻八年衡雍之盟。卫侯会公于沓，请平于晋。公还，郑伯会公于棐，亦请平于晋。公皆成之。卫、郑贰于楚，畏晋，故因公请平。郑伯与公宴于棐，子家赋《鸿雁》。子家，郑大夫，公子归生也。《鸿雁》，《诗·小雅》。义取侯伯哀恤鳏寡，有征行之劳。喻郑国寡弱，欲使鲁侯还晋恤之。季文子曰："寡君未免于此。"言亦同有微弱之患。文子赋《四月》。《四月》，《诗·小雅》。义取行役逾时，思归祭祀。不欲为之还晋。子家赋《载驰》之四章。《载驰》，《诗·鄘风》四章。义取小国有急，欲引大国以救助。文子赋《采薇》之四章。《采薇》，《诗·小雅》。取其岂敢定居，一月三捷。许为郑还，不敢安居。郑伯拜，谢公为行。公答拜。

公羊传　还者何？善辞也。何善尔？往党，卫侯会公于沓，至得与晋侯盟。反党，郑伯会公于斐，故善之也。党，所也。所犹时，齐人语也。

谷梁传　还者，事未毕也。自晋，事毕也。

诸侯将朝于天子，豫相会，礼也。今文公朝晋而往，返会卫、郑之君，非礼也。然三国皆无贬辞者，盖卫、郑不忘晋霸，而介鲁以求通。《春秋》善其弃异即同，故详志之。

十有四年，春，王正月，公至自晋。

附录左传　十四年春，顷王崩。子匡王立。周公阅与王孙苏争政，故不赴。凡崩、薨，不赴则不书。祸、福，不告亦不书。惩不敬也。欲使怠慢者戒。

是岁，顷王崩。公既盟晋还，又与郑会，久于道，而不临、不赙、不奔，故书至以著之。王崩不书，未赴也。

邾人伐我南鄙，叔彭生帅师伐邾。

左传　邾文公之卒也，在前年。公使吊焉，不敬。邾人来讨，伐我南鄙，故惠伯伐邾。

鲁以七年伐邾取须句，邾人不能报，至是乘公如晋，伐我南鄙。不知公之既至也，兵未反鲁，复报之邾子。卒未一年，居丧而伐人，与伐人之丧皆罪也。

夏，五月，乙亥，齐侯潘卒。

左传　子叔姬妃齐昭公，生舍。叔姬无宠，舍无威。公子商人骤施于国，商人，桓公子。骤，数也。而多聚士，尽其家，贷于公、有司以继之。家财尽从公及国之有司富者贷。夏五月，昭公卒，舍即位。

附录左传　邾文公元妃齐姜，生定公。二妃晋姬，生捷菑。文公卒，邾人立定公，捷菑奔晋。

六月，公会宋公、陈侯、卫侯、郑伯、许男、曹伯、晋赵盾。癸酉，同盟于新城。新城，杜注：宋地。梁国谷熟县西。在今河南商邱县西南。

左传　六月，同盟于新城，从于楚者服，且谋邾也。从楚者，陈、郑、宋。谋邾，谋纳捷菑。

谷梁传　同者，有同也，同外楚也。

同盟于新城，诸侯既散复合同，外楚也。时楚势益强，诸侯畏惧，欲依晋以自固。载书要言，与齐桓盟幽事虽异，而所以为同一也。赵盾主盟，不以先诸侯，君臣之分也。

附录左传　秋七月乙卯，夜，齐商人弑舍而让元。元，商人兄，齐惠公也。书九月，从告。七月无乙卯，日误。元曰："尔求之久矣。我能事尔，尔不可使多蓄憾，不为君则恨多。将免我乎？尔为之。"

秋，七月，有星孛入于北斗。

左传　有星孛入于北斗。周内史叔服曰："不出七年，宋、齐、晋之君皆将死乱。"后三年，宋弑昭公。五年，齐弑懿公。七年，晋弑灵公。案，是时此星在角，由杓入斗，自北而入。晋居北，齐、宋居晋东，故三国当之。斗数七，故云不及七年。

公羊传　孛者何？彗星也。状如篲。篲者，扫故置新之象。其言入于北斗何？北斗有中也。北斗，天之枢机玉衡，七政所出。中者，魁中。何以书？记异也。

谷梁传　孛之为言，犹茀也。茀星，乱臣之类。其曰入北斗，北斗，贵星，人君之象。斗有环域也。

据孛于大辰及东方皆不言入，此言入者，见斗有规郭入其魁中也。有星者，不当有而有。北斗，天之三辰，纲纪星也。孛得入之，其变大矣。宋，先代之后；齐、晋，天子方伯，乃中国之纪纲，而三君皆违道失德，故当其应天之示人切矣。

公至自会。

晋人纳捷菑于邾，弗克纳。公羊作接菑。

左传　晋赵盾以诸侯之师八百乘纳捷菑于邾。八百乘，六万人，言力有余。邾人辞曰："齐出貜且长。"貜且，定公。宣子曰："辞顺而弗从，不祥。"乃还。

公羊传　纳者何？入辞也。其言弗克纳何？大其弗克纳也。何大乎其弗克纳？晋郤缺帅师，革车八百乘，以纳接菑于邾娄，力沛若有余而纳之。邾娄人言曰："接菑，晋出也。貜且，齐出也。子以其指，指，手指。则接菑也四，貜且也六。言俱不得天之正性，喻皆庶子也。子以大国压之，则未知齐、晋孰有之也。贵则皆贵矣，虽然，貜且也长。”既两不得正性，又皆贵，惟当以年长立之。郤缺曰：“非吾力不能纳也，义实不尔克也。”引师而去之。故君子大其弗克纳也。大其不以己非夺人之是。此晋郤缺也，其称人何？贬。曷为贬？不与大夫专废置君也。曷为不与？实与而文不与。文曷为不与？大夫之义，不得专废置君也。

谷梁传　是郤克也，其曰人，何也？微之也。何为微之也？长毂五百乘，绵地千里，长毂兵车五百乘，合三万七千五百人。绵犹弥漫。过宋、郑、滕、薛，夐入千乘之国，夐，远也。欲变人之主。至城下，然后知，何知之晚也！弗克纳。未伐而曰弗克，何也？弗克其义也。捷菑，晋出也。貜且，齐出也。貜且，正也。捷菑，不正也。

书弗克纳，言闻过而改，失之于初，而得之于末，愈乎遂过也。书人者，本未得其主名也。观三传所传各异，可征旧史失其名，而非孔子用此为褒贬矣。

附录左传　周公将与王孙苏讼于晋，王叛王孙苏，王，匡王。叛，不与。而使尹氏与聃启讼周公于晋。尹氏，周卿士。聃启，周大夫。赵宣子平王室而复之。　楚庄王立，穆王子也。子孔、潘崇将袭群舒，使公子燮与子仪守，而伐舒蓼。即群舒。二子作乱。城郢，而使贼杀子孔，不克而还。八月，二子以楚子出。将如商密，庐戢黎及叔麇诱之，遂杀斗克及公子燮。庐，杜注：襄阳中庐县。戢黎，庐大夫。叔麇，其佐。斗克，子仪也。初，斗克囚于秦，在僖二十五年。秦有殽之败，在僖三十三年。而使归求成。成而不得志，无赏报也。公子燮求令尹而不得，故二子作乱。

九月，甲申，公孙敖卒于齐。

左传　穆伯之从己氏也。在八年。鲁人立文伯。穆伯之子谷。穆伯生二子于莒，而求复。文伯以为请。襄仲使无朝听命，不使与听政事。复而不出。三年而尽室以复适莒。文伯疾，而请曰：“谷之子弱，子，孟献子年尚幼。请立难也。”难，谷弟。许之，文伯卒，立惠叔。穆伯请重赂以求复，惠叔以为请，许之，将来。九月，卒于齐。告丧，请葬，请以卿礼葬。弗许。

谷梁传　奔大夫不言卒，而言卒，何也？为受其丧，不可不卒也。其地于外也。

大夫奔，不书卒，非我臣也。既许其归，则其卒也，是亦大夫而已矣，故书之卒。在常所，则不地，书卒于齐，见死非其地，且为齐人归丧起也。

齐公子商人弑其君舍。

左传　齐人定懿公，使来告难，故书以九月。齐公子元不顺懿公之为政也，终不曰公，曰夫己氏。夫己氏，犹言某甲。

公羊传　此未逾年之君也，其言弑其君舍何？己立之，己杀之，成死者而贱生者也。恶商人无道，故成舍之君号，以贱商人之所为。

谷梁传　舍未逾年，其曰君，何也？成舍之为君，所以重商人之弑也。商人其不以国氏，何也？不以嫌代嫌也。舍不宜立，有不正之嫌。商人专权，有当国之嫌。故不书国氏，明不嫌相代。舍之不日，何也？未成为君也。

舍未逾年，成之为君者，《春秋》之作，本以惩奸恶，若立未逾年被弑，而不曰君，则逆乱之臣皆得以肆其凶恶，故原情立义，而以弑书。晋奚齐亦未逾年，以本不正故不书，弑商人称公子，见天属之亲，而为寇仇，甚之也。

宋子哀来奔。

左传　宋高哀为萧封人，以为卿，萧，宋附庸。初仕萧，还升为卿。不义宋公而出，遂来奔。书曰宋子哀来奔，贵之也。贵其不食汙君之禄，辟祸速也。

公羊传　宋子哀者何？无闻焉尔。

谷梁传　其曰子哀，失之也。失其氏族，不知何人。

公羊曰无闻，谷梁曰失之，谓不书其氏族耳。左氏曰贵之，则以为称字。不知古有以子名者，陈子亢、介子推是也。不书氏族，与宋荡山同，乃赴告之辞略耳。

冬，单伯如齐。

齐人执单伯。

单伯如齐，唁子叔姬也。吴氏澄谓子叔姬为文公女，归齐，而舍遇弑，姬无所从，鲁故遣单伯往请。商人恶鲁与舍为昏，因单伯来，诬以罪，而并子叔姬执之。两书齐人，执者明。单伯、子叔姬之不相及，别而言之，所以重齐人之罪也。案，左氏谓子叔姬妃齐昭公，考齐昭立在文公前七年，则叔姬不得为文公女，而《春秋》以子称，其说不可通矣。单伯见庄元年，此犹见者，盖其子孙世称之也。

齐人执子叔姬。

左传　襄仲使告于王，请以王宠求昭姬于齐，昭姬，子叔姬。曰："杀其子，焉用其母？请受而罪之。"冬，单伯如齐请子叔姬，齐人执之，恨鲁恃王势以求女故。又执子叔姬。欲以耻辱鲁。

公羊传　执者曷为或称行人，或不称行人？称行人而执者，以其事执也。以其所衔奉国事执之。晋人执我行人叔孙舍是也。不称行人而执者，以己执也。己者，己大夫，自以大夫之罪执之。单伯之罪何？道淫也。恶乎淫？淫于子叔姬。时子叔姬嫁，当为齐夫人，使单伯送之。然则曷为不言齐人执单伯及子叔姬？内辞也，使若异罪然。深讳，使若各自以他事见执者。

谷梁传　私罪也。单伯淫于齐，齐人执之。

叔姬同罪也。商人弑君之恶已显，而执叔姬之事，圣人不独罪商人也。齐人不讨贼，俱北面事之，又敢执君夫人，是举国之人皆有不赦之罪。故书曰齐人，所以穷乱贼之党与而治之也。

日讲春秋解义卷二十六

文　公

十有五年，春，季孙行父如晋。

左传　十五年春，季文子如晋，为单伯与子叔姬故也。因晋请齐。

商人弑逆，执君夫人及鲁，使鲁不能以义讨，而反因晋以求齐。行父使晋，不知请讨，晋为盟主，亦不能讨，皆罪也。直书行父如晋，贬自见矣。

三月，宋司马华孙来盟。

左传　三月，宋华耦来盟，其官皆从之。书曰宋司马华孙，贵之也。传曰卿行旅从。华孙能率其属以敬事自重，故贵而不名。然非也，周之礼，经诸侯相聘，其使介有常数矣，不闻其官皆从以为典也。公与之宴，辞曰："君之先臣督得罪于宋殇公，耦，华督曾孙。督弑殇公在桓二年。名在诸侯之策。臣承其祀，其敢辱君？请承命于亚旅。"亚旅，上大夫。鲁人以为敏。

谷梁传　司马，官也。其以官称，无君之辞也。来盟者何？前定也。不言及者，以国与之也。

书司马华孙者，著其为华督之孙，世执兵柄，如武氏子、仍叔之子之类。不书名，意在因族以见义，不系于名也。不言使，自请之。华耦盖与穆、襄之族党，公子鲍豫结诸侯，疑子哀在鲁，或间其好，故因是来盟，其专行无君，与屈完、高子之来盟异。《春秋》美恶不嫌同辞，以事实具见于前后也。屈完来盟而楚贴，高子来盟而鲁定，华孙来盟而昭公弑，其迹固较然异矣。

夏，曹伯来朝。

左传　夏，曹伯来朝，礼也。诸侯五年再相朝，以修王命，古之制也。十一年，曹伯来朝，至此五年，传为齐侯伐曹张本。

凡书来朝皆讥，讥其不朝天子而私相朝也。曹伯十一年来朝，越四年又朝，过于事天子之礼，尤失其正，《春秋》书之，以示贬。亦以起齐人伐曹之文，为不能以礼自守而妄悦人以召祸者戒也。

齐人归公孙敖之丧。

左传　齐人或为孟氏谋，孟氏，公孙敖家，庆父为长庶，故或称孟氏。曰："鲁，尔亲也。饰棺置诸堂阜，堂阜，齐、鲁竟上地。饰棺不殡，示无所归。鲁必取之。”从之。卞人以告。卞人，卞邑大夫。惠叔犹毁以为请，敖卒至今期年，毁犹未已，哀过丧礼。立于朝以待命。许之，取而殡之。齐人送之。书曰齐人归公孙敖之丧，为孟氏，且国故也。为惠叔毁请，且国之公族故。葬视共仲。以罪降。声己不视，帷堂而哭。声己，惠叔母。怨敖从莒女，故帷堂。襄仲欲勿哭，怨敖取其妻。惠伯曰：即叔彭生。“丧，亲之终也。虽不能始，善终可也。史佚有言曰：‘兄弟致美，各尽其美。救乏、贺善、吊灾、祭敬、丧哀，情虽不同，毋绝其爱，亲之道也。’子无失道，何怨于人？”襄仲说。帅兄弟以哭之，他年，其二子来。敖在莒所生。孟献子爱之，闻于国。献子，谷之子仲孙蔑。或谮之曰：“将杀子。”献子以告季文子。二子曰：“夫子以爱我闻，我以将杀子闻，不亦远于礼乎？远礼不如死。”一人门于句鼆，一人门于戾丘，皆死。句鼆、戾丘，杜注：鲁邑。有寇攻门，二子御之而死。盖以明其无杀献子之心。

公羊传　何以不言来？内辞也。胁我而归之，筍将而来也。筍者，竹箯，一名编舆。将，送也。

大夫卒于外，不书丧，至此独书，何也？敖奉命如京师，弃命出奔，为禽兽行。鲁听其复，既复再奔，又受其丧，见鲁之无政刑也。不言来归，盖齐人但致之境上，而敖之子自取以葬，故不曰来。

六月，辛丑，朔，日有食之，鼓、用牲于社。

左传　六月辛丑朔，日有食之，鼓、用牲于社，非礼也。日有食之，天子不举，伐鼓于社；责群阴。诸侯用币于社，社尊于诸侯，故请救不敢责之。伐鼓于朝。退自责。以昭事神、训民、事君，天子不举，诸侯用币，所以事神。尊卑异制，所以训民。示有等威，古之道也。

庄公两以日食鼓、用牲于社，既已非礼，今文公亦复如此，必以为先朝故事可举而行，而不顾义之可，否因陋承讹，妄亦甚矣。

单伯至自齐。

左传　齐人许单伯请而赦之，使来致命。畏晋故。书曰单伯至自齐，贵之也。单伯执节不移，故贵之。

谷梁传　大夫执则致，致则名，此其不名，何也？据昭十四年意如至自晋称名。天子之命大夫也。

大夫恒出不书至，惟执则书，国体所系也。单伯致而不名者，命大夫例书字也，尊王命也。

晋郤缺帅师伐蔡。戊申，入蔡。

左传　新城之盟，在前年。蔡人不与。晋郤缺以上军、下军伐蔡，曰：“君弱，不可以怠。”戊申，入蔡，以城下之盟而还。凡胜国，曰灭之。胜国，绝其社稷，有其土地。获大城焉，曰入之。得大都而不有。

公羊传　入不言伐，此其言伐何？至之日也。其日何？至之日也。用兵之道，当先至竟侵责之，不服，乃伐之。今日至便以今日伐，故日以起其暴也。

入而言伐，又举日于伐下者，见伐之不服，然后入也。所以兼恶蔡。然晋实不能制楚。入蔡何为书伐、书入？以讥晋也。

秋，齐人侵我西鄙。

谷梁传　其曰鄙，远之也。其远之，何也？不以难介我国也。介犹近也。

季孙行父如晋。

左传　秋，齐人侵以我西鄙，故季文子告于晋。

商人大逆无道，诸侯不讨，反怙逆以伐人，故贬而人之。师无名故曰侵，鲁因齐之暴再往告晋，晋实主盟，而纵商人至此，罪可知矣。

冬，十有一月，诸侯盟于扈。

左传　冬十一月，晋侯、宋公、卫侯、蔡侯、陈侯、郑伯、许男、曹伯盟于扈，寻新城之盟，且谋伐齐也。齐数伐鲁故。齐人赂晋侯，故不克而还。于是有齐难，是以公不会。书曰诸侯盟于扈，无能为故也。恶受赂不能讨齐。凡诸侯会，公不与，不书，讳君恶也。谓国无难不会义事，故为恶。与而不书，后也。谓后期也。

是盟，为齐乱也。鲁以备齐，故不会，非一役再有事。而不序诸侯，散辞也。见晋不足以主盟，而诸侯无统纪也。弑君之贼，人人得而讨之，晋侯受赂而在会，诸侯俯首以听晋命，其罪惟均，故同略而不序。

十有二月，齐人来归子叔姬。

左传　齐人来归子叔姬，王故也。以单伯为王使，故叔姬之归曰王故。

公羊传　其言来何？闵之也。此有罪，何闵尔？父母之于子，虽有罪，犹若其不欲服罪然。父为子隐，人情之至也。

谷梁传　其曰子叔姬，贵之也。其言来归，何也？父母之于子，虽有罪，犹欲其免也。

不言齐子叔姬来归，而曰齐人来归子叔姬者，见子叔姬无罪，齐人自绝而归之尔。此商人为之，称齐人者，罪齐人以商人为君而不知其恶，深责之也。按，二传于叔姬皆云父母之于子，则其为文公女也益信。

齐侯侵我西鄙，遂伐曹，入其郛。

左传　齐侯侵我西鄙，谓诸侯不能也。不能讨己。遂伐曹，入其郛，讨其来朝也。此年夏，曹伯朝鲁。季文子曰："齐侯其不免乎？己则无礼，而讨于有礼者，曰女何故行礼？礼以顺天，天之道也。己反天，而又以讨人，难以免矣。《诗》曰：'胡不相畏？不畏于天。'《诗·小雅》。君子之不虐幼贱，畏于天也。在《周颂》曰：'畏天之威，于时保之。'《诗·周颂》，言畏天威，于是保福禄。不畏于天，将何能保？以乱取国，奉礼以守，犹惧不终，多行无礼，弗能在矣。"为十八年齐弑商人传。

公羊传　郛者何？恢郭也。恢，大也。郭，城外大郭。入郛书乎？曰不书。国不言入。入郛不书，此何以书？动我也。动我，惧我也。动我者何？内辞也。其实我动焉尔。因侵我遂入曹，故详其事，若云齐不去而伐曹，几入我郛矣，可惧也。

扈之会，晋取齐赂而还商人，自此知诸国之无能，为益肆其暴。以鲁如晋谋已，而曹修礼于鲁，故一岁再侵鲁，以及曹。书遂，著其暴也。人其郛者，甚之也。

十有六年，春，季孙行父会齐侯于阳谷，齐侯弗及盟。

左传　十六年春，王正月，及齐平。公有疾，使季文子会齐侯于阳谷。请盟，齐侯不肯，曰："请俟君间。"间，疾瘳。

公羊传　其言弗及盟何？不见与盟也。谓齐侯不肯盟。

谷梁传　弗及者，内辞也。行父失命矣，齐得内辞也。行父出会失辞，为齐侯所拒，不盟由齐，故得内辞。

文公怠于国政，不能愤发自强，讨齐之乱，反使商人得以强大威我，命使执辱，边鄙被兵，此有志者困心衡虑时，而公方且宴安于国，使其臣降志求盟，复为商人所侮，故直书曰齐侯弗及盟。弗者，迂词，若曰我本欲盟而齐不及我盟，以深愧之也。

夏，五月，公四不视朔。

左传　夏五月，公四不视朔，疾也。

公羊传　公曷为四不视朔？公有疾也。何言乎公有疾不视朔？自是公无疾不视朔也。然则曷为不言公无疾不视朔？有疾犹可言也，无疾不可言也。

谷梁传　天子告朔于诸，侯诸侯受乎祢庙，礼也。公四不视朔，公不臣也。天子班朔而公不视，是不臣。以公为厌政以甚矣。

上书夏五月，下书四不视朔，追言之也。前此未有书不视朔者，若其有疾，则亦常事尔，而特书者，见公之非有疾而然也。盖此时本以疾诈齐，自是遂因循废之，有不视朔亦不复书，其讥已明矣，不重讥也。

六月，戊辰，公子遂及齐侯盟于郪丘。公羊作犀丘。谷梁作师丘。公羊疏云正本作菑丘。杜注：齐地。当在今山东东阿县境。

左传　公使襄仲纳赂于齐侯，故盟于郪丘。

谷梁传　复行父之盟也。春，齐侯不与行父盟，故复使遂修之。

行父请盟则弗及，仲遂纳赂则从，齐固贪利，而鲁之畏齐抑何甚也？夫齐、鲁皆千乘之国，齐曲而鲁直，彼以力，我以义，何慑于齐而以贿成哉？明年，齐侯复有西鄙之伐，则知要盟不足恃，而鲁之为计亦愚矣。

秋，八月，辛未，夫人姜氏薨。

毁泉台。

左传　有蛇自泉宫出，入于国，如先君之数。伯禽至僖公十七君。秋八月辛未，声姜薨，僖公夫人，文公母也。毁泉台。

公羊传　**泉台者何？郎台也。**庄公筑台于郎。**郎台则曷为谓之泉台？未成为郎台，**未成但以地名之。**既成为泉台。**既成更以所置名之。**毁泉台何以书？讥。何讥尔？筑之讥，毁之讥。先祖为之，己毁之，不如勿居而已矣。**

谷梁传　**丧不贰事。贰事，缓丧也。**丧事主哀，而复毁泉台，是以丧为缓。**以文为多失道矣。自古为之，今毁之，不如勿处而已矣。**若以夫人居之而薨，但当勿处。

泉台之筑固为非礼，然先君所举，其存与毁亦非治乱安危之所系，则勿居可也。而劳民毁之以暴，其失有蔑视先祖之心，故谨而志之。

楚人、秦人、巴人灭庸。

左传　**楚大饥。戎伐其西南，至于阜山，师于大林。又伐其东南，至于阳丘，以侵訾枝。**戎，山夷也。阜山，在今湖广房县南。大林、阳丘、訾枝，杜注：皆楚邑。大林在今湖广荆门州西北。**庸人帅群蛮以叛楚，**庸，杜注：上庸县，属楚之小国。**麇人率百濮聚于选，将伐楚。**百濮，夷也。选，杜注：楚地。当在今湖广枝江县南境。**于是申、息之北门不启。**备中国。**楚人谋徙于阪高。**阪高，杜注：楚险地。当今湖广襄阳府西境。**蔿贾曰："不可。我能往寇亦能往，不如伐庸。夫麇与百濮谓我饥不能师，故伐我也。若我出师，必惧而归。百濮离居，将各走其邑，谁暇谋人？"乃出师。旬有五日，百濮乃罢。自庐以往，振廪同食。**往，往伐庸也。振，发也。廪，仓也。同食，上下无异馔也。**次于句澨。**句澨，杜注：楚西界地。当在今湖广均州西。**使庐戢黎侵庸，及庸方城。**方城，杜注：庸地，上庸县东有方城亭。在今湖广竹山县东。**庸人逐之，囚子扬窗。**窗，戢黎官属。**三宿而逸。曰："庸师众，群蛮聚焉，不如复大师，**还复句澨师。**且起王卒，合而后进。"师叔曰：**师叔，楚大夫潘尫也。**"不可。姑又与之遇以骄之，彼骄我怒，而后可克，先君蚡冒所以服陉隰也。"**蚡冒，楚武王父。陉隰，杜注：地名。在今湖广荆州府东。**又与之遇，七遇皆北，**伪走也。**唯裨、儵、鱼人实逐之。**裨、儵、鱼，杜注：庸之三邑。鱼，古鱼复县，即今四川奉节县。**庸人曰："楚不足与战矣。"遂不设备。楚子乘驲，会师于临品。**临品，杜注：地名。当在今湖广均州界。**分为二队，子越自石溪，子贝自仞以伐庸。**子越，斗椒也。子贝，楚大夫。石溪、仞，杜注：入庸道。俱当在今湖广均州界。**秦人、巴人从楚师。群蛮从楚子盟，遂灭庸。**传言楚有谋臣，所以兴。

庸乘楚饥，帅群蛮以叛楚，伐之取成可已。而夷其宗社，罪莫大焉。秦与灭庸，则服于楚矣。夫城濮之役，秦实助晋，至是晋反弃以资楚。楚西连巴，秦绕出周、晋之后，而同力以敌晋，则列国诸侯在其掌握矣。此楚所以益强，而晋不振也。

冬，十有一月，宋人弑其君杵臼。公羊作处白。

左传　**宋公子鲍礼于国人，**鲍，昭公庶弟，文公也。**宋饥，竭其粟而贷之。年自七十以上，无不馈诒也，时加羞珍异。**羞，进也。**无日不数于六卿之门。**数，不疏。**国之材人，无不事也。亲自桓以下，无不恤也。**桓，鲍之曾祖。**公子鲍美而艳，**

襄夫人欲通之，鲍嫡祖母。而不可，乃助之施。昭公无道，国人奉公子鲍以因夫人。于是华元为右师，华元，督曾孙，代公子成。公孙友为左师，华耦为司马，代公子卬。鳞矔为司徒，荡意诸为司城，公子朝为司寇。代华御事。初，司城荡卒，公孙寿辞司城，寿，荡之子。请使意诸为之。意诸，寿之子。既而告人曰："君无道，吾官近，惧及焉。弃官则族无所庇。子，身之贰也，姑纾死焉。虽亡子，犹不亡族。"已在故也。既，夫人将使公田孟诸而杀之。公知之，尽以宝行。荡意诸曰："盍适诸侯?"公曰："不能其大夫，至于君祖母以及国人，诸侯谁纳我？且既为人君，而又为人臣，不如死。"尽以其宝赐左右而使行。夫人使谓司城去公，对曰："臣之而逃其难，若后君何?"言无以事后君。冬十一月甲寅，宋昭公将田孟诸，未至，夫人王姬使帅甸攻而杀之。襄夫人，周襄王姊，故称王姬。帅甸，郊甸之帅。荡意诸死之。书曰宋人弑其君杵臼，君无道也。称国人弑，以风其君有罪。文公即位，使母弟须为司城。代意诸。华耦卒，而使荡虺为司马。虺，意诸之弟。

公羊传　弑君者，曷为或称名氏，或不称名氏？大夫弑君称名氏，贱者穷诸人。言非大夫则称人。大夫相杀称人，贱者穷诸盗。言非大夫则称盗。谓其词已穷，无他可称也。

宋昭公之弑，由襄夫人，而书宋人者，以昭公无道，国人皆有欲弑之心，故以众言之。既著昭公自取之实，又正宋人以大恶之名，而主者之罪自在其中矣。不书葬，贼不讨也。荡意诸之死不书，以其知国人之谋而不能止，知昭公之危而不能救，坐待其及，故不得与死于其职者同也。

十有七年，春，晋人、卫人、陈人、郑人伐宋。

左传　十七年春，晋荀林父、卫孔达、陈公孙宁、郑石楚伐宋，讨曰："何故弑君?"犹立文公而还。卿不书，失其所也。卿不书，谓称人失其所讨之罪。

程子谓行天讨而成其乱，失天职也。故四国之卿贬而称人。义本左氏，先儒皆宗之。独啖氏助以为不命之卿例称人。考是时，晋之当国者赵盾，而荀林父仅佐中军。卫之当国者宁俞，而孔达未尝执政。陈公孙宁抑置卫下，其尤卑可知。郑石楚亦无闻于时。则啖说未失也。不然，襄二十五年，齐崔杼弑其君，诸侯会于夷仪谋伐齐，而沮于赂，犹是役也，而列序十二国之君，其义不可通矣。

夏，四月，癸亥，葬我小君声姜。声，公羊作圣。

左传　夏四月癸亥，葬声姜。有齐难，是以缓。

公羊传　圣姜者何？文公之母也。

九月乃葬，慢也。不称僖姜，而别为之谥，非礼也。

齐侯伐我西鄙。六月，癸未，公及齐侯盟于谷。西当作北。

左传　齐侯伐我北鄙，襄仲请盟。六月，盟于谷。

郪丘盟矣，齐犹以公不亲往复肆侵伐，胁公出盟，而公之昏庸不能为国以礼，汲汲请盟，乞免于伐，齐之无道极矣，鲁之不振甚矣。

诸侯会于扈。

左传　晋侯蒐于黄父，黄父，杜注：一名黑壤，晋地。遂复合诸侯于扈，平宋也。公不与会，齐难故也。书曰诸侯，无功也。刺欲平宋而复不能。于是晋侯不见郑伯，以为贰于楚也。郑子家使执讯而与之书，执讯，通讯问之官。以告赵宣子，曰："寡君即位三年，鲁文二年。召蔡侯而与之事君。九月，蔡侯入于敝邑以行。行，朝晋也。敝邑以侯宣多之难，寡君是以不得与蔡侯偕。宣多既立穆公，恃宠专权。十一月，克减侯宣多，而随蔡侯以朝于执事。减，损也。难未尽而行，言汲汲于朝晋。十二年六月，归生佐寡君之嫡夷，归生，子家名。夷，大子名，娄公也。以请陈侯于楚而朝诸君。十四年七月，寡君又朝以蒇陈事。蒇，勅也。勅成前好。十五年五月，陈侯自敝邑往朝于君。往年正月，烛之武往朝夷也。将夷往朝于晋。八月，寡君又往朝。以陈、蔡之密迩于楚，而不敢贰焉，则敝邑之故也。虽敝邑之事君，何以不免？在位之中，一朝于襄，襄公。而再见于君。夷与孤之二三臣相及于绛。绛，晋国都。虽我小国，则蔑以过之矣。今大国曰尔未逞吾志。敝邑有亡，无以加焉。古人有言曰："畏首畏尾，身其余几？"言首尾有畏，则身中不畏者少。又曰："鹿死不择音。"音，庥荫之处。小国之事大国也，德则其人也，不德则其鹿也，铤而走险，急何能择？铤，疾走貌。命之罔极，亦知亡矣，将悉敝赋以待于鯈。鯈，晋、郑之竟。言欲以兵距晋。唯执事命之。文公二年六月壬申，朝于齐。郑文二年，鲁庄之二十三年。四年二月壬戌，为齐侵蔡，亦获成于楚。居大国之间，而从于强令，岂其罪也？大国若弗图，无所逃命。"晋巩朔行成于郑，赵穿、公壻池为质焉。

诸侯不序，所以削晋霸，而著其党逆之罪也。昭公虽无道，非宋人所得而弑，晋不能讨，又安定之，是废君臣之义，灭天理矣。然则何以不书成宋乱，如稷之会乎？华督之弑，霸事未兴，故书以责在会之诸侯。今晋主夏盟，而率诸侯以奖乱，罪浮会稷，故削晋称诸侯，事同辞异，罪有轻重故也。

秋，公至自谷。

商人不可与盟，书至危之，且见不与扈之会，以著公失所从也。

附录左传　秋，周甘歜败戎于邥垂，乘其饮酒也。歜，周大夫。邥垂，杜注：周地，河南新郑县北有垂亭。今为河南洛阳县地。为成元年晋侯平戎于王传。冬十月，郑大子夷、石楚为质于晋。石楚，郑大夫。

冬，公子遂如齐。

左传　襄仲如齐，拜谷之盟。复曰："臣闻齐人将食鲁之麦。言将伐鲁。以臣观之，将不能。齐君之语偷，臧文仲有言曰：'民主偷，必死。'"

自商人之篡，鲁连年被兵。上卿纳赂请盟，又亲与盟，继又使卿往聘，而怒犹未息也。卑屈之不足以纾祸也如是。

十有八年，春，王二月，丁丑，公薨于台下。

左传　十八年春，齐侯戒师期，而有疾。戒师，将以伐鲁。医曰："不及秋，将死。"公闻之，卜，曰："尚无及期。"欲令先师期死。惠伯令龟。以卜事告龟。卜楚丘占之，曰："齐侯不及期，非疾也，君亦不闻。言君先齐侯终。令龟有咎。"言令龟者亦有凶兆，为惠伯死张本。二月丁丑，公薨。

谷梁传　台下，非正也。

秦伯罃卒。

秦自九年归禭，始与鲁通好，至是书卒，盖来赴而往吊其丧也。

夏，五月，戊戌，齐人弑其君商人。

左传　齐懿公之为公子也，与邴歜之父争田，弗胜。及即位，乃掘而刖之，断其尸足。而使歜仆。纳阎职之妻，而使职骖乘。夏五月，公游于申池，申池，杜注：齐南城西门名申门，左右有池。在今山东临淄县西。二人浴于池，歜以扑挟职，扑，棰也。挟，击也。欲以相感激。职怒，歜曰："人夺女妻而不怒，一挟女，庸何伤?"职曰："与刖其父而弗能病者何如?"乃谋弑懿公，纳诸竹中。归，舍爵而行。饮酒讫乃去，言齐人恶懿公，二人无所畏。齐人立公子元。桓公子惠公。

歜、职以仆御之贱毁懿商人，舍爵而行，略不畏忌，则齐人固恶商人，而欲其毙也，故以弑君系之。然商人前书弑舍，今不从州吁、无知之例，以讨贼书者，盖罪齐人既以为君而又杀之也。

六月，癸酉，葬我君文公。

左传　六月，葬文公。

秋，公子遂、叔孙得臣如齐。

左传　秋，襄仲、庄叔如齐，惠公立故，且拜葬也。襄仲贺惠公立，庄叔谢齐来会葬。　文公二妃，敬嬴生宣公。敬嬴嬖而私事襄仲。宣公长，而属诸襄仲。襄仲欲立之，叔仲不可。叔仲，惠伯。仲见于诸侯而请之。齐侯新立，而欲亲鲁，许之。

谷梁传　使举上客，而不称介，不正其同伦而相介，故列而数之也。上客，聘主也。礼，大夫为卿介，遂与得臣俱为卿，是以同伦为副使，故两言之，明无差降。

使举上客，常也。其变文书介副者，欲以起问者见事情也。子赤之弑，经以卒书，其实尚隐，故上书大夫并使，下书夫人归于齐，中曰子卒，则见邪谋发于奉使之日，而公子遂弑立之罪著矣。

冬，十月，子卒。

左传　冬十月，仲杀恶及视，而立宣公。恶，大子。视，其母弟。书曰子卒，讳之也。仲以君命召惠伯，诈以子恶命。其宰公冉务人止之曰："入必死。"叔仲曰：

"死君命可也。"公冉务人曰："若君命，可死。非君命，何听?"弗听，乃入，杀而埋之马矢之中。公冉务人奉其帑以奔蔡，既而复叔仲氏。不绝其后。

公羊传　子卒者孰谓?谓子赤也。何以不日?隐之也?何隐尔?弑也。弑则何以不日?不忍言也。

谷梁传　子卒，不日，故也。故杀也。

称子卒，成之为在丧之君也。凡君在丧称子，继世不忍当也。既葬不名，终人子之事也。不书弑，不忍斥。言卒而不日，则不以正终明矣。何以知其贼乎?上书大夫并使，下书子卒，则知罪之在公子遂矣。叔仲彭生死之不书者，盖史官畏遂不敢书。夫子作《春秋》当哀公时，而宣公乃时君之祖，故仍旧史为国讳，恶不敢增也。或谓死非君命，不得以死节书，则人臣扞君于患难之际，必待命而往，亦已晚矣。

夫人姜氏归于齐。

左传　夫人姜氏归于齐，恶、视之母，出姜也。大归也。将行，哭而过市，曰："天乎！仲为不道，杀适立庶。"市人皆哭。鲁人谓之哀姜。终出姜不允于鲁传。

谷梁传　恶宣公也。有不待贬绝而罪恶见者，有待贬绝而恶从之者。直书姜氏之归，则宣公罪恶不贬而自见。姪娣者，不孤子之意也。言其中一人有子，则当共养。一人有子，三人缓带。缓带，优游之称。一曰就贤也。若并有子，则就其贤。宣公以庶篡立，非贤之谓，故恶之。

文公葬，子卒，而夫人出，则知嗣子之殁于弑，而不容于鲁也。齐人弑舍，而归叔姬于鲁，鲁人弑赤，而归出姜，于齐人纪绝矣。内夫人以罪出曰孙，无罪而出曰归。

季孙行父如齐。

行父与谋弑赤，故出姜方归，行父亟往，盖赤实齐甥，恐夫人诉，而齐来讨，于是议纳赂请盟之事。行父之罪，固不待贬，而鲁之臣子皆不可胜诛矣。

莒弑其君庶其。

左传　莒纪公生大子仆，又生季佗。纪，号也。莒夷无谥，故有别号。爱季佗而黜仆，且多行无礼于国。仆因国人以弑纪公，以其宝玉来奔，纳诸宣公。公命与之邑，曰："今日必授。"季文子使司寇出诸竟，曰："今日必达。"公问其故，季文子使大史克对曰："先大夫臧文仲教行父事君之礼，行父奉以周旋，弗敢失队，曰：'见有礼于其君者，事之，如孝子之养父母也。见无礼于其君者，诛之，如鹰鹯之逐鸟雀也。'先君周公制《周礼》曰：'则以观德，德以处事，事以度功，功以食民。'则，法也。合法则为吉德，违法则为凶德。处，制也。度，量也。食，养也。作誓命曰：'毁则为贼，誓命，要信之辞。毁则，坏法也。掩贼为藏。掩，匿也。窃贿为盗，盗器为奸。器，国用也。主藏之名，以掩贼为名。赖奸之用，用奸器也。为大凶德，有常无赦。刑有常。在《九刑》不忘。誓命以下，皆《九刑》之书。行父还观莒仆，莫可则也。还犹周旋。孝敬、忠信为吉德，盗贼、藏奸为凶德。夫莒仆，则其孝敬，则弑君父矣；则其忠信，则窃宝玉矣。其人，则盗贼也。其器，则奸兆也。兆，域也。保而利之，则主藏也。以训则昏，民无则焉。不度于善，而皆在于凶德，是以去之。昔高阳氏有才子八人，高阳，帝颛顼之号。八人，其苗裔。苍舒、隤敳、梼戭、大临、尨降、庭坚、仲容、叔达，此即垂、益、禹、皋陶之伦。齐、圣、广、渊、明、允、笃、诚，天下之民谓之八恺。齐，中也。渊，深也。允，信也。笃，厚也。恺，和也。高辛氏有才子八人，高辛，帝喾之号。八人，亦其苗裔。伯奋、仲堪、叔献、季仲、伯虎、仲熊、叔豹、季貍，此即稷、契、朱虎、熊羆之伦。忠、肃、共、懿、宣、慈、惠、和，天下之民谓之八元。肃，敬也。懿，美也。宣，遍也。元，善也。此十六族也，世济其美，不陨其名。以至于尧，尧不能举。舜臣尧，举八恺，使主后土，禹作司空，即主地之官。以揆百事，莫不时序，地平天成。揆，度也。成，亦平也。举八元，使布五教于四方，契作司徒，敷五教，故知契在八元之中。父义、母慈、兄友、弟共、子孝，内平外成。内，中夏。外，远国。昔帝鸿氏有不才子，帝鸿，黄帝。掩义隐贼，好行凶德，丑类恶物，顽嚚不友，是与比周，丑，亦恶也。心不则德义之经为顽，口不道忠信之言为嚚。比，近也。周，密也。天下之民谓之浑敦。浑敦，不开通之貌。谓讙兜。少皞氏有不才子，少皞，金天氏号，次黄帝。毁信废忠，崇饰恶言，靖谮庸回，服谗蒐慝，以诬盛德，崇，聚也。靖，安也。庸，用也。回，邪也。服，行也。蒐，隐也。慝，恶也。天下之民谓之穷奇。其行穷，其好奇。谓共工。颛顼氏有不才子，不可教训，不知话言，话，善也。告之则顽，舍之则嚚，傲很明德，以乱天常，天下之民谓之梼杌。梼杌，顽凶无俦匹之貌。谓鲧。此三族也，世济其凶，增其恶名，以至于尧，尧不能去。缙云氏有不才子，缙云，黄帝氏官名。贪于饮食，冒于货贿，冒，亦贪也。侵欲崇侈，不可盈厌，聚敛积实，不知纪极，不分孤寡，不恤穷匮，天下之民以比三凶，非帝王子孙，故别以比三凶。谓之饕餮。贪财为饕，贪食为餮。舜臣尧，为尧臣。宾于四门，辟四门以宾礼众贤。流四凶族，浑敦、穷奇、梼杌、饕餮，投诸四裔，以御螭魅。投，弃也。裔，远也。螭魅，山林异气所生，为人害者。是以尧崩而天下如一，同心戴舜，以为天子，以其举十六相、去四凶也。故《虞书》数舜之功曰：'慎徽五典，五典克从'，无违教也。徽，美也。此八元之功。曰：'纳于百揆，百揆时序'，无废事也。此八恺之功。曰：'宾于四门，四门穆穆'，无凶人也。去四凶之功。舜有大功二十而为天子，举十六相、去四凶也。今行父虽未获一吉人，去一凶矣。于舜之功，二十之一也，庶几免于戾乎！"

公羊传　称国以弑何？称国以弑者，众弑君之辞。

纪公多行无礼，称国以弑，人所欲弑也。左氏言大子仆因国人以弑，是以子弑父，《春秋》何为没而不书？且仆既以众弑，则宜自立矣，又何以来奔？故吴氏澄谓仆因国人以弑纪公，以当作之。卓氏尔康又谓以、已二字，古人通用，盖纪公已见弑，故仆惧祸及而来奔也。若据传，则经不书仆弑，义无所处，故并录焉。

附录左传　宋武氏之族，宋武公之子孙。道昭公子，将奉司城须以作乱。文公弑昭公，故武族欲导其子以作乱。司城须，文公弟。十二月，宋公杀母弟须及昭公子，使戴、庄、桓之族攻武氏于司马子伯之馆，戴族，华乐也。庄族，公孙师也。桓族，向、鱼鳞荡也。司马子伯，华耦也。遂出武、穆之族。以穆族党于武氏故。使公孙师为司城。公孙师，庄公之孙，代母弟须。公子朝卒，使乐吕为司寇，以靖国人。乐吕，戴公之曾孙。为宣三年宋师围曹传。

日讲春秋解义卷二十七

宣公

公名倭，一名接，又作委。文公子，母敬嬴。谥法善问周达曰宣。

周 匡王五年。鲁宣公二年，匡王崩，弟定王立。

郑 穆公二十年。鲁宣公三年，穆公卒，灵公夷立。宣四年，灵公弑，弟襄公坚立。

齐 惠公元年。鲁宣公十年，惠公卒，子顷公无野立。

宋 详见文公三年。

晋 灵公继霸，十三年，赵盾为政。鲁宣公二年，灵公弑，成公黑臀立。宣八年，郤缺为政。宣九年，成公卒，子景公獳立。宣十一年，荀林父为政。宣十六年，士会为政。宣十七年，郤克为政。

卫 成公二十七年。鲁宣公九年，成公卒，子穆公速立。

蔡 文公四年。鲁宣公十七年，文公卒，子景公固立。

曹 文公十年。鲁宣公十四年，文公卒，子宣公庐立。

陈 灵公六年。鲁宣公十年，灵公弑，子成公午立。

杞 桓公二十九年。

薛 详见僖公元年。

莒 季佗元年。

邾 定公六年。

许 昭公十四年。鲁宣公十七年，昭公卒，灵公立。

小邾 详见僖公元年。

楚 庄王六年。鲁宣公十一年，盟辰陵，讨陈，《春秋》始予楚庄王以霸。宣十一年，楚孙叔敖为令尹。宣十二年，败晋于邲。宣十八年，庄王卒，子共王立。

秦 共公元年。鲁宣公四年，共公卒，桓公立。

吴 详见隐公元年及成公元年。

越 详见隐公元年。

日讲春秋解义卷二十七

宣　公

名倭，一名接，又作委。文公之子，母敬嬴。以匡王五年即位。谥法善问周达曰宣。

元年，春，王正月，公即位。

公羊传　继弑君不言即位，此其言即位何？其意也。

谷梁传　继故而言即位，与闻乎故也。

宣公为弑君者所立，受之而不讨贼则，是与闻乎弑也。故如其意而书即位，以著其罪。

公子遂如齐逆女。

左传　元年春王正月，公遂如齐逆女，尊君命也。诸侯之卿出入称名氏，所以尊君命也。

宣公斩焉在疚，乃遣同恶之大夫如齐逆女。经书之以著敬嬴、仲遂请齐立接之本谋，又以见齐元无道，党乱臣而使弑其君也。阴谋篡弑，而急于昏齐，以定其位，此恶之大者。至于卿逆之非礼，则亦不待贬绝而见矣。

三月，遂以夫人妇姜至自齐。

左传　三月，遂以夫人妇姜至自齐，尊夫人也。遂不言公子，替其尊称，所以成小君之尊也。

公羊传　遂何以不称公子？一事而再见者，卒名也。卒，竟也。竟但举名者，省文。夫人何以不称姜氏？贬。曷为贬？讥丧娶也。丧娶者，公也，则曷为贬夫人？内无贬于公之道也。明下无贬上之义。内无贬于公之道，则曷为贬夫人？夫人与公一体也。其称妇何？有姑之辞也。

谷梁传　其不言氏，丧未毕，故略之也。其曰妇，缘姑言之之辞也。遂之挈，由上致之也。挈者，谓去氏族而直书名。上谓宣公。

夫人不氏，与有罪也。古者，一礼不备，贞女不行。夫人不能以礼自固，而苟从焉，非正矣。称妇者，盖有姑则以妇礼至，无姑则专以夫人礼至。出姜既绝而归齐，而曰妇姜，著敬嬴之速以姑自居也。

夏，季孙行父如齐。

左传　夏，季文子如齐，纳赂以请会。宣公篡立，未列于会，故以赂请之。

据左氏，纳赂以请会也。下书公会齐侯于平州，则知此会乃行父请之矣。又书齐人取济西田则，知请以赂矣。仲遂弑君宣公篡立，行父不能讨，反为之使齐而纳赂焉，鲁人乃以为贤。观《春秋》所书，则其恶不可掩矣。

晋放其大夫胥甲父于卫。

左传　晋人讨不用命者，放胥甲父于卫，胥甲，下军佐。文十二年，战河曲，不肯薄秦于险。而立胥克。克，甲之子。先辛奔齐。先辛，甲之属大夫。

公羊传　放之者何？犹曰无去是云尔。羁置之，不令去其地。然则何言尔？近正也。此其为近正奈何？古者，大夫已去，三年待放。三年者，古者疑狱三年而后断，自嫌有罪当诛，故三年不敢去。君放之，非也。大夫待放，正也。河曲之战距今八年，晋始放胥甲父，所谓待而后放者，故曰近正。古者，臣有大丧，则君三年不呼其门。已练，可以弁冕，弁，皮弁，爵弁也。加旒曰冕。服金革之事，君使之，非也；臣行之，礼也。此与君放之非、臣待君放正同，故引同类相发明。闵子要绖而服，事既而曰："若此乎，古之道不即人心。"既，事毕。言古者不敢斥言君。即，近也。退而致仕，孔子盖善之也。善其服事外得事君之义，致仕内不失亲亲之恩。

谷梁传　放，犹屏也。称国以放，放无罪也。

称国以放，君与当国大夫主之也。河曲之战，挠臾骈之谋，而以偏师独出者，赵穿也。若讨不用命，则穿当为首，专治军门之呼，则穿与胥甲父同罪可也。赵盾当国，乃庇穿而蔽罪于甲父，晋侯于是为失政，而桃园之逆志，固萌于此矣。

公会齐侯于平州。平州，杜注：齐地，在泰山牟县西。今山东莱芜县西有平州城。

左传　会于平州，以定公位。

春秋之世，篡立者已列于诸侯，则不复致讨。故季孙行父如齐请会，而齐侯为会以定之。夫以齐之强，与鲁为邻，其力足以正鲁，而始徇仲遂之谋，继为平州之会，非特贪赂失其本心，抑以乘乱得国，与鲁宣之迹相类，故同相济耳。然欲定其位者，鲁宣也。宜称及齐而曰会者，乃治乱臣贼子，必先究其党与之义。

公子遂如齐。

左传　东门襄仲如齐拜成。

遂与行父既再见于经矣。如齐拜成，削之可也，而必书者，以著遂为首恶也。总其始终，直书于策，而义自见矣。

六月，齐人取济西田。济西，杜注：故曹地。僖公三十一年，晋文以分鲁。

左传　六月，齐人取济西之田，为立公故，以赂齐也。

公羊传　外取邑不书，此何以书？所以赂齐也。曷为赂齐？为弑子赤之赂也。

谷梁传　内不言取，言取，授之也。以是为赂齐也。

济西之田，鲁所以赂齐，而经书齐人取之者，蔽其罪于齐也。篡弑之恶，苟有人心者所同恶也。商人弑立，齐惠公恶之，终不曰公，曰夫已氏，何独至于鲁接而不恶，且助其邪谋而终定其位耶？溺于济田之赂耳。许田入郑而桓篡成，郜鼎入鲁而叔罪释，济西入齐而宣位定，见诸行事，可谓深切著明矣。

秋，邾子来朝。

邾自僖、文之世常与鲁抗，今宣篡立，而反朝之，盖畏齐、鲁之交合也。何以无贬乎？既于朝桓贬矣。公羊曰其余从同。

楚子、郑人侵陈，遂侵宋。

左传　宋人之弑昭公也，在文十六年。晋荀林父以诸侯之师伐宋，在文十七年。宋及晋平，宋文公受盟于晋。又会诸侯于扈，将为鲁讨齐，二扈盟在文十五年、十七年。皆取赂而还。郑穆公曰："晋不足与也。"遂受盟于楚。陈共公之卒，在文十二年。楚人不礼焉。陈灵公受盟于晋。十四年新城。十五年、十七年两盟扈。秋，楚子侵陈，遂侵宋。

谷梁传　遂，继事也。

郑本以晋人失贼不讨，弃晋即楚，使能以楚师讨宋，问昭公之故。使宋以鲍为戮，而改立君，则大义伸于天下矣。今乃侵陈以及宋，则附楚以亟病中国耳。宋者，中国之枢纽也。楚服陈、郑，而宋不屈，则不能与晋争霸。书遂侵宋，著其志不在陈也。犹齐桓之书遂伐楚，著其志不在蔡也。

晋赵盾帅师救陈。

左传　晋赵盾帅师救陈、宋。

谷梁传　善救陈也。

楚、郑连兵，凭陵上国。陈，先代之后，无罪被侵，晋能同恶相恤，故褒而书救。传言师救陈、宋，而经不书宋者，宋人负弑君之罪，晋受赂不讨，今虽救宋，义不足称，若概书陈、宋，则典刑紊矣。

宋公、陈侯、卫侯、曹伯会晋师于棐林，伐郑。棐，公羊作斐。棐林，杜注：郑地。荥阳宛陵县东南有林乡。今林乡城在河南新郑县东。

左传　会于棐林，以伐郑也。楚蔿贾救郑，遇于北林，与晋师相遇。北林，杜注：郑地。荥阳中牟县西南有林亭。今属河南开封府。囚晋解扬。解扬，晋大夫。晋人乃还。

公羊传　此晋赵盾之师也，曷为不言赵盾之师？君不会大夫之辞也。时诸侯为赵盾所会，不与其以卑致尊，故正之。

谷梁传　列数诸侯而会晋赵盾，大赵盾之事也。大其攘楚。其曰师，何也？以其大之也。师者，众大之辞。于棐林地，而后伐郑，疑辞也。此其地何？则著其美也。言似伐郑有疑，须会乃定又决之，曰非也，欲明赵盾之功，故详录其会地尔。

上书晋赵盾帅师救陈，此书会晋师，文相蒙也。胡氏谓使列数诸侯而会晋赵盾，则臣疑于君而不可训。此本公羊君不会大夫之说。考之于经，似不尽协。文十四年，盟新城，以晋赵盾列数于诸侯之下，未尝以臣疑于君为嫌也。至地而后伐，乃会师伐国之事实，《春秋》举大纲示邪正，岂为聚谋与不聚谋而异义乎？故谷梁以棐林为疑辞，此为著美，亦非也。

冬，晋赵穿帅师侵崇。崇，公羊作柳。《地谱》商有崇国。侵书赵穿，而后凡役皆书大夫。

左传　晋欲求成于秦。赵穿曰："我侵崇，秦急崇，必救之。崇，秦之与国。吾以求成焉。"冬，赵穿侵崇。秦弗与成。

公羊传　柳者何？天子之邑也。曷为不系乎周？不与伐天子也。

崇，秦与国。晋欲求成于秦，反侵其所，与益其怒而重其怨，谋不若是拙也。盖赵穿已有逆心，欲得兵柄，而托伐国以用其众。盾为正卿，必主是谋，桃园之变盾之与闻乎故也，审矣。

晋人、宋人伐郑。

左传　晋人伐郑，以报北林之役。于是晋侯侈，赵宣子为政，骤谏而不入，故不竞于楚。为明年郑伐宋张本。

谷梁传　伐郑，所以救宋也。时楚、郑侵宋。

宋怨郑与楚之侵，复请伐郑。晋以前救无功，遂与连兵。夫惟德与礼可以服人，宋人弑君，晋受赂不讨，反为之兴师以修怨，宜郑之终不服也。

二年，春，王二月，壬子，宋华元帅师及郑公子归生帅师，战于大棘。宋师败绩，获宋华元。战皆书大夫帅师自此始。大棘，杜注：宋地。在陈留襄邑县南今河南。睢州西有棘城。

左传　二年春，郑公子归生受命于楚伐宋，宋华元、乐吕御之。二月壬子，战于大棘，宋师败绩。囚华元，获乐吕，及甲车四百六十乘，俘二百五十人，馘百人。狂狡辂郑人，狂狡，宋大夫。辂，迎也。郑人入于井，倒戟而出之，获狂狡。因倒戟反为郑人所禽。君子曰：失礼违命，宜其为禽也。戎，昭，果毅以听之之谓礼。昭，谓明晓军法，务在杀敌。听，谓常存于耳、著于心。杀敌为果，致果为毅。易之，戮也。致谓必行也。易，反易。将战，华元杀羊食士，其御羊斟不与。及战，曰："畴昔之羊，子为政，畴昔，前日也。为政，犹言为主。今日之事，我为政。"与入郑师，故败。君子谓羊斟非人也，以其私憾，败国殄民，于是刑孰大焉？《诗》所谓人之无良者，《诗·小雅》。其羊斟之谓乎！残民以逞。宋人以兵车百乘、文马百驷，画马为文，四百匹。以赎华元于郑。半入，华元逃归，立于门外，告而入。告宋城门而后入，言不苟。见叔牂，曰："子之马然也？"叔牂，羊斟也。华元见而慰之。对曰："非马也，其人也。"叔牂知前言已显，故不敢让罪。既合而来奔。合犹答也。宋城，华元为植，巡功。植，将主也。城者讴曰："睅其目，皤其腹，弃甲而复。于思于思，弃甲复来。”睅，出目。皤，大腹。于思，多鬓之貌。使其骖乘谓之曰：“牛则有皮，犀兕尚多，弃甲则那？”那，何也。役人曰：“从其有皮，丹漆若何？”华元曰：“去之，夫其口众我寡。”传言华元不吝其过，宽而容众。

谷梁传　获者，不与之辞也。华元得众甚贤，故不与郑获之。言尽其众，以救其将也。以三军敌华元，华元虽获，不病矣。将帅见获，师败可知，不当复书师败绩。此两书之者，明宋师惧华元见获，皆竭力救之。得众如是，虽师败身获，适彰其美，不病其贤也。

《春秋》常例，受伐者为主，故书宋及。通经书战三十四，惟此年战于大棘，及晋赵鞅郑罕达战于铁，两国并书帅师，其众敌也。书获者七，惟华元及齐国书兼书师败绩，身见获而师又败也。大夫生死皆曰获。郑获华元，生也。吴获陈夏，啮获齐国书，死也。盖存之、杀之皆在既获之后，故书法如此。

秦师伐晋。

左传　秦师伐晋，以报崇也。伐崇在元年。遂围焦。焦，杜注：晋河外邑。《括地志》陕县有故焦城。在今河南陕州城内。

城濮之战，晋得秦以挫楚，所以不伯也。自秦、晋相恶，灭庸之役，秦为楚用，而赵穿复无故侵崇，以挑秦师，秦、晋之争复起，而楚得专意于北方，此晋所以力屈而不支也。赵盾才臣，岂虑不及此？其阴纵穿之邪谋，而养成其羽翼，情不可掩矣。

夏，晋人、宋人、卫人、陈人侵郑。

左传　夏，晋赵盾救焦，遂自阴地，及诸侯之师侵郑。阴地，杜注：晋河南、山北，自上洛以东至陆浑。上洛，今陕西雒南县。陆浑，今河南嵩县。以报大棘之役。楚斗椒救郑，曰：“能欲诸侯，而恶其难乎？”遂次于郑，以待晋师。赵盾曰：“彼宗竞于楚，殆将斃矣。竞，强也。斗椒，若敖之族，自子文以来世为令尹。姑益其疾。”乃去之。欲示弱以骄之，传言赵盾畏楚而还，所以贬称人，且为四年楚灭若敖氏张本。

胡氏安国谓晋为盟主，盾合诸侯之师，何畏乎楚？何避乎斗椒？以始谋不臧，受宋之赂，释罪不讨，理曲故避之以去。义虽正大，而非情事之实也。方是时，盾与灵公猜衅已成，欲握兵柄，托于伐国，实无斗心。故棐林之役，楚囚解扬，晋即还师。是役复谬为之辞，以避斗椒，盖恐战而不胜，则威权为之损，不若全师以退，以阴结国人之心，而济其乱谋耳。左氏乃谓晋侯侈，赵盾骤谏不人，是以不竞于楚，失其实矣。

秋，九月，乙丑，晋赵盾弑其君夷皋。皋，公羊作獆。

左传　晋灵公不君。厚敛以雕墙。从台上弹人，而观其辟丸也。宰夫胹熊蹯不熟，胹，煮也。杀之，置诸畚，畚，以草索为之，筥属。使妇人载以过朝。赵盾、士季见其手，士季，随会也。问其故，而患之，将谏，士季曰："谏而不入，则莫之继也。会请先，不入，则子继之。"三进，及溜，而后视之，三进三伏，公不省，而又前也。溜，屋溜也。公知欲谏，故佯不视。曰："吾知所过矣，将改之。"稽首而对曰："人谁无过？过而能改，善莫大焉。《诗》曰：'靡不有初，鲜克有终。'《诗·大雅》。夫如是，则能补过者鲜矣。君能有终，则社稷之固也，岂唯群臣赖之。又曰：'衮职有阙，惟仲山甫补之'，能补过也。《诗·大雅》。衮，君之上服。阙，过也。君能补过，衮不废矣。"无废职。犹不改。宣子骤谏，公患之，使锄麑贼之。锄麑，晋力士。晨往，寝门辟矣，盛服将朝。尚早，坐而假寐。麑退，叹而言曰："不忘恭敬，民之主也。贼民之主，不忠。弃君之命，不信。有一于此，不如死也。"触槐而死。秋九月，晋侯饮赵盾酒，伏甲，将攻之。其右提弥明知之，右，车右。趋登，曰："臣侍君宴，过三爵，非礼也。"遂扶以下。公嗾夫獒焉，獒，猛犬。嗾，使犬也。明搏而杀之。盾曰："弃人用犬，虽猛何为？"斗且出，提弥明死之。初，宣子田于首山，舍于翳桑，翳桑，桑之多荫翳者。首山，杜注：在河东蒲坂县东南。即首阳山。在今山西蒲州东南。见灵辄饿，灵辄，晋人。问其病，曰："不食三日矣。"食之，舍其半，问之，曰："宦三年矣，宦，学也。未知母之存否，今近焉，去家近。请以遗之。"使尽之，而为之箪食与肉，箪，竹器。圆曰箪，方曰笥。置诸橐以与之。既而与为公介，灵辄为公甲士。倒戟以御公徒而免之。问何故，对曰："翳桑之饿人也。"问其名居，不告而退，遂自亡也。辄亦去。乙丑，赵穿攻灵公于桃园。乙丑，九月二十七日。宣子未出山而复。山，晋竟之山也。大史书曰赵盾弑其君，以示于朝。宣子曰："不然。"对曰："子为正卿，亡不越竟，反不讨贼，非子而谁？"宣子曰："呜呼！我之怀矣，自诒伊慼。其我之谓矣。"逸诗也。言人多所怀恋，则自诒忧。孔子曰："董狐，古之良史也，书法不隐。赵宣子，古之良大夫也，为法受恶。惜也，越竟乃免。"越竟则君臣之义绝，可以不讨贼。宣子使赵穿逆公子黑臀于周，而立之。黑臀，晋文公子。壬申，朝于武宫。

谷梁传　穿弑也，盾不弑，而曰盾弑，何也？以罪盾也。其以罪盾，何也？曰：灵公朝诸大夫而暴弹之，暴，残暴。观其辟丸也。赵盾入谏，不听。出亡至于郊，赵穿弑公，而后反赵盾。史狐书贼曰赵盾弑公，盾曰："天乎，天乎！予无罪。孰为盾而忍弑其君者乎？"史狐曰："子为正卿，入谏不听，出亡不远，君弑，反不讨贼，则志同，志同则书重，非子而谁？故书之曰晋赵盾弑其君夷皋者，过在下也。"称臣以弑，罪在下也。不言罪而言过者，言非盾亲弑，有不讨贼之过。曰：于盾也，见忠臣之至。于许世子止，见孝子之至。盾以亡不越竟，反不讨贼，受弑君之罪，忠不至故也。止以病，不知尝药，受弑父之罪，孝不至故也。《春秋》加弑于二人，以见忠孝不至，则被恶名。欲使忠臣观之不敢惜力，孝子观之必尽其心，是将来之远防也。

赵穿亲弑其君，董狐归狱于盾，曰："子为正卿，亡不越竟，反不讨贼，非子而谁？"盖亡而越竟，则贼之不讨，犹或势格力屈而莫可如，何也反不讨贼？则志同，志同则书重。此晋史之文所以合于圣心，而以垂大法也。况盾受寄托而外求君，嗣子之立本非其意，及公既长，而恶盾之专，则君臣之嫌衅已非一朝夕之故矣。故齐商人、宋鲍弑君篡国，盾皆合诸侯而不讨，且定其位，则其无君之心蓄之素矣。盾方出亡，而桃园之祸随作，反国之后，岂惟不能讨贼，且使穿逆新君，是盾处心积虑，成于弑也。故先儒胡安国之言曰："以魏高贵乡公之事观焉，抽戈者成济，倡谋者贾充，而当国者司马昭也。为天吏者将原司马昭之心而诛之乎？抑将致辟成济而止也。"此义不明，则乱臣贼子皆得以诡计获免，而至愚无知如邓扈、乐史太之徒皆蒙归狱而受戮焉。王法乖，天理息矣。故曰：《春秋》成而乱臣贼子惧。

附录左传　初，骊姬之乱，在僖四年。诅无畜群公子，诅，盟誓。自是晋无公族。无公子，故废公族之官。及成公即位，乃宦卿之適子而为之田，以为公族。宦，仕也。为置田邑，以为公族大夫。又宦其余子，亦为余子。余子，適子之母弟也。亦治余子之政。其庶子为公行。庶子，妾子也。掌率公戎行。晋于是有公族、余子、公行。皆官名。赵盾请以括为公族，括，赵盾异母弟，赵姬之中子屏季也。曰："君姬氏之爱子也。赵姬，文公女，成公姊也。微君姬氏，则臣狄人也。"公许之。盾，狄外孙，姬氏逆之以为適，事见僖公二十四年。冬，赵盾为旄车之族，旄车，公行之官。盾本卿適，其子当为公族，辟屏季故，更掌旄车。使屏季以其故族为公族大夫。盾以其故官属与屏季，使为衰之適。

冬，十月，乙亥，天王崩。

三年，春，王正月，郊牛之口伤，改卜牛。死，乃不郊，犹三望。

左传　三年春，不郊，而望，皆非礼也。望，郊之属也。不郊，亦无望可也。例在僖三十一年。复发传者，嫌牛死与卜不从异。

公羊传　其言之何？缓也。成七年，鼷鼠食郊牛角，不言郊牛之角，而此言郊牛之口伤者，不若食角急也。书者，讥宣公养牲不谨敬。曷为不复卜？据定十五年牛死改卜牛。养牲养二卜。帝牲不吉，则扳稷牲而卜之。帝，天。帝不吉者，有灾，先卜帝牲养之，有灾，更引稷牲卜，以为天牲养之，凡当二卜，复不吉，则不郊。帝牲在于涤三月，涤，宫名。养帝牲三牢之处。谓之涤者，取其荡涤清洁。于稷者，唯具是视。视其身体具无灾害而已，不特养于涤宫，所以降稷尊帝。郊则曷为必祭稷？王者必以其祖配。王者则曷为必以其祖配？自内出者，无匹不行。匹，合也。自外至者，无主不止。必得主人乃止。天道幽远，故推人道以接之。

谷梁传　之口，缓词也，伤自牛作也。牛自伤口，非备灾之道不至也，故以缓词言之。　事之变也。乃者，亡乎人之辞也。重发传者，嫌牛死与卜郊不从异也。

诸侯宗庙、社稷之祭，俎豆既陈，闻王及后之丧，则废礼也。天王崩于十月，告丧于鲁，史策已书，乃斩衰奔赴之时，而僭用郊祀，所谓失礼之中又失礼也。乃不郊者，以在涤之牛口伤，而改卜之牛又死也，不然郊矣。《春秋》之书微而显，此类是也。犹三望者，可已不当为之辞。

葬匡王。

四越月而葬，其礼略也。会葬不书卿，微者也。书之，见王室之微，诸侯之慢王也。

附录左传　晋侯伐郑，及郔。郑及晋平，士会入盟。郔，杜注：郑地。今河南延津县。为夏楚侵郑传。

楚子伐陆浑之戎。陆，公羊作贲。公羊、谷梁无之字。

左传　楚子伐陆浑之戎，在伊川。遂至于雒，雒水，杜注：出上雒冢领山，至河南巩县入河。观兵于周疆。定王使王孙满劳楚子。王孙满，周大夫。楚子问鼎之大小、轻重焉。示欲逼周取天下。对曰："在德不在鼎。昔夏之方有德也，禹之世。远方图物，图画山川奇异之物而献。贡金九牧，使九州之牧贡金。铸鼎象物，象所图物，著之于鼎。百物而为之备，使民知神奸。图鬼神百物之形，使民逆备之。故民入川泽山林，不逢不若。若，顺也。不遇妖怪不顺之物。螭魅罔两，螭，山神，兽形。魅，怪物。罔两，水神。莫能逢之。用能协于上下，以承天休。桀有昏德，鼎迁于商，载祀六百。载、祀皆年。商纣暴虐，鼎迁于周。德之休明，虽小，重也。不可迁。其奸回昏乱，虽大，轻也。言可移。天祚明德，有所底止。底，致也。成王定鼎于郏鄏，郏鄏，杜注：今河南也。武王迁之，成王定之。卜世三十，卜年七百，天所命也。周德虽衰，天命未改。鼎之轻重，未可问也。"

楚与陆浑之戎本无夙憾，今无故伐之，而观兵周疆，且问鼎之轻重，其黠骜无王之罪著矣。内外传皆以楚庄为贤，不知其终身之小善不足以盖此大恶也。先儒以称爵为褒，观此则知其必不可通矣。

夏，楚人侵郑。

左传　夏，楚人侵郑，郑即晋故也。

晋灵徇货党贼以失郑，赵盾合诸侯以侵之，而不能服。今成公即位，息兵逾年，而郑人弃楚即晋，盖知楚氛日炽，有蚕食陈、郑之心，而欲依霸国以自固也。

秋，赤狄侵齐。《地谱》洺州，《春秋》赤狄之地。赤狄始见经。

赤狄，隗姓。其地在潞州以北，近晋而远于齐，忽举侵齐之师，知晋之无能为也。楚横于南，狄扰于北，以中国之无霸耳。

宋师围曹。

左传　宋文公即位三年，杀母弟须及昭公子，武氏之谋也。使戴、桓之族攻武氏于司马子伯之馆，尽逐武、穆之族。事并在文十八年。武、穆之族以曹师伐宋。秋，宋师围曹，报武氏之乱也。

宋鲍篡弑得国，逐武、穆之族，二族以曹师伐宋。《春秋》不书，非讨罪，不足书也。鲍不知自反，恃众强以逞志于曹，不待贬而恶见矣。

冬，十月，丙戌，郑伯兰卒。

左传　冬，郑穆公卒。初，郑文公有贱妾曰燕姞，姞，南燕姓。梦天使与己兰，兰，香草。曰："余为伯鯈。余，而祖也。伯鯈，南燕祖。以是为而子。以兰为女子名。以兰有国香，人服媚之如是。"媚，爱也。欲令人爱之如兰。既而文公见之，与之兰而御之。辞曰："妾不才，幸而有子。将不信，敢征兰乎?"惧将不见信，故欲计所赐兰为怀子月数。公曰："诺。"生穆公，名之曰兰。文公报郑子之妃曰陈妫，郑子，文公叔父子仪也。汉律，淫季父之妻曰报。生子华、子臧。子臧得罪而出。出奔宋。诱子华而杀之南里，事在僖十六年。南里，杜注：郑地。使盗杀子臧于陈、宋之间。在僖二十四年。又娶于江，生公子士。朝于楚，楚人酖之，及叶而死。叶，杜注：楚地。南阳叶县。今河南叶县南有古城。又娶于苏，生子瑕、子俞弥。俞弥早卒。泄驾恶瑕，泄驾，郑大夫。文公亦恶之，故不立也。公逐群公子，公子兰奔晋，从晋文公伐郑。在僖三十年。石癸曰：石癸，郑大夫。"吾闻姬、姞耦，其子孙必蕃。姞姓宜为姬配耦。姞，吉人也，后稷之元妃也。姞姓之女为后稷妃，周是以兴，故曰吉人。今公子兰，姞甥也，天或启之，必将为君，其后必蕃。先纳之，可以亢宠。"亢，极也。与孔将鉏、侯宣多纳之，盟于大宫而立之，大宫，郑祖庙。以与晋平。穆公有疾，曰："兰死，吾其死乎！吾所以生也。"刈兰而卒。传言穆氏所以大兴于郑，天所启也。

葬郑穆公。穆，公羊作缪。

不月，阙文也。葬速，礼不备也。

四年，春，王正月，公及齐侯平莒及郯。莒人不肯。公伐莒，取向。郯，国名。今山东郯城县西南有故城。向，杜注：莒邑。《寰宇志》莒州南有向城。今属山东青州府。

左传　四年春，公及齐侯平莒及郯，莒人不肯。公伐莒，取向，非礼也。平国以礼不以乱。伐而不治，乱也。责公不先以礼治之，而用伐。以乱平乱，何治之有?无治，何以行礼。

公羊传　此平莒也，其言不肯何?辞取向也。为公取向作辞也。

谷梁传　及者，内为志焉尔。平者，成也。不肯者，可以肯也。伐犹可，取向甚矣。莒人辞不受治也。伐莒，义兵也。讨不释怨。取向，非也，乘义而为利也。

《周官》合方氏掌除邦国之怨恶，则释四邻之怨而成其好，固义所当为也。然必己之义可以服人，然后人能降心以相从。鲁宣、齐惠身为大恶，苟有人心者莫不藏恶，况莒、郯相怨，鲁乃挟齐之威要以必从，则莒人之不肯，宜也。又以兵加莒而取其邑，则恶甚于齐惠矣。

秦伯稻卒。

夏，六月，乙酉，郑公子归生弑其君夷。

左传　楚人献鼋于郑灵公。穆公大子夷也。公子宋与子家将见。宋，子公也。子家，归生。子公之食指动，第二指也。以示子家，曰："他日我如此，必尝异味。"及入，宰夫将解鼋，相视而笑。公问之，问所笑。子家以告。及食大夫鼋，召子公而弗与也。欲使指动无效。子公怒，染指于鼎，尝之而出。公怒，欲杀子公。子公与子家谋先。先公为难。子家曰："畜老犹惮杀之，六畜。而况君乎?"反谮子家，子家惧而从之。夏，弑灵公。书曰郑公子归生弑其君夷，权不足也。子家权不足以御乱，惧谮而从弑君，故书以首恶。君子曰：仁而不武，无能达也。初称畜老，仁也。不讨子公，是不武也。故不能自通于仁道，而陷弑君之罪。凡弑君，称君，君无道也；称臣，臣之罪也。郑人立子良。穆公庶子。辞曰："以贤，则去疾不足。去疾，子良名。以顺，则公子坚长。"乃立襄公。襄公，坚也。襄公将去穆氏，逐群兄弟。而舍子良。以其让己。子良不可，曰："穆氏宜存，则固愿也。若将亡之，则亦皆亡，去疾何为?"乃舍之，皆为大夫。

归生身为正卿，久执兵柄，闻宋之逆谋，执而诛之犹反手耳。宋有逆志，而与归生谋，先必知其夙有无君之心也。闻而不禁，则贼由归生审矣。观郑人讨乱，斫子家之棺，则当时国论固以为首恶，非孔子作《春秋》而后归狱也。

赤狄侵齐。

以齐之强，而洛州之狄连岁侵之，晋霸之衰与齐之无政并见矣。

秋，公如齐。公至自齐。

宣公篡弑，齐实纵之，故既以田赂，复仆仆而往朝焉。会盟书至，始于桓公之盟唐。朝大国而书至，始于宣公之如齐。盖由二公身为大恶，有自危之心，以得返为幸，故特行饮至之礼耳。

附录左传　初，楚司马子良生子越椒。子文曰：子文，子良兄。"必杀之。是子也，熊虎之状而豺狼之声，弗杀，必灭若敖氏矣。谚曰狼子野心，是乃狼也，其可畜乎?"子良不可。子文以为大戚。及将死，聚其族，曰："椒也知政，乃速行矣，无及于难。"且泣曰："鬼犹求食，若敖氏之鬼不其馁而。"而，语助，言必馁。及令尹子文卒，斗般为令尹，般，子文之子子扬。子越为司马。子越，即越椒。蔿贾为工正，谮子扬而杀之，子越为令尹，己为司马。贾为椒谮子扬，而己得椒位。子越又恶之，恶贾。乃以若敖氏之族，圄伯嬴于轑阳而杀之，圄，囚也。伯嬴，蔿贾也。轑阳，杜注：楚邑。遂处烝野，将攻王。王以三王之子为质焉，弗受。烝野，杜注：楚邑。三王，文、成、穆。师于漳澨。漳澨，杜注：漳水边。漳水出新城沶乡县至当阳县，与沮水合。秋七月戊戌，楚子与若敖氏战于皋浒。皋浒，杜注：楚地。伯棼射王，汰辀及鼓跗，著于丁宁。伯棼，越椒也。辀，车辕。汰，过也。箭过车辕上。跗，所以架鼓。丁宁，钲也。又射，汏辀以贯笠毂。兵车无盖尊者，则边人执笠，依毂而立，以御寒暑，名曰笠毂。此言箭过车辕及王之盖。师惧，退。王使巡师曰："吾先君文王克息，获三矢焉，伯棼窃其二，尽于是矣。"所以释楚师之惧心。鼓而进之，遂灭若敖氏。初，若敖娶于䢵，䢵，杜注：国名。今湖广安陆县有郧城。生斗伯比。若敖卒，从其母畜于䢵，淫于䢵子之女，生子文焉，䢵夫人使弃诸梦中。梦，杜注：泽名。江夏安陆县有云梦城。今湖广云梦县治。虎乳之。䢵子田，见之，惧而归。夫人以告，遂使收之。楚人谓乳谷，谓虎於菟，故命之曰斗谷於菟。以其女妻伯比。实为令尹子文，其孙箴尹克黄。箴尹，官名。克黄，子扬之子。使于齐，还及宋，闻乱。其人曰："不可以入矣。"箴尹曰："弃君之命，独谁受之？言虽奔他国，独谁受此弃命之人？君，天也，天可逃乎？"遂归，复命，而自拘于司败。王思子文之治楚国也，曰："子文无后，何以劝善？"使复其所，改命曰生。易其名言更生。

冬，楚子伐郑。

左传　冬，楚子伐郑，郑未服也。前年楚侵郑不获成故。

胡氏安国谓归生弑君，诸侯未有致讨者，而楚人至焉，故书爵以与之。然商臣之次厥貉，楚子旅之，观兵问鼎，并以爵书，则《春秋》无以书爵为褒之义明矣。自宣、成而下，楚势益张，故君将则称君，大夫将乃称人耳。

日讲春秋解义卷二十八

宣　公

五年，春，公如齐。

左传　五年春，公如齐。高固使齐侯止公，请叔姬焉。留公强成昏。

夏，公至自齐。

左传　夏，公至自齐，书过也。

齐、鲁接壤，而逾时乃归，下书高固之逆叔姬，经虽讳止公之迹，而此事以观，其实固不可掩矣。以见止而连昏于齐臣，降尊失列，辱及先君，乃行饮至之礼于宗庙，是谓失其本心。左氏特发书过之义以此。

秋，九月，齐高固来逆子叔。左氏无子字。

左传　秋九月，齐高固来逆女，自为也。故书曰逆叔姬，卿自逆也。适诸侯称女，适大夫称字，所以别尊卑也。

谷梁传　诸侯之嫁子于大夫，主大夫以与之。来者，接内也。不正其接内，故不与夫妇之称也。见庄二十七年莒庆传。

叔姬称子，别于先君之女也。诸侯嫁女于诸侯，则公自主之。其嫁女于大夫，则使大夫主之。公自主然后书于策。今书高固来逆，是公自主之，明矣。以千乘之君见逼于齐大夫，强昏而不敢违焉，轻朝廷宗庙，盖由身为不义，藉势于强邻，故非礼相干，忍辱而无所避之也。

叔孙得臣卒。

得臣之卒不日，史失之也。胡氏安国据何休之说，谓得臣不能止仲遂之逆谋，故《春秋》削之，非也。仲遂身为大恶，而卒书日，季孙行父助逆尤力，而卒书日，何独苛于得臣乎？凡以日、不日为褒贬，皆传者之误也。

冬，齐高固及子叔姬来。

左传　冬，来，反马也。礼，送女留其送马，三月庙见，遣使反马。高固遂与叔姬俱宁，故经、传具见，以示讥。

公羊传　何言乎高固之来？大夫私事不当书。言叔姬之来，而不言高固之来，则不可。子公羊子曰：“其诸为其双双而俱至者与？”言其双行匹至，似于鸟兽。

谷梁传　及者，及吾子叔姬也。为使来者，不使得归之意也。固受使来聘，而与妇俱归，故书及以明非礼。

反马之礼，当遣使不当亲来。女子归宁，当在间岁，不当在逾月。大夫非君，不当出境。则高固与叔姬来，皆非礼矣。故直书其事以示讥。

楚人伐郑。

左传　楚子伐郑。陈及楚平。晋荀林父救郑，伐陈。为明年晋、卫侵陈传。

传称荀林父救郑，而经不书，义不得书也。赵盾、归生同为大恶，盾之释郑不讨，恶伤其类耳。以楚师之来而救之，亦同恶相保耳。若书救，则似善其救，而讨贼之大义隐矣。

六年，春，晋赵盾、卫孙免侵陈。

左传　六年春，晋、卫侵陈，陈即楚故也。

公羊传　赵盾弑君，此其复见何？亲弑君者，赵穿也。亲弑君者赵穿，则曷为加之赵盾？不讨贼也。何以谓之不讨贼？晋史书贼曰："晋赵盾弑其君夷獋。"赵盾曰："天乎无辜！吾不弑君，谁谓吾弑君者乎？"史曰："尔为仁为义，人弑尔君，而复国不讨贼，此非弑君而何？"赵盾之复国奈何？灵公为无道，使诸大夫皆内朝，礼，公族朝于内朝，亲亲也。然后处乎台上，引弹而弹之，已趋而辟丸，已诸大夫也。是乐而已矣。以为笑乐。赵盾已朝而出，与诸大夫立于朝，自内朝至外朝。有荷畚自闺而出者，荷，负也。畚，草器。宫中之门谓之闱，其小者谓之闺。赵盾曰："彼何也？夫畚曷为出乎闺？"呼之，不至，曰："子大夫也，欲视之，则就而视之。"恐君责己以视人，欲以见就为解也。古者，士大夫通曰子。赵盾就而视之，则赫然死人也。赫然，已支解之貌。赵盾曰："是何也？"曰："膳宰也。熊蹯不熟，公怒，以斗摮而杀之，摮谓傍击头项。支解，将使我弃之。"赵盾曰："嘻！"趋而入。灵公望见赵盾，愬而再拜。愬者，惊貌。礼，臣拜然后君答拜，灵公先拜者，畚出盾入，知其欲谏，欲以敬拒之，使不复言也。赵盾逡巡北面，再拜稽首，趋而出。本欲谏君，以君拜谢知己意，冀当觉悟，故出。灵公心怍焉，欲杀之。于是使勇士某者往杀之。勇士入其大门，则无人门焉者。入其闺，则无人闺焉者。上其堂，则无人焉。俯而窥其户，方食鱼飧。勇士曰："嘻！子诚仁人也。吾入子之大门则无人焉，入子之闺则无人焉，上子之堂则无人焉，是子之易也。易犹省也。子为晋国重卿，而食鱼飧，是子之俭也。君将使我杀子，吾不忍杀子也。虽然，吾亦不可复见吾君矣。"遂刎颈而死。灵公闻之，怒，滋欲杀之甚。众莫可使往者。于是伏甲于宫中，召赵盾而食之。赵盾之车右祁弥明者，国之力士也，仡然从乎赵盾而入，放乎堂下而立。赵盾已食，灵公谓盾曰："吾闻子之剑，盖利剑也，子以示我，吾将观焉。"授君剑，当拔而进其首，灵公因欲以推杀之。赵盾起，将进剑，祁弥明自下呼之曰："盾，食饱则出，何故拔剑于君所？"赵盾知之，躇阶而走。躇，犹超遽不暇以次。灵公有周狗，周狗，可以比周之狗，所指如意。谓之獒，呼獒而属之，獒亦躇阶而从之，祁弥明逆而踆之，以足逆蹋曰踆。绝其颔。赵盾顾曰："君之獒不若臣之獒也。"然而宫中甲鼓而起，有起于甲中者，抱赵盾而乘之。令升车疾走。赵盾顾曰："吾何以得此于子？"曰："子某时所食，活我于暴桑下者也。"赵盾曰："子名为谁？"曰："吾君孰为介？介，甲也。言吾君谁为兴此甲兵？岂不为盾乎？子之乘矣，何问吾名？"之乘即上车也。欲令蚤免去，不望报。赵盾驱而出，众无留之者。明盾贤人，不忍杀。赵穿缘民众不说，起弑灵公，然后迎赵盾而入，与之立于朝，而立成公黑臀。

谷梁传　此帅师也，其不言帅师，何也？不正其败前事，故不与帅师也。元年救，而今更侵之。

传称陈及楚平，晋荀林父伐陈，经皆不书，以下书晋、卫加兵于陈，即陈之即楚可知矣。陈、郑每相视以为向背，郑穆公暮年弃楚归晋，本谓晋可托国，及归生之乱，坐视不讨，是以陈有离心，受伐受侵，而终不为晋屈也。

夏，四月。

附录左传　夏，定王使子服求后于齐。子服，周大夫。　秋，赤狄伐晋，围怀及刑丘。邢丘，杜注：河内平皋县。今河南河内县东南有故城。晋侯欲伐之，中行桓子曰："使疾其民，骄则数战，为民所疾。以盈其贯。将可殆也。《周书》曰：'殆戎殷'，《周书·康诰》。此类之谓也。"为十五年晋灭狄传。

秋，八月，螽。

螽，蝗属，食谷者。齐刘歆谓贪虐取民则螽。宣公身为不义，朝齐伐莒，赋敛日繁，戾气应之。经书于策，示天人感应之理不可诬也。

冬，十月。

附录左传　冬，召桓公逆王后于齐。召桓公，王卿士。事不关鲁，故不书。为成二年王甥舅张本。　楚人伐郑，取成而还。九年、十一年传所称厉之役盖在此。郑公子曼满与王子伯廖语，欲为卿。二子，郑大夫。伯廖告人曰："无德而贪，其在《周易》丰☳☲离下震上，丰。之离☲☲，丰上六变，而为纯离也。丰上六曰："丰其屋，蔀其家，窥其户，阒其无人，三岁不觌，凶。"义取无德而大其屋，不过三岁必灭亡。弗过之矣。不过三年。间一岁，郑人杀之。

七年，春，卫侯使孙良夫来盟。

左传　七年春，卫孙桓子来盟，桓子，良夫。始通。且谋会晋也。公即位，卫始修好。

谷梁传　来盟，前定也。不言及者，以国与之，不言其人，亦以国与之。不日，前定之盟不日。

来盟者，先有约言，复遣使邀结也。宣公专意事齐，不通于晋，晋将合诸侯，故使卫通鲁，俾预于会。鲁以事齐，恐晋蓄憾，故使良夫来结言，而力任其无咎也。然黑壤之盟，公卒见辱，盟何足恃哉？

夏，公会齐侯伐莱。莱，杜注：莱国，东莱黄县。今山东黄县有莱山，东南有莱子故城。

左传　夏，公会齐侯伐莱，不与谋也。凡师出，与谋曰及，不与谋曰会。皆据鲁而言。师者，国之大事，故详其出，以例别之。

秋，公至自伐莱。

大旱。

莱近于齐，与鲁无怨，齐志在并兼，后卒灭之，而迁于郳，则其伐莱不过陵弱暴寡之师耳。宣公屈意从齐，助人为虐，不知自愧，而策勋于庙，是诬其祖也。且螽灾之后，妄兴师旅，征役怨咨，薄阴阳之和，故大旱继之。比事以观，而公无恤民之心具见矣。

附录左传　赤狄侵，晋取向阴之禾。此无秋字，盖阙文。晋用桓子谋，故纵狄。

冬，公会晋侯、宋公、卫侯、郑伯、曹伯于黑壤。黑壤，晋地，一名黄父。今山西沁水县西北有黑岭。

左传　郑及晋平，公子宋之谋也，宋子公弑灵公，故谋从晋以求媚。故相郑伯以会。冬，盟于黑壤。王叔桓公临之，以谋不睦。王叔桓公，周卿士。将王命以监临诸侯。不同歃者，尊卑之别。晋侯之立也，在二年。公不朝焉，又不使大夫聘，晋人止公于会。盟于黄父，公不与盟，以赂免。故黑壤之盟不书，讳之也。

据左氏，晋人止公于会，以赂免，而不得与盟。经不书，盖旧史无其文也。先儒以为孔子讳之而曲为之说，误矣。晋灵公之篇，诸侯之会同皆不序，以灵公幼稚，虽与盟会，实赵盾专之。黑壤以后，晋始有君复序诸侯，是则程子所谓“大义数十，炳如日星”者耳。

八年，春，公至自会。

见止逾年，以赂得免，危而获安，故告庙而书于策。宣公篡立，依倚于齐、晋之间，每见止辱，并以赂免，屈身辱国亦甚矣。

夏，六月，公子遂如齐，至黄乃复。黄，齐竟上地。

公羊传　其言至黄乃复何？有疾也。何言乎有疾乃复？讥。何讥尔？大夫以君命出，闻丧，徐行而不反。闻丧者，闻父母之丧也。徐行者，不忍疾行，又为君当使人追代之。以丧喻疾者，丧尚不当反，况于疾乎？

谷梁传　乃者，亡乎人之辞也。谓其知有己不知有人。虽君命邻好，不复顾念，而惟直行己意也。复者，事毕也，不专公命也。遂以疾反，而加事毕之文者，是不使遂得专命而还也。

至黄乃复，不称有疾者，大夫受命而出，虽死以尸将命，岂可以疾而废君命耶？

乃者，无其上之词。曰复，事未毕也。

辛巳，有事于大庙。仲遂卒于垂。垂，杜注：齐地。当在今山东平阴县境。

公羊传　仲遂者何？公子遂也。何以不称公子？贬。曷为贬？为弑子赤贬。事在文十八年。然则曷为不于其弑焉贬？于文则无罪，于子则无年。此解文十八年秋如齐不贬意也。言若于下八年加贬，则嫌有罪于文公，无罪于子赤矣。无年，言子赤之立，即在文十八年，当丧未君，不及改元，故曰无年。

谷梁传　为若反命而后卒也。先言复，后书卒，则如已反命于君而后卒，不使其违命专归也。此公子也，其曰仲，何也？疏之也。何为疏之也？是不卒者也。遂与宣公共弑子赤，例应不书卒。不疏则无用见其不卒也。若书公子，则与正卒者同，故去公子以见之。则其卒之，何也？以讥乎宣也。其讥乎宣，何也？闻大夫之丧，则去乐卒事。当去籥、万以终祭事，言今不然。

有事者，时祭也。常事不书，此何以书？以仲遂卒于此日，而下有犹绎去籥之事也。遂何以不称公子而书字？生而赐氏，俾世其官也。季友有援立之功，僖公德之。仲遂主篡弑之谋，宣公德之。皆生而赐氏。变易王法以开世卿擅权之渐，鲁政自是衰矣，翚不书卒而遂书卒，何也？既诛首恶，以存王法，则其余从同，与桓不书王而宣皆书王同义。

壬午，犹绎。万入，去籥。

左传　有事于大庙，襄仲卒而绎，非礼也。

公羊传　绎者何？祭之明日也。绎继昨日事，但不灌地降神耳。天子、诸侯曰绎，大夫曰宾尸，士曰宴尸。万者何？干舞也。干谓楯也。能为人扞难，而不使害人，故圣王贵之，以为武乐。万者，其篇名。籥者何？籥舞也。籥，所吹以节舞也。吹籥而舞，文乐之长。其言万入去籥何？去其有声者，不欲令人闻之也。废其无声者，废，置也。置者，不去也。齐人语。存其心焉尔。存其心焉尔者何？知其不可而为之也。犹者何？通可以已也。

谷梁传　犹者，可以已之辞也。绎者，祭之旦日之享宾也。旦日，明日也。万入，去籥，以其为之变，为卿卒而变常礼。讥之也。

绎者，祭之明日，复祭以宾尸也。万舞无声，籥则有声者也。鲁以仲遂甫卒，故万入、去籥。犹者，可已之辞。礼，大夫卒，当祭则不告，终事而闻则不绎。不告者，恐君哀戚，所以重宗庙也。不绎者，以厚股肱，所以砺臣节也。仲遂弑君，宣公苟知大义，则始宜正乱贼之诛，既与之同恶，而任为大夫，则终当循遇臣之礼。至于万入、去籥，又非所以尽事先之诚，直书而其义皆著矣。

戊子，夫人嬴氏薨。公羊、谷梁俱作熊氏。

敬嬴称夫人，自成风以后，遂为鲁之故典也。《春秋》于风氏始卒，凡四贬之，于嬴氏无贬，从同也。然既书夫人姜氏归于齐，又书夫人嬴氏薨，比事以考之，则出姜为文公夫人，而敬嬴之非嫡明矣。

晋师、白狄伐秦。白狄始见经。

左传　八年春，白狄及晋平。夏，会晋伐秦。经在仲遂卒下从赴。晋人获秦谍，杀诸绛市，六日而苏。盖记异也。

晋所以为盟主者，以其安内攘外，修方伯之职也。自赵穿侵崇，秦、晋之争复起，晋人但知连白狄以攻秦，而不知楚人狡焉。启疆国势益张，中夏诸侯将折而入楚，适足以自困也。下书舒蓼之灭，比事以观，而晋之失图具见矣。

楚人灭舒蓼。谷梁作舒鄝。杜注：舒、蓼，二国名。或曰《地谱》上义阳之蓼不与群舒近，蓼已灭于楚，见文五年。此即如舒鸠、舒庸，盖一国也。今江南庐江县西，故舒城是其地。

左传　楚为众舒叛，故伐舒蓼，灭之。楚子疆之。及滑汭，滑，水名。当在今江南庐州府东境。水之隈曲曰汭。盖楚拓疆至滑汭之界。盟吴、越而还。吴国，今江南苏州。成七年始见经。越国，今浙江会稽。昭五年始见经。传言楚强，吴、越服从。

楚人观兵问鼎，知晋不足忌，乃灭舒蓼、盟吴越，其谋益远，其势益张，然后北乡争权，此陈、郑所以不支，而晋卒为所挫也。

秋，七月甲子，日有食之既。

附录左传　晋胥克有蛊疾，郤缺为政。代赵盾。秋，废胥克，使赵朔佐下军。朔，盾之子，代胥克。为成十七年胥童怨郤氏张本。

冬，十月，己丑，葬我小君敬嬴。敬嬴，公羊、谷梁作顷熊。

左传　冬，葬敬嬴，旱，无麻，始用葛茀。记礼变之所由。茀，所以引柩，殡则有之，以备火，葬则以下柩。

敬嬴薨称夫人，葬称小君，与成风同义。然子般、闵公之弑，非成风所知也，敬嬴则与闻乎故矣。《春秋》于成风特文，以著其过，而敬嬴无异文，以其不待贬而恶见也。

雨，不克葬。庚寅，日中而克葬。

左传　雨，不克葬，礼也。礼，卜葬，先远日，辟不怀也。怀，思也。《曲礼》云："凡卜筮丧事，先远日"，辟不思其亲，急欲葬也。今若冒雨而葬，是亦不思其亲矣。故举以证其合礼。

公羊传　顷熊者何？宣公之母也。楚女，熊姓，谥曰顷。而者何？难也。乃者何？言定公书日下昃乃克葬。难也。难者，难不得以正日葬其君。曷为或言而，或言乃？乃难乎而也。

谷梁传　葬既有日，不为雨止，礼也。雨不克葬，丧不以制也。言雨具未备，非君丧之制。而缓辞也，足乎日之辞也。此日中克葬，足乎日，故云缓。定十五年，日下昃乃克葬，故云乃，急辞也。是二文相对为缓急也。

雨不克葬，讥无备也。潦车载簑笠，士丧礼也。有国家者，乃不能为雨备乎？定十五年，日下昃乃克葬。乃者，难辞，承日下昃而言也。此曰而克葬，缓辞也，足乎日之辞也。胡氏安国以雨不克葬为敬嬴阴谋篡弑之咎征，非也。孔子合葬于防，以雨甚而墓崩，亦得谓咎征乎？《春秋》之义平易正道，而以曲说附之，过矣。

城平阳。平阳，杜注：泰山有平阳县。今山东新泰县西北平阳故城是也。

左传　城平阳，书时也。

惧晋故也。方举大丧，又城平阳，重困民力，故虽时亦书

楚师伐陈。

左传　陈及晋平。楚师伐陈，取成而还。言晋、楚争强。

舒蓼，楚之与国，无罪而见灭，此陈所以惧而叛楚也。使晋君臣能恐惧改图，内修政教，外彰信义，以固诸侯之心，尚可遏楚锋。而力疲于秦，交疏于齐、宋，故不能御楚以保陈、郑，而霸业为之颓，惜哉！

九年，春，王正月，公如齐。公至自齐。

夏，仲孙蔑如京师。

左传　九年春，王使来征聘。征，召也。征聘不书，征加讽谕，不指斥。夏，孟献子聘于周。王以为有礼，厚贿之。

宣公即位，九年两朝于齐，今又亲往于周，则不闻入见，待其来征，而后一遣大夫往聘，慎矣。且诸侯宜朝正于王，今五月朝齐，夏乃聘周，悖慢尤甚，所谓不待贬绝而恶见者也。

齐侯伐莱。

狄比侵齐，不敢报，而亟伐莱，畏强凌弱之情见矣。

秋，取根牟。根牟，杜注：东夷国。琅琊阳都县东有牟乡。在今山东沂水县南。

左传　秋，取根牟，言易也。

公羊传　根牟者何？邾娄之邑也。曷为不系乎邾娄？讳亟也。亟，疾也。属有小君之丧，邾娄子来加礼，乃未期，而取其邑，故讳不系邾娄也。

根牟，小国也。在鲁东界。经讳灭言取，与取鄟、取邿同义。

八月，滕子卒。

左传　滕昭公卒。为宋围滕传。

此滕昭公也。隐七年，书滕侯卒，至是书子，亦时王所黜。

九月，晋侯、宋公、卫侯、郑伯、曹伯会于扈。

晋荀林父帅师伐陈。

左传　会于扈，讨不睦也。谋齐、陈。陈侯不会。前年与楚成故。晋荀林父以诸侯之师伐陈。晋侯卒于扈，乃还。

讨陈而先会于扈者，以陈被楚兵，晋不能救，或从楚非其本愿，故会以待之。待而不至，则伐之为有名。然晋实不能庇陈，俟楚之归而释憾焉，义岂足以相服哉？不书诸侯之师，而曰林父帅师者，在会诸侯皆以师听命，而林父兼将之也。

辛酉，晋侯黑臀卒于扈。

公羊传　扈者何？晋之邑也。诸侯卒其封内不地，此何以地？卒于会，故地也。未出其地，故不言会也。

谷梁传　其地于外也，其日未逾竟也。传例，诸侯正卒则日，不正则不日，逾竟亦不日。

冬，十月，癸酉，卫侯郑卒。

晋、卫二君何以卒而不葬？鲁不会也。良夫之盟，卫欲为晋致鲁，及黑壤见止，怀憾实深，是以扈之会，鲁独不往。二国继以丧赴，亦皆不会。此所谓无其事而阙其文者也。

宋人围滕。

左传　冬，宋人围滕，因其丧也。

滕方有丧礼，宜吊恤。乃用众以围之，不仁也。晋政不竞，诸侯私相侵伐。观齐、宋之擅兵，则知不能御楚之由矣。

楚子伐郑。晋郤缺帅师救郑。自是晋、楚交伐郑。

左传　楚子为厉之役故伐郑。六年，楚伐郑，取成于厉，既成，郑伯逃归，事见十一年传。　晋郤缺救郑。郑伯败楚师于柳棼。柳棼，杜注：郑地。国人皆喜，唯子良忧曰："是国之灾也，吾死无日矣。"十二年卒有楚子入郑之祸。

五年，晋荀林父帅师救郑，经不书，以郑方有弑君之乱也。据明年传载，郑人讨乱，斫归生之棺，而逐其族，则此年归生已斃矣。故录晋之救。凡此类，乃笔削之精义，非旧史所能与也。

陈杀其大夫洩冶。洩，公羊、谷梁作泄。

左传　陈灵公与孔宁、仪行父通于夏姬，二子，陈卿。夏姬，郑穆公女，陈大夫御叔妻。皆衷其衵服，以戏于朝。衷，怀也。衵服，亵。洩冶谏曰："公卿宣淫，民无效焉，且闻不令。君其纳之。"纳藏衵衣。公曰："吾能改矣。"公告二子，二子请杀之，公弗禁，遂杀洩冶。孔子曰："《诗》云：'民之多辟，无自立辟'，其洩冶之谓乎！"辟，邪也。辟，法也。《诗·大雅》，言邪辟之世，不可立法。国无道，危行言逊。

谷梁传　称国以杀其大夫，杀无罪也。泄冶之无罪如何？陈灵公通于夏征舒之家，公孙宁、仪行父亦通其家。或衣其衣，或衷其襦，以相戏于朝。泄冶闻之，入谏曰："使国人闻之则犹可，使仁人闻之则不可。"君愧于泄冶，不能用其言，而杀之。

称国以杀者，君与用事大臣同杀之也。称杀其大夫，见泄冶不失其官守也。胡氏安国主《左传》《家语》，谓泄冶仕于乱朝，怀宠不去，非孔子所取，误矣。邦无道，危行言孙，为不仕而高尚者言之也。人臣以身许国，既受事任，不独缄默取容，以立辟为戒，乃鄙夫之术。即洁身而去，亦卑贱疏远之臣则可耳。黄氏仲炎以为非孔子之言，其见卓矣。

十年，春，公如齐。公至自齐。

左传　十年春，公如齐。

比年朝正，即用此以事周，亦过六年一朝之制矣。屈体以谄强邻，辱国莫大焉。

齐人归我济西田。

左传　齐侯以我服故，归济西之田。公比年朝齐故。

公羊传　齐已取之矣，其言我何？据归谨及阐，齐已取，不言我。言我者，未绝于我也。曷为未绝于我？齐已言取之矣，其实未之齐也。其人民贡赋尚属于鲁，实未归于齐。不言来者，明不从齐来。

谷梁传　公娶齐，齐繇以为兄弟，反之。齐繇以婚族故还鲁。妇之党为婚兄弟。不言来，公如齐受之也。

宣公德齐惠之援己，顺其所欲，既赂以田，复以女妻其臣，会兵伐莱，每岁往朝，故齐侯悦其屈谄，而归济西之田。其曰我者，济经齐、鲁，有鲁济，有齐济，所归之田，乃鲁济也。

夏，四月，丙辰，日有食之。

己巳，齐侯元卒。

齐崔氏出奔卫。

左传　夏，齐惠公卒。崔杼有宠于惠公，高、国畏其逼也，崔杼，齐大夫。高、国二氏，齐正卿。公卒而逐之，奔卫。书曰崔氏，非其罪也。且告以族，不以名。典策之法，告者皆当书以名。今齐特以族告，《春秋》因之不改。凡诸侯之大夫违，违，奔放也。告于诸侯曰："某氏之守臣某，上某氏姓，下某名。失守宗庙，敢告。"所有玉帛之使者则告，玉帛之使谓聘。不然则否。恩好不接，故亦不告。

公羊传　崔氏者何？齐大夫也。其称崔氏何？据齐高无咎出奔名，此书崔氏，与隐公三年书尹氏同。贬。曷为贬？据外大夫奔不贬。讥世卿，世卿非礼也。复见讥者，嫌尹氏王者大夫职重，不当世，诸侯大夫任轻，可世，故重发之。

谷梁传　氏者，举族而出之之辞也。

出奔而书崔氏，盖尽族而行，且告以氏，不以名也。许翰以谓崔杼出而能反，反而能弑，以其宗强，故《春秋》特举氏乃辨之早，非也。左氏见襄二十五年齐崔杼弑其君，因谓出奔者即杼。不知此距杼之为逆凡五十有一年。古者，四十而仕，五十为大夫，不闻杼之年寿，遂致耄期，若以世卿，少而得政，则奔时年未及冠，不宜遂逼高、国。左氏所传恐未可尽信也。

公如齐。五月，公至自齐。公如齐止此。

左传　公如齐奔丧。

宣公于匡王之丧不奔，欲举郊祀，而奔齐惠公之丧。匡王之葬使微者往，而以贵卿葬齐惠公。盖济田之归，重以为德，故闻丧而奔，以报其赐也。鲁之事齐过于天王，而齐之视鲁不啻附庸，其反易天常而无忌惮甚矣。

癸巳，陈夏征舒弑其君平国。

左传　陈灵公与孔宁、仪行父饮酒于夏氏。公谓行父曰："征舒似女。"征舒，夏姬子，陈大夫。对曰："亦似君。"征舒病之。公出，自其厩射而杀之。二子奔楚。

弑君之贼，既得其主名，则直书，以正乱贼之罪，《春秋》常法也。先儒多为曲说。胡氏安国所谓见泄冶忠言之验，灵公见弑之由，亦非本义。盖《春秋》于见弑之君皆不言所由，与大夫出奔不言逐者同义，皆深探其本以为世戒也。

六月，宋师伐滕。

左传　滕人恃晋而不事宋。六月，宋师伐滕。

春秋时，诸侯每间霸国之多，故以陵小弱。故宋之于滕，齐桓卒而执其君，晋政衰而围之、伐之，以逞志焉。胡氏安国责宋不能讨陈，义虽正而远于事情。宋鲍与闻乎弑以篡得国，而责之讨贼，误矣。

公孙归父如齐。葬齐惠公。

鲁宣深德齐侯之定其位，而又归济西田，故生则屈谄以事之，没则亲奔其丧，又遣贵卿会葬焉。归父，仲遂之子也。父主篡弑，子擅国权，外结强邻，内逢君恶，乱臣贼子交得其志，恣行非度，岂非王纲纵弛，九伐不行，而霸政亦衰之故与？此孔子所以不没桓、文之功也。

晋人、宋人、卫人、曹人伐郑。

左传　郑及楚平，前年败楚师，恐楚怒，故与平。诸侯之师伐，郑取成而还。

晋霸之衰，皆由赵盾专政，庇其同类，齐、鲁、宋、郑弑君之贼皆置而不问，故诸侯皆有离心。今陈有弑君之贼，若晋能合诸侯以讨之，则桓文之功立就矣，何患郑之不服乎？乃率三国以争郑，而以讨贼遗楚，晋可谓无人矣。

秋，天王使王季子来聘。王聘止此。

左传　秋，刘康公来报聘。报孟献子之聘。康公，即王季子也。其后食采于刘。

公羊传　王季子者何？天子之大夫也。其称王季子何？据叔服不系王、不称子，王札子不称季。贵也。其贵奈何？母弟也。子者，王子也。天子不言子弟，故变文书季，系先王以明之。

谷梁传　其曰王季，王子也。其曰子，尊之也。聘，问也。

宣公篡立，至是十年，不朝于周而比年朝齐，不奔王丧而奔齐侯之丧，使微者葬匡王而贵卿葬齐侯，纵王讨不加，绝不与通可也。乃使王季子来聘，不亦悖乎？自是王聘不见于经，非孔子削而不书，盖诸侯不以王命为重轻，而王亦不复遣使耳。寥寥百有余年，而后石尚以归脤录，自是天王之名号亦不见于经矣。

公孙归父帅师伐邾，取绎。绎，公羊作蘱。杜注：邾邑鲁国邹县北有绎山。今峄山在邹县东南，盖县治徙山北也。

左传　师伐邾，取绎。为子家如齐传。

鲁之伐邾、取绎，与宋之间晋而伐滕同，胡氏安国皆责以不能讨陈。夫禁暴诛乱，王者之师，其次惟霸主乃能假之，鲁宣篡弑之恶，视宋鲍有加焉，岂可责以讨贼乎？

大水。

季孙行父如齐。

左传　季文子初聘于齐。齐侯初即位。

冬，公孙归父如齐。宣公聘齐止此。

左传　冬，子家如齐，伐邾故也。恐为齐讨，故往谢。

鲁君臣三如齐，是年二卿又相继而往，盖篡弑之谋，仲遂主之，行父助之，齐新立君，恐以旧事声讨，故谄附以自托耳。左氏谓归父之使以伐邾，故恐犹未得其情也。

齐侯使国佐来聘。

左传　国武子来报聘。报文子也。

鲁君臣事齐甚谨，未闻报聘。今齐侯丧未逾年，而命使来鲁，盖议连兵伐莒故，若是其亟也。居丧而聘邻国，考之于礼，虽无明禁，然以《春秋》所书按之，王聘及求金不称王使，而齐侯称使，则恶其即吉而亲命聘使可知矣。

饥。

公羊传　何以书？以重书也。王政以民食为重

楚子伐郑。

左传　楚子伐郑。晋士会救郑，逐楚师于颍北。颍，杜注：颍水出河南阳城，至下蔡入淮。诸侯之师戍郑。

左氏称晋士会救郑，逐楚师于颍北，诸侯之师戍郑。先儒据此谓经削晋救，意不以楚为罪，皆由误以称爵为褒，故曲为之说耳。经所不书有可据传以为义者，必于经有考也。元年，经书赵盾救陈，而传兼救宋。观宋公旋会晋师于棐林，则传所称救宋为得其实，而经削之，以宋有应讨之罪，而不当救可知矣。下年夏，楚子、陈侯、郑伯盟于辰陵，则是冬传称晋师救郑，逐楚师，诸侯留戍，非其实矣。

附录左传　郑子家卒。郑人讨幽公之乱，斫子家之棺，而逐其族。以四年弑君故也。斫薄其棺，不使从卿礼。改葬幽公，谥之曰灵。灵公初谥幽。

日讲春秋解义卷二十九

宣　公

十有一年，春，王正月。

夏，楚子、陈侯、郑伯盟于辰陵。辰陵，谷梁作夷陵。杜注：陈地，颍川长平县东南有辰亭。在今河南陈州西南。

左传　十一年春，楚子伐郑及栎。子良曰："晋、楚不务德而兵争，与其来者可也。晋、楚无信，我焉得有信？"乃从楚。夏，楚盟于辰陵，陈、郑服也。

是时楚庄盛强，主盟中国，盖齐、晋方有事于莒、狄，各营其私，置乱贼而不问，陈、郑知中国不足恃，故折而附楚也。

附录左传　楚左尹子重侵宋，子重，公子婴齐，庄王弟。王待诸郔。郔，杜注：楚地。在今河南项城县境。　令尹蔿艾猎城沂，艾猎，孙叔敖也。沂，杜注：楚邑。在今河南真阳县境。使封人虑事，封人，其时主筑城者。虑事，谋虑计功。以授司徒。司徒掌役。量功命日，命作日数，分财用，财用，筑作具。平板干，干，桢也。墙两头立木板，在两膂障土者，平等其高下。称畚筑，量轻重。畚，盛土器。程土物，为作程限。议远迩，均劳逸。略基趾，略，行也。趾，城足。具糇粮，糇，干食也。度有司。谋监主。事三旬而成，不愆于素。不过素所虑之期也。传言叔敖之能使民。

公孙归父会齐人伐莒。

秋，晋侯会狄于欑函。欑函，杜注：狄也。

左传　晋郤成子求成于众狄。众狄疾赤狄之役，遂服于晋。赤狄，潞氏最强，故服役众狄。秋，会于欑函，众狄服也。是行也，诸大夫欲召狄。郤成子曰："吾闻之，作德莫如勤，非勤何以求人？能勤有继，其从之也。勤则功继之。《诗》曰：'文王既勤止。'《诗·颂》。文王勤以创业。文王犹勤，况寡德乎？

谷梁传　不言及，外狄也。

陈夏征舒为乱，楚方伸大义于天下，晋为霸主，乃孜孜于群狄，至往会焉，卑亦甚矣。直书其事深讥之也。

冬，十月，楚人杀陈夏征舒。

公羊传　此楚子也，其称人何？据下入陈称子。贬。曷为贬？据征舒有罪。不与外讨也。辟天子。不与外讨者，因其讨乎外而不与也，虽内讨亦不与也。虽自讨其臣下，亦不得与。曷为不与？实与而文不与。文曷为不与？诸侯之义，不得专讨也。诸侯之义不得专讨，则其曰实与之何？上无天子，下无方伯，天下诸侯有为无道者，臣弑君，子弑父，力能讨之，则讨之可也。

谷梁传　此入而杀也，其不言入，何也？据入国乃得杀。外征舒于陈也。其外征舒于陈，何也？明楚之讨有罪也。若书楚子入陈杀夏征舒，则入者内不受，是无以表征舒之悖逆，故先言杀。

丁亥，楚子入陈。

谷梁传　入者，内弗受也。日入，恶入者也。何用弗受也？不使夷狄为中国也。

征舒在株林，为陈南邑，楚庄先经其地，执而杀之而后入陈。不言楚子而称人，讨贼之文也。然当时楚实利陈，后虽听申叔时之说，能复封陈，而置夏州，纳乱臣，存亡兴灭，顾若是乎，舜、跖之分，其始在善利之间耳。讨贼者，众人之公义，故杀征舒书楚人。县陈者，一人之贪心，故入陈书楚子。罪人既得，其入也何为哉？胡氏安国谓不书取陈而书入，为末灭之辞，非也。楚实未尝取陈，以实书耳。

纳公孙宁、仪行父于陈。宁，公羊作甯。

左传　冬，楚子为陈夏氏乱故伐陈。十年，夏征舒弑君。谓陈人："无动，将讨于少西氏。"少西，征舒之祖子夏之名。遂入陈，杀夏征舒，轘诸栗门。轘，车裂也。栗门，陈城门。因县陈。灭陈以楚县。陈侯在晋。灵公子成公午，申叔时使于齐，申叔时，楚大夫。反，复命而退。王使让之，曰："夏征舒为不道，弑其君，寡人以诸侯讨而戮之，诸侯、县公皆庆寡人，楚县大夫皆僭称公。女独不庆寡人，何故？"对曰："犹可辞乎？"王曰："可哉！"曰："夏征舒弑其君，其罪大矣，讨而戮之，君之义也。抑人亦有言曰：'牵牛以蹊人之田，蹊，径也。而夺之牛。'牵牛以蹊者，信有罪矣。而夺之牛，罚已重矣。诸侯之从也，曰讨有罪也。今县陈，贪其富也。以讨召诸侯，而以贪归之，无乃不可乎？"王曰："善哉！吾未之闻也。反之，可乎？"对曰："可哉！吾侪小人所谓取诸其怀而与之也。"谓譬如取人物于其怀而还之，为愈于不还。乃复封陈。乡取一人焉以归，谓之夏州。示讨夏氏所获。故书曰："楚子入陈，纳公孙宁、仪行父于陈"，书有礼也。没其县陈本意，而以讨乱存国为文，善其得礼。

公羊传　此皆大夫也，其言纳何？纳公党与也。宁仪、行父本以助公见绝，故言纳公党与。

谷梁传　纳者，内弗受也。辅人之不能民而讨，犹可。辅相邻国，有不能治民者，而讨其罪人，则可。曰犹可者，明邻国之君无辅相之道。入人之国，制人之上下，使不得其君臣之道，不可。二人与昏淫当绝，而楚强纳之，是制人之上下。

二人，致乱之臣，国所不容，楚子不杀而反纳之，必因其来奔，许以陈输楚，故使执其国柄，为主于内，而陈自是从楚不敢贰，则其无诛恶之实心不可掩矣。孔宁、仪行父之奔不书，必孔子削之也。书奔，则习其读者或疑二人能请讨于楚，而其恶隐矣。

附录左传　厉之役，郑伯逃归，盖在六年。自是楚未得志焉。郑既受盟于辰陵，又徼事于晋。为明年楚围郑传。

十有二年春，葬陈灵公。

公羊传　讨此贼者，非臣子也，何以书葬？据惠公杀里克，不书卓子葬。君子辞也。君子之心无私，故讨贼不间内外。楚已讨之矣，臣子虽欲讨之，而无所讨也。

弑逆之贼人皆得讨，盖纲常所在，非有彼此之殊也。征舒虽为楚杀，陈之臣子亦可以释憾矣。故灵公得书葬。

楚子围郑。

左传　十二年春，楚子围郑，旬有七日。郑人卜行成，不吉。卜临于大宫，临，哭也。且巷出车，吉。出车于巷，示将见迁，不得安居。国人大临，守陴者皆哭。陴，城上僻倪。皆哭所以告楚穷也。楚子退师。郑人修城。进复围之，三月，克之。退师犹不服，故复围之九十日。入自皇门，至于逵路。涂方九轨曰逵。郑伯肉袒牵羊以逆，曰："孤不天，不为天所佑。不能事君，使君怀怒以及敝邑，孤之罪也，敢不唯命是听？其俘诸江南以实海滨，亦唯命。其翦以赐诸侯，使臣妾之，亦唯命。若惠顾前好，徼福于厉、宣、桓、武，不泯其社稷，周厉王、宣王，郑之所自出。桓公、武公，郑始封之君也。使改事君，夷于九县，夷，比也。楚灭九国以为九县。庄十四年灭息，十六年灭邓，僖五年灭弦，十二年灭黄，二十六年灭夔，文四年灭江，五年灭六、灭蓼，十六年灭庸。传称楚武王克权，又称文王县申、息，凡十一国，不知何以言九。君之惠也，孤之愿也，非所敢望也。敢布腹心，君实图之。"左右曰："不可许也，得国无赦。"王曰："其君能下人，必能信用其民矣，庸可几乎？"退三十里而许之平。潘尫入盟，子良出质。潘尫，楚大夫。子良，郑伯弟。

以传考之，凡入国者必陵暴残毁，有所俘获，楚子入郭门至于逵路，而退师许盟，秋毫无犯，义不得书入。胡氏安国谓即其国都而书围，为从轻典，非也。

夏，六月，乙卯，晋荀林父帅师及楚子战于邲，晋师败绩。邲，杜注：郑地。今河南郑州东有邲城。

左传　夏六月，晋师救郑。荀林父将中军，代郤缺。先縠佐之。先縠，彘季。代林父。士会将上军，河曲之役，郤缺将上军，宣八年，代赵盾将中军，士会代将上军。郤克佐之。郤克，郤缺子。代臾骈。赵朔将下军，代栾盾。栾书佐之。栾书，栾盾子。代赵朔。赵括、赵婴齐为中军大夫，婴齐，赵盾异母弟。巩朔、韩穿为上军大夫，荀首、赵同为下军大夫。荀首，林父弟。赵同，婴齐兄。韩厥为司马。韩厥，韩万玄孙。及河，闻郑既及楚平，桓子欲还，桓子，林父。曰："无及于郑而勦民，勦，劳也。焉用之？楚归而动，不后。"随武子曰：武子，士会。"善。会闻用师，观衅而动。德、刑、政、事、典、礼不易，不可敌也，不为是征。言无衅不可动。楚军讨郑，怒其贰而哀其卑。叛而伐之，服而舍之，德、刑成矣。伐叛，刑也。柔服，德也。二者立矣。昔岁入陈，今兹入郑，民不罢劳，君无怨讟，政有经矣。荆尸而举，楚武王始更此陈法，遂以为名。商农工贾，不败其业，而卒乘辑睦，事不奸矣。蔿敖为宰，蔿敖，孙叔敖。宰，令尹。择楚国之令典，军行，右辕，左追蓐，在车之右者，挟辕为战备。在左者，追求草蓐为宿备。传曰令尹南辕，又曰改乘辕，楚陈以辕为主。前茅虑无，虑无，如今军行，前有斥候，蹹伏皆持以绛及白为幡，见骑贼举绛幡，见步贼举白幡，备虑有无也。茅，明也。或曰时楚以茅为旌识。中权后劲。中军制谋，后以精兵为殿。百官象物而动，军政不戒而备，物谓旌旗画物类也。戒，勑令。能用典矣。其君之举也，内姓选于亲，外姓选于旧。举不失德，赏不失劳。老有加惠，旅有施舍。旅客来者，施之以惠，舍不劳役。君子小人，物有服章。贵有常尊，贱有等威，礼不逆矣。德立、刑行、政成、事时、典从、礼顺，若之何敌之？见可而进，知难而退，军之善政也。兼弱攻昧，武之善经也。子姑整军而经武乎！犹有弱而昧者，何必楚？仲虺有言曰：仲虺，汤左相，薛之祖，奚仲之后。'取乱侮亡，兼弱也。'《汋》曰：'于铄王师，遵养时晦'，《汋》，《诗·颂》篇名，美武王能遵天之道，须暗昧者恶积而后取之。耆昧也。耆，致也。致讨于昧。《武》曰：'无竞惟烈。'《武》，《诗·颂》篇名。竞，强也。言克商功业，实无强也。抚弱耆昧，以务烈所，可也。言当务从武王之功业，抚而取之。彘子曰：彘子，先縠。"不可。晋所以霸，师武、臣力也。今失诸侯，不可谓力。有敌而不从，不可谓武。由我失霸，不如死。且成师以出，闻敌强而退，非夫也。非丈夫。命为军帅，而卒以非夫，唯群子能，我弗为也。"以中军佐济。佐，彘子所帅也。济，渡河。知庄子曰：庄子，荀首。"此师殆哉！《周易》有之，在师䷆坎下坤上，师。之临䷒，兑下坤上，临。师初六变而之临。曰：'师出以律，否臧，凶。'执事顺成为臧，逆为否。众散为弱，坎为众，今变为兑，兑柔弱。川壅为泽。坎为川，今变为兑，兑为泽，是川见壅。有律以如己也，如，从也。法行则人从法，法败则法从人。坎为法象，今为众则散，为川则壅，是失法之用，从人之象。故曰律。否臧，且律竭也。竭，败也。坎变为兑，是法败。盈而以竭，水以盈为功，竭则败。夭且不整，所以凶也。水遇夭塞，不得整流，则竭涸也。不行之谓临，水变为泽，乃成临卦。泽，不行之物。有帅而不从，临孰甚焉？此之谓矣。譬彘子之违命亦不可行。果遇，必败，彘子尸之，尸之，主此祸。虽免而归，必有大咎。"为明年晋杀先縠传。韩献子谓桓子曰：献子，韩厥。"彘子以偏师陷，子罪大矣。子为元帅，师不用命，谁之罪也？失属亡师，为罪已重，不如进也。事之不捷，恶有所分。与其专罪，六人同之，不犹愈乎?”师遂济。楚子北师次于郔。沈尹将中军，沈，县名，或作寝。杜注：寝，汝阴固始县。子重将左，子反将右，子反，公子侧。将饮马于河而归。闻晋师既济，王欲还，嬖人伍参欲战。参，伍奢之祖父。令尹孙叔敖弗欲，曰：“昔岁入陈，今兹入郑，不无事矣。战而不捷，参之肉其足食乎?”参曰：“若事之捷，孙叔为无谋矣。不捷，参之肉将在晋军，可得食乎?”令尹南辕，反旆，回车南乡。旆，军前大旗。伍参言于王曰：“晋之从政者新，未能行令。其佐先縠刚愎不仁，未肯用命。其三帅者，专行不获。听而无上，众谁适从? 此行也，晋师必败。且君而逃臣，若社稷何?”王病之，告令尹改乘辕而北之，次于管以待之。晋师在敖、鄗之间，管，杜注：荥阳县东北有管城。在今河南郑州北，敖、鄗，杜注：二山在荥阳县西北。今河南荥泽县西北有敖山。郑皇戌使如晋师，曰：“郑之从楚，社稷之故也，未有贰心。楚师骤胜而骄，其师老矣，而不设备。子击之，郑师为承，承，继也。楚师必败。”彘子曰：“败楚服郑，于此在矣。必许之。”栾武子曰：武子，栾书。“楚自克庸以来，在文十六年。其君无日不讨国人而训之，讨，治也。于于，曰也。民生之不易、祸至之无日、戒惧之不可以怠。在军，无日不讨军实而申儆之，于胜之不可保、纣之百克而卒无后，训之以若敖、蚡冒筚路蓝缕以启山林。筚路，柴车。蓝缕，敝衣。言二君勤俭以启土。箴之曰：‘民生在勤，勤则不匮。’不可谓骄。先大夫子犯有言曰：‘师直为壮，曲为老。’我则不德，而徼怨于楚。我曲楚直，不可谓老。其君之戎分为二广，广有一卒，卒偏之两。十五乘为一广。《司马法》百人为卒，二十五人为两，车十五乘为大偏。今广十五乘，亦用旧偏法，复以二十五人为承副。右广初驾，数及日中，左则受之，以至于昏。内官序当其夜，内官，近官。序，次也。以待不虞。不可谓无备。子良，郑之良也。师叔，楚之崇也。师叔入盟，子良在楚，楚、郑亲矣。来劝我战，我克则来，不克遂往，以我卜也。郑不可从。”赵括、赵同曰：“率师以来，唯敌是求。克敌得属，又何俟? 必从彘子。”知季曰：“原、屏，咎之徒也。”知季，庄子也。原，赵同。屏，赵括。徒，党也。咎，指彘子。赵庄子曰：“栾伯善哉！庄子，赵朔。栾伯，武子。实其言，必长晋国。”实，犹充也。楚少宰如晋师，少宰，官名。曰：“寡君少遭闵凶，不能文。闻二先君之出入此行也，二先君，楚成王、穆王。将郑是训定，岂敢求罪于晋? 二三子无淹久。”随季对曰：“昔平王命我先君文侯曰：‘与郑夹辅周室，毋废王命。’今郑不率，寡君使群臣问诸郑，岂敢辱候人? 候人，主宾客之官。敢拜君命之辱。”彘子以为谄，使赵括从而更之曰：“行人失辞。言误对。寡君使群臣迁大国之迹于郑，迁，徙也。曰无辟敌，群臣无所逃命。”楚子又使求成于晋，晋人许之，盟有日矣。有期日。楚许伯御乐伯，摄叔为右，以致晋师。单车挑战，又示不欲和，以疑晋之群师。许伯曰：“吾闻致师者，御靡旌摩垒而还。”靡旌，驱疾也。摩，近也。乐伯曰：“吾闻致师者，左射以菆，左，车左也。菆，矢之善者。代御执辔，御下，两马、掉鞅而还。”两，饰也。掉，正也。示闲暇。摄叔曰：“吾闻致师者，右入垒，折馘、执俘而还。”折馘，断首。皆行其所闻而复。晋人逐之，左右角之。张两角从旁夹攻之。乐伯左射马而右射人，角不能进。矢一而已。麋兴于前，射麋丽龟。丽，著也。龟，背之隆高当心者。晋鲍癸当其后，使摄叔奉麋焉，曰：“以岁之非时，献禽之未至，敢膳诸从者。”鲍癸止之，曰：“其左善射，其右有辞，君子也。”既免。晋魏锜求公族未得而怒，锜，魏犨子。欲为公族大夫。欲败晋师。请致师，弗许。请使，许之。遂往，请战而还。楚潘党逐之，潘尪子。及荥泽，荥泽，杜注：在荥阳县东。见六麋，射一麋以顾献，曰：“子有军事，兽人无乃不给于鲜？敢献于从者。”叔党命去之。即潘党。赵旃求卿未得，旃，赵穿子。且怒于失楚之致师者，请挑战，弗许。请召盟，许之。与魏锜皆命而往。郤献子曰：献子，郤克。“二憾往矣，弗备，必败。”彘子曰：“郑人劝战，弗敢从也。楚人求成，弗能好也。师无成命，多备何为？”士季曰：“备之善。若二子怒楚，楚人乘我，丧师无日矣，不如备之。楚之无恶，除备而盟，何损于好？若以恶来，有备不败。且虽诸侯相见，军卫不彻，警也。”彘子不可。士季使巩朔、韩穿帅七覆于敖前，帅，将也。覆为伏兵七处。故上军不败，赵婴齐使其徒先具舟于河，故败而先济。潘党既逐魏锜，赵旃夜至于楚军，二人虽俱受命，而行不相随，赵旃在后至。席于军门之外，使其徒入之。布席坐，示无所畏。楚子为乘广三十乘，分为左右右。广鸡鸣而驾，日中而说。说，舍也。左则受之，日入而说。许偃御右广，养由基为右。彭名御左广，屈荡为右。楚王更迭载之，故各有御右。乙卯，王乘左广以逐赵旃。赵旃弃车而走林，屈荡搏之，得其甲裳。晋人惧二子之怒楚师也，使軘车逆之。軘车，兵车名。潘党望其尘，使骋而告曰：“晋师至矣。”楚人亦惧王之入晋军也，遂出陈。孙叔曰：“进之。宁我薄人，无人薄我。《诗》云：‘元戎十乘，以先启行’，先人也。《诗·小雅》。元戎，戎车在前也。《军志》曰：‘先人有夺人之心’，薄之也。”遂疾进师，车驰卒奔，乘晋军。桓子不知所为，鼓于军中曰：“先济者有赏。”中军、下军争舟，舟中之指可掬也。”两手曰掬。晋师右移，上军未动。余军皆移去，惟上军在。经所以书战，言犹有陈。工尹齐将右拒卒以逐下军。工尹齐，楚大夫。右拒，陈名。楚子使唐狡与蔡鸠居告唐惠侯曰：二子，楚大夫。唐，杜注：属楚之小国。义阳安昌县有上唐乡。“不谷不德而贪，以遇大敌，不谷之罪也。然楚不克，君之羞也。敢藉君灵以济楚师。”使潘党率游阙四十乘，游车补阙者。从唐侯以为左拒，以从上军。驹伯曰：驹伯，郤克。“待诸乎？”随季曰：“楚师方壮，若萃于我，吾师必尽，不如收而去之。分谤生民，不亦可乎？”同奔为分谤，不战为生民。殿其卒而退，不败。王见右广，将从之乘。屈荡尸之，曰：“君以此始，亦必以终。”尸，止也。军中易乘则恐人惑。自是楚之乘广先左。以乘左得胜故。晋人或以广队不能进，广，兵车重，故不能进。楚人惎之脱扃，惎，教也。扃，车上兵阑也。少进，马还，又惎之拔旆投衡，乃出。

还，便旋不进。旆，大旗也。拔旆投衡上，使不击风，差轻。顾曰："吾不如大国之数奔也。"赵旃以其良马二济其兄与叔父，以他马反。遇敌不能去，弃车而走林。逢大夫与其二子乘，逢大夫，晋人。谓其二子无顾。不欲见赵旃。顾曰："赵傁在后。"傁，老称。怒之，怒其违命。使下，指木曰："尸女于是。"授赵旃绥以免。明日，以表尸之，表所指木，取其尸。皆重获在木下。兄弟累尸而死。楚熊负羁囚知罃，知庄子以其族反之，负羁，楚大夫。知罃，知庄子之子。族，家兵。反，还战。厨武子御，武子，魏锜。下军之士多从之。知庄子下军大夫故。每射，抽矢菆，纳诸厨子之房。抽，擢也。菆，好箭。房，箭舍。厨子怒曰："非子之求，而蒲之爱，蒲，杨柳，可以为箭。董泽之蒲，可胜既乎？"董泽，杜注：泽名。河东闻喜县东北有董池陂。今属山西平阳府。知季曰："不以人子，吾子其可得乎？吾不可以苟射故也。"射连尹襄老，获之，遂载其尸。射公子谷臣，囚之。谷臣，楚王子。以二者还。及昏，楚师军于邲。晋之余师不能军，宵济，亦终夜有声。言其兵众，将不能用。丙辰，楚重至于邲，重，辎重也。遂次于衡雍。潘党曰："君盍筑武军，筑军营以彰武功。而收晋尸以为京观？积尸封土其上，谓之京观。臣闻克敌必示子孙，以无忘武功。"楚子曰："非尔所知也。夫文，止戈为武。武王克商，作颂曰：'载戢干戈，载櫜弓矢。《周颂》时迈篇。櫜，韬也。我求懿德，肆于时夏，允王保之。'肆，遂也。夏，大也。言武王既息兵，又能求美德，故功业遂大，信哉王能保天下也。又作《武》，其卒章曰：'耆定尔功。'其三曰：'铺时绎思，我徂惟求定。'铺，布也。绎，陈也。美武王能布政陈教，使天下归往求安定。其六曰：'绥万邦，屡丰年。'绥，安也。屡，数也。夫武，禁暴、戢兵、保大、定功、安民、和众、丰财者也。此武七德。故使子孙无忘其章。著之篇章，使子孙不忘。今我使二国暴骨，暴矣。观兵以威诸侯，兵不戢矣。暴而不戢，安能保大？犹有晋在，焉得定功？所违民欲犹多，民何安焉？无德而强争诸侯，何以和众？利人之几，而安人之乱，几，危也。以为己荣，何以丰财？兵动则年荒。武有七德，我无一焉，何以示子孙？其为先君宫，告成事而已，祀先君，告战胜。武非吾功也。古者，明王伐不敬，取其鲸鲵而封之，以为大戮，鲸鲵，大鱼名。以喻不义之人吞食小国。于是乎有京观，以惩淫慝。今罪无所，晋罪无所犯。而民皆尽忠以死君命，又可以为京观乎？"祀于河，作先君宫，告成事而还。传言楚庄有礼，所以遂兴。是役也，郑石制实入楚师，石制，郑大夫。将以分郑，而立公子鱼臣。辛未，郑杀仆叔及子服。仆叔，鱼臣也。子服，石制也。君子曰：史佚所谓毋怙乱者，谓是类也。言恃人之乱以要利。《诗》曰："乱离瘼矣，爰其适归。"《诗·小雅》。离，忧也。瘼，病也。爰，于也。言祸乱忧病于何所归乎？叹之。归于怙乱者也夫。"恃乱则祸归之。

公羊传　大夫不敌君，此其称名氏以敌楚子何？据城濮之战得臣称人。不与晋而与楚子为礼也。称林父及楚子战，恶以晋臣与楚君抗礼，故云不与。曷为不与晋而与楚子为礼也？庄王伐郑，胜乎皇门，胜，战胜。皇门，郑郭门。放乎路衢。路衢，郭内衢道。郑伯肉袒，左执茅旌，茅旌，祀宗庙所用茅，断曰藉，不断曰旌。右执鸾刀，鸾刀，宗庙割肉之刀。执宗庙器者，示以宗庙不血食，自归首。以逆庄王曰："寡人无良边垂之臣，言已有过于楚边垂之臣，谦不敢斥庄王。以干天祸，是以使君王沛焉，辱到敝邑。沛焉，怒有余之貌，君如矜此丧人，自谓已丧亡。锡之不毛之地，使帅一二耋老而绥焉，六十称耋，七十称老。谦不敢多索丁夫，愿得主师一二老夫以自安。请唯君王之命。"庄王曰："君之不令臣交易为言，是亦庄王谦不斥郑伯之辞。交易，犹往来也。言君之不善臣，屡往来为恶言。是以使寡人得见君之玉面，而微至乎此。"庄王亲自手旌，缁广充幅长寻曰旐，继旐如燕尾曰旆，加文章曰旗，错革鸟曰旟，注旄首曰旌。左右抙军，退舍七里。将军子重谏曰："南郢之与郑相去数千里，诸大夫死者数人，厮、役、扈、养死者数百人，艾草为防者曰厮，汲水浆者曰役，养马者曰扈，炊烹者曰养。今君胜郑而不有，无乃失民臣之力乎？"庄王曰："古者，杅不穿，皮不蠹，则不出于四方，杅，饮水器。穿，败也。皮，裘也。蠹，坏也。言古者出四方皆当有所丧费，喻已出征伐，士卒死伤，固其宜也。是以君子笃于礼而薄于利，要其人而不要其土，告从不赦，不详，善用心曰详。吾以不详道民，灾及吾身，何日之有？"既则晋师之救郑者至，荀林父也。曰："请战。"庄王许诺。将军子重谏曰："晋，大国也。王师淹病矣，君请勿许也。"庄王曰："弱者吾威之，强者吾辟之，是以使寡人无以立乎天下？"令之还师而逆晋寇。言还者，时庄王胜郑去矣。会晋师至复还战也。庄王鼓之，晋师大败。晋众之走者，舟中之指可掬矣。庄王曰："嘻！吾两君不相好，百姓何罪？"令之还师而佚晋寇。佚犹过，使得渡水去也。

谷梁传　绩，功也。功，事也。日，其事败也。

不书救郑，缓不及事，无救患之实也。中国与楚战，无论胜败，皆以中国为主，故书晋及。徐邈以为内晋而外楚是也。将称元帅，乃史策之通例。胡氏安国谓战以晋主之，责其非观衅之师；败以林父主之，责其不能制命，皆非经之本义。

秋，七月。

附录左传　郑伯、许男如楚。为十四年晋伐郑传。　秋，晋师归，桓子请死，晋侯欲许之。士贞子谏曰：贞子，士渥浊。"不可。城濮之役，晋师三日谷，在僖二十八年。文公犹有忧色。左右曰：'有喜而忧，如有忧而喜乎？'公曰：'得臣犹在，忧未歇也。困兽犹斗，况国相乎？'及楚杀子玉，公喜而后可知也。曰：'莫余毒也。'是已晋再克而楚再败也。楚是以再世不竞。今天或者大警晋也，而又杀林父以重楚胜，其无乃久不竞乎？林父之事君也，进思尽忠，退思补过，社稷之卫也，若之何杀之？夫其败也，如日月之食焉，何损于明？"晋侯使复其位。言晋景所以不失霸。

冬，十有二月，戊寅，楚子灭萧。

左传　冬，楚子伐萧，宋华椒以蔡人救萧，萧人囚熊相宜僚及公子丙。王曰："勿杀，吾退。"萧人杀之。王怒，遂围萧。萧溃。申公巫臣曰：巫臣，楚申县尹。"师人多寒。"王巡三军，拊而勉之，拊，抚慰。三军之士皆如挟纩。纩，绵也。言说以忘寒。遂傅于萧，还无社与司马卯言，号申叔展。还无社，萧大夫。司马卯、申叔展，皆楚大夫也。无社素识叔展，故因卯呼之。叔展曰："有麦麹乎？"曰："无。""有山鞠穷乎？"曰："无。"麦麹、鞠穷，所以御湿。欲使无社逃泥水中，无社不解，故曰无。军中不敢正言，故谬语。"河鱼腹疾奈何？"叔展言无御湿药将病。曰："目于眢井而拯之。"无社意解，欲入井，故使叔展视虚废井，而求拯己。"若为茅绖，哭井则已。"叔展又教结茅以表井，须哭乃应，以为信。明日，萧溃。申叔视其井，则茅绖存焉，号而出之。号，哭也。传言萧人无守心。

楚庄得陈、郑而不有，传以为贤。观其灭萧，则知前日之释陈，乃料其国大，众心难移，而非果能以德礼属诸侯也。萧既灭亡，必无赴告。盖楚庄既服陈、郑，北挫晋师于河上，遂有鞭笞天下之心，故以灭萧告于诸侯，以相震摄耳。

晋人、宋人、卫人、曹人同盟于清丘。清丘，杜注：卫地。濮阳县东南。在今直隶开州东南长乐里。此大夫同盟之始。

左传　晋原縠、宋华椒、卫孔达、曹人同盟于清丘，原縠，先縠。曰："恤病。讨贰。"于是卿不书，经俱称人。不实其言也。宋伐陈，卫救之，不讨贰也。楚伐宋，晋不救，不恤病也。

萧乃宋之附庸，在宋之南，去楚千有余里。楚既败晋，又直抵宋郊，灭其附庸，故宋、卫、曹皆惧而欲倚晋。然晋及诸国不能信任仁贤、修明政事以自强，而徒要盟以御楚，末矣。其书同盟，盖晋霸既衰，诸侯散而复合，故载书以是要言耳。

宋师伐陈。卫人救陈。

左传　宋为盟故伐陈。陈贰于楚故。卫人救之，孔达曰："先君有约言焉。若大国讨，我则死之。"卫成公与陈共公有旧好，故孔达欲背盟救陈，而以死谢晋。为十四年卫杀孔达传。

清丘之盟，陈人不与，宋师伐陈，问陈故也。但陈有弑君之乱，晋不能讨，而楚讨之，虽曰县陈，寻复封之，其德于楚而不贰，未可深责也。故卫以救书，示陈之无罪而被兵也。然宋之伐陈虽过，而辅霸之义则正。卫之救陈虽善，而背盟之罪难辞。直书而其义皆著矣。

十有三年，春，齐师伐莒。公羊作伐卫。

左传　十三年春，齐师伐莒，莒恃晋而不事齐故也。

十一年，公孙归父会齐人伐莒，以泄不肯平之憾也。间岁而齐又伐之，徒以鲁有向之获，而齐未有耳。莒岂负齐、鲁之邑哉？书师，见用大众以扼小邦也。

夏，楚子伐宋。

左传　夏，楚子伐宋，以其救萧也。救萧在前年。君子曰：清丘之盟，唯宋可以免焉。宋讨陈之贰，不背盟言故也。

楚伐宋，以宋师尝伐陈也。陈不与清丘之盟，晋所当问而不能问，宋代晋伐之，以犯楚怒，又晋所当救而不能救，诸侯何恃哉？胡氏安国谓宋伐陈以召楚兵，则楚人有辞以伐，故书其爵，谬矣。上年灭萧，明年围宋，凶暴已甚，而俱书楚子，亦得谓之有辞乎？书楚子以见其君亲将耳。陈、蔡世服于楚，楚有事于中国，皆自郑及宋。楚成争霸，败宋于泓。楚穆争霸，弱宋于厥貉。楚庄之兴，挟郑以侵宋。此年之伐，明年之围，又明年宋人力屈求平，而南北之势成矣。成十八年彭城之役，楚又挟郑以围宋，非悼公之略，则不待襄公之末盟于宋，而南北分霸早见矣。

秋，螽。公羊作蝝

冬，晋杀其大夫先縠。

左传　秋，赤狄伐晋，及清，先縠召之也。清，杜注：一名清原。今山西稷山县西北有清原城。　冬，晋人讨邲之败，与清之师，归罪于先縠而杀之，尽灭其族。君子曰：恶之来也，己则取之。其先縠之谓乎？

縠违命丧师，复召狄谋乱，讨之固宜，而称国以杀，不去其官者何？将责元帅林父不能制命。晋侯既复其位，自战邲至此逾年矣，何为始讨其罪？意縠好刚任直，当国大臣多恶之，会楚复伐宋，故追咎前败，而清之师谓縠召狄，亦附会以成狱辞，如郤至实召楚师之类耳。故称国以杀，见其出于君、大夫之喜怒，而不去其官，见其非死于军刑也。

附录左传　清丘之盟，晋以卫之救陈也讨焉。寻清丘之盟以责卫。使人弗去，曰：“罪无所归，将加而师。”孔达曰：“苟利社稷，请以我说，罪我之由。我则为政，而亢大国之讨，将以谁任？亢，御也。我则死之。”为明年杀孔达传。

日讲春秋解义卷三十

宣　公

十有四年，春，卫杀其大夫孔达。

左传　十四年春，孔达缢而死，卫人以说于晋而免。以杀告，故免于伐。遂告于诸侯曰："寡君有不令之臣达，构我敝邑于大国，既伏其罪矣，敢告。"卫人以为成劳，复室其子，以达有平国之功，故以女妻其子。使复其位。

孔达自缢，而称国以杀，端本清源之意也。进谋者臣，而制命者君，始则用谋以行私，终则杀其人以谢过，可乎？此与鲁刺公子买之事无异，故不去其官。

夏，五月，壬申，曹伯寿卒。

晋侯伐郑。

左传　夏，晋侯伐郑，为邲故也。晋败于邲，郑遂属楚。告于诸侯，蒐焉而还。中行桓子之谋也，曰："示之以整，使谋而来。"使郑自谋而来服晋。郑人惧，使子张代子良于楚。十二年，子良质于楚。子张，穆公孙。郑伯如楚，谋晋故也。郑以子良为有礼，故召之。有让国之礼，事在四年。

晋以救郑致败于邲，郑乃翻然从楚，楚之得志于诸侯未有甚于此时者也。而晋景奋然自将以伐郑，自是，合诸侯以伐郑者一，同盟者四，皆君亲之，于是齐、鲁从，而郑亦服，是以为国贵自强也。

秋，九月，楚子围宋。

左传　楚子使申舟聘于齐，申舟，无畏。曰："无假道于宋。"亦使公子冯聘于晋，不假道于郑。申舟以孟诸之役恶宋，文十年，楚子田孟诸，无畏抶宋公仆。曰："郑昭，宋聋，昭，明也。聋，暗也。晋使不害，我则必死。"王曰："杀女，我伐之。"见犀而行。犀，申舟子。以子托王，示必死。及宋，宋人止之。华元曰："过我而不假道，鄙我也。鄙我，亡也。以我比其边鄙，是与亡国同。杀其使者，必伐我。伐我，亦亡也。亡一也。"乃杀之。楚子闻之，投袂而起。投，振也。屦及于窒皇，窒皇，寝门阙。剑及于寝门之外，车及于蒲胥之市。蒲胥，楚市。言其兴师甚速。秋九月，楚子围宋。

楚庄始则灭萧以逼宋，继则伐宋以声其救萧之罪，又遣使不假道，以激怒于宋而使杀之，至是国君亲将环其国而攻之宋，为晋受兵，而晋坐视不救，咎在晋耳。

胡氏安国于卫人救陈，以为著宋之罪，而伐宋、围宋皆曰宋所自取，失经旨矣。晋之失谋莫过于置宋不救。盖果能悉师救宋，因宋以守，虽胜不可必，而楚人粮尽师老，无功而退，天下诸侯畏楚之残，服晋之义，必将改图北向而霸事可成。乃比之虽鞭之长，不及马腹。不知宋既折而入楚，则余威震于齐、鲁，而南北分霸之势成矣。甚矣晋人之昏冥也。

葬曹文公。

冬，公孙归父会齐侯于谷。

左传　冬，公孙归父会齐侯于谷，见晏桓子，晏，今山东齐河县西北有晏城。《寰宇记》谓之晏婴城。桓子，晏婴父。与之言鲁，乐。桓子告高宣子曰：宣子，高固。“子家其亡乎。子家，归父字。怀于鲁矣。怀，恋也。怀必贪，贪必谋人。谋人，人亦谋己。一国谋之，何以不亡？”为十八年归父奔齐传。

鲁西南与宋为界，楚人围宋，有震邻之恐。行父当国，欲使归父会楚，以谋其不免，但素服于齐，而方是时，楚使申舟聘齐，是齐、楚之交已合也，故先遣归父会谷，以观齐之向背，以将会楚，告所以尽事齐之礼，而恐逢其怒也。至以大夫会诸侯，则自单伯会鄄、公孙敖会戚已为故事，于归父不足责矣。

附录左传　孟献子言于公曰：“臣闻小国之免于大国也，聘而献物，于是有庭实旅百。物，玉帛皮币也。朝而献功，于是有容貌、采章、嘉淑，而有加货，献功，献其治国及征伐之功于牧伯。容貌，容颜威仪也。采章，车服文章也。嘉淑，令辞称赞也。言往共则来报亦备。谋其不免也。诛而荐贿，则无及也。荐，进也。今楚在宋，君其图之。”公说。为明年归父会楚子传。

十有五年，春，公孙归父会楚子于宋。

左传　十五年春，公孙归父会楚子于宋。终前年传。

自楚庄讨陈乱，挫晋师，围郑，围宋，威慑中夏。然郑、宋被围，始皆阖城固守，力屈而后求成，独鲁不然，兵未及国，望风而靡。僖公二十一年，楚献宋捷，鲁君会薄，先诸侯而趋之。今楚方围宋，归父复及，宋之未平而求媚焉。文仲窃位，不能正僖公之失，固不足怪，孟献子，贤大夫也，而倡荐贿之谋亦可鄙也已。

夏，五月，宋人及楚人平。

左传　宋人使乐婴齐告急于晋，晋侯欲救之。伯宗曰：伯宗，晋大夫。“不可。古人有言曰：‘虽鞭之长，不及马腹。’言非所击。天方授楚，未可与争。虽晋之强，能违天乎？谚曰高下在心。度时制宜。川泽纳污，受污浊。山薮藏疾，山之有林薮，毒害者居之。瑾瑜匿瑕，虽美玉之质，亦或居藏瑕秽。国君含垢，忍垢耻。天之道也。晋侯耻不救宋，故伯宗为言小恶不损大德之喻。君其待之。”待楚衰。乃止。使解扬如宋，使无降楚，曰：“晋师悉起，将至矣。”郑人囚而献诸楚。楚子厚赂之，使反其言。反言晋不救。不许。三而许之。登诸楼车，楼车，车上望橹。使呼宋人而告之。遂致其君命。楚子将杀之，使与之言曰："尔既许不谷，而反之，何故？非我无信，女则弃之。速即尔刑。"对曰："臣闻之，君能制命为义，臣能承命为信，信载义而行之为利。谋不失利，以卫社稷，民之主也。义无二信，信无二命。欲为义者不行两信，欲为信者不受二命。君之赂臣，不知命也。受命以出，有死无陨。陨，废坠也。又可赂乎？臣之许君，以成命也。成其君命，死而成命，臣之禄也。寡君有信臣，下臣获考，考，成也。死又何求？"楚子舍之以归。 夏五月，楚师将去宋，在宋积九月，不能服宋故。申犀稽首于王之马前，曰："无畏知死而不敢废王命，王弃言焉。"未服宋而去，故曰弃言。王不能答。申叔时仆，曰："筑室，反耕者，示无去志。宋必听命。"从之。宋人惧，使华元夜入楚师，登子反之床，兵法，因其乡人而用之，必先知其守将左右、谒者、门者之姓名，因而利道之。华元盖用此术，得以自通。起之，曰："寡君使元以病告，曰：'敝邑易子而食，析骸以爨，虽然，城下之盟，有以国斃，不能从也。古人以城下之盟为耻，故宁亡不从。去我三十里，唯命是听。'"子反惧，与之盟，而告王。退三十里，宋及楚平，华元为质。盟曰："我无尔诈，尔无我虞。"盟不书不告。

公羊传　外平不书，此何以书？据十二年楚、郑平不书。大其平乎己也。己，二大夫。何大乎其平乎己？庄王围宋，军有七日之粮尔，尽此不胜，将去而归尔。于是使司马子反乘堙而窥宋城，宋华元亦乘堙而出见之。堙，登城具。司马子反曰："子之国何如？"华元曰："惫矣。"曰："何如？"曰："易子而食之，析骸而炊之。"司马子反曰："嘻！甚矣惫。虽然，吾闻之也，围者，柑马而秣之，使肥者应客，是何子之情也？"围者，见围之国。秣，以粟置马口中。柑，以木衔其口，不令食粟，示有蓄积。肥者，体肥之人。使应客，示饱足也。情，实也。华元曰："吾闻之，君子见人之厄则矜之，小人见人之厄则幸之。吾见子之君子也，是以告情于子也。"司马子反曰："诺，勉之矣。吾军亦有七日之粮尔，尽此不胜，将去而归尔。"揖而去之，反于庄王。庄王曰："何如？"司马子反曰："惫矣。"曰："何如？"曰："易子而食之，析骸而炊之。"庄王曰："嘻！甚矣惫。虽然，吾今取此，然后而归尔。"司马子反曰："不可。臣已告之矣，军有七日之粮尔。"庄王怒曰："吾使子往视之，子曷为告之？"司马子反曰："以区区之宋，犹有不欺人之臣，可以楚而无乎？是以告之也。"庄王曰："诺。先以诺受，绝子反语。舍而止。虽然，吾犹取此，然后归尔。"司马子反曰："然则君请处于此，臣请归尔。"庄王曰："子去我而归，吾孰与于此？吾亦从子而归尔。"引师而去之。故君子大其平乎己也。此皆大夫也，其称人何？贬。曷为贬？平者在下也。

谷梁传　平者，成也，善其量力而反义也。人者，众辞也。平称众，上下欲之也。外平不道，以吾人之存焉道之也。吾人，谓大夫归父。存，在也。

不书宋及楚平，而曰宋人、楚人，众辞也。君臣上下同欲之也。盖宋之力屈，而楚师亦几顿矣，故皆以得平而息师为幸也。文九年陈平不书，宣十年郑平不书，即僖二十四年宋及楚平犹不书也。至是年乃书之，盖陈、蔡、郑、许已若楚之内臣，宋复不支，而南北分霸之势成矣。

六月，癸卯，晋师灭赤狄潞氏，以潞子婴儿归。潞氏，赤狄别种，以国名为氏，子爵也。今山西潞城县即其地，县东北有古潞城。

左传　潞子婴儿之夫人，晋景公之姊也。酆舒为政而杀之，又伤潞子之目，晋侯将伐之，诸大夫皆曰："不可。酆舒有三俊才，不如待后之人。"俊，绝异也。后之人，继酆舒者。伯宗曰："必伐之。狄有五罪，俊才虽多，何补焉？不祀，一也。耆酒，二也。弃仲章而夺黎氏地，三也。仲章，潞贤人。黎氏，杜注：黎侯国，上党壶关县有黎亭。今山西长治县西黎侯亭是也。又山东范县有黎侯城，则黎侯失国寓卫所居之地。虐我伯姬，四也。伤其君目，五也。怙其俊才而不以茂德，兹益罪也。后之人或者将敬奉德义以事神人，而申固其命，审其政令。若之何待之？不讨有罪，曰：'将待后，后有辞而讨焉'，毋乃不可乎？夫恃才与众，亡之道也。商纣由之，故灭。天反时为灾，寒暑易节。地反物为妖，群物失性。民反德为乱，乱则妖灾生。故文，反正为乏。文，字也。制字之体，正之反为乏。尽在狄矣。"晋侯从之。六月癸卯，晋荀林父败赤狄于曲梁，曲梁，杜注：广平曲梁县。今曲梁故城在直隶永年县东北。辛亥，灭潞。酆舒奔卫，卫人归诸晋，晋人杀之。

公羊传　潞何以称子？潞子之为善也，躬足以亡尔。言其去俗归义，适足以亡。虽然，君子不可不记也，离于夷狄，而未能合于中国，晋师伐之中国不救，狄人不有，不有，犹不顾也。是以亡也。

谷梁传　灭国有三术，中国谨日，如卫侯灭邢之类。卑国月，卑国谓附庸之属，如齐侯灭莱之类。夷狄不日。如楚灭江、黄，吴灭州来之类。其日潞子婴儿，贤也。

宋人易子而食，析骸以爨，以待晋救，晋坐视不前，以致诸侯皆南向而事楚。晋乃用大师以灭潞氏，明年又伐甲氏及留吁，其弃诸侯而隳先业，可愧莫甚矣。潞，国名。赤狄之别种也。凡灭国而奔者不名，其位或未绝也。以归者名之，责其无兴复之志也。唯夔子不名，先儒以为无取灭之道，理亦可通。

秦人伐晋。

左传　秋七月，秦桓公伐晋，次于辅氏。辅氏，杜注：晋地。今陕西朝邑县西北有辅氏城。壬午，晋侯治兵于稷，以略狄土。稷，杜注：晋地。河东闻喜县西有稷山。在今山西稷山县南。晋时，新破狄，土地未安，度秦师之弱，故别遣魏颗拒秦，而自东行定狄地。立黎侯而还。狄夺黎土，故晋复立之。及雒，晋侯还及雒也。雒，杜注：晋地。魏颗败秦师于辅氏，获杜回，秦之力人也。初，魏武子有嬖妾。武子，魏犨，颗之父。无子。武子疾，命颗曰："必嫁是。"疾病，则曰："必以为殉。”及卒，颗嫁之曰：“疾病则乱，吾从其治也。”及辅氏之役，颗见老人结草以亢杜回。亢，御也。杜回踬而颠，故获之。夜梦之曰：“余，而所嫁妇人之父也。尔用先人之治命，余是以报。”

自二年秦师伐晋，晋不报秦，今十四年矣。兹复伐晋，必楚人既服郑、宋，有力征中夏之心，故使秦出师，以相牵制，俾晋不暇南顾耳。幸而楚旅旋卒，晋得以其间挫齐、致宋，诸侯复合，尚能与楚相抗。不然，则诸侯骈首南向，虽欲分霸而不可得矣。

王札子杀召伯、毛伯。

左传　王孙苏与召氏、毛氏争政，三人皆王卿士。使王子捷杀召戴公及毛伯卫，王子捷，即王札子。卒立召襄。襄，召戴公子。

公羊传　王札子者何？长庶之号也。礼，天子庶兄冠而不名。札，其字也。不称伯仲者，避同母兄弟，知其为庶兄也。

谷梁传　王札子者，当上之辞也。杀召伯、毛伯，不言其，何也？解经不言杀其大夫。两下相杀也。若言杀其大夫，则是上杀下，非两下相杀矣。两下相杀，不志乎《春秋》，此其志，何也？矫王命以杀之，非忿怒相杀也，故曰以王命杀也。以王命杀，则何志焉？为天下主者，天也。继天者，君也。君之所存者，命也。为人臣而侵其君之命而用之，是不臣也。为人君而失其命，是不君也。君不君，臣不臣，此天下所以倾也。

两下相杀，不志于《春秋》，此其志者，矫王命以杀之也。桓、襄以前，列国交相侵伐，是外诸侯不禀王命也。至王之庶长，一朝而杀世臣二人，则内卿士亦不奉王命矣。故以为非常而志之。不称子札而曰札子，诸家之说皆穿凿而不安，似史文舛误，当阙所疑。

附录左传　晋侯赏桓子狄臣千室，亦赏士伯以瓜衍之县。士伯，士贞子。瓜衍，今山西孝义县北有瓜城。曰：“吾获狄土，子之功也。微子，吾丧伯氏矣。”伯，桓子字。邲之败，晋侯将杀林父，士伯谏而止。羊舌职说是赏也，职，叔向父。曰：“《周书》所谓‘庸庸祗祗’者，谓此物也夫。《周书·康诰》。庸，用也。祗，敬也。言文子能用可用，敬可敬。此物，此事也。士伯庸中行伯，言中行伯可用。君信之，亦庸士伯，此之谓明德矣。文王所以造周，不是过也。故《诗》曰：‘陈锡载周’，能施也。《诗·大雅》文王篇。锡，赐也。言文王布陈大利，以赐天下，故能载行周道，福流子孙。率是道也，其何不济？”晋侯使赵同献狄俘于周，不敬。刘康公曰：“不及十年，原叔必有大咎，天夺之魄矣。”心之精爽是为魂魄，为八年杀赵同传。

秋，螽。

宣公烦于朝聘赂遗之末，竭内奉外，人事乖而戾气应之矣。

仲孙蔑会齐高固于无娄。无娄，公羊作牟娄。杜注：杞邑。案，隐四年，莒人伐杞取牟娄时，已为莒邑。杜注疑有误。

高固自以事出，鲁宣使大夫候之于途，谄事外臣，书之以示贬也。

初税亩。

左传　初税亩，非礼也。谷出不过藉，以丰财也。周法，民耕百亩，公田十亩，借民力而治之，税不过此。

公羊传　初者何？始也。税亩者何？履亩而税也。按亩加税。初税亩何以书？讥。何讥尔？讥始履亩而税也。何讥乎始履亩而税？古者什一而藉。什一而借民力，以什与民，自取其一为公田。古者曷为什一而藉？什一者，天下之中正也。多乎什一，大桀小桀。寡乎什一，大貉小貉。什一者，天下之中正也，什一行，而颂声作矣。

谷梁传　初者，始也。古者什一，藉而不税。借民力治公田，不税其私。初税亩，非正也。古者，三百步为里，名曰井田。井田者，九百亩，公田居一。八家皆私百亩，中百亩为公田。私田稼不善则非吏，非，责也。吏，田畯也。言吏急民使不得营私田。公田稼不善则非民。民勤私也。初税亩者，非公之去公田而履亩，十取一也，以公之与民为已悉矣。悉谓尽其力。古者，公田为居，井灶葱韭尽取焉。公田百亩中又以二十亩为八家之宅，家作一园，以种五菜，外种楸桑，以备养生送死。

始变法以厉民也。古者什一藉而不税，宣公因国用不足，既收公田之入，又履私亩而税之，是倍取于旧矣。其后作丘甲，用田赋至二犹不足，则皆宣公启之也。

冬，蝝生。

公羊传　未有言蝝生者，此其言蝝生何？蝝生不书，始生曰蝝，既大曰螽。蝝生例不书。此何以书？幸之也。幸之者何？犹曰受之云尔。闻灾当惧，而反幸者，犹曰宜得此灾，有受之者尔。受之云尔者何？上变古易常，谓宣公变古常制而税亩。应是而有天灾，其诸则宜于此焉变矣。人君观此，则宜遇灾而惧，知所变计。

谷梁传　蝝非灾也。初生故。其曰蝝，非税亩之灾也。非，责也。

螽之始生即为蝝，方螽于秋，冬又生子，灾之及民重矣。螽飞蔽天，或来自他处，故不言生。蝝生于境内，人见其生，故异文。

饥。

左传　冬，蝝生，饥，幸之也。蝝未为灾而书之者，幸其冬生，不为物害，时岁虽饥，犹喜而书之。

古者，以三十年之通制国，用虽有凶荒，民无菜色。今宣公一遇螽、蝝，遽至于饥，则以平时不知务农重谷以待缓急之需也。庄二十八年，大无麦禾，而不书饥，盖当其时犹知告籴以救灾也。宣公之篇书饥者再，是既无仓廪之藏，又乏救荒之策，惟坐视其民之饥而死耳。

十有六年，春，王正月，晋人灭赤狄甲氏及留吁。甲氏、留吁，杜注：赤狄别种。胡氏注：留吁谓之纯留。今山西屯留县南有故城。

左传　十六年春，晋士会帅师灭赤狄甲氏及留吁、铎辰。铎辰不书，留吁之属，当在今山西潞安府境。三月，献狄俘。献于王也。晋侯请于王。戊申，以黻冕命士会将中军，且为太傅。代林父将中军，且加以太傅之官。黻冕，命卿之服。于是晋国之盗逃奔于秦。羊舌职曰："吾闻之，禹称善人，称，举也。不善人远。此之谓也夫。《诗》曰：'战战兢兢，如临深渊，如履薄冰'，善人在上也。言善人居位，则无不戒惧。善人在上，则国无幸民。赏不僭、刑不滥也。谚曰：'民之多幸，国之不幸也'，是无善人之谓也。"

甲氏者，潞之余种。留吁，其残邑也。前此楚人围宋，晋坐视不救，诿曰鞭长不及，于潞氏、甲氏则穷搜不已，且欑函之会无几时，而灭狄者三，蔑德弃信，何以宗诸侯乎。

夏，成周宣榭火。榭，公羊作谢。火，公羊、谷梁作灾。

左传　夏，成周宣榭火，人火之也。凡火，人火曰火，天火曰灾。

公羊传　成周者何？东周也。瀍水西为王城，瀍水东下都为成周。宣谢者何？宣宫之谢也。宣，宫宣王庙。至此不毁者，有中兴之功。何言乎成周宣谢灾？乐器藏焉尔。夷、厉之时，乐器有坏，故宣王作之。成周宣谢灾何以书？记灾也。外灾不书，此何以书？新周也。孔子作《春秋》，上黜杞，下故宋，而新周。

谷梁传　周灾，不志也。其曰宣榭，何也？以乐器之所藏目之也。

榭者，讲武之屋。宣王中兴，南征北讨，其用武于四方，必有讲肄之所，即成周宣榭是也。宣榭火，而兴王之迹泯矣。圣人重之而书，示不忘古也。

秋，郯伯姬来归。

左传　秋，郯伯姬来归，出也。伯姬，鲁女嫁郯者。

妇人归宁曰来，出曰来归。齐人来归子叔姬，叔姬无罪，强归之也。郯伯姬来归，伯姬有罪，自取之也。杞叔姬亦大归也，而书卒，书杞伯逆其丧归，则义尚有不当绝者。郯伯姬不书卒，不书丧归，则其过必有甚于杞伯姬者矣。

附录左传　为毛、召之难故，王室复乱，毛、召难在前年。王孙苏奔晋，晋人复之。毛、召之党欲讨苏氏，故出奔。　冬，晋侯使士会平王室，定王享之。原襄公相礼。原襄公，周大夫。殽烝，烝，升也。升殽于俎。武子私问其故。享当体荐而殽烝，故怪问之。武，士会谥。季，其字。王闻之，召武子曰："季氏，而弗闻报乎？王享有体荐，享则半解其体而荐之，所以示俭。宴有折俎。体解节折，升之于俎，物皆可食，所以示慈惠。公当享，卿当宴，王室之礼也。"公谓诸侯、卿虽享，亦当用宴礼。武子归而讲求典礼，以修晋国之法。传言典礼之废久。

冬，大有年。

谷梁传　五谷大熟为大有年。

大者，非常之词。有者，不易有也。记其有者，所以见其无也。宣公享国十有八年，而仅一有年，故以为非常，而书之。

十有七年春，王正月庚子，许田锡我卒。

丁未，蔡侯申卒。

夏，葬许昭公。

葬蔡文公。

宣公华而少实，其于邦交以势利为疏数，来赴而不会其葬者多矣。乃许昭、蔡文皆会其葬，盖许、蔡为楚之私，公方附楚，故不敢略许，蔡之丧纪耳。

六月，癸卯，日有食之。

己未，公会晋侯、卫侯、曹伯、邾子，同盟于断道。断道，杜注：晋地。今山西沁州东有断梁城。

左传　十七年春，晋侯使郤克征会于齐。欲为断道会。齐顷公帷妇人，使观之。郤子登，妇人笑于房。跛而登阶，故笑之。献子怒，献子，郤克。出而誓曰："所不报此，无能涉河。"献子先归，使栾京庐待命于齐，栾京庐，郤克之介。曰："不得齐事，无复命矣。"使得齐之罪乃复命。郤子至，请伐齐，晋侯弗许。请以其私属，又弗许。私属，家众。为成二年战于娄传。齐侯使高固、晏弱、蔡朝、南郭偃会。晏弱，桓子。及敛盂，高固逃归。闻郤克怒故。夏，会于断道，讨贰也。盟于卷楚，卷楚，即断道。辞齐人。晋人执晏弱于野王，执蔡朝于原，执南郭偃于温。执三子不书，非卿。野王，杜注：野王县，属河内。今河南怀庆府治。苗贲皇使，见晏桓子。苗贲皇，楚斗椒之子。楚灭斗氏，而奔晋，食邑于苗地。晏弱时在野王，故因使而见之。归，言于晋侯曰："夫晏子何罪？昔者诸侯事吾先君，皆如不逮，举言群臣不信，举，皆也。诸侯皆有贰志。齐君恐不得礼，故不出，而使四子来。左右或沮之，曰：'君不出，必执吾使。'故高子及敛盂而逃。夫三子者曰：'若绝君好，宁归死焉。'为是犯难而来。吾若善逆彼，以怀来者，彼，齐三人。吾又执之，以信齐沮，吾不既过矣乎？过而不改，而又久之，以成其悔，何利之有焉？使反者得辞，反者，高固。谓得不当来之辞。而害来者，以惧诸侯，将焉用之？"晋人缓之，逸。缓，不拘执，使得逃去也。传言晋不能修礼，诸侯所以贰。

谷梁传　同者，有同也，同外楚也。不于清丘发传者，清丘鲁不会，故重举以包之也。

鲁、卫、曹、邾地皆邻接于宋，宋乃四国之藩蔽也。宋折而入楚，故四国自危，晋亦惧楚，故复结是盟。其书同，载书以是要言也。谷梁以为外楚，二传以为谋齐，盖外楚其本谋，而晋方怒齐，故亦命事于会耳。

附录左传　秋八月，晋师还。　范武子将老，初受随，故曰随武子，后更受范，复为范武子。召文子曰："燮乎！文子，士会之子。燮，其名。吾闻之，喜怒以类者鲜，易者实多。易，迁怒也。《诗》曰：'君子如怒，乱庶遄沮。君子如祉，乱庶遄已。'《诗·小雅》。遄，速。君子之喜怒，以已乱也。弗已者，必益之。郤子其或者欲已乱于齐乎？不然，余惧其益之也。余将老，使郤子逞其志，庶有豸乎。豸，解也。欲使郤子从政，快志以止乱。尔从二三子，唯敬。"二三子，晋诸大夫。乃请老。郤献子为政。

秋，公至自会。

宣公会盟两书至。黑壤，事齐而不事晋，危晋之见讨而不得释也。断道，背齐而与晋谋伐齐，危齐人之见讨也。宣公既得国以后，卑屈事齐，惟恐获戾，逮齐惠公卒，事齐之礼渐疏，复附楚依晋以谋齐。内不能守礼明政，外不能讲信修睦，而倾侧于强大之间，其何能国乎？

冬，十有一月，壬午，公弟叔肸卒。

左传　冬，公弟叔肸卒，公母弟也。凡太子之母弟，公在曰公子，不在曰弟。以兄为尊。凡称弟，皆母弟也。此策书之通例。

谷梁传　其曰公弟叔肸，贤之也。其贤之何也？宣弑而非之也。非之则胡为不去也？曰兄弟也，何去而之？与之财，则曰我足矣，织屦而食，终身不食宣公之食。君子以是为通恩也，以取贵乎《春秋》。宣公弑逆，故其禄不可受。兄弟无绝道，故虽非而不去。论情可以明亲亲，言义足以厉不轨，是以贵之。

叔肸为宣公母弟，生不见于策，书死不称公子，则未为大夫明矣。非大夫而书卒，以其贤也。传称得《春秋》之义者二。卫侯之弟鱄以政刑无常，洁身去国。叔肸遭宣公大逆，孔怀之谊，不忍奋飞，终身不食其禄。皆处变而得其宜。然叔肸所为，内可以尽私恩，外足以维公义，故传于鱄曰合，于肸曰取贵，则贤于鱄远矣。

十有八年，春，晋侯、卫世子臧伐齐。

左传　十八年春，晋侯、卫大子臧伐齐，大子臧，穆公子。至于阳谷。齐侯会晋侯盟于缯，以公子强为质于晋。晋师还，蔡朝、南郭偃逃归。

齐霸国之余，晋文资其力以败楚。自文公卒，齐不复从晋盟，晋方不竞于楚，是以问不及齐。至是以诸侯同心外楚，征会而齐不与，乃毅然亲将以伐之，实得继霸之义。鞍之战，虽曰逞忿，然自是齐服，而东诸侯无贰心，无会不与，无役不从，与楚相抗者近百年，不可谓非谋国之善也。

公伐杞。

杞世婚于鲁，杞桓公鲁出，且娶于鲁，僖、文之世各一来朝。宣公篡立，杞伯终其世不来朝，盖疾其躬为大恶，虽不能讨，而耻相附也。故憾之，而亲伐焉。然适以自暴其恶，而张杞之义耳。

夏，四月。

附录左传　夏，公使如楚乞师，欲以伐齐。公不事齐，齐与晋盟，故惧而乞师于楚。不书，微者行。

秋，七月，邾人戕鄫子于鄫。鄫，谷梁作缯。

左传　秋，邾人戕鄫子于鄫。凡自虐其君曰弑，自外曰戕。弑、戕皆杀也。所以别内外之名。

公羊传　戕鄫子于鄫者何？残贼而杀之也。

谷梁传　戕犹残也，捝杀也。捝谓捶也。

戕者，残贼而杀之也。于鄫，罪鄫之臣子不能救君难也。邾文公时，曾虐用鄫子，然尚以会盟于邾也。今乃使人造其国都，而戕杀其君，则鄫岂虚无人乎？至邾人灭人理而悖天常，则不待贬而恶见矣。

甲戌，楚子旅卒。旅，谷梁作吕。楚始书卒。

左传　楚庄王卒，楚师不出。既而用晋师，成二年战于鞍是。楚于是乎有蜀之役。在成二年冬。蜀，杜注：鲁地，泰山博县西北有蜀亭。在今山东泰安州西。

公羊传　何以不书葬？吴、楚之君不书葬，辟其号也。葬从臣子，辞当称王，故绝其葬。

谷梁传　夷狄不卒，卒，少进也。卒而不日，日，少进也。日而不言正，不正，简之也。中国卒正则日，不正乃不日。夷狄进之则日，不论正、不正，故云简之。

楚君至是始书卒。鲁事之一如齐、晋，故著于策书也。不书葬，孔子削之也。记曰：天无二日，土无二王。《春秋》恐民之惑，故不称楚、越之王丧，盖辟其号而不书其葬也。楚入春秋百年，武、文、成、穆未敢有窥周室之心，至楚子旅而观兵问鼎，力征中夏，聘于齐、晋，直用王使过宾之礼，非天夺其年，不尽臣天下之诸侯不止也。卒书其故爵，盖黜其淫名，以正君臣之名分。而先儒乃谓进之是以爵之，贵之是以卒之，其义悖矣。

公孙归父如晋。

左传　公孙归父以襄仲之立公也有宠，归父，襄仲子。欲去三桓，以张公室。与公谋而聘于晋，欲以晋人去之。

宣公用归父之谋，欲去三桓以张公室，其事未尝不正。而宣公薨，归父逐三桓之势益张，岂惟谋之不审哉？其道固不足以胜三桓也。仲遂身为大逆，而任其子以图世族，义既不足以动人。晋政方在强家，而藉其力以逐内臣，则谋亦不能以自遂。使能信任仁贤，修明政教，渐收其威柄，则三桓必有戢志，公室可以自张。然宣公篡弑之人，岂足以语此哉？

冬，十月，壬戌，公薨于路寝。

谷梁传　正寝也。

归父还自晋，至笙。遂奔齐。笙，公羊、谷梁作柽。杜注：鲁竟也。

左传　冬，公薨。季文子言于朝曰："使我杀適立庶以失大援者，仲也夫。"適谓子恶，襄仲杀之而立。宣公事齐通楚，以失晋援，季文子怨归父欲去三桓，故借此以为之罪。臧宣叔怒曰：宣叔，文仲子，武仲父。"当其时不能治也，后之人何罪？子欲去之，许请去之。"许，宣叔名。时为司寇。遂逐东门氏。襄仲居东门，故曰东门氏。子家还，及笙，坛帷，复命于介。除地为坛而张帷。介，副也。将去，使介复命于君。既复命，袒，括发。袒衣，以麻约发。即位哭，三踊而出。依在国丧礼设哭位，公薨故。遂奔齐。书曰归父还自晋，善之也。

公羊传　还者何？善辞也。何善尔？归父使于晋，还自晋，至柽，闻君薨家遣，墠帷，哭君成踊。踊，辟踊也。成踊，成三日五哭踊之礼。反命乎介，自是走之齐。

谷梁传　还者，事未毕也。自晋，事毕也。与人之子，守其父之殡。人之子，谓归父子也。言成公与归父子共守宣公殡。捐殡而奔其父之使者，是以奔父也。捐，弃也。成公弃父之殡，逐父之使，父命未反而已逐之，是与亲奔父无异。至柽，遂奔齐。遂，继事也。

归父谋去三桓，会公之薨，季氏乃追论仲遂弑君之罪，而逐归父。观传所载，行父倡言，臧孙逐之，若无嗣君者，行父罪不容诛，而成公不足有为，亦于此可见矣。归父奉使而还，闻君薨家遣，常人当此必震惧失常，而墠帷哭君成踊，反命乎介，则犹能守礼者，惜乎其始谋之不臧也。

日讲春秋解义卷三十一

成　公

公名黑肱，宣公子。谥法安民立政曰成。

周　定王十七年。鲁成公五年，定王崩，子简王立。

郑　襄公十五年。鲁成公四年，襄公卒，悼公费立。成六年，悼公卒，弟成公睔立。

齐　顷公九年。鲁成公九年，顷公卒，子灵公环立。

宋　文公二十一年。鲁成公二年，文公卒，子共公固立。成十五年，共公卒，子平公成立。

晋　景公继霸十年，时郤克为政。鲁成公四年，栾书为政。成十年，景公有疾，晋人立太子州蒲，是为厉公。是年景公卒，成十八年，厉公弑，悼公周立，韩厥为政。

卫　穆公十年。鲁成公二年，穆公卒，子定公臧立。成十四年，定公卒，子献公衎立。

蔡　景公二年。

曹　宣公五年。鲁成公十三年，宣公卒，弟成公负刍立。

滕　文公十年。鲁成公十六年，文公卒，成公原立。

陈　成公九年。

杞　桓公四十七年。

薛　详见隐公元年。

莒　鲁成公十四年，莒子朱卒，一名渠丘公黎。比公密州立，又名买朱鉏。

邾　定公二十四年。鲁成公十七年，定公卒，宣公牼立。

许　灵公二年。鲁成公十五年，许迁于叶。

小邾　详见僖公元年。

楚　共王元年。鲁成十六年，子反将中军，子重将左。战鄢陵，楚败绩，晋射共王中目，楚杀子反。

秦　桓公十五年。鲁成公十四年，桓公卒，子景公立。

吴　鲁成公七年，吴伐郯，始见经，即吴子寿梦也。寿梦一名乘。

越　详见隐公元年。

日讲春秋解义卷三十一

成　公

名黑肱，宣公之子，母穆姜，以定王十七年即位。谥法安民立政曰成。

元年，春，王正月，公即位。

继正而行即位之礼，故书于策也。与桓、宣之书即位辞同而义异。考其事，论其世，则其实不可掩矣。

二月辛酉，葬我君宣公。

无冰。

谷梁传　终时无冰则志，此未终时，而言无冰，何也？言终寒时无冰当志耳，今方建丑之月，是寒时未终。终无冰矣。加之寒之辞也。周二月，夏十二月也。是月于寒之中又加甚焉。过此无冰，终无复冰矣。

恒燠也。周之二月，夏之十二月也。当涸阴冱寒而恒燠焉。此政事舒缓、纪纲纵弛之象也。方是时，成公幼弱，政在三家，公室不张，其象已先见矣。凡策书所载，皆经邦大训，人有微而不登其姓名，事有小而不记其本末，雨雹冰雪何以悉书？天人一理也，万物一气也。观于阴阳寒暑之变，以察其消息盈虚，此敬天勤民慎于微之意也。每慎于微，则王事备矣。

附录左传　元年春，晋侯使瑕嘉平戎于王。平文十七年邥垂之役。詹嘉处瑕，故谓之瑕嘉。单襄公如晋拜成。单襄公，王卿士。刘康公徼戎，将遂伐之。叔服曰："背盟而欺大国，此必败。背盟不祥，欺大国不义，神人弗助，将何以胜?"不听，遂伐茅戎。三月癸未，败绩于徐吾氏。徐吾氏，茅戎之别也。茅戎，杜注：戎别种。《水经注》大阳县有茅亭，故茅戎邑也。《括地志》茅戎在河北县西，当在今山西平陆县界。

三月，作丘甲。

左传　为齐难，故作丘甲。前年，鲁乞师于楚，欲以伐齐，楚师不出，故惧而作丘甲。

公羊传　何以书？讥。何讥尔？讥始丘使也。言始使丘民作甲。

谷梁传　作，为也。丘为甲也。使一丘之民皆作甲。丘甲，国之事也。作甲，非正也。丘作甲之为非正，何也？古者，立国家，百官具，农工皆有职以事上。古者有四民，有士民，有商民，有农民，有工民。夫甲，非人人之所能为也。丘作甲，非正也。

此因齐难而益兵也。《司马法》九夫为井，四井为邑，四邑为丘，四丘为甸。甸赋车一乘，步卒七十二人，甲士三人。凡二十五人为一甲，三甲为一乘一丘所出十有八。人今丘出一甲，是一甸之中百人为兵，总一乘计之，增一甲矣。积三甸计之，增一乘矣。增乘、增甲虽不可考，其实皆益兵，其数皆增三之一尔。《春秋》恶其紊乱先王军赋之制，以重困农民，故特书作以讥之。作者，不宜作也。

夏，臧孙许及晋侯盟于赤棘。赤棘，杜注：晋地。

左传　闻齐将出楚师，夏，盟于赤棘。与晋盟惧齐、楚。

季孙当国，憾齐人之纳归父，又闻其将出楚师，遂急于求晋，而为此盟。鲁所欲，故书及。鲁大夫特盟诸侯者五，其四书及，皆鲁志也。惟祲祥书会，则郏志耳。诸侯与大夫会盟，在列国亦为降尊失列，况霸主乎？季孙行父会齐侯于阳谷，而后公子遂及齐侯盟于郪丘。昔也公孙敖会晋侯于戚，今则臧孙许及晋侯盟，政教之陵迟其所由来者渐矣。

秋，王师败绩于茅戎。公羊、谷梁作贸戎。

左传　秋，王人来告败。解经所以秋乃书。

公羊传　孰败之？盖晋败之。以晋比侵柳围郊，知王师讨晋而败。或曰贸戎败之。以地在贸戎故。然则曷为不言晋败之王？者无敌莫敢当也。

谷梁传　不言战，莫之敢敌也。为尊者，讳敌，不讳败。讳敌，使莫为之偶。不讳败，以见其过。为亲者，讳败，不讳敌。讳败，惜其毁折也。不讳敌，诸侯有列国。尊尊亲亲之义也。尊谓王，亲谓鲁。然则孰败之？晋也。

王者之师有征无战，书败不书战，以茅戎不得与天子抗也。柔服远人，惟在惇信明义，而设诈相邀，是失其所以驭戎之礼。故以自败为文，亦自反之道也。

冬，十月。

谷梁传　季孙行父秃，晋郤克眇，卫孙良夫跛，曹公子手偻，同时而聘于齐。齐使秃者御秃者，使眇者御眇者，使跛者御跛者，使偻者御偻者。御，迎也。萧同姪子处台上而笑之，萧，国也。同，姓也。姪子，字也。其母更嫁齐惠公，生顷公。宣十二年，楚灭萧，故随其母在齐。闻于客，客不说而去。相与立胥闾而语，移日不解。胥闾，门名。齐人有知之者，曰："齐之患，必自此始矣。"范氏宁曰："谷梁子作传，皆释经以立义，未有无其文而发传者。疑冬十月下脱'季孙行父如齐'六字。"

附录左传　冬，臧宣叔令修赋、缮完、治完城郭。具守备，曰："齐、楚结好，我新与晋盟，晋、楚争盟，齐师必至。虽晋人伐齐，楚必救之，是齐、楚同我也。言将共伐。知难而有备，乃可以逞。"为二年齐侯伐我传。

二年，春，齐侯伐我北鄙。

左传　二年春，齐侯伐我北鄙，围龙。龙，杜注：鲁邑。在泰山博县西南。顷公之嬖人庐蒲就魁门焉。攻龙门。龙人囚之，齐侯曰："勿杀，吾与而盟，无入而封。"封，竟。弗听，杀而膊诸城上。膊，磔也。齐侯亲鼓，士陵城。三日，取龙。遂南侵，及巢丘。

初，宣公事齐甚谨，聘会相继。及与晋盟断道，而怨隙成，再盟赤棘，而伐我北鄙。鲁于是乎空国兵而为鞍之战，同曰愤兵，务相报复，不待贬而罪自见矣。

夏，四月，丙戌，卫孙良夫帅师及齐师战于新筑，卫师败绩。新筑，杜注：卫地。今直隶魏县南有新筑城。

左传　卫侯使孙良夫、石稷、宁相、向禽将侵齐，与齐师遇。齐伐鲁还，故遇。良夫，孙林父之父。石稷，石碏四世孙。宁相，宁俞子。石子欲还，孙子曰："不可。以师伐人，遇其师而还，将谓君何？若知不能，则如无出。今既遇矣，不如战也。"夏，有阙文，失新筑战事。石成子曰：成子，石稷。"师败矣，子不少须，众惧尽。子丧师徒，何以复命？"皆不对。又曰："子，国卿也。陨子，辱矣。陨，见禽获。子以众退，我此乃止。"自请止此御齐师。且告车来甚众。新筑人救孙桓子故，并告令军中。齐师乃止，次于鞫居。鞫居，杜注：卫地。《后汉志》封丘有鞫亭，即古鞫居也。新筑人仲叔于奚救孙桓子，桓子是以免。于奚，守新筑大夫。既，卫人赏之以邑，赏于奚。辞，请曲县、繁缨以朝。许之。曲县，轩县也。《周礼》天子乐宫县四面，诸侯轩县阙南方，故曲县钟磬之属县于笋簴者。繁缨，马饰。诸侯服。仲尼闻之曰："惜也，不如多与之邑。唯器与名不可以假人，器，车服。名，爵号。君之所司也。名以出信，名位不愆，为民所信。信以守器，动不失信，则车服可保。器以藏礼，车服，所以表尊卑。礼以行义，尊卑有礼，各得其宜。义以生利，得其宜则利生。利以平民，政之大节也。若以假人，与人政也。政亡则国家从之，弗可止也已。"

欲战者，卫也。故以卫主之。卫既使世子臧与晋同伐齐，又使四大夫侵齐，及与齐师遇，石稷欲还良夫不可，盖欲逞一笑之忿，而败国勦民有不顾也。强臣柄国，其君不能主，同列不敢争，而专行无忌如此。故孔达帅师不书，至良夫而后书，著大夫之无君也。其后林父出君，据邑以叛，其端已兆于此矣。

六月，癸酉，季孙行父、臧孙许、叔孙侨如、公孙婴齐帅师会晋郤克、卫孙良夫、曹公子首，及齐侯战于鞍。齐师败绩。首，公羊、谷梁作手。鞍，杜注：齐地。近志云鞍，即古之历下。

左传　孙桓子还于新筑，不入，不入国。遂如晋乞师。臧宣叔亦如晋乞师。皆主郤献子。孙桓子、臧宣叔皆不以国命，自诣郤克，故不书。晋侯许之七百乘。五万二千五百人。郤子曰："此城濮之赋也。城濮之战，晋车七百乘。有先君之明与先大夫之肃，故捷。克于先大夫，无能为役。"请八百乘。许之。六万人。郤克将中军，士燮佐上军，范文子代荀庚。栾书将下军，代赵朔。韩厥为司马，以救鲁、卫。

臧宣叔逆晋师，且道之。季文子帅师会之。及卫地，韩献子将斩人，郤献子驰，将救之，至则既斩之矣。郤子使速以徇，告其仆曰："吾以分谤也。"不欲使韩子独受杀人之谤。师从齐师于莘。莘，杜注：齐地。六月壬申，师至于靡笄之下。靡笄，杜注：山名。徐广曰："靡当作历。"志曰历山，即《左传》所谓靡笄之山。在今山东济南府南。齐侯使请战，曰："子以君师辱于敝邑，不腆敝赋，诘朝请见。"对曰："晋与鲁、卫，兄弟也，来告曰：'大国朝夕释憾于敝邑之地。'大国谓齐。敝邑，鲁、卫自称。寡君不忍，使群臣请于大国，无令舆师淹于君地。舆，众也。淹，久也。能进不能退，君无所辱命。"言自欲战，不须齐命。齐侯曰："大夫之许，寡人之愿也。若其不许，亦将见也。"齐高固入晋师，桀石以投人，桀，担也。禽之而乘其车，既获其人，因释己车，而载所获者车。系桑本焉，以徇齐垒，将至齐垒，以桑树系车而走，欲自异。曰："欲勇者，贾余余勇。"言己勇有余，欲卖之。癸酉，师陈于鞍。邴夏御齐侯，逢丑父为右。晋解张御郤克，郑丘缓为右。齐侯曰："余姑翦灭此而后朝食。"不介马而驰之。介，甲也。郤克伤于矢，流血及屦，未绝鼓音，中军将自执旗鼓故，虽伤而击鼓不息。曰："余病矣。"张侯曰：张侯，解张。"自始合，而矢贯余手及肘，余折以御。左轮朱殷，岂敢言病？朱，血色。血色久则殷。赤，黑色。言血多污车轮，御犹不敢息。吾子忍之。"缓曰："自始合，苟有险，余必下推车，子岂识之？然子病矣。"张侯曰："师之耳目，在吾旗鼓，进退从之。此车一人殿之，可以集事。殿，镇也。集，成也。若之何其以病败君之大事也？擐甲执兵，固即死也，病未及死，吾子勉之。"左并辔，右援枹而鼓，马逸不能止，师从之。晋师从郤克军。齐师败绩。逐之，三周华不注。华不注，杜注：山名。在今山东济南府城北。韩厥梦子舆谓己曰："且辟左右。"子舆，韩厥父。言勿处车之左右两偏。故中御而从齐侯。将在左，居中，代御者。邴夏曰："射其御者，君子也。"公曰："谓之君子而射之，非礼也。"射其左，越于车下。越，队也。射其右，毙于车中。綦毋张丧车，綦毋张，晋大夫。从韩厥，曰："请寓乘。"寓，寄也。从左右，皆肘之，使立于后。以左右皆死，不欲使立其处，故以肘排退之。韩厥俛，定其右。俛，俯也。右被射，仆车中，故俯安隐之。逢丑父与公易位。见事急，故易居公处。将及华泉，华不注山泉水也。骖絓于木而止。骖，马絓也。丑父寝于轏中，轏，卧车也。蛇出于其下，以肱击之，伤而匿之，故不能推车而及。为韩厥所及。韩厥执絷马前，絷，马绊。执之，示修臣仆之礼。再拜稽首，奉觞加璧以进，曰："寡君使群臣为鲁、卫请，曰：'无令舆师陷入君地。'下臣不幸，属当戎行，属，适也。无所逃隐。且惧奔辟，而忝两君。臣辱戎士，敢告不敏，摄官承乏。"此皆韩厥自处臣仆，谦敬之饰言。郑周父御佐车，佐车，副车。宛茷为右，载齐侯以免。韩厥献丑父，郤献子将戮之，呼曰："自今无有代其君任患者，有一于此，将为戮乎？"郤子曰："人不难以死免其君，我戮之，不祥，赦之，以劝事君者。"乃免之。齐侯免，求丑父，三入三出。每出，齐师以帅退。入于狄卒，齐师既败，皆有退心，故齐侯轻出其众，以帅厉退者。狄卒，狄人，从晋讨齐者。狄卒皆抽戈楯冒之。以入于卫师，卫师免之。狄、卫尚畏齐强，故不敢害。遂自徐关入。今淄川县有古徐关。齐侯见保者，曰："勉之。齐师败矣。"辟女子。使辟君也。齐侯单还，故妇人不辟之。女子曰："君免乎？"曰："免矣。"曰："锐司徒免乎？"曰："免矣。"锐司徒，主锐兵者。曰："苟君与吾父免矣，可若何？"乃奔。齐侯以为有礼。既而问之，辟司徒之妻也。辟司徒，主垒壁者。予之石窌。石窌，杜注：邑名，济北庐县东有地名石窌。今属山东长清县。晋师从齐师，入自丘舆，击马陉。丘舆、马陉，杜注：皆齐邑。在今山东益都县界。齐侯使宾媚人赂以纪甗、玉磬与地。媚人，国佐也。甗、玉甑，皆灭纪所得。不可，则听客之所为。宾媚人致赂。晋人不可，曰："必以萧同叔子为质，同叔，萧君之字。齐侯外祖父子女也。难斥言其母，故远言之。而使齐之封内尽东其亩。"垄亩南北东西各从其宜，欲使尽东者为晋之伐齐，循垄东行为易也。对曰："萧同叔子非他，寡君之母也。若以匹敌，则亦晋君之母也。吾子布大命于诸侯，而曰必质其母以为信。其若王命何？且是以不孝令也。《诗》曰："孝子不匮，永锡尔类。"《诗·大雅》，言孝心不乏者，又能以孝道长畅其同类。若以不孝令于诸侯，其无乃非德类也乎？不以孝德赐同类。先王疆理天下物土之宜，而布其利。疆，界也。理，正也。物土之宜，播植之物，各从土宜。故《诗》曰："我疆我理，南东其亩。"《诗·小雅》，或南或东，从其土宜。今吾子疆理诸侯，而曰尽东其亩而已，唯吾子戎车是利，无顾土宜，其无乃非先王之命也乎？反先王则不义，何以为盟主？其晋实有阙。四王之王也，禹、汤、文、武。树德而济同欲焉。五伯之霸也，夏伯昆吾，商伯大彭、豕韦，周伯齐桓、晋文。勤而抚之，以役王命。役，事也。今吾子求合诸侯，以逞无疆之欲，《诗》曰：'布政优优，百禄是遒。《诗·商颂》。优，和。遒，聚也。子实不优，而弃百禄，诸侯何害焉？不然，寡君之命使臣，则有辞矣，曰：'子以君师辱于敝邑，不腆敝赋，以犒从者。战而曰犒，为孙辞。畏君之震，师徒挠败。吾子惠徼齐国之福，不泯其社稷，使继旧好，唯是先君之敝器，土地不敢爱。子又不许，请收合余烬，烬，火余木。背城借一。敝邑之幸，亦云从也。况其不幸，敢不唯命是听？"鲁、卫谏曰：谏郤克。"齐疾我矣。其死亡者，皆亲昵也。子若不许，仇我必甚。唯子则又何求？子得其国宝，谓甗、磬。我亦得地，齐归所侵。而纾于难，其荣多矣。齐、晋亦唯天所授，岂必晋？"晋人许之，对曰："君臣帅赋舆，以为鲁、卫请。赋舆，犹兵车。若苟有以藉口，而复于寡君，君之惠也。敢不唯命是听？"禽郑自师逆公。禽郑，鲁大夫。归逆公，会晋师。

公羊传　曹无大夫，小国例无大夫。公子手何以书？忧内也。从鲁为文，忧鲁之不胜，而曹能助之，故不掩其功。

谷梁传　其日，或曰日其战也，或曰日其悉也。悉谓鲁四大夫时悉在战也。明二者皆当日。曹无大夫，其曰公子，何也？以吾之四大夫在焉，举其贵者也。不欲令内众大夫与外卑者共行战。

成公幼弱，国执未张，季孙一怒遂扫境兴师，虽无人乎其君之侧而不恤也。将称元帅，略其副，策书之体也。而四卿并书，盖季孙自喜其事，诸大夫各诩其功，故旧史并著之。小国之大夫不以名见，而曹公子首书，亦以是也。《春秋》有仍旧史之文，以见情实、寓精义者，此类是也。

秋，七月，齐侯使国佐如师。己酉，及国佐盟于袁娄。谷梁作爰娄。张氏洽曰："临淄县西有袁娄。"或曰在淄川境。

左传　秋七月，晋师及齐国佐盟于袁娄。使齐人归我汶阳之田。

公羊传　君不使乎大夫，此其行使乎大夫何？佚获也。佚获者，已获而逃亡，当贱之，使与大夫敌体。其佚获奈何？师还齐侯，还，绕。晋郤克投戟逡巡，再拜稽首马前。逢丑父者，顷公之车右也，面目与顷公相似，衣服与顷公相似，代顷公当左，车，君居左，臣居右。使顷公取饮，顷公操饮而至，顷公欲坚敌意，令不疑己。曰："革取清者。"革，更也。军中人多，水泉浊，欲使远取清者，因亡去。顷公用是佚而不反。逢丑父曰："吾赖社稷之神灵，吾君已免矣。"郤克曰："期三军者，其法奈何？"顾问执法者。曰："法斮。"斮，斩。于是斮逢丑父。己酉，及齐国佐盟于袁娄。曷为不盟于师而盟于袁娄？前此者，晋郤克与臧孙许同时而聘于齐。萧同姪子者，齐君之母也。踊于棓而窥客，踊，上也。棓，蹑板。则客或跛或眇，于是使跛者迓跛者，使眇者迓眇者。二大夫出，相与踦闾而语，移日然后相去。齐人皆曰："患之起必自此始。"二大夫归，相与率师为鞍之战。齐师大败，齐侯使国佐如师，郤克曰："与我纪侯之甗，反鲁、卫之侵地，使耕者东亩，晋地川谷宜东亩者多，欲使齐之耕者亦东亩，是将以齐为土地，与《左传》说异。且以萧同姪子为质，则吾舍子矣。"国佐曰："与我纪侯之甗，请诺。反鲁、卫之侵，地请。诺使耕者东亩，是则土齐也。萧同姪子者，齐君之母也。齐君之母，犹晋君之母也。不可。请战，一战不胜，请再。再战不胜，请三。三战不胜，则齐国尽子之有也。何必以萧同姪子为质？"揖而去之。郤克眣鲁、卫之使，使以其辞而为之请，眣，以目使人也。郤克耻伤其威，故使鲁、卫大夫以国佐辞为国佐请。然后许之。逮于袁娄而与之盟。逮，追及国佐也。

谷梁传　鞍去国五百里，爰娄去国五十里。国，齐国。一战绵地五百里，焚雍门之茨，雍门，齐城门。茨，盖也。侵车东至海。君子闻之曰："夫甚。甚之辞焉。言逼之太甚。齐有以取之也。齐之有以取之，何也？败卫师于新筑，侵我北鄙，敖郤献子，谓笑其跛。齐有以取之也。爰娄在师之外，言师已逼其国。郤克曰："反鲁、卫之侵地，以纪侯之甗来，以萧同姪子之母为质，齐侯与姪子同母异父昆弟，不欲斥言齐侯之母，故言姪子之母也。兼忿姪子笑。使耕者皆东其亩，然后与子盟。"国佐曰："反鲁、卫之侵地，以纪侯之甗来，则诺。以萧同姪子之母为质，则是齐侯之母也。齐侯之母犹晋君之母也，晋君之母犹齐侯之母也。使耕者尽东其亩，则是终土齐也。利其戎车侵伐易，将终以齐为士。不可，请一战。一战不克，请再。再不克，请三。三不克，请四。四不克，请五。五不克，举国而授。"于是而与之盟。

齐国佐如师，与楚屈完同，而书法异，何也？楚服齐桓之义，其使屈完如师，意在受盟，故书来盟，前定之辞也。齐师既败，使国佐纳赂以求成其盟，非前定之，故书如师。晋卿以一笑之辱，与诸国连兵以逞忿，义本不足以服齐，及国佐如师，又不能以德礼相属，而乱以要之。由是国子不可，请合余烬，背城借一，揖而去之。郤克使鲁、卫之使以其词为之请，逮于袁娄而与之盟，则汲汲欲盟者，晋也，故反以晋及之。若此类，见曲直之绳墨矣。

附录左传　公会晋师于上鄍。上鄍，杜注：地阙。当在今山东阳谷县境。赐三帅先路三命之服，三帅，郤克、士燮、栾书。司马、司空、舆师、候正、亚旅皆受一命之服。晋司马、司空皆大夫。舆师，主兵车。候正，主斥堠。亚旅，亦大夫。

八月，壬午，宋公鲍卒。

左传　八月，宋文公卒，始厚葬，用蜃炭，益车马，始用殉，烧蛤为炭，以瘗圹多埋车马，用人从葬。重器备。重犹多也。器备，葬器甲兵之属。椁有四阿，棺有翰桧。四阿，四注椁也。翰，旁饰。桧，上饰。皆王礼。君子谓华元、乐举于是乎不臣。臣，治烦去惑者也。是以伏死而争。今二子者，君生则纵其惑，谓文十八年杀母弟须。死又益其侈，是弃君于恶也，何臣之为？

庚寅，卫侯速卒。遬，公羊作遫。

左传　九月，卫穆公卒，晋三子自役吊焉，哭于大门之外。师还，过卫，因吊之未复命，故不敢成礼。卫人逆之，逆于门外，设位哭。妇人哭于门内。丧位，妇人哭于堂，宾在门外，故移在门内。送亦如之。遂常以葬。至葬通行此礼。

附录左传　楚之讨陈夏氏也，在宣十一年。庄王欲纳夏姬，申公巫臣曰："不可。君召诸侯，以讨罪也。今纳夏姬，贪其色也。贪色为淫，淫为大罚。《周书》曰：《周书·康诰》。'明德慎罚'，文王所以造周也。明德，务崇之之谓也。慎罚，务去之之谓也。若兴诸侯，以取大罚，非慎之也。君其图之。"王乃止。子反欲取之，巫臣曰："是不祥人也。是夭子蛮，子蛮，郑灵公，夏姬之兄，杀死无后。杀御叔，御叔，夏姬之夫，亦早死。弑灵侯，陈灵公，戮夏南，夏姬子征舒。出孔、仪，孔宁、仪行父。丧陈国，楚灭陈。何不祥如是？人生实难，其有不获死乎？天下多美妇人，何必是？"子反乃止。王以予连尹襄老，襄老死于邲，邲战在宣十二年。不获其尸。其子黑要烝焉。黑要，襄老子。巫臣使道焉，曰："归，吾聘女。"道夏姬使归郑。又使自郑召之曰："尸可得也，襄老尸。必来逆之。"姬以告王。王问诸屈巫，屈巫，巫臣。对曰："其信。知罃之父，成公之嬖也，而中行伯之季弟也，知罃父，荀首也。中行伯，荀林父也。邲之战，楚人囚知罃。新佐中军，而善郑皇戌，甚爱此子。谓知罃。其必因郑而归王子与襄老之尸以求之。王子，楚公子谷臣。邲之战，荀首囚之。郑人惧于邲之役，而欲求媚于晋，其必许之。"王遣夏姬归。将行，谓送者曰："不得尸，吾不反矣。"巫臣聘诸郑，聘夏姬。郑伯许之。及共王即位，将为阳桥之役，阳桥，杜注：鲁地。博县有阳桥。在今山东泰安州西北。楚伐鲁至阳桥，在是年冬。使屈巫聘于齐，且告师期。巫臣尽室以行。申叔跪从其父，将适郢，叔跪，申叔时之子。遇之，曰："异哉！夫子有三军之惧，而又有《桑中》之喜，《桑中》，《卫风》淫奔之诗。宜将窃妻以逃者也。"及郑，使介反币，而以夏姬行。介，副也。币，聘物。将奔齐。齐师新败，曰："吾不处不胜之国。"遂奔晋，而因郤至，以臣于晋。郤至，郤克族子。晋人使为邢大夫。邢，杜注：晋邑。子反请以重币锢之。禁锢勿令仕。王曰："止。其自为谋也则过矣，其为吾先君谋也则忠。忠，社稷之固也。所盖多矣。盖，覆也。且彼若能利国家，虽重币，晋将可乎？若无益于晋，晋将弃之，何劳锢焉？"为七年楚灭巫臣族、晋南通吴张本。晋师归，范文子后入。武子曰：武子，士会，文子之父。"无为吾望尔也乎？"对曰："师有功，国人喜以逆之，先入，必属耳目焉，是代帅受名也，故不敢。"武子曰："吾知免矣。"谓谦逊可免祸。郤伯见，郤伯，郤克。公曰："子之力也夫。"对曰："君之训也，二三子之力也，臣何力之有焉？"范叔见，范叔，范文子。劳之如郤伯，对曰："庚所命也，克之制也，燮何力之有焉？"荀庚将上军时不出，范文子上军佐，代行，故称帅以让，栾伯见，公亦如之，对曰："燮之诏也，士用命也，书何力之有焉？"栾书，下军帅，故推功上军。传言晋帅克让，所以能胜。

取汶阳田。汶阳，《汉志》鲁国汶乡县。颜师古曰："即汶阳田。"今山东泗水县东南有汶阳故城。

公羊传　汶阳田者何？鞍之赂也。

取者，得非其有之称。汶阳之田，本鲁田也，齐人反我侵地。不曰来归，而书取者，恃大国兵力以得之，而不请于天王，以正其疆理，则取之不以其道，与得非其有奚异乎？其事与取济西田同。故书法不异。若龟阴、讙、阐乃齐人以归于我，故曰归，盖归者，其意也；取者，非其意也。

冬，楚师、郑师侵卫。

十有一月，公会楚公子婴齐于蜀。楚书公子，自婴齐始。

左传　宣公求好于楚，庄王卒，宣公薨，不克作好。公即位，受盟于晋，元年盟赤棘。会晋伐齐。卫人不行使于楚，不聘楚。而亦受盟于晋，从于伐齐。故楚令尹子重为阳桥之役以救齐。将起师，子重曰："君弱，传曰寡人生十年而丧先君，共王即位至是二年，盖年十二三矣。群臣不如先大夫，师众而后可。《诗》曰：'济济多士，文王以宁。'《诗·大雅》。夫文王犹用众，况吾侪乎？且先君庄王属之曰：'无德以及远方，莫如惠恤其民而善用之。'"庄王临终属群臣之辞。乃大户，阅民户口。已责，弃逋责。逮鳏，施及老鳏。救乏，赦罪。悉师，王卒尽行。彭名御戎，蔡景公为左，许灵公为右。王卒尽行，故王戎车亦行，王不在，不立戎右，使御者居中，令二君当左右之位。二君弱，皆强冠之。冬，楚师侵卫，遂侵我，师于蜀。公赂之而退，故不书侵。使臧孙往，臧孙，宣叔。辞曰："楚远而久，固将退矣。无功而受名，臣不敢。"不敢虚受退楚名。楚侵及阳桥，孟孙请往，孟孙，孟献子。赂之，以执斫、执针、织纴，皆百人，执斫，匠人。执针，女工。织纴，织缯布者。公衡为质，公，卫成公子。以请盟。楚人许平。

谷梁传　楚无大夫，其曰公子，何也？婴齐亢也。

侵称师，著众也。会称婴齐，著公会楚大夫。义各有所当也。不书楚师侵伐，何也？蜀，鲁地。楚师至蜀，而公遽出迎敌，不成乎侵伐也。以望国诸侯，降班毁列，与蛮荆之大夫会，辱莫大焉故。致赂纳质，皆略而不书，以为不足书也。季孙以逞一笑之愤，辱国危君至此，罪不容于诛矣。

丙申，公及楚人、秦人、宋人、陈人、卫人、郑人、齐人、曹人、邾人、薛人、鄫人盟于蜀。

左传　十一月，公及楚公子婴齐、蔡侯、许男、秦右大夫说、宋华元、陈公孙宁、卫孙良夫、郑公子去疾及齐国之大夫盟于蜀。齐大夫不书其名，非卿也。卿不书，匮盟也。于是乎畏晋而窃与楚盟，故曰匮盟。言匮乏而盟。蔡侯、许男不书，乘楚车也，谓之失位。乘楚王车为左右，是失位也。卿不书，则称人。诸侯不书，皆不见经，君臣之别。君子曰：位其不可不慎也乎！蔡、许之君，一失其位，不得列于诸侯，况其下乎！《诗》曰："不解于位，民之攸塈。"《诗·大雅》，言在上者勤正其位，则国安而民息。塈，息也。其是之谓矣。楚师及宋，公衡逃归。臧宣叔曰："衡父不忍数年之不宴，宴，乐也。以弃鲁国，国将若之何？谁居？后之人必有任是夫。居，语辞。言后人必有当此患。国弃矣。"是行也，晋辟楚，畏其从也。君子曰：众之不可以已也。大夫为政，犹以众克，况明君而善用其众乎？《大誓》所谓"商兆民离，周十人同"者，众也。《大誓》，《周书》。民离则弱，合则成众，言殷以散亡，周以众兴。

公羊传　此楚公子婴齐也，其称人何？得一贬焉尔。得一贬者，独此一事得具见其恶，故贬之尔。

谷梁传　楚其称人，何也？于是而后公得其所也。卑楚以尊公。会与盟同月，则地会、不地盟。不同月，则地会、地盟。此其地会、地盟，何也？以公得其所，申其事也。今之屈，向之骄也。

楚人序于诸国之上，主盟也。薄、宋之盟书会，而此书公及，何也？薄、宋皆楚盟诸侯，而公往会之，此则楚师压境，公汲汲欲与之盟，又诸国皆大夫，宜用以尊及卑之辞也。会书公子婴齐，而盟书楚人，何也？使会书楚人，则疑于楚卿贬称人，而不见望国之君屈下于楚大夫之辱。盟书公子婴齐而列序诸国之卿，则疑于诸侯及大夫盟会之常辞，而无以见楚大夫主盟，公及诸国从楚之非义矣。程子所谓“微辞隐义，时措从宜”者，此类是也。

附录左传　晋侯使巩朔献齐捷于周。王弗见，使单襄公辞焉，曰：“蛮夷戎狄，不式王命，式，用也。淫湎毁常，王命伐之，则有献捷。王亲受而劳之，所以惩不敬、劝有功也。兄弟甥舅，侵败王略，兄弟，同姓国。甥舅，异姓国。略，经略法度。王命伐之，告事而已，不献其功，所以敬亲昵、禁淫慝也。今叔父克遂，有功于齐，克，能也。而不使命卿镇抚王室，所使来抚余一人，而巩伯实来，未有职司于王室，大国三卿，二卿命于天子。巩朔，上军大夫，名位卑，不达于王室。又奸先王之礼。谓献齐捷。余虽欲于巩伯，欲受其献。其敢废旧典以忝叔父？夫齐，甥舅之国也，齐世与周昏，故曰甥舅。而大师之后也，宁不亦淫从其欲以怒叔父，抑岂不可谏诲？”士庄伯不能对。庄伯，巩朔。王使委于三吏，委，属也。三吏，三公。礼之如侯伯克敌使大夫告庆之礼，降于卿礼一等。王以巩伯宴，而私贿之，使相告之曰：“非礼也，勿籍。”相，相礼者。籍，书也。王畏晋，故私宴贿以慰巩朔。

日讲春秋解义卷三十二

成　公

三年，春，王正月，公会晋侯、宋公、卫侯、曹伯伐郑。

左传　三年春，诸侯伐郑，次于伯牛，讨邲之役也。伯牛，杜注：郑地。邲役在宣十二年。遂东侵郑。郑公子偃帅师御之，偃，穆公子子游。使东鄙覆诸鄤，覆，伏兵。败诸丘舆。鄤，丘舆，杜注：皆郑地。晋偏军为郑所败故不书。皇戌如楚献捷。

阳桥之役，郑实导楚，故晋欲讨贰。而宋、鲁、卫、曹亦惧楚之无厌，故虽从楚盟，旋复会晋，以伐郑焉。宋、卫未葬，而背殡越境，以从金革之事，且载于策书者，不称子而称爵，违礼忘亲之恶不可掩矣。

辛亥，葬卫穆公。穆，公羊作缪。

六月乃葬，非礼也。卫侯时有伐郑之役，故缓期，而背殡从吉之罪亦因以见矣。

二月，公至自伐郑。

甲子，新宫灾。三日哭。

公羊传　新宫者何？宣公之宫也。三年丧毕，神主新入庙，故谓新宫。宣宫，则曷为谓之新宫？不忍言也。亲之精神所依，而灾，孝子隐痛，不忍正言也。其言三日哭何？庙灾三日哭，礼也。新宫灾何以书？记灾也。

谷梁传　新宫者，祢宫也。三日哭，哀也。其哀，礼也。迫近不敢称谥，恭也。其辞恭且哀，以成公为无讥矣。

先儒谓不曰宣宫主，未入也。主未入，则遇灾而哭，为非礼。但古之新庙，非毁旧更作也，不过易檐改涂而已。新主未入，则旧主在焉，不应以哭为讥。若哭为得礼，法不宜书，姑发所疑，以备参考。

乙亥，葬宋文公。

七月而葬，僭天子也。陷先君于不义，臣子之罪也。传载宋始厚葬，必缘糜费逾度，故襄事迟也。宋君背殡从戎，哀戚之意衰矣。而徒为厚葬之虚文，何益哉？

夏，公如晋。

左传　夏，公如晋，拜汶阳之田。

郑公子去疾帅师伐许。

左传　许恃楚而不事郑，郑子良伐许。

许恃楚而不事郑，故郑伐之，然已实不明去就之义，而专意事楚，又何以责许之不共乎？许，郑之蔽也。楚越许而后至郑，无许则楚兵一出，直履郑郊，乃逼之不已。徒自毁其藩篱，而隳内固之势，失谋亦甚矣。

公至自晋。

古者，诸侯继世三年，丧毕，以士服见于王，而受命焉。鲁宣公除丧而朝于齐，成公除丧而朝于晋，以事天子之礼事强邻，慢上而辱国亦甚矣。

附录左传　晋人归楚公子谷臣与连尹襄老之尸于楚，以求知罃。于是荀首佐中军矣，荀首，知罃父。故楚人许之。王送知罃曰："子其怨我乎?"对曰："二国治戎，臣不才，不胜其任，以为俘馘。执事不以衅鼓，以血涂鼓曰衅。使归即戮，君之惠也。臣实不才，又谁敢怨?"王曰："怨则德我乎?"对曰："二国图其社稷，而求纾其民，各惩其忿，以相宥也。两释垒囚，以成其好。二国有好，臣不与及，其谁敢德?"王曰："子归，何以报我?"对曰："臣不任受怨，君亦不任受德，无怨无德，不知所报。"王曰："虽然，必告不谷。"对曰："以君之灵，累臣得归骨于晋，寡君之以为戮，死且不朽。若从君之惠而免之，以赐君之外臣首，称于吴国君曰外臣。首其请于寡君，而以戮于宗，亦死且不朽。若不获命，而使嗣宗职，次及于事，而帅偏师，以修封疆。虽遇执事，其弗敢违，其竭力致死，无有二心，以尽臣礼，所以报也。"王曰："晋未可与争。"重为之礼而归之。

秋，叔孙侨如帅师围棘。棘，杜注：汶阳田之邑，在济北蛇丘县。季氏私考曰："今当为肥乡县地。"

左传　秋，叔孙侨如围棘，取汶阳之田。棘不服，故围之。侨如，叔孙得臣子。

公羊传　棘者何？汶阳之不服邑也。其言围之何？不听也。不听叛也。

棘为汶阳之邑，复故邑而民不服。盖鲁是时初税亩，作丘甲，赋役日重，棘虽复归故国，所以不愿为之民也欤。成公不知薄税敛、轻力役、修德政以来之，而命将董师环而攻焉，失抚绥之义矣。

大雩。

晋郤克、卫孙良夫伐廧咎如。廧，公羊作将，谷梁作墙。廧咎如，杜注：亦狄别种。

左传　晋郤克、卫孙良夫伐廧咎如，讨赤狄之余焉。廧咎如溃，上失民也。

廧咎如为赤狄别种，先是晋灭潞氏、甲氏及留吁，余众散入廧咎如，故复兴是役，此逐利之师也。楚方蹂藉中原，晋人不修霸业，而敝敝焉惟狄之务，搂与国以伐，其为国可知矣。

冬，十有一月，晋侯使荀庚来聘。晋来聘之始。

卫侯使孙良夫来聘。

丙午，及荀庚盟。丁未，及孙良夫盟。聘而遂盟始此。

左传　冬十一月，晋侯使荀庚来聘，且寻盟。寻元年赤棘盟。荀庚，林父之子。卫侯使孙良夫来聘，且寻盟。寻定七年盟。公问诸臧宣叔曰："中行伯之于晋也，其位在三。下卿。孙子之于卫也，位为上卿，将谁先？"对曰："次国之上卿，当大国之中，中当其下，下当其上大夫。降一等。小国之上卿，当大国之下卿，中当其上大夫，下当其下大夫。降大国二等。上下如是，古之制也。卫在晋，不得为次国。晋为盟主，其将先之。"古制，公为大国，侯、伯为次国，子、男为小国。春秋时以强弱为大小，故卫虽侯爵，犹为小国计等。则卫小国之上卿与晋大国之下卿名位正敌，以盟主故先晋。丙午盟晋，丁未盟卫，礼也。

公羊传　此聘也，其言盟何？聘而言盟者，寻旧盟也。

谷梁传　其日，公也。传例，盟前定则不日，后定则日。此盟公虽在位，亦以非前定故日之。来聘而求盟。不言及者，以国与之也。不言其人，亦以国与之也。不言及，谓凡书来盟者，若文十五年宋华孙来盟、宣七年卫孙良夫来盟是也。此先聘而后盟，故不言来盟。总言及而不复著其人，亦举国为主之辞。不言求，两欲之也。

诸侯有聘而无盟。聘，礼也。盟，非礼也。然苟出于君命，则书使来盟，而不言聘。今书使来聘，而别言盟，则二大夫生事而专盟也。鲁不能以礼却之，其何能国乎？第书及，为公讳也。

郑伐许。

郑专事楚而绝晋，复冯弱犯寡，一岁之中再伐邻国，不亦甚乎？直举国名，传无其说，孔氏颖达以为告辞略，故史异文是也。

附录左传　十二月甲戌，晋作六军。为六军，僭也。韩厥、赵括、巩朔、韩穿、荀骓、赵旃皆为卿，赏鞌之功也。韩厥为新中军，赵括佐之。巩朔为新上军，韩穿佐之。荀骓为新下军，赵旃佐之。晋旧有三军，今增此，故为六军。　齐侯朝于晋，将授玉。执玉为贤。郤克趋进曰："此行也，君为妇人之笑辱也，寡君之未敢任。"晋侯享齐侯。齐侯视韩厥。韩厥曰："君知厥也乎？"齐侯曰："服改矣。"戎朝异服也。言服改，明识其人。韩厥登，举爵曰："臣之不敢爱死，为两君之在此堂也。"　荀罃之在楚也，郑贾人有将置诸褚中以出。褚，絮也。既谋之，未行而楚人归之。贾人如晋，荀罃善视之，如实出己。贾人曰："吾无其功，敢有其实乎？吾小人，不可以厚诬君子。"遂适齐。传言知罃之贤。

四年，春，宋公使华元来聘。

左传　四年春，宋华元来聘，通嗣君也。

宋入春秋未尝聘。鲁文十一年，公子遂虽往，而宋不报也。此继晋、卫而来聘，盖以三年春同会伐郑，故以好相结耳。而六年冬，复有侵宋之师。用此见邦交无常，惟以强国之意为向背耳。

三月，壬申，郑伯坚卒。

杞伯来朝。

左传　杞伯来朝，归叔姬故也。

明年叔姬大归，故杞伯先修朝礼，言其故。

夏，四月，甲寅，臧孙许卒。

公如晋。

左传　夏，公如晋。晋侯见公，不敬。季文子曰："晋侯必不免。《诗》曰：'敬之敬之。天惟显思，命不易哉！'《诗·颂》，言天道显明，受其命甚难，不可不敬以奉之。夫晋侯之命在诸侯矣，可不敬乎？"敬诸侯则得天命。

公以蜀之盟弃晋从楚，内有惧焉。故比年如晋，不知礼愈繁，身愈卑，徒自取屈辱而已。

葬郑襄公。

秋，公至自晋。

左传　秋，公至自晋，欲求成于楚而叛晋。以晋侯见公不敬故。季文子曰："不可。晋虽无道，未可叛也。国大臣睦，而迩于我，诸侯听焉，未可以贰。史佚之志有之曰：史佚，周文王太史。'非我族类，其心必异。'楚虽大，非吾族也，其肯字我乎？"字，爱也。公乃止。

冬，城郓。

鲁有二郓，此西郓，即汶阳之一邑。既得汶阳，故城之以自固。虽时，亦书重役民也。杜氏预以为备晋，盖因公之不礼于晋，意其然尔。

郑伯伐许。

左传　冬十一月，郑公孙申帅师疆许田，前年，郑伐许，侵其田，今正其界。许人败诸展陂。展陂，杜注：许地。在今许州西北。郑伯伐许，取鉏任、泠敦之田。鉏任、泠敦，俱在今许州境。　晋栾书将中军，代郤克。荀首佐之，士燮佐上军，荀庚将上军，不行，故佐独出。以救许伐郑，取汜祭。汜祭，杜注：郑地。成皋县东有汜水。楚子反救郑，郑伯与许男讼焉。于子反前争曲直。皇戌摄郑伯之辞，子反不能决也，曰："君若辱在寡君，寡君与其二三臣共听两君之所欲，成其可知也。欲使于楚子前决之。不然，侧不足以知二国之成。"侧，子反名。为明年许诉郑于楚张本。

郑伯在丧而书爵，以吉礼从金革之事也。上三年冬书郑伐许，先儒皆以为恶郑之甚，然三年夏书郑公子去疾帅师伐许，此年又书郑伯伐许，不应两年之间事同罪一，而或恕之，或诛之。以是知孔氏颖达谓一据旧史之文义或然也。

附录左传　晋赵婴通于赵庄姬。赵婴，赵盾弟。庄姬，赵朔妻。朔，盾之子。

五年，春，王正月，杞叔姬来归。

谷梁传　妇人之义，嫁曰归，反曰来归。

杞叔姬来归，出也。叔姬之罪无所考见，或曰疾，或曰无子，然必不安于杞而来归尔。《春秋》于内女之出与归录之详者，所以重人伦，为后世戒也。

附录左传　五年春，原、屏放诸齐。放赵婴也。原同、屏季，婴之兄。婴曰："我在，故栾氏不作。我亡，吾二昆其忧哉！且人各有能、有不能，言己虽淫，而能令庄姬护赵氏。舍我，何害？"弗听。婴梦天使谓己："祭余，余福女。"使问诸士贞伯，贞伯曰："不职也。"既而告其人曰：贞伯自告其从人。"神福仁而祸淫，淫而无罚，福也。祭其得亡乎？"以得放遣为福。祭之之明日而亡。为八年晋杀赵同、赵括传。

仲孙蔑如宋。

左传　孟献子如宋，报华元也。前年宋华元来聘。

蔑与华元交相聘问，其情厚矣。寻复迫于晋，令遽兴侵宋之师，谨于邦交者固如是乎？

夏，叔孙侨如会晋荀首于谷。首，公羊作秀谷。杜注：齐地。

左传　夏，晋荀首如齐逆女，故宣伯餫诸谷。野馈曰餫。运糧馈之，敬大国也。

谷，齐地也。他国大夫非过吾境，而使大夫往会之，非礼也。自文十一年彭生会郤缺、宣十五年蔑会高固，自是以后，大夫会大夫率以为常，盖列国之君皆失其政矣。

梁山崩。梁山，杜注：在冯翊夏阳县北。夏阳，今陕西韩城县。

左传　梁山崩，晋侯以传召伯宗。伯宗辟重，曰："辟传。"重，重载之车。重人曰："待我，不如捷之速也。"捷，邪出。问其所，曰："绛人也。"问绛事焉，曰："梁山崩，将召伯宗谋之。"问："将若之何？"曰："山有朽壤而崩，可若何？国主山川，主谓所主祭。故山崩川竭，君为之不举，降服，乘缦，车无文。彻乐，出次，舍于郊。祝币，陈玉帛。史辞，自罪责。以礼焉。其如此而已。虽伯宗若之何？"伯宗请见之，见之于晋君。不可。遂以告，而从之。从重人言。

公羊传　梁山者何？河上之山也。梁山崩，何以书？记异也。何异尔？大也。何大尔？梁山崩，壅河三日不沵。沵，同流。外异不书，此何以书？为天下记异也。

谷梁传　不日，何也？高者有崩道也。有崩道，则何以书也？曰梁山崩，壅遏河三日不流，晋君召伯尊而问焉。伯尊来，遇辇者，辇者不辟，使车右下而鞭之。辇者曰："所以鞭我者，其取道远矣。"所用鞭我之间，行道则可远。伯尊下车而问焉曰："子有闻乎?"对曰："梁山崩，壅遏河三日不流。"伯尊曰："君为此召我也，为之奈何?"辇者曰："天有山，天崩之。天有河，天壅之。虽召伯尊如之何?"伯尊由忠问焉，用忠诚之心问之。辇者曰："君亲素缟，帅群臣而哭之，既而祠焉，斯流矣。"伯尊至，君问之曰："梁山崩，壅遏河，三日不流，为之奈何?"伯尊曰："君亲素缟，帅群臣而哭之，既而祠焉，斯流矣。"孔子闻之曰："伯尊其无绩乎！攘善也。"绩，功也。攘，盗也。

梁山崩，记异也。《诗》曰："奕奕梁山。"盖在韩侯之国。韩灭于晋，不系之晋者，公羊子所谓为天下记异是也。古礼，遭变异，有降服、乘缦、彻乐、出次、祝币、史辞之文者，皆恐惧修省之心所发著也。绛人之论，于礼文备矣。若徒举其文，而无实心先之，何足以弭灾变乎?

附录左传　许灵公诉郑伯于楚。前两年郑伐许故。六月，郑悼公如楚讼，不胜，楚人执皇戌及子国。子国，郑穆公子。故郑伯归，使公子偃请成于晋。秋八月，郑伯及晋赵同盟于垂棘。　宋公子围龟为质于楚而归，围龟，文公子。华元享之，请鼓噪以出，鼓噪以复入。出入辄击鼓。曰："习攻华氏。"宋公杀之。宣十五年，宋、楚平，后华元使围龟代己为质，故怨，而欲攻华氏。

秋，大水。

冬，十有一月，己酉，天王崩。

左传　十一月己酉，定王崩。子简王立。传本在虫牢下，盖月颠倒。

十有二月，己丑，公会晋侯、齐侯、宋公、卫侯、郑伯、曹伯、邾子、杞伯同盟于虫牢。虫牢，杜注：郑地。陈留封丘县北有桐牢。今桐牢亭在河南封丘县北三里。

左传　冬，同盟于虫牢，郑服也。诸侯谋复会，宋公使向为人辞以子灵之难。子灵，围龟也。宋公不欲会，以新诛子灵为辞。为明年侵宋传。

郑襄公自战邲以后坚于附楚，至是始复从晋，故书同盟，载书以是要言也。定王之赴已在诸侯之策，晋侯若罔闻知，而合九国之诸侯以为会盟，无王之罪视他盟有加矣。

六年，春，王正月，公至自会。

五年冬，天王崩，公与诸侯方为虫牢之盟，若能自会奔丧承事，庶几可以补过，而晏然返国，若无闻焉。书至自会，所以著其不臣之罪也。

附录左传　六年春，郑伯如晋拜成，子游相，子游，公子偃。授玉于东楹之东。礼，授玉两楹之间，郑伯行疾，故东过。士贞伯曰："郑伯其死乎！自弃也已。视流而行速，不安其位，宜不能久。"视流，不端谛。东过，故言不安其位。

二月，辛巳，立武宫。

左传　二月，季文子以鞍之功立武宫，非礼也。鲁人自鞍之功至今无患，故筑武军，又作先君武公宫，以告成事，欲以示后世。听于人以救其难，不可以立武。立武由己，非由人也。

公羊传　武宫者何？武公之宫也。在春秋前。立者何？立者，不宜立也。立武宫，非礼也。

谷梁传　立者，不宜立也。

二昭、二穆与大祖之庙而五，诸侯之庙制也。鲁以周公为太祖，而伯禽为世室，二庙不毁，昭功德也。武公至成公十一世，其毁已久，而复立之，失礼违制，故特书曰立。立者，不宜立也。或曰明堂位以鲁公庙为文世室，武公庙为武世室，不为无据。曰苟谓之世室，则世世不毁矣。奚待成公而始立乎？且昭十五年有事于武宫，不言世室，则知明堂位之文妄也。

取鄟。鄟，杜注：附庸国。

左传　取鄟，言易也。

公羊传　鄟者何？邾娄之邑也。曷为不系于邾娄？讳亟也。方与邾娄同虫牢之盟，旋取其邑，讳鲁背信亟也。

谷梁传　鄟，国也。

鄟，微国也。取者，取为附庸也。公羊传于根牟、鄟、邿皆曰邾邑，然春秋未有取他国之邑而不系国者。以僖公之取须句、訾娄皆系以邾例之，则其说不可通矣。胡氏安国谓灭而书取，乃为君讳过，若项之书灭，则僖公在会，乃季孙所为，故直书不隐。以时事考之，似非其实，其辨已于灭项具之。姑存所疑，以备参考。

卫孙良夫帅师侵宋。

左传　三月，晋伯宗、夏阳说、卫孙良夫、宁相、郑人、伊雒之戎、陆浑、蛮氏侵宋，夏阳说，晋大夫。蛮氏，杜注：戎别种。河南新城县东南有蛮城。经惟书卫孙良夫者，独卫告也。以其辞会也。辞会在前年。师于针。卫人不保。不守备。说欲袭卫，曰：“虽不可入，多俘而归，有罪不及死。”伯宗曰：“不可。卫惟信晋，故师在其郊而不设备。若袭之，是弃信也。虽多卫俘，而晋无信，何以求诸侯？”乃止。师还，卫人登陴。闻说谋故。

晋命也。往年宋实预虫牢之盟，今一辞会，而使卫、鲁交侵之，独不思前此楚人围宋，经历三时，国几斃而不能救乎？晋景之惽愚，诸大夫之很肆，所以使诸侯离心而霸业不振者，皆由不能自返而责人无已也。

附录左传　晋人谋去故绛，晋复命新田为绛，故谓此故绛。诸大夫皆曰：“必居郇瑕氏之地，郇瑕，杜注：古国名。河东解县西北有郇城。沃饶而近盬，盬，盐也。杜注：猗氏县盐池是。国利君乐，不可失也。”韩献子将新中军，且为仆大夫。兼大仆。公揖而入。献子从。公立于寝庭，路寝之庭。谓献子曰：“何如？”问诸大夫言是非。对曰：“不可。郇瑕氏土薄水浅，其恶易觏。易觏则民愁，民愁则垫隘，垫隘，羸困也。于是乎有沈溺重膇之疾。不如新田，新田，杜注：平阳绛县。土厚水深，居之不疾，高燥故。有汾、浍以流其恶，杜注：汾水出太原，经绛北，西南入河。浍水出平阳绛县南，西入汾。恶，垢秽。且民从教，十世之利也。夫山泽林盬，国之宝也。国饶则民骄佚，财易致则民骄侈。近宝，公室乃贫。近宝则民不务本。不可谓乐。”公说，从之。夏四月丁丑，晋迁于新田。为季孙如晋传。

夏六月，邾子来朝。

公孙婴齐如晋。

左传　子叔声伯如晋，声伯，婴齐。命伐宋。晋人命。

公比年如晋，大夫又继往焉，盖与齐为仇，不得不倚晋为援，是以君臣仆仆，霸政之烦苛，小国之困敝，于此可见矣。

壬申，郑伯费卒。

左传　六月，郑悼公卒。终士贞伯之言。

秋，仲孙蔑、叔孙侨如帅师侵宋。

左传　秋，孟献子、叔孙宣伯侵宋，晋命也。

鲁、宋会师同盟，聘问相结，遽以晋命而加兵于宋，非义也。兵戎，有国之重事。邦交，人道之大伦。听命于人，不得已焉，将能立？乎鲁自战鞍四卿并书，此又二卿并书，盖大夫益张，史承其意而不敢略也。凡以霸令有事于邻国多书侵，岂非本无积怨故无志深入，而浅侵其境欤？

楚公子婴齐帅师伐郑。楚始书大夫将。

左传　楚子重伐郑，郑从晋故也。

冬，季孙行父如晋。

左传　冬，季文子如晋，贺迁也。

晋迁新田，故行父如晋。迁不书，择利自徙，非不得已，则常事耳。

晋栾书帅师救郑。救公羊作侵。

左传　晋栾书救郑，与楚师遇于绕角。绕角，杜注：郑地。杜佑《通典》汝州鲁山县东南有绕角城。楚师还。晋师遂侵蔡。楚公子申、公子成以申、息之师救蔡，御诸桑隧。桑隧，杜注：汝南朗陵县东有桑里。在上蔡西南。赵同、赵括欲战，请于武子，武子，栾书。武子将许之。知庄子、范文子、韩献子谏曰：“不可。吾来救郑，楚师去我，吾遂至于此，是迁戮也。戮而不已，又怒楚师，战必不克。迁戮不义，怒敌难当，故不克。虽克，不令。成师以出，而败楚之二县，何荣之有焉？六军悉出，故曰成师。以大胜小，不足为荣。若不能败，为辱已甚，不如还也。”乃遂还。于是军帅之欲战者众，或谓栾武子曰：“圣人与众同欲，是以济事，子盍从众？子为大政，将酌于民者也。酌取民心以为政。子之佐十一人，六军之卿佐。时栾书将中军，荀首佐之。荀庚将上军，士燮佐之。郤锜将下军，赵同佐之。韩厥将新中军，赵括佐之。巩朔将新上军，韩穿佐之。荀骓将新下军，赵旃佐之。其不欲战者，三人而已。知、范、韩。欲战者可谓众矣。《商书》曰：‘三人占，从二人’，众故也。”《商书·洪范》。武子曰：“善钧从众。夫善，众之主也。三卿为主，可谓众矣。从之，不亦可乎?”传善栾书得从众之义。且为八年晋侵蔡传。

楚伐郑丧，致悼公过期不葬，书栾书之救，而伐者之罪自著矣。据左氏，栾书示战而退师，似不成乎救。然始遇于绕角，而楚师还，继遇于桑隧，而申、息之师亦未能逞，则不可谓无功矣。

日讲春秋解义卷三十三

成　公

七年，春，王正月，鼷鼠食郊牛角，改卜牛。鼷鼠又食其角，乃免牛。

谷梁传　不言日，急辞也，辞中促急，不容日。过有司也。郊牛日展觓角而知伤，觓，球球然，角貌。展道尽矣。其所以备灾之道不尽也。改卜牛，鼷鼠又食其角。又，有继之辞也。前已食，故曰继。其缓辞也，曰亡乎人矣，非人之所能也。所以免有司之过也。乃免牛。乃者，亡乎人之辞也。免牲者，为之缁衣纁裳，有司玄端，奉送至于南郊。免牛亦然。免牲不曰不郊，免牛亦然。

鼷鼠，鼱鼩，物之微者。牛，有力之畜。何至为所食？盖将祭之牲必系于牢，而设楅衡以制其角，故不能备鼠也。始焉食角，乃有司疏于防伺，既展其伤，当知所备，而又食焉，则非有司之过矣。许氏翰曰："小害大，下贼上，食而又食，三桓子孙相继之象也。"宣公有虞三桓之志，至成公始弗戒矣，理或然也。

吴伐郯。吴始见经。

左传　七年春，吴伐郯，郯成。季文子曰："中国不振旅，蛮夷入伐，而莫之或恤，无吊者也夫！言中国不能相愍恤。《诗》曰：'不吊昊天，乱靡有定'，其此之谓乎！《诗·小雅》。刺在上者不能予愍下民，故号天告乱。有上不吊，其谁不受乱？上谓霸主。吾亡无日矣。"君子曰：知惧如是，斯不亡矣。

楚始见经，以州举，继以国举。吴始见经，即以国举，继乃称人，继乃称爵。皆旧史之文，圣人因之，以著世变者也。吴自寿梦得申公巫臣即为楚患，至是伐郯，兵连上国，始见于《春秋》。晋人第知通吴以制楚，不知楚抑而吴兴，其患适相等耳。

附录左传　郑子良相成公以如晋，见，且拜师。为楚伐郑张本。

夏，五月，曹伯来朝。

左传　夏，曹宣公来朝。

曹与鲁为兄弟之国，徒以弱小。僖、文以后，屡朝于鲁，而鲁始终不闻报聘，邦交之非礼概可见矣。

不郊，犹三望。

经书犹三望者三。僖三十一年，书免牲，而系以犹三望，不言不郊者，免牲则不郊可知矣。宣三年，书牛死乃不郊，而系以犹三望，盖帝牛死或扳稷牛而用之，必言不郊，义乃不漏。若此年，既书免牛，又书不郊，因有间事不可但言犹三望，故以不郊起之也。

秋，楚公子婴齐帅师伐郑。

公会晋侯、齐侯、宋公、卫侯、曹伯、莒子、邾子、杞伯救郑。八月戊辰，同盟于马陵。马陵，杜注：卫地。阳平元城县东南有地名马陵。在今直隶大名府治东南。

左传　秋，楚子重伐郑，师于汜。汜，杜注：郑地。在襄城县南。诸侯救郑。郑共仲、侯羽军楚师，二子，郑大夫。囚郧公钟仪，钟仪，楚郧县大夫。献诸晋。八月，同盟于马陵，寻虫牢之盟，且莒服故也。虫牢盟在五年。莒本属齐，齐服，故莒从之。晋人以钟仪归，囚诸军府。军藏府也。为九年晋侯见钟仪张本。

楚人频年伐郑，横暴凭陵之罪不待贬而见矣。晋前此救郑，以大夫帅师，今则国君亲将，合九国之君以扬军声，故郑恃此以不屈于楚。盟蜀之后，晋霸所以复延，赖有此耳。故晋景之时，书同盟者五，盖诸侯同惧楚氛之恶，欲倚晋以自固，而载书以是要言耳。

公至自会。

诸侯会，而楚师退，故不以救郑至。

吴入州来。州来，杜注：楚邑。淮南下蔡县。今江南寿州北有蔡国城。

左传　楚围宋之役，在宣十四年。师还，子重请取于申、吕以为赏田。王许之。申公巫臣曰："不可。此申、吕所以邑也，是以为赋，以御北方。若取之，是无申、吕也。言申、吕赖此田成邑，不得此田，则无以出兵赋而二邑坏。晋、郑必至于汉。"王乃止。子重是以怨巫臣。子反欲取夏姬，巫臣止之，遂取以行，子反亦怨之。及共王即位，子重、子反杀巫臣之族子阎、子荡及清尹弗忌及襄老之子黑要，以夏姬故，并怨黑要。而分其室。子重取子阎之室，使沈尹与王子罢分子荡之室，子反取黑要与清尹之室。巫臣自晋遗二子书，曰："尔以谗慝贪惏事君，而多杀不辜，余必使尔罢于奔命以死。"巫臣请使于吴，晋侯许之。吴子寿梦说之。寿梦，季札父。乃通吴于晋，以两之一卒适吴，舍偏两之一焉。《司马法》百人为卒，二十五人为两，车九乘为小偏，十五乘为大偏。《正义》曰："以两之一"，谓将二十五人也。又言卒，谓更将百人，凡将一百二十五人适吴也。舍偏，谓舍一偏之车九乘也。两之一，又舍二十五人也。盖留九乘车，及一两二十五人，令吴习之。与其射御，教吴乘车，教之战陈，教之叛楚。先是吴尝属楚。置其子狐庸焉，使为行人于吴。吴始伐楚，伐巢，伐徐，巢、徐，楚属国。子重奔命。救巢、徐。马陵之会，吴入州来，子重自郑奔命。因伐郑而行。子重、子反于是乎一岁七奔命。蛮夷属于楚者，吴尽取之，是以始大，通吴于上国。

州来，楚之附庸。迤北则鲁，迤南而西则楚，楚控州来则可以御吴，吴得之则可以窥楚。晋之通吴，亦制楚之善策，然不能自强于政治，则楚虽罢敝，而吴亦争雄于齐、晋矣。书吴入州来，录其始事也。

冬，大雩。

谷梁传　雩不月而时，非之也。冬无为雩也。

凡雩，皆因旱而举。谷梁谓冬无为雩，非也。周之十月，正夏之八月，是时不雨，能无雩乎？

卫孙林父出奔晋。

左传　卫定公恶孙林父。冬，孙林父出奔晋。林父，良夫之子。卫侯如晋，晋反戚焉。戚，林父邑。林父出奔，戚随属晋。

孙氏世执卫政，而自结于晋之强家，故见恶于君，遂挟地以奔晋，为卫患者几四十年。鲁之季氏亦然。晋君不能谨持操柄，听于强家，私庇诸侯之叛臣，以致卫献、鲁昭穷于无告，而不知晋社已阴移于六卿矣。履霜坚冰，由来者渐，岂不信与？

八年春，晋侯使韩穿来言汶阳之田，归之于齐。

左传　八年春，晋侯使韩穿来言汶阳之田，归之于齐。季文子饯之，私焉，私与之言。曰："大国制义，以为盟主，是以诸侯怀德畏讨，无有贰心。谓汶阳之田，敝邑之旧也，而用师于齐，使归诸敝邑。今有二命，曰归诸齐。信以行义，义以成命，小国所望而怀也。信不可知，义无所立，四方诸侯其谁不解体？《诗》曰：'女也不爽，士贰其行。士也罔极，二三其德。'爽，差也。极，中也。《诗·卫风》。妇人怨夫不一其行。喻鲁事晋犹女之事夫，不敢过差，而晋有罔极之心，反二三其德。七年之中，一与一夺，二三孰甚焉？士之二三，犹丧妃耦，而况霸主？霸主将德是以，以，用也。而二三之，其何以长有诸侯乎？《诗》曰：'犹之未远，是用大简。'犹，图也。简，谏也。《诗·大雅》，言王者图事不远，故用大道谏之。行父惧晋之不远犹而失诸侯也，是以敢私言之。"

公羊传　来言者何？内辞也。胁我使我归之也。曷为使我归之？鞌之战，齐师大败，齐侯归，吊死视疾，七年不饮酒、不食肉。晋侯闻之曰："嘻！奈何使人之君七年不饮酒、不食肉，请皆反其所取侵地。"

谷梁传　于齐，缓辞也。不使尽我也。若曰为之请归，不使晋制命于我。

鞌之战，晋令于齐反鲁侵地，故以汶阳归鲁，复有二命，俾归于齐，义不足以宗诸侯矣。然曰来言，是尚未能必鲁之听从也。而鲁侯微弱，遂以归齐而不能保，其何能国乎？

晋栾书帅师侵蔡。

左传　晋栾书侵蔡，六年未得志故。遂侵楚，获申骊。申骊，楚大夫。楚师之还也，谓六年遇于绕角时。晋侵沈，获沈子揖初，从知、范、韩也。知庄子、范文子、韩献子。君子曰：从善如流，宜哉！宜有功也。《诗》曰：‘恺悌君子，遐不作人？’遐，远也。不，语助。作，用也。《诗·大雅》，言文王能远用善人。求善也夫。作人，斯有功绩矣。”是行也，郑伯将会晋师，门于许东门，大获焉。过许，见其无备，因攻之。

蔡逼于楚，故自翟泉以后未尝从诸侯会盟。晋之侵蔡，报楚之伐郑也。大国争衡，而小国受其敝，可矜孰甚焉？

公孙婴齐如莒。

左传　声伯如莒，逆也。自为逆妇而书者，因聘而逆。

先儒谓行父如陈、公孙兹如牟、婴齐如莒皆因聘而请昏纳妇，《春秋》止书曰如，不许其托公以遂私，非也。据经所书，止聘问之恒词，治经者何由知其请昏纳妇，而得笔削之义乎？盖事本微细，不宜登于策书，而又无害于义，故略之耳。

宋公使华元来聘。

左传　宋华元来聘，聘共姬也。穆姜之女，成公姊妹，为宋共公夫人，即伯姬也。

凡列国相聘，必有事焉，非专行聘礼也。华元之来，盖图昏尔。

夏，宋公使公孙寿来纳币。

左传　夏，宋公使公孙寿来纳币，礼也。纳币应使卿。

公羊传　纳币不书，此何以书？录伯姬也。伯姬守节，逮火而死，贤，故详录其礼。

纳币不书，此何以书？纳币使卿，非礼也。《春秋》于共姬之归宋，自纳币致女，以及三国来媵，备载而无遗，虽以表共姬之贤，亦以志其过礼，其义并行而不相悖也。

晋，杀其大夫赵同赵括。

左传　晋赵庄姬为赵婴之亡故，谮之于晋侯，赵婴亡在五年。曰：“原、屏将为乱。”栾、郤为征。栾氏、郤氏亦征其为乱。六月，晋讨赵同、赵括。武从姬氏畜于公宫。赵武，庄姬之子，庄姬，晋成公女。畜，养也。以其田与祁奚。韩厥言于晋侯曰：“成季之勋，宣孟之忠，成季，赵衰。宣孟，赵盾。而无后，为善者其惧矣。三代之令王皆数百年保天之禄。夫岂无辟王？赖前哲以免也。辟，邪辟。《周书》曰：‘不敢侮鳏寡，所以明德也。’”《周书·康诰》，言文王不侮鳏寡而德益明。欲晋景恤赵孤以法文王。乃立武而反其田焉。

不去其官，杀无罪也。称国以杀，君与当国大臣共主之也。据左氏，庄姬之谮，由同、括之逐赵婴，则杀无罪可知矣。庄姬诬同、括将为乱，而栾郤为征，则忌害赵氏，而共成是狱，可知矣。

秋，七月，天子使召伯来赐公命。赐，公羊、谷梁作锡。锡命止此。

左传　秋，召桓公来赐公命。桓公，周卿士，即召伯。

公羊传　其称天子何？元年春王正月，正也，其余皆通矣。天王、天子皆可通称。

谷梁传　礼有受命，无来锡命，锡命非正也。曰天子，何也？曰见一称也。前此未有言天子者，今言天子，是更见一称。

成公即位八年而不入见，既逾五服一朝之期，又未尝有敌忾献功之事，何为而来赐命哉？天子僭赏，而诸侯亦不以为德，自是以后，锡命亦不见于经矣。书天子，或旧史从策命之文，或传写误也。

附录左传　晋侯使申公巫臣如吴，假道于莒。与渠丘公立于池上，渠丘公，莒子朱也。渠丘，杜注：邑名。莒县有蘧里。今属山东青州府。曰："城已恶。"莒子曰："辟陋在夷，其孰以我为虞？"虞，度也。对曰："夫狡焉。思启封疆以利社稷者，何国蔑有？唯然，故多大国矣。唯或思或纵也。思，谓思开封疆。纵，不设备。勇夫重闭，况国乎？"为明年莒溃传。

冬，十月，癸卯，杞叔姬卒。

左传　冬，杞叔姬卒。来归自杞，故书。

叔姬见出于杞而来归，遂卒于鲁。但称叔姬，恐其同于未嫁之女，故仍以杞书。书卒者，为他日丧归于杞也。

晋侯使士燮来聘。

叔孙侨如会晋士燮、齐人、邾人伐郯。

左传　晋士燮来聘，言伐郯也，以其事吴故。七年，郯与吴成。公赂之，请缓师。文子不可，文子，士燮。曰："君命无贰，失信不立。礼无加货，事无二成。公、私不两成。君后诸侯，是寡君不得事君也。燮将复之。"季孙惧，使宣伯帅师伐郯。

郯之见伐于吴，晋不能救，及不得已而与吴成，又帅诸侯以伐之。晋不能制楚而徒欲服郑，不能制吴而反以责郯，宜其不足以宗诸侯。而鲁人既知郯不当伐，又屈于强令而会师焉，其不能立亦可知矣。

卫人来媵。

左传　卫人来媵共姬，礼也。凡诸侯嫁女，同姓媵之，异姓则否。必以同姓者，参骨肉至亲，所以息阴讼。

公羊传　媵不书，此何以书？录伯姬也。

谷梁传　媵，浅事也，不志。此其志，何也？以伯姬之不得其所，故尽其事也。不得其所，谓灾死也。

媵伯姬也。礼，诸侯嫁女于诸侯，以姪娣从。卫人来媵，非失礼也。以后此齐、晋来媵，逾诸侯一娶九女之制，故备书以志非礼。若以异姓不宜来媵为义，则但书齐媵可矣。左氏之说非也。

九年，春，王正月，杞伯来逆叔姬之丧以归。

左传　九年春，杞桓公来逆叔姬之丧，请之也。鲁请于杞。杞叔姬卒，为杞故也。死而反葬，故卒称杞。逆叔姬，为我也。既弃而复逆其丧，明为鲁故。

公羊传　杞伯曷为来逆叔姬之丧以归？内辞也，胁而归之也。

谷梁传　传曰：夫无逆出妻之丧而为之也。言其不合为而为之，故书以见其非。

出妇未反而逆其丧，非礼也。女嫁未三月而卒，尚归葬于女氏之党，况出而死于母家乎？杞伯以叔姬为贤，则初不当；出以为不贤，则卒不当以归，二者必居其一矣。观其初出不敢直归之鲁，先朝而后归焉，则惧鲁可知。其逆丧以归，必鲁人胁之耳。内女出而归者三，郯伯姬、齐子叔姬皆不书卒，以无异事法不宜书，非谓杞叔姬贤于二姬也。

公会晋侯、齐侯、宋公、卫侯、郑伯、曹伯、莒子、杞伯，同盟于蒲。蒲，杜注：卫地。在长垣县西南。

左传　为归汶阳之田故，诸侯贰于晋。归田在前年。晋人惧，会于蒲，以寻马陵之盟。马陵盟在七年。季文子谓范文子曰："德则不竞，寻盟何为？"范文子曰："勤以抚之，宽以待之，坚强以御之，明神以要之，柔服而伐贰，德之次也。"是行也，将始会吴，吴人不至。为十五年会钟离传。

晋人以诸侯皆贰，故盟蒲以固结之。然诸侯之贰，以晋制命不信，复命鲁以汶阳之田归之于齐也。己则无信而要人以信，虑人之异而强之同，安能保其不异哉？其书同盟，盖诸侯同惧楚，而晋复惧诸侯之贰，故载书以是要言耳。

公至自会。

二月，伯姬归于宋。

左传　二月，伯姬归于宋。

前书纳币，后书致女，及三国来媵，则伯姬之归岂得不书？非以伯姬之贤，而特书其归也。范氏宁谓逆者非卿不书，以公孙寿纳币观之，逆不应使微者。诸儒以为宋公亲迎，亦无可据。姑发所疑，俟治经者考焉。

附录左传　楚人以重赂求郑，郑伯会楚公子成于邓。为晋人执郑伯传。

夏，季孙行父如宋致女。

左传　夏，季文子如宋致女，复命，公享之。赋《韩奕》之五章。《韩奕》，《诗·大雅》。其五章言蹶父嫁女于韩侯，为女相所居，莫如韩乐。以喻鲁侯有蹶父之德，宋公如韩侯，宋土如韩乐。穆姜出于房，再拜，曰：穆姜，伯姬母。闻文子言宋乐，喜而出谢其行劳。"大夫勤辱，不忘先君，以及嗣君，施及未亡人，先君犹有望也。敢拜大夫之重勤。"又赋《绿衣》之卒章而入。《绿衣》，《诗·邶风》。取其我思古人，实获我心。喻文子言得己意。

公羊传　未有言致女者，此其言致女何？录伯姬也。

谷梁传　致者，不致者也。妇人在家制于父，既嫁制于夫。如宋致女，是以我尽之也。刺已嫁而犹以父制尽之。不正，故不与内称也。内称，谓称使。逆者微，故致女。详其事，贤伯姬也。

礼，妇人三月庙见，而后称妇，父母使人聘问，以致成妇礼，谓之致女。伯姬贤，鲁国重之，故使卿致也。

晋人来媵。

左传　晋人来媵，礼也。

公羊传　媵不书，此何以书？录伯姬也。

谷梁传　媵，浅事也，不志。此其志，何也？以伯姬之不得其所，故尽其事也。亦媵伯姬也。伯姬贤闻于四邻，故诸国争媵，信其无妬忌之行也。

秋，七月，丙子，齐侯无野卒。

晋人执郑伯。

晋栾书帅师伐郑。

左传　秋，郑伯如晋，晋人讨其贰于楚也。执诸铜鞮。铜鞮，杜注：晋别县。在上党。栾书伐郑，郑人使伯蠲行成，伯蠲，郑行人。晋人杀之，非礼也。兵交，使在其间可也。楚子重侵陈以救郑。陈与晋故。

谷梁传　不言战，以郑伯也。为尊者讳耻，王师败绩于贸戎是也。为贤者讳过，为齐桓讳灭项是也。为亲者讳疾。栾书以郑伯伐郑，不言战是也。郑，兄弟之国，故曰亲。君臣交兵，病莫大焉，故曰疾。

附录左传　晋侯观于军府，见钟仪。问之曰："南冠而絷者，谁也？"南冠，楚冠。絷，拘执。有司对曰："郑人所献楚囚也。"使税之。郑献钟仪在七年。税，解也。召而吊之。再拜稽首。问其族，对曰："泠人也。"泠人，乐官。公曰："能乐乎？"对曰："先父之职官也，敢有二事？"言不敢学他事。使与之琴，操南音。南音，楚声。公曰："君王何如？"对曰："非小人之所得知也。"固问之，对曰："其为太子也，师保奉之，以朝于婴齐，而夕于侧也。婴齐，令尹子重。侧，司马子反。言其尊卿敬老。不知其他。"公语范文子。文子曰："楚囚，君子也。言称先职，不背本也。乐操土音，不忘旧也。称大子，抑无私也。舍其近事而远称少小，以示性所自然，明至诚。名其二卿，尊君也。不背本，仁也。不忘旧，信也。无私，忠也。尊君，敏也。仁以接事，信以守之，忠以成之，敏以行之，事虽大，必济。君盍归之，使合晋、楚之成？"公从之，重为之礼，使归求成。为下十二月晋、楚结成张本。

郑虽贪赂从楚，犹朝于晋，是未告绝于晋也。晋不能招携以礼、怀远以德，而拘其君、伐其国，戮其行成之使，暴矣。书人以执，非霸讨也。杀伯蠲不书，既执其君，举重而余可略也。楚侵陈以救郑，不书，郑无可救之善，不与其救也。

冬，十有一月，葬齐顷公。

楚公子婴齐帅师伐莒。庚申，莒溃。

楚人入郓。郓，杜注：莒别邑。任公辅曰：东郓也。

左传　冬十一月，楚子重自陈伐莒，围渠丘。渠丘城恶，众溃，奔莒。戊申，月六日。楚入渠丘。莒人囚楚公子平，楚人曰："勿杀，吾归而俘。"莒人杀之。楚师围莒。莒城亦恶，庚申，月十八日。莒溃。楚遂入郓，莒无备故也。终巫臣之言。君子曰：恃陋而不备，罪之大者也。备豫不虞，善之大者也。莒恃其陋而不修城郭，浃辰之间，而楚克其三都，无备也夫。浃辰，十二日也。《诗》曰："虽有丝麻，无弃菅蒯。虽有姬姜，无弃蕉萃。凡百君子，莫不代匮。"言备之不可以已也。逸诗也。丝麻可为布帛。菅蒯，草之可用以织者。姬姜，大国女。蕉萃，陋贱之人。

谷梁传　其日，莒虽夷狄，犹中国也。大夫溃莒而之楚，是以知其上为事也。臣以叛君为事，明君臣无道。恶之，故谨而日之也。溃例月，甚之，故日。

守国之道以安民为本，凿池筑城，必民能效死，而后可守也。莒恃僻陋，不修城郭，致楚浃辰而克其三都，信无备矣。然兵至而民逃，其上则虽有金城汤池，岂足恃哉？楚之伐莒，以救郑也。莒同马陵及蒲之盟，晋坐视其危而莫之恤，而恶郑之从楚，执其君以伐其国，何以为盟主乎？

秦人、白狄伐晋。

左传　秦人、白狄伐晋，诸侯贰故也。

自灭庸以来，秦、楚交合，而同心以谋晋。晋方争郑，楚人伐莒，以挠其东。故秦与狄复攻其西，使晋力不能支而自屈也。

郑人围许。

左传　郑人围许，示晋不急君也。此秋晋执郑伯。是则公孙申谋之，曰："我出师以围许，为将改立君者，而纾晋使，纾，缓也。勿亟遣使诣晋，示欲更立君。晋必归君。"为明年晋侯归郑伯张本。

郑以晋人执其君归咎于许，而围之，且使晋知执其君为无益，而速归之也。晋不能制楚庇郑，而强以非义相要，诸侯皆贰，即郑岂可以力服耶？

城中城。

左传　城中城书，时也。

谷梁传　城中城者，非外民也。

中城者，郛之内宫之外也。鲁惩莒之无备而溃，故惧而城之。夫诸侯守在四境，故楚人城郢，谋国者以为忧。至城中城，则其为儆守也，益微矣。且设险于城郭之内，将独保其戚属乎？故谷梁以为外民也。

附录左传　十二月，楚子使公子辰如晋，报钟仪之使，请修好结成。

日讲春秋解义卷三十四

成　公

十年，春。

附录左传　十年春，晋侯使籴茷如楚，报大宰子商之使也。籴茷，晋大夫。子商，楚公子辰。使在前年。

卫侯之弟黑背帅师侵郑。

左传　卫子叔黑背侵郑，晋命也。

凡受大国之命而加兵于邻国者，多书侵。盖本无积怨，不过侵扰其边境而已。黑背称弟，义见齐年来聘传。

夏，四月，五卜郊，不从，乃不郊。

公羊传　其言乃不郊何？不免牲，故言乃不郊也。

谷梁传　夏四月，不时也。郊时极于三月。五卜，强也。乃者，亡乎人之辞也。

《礼记》载卜筮之辞，旬之外曰远某日，旬之内曰近某日，是每旬而一卜也。传称启蛰而郊，则周之三月乃郊之大期。五卜者，盖三月三卜，四月又二卜，皆不吉，乃止也。其渎甚矣。

五月，公会晋侯、齐侯、宋公、卫侯、曹伯伐郑。

左传　郑公子班闻叔申之谋。改立君之谋。叔申，公孙申。三月，子如立公子繻。子如，公子班。夏四月，郑人杀繻，立髡顽，髡顽，郑成公大子。子如奔许。栾武子曰："郑人立君，我执一人焉，何益？不如伐郑而归其君，以求成焉。"晋侯有疾，五月，晋立大子州蒲以为君，而会诸侯伐郑。州蒲，厉公生立子为君，此父不父、子不子。经因书晋侯，其恶明。郑子罕赂以襄钟，子罕，穆公子。襄钟，郑襄公之庙钟。子然盟于修泽，子驷为质。子然、子驷皆穆公子。修泽，杜注：荥阳郑县东有修武亭。在今河南原武县北。辛巳，郑伯归。郑伯归不书，郑不告入。

晋执郑伯，久而不释，闻郑已立君，乃伐而归之以求成，不能服郑之心，而徒勤民以劳诸侯，宜乎霸业之不振也。按，君在而立君者，郑也。左氏因晋侯有疾，谓经所书晋侯乃太子州蒲，误矣。《春秋》辨名分，岂有生代父位而以爵书之义乎？

齐人来媵。

公羊传　媵不书，此何以书？录伯姬也。三国来媵，非礼也。曷为皆以录伯姬之辞言之？妇人以众多为侈也。侈，大也。伯姬贤，三国争媵，故侈大其能容之德也。

非齐人来媵，则卫、晋之媵宜以为常事而不书。以是知《春秋》于共姬之事录之特详，皆志鲁、宋及齐之过礼，而后人推论，则亦有以见其贤声之著耳。

丙午，晋侯獳卒。

左传　晋侯梦大厉，被发及地，搏膺而踊，曰："杀余孙，不义。厉鬼，赵氏之先祖也。八年，晋侯杀赵同、赵括，故怒。余得请于帝矣。"坏大门及寝门而入，公惧，入于室，又坏户。公觉，召桑田巫，桑田，杜注：晋邑。巫言如梦，公曰："何如？"曰："不食新矣。"公疾病，求医于秦，秦伯使医缓为之。缓，医名。为犹治也。未至，公梦疾为二竖子，曰："彼良医也，惧伤我，焉逃之？"其一曰："居肓之上、膏之下，若我何？"肓，鬲也。心下为膏。医至，曰："疾不可为也，在肓之上、膏之下，攻之不可，攻，熨灸。达之不及，达，针。药不至焉，不可为也。"公曰："良医也。"厚为之礼而归之。六月丙午，晋侯欲麦，周六月，今四月，麦始熟。使甸人献麦，甸人，主为公田者。馈人为之。召桑田巫，示而杀之。将食，张，如厕，陷而卒。张，腹满也。明巫言果验。小臣有晨梦负公以登天，及日中，负晋侯出诸厕，遂以为殉。

附录左传　郑伯讨立君者，戊申，杀叔申、叔禽。叔禽，叔申弟。君子曰：忠为令德，非其人犹不可，况不令乎？言叔申为忠，不得其人还害身。

秋，七月，公如晋。

左传　秋，公如晋。晋人止公，使送葬。于是籴茷未反。是春，晋使籴茷至楚结成，晋谓鲁贰于楚，故留公须籴茷还验其虚实。冬，葬晋景公。公送葬，诸侯莫在。鲁人辱之，故不书，讳之也。讳不书晋葬也。

在礼，惟天王之丧同轨毕至，鲁闻晋之丧而君亲往焉，已卑屈而失位矣。晋适有疑于鲁，而又知其不能自强，遂止之，使送葬。不能以礼为国，而足恭以苟悦于人，耻辱乃自取耳。不书会葬，乃鲁君臣讳耻而不书于册，非孔削之也。

冬，十月。公羊无此三字。

十有一年，春，王三月，公至自晋。

左传　十一年春王三月，公至自晋。晋人以公为贰于楚，故止公。公请受盟，而后使归。

晋侯使郤犨来聘，己丑，及郤犨盟。犨，公羊作州。

左传　郤犨来聘，且莅盟。郤犨，郤克从父兄弟。

附录左传　声伯之母不聘，声伯之母，叔肸之妻。穆姜曰："吾不以妾为姒。"穆姜，宣公夫人。宣公，叔肸母毋昆弟。昆弟之妻，相谓为姒。生声伯而出之，嫁于齐管于奚，生二子而寡，以归声伯。声伯以其外弟为大夫，外弟，管于奚子，为鲁大夫。而嫁其外妹于施孝叔。孝叔，鲁惠公五世孙。郤犨来聘，求妇于声伯。声伯夺施氏妇以与之，妇人曰："鸟兽犹不失俪，俪，偶也。子将若何?"曰："吾不能死亡。"言不与郤犨，妇惧忿而致祸。妇人遂行。生二子于郤氏。郤氏亡，郤氏亡在十七年。晋人归之施氏。施氏逆诸河，沈其二子。沈之于河。妇人怒曰："己不能庇其伉俪而亡之，伉，敌也。又不能字人之孤而杀之，将何以终?"遂誓施氏。誓不为之妇也。传言郤犨淫纵所以亡。

夏，季孙行父如晋。

左传　夏，季文子如晋报聘，且莅盟也。

左氏称行父如晋报聘且莅盟，然据经止出聘之常词，似未尝复寻盟也。公止于晋九月，而后归。传载公请受盟，而未尝言盟公者，盖方是时晋稍懦矣。欲如阳处父之盟，文公恐诸侯携贰，故许鲁以成，待公既归，而后使郤犨盟公也。鲁人畏晋而报聘，岂敢使行父抗盟？晋君亦岂肯与行父盟哉？或曰晋大夫盟行父，而鲁人讳之也。

附录左传　周公楚恶惠、襄之逼也，惠王、襄王之族。且与伯与争政，伯与，周卿士。不胜，怒而出。及阳樊，王使刘子复之，盟于鄄而入。三日复出，奔晋。鄄，杜注：周邑。为明年经书周公出奔传。

秋，叔孙侨如如齐。

左传　秋，宣伯聘于齐，以修前好。鞍以前之好。

鲁、齐战鞍以后，使命不通者几十年矣。今屈辱于晋，故使侨如通问，以谢战鞍之师，捐归汶阳之忿，未几复求昏，而齐卒无报聘，盖鲁为齐弱久矣。

冬，十月。

附录左传　晋郤至与周争鄇田，鄇，杜注：温别邑。河内怀县西南有鄇人亭。在今河南武陟县。王命刘康公、单襄公讼诸晋。郤至曰："温，吾故也。故不敢失。言温郤氏旧邑。刘子、单子曰："昔周克商，使诸侯抚封，各抚有其封内之地。苏忿生以温为司寇，与檀伯达封于河。檀，周邑。在今河南内县。苏氏即狄，又不能于狄而奔卫。事在僖十年。襄王劳文公而赐之温，在僖二十五年。狐氏、阳氏先处之。狐溱、阳处父先食温地。而后及子。若治其故，则王官之邑也，子安得之?"晋侯使郤至勿敢争。传言郤至贪，所以亡。宋华元善于令尹子重，又善于栾武子，闻楚人既许晋籴茷成，而使归复命矣。在前年。冬，华元如楚，遂如晋，合晋、楚之成。为明年盟宋西门外张本。　秦、晋为成，将会于令狐。晋侯先至焉。秦伯不肯涉河，次于王城，使史颗盟晋侯于河东。史颗，秦大夫。晋郤犨盟秦伯于河西。就盟王城。范文子曰："是盟也何益？齐盟，所以质信也。齐，一心。质，成也。会所，信之始也。始之不从，其可质乎?"秦伯归而背晋成。为十三年伐秦传。

十有二年，春，周公出奔晋。

左传　十二年春，王使以周公之难来告。周公奔在前年。书曰周公出奔晋，凡自周无出，天子无外，故奔者不言出。周公自出故也。周公为王所复，而自绝于周，故书出以罪之。

公羊传　周公者何？天子之三公也。王者无外，此其言出何？自其私土而出也。私土，谓其国。

谷梁传　周有入无出，有入，如昭二十六年天王入于成周是。其曰出，上下一见之也。上谓僖二十四年天王出居于郑，下谓今周公出奔，上下皆一见之。言其上下之道无以存也。上虽失之，下孰敢有之？上虽有不君之失，臣下莫敢效不臣之过。今上下皆失之矣。

王臣有罪，诛戮放流，惟王所命，未闻有罪而自奔也。王之所弃，天下同弃之，所至之国宜执以归司寇。今王与周公要盟，既而周公复奔，王政不纲，周公之傲悖，所不待言。而晋受逋逃，罪亦不可逭矣。王子瑕、王子朝之奔不言出，以为逆乱无所容其身，与灭国之君、在外之臣同义，不得言出。与周公居位有禄，以私忿而自出者异也。

夏，公会晋侯、卫侯于琐泽。琐泽，公羊作沙泽，杜注：地阙。

左传　宋华元克合晋、楚之成。终前年事。夏五月，晋士燮会楚公子罢、许偃。二子，楚大夫。癸亥，盟于宋西门之外，曰："凡晋、楚无相加戎，好恶同之，同恤菑危，备救凶患。若有害楚，则晋伐之，在晋，楚亦如之。交贽往来，道路无壅，谋其不协，而讨不庭。有渝此盟，明神殛之，俾队其师，无克胙国。"郑伯如晋听成，听，受也。晋、楚既成，郑往受命。会于琐泽，成故也。

晋厉初立，而求诸侯也。陈、许、宋、曹皆已从楚，惟鲁、卫两属，故晋会之。《左传》谓宋华元克合晋、楚，郑伯如晋听成，据经，楚、郑不至，宋亦不与，未足信也。果晋、楚为成，所关非细，圣人岂反削而不书乎？

秋，晋人败狄于交刚。交刚，杜注：地阙。

左传　狄人间宋之盟以侵晋，而不设备。秋，晋人败秋于交刚。

谷梁传　中国与夷狄不言战，皆曰败之，夷狄不日。

狄，白狄也。九年，秦人、白狄伐晋，此先败狄而后伐秦，是知报九年之役也。不自强于政治，以攘争霸之楚，而区区释憾于群狄，所争益细矣。

冬，十月。

附录左传　晋郤至如楚聘，且莅盟。楚子享之，子反相，为地室而县焉。县钟鼓也。郤至将登，登堂。金奏作于下，击钟而奏乐。惊而走出。子反曰："日云莫矣，寡君须矣，吾子其入也。"宾曰：宾，郤至。传凡交让得宾主辞者多，曰宾主以明之。"君不忘先君之好，施及下臣，贶之以大礼，重之以备乐。如天之福，两君相见，何以代此？下臣不敢。"言此两君相见之礼。子反曰："如天之福，两君相见，无亦唯是一矢以相加遗，焉用乐？"言两君战乃相见，无用此乐。寡君须矣，吾子其入也。”宾曰：“若让之以一矢，祸之大者，其何福之为？世之治也，诸侯间于天子之事，则相朝也，王事间缺，则修私好。于是乎有享、宴之礼。享以训共俭，享有体荐，设几而不倚，爵盈而不饮，有乾而不食，所以训共俭。宴以示慈惠。宴则折俎，相与共食。共俭以行礼，而慈惠以布政。政以礼成，民是以息。百官承事，朝而不夕，不夕，言无事。此公侯之所以捍城其民也。捍，蔽也。言享宴结好邻国，所以蔽扞其民。故《诗》曰：“赳赳武夫，公侯干城。”《诗·周南》兔罝篇。赳赳，武貌。干，捍也。及其乱也，诸侯贪冒，侵欲不忌，争寻常以尽其民，八尺曰寻，倍寻曰常。言争尺丈之地，以相攻伐。略其武夫，以为己腹心、股肱、爪牙。略，取也。言世乱则公侯制御武夫，以从己志，使侵害邻国，为搏噬之用无已。故《诗》曰：‘赳赳武夫，公侯腹心。’举《诗》之正以驳乱义。《诗》言治世则武夫能合德公侯，外为捍城，内制其腹心之欲。天下有道，则公侯能为民干城，而制其腹心。乱则反之。今吾子之言，乱之道也，不可以为法。然吾子，主也，至敢不从。”遂入，卒事。归以语范文子，文子曰：“无礼，必食言，吾死无日矣夫！”为十六年鄢陵战张本。冬，楚公子罢如晋聘，且莅盟。报郤至。十二月，晋侯及楚公子罢盟于赤棘。赤棘，杜注：晋地。

十有三年，春，晋侯使郤锜来乞师。

左传　十三年春，晋侯使郤锜来乞师，将事不敬。孟献子曰：“郤氏其亡乎！礼，身之干也。敬，身之基也。郤子无基。且先君之嗣卿也，郤锜，郤克子，故曰嗣卿。受命以求师，将社稷是卫，而惰，弃君命也。不亡何为？”为十七年晋杀郤锜传。

谷梁传　乞，重辞也。古之人重师，故以乞言之也。

外乞师不书，必盟主也。而后书乞，卑辞也。见晋之无以令与国也。齐桓、晋文假尊王之义，征兵侵伐，犹以禁暴讨衅为名，故诸侯拱手听命。今晋以私怨报秦，则其义不足以令诸侯矣。惧其不从，而卑辞以乞耳。

三月，公如京师。

谷梁传　公如京师不月，月非如也。时实会晋伐秦，过京师也。公行出竟，有危则月，朝京师理无危惧，故不月。非如而曰如，不叛京师也。因其过朝，故正其文，使若本自往。

夏，五月，公自京师，遂会晋侯、齐侯、宋公、卫侯、郑伯、曹伯、邾人、滕人伐秦。

左传　三月，公如京师。宣伯欲赐，欲王赐己。请先使。王以行人之礼礼焉。不加厚。孟献子从，王以为介，而重贿之。介，辅相威仪者。献子相公以礼，故王重赐之。公及诸侯朝王，遂从刘康公、成肃公会晋侯伐秦。刘、成二公不书，兵不加秦。成子受脤于社，不敬。脤，宜社之肉也。盛以蜃器，故曰脤。宜，出兵祭社之名。刘子曰："吾闻之，民受天地之中以生，所谓命也。是以有动作礼义威仪之则，以定命也。能者养之以福，养威仪以致福。不能者败以取祸。是故君子勤礼，小人尽力。勤礼莫如致敬，尽力莫如敦笃。敬在养神，笃在守业。国之大事，在祀与戎。祀有执膰，膰，祭肉。戎有受脤，神之大节也。交神之大节。今成子惰，弃其命矣，惰则失中和之气。其不反乎！"为成肃公卒于瑕张本。　夏四月戊午，晋侯使吕相绝秦，吕相，魏锜子。盖口宣己命。曰："昔逮我献公及穆公相好，晋献公，秦穆公。戮力同心，申之以盟誓，重之以婚姻。穆公夫人，献公之女。天祸晋国，文公如齐，惠公如秦，辟骊姬也。不言狄、梁，举所恃大国。无禄，献公即世。穆公不忘旧德，俾我惠公用能奉祀于晋。僖十年，秦纳惠公。又不能成大勋，而为韩之师。僖十五年，秦伐晋，获惠公。亦悔于厥心，用集我文公，集，成也。纳文公在僖二十四年。是穆之成也。文公躬擐甲胄，跋履山川，逾越险阻，征东之诸侯，虞、夏、商、周之胤而朝诸秦，则亦既报旧德矣。诸侯朝秦不见于传。盖文其词。郑人怒君之疆场，我文公帅诸侯及秦围郑。晋自讨郑贰于楚，郑非侵秦也。盖以此诬秦，事在僖三十年。秦大夫不询于我寡君，擅及郑盟。盟者秦伯，谦言大夫。诸侯疾之，将致命于秦。文公恐惧，绥静诸侯，秦师克还无害，则是我有大造于西也。无禄，文公即世，穆为不吊，不见吊伤。蔑死我君，寡我襄公，寡，弱也。迭我殽地，迭，侵突也。奸绝我好，伐我保城，殄灭我费滑，伐保城，诬之。费滑，滑，杜注：滑国都于费，即缑氏县。今河南偃师县南有缑氏故城。秦灭滑在僖三十三年。散离我兄弟，滑、晋同姓。挠乱我同盟，倾覆我国家。我襄公未忘君之旧勋，而惧社稷之陨，是以有殽之师。在僖三十三年。犹愿赦罪于穆公。穆公弗听，而即楚谋我。天诱其衷，成王陨命，秦使斗克归楚求成，事见文十四年。文元年，楚弑成王。穆公是以不克逞志于我。穆、襄即世，康、灵即位。康公，我之自出，晋甥。又欲阙翦我公室，倾覆我社稷，帅我蝥贼，以来荡摇我边疆，此亦文致之辞。蝥贼，食禾稼虫名。谓秦纳公子雍。我是以有令狐之役。在文七年。康犹不悛，入我河曲，伐我涑川，涑川，杜注：水出河东闻喜县，西南至蒲坂县入河。今山西蒲州东北有涑水城。俘我王官，翦我羁马，我是以有河曲之战。在文十二年。东道之不通，则是康公绝我好也。及君之嗣也，我君景公引领西望曰：'庶抚我乎！'君亦不惠称盟，不肯称晋望而共盟。利吾有狄难，谓晋灭潞氏时。入我河县，焚我箕、郜，箕、郜晋二邑。芟夷我农功，虔刘我边陲，虔、刘，皆杀也。我是以有辅氏之聚。聚，众也。在宣十五年。君亦悔祸之延，而欲徼福于先君献、穆，使伯车来我景公曰：伯车，秦桓公子。'吾与女同好弃恶，复修旧德，以追念前勋。'言誓未就，景公即世，我寡君是以有令狐之会。令狐会在十一年。君又不祥，背弃盟誓。白狄及君同州，君之仇仇，而我之昏姻也。季隗，廧咎如赤狄之女也。白狄伐而获之，纳诸文公。君来赐命曰：'吾与女伐狄。'寡君不敢顾昏姻，畏君之威，而受命于吏。君有二心于狄，曰：‘晋将伐女。’狄应且憎，是用告我。言狄虽应答秦，而心实憎秦无信。楚人恶君之二三其德也，亦来告我曰：‘秦背令狐之盟，而来求盟于我，昭告昊天上帝、秦三公、楚三王，三公，穆、康、共。三王，成、穆、庄。曰余虽与晋出入，余唯利是视。不谷恶其无成德，是用宣之，以惩不壹。’诸侯备闻此言，斯是用痛心疾首，昵就寡人。寡人帅以听命，唯好是求。君若惠顾诸侯，矜哀寡人，而赐之盟，而寡人之愿也。其承宁诸侯以退，承君之意以宁静诸侯。岂敢徼乱？君若不施大惠，寡人不佞，其不能以诸侯退矣。败尽布之执事，俾执事实图利之。”秦桓公既与晋厉公为令狐之盟，而又召狄与楚，欲道以伐晋，诸侯是以睦于晋。晋辞多诬，故传惟据此事以正秦罪。晋栾书将中军，荀庚佐之。代荀首。士燮将上军，代荀庚。郤锜佐之。代士燮。韩厥将下军，代郤锜。荀罃佐之。代赵同。赵旃将新军，代韩厥。郤至佐之。代赵括。郤毅御戎，栾针为右。郤毅，郤至弟。栾针，栾书子。孟献子曰：“晋帅乘和，师必有大功。”帅，军帅。乘，车士。五月丁亥，晋师以诸侯之师及秦师战于麻隧，秦师败绩，获秦成差及不更女父。麻隧，杜注：秦地。在今陕西泾阳县西南。成差、女父，皆秦大夫。不更，秦爵。战败绩不书，盖经文阙漏。曹宣公卒于师。师遂济泾，及侯丽而还。泾，杜注：泾水，出安定东南。《汉志》出开头山。在今陕西平凉府西南。侯丽，杜注：秦地。在今陕西泾阳县境。迓晋侯于新楚。迓，迎也。既战，晋侯止新楚，故师还过迎之。新楚，杜注：秦地。在今陕西朝邑县境。成肃公卒于瑕。终刘子之言。

公羊传　其言自京师何？据僖公二十八年诸侯遂围许不言自王所。公凿行也。凿，犹更造之意。公凿行奈何？不敢过天子也。时本欲直伐秦，涂过京师，不敢过天子而不朝，故成其意，使若故朝然后更行也。

谷梁传　言受命，不敢叛周也。使若既朝王，而王命使伐秦。叛周，谓专征伐。

僖公两朝于王所俱书朝。此不书朝，而书如京师，仅同于如齐、如晋之文者，因会伐而行，故不成其朝。然书自京师，而以伐秦为遂事，又以明朝王为重，而存人臣之礼也。其辞若志敬，而实以志不敬。此程子所谓“或抑或纵，或予或夺，微辞隐义，时措而从宜”者与。

附录左传　六月丁卯，夜，郑公子班自訾求入于大宫，不能，杀子印、子羽，訾，杜注：郑地。十年，班出奔许，今欲还为乱。子印、子羽，皆穆公子。反军于市。己巳，子驷帅国人盟于大宫，子驷，穆公子。遂从而尽焚之，杀子如、子駹、孙叔、孙知。子如，公子班。子駹，班弟。孙叔，子如子。孙知，子駹子。

曹伯庐卒于师。庐，左氏作庐。

左传　曹人使公子负刍守，使公子欣时逆曹伯之丧。二子皆宣公庶子。秋，负刍杀其大子而自立也。宣公大子。诸侯乃请讨之。晋人以其役之劳，请俟他年。

谷梁传　传曰闵之也。公大夫在师曰师，在会曰会。

秋，七月，公至自伐秦。

不以京师至，而以伐秦至，明其意本不在于朝王也。

冬，葬曹宣公。

左传　冬，葬曹宣公。既葬，子臧将亡。子臧，公子欣时。国人皆将从之。不义负刍故。成公乃惧，成公，负刍。告罪，且请焉。请留子臧。乃反，而致其邑。还邑于成公。为十五年执曹伯传。

谷梁传　葬时，正也。

十有四年，春，王正月，莒子朱卒。

夏，卫孙林父自晋归于卫。

左传　十四年春，卫侯如晋，晋侯强见孙林父焉。林父以七年奔晋，强见，欲归之。定公不可。夏，卫侯既归，晋侯使郤犨送孙林父而见之。卫侯欲辞，定姜曰：定姜，定公夫人。"不可。是先君宗卿之嗣也，同姓之卿。大国又以为请，不许，将亡。虽恶之不，犹愈于亡乎？君其忍之。安民而宥宗卿，不亦可乎？"卫侯见而复之。复林父位。卫侯飨苦成叔，成叔，郤犨。宁惠子相。惠子，宁殖。苦成叔傲，宁子曰："若成家其亡乎！古之为享食也，以观威仪、省祸福也，故《诗》曰：'兕觥其觩，旨酒思柔。《诗·小雅》，言君子好礼，饮酒皆思柔德，虽设兕觥，觩然不用。以兕角为觥，所以罚不敬。觩，陈设之貌。彼交匪傲，万福来求。'彼之交于事而不惰傲，乃万福之所求。今夫子傲，取祸之道也。"为十七年郤氏亡传。

晋受卫国逋逃罪戾之臣，又强归之，林父之罪著矣，晋厉之恶显矣。卫定不能辞以大义而受之，其不能君又可知矣。

秋，叔孙侨如如齐逆女。

左传　秋，宣伯如齐逆女。称族，尊君命也。

郑公子喜帅师伐许。

左传　八月，郑子罕伐许，败焉。子罕，公子喜。为许所败。戊戌，郑伯复伐许。庚子，入其郛。许人平以叔申之封。四年，郑公孙申疆许田，许人败之，不能定其封疆。今许以是所封田求和于郑。

郑逼许，楚困郑，以国大小兵力强弱更相吞噬，人理亡矣。越明年，许迁于叶，辟郑以依楚，以晋不足恃也。而襄三年晋荀罃伐许，犹以从楚为讨，何其不自反与？

九月，侨如以夫人妇姜氏至自齐。

左传　九月，侨如以夫人妇姜氏至自齐。舍族，尊夫人也。舍族，谓不称叔孙。故君子曰："《春秋》之称，微而显，辞微而义显。志而晦，志，记也。晦，亦微也。谓约言以记事，事叙而文微。婉而成章，婉，曲也。谓曲屈其辞，有所辟讳，以示大顺，而成篇章。尽而不污，谓直言其事，尽其事实，无所污曲。惩恶而劝善，善名必书，恶名不灭，所以为惩劝。非圣人谁能修之？"

谷梁传　大夫不以夫人，以夫人，非正也。刺不亲迎也。侨如之挚，由上致之也。

称妇，有姑也。氏或曰衍。先儒皆谓诸侯当亲迎，程子独辨其非，以为亲迎者，迎于所馆，未有委宗庙社稷而远适他国以逆妇者。胡氏安国主谷梁讥不亲迎，亦谓或迎于国，或迎于境上，夫既曰迎于境上，则未入境之先，安得不以大夫逆乎？以是知程子之说不可易也。

冬，十月，庚寅，卫侯臧卒。

左传　卫侯有疾，使孔成子、宁惠子立敬姒之子衎以为大子。成子，孔达之孙。敬姒，定公妾。衎，献公。冬十月，卫定公卒。夫人姜氏既哭而息，见大子之不哀也，不内酌饮，叹曰："是夫也，将不唯卫国之败，其必始于未亡人。夫，贱之之称。定姜言献公行无礼，必从己始。下言。暴妾使余是也。呜呼！天祸卫国也夫。吾不获鱄也使主社稷。"鱄，衎之母弟。大夫闻之，无不耸惧。孙文子自是不敢舍其重器于卫，孙文子，林父。尽置诸戚，戚，孙氏邑。而甚善晋大夫。备乱起欲以为援。为襄十四年卫侯出奔传。

秦伯卒。

日讲春秋解义卷三十五

成　公

十有五年，春，王二月，葬卫定公。

三月，乙巳，仲婴齐卒。

公羊传　仲婴齐者何？疑仲遂后，故问之。公孙婴齐也。公孙婴齐则曷为谓之仲婴齐？为兄后也。为兄后则曷为谓之仲婴齐？据本公孙。为人后者为之子也。更为公孙之子，故不得复氏公孙。为人后者为其子，则其称仲何？孙以王父字为氏也。然则婴齐孰后？后归父也。归父使于晋而未反，宣公十八年，自晋至柽奔齐。何以后之？据已绝也。叔仲惠伯，傅子赤者也，叔仲，叔彭生氏。惠，谥也。文公死，子幼，公子遂谓叔仲惠伯曰："君幼，如之何！愿与子虑之。"叔仲惠伯曰："吾子相之老夫抱之，何幼君之有？"公子遂知其不可与谋，退而杀叔仲惠伯，弑子赤而立宣公。宣公死，成公幼，臧宣叔者相也。臧孙许。宣，谥。君死不哭，聚诸大夫而问焉曰："昔者叔仲惠伯之事，孰为之？"诸大夫皆杂然曰："仲氏也，其然乎？"于是遣归父之家，然后哭君，归父使乎晋，还自晋，至柽，闻君薨家遣，墠帷，哭君成踊，反命于介，自是走之齐。鲁人徐伤归父之无后也，于是使婴齐后之也。

谷梁传　此公孙也，其曰仲，何也？此盖仲遂之子，据实公孙。子由父疏之也。父有弑君之罪，故不得言公子。父不言公子，则子不得称公孙。是见疏之罪由父故。

婴齐，仲遂之子，归父之弟。仲遂生而赐氏，故书曰仲婴齐也。或以不称公孙为疑，是时鲁有两婴齐，一为叔肸之子，一即仲婴齐，皆公孙也，并见于经，如俱称公孙，则此卒者知为何婴齐耶？公羊谓以弟后兄，谬矣。季孙因归父欲去三桓而逐之，宁有复为立后之理？果悯归父，何难反其子而立之，而必以弟为之后乎？

癸丑，公会晋侯、卫侯、郑伯、曹伯、宋世子成、齐国佐、邾人，同盟于戚。

十三年，曹伯卒于师，负刍杀太子自立，晋不能请于天王，率诸侯以举九伐之典。既逾三年，乃假他事以会与之盟，而后执之，俾曹人他日得以为口实，晋政可谓无章矣。宋公卒以六月，必有疾，而使世子出会也。

晋侯执曹伯归于京师。公羊作归之于。

左传　十五年春，会于戚，讨曹成公也。讨其杀大子而自立。事在十三年。执而归诸京师。书曰："晋侯执曹伯"，不及其民也。恶不及民。凡君不道于其民，诸侯讨而执之，则曰某人执某侯。称人，示众所欲执。不然则否。谓身犯不义者。诸侯将见子臧于王而立之，子臧辞曰："前志有之曰：'圣达节，圣人应天，不拘常礼。次守节，谓贤者。下失节。'愚者妄动。为君非吾节也。虽不能圣，敢失守乎?"遂逃，奔宋。

谷梁传　以晋侯而斥执曹伯，恶晋侯也，僖二十八年，晋人执卫侯，归之于京师，此伯讨之文也。今以侯执伯，明执之不以其罪。不言之，急辞也，断在晋侯也。明晋之私。

二百四十二年，诸侯相执多矣，惟此称晋侯以执当其罪，又不敢自治而归于京师，使即天刑，得侯伯讨罪之义也。或疑负刍之杀太子，经无明文，设有之，何以不书？然以书法考之，凡执皆称人，安得谓称爵者，非霸讨乎？疑负刍之逆节，赴告未及，鲁史无文，圣人核知其实，而特文以见义也。

公至自会。

夏，六月，宋公固卒。

左传　夏六月，宋共公卒。为下宋乱起。

楚子伐郑。

左传　楚将北师，侵郑、卫。子囊曰：子囊，庄王子公子贞。"新与晋盟而背之，晋、楚盟在十二年。无乃不可乎?"子反曰："敌利则进，何盟之有?"申叔时老矣，在申，闻之曰："子反必不免。信以守礼，礼以庇身，信、礼之亡，欲免得乎?"楚子侵郑，及暴隧。暴隧，《路史》曰："暴，辛公采地。"盖周圻内之邑，而是时为郑所有也。遂侵卫，及首止。郑子罕侵楚，取新石。新石，杜注：楚邑。当在今河南叶县境。栾武子欲报楚，韩献子曰："无庸，使重其罪，民将叛之。背盟数战，罪也。无民孰战?"为明年晋败楚于鄢陵传。

楚伐郑，许故也。郑昔尝伐许，而楚不问，以郑方即楚耳。今改从晋，故楚人恶之，而以公子喜之伐许为兵端也。

秋，八月，庚辰，葬宋共公。

谷梁传　月卒日葬，非葬者也，卒当书日，葬无甚危，则当录月，今反常违例，以共公失德，不宜书葬，故日葬以表之。此其言葬，何也?以其葬共姬，不可不葬共公也。葬共姬则其不可不葬共公，何也?夫人之义不逾君也，为贤者崇也。贤崇伯姬，故书共公葬。

宋华元出奔晋。宋华元自晋归于宋。宋杀其大夫山。宋鱼石出奔楚。

左传　秋八月，葬宋共公。于是华元为右师，鱼石为左师，荡泽为司马，荡泽，公孙寿之孙。华喜为司徒，华喜，华父督之玄孙。公孙师为司城，公孙师，庄公孙。向为人为大司寇，鳞朱为少司寇，鳞朱，鳞矔孙。向带为大宰，鱼府为少宰。荡泽弱公室，杀公子肥。轻公室以为弱，故杀其枝党。肥，文公子。华元曰："我为右师，君臣之训，师所司也。今公室卑而不能正，吾罪大夫矣。不能治官，敢赖宠乎?”乃出奔晋。二华，戴族也。华元、华喜。司城，庄族也。六官者，皆桓族也。鱼石、荡泽、向为人、鳞朱、向带、鱼府。鱼石将止华元。鱼府曰：“右师反，必讨，是无桓氏也。”恐华元还，讨荡泽，并及六族。鱼石曰：“右师苟获反，虽许之讨，必不敢。言畏桓族强。且多大功，国人与之，不反，惧桓氏之无祀于宋也。右师讨，犹有戌在。向戌，桓公曾孙。言其贤，华元必不讨。桓氏虽亡，必偏。”偏，不尽。鱼石自止华元于河上，请讨，许之，乃反。使华喜、公孙师帅国人攻荡氏，杀子山。喜、师非桓族，故使攻之。子山，荡泽。书曰：“宋杀其大夫山”，言背其族也。荡氏、宋公族。还害公室，故去族以示其罪。鱼石、向为人、鳞朱、向带、鱼府出舍于睢上，睢，杜注：水名。五大夫畏同族罪及，将出奔。华元使止之，不可。冬十月，华元自止之，不可，乃反。鱼府曰：“今不从，不得入矣。右师视速而言疾，有异志焉。若不我纳，今将驰矣。”登丘而望之则驰，骋而从之。五子亦驰逐之。则决睢澨，澨，水涯。闭门登陴矣。左师、二司寇、二宰遂出奔楚。四大夫不书，独鱼石告，为十八年鱼石复入彭城传。华元使向戌为左师，老佐为司马，老佐，戴公五世孙。乐裔为司寇，以靖国人。

宋荡氏戕刈公室，华元为右师，力不能讨而奔晋，控于方伯也。晋许之讨，故桓氏惧而反元。使元怀禄顾宠，难于去国，则义不足以服国人，几坐视而莫知所措矣。鱼石许元讨山，而身复奔楚，盖与山同罪，恐终不免也。君子虽违不适仇国，宋为楚人所必争，而鱼石托焉。他日卒介恃楚力以入彭城，则实有乱心，不独与山族近可知矣。山不氏，宋人既正其罪，而告不以氏也。

附录左传　晋三郤害伯宗，谮而杀之，及栾弗忌。栾弗忌，晋贤大夫。伯州犁奔楚。州犁，伯宗子。韩献子曰：“郤氏其不免乎！善人，天地之纪也，而骤绝之，不亡何待?”为十七年晋杀三郤传。初，伯宗每朝，其妻必戒之曰：“盗憎主人，民恶其上。子好直言，必及于难。”传见虽妇人之言不可废。

冬，十有一月，叔孙侨如会晋士燮，齐高无咎、宋华元、卫孙林父、郑公子鳍、邾人会吴于钟离。此会吴之始。亦晋以诸侯之大夫为会之始。钟离，杜注：楚邑，淮南县。今江南凤阳县。

左传　十一月，会吴于钟离，始通吴也。

公羊传　曷为殊会吴？据楚不殊。外吴也。曷为外也？《春秋》内其国而外诸夏，内诸夏而外夷狄。王者欲一乎天下，曷为以外内之辞言之？言自近者始也。

谷梁传　会又会，外之也。

先儒因再书会，而有外吴之说。然圣人之恶吴不宜过于楚，诸侯与楚会，何以无异文乎？且襄五年会于戚，吴人列序，则其说不可通矣。盖钟离、柤向皆近吴，吴人在是，而晋合诸侯以会之，非会又会无以见事情。戚，卫地。晋合诸侯于戚，而吴人来会，安得用会又会之文哉？凡此乃事殊文异义，各有当而，无庸曲说者也。

许迁于叶。

左传　许灵公畏逼于郑，请迁于楚。辛丑，楚公子申迁许于叶。

谷梁传　迁者，犹得其国家以往者也。其地，许复见也。

避郑也。盟主不能安小国，而使之昵楚以求安，著小国之失所也。然许逃中国而主楚，亦岂善择所从者哉？

十有六年，春，王正月，雨，木冰。

公羊传　雨木冰者何？雨而木冰也。何以书？记异也。

谷梁传　雨而木冰也，志异也。传曰："根枝折。"

上温故雨而不雪，下寒故著木而冰。阳上施而下不通，阴下施而上不通也。

附录左传　十六年春，楚子自武城使公子成以汝阴之田求成于郑。汝水之南，近郑地。郑叛晋，子驷从楚子盟于武城。为晋伐郑起。

夏，四月，辛未，滕子卒。

左传　夏四月，滕文公卒。

郑公子喜帅师侵宋。

左传　郑子罕伐宋，宋将鉏、乐惧败诸汋陂。乐惧，戴公六世孙。将鉏，乐氏族。汋陂，杜注：宋地。退，舍于夫渠，夫渠，杜注：宋地。不儆。宋师不儆备。郑人覆之，败诸汋陵，汋陵，杜注：宋地。今河南宁陵县南有汋陵城。获将鉏、乐惧。宋恃胜也。

郑服于中国五年矣。至是附楚，而加兵于宋，诸侯之兵无宁岁矣。

附录左传　卫侯伐郑，至于鸣雁，鸣雁，杜注：在陈留雍丘县西北。今河南杞县北有白雁亭。为晋故也。

六月，丙寅，朔，日有食之。

晋侯使栾黡来乞师。

左传　晋侯将伐郑。范文子曰："若逞吾愿，诸侯皆叛，晋可以逞。时厉公无道，三郤骄纵，故欲使诸侯叛，冀其惧而修德。若唯郑叛，晋国之忧，可立俟也。"栾武子曰："不可以当吾世而失诸侯，必伐郑。"乃兴师。栾书将中军，士燮佐之。代荀庚。郤锜将上军，代士燮。荀偃佐之。代郤锜。偃，荀庚子。韩厥将下军，郤至佐新军。荀罃居守。荀罃，下军佐。时郤犨代赵旃将新军。新上、下军已罢。郤犨如卫，遂如齐，皆乞师焉。栾黡来乞师，孟献子曰："有胜矣。"卑让有礼，故知其将胜。

郑与楚比征兵讨衅，视伐秦为有辞矣。然当是时，楚势益张，晋不能庇诸侯，故不惜卑辞以相要结也。

甲午，晦，晋侯及楚子、郑伯战于鄢陵。楚子、郑师败绩。鄢陵，杜注：郑地。属颍川郡。按，鄢陵本鄢国，妘姓，为郑武公所灭，初仍故名，后改为鄢陵。

左传　戊寅，晋师起。郑人闻有晋师，使告于楚，姚句耳与往。句耳，郑大夫。与往，非使也。为先归张本。楚子救郑。司马将中军，子反。令尹将左，子重。右尹子辛将右。公子壬夫。过申，子反入见申叔时，曰："师其何如?"对曰："德、刑、详、义、礼、信，战之器也。德以施惠，刑以正邪，详以事神，义以建利，礼以顺时，信以守物。民生厚而德正，财足则思无邪。用利而事节，动不失利，则事得其节。时顺而物成，群生得所。上下和睦，周旋不逆，动顺理。求无不具，下应上。各知其极。无二心。故《诗》曰：'立我烝民，莫匪尔极。'《诗·周颂》。烝，众也。极中也。言先王立其众民皆得中正。是以神降之福，时无灾害，民生敦厖，敦，厚也。厖，大也。和同以听，莫不尽力以从上命，致死以补其阙，此战之所由克也。今楚内弃其民，不施惠。而外绝其好。义不建利。渎齐盟，不详事神。而食话言，信不守物。奸时以动，礼不顺时。周四月，今二月，妨农业。而疲民以逞。刑不正邪，而苟快意。民不知信，进退罪也。人恤所底，人各忧其身，不知所底至之处。其谁致死？子其勉之。吾不复见子矣。"姚句耳先归，子驷问焉，对曰："其行速，过险而不整。速则失志，不思虑。不整丧列，志失列丧，将何以战？楚惧不可用也。"五月，晋师济河。闻楚师将至，范文子欲反，曰："我伪逃楚，可以纾忧。夫合诸侯，非吾所能也，以遗能者。我若群臣辑睦以事君，多矣。"武子曰："不可。"六月，晋、楚遇于鄢陵。范文子不欲战，郤至曰："韩之战，惠公不振旅。众散败也。在僖十五年。箕之役，先轸不反命。死于狄也，在僖三十三年。邲之师，荀伯不复从，败走，不复故道。在宣十二年。皆晋之耻也。子亦见先君之事矣。今我辟楚，又益耻也。"文子曰："吾先君之亟战也，有故。秦、狄、齐、楚皆强，不尽力，子孙将弱。今三强服矣，秦、狄、齐。敌楚而已。唯圣人能外内无患。自非圣人，外宁必有内忧，骄亢则忧患生也。盍释楚以为外惧乎?"甲午晦，楚晨压晋军而陈。军吏患之。范匄趋进，匄，士燮子。曰："塞井夷灶，陈于军中，而疏行首。疏行首者，当陈前决开营垒为战道。晋、楚唯天所授，何患焉?"文子执戈逐之，曰："国之存亡，天也，童子何知焉。"栾书曰："楚师轻窕，固垒而待之，三日必退。退而击之，必获胜焉。"郤至曰："楚有六间，不可失也。其二卿相恶，子重，子反。王卒以旧，罢老不代。郑陈而不整。蛮军而不陈，陈不违晦，晦，月终，阴之尽，故兵家以为忌。在陈而嚣，嚣，喧哗也。合而加嚣。陈合宜静，而益有声。各顾其后，莫有斗心。旧不必良，以犯天忌，我必克之。"楚子登巢车，以望晋军。巢车，车上为橹。子重使大宰伯州犁侍于王后。州犁，晋伯宗子，前年奔楚。王曰："骋而左右，何也?"曰："召军吏也。""皆聚于中军矣。"曰："合谋也。""张幕矣。"曰："虔卜于先君也。""彻幕矣。"曰："将发命也。""甚嚣，且尘上矣。"曰："将塞井夷灶而为行也。”“皆乘矣，左右执兵而下矣。”曰：“听誓也。”“战乎?”曰：“未可知也。”“乘而左右皆下矣。”曰：“战祷也。”伯州犁以公卒告王。公，晋侯。苗贲皇在晋侯之侧，亦以王卒告。贲皇，楚斗椒子。宣四年奔晋。皆曰：“国士在，且厚，不可当也。”晋侯左右皆以伯州犁在楚，知晋之情，且谓楚师多，故惮合战。苗贲皇言于晋侯曰：“楚之良，在其中军王族而已。请分良以击其左右，而三军萃于王卒，必大败之。”公筮之，史曰：“吉。其卦遇复☷☳，震下坤上，复。无变。曰：‘南国蹙，射其元王，中厥目。’此卜者辞也。复，阳长之卦，阳气起子，南行推阴，故曰南国蹙。南国势蹙，则离受其咎。离为诸侯，又为目。阳气激南，飞矢之象，故曰：“射其元王，中厥目。”国蹙，王伤，不败何待?”公从之。从其言而战。有淖于前，乃皆左右相违于淖。淖，泥也。违，辟也。步毅御晋厉公，步毅，即郤毅。栾针为右。彭名御楚共王，潘党为右。石首御郑成公，唐苟为右。栾、范以其族夹公行。二族强，故在公左右。陷于淖，栾书将载晋侯，针曰：“书退。国有大任，焉得专之?在君前，故子名其父。大任，谓元帅之职。且侵官，冒也。载公为侵官。失官，慢也。去将而御，失官也。离局，奸也。远其部曲为离局。有三罪焉，不可犯也。”乃掀公以出于淖。掀，举也。癸已，潘尫之党与养由基蹲甲而射之，彻七札焉。党，潘尫之子。蹲，聚也。札，层也。一发达七札，言其能陷坚。以示王，曰：“君有二臣如此，何忧于战?”王怒曰：“大辱国。贱其不尚知谋。诘朝尔射，死艺。”言汝以射自多，必当以艺死。吕锜梦射月，吕锜，魏锜。中之，退入于泥。占之曰：“姬姓，日也。异姓，月也。周世姬姓尊，异姓卑。必楚王也。射而中之，退入于泥，亦必死矣。”及战，射共王中目。王召养由基，与之两矢，使射吕锜。中项，伏弢。弢，弓衣。以一矢复命。言一发而中。郤至三遇楚子之卒，见楚子，必下，免胄而趋风。疾如风。楚子使工尹襄问之以弓，工尹，楚官名襄。问，遗也。曰：“方事之殷也，有韎韦之跗注，君子也。殷，盛也。韎，赤色。跗注，戎服。若袴而属于跗，与袴连。识见不谷而趋，无乃伤乎?”恐其伤。郤至见客，免胄承命，曰：“君之外臣至从寡君之戎事，以君之灵，间蒙甲胄，不敢拜命。间犹近也。礼，介者不拜。敢告不宁，君命之辱。为事之故，敢肃使者。”以有军事不得答，故肃使者。肃手至地，若今揖。三肃使者而退。晋韩厥从郑伯，从，逐也。其御杜溷罗曰：“速从之。其御屡顾，不在马，可及也。”韩厥曰：“不可以再辱国君。”乃止。二年鞍战，韩厥已辱齐侯。郤至从郑伯，其右茀翰胡曰：“谍辂之，余从之乘，而俘以下。”郤遣轻兵单进以距郑伯车前，而已自后登车以执之。郤至曰：“伤国君有刑。”亦止。石首曰：“卫懿公唯不去其旗，是以败于荧。”荧战在闵二年。乃内旌于弢中。唐苟谓石首曰：“子在君侧，败者壹大。壹大，谓军大崩也。我不如子，子以君免，我请止。”乃死。楚师薄于险，薄，迫也。叔山冉谓养由基曰：叔山冉，楚人。“虽君有命，王有死艺命。为国故，子必射。”乃射，再发，尽殪。叔山冉搏人以投，中车，折轼。晋师乃止。言二子皆有过人之能。囚楚公子茷。为郤至见谮张本。栾针见子重之旌，请曰："楚人谓夫旌，子重之麾也，彼其子重也。曰臣之使于楚也，子重问晋国之勇，臣对曰：'好以众整。'曰：'又何如?'又问其余。臣对曰：'好以暇。'暇，闲暇。今两国治戎，行人不使，不可谓整；临事而食言，食好整之言。不可谓暇。请摄饮焉。"摄，持也。持饮往饮子重。公许之，使行人执榼承饮，榼，饮器。造于子重，曰："寡君乏使，使针御持矛，御，侍也。是以不得犒从者，使其摄饮。"子重曰："夫子尝与吾言于楚，必是故也。不亦识乎!"知其以往言好暇，故致饮。受而饮之，免使者而复鼓。旦而战，见星未已。子反命军吏察夷伤，补卒乘，补死亡。缮甲兵，展车马，展，陈也。鸡鸣而食，唯命是听。欲复战。晋人患之。苗贲皇徇曰："蒐乘，补卒，秣马，利兵，修陈，固列，蓐食，申祷，明日复战。"乃逸楚囚。逸，纵也。故欲使楚闻其言。王闻之召子反谋。谷阳竖献饮于子反，谷阳，子反内竖。子反醉而不能见。王曰："天败楚也夫！余不可以待。"乃宵遁。晋入楚军，三日谷。食楚粟三日。范文子立于戎马之前，曰："君幼，诸臣不佞，佞，才也。何以及此？君其戒之。戒勿骄。《周书》曰：'惟命不于常'，有德之谓。"《周书·康诰》，言胜无常命，惟德是与。

公羊传　晦者何？冥也。何以书？记异也。　败者称师，楚何以不称师？王痍也。痍，伤也。王痍者何？伤乎矢也。时为飞矢所中。然则何以不言师败绩？未言尔。凡举师败绩，为重众，今伤君，则当以君为重。

谷梁传　日事，遇晦曰晦。四体偏断曰败，此其败则目也。楚不言师，君重于师也。

书楚子败绩，而不言师，何也？泓之战，宋公伤股，不书宋公败者，其师大败北而君伤未甚，故举师为重。鄢陵则楚师实未大困，而君集矢于目，故举君为重也。若大棘之战，华元见获；鸡父之败，胡沈君灭，则备书之，皆据事之实以属辞耳。

楚杀其大夫公子侧。

左传　楚师还，及瑕，瑕，杜注：楚地。《水经注》肥水迳山桑县城南又东，积而为瑕陂山。桑县在今江南蒙城县北。王使谓子反曰："先大夫之覆师徒者，君不在。谓子玉败城濮时王不在军。子无以为过，不谷之罪也。"子反再拜稽首曰："君赐臣死，死且不朽。臣之卒实奔，臣之罪也。"子重使谓子反曰："初陨师徒者，而亦闻之矣，盍图之。"闻子玉自杀，终二卿相恶。对曰："虽微先大夫有之，大夫命侧，侧敢不义？言以义命己，不敢不受。侧亡君师，敢忘其死?"王使止之，弗及而卒。

主兵者将，而御将者君，将不同心，败之道也。今子反、子重素不相能，楚子在军，无以御之，使敌国谋臣窥其间而败楚，独委咎于侧以杀之，则非法矣。故称国以杀，而不去其官。

秋，公会晋侯、齐侯、卫侯、宋华元、邾人于沙随，不见公。沙随，杜注：宋地。梁国宁陵县有沙随亭。今沙随城在河南宁陵县西。

左传　战之日，齐国佐、高无咎至于师，无咎，高固子。卫侯出于卫，公出于坏隤。坏隤，杜注：鲁邑。齐、卫皆后，非独鲁，明晋以侨如故不见公。宣伯通于穆姜，穆姜，成公母。欲去季、孟而取其室。季文子、孟献子，将行，穆姜送公，而使逐二子。公以晋难告曰："请反而听命。"姜怒，公子偃、公子鉏趋过，二公子，公庶弟。指之曰："女不可，是皆君也。"公待于坏隤，申宫，儆备，申敕宫备。设守，而后行，是以后。后晋、楚战期。使孟献子守于公宫。秋，会于沙随，谋伐郑也。郑犹未服。宣伯使告郤犨曰："鲁侯待于坏隤，以待胜者。"观晋、楚之胜负。郤犨将新军，且为公族大夫，以主东诸侯。主齐、鲁之属。取货于宣伯，而诉公于晋侯。晋侯不见公。

公羊传　不见公者何？公不见见也。不为晋所见。

谷梁传　不见公者，可以见公也。可以见公而不见公，讥在诸侯也。诸侯无解之者。

《春秋》之法，为尊亲讳。沙随之会，晋不见公，辱莫大焉，而直书之，何也？是时鲁有内难，师出后期，伯主所当矜恤，不讨侨如而反受其谮，怒公不见，其曲在晋，于鲁何与乎？直书不讳，示自反而缩，则非义相干，不足以为辱也。

公至自会。

公羊传　公不见见，大夫执，执季孙行父。何以致会？不耻也。曷为不耻？公幼也。因公幼杀耻为讳辞。

附录左传　曹人请于晋曰："自我先君宣公即世，在十三年。国人曰：'若之何？忧犹未弭。'弭，息也。既葬，国人皆将从子臧，所谓忧未息。而又讨我寡君，以亡曹国社稷之镇公子，前年，晋侯执曹伯，子臧奔宋。是大泯曹也，先君无乃有罪乎？若有罪，则君列诸会矣。诸侯虽有篡弑之罪，侯伯已与之会，则不复讨。前年会于戚，曹伯在列，盟毕，乃执之，故曹人以为无罪。君唯不遗德、刑，以伯诸侯，岂独遗诸敝邑？敢私布之。"为曹伯归传。

公会尹子、晋侯、齐国佐、邾人伐郑。王臣会伐始此。

左传　七月，公会尹武公及诸侯伐郑。尹武公，王卿士，子爵。将行，姜又命公如初。姜，穆姜。复使公逐季、孟。公又申守而行。诸侯之师次于郑西，我师次于督扬，不敢过郑。督扬，杜注：郑东地。子叔声伯使叔孙豹请逆于晋师，豹，叔孙侨如弟。为食于郑郊，师逆以至。声伯戒叔孙，以必须所逆晋师至，乃食。声伯四日不食以待之，食使者而后食。使者，豹之介。豹因请逆，遂奔齐，使其介以晋逆师至。诸侯迁于制田，制田，杜注：荥阳宛陵县东有制泽。今制城在河南新郑县东北。知武子佐下军，以诸侯之师侵陈，至于鸣鹿。知武子，荀罃。鸣鹿，杜注：

陈国武平县西南有鹿邑。今河南鹿邑县西北有古城。遂侵蔡。未反，侵陈、蔡不书，公不与。诸侯迁于颍上。戊午，郑子罕宵军之，宋、齐、卫皆失军。将主与军相失。宋、卫不书，后也。

桓、文之师以尊王恤邻为号，义既足以动人，而力又足以摄之，故未尝请命于王。晋霸既衰，诸侯携贰，故假王命，且援王臣以莅之。据左氏，伐秦之役，刘子、成子实与焉，而经不书，盖书刘、成会伐则似因朝而受命于王，无以著其因伐而朝之慢。伐郑不书尹、单，则霸者征会讨贰之常辞，无以见晋霸益衰，假王灵以属诸侯，而终不能服郑，为世变之尤大矣。

曹伯归自京师。

左传　曹人复请于晋。晋侯谓子臧："反，吾归而君。"以曹人重子臧故。子臧反，自宋还。曹伯归。子臧尽致其邑与卿而不出。

公羊传　执而归者名，曹伯何以不名？而不言复归于曹何？据曹伯襄复归于曹。易也。其归易，故不复举国与名。其易奈何？公子喜时在内也。喜时，子臧。公子喜时在内则何以易？公子喜时者，仁人也。内平其国而待之，外治诸京师而免之。治，讼也。其言自京师何？言甚易也，舍是无难矣。言惟欲请之于京师，舍此之外更无危难。

谷梁传　不言所归，归之善者也。出入不名，以为不失其国也。归为善，谓直言归而不言其国，即曹伯归自京师不言于曹是。自某归次之。若蔡季自陈归于蔡、卫侯郑自楚复归于卫是。

负刍篡弑，恶莫大焉，而不名，不称复归，以其位未绝也。不绝其位，所以累天王也。归自京师，言天王之释有罪也。或谓当是时，周抱空名，生杀予夺不能自主，故传载曹人，一则请于晋，再则请于晋，则未尝遣一介如周。以书法按之，非经意也。晋既执而归诸京师使，王正贼杀其亲之法而加辟焉，晋何辞复为负刍解？如此则诸侯心慑，而王纲可渐举矣。《春秋》深探其本自贵者始，故以失刑之责归天王，而讥不在晋耳。

九月，晋人执季孙行父，舍之于苕丘。苕，公羊作招。苕丘，杜注：晋地。

左传　宣伯使告郤犨曰："鲁之有季、孟，犹晋之有栾、范也，政令于是乎成。今其谋曰：'晋政多门，政不由君。不可从也。宁事齐、楚，有亡而已，蔑从晋矣。'若欲得志于鲁，请止行父而杀之，我毙蔑也，而事晋，行父，季文子。蔑，孟献子。蔑有贰矣。鲁不贰，小国必睦。不然，归必叛矣。"九月，晋人执季文子于苕丘。公还，待于郓，郓，杜注：鲁西邑。东郡廪丘县东有郓城。今山东郓城县是。使子叔声伯请季孙于晋。郤犨曰："苟去仲孙蔑，而止季孙行父，吾与子国亲于公室。"亲鲁甚于晋公室。对曰："侨如之情，子必闻之矣。闻其淫慝情。若去蔑与行父，是大弃鲁国，而罪寡君也。若犹不弃，而惠徼周公之福，使寡君得事晋君，则夫二人者，鲁国社稷之臣也。若朝亡之，鲁必夕亡。以鲁之密迩仇仇，亡而为仇，仇仇，谓齐、楚。言鲁属齐、楚，则还为晋仇。治之何及?”郤犨曰：“吾为子请邑。”对曰：“婴齐，鲁之常隶也，敢介大国以求厚焉? 隶，贱官。介，因也。承寡君之命以请，若得所请，吾子之赐多矣，又何求?”范文子谓栾武子曰：“季孙于鲁，相二君矣。二君，宣、成。妾不衣帛，马不食粟，可不谓忠乎? 信谗慝而弃忠良，若诸侯何? 子叔婴齐奉君命无私，谋国家不贰，图其身不忘其君。若虚其请，是弃善人也。子其图之。”乃许鲁平，赦季孙。

公羊传　执未有言舍之者，此其言舍之何? 仁之也。曰在招丘悕矣。悕，悲也。仁之者，若曰在招丘可悲矣。闵录之辞。执未有言仁之者，此其言仁之何? 代公执也。其代公执奈何? 前此者，晋人来乞师而不与，公会晋侯，会沙随。将执公，季孙行父曰：“此臣之罪也。”于是执季孙行父。成公将会厉公，谓上伐郑。言谥者，别于沙随。会不当期，不如期。将执公。季孙行父曰：“臣有罪，执其君。子有罪，执其父。此听失之大者也。听，断。今此臣之罪也，舍臣之身而执臣之君，吾恐听失之为宗庙羞也。”于是执季孙行父。

谷梁传　执者不舍，而舍，公所也。昭二十三年，晋人执我行人叔孙婼不言舍，今言舍者，以公在苕丘故也。执者致，而不致，公在也。昭二十四年，婼至自晋，行父不致者，与公俱还故也。何其执而辞也? 问何以书执而言舍，复不言致。犹存公也。皆所以见公在苕丘。存意公亦存也。经未明言公所在，第据所属之辞以推其意之所存，即可知公在是也。公存也。必欲明公在是者，重公故也。

舍，置也。如秦获晋侯，舍诸灵台，而不以入国也。或以捨为义，非也。下书行父盟郤犨，则著其释行父矣。

冬，十月，乙亥，叔孙侨如出奔齐。

左传　冬十月，出叔孙侨如而盟之。诸大夫共盟，以侨如为戒。侨如奔齐。

十有二月，乙丑，季孙行父及晋郤犨盟于扈。

左传　十二月，季孙及郤犨盟于扈。归，刺公子偃。偃与鉏俱姜所指，独刺偃者，偃与谋。召叔孙豹于齐而立之。近此七月，声伯使豹请逆于晋，闻鲁将讨侨如，豹辟其难，先奔齐，生二子，而鲁乃召之。故襄二年豹始见经，传于此因言其终。

公至自会。

大夫执而归则致，行父不至者，公待行父偕归，故举公为重也。不致伐郑而致会者，公之危不在伐，而在会，故归而以会告也。

附录左传　齐声孟子通侨如，声孟子，齐灵公母，宋女。使立于高、国之间。位比二卿。侨如曰：“不可以再罪。”奔卫，亦间于卿。传终言侨如之佞。　晋侯使郤至献楚捷于周，与单襄公语，骤称其伐。单子语诸大夫曰：“温季其亡乎! 温季，郤至。位于七人之下，佐新军，位在八。而求掩其上。称己之伐，掩上功。怨之所聚，乱之本也。多怨而阶乱，何以在位?《夏书》曰：‘怨岂在明? 不见是图。’《夏书·五子之歌》。不见细微也。将慎其细也。今而明之，其可乎?”言郤至显称己功，是明取怨咎，为明年晋杀三郤传。

乙酉，刺公子偃。

谷梁传　大夫日卒，正也。先刺后名，杀无罪也。僖二十八年，公子买戍卫，不卒戍，刺之，是有罪者先列其罪。

晋不见公，而盟季孙，晋人下比之端兆于此矣。季孙之释，栾范实私之，故其归自晋也。恃晋之援，肆无忌惮，幽君母，杀公子，成公拱手以听，而鲁政一归于季氏，皆晋之权家庇之也。

日讲春秋解义卷三十六

成　公

十有七年，春，卫北宫括帅师侵郑。括，公羊作结。

左传　十七年春王正月，郑子驷侵晋虚、滑。虚、滑，杜注：晋二邑。卫北宫括救晋，侵郑，至于高氏。括，成公曾孙。高氏，杜注：在阳翟县西南。今属河南禹州。

卫、郑时无怨隙，盖晋命也。

夏，公会尹子、单子、晋侯、齐侯、宋公、卫侯、曹伯、邾人伐郑。

左传　夏五月，郑大子髡顽、侯獳为质于楚，侯獳，郑大夫。楚公子成、公子寅戍郑。　公会尹武公、单襄公及诸侯伐郑，自戏童至于曲洧。戏童，《水经注》氾水县曲洧。杜注：新汲县治曲洧城，临洧水。今洧川县属河南。

晋乘鄢陵战胜之后，假王臣之重，帅诸侯以讨郑。至于再三，而终不能服郑者，盖郑感楚君亲集矢于其目，又晋虽幸胜而内政不修，楚虽偶败而其势实盛也。

附录左传　晋范文子反自鄢陵，使其祝宗祈死，祝宗，主祭祀祈祷者。曰："君骄侈而克敌，是天益其疾也，难将作矣。爱我者唯祝我，使我速死，无及于难，范氏之福也。"六月戊辰，士燮卒。传言厉公无道，故贤臣忧惧而死。

六月，乙酉，同盟于柯陵。柯陵，杜注：郑西地。

左传　乙酉，同盟于柯陵，寻戚之盟也。戚盟在十五年。

谷梁传　柯陵之盟，谋复伐郑也。

不重言诸侯，见尹、单亦与盟也。王臣与诸侯要盟于是始，自是习以为常，非礼也。

秋，公至自会。

左传　楚子重救郑，师于首止。诸侯还。畏楚强。

谷梁传　不曰至自伐郑者，公不周乎伐郑也。周，信也。言公逼于诸侯为此盟，意不欲更伐郑。何以知公之不周乎伐郑？以其以会致也。何以知其盟复伐郑也？以其后会之人尽盟者也。后会谓冬伐郑。不周乎伐郑，则何为日也？言公之不背柯陵之盟也。

不以伐致者，楚人救而诸侯还，未成乎伐也。

齐高无咎出奔莒。

左传　齐庆克通于声孟子，与妇人蒙衣乘辇而入于闳。庆克，庆封父。蒙衣为妇人服，与妇人相冒。闳，巷门。鲍牵见之，鲍牵，鲍叔牙曾孙。以告国武子。武子召庆克而谓之。庆克久不出，而告夫人曰："国子谪我。"夫人怒。国子相灵公以会，会伐郑。高、鲍处守。高无咎、鲍牵。及还，将至，闭门而索客。搜索备奸人。孟子诉之曰："高、鲍将不纳君，而立公子角，角，顷公子。国子知之。"秋七月壬寅，刖鲍牵而逐高无咎，无咎奔莒。高弱以卢叛。弱，无咎子。卢，高氏邑。齐人来召鲍国而立之。国，牵之弟文子。初，鲍国去鲍氏而来为施孝叔臣。施孝叔，鲁大夫。施氏卜宰，匡句须吉。宰，家臣之长。匡句须，亦施氏家臣。施氏之宰有百室之邑，与匡句须邑，使为宰，以让鲍国而致邑焉。施孝叔曰："子实吉。"对曰："能与忠良，吉孰大焉?"鲍国相施氏忠，故齐人取以为鲍氏后。仲尼曰："鲍庄子之知不如葵，葵犹能卫其足。"庄子，鲍牵。葵倾叶向日，以蔽其根。言鲍牵居乱，不能危行言孙。

灵公不公其听，奔其世臣，以长祸乱。无咎身为卿佐，亦不能谋国正君，遂生疑间，至于见逐。盖两讥之。

九月，辛丑，用郊。

公羊传　用者何?用者，不宜用也。九月非所用郊也。周之九月，夏之七月，非郊时。然则郊曷用?郊用正月上辛。正月者岁首，上辛尤始新，皆取首先之意。或曰用然后郊。用者，先有事。如鲁人将有事于上帝，必先有事于泮宫是也。

谷梁传　夏之始可以承春，以秋之末承春之始，盖不可矣。郊，春事也。夏之始亦不时，今言可者，欲明秋末之不可，故以是为犹可也。九月用郊，用者，不宜用也。宫室不设，不可以祭。衣服不修，不可以祭。车马器械不备，不可以祭。有司一人不备其职，不可以祭。祭者，荐其时也，荐其敬也，荐其美也，美，备也。非享味也。

郊之不时，未有甚于此者。盖成公十年，尝五卜郊而不从，遂不郊。今惧卜而不从，故不卜而直用之尔。书曰用郊，盖前此未有不卜而用事者也。刘氏敞谓用人以祭，非也。邾用鄫子，楚用蔡世子，皆快意于仇敌，安有杀无罪以祭上帝者?且书执、书人，然后书用，则知为用其人。若用郊，则与用牲、用币、用田赋、用致夫人文义正同，安得鉴为异说乎?

晋侯使荀罃来乞师。

冬，公会单子、晋侯、宋公、卫侯、曹伯、齐人、邾人伐郑。

左传　冬，诸侯伐郑。前夏未得志故。十月庚午，围郑。不书围，畏楚救，不成围而还。

谷梁传　言公不背柯陵之盟也。

当时楚势甚张，且挟郑为援，非假王命合诸侯以屡伐之，其凭陵列国，必更有甚焉。先儒专以晋厉为讥议，亦未究乎事理之实耳。

十有一月，公至自伐郑。

左传　楚公子申救郑，师于汝上。十一月，诸侯还。

前此二伐，非乞师而往，则其反也亦不以师行告庙。今之伐以乞师而会，则其反也不得不以伐告焉。故各从其实书之。

壬申，公孙婴齐卒于貍脤。脤，公羊作轸，谷梁作蜃。貍脤，杜注：地阙。

左传　初，声伯梦涉洹，洹，杜注：洹水出汲郡林虑县，东北至魏郡长乐县入清水。今河南林县西北林虑山，即洹水所出也。或与己琼瑰，食之，泣而为琼瑰，盈其怀，琼，玉。瑰，珠也。食珠玉，含象。从而歌之曰："济洹之水，赠我以琼瑰。归乎归乎，琼瑰盈吾怀乎！"梦中为此歌。惧不敢占也。还自郑，从伐郑还。壬申，至于貍脤而占之，曰："余恐死，故不敢占也。今众繁而从余三年矣，无伤也。"言之，之莫而卒。传戒数占梦。

公羊传　非此月日也，曷为此月日卒之？据下丁巳朔，知壬申在十月。待君命然后卒大夫。曷为待君命然后卒大夫？前此者，婴齐走之晋，走，出奔。公会晋侯，将执公。婴齐为公请，公许之，反为大夫，归，至于貍轸而卒。无君命不敢卒大夫，国人未被君命，不敢使从大夫礼。公至，曰："吾固许之反为大夫。"然后卒之。十一月，公至自伐郑，始言其故，故引其卒日书于公至之月。

谷梁传　十一月无壬申，壬申乃十月也。致公而后录，臣子之义也。婴齐实以十月壬申卒，而公以十一月还，先致公而后录其卒，先君后臣之义也。其地，未逾竟也。

附录左传　齐侯使崔杼为大夫，使庆克佐之，帅师围卢。讨高弱。国佐从诸侯围郑，以难请而归。请于诸侯。遂如卢师，杀庆克，以谷叛。恶克淫乱，故杀之。齐侯与之盟于徐关而复之。十二月，卢降。使国胜告难于晋，待命于清。胜，国佐子。使以高氏难告晋，欲讨国佐，故留其子于外。清，杜注：阳平乐县是。今山东堂邑县东南有清城。为明年杀国佐传。

十有二月，丁巳，朔，日有食之。

邾子貜且卒。

晋杀其大夫郤锜、郤犨、郤至。

左传　晋厉公侈，多外嬖。外嬖，爱幸大夫。反自鄢陵，欲尽去群大夫，而立其左右。终士燮言。胥童以胥克之废也，怨郤氏，胥童，胥克子。宣八年，郤缺废胥克。而嬖于厉公。郤锜夺夷阳五田，五亦嬖于厉公。郤犨与长鱼矫争田，执而梏之，与其父母妻子同一辕。系之车辕。既，矫亦嬖于厉公。栾书怨郤至，以其不从己而败楚师也，欲废之。鄢陵战，栾书欲固垒，郤至言楚有六间以取胜。使楚公子茷告公，鄢陵战，晋囚公子茷以归。曰："此战也，郤至实召寡君，以东师之未至也，与军帅之不具也，曰：'此必败，吾因奉孙周以事君。'"孙周，晋襄公曾孙悼公。公告栾书，书曰："其有焉。不然，岂其死之不恤，而受敌使乎？谓鄢陵战时，楚子问郤至以弓。君盍尝使诸周而察之？"郤至聘于周，栾书使孙周见之。公使觇之，信。觇，伺也。遂怨郤至。厉公田，与妇人先杀而饮酒，后使大夫杀。公无道，先妇人而后卿佐。郤至奉豕，进之于公。寺人孟张夺之，郤至射而杀之。公曰："季子欺余。"季子，郤至。公反以为郤至夺孟张豕。厉公将作难，胥童曰："必先三郤。族大，多怨。去大族，不逼。敌多怨，有庸。"公曰："然。"郤氏闻之，郤锜欲攻公，曰："虽死，君必危。"郤至曰："人所以立，信、知、勇也。信不叛君，知不害民，勇不作乱。失兹三者，其谁与我？死而多怨，将安用之？君实有臣而杀之，其谓君何？我之有罪，吾死后矣。若杀不辜，将失其民，欲安，得乎？待命而已。受君之禄，是以聚党。有党而争命，罪孰大焉？"传言郤至无反心。壬午，胥童、夷羊五帅甲八百将攻郤氏，长鱼矫请无用众，公使清沸魋助之。清沸魋，亦嬖人。抽戈结衽，而伪讼者。衽，裳际。三郤将谋于榭，榭，讲武堂。矫以戈杀驹伯、苦成叔于其位。驹伯，郤锜。苦成叔，郤犨。位，所坐处也。温季曰："逃威也。"凶贼为害，故曰威。或威当为藏。遂趋。矫及诸其车，以戈杀之。皆尸诸朝。胥童以甲劫栾书、中行偃于朝。矫曰："不杀二子，忧必及君。"公曰："一朝而尸三卿，余不忍益也。"对曰："人将忍君。人谓书与偃。臣闻，乱在外为奸，在内为轨，御奸以德，御轨以刑。德绥远，刑治近。不施而杀，不可谓德。臣逼而不讨，不可谓刑。德、刑不立，奸、轨并至，臣请行。"遂出奔狄。公使辞于二子，辞谢书与偃。曰："寡人有讨于郤氏，郤氏既伏其辜矣，大夫无辱，其复职位。"皆再拜稽首曰："君讨有罪，而免臣于死，君之惠也。二臣虽死，敢忘君德？"乃皆归。公使胥童为卿。公游于匠丽氏，匠丽，嬖大夫家。栾书、中行偃遂执公焉。召士匄，士匄辞。召韩厥，韩厥辞，曰："昔吾畜于赵氏，孟姬之谗，吾能违兵。违去不与兵乱，示不与党。言此者，明己无所偏助。孟姬，赵庄姬。乱在八年。古人有言曰杀老牛莫之敢尸，尸，主也。而况君乎？二三子不能事君，焉用厥也？"

谷梁传　自祸于是起矣。厉公见杀之祸。

郤氏虽擅权结怨，然既为大夫，则君之股肱也。厉公不明征其罪，而阴用嬖幸之计，一朝而杀三卿，又不能显任忠贤，修明国政，遂用此以阶祸，惜哉！

楚人灭舒庸。舒庸，杜注：东夷国。《地谱》庐州有舒城。

左传　舒庸人以楚师之败也，败于鄢陵。道吴人围巢，伐驾，围厘、虺，巢、驾、厘、虺，杜注：楚四邑。在今江南庐州府境。遂恃吴而不设备。楚公子櫜师袭舒庸灭之。

楚方摧败，而余威犹足蚕食远国，如使鄢陵得志，则毒被华夏，可胜道哉？故观舒庸之灭，然后知鄢陵之胜，讨郑之勤，所以挫楚而不复北师者，亦晋厉之劳绩也。

附录左传　闰月乙卯晦，栾书、中行偃杀胥童。以其劫己故。民不与郤氏，胥童道君为乱，故皆书曰："晋杀其大夫。"明郤氏失民，胥童道乱，宜为国戮。传在今年，经在明春，从告。

十有八年，春，王正月，晋杀其大夫胥童。

宋督杀孔父、弑殇公，先书弑而称及，今栾书、荀偃杀胥童而弑厉公，则以国杀大夫为文，而书于杀君之前，盖嬖幸之臣导君于昏，亡其身以及其君，故《春秋》并治其罪，以为后戒。

庚申，晋弑其君州蒲。

左传　十八年春王正月庚申，晋栾书、中行偃使程滑弑厉公，程滑，晋大夫。葬之于翼东门之外，以车一乘。言不以君礼葬。诸侯葬，车七乘。使荀罃、士鲂逆周子于京师而立之，周子，悼公。生十四年矣。大夫逆于清原，周子曰："孤始愿不及此，虽及此，岂非天乎？抑人之求君，使出命也。立而不从，将安用君？二三子用我今日，否亦今日，共而从君，神之所福也。"传言其少有才，所以能自固。对曰："群臣之愿也，敢不唯命是听？"庚午，盟而入，与诸大夫盟。馆于伯子同氏。晋大夫家。辛巳，朝于武宫，逐不臣者七人。夷羊五之属。周子有兄，而无慧，不能辨菽麦，故不可立。

谷梁传　称国以弑其君，君恶甚矣。

栾书使程滑弑厉公，与赵盾之事无异，而于书则没其名，何也？时无董狐南史之直书。方柄国则赴于诸侯，必有所以诿其罪者。鲁史既承而书之，孔子修经，虽知其人，无所据以革旧史也。故称国以弑，俾后人得以考其实焉。前书杀三卿，继书杀胥童，而后厉公见弑，则以君臣不睦而生乱可知矣。栾书久执兵柄，三专征伐，明著于经。鄢陵之役，其子黡实来乞师，四卿既杀，栾氏专晋，则弑君者非书而谁哉？此笔削之义，游、夏所以不能赞也。

齐杀其大夫国佐。

左传　齐为庆氏之难故，前年，国佐杀庆克。甲申晦，齐侯使士华免以戈杀国佐于内宫之朝。士，刑官。华免，名。内宫之朝，夫人宫朝群妾处。师逃于夫人之宫。伏兵宫内，恐不胜。书曰："齐杀其大夫国佐"，弃命，专杀，以谷叛故也。国佐本疾淫乱杀庆克，齐以是讨之，嫌其罪不及死，故传明言其三罪。使清人杀国胜。胜，国佐子，前年待命于清者。国弱来奔。王湫奔莱。弱，胜之弟。湫，国佐党。庆封为大夫，庆佐为司寇。封、佐，皆庆克子。既，齐侯反国弱，使嗣国氏，礼也。佐之罪不及不祀。

庆克作慝，浊乱中闱，齐灵不能防闲其母，又受母谮而戮高国，不君甚矣。国佐不忍一旦之忿，诛庆克，据卢以抗其君，不得谓之非叛，然其心则为其君正家法，可悯也。故以累上书焉。

附录左传　二月乙酉朔，晋悼公即位于朝。朝庙五日而即位。始命百官，施舍，已责。施恩惠，舍劳役，止逋责。逮鳏寡，振废滞，举用旧德。匡乏困，救灾患，禁淫慝，薄赋敛，宥罪戾，节器用，时用民，使民以时。欲无犯时。不纵私欲夺农时。使魏相、士鲂、魏颉、赵武为卿，相，魏锜子。鲂，士会子。颉，魏颗子。武，赵朔子。此四人，其父祖皆有劳于晋国。荀家、荀会、栾黡、韩无忌为公族大夫。二荀未知所出。无忌，韩厥子。使训卿之子弟共俭孝弟。使士渥浊为大傅，使修范武子之法。渥浊，士贞子。武子为景公大傅。右行辛为司空，使修士尚之法。辛将右行，因以为氏。士蒍，献公司空。弁纠御戎，校正属焉，弁纠，栾纠也。校正，主马官。使训诸御知义。戎士尚节义也。荀宾为右，司士属焉，使训勇力之士时使。司士，车右之官。勇力，皆车右也。勇力多不顺命，故训以共时之使。卿无共御，省卿戎御。立军尉以摄之。祁奚为中军尉，羊舌职佐之。魏绛为司马，绛，魏犨子。张老为候奄。候奄，中军主斥候之官。铎遏寇为上军尉，籍偃为之司马，偃，籍谈父。为上军司马。使训卒乘，亲以听命。相亲以听上命。程郑为乘马御，六驺属焉，使训群驺知礼。程郑，荀氏别族。乘马御，乘车之仆也。六驺，六闲之驺。《周礼》有六闲马。乘车尚礼容，故训群驺使知礼。凡六官之长，皆民誉也。总举六官，则知群官无非其人。举不失职，官不易方，官守其业，无相踰易。爵不踰德，师不陵正，旅不逼师，正，军将命卿也。师，二千五百人之帅。旅，五百之帅。言上下有礼，不相陵逼。民无谤言，所以复霸也。此以上通言悼公所行，未必皆在即位之年。

公如晋。

左传　公如晋，朝嗣君也。

夏，楚子、郑伯伐宋。宋鱼石复入于彭城。彭城，杜注：宋邑。彭城县。今江南徐州。

左传　夏六月，郑伯侵宋，及曹门外。曹门，宋城门。遂会楚子伐宋，取朝郏。楚子辛、郑皇辰侵城郜，取幽丘。同伐彭城，朝郏、城郜、幽丘，杜注：皆宋邑。朝郏当在今河南夏邑县境。城郜、幽丘俱在今江南萧县界。纳宋鱼石、向为人、鳞朱、向带、鱼府焉，五子以十五年出奔楚，独言鱼石，以帅告。以三百乘戍之而还，书曰复入。恶其依阻大国，以兵威还，故书复入。凡去其国，国逆而立之，曰入；复其位，曰复归；诸侯纳之，曰归；以恶曰复入。此四条所以明内外之援，辨顺逆之辞，通君臣取国有家之大例。宋人患之。西鉏吾曰：西鉏吾，宋大夫。"何也？若楚人与吾同恶，以德于我，吾固事之也，不敢贰矣。大国无厌，鄙我犹憾。言第恐已事之，则以我为鄙邑，犹恨不足，此可患耳。不然，而收吾憎，使赞其政。以间吾衅，亦吾患也。谓用鱼石使佐政。今将崇诸侯之奸而披其地，披犹分也。以塞夷庚。夷庚，杜注：吴、晋往来之要道。逞奸而攜服，攜，离也。毒诸侯而惧吴、晋，吾庸多矣，非吾忧也。且事晋何为？晋必恤之。”

不书纳，不与纳也。诸侯世国，返国而书复入，正也。大夫不世官，既见绝于君，而复入焉，则其恶甚矣。不言叛者，将以乱国，非直叛君而已也。

公至自晋。

晋侯使士匄来聘。

左传　公至自晋。晋范宣子来聘，宣子，士匄。且拜朝也。拜谢公朝。君子谓晋于是乎有礼。

公朝始至，而聘使即来，悼公之下，诸侯肃矣。此列国所以睦，叛国所以服也。

秋，杞伯来朝。

左传　秋，杞桓公来朝，劳公，且问晋故。公以晋君语之，杞伯于是骤朝于晋，而请为昏。为平公不彻乐张本。

附录左传　七月，宋老佐、华喜围彭城。老佐卒焉。言所以不克彭城。

八月，邾子来朝。

左传　八月，邾宣公来朝，即位而来见也。

成公季年，杞、邾相继来朝，以晋悼公初立首加礼于鲁，故二君来修旧好，欲因鲁以自通于晋耳。故自是晋合诸侯，杞与二邾无役不从也。

筑鹿囿。

左传　筑鹿囿，书不时也。

公羊传　何以书？讥。何讥尔？有囿矣，又为也。

谷梁传　筑不志，此其志，何也？山林薮泽之利，所以与民共也。虞之，非正也。虞谓筑而防之。

是时，大夫擅国，威权日去，而公自娱于鸟兽草木，违时害民，非《易》所谓冥豫者与？

己丑，公薨于路寝。

左传　己丑，公薨于路寝，言道也。得君薨之道。

谷梁传　路寝，正也。男子不绝妇人之手，以齐终也。齐，洁齐也。

冬，楚人、郑人侵宋。

左传　冬十一月，楚子重救彭城，伐宋。宋华元如晋告急。韩献子为政，时栾书卒，韩厥将中军。曰：“欲求得人，必先勤之。成霸安疆，自宋始矣。”晋侯师于台谷以救宋。台谷，杜注：地阙。遇楚师于靡角之谷，楚师还。畏晋强也。靡角，杜注：宋地。

楚、郑侵宋，救彭城也。不书救者，不与其救也。悼公一出而楚师还，与前楚师至而诸侯还规模一变矣。齐桓并霸始于平宋乱，晋文继霸始于释宋围，悼公嗣兴又始于彭城之救，以宋乃诸侯之望、南北之枢纽也。

晋侯使士鲂来乞师。鲂，公羊作彭。书乞师止此。

左传　晋士鲂来乞师。将救宋。季文子问师数于臧武仲，武仲，宣叔子，名纥。对曰："伐郑之役，知伯实来，下军之佐也。伐郑在十七年。知伯，荀罃。今彘季亦佐下军，彘季，士鲂。如伐郑可也。事大国，无失班爵而加敬焉，礼也。"从之。

悼公复兴霸业，而乞师以救宋，犹遵厉公故事。元年而后无复乞师，则召兵而已矣。

十有二月，仲孙蔑会晋侯、宋公、卫侯、邾子、齐崔杼，同盟于虚朾。虚朾，杜注：阙。或云即宋之虚也。

左传　十二月，孟献子会于虚朾，谋救宋也。宋人辞诸侯而请师以围彭城。不敢烦诸侯，故但请其师，为襄元年围彭城传。孟献子请于诸侯，而先归会葬。

诸侯师至，楚、郑已退，故宋人辞诸侯而请其师，以围彭城。先为此盟，鲁君在丧，故不与会，亦不遣大夫听命，悼公所以怀诸侯也。

丁未，葬我君成公。

左传　丁未，葬我君成公，书，顺也。薨于路寝，五月而葬，国家安静，世適承嗣，故曰顺。

日讲春秋解义卷三十七

襄　公

公名午，成公子，母定姒。谥法因事有功曰襄，辟土有德曰襄。

周　简王十四年。鲁襄公元年，简王崩，子灵王立。襄二十八年，灵王崩，子景王立。

郑　成公十三年。鲁襄公二年，成公卒，子僖公髡顽立。襄七年，僖公卒，简公嘉立。

齐　灵公十年。鲁襄公十九年，灵公卒，子庄公光立。襄二十五年，庄公弑，弟景公杵臼立。

宋　平公四年。

晋　悼公复霸，元年，韩厥为政。襄七年，智罃为政。襄十一年，会于萧鱼，服郑。襄十三年，荀偃为政。襄十五年，悼公卒，子平公彪立。襄十九年，士匄为政。襄二十五年，赵武为政。襄二十七年，晋、楚盟于宋，南北分霸始此。

卫　献公五年。鲁襄公十四年，献公奔齐，卫立公孙剽，是为殇公。襄二十六年，殇公弑，献复归于卫。襄二十九年，献公卒，子襄公立。

蔡　景公二十年。鲁襄公三十年，景公弑，子灵公般立。

曹　成公六年。鲁襄公十八年，成公卒，子武公滕立。

滕　详见成公元年。

陈　成公二十七年。鲁襄公四年，成公卒，子哀公溺立。

杞　桓公六十五年。鲁襄公六年，桓公卒，子孝公匄立。襄二十三年，孝公卒，弟文公益姑立。

薛　详见僖公元年。

莒　犁比公五年。鲁襄公十六年，晋执犁比公。襄三十一年，犁比公弑，子展舆立。

邾　宣公三年。鲁襄公十六年，晋执宣公。襄十七年，宣公卒，悼公华立。襄十九年，晋执悼公。

许　灵公十八年。鲁襄公二十六年，灵公卒于楚，悼公买立。

小邾　鲁襄公七年，小邾穆公来朝。

楚 共王十九年，子重为令尹。鲁襄公三年，子重伐吴，卒，子辛为令尹。襄五年，楚杀子辛，子囊为令尹。襄十三年，共王卒，子康王昭立。襄十五年，子庚为令尹。襄二十一年，子南为令尹。二十二年，薳子冯为令尹。襄二十五年，子木为令尹。襄二十八年，康王卒，郏敖麇立。

秦 景公五年。

吴 寿梦十四年。鲁襄公十二年，寿梦卒，诸樊立，一名遏。襄二十五年，遏门于巢，卒，余祭立，一名戴。襄二十九年，余祭卒，夷末立，一名余眛。

越 详见隐公元年及昭公元年。

日讲春秋解义卷三十七

襄　公

名午，成公之子，母定姒，以简王十四年即位。谥法因事有功曰襄。

元年，春，王正月，公即位。

谷梁传　继正即位，正也

按九年《左氏传》曰："会于沙随之岁，寡君以生。晋侯曰十二年矣。"则是年公始四岁，而三年遂朝于晋，盖霸体日肆，小国畏之，而越礼以相奉也。

仲孙蔑会晋栾黡、宋华元、卫宁殖、曹人、莒人、邾人、滕人、薛人，围宋彭城。

左传　元年春己亥，围宋彭城。下有二月，则此己亥为正月，正月无己亥，日误。非宋地，追书也。成十八年，楚取彭城，以封鱼石，故曰非宋地。夫子治《春秋》，追书系之宋。于是为宋讨鱼石，故称宋，且不登叛人也。登，成也。不与其专邑叛君，故使彭城还系宋。谓之宋志。称宋，亦成宋志。彭城降晋，晋人以宋五大夫在彭城者归，置诸瓠丘。彭城降不书，贱略之。瓠丘，杜注：晋地，河东东垣县东南有壶丘。亦曰阳。《寰宇记》曰："古阳壶城南临大河。"今山西垣曲县东南阳壶城是也。五大夫，鱼石、向为人、鳞朱、向带、鱼府。齐人不会彭城，晋人以为讨。二月，齐大子光为质于晋。光，齐灵公大子。

公羊传　宋华元曷为与诸侯围宋彭城？为宋讨也。其为宋讨奈何？鱼石走之楚，楚为之伐宋，取彭城以封鱼石。鱼石之罪奈何？以入是为罪也。说在成十八年。楚已取之矣，曷为系之宋？不与诸侯专封也。

谷梁传　系彭城于宋者，不与鱼石正也。鱼石，人臣而取君之邑，邑以系国为正，故言系彭城于宋，不与鱼石正也。

据传，楚已取彭城封鱼石，戍之三百乘矣，则曷为系之宋？楚不得取之宋，鱼石不得受之楚，虽专其地，君子不登叛人，所以正疆域、固封守、谨王度也。齐国夏、卫石曼姑围戚，不系之卫，此围彭城，诸侯之师与宋华元偕其事正同，而书宋彭城，何也？蒯聩，卫之世子，时君之父也。既入于戚，则戚固其邑矣，何必系之卫哉？彭城为楚所夺，而宋之叛臣据之，必系于宋，大义始著。此《春秋》之书所以微而显也。

夏，晋韩厥帅师伐郑。厥，公羊作屈。

仲孙蔑会齐崔杼、曹人、邾人、杞人，次于鄫。鄫，公羊作合。杜注：郑地。在陈留襄邑县东南。

左传　夏五月，晋韩厥、荀偃帅诸侯之师伐郑，入其郛，败其徒兵于洧上。洧上，杜注：洧水出密县，东南至长平入颍。长平在今河南西华县。于是东诸侯之师次于鄫，以待晋师。晋师自郑以鄫之师侵楚焦夷及陈。孟献子自鄫先归，不与侵陈、楚，故不书。晋侯、卫侯次于戚，以为之援。

晋悼公既克彭城，禽五大夫，于是伐郑，以讨其从楚纳鱼石之罪。以韩厥自足当郑，不欲重勤东诸侯之师，故使次于鄫，以慑郑心，且备楚师之出也。传称楚子辛救郑，而经不书，以郑怀集矢之小德，而不能以大义裁之，附楚以侵轶同盟，奖助乱臣，无可救之善耳。

秋，楚公子壬夫帅师侵宋。

左传　秋，楚子辛救郑，侵宋吕、留。吕、留，杜注：二县属彭城郡。今俱在徐州境。郑子然侵宋，取犬丘。犬丘，杜注：谯国酂县东北有犬丘城。今河南永城县西北大丘集是也。

九月，辛酉，天王崩。

邾子来朝。

左传　九月，邾子来朝，邾宣公。礼也。

冬，卫侯使公孙剽来聘。

晋侯使荀罃来聘。

左传　冬，卫子叔、晋知武子来聘，子叔，公孙剽。礼也。凡诸侯即位，小国朝之，大国聘焉，以继好、结信、谋事、补阙，礼之大者也。

三国朝聘，左氏皆以为礼，杜氏预以为王赴未至，谷梁注、公羊疏皆主杜氏，独胡氏安国主孙氏，复说谓赴告已及。按经，冬下无月日，后二月又无事见经，诸家之说无所据以辨其孰是也。

二年，春，王正月，葬简王。

郑师伐宋。

左传　二年春，郑师侵宋，书伐，从告。楚令也。以彭城故。

书师，著其用大众也。

附录左传　齐侯伐莱，莱人使正舆子赂夙沙卫以索马牛，皆百匹，正舆子，莱大夫。夙沙卫，齐寺人。索，简择好者。齐师乃还。君子是以知齐灵公之为灵也。谥法乱而不损曰灵，言谥应其行。

夏，五月，庚寅，夫人姜氏薨。

左传　夏，齐姜薨。齐，谥也。初，穆姜使择美槚，以自为榇与颂琴，槚，梓之属。椋，棺也。颂琴，琴名，犹言雅琴。皆欲以送终。季文子取以葬。君子曰：非礼也。礼无所逆。妇，养姑者也。亏姑以成妇，逆莫大焉。穆姜，成公母。齐姜，成公妇。《诗》曰："其惟哲人，告之话言，顺德之行。"《诗·大雅》。哲，知也。话，善也。言知者行事无不顺。季孙于是为不哲矣。且姜氏，君之妣也。襄公適母。《诗》曰："为酒为醴，烝畀祖妣，以洽百礼，降福孔偕。"《诗·周颂》。烝，进也。畀，与也。偕，遍也。言敬事祖妣，则鬼神降福。季孙葬姜氏不以礼，是不敬祖妣。

六月，庚辰，郑伯睔卒。

左传　郑成公疾，子驷请息肩于晋。欲辟楚役，以负担喻。公曰："楚君以郑故，亲集矢于其目，谓鄢陵战晋射楚王目。非异人任，寡人也。若背之，是弃力与言，言盟誓之言。其谁昵我？免寡人，唯二三子。秋七月庚辰，庚辰，七月九日，经书六月，误。郑伯睔卒。

不书葬者，成公背中国，故诸侯不会其葬也。

晋师、宋师、卫宁殖侵郑。

左传　于是子罕当国，摄君事。子驷为政，子国为司马。晋师侵郑，诸大夫欲从晋，子驷曰："官命未改。"成公未葬，嗣君未免葬，故言未改，不欲违先君意。

谷梁传　其曰卫宁殖，如是而称于前事也。初，卫侯速卒，郑人侵之，故举宁殖之报，以明称于前事。

晋、宋称师，将卑师众也。卫书宁殖，将尊师少也。考其事，而师将之当兼重见矣。上言郑伯睔卒，下书三国侵，讥伐丧也。

秋，七月，仲孙蔑会晋荀罃、宋华元、卫孙林父、曹人、邾人于戚。

左传　会于戚，谋郑故也。孟献子曰："请城虎牢以逼郑。"虎牢，杜注：旧郑邑，后属晋。知武子曰："善。鄫之会，吾子闻崔子之言，今不来矣。元年，孟献子与齐崔杼次于鄫，崔杼有不服晋之言，献子以告知武子。滕、薛、小邾之不至，皆齐故也。三国，齐之属。寡君之忧不唯郑。罃将复于寡君而请于齐。以城事白晋君，而请齐会之，欲以观齐志。得请而告，吾子之功也。得请，谓齐人应命告诸侯会筑虎牢。若不得请事，将在齐。吾子之请，诸侯之福也，岂唯寡君赖之。"传言荀罃能用善谋。

将城虎牢也，其未城者，齐与滕、薛、小邾不至也。然大夫专会以谋郑，政在大夫矣。

己丑，葬我小君齐姜。

左传　齐侯使诸姜、宗妇来送葬。妇人越疆送葬，非礼。召莱子，莱，姜姓，故召之。莱子不会，故晏弱城东阳以逼之。为六年灭莱传。东阳，杜注：齐竟上邑。今东阳城在山东临朐县东。

公羊传　齐姜者何？齐姜与缪姜，则未知其为宣夫人与？成夫人与？

叔孙豹如宋。

左传　穆叔聘于宋，通嗣君也。

冬，仲孙蔑会晋荀罃、齐崔杼、宋华元、卫孙林父、曹人、邾人、滕人、薛人、小邾人于戚，遂城虎牢。

左传　冬，复会于戚，齐崔武子及滕、薛、小邾之大夫皆会，知武子之言故也。武子言事将在齐，齐人惧，帅小国而会之。遂城虎牢，郑人乃成。

公羊传　虎牢者何？郑之邑也。其言城之何？取之也。取之则曷为不言取之？为中国讳也。曷为为中国讳？讳伐丧也。曷为不系乎郑？为中国讳也。大夫无遂事，此其言遂何？归恶乎大夫也。

谷梁传　若言中国焉，中国，犹国中也。不系虎牢于郑，如国中之邑也。内郑也。郑服罪，故内之。

郑当南北之冲，故御楚必先服郑，而虎牢乃郑之要塞，城虎牢则郑不敢南向，楚不得北师，而天下蒙其安，故不系于郑，示郑不得专也。自平王东迁，郑武公为卿士，王赐之虎牢以东，后失地，郑厉公纳惠王，王复与之。然齐桓之霸说郑申侯而与之虎牢，则固未尝以虎牢为中国之轻重也。至晋厉、悼时，则近楚微国吞噬靡遗，若陈、若蔡、若许皆世服焉。鄢陵之后，三合诸侯，连诸国之师而不能服郑，楚与郑无岁不加兵于宋。及虎牢既城，则鸡泽之盟，郑不召而自至，而陈亦改图北向。则是役也，成功甚大，而义亦无愆，此圣人所以不系之郑与。

楚杀其大夫公子申。

左传　楚公子申为右司马，多受小国之赂，以逼子重、子辛。楚人杀之，故书曰："楚杀其大夫公子申。"言所以致国讨之文。

三年，春，楚公子婴齐帅师伐吴。吴、楚争疆自此始。

左传　三年春，楚子重伐吴，为简之师。简，选练。克鸠兹，至于衡山。鸠兹，杜注：吴邑，在丹阳芜湖县东。今江南芜湖县东有鸠兹港是也。衡山，杜注：在吴兴府乌程县南。案，乌程去芜湖甚远，今江南当涂县东北有横山，似为近之。使邓廖帅组甲三百、被练三千，组甲，漆甲成组文。被练，练袍。以侵吴。吴人要而击之，获邓廖。其能免者，组甲八十、被练三百而已。子重归，既饮至三日，吴人伐楚，取驾。驾，良邑也。邓廖，亦楚之良也。君子谓子重于是役也，所获不如所亡。当时君子。楚人以是咎子重。子重病之，遂遇心疾而卒。

楚始伐吴，以吴与于钟离之会也。楚自鄢陵以后，势稍挫屈，畏晋与诸侯并力谋之，而吴乘其后，故先有事于吴。然国政失御，大臣相残，既与晋仇，又结吴怨，适见其谋国之不臧耳。

公如晋。

左传　公如晋始朝也

童子侯不朝王，盖不可接以成人之礼也，岂可反朝同列乎？

夏，四月，壬戌，公及晋侯盟于长樗。长樗，孔氏颖达曰："近城地。"

左传　夏，盟于长樗。孟献子相。公稽首，知武子曰："天子在，而君辱稽首，寡君惧矣。"稽首，事天子之礼。孟献子曰："以敝邑介在东表，密迩仇仇，仇仇，谓齐、楚与晋争。寡君将君是望，敢不稽首?"传言献子能固事盟主。

春秋时，诸侯不亲盟于他国。文二年，公如晋，晋人使阳处父盟。公三年，请改盟，犹盟于其国。非礼也。今悼公修礼于鲁，若不敢使鲁君就己而出盟于外以相就者然，此诸侯所以睦于晋也。

公至自晋。

附录左传　晋为郑服故，且欲修吴好，郑服在前年。将合诸侯。使士匄告于齐曰："寡君使匄，以岁之不易，不易，多难也。不虞之不戒，寡君愿与一二兄弟相见，以谋不协。请君临之，使匄乞盟。"齐侯欲勿许，而难为不协，乃盟于耏外。耏，杜注：水名。案，耏水即时水也。平地出泉曰耏。祁奚请老，晋侯问嗣焉。嗣续其职者。称解狐，其仇也，将立之而卒。解狐卒。又问焉，对曰："午也可。"午，祁奚子。于是羊舌职死矣，晋侯曰："孰可以代之?"对曰："赤也可。"赤，职子伯华。于是使祁午为中军尉，羊舌赤佐之。各代其父。君子谓祁奚于是能举善矣。称其仇，不为谄。立其子，不为比。举其偏，不为党。偏，属也。《商书》曰："无偏无党，王道荡荡。"《商书·洪范》。荡荡，平正无私。其祁奚之谓矣。解狐得举，未得位，故曰得举。祁午得位，伯华得官，建一官而三物成，一官，军尉。物，事也。能举善也。夫唯善，故能举其类。《诗》云："唯其有之，是以似之，《诗·小雅》，言唯有德之人能举似己者。祁奚有焉。

六月，公会单子、晋侯、宋公、卫侯、郑伯、莒子、邾子、齐世子光。己未，同盟于鸡泽。鸡泽，杜注：在广平曲梁县西南。《后汉志》曲梁侯国有鸡泽，即《春秋》同盟处也。今曲梁故城在直隶广平府东北。

左传　六月，公会单顷公及诸侯。己未，同盟于鸡泽。晋侯使荀会逆吴子于淮上，吴子不至。道远多难。

谷梁传　同者，有同也，同外楚也。

是时，诸侯同心病楚，郑亦因城虎牢而服焉，故载书要言同盟。书日于诸侯之下，所以别会与盟之异日也。他盟但合诸侯，行盟礼，故书某日会某侯盟于某地，此则既行会礼，别日又行盟礼，故书日以隔之。其与首止、葵丘再书地异者，无大美恶，则举其重者而已。

陈侯使袁侨如会。

左传　楚子辛为令尹，侵欲于小国，陈成公使袁侨如会求成。袁侨，涛涂四世孙。晋侯使和组父告于诸侯。

公羊传　其言如会何？后会也。

谷梁传　如会，外乎会也，外乎会者，明本非会内也。诸侯已会乃至耳。于会受命也。

陈自辰陵即楚二十有八年，今闻郑伯受盟，乃使大夫求成于晋，本非召会，又后时，故书如会。

戊寅，叔孙豹及诸侯之大夫及陈袁侨盟。诸侯在而大夫自为盟始于此。

左传　秋，叔孙豹及诸侯之大夫及陈袁侨盟，陈请服也。

公羊传　曷为殊及陈袁侨？为其与袁侨盟也。喜得陈，故殊之。

谷梁传　及以及，与之也。但言叔孙豹及诸侯之大夫，则无以表袁侨之得礼，故再言及，明独与袁侨，不与诸侯之大夫。诸侯以为可与则与之，不可与则释之。诸侯盟，又大夫相与私盟，是大夫张也。故鸡泽之会诸侯始失正矣。大夫执国权，曰袁侨，异之也。异袁侨之得礼。

虎牢既城，郑人来归，而陈亦改图。郑君先至，诸侯既与之盟，而后陈袁侨至，故使大夫盟之，此悼公所以持大体也。传谓诸侯盟大夫，又相与私盟，与大夫张，过矣。溴梁之会，诸侯不盟而大夫盟，责大夫之专可也，此书诸侯之大夫及陈袁侨盟，则大夫奉君命以即事，礼安而分明，安得谓大夫专而诸侯失其柄乎？

附录左传　晋侯之弟扬干乱行于曲梁，行，陈次。曲梁，晋地。魏绛戮其仆。晋侯怒，谓羊舌赤曰："合诸侯以为荣也，扬干为戮，何辱如之？必杀魏绛，无失也。"对曰："绛无贰志，事君不辟难，有罪不逃刑，其将来辞，何辱命焉？"言终，魏绛至，授仆人书，仆人，晋侯御仆。将伏剑，士鲂、张老止之。公读其书曰："日君乏使，使臣斯司马。斯，此也。臣闻：'师众以顺为武，顺，莫敢违。军事有死无犯为敬。'守官行法，虽死不敢有违。君合诸侯，臣敢不敬？君师不武，执事不敬，罪莫大焉。臣惧其死，以及扬干，无所逃罪。不能致训，至于用钺，用钺斩扬干之仆。臣之罪重，敢有不从以怒君心？言不敢不从戮。请归死于司寇。"公跣而出曰："寡人之言，亲爱也。吾子之讨军礼也。寡人有弟，弗能教训，使干大命，寡人之过也。子无重寡人之过，魏绛死为重过。敢以为请。"晋侯以魏绛为能以刑佐民矣。反役，与之礼食，使佐新军。群臣旅会，今欲显魏绛，故特为设礼食。张老为中军司马，代魏绛。士富为候奄。代张老。士富，士会别族。楚司马公子何忌侵陈，陈叛故也。

秋，公至自会。

冬，晋荀罃帅师伐许。

左传　许灵公事楚，不会于鸡泽。冬，晋知武子帅师伐许。

责许不会于鸡泽也。许自新城以来，困于郑，胁于楚，不与中国会盟久矣。今以陈、郑偶服，遂侈然求多于许，其心褊矣。宜不得许，且并陈、郑而失之也。

四年，春，王三月，己酉，陈侯午卒。

左传　四年春，楚师为陈叛故，犹在繁阳。前年何忌之师侵陈，今犹未还。繁阳，杜注：楚地，在汝南鲖阳县南。今河南新蔡县有繁阳亭。韩献子患之，言于朝曰："文王帅殷之叛国以事纣，唯知时也。今我易之，难哉！"三月，陈成公卒。楚人将伐陈，闻丧乃止。陈人不听命，臧武仲闻之，曰："陈不服于楚，必亡。大国行礼焉，而不服，在大犹有咎，而况小乎？"夏，楚彭名侵陈，陈无礼故也。为下陈围顿传。

襄公名午，与陈侯同名，经不为国讳者，周人虽以谥易名，因而有讳。然考之礼律，亦有不尽讳者。后世忌讳繁而名实乱矣。策书所纪，不宜变易，故庄公名同而书同盟，僖公名申而书戊申，定公名宋而书宋公，皆临文不讳之法也。

夏，叔孙豹如晋。

左传　穆叔如晋，报知武子之聘也，武子聘在元年。晋侯享之，金奏《肆夏》之三，不拜。《肆夏》，乐曲名。《周礼》以钟鼓奏九夏，其二曰《肆夏》，三曰《韶夏》，四曰《纳夏》。盖击钟而奏此三夏曲。工歌《文王》之三，又不拜。工，乐人也。《文王》之三，《大雅》之首，《文王》《大明》《绵》。歌《鹿鸣》之三，三拜。《小雅》之首，《鹿鸣》《四牡》《皇皇者华》。韩献子使行人子员问之，曰："子以君命辱于敝邑，先君之礼，藉之以乐。以辱吾子。吾子舍其大，而重拜其细。敢问何礼也？"对曰："三夏，天子所以享元侯也，使臣弗敢与闻。《文王》，两君相见之乐也，臣不敢及。及，与也。《鹿鸣》，君所以嘉寡君也，敢不拜嘉？歌《鹿鸣》，义取我有嘉宾。叔孙奉君命而来，以叔孙为嘉宾，乃所以嘉鲁君也。《四牡》，君所以劳使臣也，敢不重拜？《诗》言使臣乘四牡，騑騑然行不止，勤劳也。晋以叔孙来聘，故以此劳之。《皇皇者华》，君教使臣曰：'必谘于周。'《皇皇者华》，君遣使臣之诗。言忠臣奉使，能光辉君，命如华之皇皇然。又当谘于忠信，以补不及。忠信为周，其诗曰："周爰咨诹，周爰咨谋，周爰咨度，周爰咨询。"言必于忠信之人询此四事。臣闻之，访问于善为咨，问善道。咨亲为询，问亲戚之义。咨礼为度，问礼宜。咨事为诹，问政事。咨难为谋。问患难。臣获五善，敢不重拜？"

秋，七月，戊子，夫人姒氏薨。姒，公羊作弋。下定姒同。

左传　秋，定姒薨。不殡于庙，无榇，不虞。榇，亲身棺。季孙以定姒本贱，不欲以夫人礼卒之。虞，祭也。匠庆谓季文子曰：匠庆，鲁大夫。"子为正卿，而小君之丧不成，不终君也。慢其母，是不终事君之道。君长，谁受其咎？"初，季孙为己树六槚于蒲圃东门之外，蒲圃，场圃名。欲自为榇。匠庆请木，为定姒作榇。季孙曰："略。"不以道取为略。匠庆用蒲圃之槚，季孙不御。御，止也。传言遂得成礼，故经无异文。君子曰：志所谓"多行无礼，必自及也"，其是之谓乎？

孔氏颖达曰："二年，齐姜薨葬者，成公夫人也。据传匠庆之言，则定姒襄公生母。"王氏葆曰："定十五年，书葬，定姒哀公之母也。"自襄至哀，历世未远，不应同谥，曰定，文必有误。

葬陈成公。

陈即晋，鲁会其葬，故书。

八月，辛亥，葬我小君定姒。

公羊传　定弋者何？襄公之母也。

未踰月而速葬，其礼略也。盖行父本不欲以夫人之礼葬，不得已于人言，则略其礼。季氏无君之心，自行父已兆其端矣。

冬，公如晋。

左传　冬，公如晋听政。受贡赋多少之政。晋侯享公，公请属鄫。鄫，杜注：小国。琅邪鄫县。欲使属鲁，如须句、颛臾之比。晋侯不许。孟献子曰："以寡君之密迩于仇仇，而愿固事君，无失官命。晋官征发之命。鄫无赋于司马，晋司马掌诸侯之赋。为执事朝夕之命敝邑，敝邑褊小，阙而为罪，阙，不共也。寡君是以愿借助焉。"晋侯许之。为明年叔孙豹、鄫世子巫如晋传。

襄公之生至是始七岁，且有母丧，而急于朝晋，岂公所自主乎？盖行父惩于归父之事，欲专鲁，而过礼，以自媚于晋，不顾其君之幼弱，不能胜劳役而任礼事也。行父托言居守，而使孟献子从行，故吴人曰："国君道长而大夫不出门"，正谓是耳。

陈人围顿。

左传　楚人使顿问陈而侵伐之，间伺其隙。故陈人围顿。

楚围陈，纳顿子，陈畏楚而不敢报。陈改事晋，楚使顿间陈，而侵伐之，故陈人围顿。自会于鸡泽以后，伐许，围顿，皆霸势之将兴，而晋之谋国者皆务苟安，而不能保陈，终成南北分霸之势，不亦悖乎？

附录左传　无终子嘉父使孟乐如晋，无终，杜注：山戎国名。今顺天府玉田县西有古无终城。子，爵也。嘉父，名。孟乐，其使臣。因魏庄子纳虎豹之皮，以请和诸戎。欲戎与晋和。庄子，魏绛。晋侯曰："戎狄无亲而贪，不如伐之。"魏绛曰："诸侯新服，陈新来和，将观于我。我德则睦，否则攜贰。劳师于戎，而楚伐陈，必弗能救，是弃陈也。诸华必叛。戎，禽兽也。获戎失华，无乃不可乎？《夏训》有之曰：'有穷后羿。'"《夏训》，《夏书》。有穷，杜注：国名。《水经注》穷水出于安丰。在今英山县境。羿，有穷君之号。公曰："后羿何如？"怪其言不次，故问之。对曰："昔有夏之方衰也，后羿自鉏迁于穷石，因夏民以代夏政。禹孙大康淫放失国，夏人立其弟仲康，仲康卒，子相立羿，遂代相号，曰有穷。鉏，杜注：羿本国名。今直隶滑县东有鉏城。恃其射也，羿善射。不修民事，而淫于原兽，弃武罗、伯因、熊髡、龙圉，四子皆羿贤臣，而用寒浞。寒浞，伯明氏之谗子弟也。寒，杜注：寒国，北海平寿县东有寒亭。在今山东潍县东北。伯明，其君名。伯明后寒弃之，夷羿收之，夷氏。信而使之，以为己相。浞行媚于内，内，宫人。而施赂于外，愚弄其民，而虞羿于田。乐之以游田。树之诈慝，以取其国家。外内咸服，羿犹不悛，将归自田，羿猎还。家众杀而亨之，以食其子，食羿子。其子不忍食诸，死于穷门。靡奔有鬲氏，靡，夏遗臣事羿者。有鬲，杜注：国名，平原高县。今山东德平县东有故鬲城。浞因羿室，就其妃妾。生浇及豷，恃其谗慝诈伪而不德于民，使浇用师，灭斟灌及斟寻氏。二国，夏同姓诸侯，后相所依。杜注：乐安寿光县东南有灌亭，北海平寿县东南有斟亭。今斟灌城在山东寿光县东北，斟寻城在山东潍县西南。处浇于过，处豷于戈。过、戈，杜注：皆国名，东莱掖县北有过乡，戈在宋郑之间。按，今山东莱州府治即过国也。靡自有鬲氏，收二国之烬，烬，遗民。以灭浞而立少康。少康，夏后相之子。少康灭浇于过，后杼灭豷于戈，后杼，少康子。有穷由是遂亡，浞因羿室，故不改有穷之号。失人故也。昔周辛甲之为太史也，命百官，官箴王阙。辛甲，周武王太史。使百官各为箴辞，以戒王过。于虞人之箴曰：虞人掌田猎。'芒芒禹迹，芒芒，远貌。画为九州，经启九道。启开九州之道。民有寝庙，兽有茂草，各有攸处，德用不扰。在帝夷羿，冒于原兽，冒，贪也。忘其国恤，而思麀牡。武不可重，重犹数也。用不恢于夏家。兽臣司原，敢告仆夫。兽臣，虞人。告仆夫，不敢斥尊。虞箴如是，可不惩乎?”于是晋侯好田，故魏绛及之。公曰：“然则莫如和戎乎?”对曰：“和戎有五利焉。戎狄荐居，贵货易土。荐，聚也。易犹轻也。土可贾焉，一也。边鄙不耸，民狎其野，穑人成功，二也。耸，狎习也。戎狄事晋，四邻振动，诸侯威怀，三也。以德绥戎，师徒不勤，甲兵不顿，四也。顿，坏也。鉴于后羿，而用德度，远至迩安，五也。君其图之。”公说，使魏绛盟诸戎。修民事，田以时。传言晋侯能善用谋。冬十月，邾人、莒人伐鄫，臧纥救鄫，侵邾，败于狐骀。臧纥，武仲。狐骀，杜注：邾地，鲁国番县东南有目台亭。今狐骀山在山东滕县东南。国人逆者皆髽，鲁于是乎始髽。髽，麻发合。丧礼之始变。国人诵之曰：“臧之狐裘，败我于狐骀。臧纥时服狐裘。我君小子，朱儒是使。朱儒朱儒，使我败于邾。”公幼弱，故曰小子。臧纥短小，故曰朱儒。败不书，鲁人讳之。

五年，春，公至自晋。

左传　五年春，公至自晋。

附录左传　王使王叔陈生诉戎于晋，王叔，周卿士。时戎侵虢故。晋人执之。士鲂如京师，言王叔之贰于戎也。

夏，郑伯使公子发来聘。

左传　夏，郑子国来聘，通嗣君也。郑僖公初即位。

鲁与郑自输平来盟以后，聘使不通，终《春秋》仅见于此，则以晋霸复兴，诸侯辑睦也。

叔孙豹、鄫世子巫如晋。鄫，谷梁作缯。后同。

左传　穆叔觌鄫大子于晋，以成属鄫。觌，见也。前年请属鄫，故将鄫大子巫如晋以成之。书曰："叔孙豹、鄫大子巫如晋"，言比诸鲁大夫也。

公羊传　外相如不书，此何以书？为叔孙豹率而与之俱也。叔孙豹则曷为率而与之俱？盖舅出也。巫者，鄫前夫人、襄公母姊妹之子也。俱莒外孙，故曰舅出。莒将灭之，故相与往殆乎晋也。殆，疑也。以疑谳于晋。莒将灭之，则曷为相与往殆乎晋？取后乎莒也。其取后乎莒奈何？莒女有为鄫夫人者，盖欲立其出也。时莒女嫁为鄫后夫人，夫人女还嫁莒，有外孙，鄫子爱后夫人，而无子，欲立其外孙，鲁因为之往谳于晋。

谷梁传　外不言如，而言如，为我事往也。

外相如不书，鄫世子之如晋何以书？以鄫既属鲁，叔孙豹率而与之俱，故比诸鲁大夫耳。豹与鄫世子同如晋，而不言及，是旅见于晋也。晋之汰亦甚矣。

仲孙蔑、卫孙林父会吴于善道。道，公羊、谷梁作稻。善道，杜注：地阙。按，阮胜之《南兖州记》盱眙本吴善道地，今属江南泗州。

左传　吴子使寿越如晋，寿越，吴大夫。辞不会于鸡泽之故，三年，会鸡泽，吴不至，今来谢之。且请听诸侯之好。晋人将为之合诸侯，使鲁、卫先会吴，且告会期。故孟献子、孙文子会吴于善道。

谷梁传　吴谓善伊，谓稻缓，号从中国，名从主人。吴之土音与中国异，其所号地形物类，当从中国，以教殊俗，故不言伊缓而言善稻，若人名则从其本国所称。

晋将邀吴为戚之会，鲁、卫近吴，且俱同姓，故先使通好。不言及，同受命于晋也。不列叙而别言会吴者，吴人在善道，蔑与林父往会之也。

秋，大雩。

左传　秋，大雩，旱也。

楚杀其大夫公子壬夫。

左传　楚人讨陈叛故，曰："由令尹子辛实侵欲焉。"乃杀之。书曰："楚杀其大夫公子壬夫"，贪也。君子谓楚共王于是不刑。诗曰："周道挺挺，我心扃扃。讲事不令，集人来定。"逸诗也。挺挺，正直也。扃扃，明察也。讲，谋也。言谋事不善，聚致贤人以定之。己则无信，而杀人以逞，不亦难乎？《夏书》曰："成允成功。"《夏书·大禹谟》。允，信也。言信成然后有成功。

壬夫侵欲固有罪矣，然楚子不能申明法教，禁之于先，及陈怨已深，伐之不服，始归咎而杀之，岂用刑之正哉？故称国以杀，罪累上也。

公会晋侯、宋公、陈侯、卫侯、郑伯、曹伯、莒子、邾子、滕子、薛伯、齐世子光、吴人、鄫人于戚。

左传　九月丙午，盟于戚，会吴，且命戍陈也。不书盟，盖不以盟告庙。穆叔以属鄫为不利，使鄫大夫听命于会。传言鄫人所以见于戚会。

公羊传　吴何以称人？吴、鄫人云，则不辞。

晋合诸侯而吴来听命，与吴居其所而诸国往会之者异矣。故列叙而不殊。会其称人，与鄫并列，不得云吴、鄫人也。

公至自会。

冬，戍陈。

公羊传　孰戍之？诸侯戍之。曷为不言诸侯戍之？离至不可得而序，离至，离别前后至也。故言我也。以鲁至时书。

谷梁传　内辞也。不言诸侯，是鲁戍之。

诸侯受命于戚，各以师戍陈，离至不可得而序，故独书鲁戍也。齐桓不战而屈楚，晋文战而屈楚，悼公通吴以制楚，又戍守陈、郑，事势各异，不可以优劣论也。

楚公子贞帅师伐陈。公会晋侯、宋公、卫侯、郑伯、曹伯、齐世子光救陈。十有二月，公至自救陈。曹伯下公羊、谷梁有莒子、邾子、滕子、薛伯。

左传　楚子囊为令尹。公子贞。范宣子曰："我丧陈矣。楚人讨贰而立子囊，必改行。改子辛行。而疾讨陈。陈近于楚，民朝夕急，能无往乎？有陈，非吾事也，无之而后可。"冬，诸侯戍陈。子囊伐陈。十一月甲午，会于城棣以救之。城棣，杜注：郑地，陈留酸枣县西南有棣城。《寰宇记》有南棣城、北棣城，在阳武县北。今属河南开封府。

谷梁传　善救陈也。

晋之于陈，既勤戍于无事之时，复率救于被兵之日，可谓勤矣。卒不能保陈，以楚益张，而陈近焉，事势实然。然非悼公即世，必能与楚相持，不至南北分霸也。

辛未，季孙行父卒。

左传　季文子卒。大夫入敛，公在位。在阼阶西乡。宰庀家器为葬备，庀，具也。无衣帛之妾，无食粟之马，无藏金玉，无重器备，庀备，谓珍宝、甲兵之物。君子是以知季文子之忠于公室也。相三君矣，而无私积，可不谓忠乎？

先儒以左氏所称，多谓行父忠慎。然子赤之弑行父，非惟坐视，而又为仲遂奔走焉。及宣公既殁，复乘间以逐归父，而三桓之势成，孟叔且拱手以听于季氏矣。其妾不衣帛，马不食粟，乃矫情悦众，以自固其身家，与陈氏燠休齐民之意同。故孔子讥其三思，而朱子尤深恶之，洵论世知人之特识也。

六年，春，王三月，壬午，杞伯姑容卒。

左传　六年春，杞桓公卒。始赴以名，同盟故也。杞入《春秋》未尝书名，桓公三与成公同盟，故赴以名。

夏，宋华弱来奔。

左传　宋华弱与乐辔少相狎，长相优，又相谤也。华弱、乐辔，皆宋大夫。狎，亲习也。优，调戏也。子荡怒，以弓梏华弱于朝。子荡，乐辔也。张弓以贯其颈，若械之在手，故曰梏。平公见之，曰："司武而梏于朝，难以胜矣。"司武，司马。遂逐之。夏，宋华弱来奔。司城子罕曰："同罪异罚，非刑也。专戮于朝，罪孰大焉？"亦逐子荡。子荡射子罕之门，曰："几日而不我从。"言亦当见逐。子罕善之如初。

秋，葬杞桓公。

滕子来朝。

左传　秋，滕成公来朝，始朝公也。

莒人灭鄫。

左传　莒人灭鄫，鄫恃赂也。归鲁贡，恃之而慢莒，故灭。

谷梁传　非灭也。中国日，卑国月，夷狄时。鄫，中国也。而时，非灭也。家有既亡，国有既灭，家立异姓为后则亡，国立异姓为嗣则灭。既，尽也。灭而不自知，由别之而不别也。立嗣宜分别同姓，而缯不别。莒人灭缯，非灭也。立异姓以莅祭祀，灭亡之道也。

鲁既请于晋以属鄫，而中弃之。晋为盟主，坐视莒人灭同盟之国而不能正，皆罪也。公、谷以昭四年书取鄫，疑鄫未尝灭，故有立异姓为后之说。不知莒人始灭之，继又复之，使为附庸，其后鲁又取之，与郑既灭许而许复见经等耳。果立异姓为后，圣人宜直书其事以为世戒，顾隐其辞曰灭，则后人但知鄫之灭，而无由知其立异姓为后也。凿而蔽于理，故不可从。

冬，叔孙豹如邾。

左传　冬，穆叔如邾，聘且修平。平四年狐骀战。

公初即位，邾子来朝。四年有狐骀之战，至是往聘修平，以无忘旧好也。

季孙宿如晋。

左传　晋人以鄫故来讨，曰："何故亡鄫？"鄫属鲁，见灭，故晋责鲁。季武子如晋见，且听命。武子，季叔宿。始代父为卿，见大国听命受罪。

宿，行父子也。父丧未期，而遂如晋，时襄公幼弱，宿代父执政，急自托于晋，而实非公意也。传谓晋人以鄫故来讨，非也。前年会戚，已命鄫听命于会，鄫之亡于鲁何与耶？

十有二月，齐侯灭莱。

左传　十一月，齐侯灭莱，莱恃谋也。赂夙沙卫之谋也。事在二年。于郑子国之来聘也，四月，晏弱城东阳，而遂围莱。子国聘在五年，二年晏弱城东阳，至五年四月复托治城因遂围莱。甲寅，堙之环城，傅于堞。堙，土山也。堞，女墙也。

周城为土山及女墙。及杞桓公卒之月，此年三月。乙未，王湫帅师及正舆子、棠人军齐师，王湫，故齐人，成十八年奔莱。正舆子，莱大夫。棠，杜注：莱邑，北海即墨县有棠乡。今县南甘棠社，即古棠乡也。县属山东。齐师大败之。丁未，入莱。莱共公浮柔奔棠，浮柔，莱共公名。正舆子、王湫奔莒，莒人杀之。四月，陈无宇献莱宗器于襄宫。无宇，桓子陈完玄孙。襄宫，齐襄公庙。晏弱围棠，十一月丙辰而灭之。迁莱于郳。迁莱子于郳国。高厚、崔杼定其田。高厚，高固子。

公羊传　曷为不言莱君出奔？国灭，君死之，正也。

莱近齐，齐图莱久矣。自宣七年伐莱，至是灭之。晋文、襄之世，诸侯无敢相灭者，成、景以后，开地于狄，数灭小国，故虽悼公复霸，亦不能禁诸侯之相灭也。

日讲春秋解义卷三十八

襄　公

七年，春，郯子来朝。

左传　七年春，郯子来朝，始朝公也。

夏，四月，三卜郊，不从，乃免牲。

左传　夏四月，三卜郊，不从，乃免牲。孟献子曰："吾乃今而后知有卜筮。夫郊祀后稷，以祈农事也。是故启蛰而郊，郊而后耕。启蛰，夏正建寅之月。耕谓春分。今既耕而卜郊，宜其不从也。"

谷梁传　夏四月，不时也。三卜，礼也。乃者，亡乎人之辞也。

公、谷以三卜为合礼，啖氏助及朱子皆从之。此年三卜亦书，盖讥非时，非讥其渎卜也。卜郊止于三月，今四月而三卜，则过时而不敬矣。

小邾子来朝。

左传　小邾穆公来朝，亦始朝公也。

城费。

左传　南遗为费宰。费，季氏邑。叔仲昭伯为隧正，昭伯，叔仲惠伯之孙。隧正，主役徒。欲善季氏，而求媚于南遗，谓遗"请城费，吾多与而役。"故季氏城费。传言禄去公室，季氏所以强。

费，鲁疆邑也。隐元年，传称费伯，即其邑大夫，僖公复以赐季友。自南遗请城，而后不独季氏世卿，而南氏亦世其邑。季氏但知大城其私邑，以弱公室，而不知陪臣之拟其后也。观费之城，可以知履霜坚冰之戒矣。

秋，季孙宿如卫。

左传　秋，季武子如卫，报子叔之聘，且辞缓报，非贰也。子叔聘在元年。

比书滕、郯、小邾来，朝而志大夫如晋、如卫，畏大慢小，邦交之非义甚矣。

八月，螽。

书螽，记灾也。经自庄公以后螟不书，螽然后书，益不可胜书，故独举其重者耳。

附录左传　冬十月，晋韩献子告老。公族穆子有废疾，穆子，韩厥长子，成十八年为公族大夫。将立之。代厥为卿。辞曰："《诗》曰：'岂不夙夜？谓行多露。'

《诗·国风》，言虽欲早夜而行，惧多露之濡己。义取非礼不可妄行。又曰：'弗躬弗亲，庶民弗信。'《诗·小雅》，讥在位者不躬亲政事，则庶民不奉信其命。喻己有疾不能躬亲政事。无忌不才，让其可乎？请立起也。无忌，穆子名。起，无忌弟宣子也。与田苏游，而曰好仁。田苏，晋贤人。苏言起好仁。《诗》曰：'靖共尔位，好是正直。神之听之，介尔景福。'"《诗·小雅》，言君子当思不出其位，求正直之人与之并立，如是则神明顺之，致大福也。恤民为德，靖共其位，所以恤民。正直为正，正己心。正曲为直，正人曲。参和为仁。德、正、直，三者备，乃为仁。如是则神听之，介福降之，立之不亦可乎？"庚戌，使宣子朝，遂老。晋侯谓韩无忌仁，使掌公族大夫。为之师长。

冬，十月，卫侯使孙林父来聘。壬戌，及孙林父盟。

左传　卫孙文子来聘，且拜武子之言，缓报非贰之言。而寻孙桓子之盟。盟在成三年。公登，亦登。礼，登阶，臣后君一等。叔孙穆子相，趋进，曰："诸侯之会，寡君未尝后卫君。今吾子不后寡君，寡君未知所过，吾子其少安。"安，徐也。孙子无辞，亦无悛容。穆叔曰："孙子必亡。为臣而君，过而不悛，亡之本也。《诗》曰：'退食自公，委蛇委蛇，谓从者也。衡而委蛇，必折。'"《诗·召南》。委蛇，顺貌。从，顺行。衡，横也。横不顺道，必毁折。为十四年林父逐君起本。

楚公子贞帅师围陈。围国书大夫始此。

十有二月，公会晋侯、宋公、陈侯、卫侯、曹伯、莒子、邾子于鄬。鄬，谷梁或作隔。杜注：郑地。

左传　楚子囊围陈，会于鄬以救之

前书伐陈，此书围陈，楚之陵暴极矣。会于鄬，谋救陈也。不书救，不成救也。夫楚以十月围陈，将历一冬，而悼公始会诸侯，迁延郑地，是有畏楚之心，而不能急救陈也。此陈侯所以既会而逃归欤。

郑伯髡顽如会，未见诸侯，丙戌，卒于鄵。髡顽，公羊、谷梁作髡原。鄵，公羊、谷梁作操，杜注：郑地。

左传　僖公之为大子也，于成之十六年与子罕适晋，不礼焉。又与子丰适楚，子丰，穆公子。亦不礼焉。及其元年，郑僖元年，鲁襄三年。朝于晋，子丰欲诉诸晋而废之，子罕止之。及将会于鄬，子驷相，又不礼焉。侍者谏，不听。又谏，杀之。及鄵，子驷使贼夜杀僖公，而以疟疾赴于诸侯。传言经所以不书弑。简公生五年，僖公子。奉而立之。

公羊传　操者何？郑之邑也。诸侯卒其封内不地，此何以地？隐之也。何隐尔？杀也。孰弑之？其大夫弑之。曷为不言其大夫弑之？为中国讳也。曷为为中国讳？郑伯将会诸侯于鄬，其大夫谏曰："中国不足归也，则不若与楚。"郑伯曰："不可。"其大夫曰："以中国为义，则伐我丧。据城虎牢事。以中国为强，则不若楚。"言楚围陈不能救。于是弑之。郑伯髡原何以名？伤而反，未至乎舍而卒也。未见诸侯，其言如会何？致其意也。

谷梁传　未见诸侯，其曰如会，何也？致其志也。礼，诸侯不生名，此其生名，何也？卒之名也。卒之名，则何为加之如会之上？见以如会卒也。其见以如会卒，何也？郑伯将会中国，其臣欲从楚，不胜其臣，弑而死。其不言弑何也？不使夷狄之民加乎中国之君也。以其臣欲从楚，故谓夷狄之民。其地，于外也。其日，未逾竟也。日卒时葬，正也。

经书郑伯卒，三传皆以为弑，故赵氏匡以为疑，而胡氏安国之说尤穿凿而害义。不知郑人以疾讣，鲁史以卒书，孔子无所据以革之，故特文以发人之疑，而见其实也。如果以疾卒，则书郑伯髡顽如会卒于鄵，如宋公佐之卒于曲棘可矣。未达会所，自无由与诸侯相见，而曰未见诸侯，明其以欲见诸侯死也。其文与鲁君不书弑而别见其义，使后人得考其实同，非圣人不能修谓此类耳。以卒之名加乎如会之上，舍此无以立文也。

陈侯逃归。

左传　陈人患楚。楚围陈故。庆虎、庆寅谓楚人曰："吾使公子黄往，而执之。"二庆，陈执政大夫。公子黄，哀公弟。楚人从之。二庆使告陈侯于会，曰："楚人执公子黄矣。君若不来，群臣不忍社稷宗庙，惧有二图。"陈侯逃归。鄬会所以不书救。

谷梁传　以其去诸侯，故逃之也。

陈侯以国难逃归，先儒皆以背晋从楚为陈罪，义非不正，而未得其情也。盖晋早不欲有陈，故范宣子曰："有陈非吾事也，无之而后可。"楚人围陈，晋虽再合诸侯于鄬而迁延不救，陈有宗社之忧，安能以虚名从晋乎？书陈逃于会鄬之下，亦以见晋之不足恃，而伤陈之不得已焉耳。

八年，春，王正月，公如晋。

左传　八年春，公如晋，朝，且听朝聘之数。晋悼复修伯业，故朝，而禀其多少。

文、襄之伯也，令诸侯，三岁而聘，五岁而朝。鲁襄嗣位，甫及八年，而三朝于晋。盖季氏专鲁，欲过礼以自媚于晋，故若是其勤耳。

夏，葬郑僖公。

公羊传　贼未讨，何以书葬？为中国讳也。

附录左传　郑群公子以僖公之死也，谋子驷，子驷先之。夏四月庚辰，辟杀子狐、子熙、子侯、子丁。辟，罪也。加罪以戮之。孙击、孙恶出奔卫。二孙，子狐之子。

郑人侵蔡，获蔡公子燮。燮，谷梁作湿。后同。

左传　庚寅，郑子国、子耳侵蔡，获蔡司马公子燮。子耳，子良之子。不言败，唯以获告。郑人皆喜，唯子产不顺。子产，子国子。曰："小国无文德而有武功，祸莫大焉。楚人来讨，能勿从乎？从之，晋师必至。晋、楚伐郑，自今郑国不四、五年弗得宁矣。”子国怒之曰：“尔何知。国有大命，而有正卿，童子言焉，将为戮矣。”

公羊传　此侵也，其言获何？侵而言获者，适得之也。时适遇，值其不备获得之。

谷梁传　人，微者也。侵，浅事也。而获公子，公子病矣。

郑子驷当国，以僖公之弑欲自掩于晋，又阴欲致楚师以胁国人，而固与楚。考传侵蔡之师使子国、子耳主之，而己不与，则其情可知矣。

季孙宿会晋侯、郑伯、齐人、宋人、卫人、邾人于邢丘。

左传　五月甲辰，会于邢丘，以命朝聘之数，使诸侯之大夫听命。季孙宿、齐高厚、宋向戌、卫宁殖、邾大夫会之。晋难重烦诸侯，故使大夫听命。郑伯献捷于会，献蔡捷。故亲听命。大夫不书，尊晋侯也。

谷梁传　见鲁之失正也。公在而大夫会也。

刑丘之会，以命诸侯朝聘之数，非会盟、会伐之比，故重烦诸侯，而使大夫听命。郑伯以献捷与会，则公在晋而不与会者，乃晋侯加礼于鲁，与盟长樗同意。先儒谓鲁君失政，实由于此，则未得其情。盖四国皆大夫会，不得专以此责季孙也。但悼公之意本欲以德礼怀诸侯，而不知大夫之势亦由是益张耳。

公至自晋。

莒人伐我东鄙。

左传　莒人伐我东鄙，以疆鄫田。

莒伐鲁以疆鄫田，而霸讨不及，晋方虑楚故也。据此，则莒以兵灭鄫益无可疑矣。

秋，九月，大雩。

左传　秋九月，大雩，旱也。

冬，楚公子贞帅师伐郑。

左传　冬，楚子囊伐郑，讨其侵蔡也。子驷、子国、子耳欲从楚，子孔、子蟜、子展欲待晋。子孔，穆公子。子蟜，子游子。子展，子罕子。子驷曰：“周诗有之曰：‘俟河之清，人寿几何？逸诗也。河水浊千年一清，喻晋之不可待。兆云询多，职竞作罗。’兆，卜。询，谋也。职，主也。言既卜且谋多，则竞作罗网之难，无成功。谋之多族，民之多违，事滋无成。民急矣，姑从楚，以纾吾民。晋师至，吾又从之。敬共币帛，以待来者，小国之道也。牺牲玉帛，待于二竟，以待强者而庇民焉。寇不为害，民不罢病不，亦可乎？”子展曰：“小所以事大，信也。小国无信，兵乱日至，亡无日矣。五会之信，谓三年会鸡泽，五年会戚，又会城棣，七年会鄬，八年会邢丘。今将背之，虽楚救我，将安用之？亲我无成，鄙我是欲，不可从也。

不如待晋。晋君方明，四军无阙，八卿和睦，四军谓上、下、中、新军也。军有二卿。必不弃郑。楚师辽远，粮食将尽，必将速归，何患焉？舍之闻之，舍之，子展名。杖莫如信。完守以老楚，杖信以待晋，不亦可乎？”子驷曰：“《诗》云：‘谋夫孔多，是用不集。《诗·小雅》。集，就也。言人欲为政，是非相乱而不成。发言盈庭，谁敢执其咎？言谋者多，若有不善，无适受其咎。如匪行迈谋，是用不得于道。’匪，彼也。行迈谋，谋于路人也。不得于道，众无适从。请从楚，騑也受其咎。”騑，子驷名。乃及楚平，使王子伯骈告于晋曰：伯骈，郑大夫。“君命敝邑，修而车赋，儆而师徒，以讨乱略。蔡人不从，敝邑之人不敢宁处，悉索敝赋，索，尽也。以讨于蔡，获司马燮，献于邢丘。今楚来讨曰：‘女何故称兵于蔡？’焚我郊保，冯陵我城郭。敝邑之众，夫妇男女，不遑启处，以相救也。翦焉倾覆，翦，尽也。无所控告。民死亡者，非其父兄，即其子弟，夫人愁痛，夫人，犹人人也。不知所庇。民知穷困，而受盟于楚。孤也与其二三臣不能禁止，不敢不告。”知武子使行人子员对之曰：“君有楚命，见讨之命。亦不使一介行李，行李，行人也。告于寡君，而即安于楚。君之所欲也，谁敢违君？寡君将帅诸侯以见于城下，唯君图之。”为明年晋伐郑传。

观左氏所载，则子驷志在从楚，而僖公之弑实由之可知矣。不书郑及楚平，以下书诸侯伐郑，则郑之从楚不待言也。

晋侯使士匄来聘。

左传　晋范宣子来聘，且拜公之辱，谢公春朝。告将用师于郑。公享之，宣子赋《摽有梅》。《诗·召南》。摽，落也。梅盛极则落。宣子欲鲁及时共讨郑，取其汲汲相赴。季武子曰：“谁敢哉？言谁不从命？今譬于草木，寡君在君，君之臭味也。言同类。欢以承命，何时之有？”迟速无时，武子赋《角弓》。《诗·小雅》。取兄弟昏姻无相远矣之意。宣子曰：“城濮之役，我先君文公献功于衡雍，在僖二十八年。受彤弓于襄王，以为子孙藏。匄也，先君守官之嗣也，敢不承命？”君子以为知礼。彤弓之义，义在晋君，故范匄受之，所谓如礼。

鲁之事，晋甚谨，而自成公之末，至襄公十二年，晋报聘者四焉，其修礼于诸侯者厚矣。宜乎大小辑睦，而霸业复兴也。

九年，春，宋灾。灾，公羊作火。

左传　九年，春，宋灾，乐喜为司城以为政，乐喜，子罕也。为政卿，知将有火灾，素戒为备火之政。使伯氏司里。伯氏，宋大夫。司里，里宰。火所未至，彻小屋，涂大屋，大屋难彻，就涂之。陈畚挶，具绠缶，畚，篑笼。挶，土舆。绠，汲索。缶，汲器。备水器，盆罋之属。量轻重，计人力所任。蓄水潦，积土涂，巡丈城，巡，行也。丈，度也。缮守备，缮，治也。行度守备之处，恐因灾作乱。表火道。火起则从其所趣摽表之。使华臣具正徒，华臣，华元子，为司徒。正徒，役徒也。令隧正纳郊保，奔火所。隧正，官名。五县为隧，纳聚郊野保守之民，使随火所起往救之。使华阅讨右官，官庀其司。亦华元子，代元为右师。讨，治也。庀，具也。使具其官属。向戌讨左，亦如之。向戌，左师。使乐遄庀刑器，亦如之。乐遄，司寇。刑器，刑书也。使皇郧命校正出马，工正出车，备甲兵，庀武守。皇郧，皇父充石之后。校正，主马。工正，主车。使各备其官。使西鉏吾庀府守，鉏吾，大宰也。府，六官之典。令司宫、巷伯儆宫。司宫，奄臣。巷伯，寺人。皆掌宫内之事。二师令四乡正敬享，二帅，左右帅也。乡正，乡大夫。享，祀也。祝、宗用马于四墉，祀盘庚于西门之外。祝，大祝。宗，宗人。墉，城也。用马祭于四城，以禳火。盘庚，殷王，宋之远祖。城积阴之气，故祀之。晋侯问于士弱曰：弱，士渥浊之子庄子。“吾闻之，宋灾于是乎知有天道，何故？”问宋何故自知天道当灾。对曰：“古之火正，或食于心，或食于咮，以出内火。是故咮为鹑火，心为大火。谓火正之官配食于火星。建辰之月，鹑火星昏在南方，则令民放火。建戌之月，大火星伏在日下不得见，则令民内火，禁放火。陶唐氏之火正阏伯居商丘，阏伯，高辛氏之子。传曰：“迁阏伯于商丘主辰。”辰，大火也。今为宋星。然则商丘在宋地。祀大火而火纪时焉。谓出内火时。相土因之，故商主大火。相土，契孙，商之祖也。始代阏伯之后居商丘，祀大火。商人阅其祸败之衅，必始于火，是以日知其有天道也。阅犹数也。商人数所更历，恒多火灾。宋是殷商之后，故知天道之灾必火。公曰：“可必乎？”对曰：“在道。国乱无象，不可知也。”

公羊传　曷为或言灾，或言火？大者曰灾，小者曰火。大者谓正寝、社稷、宗庙、朝廷也。下此则小矣。然则内何以不言火？据西宫灾不言火。内不言火者，甚之也。《春秋》以内当自克责，故小有火如大有灾。何以书？记灾也。外灾不书，此何以书？为王者之后记灾也。

谷梁传　外灾不志，此其志，何也？故宋也。故犹先也。孔子之先宋人。

据左氏，具详宋司城救灾之政，则来告必矣。公、谷义不可通，当以来告则书为正。

夏，季孙宿如晋。

左传　夏，季武子如晋，报宣子之聘也。宣子聘在八年。

五月，辛酉，夫人姜氏薨。

左传　穆姜薨于东宫。大子宫也。穆姜淫，侨如欲废成公，故徙居东宫。事在成十六年。始往而筮之，遇艮之八䷳。艮下艮上，艮。遇艮之八，盖乾爻七九，坤爻六八，其大凡也。然乾爻用九不用七，坤爻用六不用八，用九故老阳变为少阴，用六故老阴变为少阳，不用七八，故少阴少阳不变。此艮卦六爻，三上以九变初，四五以六变二，得八，故不变，是艮之八，变卦为随也。史曰：“是谓艮之随䷐。震下兑上，随。随，其出也。随，非闭固之卦。君必速出。”姜曰：“亡。亡犹无。是于《周易》曰：'随，元亨利贞，无咎。'随彖辞。元，体之长也。亨，嘉之会也。利，义之和也。贞，事之干也。体仁足以长人，嘉德足以合礼，利物足以和义，贞固足以干事，然故不可诬也，是以虽随无咎。今我妇人而与于乱，固在下位而有不仁，不可谓元。不靖国家，不可谓亨。作而害身，不可谓利。弃位而姣，姣，淫之别名。不可谓贞。有四德者，随而无咎，我皆无之，岂随也哉？我则取恶，能无咎乎？必死于此，弗得出矣。"

附录左传　秦景公使士雃乞师于楚，士雃，秦大夫。将以伐晋，楚子许之。子囊曰："不可，当今吾不能与晋争。晋君类能而使之，随所能。举不失选，官不易方。方犹宜也。其卿让于善，其大夫不失守，其士竞于教，其庶人力于农穑，商工皂隶不知迁业。韩厥老矣，知罃禀焉以为政。代将中军。范匄少于中行偃而上之，使佐中军。使匄佐中军，偃将上军。韩起少于栾黡，而栾黡、士鲂上之，使佐上军。栾黡让起，起佐上军，黡将下军，鲂佐之。魏绛多功，以赵武为贤，而为之佐。武，新军将。君明臣忠，上让下竞。当是时也，晋不可敌，事之而后可。君其图之。"王曰："吾既许之矣，虽不及晋，必将出师。"秋，楚子师于武城，以为秦援。秦人侵晋，晋饥，弗能报也。为十年晋伐秦传。

秋，八月，癸未，葬我小君穆姜。公羊作缪姜。

四月而葬，速。据左氏，穆姜幽于东宫，终成公之世，至于襄公，不得出，而遂薨焉。盖季氏专鲁，本怨宣公之谋去三桓，又恶穆姜之欲逐季孟，托于大义以逞其私忿。鲁君虽有悔心，而不能自主也。其速葬而略于礼，亦职此之故耳。妇人从夫之谥，礼也。鲁以文姜谋弑，欲配以桓公之谥，而有所不安，故别为谥。穆姜弃位而姣，从文姜之例可也。声姜、齐姜亦别为谥，则义无所处矣。

冬，公会晋侯、宋公、卫侯、曹伯、莒子、邾子、滕子、薛伯、杞伯、小邾子、齐世子光伐郑。十有二月，己亥，同盟于戏。戏，杜注：郑地。

左传　冬十月，诸侯伐郑。郑从楚也。庚午，季武子、齐崔杼、宋皇郧从荀罃、士匄门于鄟门，鄟，郑城。三国从中军。卫北宫括、曹人、邾人从荀偃、韩起门于师之梁，师之梁，亦郑城门。三国从上军。滕人、薛人从栾黡、士鲂门于北门，二国从下军。杞人、郳人从赵武、魏绛斩行栗。二国从新军。行，道也。行栗，表道树。甲戌，师于汜。汜，杜注：郑地，东汜。令于诸侯曰："修器备，盛餱粮，归老幼，居疾于虎牢，使诸军疾病息其中，示将久师。肆眚，围郑。不书围郑，郑逆服，不成围。郑人恐，乃行成。中行献子曰：献子，荀偃。"遂围之，以待楚人之救也，而与之战，不然，无成。"知武子曰："许之盟而还师，以敝楚人。吾三分四军，分四军为三部。与诸侯之锐，以逆来者，来者，楚也。于我未病，楚不能矣。晋各一动，而楚三来，故曰不能。犹愈于战。暴骨以逞，不可以争。大劳未艾，君子劳心，小人劳力，先王之制也。"艾，息也。言当从劳心之劳。诸侯皆不欲战，乃许郑成。

十一月己亥，同盟于戏，郑服也。将盟，郑六卿公子騑、子驷。公子发、子国。公子嘉、子孔。公孙辄、子耳。公孙虿、子蟜。公孙舍之，子展。及其大夫、门子，门子，卿之適子。皆从郑伯。晋士庄子为载书，庄子，士弱。曰："自今日既盟之后，郑国而不唯晋命是听，而或有异志者，有如此盟。"如違盟之罚。公子騑趋进曰："天祸郑国，使介居二大国之间，大国不加德音，而乱以要之，使其鬼神不获歆其禋祀，其民人不获享其土利，夫妇辛苦垫隘，垫隘，犹委顿。无所底告。自今日既盟之后，郑国而不唯有礼与强可以庇民者是从，而敢有异志者，亦如之。"荀偃曰："改载书。"子驷亦以所言载于策，故欲改之。公孙舍之曰："昭大神要言焉。若可改也，大国亦可叛也。"知武子谓献子曰："我实不德，而要人以盟，岂礼也哉？非礼，何以主盟？姑盟而退，修德息师而来，终必获郑，何必今日？我之不德，民将弃我，岂唯郑？若能休和，远人将至，何恃于郑？"乃盟而还。遂两用载书。晋人不得志于郑，以诸侯复伐之。十二月癸亥，门其三门。三门，鄟门、师之梁、北门。癸亥，月五日。闰月戊寅，济于阴阪，侵郑。以长历参校上下，此年不得有闰月戊寅。戊寅是十二月二十日。疑闰月当为门五日。晋人三分四军，更攻郑门，门各五日，晋各一攻，郑三受敌，欲以苦之。癸亥去戊寅十六日，以癸亥始攻，攻辄五日，凡十五日，郑故不服而去。阴阪，杜注：洧津。次于阴口而还。阴口，杜注：郑地。子孔曰："晋师可击也，师老而劳，且有归志，必大克之。"子展曰："不可。"传言子展能守信。

谷梁传　不异言郑，善得郑也。不致，耻不能据郑也。

伐郑而书同盟，郑受盟也。下书楚子伐郑，则郑复事晋可知矣。齐桓之霸，在能服楚。晋文之霸，在能胜楚。至悼公之世，楚势益张，而诸侯畏之。欲如齐桓陉庭之师，则楚必不帖往者，处父之师无损于楚之豪末，其前辙也。欲如文公城濮之战，则胜未可期。厉公胜于鄢陵而楚张，郑叛诸侯，力屈讫无成功，其明征也。故不得已而敝楚，三分四军，与诸侯之锐以数伐郑，而不与楚战，使楚劳于奔命，又通吴以制其后，皆审时度势，适得其宜其，终有成功，岂倖也哉？

附录左传　公送晋侯，晋侯以公宴于河上，问公年，季武子对曰："会于沙随之岁，寡君以生。"沙随在成十六年。晋侯曰："十二年矣，是谓一终，一星终也。"岁星十二岁一周天。国君十五而生子，冠而生子，礼也。君可以冠矣。大夫盍为冠具？"武子对曰："君冠，必以祼享之礼行之，以金石之乐节之，以钟磬为举动之节。以先君之祧处之。冠必在庙，诸侯以始祖之庙为祧。今寡君在行，未可具也，请及兄弟之国而假备焉。"晋侯曰："诺。"公还，及卫，冠于成公之庙，成公，卫献公之曾祖。假钟磬焉，礼也。

楚子伐郑。

左传　楚子伐郑，与晋成故。子驷将及楚平，子孔、子蟜曰："与大国盟，口血未干而背之，可乎?”子驷、子展曰：“吾盟固云唯强是从，今楚师至，晋不我救，则楚强矣。盟誓之言，岂敢背之？且要盟无质，质，主也。神弗临也。所临唯信，信者，言之瑞也，瑞，符也。善之主也，是故临之。明神不蠲要盟，蠲，洁也。背之可也。”乃及楚平。公子罢戎入盟，罢戎，楚大夫。同盟于中分。中分，杜注：城中里名。楚庄夫人卒，共王母。王未能定郑而归。

传称郑及楚平，同盟于中分，而经不书，不足书也。明年，诸侯伐郑，则郑复与楚可知矣。

附录左传　晋侯归，谋所以息民。魏绛请施舍，输积聚以贷。输，尽也。尽其积聚，以借贷于民。自公以下，苟有积者，尽出之。国无滞积，亦无困人。公无禁利，亦无贪民。祈以币更，不用牲。宾以特牲，务崇省。器用不作，车服从给。足给事。行之期年，国乃有节。三驾而楚不能与争。三驾，三兴师。谓十年师于牛首，十一年师于向，其秋观兵于郑东门。自是郑遂服。

日讲春秋解义卷三十九

襄公

十年，春，公会晋侯、宋公、卫侯、曹伯、莒子、邾子、滕子、薛伯、杞伯、小邾子、齐世子光会吴于柤。柤，杜注：楚地。今山东峄县泇口是也。

左传　十年春会于柤，会吴子寿梦也。寿梦，吴子乘。三月癸丑，齐高厚相大子光，以先会诸侯于钟离，不敬。吴子未至先，从东道与东诸侯会，遇非本期地，故不书会。高厚，高固子。士庄子曰："高子相大子以会诸侯，将社稷是卫，而皆不敬，弃社稷也，其将不免乎。"为十九年齐杀高厚、二十五年弑其君光传。夏四月戊午，会于柤。经书春，书始行也。戊午，月一日。

谷梁传　会又会，外之也。

晋率十二诸侯会吴于楚地，示楚以得吴也。晋得吴，则楚不敢议郑，议郑则惧吴袭其后，此即齐桓远结江、黄之遗智也。特书会吴，以吴为此会故也。

夏，五月，甲午，遂灭逼阳。逼，谷梁作傅。杜注：逼阳，妘姓国，彭城傅阳县也。在今山东峄县南。

左传　晋荀偃、士匄请伐逼阳，而封宋向戌焉。以宋常事晋，而向戌有贤行，故欲封之为附庸。荀䓨曰："城小而固，胜之不武，弗胜为笑。"固请。丙寅，围之，弗克。丙寅，四月九日。孟氏之臣秦堇父辇重如役。堇父，孟献子家臣。逼阳人启门，诸侯之士门焉。县门发，县门编版，广长如门，施机关以县门上，有寇则发机而下之。郰人纥抉之。以出门者，郰，杜注：鲁县东南莝城。纥，郰邑大夫，仲尼父叔梁纥也。抉，举也。门者，诸侯之士在门内者。狄虒弥建大车之轮，而蒙之以甲以为橹。狄虒弥，鲁人也。橹，大楯。左执之，右拔戟，以成一队。百人为队。成一队，言其当百人也。孟献子曰："《诗》所谓有力如虎者也。"《诗·邶风》。主人县布，逼阳人县布以试外勇者。堇父登之，及堞而绝之。队则又县之。苏而复上者三，主人辞焉，乃退。带其断以徇于军三日。带其断布以示勇。诸侯之师久于逼阳，从丙寅至庚寅二十五日，故曰久。荀偃、士匄请于荀䓨曰："水潦将降，惧不能归，请班师。"知伯怒，知伯，荀䓨。投之以机，出于其间。出偃、匄之间。曰："女成二事，而后告余。二事，伐逼阳，封向戌。余恐乱命，以不女违。女既勤君而兴诸侯，牵帅老夫以至于此，既无武守，而又欲易余罪，曰：'是实班师，不然，克矣。'

谓偃、匄将言尔。余羸老也，可重任乎？不任受女此责。七日不克，必尔乎取之。”五月庚寅，月四日。荀偃、士匄帅卒攻逼阳，亲受矢石。甲午，灭之。月八日。书曰遂灭逼阳，言自会也。以与向戌，向戌辞曰：“君若犹辱镇抚宋国，而以逼阳光启寡君，群臣安矣，其何贶如之。若专赐臣，是臣兴诸侯以自封也，其何罪大焉？敢以死请。”乃予宋公。宋公享晋侯于楚丘，请以桑林。桑林，殷天子之乐名。荀罃辞荀偃、士匄曰：“诸侯宋、鲁，于是观礼。宋，王者后；鲁以周公故，皆用天子礼乐，故可观。鲁有禘乐，宾祭用之。宋以桑林享君，不亦可乎？”舞，师题以旌夏。师，乐师。旌夏，大旌也。题，识也。以大旌表识其行列。晋侯惧而退入于房。旌夏非常，卒见之心，偶有所畏。去旌，卒享而还。及著雍，疾。著雍，杜注：晋地。卜桑林见。祟见于卜兆。荀偃、士匄欲奔请祷焉，荀罃不可，曰：“我辞礼矣，彼则以之。犹有鬼神，于彼加之。”晋侯有间，间，疾差也。以逼阳子归，献于武宫，谓之夷俘。逼阳，妘姓也。使周内史选其族嗣纳诸霍人，礼也。霍，杜注：晋邑。使周史者，示有王命。师归，孟献子以秦堇父为右。生秦丕兹，事仲尼。言堇父以力相尚，子事仲尼，以德相尚。

谷梁传　遂，直遂也。其曰遂何？不以中国从夷狄也。言时实吴会诸侯灭傅阳。

逼阳，楚与国。为吴、晋往来要地，故帅会相之师灭之，以通吴。曰遂，继事之词也。诸侯会而灭人之国，非礼也。

公至自会。

谷梁传　会夷狄不致，耻与同。恶事不致，耻有恶。此其致，何也？存中国也。中国有善事则并焉，如僖四年侵蔡，蔡溃，遂伐楚，是并焉，不另书也。无善事则异之存之也。会吴于柤，甲午遂灭傅阳，是则若会与遂异人。汲郑伯，汲犹引也。郑伯髡为臣所弑，而不书弑，此引而致于善事。逃归陈侯。谓鄬之会，致柤之会，存中国也。

公之出，本为会吴，故归仍以会告也。

楚公子贞、郑公孙辄帅师伐宋。

左传　六月，楚子囊、郑子耳伐宋，师于訾母。訾母，杜注：宋地。当在今河南鹿邑县境。庚午，围宋，门于桐门。桐门，宋城门名。

凡专将言帅师。苟二国会，则先序主兵者，而不言帅师。盖诸侯犹务恤民，而不轻用众也。郑受晋师，楚人劳役，衅起于宋，故各用重兵，而自是围灭，亦并称帅师，此春秋将变为战国之渐也。

晋师伐秦。

左传　晋荀罃伐秦，报其侵也。侵在九年。

秦尝侵晋，故知罃以师报之。夫晋方图楚，不思树秦以为援，而反构秦以资敌，非计之得者也。

附录左传　卫侯救宋，师于襄牛。郑子展曰："必伐卫，不然，是不与楚也。得罪于晋，又得罪于楚，国将若之何?"子驷曰："国病矣。"子展曰："得罪于二大国，必亡。病不犹愈于亡乎?"诸大夫皆以为然。故郑皇耳帅师侵卫，楚令也。亦兼受楚也。皇耳，皇戌子。孙文子卜追之，献兆于定姜。姜氏问繇。曰："兆如山陵，有夫出征，而丧其雄。"姜氏曰："征者丧雄，御寇之利也。大夫图之。"卫人追之，孙蒯获郑皇耳于犬丘。蒯，孙林父子。　秋七月，楚子囊、郑子耳伐我西鄙。还，围萧。八月丙寅，克之。九月，子耳侵宋北鄙。孟献子曰："郑其有灾乎！师竞已甚。周犹不堪竞，况郑乎？有灾，其执政之三士乎。"

秋，莒人伐我东鄙。

左传　莒人间诸侯之有事也，故伐我东鄙。

莒屡同晋悼之盟，而乘间加兵于鲁，其无忌惮甚矣。

公会晋侯、宋公、卫侯、曹伯、莒子、邾子、齐世子光、滕子、薛伯、杞伯、小邾子伐郑。此三驾之一。

左传　诸侯伐郑，齐崔杼使大子光先至于师，故长于滕。己酉，师于牛首。牛首，杜注：郑地。

齐世子光序四君上，盖晋悼以齐大国，光复先至，心嘉其勤，遂进之，以劝来者，此伯主搂诸侯之术也。直书其事，义自见矣。

冬，盗杀郑公子騑、公子发、公孙辄。騑，公羊、谷梁作斐。书盗始此。

左传　初，子驷与尉止有争，将御诸侯之师，而黜其车。御牛首师也。黜，减损。尉止获，获囚俘。又与之争。子驷抑尉止曰："尔车非礼也。"遂弗使献。不使献所获。初，子驷为田洫，洫，田畔沟也。司氏、堵氏、侯氏、子师氏皆丧田焉。侵四族田。故五族聚群不逞之人，因公子之徒以作乱。八年子驷所杀公子嬖等之党。于是子驷当国，子国为司马，子耳为司空，子孔为司徒。冬十月戊辰，尉止、司臣、侯晋、堵女父、子师仆帅贼以入，晨攻执政于西宫之朝，杀子驷、子国、子耳，劫郑伯以如北宫。子孔知之，故不死。子孔，公子嘉。知难不告，为十九年杀公子嘉传。书曰盗，言无大夫焉。尉止等五人皆士也。子西闻盗，子西，公孙夏，子驷子。不儆而出，尸而追盗。先临尸而追盗。盗入于北宫，乃归，授甲，臣妾多逃。器用多丧。子产闻盗，子产，子国子。为门者，置守门。庀群司，闭府库，慎闭藏，完守备，成列而后出，兵车十七乘。千二百七十五人。尸而攻盗于北宫，子蟜帅国人助之，杀尉止、子师仆，盗众尽死。侯晋奔晋，堵女父、司臣、尉翩、司齐奔宋。尉翩，尉止子。司齐，司臣子。子孔当国，代子驷。为载书，以位序、听政辟。自群卿诸司各守其职位，以受执政之法，不得与朝政。大夫、诸司、门子弗顺，将诛之。子孔欲诛不顺者。子产止之，请为之焚书，子孔不可，曰："为书以定国，众怒而焚之，是众为政也，国不亦难乎?"子产曰："众怒难犯，专欲难成，合二难以安国，危之道也。不如焚书以安众，子得所欲，众亦得安，不亦可乎？专欲无成，犯众兴祸，子必从之。”乃焚书于仓门之外，不于朝内焚，欲使远近见所烧。众而后定。

谷梁传　称盗以杀大夫，弗以上下道，恶上也。雨下相杀，不志乎《春秋》，恶郑伯不能修政刑，致盗杀大夫也。以上下道，当言郑人杀其大夫。

盗杀三卿，不称其大夫者，《正义》云：“凡言其者，其所有也。君实臣之君，故书弑其君。臣实君之臣，故书杀其大夫。盗者，寇贼之名。被杀者，非盗之所有。既以盗为文，故不得言其大夫。”其说精矣。但欲书大夫，独不可如蔡侯申例，而书曰盗杀郑大夫某乎？盖騑者主从楚以劳中国，又弑君之贼也，而发、辄惟騑是从，恶积不可掩，郑不能讨，而盗得杀之，故不书大夫，当讨之贼也。不书郑人，不以讨贼之义予尉止等也。

戍郑虎牢。

楚公子贞帅师救郑。

左传　诸侯之师城虎牢而戍之，晋师城梧及制，欲以逼郑。不书城，鲁不与也。梧制，杜注：皆郑旧地。案，隋书荥阳县有梧桐涧，疑即梧也。士鲂、魏绛戍之。书曰戍郑虎牢，非郑地也，言将归焉。郑服，则欲以还郑，故系之郑，以见晋志。郑及晋平。　楚子囊救郑。十一月，诸侯之师还郑而南，至于阳陵。还，绕也。阳陵，杜注：郑地。在今河南许州西北。楚师不退，知武子欲退，曰：“今我逃楚，楚必骄，骄则可与战矣。”栾黡曰：“逃楚，晋之耻也。合诸侯以益耻，不如死，我将独进。”师遂进。己亥，与楚师夹颍而军。颍，杜注：颍水出城阳，至下蔡入淮。子蟜曰：“诸侯既有成行，必不战矣。从之将退，不从亦退。从犹服也。退，楚必围我。犹将退也，不如从楚，亦以退之。”以退楚。宵涉颍，与楚人盟。栾黡欲伐郑师，伐涉颍者。荀罃不可，曰：“我实不能御楚，又不能庇郑，郑何罪？不如致怨焉而还。为后伐之资。今伐其师，楚必救之。战而不克，为诸侯笑。克不可命，胜负难要，不可命以必克。不如还也。”丁未，诸侯之师还，侵郑北鄙而归。欲以致怨。楚人亦还。

公羊传　孰戍之？诸侯戍之。曷为不言诸侯戍之？离至，不可得而序，故言我也。诸侯已取之矣，曷为系之郑？据莒牟夷以牟娄来奔，本杞之邑，不系于杞。诸侯莫之主有，故反系之郑。

谷梁传　其曰郑虎牢，决郑乎虎牢也。二年，郑去楚从中国，故城虎牢不言郑，使与内无异。后数反覆，故系之郑，若决绝而弃外然。

诸侯伐郑而郑不下，于是乎顿兵虎牢，为久驻计，非遣兵往戍陈比也。晋人主于扼郑而使之自服，肄楚而使之自疲，故不与楚战，而惟示郑以必克之势。是以诸侯方戍郑，即请成，曰戍郑虎牢，明戍其要地以阨之，而非为郑戍也。楚书救，非善之也。盖纪其实。且晋有成谋，楚虽欲救而不能耳。

公至自伐郑。

虎牢既戍，郑将自服，故以伐致而策勋焉。

附录左传　王叔陈生与伯舆争政，二子，王卿士。王右伯舆。右，助。王叔陈生怒而出奔，及河，王复之，杀史狡以说焉。不入，遂处之。处叔河上。晋侯使士匄平王室，王叔与伯舆讼焉。王叔之宰与伯舆之大夫瑕禽坐狱于王庭，瑕禽，伯舆属大夫。《周礼》命夫命妇不躬坐狱讼，故使宰与属大夫对争曲直。士匄听之。王叔之宰曰："筚门闺窦之人而皆陵其上，其难为上矣。筚门，柴门。闺窦，小户。穿壁为户，上锐下方，状如圭也。言伯舆微贱之家。瑕禽曰："昔平王东迁，吾七姓从王，牲用备具，王赖之，而赐之骍旄之盟，平王徙时，大臣从者七姓，伯舆祖在其中，主为王备牺牲共祭祀，王恃其用，故与之盟，使世守其职。骍旄，赤牛也。举骍旄者，言得重盟，不以犬鸡。曰：'世世无失职。'若筚门闺窦，其能东底乎？且王何赖焉？今自王叔之相也，政以贿成，随财制政。而刑放于宠。宠臣专刑不任法。官之师旅，不胜其富，吾能无筚门闺窦乎？唯大国图之。下而无直，则何谓正矣？"正者不失下之直。范宣子曰："天子所右，寡君亦右之；所左，亦左之。"宣子知伯舆直，不欲自专，故推之于王。使王叔氏与伯舆合要，合要辞，如今辨答也。王叔氏不能举其契。理曲无以答，故不能举其要契之辞。王叔奔晋。不书，不告也。单靖公为卿士，以相王室。

十有一年，春，王正月，作三军。

左传　十一年春，季武子将作三军，鲁本无中军，唯上、下二军，皆属于公。有事，三卿更帅以征伐。季氏欲专其民人，故假立中军，因以改作。告叔孙穆子曰："请为三军，各征其军。"征赋税也。穆子曰："政将及子，子必不能。"政者，霸国之政令。礼，大国三军，鲁次国而为大国之制，贡赋必重，故忧不能堪。武子固请之，穆子曰："然则盟诸？"穆子知季氏将复变易，故盟之。乃盟诸僖闳，僖公之门。诅诸五父之衢。五父，衢道名，在鲁国东南。诅，以祸福之言相要。正月，作三军，三分公室而各有其一。三子各毁其乘。坏其私乘，分以足成三军。季氏使其乘之人，以其役、邑入者无征，不入者倍征。役，力役。邑，赋税。设利害以惧民，驱使入己。民辟倍征，故尽属季氏。孟氏使半为臣，若子若弟。取其子弟之半也。四分其乘之人，以三归公，而取其一。叔孙氏使尽为臣，尽取子弟，以其父兄归公。不然不舍。

公羊传　三军者何？三卿也。作三军何以书？讥。何讥尔？古者上卿、下卿、上士、下士。古制，诸侯有司徒、司空，上下卿各一，上士相上卿，下士相下卿。今益司马作中卿，官逾王制，故讥之。

谷梁传　作，为也。古者，天子六师，诸侯一军。作三军，非正也。

费誓称鲁人三郊三遂说者，谓大国三军，故三郊三遂。则三军，鲁之旧也，何以谓之作？盖前此民皆属公，故车曰公车，徒曰公徒，属有侵伐之事，诸卿递将不一其权，是鲁之三军也。至是襄公幼弱，政归季氏，遂分国民为三，三家各有其一。又各以父兄子弟分为四，季氏尽取四分。叔孙氏取子弟，而以父兄归公。孟氏止取其子弟之半，而以三归公。于是但有私家之军，而无公室之军矣。是以谓之作作者，不宜作也。乱王制，弱公室，故谨书之。

夏，四月，四卜郊，不从，乃不郊。

谷梁传　夏四月，不时也。四卜，非礼也。

四卜郊不从，事已见于僖公。但于彼书免牲，而于此书不郊者，盖言免牲则不郊可知，云不郊则卜免牲不吉，而不敢免也。

郑公孙舍之帅师侵宋。

左传　郑人患晋、楚之故，诸大夫曰："不从晋，国几亡。楚弱于晋，晋不吾疾也。疾，急也。晋疾，楚将辟之。何为而使晋师致死于我？楚弗敢敌，而后可固与也。"子展曰："与宋为恶，诸侯必至，吾从之盟。楚师至，吾又从之，则晋怒甚矣。晋能骤来，楚将不能，吾乃固与晋。"大夫说之，使疆埸之司恶于宋。宋向戌侵郑，大获。子展曰："师而伐宋可矣。若我伐宋，诸侯之伐我必疾，吾乃听命焉，且告于楚。楚师至，吾又与之盟，而重赂晋师，乃免矣。"夏，郑子展侵宋。欲以致诸侯。

郑人见楚弱于晋，故侵宋以激晋怒，使致死于郑，楚弗敢敌，然后固与晋。而不知为国之本在修德政以自强，敦信义以睦邻，徒幸敌之少懦以苟安，计亦左矣。

公会晋侯、宋公、卫侯、曹伯、齐世子光、莒子、邾子、滕子、薛伯、杞伯、小邾子伐郑。此三驾之二。

左传　四月，诸侯伐郑。己亥，齐大子光、宋向戌先至于郑，门于东门。释齐大子光，所以序莒上也。向戌不书，宋公在会故。其莫，晋荀罃至于西郊，东侵旧许。旧许，杜注：许之旧国，郑新邑。案，成十五年，许迁于叶，则许之旧国为郑所有，故谓之旧许。卫孙林父侵其北鄙。六月，诸侯会于北林，师于向。向，杜注：地在颍川长社县东北。今河南尉氏县西南有向城。右还，次于琐。北行而西为右还。琐，杜注：荥阳宛陵县西有琐侯亭。在今河南新郑县北。围郑，观兵于南门，西济于济隧。济隧，杜注：水名。《水经注》济水伏流，自河而出，阴沟上源，济隧绝焉。世谓之十字沟。

是时，诸侯之戍常在虎牢，故国君一集，即可声罪致讨，而兵力不劳，此郑所以不能支也。

秋，七月，己未，同盟于亳城北。亳，公羊、谷梁作京。亳城，杜注：郑地。当在今河南偃师县。

左传　郑人惧，乃行成。秋七月，同盟于亳。范宣子曰："不慎，必失诸侯。慎，敬威仪，谨辞令。诸侯道敝而无成，能无贰乎？"乃盟。载书曰："凡我同盟，毋蕴年，蕴积年谷而不分灾。毋壅利，毋保奸，毋留慝，救灾患，恤祸乱，同好恶，奖王室。或间兹命，司慎司盟，二司，天神。名山名川，群神群祀，先王先公，先王，诸侯之大祖。先公，始封君。七姓十二国之祖，七姓，晋、鲁、卫、郑、曹、滕，姬姓。邾、小邾，曹姓。宋，子姓。齐，姜姓。莒，己姓。杞，姒姓。薛，任姓。实十三国，言十二，误也。明神殛之，俾失其民，隧命亡氏，踣其国家。踣，毙也。

公至自伐郑。

谷梁传　不以后致，谓盟在伐后。盟后复伐郑也。

以前事致者，见虽同盟而未得郑也。柯陵之盟亦未能得郑，而书至。异谷梁以此为盟，后更伐柯陵，独非盟后复伐乎？盖厉公三伐终不能服郑，故以常例书之。此则三驾之后，萧鱼始以会致。故前二役致伐，以见兵事之未可息，而终致会，以见诸国之所由息肩也。

楚子、郑伯伐宋。

左传　楚子囊乞旅于秦。秦右大夫詹帅师从楚子，将以伐郑。郑伯逆之。丙子，伐宋。秦师不书，不与伐宋而还。

盖用公孙舍之致晋之谋也。据事以书，而郑之反复具见矣。

公会晋侯、宋公、卫侯、曹伯、齐世子光、莒子、邾子、滕子、薛伯、杞伯、小邾子伐郑，会于萧鱼。此三驾之三。萧鱼，杜注：郑地。《路史》少昊后嬴姓国修鱼，即萧鱼也。

左传　九月，诸侯悉师以复伐郑。郑人使良霄、大宰石央如楚，告将服于晋，曰："孤以社稷之故，不能怀君。君若能以玉帛绥晋，不然，则武震以摄威之，孤之愿也。"楚人执之。书曰行人，言使人也。既成而后告，故书在萧鱼下。石央为介，故不书。诸侯之师观兵于郑东门。郑人使王子伯骈行成。甲戌，晋赵武入盟郑伯。冬十月丁亥，郑子展出盟晋侯。十二月戊寅，会于萧鱼。经书秋，史失之。庚辰，赦郑囚，皆礼而归之。纳斥候，禁侵掠。晋侯使叔肸告于诸侯。叔肸，叔向也。告诸侯，亦使赦郑囚。公使臧孙纥对曰："凡我同盟，小国有罪，大国致讨，苟有以藉手，鲜不赦宥，寡君闻命矣。"郑人赂晋侯以师悝、师触、师蠲，悝、触、蠲，皆乐师名。广车、軘车淳十五乘，甲兵备，广车、軘车，皆兵车名。淳，耦也。广、軘车相耦，凡十五乘。凡兵车百乘，他兵车及广軘共百乘。歌钟二肆，肆，列也。县钟十六为一肆，二肆三十二枚。及镈、磬，镈、磬，皆乐器。女乐二八。十六人。晋侯以乐之半赐魏绛，曰："子教寡人和诸戎狄以正诸华，八年之中，九合诸侯，九合诸侯，谓五年会戚，又会城棣救陈，七年会鄬，八年会邢丘，九年盟于戏，十年会柤，又伐郑戍虎牢，十一年同盟亳城北，又会萧鱼。如乐之和，无所不谐，请与子乐之。"辞曰："夫和戎狄，国之福也。八年之中，九合诸侯，诸侯无慝，君之灵也。二三子之劳也，臣何力之有焉？抑臣愿君安其乐而思其终也。《诗》曰：'乐旨君子，殿天子之邦。《诗·小雅》。殿，镇也。乐旨君子，福禄攸同。便蕃左右，亦是帅从。'便蕃，数也。言远人相帅来服从，便蕃然在左右。夫乐以安德，和其心。而后可以殿邦国、同福禄、来远人，所谓乐也。书曰居安思危，逸书。思则有备，有备无患。敢以此规。"公曰："子之教，敢不承命？抑微子，寡人无以待戎，不能济河。渡河南服郑。夫赏，国之典也，藏在盟府，司盟之府，有赏功之制。不可废也。子其受之。"魏绛于是乎始有金石之乐，礼也。礼，大夫有功则赐乐。

公羊传　此伐郑也，其言会于萧鱼何？盖郑与会尔。

地会而后伐，未集事之辞也。伐而后地会，集事之辞也。伐郑会于萧鱼，书法与盟于召陵同，皆经之特笔，所以序霸绩也。盖自悼公能用魏绛息民之策，听知䓨不与楚战，以逸待劳，楚不能应，遂全师以服郑。而悼公信郑不疑，不复以诸侯同盟，郑自此不叛晋者二十四年。则谋能制胜，诚足感人之效也。不书郑会，以下书楚人执郑行人良霄，则得郑可知矣。

公至自会。

谷梁传　伐而后会，不以伐郑致，得郑伯之辞也。

郑与会而服，诸侯喜之，故以会致。厉公三伐，终以伐致悼公三伐，终以会致揆。以当日情事，皆鲁史据告庙之辞，以书于策，非圣人变易其辞以为褒贬也。

楚人执郑行人良霄。霄，谷梁作宵。

谷梁传　行人者，挈国之辞也。挈，犹传也。行人，传国之辞命者。

执而不称行人，以已执也。称行人而执，以其事执也。书楚执郑行人良霄，见楚之力尽于是矣。

冬，秦人伐晋。

左传　秦庶长鲍、庶长武帅师伐晋以救郑。庶长，秦爵。鲍先入晋地，士鲂御之，少秦师而弗设备。壬午，武济自辅氏。从辅氏渡河。与鲍交伐晋师。己丑，秦、晋战于栎，栎，杜注：晋地。晋师败绩，易秦故也。

秦与楚婚，于是为楚伐晋，报十年之伐。败晋于栎不书，晋不告也。

十有二年，春，王三月，莒人伐我东鄙，围台。季孙宿帅师救台，遂入郓。台，谷梁作邰。杜注：琅琊费县南有台亭。今费县属山东兖州府。郓，公羊作运。杜注：莒邑。

左传　十二年春，莒人伐我东鄙，围台。季武子救台，遂入郓，取其钟以为公盘。

公羊传　邑不言围，此其言围何？伐而言围者，取邑之辞也。伐而不言围者，非取邑之辞也。外取鲁邑不直言取，讳耻也。大夫无遂事，此其言遂何？公不得为政尔。

谷梁传　伐国不言围邑，举重也。伐国重，围邑轻。取邑不书围，安足书也。不足书而今书，盖为下事起。 **遂，继事也。受命而救[illegible]，不受命而入郓，恶季孙宿也。**

文十二年尝帅师城郓矣，鲁不能守，复为莒所取。今季孙宿因救台而遂入之，大夫无遂事，遂者，专行不忌之辞。恶宿之擅权，而公不得为政也。

夏，晋侯使士鲂来聘。

左传　夏，晋士鲂来聘，且拜师。谢前年伐郑师。

晋悼服郑制楚，而修礼于诸侯，善持胜也。

秋，九月，吴子乘卒。吴始书卒。

左传　秋，吴子寿梦卒，临于周庙，礼也。周庙，文王庙也。周公出文王，故鲁立其庙。凡诸侯之丧，异姓临于外。于城外向其国。同姓于宗庙，所出王之庙。同宗于祖庙，始封君之庙。同族于祢庙，父庙也。同族，谓高祖以下。是故鲁为诸姬，临于周庙。诸同姓国。为邢、凡、蒋、茅、胙、祭，临于周公之庙。即祖庙也。六国皆周公之支子，别封为国，共祖周公。

吴子书卒，以其暴盛，赴告相及，而诸侯重之也。不书葬，非不会也，削之以避其僭号，与楚同例。

冬，楚公子贞帅师侵宋。

左传　冬，楚子囊、秦庶长无地伐宋，师于杨梁，以报晋之取郑也。杨梁，杜注：梁国睢阳县东有地名杨梁。《水经注》涣水东迳亭北即杨梁也。在今河南归德府城东南。

据传，楚人率秦伐宋，不书秦，以师属楚也。自是不复有事于北方，以楚审旋卒，而又与吴构怨耳。

附录左传　灵王求后于齐，齐侯问对于晏桓子，桓子对曰："先王之礼辞有之。天子求后于诸侯，诸侯对曰：'夫妇所生若而人，不敢誉，亦不敢毁，故曰若而人。妾妇之子若而人。'言非適也。无女而有姊妹及姑姊妹，则曰：'先守某公之遗女若而人。'"齐侯许昏。王使阴里结之。阴里，周大夫。结，成也。为十五年刘夏逆王后传。

公如晋。

左传　公如晋朝，且拜士鲂之辱，礼也。

晋侯一使人来聘，公即亲往拜之，事晋之礼过于恭矣。

附录左传　秦嬴归于楚。秦景公妹为楚共王夫人。楚司马子庚聘于秦，子庚，庄王子午。为夫人宁，礼也。

十有三年，春，公至自晋。

左传　十三年春，公至自晋，孟献子书劳于庙，书勋劳于策。礼也。

桓二年传，公至自唐，告于庙也。凡公行告于宗庙，反行饮至，舍爵、策勋焉，礼也。桓十六年传，公至自伐郑，以饮至之礼。此年传，书劳于庙。故先儒通其意，谓告庙、饮至、书劳，凡三事偏行一礼，则必书至。悉阙，则史无其文。按《曾子问》

诸侯出而反必亲告于祖祢，则虽无事反必告庙，礼也。而《春秋》公行多不书至，盖会盟侵伐，其事繁猥，必有勋劳可书，或自喜其事而行饮至之礼，乃告于庙。其馀则怠于礼，或丑其事，而不告，则史无其文。其事无可丑而不告者，怠于礼也。齐桓之会不致是也。事可丑而告者，自危也。成公十年如晋见止送葬而书至之类是也。

夏，取邿。邿，公羊作诗。杜注：任城亢父县有邿亭。在今山东济宁州东南。

左传　夏，邿乱，分为三。师救邿，遂取之。师，鲁师也。凡书取，言易也。用师不劳，虽国亦曰取。用大师焉曰灭。用力难重，虽邑亦曰灭。弗地曰入。谓不有其地。

公羊传　诗者何？邾娄之邑也。曷为不系乎邾娄？讳亟也。讳背萧鱼之会亟。

凡书取者，或乘其衰乱，或受其溃叛，或用少师而未尝顿兵劳力，皆直书取。惟鲁灭小国有讳而书取者，视若己地而取之也。然讳之适所以张之，此传所谓微而显者与。邿，微国也。

附录左传　荀罃、士鲂卒，罃，中军将。鲂，下军佐。晋侯蒐于绵上以治兵。使士匄将中军，辞曰："伯游长。伯游，荀偃。昔臣习于知伯，是以佐之，非能贤也。请从伯游。"荀偃将中军，士匄佐之。位如故。使韩起将上军，辞以赵武。又使栾黡，以武位卑，故不听，更命黡。辞曰："臣不如韩起，韩起愿上赵武，君其听之。"使赵武将上军，武自新军超四等代荀偃。韩起佐之。位如故。栾黡将下军，魏绛佐之。黡亦如故。绛自新军佐超一等代士鲂。新军无帅，将佐皆迁。晋侯难其人，使其什吏，什吏，谓十人长也。率其卒乘官属，以从于下军，礼也。晋国之民是以大和，诸侯遂睦。君子曰："让，礼之主也。范宣子让，其下皆让，栾黡为汰，弗敢违也。晋国以平，数世赖之，刑善也夫。"刑，法也。一人刑善，百姓休和，可不务乎？《书》曰：'一人有庆，兆民赖之，其宁惟永'，其是之谓乎！《周书·吕刑》。义取上有好善之庆，则下赖其福而长安也。周之兴也，其《诗》曰：'仪刑文王，万邦作孚'，《诗·大雅》，言文王善用法，故能为万邦所信。孚，信也。言刑善也。及其衰也，其《诗》曰：'大夫不均，我从事独贤'，《诗·小雅》，刺幽王役使不均，故从事者怨恨，称己之劳，以为独贤，无让心。言不让也。世之治也，君子尚能而让其下，小人农力以事其上，是以上下有礼，而谗慝黜远，由不争也，谓之懿德。及其乱也，君子称其功以加小人，加，陵也。君子，在位者。小人伐其技以冯君子，冯，亦陵也。是以上下无礼，乱虐并生，由争善也，谓之昏德。国家之敝，恒必由之。

秋，九月，庚辰，楚子审卒。

左传　楚子疾，告大夫曰："不谷不德，少主社稷。生十年而丧先君，未及习师保之教训而应受多福，多福谓为君。是以不德，而亡师于鄢，成十六年战鄢。以辱社稷，为大夫忧，其弘多矣。弘，大也。若以大夫之灵，获保首领以殁于地，唯是春秋窀穸之事，窀，厚也，穸，夜也。厚夜犹长夜，谓葬埋。所以从先君于祢庙者，请为灵若厉。欲受恶谥也。乱而不损曰灵，戮杀不辜曰厉。大夫择焉。”莫对。及五命，乃许。秋，楚共王卒。子囊谋谥，大夫曰：“君有命矣。”子囊曰：“君命以共，若之何毁之？赫赫楚国，而君临之，抚有蛮夷，奄征南海，以属诸夏，而知其过，可不谓共乎？请谥之共。”大夫从之。传言子囊之善。

附录左传　吴侵楚，养由基奔命，子庚以师继之。子庚，楚司马。养叔曰：即养由基。“吴乘我丧，谓我不能师也，必易我而不戒。子为三覆以待我，我请诱之子。”庚从之。战于庸浦，庸浦，杜注：楚地。当在今江南无为州南。大败吴师，获公子党。君子以吴为不吊，《诗》曰：“不吊昊天，乱靡有定。”《诗·小雅》，言不为昊天所恤，则致罪也。为明年会向传。

冬，城防。

左传　冬，城防书事，时也。于是将早城，臧武仲请俟毕农事，礼也。

鲁有二防。一近宋，隐十年伐宋取防是也。一近齐，隐九年公会齐侯于防是也。此所城，乃近齐之防。鲁既事晋而外齐，故城防以备之，而明年齐卒有围成之役，则惧齐明矣。

附录左传　郑良霄、大宰石臭犹在楚。十一年，楚执人执之，至今。石臭言于子囊曰：“先王卜征五年，先五年而卜其吉凶也。征谓巡守征行。而岁习其祥，祥习则行。五年习卜，皆同吉，乃巡狩。不习则增修德而改卜。不习谓卜不吉。今楚实不竞，行人何罪？止郑一卿，以除其逼，一卿谓良霄。使睦而疾楚，以固于晋，焉用之？使归而废其使，言往者郑使良霄至楚，其意欲楚执之，得有辞以坚事晋，今释使归，则郑无辞于楚，是废其本使之意。怨其君以疾其大夫，而相牵引也，不犹愈乎？”楚人归之。

日讲春秋解义卷四十

襄　公

十有四年，春，王正月，季孙宿、叔老会晋士匄、齐人、宋人、卫人、郑公孙虿、曹人、莒人、邾人、滕人、薛人、杞人、小邾人会吴于向。虿，公羊作囆。后同。向，杜注：郑地。

左传　十四年春，吴告败于晋。前年为楚败于庸浦。会于向，为吴谋楚故也。范宣子数吴之不德也，以退吴人。吴伐楚丧故。执莒公子务娄，在会不书，非卿。以其通楚使也。莒贰于楚，故比年伐鲁。将执戎子驹支，驹支，戎子名。范宣子亲数诸朝，行之所在亦设朝位。曰："来，姜戎氏。昔秦人迫逐乃祖吾离于瓜州，四岳之后皆姓姜，又别为允姓。瓜州，杜注：地在燉煌。今陕西肃州西五百余里，古燉煌郡地。乃祖吾离被苫盖、苫，编茅也。盖，苫之别名。蒙荆棘以来归我先君，我先君惠公有不腆之田，与女剖分而食之。中分为剖。今诸侯之事我寡君不如昔，者盖言语漏泄，则职女之由。诘朝之事，会事。尔无与焉。与，将执女。"对曰："昔秦人负恃其众，贪于土地，逐我诸戎。惠公蠲其大德，蠲，明也。谓我诸戎，是四岳之裔胄也，四岳，尧时方伯。裔，远也。胄，后也。毋是翦弃。赐我南鄙之田，狐狸所居，豺狼所嗥。我诸戎除翦其荆棘，驱其狐狸豺狼，以为先君不侵不叛之臣，不内侵，亦不外叛。至于今不贰。昔文公与秦伐郑，秦人窃与郑盟而舍戍焉，于是乎有殽之师。在僖三十三年。晋御其上，戎亢其下，亢犹当也。秦师不复，我诸戎实然。譬如捕鹿，晋人角之，诸戎掎之，角者，当其头。掎者，踣其足。与晋踣之。踣，僵也。戎何以不免？自是以来，晋之百役，与我诸戎相继于时，言给晋役不旷时。以从执政，犹殽志也，岂敢离逖？今官之师旅，官，犹称执事也。无乃实有所阙，以携诸侯而罪我诸戎。我诸戎饮食衣服不与华同，贽币不通，言语不达，何恶之能为？不与于会，亦无瞢焉。瞢，闷也。赋《青蝇》而退。《青蝇》，《诗·小雅》。取其恺悌君子无信谗言。宣子辞焉，辞谢。使即事于会，成恺悌也。成恺悌，不信谗也。不书者，戎为晋属，不得特达。于是子叔齐子为季武子介以会，自是晋人轻鲁币而益敬其使。齐子，叔老字也。言晋敬鲁使，经所以并书二卿。

吴来在向，诸侯会之，故曰会吴。使举上容而叔老并书者，以卿行则不得不书矣。季孙宿以卿为介，而忘其亢，叔老介于宿，而不敢避鲁，事可知矣。

附录左传　吴子诸樊既除丧，诸樊，吴子乘之长子。将立季札。札，诸樊少弟。季札辞曰：“曹宣公之卒也，诸侯与曹人不义曹君，曹君，公子负刍也，杀大子自立。事在成公十三年。将立子臧，子臧去之，遂弗为也，以成曹君。君子曰：能守节。君，义嗣也。诸樊，適子，故曰义嗣。谁敢奸君？有国，非吾节也。札虽不才，愿附于子臧，以无失节。”固立之。弃其室而耕，乃舍之。传言季札之让，且明吴兄弟相传。

二月，乙未，朔，日有食之。

夏，四月，叔孙豹会晋荀偃、齐人、宋人、卫北宫括、郑公孙虿、曹人、莒人、邾人、滕人、薛人、杞人、小邾人、伐秦。秦、晋兵争止此。

左传　夏，诸侯之大夫从晋侯伐秦，以报栎之役也。栎役在十一年。晋侯待于竟，使六卿帅诸侯之师以进。经所以不称晋侯。及泾，不济。泾，杜注：水出安定朝那县，至京兆高陆县入渭。叔向见叔孙穆子，穆子赋《匏有苦叶》。《诗·邶风》。义取深则厉，浅则揭，言己志在必济。叔向退而具舟，鲁人、莒人先济。郑子蟜见卫北宫懿子曰：懿子，北宫括。“与人而不固，取恶莫甚焉，若社稷何？”懿子说。二子见诸侯之师而劝之济，济泾而次。秦人毒泾上流，师人多死。饮毒水故。郑司马子蟜帅郑师以进，师皆从之，至于棫林，棫林，杜注：秦地。案，棫林即旧郑咸林也。今为华州属陕西。不获成焉。荀偃令曰：“鸡鸣而驾，塞井夷灶。示不反。唯余马首是瞻。”言进退从己。栾黡曰：“晋国之命，未有是也。余马首欲东。”乃归。黡恶偃自专，故弃之归。下军从之。左史谓魏庄子曰：左史，晋大夫。“不待中行伯乎？中行伯，荀偃。庄子曰：“夫子命从帅。夫子谓荀偃。栾伯，吾帅也，黡，下军帅。庄子为佐，故曰吾帅。吾将从之。从帅所以待夫子也。以从命为待。伯游曰：“吾令实过，悔之何及，多遗秦禽。”军帅不和，恐多为秦所禽获。乃命大还，晋人谓之迁延之役。迁延，却退。栾针曰：“此役也，报栎之败也。役又无功，晋之耻也。吾有二位于戎路，针，黡之弟。二位，谓黡将下军，针为戎右。敢不耻乎？”与士鞅驰秦师，死焉。鞅，士匄子。士鞅反。栾黡谓士匄曰：“余弟不欲往，而子召之。余弟死而子来，是而子杀余之弟也。弗逐，余亦将杀之。”士鞅奔秦。于是齐崔杼、宋华阅、仲江会伐秦。仲江，宋公孙师之子。不书，惰也。向之会亦如之。卫北宫括不书于向，亦惰。书于伐秦，摄也。能自整摄，从郑子蟜俱济泾。秦伯问于士鞅，曰：“晋大夫其谁先亡？”对曰：“其栾氏乎？”秦伯曰：“以其汰乎？”对曰：“然。栾黡汰虐已甚，犹可以免。其在盈乎！”盈，黡之子。秦伯曰：“何故？”对曰：“武子之德在民，如周人之思召公焉，爱其甘棠，况其子乎？武子，栾书，黡之父也。召公奭听讼于甘棠之下，周人思之，不害其树，而作勿伐之诗，在《召南》。栾黡死，盈之善未能及人。武子所施没矣，而黡之怨实章，将于是乎在。”秦伯以为知言，为之请于晋而复之。为二十一年晋灭栾氏张本。

此一役，见晋悼公命将非人，委政以阶厉也。夫以十三国之卿大夫帅重兵压秦境，而师出无律，将各异心，劳民无功，晋侯待于境上，视若赘旒，此皆悼公终怠，致诸臣之专恣也。

己未，卫侯出奔齐。公羊作卫侯衎。

左传　卫献公戒孙文子、宁惠子食，文子，孙林父。惠子，宁殖。皆服而朝，日旰不召，旰，晏也。而射鸿于囿。二子从之，不释皮冠而与之言。皮冠，田猎之冠也。既不释冠，又不与食。二子怒。孙文子如戚，戚，孙文子邑。孙蒯入使。蒯文子之子。公饮之酒，使大师歌《巧言》之卒章，大师，掌乐大夫。《巧言》，《诗·小雅》。其卒章曰："彼何人斯，居河之麋。无拳无勇，职为乱阶。"戚，河上邑。公欲以喻文子居河上而为乱也。大师辞，师曹请为之。师曹，乐人。初，公有嬖妾，使师曹诲之琴，师曹鞭之，公怒，鞭师曹三百。故师曹欲歌之以怒孙子，以报公。公使歌之，遂诵之。恐孙蒯不解故。蒯惧，告文子，文子曰："君忌我矣，弗先，必死。"欲先公作乱。并帑于戚而入，见蘧伯玉曰：伯玉，蘧瑗。"君之暴虐，子所知也。大惧社稷之倾覆，将若之何?"对曰："君制其国，臣敢奸之？奸犹犯也。虽奸之，庸知愈乎。"言逐君更立未知当胜否。遂行，从近关出，惧难作，欲速出竟。公使子蟜、子伯、子皮与孙子盟于丘宫，三子，卫群公子。疑孙子，故盟之。丘宫，杜注：近戚地。孙子皆杀之。四月己未，子展奔齐，子展，卫献公弟。公如鄄。鄄，杜注：卫地。使子行于孙子，子行，群公子，使往请和。孙子又杀之。公出奔齐，孙氏追之，败公徒于阿泽，阿泽，杜注：济北东阿县西南有大泽。鄄人执之。公徒因败散还，故为公执之。初，尹公佗学业射于庾公差，庾公差学射于公孙丁。二子追公，二子，佗与差。公孙丁御公。子鱼曰：子鱼，庾公差。"射为背师，不射为戮，射为礼乎?"礼射不求中。射两軥而还。軥，车轭卷者。尹公佗曰："子为师，我则远矣。"乃反之。公孙丁授公辔而射之，贯臂。贯佗臂。子鲜从公。子鲜，公母弟鱄。及竟，公使祝宗告亡，且告无罪。告宗庙。定姜曰：定姜公適母。"无神，何告？若有，不可诬也。有罪，若何告无？舍大臣而与小臣谋，一罪也。先君有冢卿以为师保，而蔑之，二罪也。余以巾栉事先君，而暴妾使余，三罪也。告亡而已，无告无罪。"公使厚成叔吊于卫，曰：厚成叔，鲁大夫。"寡君使瘠，厚成叔名。闻君不抚社稷，而越在他竟，若之何不吊？以同盟之故，使瘠敢私于执事，曰：'有君不吊，有臣不敏，君不赦宥，臣亦不帅职，增淫戒发泄，其若之何?'"卫人使大叔仪对曰：大叔仪，卫大夫。'群臣不佞，得罪于寡君。寡君不以即刑，而悼弃之，以为君忧。君不忘先君之好，辱吊群臣，又重恤之。敢拜君命之辱，重拜大贶。"厚孙归，复命，厚孙，成叔。语臧武仲曰："卫君其必归乎！有大叔仪以守，有母弟鱄以出。或抚其内，或营其外，能无归乎！”齐人以郲寄卫侯。郲，齐所灭郲国。及其复也，以郲粮归。言其贪。右宰谷从而逃归，谷，卫大夫。卫人将杀之。辞曰：“余不说初矣。言初从君，非说之，不获已耳。余狐裘而羔袖。”狐裘，至美也。以羔为袖则少恶。喻己虽从君出，其罪不多。乃赦之。卫人立公孙剽，剽，穆公孙，黑背子殇公。孙林父、宁殖相之，以听命于诸侯。听盟会之命。卫侯在郲，臧纥如齐唁卫侯。卫侯与之言，虐。退而告其人曰：“卫侯其不得入矣。其言粪土也。亡而不变，何以复国？”子展、子鲜闻之，见臧纥，与之言，道。顺道理。臧孙说，谓其人曰：“卫君必入。夫二子者，或挽之，或推之，欲无入，得乎？”为二十六年卫侯归传。

按，《春秋》惟弑君书某弑其君，至君为其下所出，只书出奔而已。盖出之为言，不容而见逐之谓。言出奔，则或君无道，或臣强，皆可推其前后事迹而见之矣。出奔而名者，两君之辞。剽已立而衎不名者，剽以公孙为贵卿，交诸侯以逐其君，而自取之，故绝其两君之称也。然则叔武摄位，而郑亦不名，何也？叔武称子，剽称侯。称子者，让之意也。称侯者，篡之实也。美恶不嫌同辞。

附录左传　师归自伐秦。晋侯舍新军，礼也。成国不过半天子之军。成国，大国。周为六军，诸侯之大者，三军可也。于是知朔生盈而死，朔，知罃之长子。盈，朔弟也。盈生而朔死。盈生六年而武子卒，彘裘亦幼，皆未可立也。新军无帅，故舍之。裘，士鲂子。十三年，荀罃、士鲂卒，子皆幼，未任为卿，故新军无帅，遂舍之。　师旷侍于晋侯。师旷，晋乐大师子野。晋侯曰：“卫人出其君，不亦甚乎？”对曰：“或者其君实甚。良君将赏善而刑淫，养民如子，盖之如天，容之如地。民奉其君，爱之如父母，仰之如日月，敬之如神明，畏之如雷霆，其可出乎？夫君，神之主而民之望也。若困民之主，匮神乏祀，百姓绝望，社稷无主，将安用之？弗去何为？天生民而立之君，使司牧之，勿使失性。有君而为之贰，贰，卿佐。使师保之，勿使过度。是故天子有公，诸侯有卿，卿置侧室，大夫有贰宗，士有朋友，庶人、工商、皂隶、牧圉皆有亲昵，以相辅佐也。善则赏之，过则匡之，患则救之。失则革之。自王以下各有父兄子弟，以补察其政。史为书，谓大史君举则书。瞽为诗，瞽盲者为诗以风刺，工诵箴刺，工，乐人也。诵箴谏之辞。大夫规诲，士传言，士卑，不得径达，闻君过失，陈告大夫。庶人谤，庶人不与政，闻君过则诽谤。商旅于市，旅，陈也。陈其货物，以示时所贵尚。百工献艺。献其技艺，以喻政事。故《夏书》曰：‘遒人以木铎徇于路，《夏书》胤征篇。遒人，行人之官也。木铎，木舌金铃。徇于路，求歌谣之言。官师相规，工执艺事以谏。正月孟春，于是乎有之。有遒人徇路之事。谏失常也。天之爱民甚矣，岂其使一人肆于民上，以从其淫，而弃天地之性？必不然矣。”传善师旷能因问尽言。

莒人侵我东鄙。

莒自灭鄫后，七年之间四侵鲁境，是蔑晋也。溴梁之执盖有由矣。

秋，楚公子贞帅师伐吴。

左传　秋，楚子为庸浦之役故，在前年。子囊师于棠，以伐吴。棠，楚地。《寰宇记》六合，古棠邑。今六合县属江南。吴不出而还。子囊殿，以吴为不能而弗儆。吴人自皋舟之隘要而击之。皋舟，吴险阨之道。楚人不能相救，吴人败之，获楚公子宜谷。传言不备不可以师。

楚既不得志于北方，故构怨于吴。传载是年冬子囊卒，遗言必城郢，则吴为楚患迫矣。

附录左传　王使刘定公赐齐侯命，将昏于齐故也。定公，刘夏之谥。曰："昔伯舅大公右我先王，股肱周室，师保万民。世胙大师，以表东海。王室之不坏，系伯舅是赖。今余命女环，环，齐灵公名。兹率舅氏之典，纂乃祖考，无忝乃旧。敬之哉！无废朕命。"传言王室不能命有功。

冬，季孙宿会晋士匄、宋华阅、卫孙林父、郑公孙虿、莒人、邾人于戚。

左传　晋侯问卫故于中行献子。献子，荀偃。对曰："不如因而定之。卫有君矣伐之，未可以得志，而勤诸侯。史佚有言曰：'因重而抚之。'重不可移，就抚安之。仲虺有言曰：'亡者侮之，乱者取之。推亡固存，国之道也。'君其定卫以待时乎！"冬，会于戚，谋定卫也。定立剽。范宣子假羽毛于齐而弗归，析羽为旌，王者游车之所建。齐私有之，因谓之羽毛。宣子闻而借观之。齐人始贰。

晋悼用师于郑，卫衎无役不从。今为其臣所逐，晋当会诸侯，纳卫君，诛孙、宁以伸伯讨。乃听贼臣立君而为会，以定其位，悼公之失莫甚于此。林父在会，以是知其谋定剽也。荀偃，杀君之贼，其右剽也宜矣。

附录左传　楚子囊还自伐吴，卒。将死，遗言谓子庚："必城郢。"子庚，司马公子午也。当代子囊为令尹。君子谓子囊忠。君薨，不忘增其名；谓前年谥君为共。将死，不忘卫社稷，可不谓忠乎？忠，民之望也。《诗》曰："行归于周，万民所望"，忠也。《诗·小雅》。忠信为周。言德行归于忠信，即为万民所瞻仰。

十有五年，春，宋公使向戌来聘。二月己亥，及向戌盟于刘。刘，孔氏颍达曰："《释例》地阙，盖鲁城外之近地。"

左传　十五年，春，宋向戌来聘，且寻盟。报二年豹之聘，寻十一年亳之盟。见孟献子，尤其室，尤，责过也。曰："子有令闻而美其室，非所望也。"对曰："我在晋，吾兄为之。毁之重劳，且不敢间，间，非也。言献子友于兄，且不隐其实。

公尝如晋，晋侯出国而盟公于长樗，此霸主所以怀望国也。而鲁以待向戌，戌之亢、公之卑为已甚矣。

刘夏逆王后于齐。

左传　官师从单靖公逆王后于齐。卿不行，非礼也。官师，刘夏。非卿也。天子不亲迎，使上卿逆，公监之，乃为合礼。

公羊传　刘夏者何？天子之大夫也。刘者何？邑也。其称刘何？以邑氏也。外逆女不书，此何以书？过我也。

谷梁传　过我，故志之也。

婚姻得礼者，常事不书，失礼然后书。王后，天下之母，上仪天王，昏礼莫大于是。而使士往迎，是卑其身，而轻人伦之本矣。故因刘夏之过我而书之，以示非礼。不书归，与纪季姜异，鲁不为主也。

附录左传　楚公子午为令尹，代子囊。公子罢戎为右尹，蒍子冯为大司马。子冯，叔敖从子。公子橐师为右司马，公子成为左司马，屈到为莫敖，屈到，屈荡子。公子追舒为箴尹，追舒，庄王子子南。屈荡为连尹，养由基为宫厩尹，以靖国人。君子谓楚于是乎能官人。官人，国之急也。能官人，则民无覦心。无觊覦以求幸。《诗》云："嗟我怀人，置彼周行"，能官人也。《诗·周南》。行，列也。周，遍也。诗人嗟叹，言我思得贤人，置之遍于列位。是后妃之志，以官人为急。王及公、侯、伯、子、男、甸、采、卫、大夫，各居其列，所谓周行也。　郑尉氏、司氏之乱，在十年。其余盗在宋。郑人以子西、伯有、子产之故，纳赂于宋，三子之父皆为尉氏所杀故。以马四十乘，百六十匹。与师茷、师慧。乐师也。茷、慧，其名。三月，公孙黑为质焉。公孙黑，子晳。司城子罕以堵女父、尉翩、司齐与之，良司臣而逸之，贤而放之。托诸季武子，武子置诸卞。郑人醢之三人也。三人，堵女父、尉翩、司齐。师慧过宋朝，将私焉。私，小便。其相曰：相师者。"朝也。"慧曰："无人焉。"相曰："朝也，何故无人？"慧曰："必无人焉。若犹有人，岂其以千乘之相易淫乐之矇？必无人焉故也。"千乘相，谓子产等也。言不为子产早杀三盗，俟赂方归，是重淫乐而轻国相。子罕闻之，固请而归之。言子罕能改过。

夏，齐侯伐我北鄙，围成。公救成，至遇。遇，杜注：鲁地。

公羊传　其言至遇何？不敢进也。

卫衎在齐，而季孙宿会戚，以立剽，故齐来伐鲁。于是时三分其民，而公室卑弱，不足以当敌，故救成而不敢进也。季孙救台，遂入郓，而不忌，公亲救成，则至遇而难前。观宿之强，则知公之所以弱矣。

季孙宿、叔孙豹帅师城成郛。

左传　夏，齐侯围成，贰于晋故也。于是乎城成郛。

由不能救成，故成郛坏，此孟氏私邑，而叔、季帅师城之者，三家相党，以备齐为名兴大役，故其城坚固可守，卒为鲁患而不可堕也。

秋，八月，丁巳，日有食之。

邾人伐我南鄙。

左传　秋，邾人伐我南鄙。亦贰于晋故。使告于晋，晋将为会以讨邾、莒。十二年、十四年莒人伐鲁，未之讨。晋侯有疾，乃止。冬，晋悼公卒，遂不克会。为明年会溴梁传。

郲背晋与齐而党于莒，故来伐鲁，以望国而不竞如此，则民分于三桓故也。

冬，十有一月，癸亥，晋侯周卒。

晋悼，贤君也。悼没，而春秋无霸矣。晋自灵、成、景、厉四世不竞，周嗣服之初，慨然思复文公之业，经营内外，卒成三驾之功，楚服其威，郑怀其德，抑何盛也然？谨于诸侯，而纵于大夫，工于抚郑，而拙于怀陈，明于治楚而暗于治秦，君子惜焉。而尤失正者，不讨卫孙林父、宁殖逐君之恶而庇之。晋之六卿，鲁之三家，齐之崔庆、陈氏，视此而纵矣。

附录左传　郑公孙夏如晋奔丧，夏，子西。子蟜送葬。言诸侯畏晋，故卿共葬。宋人或得玉，献诸子罕，子罕弗受。献玉者曰："以示玉人，玉人以为宝也，故敢献之。"子罕曰："我以不贪为宝，尔以玉为宝。若以与我，皆丧宝也。不若人有其宝。"稽首而告曰："小人怀璧，不可以越乡。言必为盗所害。纳此以请死也。"请免死。子罕置诸其里，使玉人为之攻之，攻，治也。富而后使复其所。卖玉得富。十二月，郑人夺堵狗之妻，而归诸范氏。堵狗，堵女父之族。狗娶于晋范氏，郑人既诛女父，畏狗因范氏作乱，故夺其妻归范氏，先绝之。传言郑之有谋。

十有六年，春，王正月，葬晋悼公。

晋平初立，见诸侯多不协，汲汲欲会而速葬其亲，悖礼甚矣。

三月，公会晋侯、宋公、卫侯、郑伯、曹伯、莒子、邾子、薛伯、杞伯、小邾子于溴梁。戊寅，大夫盟。溴梁，杜注：溴水出河内轵县，东南至温入河。案，《尔雅》梁莫大于溴梁。溴，水名。梁，隄也。今济源县西北原山有白涧水，即溴水也。

左传　十六年春，葬晋悼公。平公即位，平公，悼公子彪。羊舌肸为傅，肸，叔向也。代士渥浊。张君臣为中军司马，张老子，代其父。祁奚、韩襄、栾盈、士鞅为公族大夫，祁奚去中军尉，为公族大夫，去剧职，就闲官。韩襄，无忌子。虞丘书为乘马御。代程郑。改服，修官，烝于曲沃。既葬，改丧服。修官，选贤能。烝，冬祭也。诸侯五月而葬，既葬，卒哭，作主，然后烝尝于庙。今晋将有溴梁之役，故速葬而烝。警守而下，会于溴梁。顺河东故曰下。命归侵田。以我故，执邾宣公、莒犂比公，犂比，莒子号。且曰："通齐、楚之使。"晋侯与诸侯宴于温，使诸大夫舞，曰："歌诗必类。"歌古诗，当各从义类。齐高厚之诗不类，荀偃怒，且曰："诸侯有异志矣。"使诸大夫盟高厚，高厚逃归。于是叔孙豹、晋荀偃、宋向戌、卫宁殖、郑公孙虿、小邾之大夫盟，曰："同讨不庭。"自曹以下大夫不书，故传举小邾以包之。

公羊传　诸侯皆在是，其言大夫盟何？信在大夫也。何言乎信在大夫？遍刺天下之大夫也。曷为遍刺天下之大夫？君若赘旒然。旒，旗旒。赘，系属之辞。以旗旒为喻者，言为臣下所执持，东西莫能自主也。

谷梁传　溴梁之会，诸侯失正矣。诸侯会而曰大夫盟，正在大夫也。诸侯在而不曰诸侯之大夫，大夫不臣也。

《春秋》书大夫，皆有所系。救徐之役，诸侯次匡，而遣大夫往，则大夫帅师，实受诸侯之命也。故书曰："公孙敖帅师，及诸侯之大夫救徐。"鸡泽之会，诸侯已盟，而大夫又盟，然犹受命盟袁侨也。故书曰："叔孙豹及诸侯之大夫及陈袁侨盟。"今溴梁之会，诸侯皆在，若大夫受命而盟，则宜书鲁卿及诸侯之大夫盟，而独书大夫，则是大夫自相与盟，非诸侯之命矣。故不以大夫系之诸侯。著诸侯失政，而大夫无诸侯也。

晋人执莒子、邾子以归。执以归始此。

诸侯有罪，执之以归，而不归京师，已则不臣，而以讨人，非正也。故称晋人，而二君不名。

齐侯伐我北鄙。

齐侯自柯陵之会遂不复出，但使世子伉礼出会，盖有轻诸侯之心。晋会溴梁以讨贰，齐独不至。乃益复伐我，三年之间，师五至鲁，暴亦甚矣。

夏，公至自会。

见公出谋齐，尚未及返，而已见伐于齐也。

五月，甲子，地震。

叔老会郑伯、晋荀偃、卫宁殖、宋人伐许。

左传　许男请迁于晋，欲叛楚。诸侯遂迁许，许大夫不可，晋人归诸侯。唯以其师讨许。郑子蟜闻将伐许，遂相郑伯以从诸侯之师。郑与许有宿怨，故其君亲行。穆叔从公。从公归。齐子帅师会晋荀偃，齐子，叔老。书曰会郑伯，为夷故也。夷，平也。言诸侯之卿可以会伯、子、男，于义为平。夏六月，次于棫林。庚寅，伐许，次于函氏。棫林、函氏。杜注：皆许地。晋荀偃、栾黡帅师伐楚，以报宋杨梁之役。晋师独进杨梁，役在十二年。楚公子格帅师，及晋师战于湛阪。湛阪，杜注：襄城昆阳县北有湛水，东入汝。《水经注》湛水出犨县北鱼齿山，东南流为湛浦，即此。今叶县北有昆阳城。楚师败绩，晋师遂侵方城之外，不书，不告。复伐许而还。许未迁故。

郑非主兵，曷为会郑伯？《春秋》不以大夫主诸侯，则推而属之郑，正君臣之分也。

秋，齐侯伐我北鄙，围成。成，左氏作郕。今从公羊、谷梁。

左传　秋，齐侯围郕，郕，鲁孟氏邑。贰晋，故伐鲁。孟孺子速徼之，孟献子之子庄子速也。徼，要也。齐侯曰："是好勇，去之以为之名。"速遂塞海陉而还。海陉，杜注：鲁隘道。

去年伐我围成，今春再伐，至是又围成，甚之也。

大雩。

冬，叔孙豹如晋。

左传　冬，穆叔如晋聘，且言齐故。言齐再伐鲁。晋人曰："以寡君之未禘祀，禘祀，三年丧毕之吉祭。与民之未息，不然，不敢忘。"穆叔曰："以齐人之朝夕释憾于敝邑之地，是以大请。敝邑之急，朝不及夕，引领西望，曰：'庶几乎！'庶几晋来救。比执事之间，恐无及也。"见中行献子，赋《圻父》。《圻父》，《诗·小雅》。周司马掌封畿之兵甲，故谓之圻父。诗人责圻父为王爪牙，不修其职，使百姓受困苦之忧，而无所止居。献子曰："偃知罪矣。敢不从执事以同恤社稷，而使鲁及此？"见范宣子，赋《鸿雁》之卒章。《鸿雁》，《诗·小雅》。卒章曰："鸿雁于飞，哀鸣嗸嗸。唯此哲人，谓我劬劳。"言鲁忧困，嗸嗸然若鸿雁之失所。宣子曰："匄在此，敢使鲁无鸠乎？"鸠，集也。

书如晋于围成后，著鲁不能自强于政治，急则求晋，非待敌保邦之策也。

日讲春秋解义卷四十一

襄　公

十有七年，春，王二月，庚午，邾子牼卒。牼，公羊、谷梁作瞯。

去年晋执以归，此书卒者，盖晋寻释之。不书，其归不告也。

宋人伐陈。

左传　十七年，春，宋庄朝伐陈，获司徒卬，卑宋也。司徒卬，陈大夫。卑宋不设备。

宣十二年，宋师伐陈，为晋讨贰也。此年宋人伐陈，考之左氏，不见二国致衅之由。而陈自逃归后不复与诸侯会，其亦以晋命伐之欤？

夏，卫石买帅师伐曹。

左传　卫孙蒯田于曹隧，越竟而猎。蒯，林父之子。饮马于重丘，重丘，杜注：曹邑。《寰宇记》重丘在乘氏县东北。今山东曹县东北有乘氏故城。毁其瓶。重丘人闭门而訽之。訽，骂也。曰："亲逐而君，尔父为厉。厉，恶鬼。林父逐君在十四年。是之不忧，而何以田为?"夏，卫石买、孙蒯伐曹，买，石稷子。孙蒯不书，非卿。取重丘。曹人诉于晋。为明年晋人执石买传。

孙蒯，犯上之臣，越境田猎，而遭曹人之辱，不内自省，乃挟贵卿将重兵以攻其国，何义乎。

秋，齐侯伐我北鄙，围桃。桃，公羊作洮。杜注：弁县东南有桃虚。

齐高厚帅师伐我北鄙，围防。高厚上左氏无齐字。

左传　齐人以其未得志于我故，前年围郕，辟孟孺子。秋，齐侯伐我北鄙，围桃。高厚围臧纥于防。防，臧纥邑。师自阳关逆臧孙，至于旅松。阳关，杜注：在泰山钜平县东。今山东宁阳县东北有阳关故城，旅松，杜注：近防地。鲁师畏齐，不敢至防。郰叔纥、臧畴、臧贾帅甲三百，宵犯齐师，送之而复，郰叔纥，叔梁纥。臧畴、臧贾，臧纥之昆弟也。三子与臧纥共在防，故夜送臧纥于旅松，而复还守防。齐师去之。失臧纥故。齐人获臧坚。坚，臧之族。齐侯使夙沙卫唁之，且曰无死。坚稽首曰："拜命之辱，抑君赐不终，姑又使其刑臣礼于士。"以杙抉其伤而死。言使贱人来唁己，是惠赐不终也。夙沙卫，奄人，故谓之刑臣。杙，小木也，椽属。

齐君臣同来伐鲁，异道而进，分围二邑，类而书之，其恃众暴寡可见矣。

九月，大雩。

宋华臣出奔陈。

左传　宋华阅卒，华臣弱皋比之室，臣，阅之弟。皋比，阅之子。弱，侵易之。使贼杀其宰华吴，贼六人以铍杀诸卢门合左师之后。卢门，宋城门。合，向戌邑。后，屋后。左师惧，曰："老夫无罪。"贼曰："皋比私有讨于吴。"遂幽其妻，幽吴妻也。曰："畀余而大璧。"宋公闻之，曰："臣也不唯其宗室是暴，大乱宋国之政，必逐之。"左师曰："臣也，亦卿也。大臣不顺，国之耻也。不如盖之。"乃舍之。左师为己短策，苟过华臣之门，必骋。恶之。十一月甲午，国人逐瘈狗。瘈狗入于华臣氏国人从之。华臣惧，遂奔陈。瘈狗，狂狗也。华臣心不自安见，逐狗而惊走。

华臣暴乱宗室，国讨不加，惧而出奔，失政刑矣。君子违不适仇国，陈方仇宋，而臣奔焉，尤可诛也。

冬，邾人伐我南鄙。

左传　冬，邾人伐我南鄙，为齐故也。鲁之四鄙，莒伐其东，齐伐其北，邾伐其南，其不振亦甚矣。邾之先君以伐鲁见执于晋，故嗣子叛晋与齐，在丧而兴师，以修怨也。此祝柯之会所以复见执与。

附录左传　宋皇国父为大宰，为平公筑台，妨于农收。周十一月，今九月，收敛时。子罕请俟农功之毕，公弗许。筑者讴曰："泽门之皙，实兴我役。泽门，宋东城南门也。皇国父白皙，而居近泽门。邑中之黔，实慰我心。"子罕黑色，而居邑中。子罕闻之，亲执扑，以行筑者，扑，杖。而抶其不勉者，曰："吾侪小人皆有阖庐以辟燥湿寒暑。今君为一台，而不速成，何以为役?"讴者乃止。或问其故，子罕曰："宋国区区，而有诅有祝，祸之本也。"传善子罕分谤。　齐晏桓子卒，晏婴父也。晏婴粗缞斩，斩，不缉之也。缞在胸前。粗，三升布，苴绖、带、杖，菅屦，苴，麻之有子者，取其粗也。杖，竹杖。菅屦，草屦。食鬻，居倚庐，寝苫，枕草。此礼与《士丧礼》略同。鬻谓朝一溢米，暮一溢米。倚庐，倚东墙而为之。苫，编草也。王俭云："夏枕甴，冬枕草。"其老曰："非大夫之礼也。"曰："唯卿为大夫。"晏子恶直己以斥时失礼，故孙辞略答家老。

十有八年，春，白狄来。

左传　十八年春，白狄始来。白狄，狄之别名。

公羊传　白狄者何?夷狄之君也。何以不言朝?不能朝也。

不书朝者，不能行朝礼也。《春秋》据事直书，因其来而接之则书来，义与介葛卢同。

夏，晋人执卫行人石买。

左传　夏，晋人执卫行人石买于长子，执孙蒯于纯留，长子、纯留，杜注：二县皆属上党郡。纯，《地理志》作屯。今俱属山西潞安府。为曹故也。前年卫伐曹。

谷梁传　称行人，怨接于上也。

石买以君命聘晋，晋人执之。晋知买伐曹之为恶，独不知孙氏逐君之为恶乎？假晋欲明天子之禁，修方伯之义，莫如正孙蒯之恶，诸侯服矣。今置所先而治所后，伯讨固若是乎？

秋，齐师伐我北鄙。谷梁作齐侯。

冬，十月，公会晋侯、宋公、卫侯、郑伯、曹伯、莒子、邾子、滕子、薛伯、杞伯、小邾子同围齐。

左传　秋，齐侯伐我北鄙。中行献子将伐齐，梦与厉公讼，弗胜。厉公，献子所杀者。公以戈击之，首队于前，跪而戴之，奉之以走，见梗阳之巫皋。梗阳，杜注：晋邑，在大原晋阳县南。今山西清源县有梗阳故城。皋，巫名。梦并见之。他日，见诸道，与之言，同。巫亦梦见献子与厉公讼。巫曰："今兹主必死。若有事于东方，则可以逞。"巫知献子有死征，故劝使决意伐齐。献子许诺。晋侯伐齐，将济河，献子以朱丝係玉二瑴，双玉曰瑴。而祷曰："齐环怙恃其险，环，齐灵公名。负其众庶，弃好背盟，陵虐神主。神主，民也。曾臣彪将率诸侯以讨焉，彪，晋平公名。称臣者，明上有天子，以谦告神。曾臣犹末臣。其官臣偃实先后之。守官之臣。偃，献子名。苟捷有功，无作神羞，官臣偃无敢复济。偃信巫言，故以死自誓。唯尔有神裁之。"沈玉而济。冬，十月，会于鲁济，寻溴梁之言，同伐齐。齐侯御诸平阴，堑防门而守之，广里。平阴，杜注：在济北卢县东北。其城南有防，防有门于门外作堑，横行广一里。今平阴古城在山东卢县东北。夙沙卫曰："不能战，莫如守险。"弗听。诸侯之士门焉，齐人多死。范宣子告析文子，曰：析文子，齐大夫子家。"吾知子，敢匿情乎？鲁人、莒人皆请以车千乘自其乡入，既许之矣。若入，君必失国。子盍图之。"子家以告公，公恐。晏婴闻之，曰："君固无勇，而又闻是，弗能久矣。"不能久敌晋。齐侯登巫山以望晋师。巫山，杜注：在卢县东北。今山东肥城县西北有孝堂山，即齐侯望晋师处。晋人使司马斥山泽之险，虽所不至，必旆而疏陈之。斥，候也。疏建旌旗以为陈，示众也。使乘车者左实右伪，以旆先，伪，以衣服为人形也。建旆以先驱。舆曳柴而从之。以扬尘。齐侯见之，畏其众也，乃脱归。脱，不张旗帜。丙寅晦，齐师夜遁。师旷告晋侯曰："鸟乌之声乐，齐师其遁。"鸟乌得空营故乐也。邢伯告中行伯曰：邢伯，晋大夫邢侯也。中行伯，献子。"有班马之声，班，别也。夜遁，马不相见，故鸣。齐师其遁。"叔向告晋侯曰："城上有乌，齐师其遁。"十一月丁卯朔，入平阴，遂从齐师。夙沙卫连大车以塞隧而殿。此卫所欲守险。殖绰、郭最曰：殖绰、郭最，齐之勇士。"子殿国师，齐之辱也。子姑先乎！"乃代之殿。卫杀马于隘以塞道。恨二子，故塞其道，欲使晋得之。晋州绰及之，射殖绰，中肩两矢夹脰，脰，颈也。曰："止，将为三军获。不止，将取其衷。”射两矢中央。顾曰：“为私誓。”州绰曰：“有如日。”言必不杀女，明如日。乃弛弓而自后缚之。反缚之。其右具丙，州绰之右。亦舍兵而缚郭最，皆衿甲面缚，衿甲，不解甲。坐于中军之鼓下。晋人欲逐归者，鲁、卫请攻险。险，固城守者。己卯，荀偃、士匄以中军克京兹。京兹，杜注：在平阴城东南。乙酉，魏绛、栾盈以下军克邿。栾黡死，其子盈佐下军邿。杜注：平阴西有邿山。赵武、韩起以上军围卢，卢，齐邑。弗克。十二月戊戌，及秦周伐雍门之萩。秦周，鲁大夫。赵武及之共伐萩也。雍门，齐城门。范鞅门于雍门，其御追喜以戈杀犬于门中。杀犬，示闲暇。孟庄子斩其橁以为公琴。庄子，孺子速也。橁，木名。己亥，焚雍门及西郭、南郭。刘难、士弱率诸侯之师焚申池之竹木。二子，晋大夫。申池，齐北门池。壬寅，焚东郭、北郭，范鞅门于扬门。齐西门。州绰门于东闾，齐东门。左骖迫，还于东门中，以枚数阖。枚，马榅也。阖，门扇也。数其板，示不恐。齐侯驾，将走郵棠。郵棠，杜注：齐邑。今山东即墨县南有甘棠社，即古棠乡。大子与郭荣扣马，曰：大子光也。荣，齐大夫。“师速而疾，略也。言欲略行其地，无久攻意。将退矣君何惧焉？且社稷之主不可以轻，轻则失众。君必待之。”将犯之。大子抽剑断鞅，乃止。甲辰，东侵及潍，南及沂。潍，《水经注》潍水出琅琊箕县，过东武、平昌、高密、淳于迳都昌入海。箕县在今莒州东武故城，今为诸城县治。平昌、高密、淳于皆在今安邱县。都昌，今昌邑县也。沂，杜注：沂水出东莞盖县，至下邳入泗。盖县省入沂水，县今属山东青州府。

谷梁传　非围而曰围，据实伐。齐有大焉，亦有病焉。非大而足同焉，齐非大国，诸侯岂足同围之与？诸侯同罪之也，亦病矣。

凡侵、伐、围、入，未有书同者。齐背盟主，数伐小国，诸侯同心围之，故特书同，见众所同恶也。或疑鞍之战晋亦为鲁、卫伐齐，而书法各异，盖事有似同实异者。鞍之战虽曰为鲁、卫讨，其实大夫逞其私憾耳。今兹伐齐，则从众欲而出师，以问齐人凭陵与国之罪，非为其私，此圣人之特笔也。

曹伯负刍卒于师。

谷梁传　闵之也。

楚公子午帅师伐郑。

左传　郑子孔欲去诸大夫，欲专权。将叛晋而起楚师以去之。使告子庚，子庚弗许。子庚，楚令尹公子午。楚子闻之，使扬豚尹宜告子庭曰：扬豚邑大夫名宜。“国人谓不谷主社稷，而不出师，死不从礼。不能承先君之业，死将不得从先君之礼。不谷即位，于今五年，师徒不出，人其以不谷为自逸，而忘先君之业矣。大夫图之，其若之何?”子庚叹曰：“君王其谓午怀安乎！吾以利社稷也。”见使者，稽首而对曰：“诸侯方睦于晋，臣请尝之。若可，君而继之。不可，收师而退。可以无害，君亦无辱。”子庚帅师治兵于汾。汾，杜注：襄城县东北有汾丘城。《水经注》

颍水东历罡丘城南，故汾丘城也。今襄城县属河南。于是子蟜、伯有、子张从郑伯伐齐，子张，公孙黑肱。子孔、子展、子西守。二子知子孔之谋，二子，子展、子西。完守入保。子孔不敢会楚师。楚师伐郑，次于鱼陵。鱼陵，杜注：鱼齿山也。在南阳犨县北，郑地。《水经注》湛水源于鱼齿山。在今河南汝州东南。右师城上棘，遂涉颍，次于旃然。将涉颍，故于水边权筑小城，以为进退之备。上棘，《郡县志》阳翟有上棘城。在今河南禹州南。旃然，杜注：旃然水出荥阳成皋县，东入汴。《水经注》索水出京县西南嵩渚山，即古旃然水也。嵩渚山，在今河南荥阳县东南。蔿子冯、公子格率锐师侵费滑、胥靡、献于、雍梁，胥靡、献于、雍梁，杜注：皆郑邑。河南阳翟县东北有雍氏城。右回梅山，梅山，杜注：在荥阳密县东北。今河南郑州西南有梅山。侵郑东北，至于虫牢而反。子庚门于纯门，信于城下而还，信，再宿也。涉于鱼齿之下。杜注：鱼齿山之下有滍水，故言涉。甚雨及之，楚师多冻，役徒几尽。晋人闻有楚师，师旷曰："不害。吾骤歌北风，又歌南风，南风不竞，歌者，吹律以咏八风。南风音微，故曰不竞也。师旷唯歌南北风者，听晋、楚之强弱。多死声，楚必无功。"董叔曰：晋大夫。"天道多在西北。岁在豕韦，月又建亥，故曰多在西北。南师不时，必无功。"叔向曰："在其君之德也。"

楚之伐，间郑伯之出也。萧鱼以后，楚师又加郑而无功，晋悼推诚之效亦见于此。

十有九年，春，王正月，诸侯盟于祝柯。柯，公羊作阿。祝柯，杜注：祝柯县属济南郡。按《礼记》武王封黄帝之后于祝，即此。今山东长清县丰齐镇北有故城。

左传　十九年春，诸侯还自沂上，盟于督扬，督扬，杜注：即祝柯也。曰："大毋侵小。"

会有王臣而盟无王臣，则再举诸侯。会、盟皆有王臣，则不再言诸侯。无王臣而再举诸侯，以间有异事，言各有当也。

晋人执邾子。

左传　执邾悼公，以其伐我故。伐鲁在十七年。

邾屡伐鲁，不畏晋也。故又执其君，不言以归舍之也。执之、舍之不以王命，虽当其罪，非正也。

公至自伐齐。

公羊传　此同围齐也，何以致伐？未围齐也。未围齐，则其言围齐何？抑齐也。曷为抑齐？为其亟伐也。或曰："为其骄蹇，使其世子处乎诸侯之上也。"即上十一年伐郑齐世子光在莒子之上。

谷梁传　《春秋》之义，已伐而盟复伐者，则以伐致；亳城北之类。盟不复伐者，则以会致。会于萧鱼之类。祝柯之盟，盟复伐齐与？曰非也。然则何为以伐致也？曰：与人同事，或执其君，或取其地。同与邾围齐，而晋执其君，鲁取其地，与盟后复伐何异？

此与僖二十九年致围许异辞，何也？盖彼以会出而遂围许，以围许为勋劳，故以围告。此以伐齐出，而归以伐齐告，围乃伐之一事耳。皆鲁史之旧，无他义也。

取邾田，自漷水。漷水，杜注：漷水出东海合乡县，西南经鲁国至高平湖陆县入泗。按，合乡，汉县，北齐省。湖陆即湖陵，在今山东鱼台县东北。

左传　遂次于泗上，疆我田，正邾、鲁之界也。泗，水名。取邾田，自漷水归之于我。邾田在漷水北。今更以漷为界，故曰取邾田。晋侯先归，公享晋六卿于蒲圃，赐之三命之服。军尉、司马、司空、舆尉、候奄皆受一命之服。贿荀偃束锦、加璧、乘马，先吴寿梦之鼎。荀偃，中军元帅，故贿之。五匹为束。四马为乘。寿梦，吴子乘也。献鼎于鲁，因以为名。古之献物，必有以先，故今以璧、马为鼎之先。荀偃瘅疽，生疡于头。瘅疽，恶创。济河，及著雍，病，目出。大夫先归者皆反。士匄请见，弗内。请后，曰："郑甥可。"郑甥，荀吴，其母郑女。二月甲寅，卒，而视，不可含。目开，口噤。宣子盥而抚之，曰："事吴敢不如事主。"犹视。栾怀子曰："其为未卒事于齐故也？"乎乃复抚之曰："主苟终，所不嗣事于齐者，有如河。"乃瞑，受含。宣子出，曰："吾浅之为丈夫也。"自恨以私待人。

公羊传　其言自漷水何？以漷为竟也。何言乎以漷为竟？漷移也。鲁本与邾以漷为竟，漷移入邾界，鲁随而有之。

谷梁传　轧辞也。轧，委曲。随漷水也。言取邾田之多。其不日，恶盟也。

僖公取济西田不言曹，成公取汶阳田不言齐，鲁地也。此言取邾田，则非鲁之旧，而恃晋威以疆取明矣。自漷水者，随漷水以为界也。

季孙宿如晋。

左传　季武子如晋拜师，谢伐齐。晋侯享之。范宣子为政，代荀偃将中军。赋《黍苗》。《黍苗》，《诗·小雅》。喻晋君忧劳鲁国如召伯。季武子兴，再拜稽首，曰："小国之仰大国也，如百谷之仰膏雨焉。若常膏之，其天下辑睦，岂唯敝邑？"赋《六月》，《六月》，亦《小雅》。以晋侯比吉甫出征以匡王国。

葬曹成公。

夏，卫孙林父帅师伐齐。

左传　晋栾鲂帅师从卫孙文子伐齐。栾鲂，栾氏族。为怀子之言故。

十四年，林父逐卫侯衎奔于齐，故独伐齐，林父之恶极矣。亦以病晋侯也。

附录左传　季武子以所得于齐之兵作林钟，而铭鲁功焉。林钟，律名。铸钟，声应林钟，因以为名。臧武仲谓季孙曰："非礼也。夫铭，天子令德，天子铭德不铭功。诸侯言时计功，举得时，动有功，则可铭。大夫称伐。铭其功伐之劳。今称伐，则下等也。从大夫之例，于三者为下等。计功，则借人也。言时，则妨民多矣。何以为铭？且夫大伐小，取其所得，以作彝器，铭其功烈，以示子孙，昭明德而惩无礼也。今将借人之力以救其死，若之何铭之？小国幸于大国，而昭所获焉以怒之，亡之道也。”为城西郛及武城传。

秋，七月，辛卯，齐侯环卒。环，公羊作瑗。

左传　齐侯娶于鲁，曰颜懿姬，无子。其姪鬷声姬，生光，以为大子。颜、鬷，二姬母姓，因以为号。懿、声皆谥。兄子曰姪。诸子仲子、戎子，诸子，诸妾姓子者。二子皆宋女。戎子嬖。仲子生牙，属诸戎子。戎子请以为大子，许之。仲子曰：“不可。废常不祥，废立嫡之常。间诸侯，难。间，违也。光之立也，列于诸侯矣。今无故而废之，是专黜诸侯，而以难犯不祥也。君必悔之。”公曰：“在我而已。”遂东大子光。徙之东鄙。使高厚傅牙，以为大子，夙沙卫为少傅。齐侯疾，崔杼微逆光，疾病而立之。光杀戎子，尸诸朝，非礼也。妇人无刑。无黥刖之刑。虽有刑，不在朝市。谓犯死刑者犹不暴尸。夏五月壬辰晦，齐灵公卒，庄公即位。经书“辛卯，光定位而后赴。”执公子牙于句渎之丘。地名。以夙沙卫易已，谓卫教公易大子。卫奔高唐以叛。高唐，杜注：在祝柯县西北。今山东禹城县北有古高唐城。

晋士匄帅师侵齐，至谷，闻齐侯卒，乃还。

左传　晋士匄侵齐，及谷，闻丧而还，礼也。

公羊传　还者何？善辞也。何善尔？大其不伐丧也。此受命乎君而伐齐，则何大乎其不伐丧？大夫以君命出，进退在大夫也。

谷梁传　还者，事未毕之辞也。受命而诛，生死无所加其怒，不伐丧，善之也。善之则何为未毕也？君不尸小事，臣不专大名。善则称君，过则称己，则民作让矣。士匄外专君命，故非之也。然则为士匄者宜奈何？宜埠帷而归命乎介。除地为埠，于埠张帷，反命于介，介归告君，君命乃还，不敢专也。

谷，齐地。还者，善辞也。春秋之时，侵伐四出，背殡帅师、冒丧伐人者众矣。而士匄奉命出师，闻丧而还，于礼得矣。谷梁氏谓礼宜埠帷而归命于介，非也。使士匄未出晋境，如是焉可也。已至齐地，则进退在士匄矣。况丧必不可伐，非进退可疑而待请者。故详书所至及还，善之也。

附录左传　于四月丁未，郑公孙虿卒，赴于晋大夫。范宣子言于诸侯，以其善于伐秦也。十四年，晋伐秦，子蟜见诸侯之师，而劝告之济泾。六月，晋侯请于王，王追赐之大路，使以行，行葬礼。礼也。

八月，丙辰，仲孙蔑卒。

齐杀其大夫高厚。

左传　秋八月，齐崔杼杀高厚于洒蓝，而兼其室。洒蓝，杜注：齐地。书曰：“齐杀其大夫”，从君于昏也。解经不言崔杼杀而为国讨文。

杀高厚者，崔杼也。然庄公德杼援立之私，听其所为而不问。又以晋新行义于齐，欲归罪于高厚以为解，则亦公之所欲也。故以国杀，而不去其官。

郑杀其大夫公子嘉。嘉，公羊作喜。

左传　郑子孔之为政也专，国人患之，乃讨西宫之难与纯门之师。子孔当罪，十年，尉止等作难西宫，子孔知而不言。前年，子孔召楚师至纯门。以其甲及子革、子良氏之甲守。以自守。甲辰，子展、子西率国人伐之，杀子孔而分其室。书曰："郑杀其大夫"，专也。子然、子孔，宋子之子也。士子孔，圭妫之子也。子然，子革父。士子孔，子良父。宋子、圭妫，皆郑穆公妾。圭妫之班亚宋子，而相亲也。亚，次也。士子孔亦相亲也。僖之四年，郑僖四年，鲁襄六年。子然卒。简之元年，郑简元年，鲁襄八年。士子孔卒。司徒孔实相子革、子良之室，司徒孔，即子孔。三室如一，故及于难。子革、子良出奔楚。子革为右尹，子革，即郑丹，为楚右尹。郑人使子展当国，子西听政，立子产为卿。

凡称国以杀大夫者，国君、大臣与谋其事，不请于天子，而擅杀之也。故虽杀有罪，亦书其官。嘉召楚人伐其国，则是背畔之臣，国人之所同恶。使子展、子西正名诛之，而不利其室，则当如杀良霄之例，称人以杀，而削其官矣。

冬，葬齐灵公。

附录左传　齐庆封围高唐，夙沙卫以高唐叛故。弗克。冬十一月，齐侯围之，见卫在城上，号之，乃下。卫下与齐侯语。问守备焉，以无备告。揖之，乃登。齐侯以卫告诚，揖而礼之，欲生之也。卫志于战死，故不顺齐侯之揖，而还登城。闻师将傅，食高唐人。殖绰、工偻会夜缒纳师，因其会食。二子，齐大夫。醢卫于军。

城西郛。

左传　城西郛，惧齐也。

郛，外城也。鲁备齐难，城其国之西郛，则凡西境亦不敢保，其儆守益微矣。

叔孙豹会晋士匄于柯。

左传　齐及晋平，盟于大隧。大隧，杜注：地阙。或曰在今高唐州境。故穆叔会范宣子于柯。穆叔见叔向，赋《载驰》之四章。《载驰》，《卫风》。四章曰："控于大邦，谁因谁极？"取其欲引大国以自救助。叔向曰："肸敢不承命。"

鲁惧齐，而援晋以自固，是时政在大夫，专相为会，故详志之。

城武城。武城，杜注：泰山南武城县。《通典》费县有古武城。今故城在山东费县西南。

左传　穆叔归，曰："齐犹未也，不可以不惧。"乃城武城。

附录左传　卫石共子卒，石买。悼子不哀。买之子石恶。孔成子曰："是谓蹶其本，必不有其宗。"孔成子，卫大夫。蹶，拔也。为二十八年石恶出奔传。

二十年，春，王正月，辛亥，仲孙速会莒人盟于向。速，公羊作遬。后同。

左传　二十年春，及莒平。孟庄子会莒人盟于向，督扬之盟故也。督扬盟在前年。

夏，六月，庚申，公会晋侯、齐侯、宋公、卫侯、郑伯、曹伯、莒子、邾子、滕子、薛伯、杞伯、小邾子盟于澶渊。澶渊，杜注：卫地，在顿丘县南。《水经注》浮水故渎，上承大河于顿丘县，而北出，东迳繁阳故城，按，浮水即澶渊也。当在今内黄县之南，开州之西北。

左传 夏，盟于澶渊，齐成故也。

齐之无道，诸侯围之而不服，以士匄闻丧还师，遂会于澶渊，修德来远，信有征矣。经于服异则书同盟，此齐成而盟，何以不言同？同盟云者，名生于不足也。平公祝柯、澶渊之盟不言同，其悼公之遗烈与。

秋，公至自会。

仲孙速帅师伐邾。

左传 邾人骤至，骤，数也。谓十五年、十七年伐鲁。以诸侯之事弗能报也。秋，孟庄子伐邾以报之。

祝柯之会，既执邾子，又取其田，报亦足矣。而复伐之，不已甚乎？且夏盟而秋伐，何以盟为？

蔡杀其大夫公子燮。蔡公子履出奔楚。燮，谷梁作湿。

左传 公子燮欲以蔡之晋，背楚。蔡人杀之。公子履，其母弟也，故出奔楚。欲自解。燮之欲去楚而之晋也，既以追成先志，又惧楚役，求纾其民，皆谋国之合义者，国人乃不顺而杀之，非其罪矣。故称国而不去其官。履惧祸出奔，自理于楚，《春秋》据事书之，或谓贬其，不与兄同志，曲说也。

陈侯之弟黄出奔楚。黄，公羊、谷梁作光。后同。

左传 陈庆虎、庆寅畏公子黄之逼，二庆，陈卿。恐黄逼夺其政。诉诸楚曰："与蔡司马同谋。"同欲之晋。蔡司马，公子燮。楚人以为讨，公子黄出奔楚。奔楚自理。初，蔡文侯欲事晋，曰："先君与于践土之盟。先君谓父庄侯。践土盟在僖二十八年。晋不可弃，且兄弟也。"畏楚，不能行而卒。文侯卒在宣十七年。楚人使蔡无常，公子燮求从先君以利蔡，不能而死。书曰："蔡杀其大夫公子燮"，言不与民同欲也。罪其违众。"陈侯之弟黄出奔楚"，言非其罪也。称弟，罪陈侯及二庆。公子黄将出奔，呼于国曰："庆氏无道，求专陈国，暴蔑其君，而去其亲，五年不灭，是无天也。"为二十三年陈杀二庆传。

谷梁传 诸侯之尊，弟兄不得以属通。其弟云者，亲之也。亲而奔之，恶也。所以恶陈侯。

二庆诉陈黄于楚，陈侯不能为之辨明，而使之出奔，是以一国之大不能庇其弟也。黄见恶于楚，而反奔楚，盖方是时晋霸衰微，诸侯畏楚，欲隐身于他国，恐楚人以为讨而不能庇，故赴楚而自理，与蔡履同可哀也矣。

叔老如齐。

左传　齐子初聘于齐，齐、鲁有怨，今始复通，故曰初。礼也。

冬，十月，丙辰，朔，日有食之。

季孙宿如宋。

左传　冬，季武子如宋，报向戌之聘也。向戌聘在十五年。褚师段逆之以受享，段，宋共公子子石也。迎以入国受享礼。赋《常棣》之七章以卒。武子赋也。七章以卒，尽八章。取其“妻子好合，如鼓瑟琴。宜尔室家，乐尔妻帑。”言二国好合，宜其室家，相亲如兄弟。宋人重贿之。归，复命。公享之，赋《鱼丽》之卒章。《鱼丽》，《诗·小雅》。卒章曰：“物其有矣，维其时矣。”喻聘宋得其时。公赋《南山有台》。《南山有台》，《诗·小雅》。取其“乐只君子，邦家之基，邦家之光。”喻武子奉使，能为国光辉。武子去所，曰：“臣不堪也。”去所，辟席。

鲁自萧鱼后，连岁与疆齐、邾、莒交兵，不遑聘问。今始平齐，遂交邻国，以寻旧好，且以结援耳。

附录左传　卫宁惠子疾，召悼子，曰：悼子，宁喜。“吾得罪于君，悔而无及也。名藏在诸侯之策，曰：‘孙林父、宁殖出其君。’君入则掩之。掩恶名。若能掩之，则吾子也。若不能，犹有鬼神，吾有馁而已，不来食矣。”悼子许诺，惠子遂卒。为二十六年卫侯归传。

日讲春秋解义卷四十二

襄　公

二十有一年，春，王正月，公如晋。

左传　二十一年，春，公如晋，拜师及取邾田也。谢十八年伐齐之师漷水之田。

朝聘会同礼有常期，襄公以取邾田德晋，而于岁首朝正之会亲往拜之，失礼甚矣。

邾庶其以漆、闾丘来奔。漆、闾丘，杜注：二邑在高平南平阳县，东北有漆乡，西北有显闾亭。今山东邹县北有漆城，即漆乡也。显闾亭即闾丘。

左传　邾庶其以漆、闾丘来奔，庶其，邾大夫。季武子以公姑姊妻之，皆有赐于其从者。于是鲁多盗。季孙谓臧武仲曰："子盍诘盗？"诘，治也。武仲曰："不可诘也。纥又不能。"季孙曰："我有四封，而诘其盗。何故不可？子为司寇，将盗是务去，若之何不能？"武仲曰："子召外盗而大礼焉，何以止吾盗？子为正卿，而来外盗，使纥去之，将何以能？庶其窃邑于邾以来，子以姬氏妻之，而与之邑。其从者皆有赐焉。若大盗，礼焉以君之姑姊与其大邑，其次皂、牧、舆、马，给其贱从皂至牧凡八等之人。其小者衣裳剑带，是赏盗也。赏而去之，其或难焉。纥也闻之，在上位者洒濯其心，壹以待人，轨度其信，可明征也。言欲纳民于法度，必信有诸己，前后所行皆可明验。而后可以治人。夫上之所为，民之归也。上所不为，而民或为之，是以加刑罚焉，而莫敢不征。若上之所为，而民亦为之，乃其所也，又可禁乎？《夏书》曰：'念兹在兹，《夏书·大禹谟》。兹，此也。谓行此事，当念使可施之于此。释兹在兹，释，除也。谓欲有所治除于人，亦当顾己得无亦有之。名言兹在兹，名此事，言此事，亦皆当令可施于此。允出兹在兹，允，信也。一念信出于此，则其征之事者亦当在此。惟帝念功。'言其责在帝，帝念功则功可成也。此断章为义，故与《尚书》本文稍殊。将谓由己壹也。言非但意念而已，当须信己诚至。信由己壹，而后功可念也。"庶其非卿也，以地来，虽贱必书，重地也。

公羊传　邾娄庶其者何？邾娄大夫也。邾娄无大夫，此何以书？重地也。

谷梁传　以者，不以者也。人臣无专禄以邑叛之道。来奔者，不言出，举其接我者也。漆、闾丘不言及，小大敌也。

《春秋》小国大夫多不书其姓氏，庶其之书，以其接我也。以邑出为叛，叛而归鲁，则据其至鲁而言来奔，内外异辞也。《春秋》内大恶讳，今受叛人，直书不讳者，公时在晋，季孙宿受之也。义与公在会未归而书灭项同。漆、闾丘不言及，大小敌也。

附录左传　齐侯使庆佐为大夫，庆佐，崔杼党。复讨公子牙之党，执公子买于句渎之丘。公子鉏来奔。叔孙还奔燕。三子，齐公族。夏，楚子庚卒。楚子使薳子冯为令尹，访于申叔豫。叔豫，叔时孙。叔豫曰："国多宠而王弱，国不可为也。"遂以疾辞。方暑，阙地，下冰而床焉。重茧，衣裘。茧，绵也。鲜食而寝。楚子使医视之。复曰："瘠则甚矣，而血气未动。"乃使子南为令尹。子南，公子追舒。为二十二年楚杀追舒传。

夏，公至自晋。

秋，晋栾盈出奔楚。

左传　栾桓子娶于范宣子，生怀子。桓子，栾黡。怀子，栾盈。范鞅以其亡也怨栾氏，十四年，栾黡强逐范鞅，使奔秦。故与栾盈为公族大夫而不相能。桓子卒，栾祁与其老州宾通，栾祁，桓子妻，范宣子女，盈之母也。范氏，尧后，祁姓。几亡室矣。言乱甚。怀子患之。祁惧其讨也，诉诸宣子曰："盈将为乱，以范氏为死桓主而专政矣，桓主，栾黡。曰：'吾父逐鞅也，不怒而以宠报之，谓宣子不为黡责怒鞅，而反与鞅宠位。又与吾同官而专之。同为公族大夫。吾父死而益富。死吾父而专于国，有死而已，吾蔑从之矣。'其谋如是，惧害于主吾，不敢不言。"范鞅为之征。证其有此。怀子好施，士多归之。宣子畏其多士也，信之。怀子为下卿，宣子使城著而遂逐之。著，杜注：晋邑。在外易逐。秋，栾盈出奔楚。宣子杀箕遗、黄渊、嘉父、司空靖、邴豫、董叔、邴师、申书、羊舌虎、叔罴，囚伯华、叔向、籍偃。十人皆晋大夫盈之党。伯华，叔向兄。羊舌虎，其弟也。籍偃，上军司马。人谓叔向曰："子离于罪，其为不知乎？"叔向曰："与其死亡若何。"诗曰：'优哉游哉，聊以卒岁'，知也。"诗，逸诗。言君子优游于衰世，以辟害而卒其寿，是亦知也。乐王鲋见叔向，曰：乐王鲋，晋大夫乐桓子。"吾为子请。"叔向弗应。出，不拜。其人皆咎叔向，叔向曰："必祁大夫。"祁大夫，祁奚。室老闻之，室老，叔向家臣之长。曰："乐王鲋言于君，无不行，求赦吾子，吾子不许。祁大夫所不能也，而曰必由之，何也？"叔向曰："乐王鲋，从君者也，何能行？祁大夫外举不弃仇，内举不失亲，其独遗我乎？《诗》曰：'有觉德行，四国顺之。'《诗·大雅》。觉，正直也。夫子觉者也。"晋侯问叔向之罪于乐王鲋，对曰："不弃其亲，其有焉。"言叔向笃亲亲，必与叔虎同谋。于是祁奚老矣，老，去公族大夫。闻之，乘驲而见宣子，曰："《诗》曰：'惠我无疆，子孙保之。'《诗·周颂》，言文、武有惠训之德，加于百姓，故子孙保赖之。《书》曰：'圣有谟勋，明征定保。《书》，《夏书》。言圣人之谟谋功勋，明有效验，可定安邦国。夫谋而鲜过、惠训不倦者，叔向有焉，谋鲜过，有谟勋也。惠训不倦，惠我无疆也。社稷之固也。犹将十世宥之，以劝能者。今壹不免其身，以弃社稷，不亦惑乎？鲧殛而禹兴，言不以父废子。伊尹放大甲而相之，卒无怨色，言不以一怨妨大德。管、蔡为戮，周公右王，言兄弟罪不相及。若之何其以虎也弃社稷？子为善，谁敢不勉？多杀何为？”宣子说，与之乘，以言诸公而免之。共载入见公。不见叔向而归，叔向亦不告免焉而朝。明不为私。初，叔向之母妒叔虎之母美，而不使，不使见叔向父。其子皆谏其母，其母曰：“深山大泽，实生龙蛇。言非常之地，多生非常之物。彼美，余惧其生龙蛇以祸女。龙蛇，喻奇怪。女敝族也，国大多宠，不仁人间之，不亦难乎？余何爱焉？”使往视寝，生叔虎，美而有勇力，栾怀子嬖之，故羊舌氏之族及于难。栾盈过于周，周西鄙掠之。辞于行人曰：王行人。“天子陪臣盈得罪于王之守臣，范宣子为王所命，故曰守臣。将逃罪。罪重于郊甸，谓为郊甸所侵掠，曰罪重，孙辞。无所伏窜，敢布其死。昔陪臣书能输力于王室，输力，谓辅晋以翼戴天子。王施惠焉。其子黶不能保任其父之劳。大君若不弃书之力，大君谓天王。亡臣犹有所逃。若弃书之力而思黶之罪，臣戮余也，将归死于尉氏。尉氏，讨奸之官。不敢还矣。敢布四体，布四体，言无所隐。唯大君命焉。”王曰：“尤而效之，其又甚焉。”言晋逐盈，而自掠之，是效尤。使司徒禁掠栾氏者，归所取焉，使候出诸轩辕。候，送迎宾客之官。轩辕，杜注：轩辕关在缑氏县东南。今河南巩县西南有轩辕山。

凡大夫出奔，皆不书逐之之人，而以自奔为文者，明其自有取奔之道也。盈不能防闲其母，祸有自矣，故不以范匄逐之为文。匄之罪易见，盈之失难知也。君子违不适仇国，楚，晋之仇也，盈之奔楚，欲因楚力以复入，此无君之罪也。

九月，庚戌，朔，日有食之。

冬，十月，庚辰，朔，日有食之。

历家推步之术，皆一百七十三日始一交会，去交远，则日食渐少，无频食之理。此年及二十四年频食，古今术者不能考知。故日食虽天数之常，圣人必以为谴，异而书之，以警人君之怠也。

曹伯来朝。

左传　冬，曹武公来朝，始见也。

曹伯即位三年，此丧毕入见天子，时也。不朝京师而朝鲁，曾是以为礼乎？

公会晋侯齐侯、宋公、卫侯、郑伯、曹伯、莒子、邾子于商任。商任，杜注：地阙。

左传　会于商任，锢栾氏也。禁锢栾氏，使诸侯不得受。齐侯、卫侯不敬。叔向曰：“二君者必不免。会朝，礼之经也。礼，政之舆也。政须礼而行。政，身之守也。政存则身安。怠礼失政，失政不立，是以乱也。为二十五年齐杀光、二十六年卫杀剽传。　知起、中行喜、州绰、邢蒯出奔齐，皆栾氏之党也。四子，晋大夫。

乐王鲋谓范宣子曰："盍反州绰、邢蒯？勇士也。"宣子曰："彼栾氏之勇也，余何获焉？"王鲋曰："子为彼栾氏，乃亦子之勇也。"言子待之如栾氏，亦为子用也。齐庄公朝，指殖绰、郭最曰："是寡人之雄也。"州绰曰："君以为雄，谁敢不雄？然臣不敏，平阴之役，先二子鸣。"前十八年，晋伐齐，及平阴，州绰获殖绰、郭最。故自比于鸡，斗胜而先鸣。庄公为勇爵，设爵位以命勇士。一云：爵，饮酒器，设此以觞勇士。殖绰、郭最欲与焉，州绰曰："东闾之役，臣左骖迫，还于门中，识其枚数，事见前十八年。其可以与于此乎？"公曰："子为晋君也。"对曰："臣为隶新，言事齐日浅，未得效勇耳。然二子者譬于禽兽，臣食其肉而寝处其皮矣。"

栾氏之出，徒以范氏私相忌怨，何有于国？而平公受其激怒，勤动诸侯，以逞范鞅之积憾，必欲盈无所容于世。故盈发愤，卒兴祸乱，皆以私败公，足为世戒。是时列国无事，晋无所发政，而亟会诸侯，则知传称为锢栾氏，信不诬也。

附录公羊　十有一月庚子，孔子生。时岁在己酉。

附录谷梁　庚子，孔子生。

二十有二年，春，王正月，公至自会。

当岁之首月，而公至自会，著不朝正于庙也。

附录左传　二十二年春，臧武仲如晋。雨，遇御叔。御叔，鲁御邑大夫。御叔在其邑，将饮酒，曰："焉用圣人？武仲多知，时人谓之圣。我将饮酒而已。雨行，何以圣为？"穆叔闻之，曰："不可使也，而傲使人，言御叔不任使四方。国之蠹也。"令倍其赋。古者，家有国邑，故以重赋为罚。传言穆叔能用教。

夏，四月。

附录左传　夏，晋人征朝于郑。郑人使少正公孙侨对曰：少正，郑卿官也。公孙侨，子产。"在晋先君悼公九年，我寡君于是即位。鲁襄八年。即位八月，而我先大夫子驷从寡君以朝于执事，执事不礼于寡君，寡君惧。因是行也，我二年六月朝于楚，晋是以有戏之役。在九年。楚人犹竞，而申礼于敝邑。敝邑欲从执事而惧为大尤，曰：'晋其谓我不共有礼？'是以不敢携贰于楚。我四年三月，先大夫子蟜又从寡君以观衅于楚，实朝，言观衅，饰辞也。言欲往视楚，知可去否。晋于是乎有萧鱼之役。在十一年。谓我敝邑，迩在晋国，譬诸草木，吾臭味也，而何敢差池？差池，不齐一。楚亦不竞，寡君尽其土实，土地所有。重之以宗器，以受齐盟。遂帅群臣随于执事，以会岁终。朝正。贰于楚者，子侯、石盂，归而讨之。石盂，石奂。溴梁之明年，溴梁在十六年。子蟜老矣，公孙夏从寡君以朝于君，见于尝酎，酒之新熟，重者为酎。尝新饮酒为尝酎。与执燔焉。助祭。间二年，闻君将靖东夏，谓二十年澶渊盟。四月，又朝以听事期。听会期。不朝之间，无岁不聘，无役不从。以大国政令之无常，国家罢病，不虞荐至，荐，仍也。无日不惕，岂敢忘职？大国若安定之，其朝夕在庭，何辱命焉？若不恤其患而以为口实，谓但有征责之言。其无乃不堪任命而翦为仇仇？敝邑是惧，其敢忘君命？委诸执事，执事实重图之。”传言子产有辞，所以免大国之祸。

秋，七月，辛酉，叔老卒。

附录左传　秋，栾盈自楚适齐。晏平仲言于齐侯曰：“商任之会，受命于晋。受锢栾氏之命。今纳栾氏，将安用之？小所以事大，信也。失信，不立。君其图之。”弗听。退，告陈文子曰：“君人执信，臣人执共。忠信笃敬，上下同之，天之道也。君自弃也，弗能久矣。”为二十五年齐杀其君光传。　九月，郑公孙黑肱有疾，归邑于公，黑肱，子张。召室老、宗人立段，段，子石，黑肱子。而使黜官、薄祭。黜官，无多受职。祭以特羊，殷以少牢，四时祀以一羊，三年盛祭以羊、豕。殷，盛也。足以共祀，尽归其余，邑曰：“吾闻之，生于乱世，贵而能贫，民无求焉，可以后亡。敬共事君与二三子。生在敬戒，不在富也。”己巳，伯张卒。君子曰：善戒。《诗》曰：“慎尔侯度，用戒不虞”，郑子张其有焉。《诗·大雅》。侯，维也。义取慎法度、戒未然。

冬，公会晋侯、齐侯、宋公、卫侯、郑伯、曹伯、莒子、邾子、薛伯、杞伯、小邾子于沙随。邾子下公羊、谷梁有滕子。

左传　冬，会于沙随，复锢栾氏也。晋知栾盈在齐故。栾盈犹在齐。晏子曰：“祸将作矣。齐将伐晋，不可以不惧。”为明年齐伐晋传。

晋闻栾盈去楚适齐，复为此会，意专在于齐也。大夫强擅，以范氏恶栾盈，而期年之间再合诸侯。晋失伯者之义，不足以令诸侯矣。是以齐庄不服，虽会，而阴实保盈，明年遂伐晋也。

公至自会。

楚杀其大夫公子追舒。

左传　楚观起有宠于令尹子南，子南，公子追舒。未益禄而有马数十乘。言子南偏宠观起，令富。楚人患之，王将讨焉。子南之子弃疾为王御士，王每见之，必泣。弃疾曰：“君三泣臣矣，敢问谁之罪也？”王曰：“令尹之不能，尔所知也。国将讨焉，尔其居乎？”问能止事我否。对曰：“父戮子居，君焉用之？泄命重刑臣亦不为。”漏泄君命，罪之重。王遂杀子南于朝，轘观起于四竟。子南之臣谓弃疾：“请徙子尸于朝。”子，子南。欲犯命取殡。曰：“君臣有礼，唯二三子。”不欲犯命移尸。三日，弃疾请尸。王许之。既葬，其徒曰：“行乎？”曰：“吾与杀吾父，行将焉入？”曰：“然则臣王乎？”曰：“弃父事仇，吾弗忍也。”遂缢而死。传讥康王与人子谋其父，失君臣之义。复使薳子冯为令尹，公子齮为司马，屈建为莫敖。屈建，子木。有宠于薳子者八人，皆无禄而多马。他日朝，与申叔豫言，弗应而退。从之，入于人中。申叔辟薳子，不欲与语。又从之，遂归。退朝，见之，薳子就申叔家见之。曰：“子三困我于朝，吾惧，不敢不见。吾过，子姑告我，何疾我也？”对曰：

“吾不免是惧，何敢告子?”言恐与子并罪，故不敢与子语。曰：“何故?”对曰：“昔观起有宠于子南，子南得罪，观起车裂，何故不惧?”自御而归，不能当道。薳子惶惧，意不在御。至，谓八人者曰：“吾见申叔，夫子所谓生死而肉骨也。知我者如夫子则可，夫子谓申叔也。如夫子，谓以义匡己。不然请止。”辞八人者，而后王安之。

追舒，宠近小人，其及固宜。然楚子乃与人之子谋杀其父，贼恩害义甚矣，故以累上之辞言之。

附录左传　十二月，郑游眅将如晋，游眅，公孙虿子。未出竟，遭逆妻者，夺之，以馆于邑。丁巳，其夫攻子明，杀之，以其妻行。子明，游眅。十二月无丁巳，丁巳，十一月十四日也。子展废良而立大叔，良，游眅子。大叔，眅弟。曰：“国卿，君之贰也，民之主也，不可以苟。请舍子明之类。子明有罪而良又不贤故。求亡妻者，使复其所，使游氏勿怨。”曰：“无昭恶也。”

二十有三年，春，王二月，癸酉，朔，日有食之。

三月，己巳，杞伯匄卒。

左传　二十三年春，杞孝公卒，晋悼夫人丧之。悼夫人，晋平公母，杞孝公姊妹。平公不彻乐，非礼也。礼，为邻国阙。礼，诸侯绝期，故以邻国责之。

杞自桓公以来，与晋悼为婚姻国，鲁礼有加焉，故其卒、其葬皆得书。

夏，邾畀我来奔。公羊作鼻我。

公羊传　邾娄鼻我者何?邾娄大夫也。邾娄无大夫，此何以书?以近书也。

畀我，庶其之党。书来奔，恶内也。乡受邾叛人邑，今又纳其叛人，故是年冬臧纥奔邾，邾亦受之。

葬杞孝公。

陈杀其大夫庆虎及庆寅。

左传　陈侯如楚，公子黄诉二庆于楚，楚人召之。二庆，虎及寅也。二十年，二庆谮黄，黄奔楚自理。今陈侯往，楚乃信黄，为召二庆。使庆乐往，杀之。庆乐，二庆之族。二庆畏诛，故不敢自往。庆氏以陈叛。夏，屈建从陈侯围陈。陈人城，治城以距君。板队而杀人。役人相命，各杀其长，庆氏忿其板队，遂杀筑人，故役人怒而作乱。遂杀庆虎、庆寅。楚人纳公子黄。君子谓庆氏不义，不可肆也。故《书》曰：“惟命不于常。”《周书·康诰》，言有义则存，无义则亡。

谷梁传　称国以杀，罪累上也。及庆寅，庆寅累也。以庆虎及之。

庆虎与寅据国叛君，其罪大矣。楚实讨而克之，而以国杀为文，何也?盖陈侯不能正其罪，而帅楚师以临之，使役人惧楚而杀二庆，故不得以讨贼书。然观陈、蔡附楚，尚能藉楚之力以制乱臣，而鲁臣之逆节，皆齐、晋成之，盖义亦有愧于楚矣。及庆寅，以虎之罪而及之也。

陈侯之弟黄自楚归于陈。

黄之出，以二庆，二庆死，则黄之归易矣。自楚者，因楚力也。

晋栾盈复入于晋，入于曲沃。

左传　晋将嫁女于吴，齐侯使析归父媵之，以藩载栾盈及其士，藩，车之有障蔽者。使若媵妾在其中。纳诸曲沃。栾盈邑。栾盈夜见胥午而告之，胥午，守曲沃大夫。对曰："不可。天之所废，谁能兴之？子必不免。吾非爱死也，知不集也。"集，成也。盈曰："虽然，因子而死，吾无悔矣。我实不天，子无咎焉。"许诺。伏之而觞曲沃人，胥午匿盈，而饮其众。乐作，午言曰："今也得栾孺子何如？"孺子，栾盈。对曰："得主而为之死，犹不死也。"皆叹，有泣者。爵行，又言。皆曰："得主，何贰之有？"盈出，遍拜之。谢众之思己。四月，栾盈帅曲沃之甲，因魏献子，以昼入绛。献子，魏舒。绛，晋国都。初，栾盈佐魏庄子于下军，庄子，魏绛，献子之父。献子私焉，故因之。私，相亲爱。赵氏以原、屏之难怨栾氏。成八年，庄姬谮之，栾郤为征。韩、赵方睦。韩起让赵武，故和睦。中行氏以伐秦之役怨栾氏，十四年，晋伐秦，栾黡违荀偃命。而固与范氏和亲。范宣子佐中行偃于中军。知悼子少，而听于中行氏。悼子，知罃之子荀盈也。少，年十七。知氏、中行氏同祖，故相听从。程郑嬖于公。郑亦荀氏宗。唯魏氏及七舆大夫从之。七舆，官名。乐王鲋侍坐于范宣子，或告曰："栾氏至矣。"宣子惧，桓子曰："奉君以走固宫，必无害也。桓子，乐王鲋。固宫，宫之有台观守备者。且栾氏多怨，子为政，栾氏自外，子在位，其利多矣。既有利权，又执民柄。赏罚为民柄。将何惧焉？栾氏所得，其唯魏氏乎，而可强取也。夫克乱在权，子无懈矣。"公有姻丧，夫人有杞丧。王鲋使宣子墨缞冒绖，二妇人辇以如公，恐栾氏有内应距之，故为妇人服而入。奉公以如固宫。范鞅逆魏舒，用王鲋计，欲强取之。则成列既乘，将逆栾氏矣。趋进，曰："栾氏帅贼以入，鞅之父与二三子在君所矣，使鞅逆吾子。鞅请骖乘。"持带，骖乘必持带，恐堕队。遂超乘。跃登献子车。右抚剑，左援带，劫之。命驱之出。仆请，请所至。鞅曰："之公。"宣子逆诸阶，执其手，赂之以曲沃。恐不与己同心。初，斐豹，隶也，著于丹书。盖犯罪没为官奴，以丹书其罪。栾氏之力臣曰督戎，国人惧之，斐豹谓宣子曰："苟焚丹书，我杀督戎。"宣子喜，曰："而杀之，所不请于君焚丹书者，有如日。"乃出豹而闭之。闭诸门外。督戎从之。逾隐而待之，隐短墙也。督戎逾入，豹自后击而杀之。范氏之徒在台后，公台之后。栾氏乘公门。乘，登。宣子谓鞅曰："矢及君屋，死之。"鞅用剑以帅卒，用剑，短兵接敌，欲致死。栾氏退，摄车从之。鞅摄宣子戎车。遇栾乐，乐，盈之族。曰："乐免之。死，将讼女于天。"乐射之，不中。又注，注，属矢于弦也。则乘槐本而覆。栾乐车轹槐而覆。或以戟钩之，断肘而死。栾鲂伤。鲂，栾氏族。栾盈奔曲沃，晋人围之。

公羊传　曲沃者何？晋之邑也。其言入于晋、入于曲沃何？栾盈将入晋，晋人不纳，由乎曲沃而入也。

盈挟齐援以入，而不称自齐，潜入也。不言叛，非直叛也。劫众以敌君，直乱而已矣。曲沃，栾氏邑。盈帅曲沃之甲以入晋，而兵败之后仍入曲沃，盖当时强臣各以利诱其私属，背公死党，不复知有大义。《春秋》据实以书，见诸行事者，可谓深切著明矣。

秋，齐侯伐卫，遂伐晋。齐始伐盟主。

左传　秋，齐侯伐卫。先驱，谷荣御王孙挥，召扬为右。先驱，前锋军。申驱，成秩御莒恒，申鲜虞之傅挚为右。申驱，次前军。傅挚，申鲜虞之子也。曹开御戎，晏父戎为右。公御右。贰广，上之登御邢公，卢蒲癸为右。贰广，公副车。启，牢成御襄罢师，狼蘧疏为右。左翼曰启。胠，商子车御侯朝，桓跳为右。右翼曰胠。大殿，商子游御夏之御寇，崔如为右。大殿，后军。烛庸之越驷乘。四人共乘殿车也。自卫将遂伐晋。晏平仲曰：“君恃勇力，以伐盟主。若不济，国之福也。不德而有功，忧必及君。”崔杼谏曰：“不可。臣闻之，小国间大国之败而毁焉，必受其咎。君其图之。”弗听。陈文子见崔武子，曰：文子，陈完之孙须无。武子，崔杼也。“将如君何？”武子曰：“吾言于君，君弗听也。以为盟主，而利其难。群臣若急，君于何有？言欲杀之以说晋。子姑止之。”文子退，告其人曰：“崔子将死乎！谓君甚而又过之，杀君之恶过于背盟主。不得其死。过君以义，犹自抑也，自抑损。况以恶乎？”齐侯遂伐晋，取朝歌。朝歌，杜注：属汲郡。今河南淇县，即古朝歌也。为二队，入孟门，登大行。二队，分兵为两部。孟门，杜注：晋隘道。司马贞曰：“在朝歌东北。”大行，杜注：山在河内郡北。《地理志》在野王县西北。今河南河内县，即河内郡野王县。张武军于荧庭，张武军，谓筑垒壁。荧庭，杜注：晋地。戍郫邵，取而守邵。杜注：晋邑。封少水，封晋尸以为京观。少水，即浍水也。出今河南密县古郐域西北。以报平阴之役，乃还。平阴役在十八年。赵胜帅东阳之师以追之，获晏氂。赵胜，赵旃之子。东阳，杜注：晋之山东，魏郡广平以北。今山东恩县西北有东阳城。晏氂，齐大夫。

上书栾盈入曲沃，而继书齐侯伐晋，则传称齐阴纳盈，信而有征矣。齐为平阴之役，欲报仇，而未有间，故阴纳盈，以乱其国，因乘乱以伐之。度晋方内难，力有所不能及也。其言遂何？意主伐晋，而伐卫以先之。犹齐桓意在伐楚，而侵蔡以先之也。

八月，叔孙豹帅师救晋，次于雍榆。榆，公羊、谷梁作渝。雍榆，杜注：晋地。汲郡朝歌县东有雍城。在今濬县西南。

左传　八月，叔孙豹帅师救晋，次于雍榆，礼也。

公羊传　曷为先言救而后言次？先通君命也。

谷梁传　言救后次，非救也。

救者，赴急之师。次，止也。次于雍榆，有所畏也。不救则畏晋之讨，往救则畏齐之强，于是迟回观望，待其已去而后蹑之也。然则齐桓聂北之次，岂异此欤？盖聂北之役，先言次而后言救，按兵待时，卒能救邢，故以救终之。雍榆之役，先言救而后言次，心持两端，缓不及事，故以次终之。

己卯，仲孙速卒。

左传　季武子无適子，公弥长，而爱悼子，欲立之。公弥，公鉏。悼子，纥也。访于申丰，曰：申丰，季氏属大夫。“弥与纥，吾皆爱之，欲择才焉而立之。”申丰趋退，归，尽室将行。他日，又访焉。对曰：“其然，将具敝车而行。”其然，犹必尔。乃止。访于臧纥，臧纥曰：“饮我酒，吾为子立之。”季氏饮大夫酒，臧纥为客。为上宾。既献，已献酒。臧孙命北面重席，新樽洁之。酒樽既新，复澡洁之。召悼子，降逆之。大夫皆起及旅而召公鉏，献酬礼毕，通行为旅。使与之齿。使从庶子之礼，列在悼子下。季孙失色。季氏以公鉏为马正，马正，家司马。愠而不出。闵子马见之，闵子马，闵马父。曰：“子无然。祸福无门，唯人所召。为人子者，患不孝不患无所。所位处。敬共父命，何常之有？若能孝敬，富倍季氏可也。奸回不轨，祸倍下民可也。”公鉏然之，敬共朝夕，恪居官次。次，舍也。季孙喜，使饮己酒，而以具往。具，燕飨之具。尽舍旃。故公鉏氏富，又出为公左宰。出季氏家，臣仕于公。孟孙恶臧孙，季氏爱之。孟氏之御驺丰点好羯也，羯，孟庄子之庶子、孺子秩之弟孝伯也。曰：“从余言必为孟孙。”为孟孙后。再三云，羯从之。孟庄子疾，丰点谓公鉏：“苟立羯，请仇臧氏。”使孟氏与公鉏共憎臧孙。公鉏谓季孙曰：“孺子秩固其所也。固自当立。若羯立，则季氏信有力于臧氏矣。”不应立而立之，则彼荷其恩，故功力多也。以臧氏为辞，盖讥之。弗应。己卯，孟孙卒。公鉏奉羯立于户侧。户侧，丧主。季孙至，入哭而出，曰：“秩焉在？”公鉏曰：“羯在此矣。”季孙曰：“孺子长。”公鉏曰：“何长之有？唯其才也。季孙废鉏立纥，云欲择才，故以此答之。且夫子之命也。”遂诬孟孙。遂立羯。秩奔邾。臧孙入哭，甚哀，多涕。出，其御曰：“孟孙之恶子也，而哀如是。季孙若死，其若之何？”臧孙曰：“季孙之爱我，疾疢也。常志相顺从，身之害。孟孙之恶我，药石也。常志相违戾，犹药石之疗疾。美疢不如恶石。夫石犹生我，愈己疾也。疢之美，其毒滋多。孟孙死，吾亡无日矣。”

冬，十月，乙亥，臧孙纥出奔邾。

左传　孟氏闭门，告于季孙曰：“臧氏将为乱，不使我葬。”欲为公鉏仇臧氏。季孙不信。臧孙闻之，戒。戒，为备也。冬，十月，孟氏将辟，藉除于臧氏。辟，穿藏也。于克尽臧氏借人除葬道。臧孙使正夫助之，正夫，隧正。除于东门，甲从己而视之。畏孟氏，故从甲士视作者。孟氏又告季孙。季孙怒，命攻臧氏。见其有甲故。乙亥，臧纥斩鹿门之关以出，鲁南城东门。奔邾。初，臧宣叔娶于铸，生贾及为而死。铸，杜注：铸国，济北蛇丘县所治。今山东肥城县有铸乡，即汉蛇丘县治也。继室以其侄，穆姜之姨子也，侄，穆姜姨母之子，与穆姜为姨昆弟。生纥，长于公宫。姜氏爱之，故立之。臧贾、臧为出在铸。臧武仲自邾使告臧贾，且致大蔡焉，大蔡，大龟。曰："纥不佞，失守宗祧，敢告不吊。纥之罪不及不祀，子以大蔡纳请，其可。"贾曰："是家之祸也，非子之过也。贾闻命矣。"再拜受龟，使为以纳请，贾使为为己请。遂自为也。为自为请。臧孙如防，防，臧孙邑。使来告曰："纥非能害也，知不足也。言使甲从己，但虑事浅耳。非敢私请。苟守先祀，无废二勋，二勋，文仲、宣叔。敢不辟邑?"乃立臧为。臧纥致防而奔齐。其人曰："其盟我乎?"谓陈其罪恶，盟诸大夫以为戒。臧孙曰："无辞。"废长立少，季孙所忌，故谓无辞，以罪己。将盟臧氏，季孙召外史掌恶臣而问盟首焉。恶臣，请奔亡者。盟首，载书之章首。对曰："盟东门氏也，曰：'毋或如东门，遂不听公命，杀嫡立庶。'文公命立子恶，公子遂杀之，立宣公。盟叔孙氏也，曰："毋或如叔孙侨如欲废国常，荡覆公室。"谓谮公与季孟于晋。季孙曰："臧孙之罪皆不及此。"孟椒曰："盍以其犯门斩关?"季孙用之，乃盟臧氏，曰："无或如臧孙纥干国之纪，犯门斩关。"臧孙闻之，曰："国有人焉，谁居？其孟椒乎!"孟椒，孟献子之孙子服景伯。居犹与也。

谷梁传　其日，正臧孙纥之出也。正其有罪。蘧伯玉曰："不以道事其君者，其出乎!"

纥阿季氏，擅废立以取亡，罪也。以防不书者，鲁不知以是罪，纥特以犯门斩关盟之，故旧史唯纪其奔，而圣人因之。

晋人杀栾盈。

左传　晋人克栾盈于曲沃，尽杀栾氏之族党。栾鲂出奔宋。书曰："晋人杀栾盈"，不言大夫，言自外也。

公羊传　曷为不言杀其大夫？非其大夫也。

谷梁传　恶之，弗有也。不言杀其大夫，是不有之以为大夫。

自外犯君而入，非复晋大夫，故不言杀其大夫。称人者，讨贼之辞。

齐侯袭莒。

左传　齐侯还自晋，不入，遂袭莒。门于且于，且于，杜注：莒邑。在今山东莒州境。伤股而退。齐侯伤。明日，将复战，期于寿舒。寿舒，杜注：莒地。亦属莒州。杞殖、华还载甲夜入且于之隧，二子，齐大夫。且于隧，狭路。宿于莒郊。明日，先遇莒子于蒲侯氏。蒲侯氏，杜注：近莒之邑。莒子重赂之，使无死，曰："请有盟。"欲以盟要二子，无致死战。华周对曰：华周，即华还。"贪货弃命，亦君所恶也。昏而受命，日未中而弃之，何以事君?"莒子亲鼓之，从而伐之，获杞梁。杞梁，即杞殖。莒人行成。胜大国益惧，故行成。齐侯归，遇杞梁之妻于郊，梁战死，妻行迎丧。使吊之，辞曰："殖之有罪，何辱命焉？若免于罪，犹有先人之敝庐在，下妾不得与郊吊。”齐侯吊诸其室。传善妇人有礼。

乘人不备、掩而取之曰袭。齐侯还自伐晋，而袭莒无名之师，盗贼之为耳。不言遂，间有事也。

附录左传　齐侯将为臧纥田。与之田邑。臧孙闻之，见齐侯。与之言伐晋，齐侯自道伐晋之功。对曰：“多则多矣，抑君似鼠。夫鼠，昼伏夜动，不穴于寝庙，畏人故也。今君闻晋之乱而后作焉，宁将事之，非鼠何如?”乃弗与田。臧孙知齐侯将败，不欲受其邑，故以比鼠，欲使怒而止。仲尼曰：“知之难也。有臧武仲之知，谓能辟齐祸。而不容于鲁国，抑有由也，作不顺而施不恕也。《夏书》曰：‘念兹在兹’，言行事当常念如在己身也。顺事恕施也。”

日讲春秋解义卷四十三

襄　公

二十有四年，春，叔孙豹如晋。

左传　二十四年春，穆叔如晋，贺克栾氏。范宣子逆之，问焉，曰："古人有言曰：'死而不朽'，何谓也？"穆叔未对。宣子曰："昔匄之祖，自虞以上为陶唐氏，陶唐，杜注：尧所治地。大原晋阳县也。在夏为御龙氏，谓刘累，事见昭二十九年。在商为豕韦氏，豕韦，杜注：国名。东郡白马县东南有韦城。在今直隶滑县东南。在周为唐杜氏，唐、杜，杜注：二国名。殷末，豕韦国于唐，周成王灭唐，迁之于杜，为杜伯。杜伯之子隰叔奔晋，四世及士会，食邑于范，复为范氏。杜，京兆杜县。今陕西西安府治东南有杜陵故城。晋主夏盟为范氏，其是之谓乎？"言已世为兴家。穆叔曰："以豹所闻，此之谓世禄，非不朽也。鲁有先大夫曰臧文仲，既没，其言立，立谓不废祀。其是之谓乎？豹闻之，大上有立德，黄帝、尧、舜。其次有立功，禹、稷。其次有立言。史佚、周任、臧文仲。虽久不废，此之谓不朽。若夫保姓受氏，以守宗祊，世不绝祀，无国无之。禄之大者，不可谓不朽。"传善穆叔之知言。

附录左传　范宣子为政，诸侯之币重，郑人病之。二月，郑伯如晋，子产寓书于子西，以告宣子，子西相郑伯如晋故。曰："子为晋国，四邻诸侯不闻令德，而闻重币，侨也惑之。侨闻君子长国家者，非无贿之患，而无令名之难。夫诸侯之贿聚于公室，则诸侯贰。若吾子赖之，赖，恃用之。则晋国贰。诸侯贰则晋国坏，晋国贰则子之家坏，何没没也？没没，沈灭之言。将焉用贿？夫令名，德之舆也。德须令名以远闻。德国家之基也。有基无坏，无亦是务乎！有德则乐，乐则能久。《诗》云：'乐只君子，邦家之基'，有令德也夫！《诗·小雅》，言君子乐美其道，为邦家之基，所以昭令德。'上帝临汝，无贰尔心'，有令名也夫！《诗·大雅》，言武王为天所临，不敢怀贰心，所以获令名。恕思以明德，则令名载而行之，是以远至迩安。毋宁使人谓子'子实生我'，而谓'子浚我以生'乎？象有齿以焚其身，贿也。焚，毙也。宣子说，乃轻币。是行也，郑伯朝晋，为重币故，且请伐陈也。郑伯稽首，宣子辞。子西相，曰："以陈国之介恃大国，大国，楚也。而陵虐于敝邑，寡君是以请罪焉，敢不稽首？"为明年郑入陈传。

仲孙羯帅师侵齐。

左传　孟孝伯侵齐，孝伯，仲孙羯。晋故也。前年齐伐晋故。

叔孙豹救晋无功，故孟孝伯帅师侵齐，为晋报焉。羯代速为卿，未练而帅师，非礼也。

夏，楚子伐吴。

左传　夏，楚子为舟师以伐吴，不为军政，不设赏罚之差。无功而还。为下吴召舒鸠张本。

襄十一年楚失郑，十四年伐吴，自是舍郑不争，又十年一再伐吴。急吴而缓郑，盖楚弱而吴张也。

秋，七月，甲子，朔，日有食之，既。

《春秋》三书日食既。桓三年以桓王败，宣八年以楚庄兴，是后则中国诸侯皆受盟于楚矣。频月食者，惟襄二十一年九月十月，及此年七月八月。历法无此，先儒以为传写失真，不可强通也。

齐，崔杼帅师伐莒。

左传　齐侯既伐晋而惧，将欲见楚子。楚子使薳启疆如齐聘，且请期。请期会。齐社，搜军实，使客观之。陈文子曰：陈须无。"齐将有寇。吾闻之，兵不戢，必取其族。"戢，藏也。族，类也。取其族，还自害也。　秋，齐侯闻将有晋师。夷仪之师。使陈无宇从薳启疆如楚，辞，陈无宇，齐大夫。辞，有晋师未得相见。且乞师，崔杼帅师送之，遂伐莒，侵介根。介根，杜注：莒邑。城阳黔陬县东北计基城是也。

齐既与莒平，今复伐之，无信已甚。崔杼自虚朾同盟，久专国政，至是假伐莒以窃兵柄，篡杀之祸其所由来者渐矣。

大水。

夷仪之会，以水不克伐齐，则知水之所及广矣。非特鲁之灾也。

八月，癸巳，朔，日有食之。

公会晋侯、宋公、卫侯、郑伯、曹伯、莒子、邾子、滕子、薛伯、杞伯、小邾子于夷仪。夷仪，公羊作陈仪。后同。

左传　会于夷仪，将以伐齐，水，不克。

会于夷仪，帅十二诸侯之师，将以讨齐。然会而不伐，是有畏也。国势不竞，众志不一也。曰水不克者，特辞不能伐尔。下书崔杼伐我西鄙，盖知晋之无能为也。

冬，楚子、蔡侯、陈侯、许男伐郑。

左传　冬，楚子伐郑以救齐，门于东门，次于棘泽。棘泽，在今河南新郑县东南。诸侯还救郑。夷仪诸侯。晋侯使张骼、辅跞致楚师，求御于郑。二子，晋大夫。

欲得郑人自御，知其地利故也。郑人卜宛射犬吉，射犬，郑公孙。子大叔戒之曰：大叔，游吉。“大国之人不可与也。”言不可与等，欲使卑下之。对曰：“无有众寡，其上一也。”言在己上者有常分，无大小国之异。大叔曰：“不然。部娄无松柏。”部娄，小阜。松柏，大木。喻小国异于大国。二子在幄，坐射犬于外。二子，张骼、辅跞。既食，而后食之。使御广车而行，广车，兵车。己皆乘乘车。乘车，安车。将及楚师，而后从之乘，皆踞转而鼓琴。转，衣装。踞谓坐其上。近，不告而驰之。射犬恨，故近敌不告而驰。皆取胄于橐而胄，入垒，皆下，搏人以投，收禽挟囚，弗待而出。射犬又不待二子。皆超乘，抽弓而射。既免，复踞转而鼓琴，曰：“公孙，同乘，兄弟也，胡再不谋?”谓不告而驰，不待而出。对曰：“曩者，志入而已，今则怯也。”皆笑，曰：“公孙之亟也。”亟，急也。　楚子自棘泽还，使薳启疆帅师送陈无宇。传言齐、楚固相结。　吴人为楚舟师之役故，在此年夏。召舒鸠人。舒鸠人叛楚。舒鸠，杜注：楚属国。楚子师于荒浦，荒浦，杜注：舒鸠地。使沈尹寿与师祁犁让之。二子，楚大夫。舒鸠子敬逆二子，而告无之，且请受盟，二子复命。王欲伐之，薳子曰：令尹薳子冯。“不可。彼告不叛，且请受盟，而又伐之，伐无罪也。姑归息民，以待其卒。卒而不贰，吾又何求? 若犹叛我，无辞，有庸。”乃还。为明年楚灭舒鸠传。

晋合十二国之君，畏齐不敢伐，而徒致棘泽之役，以患郑，其无能可知矣。诸侯救郑，不书救，不及事，不足录也。

公至自会。

陈针宜咎出奔楚。

左传　陈人复讨庆氏之党，针宜咎出奔楚。

宜咎之事无闻焉，而以庆氏之党逐，则其人可知矣。其后在楚为箴尹宜咎。

叔孙豹如京师。

左传　齐人城郏。郏，王城也。于是谷、雒斗，毁王宫，故为王城之。穆叔如周聘，且贺城。王嘉其有礼也，赐之大路。为昭四年叔孙以所赐路葬张本。

据传，谷、洛斗，毁王宫，齐侯叛晋，求媚于天子，故为王城之，于是叔孙豹始如京师聘，且贺焉。襄之聘晋者九，是年春先聘晋，冬乃聘王，慢甚矣。城郏，鲁不与，故不书。

大饥。

谷梁传　五谷不升为大饥。一谷不升谓之嗛，二谷不升谓之饥，三谷不升谓之馑，四谷不升谓之康，五谷不升谓之大侵。大侵之礼，君食不兼味，台榭不涂弛侯，廷道不除，侯，射侯。废侯不燕射，廷内道路不修除。百官布而不制，官职修列，不可缺废，不更有造作。鬼神祷而不祀。此大侵之礼也。

二谷不熟曰饥，五谷不熟曰大饥。古者备荒之政至纤且悉。是年秋，虽大水，犹未至堕城郭、没仓廪，而遽至大饥，则知备荒之无政矣。

附录左传　晋侯嬖程郑，使佐下军。代栾盈。郑行人公孙挥如晋聘，挥，子羽。程郑问焉，曰："敢问降阶何由?"问自降下之道。子羽不能对，归，以语然明，然明，鬷蔑。然明曰："是将死矣。不然，将亡。贵而知惧，惧而思降，乃得其阶。阶犹道也。下人而已，又何问焉？且夫既登而求降阶者，知人也，不在程郑。其有亡衅乎！不然，其有惑疾，将死而忧也。"为明年程郑死张本。

二十有五年，春，齐崔杼帅师伐我北鄙。

左传　二十五年春，齐崔杼帅师伐我北鄙，以报孝伯之师也。前年，鲁使孟孝伯为晋伐齐。公患之，使告于晋。孟公绰曰：孟公绰，鲁大夫。"崔子将有大志，不在病我，必速归，何患焉？其来也不寇，使民不严，异于他日。"齐师徒归。徒，空也。

崔杼怀无君之心，邻国知之，而齐庄贪伐国之功，利令知昏，豪不觉悟，宜其及也。

夏，五月乙亥，齐崔杼弑其君光。

左传　齐棠公之妻，棠公，齐棠邑大夫。东郭偃之姊也。东郭偃臣崔武子。棠公死，偃御武子以吊焉。见棠姜而美之，使偃取之，为己取。偃曰："男女辨姓，今君出自丁，齐丁公，崔杼之祖。臣出自桓，不可。"桓公小白，东郭偃之祖，同姜姓，故不可昏。武子筮之，遇困䷮坎下兑上，困。之大过䷛，巽下兑上，大过。困六三变为大过。史皆曰吉。示陈文子，文子曰："夫从风，坎为中男，故曰夫。变而为巽，故曰从风。风陨，妻不可娶也。风能损落物者，变而陨落，故曰妻不可娶。且其繇曰：'困于石据于蒺藜，入于其宫，不见其妻，凶。'困六三爻辞。困于石，往不济也。次为险、为水，水之险者，石，不可以动。据于蒺藜，所恃伤也。坎为险，兑为泽，泽之生物，而险者蒺藜，恃之则伤。入于其宫，不见其妻，凶无所归也。"六三失位无应，则丧其妻，失其所归也。崔子曰："嫠也，何害？先夫当之矣。"寡妇曰嫠，言棠公己当此凶。遂取之。庄公通焉，骤如崔氏，以崔子之冠赐人。侍者曰："不可。"公曰："不为崔子，其无冠乎?"崔子因是，又以其间伐晋也，曰："晋必将报。"欲弑公以说于晋，而不获间。公鞭侍人贾举，而又近之，乃为崔子间公。伺公间隙。夏五月，莒为且于之役故莒子朝于齐。且于役在二十三年。甲戌，飨诸北郭，崔子称疾，不视事。欲使公来。乙亥，公问崔子，问疾。遂从姜氏。姜入于室，与崔子自侧户出。公拊楹而歌。歌以命姜。侍人贾举止众从者而入，闭门。为崔子闭公。重言侍人者，别下贾举。甲兴，公登台而请，弗许。请盟，弗许。请自刃于庙，弗许。皆曰："君之臣杼疾病，不能听命。近于公宫，言崔子宫近公宫，或淫者诈称公。陪臣干掫有淫者，不知二命。"干掫，行夜。言行夜得淫人，受崔子命讨之，不知他命。掫，夜戒有所击也。公踰墙，又射之，中股，反队，遂弑之。贾举、州绰、邴师、公孙敖、封具、铎父、襄伊、偻堙皆死。此非侍人贾举也。八子皆齐勇力之臣，为公所嬖者。祝佗父祭于高唐，祝佗父，庄公之嬖。高唐，齐别庙。至复命，不说弁而死于崔氏。爵弁，祭服。申蒯，侍渔者。侍渔，监取鱼之官。退，谓其宰曰："尔以帑免，我将死。"其宰曰："免，是反子之义也。"与之皆死。崔氏杀鬷蔑于平阴。鬷蔑，平阴大夫，公外嬖。传言庄公所养非国士，故其死难皆宠嬖之人。晏子立于崔氏之门外，晏子平仲闻难而来。其人曰："死乎?"曰："独吾君也乎哉，吾死也?"曰："行乎?"曰："吾罪也乎哉，吾亡也?"曰："归乎?"曰："君死安归?"君民者，岂以陵民?社稷是主。臣君者，岂为其口实，社稷是养。口实，禄养也。故君为社稷死则死之，为社稷亡则亡之。若为己死，而为己亡，非其私昵，谁敢任之?且人有君而弑之，吾焉得死之?而焉得亡之?将庸何归?"将用死亡之义，何所归趣?门启而入，枕尸股而哭，以公尸枕己股。兴，三踊而出。人谓崔子必杀之，崔子曰："民之望也，舍之，得民。"卢蒲癸奔晋，王何奔莒。二子，庄公党。为二十八年杀庆舍张本。叔孙宣伯之在齐也，宣伯，鲁叔孙侨如，成十六年奔齐。叔孙还纳其女于灵公，嬖，生景公。还，齐群公子。纳宣伯女于灵公。丁丑，崔杼立而相之，庆封为左相。盟国人于大宫。大宫，大公庙。曰："所不与崔、庆者。"晏子仰天叹曰："婴所不唯忠于君、利社稷者是与，有如上帝。"乃歃。盟书云："所不与崔、庆者，有如上帝。"读书未终，晏子抄答易其辞，因自歃。辛巳，公与大夫及莒子盟。莒子朝齐，遇崔杼作乱，未去，故复与景公盟。大史书曰："崔杼杀其君。"崔子杀之。其弟嗣书，而死者二人。其弟又书，乃舍之。南史氏闻大史尽死，执简以往。闻既书矣，乃还。南史氏，齐史之在外者。传言齐有直史，崔杼之罪所以闻。闾丘婴以帷缚其妻而载之，与申鲜虞乘而出，二子，庄公近臣。鲜虞推而下之，下婴妻也。曰："君昏不能匡，危不能救，死不能死，而知匿其昵，匿，藏也。昵，亲也。其谁纳之?"行及弇中，弇中，狭道。将舍。婴曰："崔、庆其追我。"鲜虞曰："一与一，谁能惧我?"言道狭，众无所用。遂舍，枕辔而寝，恐失马也。食马而食，驾而行。出弇中，谓婴曰："速驱之。崔、庆之众，不可当也。"道广，众得用故。遂来奔。崔氏侧庄公于北郭。侧，瘗埋之，不殡于庙。丁亥，葬诸士孙之里。士孙，人姓，因名里。死十三日便葬，不待五月。四翣，丧车之饰，诸侯六翣。不跸，跸，止行人。下车七乘，不以兵甲。下车，送丧之车。齐旧依上公礼，九乘，又有甲兵，今皆降损。

谷梁传　庄公失言，淫于崔氏。放言将淫崔氏，为此见杀。

齐庄公之难，贾举、州绰等十人皆死之，而不得以死节称，盖平日从君于昏，以致乱亡，虽杀身不足以偿其责也。使其中有守义执节之臣，将以死谏，岂肯相随入崔氏之宫耶?但晏婴号为贤者，平时知君之必陷于乱亡，而不能谏，一旦有事，则假社稷为重，以自明其不必死，使后世贪生忘义者得以藉口。而先儒或是其言亦习焉，而未之察耳。

公会晋侯、宋公、卫侯、郑伯、曹伯、莒子、邾子、滕子、薛伯、杞伯、小邾子于夷仪。

左传　晋侯济自泮，泮，杜注：阙。会于夷仪，伐齐，以报朝歌之役。朝歌役在二十三年。齐人以庄公说，使隰鉏请成，庆封如师。鉏隰，朋之曾孙。庆封独使于晋，不通诸侯，故不书。男女以班。赂晋侯以宗器、乐器。自六正、五吏、三十帅、三军之大夫、百官之正长、师旅及处守者皆有赂。六正，三军之六卿。五吏，文职。三十帅，武职。皆军卿之属官。百官正长，群有司。师旅，小将帅。处守，守国者。赂，财贿。晋侯许之。使叔向告于诸侯，公使子服惠伯对曰："君舍有罪，以靖小国，君之惠也。寡君闻命矣。"

晋会诸侯于夷仪，本谋伐齐，以报朝歌之役。崔杼杀君，本以私忿，会诸侯之伐，遂以庄公之弑自解。夫庄公既死，则齐可不伐，而崔杼覆载不容之恶，不可不讨。使晋能申明大义，命齐人及崔氏之宗党皆安堵，而独有讨于杼，躬率诸侯进薄于城下，齐之臣庶服义怀德，各有奋心，杼之力能独抗乎？诛其贼，置其君，以定其国，则晋之六卿、鲁之三桓皆有戢志矣。不知出此而以赂罢兵，此晋霸所以遂衰，而终以自敝与。

附录左传　晋侯使魏舒、宛没逆卫侯，卫献公以十四年奔齐。将使卫与之夷仪。崔子止其帑，以求五鹿。崔杼欲得卫之五鹿，故留卫侯妻子于齐以质之。

六月，壬子，郑公孙舍之帅师入陈。

左传　初，陈侯会楚子伐郑，在前年。当陈隧者，井堙木刊，隧，径也。堙，塞也。刊，除也。郑人怨之。六月，郑子展、子产帅车七百乘伐陈，宵突陈城，突，穿也。遂入之。陈侯扶其大子偃师奔墓，欲逃冢间。遇司马桓子，陈之司马。曰："载余。"曰："将巡城。"不欲载公，以巡城辞。遇贾获，贾获，陈大夫。载其母妻，下之，而授公车。公曰："舍而母。"辞曰："不祥。"虽急，犹不欲男女无别。与其妻扶其母以奔墓，亦免。子展命师无入公宫，与子产亲御诸门。欲服之而已，故禁侵掠。陈侯使司马桓子赂以宗器。陈侯免，拥社，免丧服。拥社，抱社主，示服。使其众男女别而累，以待于朝。累，自囚系以待命。子展执絷而见，系马缰。再拜稽首承饮而进献。示不失臣敬。子美入，数俘而出。子美，子产也。但数其所获人数，不将以归。祝祓社，司徒致民，司马致节，司空致地，乃还。祓，除也。节，兵符。陈乱，故正其众官，修其所职，以安定之。

去秋夷仪之会，楚合陈、蔡、许伐郑，是年复会夷仪。郑虑楚复来，先帅师入陈，以夺其心。郑以蕞尔国当南北之冲，晋、楚之师更至叠出。自子产得政，不独修辞执礼，足以服强大，而军政之修，守不可拔，攻则必克，以是知立国贵自强也。

秋，八月，己巳，诸侯同盟于重丘。重丘，杜注：齐地。《寰宇记》聊城县东北有重丘。聊城，今山东东昌府治。

左传　秋，七月己巳，己巳，七月十二日。经书八月，误。同盟于重丘，齐成故也。

夷仪之会不书伐，以齐逆服，兵不加也。杜氏预谓："伐齐而书同盟，以明齐亦同盟"，非也。使齐果同盟，当特书诸侯及齐某盟，以著其失贼列奸之罪矣。据经，会不书伐，而同盟书诸侯，乃中有间事之恒辞。盖晋既许齐成，齐乱未定，崔杼既不敢自行，又惧他人见诸侯而生异议，实未尝使人出受盟耳。

附录左传　赵文子为政，赵武代范匄。令薄诸侯之币，而重其礼。穆叔见之，谓穆叔曰："自今以往，兵其少弭矣。弭，止也。齐崔、庆新得政，将求善于诸侯，武也知楚令尹。令尹，屈建。若敬行其礼，道之以文辞，以靖诸侯，兵可以弭。"为二十七年晋、楚盟于宋传。

公至自会。

卫侯入于夷仪。

左传　卫献公入于夷仪。

公羊传　陈仪者何？卫之邑也。曷为不言入于卫？谖君以弑也。谖，诈也。时卫侯为剽所逐，不能自复，诈言愿居是邑为剽臣，然后伺候间隙，使宁喜杀之。

卫侯之入夷仪，与郑伯突同，而或名、或不名者，郑伯夺正以立，国人君之，诸侯助之，不知其义不可以有国也。故特书其名以绝之，若衎之出奔，虽不为无罪，而非突比，故止书其爵，此轻重之权衡也。

楚屈建帅师灭舒鸠。

左传　楚薳子冯卒，屈建为令尹，屈建，子木。屈荡为莫敖。代屈建。舒鸠人卒叛，前年辞不叛。楚令尹子木伐之，及离城。杜注：舒鸠城。吴人救之。子木遽以右师先，先至舒鸠。子强、息桓、子捷、子骈、子盂帅左师以退。五人不及子木，与吴相遇而退。吴人居其间七日。居楚两军之间。子强曰："久将垫隘，隘乃禽也，垫隘，虑水雨。不如速战。请以其私卒诱之，简师，陈以待我。简阅精兵，驻后为陈。我克则进，奔则亦视之，乃可以免。不然，必为吴禽。"从之。五人以其私卒先击吴师，吴师奔。登山以望，见楚师不继，复逐之，传诸其军，吴还逐五子，至其本军。简师会之，吴师大败，遂围舒鸠，舒鸠溃。八月，楚灭舒鸠。

晋霸既衰，楚势益强，诸侯畏之，故灭国书大夫之名氏。自是凡大夫帅师灭国，皆以名见，而不复书人矣。灭国不书大夫者，吴也，其威犹未盛于中夏也。

冬，郑公孙夏帅师伐陈。夏，公羊作虿。

左传　郑子产献捷于晋，献入陈之功。戎服将事。晋人问陈之罪，对曰："昔虞阏父为周陶正，以服事我先王。阏父，舜之后，当周之兴，阏为武王陶正。我先王赖其利器用也，与其神明之后也，舜圣，故谓之神明。庸以元女大姬配胡公，庸，用也。元女，武王之长女。胡公，阏父之子子满也。而封诸陈，以备三恪。周封夏、殷后又封舜后，谓之三恪，示敬也。则我周之自出，至于今是赖。桓公之乱，蔡人欲立其出，陈桓公鲍卒，陈乱，事在鲁桓五年。蔡出，桓公子厉公。我先君庄公奉五父而立之，五父佗，桓公弟。杀大子免而代之，郑庄公因定其位。蔡人杀之，我又与蔡人奉戴厉公。至于庄、宣皆我之自立。陈庄公、宣公，皆厉公子。夏氏之乱，成公播荡，又我之自入，君所知也。宣公十一年，陈夏征舒杀灵公，灵公之子成公奔晋，自晋因郑而入。今陈忘周之大德，蔑我大惠，弃我姻亲，介恃楚众，以冯陵我敝邑，不可亿逞，亿，度也。逞，尽也。我是以有往年之告。谓郑伯稽首告晋，请伐陈。未获成命，则有我东门之役。前年，陈从楚伐郑东门。当陈隧者，井堙木刊。敝邑大惧不竞而耻大姬，天诱其衷，启敝邑心。陈知其罪，授手于我，用敢献功。”晋人曰：“何故侵小?”对曰：“先王之命，唯罪所在，各致其辟。且昔天子之地一圻，方千里。列国一同，方百里。自是以衰。衰，差降。今大国多数圻矣，若无侵小，何以至焉?”晋人曰：“何故戎服?”对曰：“我先君武、庄为平、桓卿士。郑武公、庄公为周平王、桓王卿士。城濮之役，文公布命曰：晋文公。‘各复旧职。’命我文公戎服辅王，以受楚捷。不敢废王命故也。”士庄伯不能诘，士庄伯，士弱也。复于赵文子，文子曰：“其辞顺，犯顺不祥。”乃受之。冬十月，子展相郑伯如晋，拜陈之功。谢晋受其功。子西复伐陈，陈及郑平。仲尼曰：“志有之，志，古书。言以足志，文以足言。足犹成也。不言，谁知其志? 言之无文，行而不远。晋为伯，郑入陈，非文辞不为功。慎辞哉!”

郑再伐陈，取成而还。陈不能报，楚不敢问，以子产方明其政刑，众知郑之不可侮也。

附录左传　楚蔿掩为司马，为子冯之子。子木使庀赋，庀，治。数甲兵。数，阅。甲午，蔿掩书土田，书土地之所宜。度山林，量度山林之材，以供国用。鸠薮泽，鸠，聚也。聚成薮泽，使民不得焚燎，以备田猎之处。辨京陵，辨，别也。绝高曰京，大阜曰陵。别之以为冢墓之地。表淳卤，淳卤，埆薄之地。表异，轻其赋税。数疆潦，疆界有流潦者，计数，减其租入。规偃猪，偃猪，下湿之地。规度其受水多少。町原防，广平曰原。防，隄也。隄防间地，不得方正如井田，别为小顷町。牧隰皋，隰皋，水崖下湿，为刍牧之地。井衍沃，衍沃，平美之地。则制以为井田。量入修赋，量九土之所入，而治理其赋税。赋车籍马，籍疏其毛色岁齿，以备军用。赋车兵、徒卒、甲楯之数。车兵，甲士。数，器仗有常数。即成，以授子木，礼也。得治国之礼，传言楚之所以兴。

十有二月，吴子遏伐楚，门于巢，卒。遏，公羊、谷梁作谒。

左传　十二月，吴子诸樊伐楚，以报舟师之役。舟师在二十四年。门于巢。攻巢门。巢牛臣曰：牛臣，巢人。“吴王勇而轻，若启之，启，开门也。将亲门。我获射之，必殆。是君也死，疆其少安。”从之。吴子门焉，牛臣隐于短墙以射之，卒。

公羊传　门于巢卒者何？入门乎巢而卒也。入门乎巢而卒者何？入巢之门而卒也。吴子谒何以名？伤而反，未至乎舍而卒也。

谷梁传　以伐楚之事门于巢，卒也。因伐楚而经巢。于巢者，外乎楚也。言于巢，则不在楚。门于巢，乃伐楚也。先攻巢，乃可伐楚。诸侯不生名，取卒之名，加之伐楚之上者，见以伐楚卒也。其见以伐楚卒，何也？古者，大国过小邑，小邑必饰城而请罪，礼也。饰城者，修守备。请罪，问所以致师之意。吴子谒伐楚至巢，入其门，门人射吴子有矢创，反舍而卒。古者虽有文事，必有武备。非巢之不饰城而请罪，非吴子之自轻也。非，责。两讥之也。

举卒之名加于伐楚之上，与七年郑伯髡顽如会卒于鄵同义，皆以便文耳。门于巢，谓攻其城而门焉，见遏之死于兵也。若暴疾过巢门而卒，则当书卒于巢。

附录左传　楚子以灭舒鸠赏子木，辞曰：“先大夫蔿子之功也。”以与蔿掩。往年，楚子将伐舒鸠，蔿子冯请退师，以须其叛故。　晋程郑卒。子产始知然明，前年，然明谓程郑将死，今如其言，故知之。问为政焉，对曰：“视民如子。见不仁者，诛之，如鹰鹯之逐鸟雀也。”子产喜，以语子大叔，且曰：“他日，吾见蔑之面而已，蔑，然明名。今吾见其心矣。”子太叔问政于子产，子产曰：“政如农功，日夜思之，思其始而成其终，朝夕而行之。行无越思，如农之有畔，其过鲜矣。”　卫献公自夷仪使与宁喜言，求复国也。宁喜许之。大叔文子闻之，大叔仪。曰：“乌乎！”《诗》所谓“我躬不说，皇恤我后”者，宁子可谓不恤其后矣。《诗·小雅》。谓宁子必身受祸，不得恤其后也。将可乎哉？殆必不可。君子之行，思其终也，思其复也。《书》曰：‘慎始而敬终，终以不困。’《周书·蔡仲之命》。《诗》曰：‘夙夜匪解，以事一人。’今宁子视君不如奕棋，其何以免乎？奕者，举棋不定，不胜其耦，耦，对敌也。而况置君而弗定乎？必不免矣。九世之卿族，一举而灭之，可哀也哉！”宁氏出，自卫武公，及喜九世也。明年，卫献公归国，二十七年，果杀宁喜。　会于夷仪之岁，齐人城郏。在二十四年。不直言会夷仪者，别二十五年夷仪会。其五月，秦、晋为成，自十四年，十三国伐秦，至是始平。晋韩起如秦莅盟，秦伯车如晋莅盟。伯车，秦伯之弟针也。成而不结。传为后年修成起本。

日讲春秋解义卷四十四

襄　公

二十有六年，春，

附录左传　二十六年春，秦伯之针如晋修成。修会夷仪岁之成。叔向命召行人子员，欲使答秦命。行人子朱曰："朱也当御。"御，进也。言次当行。三云，叔向不应，子朱怒曰："班爵同，何以黜朱于朝?"抚剑从之。叔向曰："秦、晋不和久矣。今日之事，幸而集，晋国赖之。不集，三军暴骨。子员道二国之言无私，子常易之。奸以事君者，吾所能御也。"拂衣从之。人救之，平公曰："晋其庶乎！吾臣之所争者大。"师旷曰："公室惧卑，臣不心竞而力争，谓二子不心竞为忠，而抚剑、拂衣。不务德而争善，争谓所行为善。私欲已侈，能无卑乎?"

王二月，辛卯，卫宁喜杀弑君剽。

左传　卫献公使子鲜为复，使为己求反复。辞。敬姒强命之，敬姒，献公及子鲜之母。对曰："君无信，臣惧不免。"敬姒曰："虽然，以吾故也。"许诺。初，献公使与宁喜言，言复国。宁喜曰："必子鲜在，不然，必败。"子鲜贤，国人信之，必欲使在其间。故公使子鲜。子鲜不获命于敬姒，以公命与宁喜言，曰："苟反，政由宁氏，祭则寡人。"宁喜告蘧伯玉，伯玉曰："瑗不得闻君之出，敢闻其入?"十四年，孙氏欲逐献公，瑗走，从近关出。遂行，从近关出。告右宰谷，卫大夫。右宰谷曰："不可。获罪于两君，前出献公，今杀剽。天下谁畜之?"畜犹容也。悼子曰："吾受命于先人，不可以贰。"悼子、宁喜受命在二十年。谷曰："我请使焉而观之。"观其可还与否。遂见公于夷仪。反，曰："君淹恤在外十二年矣，而无忧色，亦无宽言，犹夫人也。若不已，死无日矣。"悼子曰："子鲜在。"右宰谷曰："子鲜在，何益? 多而能亡，言子鲜为义，多不过亡出。于我何为?"悼子曰："虽然，弗可以已。"孙文子在戚，孙嘉聘于齐，孙襄居守。二子，孙文子之子。二月庚寅，宁喜、右宰谷伐孙氏，不克，伯国伤。伯国，孙襄。父兄皆不在，故乘弱攻之。宁子出舍于郊。欲奔。伯国死，孙氏夜哭。国人召宁子，宁子复攻孙氏，克之。辛卯，杀子叔及大子角。子叔，卫侯剽。言子叔剽无谥故。书曰宁喜杀其君剽，言罪之在宁氏也。

谷梁传　此不正，其日何也? 殖也立之，喜也君之，正也。父立以为君，则子宜君之，以明正也。

剽虽篡立，然《春秋》之法，其实篡也，以篡书；其实为君也，以君书。剽既篡立，凡卫之臣子立于其朝者，君臣之分已定，有致难于剽者，自宜以弑君书矣。先儒多谓宁喜父子反覆于二君之间，故蔽其罪犹一曲之义也。

卫孙林父入于戚以叛。书叛始此。

左传　孙林父以戚如晋，以邑属晋。书曰入于戚以叛，罪孙氏也。臣之禄，君实有之，义则进，否则奉身而退。专禄以周旋，戮也。

宋鱼石入于彭城，晋栾盈入于曲沃，将为乱于国而抗其君，不得以叛书。叛者，据邑而君不能讨也。故书叛自林父始。《春秋》之义常以上下比事而见。其始也，书卫侯衎出奔齐，继书会于戚，而林父在焉，则知逐君者林父。其终也，书宁喜弑其君剽，孙林父入于戚以叛，继书衎归，则知宁喜之弑由衎，而林父为惧罪矣。

甲午，卫侯衎复归于卫。

左传　甲午，卫侯入。书曰复归，国纳之也。大夫逆于竟者，执其手而与之言。道逆者自车揖之。逆于门者，颔之而已。颔，摇其头。言衎骄心易生。公至，使让大叔文子曰："寡人淹恤在外，二三子皆使寡人朝夕闻卫国之言，吾子独不在寡人。在，存问也。公闻文子宁喜之言，故忿之。古人有言曰：'非所怨勿怨'，寡人怨矣。"对曰："臣知罪矣。臣不佞，不能负羁绁以从扞牧圉，臣之罪一也。有出者，有居者，出谓衎，居谓剽也。臣不能贰，通外内之言以事君，臣之罪二也。有二罪，敢忘其死！"乃行，从近关出。公使止之。传言卫侯不能安和大臣。

公羊传　此谖君以弑也，其言复归何？恶剽也。曷为恶剽？剽之立，于是未有说也。剽以公孙篡立，位非其次，故未有说。然则曷为不言剽之立？不言剽之立者，以恶卫侯也。卫侯失众出奔，故亦恶之。

谷梁传　日归，见知弑也。喜弑君，衎归，故录日，以见其知情。

卫侯出奔齐，及入于夷仪，皆以爵称。今既得国，乃书其名，何也？使人之臣杀其君，而求利焉，其恶大矣。故特书名，以著其罪。而又书复归，以见国其所固有也。

附录左传　卫人侵戚东鄙，以林父叛故。孙氏诉于晋。晋戍茅氏。茅氏，杜注：戚东鄙。殖绰伐茅氏，杀晋戍三百人。殖绰，齐人。今来在卫。孙蒯追之，弗敢击。文子曰："厉之不如。"厉，恶鬼。以比殖绰。遂从卫师，败之圉。圉，杜注：卫地。今直隶开州东有圉城。雍鉏获殖绰。雍鉏，孙氏臣。复诉于晋。为下晋讨卫张本。

郑伯赏入陈之功。入陈在前年。三月甲寅朔，享子展，赐之先路三命之服，先八邑。以路及命服为邑先。八邑，三十二井。赐子产次路，再命之服，先六邑。子产辞邑，曰："自上以下，隆杀以两，礼也。臣之位在四，上卿子展，次卿子西。十一年良霄见经，十九年乃立子产为卿，故位在四。且子展之功也，臣不敢及赏礼，请辞邑。”公固予之，乃受三邑。位次，当受二邑，以公固与之故受三邑。公孙挥曰：“子产其将知政矣。让不失礼。”

夏，晋侯使荀吴来聘。

左传　晋人为孙氏故，召诸侯，将以讨卫也。夏，中行穆子来聘。穆子，荀吴。召公也。召公，为澶渊会。

附录左传　楚子、秦人侵吴，及雩娄，雩娄，杜注：属安丰郡。今江南霍丘县西南有故城。闻吴有备而还，遂侵郑。五月，至于城麇。郑皇颉戍之，皇颉，郑大夫，守城麇之邑。出，与楚师战，败。穿封戌囚皇颉，公子围与之争之，公子围，共王子灵王也。正于伯州犁。伯州犁曰：“请问于囚。”乃立囚。立皇颉于庭而问之。伯州犁曰：“所争，君子也，其何不知?”言王子围及穿封戌皆非细人，易别识也。上其手，曰：“夫子为王子围，寡君之贵介弟也。”下其手，曰：“此子为穿封戌，方城外之县尹也。谁获子?”上下手以道囚意。囚曰：“颉遇王子，弱焉。”弱，败也。戌怒，抽戈逐王子围，弗及。楚人以皇颉归。印堇父与皇颉戍城麇，印堇父，郑大夫。楚人囚之，以献于秦。郑人取货于印氏以请之，子大叔为令正，主作辞令之正。以为请。子产曰：“不获。受楚之功，而取货于郑，不可谓国，秦其不然。受楚献功，大名也。以货免之，小利也。故谓秦不尔。若曰：‘拜君之勤郑国。微君之惠，楚师其犹在敝邑之城下’，其可。”辞如此，归功于秦，则堇父可得。弗从，遂行。秦人不予。更币，从子产，而后获之。传称子产之善于辞。

公会晋人、郑良霄、宋人、曹人于澶渊。

左传　六月，公会晋赵武、宋向戌、郑良霄、曹人于澶渊，以讨卫，疆戚田。取卫西鄙懿氏六十以与孙氏。懿氏，杜注：戚城西北五十里有懿城。今戚城在开州北。赵武不书，尊公也。向戌不书，后也。郑先宋，不失所也。如期至。于是卫侯会之。晋将执之，不得与会，故不书。晋人执宁喜、北宫遗，使女齐以先归。讨其弑君、伐孙氏也。遗，北宫适之子。女齐，司马侯。归晋而后告诸侯，故经书在秋。卫侯如晋，晋人执而囚之于士弱氏。士弱，晋主狱大夫。秋七月，齐侯、郑伯为卫侯故如晋，晋侯兼享之。晋侯赋《嘉乐》。《嘉乐》，《诗·大雅》。取其“嘉乐君子，显显令德，宜民宜人，受禄于天。”国景子相齐侯，景子，国弱。赋《蓼萧》。《蓼萧》，《诗·小雅》。言大平泽及远，若露之在萧。以喻晋君恩泽及诸侯。子展相郑伯，赋《缁衣》。《缁衣》，《诗·郑风》。取“适子之馆兮，还予授子之粲兮。”言不敢违远于晋。叔向命晋侯拜二君，曰：“寡君敢拜齐君之安我先君之宗祧也，敢拜郑君之不贰也。”《蓼萧》、《缁衣》二诗所趣各不同，故拜二君词异。国子使晏平仲私于叔向，曰：“晋君宣其明德于诸侯，恤其患而补其阙，正其违而治其烦。所以为盟主也。今为臣执君，若之何?”叔向告赵文子，文子以告晋侯。晋侯言卫侯之罪，使叔向告二君。言自以杀晋戍三百人为罪，不以林父故。国子赋《辔之柔矣》，逸诗。

义取宽政以安诸侯，若柔辔之御刚马。子展赋《将仲子兮》，《将仲子》，《诗·郑风》。义取众言可畏，卫侯虽别有罪，而众人谓晋为臣执君。晋侯乃许归卫侯。叔向曰："郑七穆，罕氏其后亡者也，子展俭而壹。"子展，郑子罕之子。郑穆公十一子，子展、子西、子产、伯有、子大叔、子石、伯石为七穆。子然、二子孔已亡，子羽不为卿，故惟言七穆。

澶渊，卫地之近戚者。晋党于孙氏，讨卫而疆戚田，因为此会此，晋之所以失诸侯也。夷仪之会，以赂定乱贼。此会复披卫地，以奖叛臣。盖晋之强家皆有弱其君之心，故与邻国之乱臣声势相倚。平公暗弱，听其倒行逆施而不察，岂不悖乎？晋、宋称人会者，非卿也。凡此类宜以经为断，而不可以传汩之。疆戚田，事本细微，故诸国皆大夫，而鲁君独亲之。吴人所讥国君道长而大夫不出门，盖谓此耳。

秋，宋公杀其世子痤。痤，谷梁作座。

左传　初，宋芮司徒生女子，芮司徒，宋大人。赤而毛，弃诸堤下，共姬之妾取以入，共姬，宋伯姬。名之曰弃。长而美。平公入夕，平公，共姬子。共姬与之食。公见弃也，而视之尤。尤，甚也。姬纳诸御，嬖，生佐，佐，元公。恶而婉。貌恶而心顺。大子痤美而很，貌美而心很戾。合左师畏而恶之。合左师，向戌。寺人惠墙伊戾为大子内师，而无宠。惠墙氏，伊戾名。秋，楚客聘于晋，过宋。大子知之，请野享之，公使往。伊戾请从之，公曰："夫不恶女乎？"夫谓大子。对曰："小人之事君子也，恶之不敢远，好之不敢近，敬以待命，敢有贰心乎？纵有共其外，莫共其内，臣请往也。"遣之。至则欿用牲，加书征之，诈作盟处为，大子反征验。而骋告公曰："大子将为乱，既与楚客盟矣。"公曰："为我子，又何求？"对曰："欲速。"公使视之，则信有焉。有盟征。问诸夫人与左师，夫人，佐母弃也。则皆曰："固闻之。"公囚大子。大子曰："唯佐也能免我。"以其婉也。召而使请，曰："日中不来，吾知死矣。"左师闻之，聒而与之语。聒，讙也。欲使佐失期。过期，乃缢而死。佐为大子，公徐闻其无罪也，乃亨伊戾。左师见夫人之步马者，步马，习马。问之。对曰："君夫人氏也。"左师曰："谁为君夫人？余胡弗知？"圉人归，以告夫人。夫人使馈之锦与马，先之以玉，曰："君之妾弃使某献。"左师改命曰："君夫人。"而后再拜稽首受之。左师令使者改命也。传言宋公暗，左师谀，大子所以无罪而死。

申生之死，晋献终不寤。宋公既知伊戾之谗而烹之，乃于芮弃之宠爱、左师之委任终无改焉。《大学》于修身齐家专以辟为戒，职此故耳。

晋人执卫宁喜。

公羊传　此执有罪，何以不得为伯讨？不以其罪执之也。

宁喜身负大恶，晋若正其罪，而执之归于京师，则为霸讨。当如厉公之执曹伯，以爵称。今以伐戚杀戍而执之，以快林父之心，悖矣。殖与喜之恶一也。殖以附晋免，喜以背晋执。林父与喜之恶一也。林父以附晋获庇，喜以背晋见执。然则晋非执弑君之贼，执不附己者耳。故称人，以著其罪焉。

附录左传　郑伯归自晋，使子西如晋聘，辞曰："寡君来烦执事，惧不免于戾，使夏谢不敏。"夏，子西名。君子曰善事大国。初，楚伍参与蔡大师子朝友，其子伍举与声子相善也。声子，子朝之子。伍举，子胥祖父椒举也。伍举娶于王子牟。王子牟为申公而亡，获罪出奔。楚人曰："伍举实送之。"伍举奔郑，将遂奔晋。声子将如晋，遇之于郑郊，班荆相与食，而言复故。班，布也。布荆坐地，共议归楚事。声子曰："子行也，吾必复子。"及宋向戌将平晋、楚，平在明年。声子通使于晋，还如楚。令尹子木与之语，问晋故焉，且曰："晋大夫与楚孰贤?"对曰："晋卿不如楚，其大夫则贤，皆卿材也。如杞梓、皮革，自楚往也。虽楚有材，晋实用之。"子木曰："夫独无族姻乎?"对曰："虽有，而用楚材实多。归生闻之，归生，声子名。善为国者，赏不僭而刑不滥。赏僭则惧及淫人，刑滥则惧及善人。若不幸而过，宁僭无滥。与其失善，宁其利淫。无善人，则国从之。从之亡也。诗曰：'人之云亡，邦国殄瘁'，无善人之谓也。《诗·大雅》。殄，尽也。瘁，病也。故《夏书》曰：'与其杀不辜，宁失不经'，惧失善也。《夏书·大禹谟》。不经，不用常法。《商颂》有之曰：'不僭不滥，不敢怠皇。命于下国，封建厥福。'《诗·商颂》，言殷汤赏不僭差，刑不滥溢，不敢怠解以自宽暇，故能为下国所命为天子。此汤所以获天福也。古之治民者，劝赏而畏刑，恤民不倦。赏以春夏，刑以秋冬。顺天时。是以将赏，为之加膳，加膳则饫赐，饫，餍也。酒食赐下，无不餍足，所谓加膳也，此以知其劝赏也。将刑，为之不举，不举则彻乐，此以知其畏刑也。夙兴夜寐，朝夕临政，此以知其恤民也。三者，礼之大节也。有礼无败。今楚多淫刑，其大夫逃死于四方，而为之谋主，以害楚国，不可救疗，所谓不能也。不能用其材。子仪之乱，在文十四年。析公奔晋，晋人置诸戎车之殿，殿后车。以为谋主。绕角之役，晋将遁矣，析公曰：'楚师轻窕，易震荡也。若多鼓钧声，以夜军之，楚师必遁。'晋人从之，楚师宵溃。晋遂侵蔡袭沈，获其君，败申、息之师于桑隧，获申丽而还。成六年，晋栾书救郑，与楚师遇于绕角，楚师还，晋侵沈，获沈子。八年，复侵楚，败申、息，获申丽。郑于是不敢南面。楚失华夏，则析公之为也。雍子之父兄谮雍子，君与夫人不善是也。不是其曲直。雍子奔晋，晋人与之鄐，鄐，杜注：晋邑。以为谋主。彭城之役，晋、楚遇于靡角之谷，在成十八年。晋将遁矣，雍子发命于军曰：'归老幼，反孤疾，二人役，归一人。简兵搜乘，秣马蓐食，师陈焚次，次，舍也。焚舍，示必死。明日将战。'行归者，而逸楚囚。欲使楚知之。楚师宵溃，晋降彭城而归诸宋，以鱼石归。在元年。楚失东夷，子辛死之，则雍子之为也。楚东小国及陈，见楚不能救彭城，皆叛。五年，楚人讨陈叛故，杀令尹子辛。子反与子灵争夏姬，子灵，巫臣。而雍害其事，子灵奔晋，晋人与之邢，邢，杜注：晋邑。以为谋主，扞御北狄，通吴于晋，教吴叛楚，教之乘车、射御、驱侵，使其子狐庸为吴行人焉。吴于是伐巢、取驾、克棘、入州来，驾、棘，杜注：皆楚邑。谯国酂县东北有棘亭。在今河南永城县南。楚罢于奔命，至今为患，则子灵之为也。事见成七年。若敖之乱，伯贲之子贲皇奔晋，晋人与之苗，若敖乱在宣四年，苗，杜注：晋邑。今河南济源县西有苗亭。以为谋主。鄢陵之役，在成十六年。楚晨压晋军而陈，晋将遁矣，苗贲皇曰：'楚师之良在其中军王族而已，若塞井夷灶，成陈以当之，栾、范易行以诱之，栾书时将中军，范燮佐之。易行，谓简易兵备。令楚贪已，不复顾二穆之兵。中行、二郤必克二穆，郤锜时将上军，中行偃佐之。郤至佐新军令。此三人分良以攻二穆之兵。楚子重、子辛皆出穆王，故曰二穆。吾乃四萃于其王族，必大败之。'四萃，四面集攻之。晋人从之，楚师大败，王夷师熸，夷，伤也。熸，火灭也。军败之状。子反死之。郑叛，吴兴，楚失诸侯，则苗贲皇之为也。"子木曰："是皆然矣。"声子曰："今又有甚于此。椒举娶于申公子牟，子牟得戾而亡，君大夫谓椒举：'女实遣之'，惧而奔郑，引领南望，曰：'庶几赦余'，亦弗图也。今在晋矣。晋人将与之县，以比叔向。彼若谋害楚国，岂不为患?"子木惧，言诸王，益其禄爵而复之。声子使椒鸣逆之。椒鸣，伍举子。

八月，壬午，许男宁卒于楚。

冬，楚子、蔡侯、陈侯伐郑。

左传　许灵公如楚，请伐郑，十六年晋伐许，他国皆大夫，独郑伯自行，故许恚欲报之。曰："师不兴，孤不归矣。"八月，卒于楚。楚子曰："不伐郑，何以求诸侯?"冬十月，楚子伐郑，郑人将御之。子产曰："晋、楚将平，诸侯将和，和在明年。楚王是故昧于一来。不如使逞而归，乃易成也。夫小人之性衅于勇、啬于祸以足其性而求名焉者，非国家之利也，若何从之?"衅，动也。啬，贪也。言郑之欲与楚战者，皆衅勇贪名之人，非能为国计虑久利，不可从。子展说，不御寇。十二月乙酉，入南里，南里，杜注：郑邑。今河南新郑县南有地名南里。堕其城。涉于乐氏，乐氏，杜注：津名。在今河南新郑县境洧水济渡处。门于师之梁。郑城门。县门发，获九人焉。涉于汜而归。于汜城下涉汝水南归。而后葬许灵公。卒灵公之志，而后葬之。

楚以许故偕蔡、陈伐郑，郑自萧鱼以来至此三被楚祸，而犹未忍叛晋，则悼公推诚之效也。然十八年楚公子午不得志于郑，二十四年诸侯救之。此年诸侯不救郑，亦不御，使楚得逞。盖是时晋平昏庸，大夫专恣，不在诸侯，而南北分霸之势成矣。

葬许灵公。

附录左传　卫人归卫姬于晋，乃释卫侯。卫侯以女说晋，而后得免。君子是以知平公之失政也。　晋韩宣子聘于周，王使请事，问何事来聘。对曰："晋士起将归时事于宰旅，无他事矣。"起，宣子名。礼，诸侯、大夫入天子国称士。时事，四时贡职。宰旅，冢宰之下士。言献贡赋于宰旅，不敢斥尊。王闻之，曰："韩氏其昌阜于晋乎！辞不失旧。" 齐人城郏之岁，在二十四年。其夏，齐乌余以廪丘奔晋，乌余，齐大夫。廪丘，杜注：东郡廪丘县故城是。在今山东范县东南。袭卫羊角，取之。羊角，杜注：廪丘县所治羊角城是。在今山东范县东南新安村。遂袭我高鱼。高鱼，杜注：高鱼城在廪丘县北。今山东郓城县西高鱼乡是其地。有大雨，自其窦入，雨，故水窦开。介于其库，入高鱼库而介其甲。以登其城，克而取之。又取邑于宋。于是范宣子卒，宣子，范匄。诸侯弗能治也。及赵文子为政，乃卒治之。文子言于晋侯曰："晋为盟主，诸侯或相侵也，则讨而使归其地。今乌余之邑，皆讨类也，言于比类宜见讨。而贪之，是无以为盟主也。请归之。"公曰："诺。孰可使也？"对曰："胥梁带能无用师。"胥梁带，晋大夫。能无用师，言有权谋。晋侯使往。

二十有七年，春。

附录左传　二十七年春，胥梁带使诸丧邑者具车徒以受地，必周。诸丧邑，谓齐、鲁、宋也。周，密也。必密来，勿以受地为名。使乌余具车徒以受封。乌余以地来，故诈许封之。乌余以其众出，使诸侯伪效乌余之封者，效，致也。使齐、鲁、宋伪若致邑封乌余者。而遂执之，尽获之。皆取其邑，而归诸侯。诸侯是以睦于晋。传言赵文子贤，故平公虽失政，而诸侯犹睦。

齐侯使庆封来聘。

左传　齐庆封来聘，其车美。孟孙谓叔孙曰："庆季之车，季，庆封字。不亦美乎！"叔孙曰："豹闻之，服美不称，必以恶终。美车何为？"叔孙与庆封食，不敬。为赋《相鼠》，亦不知也。《相鼠》，《诗·鄘风》。曰："相鼠有皮，人而无仪。人而无仪，不死何为？"庆封不知此诗为己，言其暗甚。为明年庆封来奔传。

齐、鲁不交好者三十年，于兹景公即位始修好于四邻，而命庆封来聘，亦贤于日寻侵伐者矣。

夏，叔孙豹会晋赵武、楚屈建、蔡公孙归生、卫石恶、陈孔奂、郑良霄、许人、曹人于宋。奂，公羊作瑗。后同。晋、楚始同主盟。

左传　宋向戌善于赵文子，又善于令尹子木，欲弭诸侯之兵以为名。欲获息民之名。如晋，告赵孟。赵孟谋于诸大夫，韩宣子曰："兵，民之残也。财用之蠹，蠹，害物之虫。小国之大灾也。将或弭之，虽曰不可，必将许之。弗许，楚将许之，以召诸侯，则我失为盟主矣。"晋人许之。如楚，楚亦许之。如齐，齐人难之。陈文子曰："晋、楚许之，我焉得已？且人曰弭兵，而我弗许，则固携吾民矣。将焉用之？"齐人许之。告于秦，秦亦许之。皆告于小国，为会于宋。五月甲辰，晋赵武至于宋。丙午，郑良霄至。六月丁未朔，宋人享赵文子，叔向为介。司马置折俎，礼也。折俎，体解节折，升之于俎。合卿享宴之礼，故曰礼也。《周礼》司马掌会同之事。仲尼使举是礼也，以为多文辞。举谓记录之也。宋向戌自美弭兵之意，敌逆赵武。赵武、叔向因享宴之会，展宾主之辞。故仲尼以为多文辞。戊申，叔孙豹、齐庆封、陈须无、卫石恶至。须无，陈文子。甲寅，晋荀盈从赵武至。从，后也。后武遣盈如楚。丙辰，邾悼公至。小国故君自来。壬戌，楚公子黑肱先至，成言于晋。时令尹子木止陈，遣黑肱就晋大夫成，盟载之言，两相然可。丁卯，宋向戌如陈，从子木成言于楚。戊辰，滕成公至。子木谓向戌，请晋、楚之从交相见也。使诸侯从晋、楚者更相朝见。庚午，向戌复于赵孟。赵孟曰："晋、楚、齐、秦，匹也。晋之不能于齐，犹楚之不能于秦也。不能服而使之。楚君若能使秦君辱于敝邑，寡君敢不固请于齐?"壬申，左师复言于子木，子木使驲谒诸王。王曰："释齐、秦，他国请相见也。"经所以不书齐、秦。秋七月戊寅，左师至。从陈还。是夜也，赵孟及子晳盟，以齐言。子晳，公子黑肱。素要齐其辞，至盟时不得复讼争。庚辰，子木至自陈。陈孔奂、蔡公孙归生至。曹、许之大夫皆至。以藩为军。示不相忌。晋、楚各处其偏。晋处北，楚处南。伯夙谓赵孟曰：伯夙，荀盈。"楚氛甚恶，惧难。氛，气也。言楚有袭晋之气。赵孟曰："吾左还，入于宋，若我何?"营在宋北，东头为上，故晋营在东，有急可左回，入宋东门。

晋、楚争衡，诸侯各有所属。前此时叛而即楚者，不过陈、蔡、郑、许，近楚之国耳。今则南北分霸，鲁、宋、卫、曹，皆以事晋者事楚，往朝会伐，而天下之大防尽溃矣。自晋士谷盟垂陇以前，虽霸国之大夫不以名见也。继而内大夫与霸国之大夫离会以名，见继而齐、宋、卫之大夫众会以名见，继而郑大夫亦以名见，至此而诸侯之大夫尽以名见。其称人者，独微国耳，盖大夫益张，礼乐征伐皆自之出，而列国之大防尽溃矣。此鲁侯降为家人、六卿分晋之端兆也。

卫杀其大夫宁喜。

左传　卫宁喜专，公患之，公孙免余请杀之，免余，卫大夫。公曰："微宁子不及此。吾与之言矣。言政由宁氏。事未可知，只宁恶名，止也。"对曰："臣杀之，君勿与知。"乃与公孙无地、公孙臣谋，二公孙，卫大夫。使攻宁氏，弗克，皆死。公曰："臣也无罪，父子死余矣。"献公出时，公孙臣之父为孙氏所杀。夏，免余复攻宁氏，杀宁喜，及右宰谷，尸诸朝。谷不书，非卿也。石恶将会宋之盟，受命而出，衣其尸，枕之股而哭之。欲敛以亡，惧不免，且曰："受命矣。"乃行。行会于宋。为明年石恶奔传。

谷梁传　称国以杀，罪累上也。宁喜弑君，其以累上之辞言之，何也？尝为大夫，与之涉公事矣。涉犹历也。宁喜出君弑君，而不以弑君之罪罪之者，恶献公也。

剽，篡国者也。国人可讨，而宁喜尝事之以为君，不得杀也。故书弑，以正其罪。喜，杀君者也。凡人宜讨，而卫献与之要言以速其弑，与之共事而假手于他人以杀之，则杀之不以其罪，故称国以杀，而不去其官。

卫侯之弟鱄出奔、晋。鱄，谷梁作专。

左传　子鲜曰："逐我者出，谓孙林父。纳我者死。"谓宁喜。赏罚无章，何以沮劝？君失其信，而国无刑，不亦难乎！且鱄实使之。使宁喜纳君。遂出奔晋。公使止之，不可。及河，又使止之，止使者而盟于河。誓不还。托于木门，木门，杜注：晋邑。不乡卫国而坐。怨之深也。木门大夫劝告之仕，不可，曰："仕而废其事，罪也。从之，昭吾所以出也。将谁诉乎？从之，谓治其事也。事治则明己出欲仕，无所自诉。吾不可以立于人之朝矣。"终身不仕。公丧之，如税服终身。税，即繐也，丧服。繐，缞裳，缕细而希，非五服之常，本无月数。痛愍子鲜，故特为此服。此服无月数，而献公寻薨，故言终身。公与免余邑六十，辞曰："唯卿备百邑臣六十矣。下有上禄，乱也。此一乘之邑，非四井之邑。《论语》称千室，又云十室，明通称。臣弗敢闻。且宁子唯多邑，故死，臣惧死之速及也。"公固与，之受其半。以为少师。公使为卿，辞曰："大叔仪不贰，能赞大事，君其命之。"乃使文子为卿。文子，大叔仪。

公羊传　卫杀其大夫宁喜，则卫侯之弟鱄曷为出奔晋？为杀宁喜出奔也。曷为杀宁喜出奔？卫宁殖与孙林父逐卫侯而立公孙剽，宁殖病将死，谓喜曰："黜公者，非吾意也，孙氏为之。我即死，女能固纳公乎？"喜曰："诺。"宁殖死，喜立为大夫。使人谓献公曰："黜公者，非宁氏也，孙氏为之。吾欲纳公，何如？"献公曰："子苟纳我，吾请与子盟。"喜曰："无所用盟请，使公子鱄约之。"喜素信鱄。献公谓公子鱄曰："宁氏将纳我，吾欲与之盟，其言曰：'无所用盟，请使公子鱄约之子。'固为我与之约矣。"公子鱄辞曰："夫负羁絷，执鈇锧，从君东西南北，则是臣仆庶孽之事也。若夫约言为信，则非臣仆庶孽之所敢与也。"献公怒曰："黜我者，非宁氏与孙氏，凡在尔。"欲以此语迫令必约之。公子鱄不得已而与之约。已约，归至，杀宁喜。公子鱄挈其妻子而去之，将济于河，挈其妻子而与之盟，曰："苟有履卫地、食卫粟者，昧雉彼视。"昧，割也。时割雉以为盟，曰负盟者视彼割雉。

谷梁传　专，喜之徒也。专之为喜之徒，何也？己虽急纳其兄，与人之臣谋弑其君，是亦弑君者也。专其曰弟，何也？专有是信者，言君本使专与喜为约，许以赂。君赂不入乎喜而杀喜，是君不直乎喜也。故出奔晋。织絇邯郸，终身不言卫。专之去，合乎《春秋》。得见几之义。

卫侯食言，使鱄引咎而自窜，过固大矣。而鱄亦不能无过。盖始虽为兄求复，与喜要言，然宜思所以置剽，俾两得而无害，至于政由宁氏，祭则寡人，则信不近义，言之必不可复者也。始谋不臧，终虽隐身于异国，亦差强于食其言而不知自愧者耳。先儒多以去贤鱄，过矣。

秋，七月，辛巳，豹及诸侯之大夫盟于宋。

左传　辛巳，将盟于宋西门之外。楚人衷甲。甲在衣中，欲因会击晋。伯州犁曰："合诸侯之师，以为不信，无乃不可乎？夫诸侯望信于楚，是以来服。若不信，是弃其所以服诸侯也。"固请释甲。子木曰："晋、楚无信久矣，事利而已。苟得志焉，焉用有信？"大宰退。大宰，伯州犁。告人曰："令尹将死矣，不及三年。求逞志而弃信，志将逞乎？志以发言，言以出信，信以立志，参以定之。志、言、信三者具，而后身安存。信亡，何以及三？"为明年子木死起本。赵孟患楚衷甲，以告叔向。叔向曰："何害也？匹夫一为不信，犹不可，单毙其死。单，尽也。毙，踣也。若合诸侯之卿，以为不信，必不捷矣。食言者不病，不病者，单毙于死。非子之患也。夫以信召人，而以僭济之，必莫之与也，安能害我？且吾因宋以守病，则夫能致死。为楚所病，则欲入宋城。夫谓宋也。与宋致死，虽倍楚可也，子何惧焉？又不及是。曰弭兵以召诸侯，而称兵以害我，吾庸多矣，非所患也。季武子使谓叔孙以公命曰："视邾、滕。"两事晋、楚，则贡赋重，故欲比小国，武子恐叔孙从其言，故假公命以敦之。既而齐人请邾，宋人请滕，皆不与盟。叔孙曰："邾、滕，人之私也。我，列国也。何故视之？宋、卫，吾匹也。"乃盟。故不书其族，言违命也。晋、楚争先，争先歃血。晋人曰："晋固为诸侯盟主，未有先晋者也。"楚人曰："子言晋、楚匹也，若晋常先，是楚弱也。且晋、楚狎主诸侯之盟也久矣，狎，更也。岂专在晋？"叔向谓赵孟曰："诸侯归晋之德只，非归其尸盟也。子务德，无争先。且诸侯盟，小国固必有尸盟者，小国主辨具。楚为晋细，不亦可乎？"乃先楚人。书先晋，晋有信也。盖孔子追正之。壬午，宋公兼享晋、楚之大夫，赵孟为客。客，一坐所尊。子木与之言，弗能对。使叔向侍言焉，子木亦不能对也。乙酉，宋公及诸侯之大夫盟于蒙门之外。前盟诸大夫不敢敌公，礼也。今宋公以近在其国，故谦而重盟。蒙门，杜注：宋城门。子木问于赵孟曰："范武子之德何如？"对曰："夫子之家事治，言于晋国无隐情，其祝史陈信于鬼神无愧辞。"子木归以语王，王曰："尚矣哉，能歆神人，宜其光辅五君，以为盟主也！"五君，谓文、襄、灵、成、景。子木又语王曰："宜晋之伯也，有叔向以佐其卿，楚无以当之，不可与争。"晋荀盈遂如楚莅盟。重结晋、楚之好。郑伯享赵孟于垂陇，自宋还，过郑。子展、伯有、子西、子产、子大叔、二子石从。二子石，印段、公孙段。赵孟曰："七子从君，以宠武也。请皆赋，以卒君贶，武亦以观七子之志。"诗以言志。子展赋《草虫》，《草虫》，《诗·召南》，曰："未见君子，忧心忡忡。亦既见止，亦既觏止，我心则降。"以赵孟为君子。赵孟曰："善哉，民之主也！在上不忘降，故可以主民。抑武也，不足以当之。"辞君子。伯有赋《鹑之贲贲》，《鹑之贲贲》，《诗·鄘风》。义取人之无良，我以为兄，我以为君也。赵孟曰："床笫之言不踰阈，况在野乎？非使人之所得闻也。"笫，箦也。此诗刺淫乱，故云床笫之言。子西赋《黍苗》之四章，《黍苗》，

《诗·小雅》。四章曰："肃肃谢功，召伯营之。列列征师，召伯成之。"比赵孟于召伯。赵孟曰："寡君在，武何能焉？"推善其君。子产赋《隰桑》，《隰桑》，《诗·小雅》。义取思见君子，尽心以事之。曰："既见君子，其乐如何？"赵孟曰："武请受其卒章。"卒章曰："心乎爱矣，遐不谓矣。中心藏之，何日忘之？"赵孟欲子产之见规诲。子大叔赋《野有蔓草》，《野有蔓草》，《诗·郑风》。取其邂逅相遇，适我愿兮。赵孟曰："吾子之惠也。"大叔喜于相遇，故赵武受其惠。印段赋《蟋蟀》，《蟋蟀》，《诗·唐风》，曰："无已大康，职思其居。好乐无荒，良士瞿瞿。"言瞿瞿然顾礼义。赵孟曰："善哉，保家之主也！吾有望矣。"能戒惧不荒，所以保家。公孙段赋《桑扈》，《桑扈》，《诗·小雅》。义取君子有礼文，故能受天之祜。赵孟曰："匪交匪敖，福将焉往？此《桑扈》诗卒章。赵孟因以取义。若保是言也，欲辞福禄，得乎？"卒享，文子告叔向曰："伯有将为戮矣。诗以言志，志诬其上，而公怨之，以为宾荣，伯有称人之无良，是诬其上也。赵孟倡赋诗以自宠，故曰为宾荣。其能久乎？幸而后亡。"叔向曰："然已侈，所谓不及五稔者，夫子之谓矣。"为三十年郑杀良霄传。文子曰："其余皆数世之主也。子展其后亡者也，在上不忘降。谓赋《草虫》曰我心则降。印氏其次也，乐而不荒。谓赋《蟋蟀》曰好乐无荒。乐以安民，不淫以使之，后亡，不亦可乎！" 宋左师请赏，曰："请免死之邑。"欲宋君称功加厚赏，故谦言免死之邑。公与之邑六十，以示子罕，子罕曰："凡诸侯小国，晋、楚所以兵威之，畏而后上下慈和，慈和而后能安靖其国家，以事大国，所以存也。无威则骄，骄则乱生，乱生必灭，所以亡也。天生五材，金、木、水、火、土也。民并用之，废一不可，谁能去兵？兵之设久矣，所以威不轨而昭文德也。圣人以兴，谓汤、武。乱人以废。谓桀、纣。废兴、存亡、昏明之术，皆兵之由也，而子求去之，不亦诬乎！以诬道蔽诸侯，罪莫大焉，纵无大讨，而又求赏，无厌之甚也。"削而投之。削赏左师之书。左师辞邑。向氏欲攻司城。司城，子罕。左师曰："我将亡，夫子存我，德莫大焉。又可攻乎？"君子曰："彼己之子，邦之司直。《诗·郑风》。司，主也。乐喜之谓乎！"乐喜，子罕也。善其不阿向戌。何以恤我，我其收之。《诗·周颂》。恤，忧也。收，取也。向戌之谓乎！善向戌能知其过。

公羊传 曷为再言豹？殆诸侯也。殆，危也。曷为殆诸侯？为卫石恶在是也，曰："恶人之徒在是矣。"

谷梁传 溴梁之会，诸侯在而不曰诸侯之大夫，大夫不臣也。晋赵武耻之，豹云者，恭也。不举姓氏。诸侯不在而曰诸侯之大夫，大夫臣也。其臣恭也，晋赵武为之会也。

楚之争霸常始于宋，而南北分霸卒成于宋。自向戌为弭兵之说，而赵武从之，驱天下诸侯南乡而朝楚，楚欲不违，而晋势益大屈矣。方是时，晋、楚皆倦于兵，是以偶息数年之争，而鲁师取郓，晋师败狄，至楚围篡立，大合诸侯，伐吴灭赖，所谓弭兵者安在哉？溴梁之盟，不书诸侯之大夫，以诸侯在会而大夫盟，故不书诸侯，以罪其臣。此盟则诸侯不在，故书诸侯之大夫，以存其君。义各有当也。

附录左传　齐崔杼生成及强而寡，偏丧曰寡。寡，特也。娶东郭姜，生明。东郭姜以孤入，曰棠无咎，无咎，棠公子。与东郭偃相崔氏。偃，姜之弟。崔成有疾而废之，有恶疾也。而立明。成请老于崔，崔，杜注：济南东朝阳县西北有崔氏城。在今山东章丘县西北。崔子许之，偃与无咎弗予，曰："崔，宗邑也，必在宗主。"宗邑，宗庙所在。宗主谓崔明。成与强怒，将杀之，告庆封曰："夫子之身，夫子谓崔杼。亦子所知也，唯无咎与偃是从，父兄莫得进矣。大恐害夫子，敢以告。"庆封曰："子姑退，吾图之。"告卢蒲嫳。嫳，庆封属大夫。卢蒲嫳曰："彼君之仇也。君谓齐庄公。天或者将弃彼矣。彼实家乱，子何病焉？崔之薄，庆之厚也。"他日又告，成、强复告。庆封曰："苟利夫子，必去之。难，吾助女。"九月庚辰，崔成、崔强杀东郭偃、棠无咎于崔氏之朝。崔子怒而出，其众皆逃，求人使驾，不得。使圉人驾，寺人御而出，圉人，养马者。寺人，奄士。且曰："崔氏有福，止余犹可。"恐灭家，祸不止其身。遂见庆封，庆封曰："崔、庆一也。言如一家。是何敢然？请为子讨之。"使卢蒲嫳帅甲以攻崔氏，崔氏堞其宫而守之。堞，短垣。使其众居短垣内以自守。弗克，使国人助之，遂灭崔氏，杀成与强，而尽俘其家，其妻缢。妻，东郭姜。嫳复命于崔子，且御而归之。嫳为崔子御。至，则无归矣。乃缢。终入于其宫，不见其妻凶。崔明夜辟诸大墓。开先人之冢以藏之。辛巳，崔明来奔。庆封当国。　楚薳罢如晋莅盟，罢，令尹子荡。报荀盈也。晋侯享之。将出赋《既醉》《既醉》，《诗·大雅》，曰："既醉以酒，既饱以德。君子万年，介尔景福。"以美晋侯，比之大平君子也。叔向曰："薳氏之有后于楚国也，宜哉！承君命，不忘敏，子荡将知政矣。敏以事君，必能养民，政其焉往？"　崔氏之乱，在二十五年。申鲜虞来奔，申鲜，虞庄公之党。仆赁于野，以丧庄公。为庄公服丧。冬，楚人召之，遂如楚，为右尹。传言楚能用贤。

冬十有二月，乙亥，朔，日有食之。

左传　十一月乙亥朔，日有食之。辰在申，司历过也，再失闰矣。谓斗建指申。周十一月，今之九月。当建戌而在申，故知再失闰也。文十一年三月甲子，至今年七十一岁，应有二十六闰，今长历推得二十四闰，通计少再闰。

传曰辰在申，再失闰矣。若十有二月，当为辰在亥，则是三失闰，非再失也。杜氏预推历与传合，当以传为定。

日讲春秋解义卷四十五

襄　公

二十有八年，春，无冰。

左传　二十八年春，无冰。梓慎曰：梓慎，鲁大夫。“今兹宋、郑其饥乎！岁在星纪，而淫于玄枵。岁，岁星也。星纪在丑，斗、牛之次。玄枵在子，虚、危之次。十八年，晋董叔曰：“天道多在西北。”是岁，岁星在亥。至此年十一岁，故在星纪。明年乃当在玄枵，今已在玄枵，淫行失次。以有时灾，阴不堪阳。时灾，无冰也。盛阴用事，而温无冰，是阴不胜阳，地气发泄。蛇乘龙。蛇，玄武之宿，虚、危之星。龙，岁星。岁星，木也。木为青龙，失次出虚、危下，为蛇所乘。龙，宋、郑之星也。岁星本位在东方。东方尾、心为宋，角、亢为郑，故以龙为宋、郑之星。宋、郑必饥。玄枵，虚中也。玄枵三宿，虚星在其中。枵，耗名也。土虚而民耗，不饥何为？”岁为宋、郑之星，今失常，淫入虚耗之次。时复无冰，地气发泄，故曰土虚民耗。

自正月至三月为春，在夏时则十一月、十二月、正月也。此三月内无冰，则天道恒燠，故特书之以纪异。

附录左传　夏，齐侯、陈侯、蔡侯、北燕伯、杞伯、胡子、沈子、白狄朝于晋，宋之盟故也。陈侯、蔡侯、胡子、沈子，楚属也。宋盟曰晋、楚之从交相见，故朝晋。燕国，杜注：蓟县。今京城东偏即其地。齐侯将行，庆封曰：“我不与盟，何为于晋？”以宋盟释齐、秦。陈文子曰：“先事后贿，礼也。事大国，当先从其政事，而后荐贿，以副己心。小事大，未获事焉，从之如志，礼也。言当从大国请事，以顺其志。虽不与盟，敢叛晋乎？重丘之盟，未可忘也。重丘盟在二十五年。子其劝行。”

夏，卫石恶出奔晋。

左传　卫人讨宁氏之党，故石恶出奔晋。卫人立其从子圃，以守石氏之祀，恶之先石碏有功卫国故。礼也。

邾子来朝。

左传　邾悼公来朝，时事也。

邾自晋执其君，鲁取其田，微弱极矣，故亟修礼于鲁。

秋，八月，大雩。

左传　秋八月，大雩，旱也。

附录左传　蔡侯归自晋，入于郑。郑伯享之，不敬。子产曰：“蔡侯其不免乎！日其过此也，往日至晋时。君使子展廷劳于东门之外，而傲。廷，往也。吾曰犹将更之。今还受享而惰，乃其心也。君小国，事大国，而惰傲以为己心，将得死乎？若不免，必由其子。其为君也，淫而不父。通太子班之妻。侨闻之，如是者，恒有子祸。”为三十年蔡世子班杀其君传。

仲孙羯如晋。

左传　孟孝伯如晋，告将为宋之盟故如楚也。鲁，晋属，故告晋而行。

公因宋之盟将朝于楚，又先禀命于晋，南北分霸，列国皆疲于奔命矣。

附录左传　蔡侯之如晋也，郑伯使游吉如楚。及汉，楚人还之，曰：“宋之盟，君实亲辱。君谓郑伯。今吾子来，寡君谓吾子姑还，吾将使驲奔问诸晋而以告。”问郑君应来朝否。子大叔曰：“宋之盟，君命将利小国，而亦使安定其社稷，镇抚其民人，以礼承天之休，此君之宪令，而小国之望也。寡君是故使吉奉其皮币，以岁之不易，聘于下执事。言岁有荒之难，故郑伯不得自朝楚。今执事有命曰：女何与政令之有？必使而君弃而封守，跋涉山川，蒙犯霜露，以逞君心。小国将君是望，敢不唯命是听？无乃非盟载之言，以阙君德，而执事有不利焉，小国是惧。不然，其何劳之敢惮？”子大叔归，复命，告子展曰：“楚子将死矣。不修其政德，而贪昧于诸侯，以逞其愿，欲久，得乎？《周易》有之，在复☷震下坤上，复。之颐☶，震下艮上，颐。复上六变得颐。曰：‘迷复，凶’，复上六爻辞也。复，反也。阴处极位，终迷不反，故凶。其楚子之谓乎？欲复其愿。谓欲得郑朝，以复其愿。而弃其本，不修德。复归无所，失道已远。是谓迷复，能无凶乎？君其往也，送葬而归，以快楚心。楚不几十年，未能恤诸侯也，几，近也。吾乃休吾民矣。”裨灶曰：裨灶，郑大夫裨谌。“今兹周王及楚子皆将死。岁弃其次，而旅于明年之次，以害鸟帑，周、楚恶之。”旅，客舍也。岁星弃星纪之次，客在玄枵。岁星所在，其国有福。失次于北，祸冲在南，南为朱鸟，鸟尾曰帑。鹑火、鹑尾，周、楚之分，故周王、楚子受其咎。俱论岁星过次，梓慎则曰宋、郑饥，裨灶则曰周、楚王死。传故备举，以示卜占惟人所在。九月，郑游吉如晋，告将朝于楚以从宋之盟，子产相郑伯以如楚，舍不为坛。至敌国郊，除地封土为坛，以受郊劳。外仆言曰：外仆，掌次舍者。“昔先大夫相先君适四国，未尝不为坛，自是至今亦皆循之。今子草舍，无乃不可乎？”子产曰：“大适小，则为坛。小适大，苟舍而已。焉用坛？侨闻之，大适小有五美。宥其罪戾，赦其过失，救其灾患，赏其德刑，刑，法也。教其不及。小国不困，怀服如归，是故作坛以昭其功，宣告后人，无怠于德。小适大有五恶，说其罪戾，自解说。请其不足，行其政事。奉行大国之政。共其职贡，从其时命。不然，则重其币帛，以贺其福而吊其凶，皆小国之祸也。焉用作坛以昭其祸？所以告子孙，无昭祸焉可也。”

冬，齐庆封来奔。

左传　齐庆封好田而耆酒，与庆舍政，舍，庆封子。封当国，不自为政以付舍。则以其内实迁于卢蒲嫳氏，内实，宝物、妻妾也。移而居嫳家。易内而饮酒数日，国迁朝焉。就于卢蒲氏朝见封。使诸亡人得贼者以告而反之，亡人，辟崔氏难出奔者。故反卢蒲癸。癸臣子之，子之，庆舍。有宠，妻之。子之以其女妻癸。庆舍之士谓卢蒲癸曰："男女辨姓，子不辟宗，何也？"庆氏、卢蒲氏皆姜姓。曰："宗不余辟，余独焉辟之？赋诗断章，余取所求焉，恶识宗？"言己欲求宠于庆氏为庄公报仇，不能顾礼。如赋诗者，取其一章而已。癸言王何而反之，二人皆嬖，二子皆庄公党。使执寝戈而先后之。寝戈，亲近兵杖。公膳，日双鸡，卿大夫之膳食。饔人窃更之以鹜。鹜，鸭也。御者知之，则去其肉，而以其洎馈。御，进食者。洎，肉汁也。欲使诸大夫怨庆氏，减其膳。盖癸与何之谋。子雅、子尾怒。二子皆惠公孙。庆封告卢蒲嫳，卢蒲嫳曰："譬之如禽兽，吾寝处之矣。"使析归父告晏平仲，欲与共谋子雅、子尾。平仲曰："婴之众不足用也，知无能谋也。言弗敢出，不敢泄谋。有盟可也。"子家曰：子家，析归父。"子之言云，又焉用盟？"告北郭子车。子车，齐大夫。子车曰："人各有以事君，非佐之所能也。"佐，子车名。陈文子谓桓子曰：桓子，文子之子无宇。"祸将及矣，吾其何得？"对曰："得庆氏之木百车于庄。"庆封时有此木，积于六轨之道。文子曰："可慎守也已。"善其不志于货财。卢蒲癸、王何卜攻庆氏，示子之兆，曰："或卜攻仇，敢献其兆。"子之曰："克，见血。"冬十月，庆封田于莱，陈无宇从。丙辰，文子使召之，请曰："无宇之母疾病，请归。"庆季卜之，季，庆封。示之兆，曰："死。"奉龟而泣，无宇泣。乃使归，庆嗣闻之，嗣，庆封之族。曰："祸将作矣。"谓子家："速归，子家，庆封子。祸作必于尝，尝，秋祭。归犹可及也。"子家弗听，亦无悛志。子息曰：子息，庆嗣。"亡矣。幸而获在吴、越。"陈无宇济水，而戕舟发梁。不欲庆封得救难。卢蒲姜谓癸曰：卢蒲姜，庆舍女。"有事而不告我，必不捷矣。"癸告之，告欲杀庆舍。姜曰："夫子愎，夫子谓庆舍。莫之止，将不出。我请止之。"癸曰："诺。"十一月乙亥，尝于太公之庙，庆舍莅事。卢蒲姜告之，且止之，弗听，曰："谁敢者？"遂如公。至公所。麻婴为尸，庆奊为上献。上献，先献者。二子皆庆氏党。卢蒲癸、王何执寝戈，庆氏以其甲环公宫。庙在宫内。陈氏、鲍氏之圉人为优。优，俳。庆氏之马善惊，士皆释甲束马，而饮酒，且观优，至于鱼里。鱼里，杜注：里名。在今山东临淄县境。优在鱼里，就观之。栾、高、陈、鲍之徒介庆氏之甲。栾，子雅。高，子尾。陈，陈须无。鲍，鲍国。子尾抽桷，击扉三，桷，椽也。扉，门阖也。以桷击扉为期。卢蒲癸自后刺子之，王何以戈击之，解其左肩。犹援庙桷，动于甍。甍，屋栋。以俎壶投，杀人而后死。言其多力。遂杀庆绳、麻婴。庆绳，庆奊。公惧。鲍国曰："群臣为君故也。"陈须无以公归，税服而如内宫。庆封归，遇告乱者。丁亥，伐西门，弗克。还伐北门，克之。入，伐内宫。陈、鲍在公所故。弗克。反，陈于岳，岳，杜注：里名。请战，弗许，遂来奔。献车于季武子，美泽可以鉴。展庄叔见之，鲁大夫。曰："车甚泽，人必瘁，宜其亡也。"叔孙穆子食庆封，庆封氾祭。礼，食有祭，示有所先也。氾祭，远散所祭，不共。穆子不悦，使工为之诵《茅鸱》，《茅鸱》，逸诗。刺不敬。亦不知。既而齐人来让，让鲁受庆封。奔吴。吴句余予之朱方，句余，吴子夷末也。朱方，杜注：吴邑。今江南镇江府治。聚其族焉而居之，富于其旧。子服惠伯谓叔孙曰："天殆富淫人，庆封又富矣。"穆子曰："善人富谓之赏，淫人富谓之殃。天其殃之也，其将聚而歼旃。"为昭四年杀庆封传。

据左氏，卢蒲癸、王何杀庆舍，逐庆封，而戮崔杼。经不书崔杼死于家难，非以贼讨。过时而戮其尸，与郑归生同。或其国不告，或虽告而义不得以讨贼书也。庄公之杀倖臣，从死者十人，而为之讨贼复仇，亦出于倖臣，岂非卿大夫之耻与？

附录左传　癸巳，天王崩。未来赴，亦未书，礼也。　崔氏之乱，丧群公子，故鉏在鲁，叔孙还在燕，贾在句渎之丘。在襄二十五年。及庆氏亡，皆召之，具其器用，而反其邑焉。与晏子邶殿其鄙六十，邶殿，杜注：齐别郡。弗受。子尾曰："富，人之所欲也。何独弗欲？"对曰："庆氏之邑足欲，故亡。吾邑不足欲也，益之以邶殿，乃足欲。足欲，亡无日矣。在外，不得宰吾一邑。不受邶殿，非恶富也，恐失富也。且夫富，如布帛之有幅焉。为之制度，使无迁也。夫民，生厚而用利，于是乎正德以幅之，使无黜嫚，黜犹放也。谓之幅利。利过则为败，吾不敢贪多，所谓幅也。"与北郭佐邑六十，受之。与子雅邑，辞多受少。与子尾邑，受而稍致之。公以为忠，故有宠。释卢蒲嫳于北竟。释，放也。求崔杼之尸，将戮之，不得。叔孙穆子曰："必得之。武王有乱臣十人，崔杼其有乎？不十人，不足以葬。"葬必须十人，崔氏不能令十人同心，故必得。既，崔氏之臣曰："与我其拱璧，吾献其柩。"于是得之。十二月乙亥朔，齐人迁庄公，殡于大寝，路寝。以其棺尸崔杼于市。国人犹知之，皆曰："崔子也。"始求崔杼之尸不得，故传云国人皆知之。

十有一月，公如楚。诸夏之君始旅见于楚。

左传　为宋之盟故，公及宋公、陈侯、郑伯、许男如楚。公过郑，郑伯不在，已在楚。伯有廷劳于黄崖，不敬。黄崖，杜注：荥阳宛陵县西有黄水。今黄水在河南新郑县东。穆叔曰："伯有无戾于郑，郑必有大咎。敬，民之主也，而弃之，何以承守？郑人不讨，必受其辜。济泽之阿，行潦之蘋藻，置诸宗室，季兰尸之，敬也。言取蘋藻之菜于阿泽之中，使服兰之女而为之主，神犹享之，以其敬也。敬可弃乎？"为三十年郑杀良霄传。及汉，楚康王卒。公欲反。叔仲昭伯曰：昭伯，叔仲带。"我楚国之为，岂为一人？行也。"子服惠伯曰："君子有远虑，小人从迩。饥寒之不恤，谁遑其后？不如姑归也。"叔孙穆子曰："叔仲子专之矣。言足专任。子服子，始学者也。”言未识远。荣成伯曰：成伯，荣驾鹅。“远图者，忠也。”公遂行。宋向戌曰：“我一人之为，非为楚也。饥寒之不恤，谁能恤楚？姑归而息民，待其立君而为之备。”宋公遂反。

举鲁以见其余也。书公朝于王所，见王纲之坠。书公如楚，见霸业之衰。凡举鲁以见其余者，皆天下之辞也。僖二十八年，郑文公始朝于楚。二十四年，宋成公亦如楚。自是以后，郑伯屡朝于楚，而陈许诸君朝楚，传亦间见，至是则中国诸侯旅朝于楚，直以事天子之礼事之矣。迨昭九年，而诸侯之大夫亦旅见于楚矣。迨哀四年，而晋亦京师楚矣。凡此皆宋之盟，实为厉阶也。

附录左传　楚屈建卒，赵文子丧之如同盟，礼也。

十有二月，甲寅，天王崩。

左传　王人来告丧，问崩日，以甲寅告，故书之，以征过也。讥其怠慢。

乙未，楚子昭卒。

乙未距甲寅四十二日，其为闰明矣。而不书闰者，见丧服之不数闰也。齐景公葬书闰月，明杀恩之非礼也。

二十有九年，春，王正月，公在楚。

左传　二十九年春王正月，公在楚，释不朝正于庙也。楚人使公亲襚，诸侯有遣使赗襚之礼。今楚欲遣使之比。公患之。穆叔曰：“祓殡而襚，则布币也。”先使巫祓殡之凶邪，而行襚礼，与朝而布币无异。乃使巫以桃、茢先祓殡。茢，黍穰。楚人弗禁，既而悔之。礼，君临臣丧乃祓殡，故楚悔之。

公羊传　何言乎公在楚？正月以存君也。

谷梁传　闵公也。闵公为楚所制，故存录。

公如齐、晋，岁首阙朝正之礼亦多矣，而经不书，此独书者何？公迫于蛮荆久留以俟其葬，而不能奔天王之丧，故特书公所在，以明其义。以是知凡君在行，国之守臣月朔必以公不朝正之故告于庙。孔子修经，以为常事而削之耳。

附录左传　二月癸卯，齐人葬庄公于北郭。兵死不入兆域，故葬北郭。

夏四月，葬楚康王公，及陈侯、郑伯、许男送葬至于西门之外，诸侯之大夫皆至于墓。楚郏敖即位，郏敖，康王子熊麇也。王子围为令尹，围，康王弟。郑行人子羽曰：“是谓不宜，必代之昌，松柏之下，其草不殖。”言楚君弱，令尹强，物不两盛。为昭元年围杀郏敖起本。

夏，五月，公至自楚。

左传　公还，及方城。季武子取卞，取卞邑以自益。使公冶问，问公起居。公冶，季氏属大夫。玺书追而与之，玺，印也。曰：“闻守卞者将叛，臣帅徒以讨之，既得之矣。敢告。”公冶致使而退，及舍而后闻取卞。发书乃闻之。公曰：“欲之而言叛，只见疏也。”公谓公冶曰：“吾可以入乎？”以季氏疏己，故不敢入。对曰：

“君实有国，谁敢违君?”公与公冶冕服。以卿服赏之。固辞，强之而后受。公欲无入。荣成伯赋《式微》乃归。《诗·邶风》，曰：“式微式微，胡不归?”式，用也。义取寄寓之微陋，劝公归也。五月，公至自楚。公冶致其邑于季氏，而终不入焉。曰：“欺其君，何必使余?”季孙见之，则言季氏如他日，不见则终不言季氏。及疾，聚其臣，曰：大夫家臣。“我死，必无以冕服敛，非德赏也。言公畏季氏，而赏其使，非以我有德。且无使季氏葬我。”

谷梁传　喜之也。远之蛮国，喜得全归。致君者，殆其往而喜其反，此致君之意义也。

公十一月如楚，至夏始归，外辱于蛮荆，内胁于强臣，危殆甚矣。故返国而以告于庙也。

庚午，卫侯衎卒。

附录左传　葬灵王，不书鲁不会。郑上卿有事。子展使印段往，伯有曰：“弱，不可。”印段年少官卑。子展曰：“与其莫往，弱，不犹愈乎?《诗》云：‘王事靡监，不遑启处。’《诗·小雅》。监，不坚固也。启，跪也。言王事无不坚固，故不暇跪处。东西南北，谁敢宁处? 谓上卿。坚事晋、楚，以蕃王室也。王事无旷，何常之有? 遂使印段如周。传言周衰，卑于晋、楚。

阍弑吴子余祭。

左传　吴人伐越，获俘焉，以为阍，使守舟。吴子余祭观舟，阍以刀弑之。

公羊传　阍者何? 门人也，刑人也。刑人则曷为谓之阍? 刑人非其人也。以刑人为阍，非其人。君子不近刑人，近刑人则轻死之道也。

谷梁传　阍，门者也，寺人也。不称名姓，阍不得齐于人。不称其君，阍不得君其君也。礼，君不使无耻，不近刑人，不狎敌，不迩怨。贱人非所贵也，贵人非所刑也，刑人非所近也。举至贱而加之吴子，吴子近刑人也。阍弑吴子余祭，仇之也。怨仇余祭，故杀之。

阍，刑人也。谓之弑，则其君也。不曰其君，贱阍也。盗杀蔡侯申书杀，阍书弑，以食庶人在官者之禄也。在礼，国君不近刑人，不迩怨，据左氏，阍乃越俘，可以知违礼之起祸矣。

附录左传　郑子展卒，子皮即位。子皮，罕虎。代父为上卿。于是郑饥，而未及麦，民病。子皮以子展之命饩国人粟，在丧，故以父命。户一钟，六斛四斗曰钟。是以得郑国之民，故罕氏常掌国政，以为上卿。宋司城子罕闻之，曰：“邻于善，民之望也。”民亦望君为善。宋亦饥，请于平公，出公粟以贷，使大夫皆贷。司城氏贷而不书，施而不德。为大夫之无者贷。宋无饥人。叔向闻之曰：“郑之罕，宋之乐，其后亡者也，二者其皆得国乎！得国政。民之归也。施而不德，乐氏加焉，其以宋升降乎！”升降，随宋盛衰。

仲孙羯会晋荀盈、齐高止、宋华定、卫世叔仪、郑公孙段、曹人、莒人、滕人、薛人、小邾人城杞。仪，公羊作齐。莒人下公羊、谷梁有邾人。

左传　晋平公，杞出也，故治杞。治，理其地，修其城。六月，知悼子合诸侯之大夫以城杞。孟孝伯会之，郑子大叔与伯石往。子大叔见大叔文子，卫大叔仪。与之语，文子曰："甚乎其城杞也！"子大叔曰："若之何哉！晋国不恤周宗之阙，而夏肄是屏，周宗，诸姬也。夏肄，杞也。肄，余也。屏，城也。其弃诸姬，亦可知也已。诸姬是弃，其谁归之？吉也闻之，弃同即异，是谓离德。《诗》曰：'协比其邻，昏姻孔云。'《诗·小雅》，言王者和协近亲，则昏姻甚归附也。云，犹旋旋归之。晋不邻矣，其谁云之？"　齐高子容与宋司徒见知伯，女齐相礼。子容，高止也。司徒，华定也。知伯，荀盈也。女齐，司马侯也。宾出，司马侯言于知伯曰："二子皆将不免。子容专，自是也。司徒侈，皆亡家之主也。"知伯曰："何如？"对曰："专则速及，侈将以其力毙，专则人实毙之，将及矣。"为此秋高止出奔燕、昭二十年华定出奔陈传。

谷梁传　古者，天子封诸侯，其地足以容其民，其民足以满城以自守也。杞危而不能自守，故诸侯之大夫相帅以城之。此变之正也。

齐桓城卫，而诸侯归心，其志公也。晋平城杞，而人疾其役，其志私也。平公内不能讨卫乱，外屈于楚，以致中夏诸侯南乡而旅见。乃役十一国以城母家，动又不时，诸侯之贰不亦宜乎？

晋侯使士鞅来聘。

左传　范献子来聘，拜城杞也。公享之，展庄叔执币。公将以酬宾。射者三耦。二人为耦。公臣不足，取于家臣。家臣，展瑕、展玉父为一耦。公臣，公巫召伯、仲颜庄叔为一耦，鄫鼓父、党叔为一耦。言公室卑微，公臣不能备于三耦。

拜城杞，且俾我归杞田也。以私役诸侯，又有所请，故特重其礼，而遣聘焉。

杞子来盟。

左传　晋侯使司马女叔侯来治杞田，使鲁归前侵杞田。所归少，故不书。弗尽归也。晋悼夫人愠曰：夫人，平母，杞女。"齐也取货，先君若有知也，不尚取之。"不尚叔侯之取货。公告叔侯，叔侯曰："虞、虢、焦、滑、霍、扬、韩、魏，皆姬姓也，八国皆晋所灭。杜注：焦在陕县。扬属平阳郡。晋是以大。若非侵小，将何所取？武、献以下，兼国多矣，武公、献公，晋始盛之君。谁得治之？杞，夏余也，而即东夷。鲁，周公之后也，而胜于晋。以杞封鲁犹可，而何有焉？何有，尽归之。鲁之于晋也，职贡不乏，玩好时至，公卿大夫相继于朝，史不绝书，府无虚月。无月不受鲁贡。如是可矣，何必瘠鲁以肥杞？且先君而有知也，毋宁夫人，而焉用老臣？"言先君毋宁怪夫人之所为，无用责我。杞文公来盟，鲁归其田，故来盟。书曰子，贱之也。贱其用夷礼。

杞子来盟，为田故也。晋治杞田，非出于公义。鲁归杞田，亦非出于诚心。故杞子亲来要结之。

吴子使札来聘。吴始聘。吴始君臣并见。

左传　吴公子札来聘，见叔孙穆子，说之。谓穆子曰："子其不得死乎！好善而不能择人。吾闻君子务在择人，吾子为鲁宗卿，而任其大政，不慎举，何以堪之？祸必及子。"为昭四年竖牛作乱起本。请观于周乐，鲁以周公故，有天子礼乐。使工为之歌《周南》《召南》，此皆各依其本国歌所常用声曲。曰："美哉！美其声。始基之矣，犹未也，犹有商纣，未尽善也。然勤而不怨矣。"为之歌邶、鄘、卫，邶、鄘，孔氏颍达曰："自纣城而北谓之邶，自纣城而南谓之鄘。"今邶城在河南卫辉府东北，鄘城在新乡县西。武王克殷，分其地为三监，三监叛，周公灭之，以其地封康叔，故三国尽被康叔之化。曰："美哉，渊乎！忧而不困者也。吾闻卫康叔、武公之德如是，是其《卫风》乎！"武公，康叔九世孙。听声以为别，故有疑言。为之歌《王》，《王·黍离》也。平王东迁，王政不行，风俗下同于诸侯，故不为雅。曰："美哉！思而不惧，其周之东乎！"为之歌《郑》，《诗》第七。曰："美哉！其细已甚，民弗堪也，是其先亡乎！"为之歌《齐》，《诗》第八。曰："美哉，泱泱乎！大风也哉！泱泱，弘大之声。表东海者，其太公乎！国未可量也。"为之歌《豳》，《诗》第十五。豳，杜注：周之旧国，在新平漆县东北。今陕西邠州东北有豳亭、豳谷，三水县有豳城，皆是也。曰："美哉，荡乎！乐而不淫，其周公之东乎！"荡乎，荡然也。周公遭管、蔡之变，东征三年，为成王陈后稷、先公不敢荒淫，以成王业，故言其周公之东乎。为之歌《秦》，《诗》第十一。后仲尼删定，故不同。曰："此之为夏声。夫能夏则大，大之至也，其周之旧乎！"秦本在西戎汧、陇之西，秦仲始有车马、礼乐，去戎狄之音而有诸夏之声，故谓之夏声。及襄公佐平王东迁，而受其故地，故曰周之旧。为之歌《魏》，《诗》第九。魏，姬姓国。闵元年，晋献公灭之。曰："美哉，沨沨乎！大而婉，险而易行，以德辅此，则明主也。"沨沨，中庸之声。婉，约也。险当为俭字之误也。为之歌《唐》，《诗》第十。晋诗。曰："思深哉！其有陶唐氏之遗民乎！不然，何忧之远也？晋本唐国，帝尧旧都。非令德之后，谁能若是为？"之歌陈，《诗》第十二。曰："国无主，其能久乎！"淫声放荡，无所畏忌，故曰国无主。自《郐》以下无讥焉。《郐》，第十三，《曹》，第十四。郐在今河南密县东北。不复讥论之，以其微也。为之歌《小雅》，《小雅》，小正，亦乐歌之常。曰："美哉！思而不贰，怨而不言，其周德之衰乎！犹有先王之遗民焉。"为之歌《大雅》，《大雅》陈文王之德，以正天下。曰："广哉，熙熙乎！熙熙，和乐声。曲而有直体，论其声。其文王之德乎！"《雅》《颂》所以咏盛德形容，故但歌其美者，不皆歌变雅。为之歌《颂》，《颂》者，以其成功告于神明。曰："至矣哉！言道备。直而不倨，曲而不屈，迩而不逼，远而不携，迁而不淫，复而不厌，常日新。哀而不愁，乐而不荒，用而不匮，广而不宣，不自显。施而不费，取而不贪，处而不底，底，滞也。行而不流，五声和，八风平，节有度，守有序，盛德之所同也。”《颂》有殷、鲁，故曰盛德所同。见舞《象箾》《南钥》者，象箾，舞所执。南钥，以钥舞也。皆文王之乐。曰：“美哉！美其容。犹有憾。”文王恨不及已致太平。见舞《大武》者，武王乐。曰：“美哉！周之盛也，其若此乎！”见舞《韶濩》者，殷汤乐。曰：“圣人之弘也，而犹有惭德，惭于始伐。圣人之难也。”见舞《大夏》者，禹乐。曰：“美哉！勤而不德，尽力沟洫，勤也。非禹其谁能修之？”见舞《韶箾》者，舜乐。曰：“德至矣哉！大矣。如天之无不帱也，如地之无不载也。虽甚盛，德其蔑以加于此矣，观止矣。若有他乐，吾不敢请已。”其出聘也，通嗣君也。吴子余祭嗣立。故遂聘于齐，说晏平仲，谓之曰：“子速纳邑与政。无邑无政，乃免于难。齐国之政将有所归，未获所归，难未歇也。”故晏子因陈桓子以纳政与邑，是以免于栾、高之难。栾子雅、高子尾难在昭八年。聘于郑，见子产，如旧相识。与之缟带，子产献纻衣焉。大带也。吴地贵缟，郑地贵纻，故各献己所贵，示不为彼货利。谓子产曰：“郑之执政侈，侈谓伯有。难将至矣，政必及子。子为政，慎之以礼。不然，郑国将败。”适卫，说蘧瑗、蘧伯玉。史狗、史朝之子文子。史鳍、史鱼。公子荆、字南楚。公叔发、公叔文子。公子朝，曰：“卫多君子，未有患也。”自卫如晋，将宿于戚，戚，孙文子之邑。闻钟声焉，曰：“异哉！吾闻之也，辩而不德，辩犹争也。必加于戮。夫子获罪于君以在此，惧犹不足，而又何乐？夫子之在此也，犹燕之巢于幕上。言至危。君又在殡，而可以乐乎？”卫献公卒，未葬。遂去之。不止宿。文子闻之，终身不听琴瑟。适晋，说赵文子、韩宣子、魏献子，曰：“晋国其萃于三族乎！”说叔向。将行，谓叔向曰：“吾子勉之，君侈而多良，谓多以恶人为良而善之。大夫皆富，政将在家。吾子好直，必思自免于难。”

公羊传　吴无君无大夫，据向之会称国。此何以有君、有大夫？贤季子也。何贤乎季子？让国也。其让国奈何？谒也，余祭也，夷昧也，与季子同母者四，季子弱而才，兄弟皆爱之，同欲立之以为君，谒曰：“今若是迮而与季子国，迮，起也。仓卒意。季子犹不受也，请无与子而与弟，弟兄迭为君，而致国乎季子。”皆曰：“诺。”故诸为君者，皆轻死为勇，饮食必祝，曰：“天苟有吴国，尚速有悔于予身。”故谒也死，余祭也立。余祭也死，夷昧也立。夷昧也死，则国宜之季子者也。季子使而亡焉。僚者，长庶也，即之，即位。季子使而反，至而君之尔。阖庐曰：阖庐，谒之长子光。“先君之所以不与子国，而与弟者，凡为季子故也。将从先君之命与，则国宜之季子者也。如不从先君之命与，则我宜立者也，僚焉得为君乎？”于是使专诸刺僚，专诸，膳宰。僚耆炙鱼，因进鱼而刺之。而致国乎季子。季子不受，曰：“尔杀吾君，吾受尔国，是吾与尔为篡也。尔杀吾兄，吾又杀尔，是父子兄弟相杀，终身无已也。”去之延陵，延陵，吴下邑。公子无去国之义，故不越竟。终身不入吴国。故君子以其不受为义，以其不杀为仁。贤季子，则吴何以有君有大夫？以季子为臣，则宜有君者也。札者何？吴季子之名也。《春秋》贤者不名，此何以名？许夷狄者不壹而足也。当以渐进之，故季子降字而名。季子者所贤也，曷为不足乎季子？许人臣者，必使臣。许人子者，必使子也。臣子尊荣，莫不欲与君父共之。《春秋》隆父子之亲，厚君臣之义，故贤者不名而札名，以成尊于上也。

谷梁传　吴其称子，何也？善使延陵季子，故进之也。身贤，贤也。使贤，亦贤也。延陵季子之贤，尊君也。以季子之贤，吴子得进称子，尊君也。其名，成尊于上也。

札称名，称吴子使，本与楚子使椒来聘、秦伯使术来聘同。秦、楚之使再而后书名称使，初通于鲁，鲁犹忽之。吴则晋以楚故，数合诸侯，以会之鲁，又尝奉晋命特遣国卿，偕卫卿以会之，其重吴也久矣。故始通而旧史所书，一同于秦、楚耳。先儒乃谓孔子特称名以贬札，而推原其故，以为辞国而生乱。不思札之辞国，乃在聘鲁之后，而预贬之，何义乎？自盟宋以后，中夏诸侯尽朝于楚，吴、楚方仇，故历聘上国，以联远交，且以观诸侯之乡背，而其后楚求诸侯于晋以伐吴，此当日邦交之情实也。

秋，九月，葬卫献公。

齐高止出奔北燕。北燕始见经。

左传　秋九月，齐公孙虿、公孙灶放其大夫高止于北燕。止，高厚之子。虿，子尾。灶，子雅。乙未，出书曰出奔，罪高止也。实放，书奔，所以示罪。高止好以事自为功且专，故难及之。

谷梁传　其曰北燕，从史文也。以时有直言燕者，故知从史文。

据传，齐公孙虿、公孙灶放高止于北燕。君放大夫可也，臣放大夫不可以训，故以出奔书。

冬，仲孙羯如晋。

左传　冬，孟孝伯如晋，报范叔也。范叔，士鞅。此年夏来聘。

附录左传　为高氏之难故，高竖以卢叛。竖，高止子。十月庚寅，闾丘婴帅师围卢。高竖曰："苟使高氏有后，请致邑。"齐人立敬仲之曾孙酀，敬仲，高傒。良敬仲也。良犹贤也。十一月乙卯，高竖致卢而出奔晋，晋人城緜而置旃。　郑伯有使公孙黑如楚，黑，子皙。辞曰："楚、郑方恶，而使余往，是杀余也。"伯有曰："世行也。"言世为行人。子皙曰："可则往，难则已，何世之有？"伯有将强使之，子皙怒，将伐伯有氏，大夫和之。十二月己巳，郑大夫盟于伯有氏。裨谌曰："是盟也，其与几何？《诗》曰：'君子屡盟，乱是用长。'《诗·小雅》。今是长乱之道也，祸未歇也，必三年而后能纾。"然明曰："政将焉往？"裨谌曰："善之代不善，天命也，其焉辟子产？举不踰等，则位班也。班次应知政。择善而举，则世隆也。为世所高。天又除之，夺伯有魄，丧其精神，为子产驱除。子西即世，将焉辟之？天祸郑久矣，其必使子产息之，乃犹可以戾。戾，定也。不然，将亡矣。"

日讲春秋解义卷四十六

襄　公

三十年，春，王正月，楚子使薳罢来聘。罢，公羊作颇。

左传　三十年春王正月，楚子使薳罢来聘，通嗣君也。郏敖即位。穆叔问王子之为政何如，王子围为令尹。对曰："吾侪小人食而听事，犹惧不给命，而不免于戾，焉与知政?"固问焉，不告。穆叔告大夫曰："楚令尹将有大事，子荡将与焉，子荡，薳罢。助之匿其情矣。"

公逾年在楚，郏敖新即位，使薳罢来聘，鲁以君行，而楚以大夫报，行霸主之礼于中国，非晋平、赵武之责而何哉?

附录左传　子产相郑伯以如晋，叔向问郑国之政焉，对曰："晋得见与否，在此岁也。驷、良方争，未知所成。驷，子晳。良，伯有。若有所成，吾得见，乃可知也。"叔向曰："不既和矣乎?"对曰："伯有侈而愎，子晳好在人上，莫能相下也。虽其和也，犹相积恶也，恶至无日矣。"为此年秋良霄出奔传。　三月癸未，晋悼夫人食舆人之城杞者，舆，众也。城杞在往年。绛县人或年长矣，无子而往与于食，有与疑年，使之年。使言其年。曰："臣小人也，不知纪年。臣生之岁，正月甲子朔，四百有四十五甲子矣。其季于今三之一也。"所称正月，夏正月也。三分六甲之一，得甲子甲戌，尽癸未。吏走问诸朝。师旷曰："鲁叔仲惠伯会郤成子于承匡之岁也。在文十一年。是岁也，狄伐鲁，叔孙庄叔于是乎败狄于咸，获长狄侨如及虺也、豹也，而皆以名其子。七十三年矣。"史赵曰：晋大史名赵。"亥有二首六身，下二如身，是其日数也。"古亥字二画在上，三人在下，故以二为首，以六为身。下首之二画竖置身旁，当为㤅字，则是老人始生至今之日数。盖以二首为二万，六身为六千六百六十日也。士文伯曰：文伯，士弱之子。"然则二万六千六百有六旬也。"赵孟问其县大夫，则其属也。属赵武。召之，而谢过焉，曰："武不才，任君之大事，以晋国之多虞，不能由吾子，由，用也。使吾子辱在泥涂久矣，武之罪也。敢谢不才。"遂仕之，使助为政。辞以老，与之田，使为君复陶，复陶，主衣服之官。以为绛县师，县师，掌地域，辨其夫家人民。而废其舆尉。以役孤老故。于是鲁使者在晋，归以语诸大夫。季武子曰："晋未可媮也。媮，薄也。有赵孟以为大夫，有伯瑕以为佐，伯瑕，士文伯。有史赵、师旷而咨度焉，有叔向、女齐以师保其君。其朝多君子，其庸可媮乎？勉事之而后可。”传言晋所以不失诸侯。　夏四月乙亥，郑伯及其大夫盟。驷、良争故。君子是以知郑难之不已也。

夏，四月，蔡世子般弑其君固。

左传　蔡景侯为大子般娶于楚，通焉。大子弑景侯。终子产言有子祸。

谷梁传　其不日，子夺父政，是谓夷之。

不言其父，而言其君者，君于世子，有父之亲，有君之尊，故互举以尽其义也。

五月，甲午，宋灾，宋伯姬卒。伯姬上公羊、谷梁无宋字。

左传　或叫于宋太庙，叫，呼也。曰：“譆譆，出出。”譆譆，热也。出出，戒伯姬。鸟鸣于亳社，殷社。如曰譆譆。皆为妖也。甲午，宋大灾，宋伯姬卒，待姆也。姆，女师。君子谓宋共姬女而不妇，女待人，待人而行。妇义事也。义，从宜也。伯姬时年六十左右。

谷梁传　取卒之日，加之灾上者，见以灾卒也。其见以灾卒奈何？伯姬之舍失火，左右曰：“夫人少辟火乎？”伯姬曰：“妇人之义，傅母不在，宵不下堂。”左右又曰：“夫人少辟火乎？”伯姬曰：“妇人之义，保母不在，宵不下堂。”遂逮乎火而死。妇人以贞为行者也，伯姬之妇道尽矣。详其事，贤伯姬也。

连书灾与卒，而贯以日，见以灾卒也。伯姬年逾六十，虽避火以全生，不害为贞，而致死以守礼，妇道尽矣。而宋之臣子缓救，以死其君母，罪可胜诛哉？

天王杀其弟佞夫。公羊作年夫。

左传　初，王儋季卒，儋季，周灵王弟。其子括将见王，而叹。单公子愆期为灵王御士，过诸廷，愆期行过王廷。闻其叹，而言曰：“乌乎！必有此夫。”欲有此朝廷之权。入以告王，且曰：“必杀之。不慼而愿大，视躁而足高，心在他矣。不杀，必害。”王曰：“童子何知。”及灵王崩，儋括欲立王子佞夫。佞夫，灵王子，景王弟。佞夫弗知。戊子，儋括围蔿，逐成愆。成愆为邑大夫。成愆奔平畤。平畤，杜注：周邑。五月癸巳，尹言多、刘毅、单蔑、甘过、巩成杀佞夫。五子，周大夫。括、瑕、廖奔晋。括、廖不书，贱也。书曰天王杀其弟佞夫，罪在王也。以佞夫不知故。

谷梁传　传曰诸侯且不首恶，况于天子乎？君无忍亲之义，天子、诸侯所亲者，唯长子母弟耳。天王杀其弟佞夫，甚之也。

郑伯克段于鄢不书弟，段不弟也。今天王之杀佞夫书弟，则知非佞夫之罪也。儋括之乱，佞夫不知，而以嫌见杀，过矣。

王子瑕奔晋。

儋括之乱，佞夫见杀，瑕惧祸而奔，则必与闻乎儋括之谋矣。瑕与子朝皆为逆乱，无所容身，避罪逃窜，与守官保禄而出奔者异，故皆不言出。

附录左传　六月，郑子产如陈莅盟。归，复命，告大夫曰：“陈，亡国也。不可与也。聚禾粟，缮城郭，恃此二者，而不抚其民。其君弱植，公子侈，大子卑，大夫敖，政多门，以介于大国，能无亡乎？不过十年矣。”为昭八年楚灭陈传。

秋，七月，叔弓如宋，葬宋共姬。共姬上谷梁无宋字。

左传　秋七月，叔弓如宋，葬共姬也。

公羊传　外夫人不书葬，此何以书？隐之也。何隐尔？宋灾，伯姬卒焉。其称谥何？贤也。何贤尔？宋灾，伯姬存焉？有司复曰：“火至矣，请出。”伯姬曰：“不可。吾闻之也，妇人夜出，不见傅母不下堂。傅至矣，母未至也。”逮乎火而死。

谷梁传　外夫人不书葬，此其言葬，何也？吾女也。卒灾，故隐而葬之也。

鲁高共姬之义，故使卿共葬事。内女之葬不书，遭变然后书。庄四年齐侯葬纪伯姬，三十年葬纪叔姬，此年葬共姬，皆非常也。

郑良霄出奔许，自许入于郑，郑人杀良霄。

左传　郑伯有耆酒，为窟室，而夜饮酒，窟室，地室。击钟焉。朝至，未已。朝者曰：“公焉在？”家臣，故谓伯有为公。其人曰：“吾公在壑谷。”壑谷，窟室。皆自朝布路而罢。布路，分散。既而朝，伯有朝郑君。则又将使子皙如楚，归而饮酒。庚子，子皙以驷氏之甲伐而焚之。伯有奔雍梁，雍梁，杜注：郑地。醒而后知之，遂奔许。大夫聚谋，子皮曰：“仲虺之志云：‘乱者取之，亡者侮之。’推亡固存，国之利也。罕、驷、丰同生，罕，子皮。驷，子皙。丰，公孙段也。三家本同母兄弟。伯有汰侈，故不免。”人谓子产就直助强，时谓子皙直，三家强。子产曰：“岂为我徒？徒，党也。言不以驷良为党。国之祸难，谁知所敝？或主强直，难乃不生。言能强能直，则可弭难。今三家未能，伯有方争。姑成吾所。”欲以无所附著为所。辛丑，子产敛伯有氏之死者而殡之，不及谋而遂行。不与于国谋。印段从之。义子产。子皮止之，众曰：“人不我顺，何止焉？”子皮曰：“夫子礼于死者，况生者乎？”遂自止之。壬寅，子产入。癸卯，子石入。子石，印段。皆受盟于子皙氏。乙巳，郑伯及其大夫盟于太宫，盟国人于师之梁之外。师之梁，郑城门。伯有闻郑人之盟己也，怒，闻子皮之甲不与攻己也，喜，曰：“子皮与我矣。”癸丑晨，自墓门之渎入，墓门，郑城门。因马师颉介于襄库，以伐旧北门。马师颉，子羽孙。驷带率国人以伐之。驷带，子西子，子皙之宗主。皆召子产，子产曰：“兄弟而及此，吾从天所与。”伯有死于羊肆。羊肆，市列。子产襚之，枕之股而哭之，敛而殡诸伯有之臣在市侧者，既而葬诸斗城。斗城，杜注：郑地名。今河南陈留县南有斗城。子驷氏欲攻子产，子皮怒之，曰：“礼，国之干也。杀有礼，祸莫大焉。”葬伯有为有礼。乃止。于是游吉如晋还，闻难，不入，复命于介。八月甲子，奔晋。驷带追之，及酸枣。酸枣，杜注：陈留县。今河南延津县北有古城。与子上盟，子上，驷带。用两珪质于河。使公孙肸入盟大夫。己巳，复归。游吉归。书曰郑人杀良霄，不称大夫，言自外入也。既出，位绝，非复郑大夫。于子蟜之卒也，子蟜，公孙虿。卒在十九年。将葬，公孙挥与裨灶晨会事焉。过伯有氏，其门上生莠。子羽曰：“其莠犹在乎？”子羽，公孙挥。以莠喻伯有。于是岁在降娄，降娄中而旦。降娄，奎娄也。周七月，今五月。降娄中而天明。裨灶指之曰：“犹可以终岁，指降娄也。岁星十二年而一终。岁不及此次也已。不及降娄。及其亡也，岁在娵訾之口，娵訾，营室东壁。二十八年，岁星淫在元枵，今三十年，在娵訾。是岁星停在玄枵二年。其明年乃及降娄。仆展从伯有，与之皆死。仆展，郑大夫，伯有党。羽颉出奔晋，为任大夫。羽颉，马师颉。任，杜注：晋县。属广平郡。今直隶东南有左任城。鸡泽之会，在三年。郑乐成奔楚，遂适晋。羽颉因之，与之比而事赵文子，言伐郑之说焉。以宋之盟故，不可。子皮以公孙鉏为马师。鉏，子罕之子。代羽颉。

谷梁传　不言大夫，恶之也。

称人以杀，而不言大夫，讨贼之辞也。不言复人，方出而遽归，与宋鱼石、晋栾盈去国数年而复入者异也。不言叛者，将不利于国，非据邑以自保，不得书叛也。

冬，十月，葬蔡景公。

公羊传　贼未讨，何以书葬？君子辞也。君子为中国讳，弑父耻重，故隐之。不日卒而月葬，不葬者也。卒而葬之，不忍使父失民于子也。不书葬，则與失民同，故曰不忍使父失民于子。

《春秋》大法，君弑而贼不讨则不书葬。蔡景公之葬何以书？遍刺天下之诸侯也。在礼，知生者吊，知死者伤，世子杀君，覆载所不容也。不能致讨，而使人往会其葬，以礼于生者，人理灭矣。

附录左传　楚公子围杀大司马蒍掩而取其室。蒍掩二十五年为大司马。申无宇曰：无宇，芋尹。“王子必不免。善人，国之主也。王子相楚国，将善是封殖，而虐之，是祸国也。且司马，令尹之偏，而王之四体也。绝民之主，去身之偏，艾王之体，以祸其国，无不祥大焉，不祥无大于是。何以得免？为昭十三年楚杀灵王传。

晋人、齐人、宋人、卫人、郑人、曹人、莒人、邾人、滕人、薛人、杞人、小邾人会于澶渊，宋灾故。

左传　为宋灾故，诸侯之大夫会，以谋归宋财。冬十月，叔孙豹会晋赵武、齐公孙虿、宋向戌、卫北宫佗、佗，北宫括之子。郑罕虎，虎，子皮。及小邾之大夫会于澶渊。既而无归于宋，故不书其人。君子曰：“信其不可不慎乎！澶渊之会，卿不书，不信也夫。诸侯之上卿，会而不信，宠名皆弃，宠谓族也。不信之不可也如是。《诗》曰：‘文王陟降，在帝左右’，信之谓也。《诗·大雅》。言文王之所以能上接天，下接人，动顺帝者，唯以信。又曰：‘淑慎尔止，无载尔伪’，逸诗也。言当善慎举止，无载行诈伪。不信之谓也。”书曰：“某人某人会于澶渊，宋灾故。”尤之也。不书鲁大夫，讳之也。

公羊传　宋灾故者何？诸侯会于澶渊，凡为宋灾故也。会未有言其所为者，此言所为何？录伯姬也。诸侯相聚而更宋之所丧，更，复也。曰："死者不可复生，尔财复矣。"此大事也。曷为使微者？卿也。卿则其称人何？贬。曷为贬？卿不得忧诸侯也。大夫之义，得忧内不得忧外，所以抑臣道也。

谷梁传　会不言其所为，其曰宋灾故，何也？不言灾故，则无以见其善也。其曰人，何也？救灾以众。何救焉？更宋之所丧财也。澶渊之会，中国不侵伐夷狄，夷狄不入中国，无侵伐八年，善之也。晋赵武、楚屈建之力也。

会未有言所为者，此会书宋灾故，与桓二年稷之会书成宋乱同。乃程子所谓"《春秋》大义数十，炳如日星者"也。世子弑君之恶不能讨，宋之灾已过时矣。而合十二国为会，以更其财，不亦慎乎？使不书宋灾故，则习其读者疑于欲讨蔡般而不果矣。列国书人，归财细事，卿不行也。鲁与宋姻亲，使卿会葬，则周恤之事必多，故是役转不与耳。

附录左传　郑子皮授子产政。伯有死，子皮知政，以子产贤故让之。辞曰："国小而逼，逼，近大国。族大宠多，不可为也。"子皮曰："虎帅以听，谁敢犯子？子善相之。国无小，小能事大，国乃宽。"子产为政，有事伯石，伯石，公孙段。有事，欲使之。赂与之邑子。大叔曰："国皆其国也，言郑大夫共忧郑国事。奚独赂焉？"子产曰："无欲实难。皆得其欲，以从其事，而要其成。非我有成，其在人乎？言事成犹在我，非在他也。何爱于邑？邑将焉往？"言犹在国。子大叔曰："若四国何？"子产曰："非相违也，而相从也，言赂以邑，欲为和顺。四国何尤焉？郑书有之曰：郑国史书。'安定国家，必大焉先。'先和大族。姑先安大以待其所归。"既伯石惧而归邑，卒与之。伯有既死，使大史命伯石为卿，辞。大史退，则请命焉。请大史更命己。复命之，又辞。如是三，乃受策入拜。子产是以恶其为人也，恶其虚饰。使次己位。畏其作乱，故宠之。子产使都鄙有章，国都及边鄙，车服尊卑，各有分部。上下有服。公卿大夫服不相逾。田有封洫，封，疆也。洫，沟也。庐井有伍。庐，舍也。九夫为井，使五家相保。大人之忠俭者，大人谓卿大夫。从而与之。泰侈者因而毙之。丰卷将祭，请田焉。田，猎也。弗许，曰："唯君用鲜，野兽。众给而已。"众臣祭，刍豢为足。子张怒，退而征役。子张，丰卷。召兵，欲攻子产。子产奔晋，子皮止之，而逐丰卷。丰卷奔晋。子产请其田里，请于公不没入。三年而复之，反其田里及其入焉。田里所收入。从政一年，舆人诵之曰："取我衣冠而褚之，褚，畜也。奢侈者畏法，故畜藏。取我田畴而伍之。孰杀子产，吾其与之。"及三年，又诵之曰："我有子弟，子产诲之。我有田畴，子产殖之。子产而死，谁其嗣之？"传言郑所以兴。

三十有一年，春，王正月。

附录左传　三十一年春王正月，穆叔至自会。澶渊会还。见孟孝伯，语之曰：

"赵孟将死矣。其语偷，不似民主。且年未盈五十，而谆谆焉如八、九十者，弗能久矣。成二年，战于鞍，赵朔已死，于是赵文子始生。至襄三十年会澶渊，盖年四十七、八，故言未盈五十。若赵孟死，为政者其韩子乎！韩子，韩起。吾子盍与季孙言之，可以树善，君子也。言韩起君子之德。晋君将失政矣，若不树焉，使早备鲁，使韩子早为鲁备，既而政在大夫，韩子懦弱，大夫多贪，求欲无厌，齐、楚未足与也，鲁其惧哉！"孝伯曰："人生几何，谁能无偷？朝不及夕，将安用树？"穆叔出，而告人曰："孟孙将死矣。吾语诸赵孟之偷也，而又甚焉。"又与季孙语晋故，如与孟孙言。季孙不从。及赵文子卒，在昭元年。晋公室卑，政在侈家。韩宣子为政，不能图诸侯。鲁不堪晋求，谗慝弘多，是以有平丘之会。平丘会在昭十三年。晋人执季孙意如。 齐子尾害闾丘婴，欲杀之，使帅师以伐阳州。阳州，杜注：鲁地。在东平西北。盖齐、鲁竟上邑。我问师故。夏五月，子尾杀闾丘婴，以说于我师。工偻洒、渻灶、孔虺、贾寅出奔莒。四子，婴之党。出群公子。为昭十年栾、高之难复群公子起本。

夏，六月，辛巳，公薨于楚宫。

左传 公作楚宫。适楚，好其宫，归而作之。穆叔曰："《大誓》云：'民之所欲，天必从之。'君欲楚也夫，故作其宫。若不复适楚，必死是宫也。"六月辛巳，公薨于楚宫。叔仲带窃其拱璧，以与御人，纳诸其怀，而从取之，由是得罪。得罪，谓鲁人薄之，故子孙不得志于鲁。

谷梁传 楚宫，非正也。

楚宫，别宫也。公适楚，美其宫，归而作之，遂薨于此。鲁至襄公，季孙宿专行无忌，诸大夫则而象之。三桓益强，四邻交侵，内失其政柄，而外弱于邾、莒。其所以致此者，以公履危而怀安，不能自强于政治，非独以承国于幼弱也。

秋，九月，癸巳，子野卒。

左传 立胡女敬归之子子野，胡，归姓之国。敬归，襄公妾。次于季氏。秋九月癸巳，卒，毁也。 立敬归之娣齐归之子公子稠。齐，谥。稠，昭公名。穆叔不欲，曰："大子死，有母弟则立之，无则立长。年钧择贤，义钧则卜，古之道也。非適嗣，何必娣之子？言子稠非適嗣。且是人也，居丧而不哀，在戚而有嘉容，是谓不度。不度之人，鲜不为患。若果立之，必为季氏忧。"武子不听，卒立之。比及葬，三易衰，衰衽如故衰。言其嬉戏无度。于是昭公十九年矣，犹有童心，君子是以知其不能终也。为昭二十五年公孙于齐传。

传称子野以毁卒。先儒以为书名，未终丧也，不薨不葬，未逾年也。但据经所书，则与子般、子赤见杀者无异。按传，立胡女敬归之子子野，次于季氏。既为嗣子，则当宅忧于殡宫，而次于季氏，则其情事不可推，而所以卒者亦不可考矣。此一经之大义，姑发所疑，以备先儒所未及，不可以无辨也。

己亥，仲孙羯卒。

左传　己亥，孟孝伯卒。终穆叔言。子貜嗣为大夫，是为僖子。

冬，十月，滕子来会葬。

左传　冬十月，滕成公来会葬，惰而多涕。子服惠伯曰："滕君将死矣。怠于其位，而哀已甚，兆于死所矣，能无从乎？"为昭三年滕子卒传。

礼，诸侯之丧，士吊，大夫送葬。今滕子亲会，而鲁受之，皆非礼也。

癸酉，葬我君襄公。

左传　癸酉，葬襄公。

附录左传　公薨之月，子产相郑伯以如晋，晋侯以我丧故，未之见也。子产使尽坏其馆之垣而纳车马焉。士文伯让之曰："敝邑以政刑之不修，寇盗充斥，充，满。斥，见。言其多。无若诸侯之属辱在寡君者何，是以令吏人完客所馆，高其闬闳，闬，闳也。厚其墙垣，以无忧客使。今吾子坏之，虽从者能戒，其若异客何？以敝邑之为盟主，缮完葺墙，以待宾客。若皆毁之，其何以共命？寡君使丐请命。"对曰："以敝邑褊小，介于大国，诛求无时，是以不敢宁居，悉索敝赋，以来会时事。逢执事之不间，而未得见，又不获闻命，未知见时。不敢输币，亦不敢暴露。其输之，则君之府实也，非荐陈之，不敢输也。荐陈，犹献见也。其暴露之，则恐燥湿之不时而朽蠹，以重敝邑之罪。侨闻文公之为盟主也，宫室卑庳，无观台榭，以崇大诸侯之馆，馆如公寝。库厩缮修，司空以时平易道路，易，治也。圬人以时塓馆宫室。圬人，涂者。塓，涂也。诸侯宾至，甸设庭燎，庭燎，设火于庭。仆人巡宫，车马有所，宾从有代。代客役。巾车脂辖，巾车，主车之官。隶人、牧、圉各瞻其事，瞻，视客所当得。百官之属各展其物。展，陈也。公不留宾，而亦无废事，忧乐同之，事则巡之，巡，行也。教其不知，而恤其不足，宾至如归，无宁灾患，无宁，宁也。不畏寇盗，而亦不患燥湿。今铜鞮之宫数里，铜鞮，晋离宫。而诸侯舍于隶人，舍如隶人舍。门不容车，而不可逾越，盗贼公行，而夭疠不戒。疠犹灾也。言水潦不时。宾见无时，命不可知。若又勿坏，是无所藏币以重罪也。敢请执事，将何所命之？虽君之有鲁丧，亦敝邑之忧也。言郑与鲁亦有同姓之忧。若获荐币，修垣而行，君之惠也，敢惮勤劳。"文伯复命，赵文子曰："信。我实不德，而以隶人之垣以赢诸侯，赢，受也。是吾罪也。"使士文伯谢不敏焉。晋侯见郑伯，有加礼，厚其宴好而归之。乃筑诸侯之馆。叔向曰："辞之不可以已也如是夫。子产有辞，诸侯赖之，若之何其释辞也。《诗》曰：'辞之辑矣，民之协矣。辞之绎矣，民之莫矣。'《诗·大雅》，言辞辑睦则民协同，辞说绎则民安定。莫犹定也。其知之矣。"　郑子皮使印段如楚，以适晋告，礼也。得事大国之礼。

十有一月，莒人弑其君密州。

左传　莒犁比公生去疾及展舆，犁比，莒子密州之号。既立展舆，立以为世子。

又废之。犂比公虐，国人患之。十一月，展舆因国人以攻莒子，弑之，乃立。展舆立为君。去疾奔齐，齐出也。母齐女。展舆，吴出也。罪在鉏也。

称人以弑者，一国之人所欲弑也。莒子虐，莒人弑之，立展舆。《春秋》称莒人，则罪不在展舆矣。《左传》展舆因国人以攻莒子，陆氏淳谓以当作之传文偶误，后儒承误而不敢辄改，盖得其义。

附录左传　吴子使屈狐庸聘于晋，屈狐庸，巫臣之子也，成七年适吴为行人。通路也。通吴、晋之路。赵文子问焉，曰："延州来季子，其果立乎？延州来，季札邑。巢陨诸樊，在二十五年。阍戕戴吴，在二十九年。戴吴，余祭。天似启之，何如？"对曰："不立。是二王之命也，非启季子也。若天所启，其在今嗣君乎！嗣君谓夷昧。甚德而度，德不失民，度不失事，审事情。民亲而事有序，其天所启也。有吴国者，必此君之子孙实终之。季子，守节者也。虽有国，不立。"　十二月，北宫文子相卫襄公以如楚，文子，北宫佗。襄公，献公子。宋之盟故也。过郑，印段迋劳于棐林，如聘礼，而以劳辞。用聘礼，而用郊劳之辞。文子入聘，报印段。子羽，为行人，冯简子与子大叔逆客。事毕而出，言于卫侯曰："郑有礼，其数世之福也。其无大国之讨乎！《诗》云：'谁能执热，逝不以濯。'《诗·大雅》。濯，以水濯手。礼之于政，如热之有濯也。濯以救热，何患之有？"此以上文子辞。子产之从政也，择能而使之。冯简子能断大事。子大叔美秀而文。公孙挥能知四国之为，知诸侯所欲为。而辨于其大夫之族姓、班位、贵贱、能否，而又善为辞令。裨谌能谋，谋于野则获，得所谋也。谋于邑则否。此才性之蔽。郑国将有诸侯之事，子产乃问四国之为于子羽，且使多为辞令。与裨谌乘以适野，使谋可否。而告冯简子，使断之。事成，乃授予大叔使行之，以应对宾客。是以鲜有败事。北宫文子所谓有礼也。传述子产行事，以明文子之言。郑人游于乡校，乡之学校。以论执政。论其得失。然明谓子产曰："毁乡校，如何？"患人于中谤议国政。子产曰："何为？夫人朝夕退而游焉，以议执政之善否。其所善者，吾则行之。其所恶者，吾则改之。是吾师也。若之何毁之？我闻忠善以损怨，为忠善则怨谤息。不闻作威以防怨。岂不遽止？然犹防川，大决所犯，伤人必多，吾不克救也。不如小决使道，道，通也。不如吾闻而药之也。"以为己药石。然明曰："蔑也今而后知吾子之信可事也。小人实不才，若果行此其郑国实赖之，岂唯二三臣？"仲尼闻是语也，曰："以是观之人，谓子产不仁，吾不信也。"　子皮欲使尹何为邑，为邑大夫。子产曰："少，未知可否。"子皮曰："愿，吾爱之，不吾叛也。愿，谨善也。叛，违也。使夫往而学焉，夫亦愈知治矣。"夫谓尹何。子产曰："不可。人之爱人，求利之也。今吾子爱人则以政，犹未能操刀而使割也，其伤实多。子之爱人，伤之而已，其谁敢求爱于子？子于郑国，栋也。栋折榱崩，侨将厌焉。敢不尽言？子有美锦，不使人学制焉。大官大邑，身之所庇也。而使学者制焉。其为美锦，不亦多乎？言视美锦之重多于官邑。侨闻学而后入政，未闻以政学者也。若果行此，必有所害。譬如田猎，射御贯，则能获禽。贯，习也。若未尝登车射御，则败绩厌覆是惧，何暇思获?”子皮曰：“善哉！虎不敏，吾闻君子务知大者远者，小人务知小者近者。我，小人也。衣服附在吾身，我知而慎之。大官大邑，所以庇身也，我远而慢之。微子之言吾不知也。他日我曰：‘子为郑国，我为吾家，以庇焉，其可也。’今而后知不足。自今请虽吾家听子而行。”子产曰：“人心之不同，如其面焉。吾岂敢谓子面如吾面乎？抑心所谓危，亦以告也。”子皮以为忠，故委政焉。子产是以能为郑国。传言子产之治，乃子皮之力。　卫侯在楚，北宫文子见令尹围之威仪，言于卫侯曰：“令尹似君矣，将有他志。虽获其志，不能终也。《诗》曰：‘靡不有初，鲜克有终。’终之实难，令尹其将不免。”公曰：“子何以知之?”对曰：“《诗》云：‘敬慎威仪，惟民之则。’令尹无威仪，民无则焉。民所不则，以在民上，不可以终。”公曰：“善哉！何谓威仪?”对曰：“有威而可畏谓之威，有仪而可象谓之仪。君有君之威仪，其臣畏而爱之，则而象之，故能有其国家，令闻长世。臣有臣之威仪，其下畏而爱之，故能守其官职，保族宜家。顺是以下皆如是，是以上下能相固也。《卫诗》曰：‘威仪棣棣，不可选也。’《诗·邶风》。棣棣，富而间也。选，数也。言君臣上下，父子兄弟，内外大小，皆有威仪也。《周诗》曰：‘朋友攸摄，摄以威仪。’《诗·大雅》。攸，所也。摄，佐也。言朋友之道，必相教训以威仪也。《周书》数文王之德曰：《周书·武成》‘大国畏其力，小国怀其德’，言畏而爱之也。《诗》云：‘不识不知，顺帝之则’，言则而象之也。《大雅》。又言文王行事，无所斟酌，惟在则象上天。纣囚文王七年，诸侯皆从之囚，纣于是乎惧而归之，可谓爱之。文王伐崇，再驾而降为臣，蛮夷帅服，可谓畏之。文王之功，天下诵而歌舞之，可谓则之。文王之行，至今为法，可谓象之。有威仪也。故君子在位可畏，施舍可爱，进退可度，周旋可则，容止可观，作事可法，德行可象，声气可乐，动作有文，言语有章，以临其下，谓之有威仪也。”

日讲春秋解义卷四十七

昭　公

公名稠，襄公子，母齐归。在位二十五年，孙于齐，在外八年，凡三十二年，薨于乾侯。谥法威仪恭明曰昭。

周　景王四年。鲁昭公二十二年，景王崩，王猛立。是年卒，王室乱，弟敬王立。昭二十三年，尹氏立王子朝。昭二十六年，敬王入于成周，子朝奔楚。

郑　简公二十五年。鲁昭公十二年，简公卒，子定公宁立。昭二十八年，定公卒，献公虿立。

齐　景公七年。

宋　平公三十五年。鲁昭公十年，平公卒，子元公佐立。昭二十五年，元公卒，子景公头曼立。

晋　平公十七年，赵武为政。鲁昭公元年冬，赵武卒，韩起为政。鲁昭公十年，平公卒，子昭公夷立。鲁昭公十六年，晋昭公卒，子顷公去疾立。昭二十八年，魏舒为政。昭三十年，顷公卒，子定公午立。

卫　襄公三年。鲁昭公七年，襄公卒，子灵公元立。

蔡　灵公二年。鲁昭公十一年，楚杀蔡灵公，灭蔡昭。十三年，楚平王封蔡，蔡侯庐立，是为平公。昭二十年，平公卒，太子朱立。昭二十一年，朱奔楚，平公弟悼公东国立。昭二十三年，悼公卒，弟昭公申立。

曹　武公十四年。鲁昭公十四年，武公卒，子平公须立。昭十八年，平公卒，子悼公午立。昭二十七年，悼公卒，弟声公野立。昭三十二年，平公弟通弑声公，代立，是为隐公。

滕　成公三十五年。鲁昭公三年，成公卒，悼公宁立。昭二十八年，悼公卒，顷公结立。

陈　哀公二十八年。鲁昭公八年，哀公卒，楚灭陈。昭十三年，楚平王封陈，陈侯吴立，是为惠公。

杞　文公九年。鲁昭公六年，文公卒，子平公郁厘立。昭二十四年，平公卒，子悼公成立。

薛　鲁昭公三十一年，薛献公谷卒。入《春秋》薛始书名。子襄公定立。

莒 展舆元年。鲁昭公元年，齐纳莒公子去疾，是为著公。展舆奔吴。昭十四年，著丘公卒，子郊公立。是年奔齐。著丘之弟庚舆立，是为共公。昭二十三年，庚舆来奔，齐纳郊公。

邾 悼公十五年。鲁昭公元年，悼公卒，庄公穿立。

许 悼公六年。鲁昭公九年，迁于夷昭。十八年，迁于白羽。昭十九年，悼公弑，斯立。

小邾 穆公十三年。鲁昭公十七年，小邾穆公来朝。

楚 郏敖四年。鲁昭公元年，楚围弑而自立，改名虔，是为灵王，楚薳罢为令尹。昭十三年，灵王弑，平王居立，即弃疾，子旗为令尹。昭十四年，杀成然，子瑕为令尹。昭二十三年，子常为令尹。昭二十六年，平王卒，昭王轸立。

秦 景公三十六年。鲁昭公五年，景公卒，子哀公立。

吴 夷末二年。鲁昭公十五年，夷末卒，子僚立。昭二十七年，僚弑，阖庐立，一名光，诸樊子。

越 鲁昭公五年，越会楚伐吴，始见经，即书人。

日讲春秋解义卷四十七

昭　公

名裯，襄公之子，母齐归。以景王四年即位，在位二十五年，孙于齐，在外八年。谥法威仪恭明曰昭。

元年春，王正月，公即位。

谷梁传　继正即位，正也。

子野卒于季氏，季氏既以毁告，则自当行即位之礼如常矣。襄公夙有憾于季氏，自楚而返，几不敢入其后。昭公又为季氏所逐，凡传所载，昭公临丧不戚，及穆叔议其不当立，皆季氏之党诬辞耳。

叔孙豹会晋赵武、楚公子围、齐国弱、宋向戌、卫齐恶、陈公子招、蔡公孙归生、郑罕虎、许人、曹人于虢。国弱，公羊作国酌。齐恶，公羊作石恶。罕虎，公羊作轩虎。虢，公羊作漷，谷梁作郭，杜注：郑地。

左传　元年春，楚公子围聘于郑，且娶于公孙段氏，伍举为介。将入馆，郑人恶之。知楚怀诈。使行人子羽与之言，乃馆于外。舍城外。既聘，将以众逆。子产患之，使子羽辞曰："以敝邑褊小，不足以容从者，请墠听命。"欲于城外除地为墠，行昏礼。令尹命大宰伯州犁对曰："君辱贶寡大夫围，谓围将使丰氏抚有而室。丰氏，公孙段。围布几筵，告于庄、共之庙而来。庄王、共王，围之祖、父。若野赐之，是委君贶于草莽也，是寡大夫不得列于诸卿也。言不得从卿礼。不宁唯是，又使围蒙其先君，蒙，欺也。将不得为寡君老，大臣称老。惧辱命而黜退。其蔑以复矣。唯大夫图之。"子羽曰："小国无罪，恃实其罪。恃大国而无备则是罪。将恃大国之安靖己，而无乃包藏祸心以图之？小国失恃，而惩诸侯，使莫不憾者，距违君命，而有所壅塞不行是惧。不然，敝邑，馆人之属也。馆人，守舍人也。其敢爱丰氏之祧？"伍举知其有备也，请垂櫜而入，垂櫜，示无弓。许之，正月乙未，入逆而出，遂会于虢，寻宋之盟也。宋盟在襄二十七年。祁午谓赵文子曰："宋之盟，楚人得志于晋。今令尹之不信，诸侯之所闻也。子弗戒，惧又如宋。子木之信，称于诸侯，犹诈晋而驾焉。诈谓衷甲。况不信之尤者乎？楚重得志于晋，晋之耻也。子相晋国，以为盟主，于今七年矣。襄二十五年为政，以春言，故云七年。再合诸侯，襄二十五年会夷仪，二十六年会澶渊。三合大夫，襄二十七年会宋，三十年会澶渊及令会虢也。服齐、狄，宁东夏，襄二十八年，齐侯、白狄朝晋。平秦乱，襄二十六年，秦、晋为成。城淳于，襄二十九年，城杞之淳于，杞迁都。师徒不顿，国家不罢，民无谤讟，诸侯无怨，天无大灾，子之力也。有令名矣，而终之以耻，午也是惧，吾子其不可以不戒。"文子曰："武受赐矣然。宋之盟子，木有祸人之心，武有仁人之心，是楚所以驾于晋也。今武犹是心也，楚又行僭，僭，不信。非所害也，武将信以为本，循而行之譬如农夫，是穮是蓘，穮，耘也。壅苗为蓘。虽有饥馑，必有丰年。言耕锄不以水旱息，必获丰年之收。且吾闻之：'能信，不为人下。'吾未能也。《诗》曰：'不僭不贼，鲜不为则'，信也。《诗·大雅》。贼，害人也。能为人则者，不为人下矣。吾不能是难，楚不为患。"楚令尹围请用牲，读旧书，加于牲上而已。旧书，宋之盟书。楚恐晋先歃，故欲从旧书。加于牲上，不歃血，经所以不书盟。晋人许之。三月甲辰，盟。楚公子围设服离卫。设君服，执戈陈于前，以自卫。离，陈也。叔孙穆子曰："楚公子美矣，君哉！"郑子皮曰："二执戈者前矣。"礼，君行有二执戈在前。蔡子家曰："蒲宫有前，不亦可乎?"公子围在会，特缉蒲为王殿屋蔽屏，以自殊异。言既造王宫而居之，虽服君服，无所怪也。楚伯州犁曰："此行也，辞而假之寡君。"闻诸大夫讥之，故言假以饰令君过。郑行人挥曰："假不反矣。"伯州犁曰："子姑忧子皙之欲背诞也。"襄三十年，郑子皙杀伯有，背命放诞，将为国难。言子且自忧此，无为忧令尹。子羽曰："当璧犹在，子羽，行人挥。当璧谓弃疾。事在昭十三年。假而不反，子其无忧乎?"齐国子曰："吾代二子愍矣。"国子，国弱也。二子，谓王子围及伯州犁。陈公子招曰："不忧何成? 二子乐矣。"卫齐子曰："苟或知之，虽忧何害?"齐子，齐恶。言先知为备，虽有忧难，无所损害。宋合左师曰："大国令，小国共，吾知共而已。"晋乐王鲋曰："《小旻》之卒章善矣，吾从之。"《小旻》，《诗·小雅》。其卒章，义取非唯暴虎冯河之可畏也，不敬小人亦危殆。王鲋从斯义，故不敢讥公子围。退会，子羽谓子皮曰："叔孙绞而婉，绞，切也。讥其似君，反谓之美，故曰婉。宋左师简而礼，无所臧否，故曰简。共事大国，故曰礼。乐王鲋字而敬，字，爱也。不犯凶人，所以自爱敬。子与子家持之，子，子皮。子家，蔡公孙归生。持之，言无所取与。皆保世之主也。齐、卫、陈大夫其不免乎? 国子代人忧，子招乐忧，齐子虽忧弗害。夫弗及而忧，与可忧而乐，与忧而弗害，皆取忧之道也，忧必及之。《大誓》曰：'民之所欲，天必从之。'《大誓》，《周书》。三大夫兆忧，忧能无至乎? 言以知物，其是之谓矣。"物，类也。察言以知祸福之类。

公羊传　此陈侯之弟招也，何以不称弟? 据八年称弟。贬。曷为贬? 为杀世子偃师贬，曰陈侯之弟招杀陈世子偃师。大夫相杀称人，此其称名氏以杀何? 后八年事。言将自是弑君也。明其欲杀君，故令与杀君而立者同文。孔瑗杀君，本谋在招。今将尔，词曷为与亲弑者同? 君亲无将，将而必诛焉。然则曷为不于其弑焉贬? 据未杀也。以亲者弑，然后其罪恶甚，《春秋》不待贬绝而罪恶见者，不贬绝以见罪恶也。贬绝然后罪恶见者，贬绝以见罪恶也。今招之罪已重矣，曷为复贬乎此？据弃疾不豫贬。著招之有罪也。何著乎招之有罪？据弃疾不著。言楚之托乎讨招以灭陈也。八年楚灭陈，讨招之意不明，故豫贬于此，明楚先以正罪讨招，乃灭陈也。

自向戌为弭兵之说，而赵武从之，至是楚人再先于晋，而齐亦从盟矣。晋既再屈，楚围篡立，遂合诸侯伐吴，诛齐庆封，执徐子，灭陈灭蔡，兵祸之烈，诸侯之屈辱危亡，前此所未有也。向戌之以诬道蔽诸侯，赵武以偷安祸列国，罪不容于诛矣。

三月，取郓。

左传　季武子伐莒，取郓。莒人告于会。楚告于晋曰："寻盟未退。寻弭兵之盟。而鲁伐莒，渎齐盟。请戮其使。"时叔孙豹在会，欲戮之。乐桓子相赵文子。桓子，即王鲋。欲求货于叔孙而为之请，使请带焉。难指求货，故以带为辞。弗与。梁其踁曰：踁，叔孙家臣。"货以藩身，子何爱焉？"叔孙曰："诸侯之会，卫社稷也。我以货免，鲁必受师。言不戮其使，必伐其国。是祸之也，何卫之为？人之有墙，以蔽恶也。喻己为国卫，如墙为人蔽。墙之隙坏，谁之咎也？咎在墙。卫而恶之，吾又甚焉。罪甚墙。虽怨季孙，鲁国何罪？叔出季处，有自来矣，季孙守国，叔孙出使，所从来久。吾又谁怨？然鲋也贿，弗与不已。"召使者，裂裳帛而与之，曰："带其褊矣。"言带褊尽，故裂裳，示不相逆。赵孟闻之曰："临患不忘国，忠也。思难不越官，信也。谓言叔出季处。图国忘死，贞也。谋主三者，义也。三者，忠、信、贞。有是四者，又可戮乎？"乃请诸楚曰："鲁虽有罪，其执事不辟难，执事谓叔孙。畏威而敬命矣。子若免之，以劝告左右，可也。若子之群吏，处不辟污，污，劳事。出不逃难，其何患之有？患之所生，污而不治，难而不守，所由来也。能是二者，又何患焉？不靖其能，其谁从之？安靖贤能，则众附从。鲁叔孙豹可谓能矣，请免之，以靖能者，子会而赦有罪，又赏其贤，诸侯其谁不欣焉望楚而归之，视远如迩？疆场之邑，一彼一此，何常之有？王伯之令也，引其封疆，而树之官。引，正也。举之表旗，而著之制令。旌旗以表贵贱。为诸侯作制度法令，使不得相侵犯。过则有刑，犹不可壹。于是乎虞有三苗，三苗，饕餮，放三危者。夏有观、扈，观，杜注：观国，顿丘卫县。今山东观城县西有古观国城。扈，杜注：在始平鄠县。今陕西鄠县北有古城。《书》序曰："启与有扈战于甘之野。"商有姺、邳，姺，邳、杜注：二国，商诸侯。邳，今下邳县。《竹书纪年》"商外壬元年，姺人、邳人叛"，即此。周有徐、奄。徐、奄，杜注：二国皆嬴姓。《书》曰："成王伐淮夷，遂践奄。"徐即淮夷。今山东曲阜县旧城即古奄地。自无令王，诸侯逐进，逐犹竞也。狎主齐盟，其又可壹乎？恤大舍小，足以为盟主，又焉用之？焉用治小事。封疆之削，何国蔑有？主齐盟者，谁能辩焉？辩，治也。吴濮有衅，楚之执事，岂其顾盟？吴在东，濮在南。杜注：建宁郡南有濮夷。在今云南界。莒之疆事，楚勿与知，诸侯无烦，不亦可乎？莒、鲁争郓，为日久矣。苟无大害于其社稷，可无亢也。亢，御也。去烦宥善，莫不竞劝，子其图之。固请诸楚，楚人许之，乃免叔孙。

令尹享赵孟，赋《大明》之首章，《大明》，《诗·大雅》。言文王明明照于下，故能赫赫盛于上。令尹意在首章，故特称以自光大。赵孟赋《小宛》之二章。《小宛》，《诗·小雅》。取其各敬尔仪，天命不又。言天命一去，不可复还。以戒令尹。事毕，赵孟谓叔向曰："令尹自以为王矣，何如？"对曰："王弱，令尹强，其可哉！言可成。虽可，不终。"赵孟曰："何故？"对曰："强，以克弱而安之，强不义也。安于胜君，是强而不义。不义而强，其毙必速。《诗》曰：'赫赫宗周，褒姒灭之'，强不义也。《诗·小雅》。褒姒，幽王后。王惑焉，而行不义，遂灭亡。言虽赫赫盛强，不义足以灭之。令尹为王，必求诸侯。晋少懦矣，诸侯将往。若获诸侯，其虐滋甚，民弗堪也，将何以终？夫以强取，不义而克，必以为道，道以淫虐，弗可久已矣。"为十二年楚弑灵王传。

公羊传　运者何？内之邑也。其言取之何？不听也。

季孙宿救台，遂入郓，欲取而未得，故承莒乱伐而取之。其事与归父伐邾取绎同，而书法异，何也？使书伐莒取郓，则疑于始讨贼而终得赂，但书取郓，则攻夺而已矣。

附录左传　夏四月，赵孟、叔孙豹、曹大夫入于郑，会罢过郑。郑伯兼享之。子皮戒赵孟，戒享期。礼终，赵孟赋《瓠叶》。受所戒，礼毕而赋《诗》。《瓠叶》，《诗·小雅》。义取古人不以微薄废礼，虽瓠叶兔首，犹与宾客享之。子皮遂戒穆叔，且告之。告以赵孟赋《瓠叶》。穆叔曰："赵孟欲一献，《瓠叶》诗义取薄物而以献酬，知欲一献。子其从之。"子皮曰："敢乎？"穆叔曰："夫人之所欲也，又何不敢？"及享，具五献之笾豆于幕下。朝聘之制，大国之卿五献。赵孟辞，私于子产，曰："武请于冢宰矣。"冢宰，子皮。请谓赋《瓠叶》。乃用一献。赵孟为客，礼终乃宴。穆叔赋《鹊巢》。《鹊巢》，《诗·召南》。喻晋君有国，赵孟治之。赵孟曰："武不堪也。"又赋《采蘩》，亦《诗·召南》。义取蘩菜薄物，可以荐公侯，享其信，不求其厚。曰："小国为蘩，大国省穑而用之，其何实非命？"穑，爱也。子皮赋《野有死麕》之卒章。亦《诗·召南》。卒章喻赵孟以义抚诸侯，无以非礼相加陵。赵孟赋《常棣》。《诗·小雅》取其凡今之人莫如兄弟，言欲亲兄弟之国。且曰："吾兄弟比以安，龙也可使无吠。"受子皮之诗。穆叔、子皮及曹大夫兴拜，举兕爵曰："小国赖子知免于戾矣。"兕爵，罚不敬。言小国蒙赵孟德比以安，自知免此罚戮。饮酒乐。赵孟出，曰："吾不复此矣。"　天王使刘定公劳赵孟于颍，馆于雒汭。王，景王。定公，刘夏。雒汭，杜注：在河南巩县南。水曲流为汭。刘子曰："美哉，禹功！见河雒而思禹功。明德远矣。微禹吾其鱼乎！吾与子弁冕端委，以治民临诸侯，端委，礼衣。禹之力也。子盍亦远绩禹功，而大庇民乎?”对曰：“老夫罪戾是惧，焉能恤远？吾侪偷食，朝不谋夕，何其长也。”刘子归以语王曰：“谚所谓老将知而耄及之者，耄，乱也。其赵孟之谓乎！为晋正卿，以主诸侯，而侪于隶人，朝不谋夕，弃神人矣。神怒民叛，何以能久？赵孟不复年矣。言将死，不复见明年。神怒，不歆其祀。民叛，不即其事。祀事不从，又何以年?”为此冬赵孟卒张本。　叔孙归，曾夭御季孙以劳之。旦及日中，不出。恨季氏孙伐莒，使己几被戮。曾夭谓曾阜曰：“旦及日中，吾知罪矣。鲁以相忍为国也，忍其外，不忍其内，焉用之?”欲受楚戮，是忍其外。日中不出，是不忍其内。阜曰：“数月于外，言叔孙劳役在外数月。一旦于是，庸何伤？贾而欲赢，而恶嚣乎!”言譬如商贾求赢利者，不得恶喧嚣之声。阜谓叔孙曰：“可以出矣。”叔孙指楹曰：“虽恶是，其可去乎!”楹，柱也。以喻鲁有季孙，犹屋有柱。乃出见之。　郑徐吾犯之妹美，犯，郑大夫。公孙楚聘之矣，楚，子南，穆公孙。公孙黑又使强委禽焉。禽，雁也。纳采用雁。犯惧，告子产，子产曰：“是国无政非子之患也。唯所欲与。”犯请于二子，请使女择焉。皆许之。子皙盛饰入，布币而出。子皙，公孙黑。布陈贽币。子南戎服入，左右射，超乘而出。女自房观之，曰：“子皙信美矣，抑子南，夫也。言丈夫。夫夫妇妇，所谓顺也。”适子南氏。子皙怒，既而櫜甲以见子南，欲杀之，而取其妻。子南知之，执戈逐之，及冲，冲，交道。击之以戈。子皙伤而归，告大夫曰：“我好见之，不知其有异志也。故伤。”大夫皆谋之。子产曰：“直钧，幼贱有罪，罪在楚也。”先聘，子南直也。子南用戈，子皙直也。子产力未能讨，故钧其事，归罪于楚。乃执子南而数之，曰：“国之大节有五，女皆奸之。畏君之威，听其政，尊其贵，事其长，养其亲，五者所以为国也。今君在国，女用兵焉，不畏威也。奸国之纪，不听政也。奸国之纪，谓伤人。子皙上大夫，女嬖大夫，而弗下之，不尊贵也。幼而不忌，不事长也。忌，畏也。兵其从兄，子皙，子南之从兄。不养亲也。君曰：‘余不女忍杀，宥女以远。’勉，速行乎，无重而罪。”五月庚辰，郑放游楚于吴。游楚，即子南。将行子南，子产咨于大叔。大叔，游楚之兄子。大叔曰：“吉不能亢身，焉能亢宗？亢，蔽也。彼国政也，非私难也。子图郑国，利则行之，又何疑焉？周公杀管叔而蔡蔡叔，蔡，放也。夫岂不爱？王室故也。吉若获戾，子将行之，何有于诸游?”为二年郑杀公孙黑传。

夏，秦伯之弟针出奔晋。

左传　秦后子有宠于桓，如二君于景。后子，秦桓公子，景公母弟针也。其权宠如二君。其母曰：“弗去，惧选。”选，数也。恐景公数其罪而加戮。癸卯，针适晋，其车千乘。书曰秦伯之弟针出奔晋，罪秦伯也。罪失教。后子享晋侯，造舟于河，造舟为梁，通秦晋之道。十里舍车，一舍八乘，为八反之备。自雍及绛。雍、绛相去千里。归取酬币，备九献之仪，始礼自赍其一，故续送其八酬酒币。终事八反。每十里以八乘车，各以次载币相授而还，不径至，故言八反。千里用车八百乘，其二百乘以自随。传言秦针之奢富。司马侯问焉，曰：“子之车，尽于此而已乎！”对曰：“此之谓多矣。若能少此，吾何以得见？”言己坐车多，故出奔。女叔齐以告公，且曰：“秦公子必归。臣闻君子能知其过，必有令图。令图，天所赞也。”后子见赵孟，赵孟曰：“吾子其曷归？”问何时当归。对曰：“针惧选于寡君，是以在此，将待嗣君。”赵孟曰：“秦君何如？”对曰：“无道。”赵孟曰：“亡乎？”对曰：“何为？一世无道，国未艾也。艾，绝也。国于天地，有与立焉。言欲辅助之者多。不数世淫，弗能毙也。”赵孟曰：“天乎？”对曰：“有焉。”赵孟曰：“其几何？”对曰：“针闻之，国无道而年谷和熟，天赞之也，鲜不五稔。”赵孟视荫曰：“朝夕不相及，谁能待五？”荫，日景。赵孟意衰，以日景自喻，故言如此。后子出而告人曰：“赵孟将死矣。主民，玩岁而愒日，玩、愒皆贪也。其与几何？”

公羊传　秦无大夫，此何以书？仕诸晋也。曷为仕诸晋？有千乘之国，而不能容其母弟，故君子谓之出奔也。

谷梁传　诸侯之尊，弟兄不得以属通。其弟云者，亲之也。亲而奔之，恶也。

针者，秦桓公之子，景公母弟也。桓公爱其少子，宠赉优厚，针遂富拟于君，所以出奔也。国家强干弱枝，衣服礼秩皆有差等，非徒为国远虑，亦以善全其所爱耳。针以公子至有车千乘，则其人亦非能守礼乘义者。然既奔之后，能自知其过，必有令图是以终得反国与。

附录左传　郑为游楚乱故，六月丁巳，郑伯及其大夫盟于公孙段氏。罕虎、公孙侨、公孙段、印段、游吉、驷带私盟于闺门之外，实薰隧。闺门，郑城门。薰隧，门外道名。实之者，为明年子产数子皙罪称薰隧盟起本。公孙黑强与于盟，使大史书其名，且曰七子。自欲同于六卿，故曰七子。子产弗讨。子皙强，讨之恐乱国。

六月，丁巳，邾子华卒。

晋荀吴帅师败狄于大卤。大卤，公羊、谷梁作大原。杜注：大原晋阳县。

左传　晋中行穆子败无终及群狄于大原，即大卤也。无终，山戎。崇卒也。将战，魏舒曰：“彼徒我车，所遇又阨，地险不便车。以什共车，必克。更增十人，以当一车之用。困诸阨，又克。请皆卒，去车为步卒。自我始。”乃毁车以为行，五乘为三伍。乘车者，车三人，五乘十五人。今改去车，更以五人为伍，分为三伍。荀吴之嬖人不肯即卒，斩以徇。为五陈以相离，两于前，伍于后，专为右角，参为左角，偏为前拒，皆临时处置之名。以诱之。翟人笑之。未陈而薄之，大败之。

公羊传　此大卤也，曷为谓之大原？地物从中国，邑人名从主人。原者何？上平曰原，下平曰隰。

谷梁传　传曰中国曰大原，夷狄曰大卤。号从中国，名从主人。

悼公复霸，魏绛请和戎曰：“劳师于戎，而楚伐陈必不能救。”晋既委诸侯于楚，而又有事于狄，此楚围所以得假讨贼之名以并吞陈、蔡与。

秋，莒去疾自齐入于莒。

左传　莒展舆立，而夺群公子秩。公子召去疾于齐。去疾奔齐在襄三十一年。秋，齐公子鉏纳去疾。

去疾以名系国，与齐小白同，明其当有国也。于次去疾为长，以君弑出奔，而国人召之，则其复无恶可知矣。

莒展舆出奔吴。展下公羊、谷梁无舆字。

左传　展舆奔吴。

展舆之立逾年矣，与郑忽、曹羁异，而不称爵，其罪大也。为弑君者所立，既立乎其位，而不能讨贼，则不可以有国矣。以名系国，以其尝为世子，与郑突、曹赤无先君之命者异也。其奔吴，本吴出也。

叔弓帅师疆郓田。

左传　叔弓帅师疆郓田，因莒乱也。此春取郓，今正其疆界。于是莒务娄、瞀胡及公子灭明以大厖与常仪靡奔齐。三子，展舆党。大厖、常仪靡，杜注：莒二邑。当在今莒州北竟。君子曰：莒展之不立，弃人也夫。夺群公子秩，是弃人。人可弃乎？《诗》曰："无竞维人。"善矣。《诗·周颂》。言惟得人，则国家强。

公羊传　疆运田者何？与莒为竟也。与莒与竟，则曷为帅师而往？畏莒也。

谷梁传　疆之为言，犹竟也。

取郓不书帅师者，乘莒乱出其不意而取之为易。今欲固其所得，则莒人来争必矣。故动大众使卿将以疆之，胁莒以必从也。

葬邾悼公。

邾、滕、薛，小国也。秦，远国也。皆至昭公而书葬，鲁衰甚矣。待小国如大国，远国如近国。

附录左传　晋侯有疾，郑伯使公孙侨如晋聘，且问疾。叔向问焉，曰："寡君之疾病，卜人曰：'实沈，台骀为祟'，史莫之知，敢问此何神也？"子产曰："昔高辛氏有二子，高辛，帝喾。伯曰关伯，季曰实沈，居于旷林，不相能也。旷林，杜注：地阙。日寻干戈，以相征讨。后帝不臧，后帝，尧也。迁阏伯于商丘，主辰。商丘，杜注：宋地。即今河南商丘县，辰，大火也。商人是因，故辰为商星。商人，汤先相土封商丘，因阏伯故国祀辰星。迁实沈于大夏，主参。大夏，杜注：晋阳县。即大原也。参，水星。唐人是因，以服事夏、商。唐人，若刘累之等。其季世曰唐叔虞。当武王邑姜，方震大叔，邑姜，武王后，怀胎为震。大叔即叔虞。梦帝谓己：'余命而子曰虞，将与之唐，属诸参，而蕃育其子孙。'及生，有文在其手曰虞，遂以命之。及成王灭唐，而封大叔焉，故参为晋星。由是观之，则实沈，参神也。昔金天氏有裔子曰昧，为玄冥师，生允格、台骀。金天氏，帝少皞。玄冥，水官。昧为水官之长。台骀能业其官，宣汾、洮，汾、洮，杜注：二水名。《后汉志》闻喜有洮水。今闻喜县属山西。障大泽，以处大原。帝用嘉之，帝，颛顼。封诸汾川。沈、姒、蓐、黄，实守其祀。四国，台骀之后。今晋主汾而灭之矣。由是观之，则台骀，汾神也。抑此二者，不及君身。山川之神，则水旱疠疫之灾，于是乎禜之。《周礼》四曰禜祭。为营攒，用币，以祈福祥。日月星辰之神，则雪霜风雨之不时，于是乎禜之。若君身，则亦出入饮食哀乐之事也，山川星辰之神，又何为焉？侨闻之，君子有四时，朝以听政，昼以访问，夕以修令，夜以安身。于是乎节宣其气，勿使有所壅闭湫底，以露其体。湫，集也。底，滞也。露，羸也。节宣失时，则血气集滞而体羸露。兹心不爽，而昏乱百度。爽，明也。今无乃壹之，同四时也。则生疾矣。侨又闻之，内官不及同姓，内官，嫔御。其生不殖。殖，长也。美先尽矣，则相生疾，同姓之相与，先美矣。美极则尽，尽则生疾。君子是以恶之。故《志》曰：'买妾不知其姓，则卜之。'违此二者，古之所慎也。壹四时，取同姓，二者古人所慎。男女辨姓，礼之大司也。今君内实有四姬焉，同姓姬四人。其无乃是也乎？若由是二者，弗可为也已。为，治也。四姬有省犹可，无则必生疾矣。"据异姓，去同姓，故言省。叔向曰："善哉！肸未之闻也。此皆然矣。"叔向出，行人挥送之，叔向问郑故焉，且问子皙，对曰："其与几何？无礼而好陵人，怙富而卑其上，弗能久矣。"晋侯闻子产之言，曰："博物君子也。"重贿之。　晋侯求医于秦，秦伯使医和视之，曰："疾不可为也。是谓近女室，疾如蛊。蛊，惑疾。非鬼非食，惑以丧志。惑女色而失志。良臣将死，天命不祐。"公曰："女不可近乎？"对曰："节之。先王之乐，所以节百事也。故有五节，五声之节。迟速本末以相及，中声以降，五降之后，不容弹矣。此谓先王之乐得中声，声成五降而息也。降，罢退。于是有烦手淫声，慆堙心耳，乃忘平和，君子弗听也。五降不息，则杂声并奏。慆，慢也。书无即慆满。物亦如之，至于烦，乃舍也已，无以生疾。君子之近琴瑟，以仪节也，非以慆心也。为心之仪节，使动不过度。天有六气，谓阴、阳、风、雨、晦、明也。降生五味，谓金味辛、木味酸、水味咸、火味苦、土味甘，皆由阴、阳、风、雨而生。发为五色，辛色白，酸色青，咸色黑，苦色赤，甘色黄。发，见也。征为五声。白声商，青声角，黑声羽，赤声徵，黄声宫。徵，验也。淫生六疾。淫，过也。六气曰阴、阳、风、雨、晦、明也。分为四时，序为五节，过则为灾。阴淫寒疾，寒过则为冷。阳淫热疾，热过则喘渴。风淫末疾，末，四肢也。风为缓急。雨淫腹疾，雨湿之气为泄注。晦淫惑疾，晦，夜也。为宴寝过节，则心惑乱。明淫心疾。明，昼也。思虑烦多，心劳生疾。女阳物而晦时，淫则生内热惑蛊之疾。女常随男，故言阳物。家道常在夜，故言晦时。今君不节不时，能无及此乎？"出告赵孟赵孟曰："谁当良臣？"对曰："主是谓矣。主相晋国，于今八年，晋国无乱，诸侯无阙，可谓良矣。和闻之，国之大臣，荣其宠禄，任其大节，有灾祸兴而无改焉，改，改行以救灾。

必受其咎。今君至于淫以生疾，将不能图恤社稷，祸孰大焉？主不能御，吾是以云也。”赵孟曰：“何谓蛊？”对曰：“淫溺惑乱之所生也。于文，皿虫为蛊，文，字也。皿，器也。器受虫害者为蛊。谷之飞亦为蛊。谷久积则变为飞虫，名曰蛊。在《周易》，女惑男，风落山，谓之蛊☶。巽下艮上，蛊。巽为长女，为风。艮为少男，为山。少男说长女，非匹，故惑。山木得风而落。皆同物也。”物犹类也。赵孟曰：“良医也。”厚其礼而归之。

冬，十有一月，己酉，楚子麇卒。麇，公羊、谷梁作卷。

左传　楚公子围使公子黑肱、伯州犁城犨、栎、郏，黑肱，王子围之弟子晳也。犨、栎、郏，杜注：犨县属南阳，郏县属襄城。栎，河南阳翟县。三邑本郑地，今犨县故城在河南鲁山县东南，郏县属河南汝州。郑人惧。子产曰：“不害。令尹将行大事，而先除二子也。二子，谓黑肱、伯州犁。祸不及郑，何患焉？”冬，楚公子围将聘于郑，伍举为介。未出竟，闻王有疾而还。伍举遂聘。十一月己酉，公子围至，入问王疾，缢而弑之。遂杀其二子幕及平夏。皆郏敖子。右尹子干出奔晋，子干，王子比。宫厩尹子晳出奔郑。杀大宰伯州犁于郏。葬王于郏，谓之郏敖。使赴于郑，伍举问应为后之辞焉，问赴者。对曰：“寡大夫围。”伍举更之曰：“共王之子围为长。”伍举更赴辞，使从礼。此告终称嗣，不以篡弑赴诸侯。子干奔晋，从车五乘。叔向使与秦公子同食，食禄同。皆百人之饩。赵文子曰：“秦公子富。”叔向曰：“底禄以德，底，致也。德钧以年，年同以尊。公子以国，不闻以富。且夫以千乘去其国，强御已甚。《诗》云：‘不侮鳏寡，不畏强御’。《诗·大雅》。秦、楚，匹也。”使后子与子干齿。以年齿为高下而坐。辞曰：“针惧选，楚公子不获，是以皆来，亦唯命。不获，不得自安，言唯主人命所处。且臣与羁齿，无乃不可乎？后子先来仕，欲自同于晋臣，为主人。子干后来奔，以为羁旅之客。史佚有言曰：“非羁何忌？”忌，敬也。欲谦以自别。楚灵王即位，灵王，公子围也。即位易名熊虔。薳罢为令尹，薳启疆为大宰。郑游吉如楚，葬郏敖，且聘立君。归，谓子产曰：“具行器矣。楚王汰侈而自说其事，必合诸侯。吾往无日矣。”子产曰：“不数年，未能也。”为四年会申传。

据传及他书言麇为围所弑者不可悉数，而经书卒。或曰以申之会为诸侯讳也。夫乱贼不讨，如成宋乱宋灾故之类，圣人皆明著其罪，何以讳为？或曰麇以病卒实非杀也。则诸传记所云，岂尽妄乎？盖楚无齐、晋太史之直书，列国之史皆承其伪赴，无所据以革之，与郑伯髡顽等耳。

楚公子比出奔晋。

郑伯髡顽以如会道卒，故可变文以发人之疑。而楚麇则无可因之事也。然围与比皆公子，围专兵柄，麇卒而比奔，围遂得国，而麇之子不立，则其情亦不可掩矣。

附录左传　十二月，晋既烝。烝，冬祭也。赵孟适南阳，将会孟子余。孟子余，赵衰，赵武之曾祖。其庙在于晋之南阳温县，往会祭之。甲辰朔，烝于温。赵氏烝祭。甲辰十二月朔。庚戌，卒。十二月七日，终刘定公、秦后子之言。郑伯如晋吊，及雍乃复。传言大夫强，诸侯畏而吊之。

二年，春，晋侯使韩起来聘。

左传　二年春，晋侯使韩宣子来聘，公即位故。宣子，韩起。且告为政而来见，代赵武为政。礼也。观书于大史氏，见《易象》与鲁《春秋》曰："周礼尽在鲁矣。《易象》，上下经之象辞。鲁《春秋》，史记之策书。《春秋》遵周公之典以序事，故曰周礼。吾乃今知周公之德，与周之所以王也。"公享之。季武子赋《绵》之卒章。《绵》，《诗·大雅》。卒章义取文王有四臣，故能兴起。以晋侯比文王，以韩子比四辅。韩子赋《角弓》。《角弓》，《诗·小雅》。取其兄弟昏姻，无胥远矣。季武子拜曰："敢拜子之弥缝敝邑，寡君有望矣。"谓以兄弟之义。武子赋《节》之卒章。《节》，《诗·小雅》。卒章取式讹尔心，以畜万邦，以美晋德。既享，宴于季氏，有嘉树焉，宣子誉之，武子曰："宿敢不封殖此树，以无忘《角弓》。"遂赋《甘棠》。《甘棠》，《诗·召南》。召伯息于甘棠之下，诗人思之，而爱其树。武子欲封殖嘉树如甘棠，以宣子比召公。宣子曰："起不堪也，无以及召公。"宣子遂如齐纳币，为平公聘少姜。见子雅。子雅召子旗，子旗，子雅之子。使见宣子。宣子曰："非保家之主也，不臣。"志气亢。见子尾。子尾见疆，疆，子尾之子。宣子谓之如子旗，大夫多笑之。唯晏子信之曰："夫子，君子也。夫子，韩起。君子有信，其有以知之矣。"自齐聘于卫，卫侯享之。北宫文子赋《淇澳》，《淇澳》，《诗·卫风》。美武公也。言宣子有武公之德。宣子赋《木瓜》。《木瓜》，亦卫风。义取欲厚报以为好。

前此，晋之聘鲁者九，未闻以上卿执政承使者。盖晋益衰，故视列国如匹敌，犹鲁益衰则视邾、薛如大国耳。

附录左传　夏四月，韩须如齐逆女。须，韩起子。逆少姜。齐陈无宇送女，致少姜。少姜有宠于晋侯，晋侯谓之少齐。为立别号，所以宠异之。谓陈无宇非卿，执诸中都。中都，杜注：晋邑。在西河界休县东南。今山西平遥县西北有中都古城。少姜为之请曰："送从逆班，班，列也。畏大国也，犹有所易。是以乱作。韩须，公族大夫。陈无宇，上大夫。言齐畏晋，改易礼制，使上大夫送，遂致此执辱之罪。盖少姜谦以示讥。

夏，叔弓如晋。

左传　叔弓聘于晋，报宣子也。此春，韩宣子来聘。晋侯使郊劳。辞曰："寡君使弓来继旧好，固曰女无敢为宾，彻命于执事，彻，达也。敝邑弘矣。敢辱郊使?请辞。"致馆，辞曰："寡君命下臣来继旧好，好合使成，臣之禄也。禄，荣也。敢辱大馆?"叔向曰："子叔子知礼哉!"子叔子，叔弓。吾闻之曰：'忠信，礼之器也。

卑让，礼之宗也。'辞不忘国，忠信也。谓称旧好。先国后己，卑让也。谓始称敝邑之弘，次称臣之禄。《诗》曰：'敬慎威仪，以近有德。'夫子近德矣。"《诗·大雅》。

秋，郑杀其大夫公孙黑。

左传　秋，郑公孙黑将作乱，欲去游氏而代其位，游氏，大叔之族。伤疾作而不果。驷氏与诸大夫欲杀之。驷氏，黑之族。子产在鄙闻之，惧弗及，乘遽而至。使吏数之，曰："伯有之乱，在襄三十年。以大国之事，而未尔讨也。尔有乱心，无厌，国不女堪。专伐伯有，而罪一也。昆弟争室，而罪二也。谓争徐吾犯之妹。薰隧之盟，女矫君位，而罪三也。谓使大史书七子。有死罪三，何以堪之？不速死，大刑将至。"再拜稽首，辞曰："死在朝夕，无助天为虐。"子产曰："人谁不死？凶人不终，命也。作凶事，为凶人。不助天，其助凶人乎？"请以印为褚师。印，子皙之子。褚师，市官。子产曰："印也若才，君将任之。不才，将朝夕从女。女罪之不恤，而又何请焉？不速死，司寇将至。"七月壬寅，缢。尸诸周氏之衢，加木焉。书其罪于木，以加尸上。

黑怙强而好乱，干国之纪数矣。君大夫畏而不敢诛，会其疾而后幸胜焉，则所以讨罪者，非其道矣。故称国以杀，而不去其官。

冬，公如晋，至河乃复。季孙宿如晋。

左传　晋少姜卒。公如晋，及河，晋侯使士文伯来辞，曰："非伉俪也，请君无辱。"公还，季孙宿遂致服焉。致少姜之襚服。叔向言陈无宇于晋侯曰："彼何罪？君使公族逆之，齐使上大夫送之，犹曰不共，君求以贪，国则不共，逆卑于送，是晋国不共。而执其使。君刑已颇，何以为盟主？且少姜有辞。"冬十月，陈无宇归。十一月，郑印段如晋吊。吊少姜。

公羊传　其言至河乃复何？不敢进也。

谷梁传　耻如晋，故著有疾也。　公如晋而不得入，季孙宿如晋而得入，恶季孙宿也。

季孙久自结于晋以擅鲁，自襄公之末，君臣之衅已开，故嗣君丧毕而朝霸国。季孙畏公之诉己于晋也，故使晋辞公，而后己入焉。公、谷所传，实得其情。盖晋之强家与季孙同志，故计无不行。观此，则子野之卒，书法与见弑者不殊，不可谓非笔削之大义也。不然，圣人作经，岂若是混而无别哉？

日讲春秋解义卷四十八

昭　公

三年，春，王正月。

附录左传　三年春王正月，郑游吉如晋，送少姜之葬。梁丙与张趯见之。二子，晋大夫。梁丙曰："甚矣哉，子之为此来也！"卿共妾葬，过礼甚。子大叔曰："将得已乎？昔文、襄之霸也，其务不烦诸侯，令诸侯三岁而聘，五岁而朝，有事而会，不协而盟。君薨，大夫吊，卿共葬事。夫人，士吊，大夫送葬。足以昭礼、命事、谋阙而已，朝聘以昭礼，盟会以谋阙。无加命矣。命有常。今嬖宠之丧，不敢择位，而数于守適，不敢以其位卑而令礼数如守適夫人。唯惧获戾，岂敢惮烦？少姜有宠而死，齐必继室。今兹吾又将来贺，不唯此行也。"张趯曰："善哉！吾得闻此数也。然自今子其无事矣。譬如火焉，火，心星。火中，寒暑乃退。心以季夏昏中而暑退，季冬旦中而寒退。此其极也，能无退乎？晋将失诸侯，诸侯求烦不获。"言将不能复烦诸侯。二大夫退。子大叔告人曰："张趯有知，其犹在君子之后乎！"讥其无隐讳。

丁未，滕子原卒。原，公羊作泉。

左传　丁未，滕子原卒。同盟，故书名。

附录左传　齐侯使晏婴请继室于晋，复以女继少姜。曰："寡君使婴曰：'寡人愿事君，朝夕不倦，将奉质币，以无失时，则国家多难，是以不获。不腆先君之適，谓少姜。以备内官，焜燿寡人之望，则又无禄，早世陨命，寡人失望。君若不忘先君之好，惠顾齐国，辱收寡人，徼福于大公、丁公，二公，齐先君。照临敝邑，镇抚其社稷，则犹有先君之適，及遗姑姊妹，若而人。言如常，不敢誉。君若不弃敝邑，而辱使董振择之，董，正也。振，整也。言选择精审也。以备嫔嫱，寡人之望也。'"韩宣子使叔向对曰："寡君之愿也。寡君不能独任其社稷之事，未有伉俪，在缞绖之中，是以未敢请。君有辱命，惠莫大焉。若惠顾敝邑，抚有晋国，赐之内主，岂唯寡君，举群臣实受其贶。其自唐叔以下，实宠嘉之。"既成昏，许昏成，晏子受礼，受宾享之礼。叔向从之宴，相与语。叔向曰："齐其何如？"问兴衰。晏子曰："此季世也，吾弗知齐其为陈氏矣。公弃其民，而归于陈氏。齐旧四量，豆、区、釜、钟。四升为豆，各自其四，以登于釜。四豆为区，区斗六升。四区为釜，釜六斗四升。登，成也。釜十则钟。六斛四斗。陈氏三量，皆登一焉，钟乃大矣。登，加也。加一，谓加旧量之一也。以五升为豆，五豆为区，五区为釜，则区二斗，釜八斗，钟八斛。以家量贷，而以公量收之。贷厚而收薄。山木如市，弗加于山。鱼盐蜃蛤，弗加于海。价如在山、海，不加贵。民参其力，二入于公，而衣食其一。言公重赋敛。公聚朽蠹，而三老冻馁。三老，谓上寿、中寿、下寿，皆八十已上，不见养遇。国之诸市，屦贱踊贵，踊，刖足者。屦言刖多。民人痛疾，而或燠休之。燠休，痛念之声。谓陈氏也。其爱之如父母，而归之如流水。欲无获民，将焉辟之？箕伯、直柄、虞遂、伯戏，四人皆舜后，陈氏之先。其相胡公、大姬已在齐矣。”胡公，四人之后，周始封陈之祖。大姬，其妃也。言陈氏将有国，其先祖鬼神已共在齐，叔向曰：“然。虽吾公室，今亦季世也。戎马不驾，卿无军行，公乘无人，卒列无长。百人为卒。言人皆非其人，非其长。庶民罢敝，而公室滋侈。道殣相望，而女富溢尤。嬖宠之。民闻公命，如逃寇仇。栾、郤、胥、原、狐、续、庆、伯降在皂隶。八姓，晋旧臣之族也。皂隶，贱官。政在家门，民无所依。君日不悛，以乐慆忧。慆，藏也。公室之卑，其何日之有？谗鼎之铭曰：谗鼎，鼎名。‘昧旦丕显，后世犹怠。’昧旦，早起也。丕，大也。言夙兴以务大显，后世犹解怠。况日不悛，其能久乎？”晏子曰：“子将若何？”叔向曰：“晋之公族尽矣。肸闻之，公室将卑，其宗族枝叶先落，则公从之。肸之宗十一族，唯羊舌氏在而已，肸又无子。无贤子。公室无度，幸而得死，岂其获祀！”初，景公欲更晏子之宅，曰：“子之宅近市，湫隘嚣尘，不可以居，请更诸爽垲者。”爽，明。垲，燥。辞曰：“君之先臣容焉，臣不足以嗣之，于臣侈矣。且小人近市，朝夕得所求，小人之利也，敢烦里旅？”旅，众也。不敢劳众为己宅。公笑曰：“子近市，识贵贱？”乎对曰：“既利之，敢不识乎？”公曰：“何贵何贱？”于是景公繁于刑，有鬻踊者，故对曰：“踊贵屦贱。”既已告于君，故与叔向语而称之。景公为是省于刑。君子曰：仁人之言，其利博哉！晏子一言而齐侯省刑。《诗》曰：“君子如祉，乱庶遄已。”《诗·小雅》。如，行也。祉，福也。遄，疾也。言君子行福，则庶几乱疾止也。其是之谓乎！及晏子如晋，公更其宅，反则成矣。既拜，拜谢新宅。乃毁之，而为里室，皆如其旧。本坏里室，以大晏子之宅，故复之。则使宅人反之：还其故室。“且谚曰：‘非宅是卜，唯邻是卜。’卜良邻。二三子先卜邻矣，二三子，谓邻人。违卜不祥。君子不犯非礼，去俭即奢为非礼。小人不犯不祥，古之制也。吾敢违之乎？”卒复其旧宅。公弗许。因陈桓子以请，乃许之。　夏四月，郑伯如晋，公孙段相，甚敬而卑，礼无违者。晋侯嘉焉，授之以策。策，赐命之书。曰：“子丰有劳于晋国，子丰，段之父。余闻而弗忘。赐女州田，州，杜注：县属河内郡。本周邑。以胙乃旧勋。”伯石再拜稽首，受策以出。君子曰：礼，其人之急也乎！伯石之汰也。一为礼于晋，犹荷其禄，况以礼终始乎？《诗》曰：“人而无礼，胡不遄死？”其是之谓乎！初，州县，栾豹之邑也。豹，栾盈族。乃栾氏亡，在襄二十三年。范宣子、赵文子、韩宣子皆欲之。文子曰："温，吾县也。"州本属温。温，赵氏邑。二宣子曰："自郤称以别，三传矣。郤称，晋大夫。始受州。自是州与温别。晋之别县，不唯州，谁获治之?"文子病之，乃舍之。二子曰："吾不可以正议而自与也。"皆舍之。及文子为政，赵获曰：获，文子子。"可以取州矣。"文子曰："退。二子之言，义也。二子，二宣子也。违义，祸也。余不能治余县，又焉用州？其以徼祸也。君子曰：弗知实难，知而弗从，祸莫大焉。有言州必死。"丰氏故主韩氏，旧以韩氏为主人。伯石之获州也，韩宣子为之请之，为其复取之之故。为七年丰氏归州张本。

夏，叔弓如滕。五月，葬滕成公。滕始书葬。

左传　五月，叔弓如滕，葬滕成公。子服椒为介。及郊，遇懿伯之忌，敬子不入。忌，怨也。懿伯，椒之叔父。敬子，叔弓也。叔弓礼椒，为之辟仇。惠伯曰：惠伯，子服椒。"公事，有公利，无私忌。椒请先入。"乃先受馆，敬子从之。传言叔弓之有礼。

鲁未尝会小国之葬，以襄公之葬滕子亲来，故厚报而使卿共事。夫天王之葬，鲁有不会，或使微者往，比事以观，而其罪益著矣。

附录左传　晋韩起如齐逆女。为平公逆。公孙虿为少姜之有宠也，以其子更公女而嫁公子。更嫁公女。人谓宣子："子尾欺晋，晋胡受之?"宣子曰："我欲得齐而远其宠，宠谓子尾。宠将来乎?"　秋七月，郑罕虎如晋，贺夫人，且告曰："楚人日征敝邑，以不朝立王之故。楚灵王新立。敝邑之往，则畏执事其谓寡君而固有外心。其不往，则宋之盟云。云交相见。进退罪也。寡君使虎布之。"宣子使叔向对曰："君若辱有寡君，在楚何害？修宋盟也。君苟思盟，寡君乃知免于戾矣。君若不有寡君，虽朝夕辱于敝邑，寡君猜焉。君实有心，何辱命焉？君其往也。苟有寡君，在楚犹在晋也。"张趯使谓大叔曰："自子之归也，归在此年春。小人粪除先人之敝庐，曰：'子其将来。'今子皮实来，小人失望。"大叔曰："吉贱，不获来，贱，非上卿。畏大国，尊夫人也。且孟曰：'而将无事'，吉庶几焉。"孟，张趯也。庶几如趯言。

秋，小邾子来朝。

左传　小邾穆公来朝。季武子欲卑之，穆叔曰："不可。曹、滕、二邾，实不忘我好。敬以逆之，犹惧其贰，又卑一睦焉，一睦，谓小邾。逆群好也，其如旧而加敬焉。《志》曰：'能敬无灾'，又曰：'敬逆来者，天所福也。'"季孙从之。

昭公即位之初，大国来聘，小国来朝，虽仍邦交之旧，然权臣擅国，公室无民，昭公中主，无大过人之材，故不能拨乱反正。而先儒刻责之深，亦未得其实也。

八月，大雩。

左传　八月，大雩，旱也。

附录左传　齐侯田于莒，莒，齐东境。卢蒲嫳见，泣，且请曰："余发如此种种，余奚能为?”婴，庆封党。襄二十八年，放之于竟。种种，短也。自言衰老，不能复为害。公曰：“诺。吾告二子。”二子，子雅、子尾。归而告之。子尾欲复之，子雅不可，曰：“彼其发短而心甚长，其或寝处我矣。”九月，子雅放卢蒲嫳于北燕。恐其复作乱。

冬，大雨雹。

北燕伯款出奔齐。

左传　燕简公多嬖宠，欲去诸大夫而立其宠人。冬，燕大夫比以杀公之外嬖。比，相亲比。公惧，奔齐。书曰北燕伯款出奔齐，罪之也。

谷梁传　其曰北燕，从史文也。

凡国君出奔不言其逐之者，亦不著其所以出。燕大夫杀君之宠人，以胁而出之，其罪大矣。而第书款奔，所谓存王法不诛其人身也。

附录左传　十月，郑伯如楚，子产相。楚子享之，赋《吉日》。《吉日》，《诗·小雅》。宣王田猎之诗。楚王欲与郑伯共田，故赋之。既享，子产乃具田备，王以田江南之梦。楚之云梦，跨江南北。齐公孙灶卒。灶，子雅。司马灶见晏子，曰：司马灶，齐大夫。“又丧子雅矣。”晏子曰：“惜也，子旗不免，殆哉！以其不臣。子旗，子雅之子。姜族弱矣，而妫将始昌。妫，陈氏。二惠竞爽，犹可，子雅、子尾皆齐惠公之孙。竞，强也。爽，明也。又弱一个焉，姜其危哉！”

四年，春，王正月，大雨雹。雹，公羊、谷梁俱作雪。

左传　大雨雹。季武子问于申丰曰：申丰，鲁大夫。“雹可御乎?”对曰：“圣人在上，无雹，虽有不为灾。古者，日在北陆而藏冰，陆，道也。谓夏十二月，日在虚危，冰坚而藏之。西陆朝觌而出之。谓夏三月，日在昂毕，蛰虫出而用冰。春分之中，奎星朝见东方。其藏冰也，深山穷谷，固阴沍寒，于是乎取之。沍，闭也。必取积阴之冰，所以道达其气，使不为灾。其出之也，朝之禄位，宾食祭，于是乎用之。其藏之也，黑牡秬黍，以享司寒。黑牡，黑牲也。秬，黑黍也。司寒，玄冥。北方之神。故物皆用黑。有事于冰，故祭其神。其出之也，桃弧棘矢，以除其灾。桃弓、棘箭，所以禳除凶邪，将御至尊故。其出入也时，食肉之禄，冰皆与焉。食肉之禄，谓在朝廷治其职事就官食者。大夫命妇，丧浴用冰。祭寒而藏之，享司寒。献羔而启之，二月春分献羔、祭韭，始开冰室。公始用之。公先用，优尊。火出而毕赋。火星昏见东方，谓三月、四月中。自命夫命妇，至于老疾，无不受冰。山人取之，县人传之。山人，虞官也。县人，遂属。舆人纳之，隶人藏之。夫冰以风壮，而以风出。顺春风而散用。其藏之也周，其用之也遍，则冬无愆阳，愆，过也。谓冬温。夏无伏阴，伏阴谓夏寒。春无凄风，秋无苦雨，雷出不震，无灾霜雹，疠疾不降，民不夭札。今藏川池之冰，弃而不用。既不藏深山穷谷之冰，又火出不毕赋，有余则弃之。风不越而杀，雷不发而震。越，散也。言阴阳失序，雷风为害。雹之为灾，谁能御之?《七月》之卒章，藏冰之道也。”《七月》，《诗·豳风》。卒章曰：“二之日凿冰冲冲”，谓十二月凿而取之。“三之日纳于凌阴”，凌阴，冰室也。“四之日其蚤，献羔祭韭”，谓二月春分，蚤开冰室，以荐宗庙。

季氏专国，有无君之心。阴阳失位，故冬春之间大雨雹者再。而申丰乃以为藏冰，非法之故。或有畏而不敢正言，或党附季孙曲为之说，以蔽君之听。要之，皆名教之罪人也。

附录左传　四年春王正月，许男如楚，楚子止之，遂止郑伯，复田江南，许男与焉。前年楚子已与郑伯田江南，故言复。使椒举如晋求诸侯，二君待之。郑、许二君。椒举致命曰：“寡君使举曰：‘日君有惠，赐盟于宋，宋盟在襄二十七年。曰晋、楚之从交，相见也。以岁之不易，寡人愿结驩于二三君。’使举请间。君若苟无四方之虞，则愿假宠以请于诸侯。”晋侯欲勿许。司马侯曰：“不可。楚王方侈，天或者欲逞其心，以厚其毒而降之罚，未可知也。其使能终，亦未可知也。晋、楚唯天所相，不可与争。君其许之，而修德以待其归。若归于德，吾犹将事之，况诸侯乎？若适淫虐，楚将弃之，吾又谁与争?”公曰：“晋有三不殆，其何敌之有？国险而多马，齐、楚多难，多篡杀之祸。有是三者，何乡而不济?”对曰：“恃险与马，而虞邻国之难，是三殆也。四岳、东岳岱，西岳华，南岳衡，北岳恒。三涂、三涂，杜注：在河南陆浑县南。《水经注》伊水历崖口，山峡也壁立如阙，即古三涂山。在今河南嵩县。阳城、阳城，杜注：在阳城县东北。今河南登封县北车岭山是也。大室、大室，杜注：在阳城县西北。即嵩高也。在今河南登封县北。荆山、荆山，杜注：在新城沶乡县南。在今湖广南漳县西南。中南，中南，杜注：在始平武功县南。在今陕西长安县南。九州之险也，是不一姓。冀之北土，燕代。马之所生，无兴国焉。恃险与马，不可以为固也，从古以然。是以先王务修德音以亨神人，亨，通也。不闻其务险与马也。邻国之难，不可虞也。或多难以固其国，启其疆土。或无难以丧其国，失其守宇。于国则四垂为宇。若何虞难？齐有仲孙之难而获桓公，至今赖之。仲孙，公孙无知。事在庄九年。晋有里、丕之难而获文公，是以为盟主。里克、丕郑事在僖九年。卫、邢无难，敌亦丧之。闵二年，狄灭卫。僖二十五年，卫灭邢。故人之难，不可虞也。恃此三者，而不修政德，亡于不暇，又何能济？君其许之。纣作淫虐，文王惠和，殷是以陨周，是以兴夫，岂争诸侯?”乃许楚使。使叔向对曰：“寡君有社稷之事，是以不获春秋时见。言不得自往，谦辞。诸侯，君实有之，何辱命焉?”椒举遂请昏，盖楚子使举时，兼使求昏。晋侯许之。楚子问于子产曰：子产时从郑简公在楚。“晋其许我诸侯乎?”对曰：“许君。晋君少安，不在诸侯。其大夫多求，贪也。莫匡其君。在宋之盟，又曰如一，若不许君，将焉用之？焉用宋盟。王曰：“诸侯其来乎?”对曰：“必来。从宋之盟，承君之欢，不畏大国，大国，晋也。何故不来？不来者，其鲁、卫、曹、邾乎？曹畏宋，邾畏鲁，鲁、卫逼于齐而亲于晋，唯是不来。其余，君之所及也，谁敢不至?”王曰：“然则吾所求者，无不可乎?”对曰：“求逞于人，不可。与人同欲，尽济。”

夏，楚子、蔡侯、陈侯、郑伯、许男、徐子、滕子、顿子、胡子、沈子、小邾子、宋世子佐、淮夷会于申。楚子专会诸侯始此。

左传　夏，诸侯如楚，鲁、卫、曹、邾不会。曹、邾辞以难，公辞以时祭，卫侯辞以疾。如子产言。郑伯先待于申。六月丙午，楚子合诸侯于申。椒举言于楚子曰：“臣闻诸侯无归礼，以为归。今君始得诸侯，其慎礼矣。霸之济否，在此会也。夏启有钧台之享，启，禹子。钧台，杜注：河南阳翟县南有钧台陂。在今河南禹州城北关外。商汤有景亳之命，景亳，杜注：河南巩县西南有荡亭。或言亳即偃师。按，今河南偃师县南有景山，即此。周武有孟津之誓，孟津，即盟津也。成有岐阳之蒐，周成王归自奄，大蒐于岐山之阳。岐山，杜注：在扶风美阳县西北。在今陕西岐山县境。康有酆宫之朝，酆，杜注：在始平鄠县东，有灵台。《括地志》鄠县东三十五里有酆宫。今属陕西西安府。穆有涂山之会，周穆王会诸侯于涂山。涂山，杜注：在寿春东北。今山在江南怀远县东南。齐桓有召陵之师，在僖四年。晋文有践土之盟。在僖二十八年。君其何用? 宋向戌、郑公孙侨在诸侯之良也，君其选焉。”选择所用。王曰：“吾用齐桓。”王使问礼于左师与子产。左师曰：“小国习之，大国用之，敢不荐闻。”献公合诸侯之礼六。其礼六仪也，宋，公爵，故献公礼。子产曰：“小国共职，敢不荐守。”献伯、子、男会公之礼六。郑，伯爵，故献伯、子、男会公之礼。其礼同，所从言之异。君子谓“合左师善守先代，子产善相小国。”王使椒举侍于后，以规过。规正二子之过。卒事，不规，王问其故，对曰：“礼，吾未见者有六焉，又何以规?”左师、子产所献六礼，楚皆未尝行。宋大子佐后至，王田于武城，久而弗见。椒举请辞焉。请王辞谢之。王使往曰：“属有宗祧之事于武城，言为宗庙田猎。寡君将堕币焉，敢谢后见。”堕，布也，输也。恨其后，至故言将因诸侯会，布币乃相见。徐子，吴出也，以为贰焉，故执诸申。楚子示诸侯侈。椒举曰：“夫六王二公之事，六王，启、汤、武、成、康、穆也。二公，齐桓、晋文。皆所以示诸侯礼也，诸侯所由用命也。夏桀为仍之会，有缗叛之。仍、缗，杜注：皆国名。商纣为黎之蒐，东夷叛之。黎，杜注：东方国名。周幽为大室之盟，戎狄叛之。大室，中岳。皆所以示诸侯汰也，诸侯所由弃命也。今君以汰，无乃不济乎?”王弗听。子产见左师，曰：“吾不患楚矣。汰而愎谏，不过十年。”左师曰：“然。不十年侈，其恶不远，远恶而后弃。善亦如之，德远而后兴。”为十三年楚杀其君传。

晋霸始衰，齐首背之，平公犹屡合诸侯以讨焉。自齐庄公死，齐与晋平，晋侯自是不复出与会盟。故楚虔遂合诸侯，借讨乱之名以逞其贪暴，虽虔终自败，而天下之大势遂不可复挽矣。其原皆由晋政不纲，诸卿植党，列国强家争附之，以固其私，而怠于公义也。春秋之初，乱臣贼子，国人邻国皆应时致讨，其后乃有受其赂而不讨，与之会以定其位者。至于楚虔，则天下诸侯奉为盟主，而属服焉。以晋之季世，屡以赂释乱贼而不讨，诸侯离心，势已外溃，六卿则而象之，权复内移，以至流毒于生民，如是其烈也。

楚人执徐子。

吴、晋通使，道必由徐。徐，吴出也。故虽属楚，而不禁吴、晋之通。故楚既与之会，而又执之。不言归者，在会而执，寻释之也。

秋，七月，楚子、蔡侯、陈侯、许男、顿子、胡子、沈子、淮夷伐吴。

左传　秋七月，楚子以诸侯伐吴。宋大子、郑伯先归。经所以更叙诸侯。宋华费遂、郑大夫从。

执齐庆封，杀之。

左传　使屈申围朱方，朱方，杜注：吴邑，庆封所封也。屈申，屈荡子。八月甲申，克之。执齐庆封而尽灭其族。庆封以襄二十八年奔吴。八月无甲申，日误。将戮庆封，椒举曰："臣闻无瑕者可以戮人，庆封唯逆命是以在此。逆命，谓性不恭顺。其肯从于戮乎？言不肯默而从戮。播于诸侯，焉用之？"王弗听，负之斧钺，以徇于诸侯。使言曰："无或如齐庆封，弑其君，弱其孤，以盟其大夫。"齐崔杼弑君，庆封其党也，故以弑君罪责之。庆封曰："无或如楚共王之庶子围，弑其君兄之子麇而代之，以盟诸侯。"王使速杀之。

公羊传　此伐吴也，其言执齐庆封何？为齐诛也。其为齐诛奈何？庆封走之吴，吴封之于防。然则曷为不言伐防？不与诸侯也。庆封之罪何？胁齐君而乱齐国也。

谷梁传　此入而杀，其不言入，何也？庆封封乎吴钟离。言时杀庆封于钟离，实不入吴。其不言伐钟离，何也？不与吴封也。庆封其以齐氏，何也？为齐讨也。灵王使人以庆封令于军中曰："有若齐庆封弑其君者乎？"庆封曰："子一息，我亦且一言，曰：有若楚公子围弑其兄之子，而代之为君者乎？"军人粲然皆笑。粲然，盛笑貌。庆封弑其君，而不以弑君之罪罪之者，庆封不为灵王服也，不与楚讨也。《春秋》之义，用贵治贱，用贤治不肖，不以乱治乱也。孔子曰："怀恶而讨，虽死不服，其斯之谓与？"

《春秋》书杀他国大夫之法有二。凡有罪而当诛者，曰某人，其若楚人杀陈征舒是也。无罪者，书执而杀之，若执蔡世子有以归，用之执陈行人干征师杀之是也。庆封有与弑其君之罪，而不书杀齐庆封，庆封不为楚虔服也。怀恶而讨，虽死不服，故不得纯以讨贼之辞书。

遂灭赖。赖，公羊、谷梁俱作厉。

左传　遂以诸侯灭赖。赖子面缚衔璧，士袒舆榇从之，造于中军。王问诸椒举，对曰："成王克许，在僖六年。许僖公如是，王亲释其缚，受其璧，焚其榇。"王从之，迁赖于鄢。鄢，杜注：楚邑。楚子欲迁许于赖，使斗韦龟与公子弃疾城之而还。

为许城也。斗韦龟，子文之玄孙。申无宇曰：“楚祸之首，将在此矣。召诸侯而来，伐国而克，城竟莫校。谓筑城于外竟，诸侯无与争。王心不违，民其居乎？言将有事，不得安也。民之不处，其谁堪之？不堪王命，乃祸乱也。”

谷梁传　遂，继事也。

九月，取鄫。

左传　九月，取鄫，言易也。莒乱，著丘公立而不抚鄫，著丘公，去疾也。鄫叛而来，故曰取。凡克邑不用师徒曰取。

公羊传　其言取之何？灭之也。灭之，则其言取之何？内大恶讳也。

襄六年，莒人灭鄫，尚未绝其祀，以为附庸。今鲁复取之莒，不书伐莒，鄫叛而来，不用师徒也。

附录左传　郑子产作丘赋。丘，十六井，当出马一匹，牛三头。今子产别赋其田，如鲁哀公十一年之用田赋。国人谤之，曰：“其父死于路，谓子国为尉氏所杀。己为虿尾。谓子产重赋，毒害百姓。以令于国，国将若之何？”子宽以告。子宽，郑大夫。子产曰：“何害？苟利社稷，死生以之。且吾闻为善者不改其度，故能有济也。民不可逞，度不可改。度，法也。诗曰：‘礼义不愆，何恤于人言？’逸诗。吾不迁矣。”迁，移也。浑罕曰：浑罕，子宽。“国氏其先亡乎！君子作法于凉，其敝犹贪。凉，薄也。作法于贪，敝将若之何？姬在列者，在列国也。蔡及曹、滕，其先亡乎！逼而无礼。蔡逼楚，曹、滕逼宋。郑先卫亡，逼而无法。逼晋、楚。政不率法，而制于心。民各有心，何上之有？”子产权时救急，浑罕讥之正道。　冬，吴伐楚入棘、栎、麻，棘、栎、麻，杜注：皆楚东鄙邑。谯国酂县东北有棘亭。汝阴新蔡县东北有栎亭。今河南新蔡，即古栎城也。《魏收志》安阳治麻城在今江南砀山县境。以报朱方之役。朱方役在此年秋。楚沈尹射奔命于夏汭，夏汭，杜注：汉水曲入江，今夏口也，亦曰汉口。在今湖广江夏县。吴兵在东北，楚盛兵在东南，以绝其后。箴尹宜咎城钟离，宜咎本陈大夫，襄二十四年奔楚。薳启疆城巢，然丹城州来。然丹，郑穆公孙，襄十九年奔楚。东国水，不可以城，东国，即赖之故国也。彭生罢赖之师。彭生，楚大夫。罢斗韦龟城赖之师。

冬，十有二月，乙卯，叔孙豹卒。

左传　初，穆子去叔孙氏，及庚宗，成十六年辟侨如之难。庚宗，杜注：鲁地。今山东泗水县有庚宗亭。遇妇人，使私为食而宿焉。问其行，告之故，哭而送之。妇人闻而哭之。适齐，娶于国氏，生孟丙、仲壬。梦天压己，弗胜。穆子梦也。顾而见人，黑而上偻，上偻，肩伛。深目而豭喙，口象猪。号之曰：“牛，助余。”乃胜之。旦而皆召其徒，无之。徒，从者。且曰：“志之。”志，识也。及宣伯奔齐，宣伯，侨如，穆子之兄。成十六年奔齐。馈之，穆子馈宣伯。宣伯曰：“鲁以先子之故，将存吾宗，必召女。召女何如？”对曰：“愿之久矣。”盖忿言。鲁人召之，不告而归。既立，所宿庚宗之妇人，献以雉。问其姓，女生曰姓，谓子也。对曰："余子长矣。能奉雉而从我矣。"召而见之，则所梦也。未问其名，号之曰牛，曰："唯。"皆召其徒，使视之，遂使为竖。竖，小臣。有宠，长使为政。为家政。公孙明知叔孙于齐，公孙明，齐大夫子明。归，未逆国姜，子明取之。国姜，孟仲母。故怒其子，长而后使逆之。子，孟丙、仲壬。田子丘莸，丘莸，杜注：地名。遂遇疾焉。竖牛欲乱其室而有之，强与孟盟，不可。欲使从己，孟不肯。叔孙为孟钟，曰："尔未际，际，接也。孟未与诸大夫相接见。飨大夫以落之。"以豭猪血衅钟曰落。既具，飨礼具。使竖牛请日。请飨日。入弗谒，出命之日。诈命日。及宾至，闻钟声。牛曰："孟有北妇人之客。"北妇人，国姜也。客谓公孙明。怒，将往，牛止之。宾出，使拘而杀诸外。杀孟丙。牛又与仲盟，不可。仲与公御莱书观于公，莱书，公御士名。仲与之私游观于公宫。公与之环，使牛入示之。示叔孙。入不示，出命佩之。牛谓叔孙："见仲而何？"而何，如何。叔孙曰："何为？"曰："不见，既自见矣，言仲已自往见公。公与之环而佩之矣。"遂逐之，奔齐。疾急，命召仲，牛许而不召。杜泄见，告之饥渴，授之戈。杜泄，叔孙氏宰也。牛不食叔孙，叔孙怒，欲使杜泄杀之。对曰："求之而至，又何去焉？"竖牛曰："夫子疾病，不欲见人。"使置馈于个而退。个，东西厢。牛弗进，则置虚命彻。写器令空，示若叔孙已食，命去之。十二月癸丑，叔孙不食。乙卯，卒。三日绝粮。牛立昭子而相之。昭子，叔孙豹之庶子，叔孙婼。公使杜泄葬叔孙。竖牛赂叔仲昭子与南遗，昭子，叔仲带也。南遗，季氏家臣。使恶杜泄于季孙而去之。憎泄不与己同志。杜泄将以路葬，且尽卿礼。路，王所赐叔孙车。南遗谓季孙曰："叔孙未乘路，葬焉用之？且冢卿无路，介卿以葬，不亦左乎？"冢卿谓季孙。介，次也。谓叔孙。季孙曰："然。"使杜泄舍路，不可，曰："夫子受命于朝，而聘于王，夫子谓叔孙。聘在襄二十四年。王思旧勋而赐之路，复命而致之君，君不敢逆王命。而复赐之，使三官书之。吾子为司徒，实书名。谓季孙也。书名，定位号。夫子为司马，与工正书服。谓叔孙也。服，车服之器，工正所书。孟孙为司空，以书勋。今死而弗以，是弃君命也。书在公府而弗以，是废三官也。若命服，生弗敢服，死又不以，将焉用之？"乃使以葬。季孙谋去中军，竖牛曰："夫子固欲去之。"诬叔孙以媚季孙。

五年，春，王正月，舍中军。

左传　五年春王正月，舍中军，卑公室也。罢中军。季孙称左师，孟氏称右师，叔孙氏则自以叔孙为军名。毁中军于施氏，成诸臧氏。季孙不欲亲其议，勅二家会诸大夫发毁置之计，又取其令名。初作中军，三分公室而各有其一。季氏尽征之，叔孙氏臣其子弟，孟氏取其半焉。及其舍之也，四分公室，季氏择二，简择取二分。二子各一，皆尽征之，而贡于公。以书使杜泄告于殡，曰：告叔孙之柩。"子固欲毁中军，既毁之矣，故告。"杜泄曰："夫子唯不欲毁也，故盟诸僖闳，诅诸五父之衢。”皆在襄十一年。受其书而投之，投，掷也。帅士而哭之。痛叔孙之见诬。叔仲子谓季孙曰：“带受命于子叔孙曰，葬鲜者自西门。”不以寿终为鲜。西门，非鲁朝正门。季孙命杜泄。命使从西门。杜泄曰：“卿丧自朝，鲁礼也。吾子为国政，未改礼而又迁之，迁，易也。群臣惧死，不敢自也。”自，从也。既葬而行。以辟祸。仲至自齐，仲壬闻丧而来。季孙欲立之。南遗曰：“叔孙氏厚则季氏薄，彼实家乱，子弗与知，不亦可乎?”南遗使国人助竖牛，以攻诸大库之庭。攻仲壬也。鲁城内有大庭氏之虚，于其上作库。司宫射之，中目而死。竖牛取东鄙三十邑，以与南遗。取叔孙氏邑。昭子即位，朝其家众，曰：“竖牛祸叔孙氏，使乱大从，使从于乱。一云：“使乱大和顺之道。”杀適立庶，又披其邑，将以赦罪，披，析也。谓以邑与南遗。昭子不知竖牛饿杀其父，故但言其见罪。罪莫大焉，必速杀之。”竖牛惧，奔齐。孟、仲之子杀诸塞关之外，齐，鲁界上关。投其首于宁风之棘上。宁风，杜注：齐地。仲尼曰：“叔孙昭子之不劳，不可能也。不以立己为功劳。周任有言曰：‘为政者不赏私劳，不罚私怨。’《诗》云：‘有觉德行，四国顺之。’”《诗·大雅》。觉，直也。言德行直则四方顺从之。初，穆子之生也，庄叔以《周易》筮之，庄叔，穆子父得臣也。遇明夷䷣离下坤上，明夷。之谦䷎，艮下坤上，谦。明夷初九变为谦。以示卜楚丘。楚丘，卜人姓名。曰：“是将行，行，出奔。而归为子祀，奉祭祀。以谗人入，其名曰牛，卒以馁死。明夷，日也。离为日。日之数十，甲至癸。故有十时，亦当十位。日中当王，食时当公，平旦为卿，鸡鸣为士，夜为皂，人定为舆，黄昏为隶，日入为僚，晡时为仆，日昳为台，隅中日出，阙不在第，尊王公，旷其位。自王已下，其二为公，其三为卿。日上其中，日中盛明，故以当王。食日为二，公位。旦日为三。卿位。明夷之谦，明而未融，其当旦乎！融，朗也。离在坤下，日在地中之象。又变为谦，谦道卑退，故曰明而未融。日明未融，故曰其当旦乎。故曰为子祀。庄叔，卿也。卜豹为卿，故知为子祀。日之谦当鸟，故曰明夷于飞。离为日、为鸟，离变为谦，日光不足，故当鸟。鸟飞行，故曰于飞。明而未融，故曰垂其翼。于日为未融，于鸟为垂翼。象日之动，日，动物也。虽有夷伤，其动不爽，君子象之。故曰君子于行。明夷初九，得位有应，君子象也。在明伤之世，居谦下之位，故将辟难而行。当三在旦，故曰三日不食。旦位在三，又非食时，故曰三日不食。离，火也。艮，山也。离为火，火焚山，山败。离、艮合体故。于人为言，艮为言。败言为谗，为离所焚，故言败。故曰：“有攸往，主人有言。”言必谗也。离变为艮，故言有所往。往而见焚，故主人有言。言而见败，故必谗言。纯离为牛。《易》离上离下，离。畜牝牛，吉。故言纯离为牛。世乱谗胜，胜将适离，故曰其名为牛。离焚山则离胜，譬世乱则谗胜，山焚则离独存，故知名为牛也。竖牛非牝牛，故不吉。谦不足，飞不翔。谦道冲退，故飞不远翔。垂不峻，翼不广，峻，高也。翼垂下，故不能广远。故曰其为子后乎！不远翔，故知不远去。吾子，亚卿也。抑少不终。”旦日，正卿之位。庄叔父子，世为亚卿，位不足以终尽卦体，盖引而致之。

公羊传　舍中军者何？复古也。然则曷为不言三卿？五亦有中，三亦有中。言襄十一年作三军时不言作中军者，以五军有中，三军亦有中，若言作中军，便疑是五之中，故变言作三军。今则竟言，舍中军矣。

谷梁传　贵复正也。

初作三军，三分公室，而各有其一。及其舍之也，四分公室，季氏择二，二家各一，皆尽征之，而贡于公。盖季孙乘襄公之幼弱，作三军以夺公室之民，而孟、叔之民尚有属公者，至是则无一民之属于公。而季氏得二，兵强权盛，不独公若缀旒，即二家亦不得不为属役矣。兵权，有国之司命。三纲，兵政之本原。观中军之作舍，而昭公见逐之势成矣。季氏无君，其臣则而效之，南蒯叛，阳虎专，而季斯囚，亦必至之理也。三军之作舍，皆自季氏，而经书之若国政，何也？季氏专鲁数世矣，惟行父既老，数年中孟孙蔑、叔孙豹少与邦交之事。宿嗣父位，则聘问大国，盟会诸侯，皆宿专之。襄公幼弱，豹、蔑皆贤，三军之作非宿为之而谁哉？至昭公时，则宿专制鲁政又积二十余年，其主三军之舍固不待言矣。

楚杀其大夫屈申。

左传　楚子以屈申为贰于吴，乃杀之。以屈生为莫敖，生，屈建子。使与令尹子荡如晋逆女。过郑，郑伯劳子荡于汜，劳屈生于菟氏。汜、菟氏，杜注：皆郑地。晋侯送女于邢丘。子产相郑伯会晋侯于邢丘。传言楚强，诸侯畏敬其使。

屈申，楚重臣也。楚灵疑忌而戮之，以为贰于吴，而未有显迹，毋乃欲加之罪乎？然申为人臣，君弑不能讨，国乱不能去，北面而事寇仇，其见杀也亦自取焉耳。

公如晋。

左传　公如晋，自郊劳至于赠贿，无失礼。晋侯谓女叔齐曰：“鲁侯不亦善于礼乎？”对曰：“鲁侯焉知礼。”公曰：“何为？自郊劳至于赠贿，礼无违者，何故不知？”对曰：“是仪也，不可谓礼。礼所以守其国，行其政令，无失其民者也。今政令在家，在大夫。不能取也。有子家羁，弗能用也。羁，庄公玄孙懿伯也。奸大国之盟，陵虐小国。谓伐莒取郓。利人之难，谓往年莒乱取鄫。不知其私。不自知有私难。公室四分，民食于他。他谓三家。思莫在公，不图其终。无为公谋终始者。为国君，难将及身，不恤其所。礼之本末，将于此乎在，而屑屑焉习仪以亟。言善于礼，不亦远乎？”君子谓：叔侯于是乎知礼。时晋侯亦失政，叔齐以此讽谏。

昭公如晋凡七，见止者一，及河而不至者五，惟此年得成礼而反。然以莒人之诉，几复见止。盖季氏自结于晋之强家再世矣，乘乱而取郓者季氏，受其逋逃叛邑者季氏，乃欲止公。晋侯之不明，诸臣之党恶，季孙之窃国，专利多方，以陷其君，先儒皆置而不论，独苛责公，不知公之过惟娶于吴，盖欲藉吴以抗季氏，其他实未见失德。凡左氏所讥，皆季氏之诬词，传者习焉而不察耳。

附录左传　晋韩宣子如楚送女，叔向为介。郑子皮、子大叔劳诸索氏。索氏，杜注：河南成皋县东有大索城。在今荥阳县东北。大叔谓叔向曰："楚王汰侈已甚，子其戒之。"叔向曰："汰侈已甚，身之灾也，焉能及人？若奉吾币帛，慎吾威仪，守之以信，行之以礼，敬始而思终，终无不复。事皆可复行。从而不失仪，从，顺也。敬而不失威，道之以训辞，奉之以旧法，考之以先王，以先王之礼成其好。度之以二国，度晋、楚之势而行之。虽汰侈，若我何？"及楚，楚子朝其大夫曰："晋，吾仇敌也。苟得志焉，无恤其他。今其来者，上卿、上大夫也。若吾以韩起为阍，刖足使守门。以羊舌肸为司宫，加宫刑。足以辱晋，吾亦得志矣，可乎？"大夫莫。对薳启疆曰："可。苟有其备，何故不可？耻匹夫不可以无备，况耻国乎？是以圣王务行礼，不求耻人。朝聘有珪，珪以为信。享頫有璋，享，飨也。頫，见也。既朝聘而享见也。小有述职，诸侯适天子曰述职。大有巡功。天子巡守曰巡功。设机而不倚，爵盈而不饮。言务行礼。宴有好货，宴饮以货为好。衣服、车马，住客所无。飧有陪鼎，熟食为飧。陪加鼎所以厚殷勤。入有郊劳，出有赠贿，礼之至也。国家之败，失之道也。失朝聘宴好之道。则祸乱兴。城濮之役，晋无楚备，以败于邲。言兵祸始于城濮。邲之役，楚无晋备，以败于鄢。自鄢以来，晋不失备，而加之以礼，重之以睦，是以楚弗能报，而求亲焉。既获姻亲，又欲耻之，以召寇仇，备之若何？谁其重此？若有其人，耻之可也。若其未有，君亦图之。晋之事君，臣曰可矣。求诸侯而麇至。麇，群也。求昏而荐女，君亲送之，上卿及上大夫致之。犹欲耻之，君其亦有备矣。不然，奈何？韩起之下，赵成、中行吴、魏舒、范鞅、知盈。皆三军之将佐也。成，赵武之子。吴，荀偃之子。羊舌肸之下，祁午、张趯、籍谈、女齐、梁丙、张骼、辅跞、苗贲皇，皆诸侯之选也。韩襄为公族大夫，韩须受命而使矣。襄，韩无忌子。须，起之门子，年虽幼，已任出使。箕襄、邢带、二人，韩氏族。叔禽、叔椒子羽，皆韩起庶子。皆大家也。韩赋七邑，皆成县也。成县，赋百乘也。羊舌四族、皆强家也。铜鞮伯华、叔向、叔鱼、叔虎兄弟四人。晋人若丧韩起、杨肸五卿八大夫，五卿，赵成以下。八大夫，祁午以下。辅韩须杨石，石，叔向子。食我也。因其十家九县，韩氏七，羊舌氏四，而言十家，举大数也。羊舌四家，共二县，故但言强家。长毂九百。长毂，戎车也。县百乘。其余四十县遗守四千，计遗守国者，尚有四千乘。奋其武怒，以报其大耻，伯华谋之，伯华，叔向兄。中行伯、魏舒帅之，伯，中行吴。其蔑不济矣。君将以亲易怨，失婚姻之亲。实无礼以速寇，而未有其备，使群臣往遗之禽，以逞君心，何不可之有？"王曰："不谷之过也，大夫无辱。"谢薳启疆。厚为韩子礼。王欲敖叔向以其所不知，而不能，言叔向之多知。亦厚其礼。韩起反，郑伯劳诸圉，圉，杜注：郑地。在今杞县南。辞不敢见，礼也。以奉使君命未反故。　郑罕虎如齐，娶于子尾氏。自为逆也。晏子骤见之，陈桓子问其故，对曰："能用善人，民之主也。"谓授子产政。

夏，莒牟夷以牟娄及防、兹来奔。防、兹，杜注：城阳平昌县西南有防亭。姑幕县东北有兹亭。今平昌故城在山东安邱县西南，姑幕故城在诸城县西北。

左传　夏，莒牟夷以牟娄及防、兹来奔。牟夷非卿而书，尊地也。

公羊传　莒牟夷者何？莒大夫也。莒无大夫，此何以书？重地也。其言及防、兹来奔何？不以私邑累公邑也。

谷梁传　以者，不以者也。来奔者，不言出。以其方向内也。及防、兹，以大及小也。莒无大夫，其曰牟夷，何也？以其地来也。以地来，则何以书也？重地也。

《春秋》于邾、莒大夫例不书姓名，微也。然以地叛，虽贱必名，终为不义，不可灭矣。以娄牟及防、兹，以公邑及私邑也。季孙宿为鲁盗，故邾、莒之盗以气类而相从。襄二十一年，公如晋，邾庶其以地来奔，宿纳之。今公如晋，莒牟夷以地来奔，宿又纳之。襄公如楚，宿取卞，公惧不敢入。今又乘公之适晋，亟招叛人，俾莒诉而致讨于公。盖时欲置其君于罟擭陷井之中，他年见逐，而终不能归，其兆已见于此矣。

秋，七月，公至自晋。

左传　莒人诉于晋。诉鲁受牟夷。晋侯欲止公，范献子曰："不可。人朝而执之，诱也。讨不以师，而诱以成之，惰也。为盟主而犯此二者，无乃不可乎？请归之，间而以师讨焉。"乃归公。秋七月，公至自晋。

莒人以受牟夷诉于晋，几被执辱，历三时乃得归，故以告于庙也。

戊辰，叔弓帅师败莒师于蚡泉。蚡，公羊作濆，谷梁作贲，杜注：鲁地。《地谱》云："鲁东竟之地。"

左传　莒人来讨，讨受牟夷。不设备。戊辰，叔弓败诸蚡泉，莒未陈也。

公羊传　濆泉者何？直泉也。谓此泉直上而出。直泉者何？涌泉也。

谷梁传　狄人谓贲泉失台，号从中国，名从主人。

中军既毁，季孙自为一军，力全而势强，二家共为一军，力分而势弱。不独公为所制，而二家亦属役焉。故取郓受叛者季孙，而莒人来讨，则使叔弓应敌也。

秦伯卒。

公羊传　何以不名？秦者，夷也，匿嫡之名也。谓嫡子生而不名，令于四竟，择勇猛者立之。其名何？文十八年秦伯罃卒，宣四年秦伯稻卒，书名。嫡得之也。言罃、稻独以嫡得立。

经书诸侯之卒，不名者多矣，当时不以名赴，史承而书之，圣人不能益也。传者于此独曲为之讼，误矣。

冬，楚子、蔡侯、陈侯、许男、顿子、沈子、徐人、越人伐吴。越始见经。

左传　冬十月，楚子以诸侯及东夷伐吴，以报棘、栎、麻之役。役在四年。薳射以繁扬之师会于夏汭。薳射，楚大夫。会楚子也。越大夫常寿过帅师会楚子于琐。琐，杜注：楚地。当在今江南霍邱县东。闻吴师出，薳启疆帅师从之，遽不设备，吴人败诸鹊岸。鹊岸，杜注：庐江舒有鹊尾渚。今江南繁昌县西南大江中有鹊洲。楚子以驲至于罗汭。罗，水名。吴子使其弟蹶由犒师，楚人执之，将以衅鼓。王使问焉，曰："女卜来吉乎？"对曰："吉。寡君闻君将治兵于敝邑，卜之以守龟，曰：'余亟使人犒师，请行以观王怒之疾徐，而为之备，尚克知之。'言吴令龟如此。龟兆告吉，曰克可知也。君若驩焉，好逆使臣，滋敝邑休怠，而忘其死，亡无日矣。今君奋焉，震电冯怒，冯，盛也。虐执使臣，将以衅鼓，则吴知所备矣。敝邑虽羸，若早修完，其可以息师。息楚之师。难易有备，可谓吉矣。且吴社稷是卜，岂为一人？使臣获衅军鼓，而敝邑知备，以御不虞，其为吉孰大焉？国之守龟，其何事不卜？一臧一否，其谁能常之？城濮之兆，其报在邲。城濮之战，楚卜吉，其效乃在邲。今此行也，其庸有报志？"乃弗杀。楚师济于罗汭，沈尹赤会楚子，沈尹赤，楚大夫。次于莱山。薳射帅繁扬之师，先入南怀，楚师从之，及汝清，南怀、汝清，杜注：皆楚界。当在今江淮间。吴不可入。有备。楚子遂观兵于坻箕之山。坻箕之山，今江南巢县南有踟蹰山。《舆地志》即坻箕山也。是行也，吴早设备，楚无功而还，以蹶由归。楚子惧吴，使沈尹射待命于巢，薳启疆待命于雩娄，礼也。善有备。

楚病吴，故通越以制吴。犹晋病楚，故通吴以制楚也。越常寿过始见经而称人，越骤强也。或曰不可云沈子，徐、越伐吴，犹戚之会，吴以鄫故称人耳。楚虔身负大恶，王法所不宥也，而恃强逞暴，为修怨之师，诸侯及徐、越从之，有党恶之罪。先儒乃以为善楚而进越，过矣。

附录左传　秦后子复归于秦，元年奔晋。景公卒故也。终五稔之言。

日讲春秋解义卷四十九

昭　公

六年，春，王正月，杞伯益姑卒。

左传　六年春王正月，杞文公卒，吊如同盟，礼也。

晋平公，杞出也。故命鲁归其侵地，有未尽者，复以让鲁。今杞以丧赴，而鲁会其葬，畏晋故也。杞复称伯，岂平公厚其母家，为请于王而复之与？

葬秦景公。秦始书葬。

左传　大夫如秦，葬景公，礼也。合士吊、大夫送葬之礼。

附录左传　三月，郑人铸刑书。铸刑书于鼎，以为国之常法。叔向使诒子产书，曰："始吾有虞于子，虞，度也。言准度子产以为己法。今则已矣。昔先王议事以制，不为刑辟，惧民之有争心也。临事制刑，不豫设法也。法豫设，则民知争端。犹不可禁御。是故闲之以义，纠之以政，行之以礼，守之以信，奉之以仁，制为禄位以劝其从。劝从教。严断刑罚以威其淫。惧其未也，故诲之以忠，耸之以行，耸，惧也。教之以务，时所急。使之以和。说以使民。临之以敬，莅之以强，断之以刚。义断恩。犹求圣哲之上，明察之官，上，公王也。官，卿大夫也。忠信之长，慈惠之师，民于是乎可任使也，而不生祸乱。民知有辟，则不忌于上。权移于法，故民不畏上。并有争心，以征于书，而徼幸以成之，因危文以生争，缘徼幸以成其巧伪。弗可为矣。夏有乱政，而作《禹刑》，商有乱政而作《汤刑》，周有乱政而作《九刑》。言不能议事以制。三辟之兴，皆叔世也。今吾子相郑国，作封洫。在襄三十年。立谤政，作丘赋，在四年。制参辟，铸刑书，制参辟，谓用三代之末法。将以靖民，不亦难乎？《诗》曰：'仪式刑文王之德，日靖四方。'《诗·周颂》。言文王以德为仪式，故能日有安靖四方之功。刑，法也。又曰：'仪刑文王，万邦作孚。'《诗·大雅》。言文王作仪法，为天下所孚信也。如是，何辟之有？言惟以德与信，不以刑也。民知争端矣，将弃礼而征于书。锥刀之末，将尽争之。锥刀末，喻小事。乱狱滋丰，贿赂并行。终子之世，郑其败乎！肸闻之，国将亡，必多制。数改法。其此之谓乎！"复书曰："若吾子之言，侨不才，不能及子孙，吾以救世也。既不承命，敢忘大惠？"以见箴戒为惠。士文伯曰："火见，郑其火乎！火，心星也。周五月昏见。火未出而作火，以铸刑器，藏争辟焉。火如象之，不火何为？"象，类也。同气相求，火未出而用火，相感而致灾。

夏，季孙宿如晋。

左传　夏，季孙宿如晋，拜莒田也。谢前年受牟夷邑不见讨。晋侯享之，有加笾。笾豆之数，多于常礼。武子退，使行人告曰："小国之事大国也，苟免于讨，不敢求贶。得贶不过三献。《周礼》大夫三献。今豆有加，下臣弗堪，无乃戾也。"韩宣子曰："寡君以为驩也。"对曰："寡君犹未敢，况下臣，君之隶也，敢闻加贶？"固请彻加，而后卒事。晋人以为知礼，重其好货。

宿受牟夷叛邑，时公在晋，莒诉于晋，公几见止。故宿如晋拜莒田，自比于晋隶，足恭以媚晋，重自托以倾其君，此公数如晋所以拒而不纳也。

葬杞文公。

宋华合比出奔卫。

左传　宋寺人柳有宠，有宠于平公。大子佐恶之。华合比曰："我杀之。"柳闻之，乃坎，用牲，埋书，诈为盟处。而告公曰："合比将纳亡人之族，亡人，华臣也。襄十七年奔卫。既盟于北郭矣。"公使视之有焉，遂逐华合比。合比奔卫。于是华亥欲代右师，亥，合比弟。乃与寺人柳比，从为之征曰："闻之久矣。"公使代之。代合比为右师。见于左师，向戌。左师曰："女夫也，必亡。夫谓华亥。女丧而宗室，于人何有？人亦于女何有？《诗》曰：'宗子维城，毋俾城坏，毋独斯畏。'《诗·大雅》。言宗子之固若城。俾，使也。女其畏哉！"为二十年华亥出奔传。

宋平公既以伊戾之谮杀世子佐，又以柳之谮逐华合比，前后险谋如出一辙。然非向戌为伊戾征，华亥为柳征，平公犹未必深信而不疑，以至绝父子之恩，暌君臣之义也。阉寺祸人国家，必廷臣与之合，其奸乃必售。伊、柳、戌、亥之覆辙，可不戒哉？

附录左传　六月丙戌，郑灾。终士文伯之言。　楚公子弃疾如晋，报韩子也。报前年送女。过郑，郑罕虎、公孙侨、游吉从郑伯以劳诸柤，柤，杜注：郑地。辞不敢见，固请见之。见如见王，见郑伯如见楚王。言弃疾恭而有礼。以其乘马八匹私面。私见郑伯。见子皮如上卿，如见楚卿。以马六匹，见子产，以马四匹。见子大叔，以马二匹。禁刍牧采樵，不入田。不犯田种。不樵树，不采蓺，蓺，种也。不抽屋，不强匄。誓曰："有犯命者，君子废，小人降。"舍不为暴，主不恩宾。恩，患也。往来如是。郑三卿皆知其将为王也。三卿，罕虎、公孙侨、游吉。韩宣子之适楚也，楚人弗逆。公子弃疾及晋竟，晋侯将亦弗逆。叔向曰："楚辟我衷，辟，邪也。衷，正也。若何效辟？《诗》曰：'尔之教矣，民胥效矣。'《诗·小雅》。言上教下效。从我而已，焉用效人之辟？书曰：'圣作则。'逸书。则，法也。无宁以善人为则，而则人之辟乎？匹夫为善，民犹则之，况国君乎？"晋侯说，乃逆之。传言叔向知礼。

秋，九月，大雩。

左传　秋九月，大雩，旱也。

楚薳罢帅师伐吴。

左传　徐仪楚聘于楚。仪楚，徐大夫。楚子执之，逃归。惧其叛也，使薳泄伐徐。薳泄，楚大夫。吴人救之。令尹子荡帅师伐吴，师于豫章，而次于乾谿。豫章当在江北淮水南。乾谿，杜注：在谯国城父县南。今江南亳州东南有乾谿，与城父村相近。吴人败其师于房钟，房钟，杜注：吴地。当在今寿州蒙城县界。获宫厩尹弃疾。斗韦龟之父。子荡归罪于薳泄而杀之。不以败告，故不书。

楚频年伐吴，终未能得志，故自是以后遂舍吴而肆毒于陈、蔡也。

冬，叔弓如楚。

左传　冬，叔弓如楚聘，且吊败也。吊为吴所败。

鲁远于楚而婚于吴，遂不与申之会。至是震楚兵威，故使弓先聘，而明年遂朝之也。

齐侯伐北燕。

左传　十一月，齐侯如晋，请伐北燕也。士匄相士鞅逆诸河，礼也。士匄，晋大夫。或作王正。晋侯许之。十二月，齐侯遂伐北燕，将纳简公。简公，北燕伯。三年出奔齐。晏子曰："不入，燕有君矣，民不贰。吾君贿，左右谄谀，作大事不以信，未尝可也。"为明年暨齐平传。

晋人纳捷菑于邾，非正也。而能以义自反，故特书不克纳，以著其迁善改过之美。齐侯纳北燕伯，正也。而终以赂止，故第书伐燕，而不书不克纳，以示其本无定燕之心，惟恃强以陵弱耳。

七年，春，王正月，暨齐平。

左传　七年春王正月，暨齐平，齐求之也。癸巳，齐侯次于虢。虢，杜注：燕竟。当在今直隶沧州界。燕人行成，曰："敝邑知罪敢不听命？先君之敝器，请以谢罪。"公孙晳曰："晳，齐大夫。受服而退，俟衅而动，可也。"二月戊午，盟于濡上。濡上，杜注：濡水出高阳县东北，至河间鄚县入易水。当在今直隶安州、任邱之间。燕人归燕姬，赂以瑶瓮、玉椟、斝耳，瑶，玉也。椟，匮也。斝耳，玉爵。不克而还。

谷梁传　平者，成也。暨，犹暨暨也。暨者，不得已也。以外及内曰暨。

我所欲曰及，不得已曰暨。是时，昭公结昏强吴，无汲汲附齐之意，其与齐平，乃齐求于鲁，故曰暨。至定公八年，鲁再侵齐，结怨大国，惧而请平，乃鲁求于齐，故曰及也。《左传》齐求之也，乃正解。鲁暨齐平之义，后乃及齐、燕之事，而杜氏预遂谓燕暨齐平，误矣。书暨齐平，正与及齐平、及郑平之文同。且叔孙婼旋如齐莅盟，则此为内平，审矣。若外平，则当用宋人及楚人平之例。

附录左传　楚子之为令尹也，为王旌以田。析羽为旌，王旌游至于轸。芋尹无宇断之曰：“一国两君，其谁堪之？”及即位，为章华之宫，章华，杜注：南郡华容县。今湖广监利县东有华容城。纳亡人以实之。无宇之阍入焉。有罪，亡入章华宫。无宇执之，有司弗与，曰：“执人于王宫，其罪大矣。”执而谒诸王。执无宇也。王将饮酒，无宇辞曰：“天子经略，经营天下，略有四海，故曰经略。诸侯正封，封疆有定分。古之制也。封略之内，何非君土？食土之毛，谁非君臣？毛，草也。故《诗》曰：‘普天之下，莫非王土。率土之滨，莫非王臣。’《诗·小雅》。滨，涯也。天有十日，甲至癸。人有十等，王至台。下所以事上，上所以共神也。故王臣公，公臣大夫，大夫臣士，士臣皂，皂臣舆，舆臣隶，隶臣僚，僚臣仆，仆臣台。马有圉，牛有牧，养马曰圉。养牛曰牧。以待百事。今有司曰女胡执人于王宫？将焉执之？周文王之法曰有亡荒阅，荒，大也。阅，搜也。有亡人，当大搜其众。所以得天下也。吾先君文王，作《仆区》之法，《仆区》，刑书名。曰：‘盗所隐器，隐盗所得器。与盗同罪’，所以封汝也。行善法，故能启疆北至汝水。若从有司，是无所执逃臣也。逃而舍之，是无陪台也。言皆将逃。王事无乃阙乎？昔武王数纣之罪以告诸侯曰：‘纣为天下逋逃主，萃渊薮。’萃，集也。天下逋逃，悉以纣为渊薮，集而归之。故夫致死焉。人欲致死讨纣。君王始求诸侯而则纣，无乃不可乎？若以二文之法取之，盗有所在矣。”言王亦为盗。王曰：“取而臣以往，盗有宠，未可得也。”盗有宠，灵王自谓。遂赦之。为葬灵王张本。

三月，公如楚。

左传　楚子成章华之台，台，杜注：在华容城内。今监利县北有章华台。愿与诸侯落之。宫室始成，祭之为落。大宰薳启疆曰：“臣能得鲁侯。”薳启疆来召公，辞曰：“昔先君成公，命我先大夫婴齐曰：‘吾不忘先君之好，将使衡父照临楚国，衡父，公衡。镇抚其社稷，以辑宁尔民。’婴齐受命于蜀，蜀盟在成二年。奉承以来，弗敢失陨，而致诸宗祧，曰我先君共王，引领北望，日月以冀。冀鲁朝。传序相授，于今四王矣。四王，共、康、郏敖及灵王。嘉惠未至，唯襄公之辱临我丧。襄公二十八年，如楚吊康王丧。孤与其二三臣，悼心失图，在哀丧故。社稷之不皇，况能怀思君德。皇，暇也。言有大丧，多不暇。今君若步玉趾，辱见寡君，宠灵楚国，以信蜀之役，致君之嘉惠，是寡君既受贶矣，何蜀之敢望。言不敢望如蜀复有质子。其先君鬼神，实嘉赖之，岂唯寡君？君若不来，使臣请问行期，问鲁见伐之期。寡君将承质币而见于蜀，以请先君之贶。”公将往，梦襄公祖。祖，祭道神。梓慎曰：“君不果行，襄公之适楚也，梦周公祖而行。今襄公实祖，君其不行。”子服惠伯曰：“行。先君未尝适楚，故周公祖以道之，襄公适楚矣，而祖以道，君不行，何之？”三月，公如楚，郑伯劳于师之梁。郑城门。孟僖子为介，不能相仪。僖子，仲孙貜。及楚，不能答郊劳。为下僖子病不能相礼张本。

据左氏，楚子成章华之台，愿与诸侯落之，而薳启疆自谓能得鲁侯，盖如季孙擅国，鲁君若寄生，闻楚有命，季氏必迫公以出，而不敢违。若宋、卫之君尚能专有其国，恐驰词执礼，以抗非义之请，而不赴，则楚威为之顿也。

叔孙婼如齐莅盟。婼，公羊作舍。后同。

谷梁传　莅，位也。内之前定之辞谓之莅，外之前定之辞谓之来。

夏，四月，甲辰，朔，日有食之。

左传　夏四月甲辰朔，日有食之。晋侯问于士文伯曰："谁将当日食?"对曰："鲁、卫恶之，卫大鲁小。"公曰："何故?"对曰："去卫地，如鲁地。卫地，豕韦也。鲁地，降娄也。日食于豕韦之末，及降娄之始乃息，故祸在卫大，在鲁小也。周四月，今二月，故日在降娄。于是有灾，鲁实受之。灾发于卫，而受其余祸。其大咎，其卫君乎，鲁将上卿。"八月，卫侯卒。十一月，季孙宿卒。公曰："《诗》所谓'彼日而食，于何不臧'者，何也?"感日食而问《诗》。对曰："不善政之谓也。国无政，不用善，则自取谪于日月之灾，故政不可不慎也。务三而已，一曰择人，二曰因民，三曰从时。

附录左传　晋人来治杞田，前女叔侯不尽归，今公适楚，晋人恨，故复来治。季孙将以成与之。成，孟氏邑，本杞田。谢息为孟孙守，不可。谢息，僖子家臣。曰："人有言曰，虽有挈瓶之知，守不假器，礼也。挈瓶，汲者，喻小知。为人守器，犹知不以借人。夫子从君，夫子谓孟僖子。从公如楚。而守臣丧邑，虽吾子亦有猜焉。"言季孙亦将疑我不忠。季孙曰："君之在楚，于晋罪也。又不听晋，鲁罪重矣。晋师必至，吾无以待之，不如与之，间晋而取诸杞。吾与子桃，桃，杜注：鲁国卞县东南有桃虚。成反，谁敢有之，是得二成也。鲁无忧，而孟孙益邑，子何病焉?"辞以无山，与之莱、柞，莱、柞，杜注：二山。乃迁于桃。谢息迁也。晋人为杞取成。　楚子享公于新台，章华台也。使长鬣者相，鬣，须也。欲先夸鲁侯。好以大屈。宴好之赐。大屈，弓名。既而悔之。薳启疆闻之，见公。公语之，拜贺，公曰："何贺?"对曰："齐与晋、越欲此久矣。寡君无适与也，而传诸君，君其备御三邻。齐、晋、越。慎守宝矣，敢不贺乎?"公惧，乃反之。传言楚灵不信，所以不终。　郑子产聘于晋。晋侯有疾，韩宣子逆客，私焉，曰："寡君寝疾，于今三月矣，并走群望，晋所望祀山川，皆走往祈祷。有加而无瘳。今梦黄熊入于寝门，其何厉鬼也?"对曰："以君之明，子为大政，其何厉之有?昔尧殛鲧于羽山，羽山，杜注：在东海祝其县西南。今山东沂州东有山，高四里，其西为羽渊。其神化为黄熊，以入于羽渊。实为夏郊，三代祀之。鲧，禹父。夏郊祭之，历殷周二代，又通在群神之数，并见祀。晋为盟主，其或者未之祀也乎?"韩子祀夏郊。晋侯有间，赐子产莒之二方鼎。莒所贡。子产为丰施归州田于韩宣子，丰施，郑公孙段之子。三年，晋以州田赐段，此年正月段卒。曰："日君以夫公孙段为能任其事，而赐之州田。今无禄早世，不获久享君德，其子弗敢有，不敢以闻于君，私致诸子。”宣子辞子产曰：“古人有言曰：‘有父析薪，其子弗克负荷。’荷，担也。以微薄喻贵重。施将惧不能任其先人之禄，其况能任大国之赐？纵吾子为政而可，后之人若属有疆埸之言，敝邑获戾，而丰氏受其大讨。吾子取州，是免敝邑于戾，而建置丰氏也。敢以为请。”宣子受之，以告晋侯，晋侯以与宣子。宣子为初言，初言，谓与赵文子争州田。病有之，以易原县于乐大心。乐大心，宋大夫。原，晋邑。以赐乐大心。郑人相惊以伯有，曰：“伯有至矣”，襄十三年，郑人杀伯有，言其鬼至。则皆走，不知所往。铸刑书之岁二月，在前年。或梦伯有介而行，曰：“壬子，余将杀带也。驷带助子晳杀伯有。壬子，六年三月三日。明年壬寅，余又将杀段也。”公孙段，丰氏党。壬寅，此年正月二十八日。及壬子，驷带卒，国人益惧。齐、燕平之月，此年正月。壬寅，公孙段卒，国人愈惧。其明月，子产立公孙泄及良止以抚之，乃止。公孙泄，子孔之子也。襄十九年，郑杀子孔。良止，伯有子也。立以为大夫，使有宗庙。子大叔问其故，子产曰：“鬼有所归，乃不为厉，吾为之归也。”大叔曰：“公孙泄何为？”子孔不为厉，问何为复立泄。子产曰：“说也，为身无义而图说。伯有无义，以妖鬼故立之。恐惑民，并立泄，使若自以大义存诛绝之后者，以解说民心。从政有所反之，以取媚也。民不可使知之，故治政或当反道以求媚于民。不媚不信，说而后信之。不信，民不从也。”及子产适晋，赵景子问焉，景子，晋中军佐赵成。曰：“伯有犹能为鬼乎？”子产曰：“能。人生始化曰魄，魄，形也。既生魄，阳曰魂。阳，神气也。用物精多，则魂魄强。物，权势。是以有精爽，至于神明。精者，神之未著。爽者，明之未昭。匹夫匹妇强死，强死，不病也。其魂魄犹能冯依于人，以为淫厉。况良霄，我先君穆公之胄，子良之孙，子耳之子，敝邑之卿，从政三世矣。郑虽无腆，抑谚曰蕞尔国。而三世执其政柄，其用物也弘矣其，取精也多矣。其族又大，所冯厚矣，而强死能为鬼，不亦宜乎？”传言子产之博敏。　子皮之族饮酒无度，故马师氏与子皮氏有恶。马师氏，公孙鉏之子罕朔也。襄三十年，马师颉出奔，公孙鉏代为马师，与子皮俱同一族。齐师还自燕之月，在此年二月。罕朔杀罕魋。魋，子皮弟。罕朔奔晋。韩宣子问其位于子产，问朔可使在何位。子产曰：“君之羁臣，苟得容以逃死，何位之敢择？卿违，从大夫之位，谓以礼去者，降位一等。罪人以其罪降，罪重则降多。古之制也。朔于敝邑，亚大夫也。其官，马师也。大夫位，马师职。获戾而逃，唯执政所置之。得免其死，为惠大矣，又敢求位？”宣子为子产之敏也，使从嬖大夫。为子产故，使降一等，不以罪降。

秋，八月，戊辰，卫侯恶卒。

左传　秋八月，卫襄公卒。晋大夫言于范献子曰：“卫事晋为睦，晋不礼焉，庇其贼人，而取其地，贼人，孙林父。其地，戚也。故诸侯贰。《诗》曰：‘鹏鸰在原，兄弟急难。’《诗·小雅》。鹏鸰，雝渠也。飞则鸣，行则摇，喻兄弟相救于急难，不可自舍。又曰：‘死丧之威，兄弟孔怀。’威，畏也。言有死丧则兄弟宜相怀思。兄弟之不睦，于是乎不吊，不相吊恤。况远人，谁敢归之？今又不礼于卫之嗣，卫必叛我，是绝诸侯也。”献子以告韩宣子，宣子说，使献子如卫吊，且反戚田。卫齐恶告丧于周，且请命。王使成简公如卫吊。简公，王卿士。且追命襄公曰：“叔父陟恪，在我先王之左右，以佐事上帝。余敢忘高圉、亚圉？”二圉，周之先，为殷诸侯，亦受殷王追命者。

谷梁传　乡曰卫齐恶，在元年。今曰卫侯恶，此何为君臣同名也？君子不夺人名，不夺人亲之所名，重其所以来也。王父名子也。不夺人名，谓亲之所名。明臣虽欲改，君不当听也。君不听臣易名者，欲使重父命也。父受命名于王父，王父卒，则听王父之命名之。

九月，公至自楚。

左传　九月，公至自楚。孟僖子病不能相礼，不能相仪答郊劳，以此为已病。乃讲学之，苟能礼者从之。及其将死也，二十四年，孟僖子卒，传终言之。召其大夫曰：“礼，人之干也。无礼，无以立。吾闻将有达者，曰孔丘，僖子卒时，孔子年三十五。圣人之后也。圣人，殷汤。而灭于宋。孔子六代祖孔父嘉，为宋督所杀，其子奔鲁。其祖弗父何，以有宋而授厉公。弗父何，孔父嘉之高祖，宋闵公之子，厉公之兄。何適嗣当立，以让厉公。及正考父，弗父何之曾孙。佐戴、武、宣，皆宋君。三命兹益共。三命，上卿。言位高益共。故其鼎铭云：‘一命而偻，再命而伛，三命而俯。俯共于伛，伛共于偻。循墙而走，言不敢安行。亦莫余敢侮。饘于是，鬻于是，以餬余口。’于是鼎中为饘鬻。饘鬻，餬属。言至俭。其共也如是。”臧孙纥有言，曰：“圣人有明德者，若不当世，不当大位，谓正考父。其后必有达人。今其将在孔丘乎？我若获没，必属说与何忌于夫子，使事之，说，南宫敬叔。何忌，孟懿子。皆僖子之子。而学礼焉，以定其位。”知礼则位安。故孟懿子与南宫敬叔师事仲尼。仲尼曰：“能补过者，君子也。《诗》曰：‘君子是则是效’。《诗·小雅》。孟僖子可则效已矣。”

公如楚必致，危之，故以告于庙也。

附录左传　单献公弃亲用羁。献公，周卿士，单靖公之子，顷公之孙。羁，寄客也。冬十月辛酉，襄、顷之族杀献公，而立成公。襄公，顷公之父。成公，献公弟。

冬，十有一月，癸未，季孙宿卒。

左传　十一月，季武子卒。晋侯谓伯瑕曰：伯瑕，士文伯。“吾所问日食，从矣，可常乎？”卫侯、武子皆卒故。对曰：“不可。六物不同，各异时。民心不壹，政教殊。事序不类，有变易。官职不则，治官居职非一法。同始异终，胡可常也？《诗》曰：‘或燕燕居息，或憔悴事国。’《诗·小雅》，言不同。其异终也如是。”公曰："何谓六物？"对曰："岁、时、日、月、星、辰，是谓也。"公曰："多语寡人辰，而莫同。如北辰、大辰之类，其义莫同。何谓辰？"对曰："日月之会是谓辰，故以配日。"谓以子丑配甲乙。

自季友至行父，虽专鲁国，臣节尚无显悖。至宿则乘君幼而分其民、据其土，称兵邦域，招纳叛人，谄事霸国，深结强家，以间阻其君，襄公自楚归至不敢入，他日意如逐君，乃宿之遗谋耳。

十有二月，癸亥，葬卫襄公。

左传　卫襄公夫人姜氏无子，姜氏，宣姜。嬖人婤始生孟絷。孔成子梦康叔谓己："立元，成子，卫卿，孔达之孙烝鉏也。元，孟絷弟。梦时元未生。余使羁之孙圉与史苟相之。"羁，烝鉏子。苟，史朝子。史朝亦梦康叔谓己："余将命而子苟与孔烝鉏之曾孙圉相元。"史朝见成子，告之梦，梦协。晋韩宣子为政，聘于诸侯之岁，在二年。婤始生子，名之曰元。孟絷之足不良，弱行。跛也。孔成子以《周易》筮之，曰："元尚享卫国，主其社稷。"令蓍辞。遇屯䷂。震下坎上，屯。又曰："余尚立絷，尚克嘉之。"嘉，善也。遇屯䷂之比䷇。坤下坎上，比。屯初九爻变。以示史朝，史朝曰："元亨，又何疑焉？"《周易》曰："屯，元亨。"成子曰："非长之谓乎？"言屯之元亨，谓年长，非谓名元。对曰："康叔名之，可谓长矣。孟非人也，将不列于宗，不可谓长。且其繇曰利建侯，繇，卦辞。嗣吉何建？嗣子有常位，故无所建。建非嗣也。二卦皆云，谓再见屯卦，皆有建侯之文。子其建之。"康叔命之，二卦告之。筮袭于梦，武王所用也。弗从何为？《大誓》曰：'朕梦协朕卜，袭于休祥，戎商必克。'此武王辞。弱足者居。跛则偏弱，居其家，不能行。侯主社稷，临祭祀，奉民人，事鬼神，从会朝，又焉得居？各以所利，不亦可乎？"孟跛利居，元吉利建。故孔成子立灵公。灵公，元也。十二月癸亥，葬卫襄公。

八年，春。

附录左传　八年春，石言于晋魏榆。魏榆，杜注：晋地。今山西榆次县西北有故城。《通典》曰："晋魏榆，邑也。"晋侯问于师旷曰："石何故言？"对曰："石不能言，或冯焉。谓有精神凭依石而言。不然，民听滥也。滥，失也。抑臣又闻之，曰：'作事不时，怨讟动于民，则有非言之物而言。'今宫室崇侈，民力彫尽，怨讟并作，莫保其性。性，命也。石言，不亦宜乎？"于是晋侯方筑虒祁之宫。虒祁，杜注：地名，在绛西四十里，临汾水。在今山西曲沃县西。叔向曰："子野之言，君子哉！子野，师旷字。君子之言，信而有征，故怨远于其身。小人之言，僭而无征故，怨咎及之，《诗》曰：'哀哉不能言，匪舌是出，唯躬是瘁。《诗·小雅》。不能言，谓不知言理。僭而无信，自取瘁病，故哀之。哿矣能言，巧言如流，俾躬处休。'其是之谓乎！哿，嘉也。巧言如流，谓言之顺叙。信而有征，自取安逸。师旷此言缘问流转，终归于谏，故以比巧言如流也。当叔向时，《诗》义如此，故与今说《诗》者小异。是宫也成，诸侯必叛，君必有咎，夫子知之矣。”为十年晋侯彪卒传。

陈侯之弟招杀陈世子偃师。

左传　陈哀公元妃郑姬生悼大子偃师，二妃生公子留，下妃生公子胜。二妃嬖，留有宠，属诸司徒招与公子过。招及过，皆哀公弟。哀公有废疾。三月甲申，公子招、公子过杀悼大子偃师，而立公子留。

谷梁传　乡曰陈公子招，在元年。今曰陈侯之弟招，何也？曰尽其亲，所以恶招也。尽其亲，谓既称公子，又称弟。招，先君之公子，今君之母弟。两下相杀，不志乎《春秋》，此其志，何也？世子云者，唯君之贰也。云可以重之存焉志之也。诸侯之尊兄弟不得以属通，其弟云者，亲之也。亲而杀之，恶也。

陈招以介弟为司徒，不顾宗社，以逞其私，杀嫡立庶，致楚乘衅以灭陈。故不称公子，而变文书弟，所以甚招之恶，而著陈侯失亲亲之道也。

夏，四月，辛丑，陈侯溺卒。

左传　夏四月辛亥，哀公缢。忧恚自杀。经书辛丑，从赴。

陈侯因偃师之变恚而卒，则其托留于公子招，所以宠留，而非有杀偃师之心也。楚弃疾立公子，比而灵王缢，《春秋》书比弑其君。招杀偃师，而哀公缢，不书招弑其君，何也？招方当国，不肯以先君之缢赴，旧史承而书之，与郑伯髡顽、楚子麇同。

叔弓如晋。

左传　叔弓如晋，贺虒祁也。贺宫成。游吉相郑伯以如晋，亦贺虒祁也。史赵见子大叔曰：“甚哉，其相蒙也！可吊也，而又贺之。”子大叔曰：“若何吊也？其非唯我贺，将天下实贺。”言诸侯畏晋，非独郑。

楚成章华之台，而召诸侯以落之。晋成虒祁之宫，而诸侯毕贺。小国之困敝极矣。

楚人执陈行人干征师，杀之。

左传　干征师赴于楚，干征师，陈大夫。且告有立君。公子胜诉之于楚，以招、过杀偃师告。楚人执而杀之。杀干征师。公子留奔郑。书曰：“陈侯之弟招杀陈世子偃师”，罪在招也。“楚人执陈行人干征师杀之”，罪不在行人也。

谷梁传　称人以执大夫，执有罪也。称行人，怨接于上也。

陈杀世子，罪在于招，行人何辜，而以为戮乎？盖楚灵因陈乱以为利，欲震怖其国而取之，故杀人以行其诈耳。

陈公子留出奔郑。

留书公子，是为招所立，而犹不敢安于其位，故不以偃师之狱归之。

秋，蒐于红。书蒐始此。红，杜注：鲁地。沛国萧县西有红亭。远疑。萧县，今属江南徐州府。

左传　秋，大蒐于红，自根牟至于商、卫，革车千乘。根牟，杜注：鲁东界。琅琊阳都县有牟乡。商，杜注：宋地。鲁西竟接宋、卫也。

公羊传　蒐者何？简车徒也。何以书？盖以罕书也。

谷梁传　正也。因蒐狩以习用武事，礼之大者也。艾兰以为防，兰，香草也。防为田之大限。置旃以为辕门，《周礼·通帛》曰："旃，辕门印车，以其辕表门。"以葛覆质以为槷。质，椹也。槷，门中臬。葛或作褐。流旁握，御轚者不得入。流旁握，谓车两軎头各去门边空握。握，四寸也。轚挂则不得入门。车轨尘。尘不出辙。马修蹄，发足相应，迟疾相投。掩禽旅，掩取众禽。御者不失其驰然，后射者能中。过防弗逐，不从奔之道也。战不逐奔之义。面伤不献，嫌诛降。不成禽不献。恶虐幼小。禽虽多，天子取三十焉，其余与士众，以习射于射宫，取三十以共乾豆宾客之庖。射宫，泽宫。射而中，田不得禽，则得禽。田得禽而射不中，则不得禽。是以知古之贵仁义而贱勇力也。射以不争为仁，揖让为义。

《春秋》凡五书蒐，皆曰大蒐，著僭也。此传亦言大蒐于红，自根牟至于商、卫，革车千乘，而经无大字，阙文也。在他公不书，惟书于昭、定之世，何也？鲁僭大蒐之礼，亦如郊禘之不可胜书，惟昭、定之际，公无尺土一民，而三桓用天子之礼以简私家之军，实尤非常之变、不赦之恶也。

附录左传　七月甲戌，齐子尾卒，子旗欲治其室。子旗，栾施。丁丑，杀梁婴。梁婴，子尾家宰。八月庚戌，逐子成、子工、子车，三子，齐大夫，子尾之属。子成，顷公子固。子工，成之弟铸。子车，顷公之孙捷。皆来奔，而立子良氏之宰。子良，子尾之子高强也。子旗为之立宰。其臣曰：子尾家臣。"孺子长矣，孺子谓子良。而相吾室，欲兼我也。"授甲，将攻之。陈桓子善于子尾，亦授甲，将助之。或告子旗，子旗不信，则数人告。将往，又数人告于道，遂如陈氏。桓子将出矣，闻之而还。闻子旗至。游服而逆之，去戎备，著常游戏之服。请命，问桓子所至。对曰："闻强氏授甲将攻子，子闻诸？"曰："弗闻。""子盍亦授甲？无宇请从。"子旗曰："子胡然？彼孺子也，吾诲之，犹惧其不济，吾又宠秩之。谓为之立宰。其若先人何？子盍谓之？谓之使无攻我。《周书》曰：'惠不惠，茂不茂。'《周书·康诰》。言当施惠于不惠者，劝勉于不勉者。茂，勉也。康叔所以服弘大也。"服，行也。桓子稽颡，曰："顷、灵福子，顷公、灵公，栾氏所事之君。吾犹有望。"遂和之如初。和栾、高二家。

陈人杀其大夫公子过。

左传　陈公子招归罪于公子过，而杀之。言招所以不死而得放。

称人以杀，而不去其官，国乱无政，众人擅杀，非讨贼之辞也。盖偃师之死，招实主谋，孔奂与焉，而非过之所欲也。招恶其异己，反加罪焉。经书招杀偃师于前，书楚师灭陈杀奂于后，而过称大夫，则不与杀世子明矣。

大雩。

冬，十月，壬午，楚师灭陈，执陈公子招，放之于越。杀陈孔奂。奂，公羊作瑗。

左传　九月，楚公子弃疾帅师奉孙吴围陈，孙吴，悼大子偃师之子惠公。宋戴恶会之。戴恶，宋大夫。冬十一月壬午，灭陈。壬午，十月十八日。传言十一月，误。舆嬖袁克，杀马毁玉以葬。舆，众也。袁克，嬖人之贵者，欲厚葬哀公。楚人将杀之，请置之。置马、玉。既又请私，私尽君臣恩。私于幄，加绖于颡而逃。使穿封戌为陈公。戌，楚大夫。灭陈为县，使戌为县公。曰："城麇之役，不谄。城麇役在襄二十六年。戌与灵王争皇颉。侍饮酒于王，王曰："城麇之役，女知寡人之及此，女其辟寡人乎?"对曰："若知君之及此，臣必致死礼，以息楚。"息，宁静也。晋侯问于史赵曰："陈其遂亡乎?"对曰："未也。"公曰："何故?"对曰："陈，颛顼之族也。"陈祖舜，舜出颛顼。岁在鹑火，是以卒灭，陈将如之。颛顼氏以岁在鹑而灭，火盛而水灭。今在析木之津，犹将复由。箕、斗之间有天汉，故谓之析木之津。由，用也。且陈氏得政于齐，而后陈卒亡。物莫能两盛。自幕至于瞽瞍，无违命。幕舜之先。瞽瞍，舜父。舜重之以明德，置德于遂，遂，舜后。盖殷之兴，存舜之后而封遂。遂世守之。及胡公不淫，故周赐之姓，使祀虞帝。臣闻盛德必百世祀，虞之世数未也。继守将在齐，其兆既存矣。"言陈氏兴盛于齐，形兆已见。

谷梁传　恶楚子也。

楚庄讨陈之乱，有善有恶，故先书楚人杀陈夏征舒，而后及其入国纳乱臣之事，是非不相掩也。楚国则恃强逞暴，利陈之土地而灭之，非有讨贼之义，故先书灭陈。

葬陈哀公。

谷梁传　不与楚灭，闵公也。

陈已灭矣，非我往会葬而书，与庄四年齐侯葬纪伯姬同耳。彼曰齐，盖上无齐灭纪之文，不书齐侯则未知孰葬之。今已书楚师灭陈，则下三事皆蒙上文而书耳。

日讲春秋解义卷五十

昭　公

九年，春，叔弓会楚子于陈。

左传　九年春，叔弓、宋华亥、郑游吉、卫赵黡会楚子于陈。

此与宣十五年公孙归父会楚子于宋同。楚子在彼，鲁自使卿往修礼致敬，非楚子召之使会也。

许迁于夷。

左传　二月，庚申，楚公子弃疾迁许于夷，实城父。时改城父为夷。杜注：城父县属谯郡。今江南亳州东南有城父故城。取州来淮北之田以益之。伍举授许男田，然丹迁城父人于陈，以夷濮西田益之。以夷田在濮水西者与城父人。迁方城外人于许。成十五年，许迁于叶，因谓之许。今许迁于夷，故以方城外人实其处。传言灵王使民不安。

许世服于楚而畏郑，欲迁都近楚，故以自迁为文。若楚强之，则当书楚人迁许，如宋人迁宿，齐人迁阳。

附录左传　周甘人与晋阎嘉争阎田。甘人，甘大夫襄也。阎嘉，晋阎县大夫。晋梁丙、张趯率阴戎伐颍。阴戎，杜注：陆浑之戎。颍，杜注：周邑。王使詹桓伯辞于晋，辞，责让之。桓伯，周大夫。曰："我自夏以后稷、魏、骀、芮、岐、毕，吾西土也。在夏世以后稷功，受此五国为西土之长。骀，杜注：在始平武功县所治厘城。县今属陕西乾州，古厘城在县南。及武王克商，蒲姑、商奄，吾东土也。蒲姑，杜注：乐安博昌县北有蒲姑城。今蒲姑城在山东博兴县东南。巴、濮、楚、邓，吾南土也。肃慎、燕、亳，吾北土也。肃慎，杜注：在玄菟北三千余里。孔疏：玄菟在辽东北。今属盛京。吾何迩封之有？文、武、成、康之建母弟，以蕃屏周，亦其废队是为，岂如弁髦，而因以敝之？弁谓缁布冠。髦谓童子垂髦。凡加冠之礼，先用缁布冠敛括垂髦，三加之后，去缁布冠，不复用，故言因以敝之。先王居梼杌于四裔，以御螭魅，言梼杌，略举四凶之一。故允姓之奸，居于瓜州。允姓，阴戎之祖，与三苗俱放三危者。伯父惠公归自秦，而诱以来。僖二十二年，秦、晋迁陆浑之戎于伊川。使逼我诸姬，入我郊甸，则戎焉取之。戎有中国，谁之咎也？咎在晋。后稷封殖天下，今戎制之，不亦难乎？后稷修封疆，殖五谷，今戎得之，唯以畜牧。伯父图之。我在伯父，犹衣服之有冠冕，木水之有本原，民人之有谋主也。民，人。谋主，宗族之师长。伯父若裂冠毁冕，拔本塞原，专弃谋主，虽戎狄，其何有余一人？”叔向谓宣子曰：“文之伯也，岂能改物？言未能改正朔、易服色。翼戴天子而加之以共。自文以来，世有衰德，而暴灭宗周，以宣示其侈，诸侯之贰，不亦宜乎？且王辞直，子其图之。”宣子说。王有姻丧，使赵成如周吊，且致阎田与襚，反颍俘。王亦使宾滑执甘大夫襄以说于晋。宾滑，周大夫。晋人礼而归之。

夏，四月，陈灾。灾，公羊、谷梁作火。

左传　夏四月，陈灾。郑裨灶曰：“五年，陈将复封。封五十二年而遂亡。”子产问其故，对曰：“陈，水属也。陈，颛顼之后，故为水属。火，水妃也，火畏水，故谓之妃。而楚所相也。相，治也。楚之先祝融为高辛氏火正，主治火事。今火出而火陈，火，心星也。火出，于周为五月，而以四月出者，以长历推，前年误置闰。逐楚而建陈也。水得妃而兴。妃以五成，故曰五年。妃，合也。五行各相妃合，得五而成，故五岁而陈复封。为十三年陈侯吴归于陈传。岁五及鹑火，而后陈卒亡，楚克有之，天之道也。故曰五十二年。”是岁，岁在星纪，五岁及大梁，而陈复封。自大梁四岁而及鹑火，后四周四十八岁，凡五及鹑火，五十二年天。数以五为纪，故五及鹑火，火盛水衰。

公羊传　陈已灭矣，其言陈火何？存陈也。曰存陈悕矣。悕，悲也。曷为存陈？灭人之国，执人之罪人，罪人，招也。杀人之贼，孔瑗弑君，贼也。葬人之君，若是则陈存悕矣。楚为无道托讨贼行义，陈臣子辟门虚心待之，而灭其国，悲之也。

谷梁传　国曰灾，邑曰火。火不志，此何以志？闵陈而存之也。

陈已灭于楚，而《春秋》犹书陈灾，犹邶、鄘已灭于卫，而删诗仍其故号，所以存先王之建国也。凡外灾告则书，楚已县陈，使穿封戌守之，必不遣使告于诸侯。盖叔弓会楚子于陈，目击其事，归语陈故，而鲁史书之耳。

附录左传　晋荀盈如齐逆女，自为逆。还，六月，卒于戏阳。戏阳，杜注：魏郡内黄县北有戏阳城。殡于绛，未葬。晋侯饮酒乐。膳宰屠蒯趋入，请佐公使尊。执尊酌酒。许之，而遂酌以饮工，工，乐师，师旷也。曰：‘女为君耳，将司聪也。乐所以聪耳。辰在子卯，谓之疾日。疾，恶也。纣以甲子丧，桀以乙卯亡，故国君以为忌日。君彻宴乐，学人舍业，学人谓习乐之人。为疾故也。君之卿佐，是谓股肱。股肱或亏，何痛如之。女弗闻而乐，是不聪也。”又饮外嬖嬖叔，外嬖大夫之嬖者。曰：“女为君目，将司明也。职在外，故主视。服以旌礼，礼以行事，事有其物，物，类也。物有其容。容，貌也。今君之容，非其物也，有卿佐之丧而作乐欢会，故曰非其物。而女不见，是不明也。”亦自饮也，曰：“味以行气，气以实志，气和则志充。志以定言，在心为志，发口为言。言以出令。臣实司味，二御失官，而君弗命，臣之罪也。”工与嬖叔，侍御君者，失官，不聪明。公说，彻酒。初，公欲废知氏而立其外嬖，为是悛而止。秋八月，使荀跞佐下军以说焉。荀跞，盈之子知文子也。佐下军，代父也。

秋，仲孙貜如齐。

左传　孟僖子如齐殷聘，礼也。

冬，筑郎囿。

左传　冬，筑郎囿，书时也。季平子欲其速成也，叔孙昭子曰："《诗》曰：'经始勿亟庶民子来。'《诗·大雅》，言文王始经营灵台，非急疾之，众民自以子义来，欢乐为之。焉用速成？其以剿民也。无囿犹可，无民其可乎？"

季孙既窃鲁国，又欲离公于民，故娱公以耳目之观，而亟督其功役。公尚不悟，故他日见逐。传载如释重负之言，必季氏之诬辞，久而不能辨也。

十年，春，王正月。

附录左传　十年春王正月，有星出于婺女。客星也，不书非孛。郑裨灶言于子产曰："七月戊子，晋君将死。今兹岁在颛顼之虚，岁，岁星也。颛顼之虚为玄枵。姜氏、任氏，实守其地。姜，齐姓。任，薛姓。齐、薛二国守玄枵之地。居其维首。而有妖星焉，告邑姜也。客星居玄枵之维首。邑姜，齐大公女，晋唐叔之母。星占，婺女为既嫁之女，织女为处女。邑姜，齐之既嫁女，妖星在婺女，齐得岁，故知祸归邑姜。邑姜，晋之妣也。天以七纪，二十八宿，四七。戊子，逢公以登，星斯于是乎出。逢公，殷诸侯居齐地者。逢公将死，妖星出婺女，时非岁星所在，故齐自当祸，而以戊子日卒。吾是以讥之。"为晋侯彪卒传。

夏，齐栾施来奔。齐，公羊作晋。

左传　齐惠栾、高氏皆耆酒，栾、高二族，皆出惠公。信内多怨，强于陈、鲍氏而恶之。夏，有告陈桓子曰："子旗、子良将攻陈、鲍。"亦告鲍氏。桓子授甲而如鲍氏，遭子良醉而骋，欲及子良醉，故骋告鲍文子。遂见文子，文子，鲍国。则亦授甲矣。使视二子，二子，子旗、子良。则皆将饮酒。桓子曰："彼虽不信，彼传言者。闻我授甲，则必逐我。及其饮酒也，先伐诸。"陈、鲍方睦，遂伐栾、高氏。子良曰："先得公，陈、鲍焉往？欲以公自辅助。遂伐虎门。欲入，公不听，故伐公门。晏平仲端委立于虎门之外，四族召之，无所往。四族，栾、高、陈、鲍。其徒曰："助陈、鲍乎？"曰："何善焉？""助栾高乎？"曰："庸愈乎？""然则归乎？"曰："君伐焉归？"公召之而后入。公卜使王黑以灵姑銔率，吉。请断三尺焉而用之。王黑，齐大夫。灵姑銔，公旗名。断三尺，不敢与君同。五月庚辰，战于稷。稷，杜注：祀后稷之处。六国时，齐有稷下馆。在今山东临淄县西。栾、高败，又败诸庄。庄，六轨之道。国人追之，又败诸鹿门。鹿门，齐城门。栾施、高强来奔。陈、鲍分其室。晏子谓桓子："必致诸公。让，德之主也。让之谓懿德。凡有血气，皆有争心，故利不可强，不可强取。思义为愈。义，利之本也。蕴利生孽。蕴，畜也。孽，妖害也。姑使无蕴乎！可以滋长。”桓子尽致诸公，而请老于莒。莒，杜注：齐邑。桓子召子山，子山、子商、子周，襄三十一年子尾所逐群公子。私具幄幕、器用、从者之衣屦而反棘焉。棘，杜注：子山故邑。齐国西安县东有戟里亭。《后汉志》作棘里。今临淄县西北有棘里亭。子商亦如之，而反其邑。子周亦如之，而与之夫于。子周本无邑，故更与之。夫于，杜注：济南于陵县西北有于亭。今于陵城在山东长山县南。反子城、子公、公孙捷，三子，八年子旗所逐。而皆益其禄。凡公子、公孙之无禄者，私分之邑。国之贫约孤寡者，私与之粟。曰：“《诗》云：‘陈锡载周’，能施也。《诗·大雅》。言文王能布陈大利，以赐天下，行之周遍。桓公是以霸。公与桓子莒之旁邑辞。穆孟姬为之请高唐，陈氏始大。穆孟姬，景公母。传言陈氏所以兴。

高强不书，非卿也。栾、高、陈、鲍以私憾生争，至动干戈于国中，不忌其君之故也。陈氏遂阶此以窃国，有国者之操柄可不谨与？

秋，七月，季孙意如、叔弓、仲孙貜帅师伐莒。意，公羊作隐。后同。

左传　秋七月，平子伐莒，取郠。平子，即季孙意如。郠，杜注：莒邑。当在今山东沂水县界。献俘，始用人于亳社。以人祭殷社。臧武仲在齐，闻之，曰：“周公其不飨鲁祭乎！周公飨义，鲁无义。《诗》曰：‘德音孔昭，视民不佻。’《诗·小雅》。佻，偷也。言明德君子必爱民，不敢偷薄。佻之谓甚矣，而壹用之，将谁福哉？”壹，同也。同人于畜牧。

既舍中军，公室无兵，三家各帅其众，故并书于策。叔弓在行，或曰所将乃叔孙氏之兵，虽曰家徒，犹使公臣帅之，以此见婼之贤也；或曰婼居守，而叔弓佐意如也。自是讫春秋，鲁有四卿，而权归三家，公若寄寓矣。

戊子，晋侯彪卒。

左传　戊子，晋平公卒。如裨灶之言。郑伯如晋，及河，晋人辞之。游吉遂如晋。礼，诸侯不相吊，故辞。

九月，叔孙舍如晋。葬晋平公。

左传　九月，叔孙婼、齐国弱、宋华定、卫北宫喜、郑罕虎、许人、曹人、莒人、邾人、滕人、薛人、杞人、小邾人如晋，葬平公也。经不书诸侯大夫者，非盟会。郑子皮将以币行。见新君之贽。子产曰：“丧焉用币？用币必百两，载币用车百乘。百两必千人，千人至，将不行。行，用也。不行，必尽用之。不得见新君，将自费用尽。几千人而国不亡？”言千人之费不可数。子皮固请以行。既葬，诸侯之大夫欲因见新君。叔孙昭子曰：“非礼也。”弗听。叔向辞之，曰：“大夫之事毕矣。送葬礼毕。而又命孤，孤斩焉在衰绖之中，其以嘉服见，则丧礼未毕。其以丧服见，是重受吊也。大夫将若之何？”皆无辞以见。子皮尽用其币。归，谓子羽曰：“非知之实，难将在行之。夫子知之矣，我则不足。言己由子产之戒，既知其不可，而遂行之，是我之不足。《书》曰：‘欲败度，纵败礼。’《商书·大甲》篇。我之谓矣。夫子知度与礼矣，我实纵欲，而不能自克也。”昭子至自晋，大夫皆见，高强见而退。昭子语诸大夫曰：“为人子，不可不慎也哉！昔庆封亡，子尾多受邑而稍致诸君，君以为忠而甚宠之。将死，疾于公宫，辇而归，君亲推之。其子不能任，是以在此。忠为令德，其子弗能任，罪犹及之，难不慎也。丧夫人之力，夫人谓子尾。弃德旷宗，以及其身，不亦害乎？《诗》曰：‘不自我先，不自我后。’其是之谓乎！《诗·小雅》。言祸乱不在他，正当己身。以喻高强身自取此祸。

十有二月，甲子，宋公成卒。成，公羊作戍。

左传　冬十二月，宋平公卒，初，元公恶寺人柳，欲杀之。元公，平公大子佐也。及丧，柳炽炭于位，以温地。将至，则去之。使公坐其处。比葬，又有宠。言元公好恶无常。

十有一年，春，王二月，叔弓如宋。葬宋平公。二月，公羊作正月。

左传　十一年春王二月，叔弓如宋，葬平公也。

夏，四月，丁巳，楚子虔诱蔡侯般，杀之于申。虔，谷梁或作乾。

左传　景王问于苌弘曰：苌弘，周大夫。“今兹诸侯何实吉？何实凶？”对曰：“蔡凶。此蔡侯般弑其君之岁也。岁在豕韦，弗过此矣。襄三十年，蔡世子般弑其君，岁在豕韦至。今十三岁，岁复在豕韦。楚将有之，然壅也。壅积其恶。岁及大梁，蔡复楚凶，天之道也。楚灵王弑立之年，岁在大梁。至昭十三年岁，复在大梁。美恶周必复，故知楚凶。楚子在申，召蔡灵侯。灵侯将往，蔡大夫曰：“王贪而无信，唯蔡于感。恨其不服顺。今币重而言甘，诱我也。不如无往。”蔡侯不可。三月丙申，楚子伏甲而飨蔡侯于申，醉而执之。夏四月丁巳，杀之，刑其士七十人。

公羊传　楚子虔何以名？绝。曷为绝之？为其诱讨也。此讨贼也，蔡侯般弑父而立。虽诱之，则曷为绝之？怀恶而讨不义，君子不予也。

谷梁传　何为名之也？夷狄之君，诱中国之君而杀之，故谨而名之也。称时，称月，称日，称地，谨之也。

蔡般覆载不容之贼，人人得而诛之。圣人乃名楚虔，而爵蔡般，何也？楚虔身为篡弑，《春秋》之义，不以乱治乱。且既与般会申，又再会伐吴，岂以般为贼哉？今谋取其国，重币甘言，诱以会而杀之，则为诱蔡侯杀之于申而已。至般之罪已前见，苟有人心者皆知其宜绝也。而蔡之臣子奉以为君，鲁吊其丧，诸侯数与之会，成其为君久矣。故不从州吁、无知之例，而以爵书，所以著诸侯之罪也。

楚公子弃疾帅师围蔡。

左传　公子弃疾帅师围蔡。韩宣子问于叔向曰：“楚其克乎？”对曰：“克哉！蔡侯获罪于其君，谓弑逆。而不能其民，天将假手于楚以毙之，何故不克？然肸闻之，不信以幸，不可再也。楚王奉孙吴以讨于陈，曰将定而国。陈人听命，而遂县之。

事在八年。今又诱蔡而杀其君，以围其国，虽幸而克，必受其咎，弗能久矣。桀克有缗，以丧其国。纣克东夷，而陨其身。楚小位下，而亟暴于二王，能无咎乎？天之假助不善，非祚之也，厚其凶恶，而降之罚也。且譬之如天，其有五材，而将用之，力尽而敝之，是以无拯，不可没振。金、木、水、火、土，五者为物，用久则必敝尽，敝尽则弃捐，故言无拯。拯，犹救助也。不可没振，犹没不可复振。

灭不言围。蔡人效死固守，以待诸侯之救，故书围，以病晋也。

五月，甲申，夫人归氏薨。

左传　五月，齐归薨。胡女，归姓。齐，谥也。敬归之娣，昭公之母。

大蒐于比蒲。

左传　大蒐于比蒲，非礼也。

公羊传　大蒐者何？简车徒也。何以书？盖以罕书也。

鲁之大蒐，已为僭礼，况齐归未葬乎？盖方是时，鲁君若寄寓，君自有丧，三家自蒐以为，与公室无与也。三家据国，久之而民亦忘君。此阳州之孙季氏所以晏然，而鲁众亦安之若素与。

仲孙貜会邾子盟于祲祥。祲祥，公羊作侵羊。祲祥，杜注：地阙。

左传　孟僖子会邾庄公，盟于祲祥，修好，礼也。泉丘人有女，泉丘，杜注：鲁邑。当在今山东宁阳、泗水间。梦以其帷幕孟氏之庙，遂奔僖子，其僚从之。邻女为僚友者，随而奔。盟于清丘之社，曰："有子，无相弃也。"二女自共盟。僖子使助薳氏之簉。簉，副倅也。礼有副车、倅车，皆副贰之车也。薳氏之女先为僖子副妾，别居在外，故僖子纳泉丘人女，令副助之。反自祲祥，宿于薳氏，生懿子及南宫敬叔于泉丘人。其僚无子，使字敬叔。字，养也。

邾、鲁之争，为日已久。自襄之季年邾子来朝，昭元年鲁会邾葬，至是盟于祲祥，以修旧好。君有大丧，而季氏大蒐于国中，孟孙会盟于境外，不惟鲁人不知有君，而邻国亦不知鲁之有君矣。

秋，季孙意如会晋韩起、齐国弱、宋华亥、卫北宫佗、郑罕虎、曹人、杞人于厥慭。厥慭，公羊作屈银。杜注：地阙。

左传　楚师在蔡，向四月之师。晋荀吴谓韩宣子曰："不能救陈，又不能救蔡，物以无亲，人情所以不附。晋之不能，亦可知也。己为盟主，而不恤亡国，将焉用之？"秋，会于厥慭，谋救蔡也。郑子皮将行，子产曰：'行不远，不能救蔡也。蔡小而不顺，楚大而不德，天将弃蔡以壅楚，盈而罚之，蔡必亡矣。且丧君而能守者，鲜矣。三年，王其有咎乎！美恶周必复，王恶周矣。"元年，楚子弑君而立，岁在大梁。后二年，十三岁，岁星周，复于大梁。晋人使狐父请蔡于楚，弗许。狐父，晋大夫。

宋之盟，以弭兵召诸侯，楚背盟肆暴，晋合八国之大夫，纵不能如次陉之师声罪致讨，亦可以大义责楚。所以使狐父往请，重自卑屈而楚弗许者，由陈、蔡有弑君之祸，晋皆不讨，诸侯离心，而楚借讨乱以为名。晋人虽欲执辞申义，其势不能，且诸卿各营其私，莫肯尽力于国事，故为楚所料也。三纲军政之本，岂不信与？

附录左传　单子会韩宣子于戚，单子，单成公。视下言徐。叔向曰："单子其将死乎！朝有著定，著定，朝内列位常处，谓之表著。会有表，野会，设表以为位。衣有襘，带有结。襘，领会。结，带结也。会朝之言，必闻于表著之位，所以昭事序也。视不过结襘之中，所以道容貌也。言以命之，容貌以明之，失则有阙。今单子为王官伯，而命事于会，视不登带，言不过步，貌不道容，而言不昭矣。不道不共，不昭不从，貌正曰共，言顺曰从。无守气矣。"为是年冬单子卒起本。

九月，己亥，葬我小君齐归。

左传　九月，葬齐归，公不戚。晋士之送葬者归以语史赵，史赵曰："必为鲁郊。"言昭公必出在郊野，不能有国。侍者曰："何故？"曰："归，姓也。不思亲，祖不归也。"姓，生也。言不思亲则不为祖考所归佑。叔向曰："鲁公室其卑乎！君有大丧，国不废蒐。指比蒲。有三年之丧，而无一日之戚，国不恤丧，不忌君也。君无戚容，不顾亲也，国不忌君，君不顾亲，能无卑乎？殆失其国。"为二十五年公孙于齐传。

公羊传　齐归者何？昭公之母也。

冬，十有一月，丁酉，楚师灭蔡，执蔡世子有以归，用之。有，谷梁作友。

左传　冬十一月，楚子灭蔡，用隐大子于冈山。蔡世子有，谥隐，灵公之子，蔡侯庐之父。申无宇曰："不祥。五牲不相为用，况用诸侯乎？王必悔之。"

公羊传　此未逾年之君也，其称世子何？不君灵公，不成其子也。灵公弑逆，《春秋》不与其为君，故其子亦不得为嗣君以继其父也。不君灵公，则曷为不成其子？诛君之子不立，非怒也，无继也。父诛，子当绝。恶乎用之？用之防也。其用之防奈何？盖以筑防也。持其足以头筑，防恶不以道。

谷梁传　此子也，诸侯在丧称子。其曰世子，何也？不与楚杀也。一事注乎志。有一暴虐之事，必笔之于书。所以恶楚子也。

书灭，书执，书以归用之，详其事以重楚恶也。灭而以归，未有言执，弗臣之辞也。沈子嘉书以归杀之，既降服也。有称世子，父死国危，不忍立乎其位也。父母之仇，不共戴天，与民守国，效死不降，至于力屈就擒，虐用其身而不顾也。则有之为世子之道得矣。

附录左传　十二月，单成公卒。终叔向之言。楚子城陈、蔡、不羹。不羹有二，杜注：襄城县东南有不羹城，定陵西北有不羹亭。今按，在河南襄城县东南者，西不羹也；在舞阳县北者，东不羹，即定陵之不羹亭也。使弃疾为蔡公。王问于申无宇曰："弃疾在蔡，何如？"对曰："择子莫如父，择臣莫如君。郑庄公城栎，而置子元焉，使昭公不立。子元，郑公子。庄公置子元于栎。桓十五年，厉公因之，以杀栎大夫檀伯，遂居栎，卒使昭公不安位而见杀。齐桓公城谷，而置管仲焉，至于今赖之。城谷在庄三十二年。臣闻五大不在边，五细不在庭。古者以五行建官，故曰五官。五官之长，专盛过节，则不可居边。细弱不胜任，亦不可居朝廷。亲不在外，羁不在内。今弃疾在外，郑丹在内。襄十九年，丹奔楚。君其少戒。”王曰：“国有大城，何如?”对曰：“郑京、栎实杀曼伯，曼伯，檀伯也。厉公取栎，又并京。宋萧、亳实杀子游，在庄十二年。齐渠丘实杀无知，在庄九年，渠丘，杜注：雍廪邑。齐国西安县。卫蒲、戚实出献公，蒲，杜注：宁殖邑。戚，杜注：孙林父邑。出献公在襄十四年。若由是观之，则害于国。末大必折，尾大不掉，君所知也。”为十三年陈、蔡作乱传。

十有二年春，齐高偃帅师纳北燕伯于阳。阳，杜注：阳即唐，燕别邑。中山有唐县。今直隶唐县东有故城是也。

左传　十二年春，齐高偃纳北燕伯款于唐，因其众也。

公羊传　伯于阳者何？公子阳生也。子曰：“我乃知之矣。”子谓孔子。乃，乃是岁也。时孔子年二十三，具知其事。在侧者曰：“子苟知之，何以不革?”曰：“如尔所不知何？如犹奈也。盖子以见而改之，人以不见而疑之，非所以传信。故宁因而不革，所以教天下之慎也。《春秋》之信史也，其序则齐桓、晋文，其会则主会者为之也，其辞则丘有罪焉尔。”

谷梁传　纳者，内不受也。燕伯之不名，何也？不以高偃挈燕伯也。

款之出书名，失国也。纳之则不名，正君臣之分也。燕伯入阳，卫侯入夷仪，皆为乱臣所迫逐，因大国之力而入，故书法同。不得入于国，为在国之臣子所拒也。

三月，壬申郑伯嘉卒。

左传　三月，郑简公卒，将为葬除。除葬道。及游氏之庙，游氏，子大叔族。将毁焉。子大叔使其除徒执用以立，而无庸毁。用，毁庙具。曰：“子产过女，而问何故不毁，乃曰，不忍庙也。诺，将毁矣。”教毁庙者之辞。既如是，子产乃使辟之。司墓之室，有当道者。司墓之室，掌公墓大夫徒属之家。毁之，则朝而塴。弗毁，则日中而塴。塴，下棺。子大叔请毁之，曰：“无若诸侯之宾何?”不欲久留宾。子产曰：“诸侯之宾，能来会吾丧，岂惮日中？无损于宾，而民不害，何故不为?”遂弗毁，日中而葬。君子谓：子产于是乎知礼。礼，无毁人以自成也。

夏，宋公使华定来聘。

左传　夏，宋华定来聘，通嗣君也。宋元公新立。享之，为赋《蓼萧》，弗知，又不答赋。《蓼萧》，《诗·小雅》。义取“燕笑语兮，是以有誉处兮”，乐与华定燕语也。又曰：“既见君子，为龙为光”，欲以宠光宾也。又曰：“宜兄宜弟，令德寿凯”，言宾有令德，可以寿乐也。又曰：“和鸾雍雍，万福攸同”，言欲与宾同福禄也。昭子曰："必亡。宴语之不怀，怀，思也。宠光之不宣，宣，扬也。令德之不知，同福之不受，将何以在?"为二十年华定出奔传。

附录左传　齐侯、卫侯、郑伯如晋，朝嗣君也。晋昭公新立。

公如晋，至河乃复。

左传　公如晋，亦朝嗣君。至河乃复。取郠之役，在十年。莒人诉于晋，晋有平公之丧，未之治也，故辞公。公子慭遂如晋。慭，鲁大夫。

谷梁传　季孙氏不使遂乎晋也。

前此，公两如晋，仅一见焉。至是往朝嗣君，复为所拒。传载以取郠之故辞公。夫纳莒之叛臣叛邑，伐其国又披其地者，皆季孙所为也。明年晋执意如，则亦知罪之所在矣。而公每如晋则见却，盖晋之诸臣皆曲为季氏地，而不使公得尽其辞。谷梁谓季氏不使遂乎晋，盖得其情矣。

附录左传　晋侯享诸侯，子产相郑伯，辞于享，请免丧而后听命。简公未葬。晋人许之，礼也。晋侯以齐侯宴，中行穆子相。投壶，晋侯先。穆子曰："有酒如淮，有肉如坻。淮，杜注：水名。坻，水中高地。寡君中此，为诸侯师。"中之。齐侯举矢曰："有酒如渑，有肉如陵。渑，杜注：水出齐国临淄县，北入时水。陵，大阜也。寡人中此，与君代兴。"亦中之。伯瑕谓穆子曰：伯瑕，士文伯。"子失辞。吾固师诸侯矣，壶何为焉，其以中俊也?言投壶中不足以俊异。齐君弱吾君，归弗来矣。"欲与晋君代兴，是弱之。穆子曰："吾军帅强御，卒乘竞劝，今犹古也。齐将何事?"公孙傁趋进曰：傁，齐大夫。"日旰君勤，可以出矣。"以齐侯出。

五月，葬郑简公。

左传　六月，葬郑简公。经书五月，误。

楚杀其大夫成熊。熊，公羊作然，谷梁作虎。

左传　楚子谓成虎若敖之余也，遂杀之。成虎，令尹子玉之孙，与斗氏同出于若敖。宣四年，斗椒作乱，今楚子信谗，而讬讨若敖之余。或谮成虎于楚子，成虎知之而不能行。书曰楚杀其大夫成虎，怀宠也。

虔以猜忌信谗，杀无罪之大夫，故以累上之辞书。

附录左传　晋荀吴伪会齐师者，假道于鲜虞，鲜虞，杜注：白狄别种。在中山新市县。今直隶新乐县西南有新市故城，其地有鲜虞亭。遂入昔阳。昔阳，杜注：肥国都。今稾城县西南有昔阳亭。《水经注》谓之鼓聚。秋八月壬午，灭肥，以肥子绵皋归。肥，杜注：白狄。钜鹿下曲阳县有肥累城。在今稾城县西南。绵皋，肥子名。为下晋伐鲜虞起。周原伯绞虐，原伯绞，周大夫原公。其舆臣使曹逃。舆，众也。曹，群也。冬十月壬申朔，原舆人逐绞，而立公子跪寻，跪寻，绞弟。绞奔郊。郊，杜注：周邑。甘简公无子，甘简公，周卿士。立其弟过。过将去成、景之族，成公、景公，皆过之先君。成、景之族赂刘献公。欲使杀过。刘献公亦周卿士，刘定公子。丙申，杀甘悼公，悼公即过。而立成公之孙鰌。鰌，平公。丁酉，杀献大子之傅庾皮之子过。过，刘献公大子之傅。杀瑕辛于市，及宫嬖绰、王孙没、刘州鸠、阴忌、老阳子。六子，周大夫。及庾过，皆甘悼公之党。传言周衰，甘、原二族所以遂微。

秋，七月。

冬，十月，公子慭出奔齐。慭，公羊作整。

左传　季平子立，而不礼于南蒯。蒯，南遗子。南蒯谓子仲：子仲，公子慭。"吾出季氏，而归其室于公，室，季氏家财。子更其位，我以费为公臣。"子仲许之。南蒯语叔仲穆子，且告之故。穆子，叔仲带之子叔仲小。季悼子之卒也，悼子，武子之子，平子父。叔孙昭子以再命为卿。及平子伐莒，克之，更受三命。十年，平子伐莒，以功加三命，昭子亦以例加三命。叔仲子欲构二家，欲构，使相憎。谓平子曰："三命逾父兄，非礼也。"言昭子受三命，自逾其先人。平子曰："然。"故使昭子。使昭子自贬黜。昭子曰："叔孙氏有家祸，杀適立庶，故婼也及此。祸在四年。若因祸以毙之，则闻命矣。若不废君命，则固有著矣。"著，位次。昭子朝而命吏曰："婼将与季氏讼，书辞无颇。"颇，偏也。季孙惧，而归罪于叔仲子。故叔仲小、南蒯、公子慭谋季氏。慭告公，而遂从公如晋。南蒯惧不克，以费叛如齐。子仲还及卫，闻乱，逃介而先。介，副使。及郊，闻费叛，遂奔齐。言及郊，解经所以书出。南蒯之将叛也，其乡人或知之，过之而叹，且言曰："恤恤乎，湫乎，攸乎！恤恤，忧患貌。湫，愁隘貌。攸，悬危貌。深思而浅谋，迩身而远志，家臣而君图，有人矣哉！"言今有此人，微以感之。南蒯枚筮之，不指其事，泛卜吉凶。遇坤☷坤下坤上，坤。之比☵。坤下坎上，比。坤六五爻变。曰："黄裳元吉。"坤六五爻辞。以为大吉也。示子服惠伯曰："即欲有事，何如？"惠伯曰："吾尝学此矣，忠信之事则可，不然必败。外强内温，忠也。坎险故强，坤顺故温。强而能温，所以为忠。和以率贞，信也。水和而土安正。和、正，信之本也。故曰黄裳元吉。黄，中之色也。裳，下之饰也。元，善之长也。中不忠，不得其色。言非黄。下不共，不得其饰。不为裳。事不善，不得其极。失中德。外内倡和为忠，不相违也。率事以信为共，率犹行也。供养三德为善，三德，谓正直、刚克、柔克也。非此三者弗当。忠、共、善三者。且夫《易》不可以占险，将何事也，且可饰乎？夫《易》，犹此《易》，谓黄裳元吉之卦。问其何事，欲令从下之饰。中美能黄，上美为元，下美则裳，参成可筮。参美尽备，吉可如筮。犹有阙也，筮虽吉，未也。"将适费，蒯自其家迁适费。饮乡人酒，乡人或歌之曰："我有圃，生之杞乎！言南蒯在费，欲为乱，如杞生于园圃，非宜也。杞，世所谓枸杞也。从我者子乎，子，男子之通。称言从己可不失令之尊。去我者鄙乎，倍其邻者耻乎！邻犹亲也。已乎已乎，非吾党之士乎！"已乎已乎，言自遂不改。平子欲使昭子逐叔仲小。欲以自解说。小闻之，不敢朝。昭子命吏谓小待政于朝，曰：“吾不为怨府。”言不能为季氏逐小生，怨祸之聚。为明年叔弓围费传。

按左氏，季孙意如不礼于南蒯，蒯与公子慭谋去之。慭以告公，未几而败，蒯以费叛，慭遂奔齐。至是则公与季氏之衅已显，著季氏之谋公益急矣。

楚子伐徐。

左传　楚子狩于州来，次于颍尾，颍尾，杜注：颍水之尾。在下蔡西。按，颍水入淮处，在今江南颍上县与寿州接界，谓之颍口。使荡侯、潘子、司马督、嚣尹午、陵尹喜帅师围徐，以惧吴。五子，楚大夫。嚣、陵，二县名。徐，吴与国。故围之以逼吴。楚子次于乾谿，以为之援。乾谿，杜注：在谯国城父县南。雨雪，王皮冠，秦复陶。秦所遗羽衣也。翠被，以翠羽饰被。豹舄，以豹皮为履。执鞭以出。执鞭以教令。仆析父从。仆析父，楚大夫。右尹子革夕，子革，郑丹。夕，暮见。王见之，去冠被，舍鞭。敬大臣。与之语曰：“昔我先王熊绎，与吕级、王孙牟、燮父、禽父并事康王。熊绎，楚始封君。吕级，齐大公子丁公。牟，卫康叔子康伯。燮父，晋唐叔子。禽父，周公子伯禽。四国皆有分，四国，齐、晋、鲁、卫。分珍宝之器。我独无有。今我使人于周，求鼎以为分，王其与我乎？”对曰：“与君王哉！昔我先王熊绎，辟在荆山。荆山，杜注：在新城沶乡县南。筚路蓝缕，以处草莽，跋涉山林，以事天子。唯是桃弧、棘矢，以共御王事。筚，荆柴。路，车也。蓝缕，衣敝。桃弧，棘矢，以御不祥。言楚在山林，少所出有。齐，王舅也。成王母，齐太公女。晋及鲁、卫，王母弟也。楚是以无分，而彼皆有。今周与四国，服事君王，将惟命是从。岂其爱鼎。”王曰：“昔我皇祖伯父昆吾，旧许是宅。今郑人贪赖其田，而不我与。我若求之，其与我乎？”陆终氏生六子，长曰昆吾，少曰季连。季连，楚之祖，故谓昆吾为伯父。昆吾常居许地，许既南迁，故云旧许。时地属郑。对曰：“与君王哉！周不爱鼎，郑敢爱田？”王曰：“昔诸侯远我而畏晋，今我大城陈、蔡、不羹，赋皆千乘，子与有劳焉。诸侯其畏我乎？”对曰：“畏君王哉！是四国者，专足畏也。四国，陈、蔡、二不羹。又加之以楚，敢不畏君王哉？”工尹路请曰：“君王命剥圭以为鏚柲，敢请命。”鏚，斧也。柲，柄也。破圭以饰斧柄。请命，请制度之命。王入视之。析父谓子革：“吾子，楚国之望也。今与王言如响，国其若之何？”讥其顺王心如响应声。子革曰：“摩厉以须，王出，吾刃将斩矣。”以己喻锋刃，欲自摩厉以斩王之淫慝。王出，复语。左史倚相趋过，倚相，楚史名。王曰：“是良史也，子善视之。是能读《三坟》《五典》《八索》《九丘》。皆古书名。孔安国云：“伏羲、神农、黄帝之书，谓之《三坟》，言大道也。少昊、颛顼、高辛、唐、虞之书，谓之《五典》，言常道也。八卦之说，谓之《八索》，求其义也。九州之志，谓之《九丘》。丘，聚也。言九州所有，土地所生，风气所宜，皆聚此书也。”对曰：“臣尝问焉。昔穆王欲肆其心，周行天下，将皆必有车辙马迹焉。祭公谋父作《祈招》

之诗，以止王心王，是以获没于祇宫。谋父，周卿士。祈父，周司马。招，其名。祭公方谏游行，故指司马官而言。诗逸。祇宫，王之离宫。获没不见篡弑。臣问其诗而不知也。若问远焉，其焉能知之?”王曰：“子能乎?”能，谓举其辞。对曰：“能。其诗曰：‘祈招之愔愔，式昭德音。愔愔，安和貌。式，用也。昭，明也。思我王度，式如玉，式如金。金玉，取其坚重。形民之力，而无醉饱之心。”言国之用民，当随其力任，如金冶之器，随器而制形。故言形民之力，去其醉饱过淫之心。王揖而入，馈不食，寝不寐，数日。深感子革之言。不能自克，以及于难。仲尼曰：“古也有志，克己复礼，仁也。信善哉！楚灵王若能如是，岂其辱于乾谿?”

徐世服于楚，其再见伐，以吴故也。楚虔自会申以后，执徐子，围朱方，迁赖于鄢，灭陈、蔡，至是又亲围徐，自谓天下莫敢违。不知众叛亲离，祸已伏积，而不可解矣。

晋伐鲜虞。

左传　晋伐鲜虞，因肥之役也。肥役在此年。

谷梁传　其曰晋，狄之也。其狄之，何也? 不正其与夷狄交伐中国，故狄称之也。鲜虞，姬姓，白狄也。地居中山，故曰中国。夷狄谓楚。时楚灭陈、蔡，围徐，晋亦伐鲜虞，是谓交伐中国。

昔阳之役，假道鲜虞，及返役，遂因鲜虞之不备而伐之。夫楚虔篡杀之贼，连用诈谋以灭陈、灭蔡，晋不能反其道，惇信明义，以属诸侯，而师其诈谋，庸何愈于楚？贬而书号，恶之深也。

日讲春秋解义卷五十一

昭　公

十有三年，春，叔弓帅师围费。

左传　十三年春，叔弓围费。前年南蒯以费叛故。弗克，败焉。不书，讳之。平子怒，令见费人，执之以为囚俘。冶区夫曰：区夫，鲁大夫。“非也。若见费人，寒者衣之，饥者食之，为之令主，而共其乏困，费来如归，南氏亡矣。民将叛之，谁与居邑？若惮之以威，惧之以怒，民疾而叛，为之聚也。若诸侯皆然，费人无归，不亲南氏，将焉入矣？”平子从之。费人叛南氏。费叛南氏在明年，传终言其效。

南蒯，季氏家臣，据邑以叛，至命正卿举大众围之，若敌国然。家臣强，大夫弱也。季孙以所恶于下者事其上，而不忠于君，南蒯则而象之，不亦宜乎？《春秋》之法，不书内叛。盖尺地一民皆归三家，南蒯之叛，叛季氏也，季氏安得以叛治蒯哉？然书围费，则其实不可掩矣。季氏之私邑叛，而使卿率师以讨之，已俨然若鲁国之君。此昭公之逐，所以民不知君，而安于季氏也。

夏，四月，楚公子比自晋归于楚，弑其君虔于乾谿。谿，谷梁作溪。

左传　楚子之为令尹也，杀大司马薳掩而取其室。在襄三十年。及即位，夺薳居田。居，掩之族。迁许而质许围。迁许在九年，围，许大夫。蔡洧有宠于王，王之灭蔡也，其父死焉，楚灭蔡在十一年。洧仕楚，其父在国，故死。王使与于守而行。使洧守国，王行至乾谿。申之会，越大夫戮焉。越大夫，常寿过也。申会在四年。王夺斗韦龟中犨，又夺成然邑而使为郊尹。蔓成然故事蔡公。斗韦龟，令尹子文玄孙。中犨，杜注：邑名。成然，韦龟子。郊尹，治郊竟大夫。蔡公，弃疾也。故犹旧也。韦龟以弃疾有当璧之命，故使成然事之。故薳氏之族及薳居、许围、蔡洧、蔓成然，皆王所不礼也。因群丧职之族，启越大夫常寿过作乱。围固城，克息舟，城而居之。息舟，杜注：楚邑，城之坚固者。一云固城、息舟，楚二邑。观起之死也，其子从在蔡，事朝吴，曰：“今不封蔡，蔡不封矣。我请试之。”观起死在襄二十二年。朝吴，故蔡大夫声子之子。观从以父死怨楚，故欲试作乱。以蔡公之命召子干、子晳，二子皆灵王弟。元年，子干奔晋，子晳奔郑。及郊，而告之情，告以蔡公不知谋。强与之盟，入袭蔡。蔡公将食，见之而逃。不知其故，惊起避之。

观从使子干食，居蔡公之床，食其食。坎用牲，加书而速行。伪与蔡公盟，示众以验。己狥于蔡，曰：己，观从也。“蔡公召二子，将纳之，与之盟而遣之矣，将师而从之。”诈言蔡公将以师助二子。蔡人聚，将执之。执观从。辞曰：“失贼成军，而杀余何益?”贼谓二子。言蔡公已成军，杀己不解乱。乃释之。朝吴曰：“二三子若能死亡，则如违之，以待所济。违蔡公命。若求安定，则如与之，以济所欲。与蔡公。且违上，何适而可。”上谓蔡公。众曰：“与之。”乃奉蔡公，召二子而盟于邓，依陈、蔡人以国。国陈、蔡而依之。楚公子比、公子黑肱、公子弃疾、蔓成然、蔡朝吴帅陈、蔡、不羹、许、叶之师，因四族之徒以入楚。四族，薳氏、许围、蔡洧、蔓成然。及郊，陈、蔡欲为名，故请为武军。欲筑垒壁以示后人，为复仇之名。蔡公知之，曰：“欲速。且役病矣，请藩而已。”乃藩为军。蔡公使须务牟与史猈先入，因正仆人杀大子禄及公子罢敌。须务牟、史猈，楚大夫，蔡公之党。正仆，大子近官。禄、罢敌，皆灵王子。公子比为王，公子黑肱为令尹，次于鱼陂。鱼陂，杜注：竟陵县城西北有甘鱼陂。在今湖广景陵县西北。公子弃疾为司马，先除王宫，使观从从师于乾谿，而遂告之。从乾谿之师，告使叛灵王。且曰：“先归复所，后者劓。”师及訾梁而溃。王闻群公子之死也，自投于车下，曰：“人之爱其子也，亦如余乎?”侍者曰：“甚焉，小人老而无子，知挤于沟壑矣。”挤，坠也。王曰：“余杀人子多矣，能无及此乎?”右尹子革曰：“请待于郊，以听国人。”听国人之所与。王曰：“众怒不可犯也。”曰：“若入于大都而乞师于诸侯。”王曰：“皆叛矣。”曰：“若亡于诸侯，以听大国之图君也。”王曰：“大福不再，只取辱焉。”然丹乃归于楚。弃王而归。王沿夏，将欲入鄢。夏，杜注：汉别名。顺流为沿。芋尹无宇之子申亥曰：“吾父再奸王命，谓断王旌，执人章华宫。王弗诛，惠执大焉?君不可忍，惠不可弃，吾其从王。”乃求王，遇诸棘闱以归。棘，里名。闱，门也。夏五月癸亥，王缢于芋尹申亥氏。申亥以其二女殉而葬之。

公羊传　此弑其君，其言归何?据齐阳生入恶不言归。归无恶于弑立也。归无恶于弑立者何?灵王为无道，作乾谿之台，三年不成，楚公子弃疾胁比而立之。然后令于乾谿之役曰：“比已立矣，后归者不得复其田里。”众罢而去之，灵王经而死。

谷梁传　自晋，晋有奉焉尔。归而弑，不言归，言归非弑也。传例，曰归为善，自某归次之，然则弑君不得言归，言归，比不弑之一验也。归一事也，弑一事也，而遂言之，以比之归弑，比不弑也。归与弑，其事各异，自宜别书之。而今连言之，是比之归适遇君弑尔，比不弑之二验也。弑君者日，不日，比不弑也。据文元年夏四月丁未，楚世子商臣弑其君髡，书日，此不日，比不弑君之三验也。

楚虔篡立之初，比已奔晋，未尝一日为虔之臣。《春秋》乃以大恶归之，何也?贼可讨而不可代也。虔之篡杀，当其时力不能讨，而隐身于晋。郏敖二子见戕无后，则自洁其身可矣。乃自晋复归，倡乱而据其位，则为弑其君而已。此圣人所以辨公私之义，而严乱贼之诛也。

楚公子弃疾杀公子比。杀公羊作弑。

左传　观从谓子干曰："不杀弃疾，虽得国，犹受祸也。"子干曰："余不忍也。"子玉曰：子玉，观从。"人将忍子，吾不忍俟也。"乃行。国每夜骇曰："王入矣。"相恐以灵王也。乙卯，夜，弃疾使周走而呼曰："王至矣。"国人大惊。使蔓成然走告子干、子皙曰："王至矣。国人杀君，司马司马谓弃疾。将来矣。君若早自图也，可以无辱。众怒如水火焉，不可为谋。"又有呼而走至者曰："众至矣。"二子皆自杀。丙辰，弃疾即位，名曰熊居。名，改名也。葬子干于訾，实訾敖。不成君、无谥号者，楚皆谓之敖。杀囚，衣之王服而流诸汉，乃取而葬之，以靖国人。使子旗为令尹。子旗，蔓成然。楚师还自徐，前年围徐之师。吴人败诸豫章，获其五帅。豫章，杜注：当在江北淮水南，盖后徙在江南。五帅，荡侯、潘子、司马督、嚣尹午、陵尹喜。平王封陈、蔡，复迁邑。复九年所迁邑。致群赂，始举事时所货赂。施舍宽民，宥罪举职。召观从，王曰："唯尔所欲。"对曰："臣之先，佐开卜。"乃使为卜尹。使枝如子躬聘于郑，且致犨栎之田。枝如、子躬，楚大夫。犨栎本郑邑，楚中取之。平王新立，故选以赂郑。事毕，弗致。郑人请曰："闻诸道路，将命寡君以犨栎，敢请命。"对曰："臣未闻命。"既复，王问犨栎。降服而对曰：降服，如今免冠也，谢违命。"臣过失命，未之致也。"王执其手曰："子毋勤。姑归，不谷有事，其告子也。"善其有权。他年，芋尹申亥以王柩告，乃改葬之。初，灵王卜曰："余尚得天下。"不吉，投龟诟天而呼曰："是区区者不而余畀，余必自取之。"民患王之无厌也，故从乱如归。初，共王无冢適，有宠子五人，无適立焉。乃大有事于群望，而祈曰：群望，星辰三川。"请神择于五人者，使主社稷。"乃遍以璧见于群望，曰："当璧而拜者，神所立也，谁敢违之？"既乃与巴姬密埋璧于大室之庭，巴姬，共王妾。大室，祖庙。使五人齐，而长入拜。从长幼以次拜。康王跨之，过其上也。灵王肘加焉，子干、子皙皆远之。平王弱，抱而入，再拜，皆厌纽。徽见璧纽以为审识。斗韦龟属成然焉，知其将立故。且曰："弃礼违命，楚其危哉。"弃礼，弃立长之礼，而卜于神。违命，违当璧之命，而立康王也。子干归，韩宣子问于叔向曰："子干其济乎？"对曰："难。"宣子曰："同恶相求，如市贾焉，同利以相求。何难？"对曰："无与同好，谁与同恶？取国有五难，有宠而无人，一也；人，贤人。有人而无主，二也；须内主为应。有主而无谋，三也；有谋而无民，四也；有民而无德，五也。子干在晋十三年矣，晋、楚之从，不闻达者，可谓无人。族尽亲叛，可谓无主。无衅而动，可谓无谋。召子干时，楚未有大衅。为羁终世，可谓无民。终身客晋，是无民。亡无爱征，可谓无德。楚人无爱念之者。王虐而不忌，灵王暴虐，无所畏忌，将自亡。楚君子干涉五难以弑旧君，谁能济之？言楚借君子干以弑灵王，终无能成。有楚国者，其弃疾乎！君陈、蔡，城外属焉。城，方城也。时穿封戌既死，弃疾并领陈事。苛慝不作，盗贼伏隐，私欲不违，不以私欲违民事。民无怨心。先神命之，先神谓群望。国民信之，芈姓有乱，必季实立，楚之常也。获神，一也。当璧拜。有民，二也。民信之。令德，三也。无苛慝。宠贵，四也。贵妃子，又君陈、蔡。居常，五也。弃疾，季。有五利以去五难，谁能害之？子干之官，则右尹也。数其贵宠，则庶子也。以神所命，则又远之。其贵亡矣，其宠弃矣，民无怀焉，国无与焉，将何以立？"宣子曰："齐桓、晋文，不亦是乎？"皆庶贱。对曰："齐桓，卫姬之子也，有宠于僖。卫姬，齐僖公妾。有鲍叔牙、宾须无、隰朋以为辅佐，有莒、卫以为外主，齐桓出奔莒、卫其母家。有高、国以为内主。从善如流，下善齐肃，下善，谦下于善人。不藏贿，不从欲，施舍不倦，求善不厌，是以有国，不亦宜乎？我先君文公，狐季姬之子也，有宠于献。好学而不贰，生十七年，有士五人。有先大夫子余、子犯以为腹心，有魏犨、贾佗以为股肱，士五人，狐偃、赵衰、颠颉、魏武子、司空季子也。子余即赵衰，子犯即狐偃，魏犨即魏武子，贾佗不在五人列，盖叔向所贤。有齐、宋、秦、楚以为外主，齐妻以女，宋赠以马，楚子享之，秦伯纳之。有栾、郤、狐、先以为内主。谓栾枝、郤縠、狐突、先轸也。亡十九年，守志弥笃。惠、怀弃民，惠公、怀公不恤民也。民从而与之。献无异亲，民无异望，献公之子九人，惟文公在。天方相晋，将何以代文？此二君者，异于子干。共有宠子，国有奥主。谓弃疾。无施于民，无援于外，去晋而不送，归楚而不迎，何以冀国？"

公羊传　比已立矣，其称公子何？据齐公子商人弑其君舍，立未逾年见弑，称君。其意不当也。不欲当君位。其意不当，则曷为加杀焉尔？比之义，宜乎效死不立。大夫相杀称人，此其称名氏以弑何？言将自是为君也。故使与杀君而立者同文。

谷梁传　当上之辞也。当上之辞者，谓不称人以杀，乃以君杀之也。称人以杀，谓若卫人杀州吁于濮是也。今比实不弑，故以君杀大夫之辞言之。讨贼以当上之辞，杀非弑也。实有弑君之罪，则人人皆欲杀，宜称人以杀之。今言楚公子弃疾杀公子比，明弃疾所杀非弑君之人，比之不弑又一验也。比之不弑有四。其三在前传，合此为四。取国者，称国以弑，若比欲取国而弑君，则当直云楚比弑其君虔，如卫州吁弑其君完、齐无知弑其君诸儿之类，不应言公子也。楚公子弃疾杀公子比，比不嫌也。今弃疾杀之，又言杀公子比，不言弑其君，是比无欲为君之嫌。《春秋》不以嫌代嫌，不以乱治乱之义。弃疾主其事，故嫌也。比实无弑君之罪，而弃疾主杀之，是弃疾有欲为君之嫌。

弃疾立比为王，己为司马，则已君比矣，宜以弑书。而曰公子比，何也？比之立，及其见杀，不过旬月，君臣之分未定也。若书弑其君比，则疑于齐舍为嗣世之正。书楚人杀比，则弃疾疑于石碏、雍廪得讨贼之义。故以公子杀公子书，而弃疾险诈怙乱，窃国之罪不可掩矣。

秋，公会刘子、晋侯、齐侯、宋公、卫侯、郑伯、曹伯、莒子、邾子、滕子、薛伯、杞伯、小邾子于平丘。平丘，杜注：陈留长垣县西南。汉置平丘县，晋废。今故城在河南陈留县北。

左传　晋成虒祁，在八年。诸侯朝而归者，皆有贰心。为取郠故，取郠在十年。晋将以诸侯来讨。叔向曰："诸侯不可以不示威。"乃并征会，告于吴。秋，晋侯会吴子于良。良，杜注：下邳有良城县。在今江南邳县。水道不可，吴子辞，乃还。七月，丙寅，治兵于邾南，甲车四千乘，三十万人。羊舌鲋摄司马，鲋，叔向弟。遂合诸侯于平丘。子产、子大叔相郑伯以会。子产以幄幕九张行。幄幕，军旅之帐。子大叔以四十，既而悔之，每舍损焉。及会，亦如之。亦九张也。传言子产之适宜，大叔之从善。次于卫地，叔鲋求货于卫，淫刍荛者。欲使卫患之而致货。卫人使屠伯馈叔向羹，与一箧锦，屠伯，卫大夫。曰："诸侯事晋，未敢携贰，况卫在君之宇下，而敢有异志？刍荛者异于他日，敢请之。"请止之。叔向受羹反锦，受羹示不逆其意，且非货。曰："晋有羊舌鲋者，渎货无厌，亦将及矣，将及祸。为此役也。役，事也。子若以君命赐之，其已。"客从之。未退而禁之。禁刍荛者。

晋自重丘以后，会盟皆大夫。至是昭公即位，会楚内乱，再合诸侯，刘子临之，正可以有为之机也。叔向号称贤者，不能导其君树德修礼，以怀诸侯，而反欲胁之以威，不知晋政多门，诸卿各固其私，甲车虽众，莫肯尽力于公，其为列国所窥察久矣。是以齐欲废盟，郑人争承，鲁有违言，而晋自是不能复合诸侯，列国君大夫皆旅见于楚矣。

八月，甲戌，同盟于平丘。公不与盟。

左传　晋人将寻盟，齐人不可。有贰心故。晋侯使叔向告刘献公曰：献公，王卿士刘子。"抑齐人不盟，若之何？"对曰："盟以底信。底，致也。君苟有信，诸侯不贰，何患焉？告之以文辞，董之以武师，虽齐不许，君庸多矣。庸，功也。讨之有辞，故功多。天子之老，请帅王赋，元戎十乘，以先启行。迟速唯君。"欲佐晋讨齐。叔向告于齐曰："诸侯求盟，已在此矣。今君弗利，寡君以为请。"对曰："诸侯讨贰，则有寻盟。若皆用命，何盟之寻？"托用命以拒晋。叔向曰："国家之败，有事而无业，事则不经。业，贡赋之业。有业而无礼，经则不序。须礼而有次序。有礼而无威，序则不共。礼须威严而后共。有威而不昭，共则不明。威须昭告神明，而后信义著。不明弃共，百事不终，所由倾覆也。信义不明则弃威，不威弃礼。无礼无经，无经无业，故百事不成。是故明王之制，使诸侯岁聘以志业，志，识也。间朝以讲礼，再朝而会以示威，再会而盟以显昭明。志业于好，聘也。讲礼于等，朝也。示威于众，会也。昭明于神，盟也。自古以来，未之或失也。存亡之道，恒由是兴。晋礼主盟，惧有不治，奉承齐牺，而布诸君，齐盟之牺牲。求终事也。君曰：'余必废之，何齐之有？'唯君图之，寡君闻命矣。"齐人惧，对曰："小国言之，大国制之，敢不听从？既闻命矣，敬共以往，迟速唯君？”叔向曰：“诸侯有间矣，不可以不示众。”八月辛未，治兵，建而不旆。建立旌旗，不曳其旆。旆，游也。壬申，复旆之，诸侯畏之。军将战则旆，故曳旆以恐之。邾人、莒人诉于晋曰：“鲁朝夕伐我，几亡矣。我之不共，鲁故之以。”晋侯不见公，使叔向来辞曰：“诸侯将以甲戌盟，寡君知不得事君矣，请君无勤。”托谦辞以绝鲁。子服惠伯对曰：“君信蛮夷之诉，蛮夷谓邾、莒。以绝兄弟之国，弃周公之后，亦唯君。寡君闻命矣。”叔向曰：“寡君有甲车四千乘在，虽以无道行之，必可畏也。况其率道，其何敌之有？牛虽瘠，偾于豚上，其畏不死？偾，仆也。南蒯、子仲之忧，其庸可弃乎？弃犹忘也。若奉晋之众，用诸侯之师，因邾、莒、杞、鄫之怒以讨鲁罪，间其二忧，因南蒯、子仲二忧为间隙。何求而弗克？”鲁人惧，听命。不敢与盟。甲戌，同盟于平丘，齐服也。经所以称同。令诸侯日中造于除。除地为坛，会盟处。癸酉，退朝。子产命外仆速张于除，张幄幕。子大叔止之，使待明日。及夕，子产闻其未张也，使速往，乃无所张矣。地已满也。传言子产每事敏于大叔。及盟，子产争承，承，贡赋之次。曰：“昔天子班贡，轻重以列，列尊贡重，周之制也。公侯地广，故所贡者多。卑而贡重者，甸服也。甸服，谓天子畿内共职贡者。郑伯，男也，而使从公侯之贡，惧弗给也。敢以为请。诸侯靖兵，好以为事。行理之命，行理，使人，通聘问者。无月不至。贡之无艺，艺，法制。小国有阙，所以得罪也。诸侯修盟，存小国也。贡献无极，亡可待也。存亡之制，将在今矣。”自日中以争，至于昏，晋人许之。既盟，子大叔咎之曰：“诸侯若讨，其可渎乎？”渎，易也。子产曰：“晋政多门，贰偷之不暇，何暇讨？国不竞亦陵，何国之为？”

谷梁传　同者，有同也，同外楚也。公不与盟者，可以与而不与，讥在公也。其日，善是盟也。

楚弃疾立，内施德惠，外抚邻国，晋人恐惧，又诸侯多贰，故载书要言曰同。不书诸侯，刘子亦与盟也。或谓揭公于不与盟之上，则是不与盟之意主于鲁，非也。沙随不见公，不可言公不见晋侯。此不与盟，不可言诸侯不盟公，属辞之体然也。若鲁不愿盟，则其赴会何为乎？

晋人执季孙意如以归。

左传　公不与盟。晋人执季孙意如，以幕蒙之，使狄人守之。司铎射怀锦奉壶饮冰，以蒲伏焉。司铎射，鲁大夫。蒲伏，窃往饮季孙。冰，箭筩盖，可以取饮。守者御之，乃与之锦而入。晋人以平子归，子服湫从。湫，惠伯。

三家不臣之罪，至意如极矣。擅兵取邑，中分鲁国，以自封殖，至使君若赘旒，民忘其上，讨而执之，固其宜矣。而不得为霸讨，何也？晋人若能征邾、莒赴诉之辞，究南蒯、子仲奔叛之故，请于天子，以大义诛意如，正三桓之罪，归其地与民于公，则鲁国顺正，诸侯威怀，而霸事可复兴矣。乃徒辱鲁君，而不察其情，虽执意如，而不正其罪，安得为霸讨乎？盖由诸卿曲庇季氏，而晋君亦不得为政尔。

附录左传　子产归，未至，闻子皮卒，哭，且曰："吾已，已犹决竟。无为为善矣。唯夫子知我。"言子皮知己之善。仲尼谓："子产于是行也，足以为国基矣。《诗》曰：'乐只君子，邦家之基。'《诗·小雅》。子产，君子之求乐者也。"且曰："合诸侯，艺贡事礼也。"艺，治也。

公至自会。

公羊传　公不与盟者何？公不见与盟也。言不为晋所许。公不见与盟，大夫执，何以致会？不耻也。曷为不耻？诸侯遂乱，反陈、蔡，君子不耻不与焉。时诸侯将讨弃疾，弃疾乃封陈、蔡之君，使说诸侯，诸侯由是遂还，不复讨楚，楚乱遂成，故云尔。

公虽不与盟，然已与平丘之会矣，故以会致。

附录左传　鲜虞人闻晋师之悉起也，五年传曰遗守四千，今甲车四千乘，故为悉起。而不警边，且不修备。晋荀吴自著雍以上军侵鲜虞，及中人，中人，杜注：中山望都县西北有中人城。在今直隶唐县境。驱冲竞，驱冲车与狄争逐。大获而归。

蔡侯庐归于蔡。陈侯吴归于陈。

左传　楚之灭蔡也，灵王迁许、胡、沈、道、房、申于荆焉。灭蔡在十一年。许、胡、沈，小国也。道、房、申，皆故诸侯。楚灭以为邑，徙其人于荆山。房，杜注：汝南有吴房县，即房国。今河南遂平县有吴房城。平王即位，既封陈、蔡，而皆复之礼也。隐大子之子庐归于蔡，礼也。悼大子之子吴归于陈，礼也。隐大子，世子有也。庐，蔡平侯。悼大子，偃师也。吴，陈惠侯。

公羊传　此皆灭国也，其言归何？据归者有国辞。不与诸侯专封也。

谷梁传　善其成之会而归之，故谨而日之。二国获复，平丘盟之力也。故于其归追述前盟，谨日之，以美其功。此未尝有国也，使如失国辞然者，不与楚灭也。

陈、蔡皆见灭于楚矣。庐与吴未尝有国也，而书归于蔡、归于陈，如固有其国者然，先王建国，非楚虔所得灭也。庐与吴未尝有位也，而书蔡侯、陈侯，如固有其位者然，周室班爵，非楚弃疾所得封也。不言自楚，义亦如此。

冬，十月，葬蔡灵公。

左传　冬十月，葬蔡灵公，礼也。国复，成礼以葬也。

谷梁传　变之不葬有三，变之，谓改常礼。失德不葬，杀君不葬，灭国不葬。然且葬之，不与楚灭，且成诸侯之事也。

当蔡世子有被围，诸侯环视不救。及庐复国，乃相率而葬灵公。灵公者，世子般也。曾是以为邦交之礼乎？

公如晋，至河乃复。

左传　公如晋。荀吴谓韩宣子曰："诸侯相朝，讲旧好也。执其卿而朝其君，有不好焉，不如辞之。”乃使士景伯辞公于河。士景伯，文伯之子弥牟也。

公如晋，请季孙也。晋复拒公，盖晋卿阴庇意如，固将归之，故辞公，而专以市其私德耳。

吴灭州来。

左传　吴灭州来。令尹子旗请伐吴，王弗许，曰：“吾未抚民人，未事鬼神，未修守备，未定国家，而用民力，败不可悔，州来在吴，犹在楚也。子姑待之。”传言平王所以能有国。

州来，楚之附庸，实边邑也。成六年，吴尝入焉，兹复乘楚乱而灭之。十九年，传载楚城州来，是吴虽灭之而不能有也。

附录左传　季孙犹在晋，子服惠伯私于中行穆子，曰：“鲁事晋，何以不如夷之小国？鲁，兄弟也。土地犹大，所命能具。若为夷弃之，使事齐、楚，其何瘳于晋？瘳，差也。犹言益也。亲亲与大，赏共罚否，所以为盟主也，子其图之。谚曰：‘臣一主二’，吾岂无大国？”言不合则去而他事，鲁尚有齐、楚，不独晋也。穆子告韩宣子，且曰：“楚灭陈、蔡，不能讨，而为夷执亲，将焉用之？”乃归季孙。惠伯曰：“寡君未知其罪，合诸侯而执其老。若犹有罪死，命可也。死晋命也。若曰无罪，而惠免之，诸侯不闻，是逃命也，何免之为？请从君惠于会。”欲于会盟时见遣，以暴鲁之无罪，争国体也。宣子患之谓，叔向曰：“子能归季孙乎？”对曰：“不能。鲋也能。”乃使叔鱼。鲋字叔鱼。叔鱼见季孙曰：“昔鲋也得罪于晋君，襄二十一年，叔鱼坐叔虎与栾氏党，并得罪。自归于鲁君。微武子之赐，不至于今。武子，平子之祖。虽获归国于晋，犹子则肉之，敢不尽情？归子而不归，鲋也闻诸吏，将为子除馆于西河，西使近河。其若之何？”且泣。泣以信其言。平子惧，先归。惠伯待礼。待见遣之礼。

日讲春秋解义卷五十二

昭　公

十有四年，春，意如至自晋。

左传　十四年春，意如至自晋，尊晋罪己也。以舍族为尊晋罪己。尊晋罪己，礼也。礼，修己而不责人。

谷梁传　大夫执则致，致则名，意如恶，然而致，见君臣之礼也。大夫有罪则宜废，既不能废，不得不尽为君臣之恩，故曰见君臣之礼。

邾、莒之诉，晋人明知罪在意如，而摈公不盟，虽屈于公义，姑执意如，而不正其罪，不返邾、莒邑田，寻听自归。盖意如深结晋之强家，以阨其君，利则归己，而危辱则推君，其恶极矣。故于至自晋特去氏以著其罪，与叔孙婼之见执而归异也。

附录左传　南蒯之将叛也，在十二年。盟费人。司徒老祁、虑癸伪废疾，二人，南蒯家臣。使请于南蒯曰："臣愿受盟，而疾兴，若以君灵不死，请待间而盟。"间，差也。许之。二子因民之欲叛也，请朝众而盟。欲因合众以作乱。遂劫南蒯曰："群臣不忘其君，君谓季氏。畏子以及，今三年听命矣。子若弗图，费人不忍其君，将不能畏子矣。子何所不逞欲？请送子。"送使出奔。请期五日，南蒯请期，冀有变。遂奔齐。侍饮酒于景公，公曰："叛夫。"戏之。对曰："臣欲张公室也。"张，强也。子韩晳曰：齐大夫。"家臣而欲张公室，罪莫大焉。"言越职。司徒老祁、虑癸来归费。归鲁。齐侯使鲍文子致之。

三月，曹伯滕卒。

夏，四月。

附录左传　夏，楚子使然丹简上国之兵于宗丘，上国，杜注：在国都之西。西方居上流，故谓之上国。宗丘，杜注：楚地。当在今湖广归州境。且抚其民。分贫振穷，长孤幼，养老疾，收介特，介特，单身民也。收聚不使流散。救灾患，宥孤寡，赦罪戾，诘奸慝，举淹滞，礼新叙旧，新，羁旅也。禄勋合亲，任良物官。物，事也。准事以任官。使屈罢简东国之兵于召陵，亦如之。兵在国都之东者。好于边疆，息民五年，而后用师，礼也。

秋，葬曹武公。

八月，莒子去疾卒。

左传　秋八月，莒著丘公卒，郊公不戚。郊公，著丘公子。国人弗顺，欲立著丘公之弟庚舆。庚舆，莒共公。蒲余侯恶公子意恢而善于庚舆，蒲余侯，莒大夫兹夫也。意恢，莒群公子。郊公恶公子铎而善于意恢。铎，亦群公子。公子铎因蒲余侯而与之谋曰："尔杀意恢，我出君而纳庚舆。"许之。为下冬杀意恢传。

昭公时，薛、杞微国无不会其葬者，何独于莒则不往？盖意如专国，怒其尝诉己耳。或以为著丘公无谥，《春秋》不书其葬，误矣。

附录左传　楚令尹子旗有德于王。子旗、蔓成然有佐立之德。不知度，与养氏比，而求无厌。养氏，子旗之党，养由基之后。王患之。九月甲午，楚子杀斗成然，而灭养氏之族。使斗辛居郧，以无忘旧勋。辛，子旗之子郧公辛。

冬，莒杀其公子意恢。

左传　冬十二月，蒲余侯兹夫杀莒公子意恢，郊公奔齐。公子铎逆庚舆于齐。齐隰党、公子鉏送之，有赂田。莒赂齐以田。

谷梁传　言公子而不言大夫，莒无大夫也。莒无大夫而曰公子意恢，意恢贤也。曹、莒皆无大夫，其所以无大夫者，其义异也。曹小，莒夷，故异。

意恢以国杀为文，而不去其族，非其罪也。公子铎首乱，不见于经者，韩愈谓《春秋》书王法不诛其人之身，若此类者多矣。

附录左传　晋邢侯与雍子争鄐田，邢侯，楚申公巫臣之子也。雍子，亦故楚人。久而无成。士景伯如楚，士景伯，晋理官。叔鱼摄理。摄，代景伯。韩宣子命断旧狱，罪在雍子。雍子纳其女于叔鱼，叔鱼蔽罪邢侯。蔽，断也。邢侯怒，杀叔鱼与雍子于朝。宣子问其罪于叔向，叔向曰："三人同罪，施生戮死可也。施，行罪也。雍子自知其罪，而赂以买直，鲋也鬻狱，邢侯专杀，其罪一也。已恶而掠美为昏，贪以败官为墨，墨，不洁之称。杀人不忌为贼。《夏书》曰：'昏、墨、贼，杀。'逸书。三者皆死刑。皋陶之刑也。请从之。"乃施邢侯，而尸雍子与叔鱼于市。仲尼曰："叔向，古之遗直也。言叔向之直，有古人遗风。治国制，刑不隐于亲。谓国之大问，己所答当也。至于他事，则宜有隐。三数叔鱼之恶，不为末减。曰义也夫，可谓直矣。于义未安，直则有之。平丘之会，数其贿也。谓言渎货无厌。以宽卫国，晋不为暴。归鲁季孙，称其诈也。谓言鲋也能。以宽鲁国，晋不为虐。邢侯之狱，言其贪也。谓言鲋也鬻狱。以正刑书，晋不为颇。三言而除三恶，加三利。三恶，暴、虐、颇也。三利，宽鲁、卫，正刑书。杀亲益荣，犹义也夫！"

十有五年，春，王正月，吴子夷末卒。公羊作夷昧。

二月，癸酉，有事于武宫。钥入，叔弓卒，去乐卒事。

左传　十五年春，将禘于武公，戒百官。齐戒。梓慎曰："禘之日，其有咎乎！

吾见赤黑之祲，非祭祥也，丧氛也。祲，妖氛也。盖见于宗庙。氛，恶气也。其在莅事乎?”二月癸酉，禘，叔弓莅事，钥入而卒，去乐卒事，礼也。

公羊传　其言去乐卒事何?礼也。君有事于庙，闻大夫之丧，去乐，卒事。大夫闻君之丧，摄主而往。主，谓己主祭者。臣闻君之丧，义不可以不即行，故使凡弟若宗人，摄行主事而往。不废祭者，古礼也。大夫闻大夫之丧，尸事毕而往。宾尸事毕而往也。

谷梁传　君在祭乐之中，闻大夫之丧，则去乐卒事，礼也。祭乐者，君在庙中祭作乐。君在祭乐之中，大夫有变，以闻可乎?大夫，国体也。君之卿佐，是谓股肱，故曰国体。古之人重死，君命无所不通。死者不可复生，重莫大焉。是以君虽在祭乐之中，大夫死，以闻可也。

有事，谓有祭事也。祭主于诚悫，故当祭虽大夫之丧不得以闻。若有事于武宫，叔弓莅事而卒，则为之彻乐而卒事，亦礼之可以义起者。盖缘先祖之心，见大臣之卒，不忍闻乐，缘主祭者之心视已设之馔不忍中辍，则去乐而卒事可矣。弓之卒，正当钥入时，故举钥入，及其去之，则诸乐皆彻。故云去乐，非独去钥舞也。

夏，蔡朝吴出奔郑。朝，公羊作昭，无出字。

左传　楚费无极害朝吴之在蔡也，朝吴，蔡大夫，有功于楚平王，故无极恐其有宠，疾害之。欲去之，乃谓之曰：“王唯信子，故处子于蔡。子亦长矣，而在下位，辱。必求之，吾助子请。”又谓其上之人曰：蔡人在上位者。“王唯信吴，故处诸蔡，二三子莫之如也。而在其上，不亦难乎?弗图，必及于难。”夏，蔡人逐朝吴，朝吴出奔郑。王怒曰：“余唯信吴，故置诸蔡。且微吴，吾不及此。女何故去之?”无极对曰：“臣岂不欲吴?然而前知其为人之异也。吴在蔡，蔡必速飞。去吴，所以翦其翼也。”以鸟喻也。言吴在蔡，必能使蔡速强而背楚。

朝吴，蔡之世臣。蔡之复也，本谋实出于吴，而至不安于宗国，则逐之，非蔡侯意也。陈、蔡世服于楚，虽以欲背楚得罪者，必奔楚以自诉，而吴奔郑其不容于楚可知矣。蔡虽复国，而国内之臣，楚实制其存亡，其何能国乎?

六月，丁巳，朔，日有食之。

附录左传　六月乙丑，王大子寿卒。周景王子。秋八月戊寅，王穆后崩。大子寿之母也。传为晋荀跞如周葬穆后起。

秋，晋荀吴帅师伐鲜虞。

左传　晋荀吴帅师伐鲜虞，围鼓。鼓，杜注：白狄之别。钜鹿下曲阳县有鼓聚。在今直隶晋州西。鼓人或请以城叛，穆子弗许。左右曰：“师徒不勤，而可以获城，何故不为?”穆子曰：“吾闻诸叔向曰：‘好恶不愆，民知所适，事无不济。’或以吾城叛，吾所甚恶也。人以城来，吾独何好焉?赏所甚恶，若所好何?无以复加所好。

若其弗赏，是失信也，何以庇民？力能则进，否则退，量力而行。吾不可以欲城而迩奸，所丧滋多。”使鼓人杀叛人，而缮守备。围鼓三月，鼓人或请降，使其民见，曰：“犹有食色，姑修而城。”军吏曰：“获城而弗，取勤民而顿兵，何以事君？”穆子曰：“吾以事君也。获一邑而教民怠，将焉用邑？邑以贾怠，不如完旧。完犹保守。贾怠无卒，不能善终。弃旧不祥。鼓人能事其君，我亦能事吾君。率义不爽，爽，差也。好恶不愆，城可获而民知义所，知义所在也。荀吴必其能获，故因以示义。有死命而无二心，不亦可乎！”鼓人告食竭力尽，而后取之。克鼓而反，不戮一人，以鼓子鳶鞮归。鳶鞮，鼓君名。

十二年晋伐鲜虞，今又遣命卿率大众以伐之，盖诸卿各营其私，务近攻以辟土壤，而荆楚之横肆，小国之摧残，绝不以介于心也。

冬，公如晋。

左传　冬，公如晋，平丘之会故也。谢季孙免归。

十三年，公如晋，为意如请，而意如不使公得达者，恐公以情诉，惧晋侯之意或移，而正己之罪也。今意如既释，可无他虞，故听公一朝，而又止焉。比事以观，则晋屡拒公，皆意如主之，可知矣。

附录左传　十二月，晋荀跞如周葬穆后，籍谈为介。既葬除丧，以文伯宴，樽以鲁壶。文伯，荀跞也。鲁壶，鲁所献壶樽。王曰：“伯氏，诸侯皆有以镇抚王室，晋独无有，何也？”感鲁壶而言也。镇抚王室，谓贡献之物。文伯揖籍谈，文伯无辞，揖籍谈使对。对曰：“诸侯之封也，皆受明器于王室，谓明德之分器。以镇抚其社稷，故能荐彝器于王。彝，常也。谓可常宝之器，若鲁壶之属。晋居深山，戎狄之与邻，而远于王室。王灵不及，拜戎不暇，其何以献器？”王曰：“叔氏，而忘诸乎？叔，籍谈字。叔父唐叔，成王之母弟也，其反无分乎？密须之鼓，与其大路，文所以大蒐也。密须，杜注：姞姓国也。在安定阴密县。今阴密故城在陕西灵台县西。阙巩之甲，武所以克商也。阙巩国所出铠。唐叔受之，以处参虚，匡有戎狄。参虚、实沈之次，晋之分野。其后襄之二路，周襄王赐晋文公大路、戎路。鍼钺秬鬯，鍼，斧也。钺，金钺。彤弓虎贲，文公受之，以有南阳之田，事在僖二十八年。抚征东夏，非分而何？夫有勋而不废，有绩而载，奉之以土田，抚之以彝器，旌之以车服，明之以文章，子孙不忘，所谓福也。福祚之不登叔父，焉在？言福祚不在叔父，当在谁耶？且昔而高祖孙伯黡，司晋之典籍，以为大政，故曰籍氏。孙伯黡，晋正卿，籍谈九世祖。及辛有之二子董之晋，于是乎有董史。辛有，周人。其二于适晋为大史，籍黡与之共董督晋典，因为董氏，董狐其后。女，司典之后也，何故忘之？”籍谈不能对。宾出，王曰：“籍父其无后乎！数典而忘其祖。”忘祖业。籍谈归，以告叔向，叔向曰：“王其不终乎！吾闻之，所乐必卒焉。今王乐忧，若卒以忧，不可谓终。王一岁而有三年之丧二焉，谓后崩、大子卒。礼，父为长子三年，夫为妻期必三年，然后娶，则亦有三年之义。又天子绝期，惟服三年，故通谓之三年丧。于是乎以丧宾宴，又求彝器，乐忧甚矣，且非礼也。彝器之来，嘉功之由，非由丧也。三年之丧，虽贵遂服，礼也。天子诸侯除丧当在卒哭，今王既葬而除，故讥其不遂。王虽弗遂，宴乐以早，亦非礼也。礼，王之大经也。一动而失二礼，无大经矣。失二礼，谓既不遂服，又设宴乐。言以考典，典以志经，忘经而多言举典，将焉用之？”为二十二年王室乱传。

十有六年，春。

附录左传　十六年春王正月，公在晋，晋人止公。不书，讳之也。犹以取郠故。

齐侯伐徐。

左传　齐侯伐徐。二月丙申，齐师至于蒲隧。蒲隧，杜注：徐地，下邳取虑县东有蒲如陂。在今江南虹县北。徐人行成。徐子及郯人、莒人会齐侯，盟于蒲隧，赂以甲父之鼎。甲父，杜注：古国名。高平昌邑县东南有甲父亭。今昌邑城在山东金乡县西北。叔孙昭子曰：“诸侯之无伯，害哉！齐君之无道也，兴师而伐远方，会之有成，而还，莫之亢也。无伯也夫！诗曰：‘周宗既灭，靡所止戾。正大夫离居，莫知我肄。’《诗·小雅》。戾，定也。肄，劳也。言执政大夫离居异心，无有念民劳者。其是之谓乎！”传言晋之衰。

此为晋伯既衰，齐景公争伯之始事也。然景公不能明政教以收国众，修德礼以属诸侯，而区区于邻近之国称兵以逐利，将以求霸，不亦左乎？

楚子诱戎蛮子，杀之。戎蛮，公羊作戎曼。杜注：河南新城县东南有蛮城。在今河南汝州西南。

左传　楚子闻蛮氏之乱也，与蛮子之无质也，质，信也。使然丹诱戎蛮子嘉，杀之，遂取蛮氏。既而复立其子焉，礼也。

公羊传　楚子何以不名？据诱蔡侯名。夷狄相诱，君子不疾也。曷为不疾？若不疾，乃疾之也。以为固当然者，乃所以为恶也。

楚子之诱一也，而或名或不名者，虔以篡弑之贼而灭先王之建国，弃疾虽乘乱取国，而非亲为弑逆，虽杀戎蛮子，而复立其子，其恶之小大有差也。蔡侯与戎蛮子之见杀一也，而或名或不名者，蔡般弑父与君蛮氏乱而无质，其罪之轻重有差也。程子所谓时措从宜者，此类是矣。

附录左传　三月，晋韩起聘于郑，郑伯享之。子产戒曰：“苟有位于朝，无不共恪。”孔张后至，立于客间，孔张，子孔之孙。执政御之，执政掌位列者。御，止也。适客后，又御之，适县间，县，乐肆。客从而笑之。事毕，富子谏曰：富子，郑大夫。谏子产也。“夫大国之人，不可不慎也，几为之笑而不陵我？我皆有礼，夫犹鄙我。国而无礼，何以求荣？孔张失位，吾子之耻也。”子产怒曰：“发命之不衷，衷，当。出令之不信，刑之颇类，缘事类以成偏颇。狱之放纷，会朝之不敬，使命之不听，取陵于大国，罢民而无功，罪及而弗知，侨之耻也。孔张，君之昆孙，子孔之后也。昆，兄也。子孔，郑襄公兄，孔张之祖父。执政之嗣也。子孔尝执郑国之政。为嗣大夫，承命以使，周于诸侯，国人所尊，诸侯所知。立于朝而祀于家，卿得自立庙于家。有禄于国，有赋于军，军出，卿赋百乘。丧祭有职，受脤归脤，受脤，谓君祭以肉赐大夫。归脤，谓大夫祭归肉于公。皆社之戎祭也。其祭在庙，谓助君祭。已有著位，在位数世，世守其业，而忘其所，侨焉得耻之？辟邪之人，而皆及执政，是先王无刑罚也。子宁以他规我。”　宣子有环，其一在郑商。玉环，同工共璞，自共为双。宣子谒诸郑伯，子产弗与，曰：“非官府之守器也，寡君不知。”子太叔、子羽谓子产曰：“韩子亦无几求，晋国亦未可以贰，晋国，韩子不可偷也。若属有谗人交斗其间，鬼神而助之，以兴其凶怒，悔之何及？吾子何爱于一环，其以取憎于大国也，盍求而与之？”子产曰：“吾非偷晋而有二心，将终事之，是以弗与，忠信故也。侨闻君子非无贿之难，立而无令名之患。侨闻为国，非不能事大字小之难，无礼以定其位之患。夫大国之人，令于小国，而皆获其求，将何以给之？一共一否，为罪滋大。大国之求，无礼以斥之，何餍之有？吾且为鄙邑，则失位矣。不复成国。若韩子奉命以使，而求玉焉，贪淫甚矣，独非罪乎？出一玉以起二罪，吾又失位，韩子成贪，将焉用之？且吾以玉贾罪，不亦锐乎？”锐，细小也。韩子买诸贾人，既成贾矣，商人曰：“必告君大夫。”韩子请诸子产曰：“日起请夫环，执政弗义，弗敢复也。今买诸商人，商人曰：‘必以闻，敢以为请。’”子产对曰：“昔我先君桓公，与商人皆出自周。郑本在周畿内，桓公东迁与商人俱。庸次比耦，庸，用也。用次更相从耦耕。以艾杀此地，斩之蓬蒿藜藋，而共处之。世有盟誓，以相信也，曰：‘尔无我叛，我无强贾，无强市其物。毋或丐夺。尔有利市宝贿，我勿与知。’恃此质誓，故能相保，以至于今。今吾子以好来辱，而谓敝邑强夺商人，是教敝邑背盟誓也，毋乃不可乎！吾子得玉而失诸侯，必不为也。若大国令，而共无艺，郑，鄙邑也，亦弗为也。侨若献玉，不知所成，敢私布之。”韩子辞玉，曰：“起不敏，敢求玉以徼二罪，敢辞之。”传言子产知礼，宣子能改过。夏四月，郑六卿饯宣子于郊。宣子曰：“二三君子请皆赋，起亦以知郑志。”子齹赋《野有蔓草》，子齹，子皮之子婴齐也。《野有蔓草》，《诗·郑风》。取其“邂逅相遇，适我愿兮。”宣子曰：“孺子善哉！吾有望矣。”君子相顾，己所望也。子产赋郑之《羔裘》，言郑别于唐《羔裘》也。取其“彼其之子，舍命不渝，邦之彦兮”，以美韩子。宣子曰：“起不堪也。”不堪国之司直。子大叔赋《褰裳》，《褰裳》诗曰：“子惠思我，褰裳涉溱。子不我思，岂无他人？”盖思大国之勤己也。宣子曰：“起在此，敢勤子至于他人乎？”子大叔拜。宣子曰：“善哉，子之言是！不有是事，其能终乎？”韩起不欲令郑求他人。子大叔拜以答之，所以晋、郑终善。子游赋《风雨》，子游，驷带之子驷偃也。《风雨》诗取其“既见君子，云胡不夷。”子旗赋《有女同车》，子旗，公孙段之子丰施也。《有女同车》取其"洵美且都"，受乐宣子之志。子柳赋《萚兮》，子柳，印段之子印癸也。《萚兮》诗取其"倡予和女"，言宣子倡，己将和从之。宣子喜曰："郑其庶乎！二三君子以君命贶起，赋不出郑志，六诗皆《郑风》，故曰不出郑志。皆昵燕好也。昵，亲也。赋不出其国，以示亲好。二三君子，数世之主也，可以无惧矣。"宣子皆献马焉，而赋《我将》。《我将》，《诗·颂》。取其"日靖四方，我其夙夜，畏天之威。"言志在靖乱，畏惧天威。子产拜，使五卿皆拜，曰："吾子靖乱，敢不怀德？"宣子私觐于子产，以玉与马，曰："子命起舍夫玉，是赐我玉而免吾死也，敢籍手以拜？"以玉、马籍手拜谢子产。

夏，公至自晋。

左传　公至自晋。晋人听公得归。子服昭伯语季平子曰：昭伯，惠伯之子服回也。随公从晋还。"晋之公室，其将遂卑矣。君幼弱，六卿强而奢傲，将因是以习。习实为常，能无卑乎？"平子曰："尔幼，恶识国？"

公以去年冬如晋，今夏始书至，逾三时而后归，去国之久，惟僖公会淮、襄公如楚及此，为皆受制于大国，而不使即归也。考其时，则微传而事著矣。晋人明知罪在意如而释之，明知与公无与而反止焉，意如之陷公至于此。极其后公谋讨之，亦势不容已，不幸无成。而传者及诸儒皆责公之妄举，过矣。

秋，八月，己亥，晋侯夷卒。

左传　秋八月，晋昭公卒。

晋自平公弛其操柄，政在大夫。盟宋以后，会盟征伐，楚实专之。昭公嗣立，仅一会大夫。幸楚虔覆败，国有内忧，未遑外事，诸侯复合，于平丘正可以有为之时，而信义不立，军政不修，邾、莒虽诉，侵地不反，刍荛之淫，叔鲋无诛，徒以盛兵示威，而齐、郑已窥其衅矣。且曲庇季氏，重困鲁侯，诸侯心贰，不亦宜乎？此虽由昭公之无志，亦因世卿擅国，积重而难返也。

九月，大雩。

左传　九月，大雩，旱也。

附录左传　郑大旱，使屠击、祝款、竖柎有事于桑山。三子，郑大夫。斩其木，不雨。子产曰："有事于山，蓺山林也。蓺，养护令繁殖。而斩其木，其罪大矣。"夺之官邑。

季孙意如如晋。

冬，十月，葬晋昭公。

左传　冬十月，季平子如晋，葬昭公。平子曰："子服回之言犹信，自往见之，乃信回言。子服氏有子哉！"

十有七年，春，小邾子来朝。

左传　十七年春，小邾穆公来朝，公与之燕。季平子赋《采叔》，《采叔》，

《诗·小雅》。取其"君子来朝，何锡与之"，以穆公喻君子。穆公赋《菁菁者莪》。《菁菁者莪》，亦《诗·小雅》。取其"既见君子，乐且有仪"，以答《采叔》。昭子曰："不有以国其能久乎?"嘉其能答赋，言其贤，故能久有国。

鲁既卑矣，小国犹有朝者。晋亦卑矣，诸侯犹有朝者。但操柄下移，内政不修，国终无与立耳。

夏，六月，甲戌，朔，日有食之。

左传　夏六月甲戌朔，日有食之。祝史请所用币。礼，正阳之月日食，当用币于社，故请之。昭子曰："日有食之，天子不举，伐鼓于社，诸侯用币于社，伐鼓于朝，礼也。"平子御之，曰："止也。唯正月朔，慝未作，日有食之，于是乎有伐鼓用币，礼也。其余则否。"大史曰："在此月也。正月，谓建巳正阳之月也。于周为六月，于夏为四月。慝，阴气也。四月纯阳用事，阴气未动而侵阳，灾重，故有伐鼓用币之礼也。平子以为六月非正月，故太史答言在此月也。日过分而未至，过春分而未夏至，三辰有灾，三辰，日、月、星也。日月相侵，又犯是宿，故三辰皆为灾。于是乎百官降物，降物，素服。君不举，辟移时，辟正寝过日食时。乐奏鼓，祝用币，史用辞。用辞以自责。故《夏书》曰：'辰不集于房，《夏书·胤征》篇。集，安也。房，舍也。日月不安其舍则食。瞽奏鼓，啬夫驰，庶人走。'啬夫，主币之官。车马曰驰，步曰走，为救日食备也。此月朔之谓也。当夏四月，是谓孟夏。"言此六月当夏家之四月。平子弗从。昭子退曰："夫子将有异志，不君君矣。"安君之灾，是不复以君为君矣。

秋，郯子来朝。

左传　秋，郯子来朝，公与之宴。昭子问焉，曰："少皞氏鸟名官，何故也?"少皞，金天氏，黄帝之子，己姓之祖也。郯子曰："吾祖也，我知之。昔者黄帝氏以云纪，故为云师而云名。黄帝，轩辕氏，姬姓之祖也。黄帝受命有云瑞，故以云纪事。百官师长皆以云为名，号缙云氏，盖其一官也。炎帝氏以火纪，故为火师而火名。炎帝，神农氏，姜姓之祖也。亦有火瑞，以火纪事，名百官。共工氏以水纪，故为水师而水名。共工，以诸侯霸有九州者，在神农前，大皞后。亦受水瑞，以水名官。大皞氏以龙纪，故为龙师而龙名。大皞，伏牺氏，风姓之祖也。有龙瑞，故以龙名官。我高祖少皞挚之立也，凤鸟适至，故纪于鸟，为鸟师而鸟名。凤鸟氏，历正也。凤鸟知天时，故以名历正之官。玄鸟氏，司分者也。玄鸟，燕也。以春分来，秋分去。伯赵氏，司至者也。伯赵，伯劳也。以夏至鸣，冬至止。青鸟氏，司启者也。青鸟，鸧鹒也。以立春鸣，立夏止。丹鸟氏，司闭者也。丹鸟，鷩雉也。以立秋来，立冬去。入大水为蜃。上四鸟，皆历正之属官。祝鸠氏，司徒也。祝鸠，鹪鸠也。鹪鸠孝，故为司徒，主教民。鴡鸠氏，司马也。鴡鸠，王鸠也。鸷而有别，故为司马，主法制。鸤鸠氏，司空也。鸤鸠，鴶鵴也。鸤鸠平均，故为司空，平水土。爽鸠氏，司寇也。爽鸠，鹰也。鸷，故为司寇，主盗贼。鹘鸠氏，司事也。鹘鸠，鹘雕也。春来冬去，故为司事。五鸠，鸠民者也。鸠，聚也。治民上聚，故以鸠为名。五雉，为五工正，五雉，雉有五种。西方曰鷷雉，东方曰鶅雉，南方曰翟雉，北方曰鵗雉，伊洛之南曰翚雉。贾逵曰："鷷雉，攻木之工也。鶅雉，砖埴之工也。翟雉，攻金之工也。鵗雉，攻皮之工也。翚雉，设五色之工也。"利器用，正度量，夷民者也。夷，平也。九扈，为九农正，扈有九种也。春扈鳻鶞，夏扈窃玄，秋扈窃蓝，冬扈窃黄，棘扈窃丹，行扈唶蜡，宵扈啧啧，桑扈窃脂，老扈鷃鷃。以九扈为之号，各随其宜以教民事。贾逵曰："春扈鳻鶞，相五土之宜，趣民耕种也。夏扈窃玄，趣民耘苗者也。秋扈窃蓝，趣民收敛者也。冬扈窍黄，趣民盖藏者也。棘扈窃丹，为果驱鸟者也。行扈唶唶，昼为民驱鸟者也。宵扈啧啧，夜为农驱兽者也。桑扈窃脂，为蠶驱雀者也。老扈晏晏，趣民收麦，令不得晏起者也。扈民无淫者也。扈，止也。自颛顼以来，不能纪远，乃纪于近。为民师而命以民事，则不能故也。"颛顼氏，代少皞者。德不能致远瑞，故以民事命官。仲尼闻之，见于郯子而学之。于时仲尼年二十八，既而告人曰："吾闻之，天子失官，学在四夷，犹信。"传言圣人无常师。

八月，晋荀吴帅师灭陆浑之戎。公羊作贲浑戎。谷梁无之字。

左传　晋侯使屠蒯如周，屠蒯，晋侯之膳宰。请有事于雒与三涂。苌弘谓刘子曰："客容猛，非祭也。其伐戎乎？陆浑氏甚睦于楚，必是故也。君其备之。"乃警戎备。九月丁卯，晋荀吴帅师涉自棘津，棘津，杜注：河津名。在今河南胙城县北。使祭史先用牲于雒。陆浑人弗知，师从之。庚午，遂灭陆浑，数之以其贰于楚也。陆浑子奔楚，其众奔甘鹿。甘鹿，杜注：周地。今河南宜阳县有鹿蹄山，甘水所出。周大获。先警戎备故。宣子梦文公携荀吴而授之陆浑，故使穆子帅师，献俘于文宫。欲以应梦。

僖二十二年，秦、晋迁陆浑之戎于伊川，非戎自逼居内地也。又不闻其侵败王略，而晋忽以诈灭之，贪暴极矣。若谓其贰于楚，则诸侯皆贰，何独于陆浑有讨乎？

冬，有星孛于大辰。

左传　冬有星孛于大辰，西及汉。夏之八月，辰星见在天汉西。今孛星出辰西，光芒东及天汉。申须曰：申须，鲁大夫。"彗所以除旧布新也。天事恒象，天道恒以象类告示人。今除于火，火出必布焉。诸侯其有火灾乎？"今火向伏，故知当须火出，乃布散为灾。梓慎曰："往年吾见之，是其征也。征，始有形象而征也。火出而见。前年火出时。今兹火出而章，必火入而伏。随火行也。其居火也久矣，历二年。其与不然乎？言必然也。火出，于夏为三月，谓昏见。于商为四月，于周为五月。夏数得天，得天正。若火作，其四国当之，在宋、卫、陈、郑乎？宋，大辰之虚也。

大辰，大火，宋分野。陈，大皞之虚也。大皞居陈，木火所自出。郑，祝融之虚也。祝融，高辛氏之火正，居郑。皆火房也。星孛及汉，汉水祥也。天汉，水也。卫，颛顼之虚也，故为帝丘。其星为大水，卫星营室。营室，水也。水，火之牡也。牡，雄也。其以丙子若壬午作乎？水火所以合也。丙午火，壬子水，水火合而相薄，水少而火多，故水不胜火。若火入而伏，必以壬午，不过其见之月。”火见周之五月。郑裨灶言于子产曰：“宋、卫、陈、郑将同日火，若我用瓘斝玉瓒，郑必不火。”瓘，珪也。斝，玉爵也。瓒，勺也。欲以禳火。子产弗与。以为天灾流行，非禳所息故也，为明年宋、卫、陈、郑灾传。

公羊传　孛者何？彗星也。其言于大辰何？在大辰也。大辰者何？大火也。大火，心也。东方苍龙七宿之一，在中最明，以候四时，故曰大辰。辰，时也。大火为大辰，伐为大辰，伐，谓参伐也。伐星在参傍，与参连体。大火与伐，天所以示民时早晚，天下所取正，故同为大辰。北辰亦为大辰。北辰，北极，居天之中，以正四时，故亦谓之大辰。何以书记？异也。

谷梁传　一有一亡曰。有于大辰者，滥于大辰也。刘向曰：“大辰者，大火也。不曰孛于大火，而曰大辰者，谓滥于苍龙之体，不独加大火。”

大辰，心星也。《前汉书·五行志》云：“心，天子之象也。”《天文志》云：“心三星，中星曰明堂，天子位，为大辰。彗加于心，其祲大矣。”当其时，申须、梓慎、裨灶皆以为火灾，至宋胡氏安国，则以为应在后五年王室子朝之乱。《春秋》纪灾异而不言其事应，见人君当谨天戒修德以弭灾，而事应则不可以常也。必求其说，则时有不应，而转以天变为不足畏矣。

楚人及吴战于长岸。长岸，杜注：楚地。今江南当涂县西南有西梁山，与东梁山夹江相对，亦曰天门山。《郡国志》春秋楚获吴余皇处也。

左传　吴伐楚。阳匄为令尹，阳匄，穆王曾孙令尹子瑕。卜战，不吉。司马子鱼曰：“我得上流，何故不吉？子鱼，公子鲂也。顺江而下，易用胜敌。且楚故，司马令龟，我请改卜，令曰，鲂也以其属死之，楚师继之，尚大克之。”吉。战于长岸，子鱼先死，楚师继之，大败吴师，获其乘舟余皇。余皇，舟名。使随人与后至者守之，环而堑之，及泉，环，周也。盈其隧炭，陈以待命。隧，出入道。炭，火也。盈路置火，以防吴人。言其守之严密。吴公子光请于其众曰：光，诸樊子阖庐。“丧先王之乘舟，岂唯光之罪，众亦有焉。请藉取之，以救死。”藉众之力以取舟。众许之。使长鬣者三人潜伏于舟侧，长鬣，多髭须。与吴人异形状，诈为楚人。曰：“我呼余皇，则对。”师夜从之。师，吴师也。三呼，皆迭对。楚人从而杀之。楚师乱，吴人大败之，取余皇以归。传言吴光有谋。

公羊传　诈战不言战，此其言战何？据于越败吴于檇李。敌也。俱无胜负，不可言败，故言战。

谷梁传　两夷狄曰败，于越败吴于檇李是也。中国与夷狄亦曰败。晋荀吴败狄于大卤是也。楚人及吴战于长岸，进楚子，故曰战。

楚先胜吴，吴复胜楚，胜负相敌，故言战，不言败。据传，五年吴尝败楚于鹊岸不书，六年败楚于房钟不书，书伐吴而已。至是始书战，著其国势匹敌，而抗兵相加也。

十有八年，春。

附录左传　十八年春王二月乙卯，周毛得杀毛伯过而代之。毛伯过，周大夫。得，过之族。苌弘曰："毛得必亡，是昆吾稔之日也。昆吾，夏伯。稔，熟也。侈恶积熟，以乙卯日与桀同诛。侈故之以，而毛得以济侈于王都，不亡何待？"为二十六年毛伯奔楚传。

王三月，曹伯须卒。

左传　三月，曹平公卒。为下会葬见原伯张本。

夏，五月，壬午，宋、卫、陈、郑灾。

左传　夏五月，火始昏见。丙子，风。梓慎曰："是谓融风，火之始也。东北曰融风。融风，木也。木为火母，故曰火之始。七日，其火作乎？"从丙子至壬午七日。壬午，水火合之日，故知当火作。戊寅，风甚。壬午，大甚。宋、卫、陈、郑皆火。梓慎登大庭氏之库以望之，大庭氏，杜注：古国名，在鲁城内。鲁于其处作库，高显，故登以望气。参近占以审前年之言。曰："宋、卫、陈、郑也。"数日，皆来告火。裨灶曰："不用吾言，郑又将火。"前年裨灶欲用瓘斝禳火，子产不听。今复请用之。郑人请用之，子产不可。子大叔曰："宝，以保民也。若有火，国几亡。可以救亡，子何爱焉？"子产曰："天道远，人道迩，非所及也，何以知之？灶焉知天道？是亦多言矣，岂不或信？"多言者或时有中。遂不与，亦不复火。郑之未灾也，里析告子产曰："将有大祥，里析，郑大夫。祥，变异之气。民震动，国几亡。吾身泯焉，弗良及也。言将先灾死。国迁，其可乎？"子产曰："虽可，吾不足以定迁矣。"子产知天灾不可逃，非迁所免，故托以知不足。及火，里析死矣，未葬，子产使舆三十人迁其柩。火作，子产辞晋公子、公孙于东门。晋人新来未入者。使司寇出新客，禁旧客勿出于宫。为其知国情，不欲令去。使子宽、子上巡群屏摄，至于大宫。二子，郑大夫。屏摄，祭祀之位。大宫，郑祖庙。巡行宗庙，不使火得及之。使公孙登徙大龟。登，开卜大夫。使祝史徙主祏于周庙，告于先君。祏，庙主石函。周庙，厉王庙也。有火灾，故合群主于祖庙，易救护。使府人、库人各儆其事。商成公儆司宫，商成公，郑大夫。出旧宫人，置诸火所不及。司马、司寇列居火道，备非常也。行火所焮。焮，炙也。城下之人，伍列登城。备奸也。明日，使野司寇各保其征。野司寇，县士也。戒使各保其所应受征役之人，皆令具备，以待上命。郊人助祝史除于国北，为祭处于国北方，就太阴禳火。禳火于玄冥、回禄，玄冥，水神。回禄，火神。祈于四鄘。鄘，城也。城积土，阴气所聚，故祈祭之，以禳火之余灾。书焚室而宽其征，与之材。三日哭，国不市。使行人告于诸侯。宋、卫皆如是，陈不救火，许不吊灾，君子是以知陈、许之先亡也。不义所以亡。

公羊传　何以书？记异也。何异尔？异其同日，而俱灾也。外异不书，此何以书？为天下记异也。

谷梁传　其志，以同日也。其日，亦以同日也。或曰人有谓郑子产曰："某日有灾。"子产曰："天者神，子恶知之？是人也。"同日为四国灾也。

四国同日而灾，非人力所为也。传载裨灶豫知其兆请禳，而子产不许，盖知天道之远，一以人事为凭。故灶言郑又当火，卒亦不应。观此，益信古人以德消变人事，诚修在天之祸福，实有可移之理矣。

六月，邾人入鄅。鄅，杜注：妘姓国，在琅琊开阳县。今山东沂州北有开阳故城。

左传　六月，鄅人藉稻。其君自出藉稻，盖履行之。邾人袭鄅，鄅人将闭门。邾人羊罗摄其首焉。斩得闭门者头。遂入之，尽俘以归。鄅子曰："余无归矣。"从帑于邾。邾庄公反鄅夫人，而舍其女。为明年宋伐邾起。

秋，葬曹平公。

左传　秋，葬曹平公。往者见周原伯鲁焉，原伯鲁，周大夫。与之语，不说学。归以语闵子马。闵子马曰："周其乱乎！夫必多有是说，而后及其大人。大人，在位者。大人患失而惑，患有学而失道者以惑其意。又曰："可以无学，无学不害，不害而不学，则苟而可。于是乎上陵下替，能无乱乎？夫学，殖也。殖，生长也。言学之进德，如农之殖苗，日新月盛。不学将落，原氏其亡乎！"

附录左传　七月，郑子产为火故大为社。为，治也。祓禳于四方，振除火灾，礼也。乃简兵大蒐，将为蒐除。治兵于庙，城内地迫故，除广之。子大叔之庙在道南，其寝在道北，其庭小。庭，蒐场也。过期三日，使除徒陈于道南庙北，曰："子产过女而命速除，乃毁于而乡。毁女所乡。子产朝，过而怒之，怒不毁。除者南毁。子产及冲，使从者止之，曰："毁于北方。"言子产仁，不忍毁人庙。火之作也，子产授兵登陴。子大叔曰："晋无乃讨乎！"辟晋公子、公孙而授兵，似若叛晋。子产曰："吾闻之，小国忘守则危，况有灾乎！国之不可小，有备故也。"既，晋之边吏让郑，曰："郑国有灾，晋君大夫不敢宁居，卜筮走望，不爱牲玉。郑之有灾，寡君之忧也。今执事撊然授兵登陴，撊然，劲忿貌。将以谁罪？边人恐惧，不敢不告。"子产对曰："若吾子之言，敝邑之灾，君之忧也。敝邑失政，天降之灾，又惧谗慝之间谋之，以启贪人，荐为敝邑不利，以重君之忧。幸而不亡，犹可说也。不幸而亡，君虽忧之，亦无及也。郑有他竟，望走在晋。言郑虽与他国为竟，每瞻望晋归赴之。

既事晋矣，其敢有二心?”传言子产有备。

冬，许迁于白羽。

左传　楚左尹王子胜言于楚子曰：“许于郑，仇敌也，而居楚地，以不礼于郑。十五年，平王复迁邑，许自夷还居叶，恃楚而不事郑。晋、郑方睦，郑若伐许，而晋助之，楚丧地矣。君盍迁许?许不专于楚，郑方有令政，许曰余旧国也，许先郑封。郑曰余俘邑也。隐十一年，郑灭许而复存之，故曰俘邑。叶在楚国，方城外之蔽也。土不可易，易，轻也。国不可小，谓郑。许不可俘，仇不可启，君其图之。”楚子说。冬，楚子使王子胜迁许于析，实白羽。于传时白羽改为析。

日讲春秋解义卷五十三

昭　公

十有九年，春。

附录左传　十九年春，楚工尹赤迁阴于下阴，阴，杜注：阴县，属南乡郡。今湖广光化县西汉水西岸有古阴县城。令尹子瑕城郏。郏，亦楚邑。叔孙昭子曰："楚不在诸侯矣。其仅自完也，以持其世而已。"迁阴城郏，皆欲以自完守。楚子之在蔡也，郹阳封人之女奔之，郹阳，杜注：蔡邑。当在今新蔡县境。生太子建。及即位，使伍奢为之师。伍奢，伍举之子，伍员之父。费无极为少师，无宠焉，欲谮诸王，曰："建可室矣。"室，妻也。王为之聘于秦，无极与逆，劝王取之。正月，楚夫人嬴氏至自秦。为下拜夫人起。

宋公伐邾。

左传　鄅夫人，宋向戌之女也，故向宁请师。宁，向戌子。请宋公伐邾。二月，宋公伐邾，围虫。虫，杜注：邾邑。当在今山东济宁州境。三月，取之，乃尽归鄅俘。

天下无霸，邾以蕞尔小邦逞其暴横，而宋元于此能一正入鄅之乱，此所谓声罪执言之师也。

夏，五月，戊辰，许世子止弑其君买。

左传　夏，许悼公疟。五月，戊辰，饮太子止之药，卒。止独进药，不由医。太子奔晋。书曰弑其君。君子曰：尽力以事君，舍药物可也。药物有毒，当由医，非凡人所知。讥止不舍药物，所以加弑君之名。

谷梁传　曰弑，正卒也。凡弑不书日，此弑而日，知买为正卒也。正卒，则止不弑也。不弑而曰弑，责止也。责止不尝药。止曰："我与夫弑者，不立乎其位。"以与其弟虺。哭泣歠飦粥，嗌不容粒，嗌，喉也。未逾年而死。故君子即止自责而责之也。就其有自责心，故以备礼责之。

许悼公饮世子止之药而卒，事与楚商臣、蔡般异，而同以弑书，何也？药出于止，而君死于药，则止虽非弑，而弑君之罪止有不得辞者，故加杀焉。所以教天下之为臣子者也。其异于商臣、般者，过与故之不同耳。其心不同，而《春秋》之文一施之，何以辨乎？观商臣、般皆立乎其位，而止则弗立乎其位，比事以推，而止之不志乎弑亦可见矣。且许与陈、蔡皆密迩于楚，许且近迁于白羽矣，楚虔能假讨贼之名以灭陈、蔡，何弃疾遂释许而不问乎？此又可寻迹推理而知之者也。

己卯，地震。

经书地震者五，而昭公之世再见。地，臣道也。义主安静。时季孙僭窃，臣道失常，天心谴告，而昭公漫不知省，其及宜矣。

附录左传　郳人、郳人、徐人会宋公。乙亥，同盟于虫。终宋公伐邾事。　楚子为舟师以伐濮。濮，杜注：南夷。费无极言于楚子曰："晋之伯也，迩于诸夏，而楚辟陋，故弗能与争。若大城城父，而置太子焉，以通北方，王收南方，是得天下也。"王说，从之，故太子建居于城父。令尹子瑕聘于秦，拜夫人也。为明年谮太子张本。

秋，齐高发帅师伐莒。

左传　秋，齐高发帅师伐莒。莒不事齐故。莒子奔纪鄣。纪鄣，杜注：莒邑也。东海赣榆县东北有纪城。今山东莒州，即江南赣榆县界。使孙书伐之，孙书，陈无宇之子子占也。初，莒有妇人，莒子杀其夫，已为嫠妇。寡妇为嫠。及老，托于纪鄣，纺焉以度而去之。因纺纑，连所纺，以度城高下而藏之，待外攻者，欲报仇。去，藏也。及师至，则投诸外。系绳城上，而投其所垂于外，随之以出。或献诸子占。子占使师夜缒而登，缘绳登城。登者六十人，缒绝，师鼓噪城。上之人亦噪。莒共公惧，启西门而出。七月丙子，齐师入纪。传言怨不在大。

齐景有争霸之心，因莒不事齐，遂兴是役。夫不以德义服人，而徒计近功，侵凌弱小。以晏子为之辅佐，亦不能有所匡正，则所谓显君者何足称哉？

冬，葬许悼公。

公羊传　贼未讨，何以书葬？不成于弑也。曷为不成于弑？止进药，而药杀也。止进药而药杀，则曷为加弑焉尔？讥子道之不尽也。其讥子道之不尽奈何？曰："乐正子春之视疾也，乐正子春，曾子弟子，以孝名闻。复加一饭则脱然愈，复损一饭则脱然愈；复加一衣则脱然愈，复损一衣则脱然愈。"脱然，疾除貌也。言消息得其节。止进药而药杀，是以君子加弑焉尔。失其消息多少之宜。曰："许世子止弑其君买，是君子之听止也。听，治止罪。葬许悼公，是君子之赦止也。"原止进药，本欲愈父之病，无害父之意，故赦。赦止者，免止之罪辞也。

谷梁传　日卒时葬，不使止为弑父也。曰子既生，不免乎水火，母之罪也。羁贯成童，不就师傅，父之罪也。羁贯，谓交笄，剪发以为饰。成童，八岁以上。就师学问无方，心志不通，身之罪也心。志既通，而名誉不闻，友之罪也。名誉既闻有司不举，有司之罪也。有司举之，王者不用，王者之过也。许世子不知尝药，累及许君也。许君不授子以师傅，使不识尝药之义，故累及之。

许止弑君，与赵盾弑君皆圣人特笔，然晋灵公不书葬，而许悼公书葬者，赵盾力能讨贼而不讨，不得不终诛之。若许止痛父之死，咎己之深，未逾年而卒，则其心可知矣。故上书弑，以著止有弑君之事，此书葬，以明止实无弑君之心。一立法甚严，一待人以恕也。

附录左传　是岁也，郑驷偃卒。子游娶于晋大夫，生丝，弱。子游，驷偃也。弱，幼少。其父兄立子瑕。子瑕，子游叔父驷乞。子产憎其为人也，憎子瑕。且以为不顺，弗许，亦弗止，驷氏耸。耸，惧。他日，丝以告其舅。冬，晋人使以币如郑，问驷乞之立故。驷氏惧，驷乞欲逃。子产弗遣。请龟以卜，亦弗予。大夫谋对。子产不待而对客曰："郑国不天，寡君之二三臣，札瘥夭昏。大死曰札，小疫曰瘥，短折曰夭，未名曰昏。今又丧我先大夫偃，其子幼弱，其一二父兄惧队宗主，私族于谋而立长亲。于私族谋之。寡君与其二三老曰：'抑天实剥乱是，吾何知焉？'谚曰：'无过乱门。'民有兵乱，犹惮过之，而况敢知天之所乱？今大夫将问其故，抑寡君实不敢知，其谁实知之？平丘之会，在十三年。君寻旧盟，曰：'无或失职。'若寡君之二三臣，其即世者，晋大夫而专制其位，是晋之县鄙也，何国之为？"辞客币而报其使，遣人报晋使。晋人舍之。　楚人城州来。沈尹戌曰："楚人必败。十三年，吴县州来，今就城而取之。戌，庄王曾孙，叶公诸梁父也。昔吴灭州来，子旗请伐之，王曰：'吾未抚吾民。'今亦如之，而城州来以挑吴，能无败乎？"侍者曰："王施舍不倦，息民五年，可谓抚之矣。"戌曰："吾闻抚民者节用于内而树德于外，民乐其性，而无寇仇。今宫室无量，民人日骇，劳罢死转，转，迁徙也。忘寝与食，非抚之也。"　郑大水，龙斗于时门之外洧渊。时门，郑城门。洧渊，杜注：洧水出荥阳密县，东南至颍川长平入颍。按，今洧水自密县东流，经新郑县南门，又东会于溱水，谓之双洎河，即洧渊也。国人请为禜焉，子产弗许曰："我斗，龙不我觌也。觌，见也。龙斗，我独何觌焉？禳之则彼其室也。渊，龙之室。吾无求于龙，龙亦无求于我。"乃止也。传言子产之知。令尹子瑕言蹶由于楚子，曰：蹶由，吴王弟。五年，灵王执以归。"彼何罪？谚所谓'室于怒市于色'者，楚之谓矣。言灵王怒吴子，而执其弟，犹人忿于室家，而作色于市人。舍前之忿可也。"乃归蹶由。言楚子能用善言。

二十年，春，王正月。

附录左传　二十年春王二月己丑，日南至。是岁朔旦，冬至之岁也。当言正月己丑朔，日南至。时史失闰，闰更在二月后。故经因史而书正月，传更具于二月，记南至日，以正历也。因梓慎望氛，氛，气也。时鲁侯不行登台之礼，使梓慎望氛。曰："今兹宋有乱，国几亡，三年而后弭。蔡有大丧。"为宋华、向出奔，蔡侯卒传。叔孙昭子曰："然则戴、桓也。戴族，华氏。桓族，向氏。汰侈，无礼已甚，乱所在也。"传言妖由人兴。　费无极言于楚子曰："建与伍奢将以方城之外叛，自以为犹宋、郑也。齐、晋又交辅之，将以害楚，其事集矣。"王信之，问伍奢，伍奢对曰：

"君一过多矣，一过，纳建妻。何信于谗?"王执伍奢。忿著切言。使城父司马奋扬杀太子，未至而使遣之。知太子冤，故遣令去。三月，太子建奔宋。王召奋扬，奋扬使城父人执己以至。王曰："言出于余口，入于尔耳，谁告建也?"对曰："臣告之。君王命臣曰：'事建如事余。'臣不佞，不能苟贰。奉初以还，奉初命以周旋。不忍后命，故遣之。既而悔之，亦无及已。"王曰："而敢来，何也?"对曰："使而失命，召而不来，是再奸也。逃无所入。"王曰："归，从政如他日。"善其言，舍使还。无极曰："奢之子材，若在吴，必忧楚国，盍以免其父召之。彼仁，必来。不然，将为患。"王使召之，曰："来，吾免而父。"棠君尚谓其弟员曰：棠君，奢之长子尚也，为棠邑大夫。员，尚弟子胥。"尔适吴，我将归死。吾知不逮，自以知不及员。我能死，尔能报。闻免父之命，不可以莫之奔也。亲戚为戮，不可以莫之报也。奔死免父，孝也。度功而行，仁也。仁者贵成功。择任而往，知也。员任报仇。知死不辟，勇也。尚为勇。父不可弃，俱去为弃父。名不可废，俱死为废名。尔其勉之。相从为愈。"言愈于同奔共死也。伍尚归。奢闻员不来，曰："楚君、大夫其旰食乎!"将有吴忧，不得早食。楚人皆杀之。员如吴，言伐楚之利于州于。州于，吴子僚。公子光曰："是宗为戮，而欲反其仇，不可从也。"员曰："彼将有他志，光欲弑僚，不利员用事，故破其议，而员亦知之。余姑为之求士，而鄙而待之。"计未得用，故进勇士以求入于光，退居边鄙。乃见鱄设诸焉，鱄诸，勇士。而耕于鄙。为二十七年吴弑僚传。

夏，曹公孙会自鄸出奔宋。鄸，谷梁作梦。杜注：曹邑。在今山东曹州北。

公羊传　奔未有言自者，此其言自何？畔也。畔则曷为不言其畔？为公子喜时之后讳也，《春秋》为贤者讳。何贤乎公子喜时？让国也。其让国奈何？曹伯庐卒于师，在成十三年。则未知公子喜时从与，公子负刍从与，喜时，曹伯庐弟。负刍喜时庶兄。或为主于国，或为主于师。古者，诸侯师出，世子率众守国。其次宜为君者，持棺絮从，所以备不虞，或时疾病相代行，史文不具，故传疑之。公子喜时见公子负刍之当主也，逡巡而退。贤公子喜时，则曷为为会讳？君子之善善也长，恶恶也短，恶恶止其身，善善及子孙。贤者子孙，故君子为之讳也。

谷梁传　自梦者，专乎梦也。能专制梦。曹无大夫，其曰公，孙何？也言其以贵取之，而不以叛也。会以公孙之贵而得梦，既而不以之叛，明曹君无道，致令其奔，非会之罪，故书公孙以善之。

春秋时，臣能专其邑，无不叛其国者。故经于大夫自其邑出奔者，皆先书叛，以正其罪。如宋华亥、向宁、华定自南里出奔楚，先书入南里以叛；宋公之弟辰自萧来奔，先书入萧以叛，是也。此书自鄸出奔，以见鄸乃会之世邑，所得专制，而不敢据邑以要君，与身在国都仓卒见逐者异耳。或谓为公子喜时之后贤之，非也。《春秋》之义，善善恶恶，各以其事，何有贤其祖而遂褒其子孙乎？且会为喜时之子孙，亦无所考。公羊未见国史，所传事迹多未可信也。

附录左传　宋元公无信多私，而恶华、向。华定、华亥与向宁谋曰：“亡愈于死，先诸?”欲先作乱。华亥伪有疾，以诱群公子。公子问之，则执之。夏六月丙申，杀公子寅、公子御戎、公子朱、公子固、公孙援、公孙丁，拘向胜、向行于其廪。八子皆公党。公如华氏请焉，弗许，遂劫之。劫公。癸卯，取太子栾与母弟辰、公子地以为质。栾，景公也。辰及地皆元公弟。一云皆太子栾兄弟。公亦取华亥之子无戚、向宁之子罗、华定之子启，与华氏盟以为质。为此冬华、向出奔传。

秋，盗杀卫侯之兄絷。絷，公羊、谷梁作辄。

左传　卫公孟絷狎齐豹，公孟，灵公兄也。齐豹，齐恶之子，为卫司寇。狎，轻也。夺之司寇与鄄。鄄，杜注：豹邑。有役则反之，絷足不良，故有役则以官邑还豹使行。无则取之。公孟恶北宫喜、褚师圃，欲去之。喜，贞子。公子朝通于襄夫人宣姜，宣姜，灵公嫡母。惧而欲以作乱。故齐豹、北宫喜、褚师圃、公子朝作乱。初，齐豹见宗鲁于公孟，荐，达也。为骖乘焉。将作乱，而谓之曰：“公孟之不善，子所知也，勿与乘，吾将杀之。”对曰：“吾由子事公孟，子假吾名焉，故不吾远也。言子借我以善名，故公孟亲近我。虽其不善，吾亦知之。抑以利故，不能去，是吾过也。今闻难而逃，是僭子也。使子言不信。子行事乎，吾将死之，以周事子。周犹终竟也。而归死于公孟，其可也。”丙辰，卫侯在平寿。平寿，杜注：卫下邑。公孟有事于盖获之门外，有事，祭也。盖获，卫郭门。齐子氏帷于门外，而伏甲焉。齐豹之家。使祝鼃置戈于车薪以当门，要其前。使一乘从公孟以出，亦如前车置戈于薪，寻其后。使华齐御公孟，宗鲁骖乘。及闳中，闳，曲门中。齐氏用戈击公孟，宗鲁以背蔽之，断肱，以中公孟之肩，皆杀之。公闻乱，乘，驱自阅门入。阅门，卫城门名。庆比御公，公南楚骖乘。使华寅乘贰车。公副车。及公宫，鸿駵魋驷乘于公。鸿駵魋复就公乘，一车四人。公载宝以出，褚师子申遇公于马路之衢，遂从。从公出。过齐氏，使华寅肉袒，执盖以当其阙，肉袒，示不敢与齐氏争。执盖，蔽公而去。阙，空也。以盖当待从空阙之处。齐氏射公，中南楚之背，公遂出。寅闭郭门，不欲令追者出。逾而从公。逾郭出。公如死鸟。死鸟，杜注：卫地。析朱鉏宵从窦出，徒行从公。朱鉏，成子黑背孙。齐侯使公孙青聘于卫。青，顷公之孙。既出，闻卫乱，使请所聘，公曰：“犹在竟内，则卫君也。”乃将事焉，行聘事。遂从诸死鸟。请将事，辞曰：“亡人不佞，失守社稷，越在草莽，吾子无所辱君命。”宾曰：“寡君命下臣于朝曰：‘阿下执事’，阿，比也。命己使比卫臣下。臣不敢贰。”主人曰：“君若惠顾先君之好，照临敝邑，镇抚其社稷，则有宗祧在。”乃止。卫侯固请见之，不获命，以其良马见，为相见之礼。为未致使故也。故不敢以客礼见。卫侯以为乘马。喜其敬己，故贵其物。宾将掫，掫，行夜。主人辨曰：“亡人之忧，不可以及吾子。草莽之中，不足以辱从者。敢辞。”宾曰：“寡君之下臣，君之牧圉也。若不获扞外役，是不有寡君也。臣惧不免于戾，请以除死。”亲执铎，终夕与于燎。设火燎以备守。齐氏之宰渠子召北宫子。北宫喜也。北宫氏之宰不与闻谋，杀渠子，遂伐齐氏，灭之。丁巳晦，公入，与北宫喜盟于彭水之上。秋七月戊午朔，遂盟国人。八月辛亥，公子朝、褚师圃、子玉霄、子高鲂出奔晋。皆齐氏党。闰月戊辰，杀宣姜。与公子朝通谋故。卫侯赐北宫喜谥曰贞子，灭齐氏故。赐析朱鉏谥曰成子，宵从公故。而以齐氏之墓予之。皆未死而赐谥及墓田，传终而言之。卫侯告宁于齐，且言子石。子石，公孙青，言其有礼。齐侯将饮酒，遍赐大夫曰：“二三子之教也。”苑何忌辞，曰：何忌，齐大夫。“与于青之赏，必及于其罚。在《康诰》曰：‘父子兄弟，罪不相及’，《尚书·康诰》。况在群臣？臣敢贪君赐以干先王？”琴张闻宗鲁死，琴张，孔子弟子，字子开，名牢。将往吊之，仲尼曰：“齐豹之盗，而孟絷之贼，女何吊焉？君子不食奸，知公孟不善而受其禄，是食奸也。不受乱，许豹行事，是受乱也。不为利疚于回，疚，病。回，邪也。以利故不能去，是病身于邪。不以回待人，知难不告，是以邪待人。不盖不义，以周事豹，是盖不义。不犯非礼。”以二心事絷，是非礼。

公羊传　母兄称兄，兄何以不立？有疾也。何疾尔？恶疾也。

谷梁传　盗，贱也。其曰兄，母兄也。目卫侯，卫侯累也。恶卫侯不能保护其兄，乃为盗所杀。然则何为不为君也？曰有天疾者，不得入乎宗庙。辄者，何也？曰两足不能相过，聚合不解，如见绊絷。齐谓之綦，楚谓之踂，卫谓之辄。

左氏以为齐豹杀之也。豹为卫司寇，何以盗书？胡氏安国谓罪在宗鲁。宗鲁，孟絷之骖乘，法应书盗。此求其说而不得也。宗鲁虽与闻其事，而作乱者实豹。今释豹不诛，归狱宗鲁，于义为颇然。经所谓盗，实齐豹耳。豹具官于卫，变文书盗，所以甚卫灵之无政刑也。以千乘之国不能卫其母兄，制其祸乱，使盗贼窃发，兄死身危，几亡其国，故书盗以著之。至豹以守嗣大夫为盗贼之事，是亦盗贼而已矣。

冬，十月，宋华亥、向宁、华定出奔陈。宁，公羊作甯。

左传　宋华、向之乱，公子城、公孙忌、乐舍、司马强、向宜、向郑、楚建、郳申出奔郑。城，平公子。舍，乐喜孙。宜、郑皆向戌子。建，楚平王亡太子。申，小邾穆公子。八子，皆宋大夫，公之党，辟难出。其徒与华氏战于鬼阎，八子之徒众也。鬼阎，杜注：颍川长平县西北有阎渟。今河南陈州西华县东北阎仓亭城是也。败子城。子城适晋。别走至晋，为明年子城以晋师至张本。华亥与其妻，必盥而食所质公子者，而后食。公与夫人每日必适华氏，食公子而后归。华亥患之，欲归公子。向宁曰：“惟不信，故质其子。若又归之，死无日矣。”公请于华费遂，将攻华氏。费遂，大司马，华氏族。对曰：“臣不敢爱死，无乃求去忧而滋长乎！恐杀大子，忧益长。臣是以惧，敢不听命？”公曰：“子死亡有命，余不忍其訽。”訽，耻也。冬十月，公杀华、向之质而攻之。戊辰，华、向奔陈，华登奔吴。登，费遂之子，党华、向者。向宁欲杀太子，华亥曰："干君而出，又杀其子，其谁纳我？且归之有庸。"可以为功善。使少司寇牼以归，牼，华亥庶兄。以三公子归公也。曰："子之齿长矣，不能事人。以三公子为质，必免。"质，信也。送公子归，可以自明不叛之信。公子既入，华牼将自门行。从公门去。公遽见之，执其手，曰："余知而无罪也，入，复而所。"所，所居官。

十有一月，辛卯，蔡侯庐卒。庐，左氏作卢。按，十三年蔡侯庐归于蔡，左氏亦作庐，此应误。

附录左传　齐侯疥，遂痁，痁，疟疾。期而不瘳。诸侯之宾问疾者多在。多在齐。梁丘据与裔款言于公曰：二子，齐嬖大夫。"吾事鬼神丰，于先君有加矣。今君疾病，为诸侯忧，是祝、史之罪也。诸侯不知，其谓我不敬，君盍诛于祝固、史嚚以辞宾？"欲杀嚚、固以辞谢来问疾之宾。公说，告晏子，晏子曰："日宋之盟，宋盟在襄二十七年。屈建问范会之德于赵武，赵武曰：'夫子之家事治。言于晋国，竭情无私。其祝、史祭祀，陈信不愧。其家事无猜，其祝、史不祈。'建以语康王，楚王。康王曰："神、人无怨，宜夫子之光辅五君以为诸侯主也。"公曰："据与款谓寡人能事鬼神，故欲诛于祝、史，子称是语，何故？"对曰："若有德之君，外内不废，无废事。上下无怨，动无违事，其祝、史荐信，无愧心矣。是以鬼神用飨，国受其福，祝、史与焉。与受国福。其所以蕃祉老寿者，为信君使也，其言忠信于鬼神。其适遇淫君，外内颇邪，上下怨疾，动作辟违，从欲厌私，高台深池，撞钟舞女，斩刈民力，输掠其聚，输，堕也。以成其违，不恤后人，暴虐淫从，肆行非度，无所还忌，还犹顾也。不思谤讟，不惮鬼神，神怒民痛，无悛于心，其祝、史荐信，是言罪也。其盖失数美，是矫诬也。进退无辞，则虚以求媚，是以鬼神不飨其国以祸之，祝、史与焉。所以夭昏孤疾者，为暴君使也，其言僭嫚于鬼神。"公曰："然则若之何？"对曰："不可对也。言非诛祝、史所能治。山林之木，衡鹿守之。泽之萑蒲，舟鲛守之。薮之薪蒸，虞候守之。海之盐蜃，祈望守之。衡鹿、舟鲛、虞候、祈望，皆官名也。言公专守山泽之利，不与民共。县鄙之人，入从其政。逼介之关，暴征其私。介，隔也。迫近国都之关。言边鄙既入服政役，近关又征夺其私物，使民重困也。承嗣大夫，强易其贿。承嗣大夫，世位者。布常无艺，布政无法制。征敛无度。宫室日更，淫乐不违。内宠之妾，肆夺于市。外宠之臣，僭令于鄙。诈为教令。私欲养求，不给则应。所求不给，则应之以罪。民人苦病，夫妇皆诅。祝有益也，诅亦有损。聊、摄以东，聊、摄，杜注：齐西界也。平原聊城县有摄城。在今山东聊城县东北。姑、尤以西，姑、尤，杜注：齐东界也。姑水、尤水皆在城阳郡，东南入海。姑水即今山东黄县之大姑河。尤水即今掖县之小姑河。其为人也多矣。虽有善祝，岂能胜亿兆人之诅？君若欲诛于祝、史，修德而后可。"公说，使有司宽政，毁关去禁，薄敛已责，除逋责。　十二月，齐侯田于沛，疾愈行猎。沛，杜注：泽名。招虞人以弓，不进。虞人，掌山泽之官。公使执之，辞曰："昔我先君之田也，旃以招大夫，弓以招士，皮冠以招虞人。臣不见皮冠，故不敢进。"乃舍之。仲尼曰："守道不如守官。"君招当往，道之常也。非物不进，官之制也。君子韪之。韪，是也。齐侯至自田，晏子侍于遄台，台名。子犹驰而造焉。子犹，梁丘据。公曰："唯据与我和夫！"晏子对曰："据亦同也，焉得为和？"公曰："和与同异乎？"对曰："异。和如羹焉，水火、醯醢、盐梅，以烹鱼肉，燀之以薪，燀，炊也。宰夫和之，齐之以味，济其不及，以泄其过。泄，减也。君子食之，以平其心。君臣亦然。君所谓可而有否焉，臣献其否，以成其可。献君之否，以成君可。君所谓否而有可焉，臣献其可，以去其否。是以政平而不干，民无争心。故《诗》曰：'亦有和羹，既戒既平。《诗·商颂》。言中宗能与贤者和齐可否，其政如羹，敬戒且平。和羹备五味，异于大羹。鬷嘏无言，时靡有争。'鬷，总也。嘏，大也。言总大政能使上下如和羹。先王之济五味、和五声也，以平其心、成其政也。声亦如味，一气，乐须气以动。二体，舞者有文、武。三类，风，雅，颂。四物，杂用四方之物以成器。五声，宫，商，角，徵，羽。六律，黄钟、大簇、姑洗、蕤宾、夷则、无射也。阳声为律，阴声为吕。此十二月气。七音，宫、商、角、徵、羽、变宫、变徵也。周武王伐，纣自午及子，凡七日。王因此以数合之，以声昭之，故以七同其数，以律和其声，谓之七音。八风，八方之风。东北曰条风，又名融风。东方曰明庶风。东南曰清明风。南方曰景风，又名凯风。西南曰凉风。西方曰阊阖风。西北曰不周风。北方曰广莫风。九歌，九功之德，皆可歌也。六府、三事，谓之九功。水、火、金、木、土、谷谓之六府，正德、利用、厚生谓之三事。以相成也。言此九者合，然后相成为和乐。清浊、小大、短长、疾徐、哀乐、刚柔、迟速、高下、出入、周疏，以相济也。周，密也。君子听之，以平其心。心平德和，故《诗》曰：'德音不瑕。'《诗·豳风》。义取心平则德音无瑕阙。今据不然。君所谓可，据亦曰可。君所谓否，据亦曰否。若以水济水，谁能食之？若琴瑟之专一，谁能听之？同之不可也如是。"饮酒乐。公曰："古而无死，其乐若何。"晏子对曰："古而无死，则古之乐也，君何得焉？昔爽鸠氏始居此地，爽鸠氏，少皞氏之司寇。季荝因之，季荝，虞夏诸侯，代爽鸠氏者。有逢伯陵因之，逢伯陵，殷诸侯姜姓。蒲姑氏因之，蒲姑氏，殷周之间代逢公者。而后大公因之。古若无死，爽鸠氏之乐，非君所愿也。" 郑子产有疾，谓子大叔曰："我死，子必为政。唯有德者能以宽服民。其次莫如猛。夫火烈，民望而畏之，故鲜死焉。水懦弱，民狎而玩之，则多死焉。故宽难。"难以治。疾数月而卒。大叔为政，不忍猛而宽。郑国多盗，取人于萑苻之泽。萑苻，杜注：泽名。疑即中牟泽。于泽中劫人也。大叔悔之，曰："吾早从夫子，不及此。"兴徒兵以攻萑苻之盗，尽杀之，盗少止。仲尼曰："善哉！政宽则民慢，慢则纠之以猛。猛则民残，残则施之以宽。宽以济猛，猛以济宽，政是以和。诗曰：'民亦劳止，汔可小康。惠此中国，以绥四方'，施之以宽也。《诗·大雅》。汔，其也。周厉王暴虐，民劳于苛政，故诗人刺之，欲其施之以宽。'毋从诡随，诡人、随人无正心，不可从。以谨无良。式遏寇虐，惨不畏明'，纠之以猛也。惨，曾也。言为寇虐，曾不畏明法者，亦当用猛政纠治之。'柔远能迩，以定我王'，平之以和也。又曰：'不竞不絿，不刚不柔。《诗·商颂》。言汤政得中和。絿，急也。布政优优，百禄是遒'，优优，和也。遒，聚也。和之至也。"及子产卒，仲尼闻之出涕，曰："古之遗爱也。"子产见爱，有古人之遗风。

二十有一年，春。

附录左传　二十一年春，天王将铸无射，周景王也。无射，钟名，律中无射。泠州鸠曰：泠，乐官。州鸠，其名。"王其以心疾死乎！夫乐，天子之职也。夫音，乐之舆也。乐因音而行。而钟，音之器也。音由器以发。天子省风以作乐，器以钟之，钟，聚也。以器聚音。舆以行之。小者不窕，窕，细而不满。大者不槬，槬，横大不入。则和于物，物和则嘉成。嘉乐成也。故和声入于耳而藏于心，心亿则乐。亿，安也。窕则不咸，不充满人心。槬则不容，心不堪容。心是以感，感实生疾。今钟槬矣，王心弗堪，其能久乎！"为明年天王崩传。

王三月，葬蔡平公。

左传　三月，葬蔡平公。蔡太子朱失位，位在卑。不在適子位，以长幼齿。大夫送葬者归见昭子，昭子问蔡故，以告。昭子叹曰："蔡其亡乎！若不亡，是君也必不终。《诗》曰：'不懈于位，民之攸塈。'《诗·大雅》。塈，息也。今蔡侯始即位，而适卑，身将从之。为蔡侯朱出奔传。

夏，晋侯使士鞅来聘。书聘止此。

左传　夏，晋士鞅来聘，叔孙为政。叔孙昭子以三命为国政。季孙欲恶诸晋，憎叔孙在己上位故。使有司以齐鲍国归费之礼为士鞅。鲍国归费在十四年。牢礼各如其命数，鲁人失礼，故为鲍国七牢。士鞅怒，曰："鲍国之位下，其国小，而使鞅从其牢礼，是卑敝邑也。将复诸寡君。"鲁人恐，加四牢焉，为十一牢。言鲁不能以礼事大国，且为哀七年吴征百牢起。

晋顷即位五年，始通嗣君。盖霸业既隳，六卿睢盱相忌，邦交不暇及也。于时士鞅怒鲁，礼好不结，财求无艺，诸侯外之，而晋亦不复遣聘矣。

宋华亥、向宁、华定自陈入于宋南里以叛。叛，公羊作畔。南里，杜注：宋城内里名。在今河南商邱县境。

左传　宋华费遂生华貙、华多僚、华登。貙为少司马，多僚为御士，公御士。与貙相恶，乃谮诸公曰："貙将纳亡人。"亡人，华亥等。亟言之。公曰："司马以吾故，亡其良子。"司马，华费遂。良子，华登。死亡有命，吾不可以再亡之。"对曰："君若爱司马，则如亡。死如可逃，何远之有？"言亡可以逃死，勿虑其远，以恐动公。公惧，使侍人召司马之侍人宜僚，饮之酒，而使告司马。告使逐貙。司马叹曰："必多僚也。吾有谗子，而弗能杀，吾又不死。抑君有命，可若何?"乃与公谋逐华貙，将使田孟诸而遣之。公饮之酒，厚酬之，酬酒币，赐及从者。司马亦如之。亦如公赐。张匄尤之，张匄，华貙臣。尤，怪赐之厚。曰："必有故。"使子皮承宜僚以剑而讯之。子皮，华貙。宜僚尽以告。张匄欲杀多僚，子皮曰："司马老矣，登之谓甚，言登亡，伤马心已甚。吾又重之，不如亡也。"五月丙申，子皮将见司马而行，则遇多僚御司马而朝。张匄不胜其怒，遂与子皮、臼任、郑翩杀多僚，任、翩亦貙家臣。劫司马以叛，而召亡人。壬寅，华、向入，乐大心、丰愆、华牼御诸横。横，杜注：梁国睢阳县南有横亭。华氏居卢门，以南里叛。卢门，宋东城南门。六月庚午，宋城旧鄘及桑林之门而守之。旧鄘，故城也。桑林，城门名。

公羊传　宋南里者何?若曰因诸者然。因诸者，齐故刑人之地。公羊子齐人，故以齐喻也。《博物志》云："周曰囹圄，齐曰因诸。"

谷梁传　自陈，陈有奉焉尔。入者，内弗受也。其曰宋南里，宋之南鄙也。以者，不以者也。叛，直叛也。言不作乱。

华向首祸于国，结党以奔。今乘隙而入，外挟吴、楚，将覆宗邦，罪不胜诛矣。《春秋》书叛，于戚、于朝歌、于萧皆不系之国，此独曰宋南里者，戚与朝歌及萧皆其所食私邑，若南里则宋国城内之里名，是华向与宋分国而居，不止窃邑而已。故书入于宋南里，以深罪叛臣逼胁其君已甚之词也。曰自陈者，因陈之力，陈亦有罪焉尔。

秋，七月，壬午，朔，日有食之。

左传　秋七月壬午朔，日有食之。公问于梓慎曰："是何物也?物，事也。祸福何为?"对曰："二至二分，二至，冬至、夏至。二分，春分、秋分。日有食之，不为灾。日月之行也，分，同道也。至，相过也。二分日夜等，故言同道。二至长短极，故言相过。其他月则为灾，阳不克也，故常为水。"阴侵阳，是阳不胜阴。

昭公之世，日食凡七见。时天下强臣多抗其君，而季氏之僭逼尤甚，梓慎不能因公之问告以省德消变，乃云分至不为灾。按《诗》，十月之交，即夏正八月，秋分之月也。而云："日有食之，亦孔之丑。"七年四月甲辰朔，日食，春分之月也，而云鲁、卫恶之，安在其不为灾邪?即行有常度，天运固然。然遇灾而惧之心，亦当无时不儆凛也。

八月，乙亥，叔辄卒。辄，公羊作痤。

左传　于是叔辄哭日食。意在于忧灾。昭子曰："子叔将死，非所哭也。"八月，叔辄卒。

辄，叔弓之子，无事业见经，独书其卒，卿卒必书也。

附录左传　冬十月，华登以吴师救华氏。登前年奔吴。齐乌枝鸣戍宋。乌枝鸣，齐大夫。厨人濮曰：濮，宋厨邑大夫。“军志有之，先人有夺人之心，后人有待其衰。盍及其劳且未定也伐诸。若入而固，则华氏众矣，悔无及也。”从之。丙寅，齐师、宋师败吴师于鸿口，鸿口，杜注：梁国睢阳县东有鸿口亭。在今商邱、虞城二县界。获其二帅公子苦雉、偃州员。二帅，吴大夫。华登帅其余以败宋师，公欲出。出奔。厨人濮曰：“吾小人，可藉死，可借使死难。而不能送亡，君请待之。”乃徇曰：“扬徽者，公徒也。”徽，识也。所以相别。众从之。公自扬门见之，扬门，睢阳正东门名扬门。下而巡之，曰：“国亡君死，二三子之耻也，岂专孤之罪也？”齐乌枝鸣曰：“用少莫如齐致死，齐致死莫如去备。备，长兵也。彼多兵矣，请皆用剑。”从之。华氏北，复即之。厨人濮以裳裹首，而荷以走，曰：“得华登矣。”遂败华氏于新里。新里，华氏所取邑。翟偻新居于新里，既战，说甲于公而归。翟偻新，公臣。居华氏地，而助公战。华妵居于公里，亦如之。妵，华氏族。故助华氏，亦如偻新说甲归。十一月癸未，公子城以晋师至。城以前年奔晋。曹翰胡会晋荀吴、齐苑何忌、卫公子朝救宋。翰胡，曹大夫。苑何忌，齐大夫。公子朝，前年出奔晋，今还卫。丙戌，与华氏战于赭丘。赭丘，杜注：宋地。《后汉志》陈国长平县有赭丘城。当在今河南陈州西北境。郑翩愿为鹳，其御愿为鹅。郑翩，华氏党。鹳、鹅，皆陈名。子禄御公子城，庄堇为右。子禄，向宜。干犨御吕封人华豹，张匄为右。皆华氏党。相遇，城还，华豹曰：“城也。”城怒，而反之。反还战。将注，豹则关矣。注，传矢。关，引弓。曰：“平公之灵，尚辅相余。”平公，公子城之父。豹射，出其间。出子城、子禄之间。将注，则又关矣。曰：“不狎，鄙。”狎，更也。谓豹频射，不使己得更递，是可鄙。抽矢，豹止不射。城射之，殪。豹死。张匄抽殳而下，殳长丈二，在车边。射之，折股。扶伏而击之，折轸。折城车轸。又射之，死。匄死。干犨请一矢，求死。城曰：“余言女于君。”欲活之。对曰：“不死伍乘，军之大刑也。同乘共伍当皆死。干刑而从子，君焉用之？子速诸。”乃射之，殪。犨人死。大败华氏，围诸南里。华亥搏膺而呼，见华貙，曰：“吾为栾氏矣。”晋栾盈还入，作乱而死，事在襄二十三年。貙曰：“子无我迋，迋，恐也。不幸而后亡。”使华登如楚乞师，华貙以车十五乘、徒七十人犯师而出，犯公师出送华登。食于睢上，哭而送之，乃复入。入南里。楚薳越帅师将逆华氏，大宰犯谏曰：犯，楚大宰。“诸侯唯宋事其君，今又争国，释君而臣是助，无乃不可乎？”王曰：“而告我也，后既许之矣。”为明年华向出奔楚传。

冬，蔡侯朱出奔楚。朱，谷梁作东。

左传　蔡侯朱出奔楚。费无极取货于东国，东国，隐大子之子，平侯庐之弟，朱叔父也。而谓蔡人曰：“朱不用命于楚，君王将立东国。若不先从王欲，楚必围蔡。”蔡人惧，出朱而立东国。朱诉于楚，楚子将讨蔡。无极曰：“平侯与楚有盟，故封。盟于邓，依陈、蔡人以国。其子有二心，故废之。子谓朱也。灵王杀隐大子，其子与君同恶，德君必甚。又使立之，不亦可乎！且废置在君，蔡无他矣。”言权在楚，则蔡无他心。

谷梁传　东者，东国也。何为谓之东也？王父诱而杀焉，楚子虔诱蔡侯般杀之于申。父执而用焉。执蔡世子有以归用之。奔而又奔之。曰东，恶之而贬之也。奔既罪矣，又奔仇国，恶莫大焉。

费无极取货东国，胁国人出朱而立之，谗人之为害如此。或疑此书朱出奔楚，后书东国卒于楚，朱无归入卒葬之文，东国无出奔之事，疑即东国而误为朱。然左氏记沈尹戌之言，亦曰出蔡侯朱，而《史记·蔡世家》亦曰："隐太子之子东国攻平侯子而代立，"则朱、东国固两人也。谷梁经文特因后书东国而误尔。

公如晋，至河乃复。

左传　公如晋，及河。鼓叛晋，晋克鼓在十五年，至是叛晋，属鲜虞。晋将伐鲜虞，故辞公。

晋伐鲜虞，何妨于邦交？而以此为辞以却公，盖意如之谋公益急，晋之权家党季氏以弱其君，而晋君亦不得自为政矣。

日讲春秋解义卷五十四

昭　公

二十有二年，春，齐侯伐莒。

左传　二十二年春王二月甲子，齐北郭启帅师伐莒。启，齐大夫，北郭佐之后。莒子将战，苑羊牧之谏曰：牧之，莒大夫。“齐帅贱，其求不多，不如下之，大国不可怒也。”弗听。败齐师于寿余。寿余，杜注：莒地。当在今安邱县境。齐侯伐莒，怒败。莒子行成。马司灶如莒莅盟。灶，齐大夫。莒子如齐莅盟，盟于稷门之外。稷门，齐城门。莒于是乎大恶其君。为明年莒子来奔传。

十九年，齐高发伐莒，莒犹不服，故齐侯复伐之。明年，莒子来奔，齐迫之也。

宋华亥、向宁、华定自宋南里出奔楚。

左传　楚薳越使告于宋曰：前年薳越帅师迎华氏。“寡君闻君有不令之臣为君忧，无宁以为宗羞，寡君请受而戮之。”对曰：“孤不佞，不能媚于父兄，华向，公族也，故称父兄。以为君忧，拜命之辱。抑君臣日战，君曰余必臣是助，亦唯命。人有言曰唯乱门之无过。君若惠保敝邑，无亢不衷，以奖乱人，孤之望也。唯君图之。”楚人患之。患宋以义距之。诸侯之戍谋曰：“若华氏知困而致死，楚耻无功而疾战，非吾利也。不如出之，以为楚功，其亦无能为也已。言华氏不能复为宋患。救宋而除其害，又何求?”乃固请出之，宋人从之。己巳，宋华亥、向宁、华定、华貙、华登、皇奄伤、省臧、士平出奔楚。华貙已下五子不书，非卿。宋公使公孙忌为大司马，代华费遂。边卬为大司徒，卬，平公曾孙，代华定。乐祁为司城，祁，子罕孙祁犁。仲几为左师，几，仲江孙，代向宁。乐大心为右师，代华亥。乐輓为大司寇，輓，子罕孙。以靖国人。终梓慎之言，三年而后弭。

谷梁传　自宋南里者，专也。专制南里。

齐庆封、卫公孟彄再奔皆不书，必尝入叛也而后书，讥佚贼也。华向叛宋奔陈，又自陈入宋，披据国都，逾年复出奔楚，往来三年，出入自如，此天下之极变也。其曰自宋南里者，讥宋之释有罪。曰出奔楚者，罪楚之奖乱纳叛。而诸侯之大夫怠于救患，略而不书，罪亦见矣。

大蒐于昌间。间，公羊作奸。

谷梁传　秋而曰蒐，此春也，其曰蒐，何也?以蒐事也。

何以书？讥。何讥尔？公不与，非礼也。三纲，军政之本。古者，寓戎事于田狩，以辨上下、定民志，非仅娴驰射击刺之末也。今鲁政在大夫，公无军行，军政之本亡矣，何以蒐为？曰大，志僭也。言昌间，非蒐所也。

夏，四月，乙丑，天王崩。

左传　王子朝、宾起有宠于景王，子朝，景王之长庶子。宾起，子朝之傅。王与宾孟说之，欲立之。孟即起也。王语宾孟，欲立子朝为大子。刘献公之庶子伯蚠事单穆公，献公，刘挚。伯蚠，刘狄。穆公，单旗。恶宾孟之为人也，愿杀之。又恶王子朝之言，以为乱，愿去之。子朝有欲立之言，故刘蚠恶之。宾孟适郊，见雄鸡自断其尾，问之，侍者曰："自惮其牺也。"畏其为牺牲奉宗庙，故自残毁。遽归告王，且曰："鸡其惮为人用乎！人异于是。鸡牺虽见宠饰，然卒当见杀。若人见宠饰，则当贵盛。故言异于是。牺者实用人，人牺实难，己牺何害？"牺者，宠牲之名，因以喻宠子。言设使宠人如宠牺，则不宜假疏远者以宠，致反为己患。惟所宠实己亲属，则于己无害矣。人喻子猛，己民喻子朝也。王弗应。十五年大子寿卒，王立子猛。后复欲立子朝而未定，宾孟感鸡，盛称子朝，王心许之，故不应。夏四月，王田北，使公卿皆从，授杀单子、刘子。北山，杜注：洛北芒也。一作邙山。在今河南洛阳县东北。王知单、刘不欲立子朝，欲因田猎先杀之。王有心疾，乙丑，崩于荣锜氏。乙丑，四月十九日。荣锜，杜注：河南巩县西有荣锜涧。今属河南河南府。戊辰，刘子挚卒。二十二日。无子，单子立刘蚠。蚠，献公之庶子。事单子故。五月庚辰，见王，见王猛。遂攻宾起，杀之。党子朝故。盟群王子于单氏。

附录左传　晋之取鼓也，在十五年。既献而反鼓子焉。献于庙。又叛于鲜虞。六月，荀吴略东阳，略，行也。东阳，杜注：晋之山东邑，魏郡广平以北。使师伪粜者负甲以息于昔阳之门外，昔阳，故肥子所都。遂袭鼓，灭之，以鼓子鸢鞮归，使涉佗守之。守鼓之地。涉佗，晋大夫。

六月，叔鞅如京师，葬景王。王室乱。如京师止此。

左传　丁巳葬景王。王子朝因旧官百工之丧职秩者与灵、景之族以作乱。灵、景之族，灵王、景王之子孙。帅郊、要、饯之甲，以逐刘子。郊、要、饯，杜注：三邑，周地。刘子，伯蚠也。壬戌，刘子奔扬。扬，杜注：周邑。单子逆悼王于庄宫以归。悼王，子猛也。王子还夜取王以如庄宫。王子还，子朝党。不欲使单子得王猛，故取之。癸亥，单子出。失王故。王子还与召庄公谋，曰：庄公，召伯奂，子朝党。"不杀单旗，不捷。旗，单子也。与之重盟，必来。背盟而克者多矣。"从之。樊顷子曰：顷子，樊齐，单、刘党。非言也，必不克。"遂奉王以追单子，王子还奉王。及领，大盟而得复。领，杜注：周地。重盟而还。杀挚荒以说。委罪于荒。刘子如刘，归其采邑。单子亡。乙丑，奔于平畤。知王子还欲背盟故。平畤，杜注：周地。群王子追之，单子杀还、姑、发、弱、鬷、延、定、稠，八子，灵景之族，因战杀之。子朝奔京。其党死故。丙寅，伐之，单子伐京。京人奔山。刘子入于王城。子朝奔京，故得入。辛未，巩简公败绩于京。乙亥，甘平公亦败焉。甘、巩二公，周卿士，皆为子朝所败。叔鞅至自京师，葬景王还。言王室之乱也。闵马父曰："子朝必不克。其所与者，天所废也。"闵马父，闵子马，鲁大夫。天所废，谓群丧职秩者。

公羊传 何言乎王室乱？言不及外也。宫谓之室，刺周内乱，故变京师而言王室。

谷梁传 乱之为言，事未有所成也。尹氏立子朝，刘氏、单氏立王猛，俱未定也。

三月而葬，乱故也。不曰京师乱者，言京师则通乎上下。言王室，则其父兄子弟自乱之，乱自内作也。惠、襄之世不书王室乱者，颓、带之乱，周有君，天下有王，未足以言乱也。景王崩，王猛未能定其位，子朝争国，是时周有两天子，其乱与颓、带异矣，故特书之。

刘子、单子以王猛居于皇。皇，杜注：河南巩县西南有黄亭。在今河南府。

左传 单子欲告急于晋。秋七月戊寅，以王如平畤，遂如圃车，次于皇。出次以示急。戊寅，七月三日，经书六月，误也。圃车，周地。

公羊传 其称王猛何？当国也。

谷梁传 以者，不以者也。王猛，嫌也。直言王猛，不言王子，是有当国之嫌。

言刘、单以王猛者，猛位未定，不能自立，其进退在二子也。臣不可以乎君，然在单、刘则无贬。前言王室乱，后言二子以王猛居于皇，则二子有不得已焉者，而非为其私也。于皇，未得有京师也。居者，有土当得位之称。不书出王者，无外也。

秋，刘子、单子以王猛入于王城。王城，杜注：郏鄏。河南县。《括地志》城本周公所筑，自平王以下都此，至敬王乃迁都成周，至赧王又居王城也。在今河南洛阳县城内西偏。

左传 刘子如刘。单子使王子处守于王城。处，子猛党。盟百工于平宫。平宫，平王庙。辛卯，鄩肸伐皇。鄩肸，子朝党。大败，获鄩肸。壬辰，焚诸王城之市。焚鄩肸。八月辛酉，司徒丑以王师败绩于前城。丑，悼王司徒。前城，杜注：子朝所得邑。服虔曰："即泉戎地。"百工叛。司徒丑败故。己巳，伐单氏之宫，败焉。为单氏所败。庚午，反伐之。单氏反伐百工。辛未，伐东圉。百工所在。东圉，杜注：洛阳东南有圉乡。冬十月丁巳，晋籍谈、荀跞帅九州之戎及焦、瑕、温、原之师，以纳王于王城。丁巳在十月，经书秋，误。九州戎，陆浑戎。十七年灭，属晋。州，乡属也，五州为乡。焦、瑕、温、原，杜注：晋四邑。庚申，单子、刘蚠以王师败绩于郊，为子朝之党所败。前城人败陆浑于社。前城，子朝众。社，杜注：周地。按，黄河西自偃师界入巩县有五社渡。

公羊传　王城者何？西周也。其言入何？篡辞也。

谷梁传　以者，不以者也。入者，内弗受也。

猛何以称王？盖未逾年，不可以称天王，又不可以诸侯例称子。独言子，则似鲁之子；冠王于子，又与他王子相乱，故称王系猛，乃嗣王未逾年之常称，无可疑也。君前臣名，刘、单不名，而王名者，非王无以定一尊，非名无以辨其人。且在礼临文不讳，况史册所书，以传信于后世，又非敷奏文告之比也。

冬，十月，王子猛卒。

左传　十一月乙酉，王子猛卒。乙酉在十一月，经书十月，误。虽未即位，周人谥曰悼王。不成丧也。释所以不称王崩。己丑，敬王即位。敬王，王子猛母弟王子匄。馆于子旅氏。子旅，周大夫。　十二月庚戌，晋籍谈、荀跞、贾辛、司马督司马乌。帅师军于阴，籍谈所军。于侯氏，荀跞所军，于谿泉，贾辛所军。杜注：巩县西南有明谿泉。次于社。司马督所次。王师军于汜，于解，次于任人。王师分在三邑。解，杜注：洛阳西南有大解、小解。大解城在今洛阳县南，小解城在县西南。闰月，晋箕遗乐、征、右行诡济师取前城，三子，晋大夫。济师，渡伊、洛。军其东南。王师军于京楚。京楚，子朝所在。辛丑，伐京，毁其西南。

公羊传　此未逾年之君也，其称王子猛卒何？不与当也。不当成其为君。不与当者，不与当父死子继、兄死弟及之辞也。

谷梁传　此不卒者也。未成君也。其曰卒，失嫌也。猛本有当国之嫌，其卒则失嫌，故录之。

生则书王，明实为嗣。死乃称子，正其为天王。未逾年之子，尊未成也，降成君，故不言崩。又不可言薨，故通称卒。

十有二月，癸酉，朔，日有食之。此月有庚戌，又以长历推校前后，当为癸卯朔，书癸酉，误。

二十有三年，春，王正月。

附录左传　二十三年春王正月壬寅朔，二师围郊。二师，王师、晋师也。围郊在叔鞅卒前，经书在后，从赴。癸卯，郊、鄩溃。鄩，杜注：河南巩县西南有地名鄩中。郊、鄩二邑皆子朝所得。丁未，晋师在平阴，平阴，杜注：河阴县。今故城在河南府孟津东。王师在泽邑。泽邑，贾逵曰："泽即翟泉也。"王使告间。子朝败故。庚戌还。晋师还。

叔孙舍如晋。

癸丑，叔鞅卒。

晋人执我行人叔孙舍。

左传　邾人城翼，翼，杜注：邾邑。还，将自离姑。离姑，杜注：邾邑。在今费县南。从离姑则道径鲁之武城。公孙鉏曰：鉏，邾大夫。“鲁将御我。”欲自武城还，循山而南。至武城而还，依山南行，不欲过武城。徐鉏、丘弱、茅地曰：三子，邾大夫。“道下，谓此山道下湿。遇雨，将不出，是不归也。”遂自离姑。过武城。武城人塞其前，断其后之木而弗殊，殊，绝也。邾师过之，乃推而蹶之，蹶，仆也。遂取邾师，获鉏、弱、地。取邾师不书，非公命。邾人诉于晋，晋人来讨叔。孙舍如晋，晋人执之。书曰晋人执我行人叔孙婼，言使人也。晋人使与邾大夫坐，坐讼曲直。叔孙曰：“列国之卿当小国之君，固周制也。在礼，卿得会伯、子、男，故曰当小国之君。邾又夷也。寡君之命介子服回在，子服回，鲁大夫，为叔孙之介副。请使当之，不敢废周制故也。”乃不果坐。韩宣子使邾人聚其众，将以叔孙与之。与邾使执之。叔孙闻之，去众与兵而朝。示欲以身死。士弥牟谓韩宣子曰：弥牟，士景伯。“子弗良图，而以叔孙与其仇，叔孙必死之。鲁亡叔孙，必亡邾。邾君亡国，将焉归？子虽悔之何及？所谓盟主，讨违命也。若皆相执，焉用盟主？”听邾众取叔孙，是为诸侯皆得辄相执。乃弗与，使各居一馆。分别叔孙、子服回。士伯听其辞，而诉诸宣子，乃皆执之。二子辞不屈故。士伯御叔孙，从者四人，过邾馆以如吏。欲使邾人见叔孙之屈辱。先归邾子。士伯曰：“以刍荛之难，从者之病，将馆子于都。”都，别都，谓箕也。叔孙旦而立，期焉。立，待命也。从旦至暮为期。乃馆诸箕。舍子服昭伯于他邑。别囚之。范献子求货于叔孙，使请冠焉。以求冠为辞。取其冠法，而与之两冠，曰：“尽矣。”既送作冠模法，又进二冠以与之，伪若不解其意。为叔孙故，申丰以货如晋。欲行货以免叔孙。叔孙曰：“见我，吾告女所行货。”见，而不出。留申丰不使得出，不欲以货免。吏人之与叔孙居于箕者，请其吠狗，弗与。及将归，杀而与之食之。示不爱。叔孙所馆者，虽一日，必葺其墙屋，去之如始至。不以当去而有所毁坏。

取邾师，疆吏为之耳。季孙当国，夙与邾仇，故疆吏承其意而启衅焉，乃蔽罪于行人，晋政之无章甚矣。盖三家惟叔孙氏尚不忘君，故中军作舍皆不与季氏同心。意如将逐其君，故恶君于晋，并及叔孙。而晋之强臣为之谋主，遂明知叔孙无罪，而横加执辱耳。

晋人围郊。郊，杜注：周邑。

公羊传　郊者何？天子之邑也。曷为不系于周？不与伐天子也。

郊，子朝邑。晋遣大夫助王围郊，而经以人书，微之也。当是时，天子蒙尘，晋为方伯，不躬率诸侯以赴其急，而徐遣大夫帅偏师往援，是养乱也。书晋人围郊，而不能勤王之罪见矣。

附录左传　夏四月乙酉，单子取訾，刘子取墙人、直人。三邑，属子朝者。訾，杜注：在河南巩县西南。墙人，今河南新安县东北有白墙村，疑即其处。六月壬午，王子朝入于尹。尹，杜注：尹氏之邑。今山西汾州有尹吉甫墓，即古尹城也。癸未，尹圉诱刘佗杀之。尹圉，尹文公也。刘佗，刘蚠族，敬王党。丙戌，单子从阪道、刘子从尹道伐尹。单子先至而败，刘子还。单子败故。己丑，召伯奂、南宫极以成周人戍尹。二子，周卿士，子朝党。奂，召庄公。庚寅，单子、刘子、樊齐以王如刘。辟子朝，出居刘子邑。甲午，王子朝入于王城，次于左巷。近东城。秋七月戊申，鄩罗纳诸庄宫。鄩罗，周大夫鄩肸之子。尹辛败刘师于唐。尹辛，尹氏族。唐，杜注：周地。《后汉志》洛阳有唐聚，在今洛阳县东。丙辰，又败诸鄩。甲子，尹辛取西闱。西闱，杜注：周地。丙寅，攻蒯，蒯溃。蒯，敬王邑。杜注：河南县西南蒯乡是也。在今洛阳县西南。于是敬王居狄泉，尹氏立子朝。

夏，六月，蔡侯东国卒于楚。

因朝于楚而卒也。王父见杀，父见用己，乃结楚嬖臣以逐其君，而又朝之，三纲绝矣。不书葬，鲁不会也。

秋，七月，莒子庚舆来奔。

左传　莒子庚舆虐而好剑，苟铸剑，必试诸人。国人患之，又将叛齐，乌存帅国人以逐之。乌存，莒大夫。庚舆将出，闻乌存执殳而立于道左，惧将止死。苑羊牧之曰：牧之，亦莒大夫。"君过之。乌存以力闻可矣，何必以弑君成名?"遂来奔。齐人纳郊公。郊公，著丘公之子，十四年奔齐。

庚舆入国不书，而书其出，以奔鲁故志之。于是齐人纳郊公，郊公出入皆不书，微之也。微之为义，或以国，或以位，或以人，或以事。《春秋》达王事，若郊公之类，名氏不登于史策者众矣。

戊辰，吴败顿胡、沈、蔡、陈、许之师于鸡父。胡子髠、沈子逞灭，获陈夏啮。父，谷梁作甫。逞，公羊作楹，谷梁作盈。鸡父，杜注：楚地。安丰县南有鸡备亭。今安丰故城在江南寿州西南，鸡备亭又在其城西南。

左传　吴人伐州来，楚薳越帅师，及诸侯之师奔命救州来。令尹以疾从戎，故薳越摄其事。吴人御诸钟离。子瑕卒，楚师熸。子瑕即令尹，不起所疾也。吴、楚之间谓火灭为熸。言其军人无复气势。吴公子光曰："诸侯从于楚者众，而皆小国也，畏楚而不获己，是以来。吾闻之曰：'作事威克其爱，虽小必济。'克，胜也。军事尚威。胡、沈之君幼而狂，狂，无常。陈大夫啮壮而顽，顿与许、蔡疾楚政。楚令尹死，其师熸。帅贱，多宠，政令不壹。帅贱，薳越非正卿也。军多宠人。政令不壹于越。七国同役而不同心。七国，楚、顿、胡、沈、蔡、陈、许。帅贱而不能整，无大威命，楚可败也。若分师先以犯胡、沈与陈，必先奔。三国败，诸侯之师乃摇心矣。诸侯乖乱，楚必大奔。请先者去备薄威，示之以不整以诱之。后者敦陈整旅。"敦，厚也。吴子从之。戊辰晦，战于鸡父。七月二十九日，违兵忌晦战，击楚所不意。吴子以罪人三千先犯胡、沈与陈，囚徒不习战，以示不整。三国争之。吴为三军以系于后，中军从王，光帅右，掩余帅左。掩余，吴王寿梦子。吴之罪人或奔或止，三国乱，吴师击之，三国败，获胡、沈之君及陈大夫，舍胡、沈之囚，使奔许与蔡、顿，曰："吾君死矣。"师噪而以之，三国奔，三国，许、蔡、顿。楚师大奔。书曰："胡子髡、沈子逞灭，获陈夏啮。"君臣之辞也。君，社稷之主，与宗庙共存亡者，故称灭。大夫轻，故曰获。获，得也。不言战，楚未陈也。

公羊传　此偏战也，曷为以诈战之辞言之？不与夷狄之主中国也。序上言战，别主客之直不直也。今吴序上而言战，则主中国辞也。然则曷为不使中国主之？中国亦新夷狄也。王室乱，诸侯莫肯救，则与吴无以异。其言灭获何？别君臣也。君死于位曰灭，生得曰获，大夫生死皆曰获。不与夷狄之主中国，则其言获陈夏啮何？吴少进也。能结日偏战，行少进故，从中国辞治之。

谷梁传　中国不言败，此其言败，何也？中国不败，胡子髡、沈子盈其灭乎？其言败，释其灭也。若师不败，则君无由灭也。获陈夏啮，获者，非与之辞也，上下之称也。君曰灭，臣曰获，君臣之称。

楚以诸侯之师与吴战，六国先败，楚师遂奔，故不书楚。诸侯之师略而不序者，顿、胡、沈则君将，陈、蔡、许则大夫将，言战则未陈，言败绩则灭获不同，故总言，吴以诈取胜于前，而以君与大夫序六国于后。或曰灭，或曰获，别君臣也。国君，社稷之主，与宗庙共存亡，是以称灭。大夫轻，故言获。获，生得也。

天王居于狄泉。尹氏立王子朝。狄泉，杜注：洛阳城内大仓西南池水也。时在城外，定元年城成周，乃绕之入城，亦曰翟泉。在洛阳县东故洛阳城中，今堙。

公羊传　此未三年，其称天王何？著有天子也。

谷梁传　始王也。其曰天王，因其居而王之也。天子逾年即位称王，敬王逾年而出，故曰始王。虽不在国行即位之礼，王者以天下为家，故居于狄泉称王。立者，不宜立者也。朝之不名，何也？别嫌乎尹氏之朝也。若但言尹氏立朝，则嫌朝是尹氏之子，故言王子以别之。

敬王，王猛之母弟，得继正统。时景王崩已逾年，故称天王，以明其正。狄泉在王城东，直称天王，居于狄泉而不言立者，著天下有王矣。立者，不宜立也，天下既有王，则尹氏不宜立子朝也。称立而目尹氏，盖曰独尹氏所欲立，异于石碏立晋而书卫人，以著其为众人所欲立也。朝已僭号，犹称王子，言莫之君也。传称尹圉，而经书尹氏，著世卿之擅权乱国，为后戒也。

八月，乙未，地震。

左传　八月丁酉，南宫极震。经书乙未地震，鲁地也。丁酉，南宫极震，周地亦震也。为屋所压而死。苌弘谓刘文公曰："君其勉之。先君之力可济也。文公，刘蚠。先君，谓蚠之父献公也。献公欲立子猛，未及而卒。周之亡也，其三川震。谓幽王时。三川，泾、渭、洛水也。地动，川岸崩。今西王之大臣亦震，天弃之矣。子朝在王城，故谓西王。东王必大克。"敬王居狄泉，在王城之东，故曰东王。

附录左传　楚大子建之母在郹。郹，杜注：郹阳也。蔡邑。应在今新蔡境。平王娶秦女，废大子建，故母归其家。召吴人而启之。冬十月甲申，吴大子诸樊入郹，杜注：诸樊，吴王僚之大子。按，吴子遏号诸樊，王僚是遏之弟子，先儒又以为遏弟，何容僚子乃取遏号为名，恐传写之误。取楚夫人与其宝器以归。夫人，大子建母。楚司马薳越追之，不及。将死众曰："请遂伐吴以徼之。"薳越曰："再败君师，死且有罪。此年秋败于鸡父，设往复败为再败。亡君夫人，不可以莫之死也。"乃缢于薳澨。薳澨，杜注：楚地。在今湖广京山县境。

冬，公如晋，至河，有疾，乃复。至河下公羊、谷梁又有公字。

左传　公为叔孙故如晋，及河，有疾，而复。此年春，晋为邾人执叔孙，故公如晋请之。

公羊传　何言乎公有疾乃复？杀耻也。因有疾以杀畏晋之耻。

谷梁传　疾不志，此其志，何也？释不得入乎晋也。

昭公两朝晋，而一见止五，如晋而四不得入。今复如晋，为叔孙请也。公知季孙构己于晋，往必不纳，故托疾以返，盖至是而意如与公有不能并立之势矣。明年，公孙不之晋而之齐，盖稔知晋之强家与意如之交甚固耳。

附录左传　楚囊瓦为令尹，囊瓦，子囊之孙子常也。代阳匄。城郢。楚用子囊遗言，已筑郢城矣。今畏吴，复增修以自固。沈尹戌曰："子常必亡郢。苟不能卫，城无益也。古者，天子守在四夷，德及远。天子卑，守在诸侯。诸侯守在四邻，邻国为之守。诸侯卑，守在四竟。裁自完。慎其四竟，结其四援，民狎其野，狎，安习也。三务成功。春、夏、秋三时之务。民无内忧，而又无外惧，国焉用城？今吴是惧，而城于郢，守已小矣。卑之不获，能无亡乎？不获守四竟。昔梁伯沟其公宫而民溃，在僖十八年。民弃其上，不亡何待？夫正其疆埸，修其土田，险其走集，走集，边竟之垒壁。亲其民人，明其伍候，使民有部伍，相为候望。信其邻国，慎其官守，守其交礼，交接之礼。不僭不贪，不懦不耆，耆，强也。完其守备，以待不虞，又何畏矣？《诗》曰：'无念尔祖，聿修厥德。'《诗·大雅》。无念，念也。义取念祖考，则述治其德以显之。无亦监乎若敖、蚡冒至于武、文，四君，皆楚先君之贤者。土不过同，方百里为一同。慎其四竟，犹不城郢。今土数圻，方千里为圻。而郢是城，不亦难乎？"为定四年吴入楚传。

二十有四年，春。

附录左传　二十四年春王正月辛丑，召简公、南宫嚚以甘桓公见王子朝。简公，召庄公之子召伯盈也。嚚，南宫极之子。桓公，甘平公之子。刘子谓苌弘曰："甘氏又往矣。"对曰："何害？"同德度义。《大誓》曰：'纣有亿兆夷人，亦有离德。余有乱臣十人，同心同德。'此周所以兴也。君其务德，无患无人。"戊午，王子朝入于邬。邬，杜注：缑氏西南有邬聚。

王二月丙戌，仲孙貜卒。

叔孙舍至自晋。左氏、谷梁无叔孙字。

左传　晋士弥牟逆叔孙于箕。将礼而归之。叔孙使梁其胫待于门内，胫，叔孙家臣。曰："余左顾而咳，乃杀之。疑士伯来杀己，故谋杀之。右顾而笑，乃止。"叔孙见士伯，士伯曰："寡君以为盟主之故，是以久子。久执子以谢邾。不腆敝邑之礼，将致诸从者，使弥牟逆吾子。"叔孙受礼而归。二月，婼至自晋，尊晋也。贬婼族，所以尊晋。婼，行人，故不言罪己。

谷梁传　大夫执则致，致则挈。由上致之也。上，谓宗庙也。致臣于庙，则直挈其名而已，所谓君前臣名。

婼之至，二传皆去氏，公羊独书氏，所传授异耳。疏公羊者以为意如有罪，故去其氏，叔孙无罪，故无贬文。胡氏安国主其说，义似可从。盖婼之见执，实非其罪，而以礼自卫，终不辱国，固不可与意如同也。

附录左传　三月庚戌，晋侯使士景伯莅问周故。就问子朝、敬王，知谁曲直。士伯立于乾祭，而问于介众。乾祭，王城北门。介，大也。晋人乃辞王子朝，不纳其使。以众言子朝曲故。

夏，五月，乙未，朔，日有食之。

左传　夏五月乙未朔，日有食之。梓慎曰："将水。"阴胜阳，故曰将水。昭子曰："旱也。日过分而阳犹不克，克必甚，能无旱乎？过春分，阳气盛时，而不胜阴，阳将猥出，故为旱。阳不克莫，将积聚也。"阳气莫然不动，乃将积聚。

附录左传　六月壬申，王子朝之师攻瑕及杏，皆溃。瑕、杏敬王邑。郑伯如晋，子大叔相。见范献子，献子曰："若王室何？"对曰："老夫其国家不能恤，敢及王室？抑人亦有言曰：'嫠不恤其纬，嫠，寡妇也。织者常苦纬少，嫠妇所宜忧。而忧宗周之陨，为将及焉？恐祸及己。今王室实蠢蠢焉，蠢蠢，动扰貌。吾小国惧矣，然大国之忧也，吾侪何知焉？吾子其早图之。《诗》曰："瓶之罄矣，惟罍之耻。"《诗·小雅》。罍，大器。瓶，小器。常禀于罍者，而所受罄尽，则罍为无余，故耻之。王室之不宁，晋之耻也。"献子惧，而与宣子图之。宣子，韩起。乃征会于诸侯，期以明年。为明年会黄父传。

秋，八月，大雩。

左传　秋八月，大雩，旱也。终如叔孙之言。

丁酉，杞郁釐卒。郁，公羊作鬱。

附录左传　冬十月癸酉，王子朝用成周之宝珪于河。祷河求福。甲戌，津人得诸河上。珪自出水。阴不佞以温人南侵，不佞，敬王大夫。晋以温兵助王南侵子朝。拘得玉者，取其玉。将卖之，则为石。王定而献之，与之东訾。喜得玉故。东訾，杜注：巩县西南訾城是也。今巩县西南有訾店。以有西訾，故言东以别之。

冬，吴灭巢。

左传　楚子为舟师以略吴疆，沈尹戌曰："此行也，楚必亡邑。不抚民而劳之，吴不动而速之，速，召也。吴踵楚，而疆场无备，踵蹑楚后。邑能无亡乎？"越大夫胥犴劳王于豫章之汭，汭，水曲。越公子仓归王乘舟。仓及寿梦帅师从王，寿梦，越大夫。王及圉阳而还。圉阳，杜注：楚地。吴人踵楚，而边人不备，遂灭巢及钟离而还。钟离不书，告败略。沈尹戌曰："亡郢之始于此在矣。王壹动而亡二姓之帅，二姓之帅，守巢、钟离大夫。几如是而不及郢？《诗》曰：'谁生厉阶？至今为梗'，《诗·大雅》。厉，恶。阶，道。梗，病也。其王之谓乎？"为定四年吴入郢传。

巢，楚属国，而近吴。吴将谋楚，故先翦其与国，与国尽则及于楚，此入郢之渐也。杜氏预以巢为楚邑，非也。胜国曰灭，获邑曰取，国大而邑轻，不可同辞。

葬杞平公。

二十有五年，春，叔孙舍如宋。

左传　二十五年春，叔孙婼聘于宋，桐门右师见之。右师，乐大心，居桐门。语，卑宋大夫而贱司城氏。司城氏，乐氏之大宗也。卑，贱，谓其才德薄。昭于告其人曰："右师其亡乎！君子贵其身，而后能及人，是以有礼。唯礼可以贵身，贵身故尚礼。今夫子卑其大夫而贱其宗，是贱其身也。贱人人亦贱己。能有礼乎？无礼必亡。"宋公享昭子，赋《新宫》。逸诗。昭子赋《车辖》。《诗·小雅》。周人思得贤女以配君子。昭子将为季孙逆宋公女，故赋之。明日宴，饮酒，乐，宋公使昭子右坐。坐宋公右以相近，言改礼坐。语相泣也。乐祁佐，助宴礼。退而告人曰："今兹君与叔孙其皆死乎！吾闻之，哀乐而乐哀，可乐而哀可哀而乐。皆丧心也。心之精爽，是谓魂魄。魂魄去之，何以能久？"为此冬叔孙、宋公卒传。季公若之姊为小邾夫人，平子庶姑，与公若同母，故曰公若姊。生宋元夫人，平子外姊。生子，以妻季平子。昭子如宋聘，且逆之，公若从。从昭子。谓曹氏勿与，曹氏，宋元夫人。鲁将逐之。曹氏告公，公告乐祁，乐祁曰："与之。如是鲁君必出。政在季氏三世矣。文子，武子，平子。鲁君丧政四公矣。宣，成，襄，昭。无民而能逞其志者，未之有也，国君是以镇抚其民。《诗》曰：'人之云亡，心之忧矣。'《诗·大雅》。言无人则忧患至。鲁君失民矣，焉得逞其志？靖以待命犹可，动必忧。"为下公孙传。

此季孙意如将娶于宋，而舍为之纳聘，且逆妇也。国君逆女则使卿，今意如以己私婚遣公室之正卿，则名虽为臣，而实行鲁君之事，其专恣不臣甚矣，尚何待昭公孙齐而后擅鲁哉？

夏，叔诣会晋赵鞅、宋乐大心、卫北宫喜、郑游吉、曹人、邾人、滕人、薛人、小邾人于黄父。诣，公羊、谷梁作傀。后同。大心，公羊作世心。后同。黄父，即黑壤，晋地。

左传　夏，会于黄父，谋王室也。赵简子令诸侯之大夫，输王粟具戍人，简子，即鞅。曰："明年将纳王。"纳王于王城。子大叔见赵简子，简子问揖让周旋之礼焉。对曰："是仪也，非礼也。"简子曰："敢问，何谓礼？"对曰："吉她闻诸先大夫子产曰：'夫礼，天之经也，经者，道之常。地之义也，义者，利之宜。民之行也。'行者，人所履。天地之经，而民实则之。则天之明，日月星辰，天之明。因地之性，高下刚柔，地之性。生其六气，谓阴、阳、风、雨、晦、明。用其五行。金、木、水、火、土。气为五味，酸、咸、辛、甘、苦。发为五色，青，黄，赤，白，黑。章为五声。宫、商、角、徵、羽。淫则昏乱，民失其性。滋味声色过则伤性。是故为礼以奉之，为六畜、五牲、三牺以奉五味，六畜，马、牛、羊、鸡、犬、豕。五牲，麋、鹿、麇、狼、兔。三牺，祭天、地、宗庙三者谓之牺。为九文、六采、五章以奉五色，九文，谓山、龙、华虫、宗彝、藻火、粉米、黼、黻也。六采，画缋之事，杂用天地四方之色，青与白、赤与黑、元与黄皆相次，谓之六色。五章，青与赤谓之文，赤与白谓之章，白与黑谓之黼，黑与青谓之黻，五色备谓之绣。为九歌、八风、七音、六律以奉五声，为君臣上下以则地义，君臣有尊卑，法地有高下。为夫妇外内以经二物，夫治外，妇治内，各治其物。为父子、兄弟、姑姊、甥舅、昏媾姻亚以象天明，六亲和睦，以事严父，若众星之拱辰极也。妻父曰昏，重昏曰媾。婿父曰姻，两婿相谓曰亚。为政事、庸力、行务以从四时。在君为政，在臣为事，民功曰庸，治功曰力，行其德教，务其时要，礼之本也。为刑罚威狱，使民畏忌，以类其震曜杀戮。雷震电曜，天之威也。圣人作刑戮以象之。为温慈惠和，以效天之生殖长育。民有好恶、喜怒、哀乐，生于六气，此六者，皆禀阴阳、风雨、晦明之气。是故审则宜类，以制六志。为礼以制好、恶、喜、怒、哀、乐六志，使不过节。哀有哭泣，乐有歌舞，喜有施舍，怒有战斗，喜生于好，怒生于恶。是故审行信令，行祸赏罚，以制死生。生，好物也。死，恶物也。好物，乐也。恶物，哀也。哀乐不失，乃能协于天地之性，是以长久。"简子曰："甚哉，礼之大也！"对曰："礼，上下之纪，天地之经纬也。经纬，错居以相成者。民之所以生也。是以先王尚之。故人之能自曲直以赴礼者，谓之成人。曲直以弼其性。大，不亦宜乎！"简子曰："鞅也，请终身守此言也。"宋乐大心曰："我不输粟。我于周为客，若之何使客？"晋士伯曰："自践土以来，宋何役之不会，而何盟之不同？曰同恤王室，子焉得辟之？子奉君命，以会大事，而宋背盟，无乃不可乎？"右师不敢对，受牒而退。士伯告简子曰："宋右师必亡。奉君命以使，而欲背盟以干盟主，无不祥大焉。"言不善无大此者。为定十年宋乐大心出奔传。

王室之乱四年，诸侯无一念及者。至是晋以郑游吉之语，赧然内惭，始合诸大夫谋之。而方是时，大夫皆谋弱公室以私便身图，安知勤王之义哉？虽勉从人言为会，以塞天下之议，而期以来年。及来年，王入成周，子朝奔楚，晋与诸国无见焉。则空有此会，而诸大夫之罪不待贬而著矣。

有鸜鹆来巢。鸜，公羊作鹳。

左传　有鸜鹆来巢，书所无也。师已曰：师己，鲁大夫。"异哉！吾闻文、成之世，童谣有之，曰：'鸜之鹆之，公出辱之。言鸜鹆来，则公出辱也。鸜鹆之羽，羽飞貌。公在外野，往馈之马。鸜鹆跦跦，跦跦，跳行貌。公在乾侯，征褰与襦。褰，袴。鸜鹆之巢，远哉遥遥，裯父丧劳，宋父以骄。裯父，昭公。死外，故丧劳。宋父，定公。代立，故以骄。鸜鹆鸜鹆，往歌来哭。'昭公生出歌，死还哭。童谣有是。今鸜鹆来巢，其将及乎。"将及祸也。

公羊传　何以书？记异也。何异尔？非中国之禽也，宜穴又巢也。

谷梁传　一有一亡曰有。来者，来中国也。鸜鹆穴者而曰巢，或曰增之也。如增言巢尔，其实不巢也。

《考工记》曰："鸜鹆不逾济。"鲁在汶南，其所本无，今忽有之，故书曰有。又其物穴处，今而巢居，阴当阳位，臣逐君象也。使昭公能以德消异，则无其应矣。

秋，七月，上辛，大雩。季辛，又雩。

左传　秋，书再雩，旱甚也。

公羊传　又雩者何？又雩者，非雩也，聚众以逐季氏也。

谷梁传　季者，有中之辞也。又有继之辞也。中，中辛。缘有上辛大雩，故言又也。

季辛不言大，蒙上文也。旱既大甚，因一月再雩，而志其僭且数也。

九月，己亥，公孙于齐，次于阳州。己亥，谷梁作乙亥。阳，公羊作杨。阳州，杜注：齐、鲁竟上邑。今山东东平州东北有阳州城是也。

左传　初，季公鸟娶妻于齐鲍文子，生申。公鸟，季公亥之兄，平子庶叔。公鸟死，季公亥与公思展与公鸟之臣申夜姑相其室。公亥，即公若。展，季氏族。及季姒与饔人檀通，而惧，季姒，即文子女。饔人，食官。檀，名。乃使其妾抶己，以示秦遄之妻，曰：秦遄，鲁大夫。妻，公鸟妹。"公若欲使余，余不可而抶余。"又诉于公甫曰：公甫，平子弟。"展与夜姑将要余。"要劫我以非礼。秦姬以告公之，公之，亦平子弟。公之与公甫告平子，平子拘展于卞，而执夜姑，将杀之。公若泣而哀之，曰："杀是，是杀余也。"将为之请，平子使竖勿内，日中，不得请。有司逆命，请杀生之命。公之使速杀之。故公若怨平子。季、郈之鸡斗，季平子、郈昭伯二家相近，故鸡斗。季氏介鸡，介，甲也。为鸡著甲。郈氏为之金距。平子怒，怒不下己。益宫于郈氏，侵其室以自益。且让之，故郈昭伯亦怨平子。臧昭伯之从弟会，昭伯，臧为子。为谗于臧氏，而逃于季氏。臧氏执旃，平子怒，拘臧氏老。将禘于襄公，万者二人，其众万于季氏。万，舞也。于礼，公当三十六人。臧孙曰："此之谓不能庸先君之庙。"不能用礼也。大夫遂怨平子。公若献弓于公为，公为，昭公子务人。且与之出射于外，而谋去季氏。公为告公果、公贲。果、贲，皆公为弟。公果、公贲使侍人僚柤告公。公寝，将以戈击之，佯怒。乃走。公曰："执之。"亦无命也。独言执之，无敕命。惧而不出，数月不见。公不怒，又使言，公执戈以惧之，乃走。又使言，公曰："非小人之所及也。"小人，谓僚柤。公果自言，公以告臧孙，臧孙以难。言难逐。告郈孙，郈孙以可，劝。告子家懿伯，名羁，庄公元孙。懿伯曰："谗人以君徼幸，事若不克，君受其名，受恶名。不可为也。舍民数世，以求克事，不可必也。且政在焉，其难图也。"公退之。退，使去。辞曰："臣与闻命矣，言若泄，臣不获死。"乃馆于公。恐受泄命之罪，故留公宫以自明。叔孙昭子如阚，阚，杜注：鲁邑。公居于长府。长府，官府名。九月戊戌，伐季氏，杀公之于门，遂入之。平子登台而请曰："君不察臣之罪，使有司讨臣以干戈，臣请待于沂上以察罪。"沂上，杜注：鲁城南有沂水。弗许。请囚于费，弗许。请以五乘亡，弗许。子家子曰："君其许之。政自之出久矣，隐民多取食焉，隐约穷困。为之徒者众矣。日入慝作，弗可知也。慝，奸恶也。日冥，奸人将起叛君助季氏，不可知。众怒不蓄也，季氏众。蓄而弗治，将蕴。蕴，积也。蕴蓄，民将生心。生心，同求将合。与季氏同求叛君者。君必悔之。"弗听。郈生曰："必杀之。"公使郈生逆孟懿子。懿子，仲孙何忌。叔孙氏之司马鬷戾言于其众曰："若之何?"莫对。又曰："我，家臣也，不敢知国。凡有季氏与无，于我孰利?"皆曰："无季氏，是无叔孙氏也。"鬷戾曰："然则救诸。"帅徒以往，陷西北隅以入。陷公围也。公徒释甲执冰而踞，冰，椟丸盖。或云椟丸是箭筩，其盖可以取饮。言无战心也。遂逐之。逐公徒。孟氏使登西北隅，以望季氏，见叔孙氏之旌，以告。孟氏执郈昭伯，杀之于南门之西，遂伐公徒。子家子曰："诸臣伪劫君者，而负罪以出，君止。诸臣谓公若等。使若非公本意，君自可止不出。意如之事君也，不敢不改。"公曰："余不忍也。"与臧孙如墓谋，辞先君，且谋所奔。遂行。己亥，公孙于齐，次于阳州。

谷梁传　孙之为言，犹孙也，讳奔也。次，止也。

内讳奔曰孙，不忍斥言，故隐之。书次，以公去国，失其所也。阳州，齐、鲁境上邑。将求援于齐，未敢直前，故野次以待命也。夫季氏之恶极矣。说者谓昭公不知威权去已，而逞一朝之忿，欲骤正之，求凶之道，以是咎公，固然。然于意如逐君篡国之慝，反一无所责，若本无罪而只为公讥者，则大失是非之正，灭人纪矣。

齐侯唁公于野井。野井，杜注：济南祝阿县东有野井亭。在今齐河县东济河北岸。

左传　齐侯将唁公于平阴，公先至于野井。齐侯曰："是寡人之罪也。使有司待于平阴，为近故也。"平阴，齐地。齐侯自咎，本不敕有司远诣阳州，而欲近会于平阴，故令鲁侯过共，先至野井，远来迎己，自责以谢公。书曰："公孙于齐，次于阳州。齐侯唁公于野井，"礼也。将求于人，则先下之，礼之善物也。物，事也。谓先往至野井。齐侯曰："自莒疆以西，请致千社，二十五家为社，千社，二万五千家。

以待君命。待君伐季氏之命。寡人将帅敝赋以从执事，唯命是听。君之忧，寡人之忧也。"公喜。子家子曰："天禄不再。天若胙君，不过周公。以鲁足矣。失鲁而以千社为臣，为齐臣。谁与之立？且齐君无信，不如早之晋。"弗从。臧昭伯率从者将盟，载书曰："戮力一心，好恶同之。信罪之有无，信，明也。处者有罪，从者无罪。缱绻从公，缱绻，不离散。无通外内。"以公命示子家子，子家子曰："如此，吾不可以盟。羁也不佞，不能与二三子同心，而以为皆有罪。从者陷君，留者逐君，皆有罪也。或欲通外内，通外内之言，彼此解说。且欲去君。去君，伪负罪出奔，不必缱绻从公。二三子好亡而恶定，焉可同也？陷君于难，罪孰大焉？通外内而去君君将速入，弗通何为？而何守焉？"何必守公。乃不与盟。

公羊传　唁公者何？昭公将弑季氏，言弑，误。告子家驹曰："季氏为无道，僭于公室久矣，吾欲弑之，何如？"子家驹曰："诸侯僭于天子，大夫僭于诸侯，久矣。"昭公曰："吾何僭矣哉？"子家驹曰："设两观，礼，天子外阙两观，诸侯内阙一观。乘大路，礼，天子大路，诸侯路车，大夫大车，士饰车。朱干，玉戚，以舞《大夏》，干，楯也。以朱饰楯。戚，斧也。以玉饰斧。《大夏》，夏乐。周所以舞夏乐者，王者始起未制作之时，取先王之乐与己同者，假以风化天下。天下大同，乃自作乐。取《夏乐》者，与周俱文也。八佾以舞《大武》，此皆天子之礼也。且夫牛马维娄，系马曰维，系牛曰娄。委己者也，而柔焉。委食己者。柔，顺也。言牛马犹顺馁己之人，喻民受季氏惠自当从之。季氏得民众久矣，君无多辱焉。"昭公不从其言，终弑而败焉。走之齐，齐侯唁公于野井，曰："奈何君去鲁国之社稷？"昭公曰："丧人不佞，失守鲁国之社稷，执事以羞。"谦自比齐下执事，言以羞及君。再拜颡。谢见唁也。庆子家驹曰：庆，贺也。"庆子免君于大难矣。"子家驹曰："臣不佞，陷君于大难，君不忍加之以，铁锧，赐之以死。"再拜颡。高子执箪食与四脡脯，屈曰朐，伸曰脡。国子执壶浆，曰："吾寡君闻君在外，馂饔未就，馂，熟食。饔，熟肉。未就，未成也。敢致糗于从者。"昭公曰："君不忘吾先君，延及丧人，锡之以大礼。"再拜稽首，以衽受。衽，衣下裳当前者。乏器，谦不敢求索。高子曰："有夫不祥，犹曰人皆有夫不善。君无所辱大礼。"礼，臣受君赐，答拜，谓之拜命之辱。高子见昭公拜辱大卑，故曰君无所辱大礼。昭公盖祭而不尝。食必祭，示有所先。不尝，待礼让也。景公曰："寡人有不腆先君之服，未之敢服。有不腆先君之器，未之敢用。敢以请。"昭公曰："丧人不佞，失守鲁国之社稷，执事以羞，敢辱大礼，敢辞。"景公曰："寡人有不腆先君之服，未之敢服。有不腆先君之器，未之敢用。敢固以请。"昭公曰："以吾宗庙之在鲁也。有先君之服，未之能以服。有先君之器，未之能以出。敢固辞。"景公曰："寡人有不腆先君之服，未之敢服。有不腆先君之器，未之敢用。请以飨乎从者。"昭公曰："丧人其何称？"行礼宾主当各有所称。昭公失国，不敢仍故称，故谦而问之。景公曰："孰君而无称？"昭公于是嗷然而哭，嗷然，哭声。感景公言而自伤。诸大夫皆哭。既哭，以人为菑，菑，周埒垣也。所以别内外，卫威仪也。以幦为席，幦，车覆笭。以鞍为几，以遇礼相见。以诸侯出相遇之礼相见。孔子曰："其礼与其辞足观矣。"言外讥之。

谷梁传　吊失国曰唁。唁公不得入于鲁也。

凡唁皆造其所居，公方孙齐求援，故齐侯以唁为名，而实拒公之适己也。书齐侯唁，非与其能唁也，讥其无救灾恤患之实，徒行虚礼，而诚不在焉耳。

冬，十月，戊辰，叔孙舍卒。

左传　昭子自阚归，见平子。平子稽颡，曰："子若我何?"昭子曰："人谁不死? 子以逐君成名，子孙不忘，不亦伤乎? 将若子何?"平子曰："苟使意如得改事君，所谓生死而肉骨也。"昭子从公子齐，与公言。子家子命适公馆者执子。恐从者知叔孙谋。公与昭子言于幄内，曰："将安众而纳公。"公徒将杀昭子，伏诸道。左师展告公，展，鲁大夫。公使昭子自铸归。辟伏兵。平子有异志。不欲复纳公。冬十月辛酉，昭子齐于其寝，使祝宗祈死。戊辰，卒。耻为平子所欺，故祈而自杀。左师展将以公乘马而归，欲与公俱轻归。公徒执之。

昭公之祸，原于叔孙氏之司马，婼果愤意如见欺，即宜正鬷戾之罪而诛之，以剪季氏之羽翼，而徐为之图。今乃付之无可奈何之命，则非忠矣。至祈死之说，本不可信。此年春，婼聘宋，与宋公对语而泣，乐祁已知其魂魄去矣，何待于祈哉?

附录左传　壬申，尹文公涉于巩，焚东訾，弗克。文公，子朝党。于巩县涉洛水也。东訾，杜注：敬王邑。

十有一月，己亥，宋公佐卒于曲棘。曲棘，杜注：宋地。陈留外黄县城中有曲棘里。当在今河南杞县境。

左传　十一月，宋元公将为公故如晋，请纳公。梦大子栾即位于庙，己与平公服而相之。栾，元公子。平公，元公父。旦，召六卿。公曰："寡人不佞，不能事父兄，父兄谓华、向。以为二三子忧，寡人之罪也。若以群子之灵，获保首领以殁，唯是楄柎所以藉干者，楄柎，棺中苓床也。干，骸骨也。请无及先君。"欲自贬损。仲几对曰："君若以社稷之故，私降昵宴，群臣弗敢知。昵，近也。降昵宴，谓损声乐饮食之事。若夫宋国之法，死生之度，先君有命矣。群臣以死守之，弗敢失队。臣之失职，常刑不赦。臣不忍其死，君命祗辱。"言君命必不行。祗，适也。宋公遂行。己亥，卒于曲棘。

公羊传　曲棘者何? 宋之邑也。诸侯卒其封内不地，此何以地? 忧内也。时闻昭公见逐，欲纳之，故曰忧内。

谷梁传　邡公也。邡，谋也。

曲棘，宋地。诸侯以境内为家，故行而卒于境内者不书其地。盖以为常事，而告辞不及也。宋元公以公故将如晋，以谋纳公，故告辞独详，而载于册。书夫元公之女为意如妻，乃能不昵私爱，急于正伦恤患，贤于当时诸侯远矣，故不削卒地以别之。

十有二月，齐侯取郓。

左传　十二月庚辰，齐侯围郓。欲取以居公。

公羊传　外取邑不书，此何以书？为公取之也。

谷梁传　取，易辞也。内不言取，以其为公取之，故易言之也。

郓，鲁邑。书齐侯取之，何也？齐不自取，而为公取郓，使居之，盖无意于纳公也。使齐侯移围郓之师直指鲁郊，执意如而归之京师，复昭公于鲁，则义声振于天下矣。乃不能讨贼以正大义，而姑取郓以塞己责，故书以讥之。胡氏安国乃谓公已绝于鲁，而见逐于季氏，为不君。此害义之言，非经指也。

附录左传　初，臧昭伯如晋，臧会窃其宝龟偻句，会，昭伯从弟。偻句，龟所出地名。以卜为信与僭，僭，不信也。僭吉。臧氏老将如晋问，问昭伯起居。会请往。代家老行。昭伯问家故，故，事也。尽对及内子与母弟叔孙，则不对。内子，昭伯妻。不对，若有他故。再三问，不对。归，及郊，会逆。问，又如初。至，次于外而察之，皆无之。执而戮之，逸，奔郈。郈鲂假使为贾正焉。郈，杜注：在东平无盐县东南。今山东东平州东四十里有郈城。鲂假，郈邑大夫。贾正，掌货物，若市吏。计于季氏，送计薄。臧氏使五人以戈楯伏诸桐汝之闾，桐汝，杜注：里名。会出，逐之，反奔，执诸季氏中门之外。平子怒，曰："何故以兵入吾门？"拘臧氏老。季、臧有恶。相怨恶。及昭伯从公，平子立臧会。立以为臧氏后。会曰："偻句不余欺也。"言不信果验。楚子使薳射城州屈，复茄人焉。还复茄人于州屈。城丘皇，迁訾人焉。迁訾人于丘皇。使熊相禖郭巢，季然郭卷。使二大夫为巢、卷筑郭也。卷，杜注：卷城在南阳叶县南。今河南叶县西南有建城故城，即其地。子大叔闻之，曰："楚王将死矣。使民不安其土，民必忧，忧将及王，弗能久矣。"为明年楚子居卒传。

日讲春秋解义卷五十五

昭 公

二十有六年，春，王正月。

附录左传 二十六年春王正月庚申，齐侯取郓。

葬宋元公。

左传 葬宋元公，如先君，礼也。善宋人违命以合礼。

昭公在外，而鲁于诸侯之丧每遣使会葬，则意如之专鲁，与君无异矣。

三月，公至自齐，居于郓。

左传 三月，公至自齐，处于郓，言鲁地也。

谷梁传 公次于阳州，其曰至自齐，何也？公但至阳州，未至齐。以齐侯之见公，可以言至自齐也。居于郓者，公在外也。至自齐，道义不外公也。君虽在外，犹以在国之礼录之，是崇君之道。

公来自野井，初未及齐国都，而曰至自齐，野井，齐地故也。入鲁境故书至，犹在外故书地。居者，有其土地人民之称。若曰鲁地，非意如之所得有，所以存公也。郑伯突失国，而取栎以居，卫侯衎失国，而取夷仪以居，皆书曰入。此不言入，内辞也，为尊者亲者讳。使若适他国而返居于郓，存一国之防也。

夏，公围成。

左传 夏，齐侯将纳公，命无受鲁货。申丰从女贾，丰、贾二人，皆季氏家臣。以币锦二两，二文为一端，二端为一两，所谓匹也。二两，二疋。缚一如瑱，瑱，充耳。缚，卷也。急卷使如充耳，易怀藏。适齐师，谓子犹之人高齮：子犹，梁丘据。齮，子犹家臣。“能货子犹，为高氏后，粟五千庾。”言若能为行货于子犹，当为请，使得为高氏后。又当致粟五千庾。庾，十六斗，凡八千斛。高齮以锦示子犹，子犹欲之。齮曰：“鲁人买之，百两一布。布陈之，以百两为数，言买此甚多。以道之不通，先入币财。”财犹材也。子犹受之，言于齐侯曰：“群臣不尽力于鲁君者，非不能事君也。然据有异焉。异犹怪也。宋元公为鲁君如晋，卒于曲棘。叔孙昭子求纳其君，无疾而死。俱在前年。不知天之弃鲁耶，抑鲁君有罪于鬼神，故及此也？君若待于曲棘，使群臣从鲁君以卜焉，若可，师有济也，君而继之，兹无敌矣。若其无成，君无辱焉。”齐侯从之，使公子鉏帅师从公。鉏，齐大夫。成大夫公孙朝谓平子曰："有都以卫国也，请我受师。"以成邑御齐师。许之。请纳质，弗许。曰："信女，足矣。"告于齐师曰："孟氏，鲁之敝室也。用成已甚，弗能忍也，请息肩于齐。"公孙朝诈齐师言欲降，使来取成。齐师围成。成人伐齐师之饮马于淄者，曰："将以厌众。"以厌众心，不欲使知已降也。淄，杜注：水出泰山梁父县，西北入汶汉。梁父在今泗水县北。鲁成备而后告曰："不胜众。"告齐言众不欲降，已不能胜。师及齐师战于炊鼻。季氏师拒公。炊鼻，杜注：鲁地。齐子渊捷从泄声子，声子，鲁大夫。射之，中楯瓦，瓦，楯脊。繇朐汰辀，匕入者三寸。入楯瓦也。朐，车轭。辀，车辕。繇，过也。汰，矢激。匕，矢镞也。声子射其马，斩鞅殪。改驾，人以为鬷戾也，而助之。人，鲁人也。鬷戾，叔孙氏司马。子车曰："齐人也。"子车，即渊捷。将击子车，子车射之，殪。其御曰："又之。"又欲使射余人。子车曰："众可惧也，而不可怒也。"子囊带从野泄，叱之。囊带，齐大夫。野泄，即声子。泄曰："军无私怒，报乃私也，将亢子。"又叱之，子囊复叱。亦叱之。野泄亦叱也。言齐无战心，但相叱。冉竖射陈武子，中手，冉竖，季氏臣。武子，陈子强。失弓而骂。武子骂。以告平子曰："有君子，白皙鬒眉，甚口。"平子曰："必子强也，无乃亢诸?"对曰："谓之君子，何敢亢之?"伪言不敢违季氏。林雍羞为颜鸣右，下。皆鲁人，羞为右，故下车战。苑何忌取其耳。何忌，齐大夫。颜鸣去之。其右见获，惧而去之。苑子之御曰："视下。"顾。复欲使苑子击其足。苑子刜林雍，断其足，䟫而乘于他车以归。刜，砍也。䟫，一足行。颜鸣三入齐师，呼曰："林雍乘。"言鲁人皆致力于季氏，不以私怨而相弃。

谷梁传　非国不言围，所以言围者，以大公也。崇大其事。

齐侯谋纳公，使公子鉏帅师围成，不书公以齐师，而直曰公围成，恶齐受季氏之赂，虽得其师不足以也。《春秋》凡公出，在境内而返，不书至。定公在国，而致围成，所以著公之危弱，攻私邑如敌国也。昭公已去国，而不致围成者，所以存公，如公之在国也。然昭公既孙，自他国返，必书至。惟自围成而复居于郓不言至，亦以示内外之别耳。

附录左传　单子如晋告急。五月戊午，刘人败王城之师于尸氏。刘人，刘蚠之属。王城，子朝之徒。尸氏，杜注：在巩县西南偃师城。《汉志》偃师有尸乡。今河南偃师县西南新蔡，即古尸乡也。戊辰，王城人、刘人战于施谷，施谷，杜注：周地。刘师败绩。

秋，公会齐侯、莒子、邾子、杞伯，盟于鄟陵。鄟，公羊作剸。鄟陵，杜注：地阙。

左传　秋，盟于鄟陵，谋纳公也。

霸统既绝，参盟复作，此齐景假纳公之名以纠合也。十六年，齐、徐、郯、莒尝盟于蒲隧。十九年，宋、邾、郳尝盟于虫，则诸侯固有不待霸主而自盟会者矣。至是始书，以晋不复能有诸侯也。晋不主盟，而后齐专盟矣。

公至自会，居于郓。

谷梁传　公在外也。至自会，道义不外公也。

凡公行，返而告庙，则书至。昭公居郓，非宗庙之所在，何以书？《曾子问》云：“君去其国，大宰取群庙之王以从，则昭公之去郓而返，亦或告于祖祢。顾季氏强愎，专有鲁国，当时史官阿附，必不书至，圣人以所见之世而特志耳。

附录左传　七月己巳，刘子以王出。师败，惧而出。庚午，次于渠。渠，杜注：周地。按，即周阳渠也，在今洛阳县，亦名九曲渎。王城人焚刘。烧刘子邑。丙子，王宿于褚氏。褚氏，杜注：洛阳县南有褚氏亭。在今洛阳县东。丁丑，王次于萑谷。庚辰，王入于胥靡。辛巳，王次于滑。萑谷，杜注：周地。按，距洛九十里有大谷，汉设关于此，萑谷盖其支径。胥靡、滑，杜注：皆周地。本郑邑。今河南偃师县东南有胥靡城，县南有缑氏故城，即古滑地也。晋知跞、赵鞅帅师纳王，使女宽守阙塞。女宽，晋大夫。阙塞，杜注：洛阳西南伊阙口也。今洛阳县南阙塞山是。

九月，庚申，楚子居卒。

左传　九月，楚平王卒。令尹子常欲立子西，子西，平王之长庶。曰：“大子壬弱，壬，昭王也。其母非適也。王子建实聘之。子西长而好善，立长则顺，建善则治。王顺、国治，可不务乎?”子西怒曰：“是乱国而恶君王也。言王子建聘之，是彰平王之恶。国有外援，不可渎也。外援，秦也。王有適嗣，不可乱也。败亲，速仇，不立壬，秦将来讨，是速仇也。乱嗣，不祥。我受其名。受恶名。赂吾以天下，吾滋不从也。楚国何为？必杀令尹。”令尹惧，乃立昭王。

冬，十月，天王入于成周。成周，杜注：洛阳。今故城在县东北。

公羊传　成周者何？东周也。在王城之东，故曰东周。其言入何？不嫌也。据入者篡，词既曰天王，则不嫌为篡矣。

谷梁传　周有入无出也。王者无外，不言出。

因狄泉故称入。惠王、襄王入皆不书，此曷为书？幸之也。王室入，无足讳焉尔，其不曰入于京师，而云成周者，成周在王城之东，曰下都，王城为洛之上都。时子朝据王城，故王入成周以居，子朝既奔余，党尚在王城，敬王畏逼，遂都成周，故以地名书之，著其实也。

尹氏、召伯、毛伯以王朝奔楚。

左传　冬十月丙申，王起师于滑。辛丑，在郊。郊，杜注：子朝邑。遂次于尸，十一月辛酉，晋师克巩。知跞、赵鞅之师。召伯盈逐王子朝，伯盈本党子朝，晋师克巩，知其不成，逐之而逆敬王。王子朝及召氏之族、毛伯得、尹氏固、南宫嚚奉周之典籍以奔楚。尹、召二族皆奔，故称氏。重见尹固名者，为后还见杀。阴忌奔莒以叛。阴忌，子朝党。莒，杜注：周邑。召伯逆王子尸，及刘子、单子盟。遂军圉泽，次于隄上。圉泽、隄上，杜注：皆周地。按，圉泽即东圉之泽也。在今洛阳县东境。癸酉，王入于成周。甲戌，盟于襄宫。襄王庙。晋师使成公般戍周而还，般，晋大夫。十二月癸未，王入于庄宫。庄宫，在王城。王子朝使告于诸侯曰：“昔武王克殷，成王靖四方，康王息民，并建母弟，以蕃屏周，亦曰：‘吾无专享文、武之功，且为后人之迷败倾覆而溺入于难，则振救之。’至于夷王，王愆于厥身，夷王，厉王父也。愆，恶疾。诸侯莫不并走其望，以祈王身。至于厉王，王心戾虐，万民弗忍，居王于彘。不忍害王也。厉王末，周人流王于彘。诸侯释位，以间王政。间犹与也。周、召二公与治王之政事，号曰共和。宣王有志，而后效官。宣王，厉王子。彘之乱，宣王尚少，召公虎取而长之。效，授也。至于幽王，宣王子。天不吊周，王昏不若，用愆厥位。若，顺也。愆，失也。携王奸命，诸侯替之，而建王嗣，用迁郏鄏，携王，幽王少子伯服也。嗣，宜臼也。幽王后申姜，生大子宜臼。王幸褒姒，生伯服，欲立之而杀大子。大子奔申，申伯与鄫及西戎伐周，战于戏。幽王死，诸侯废伯服而立宜臼，是为平王，东迁郏鄏。则是兄弟之能用力于王室也。至于惠王，天不靖周，生颓祸心，施于叔带。惠、襄辟难，越去王都。惠王，平王六世孙。颓，惠王庶叔也。庄十九年作乱，惠王适郑。襄王，惠王子。叔带，襄王弟。僖二十四年，叔带作乱，襄王处汜。则有晋、郑，咸黜不端，黜，去也。晋文杀叔带，郑厉杀子颓，为王室去不端直之人。以绥定王家。则是兄弟之能率先王之命也。在定王六年，秦人降妖，定王，襄王孙。定王六年，鲁宣八年。曰：‘周其有髭王，髭，口上须。亦克能修其职，诸侯服享，二世共职。二世谓灵、景。王室其有间王位，诸侯不图，而受其乱灾。’间王位，本谓子朝。今子朝以为王猛。受乱灾，本谓楚。今子朝以为晋。至于灵王，生而有髭。灵王，定王孙。王甚神圣，无恶于诸侯。灵王、景王克终其世。景王，灵王子。今王室乱，单旗、刘狄剥乱天下，壹行不若，单旗，穆公也。刘狄，刘蚠也。壹，专也。谓先王何常之有，言无常法。唯余心所命，其谁敢讨之？帅群不吊之人，吊，至也。以行乱于王室。侵欲无厌，规求无度，贯渎鬼神，贯，习也。慢弃刑法，倍奸齐盟，傲很威仪，矫诬先王。恶为不道，是摄是赞，摄，持也。思肆其罔极。兹不谷震荡播越，窜在荆蛮，不谷，子朝自谓。未有攸底。若我一二兄弟甥舅奖顺天法，无助狡猾，以从先王之命，毋速天罚，赦图不谷，赦其忧而图其难。则所愿也。敢尽布其腹心及先王之经，而诸侯实深图之。昔先王之命曰：‘王后无适，则择立长。年钧以德，德多以卜。’王不立爱，公卿无私，古之制也。穆后及大子寿早夭即世，在十五年。单、刘赞私立少，以间先王。间错先王之制。亦唯伯仲叔季图之。”伯仲叔季，总谓诸侯。闵马父闻子朝之辞，曰：“文辞以行礼也，子朝干景之命，远晋之大，以专其志，无礼甚矣，文辞何为？”传终王室乱。

谷梁传　远矣，非也。非，责也。奔篡君之贼，其责远矣。奔，直奔也。

尹氏世卿，秉政擅权，书立朝，书以朝奔楚，著始终怙恶不悛也。并举召、毛，治其党也。奔不言出者，篡贼窃逃，以逭天讨，无所出也。故比于国灭之君，与在境外之臣，但以奔书曰奔楚。则楚受篡贼之罪亦见矣。

附录左传　齐有慧星，出齐之分野。齐侯使禳之。晏子曰：“无益也，祇取诬焉。天道不謟，謟，疑也。不贰其命，若之何禳之？且天之有彗也，以除秽也。君无秽德，又何禳焉？若德之秽，禳之何损？《诗》曰：‘惟此文王，小心翼翼，昭事上帝，聿怀多福。厥德不回，以受方国。’《诗·大雅》。翼翼，共也。聿，惟也。回，违也。言文王德不违天人，故四方之国归往之。君无违，德方国将至，何患于彗？《诗》曰：‘我无所监，夏后及商。用乱之故，民卒流亡。’逸诗也。言追监夏、商之亡，皆以乱故。若德回乱，民将流亡，祝史之为，无能补也。”公说，乃止。齐侯与晏子坐于路寝，公叹曰：“美哉室！其谁有此？”景公自知德不能久有国，故叹也。晏子曰：“敢问何谓也？”公曰：“吾以为在德。”对曰：“如君之言，其陈氏乎！陈氏虽无大德，而有施于民。豆、区、釜、钟之数，其取之公也薄，谓以公量收。其施之民也厚。谓以私量贷。公厚敛焉，陈氏厚施焉，民归之矣。《诗》曰：‘虽无德与女，式歌且舞。’《诗·小雅》。义取虽无大德，要有喜说之心，欲歌舞之。式，用也。陈氏之施，民歌舞之矣。后世若少惰，陈氏而不亡，则国其国也已。”公曰：“善哉！是可若何？”对曰：“唯礼可以已之。在礼，家施不及国，民不迁，农不移，工贾不变，守常业。士不滥，不失职。官不滔，滔，慢也。大夫不收公利。”不作福。公曰：“善哉！我不能矣吾。今而后知礼之可以为国也。”对曰：“礼之可以为国也久矣，与天地并。君令臣共，父慈子孝，兄爱弟敬，夫和妻柔，姑慈妇听，礼也。君令而不违，臣共而不贰，父慈而教，子孝而箴，箴，谏也。兄爱而友，弟敬而顺，夫和而义，妻柔而正，姑慈而从，从，不自专。妇听而婉，婉，顺也。礼之善物也。”公曰：“善哉！寡人今而后闻此礼之上。”对曰：“先王所禀于天地以为其民也，禀，受也。为，治也。是以先王上之。”

二十有七年，春，公如齐。公至自齐，居于郓。

左传　二十七年春，公如齐。公至自齐，处于郓，言在外也。在外邑，故书地。

谷梁传　公在外也。

夏，四月，吴弑其君僚。

左传　吴子欲因楚丧而伐之，前年楚平王卒。使公子掩余、公子烛庸帅师围潜。二子皆王僚母弟。潜，杜注：楚邑，在庐江六县西南。今江南霍山县东北有灊城。使延州来季子聘于上国，季子本封延陵，后复封州来，故曰延州来。遂聘于晋，以观诸侯。观强弱。楚莠尹然、工尹麇帅师救潜，二尹，楚官。然、麇，其名。左司马沈尹戌帅都君子与王马之属以济师，都君子，在都邑之士有复除者。王马之属，王之养马官属校人也。与吴师遇于穷，穷，《水经注》水出安丰县穷谷。在今江南霍邱县西。令尹子常以舟师及沙汭而还。沙汭，杜注：水名。《水经注》沙南流至义成县，西南入淮。在今江南怀远县东北。左尹郤宛、工尹寿帅师至于潜，吴师不能退。遇穷之师当吴前，潜之师要吴后，故吴不得退去。吴公子光曰："此时也，弗可失也。"欲因弑王。告鱄设诸曰：鱄设诸，二十年伍员所见勇士。上国有言曰：'不索，何获?'我，王嗣也，光，吴王诸樊子，故曰王嗣。吾欲求之。事若克，季子虽至，至谓聘还。不吾废也。"鱄设诸曰："王可弑也。母老，子弱，是无若我何?"欲以老弱托光。光曰："我，尔身也。"言我身犹尔身。夏四月，光伏甲于堀室而享王。掘地为室。王使甲坐于道及其门，门、阶、户、席皆王亲也，夹之以铍。羞者献体改服于门外。羞，进食也。献体，解衣。执羞者坐行而入，坐行，膝行。执铍者夹承之，承执羞者。及体，以相授也。铍及进羞者体，以所食授王。光伪足疾，入于堀室。恐难作，王党杀己，故辟之。鱄设诸置剑于鱼中以进，鱼炙，故可置剑。抽剑刺王，铍交于胸。交鱄设诸胸。遂弑王。阖庐以其子为卿。子，鱄诸子。季子至，曰："苟先君无废祀，民人无废主，社稷有奉，国家无倾，乃吾君也，吾谁敢怨?哀死事生，以待天命。非我生乱，立者从之，先人之道也。"吴自诸樊以下兄弟相传，而不立適，是乱由先人起也。季子自知力不能讨光，故云尔。复命哭墓，复使命于僚墓。复位而待。复本位，待光命。吴公子掩余奔徐，公子烛庸奔钟吾。钟吾，杜注：小国。《汉志》东海郡司吾。今江南宿迁县西北有司吾城。楚师闻吴乱而还。为后谮郤宛起。

此公子光使鱄诸弑之，而称国，何也？光既弑立，自以诸樊之冢嗣，假言国之臣民皆欲弑僚，而还国于己，故以众弑赴于诸侯。《春秋》不书人而书国，所以发后人之疑，使考之而得其实也。先儒多以吴之乱责季子，惟赵氏鹏飞曰："使季子不逃而受之，亦不免于乱，何则季子之终，将授之谁哉？受之而身当其乱，孰若逃之而自洁其身乎?"此笃论也。

楚杀其大夫郤宛。郤，谷梁作郄。

左传　郤宛直而和，国人说之。鄢将师为右领，右领，官名。与费无极比，而恶之。恶郤宛。令尹子常贿而信谗，无极谮郤宛焉，谓子常曰："子恶欲饮子酒。"子恶，郤宛。又谓子恶："令尹欲饮酒于氏。"子恶曰："我，贱人也。不足以辱令尹。令尹将必来辱，为惠已甚，吾无以酬之，若何?"无极曰："令尹好甲兵，子出之，吾择焉。"择此以进子常。取五甲五兵，曰："置诸门。令尹至，必观之，而从以酬之。"曰，无极辞。及飨日，帷诸门左。张帷，陈甲兵其中。无极谓令尹曰："吾几祸子。子恶将为子不利，甲在门矣。子必无往。且此役也，此春救潜之役。吴可以得志。子恶取赂焉而还，又误群帅，使退其师曰乘乱不祥。吴乘我丧，我乘其乱，不亦可乎?"令尹使视郤氏，则有甲焉。不往，召鄢将师而告之。告子恶门有甲兵，将害己。将师退，遂令攻郤氏，且爇之。爇，烧也。子恶闻之，遂自杀也。国人弗爇，令曰："不爇郤氏，与之同罪。"或取一编菅焉，或取一秉秆焉，编菅，苫。秉，把也。秆，稾也。国人投之，遂弗爇也。令尹炮之，炮，燔郤宛。尽灭郤氏之族党，杀阳令终与其弟完及佗，与晋陈及其子弟。令终，阳匄子。晋陈，楚大夫。

皆郤氏党。晋陈之族呼于国曰："鄢氏、费氏自以为王，专祸楚国，弱寡王室，蒙王与令尹以自利也。令尹尽信之矣，国将如何?"令尹病之。为下杀无极张本。

郤宛之死，费无极谮诸囊瓦杀之，而经以国杀为文，罪楚君也。君无道以令其臣致擅杀大夫而无忌，纪纲亡矣，故以累上之辞书之。

秋，晋士鞅、宋乐祁犂、卫北宫喜、曹人、邾人、滕人会于扈。

左传　秋，会于扈，令成周，且谋纳公也。宋、卫皆利纳公，固请之。范献子取货于季孙，谓司城子梁与北宫贞子曰：子梁，宋乐祁也。贞子，卫北宫喜。"季孙未知其罪，而君伐之。请囚请亡，于是乎不获，君又弗克，而自出也。夫岂无备而能出君乎?季氏之复，天救之也。休公徒之怒，而启叔孙氏之心。不然，岂其伐人而说甲执冰以游?叔孙氏惧祸之滥，而自同于季氏，天之道也。鲁君守齐，三年而无成，季氏甚得其民，淮夷与之，有十年之备，有齐、楚之援，公虽在齐，言齐不致力。有天之赞，有民之助，有坚守之心，有列国之权，而弗敢宣也，宣，用也。事君如在国。书公行，告公至，是也。故鞅以为难。二子皆图国者也，而欲纳鲁君，鞅之愿也，请从二子以围鲁。成，死之。"二子惧，皆辞。乃辞小国，而以难复。以难纳白晋君。

扈之会，谋纳公而以货解，无贬辞者，以令成周故也。是时大夫同恶相济，齐景为鄟陵之盟，而梁丘据入季氏之锦；晋顷为扈之会，而士鞅纳季氏之货。二君懵然无知，以为鲁之休戚无关于己，孰知田常韬祸于齐，六卿伏忧于晋，厝火积薪而不悟，使二君能为鲁讨贼，亦足以詟内盗之志也。

冬，十月，曹伯午卒。

邾快来奔。

公羊传　邾娄快者何?邾娄之大夫也。邾娄无大夫，此何以书?以近书也。

快之来奔，从其类也。意如逐君专国，又诱人之臣，使之叛其君，而已为之逋逃主，罪可胜诛乎?《春秋》书之，以深恶季氏也。

附录左传　孟懿子、阳虎伐郓，阳虎，季氏家臣。伐郓，欲夺公。郓人将战。子家子曰："天命不慆久矣。慆，疑也。言弃君不疑。使君亡者，必此众也。天既祸之，而自福也，不亦难乎！犹有鬼神，此必败也。呜呼，为无望也夫！其死于此乎!"公使子家子如晋。公徒败于且知。且知，杜注：近郓地。楚郤宛之难，国言未已，进胙者莫不谤令尹。进胙，国中祭祀也。谤，诅也。沈尹戌言于子常曰："夫左尹与中厩尹，中厩尹，阳令终。莫知其罪，而子杀之，以兴谤讟，至于今不已。戌也惑之，仁者杀人以掩谤，犹弗为也。今吾子杀人以兴谤，而弗图，不亦异乎！夫无极，楚之谗人也，民莫不知。去朝吴，在十五年。出蔡侯朱，在二十一年。丧大子建，杀连尹奢，在二十年。屏王之耳目，使不聪明。不然，平王之温惠共俭，有过成、庄，无不及焉。所以不获诸侯，迩无极也。今又杀三不辜，以兴大谤，三不辜，郤氏、阳氏、晋陈氏。几及子矣。子而不图，将焉用之?夫鄢将师矫子之命，以灭三族。国之良也，而不愆位。鄢将师矫灭三良，罪也。而在位无愆过。言失刑。吴新有君，光新立也。疆场日骇，楚国若有大事，子其危哉！知者除谗以自安也，今子爱谗以自危也，甚矣，其惑也。”子常曰：“是瓦之罪，敢不良图。”九月己未，子常杀费无极与鄢将师，尽灭其族，以说于国，谤言乃止。

公如齐。

左传　冬，公如齐，齐侯请飨之。子家子曰：“朝夕立于其朝，又何飨焉？其饮酒也。”乃饮酒，使宰献，而请安。比公于大夫也。礼，君不敌臣，宴大夫，使宰为主。献，献爵也。请安，齐侯请自安，不在坐也。子钟之曰重，为齐侯夫人，曰：“请使重见。”子仲，鲁公子慭。十二年奔齐。行饮酒礼，而欲使重见，从宴媟也。子家子乃以君出。辟齐夫人。

公至自齐，居于郓。

公朝齐者二，会齐者一，每行必书至书居，系臣民之望也。据左氏，仲孙何忌、阳虎伐郓，公徒败于且知，而经不书，存君也。上之与下有征无战，况见伐于其臣，而又败乎，故削之。

附录左传　十二月，晋籍秦致诸侯之戍于周，鲁人辞以难。经所以不书成周。籍秦，籍谈子。

二十有八年，春，王三月，葬曹悼公。

公如晋，次于乾侯。乾侯，杜注：在魏郡斥丘县，晋竟内邑。今直隶成安县东南有斥丘古城。

左传　二十八年春，公如晋，将如乾侯。齐侯卑公，故适晋。子家子曰：“有求于人，而即其安，人孰矜之？其造于竟。”欲使次于竟以待命。弗听使请逆于晋。晋人曰：“天祸鲁国，君淹恤在外，君亦不使一个辱在寡人，而即安于甥舅，其亦使逆君？言自使齐逆君。使公复于竟，而后逆之。言公不能用子家，所以见辱。

谷梁传　公在外也。

昭公不见礼于齐，故如晋言次，不得入也。次于阳州，犹曰齐、鲁之境也。次于乾侯，则进退维谷，羁旅之人耳。齐犹致恤患之文，晋则拒而不受，盖党意如以弱其君者，晋诸卿之本谋也，岂肯忽为公而背季氏哉？

夏，四月，丙戌，郑伯宁卒。宁，公羊作甯。

六月，葬郑定公。

附录左传　晋祁胜与邬臧通室。二子，祁盈家臣也。通室易妻。祁盈将执之，盈，祁午之子。访于司马叔游。叔游，司马叔侯之子。叔游曰：“《郑书》有之，恶直丑正，实蕃有徒。《郑书》，古书名。言害正直者，实多徒众。丑，亦恶也。无道立矣，子惧不免。言世乱谗胜。《诗》曰：‘民之多辟，无自立辟。’《诗・大雅》。辟，邪也。辟，法也。姑已，若何？”盈曰：“祁氏私有讨，国何有焉？”遂执之。祁胜赂荀跞，荀跞为之言于晋侯。晋侯执祁盈。以其专戮。祁盈之臣曰：“钧将皆死，慭使吾君闻胜与臧之死也以为快。”慭，发语之音。吾君谓祁盈。乃杀之。夏六月，晋杀祁盈及杨食我。杨，杜注：叔向邑。食我，叔向子伯石也。食我，祁盈之党也，而助乱，故杀之。遂灭祁氏、羊舌氏。初，叔向欲娶于申公巫臣氏，夏姬女也。其母欲娶其党，叔向曰：“吾母多而庶鲜，吾惩舅氏矣。”嫌母氏性不旷。其母曰：“子灵之妻杀三夫、一君、一子而亡一国、两卿矣，子灵，巫臣。妻，夏姬。三夫，陈御叔、楚襄老及巫臣，时巫已死。一君，陈灵公。一子，夏征舒。一国，陈也。两卿，孔宁、仪行父。可无征乎？吾闻之：‘甚美必有甚恶。’是郑穆少妃姚子之子，子貉之妹也。子貉，郑灵公夷。子貉早死，无后，而天钟美于是，是，夏姬也。子貉死在宣四年。将必以是大有败也。昔有仍氏生女，黰黑，而甚美，有仍，古诸侯也。美发为黰。光可以鉴，发肤光色可以照人。名曰玄妻。以发黑故。乐正夔取之，夔，舜典乐之君长。生伯封，实有豕心，贪惏无餍，忿类无期，谓之封豕。类，戾也。封，大也。有穷后羿灭之，羿，篡夏后者。夔是以不祀。且三代之亡、共子之废，皆是物也，夏以妹喜，殷以妲己，周以褒姒，三代所由亡也。共子，晋申生，以骊姬废。女何以为哉？夫有尤物，足以移人。苟非德义，则必有祸。叔向惧，不敢取。平公强使取之，生伯石。伯石，杨食我。伯石始生，子容之母走谒诸姑，子容母，叔向嫂，伯华妻也。姑，叔向母。曰：“长叔姒生男。”兄弟之妻相谓姒。姑视之。及堂，闻其声而还，曰：“是豺狼之声也，狼子野心。非是，莫丧羊舌氏矣。”遂弗视。

秋，七月，癸巳，滕子宁卒。宁，公羊作甯。

附录左传　秋，晋韩宣子卒，魏献子为政，献子，魏舒。分祁氏之田以为七县，七县，邬、祁、平陵、梗阳、涂水、马首、盂也。分羊舌氏之田以为三县。铜鞮，平阳，杨氏。司马弥牟为邬大夫，邬，杜注：大原邬县。在今山西介休县东北。贾辛为祁大夫，祁，杜注：大原祁县。今山西祁县东南有古城。司马乌为平陵大夫，平陵亦曰大陵。今山西文水县东北有大陵故城。魏戊为梗阳大夫，戊，魏舒庶子。梗阳，杜注：在大原晋阳县南。今山西清源县南有梗阳城。知徐吾为涂水大夫，徐吾，知盈孙。涂水，杜注：在原榆次县。今山西榆次县西南有涂水故城。韩固为马首大夫，固，韩起孙。马首，《元和志》故城在寿阳县东南。今县属山西大原府。孟丙为盂大夫，盂，杜注：大原盂县。即今山西盂县也。乐霄为铜鞮大夫，铜鞮，杜注：上党铜鞮县。今山西沁州西南有故城。赵朝为平阳大夫，朝，赵胜曾孙。平阳，杜注：平阳县。今故城在山西临汾县西南。僚安为杨氏大夫。杨氏，杜注：平阳杨氏县。今古杨城在山西洪洞县南，又名危城村。谓贾辛、司马乌为有力于王室，二十二年纳王故。乌，即司马督。故举之。谓知徐吾、赵朝、韩固、魏戊，余子之不失职、能守业者也。卿之庶子为余子。其四人者，皆受县而后见于魏子，以贤举也。四人，司马弥牟、孟丙、乐霄、僚安也。受县而后见，言采众而举，不以私也。魏子谓成鱄，鱄，晋大夫。吾与戊也县，人其以我为党乎?”对曰：“何也。戊之为人也，远不忘君，近不逼同。不逼同位。居利思义，在约思纯，无滥心。有守心而无淫行，虽与之县，不亦可乎。昔武王克商，光有天下，其兄弟之国者十有五人，姬姓之国者四十人，皆举亲也。夫举无他，唯善所在，亲疏一也。《诗》曰：‘惟此文王，帝度其心。莫其德音，其德克明。克明克类，克长克君。王此大国，克顺克比。比于文王，其德靡悔。既受帝祉，施于孙子。’《诗·大雅》，美文王能王大国，受天福，施及子孙。心能制义曰度，德正应和曰莫，莫然清静。照临四方曰明，勤施无私曰类，施而无私，物得其所，无失类也。教诲不倦曰长，教诲长人之道。赏庆刑威曰君，作福作威，君之职也。慈和遍服曰顺，唯顺，故天下遍服。择善而从之曰比，比方善事，使相从也。经纬天地曰文。经纬相错，故织成文。九德不愆，作事无悔，九德，上九日也。皆无愆过，则动无悔吝。故袭天禄，子孙赖之。主之举也，近文德矣。所及其远哉!” 贾辛将适其县，见于魏子。魏子曰：“辛来。昔叔向适郑，鬷蔑恶，鬷蔑，郑然明。恶，貌丑。欲观叔向，从使之收器者而往，从，随也。随使人应敛俎豆者。立于堂下，一言而善。叔向将饮酒，闻之，曰：‘必鬷明也。’素闻其贤，故闻其言而知之。下，执其手以上，曰：‘昔贾大夫恶，贾国之大夫。恶亦丑也。娶媳妻而美，三年不言不笑，御以如皋，为妻御之皋泽。射雉，获之，其妻始笑而言。贾大夫曰才之不可以已。我不能射，女遂不言不笑夫！今子少不飏，颜貌不显扬。子若无言，吾几失子矣。言之不可以已也如是。’遂如故知。今女有力于王室，吾是以举女。因贾辛有功而后举之，言人不可无能。行乎！敬之哉！毋堕乃力。”仲尼闻魏子之举也，以为义，曰：“近不失亲，谓举魏戊。远不失举，以贤举。可谓义矣。”又闻其命贾辛也，以为忠：“《诗》曰：‘永言配命，自求多福’，忠也。《诗·大雅》。永，长也。言能长配天命，致多福者，唯忠。魏子之举也义，其命也忠，其长有后于晋国乎!”

冬，葬滕悼公。

附录左传　冬，梗阳人有狱，魏戊不能断，以狱上。上魏子。其大宗赂以女乐，讼者之大宗。魏子将受之，魏戊谓阎没、女宽曰：二人，魏子之属大夫。“主以不贿闻于诸侯，若受梗阳人，贿莫甚焉。吾子必谏。”皆许诺。退朝，待于庭。待于魏子之庭。馈入，召之。召二大夫食。比置，三叹。既食，使坐。更命之令坐。魏子曰：“吾闻诸伯叔谚曰：‘唯食忘忧。’吾子置食之间三叹，何也?”同辞而对曰：“或赐二小人酒，不夕食。或，他人也。言饥甚。馈之始至，恐其不足，是以叹。中置，自咎曰：‘岂将军食之而有不足?’是以再叹。魏子，中军帅，故谓之将军。及馈之毕，愿以小人之腹为君子之心，属厌而已。”属，足也。言小人之腹饱，犹知厌足，君子之心亦宜然。献子辞梗阳人。传言魏氏所以兴。

日讲春秋解义卷五十六

昭　公

二十有九年，春，公至自乾侯，居于郓。齐侯使高张来唁公。

左传　二十九年春，公至自乾侯，处于郓。齐侯使高张来唁公，称主君。比公于大夫。子家子曰："齐卑君矣，君只辱焉。"公如乾侯。

谷梁传　唁公不得入于鲁也。

不以自晋致者，未至晋都，不得与晋侯相见，故书至自乾侯。齐侯、荀跞唁公皆地，此何以不地？唁于野井，齐地也。唁于乾侯，晋地也。今在郓，乃鲁地，故但书来。

附录左传　三月己卯，京师杀召伯盈、尹氏固及原伯鲁之子。皆子朝党也。称伯鲁子，终不说学。尹固之复也，二十六年，尹固与子朝俱奔楚而道还。有妇人遇之周郊，尤之，曰："处则劝人为祸，行则数日而反，是夫也，其过三岁乎？夏五月庚寅，王子赵车入于鄻以叛，阴不佞败之。赵车，子朝之余也。鄻，杜注：周邑。阴不佞，周大夫。

公如晋，次于乾侯。

左传　平子每岁贾马，贾，买也。具从者之衣屦，而归之于乾侯。公执归马者，卖之，卖其马。乃不归马。卫侯来献其乘马，曰启服，启服，马名。堑而死。堕堑死也。公将为之椟。为作棺。子家子曰："从者病矣请以食之。"乃以帏裹之。礼曰，蔽帏不弃，为埋马也。公赐公衍羔裘，使献龙辅于齐侯，龙辅，玉名。遂入羔裘。齐侯喜，与之阳谷。阳谷，杜注：齐邑。公衍、公为之生也，其母偕出。出之产舍。公衍先生。公为之母曰："相与偕出请相与偕告。"留公衍母，使待己，共白公。三日，公为生。其母先以告，公为为兄。公私喜于阳谷，而思于鲁，曰："务人为此祸也。务人，公为也。始与公若谋逐季氏。且后生而为兄，其诬也久矣。"乃黜之，而以公衍为大子。

书次于乾侯，复不见受也。公稔知晋之强臣党于意如，今绝望于齐，不得已而求于晋，迹愈勤而计愈左矣。使公定居于郓，郓犹不至于溃也。

夏，四月，庚子，叔诣卒。

谷梁传　季孙意如曰："叔倪无病而死，此皆无公也。是天命也，言皆天命使鲁无君尔。非我罪也。"

秋，七月。

附录左传　秋，龙见于绛郊。绛，晋国都。魏献子问于蔡墨曰：蔡墨晋大史。"吾闻之，虫莫知于龙，以其不生得也。谓之知信乎？"对曰："人实不知，非龙实知。言龙无知，乃人不知之耳。古者畜龙，故国有豢龙氏，有御龙氏。"豢、御，养也。献子曰："是二氏者，吾亦闻之，而不知其故，是何谓也？"对曰："昔有飂叔安，飂，杜注：古国也。《汉志》南阳湖阳县，故廖国。师古曰《左传》作飂。今湖阳故城在河南唐县南。叔安，飂君名。有裔子曰董父，实甚好龙，能求其耆欲以饮食之，龙多归之，乃扰畜龙，扰，顺也。以服事帝。舜帝赐之姓曰董，氏曰豢龙，豢龙，官名。官有世功，则以官氏。封诸鬷川，鬷夷氏，其后也。鬷川，杜注：鬷水上夷皆董姓。故帝舜氏世有畜龙。及有夏孔甲，扰于有帝，孔甲，少康之后九世君也。其德能顺于天。帝赐之乘龙河、汉各二，合为四。各有雌雄。孔甲不能食，而未获豢龙氏。有陶唐氏既衰，其后有刘累，刘累，尧之子孙。学扰龙于豢龙氏，以事孔甲，能饮食之。夏后嘉之，赐氏曰御龙，夏后，孔甲。以更豕韦之后。更，代也。以刘累代彭姓之豕韦。累寻迁鲁县，豕韦复国，至商而灭，累之后世复承其国为豕韦氏。见襄二十四年。龙一雌死，潜醢以食夏后。潜，藏也。藏以为醢，明龙不知。夏后飨之，既而使求之。求致龙也。惧而迁于鲁县，不能致龙，故惧。鲁县，杜注：鲁阳也。今河南鲁山县东北有鲁阳故城。范氏其后也。"晋范氏。献子曰："今何故无之？"对曰："夫物，物有其官，官修其方，方，法术。朝夕思之，一日失职，则死及之，失职有罪。失官不食。不食禄。官宿其业，宿犹安也。其物乃至。设水官修则龙至。若泯弃之，物乃坻伏，坻，止。伏，匿。郁湮不育。郁，滞也。湮，塞也。育，生也。故有五行之官，是谓五官，实列受氏姓，封为上公，祀为贵神。社稷五祀，是尊是奉。五官之君长能修其业者，死皆配食于五行之神，为王者所尊奉。木正曰句芒，正，官长也。取木生句曲而有芒角也。其祀重。火正曰祝融，祝融，明貌。其祀犁。金正曰蓐收，秋物摧蓐而可收也。其祀该。水正曰玄冥，水阴而幽冥。其祀修及熙。土正曰后土。土为群物主，故称后也。其祀句龙。在家则祀中霤，在野则为社。龙，水物也。水官弃矣，故龙不生得。不然，《周易》有之，在乾☰ 乾下乾上，乾。之姤☰，巽下乾上，姤。乾初九变。曰潜龙勿用。乾初九爻辞。其同人☰，离下乾上，同人。乾九二变。曰见龙在田。乾九二爻辞。其大有☰，乾下离上，大有。乾九五变。曰飞龙在天。乾九五爻辞。其夬☰，乾下兑上，夬。乾上九变。曰亢龙有悔。乾上九爻辞。其坤☷，坤下坤上，坤。乾六爻皆变。曰：见群龙无首，吉。乾用九爻辞。坤之剥☷，坤下艮上，剥。坤上六变。曰龙战于野。坤上六爻辞。若不朝夕见，谁能物之？"物，谓上六卦所称龙各不同也。今说《易》者，皆以龙喻阳气，如史墨之言，则为皆是真龙。献子曰："社稷五祀，谁氏之五官也?”对曰:“少皞氏有四叔,少皞,金天氏。曰重,曰该,曰修,曰熙,实能金、木及水。能治其官。使重为句芒,木正。该为蓐收,金正。修及熙为玄冥,二子相代为水正。世不失职,遂济穷桑,此其三祀也。穷桑,少皞之号。杜注:地在鲁北。颛顼氏有子曰犁,为祝融。犁为火正。共工氏有子曰句龙,为后土。共工在大皞后,神农前,以水名官者。其子句龙能平水土。此其二祀也。后土为社。稷,田正也。掌播殖也。有烈山氏之子曰柱,为稷,烈山氏,神农世诸侯。自夏以上祀之。祀柱。周弃亦为稷,弃周之始祖,能播百谷。汤既胜夏,废柱而以弃代之。自商以来祀之。传言蔡墨之博物。

冬,十月,郓溃。

公羊传　邑不言溃,此其言溃何?据国曰溃,邑曰叛。郛之也。郛,郭。曷为郛之?君存焉尔。昭公居之,故从国言溃。不言国之,言郛之者,公失国也。

谷梁传　溃之为言,上下不相得也。上下不相得则恶矣,亦讥公也。昭公出奔,民如释重负。

此意如间公如乾侯,诱其民溃散叛公,使公不得更入郓也。自是公遂削迹于鲁。论者多咎公之失民,而不知季氏专国已历三世,加意如凶威,所胁民之从之实,以耳濡目染之有素,而非一朝一夕之故也。

附录左传　冬,晋赵鞅、荀寅帅师城汝滨,赵鞅,赵武孙也。荀寅,中行荀吴之子。汝滨,杜注:晋所取陆浑地。陆浑,今嵩县汝水在县南。遂赋晋国一鼓铁,以铸刑鼎,今晋国各出功力,共鼓石为铁,计令一鼓而足,因军役而为之,故言遂。著范宣子所为刑书焉。仲尼曰:“晋其亡乎!失其度矣。夫晋国将守唐叔之所受法度,以经纬其民,卿大夫以序守之,序,位次也。民是以能尊其贵,贵是以能守其业。贵贱不愆,所谓度也。文公是以作执秩之官,为被庐之法,在僖二十七年。以为盟主。今弃是度也,而为刑鼎,民在鼎矣,何以尊贵?弃礼征书,故不尊贵。贵何业之守?民不奉上,则上失业。贵贱无序,何以为国?且夫宣子之刑,夷之蒐也,晋国之乱制也。夷蒐在文六年一。蒐而三易中军帅,贾季、箕郑之徒遂作乱,故曰乱制。若之何以为法?”蔡史墨曰:蔡史墨,即蔡墨。“范氏、中行氏其亡乎!中行寅为下卿,而干上令,擅作刑器,以为国法,是法奸也。又加范氏焉,易之,亡也。范宣子刑书中既废矣,今复变易兴之,是成其咎。其及赵氏,赵孟与焉。然不得已,若德,可以免。”铸刑鼎本非赵鞅意。为定十三年荀寅、士吉射入朝歌以叛传。

三十年,春,王正月,公在乾侯。

左传　三十年春王正月,公在乾侯。不先书郓与乾侯,非公,且征过也。征,明也。先此二十七年、二十八年公在郓,二十九年公在乾侯,而经不释朝正之礼者,盖以公尚在竟内,至是郓溃,客寄乾侯,故书所在,责公不能系臣民之望,明有过也。

谷梁传　中国不存公，存公故也。中国犹国中也。

公去社稷，于今五年。每岁首不书公者，在鲁封内，则无适而非其所，鲁固未尝无君也。至是郓溃，客寄乾侯，非其所矣。故岁首必书公之所在。盖以存君，不与季氏之专国也。不书居，非其地也。

夏，六月，庚辰，晋侯去疾卒。

秋，八月，葬晋顷公。

左传　夏六月，晋顷公卒。秋八月，葬。郑游吉吊，且送葬。魏献子使士景伯诘之，曰："悼公之丧，子西吊，子蟜送葬。今吾子无贰，何故？"吊、葬共使。对曰："诸侯所以归晋君，礼也。礼也者，小事大、大字小之谓。事大在共其时命，随时共所求。字小在恤其所无。以敝邑居大国之间，共其职贡，与其备御不虞之患，岂忘共命？言不敢忘共命，以所备御者多，不及办之。先王之制，诸侯之丧，士吊，大夫送葬。惟嘉好、聘享、三军之事于是乎使卿。晋之丧事，敝邑之间，先君有所助执绋矣。绋，輓索也。礼，送葬必执绋。若其不间，虽士、大夫有所不获数矣。不得如先王礼数。大国之惠，亦庆其加，而不讨其乏，明底其情，取备而已，以为礼也。庆，善也。底，致也。加，谓君自会葬，礼数有加者之谓。不及士吊、大夫葬之数者，但能致其情，而仪文只取略备。灵王之丧，在襄二十九年。我先君简公在楚，我先大夫印段实往，敝邑之少卿也。王吏不讨，恤所无也。今大夫曰：'女盍从旧？'旧有丰有省，不知所从。从其丰，则寡君幼弱，是以不共。从其省，则吉在此矣。唯大夫图之。"晋人不能诘。传言大叔之敏。

冬，十有二月，吴灭徐，徐子章羽奔楚。羽，公羊作禹。

左传　吴子使徐人执掩余，使钟吾人执烛庸，二十七年奔故。二公子奔楚。楚子大封，而定其徙，使监马尹大心逆吴公子，使居养，养，杜注：即所封之邑。今河南沈邱县东有养城。莠尹然、左司马沈尹戌城之。城养。取于城父与胡田以与之，胡田，杜注：故胡子之地。将以害吴也。子西谏曰："吴光新得国，而亲其民，视民如子，辛苦同之，将用之也。若好吴边疆，使柔服焉，犹惧其至。吾又强其仇，以重怒之，无乃不可乎？吴、周之胄裔也，而弃在海滨，不与姬通，今而始大，比于诸华。光又甚文，将自同于先王。不知天将以为虐乎，使翦丧吴国而封大异姓乎，其抑亦将卒以祚吴乎，其终不远矣。言其事行可知不久。我盍姑亿吾鬼神，而宁吾族姓，以待其归，将焉用自播扬焉？"亿，安也。归，善恶之归。播扬犹劳动也。王弗听。吴子怒。冬十二月，吴子执钟吾子。遂伐徐，防山以水之。防壅山水以灌徐。己卯，灭徐。子章禹断其发，携其夫人以逆吴子。断发自刑，示惧。吴子唁而送之，使其迩臣从之，遂奔楚。楚沈君戌帅师救徐，弗及，遂城夷。夷，城父。使徐子处之。

诸侯见灭，出奔众矣，如灭谭、灭弦、灭温皆不名者，强暴加于小弱，力不能胜而奔，义未绝也。章羽断其发以逆吴子，则既降矣。降而后奔，岂有兴复之志哉？故名之，以著其位之既绝也。

附录左传　吴子问于伍员曰："初而言伐楚，在二十年。余知其可也，而恐其使余往也，又恶人之有余之功也。今余将自有之矣。伐楚何如?"对曰："楚执政众而乖，莫适任患。"若为三师以肄焉，肄，劳也。一师至，彼必皆出。彼出则归，彼归则出，楚必道敝。亟肄以罢之，多方以误之。既罢而后以三军继之，必大克之。"阖庐从之，楚于是乎始病。为定四年吴入郢传。

三十有一年，春，王正月，公在乾侯。

左传　三十一年，春，王正月，公在乾侯，言不能外内也。外内不容，所以久在乾侯。

季孙意如会晋荀跞于适历。跞，公羊、谷梁作栎。适历，杜注：晋地。

左传　晋侯将以师纳公。范献子曰："若召季孙而不来，则信不臣矣，然后伐之，若何?"晋人召季孙。献子使私焉，曰："子必来，我受其无咎。"季孙意如会晋荀跞于适历。荀跞曰："寡君使跞谓吾子：'何故出君? 有君不事，周有常刑。子其图之。'"季孙练冠麻衣，跣行，示忧戚。伏而对曰："事君，臣之所不得也，敢逃刑命? 言愿事君，君不肯还，不敢辟罪。君若以臣为有罪，请囚于费，以待君之察也，亦唯君。若以先臣之故，不绝季氏，而赐之死。若弗杀弗亡，君之惠也，死且不朽。若得从君而归，则固臣之愿也，敢有异心?"

意如出君，晋不致讨，而使荀跞会之，悖亦甚矣。夫晋之六卿犹意如也，取货季氏，互为唇齿，而肯背赂以伤其类哉？晋侯蔽而不察，卒致昭公客死，亦从自及也。书曰："意如会晋荀跞于适历"，罪晋之辞也。

夏，四月，丁巳，薛伯谷卒。

左传　薛伯谷卒，同盟，故书。入《春秋》来，薛始书名，故传发之。

晋侯使荀跞唁公于乾侯。

左传　夏四月，季孙从知伯如乾侯。知伯，荀跞。子家子曰："君与之归。一惭之不忍，而终身惭乎?"公曰："诺众曰在一言矣，君必逐之。"言晋既忧君，君一言使晋，晋必逐之。荀跞以晋侯之命唁公，且曰："寡君使跞以君命讨于意如，意如不敢逃死，君其入也。"公曰："君惠顾先君之好，施及亡人，将使归粪除宗祧以事君，则不能见夫人。已所能见夫人者，有如河。"夫人谓季孙。荀跞掩耳而走，曰：怪公所言，示不忍听。"寡君其罪之恐，敢与知鲁国之难，臣请复于寡君。"退而谓季孙："君怒未怠，子姑归祭。"归摄君事。子家子曰："君以一乘入于鲁师，季孙必与君归。"公欲从之。众从者胁公，不得归。传言君弱，不能自主。

谷梁传　唁公不得入于鲁也。曰："既为君言之矣，不可者意如也。"

在晋地，故不言来。荀跞既会意如，而复以晋侯之命唁公者，适历之会意如愿从君归。盖恃范鞅受其无咎，而姑为欺人之语。荀跞阴喻其意，故阳以空言劝公入以塞责。及得公不能见夫人语，遂藉以为辞，而意如之谋遂矣。晋定公初立，有嗣霸之志，观成周之城、召陵之会，则欲以师纳公，未尝不出于诚。而荀、范表里为奸，多方以把持之，卒不得伸其志，其所由来者渐矣。

秋，葬薛献公。

附录左传　秋，吴人侵楚，伐夷，侵潜、六。夷、潜、六，杜注：皆楚邑。夷在今亳州。故潜城、六城俱在今寿州，俱属江南。楚沈尹戌帅师救潜，吴师还。楚师迁潜于南冈而还。吴师围弦，左司马戌、即沈尹戌。右司马稽帅师救弦，及豫章，吴师还。始用子胥之谋也。谋在前年。

冬，黑肱以滥来奔。肱，公羊作弓。滥，杜注：东海昌虑县。今昌虑故城在山东滕县东南。

左传　冬，邾黑肱以滥来奔。贱而书名，重地故也。黑肱非命卿，故曰贱。君子曰：名之不可不慎也如是，夫有所有名而不如其已，有所，谓有地也。言虽有名，不如无名。已，止也。以地叛，虽贱，必书。地以名其人，终为不义，弗可灭已。是故君子动则思礼，行则思义，不为利回，不为义疚。或求名而不得，或欲盖而名章，惩不义也。齐豹为卫司寇，守嗣大夫，作而不义，其书为盗。此求名而不得也。二十年，豹杀卫侯兄，欲求不畏强御之名。邾庶其、吕牟夷、邾黑肱以土地出，求食而已，不求其名，贱而必书。所谓欲盖而名章也。庶其奔在襄二十一年，牟夷奔在五年。此二物者，所以惩肆而去贪也。齐豹书盗，惩肆也。三叛人书名，去贪也。若艰难其身，身为艰难。以险危大人，大人，在位者。而有名章彻，谓得勇名。攻难之士将奔走之。攻犹作也。奔走犹赴趣也。若窃邑叛君以徼大利而无名，谓不书其人名。贪冒之民将置力焉。尽力为之，无所顾惮。是以《春秋》书齐豹曰盗，三叛人名，惩不义，数恶无礼，其善志也。数，列也。恶逆无礼，皆数列而不遗，记事之善者也。故曰《春秋》之称微而显，文微而义著。婉而辨。辞婉而旨别。上之人能使昭明，上之人，谓在位者。在位者能行其法，非贱人所能。善人劝焉，淫人惧焉，是以君子贵之。

公羊传　文何以无邾娄？通滥也。此邾娄黑弓也，《春秋》之文何以无邾娄？盖欲通滥为国，故使之无所系也。曷为通滥？贤者子孙，宜有地也。贤者孰谓？谓叔术也。叔术，邾娄颜公之弟，或曰群公子。何贤乎叔术？让国也。其让国奈何？当邾娄颜之时，颜，颜公也。邾娄女有为鲁夫人者，则未知其为武公与？懿公与？武、懿，鲁二公。孝公幼，颜淫九公子于宫中，因以纳贼，则未知其为鲁公子与？邾娄公子与？臧氏之母，养公者也。君幼则宜有养者，大夫之妾，士之妻，则未知臧氏之母者，曷为者也？养公者必以其子入养，不离人母子，因以娱公也。臧氏之母闻有贼，以其子易公，抱公以逃。贼至，凑公寝而弑之。直抵公所寝之处而弑之。臣有鲍广父与梁买子者，二子皆鲁大夫。闻有贼，趋而至。臧氏之母曰："公不死也，在是。吾以吾子易公矣。"于是负孝公之周诉天子，天子为之诛颜，而立叔术，反孝公于鲁。颜夫人者，颜公之夫人。妪盈女也，国色也，其言曰："有能为我杀杀颜者，吾为其妻。杀颜公者，鲍广父、梁买子也。叔术为之杀杀颜者，而以为妻。有子焉，谓之盱。夏父者，其所为有于颜者也。为颜公夫人时所生也。盱幼而皆爱之，叔术、妪盈女皆爱之。食必坐二子于其侧而食之。有珍怪之食，盱必先取足焉。"夏父曰："以来，人未足，而盱有余。"以来，犹曰以是物来置我前也。人，夏父自谓。言我尚未足，而盱所得独多。叔术觉焉，觉，悟也。知少时争食，长必争国。曰："嘻！此诚尔国也夫！"起而致国于夏父，夏父受而中分之。叔术曰："不可。"三分之，叔术曰："不可。"四分之，叔术曰："不可。"五分之，然后受之。公扈子者，邾娄之父兄也。当夫子作《春秋》时，于邾娄君为父兄之行。公扈者，氏也。习乎邾娄之故，其言曰："恶有言人之国贤若此者乎?"诛颜之时天子死，叔术起而致国于夏父。当此之时，邾娄人常被兵于周，曰："何故死吾天子?"当让国时，邾娄曾受讨罪之兵于周，曰："何故敢以天子为死，违生时命而立夏父乎?"此天子死则让，初无妻嫂惑儿争食之验也。通滥，则文何以无邾娄？天下未有滥也。既通滥为国，则宜特以国见，何以文无邾娄？盖以天下实未有滥国，《春秋》新通之耳。天下未有滥，则其言以滥来奔何？叔术者，贤大夫也。绝之则为叔术不欲绝，不绝则世大夫也。大夫之义不得世，此解不言滥黑弓意。故于是推而通之也。就窃邑以出之文，推而变通之。其文皆同，而但无邾娄，则既可以全叔术之心，亦可以无世大夫之嫌矣。

谷梁传　其不言邾黑肱，何也？据襄二十一年邾庶其以漆闾丘来奔言邾。别乎邾也。邾以滥邑封黑肱，故别之若国。其不言滥子，何也？据既别之为国，则应书其爵。非天子所封也。来奔，内不言叛也。

凡窃邑以出者，虽贱必书其名，惩不义也。昭公在外，孰受之？受之者，意如也。不令之臣以类相从。邾快、黑肱接踵而至，意如实为之招也。不言邾，史阙文。

十有二月，辛亥，朔，日有食之。

左传　十二月辛亥朔，日有食之。是夜也，赵简子梦童子赢而转以歌。赢，赢体也。转，宛转也。旦占诸史墨，曰："吾梦如是，今而日食，何也?"简子之梦适与日食会，疑咎在己，故问之。对曰："六年及此月也，吴其入郢乎，终亦弗克。史墨知梦非日食之应，故释日食之咎，而不释梦。入郢必以庚辰，庚日有变，日在辰尾，故曰以庚辰。定四年十一月庚辰，吴入郢。日月在辰尾。辰尾，龙尾也。周十二月，今之十月，日月合朔于辰尾而食。庚午之日，日始有谪。火胜金，故弗克。"

谪，变气也。庚午十月十九日，去辛亥朔四十一日。虽食在辛亥，更以始变为占也。午，南方，楚之位也。午，火。庚，金也。日以庚午有变，故灾在楚。楚之仇敌惟吴，故知入郢必吴。火胜金者，金为火妃，夫妻相得而强，楚盛之兆。故终不克。食在辛亥，亥，水也，水数六，故六年。

三十有二年，春，王正月，公在乾侯。

左传　三十二年春王正月，公在乾侯，言不能外内，又不能用其人也。其人，谓子家羁。

三年之间，岁首皆书，公在乾侯，其义一也，而左氏各为之说，凿矣。

取阚。

公羊传　阚者何？邾娄之邑也。曷为不系乎邾娄？讳亟也。去年受滥，今复取阚，故以为亟。

阚，鲁群公墓之所在，盖仙邑也。公旅寄乾侯，非有兵力，特以先君坟墓在焉，遣人诱而取之。书此以著季氏据国，公无尺土，虽得鲁邑，犹取之于外云尔。

夏，吴伐越。

左传　夏，吴伐越，始用师于越也。史墨曰："不及四十年，越其有吴乎。存亡之数，不过三纪。岁星三周三十六岁，故曰不及四十年，哀二十二年，越灭吴，去此三十八岁。越得岁而吴伐之，必受其凶。"此年岁在星纪。星纪，吴、越之分也。岁星所在其国有福。吴先用兵，故反受其殃。

此著吴、越之始事也。吴方抗楚，越议其后。自是吴、楚、越不相为下，而齐、晋二大国之患专在强臣，天下之势又一变矣。

秋，七月。

冬，仲孙何忌会晋韩不信、齐高张、宋仲几、卫世叔申、郑国参、曹人、莒人、薛人、杞人、小邾人城成周。世叔，谷梁作大叔。莒人下公羊有邾娄人，谷梁有邾人。

左传　秋，八月，王使富辛与石张如晋，请城成周。富辛、石张，周大夫。敬王徙都成周，以其狭小，故请城之。天子曰："天降祸于周，俾我兄弟并有乱心，以为伯父忧。我一二亲昵甥舅不皇启处，于今十年。谓二十三年二师围郊至于今。勤戍五年。谓二十八年晋籍秦致诸侯之戍至于今。余一人无日忘之，闵闵焉如农夫之望岁，惧以待时。闵闵，忧貌。伯父若肆大惠，复二文之业，弛周室之忧，二文，谓文侯仇、文公重耳。弛，解也。徼文、武之福，以固盟主，宣昭令名，则余一人有大愿矣。昔成王合诸侯城成周，以为东都，崇文德焉。今我欲徼福假灵于成王，修成周之城，俾戍人无勤，诸侯用宁，蝥贼远屏，蝥贼，喻灾害。晋之力也。其委诸伯父，使伯父实重图之，俾我一人无征怨于百姓，而伯父有荣施，先王庸之。"庸，功也。先王之灵，以为大功。范献子谓魏献子曰："与其戍周，不如城之。天子实云，虽有后事，晋勿与知可也。从王命以纾诸侯，晋国无忧，是之不务，而又焉从事?”魏献子曰：“善。”使伯音对曰：伯音，韩不信。“天子有命，敢不奉承以奔告于诸侯? 迟速衰序，衰序，差次也。于是焉在。”在周所命。冬十一月，晋魏舒、韩不信如京师，合诸侯之大夫于狄泉，寻盟，寻平丘盟。且令城成周。魏子南面。居君位。卫彪傒曰：彪傒，卫大夫。“魏子必有大咎。干位以令大事非其任也。《诗》曰：‘敬天之怒，不敢戏豫。敬天之渝，不敢驰驱。’《诗·大雅》。戒王者当敬畏天之谴怒，不可游戏逸豫，驰驱自恣。渝，变也。况敢干位以作大事乎?”己丑，士弥牟营成周，计丈数，计所当城之丈数。揣高卑，度高曰揣。度厚薄，仞沟洫。度深曰仞。物土方，议远迩，物，相也。相取土之方面，远近之宜。量事期，知事几时毕。计徒庸，知用几人功。虑材用，知费几材用。书餱包粮，知用几粮食。以令役于诸侯。属役赋丈，赋所当城丈尺。书以授帅，帅诸侯之大夫。而效诸刘子。韩简子临之，以为成命。效，致也。刘子，王卿士。简子，韩起孙不信也。临履其事，以命诸侯。经所以不书魏舒。

谷梁传　天子微，诸侯不享觐。天子之在者，唯祭与号。祭谓效禘，号谓称王故诸侯之大夫相帅以城之，此变之正也。

不曰城京师，而曰城成周，纪实也。王城自平王东迁以来，天子世世居之，其城完固。敬王避子朝之党，居于成周，遂定都焉。以其狭小，不足以容众，又旧为迁殷顽民之地，其城圮恶，故扩而新之。诸侯大夫承王命往城，礼之所宜，故其词平，无所予亦无贬焉。

十有二月，己未，公薨于乾侯。

左传　十二月，公疾，遍赐大夫，从公者。大夫不受。赐子家子双琥、一环、一璧、轻服，琥，玉器刻为虎形。轻服，细好之服。受之。大夫皆受其赐。己未，公薨。子家子反赐于府人，曰：“吾不敢逆君命也。”大夫皆反其赐。书曰公薨于乾侯，言失其所也。赵简子问于史墨曰：“季氏出其君，而民服焉，诸侯与之，君死于外而莫之或罪也。”对曰：“物生有两、有三、有五、有陪贰。故天有三辰，谓有三。地有五行，谓有五。体有左右，谓有两。各有妃耦，谓陪贰。王有公，诸侯有卿，皆有贰也。天生季氏，以贰鲁侯，为日久矣。民之服焉，不亦宜乎！鲁君世从其失，季氏世修其勤，民忘君矣。虽死于外，其谁矜之? 社稷无常奉，君臣无常位，自古以然。故《诗》曰：‘高岸为谷，深谷为陵。’《诗·小雅》。言高下有变易。三后之姓于今为庶，主所知也。三后，虞、夏、商。在《易》卦，雷乘乾曰大壮䷡，乾下震上，大壮。震在乾上，故曰雷乘乾。天之道也。乾为天子，震为诸侯，而在乾上，君臣易位，臣大强壮，若天上有雷。昔成季友，桓之季也，文姜之爱子也。始震而卜，卜人谒之，曰：‘生有嘉闻，其名曰友，为公室辅。’及生，如卜人之言，有文在其手曰友，遂以名之。既而有大功于鲁，立僖公。受费以为上卿。至于文子、武子，文子，行父。武子，宿。世增其业，不废旧绩。鲁文公薨，而东门遂杀適立庶，鲁君于是乎失国，失国权。政在季氏，于此君也四公矣。民不知君，何以得国？是以为君慎器与名，不可以假人。”器，车服。名，爵号。

昭公八年于外，以齐、晋大夫与意如声势相倚，迭为辅车，故卒不能入。史墨之言，谓鲁民忘君而君臣无常位。以此儆君，善矣。然率天下之强臣而为篡夺之谋，未必非此言启之。且慎器与名，此可以责鲁之先君，而非所以责昭公也。观《春秋》始终，书法皆以示尊君之义，而罪臣子、讥诸侯，胡氏安国徒以不能复国为公咎，过矣。

日讲春秋解义卷五十七

定　公

公名宋，襄公庶子，昭公之弟。谥法安民大虑曰定。

周　敬王十一年。

郑　献公五年。鲁定公九年，献公卒，子声公胜立。

齐　景公三十九年。

宋　景公八年。

晋　定公三年，晋魏舒为政，是年卒，范鞅为政。鲁定公十三年，晋逐范、中行氏，赵鞅归于晋，自是晋知氏、韩氏、魏氏、赵氏并强分晋之势成矣。

卫　灵公二十六年。

蔡　昭侯十年。

曹　隐公元年。鲁定公四年，声公弟露弑隐公代立，是为靖公。定八年，靖公卒，子伯阳立。

滕　顷公五年。

陈　惠公二十一年。鲁定公四年，惠公卒，子怀公柳立。定八年，怀公卒，子闵公越立。

杞　悼公九年。鲁定公四年，悼公卒，子隐公乞立。是年七月，隐公弟过弑隐公自立，是为僖公。

薛　襄公二年。鲁定公十二年，襄公卒，子比立。定十三年，比弑，惠公夷立，又名寅。

莒　郊公。

邾　庄公三十三年。鲁定公三年，庄公卒，子隐公益立。

许　许男斯十四年。鲁定公六年，郑灭许以斯归，弟元公成立。

小邾　详见昭公元年。

楚　昭王七年。鲁定公四年，吴入楚，楚令尹子常奔郑。昭王复国，子西为令尹。

秦　哀公二十八年。鲁定公九年，哀公卒，孙惠公立。

吴　阖庐六年。鲁定公四年，吴入楚，于越入吴。定十四年，于越败吴于檇李，阖庐伤而卒，子夫差立。

越　越子允常。鲁定公四年，越入吴。定十四年，允常卒，子句践立。吴阖庐闻允常死，率师伐越。句践袭，败吴于檇李，射杀阖庐。

日讲春秋解义卷五十七

定　公

名宋，襄公之子，昭公之弟。以敬王十一年即位。谥法安民大虑曰定。

元年，春，王。

公羊传　定何以无正月？正月者，正即位也。本有有正月者，正诸侯之即位。定无正月者，即位后也。即位在正月后，故不书正月。即位何以后？昭公在外，得入不得入未可知也。曷为未可知？在季氏也。定、哀多微辞，主人习其读而问其传，读谓经。传谓训诂。则未知己之有罪焉尔。此假设言之。主人，谓定、哀也。设使定、哀习其经，问其传解诂，则不知己之有罪。于是此孔子畏时君，上以讳尊隆恩下以辟害容身，慎之至也。

谷梁传　不言正月，定无正也。定之无正，何也？昭公之终，非正终也。定之始，非正始也。昭无正终，故定无正始。不言即位，丧在外也。

定公未即位，先书元年春者，追书之也。书王不书正月者，昭公卒于外，嗣子为贼臣所废，定公未立，意如自以为君，颁朔于庙，故《春秋》黜之。书王，明王法以治之也。不书正月，著国无主，而正朔无所承。且见定公受国，季氏不得正其始也。或谓无事不书，非也。隐、庄元年皆事在三月，定元年亦事在三月，然隐、庄皆书正月，则定公不书正月之为无正始可知矣。

三月，晋人执宋仲几于京师。大夫专执于是始。

左传　元年春王正月辛巳，晋魏舒合诸侯之大夫于狄泉，将以城成周。魏子莅政。莅，临也。代天子大夫为政。卫彪傒曰："将建天子，立天子之居。而易位以令，非义也。大事奸义，必有大咎，晋不失诸侯，魏子其不免乎？"是行也，魏献子属役于韩简子及原寿过，原寿过，周大夫。而田于大陆，焚焉。大陆，杜注：《禹贡》大陆在钜鹿北。嫌绝远，疑此田在汲郡吴泽荒芜之地。火田，并见烧也。《尔雅》广平曰陆。按，吴泽陂在今河南修武县北，一名太白陂。还，卒于甯。甯，杜注：修武县近吴泽。孔氏颖达曰："甯即修武城也。"今故城在县治西。范献子去其柏椁，以其未复命而田也。范献子代魏子为政，去其柏椁，示贬之。孟懿子会城成周。不书公，未即位。庚寅，栽。栽，设板筑。宋仲几不受功，曰："滕、薛、郳，吾役也。"欲使三国代宋受役。薛宰曰："宋为无道，绝我小国于周，以我适楚，故我常从宋。晋文公为践土之盟，曰：'凡我同盟，各复旧职。'若从践土，若从宋，亦唯命。"仲几曰："践土固然。"固曰从旧，薛旧为宋役。薛宰曰："薛之皇祖奚仲，居薛，以为夏车正。奚仲为夏禹掌车服大夫。奚仲迁于邳，仲虺居薛，以为汤左相。仲虺，奚仲之后。若复旧职，将承王官，何故以役诸侯?"仲几曰："三代各异物，薛焉得有旧?言居周世，不得以夏、殷为旧。为宋役，亦其职也。"士弥牟曰："晋之从政者新，言范献子新为政，未习故事。子姑受功。归，吾视诸故府。"求故事。仲几曰："纵子忘之，山川鬼神其忘诸乎?"山川鬼神，盟所告。士伯怒，谓韩简子曰："薛征于人，典籍故事，人所知也。宋征于鬼，取证于鬼神。宋罪大矣。且已无辞而抑我以神，诬我也。启宠纳侮，《书·说命》篇语。谓开宠过分，则纳受侵侮。其此之谓矣。必以仲几为戮。"乃执仲几以归。三月，归诸京师。知以归不，可故复归京师。城三旬而毕，乃归诸侯之戍。齐高张后，不从诸侯。后期不及诸侯之役。晋女叔宽曰："周苌弘、齐高张，皆将不免。苌叔违天，高子违人。天既厌周德，苌弘欲迁都以延其祚，故曰违天。诸侯相率以崇天子，而高子后期，故曰违人。天之所坏，不可支也。众之所为，不可奸也。为哀三年周人杀苌弘、六年高张来奔张本。

公羊传　仲几之罪何?不蓑城也。若今以草衣城是也。礼，诸侯为天子治城，各有分丈尺，宋仲几不治所生。其言于京师何?据城言成周，执不地。伯讨也。明以天子事执之。伯讨，则其称人何?贬。曷为贬?不与大夫专执也。曷为不与?实与而文不与。文曷为不与?大夫之义，不得专执也。

谷梁传　此其大夫，其曰人，何也?微之也。何为微之?不正其执人于尊者之所也，不与大夫之伯讨也。

《春秋》之义，诸侯不得专执，况大夫乎?宋仲几会城成周，而不受功，义所当讨。然在尊者之侧，请命而执归于司寇可也。既不请命，又不归于王，以陪臣而擅执人于天子之侧，无王甚矣。故不以城为王事而略晋大夫之罪。

夏，六月，癸亥，公之丧至自乾侯。戊辰，公即位。

左传　夏，叔孙成子逆公之丧于乾侯。成子，叔孙婼之子。季孙曰："子家子亟言于我，未尝不中吾志也。吾欲与之从政，子必止之，且听命焉。"众事皆谘问子家子。子家子不见叔孙，易几而哭。几，哭会也。不欲见叔孙，故朝夕哭不同会。叔孙请见子家子，子家子辞曰："羁未得见，而从君以出。出时成子未为卿。君不命而薨，羁不敢见。"言未受昭公之命，托辞以距叔孙。叔孙使告之曰："公衍、公为实使群臣不得事君。二子始谋逐季氏。若公子宋主社稷，则群臣之愿也。宋，昭公弟定公。凡从君出而可以入者，将唯子是听。子家氏未有后，季孙愿与子从政。此皆季孙之愿也。使不敢以告。"不敢，叔孙成子名。对曰："若立君，则有卿士大夫与守龟在，羁弗敢知。若从君者，则貌而出者，入可也。貌出，谓以义从公，与季氏无实怨。寇而出者，行可也。谓与季氏为寇仇者。若羁也，则君知其出也，而未知其入也，羁将逃也。”丧及坏隤，公子宋先入，从公者皆自坏隤反。出奔。六月癸亥，公之丧至自乾侯。戊辰，公即位。诸侯薨，五日而殡，殡则嗣子即位。癸亥，昭公丧至，五日殡于宫，定公乃即位。

公羊传　癸亥，公之丧至自乾侯，则曷为以戊辰之日然后即位？正棺于两楹之间，然后即位。正棺者，象即敛夷于堂。昭公死于外，不得以君臣礼治其丧，故示尽始死之礼。礼，始死于北牖下，浴于中霤，饭含于牖下，小敛于户内，夷于两楹之间。诸侯三日小敛，夷而绖，殡而成服，故戊辰然后即位。子沈子曰：“定君乎国，定昭公之丧礼于国。然后即位。”即位不日，此何以日？录乎内也。内事详录。

谷梁传　殡，然后即位也。周人殡于西阶之上。定无正，见无以正也。逾年不言即位，是有故公也。谓昭公在外故。言即位，是无故公也。即位，授受之道也。先君见授，后君乃受，故须棺在殡，乃言即位。先君无正终，则后君无正始也。先君有正终，则后君有正始也。戊辰公即位，谨之也。定之即位，不可不察也。公即位，何以日也？戊辰之日，然后即位也。癸亥，公之丧至自乾侯，何为戊辰之日，然后即位也？正君乎国，然后即位也。诸侯五日而殡，今以君始死之礼治之，故须殡而后言即位。沈子曰：“正棺乎两楹之间，然后即位也。”两楹之间，君听治之处。内之大事日，即位，君之大事也，其不日何也？以年决者，不以日决也。此则其日，何也？著之也。何著焉？逾年即位，厉也。厉，危也。公丧在外，逾年六月乃得即位，危故日之。于厉之中又有义焉。先君未殡，则后君不得即位。未殡，虽有天子之命犹不敢，况临诸臣乎！周人有丧，鲁人有丧，周人吊，鲁人不吊，周人曰：“固吾臣也，使人可也。”鲁人曰：“吾君也，亲之者也，使大夫则不可也。”故周人吊，鲁人不吊，以其下成康为未久也。周道尚明。君至尊也，去父之殡而往吊犹不敢，况未殡而临诸臣乎！

昭公薨至是阅七月，而丧始至，而定之即位乃在是月之戊辰，盖迟速进退为意如所制，不得专也。凡即位皆于朔日，故不书日，定公待昭公丧至即位，不以时，故书日。

秋，七月，癸巳，葬我君昭公。

左传　季孙使役如阚公氏，将沟焉。阚，鲁群公墓所在。季孙恶昭公，欲沟绝其兆域，不使与先君同。公氏，犹言公之墓宅。荣駕鹅曰：“生不能事，死又离之，以自旌也。駕鹅，鲁大夫荣成伯。旌，章也。纵子忍之，后必或耻之。”乃止。季孙问于荣駕鹅曰：“吾欲为君谥，使子孙知之。”为恶谥。对曰：“生弗能事，死又恶之，以自信也。将焉用之？”乃止。秋七月癸巳，葬昭公于墓道南。孔子之为司寇也。在定公十年后。沟而合诸墓。明臣无贬君之义。

昭公薨，逾半载始以丧归，归甫逾月而遽葬，见季氏肆逆无礼于先君，而鲁之臣子党恶而不能正也。

九月，大雩。

谷梁传　雩月，雩之正也。秋大雩，非正也。冬大雩，非正也。秋大雩，雩之为非正，何也？冬禾稼既成，犹雩，则非礼可知。秋未稼始苗，嫌当须雨，故问也。毛泽未尽，人力未竭，未可以雩也。凡地之所生谓之毛，言秋百谷之润泽未尽也。人力未竭，谓耕耘之功未毕。雩月，雩之正也。月之为雩之正，何也？其时穷，人力尽，然后雩。雩之正也，何谓其时穷人力尽？是月不雨，则无及矣。是年不艾，则无食矣。是谓其时穷人力尽也。雩之必待其时穷人力尽，何也？雩者，为旱求也。求者，请也。古之人重请。何重乎请？人之所以为人者，让也。请道去让也。则是舍其所以为人也，是以重之。焉请哉？请乎应上公。古之神人有应上公者，通乎阴阳君，亲帅诸大夫道之而以请焉。其祷辞曰："方今大旱，野无生稼，寡人当死，百姓何谤？不敢烦民请命，愿抚万民，以身塞无状。"夫请者，非可诒托而往也，诒托，犹假寄。必亲之者也，是以重之。

凡书大皆讥其僭，此则昭公丧未逾年，而用盛乐以雩，变尤甚矣。

立炀宫。

左传　昭公出故，季平子祷于炀公。九月，立炀宫。平子逐君，惧而请祷于炀公。昭公死于外，自以为获福故立其宫。

公羊传　炀公者何？炀公之宫也。《春秋》前炀公也。立者何？立者，不宜立也。立炀宫，非礼也。

谷梁传　立者，不宜立者也。

炀公，考公弟也。鲁之以弟继兄盖始于此。意如舍適嗣不立，而立定公，定公乃昭公之弟，恐人议己，于是而立炀公。其意若谓鲁一生一及，其由来旧矣，今定以弟而继昭公，亦犹炀公之以弟而继考公也。夫宫庙即远，有毁而无立，今逞私逾典以立久祧之宫，诬妄已甚。书立者，不宜立也。

附录左传　周巩简公弃其子弟，而好用远人。简公，周卿士。远人，异族也。为明年巩氏贼简公张本。

冬，十月，陨霜杀菽。陨，公羊作霣。

公羊传　何以书？记异也。此灾菽也，曷为以异书？异大乎灾也。异者，非常而可怪。周十月，夏八月，微霜用事，未可杀菽，而杀，故曰异。

谷梁传　未可以杀而杀，举重。举杀豆，则杀草可知。可杀而不杀，举轻。不杀草，则不杀菽亦显。僖三十三年霣霜不杀草是也。其曰菽，举重也。

周十月，今八月也。月令九月霜始降，八月阴气未盛，非陨霜之候，而至于杀菽，异矣。菽，耐霜之谷，盖物之难杀者。言杀菽，则余物可知，故谷梁子曰举重。

二年，春，王正月。

附录左传　二年夏四月辛酉，巩氏之群子弟贼简公。

夏，五月，壬辰，雉门及两观灾。

公羊传　其言雉门及两观灾何？两观微也。雉门、两观，皆天子之制，门为其主，观为其饰，故微也。然则曷为不言雉门灾及两观，主灾者两观也。时灾从两观起。时灾者两观，则曷为后言之？不以微及大也。何以书？记灾也。

谷梁传　其不曰雉门灾及两观，何也？灾自两观始也，不以尊者亲灾也。尊谓雉门。亲，近也。先言雉门，尊尊也。

言及，雉门、两观俱灾也。桓宫、僖宫灾不言及者，二庙分明，故不必言。此不言及，则嫌于雉门之两观独灾耳。

秋，楚人伐吴。

左传　桐叛楚。桐，杜注：小国，庐江舒县西南有桐乡。今江南桐城县北有古桐城，与庐江接界。吴子使舒鸠氏诱楚人，舒鸠，杜注：楚属国。曰："以师临我，教舒鸠诱楚，使以师临吴。我伐桐，为我使之无忌。"吴伐桐也，伪若畏楚师之临己，而为伐其叛国以取媚者。欲使楚不忌吴，所谓多方以误之。秋，楚囊瓦伐吴师于豫章。从舒鸠言。吴人见舟于豫章，伪将为楚伐桐。而潜师于巢。实欲以击楚。冬十月，吴军楚师于豫章，败之。楚不忌吴故。遂围巢，克之，获楚公子繁。繁，守巢大夫。

附录左传　邾庄公与夷射姑饮酒，私出。射姑，邾大夫。出，辟酒。阍乞肉焉，夺之杖以敲之。为明年邾子卒传。

冬，十月，新作雉门及两观。

公羊传　其言新作之何？修大也。修旧不书，此何以书？讥。何讥尔？不务乎公室也。不务如公室之礼。

谷梁传　言新，有旧也。作，为也，有加其度也。此不正其以尊者亲之，何也？不正，谓更扩大之不合法度。据当讳而以雉门亲新作之下。虽不正也，于美犹可也。灾恶，故尊雉门，推灾而远之。今新作，好美之事，虽尊雉门，可以亲之。

雉门，公宫南门之中门也。按，明堂位天子五门，皋、库、雉、应、路，鲁有库、雉、路三门，库门制似天子皋门，雉门制似天子应门。天子外阙两观，诸侯外阙一观，鲁设两观，僭也。既灾，则不当更作，今复为之，其制度无损，故书新作，讥其僭而不能革也。南门亦书新作者，彼以本有而改作之，其高大过常，非故制也。延厩言新不言作者，因旧而葺之，非去旧复为者。比言各有当也。

三年，春，王正月，公如晋，至河乃复。

意如逐君，客死于外，皆晋大夫为之羽翼，其交甚亲。今公立往朝，而晋复辞公者，盖意如之谋，不使公得见晋侯，所以操纵其君，使之一切听己也。

二月，辛卯，邾子穿卒。二月，公羊、谷梁作三月。

左传　三年春二月辛卯，邾子在门台，门上有台。临廷。阍以缾水沃廷，邾子望见之，怒。阍曰："夷射姑旋焉。"旋，小便。命执之。见其不洁，执射姑。弗得，滋怒，自投于床，废于炉炭，废，堕也。烂，遂卒。先葬以车五乘，殉五人。欲藏中之洁，故先内车及殉，别为便房，盖其遗命。庄公卞急而好洁，故及是。卞，躁疾也。

夏，四月。

秋，葬邾庄公。

附录左传　秋九月，鲜虞人败晋师于平中，平中，杜注：晋地。获晋观虎，恃其勇也。为五年士鞅围鲜虞张本。

冬，仲孙何忌及邾子盟于拔。拔，公羊、谷梁作枝。拔，杜注：地阙。

左传　冬，盟于郯。郯，杜注：即拔也。修邾好也。公即位，故修好。

鲁大夫而盟诸侯，邾丧未期而出会盟，盖交失之。

附录左传　蔡昭侯为两佩与两裘，以如楚，佩，佩玉也。献一佩一裘于昭王。昭王服之，以享蔡侯，蔡侯亦服其一。子常欲之，弗与。三年止之。唐成公如楚，有两肃爽马，成公，唐惠侯之后。肃爽，骏马名。子常欲之，弗与，亦三年止之。唐人或相与谋，请代先从者，许之。饮先从者酒，醉之，窃马而献之子常。子常归唐侯。自拘于司败，窃马者自拘。曰："君以弄马之故，隐君身，隐，忧约也。弃国家。群臣请相夫人以偿马，必如之。"相，助也。夫人谓养马者。唐侯曰："寡人之过也。二三子无辱。"皆赏之。蔡人闻之，固请而南佩于子常。子常朝，见蔡侯之徒，命有司曰："蔡君之久也，官不共也。言楚所以礼遣蔡侯之物，不共备故。明日礼不毕，遣蔡侯之礼。将死。"蔡侯归及汉，执王而沈，曰："余所有济汉而南者，有若大川。"自誓不复与楚。蔡侯如晋，以其子元与其大夫之子为质焉，而请伐楚。为明年会召陵张本。

四年，春，王二月，癸巳，陈侯吴卒。

三月，公会刘子、晋侯、宋公、蔡侯、卫侯、陈子、郑伯、许男、曹伯、莒子、邾子、顿子、胡子、滕子、薛伯、杞伯、小邾子、齐国夏于召陵，侵楚。晋、楚交兵止此。

左传　四年春三月，刘文公合诸侯于召陵，谋伐楚也。文公，王官伯也。晋人假王命以讨楚之久留蔡侯，故曰文公合诸侯。晋荀寅求货于蔡侯，弗得。言于范献子曰："国家方危，诸侯方贰，将以袭敌，不亦难乎！水潦方降，疾疟方起，中山不服，中山，鲜虞。弃盟取怨，晋、楚同盟于宋。无损于楚，而失中山，不如辞蔡侯。吾自方城以来，楚未可以得志，晋败楚，侵方城，在襄十六年。只取勤焉。"乃辞蔡侯。晋人假羽旄于郑，郑人与之。析羽为旌王者游车之所建，郑私有之，因谓之羽旄，借观之。明日，或旆以会。或，贱者。继旐曰旆，令贱人施其旆，执以从会，示卑郑。晋于是乎失诸侯。传言晋无礼，所以遂弱。

是时，晋、楚皆衰，其大夫用事而贪于贿，相类也。诸侯两贰，而楚求无厌，陵蔑与国，故蔡人发愤，请师于晋。晋于是大合诸侯，陈、许、顿、胡素役于楚者皆同心而北向，天子之老莅焉，其势可有为。而六卿惧君胜楚以归，而夺之权。故乞赂以离蔡，假旄以卑郑，用散诸侯之师，以隳其君之功，而固其私，至以十八国之众潜掠楚境无功而还。《春秋》据实而书，以深罪晋君之失政，谋国者不忠也，而晋自是亦不能国矣。

夏，四月，庚辰，蔡公孙姓帅师灭沈，以沈子嘉归，杀之。姓，公羊作归姓。后同。

左传　沈人不会于召陵，晋人使蔡伐之。夏，蔡灭沈。

书灭沈于会召陵之后，盟皋鼬之前，著侵楚无功，而释憾于微弱之沈，徒以重楚人之怒耳。蔡之视沈，犹楚视蔡也。楚实病己，乃以所恶者加之沈，覆其国而戕其君，不义甚矣。故书杀，以正其罪。

五月，公及诸侯盟于皋鼬。皋鼬，公羊作浩油。杜注：繁昌县东南有城皋亭。在今河南临颍县界。

左传　将会，卫子行敬子言于灵公，曰：子行敬子，卫大夫。"会同难，难得宜。啧有烦言，莫之治也。啧，至也。烦言，忿争。其使祝佗从。"祝佗，大祝子鱼。公曰："善。"乃使子鱼。子鱼辞曰："臣展四体，以率旧职，犹惧不给，而烦刑书。若又共二，共二职。徼大罪也。且夫祝，社稷之常隶也。社稷不动，祝不出竟，官之至也。社稷动，谓国迁。君以军行，祓社衅鼓，师出，先有事祓祷于社，谓之宜社。于是杀牲，以血涂鼓鼙，为衅鼓。祝奉以从，奉社主也。于是乎出竟。若嘉好之事，谓朝会。君行师从，卿行旅从，臣无事焉。"公曰："行也。"及皋鼬，将盟。将长蔡于卫。欲令蔡先卫歃。卫侯使祝佗私于苌弘曰："闻诸道路，不知信否。若闻蔡将先卫，信乎?"苌弘曰："信。蔡叔，康叔之兄也。先卫，不亦可乎?"子鱼曰："以先王观之，则尚德也。昔武王克商，成王定之，选建明德，以藩屏周。故周公相王室，以尹天下，尹，正也。于周为睦。以盛德见亲厚。分鲁公以大路、大旂，鲁公，伯禽也。大路，金路，锡同姓诸侯车。交龙为旂，《周礼》同姓以封。夏后氏之璜，璜，美玉名。封父之繁弱，封父，杜注：古诸侯也。今河南封邱县治西北有封父亭。繁弱，大弓名。殷民六族，条氏、徐氏、萧氏、索氏、长勺氏、尾勺氏，使帅其宗氏，辑其分族，将其类丑，丑，众也。以法则周公，用即命于周。即，就也。是使之职事于鲁，以昭周公之明德。分之土田陪敦，陪，增也。敦，厚也。土地增厚，凡七百里。祝、宗、卜、史，大祝、宗人、大卜、大史，凡四官。备物典策，典策，春秋之制。官司彝器，官司，百官也。彝器，常用器。因商奄之民，商奄，东方之国，令属鲁。命以伯禽，而封于少皞之虚。伯禽，策命篇名，如《君陈》《君牙》类也。少皞虚，杜注：曲阜也，在鲁城内。分康叔以大路、少帛、綪茷、旃旃、少帛，杂帛也。綪茷，大赤，取染草名也。通帛为旃，析羽为旌。大吕。钟名。殷民七族，陶氏、施氏、繁氏、锜氏、樊氏、饥氏、终葵氏，封畛土略，自武父以南，及圃田之北竟，畛，涂所径也。略，界也。武父，杜注：卫北界。圃田，杜注：郑薮名。取于有阎之土，以共王职。有阎，杜注：卫所受朝宿邑，盖近京畿。取于相土之东都，以会王之东蒐。为汤沐邑，王东巡守以助祭泰山。聃季授土，聃季，周公弟，司空。陶叔授民，陶叔，司徒。命以《康诰》，而封于殷虚，《康诰》，《周书》。殷虚，朝歌也。皆启以商政，疆以周索。皆，鲁、卫也。启开也。居殷故地，因其风俗，开导以旧政，疆理土地以周法。索，法也。分唐叔以大路、密须之鼓、密须，杜注：国名。阙巩、甲名。沽洗，钟名。怀姓九宗，职官五正。怀姓，唐之余民。九宗，一姓为九族。职官五正，殷时五官居在唐地，世为贵族，以赐唐叔，使主领之，所以荣宠唐叔也。命以《唐诰》，而封于夏虚，《唐诰》，诰命篇名。夏虚，杜注：大夏，大原晋阳也。启以夏政，亦因夏风俗，开用其政。疆以戎索。大原近戎而寒，不与中国同，故自以戎法。三者皆叔也，而有令德，故昭之以分物。不然，文、武、成、康之伯犹多，而不获是分也，唯不尚年也。管、蔡启商，惎间王室，惎，毒也。谓以殷叛。王于是乎杀管叔，而蔡蔡叔，蔡，放也。以车七乘，徒七十人。与蔡叔车徒而放之。其子蔡仲，改行帅德，周公举之，以为己卿士，为周公臣。见诸王，而命之以蔡。命为蔡侯。其命书云：'王曰：胡，胡，蔡仲名。无若尔考之违王命也。'若之何其使蔡先卫也？武王之母弟八人，周公为大宰，康叔为司寇，聃季为司空，五叔无官，岂尚年哉？五叔，管叔鲜、蔡叔度、成叔武、霍叔处、毛叔聃也。曹，文之昭也。文王子，与周公异母。晋，武之穆也。武王子。曹为伯甸，非尚年也。以伯爵居甸服，言小。今将尚之，是反先王也。晋文公为践土之盟，卫成公不在，夷叔，其母弟也，犹先蔡。践土、召陵二会，经书蔡在卫上，霸主以国大小之序也。子鱼所言，盟歃之次。其载书云：'王若曰：晋重、文公。鲁申、僖公。卫武、叔武。蔡甲午、庄侯。郑捷、文公。齐潘、昭公。宋王臣、成公。莒期。'兹丕公。齐序郑下，周之宗盟，异姓为后。藏在周府，可覆视也。吾子欲复文、武之略，略，道也。而不正其德，将如之何？"苌弘说，告刘子，与范献子谋之，乃长卫侯于盟。反自召陵，郑子大叔未至而卒。晋赵简子为之临，甚哀，曰："黄父之会，在昭二十五年。夫子语我九言，曰：'无始乱，无为祸首。无怙富，无恃宠，无违同，无敖礼，无骄能，以能骄人。无复怒，复，重也。无谋非德，非所谋也。无犯非义。'"传言简子能用善言，所以遂兴。

谷梁传　后而再会，公志于从会也。后，志疑也。公畏强楚，疑于侵之，故后者，更谋也。

《春秋》之例，王官与会而不与盟，则书诸侯盟，如蔡丘之盟是也。会、盟皆与则不书诸侯，如柯陵、鸡泽、平丘之盟是也。此言诸侯，则刘子不盟可知矣。公后至，不与会，而与盟，则复称公会诸侯盟，如盟于薄、盟于扈是也。此年公与于召陵之会，则非后矣。会与盟公皆与，而刘子不与，则但当书诸侯盟于皋鼬，如祝柯、重丘会盟殊地之例。而又书公及者，所以著公受国于意如，因如晋见却，而汲汲求为此盟也。

杞伯成卒于会。成，公羊作戊。

不言卒于师者，以不成乎伐楚也。

六月，葬陈惠公。

此见陈侯背殡出会也。君在殡，则辞会可也。

许迁于容城。容城，杜注：阙。

许四迁皆受楚令，悉以自迁为文，许所欲也。容城盖析之近地。

秋，七月，公至自会。

不致，侵楚无功也。故以会告庙。

刘卷卒。

公羊传　刘卷者何？天子之大夫也。外大夫不卒，此何以卒？我主之也。

谷梁传　此不卒而卒者，贤之也。寰内诸侯也，非列土诸侯，此何以卒也？天王崩，为诸侯主也。昭二十二年景王崩，尝以宾主之礼相接，故书其卒。

畿内诸侯不同列国，故不言刘子卷卒。先儒谓刘子定内难，有大功于王室，特书其卒葬。然单施之功与刘子同而不书卒，尹氏擅权亦书卒，则其义不可通矣。盖召陵之会刘子与焉，会罢而卒，故来赴于鲁，而鲁史书之耳。

葬杞悼公。

楚人围蔡。

左传　秋，楚为沈故，围蔡。

晋士鞅、卫孔圉帅师伐鲜虞。圉，公羊作圄。

晋伐楚则利在诸侯，伐鲜虞则利在六卿，故楚围蔡不救，而中山是伐，比事书之，而晋卿保利营私、不恤国事之恶著矣。

葬刘文公。

公羊传　外大夫不书葬，此何以书？录我主也。以主我恩录之。

尹氏、王子虎皆不书葬，此书葬，以鲁特往会也。

冬，十有一月，庚午，蔡侯以吴子及楚人战于柏举，楚师败绩。楚囊瓦出奔郑。柏举，公羊作伯莒，谷梁作伯举。杜注：楚地。当在今湖广麻城县境。吴始书子。

左传　伍员为吴行人以谋楚。楚之杀郤宛也，在昭二十七年。伯氏之族出。郤宛党。伯州犁之孙嚭为吴大宰以谋楚。楚自昭王即位，无岁不有吴师，蔡侯因之，以其子乾与其大夫之子为质于吴。冬，蔡侯、吴子、唐侯伐楚。唐侯不书，兵属于吴、蔡。舍舟于淮汭，吴乘舟从淮来，过蔡而舍之。自豫章与楚夹汉。豫章，杜注：

汉东江北地名。左司马戌谓子常曰："子沿汉而与之上下，沿，缘。缘汉上下，庶使勿渡。我悉方城外以毁其舟，还塞大隧、直辕、冥阨。大隧、直辕、冥阨，《地理通释》即义阳之黄岘、武阳、平靖三关也。黄岘、平靖俱在今河南，信阳州南武阳在州东南。子济汉而伐之，我自后击之，必大败之。"既谋而行。武城黑谓子常曰：黑，楚武城大夫。"吴用木也，我用革也，用，军器。不可久也，不如速战。"史皇谓子常："楚人恶子而好司马。史皇，楚大夫。司马，沈尹戌。若司马毁吴舟于淮，塞城口而入，城口，三隘道之总名。是独克吴也。子必速战，不然，不免。"乃济汉而陈，自小别至于大别。小别，山名，在今湖广汉川县北，一名甑山。大别，亦山名，在今湖广汉阳县东北，一名鲁山。三战，子常知不可，知吴不可胜。欲奔。史皇曰："安求其事，难而逃之，将何所入？子必死之，初罪必尽说。"言致死以克吴，可以免贪贿致寇之罪。十一月庚午，二师陈于柏举。二师，吴、楚师。阖庐之弟夫概王晨请于阖庐曰："楚瓦不仁，瓦，子常名。其臣莫有死志。先伐之，其卒必奔，而后大师继之，必克。"弗许。夫概王曰："所谓臣义而行不待命者，其此之谓也。今日我死，楚可入也。"以其属五千先击子常之卒，子常之卒奔，楚师乱，吴师大败之。子常奔郑。史皇以其乘广死。以战死。

公羊传　吴何以称子？夷狄也，而忧中国。其忧中国奈何？伍子胥父诛乎楚，挟弓而去楚，以干阖庐。阖庐曰："士之甚，士，贤士。勇之甚，将为之兴师而复仇于楚。"伍子胥复曰："诸侯不为匹夫兴师，且臣闻之，事君犹事父也。亏君之义，复父之仇，臣不为也。"于是止。蔡昭公朝乎楚，有美裘焉，囊瓦求之，昭公不与，为是拘昭公于南郢，数年然后归之。于其归焉，用事乎河，曰："天下诸侯，苟有能伐楚者，寡人请为之前列。"楚人闻之，怒，为是兴师，使囊瓦将而伐蔡。蔡请救于吴，伍子胥复曰："蔡非有罪也，楚人为无道，君如有忧中国之心，则若时可矣。"于是兴师而救蔡。曰："事君犹事父也，此其为可以复仇奈何？"曰："父不受诛，不受诛，罪不当诛也。子复仇可也。父受诛，子复仇，推刃之道也，一往一来曰推刃。复仇不除害。不得兼仇其子，恐复害己而杀之。朋友相卫而不相迿，迿，先也。不先去刺，所以伸孝子恩。古之道也。"

谷梁传　吴其称子何也？以蔡侯之以之，举其贵者也。贵谓子也。蔡侯之以之，则其举贵者，何也？吴信中国而攘夷狄，吴进矣。其信中国而攘夷狄奈何？子胥父诛于楚也，子胥父，伍奢也，为楚平王所杀。挟弓持矢而干阖庐，阖庐曰："大之甚勇之甚，为是欲兴师而伐楚。"子胥谏曰："臣闻之，君不为匹夫兴师，且事君犹事父也，亏君之义，复父之仇，臣弗为也。"于是止。蔡昭公朝于楚，有美裘，正是日，囊瓦求之，昭公不与。是为拘昭公于南郢，南郢，楚郡。数年然后得归。归乃用事乎汉，用事者，祷汉水神。曰："苟诸侯有欲伐楚者，寡人请为前列焉。"楚人闻之而怒，为是兴师而伐蔡。蔡请救于吴子，胥曰："蔡非有罪，楚无道也。君若有忧中国之心，则若此时可矣。”为是兴师而伐楚。何以不言救也？救大也。

师能左右之曰以，曰蔡侯以吴子者，盖谋出于蔡，而吴为之用也。荆楚横暴，蔡尤被毒，盖尝夷之为县，诱般而杀之，用世子有，出蔡侯朱，又拘吴于南郢数年而后归，今复兴师围其国，陵暴极矣。晋不足恃，故蔡侯不得已而乞师于吴。吴子为之大败楚师，囊瓦奔郑。《春秋》据事直书，而蔡人累世之仇赖吴以复，晋失其政不足以宗诸侯，举可见矣。吴子亲行，君重于师，故不得不书爵，传以为进之，非也。诸侯积忿于楚，吴能败之，故旧史喜其事而称爵，或未可知。以为孔子特起褒进之文，则于通经之义皆不可通矣。

庚辰，吴入郢。郢，公羊、谷梁作楚。

左传　吴从楚师及清发，清发，杜注：水名。《水经注》涢水南迳石岩山北，亦谓之清水。在今湖广安陆县西石门山下。将击之，夫概王曰：“困兽犹斗，况人乎？若知不免而致死，必败我。若使先济者知免，后者慕之，蔑有斗心矣。半济而后可击也。”从之，又败之。楚人为食，吴人及之，奔，食而从之，败诸雍澨。雍澨，今湖广京山县西南有三澨水，雍澨其一也。五战，及郢。己卯，楚子取其妹季芈、畀我以出，《世族谱》季芈、畀我，皆平王女。服虔云：“畀我，季芈之字。”未知孰是。涉睢。睢，杜注：水出新城昌魏县，东南至枝江县入江。今湖广当县北有沮水，相传即楚昭王西涉处。针尹固与王同舟，王使执燧象以奔吴师。烧火燧击象尾，使赴吴师，惊却之。庚辰，吴入郢，以班处宫。以尊卑班次处楚王宫室。子山处令尹之宫，子山，吴王子。夫概王欲攻之，惧而去之，夫概王入之。言吴无礼，所以不能克。左司马戌及息而还，息，杜注：汝南新息也。闻楚败，故还。败吴师于雍澨，伤。初，司马臣阖庐，尝在吴为阖庐臣。故耻为禽焉。谓其臣曰：“谁能免吾首？”吴句卑曰：“臣贱，可乎？”司马曰：“我实失子，可哉！”失不知子贤。三战皆伤，曰：“吾不可用也已。”句卑布裳，刭而裹之，司马已死，刭取其首。藏其身，而以其首免。传言司马之忠壮。楚子涉睢，济江，入于云中。云中，杜注：云梦泽中，所谓江南之梦。盖云梦一泽跨江南北。王寝，盗攻之，以戈击王，王孙由于以背受之，中肩。王奔郧。钟建负季芈以从。钟建，楚大夫。由于徐苏而从。以背受戈，故当时闷绝。郧公辛之弟怀将弑王，曰：“平王杀吾父，我杀其子，不亦可乎？”辛，蔓成然之子斗辛也。昭十四年楚平王杀成然。辛曰：“君讨臣，谁敢仇之？君命，天也。若死天命，将谁仇？《诗》曰：‘柔亦不茹，刚亦不吐。不侮矜寡，不畏强御，唯仁者能之。《诗·大雅》。言仲山甫不辟强陵弱。违强陵弱，非勇也。乘人之约，非仁也。灭宗废祀，非孝也。弑君罪应灭宗。动无令名，非知也。必犯是，余将杀女。”斗辛与其弟巢以王奔随。吴人从之，谓随人曰：“周之子孙在汉川者，楚实尽之。天诱其衷，致罚于楚，而君又窜之，窜，匿也。周室何罪？君若顾报周室，施及寡人，以奖天衷，君之惠也。汉阳之田，君实有之。”楚子在公宫之北，随公宫也。吴人在其南。子期似王，子期，昭王兄公子结。逃王，而己为王，曰："以我与之，王必免。"随人卜与之，不吉，乃辞吴曰："以随之辟小，而密迩于楚，楚实存之。世有盟誓，至于今未改。若难而弃之，何以事君？执事之患，不唯一人。一人，楚王。若鸠楚竟，敢不听命？"吴人乃退。炉金初宦于子期氏，实与随人要言。要言无以楚王与吴，并欲脱子期。王使见，辞曰："不敢以约为利。"王割子期之心，以与随人盟。当心前割取血以盟，示其至心。初，伍员与申包胥友。包胥，楚大夫。其亡也，谓申包胥曰："我必复楚国。"复，报也。申包胥曰："勉之。子能复之，我必能兴之。"及昭王在随，申包胥如秦乞师，曰："吴为封豕、长蛇，以荐食上国，荐，数也。虐始于楚。寡君失守社稷，越在草莽，使下臣告急，曰：'夷德无厌，若邻于君，疆场之患也。吴有楚，则与秦邻。逮吴之未定，君其取分焉。与吴共分楚地。若楚之遂亡，君之土也。若以君灵抚之，世以事君。"秦伯使辞焉曰："寡人闻命。矣子姑就馆，将图而告。"对曰："寡君越在草莽，未获所伏，伏犹处也。下臣何敢即安？"立依于庭墙而哭，日夜不绝声，勺饮不入口七日。秦哀公为之赋《无衣》，《诗·秦风》。取其"王于兴师，修我戈矛，与子同仇，与子偕作，与子偕行。"九顿首而坐。《无衣》三章，章三顿首。秦师乃出。为明年包胥以秦师至张本。

公羊传　吴何以不称子？反夷狄也。其反夷狄奈何？君舍于君室，大夫舍于大夫室，盖妻楚王之母也。

谷梁传　日入，易无楚也。易无楚者，坏宗庙，徙陈器，挞平王之墓。何以不言灭也？欲存楚也。其欲存楚奈何？昭王之军败而逃，父老送之，曰："寡人不肖，亡先君之邑，父老反矣，何忧无君？寡人且用此入海矣。"父老曰："有君如此其贤也。"以众不如吴，以必死不如楚，相与击之，一夜而三败吴人，复立。楚复立也。何以谓之吴也？狄之也。何谓狄之也？君居其君之寝，而妻其君之妻。大夫居其大夫之寝，而妻其大夫之妻。盖有欲妻楚王之母者，不正乘败人之绩而深为利。居人之国，故反其狄道也。

郢，楚都。书入郢，见楚之大国，都犹不能守也。凡书入者，皆破其国都也。楚地数千里，若书入楚，则不足以见破其国都之实矣。吴不称子，从其恒称。谷梁以为不正其乘人之败而深为利，则诸入国者皆然，何独贬于吴乎？

日讲春秋解义卷五十八

定　公

五年，春，王三月，辛亥，朔，日有食之。三月，公羊作正月。

附录左传　五年春，王人杀子朝于楚。因楚乱也。终闵马父之言。

夏，归粟于蔡。

左传　夏，归粟于蔡，以周亟，矜无资。亟，急也。

公羊传　孰归之？诸侯归之。曷为不言诸侯归之？离至不可得而序，故言我也。

谷梁传　诸侯无粟，诸侯相归粟，正也。孰归之？诸侯也。不言归之者，专辞也。若独主于鲁。义迩也。言迩近之事，不足具列诸侯。

《春秋》贵义不贵惠。蔡为楚困而不能救，今见楚败吴胜，乃归蔡粟，徒为吴而已，无救灾之实也。二传以为诸侯归之，经略不序，盖鲁与诸侯皆以晋命归粟，书鲁事则可包诸侯，与城楚丘戍陈同义。

于越于吴。

左传　越入吴，吴在楚也。

公羊传　于越者何？越者何？于越者，未能以其名通也。不能与中国通，故从其俗称曰于越。越者，能以其名通也。能与中国通，则以中国之辞称之曰越。

于越者，其自称者也。越者，中国称之者也。考之经，入吴、败吴皆越人来告，故书于越。吴伐越则吴来告也，故止书越。

六月，丙申，季孙意如卒。

左传　六月，季平子行东野。东野，杜注：季氏邑。还，未至，丙申，卒于房。房，盖近费之地。阳虎将以玙璠敛，玙璠，美玉，君所佩。仲梁怀弗与，怀亦季氏家臣。曰：“改步改玉。”步谓行也。《玉藻》云：“君行接武，大夫继武。”又云：“公侯佩山玄玉，大夫佩水苍玉。”是君臣步玉不同。阳虎欲逐之，告公山不狃。不狃曰：“彼为君也，子何怨焉？”不狃，季氏臣费宰子泄也。为君，不欲使僭。既葬，桓子行东野，桓子，意如子季孙斯。及费。子泄为费宰，逆劳于郊，桓子敬之。劳仲梁怀，仲梁怀弗敬。怀时从桓子行，轻慢子泄。子泄怒，谓阳虎：“子行之乎？”行，逐怀也。为下阳虎囚桓子起。

内大夫有罪而身不见讨，则《春秋》不书其卒，公子翚是也。意如卒何以书？见定公忘大义而念私劳，使逐君之贼生安其位，卒用卿礼也。

秋，七月，壬子，叔孙不敢卒。

附录左传　申包胥以秦师至。秦子蒲、子虎帅车五百乘以救楚。五百乘，三万七千五百人。子蒲曰：“吾未知吴道。”言未知制吴之法术。使楚人先与吴人战，而自稷会之，大败夫概王于沂。稷、沂，杜注：皆楚地。当在今河南桐柏县境。吴人获薳射于柏举，薳射，楚大夫。其子帅奔徒以从子西，败吴师于军祥。军祥，杜注：楚地。当在今湖广随州西南。秋七月，子期、子蒲灭唐。从吴伐楚故。九月，夫概王归，自立也，自立为吴王，号夫概。以与王战，而败，奔楚，为堂谿氏。传终言之。吴师败楚师于雍澨。秦师又败吴师。吴师居麇，麇，杜注：地名。今湖广马陵县东有麇城。子期将焚之，子西曰：“父兄亲暴骨焉，不能收，又焚之，不可。”前年，楚与吴战，多死麇中。言不可并焚。子期曰：“国亡矣，死者若有知也，可以歆旧祀，言焚吴复楚，则祭祀不废。岂惮焚之？”焚之而又战，吴师败。又战于公壻之谿，公壻之谿，杜注：楚地名。吴师大败，吴子乃归。囚闉舆罢，闉舆罢请先，遂逃归。舆罢，楚大夫，请先至吴而逃归。言吴惟得楚一大夫，复失之，所以不克。叶公诸梁之弟后臧从其母于吴，不待而归。诸梁，司马沈尹戌之子叶公子高也。吴入楚，获后臧之母。楚定，臧弃母而归。叶公终不正视。不义之。　乙亥，阳虎囚季桓子及公父文伯，文伯，季桓子众父昆弟也。而逐仲梁怀。冬十月丁亥，杀公何藐。藐，季氏族。己丑，盟桓子于稷门之内。稷门，鲁南城门。庚寅，大诅。逐公父歜及秦遄，皆奔齐。歜，即文伯也。秦遄，平子姑婿也。传言季氏之乱。楚子入于郢。吴师已归。初，斗辛闻吴人之争宫也，曰：“吾闻之，不让则不和，不和不可以远征。吴争于楚，必有乱，有乱则必归，焉能定楚？”王之奔随也，将涉于成臼。成臼，杜注：江夏竟陵县有臼水，出聊屈山，西南入汉。今湖广汉川县有臼子河，西南与汉水合，即臼水也。蓝尹亹涉其帑，亹，楚大夫。不与王舟。及宁，王欲杀之。子西曰：“子常唯思旧怨以败，君何效焉。”王曰：“善。使复其所，吾以志前恶。”恶，过也。王赏斗辛、王孙由于、王孙圉、钟建、斗巢、申包胥、王孙贾、宋木、斗怀。九子，皆从王有大功者。子西曰：“请舍怀也。”以初谋弑王也。王曰：“大德灭小怨，道也。”终从其兄，免王大难，是大德。申包胥曰：“吾为君也，非为身也。君既定矣，又何求？且吾尤子旗，其又为诸？”子旗，蔓成然也。以有德于平王，求欲无厌，平王杀之。在昭十四年。遂逃赏。王将嫁季芈，季芈辞曰：“所以为女子，远丈夫也。钟建负我矣。”以妻钟建，以为乐尹。司乐大夫。王之在随也，子西为王舆服以保路，国于脾泄。失王，恐国人溃散，故伪为王车服立，国脾泄，以保安道路人。脾泄，杜注：楚邑。当在今湖广荆州府境。闻王所在，而后从王。王使由于城麇，于麇筑城。复命，子西问高厚焉，弗知。子西曰：“不能，如辞。言自知不能，当辞勿行。城不知高厚小大，何知？”对曰：“固辞不能，子使余也。人各有能有不能。王遇盗于云中，余受其戈，其所犹在。”袒而示之背，曰：“此余所能也。脾泄之事，余亦弗能也。”传言昭王所以复国，有贤臣也。

冬，晋士鞅帅师围鲜虞。

左传　晋士鞅围鲜虞，报观虎之役也。三年鲜虞获晋观虎。

鲜虞近晋，晋强家实利其土以培私封，屡伐不克，故复围之。

六年，春，王正月，癸亥，郑游速帅师灭许，以许男斯归。速，公羊作遬。后同。

左传　六年春，郑灭许，因楚败也。

郑虐于许久矣，许依楚抗郑，至于四迁。今吴入郢，许无所援，郑遂灭之。哀元年以后，许复见者，楚祸既定，复建许也。自隐十一年郑入许，而齐、郑之党合天下，遂无王。至是郑灭许，而齐、郑之党又合天下，遂无霸。盖晋、楚俱弱，势复一变，而《春秋》以终矣。

二月，公侵郑。

左传　二月，公侵郑，取匡，为晋讨郑之伐胥靡也。胥靡，杜注：周地。周儋翩因郑人以作乱，郑为之伐胥靡，故晋使鲁讨之。匡，杜注：郑地。取匡不书，归之晋。往不假道于卫。及还，阳虎使季、孟自南门入，出自东门。阳虎将逐三桓，使得罪于邻国。舍于豚泽。卫侯怒，使弥子瑕追之。弥子瑕，卫嬖大夫。公叔文子老矣，文子，公叔发。辇而如公，曰："尤人而效之，非礼也。昭公之难，君将以文之舒鼎，卫文公之鼎。成之昭兆，宝龟。定之鞶鉴，鞶带而以镜为饰也。苟可以纳之，择用一焉。公子与二三臣之子，诸侯苟忧之，将以为之质。为质，求纳鲁昭公。此群臣之所闻也。今将以小忿蒙旧德，无乃不可乎？大姒之子，大姒，文王妃。唯周公、康叔为相睦也，而效小人以弃之，不亦诬乎？天将多阳虎之罪以毙之，君姑待之，若何？"乃止。止不伐鲁师。

自宣十八年公伐杞后，鲁无君将者八十年。至是陪臣执国，以三桓专兵为口实，欲窃兵权，故托公以出师耳。当是时，晋霸既失，诸侯皆离，令不能行，故讨郑之师虽出晋命，实阳虎主其谋，欲徼祸邻国，危鲁师以逞其欲。故书侵，以志其挟私启衅，非有辅霸讨乱之实也。

公至自侵郑。

夏，季孙斯、仲孙何忌如晋。

左传　夏，季桓子如晋，献郑俘也。献此春取匡之俘。阳虎强使孟懿子往报夫人之币。晋人兼享之。贱鲁，故不复两设礼。孟孙立于房外，谓范献子曰："阳虎若不能居鲁，而息肩于晋，所不以为中军司马者，有如先君。"称先君以征其言，若欲使晋，必厚待之。献子曰："寡君有官，将使其人，择得其人。鞅何知焉？"献子谓简子曰："鲁人患阳虎矣。孟孙知其衅，以为必适晋，故强为之请，以取入焉。"欲令晋人闻虎当逃走，故强设请托之辞，因此言以入晋，令晋素知之。

《春秋》书内卿并使者二。遂、得臣如齐，见仲遂邪谋之始。此年斯、何忌如晋，见阳虎专权，二卿为其所胁，行止惟命，他日为乱之端兆也。然不介晋权，乱未敢发，故因如晋变文书介副，以著其祸之所自起耳。

附录左传　四月己丑，吴大子终累败楚舟师，终累，阖庐子，夫差兄。获潘子臣、小唯子，二子，楚舟师之帅。及大夫七人。楚国大惕，惧亡。子期又以陵师败于繁扬。陵师，陆军。令尹子西喜曰："乃今可为矣。"言知惧而后可治。于是乎迁郢于都，而改纪其政，以定楚国。传言楚赖子西以安。　周儋翩率王子朝之徒，因郑人将以作乱于周，儋翩，子朝余党。郑于是乎伐冯、滑、胥靡、负黍、狐人、阙外。郑伐周六邑，在鲁伐郑取匡前。于此见者为戍周起也。负黍，杜注：阳城县西南有负黍亭。今河南登封县负黍聚，一名黄城是也。狐人，《后汉志》颍阴县有狐宗乡，古狐人亭也。在今河南临颍县。阙外，即伊阙外之邑，在今洛阳县南阙塞山下。六月，晋阎没戍周，且城胥靡。为下天王出居姑莸起。

秋，晋人执宋行人乐祁犁。

左传　秋八月，宋乐祁言于景公曰："诸侯唯我事晋，今使不往，晋其憾矣。"乐祁告其宰陈寅。以与公言告之。陈寅曰："必使子往。"他日，公谓乐祁曰："唯寡人说子之言，子必往。"陈寅曰："子立后而行，寅知晋政多门，往必有难，故使乐祁立后而往。吾室亦不亡，唯君以我为知难而行也。"见溷而行。溷，乐祁子也。见于君，立以为后。赵简子逆而饮之酒于绵上，献杨楯六十于简子。杨，木名。陈寅曰："昔吾主范氏，今子主赵氏，又有纳焉，以杨楯贾祸，弗可为也已。知范氏必怨，将得祸。然子死晋国，子孙必得志于宋。"以其为国死。范献子言于晋侯曰："以君命越疆而使，未致使而私饮酒，不敬二君，不可不讨也。"乃执乐祁。

晋自八卿擅权，上下相陵，倾轧之谋已非一日。今范鞅为政，而赵鞅主宋乐祁，此欲夺执政之权，非为一宋行人争得失也。范鞅知之，故必执乐祁，以伐其谋。各逞私图，不顾国体，乱政亟行，内外相竞，而晋之祸遂不可止，自是三家之势成矣。

冬，城中城。

谷梁传　城中城者，三家张也。三家侈张，故公惧而修内城。或曰非外民也。

是时政在三家，公室无民，岂能役众修城，以备外患？盖阳虎欲去三桓，故托惧齐、郑而城中城，将挟公以自固耳。

季孙斯、仲孙忌帅师围郓。

公羊传　此仲孙也，曷为谓之仲孙忌？讥二名，二名非礼也。

昭公二十五年，齐侯取郓以居公。三十年，郓溃，遂贰于齐。至是阳虎谋倾季氏，胁使围郓，以构齐而绝其外援。明年国夏来伐，连岁兵争，盖始于此。仲孙忌不言何？阙文。

附录左传　阳虎又盟公及三桓于周社，盟国人于亳社，诅于五父之衢。为八年阳虎作乱起。　冬十二月，天王处于姑莸，姑莸，杜注：周地。辟儋翩之乱也。为明年单、刘逆王张本。

七年，春，王正月。

附录左传　七年春二月，周儋翩入于仪栗以叛。仪栗，杜注：周邑。齐人归郓、阳关，阳虎居之以为政。郓、阳关，杜注：皆鲁邑，中贰于齐，齐今归之。不书者，为虎所专也。

夏，四月。

附录左传　夏四月，单武公、刘桓公败尹公于穷谷。尹氏复党儋翩，共为乱也。武公，穆公子。桓公，文公子。

秋，齐侯、郑伯盟于咸。诸侯始复特盟。咸，杜注：卫地。

左传　秋，齐侯、郑伯盟于咸，征会于卫。

齐、郑之盟，叛晋也。霸统绝，诸侯散，特盟复起。自齐桓以来未之有也，于是再见。诸侯无齐盟矣，是故于石门志诸侯之合也，于咸志诸侯之散也。

齐人执卫行人北宫结以侵卫。

谷梁传　以，重辞也。卫人重北宫结。齐以卫重结，故执以侵之。

齐侯、卫侯盟于沙。沙，羊作沙泽。杜注：阳平元城县东南有沙亭。在今直隶元城县东。

左传　卫侯欲叛晋，诸大夫不可。使北宫结如齐，而私于齐侯曰："执结以侵我。"欲以齐师惧诸大夫。齐侯从之，乃盟于琐。琐，杜注：即沙也。《晋地道记》元城县有琐阳城。为明年涉佗捘卫侯手张本。

齐每视晋为强弱，晋强则同诸侯以附晋，晋弱则合诸侯以自强。而鲁、卫、郑又视齐、晋之强弱，以为向背者也。至是晋既益衰，楚复新败，吴、越之势未及北方，齐遂乘间纠合，既盟郑，复劫卫。自此以后齐、卫合党，次五氏，次垂葭，次渠蒢，至哀元年遂伐晋，而天下之变益纷矣。

大雩。

齐国夏帅师伐我西鄙。

左传　齐国夏伐我。齐叛晋故。阳虎御季桓子，公敛处父御孟懿子，处父，孟氏家臣成宰公敛阳。将宵军齐师齐师。闻之，堕，伏而待之。堕毁其车以诱敌，而设伏兵。处父曰："虎不图祸，而必死。"苫夷曰："虎陷二子于难，苫夷，季氏家臣。二子，季、孟。不待有司，余必杀女。"虎惧，乃还，不败。传言陪臣强，能自相制。季、孟不敢有心。

诸侯惟鲁事晋，齐叛晋与郑盟，故为郑伐，且报郓之围也。

九月，大雩。

经书雩祭二十有一，惟昭二十五年及是秋再书雩，志灾甚，且言渎也。

冬，十月。

附录左传　冬十一月戊午，单子、刘子逆王子庆氏。庆氏，守姑莸大夫。晋籍秦送王。己巳，王入于王城，己巳，十二月五日，有日无月。馆于公族党氏，党氏，周大夫。而后朝于庄宫。庄王庙。

八年，春，王正月，公侵齐。

左传　八年春王正月，公侵齐，报前年伐我西鄙。门于阳州。士皆坐列，言无斗志。曰："颜高之弓六钧。"高，鲁人。三十斤为钧。六钧，百八十斤。古称重，故以为异强。皆取而传观之。阳州人出，颜高夺人弱弓，籍丘子鉏击之，子鉏，齐人。与一人俱毙，毙，仆也。偃，且射子鉏，中颊，殪。子鉏死。颜息射人中眉，颜息，鲁人。退曰："我无勇，吾志其目也。"以自矜。师退，冉猛伪伤足而先。猛，鲁人，欲先归。其兄会乃呼曰："猛也殿。"会见师退而猛不在列，乃大呼诈言，猛在后殿。传言鲁无军政。

报国夏之伐也。是时三家专鲁，阳虎用事，实使将欲归怨于公也。

公至自侵齐。

附录左传　二月，己丑，单子伐谷城，刘子伐仪栗。讨儋翩之党。谷城，杜注：在河南县西。今洛阳县西北有古城。辛卯，单子伐简城，刘子伐盂，以定王室。简城盂，皆周邑。今河南河内县西北有邘台镇，古盂国也。传终王室之乱。

赵鞅言于晋侯曰："诸侯唯宋事晋，好逆其使，犹惧不至。今又执之，是绝诸侯也。"将归乐祁，士鞅曰："三年止之，执祁在六年。无故而归之，宋必叛晋。"献子私谓子梁曰：献子，范鞅。子梁，乐祁。寡君惧不得事宋君，是以止子。子姑使溷代子。"溷，乐祁子。子梁以告陈寅。陈寅曰："宋将叛晋，是弃溷也，不如待之。"留待，勿以子自代。乐祁归，卒于大行。大行，杜注：晋东南山。士鞅曰："宋必叛，不如止其尸以求成焉。"乃止诸州。州，杜注：晋地。为明年宋公使乐大心如晋张本。

二月，公侵齐。

左传　公侵齐，攻廪丘之郛。主人焚冲，冲，战车。或濡马褐以救之，马褐，马衣。遂毁之。毁郛。主人出，师奔。攻郛人少，故遣后师走往助之。阳虎伪不见冉猛者，曰："猛在此，必败。"阳州之役猛先归，言若在此必复败。猛逐之，逐廪丘人。顾而无继，伪颠。虎曰："尽客气也。"言非勇。　苫越生子，苫越，苫夷。将待事而名之。阳州之役获焉，名之曰阳州。欲比侨如。

三月，公至自侵齐。

谷梁传　公如，往时致月，危致也；往月致时，危往也；往月致月，恶之也。

曹伯露卒。

夏，齐国夏帅师伐我西鄙。

左传　夏，齐国夏、高张伐我西鄙。报上二侵。

以公不与咸、沙之盟，且报再侵也。自围郓以后，齐、鲁之兵六见，然于齐称伐，于鲁称侵，曲直强弱可见矣。

公会晋师于瓦。瓦，杜注：卫地。东郡燕县东北有瓦亭。今直隶滑县东南瓦冈集，即其地也。

左传　晋士鞅、赵鞅、荀寅救我，公会晋师于瓦，范献子执羔，赵简子、中行文子皆执雁。鲁于是始尚羔。礼，卿执羔，大夫执雁，鲁则卿大夫并执雁。今见士鞅执羔，始令卿执之。记礼废之久也。

晋将救鲁，公亲至瓦以逆会之。比其至，则齐师已去，救不及事，故不书救。士鞅不书，辞当然也。使书会晋士鞅，则似以他事会，而不知晋以师来与救之后期，及齐师已退矣。

公至自瓦。

此特相会往来称地之例也，故不以会致。

秋，七月，戊辰，陈侯柳卒。

晋士鞅帅师侵郑，遂侵卫。士，公羊作赵。

左传　晋师将盟卫侯于鄟泽，自瓦还，就卫地盟。赵简子曰："群臣谁敢盟卫君者?"前年卫叛晋属齐，简子意欲摧辱之。涉佗、成何曰：二子，晋大夫。"我能盟之。"卫人请执牛耳。盟礼，尊者莅牛耳。卫侯与晋大夫盟，自以为莅牛耳，故请。成何曰："卫，吾温、原也。焉得视诸侯?"将歃，涉佗捘卫侯之手，及捥。捘，挤也。血至捥。卫侯怒，王孙贾趋进，曰：贾，卫大夫。"盟以信礼也。信犹明也。有如卫君，其敢不唯礼是事，而受此盟也?"卫侯欲叛晋，而患诸大夫。王孙贾使次于郊，大夫问故。问不入之故。公以晋诟语之，诟，耻也。且曰："寡人辱社稷，其改卜嗣，寡人从焉。"大夫曰："是卫之祸，岂君之过也?"公曰："又有患焉，谓寡人必以而子与大夫之子为质。"大夫曰："苟有益也，公子则往，群臣之子敢不皆负羁绁以从?"将行，王孙贾曰："苟卫国有难，工商未尝不为患，使皆行而后可。"欲以激怒国人。公以告大夫，乃皆将行之。行有日，有期日。公朝国人，使贾问焉，曰："若卫叛晋，晋五伐我，病何如矣?"皆曰："五伐我，犹可以能战。"贾曰："然则如叛之，病而后质焉，何迟之有?"乃叛晋。晋人请改盟，弗许。　秋，晋士鞅会成桓公侵郑，桓公，周卿士。围虫牢，报伊阙也。六年，郑伐周阙外，晋为周报之。遂侵卫。讨叛。

郑伯与齐为咸之盟，卫侯与齐为沙之盟，二国皆为齐叛晋，故两侵之。曰遂，继事也。曰侵，义不足以服人，而力复不胜，小有侵掠而遂返也。

葬曹靖公。

九月，葬陈怀公。

季孙斯、仲孙何忌帅师侵卫。

左传　九月，师侵卫，晋故也。

为晋命，无可声之罪，故书侵。

冬，卫侯、郑伯盟于曲濮。曲濮，杜注：卫地。盖濮水曲折之处。在今山东濮州境。

前年公侵郑，今年二卿侵卫，皆为晋故。而士鞅又自帅师侵之。故二国同为此盟，以固其交而备晋也。

从祀先公。

左传　季寤、公鉏极、公山不狃皆不得志于季氏，季寤，季桓子之弟。公鉏极，公弥曾孙，桓子族子。公山不狃，费宰。叔孙辄无宠于叔孙氏，辄，叔孙氏之庶子。叔仲志不得志于鲁，志，叔仲带之孙，为国人所薄。故五人因阳虎。阳虎欲去三桓，以季寤更季氏，代桓子。以叔孙辄更叔孙氏，代武叔。己更孟氏。阳虎自代懿子。冬十月，顺祀先公而祈焉。将作大事，欲以顺祀取媚。辛卯，十月二日。禘于僖公。不于大庙者，顺祀之义，当退僖公，惧于僖神，故于僖庙行顺祀。

公羊传　从祀者何？顺祀也。复文公之逆祀。文公逆祀，去者三人。谏不从而去之。定公顺祀，叛者五人。谏不以礼而去曰叛。叛与去皆不书者，微也。

谷梁传　贵复正也。文公逆祀，今复正。

从祀之说，二传及诸家皆以为正闵、僖之位，独蜀人冯山以为昭公至是始得从祀于太庙，而胡氏安国取之于当日事情为近。盖意如出君于外，既薨，七月不得以时归葬，葬又绝其兆域，不得同于先君，则其主久未得从昭穆祔祭宜矣。至是意如已卒，阳虎将杀季斯，乱鲁国欲著季氏之罪，取说于众，以售其奸，遂以昭公之主从祀太庙，事虽顺而情实逆。故《春秋》特书从祀先公，于盗窃宝玉、大弓之上，以发后人之疑，而考其实焉。若文公逆祀，则臧文仲所为非季氏之恶也。但《春秋》每书宫庙，必举其谥。又昭公葬已书谥，疑已祔庙。左氏传曰顺祀先公而祈焉，盖自远及近，遍祀鲁之先公以祈神佑，而请罪季氏也，义亦可通。

盗窃宝玉、大弓。

左传　壬辰，将享季氏于蒲圃而杀之，戒都车曰："癸巳至。"都邑之兵车也。阳虎欲以壬辰夜杀季孙，明日癸巳，以都车攻二家。成宰公敛处父告孟孙曰："季氏戒都车，何故？"孟孙曰："吾弗闻。"处父曰："然则乱也。必及于子，先备诸。"与孟孙以壬辰为期。处父期以兵救孟孙。壬辰，先癸巳一日。阳虎前驱，林楚御桓子，虞人以铍、盾夹之，阳越殿。越，阳虎从弟。将如蒲圃，桓子咋谓林楚曰：咋，暂也。"而先皆季氏之良也，尔以是继之。"欲使楚免己于难，以继其先人之良。对曰："臣闻命后。后，晚也。阳虎为政，鲁国服焉，违之征死，死无益于主。"桓子曰："何后之有？而能以我适孟氏乎？"对曰："不敢爱死，惧不免主。"桓子曰："往也。"孟氏选圉人之壮者三百人，以为公期筑室于门外。实以备难，不欲使人知，故伪筑室于门外，因得聚众。公期，孟氏支子。林楚怒焉，及衢而骋。阳越射之，不中。筑者阖门。季氏既得入，乃闭门。有自门间射阳越，杀之。阳虎劫公与武叔，以伐孟氏。武叔，叔孙不敢之子州仇也。公敛处父帅成人自上东门入，鲁东城之北门。入救孟氏。与阳氏战于南之内，弗胜。又战于棘下，棘下，杜注：城内地名。阳氏败。阳虎说甲如公宫，取宝玉、大弓以出，舍于五父之衢，寝而为食。其徒曰："追其将至。"虎曰："鲁人闻余出，喜于征死，征，召也。阳虎召季氏于蒲圃，将杀之，今得脱必喜，故言喜于召死。何暇追余?”从者曰：“嘻。惧声。速驾，公敛阳在。”公敛阳请追之，孟孙弗许。畏阳虎。阳欲杀桓子，欲因乱讨季氏，以强孟氏。孟孙惧而归之。子言辨舍爵于季氏之庙而出。子言，季寤。辨犹周遍也。遍告庙饮酒，示无惧。阳虎入于讙、阳关以叛。叛不书，略家臣。

公羊传　盗者孰谓?谓阳虎也。阳虎者，曷为者也?季氏之宰也。季氏之宰，则微者也，恶乎得国宝而窃之?阳虎专季氏，季氏专鲁国，阳虎拘季孙，孟氏与叔孙氏迭而食之。睋而锓其板曰：以指爪刻其馈器之上，敛藏衣物之板。“某月某日将杀我于蒲圃，力能救我，则于是。”于是时。至乎日若时而出。临南者，阳虎之出也，姊妹之子谓之出，或曰从其家出而仕于公。御之，于其乘焉，上车时。季孙谓临南曰：“以季氏之世世有子，子可以不免我死乎?”以义责之。临南曰：“有力不足，臣何敢不勉。”阳越者，阳虎之从弟也，为右。为季氏车右，实卫之。诸阳之从者，车数十乘，至于孟衢，孟氏衢也。四达，可以横去。临南投策而坠之，策，马捶也。阳越下取策，临南駷马，而由乎孟氏。捶马衔走。阳虎从而射之，矢著于庄门。庄门，孟氏所入门名。然而，甲起于琴如。甲，公敛处父所帅也。琴如，地名。二家知出期，故于是时起兵。弑不成，却反，舍于郊，皆说然息。说，解舍。然犹如。或曰：“弑千乘之主而不克，时季氏邑至千乘。舍此可乎?”阳虎曰：“夫孺子得国而已，孺子谓季氏。得国，谓获免得专国也。如丈夫何?”丈夫，虎自谓。睋而曰：“彼哉，彼哉!望见公敛处父师，再言彼哉彼哉者，切遽意。趣驾。”既驾，公敛处父帅师而至，慬然后得免，自是走之晋。宝者何?璋判白，判，半也。半珪曰璋。白藏天子，青藏诸侯。不言璋言玉者，珪、璧、琮、璜、璋五玉尽亡之也。传独言璋者，璋所以郊天尤重也。弓绣质，质，拊也。言大者，力千斤。龟青纯。纯，缘也。谓缘甲�也。千岁之龟青頾，明于吉凶。经不言龟者，从宝省文。

谷梁传　宝玉者，封圭也。始封之圭。大弓者，武王之戎弓也。周公受赐，藏之鲁。非其所以与人而与人，谓之亡。非其所取而取之，谓之盗。

盗，阳虎也。家臣贱，名氏不见，故曰盗。宝玉、大弓，先公分器，不能谨守，而盗得窃诸公宫，鲁之无人无政于此极矣。

附录左传　郑驷歂嗣子大叔为政。歂，驷乞子子然也。为明年杀邓析张本。

日讲春秋解义卷五十九

定　公

九年，春，王正月。

附录左传　九年春，宋公使乐大心盟于晋，且逆乐祁之尸。辞，伪有疾。乃使向巢如晋盟，巢，向戌曾孙。且逆子梁之尸。子梁，乐祁。子明谓桐门右师出，子明，乐祁子溷。右师，乐大心，子明族父也。右师时往子明舍，子明逐使去。曰："吾犹衰绖，而子击钟，何也?"忿其不逆父丧，因责其无同族之恩。右师曰："丧不在此故也。"既而告人曰："己衰绖而生子，己，子明也。余何故舍钟?"子明闻之，怒，言于公曰："右师将不利戴氏，乐氏，戴公族。不肯适晋，将作乱也。不然，无疾。"乃逐桐门右师。逐之在明年，终叔孙舍之言。　郑驷歂杀邓析，而用其竹刑。邓析，郑大夫。昭六年子产铸刑书，析别造刑法书之竹简，故云竹刑。君子谓：子然于是不忠。子然，驷歂。苟有可以加于国家者，弃其邪可也。加犹益也。弃，不责其邪恶也。《静女》之三章，取彤管焉。《诗·邶风》。彤管，赤管笔。女史记事规诲之所执。《静女》诗三章，虽说美女，义在彤管。记事为妇人大法，故全篇取之，不弃上下之二章也。《竿旄》何以告之，取其忠也。《诗·鄘风》。录《竿旄》诗者，取其中心愿告人以善道也。言此二诗，皆以一善见采，而邓析不以一善存身。故用其道，不弃其人。《诗》云："蔽芾甘棠，勿翦勿伐，召伯所茇。"《诗·召南》。召伯决讼于蔽芾甘棠之下，诗人思之，不伐其树。茇，草舍也。思其人，犹爱其树，况用其道而不恤其人乎！子然无以劝能矣。传言子然嗣大叔为政，郑所以衰弱。

夏，四月，戊申，郑伯虿卒。虿，公羊作囆。

得宝玉、大弓。

左传　夏，阳虎归宝玉、大弓。无益近用，而只为名，故归之。书曰得，器用也。凡获器用曰得，器用，谓物之成器可为人用者。得用焉曰获。谓用器物以有获，若麟为田获，俘为战获。六月，伐阳关，讨阳虎。阳虎使焚莱门。莱门，阳关邑门。师惊，犯之而出。奔齐，请师以伐鲁，曰："三加，必取之。"三加兵于鲁。齐侯将许之，鲍文子谏曰：文子，鲍国。"臣尝为隶于施氏矣，施氏，鲁大夫。成十七年，齐人召文子而立之，于今七十四年，文子盖九十余矣。鲁未可取也。上下犹和，众庶犹睦，能事大国，大国，晋也。而无天灾，若之何取之？阳虎欲勤齐师也，齐师罢，大臣必多死亡，已于是乎奋其诈谋。夫阳虎有宠于季氏，而将杀季孙，以不利鲁国，而求容焉。亲富不亲仁，君焉用之？君富于季氏，而大于鲁国，兹阳虎所欲倾覆也。鲁免其疾，而君又收之，无乃害乎？”齐侯执阳虎，将东之。阳虎愿东，阳虎欲西奔晋，知齐必反己，故诈以东为愿。乃囚诸西鄙。尽借邑人之车，锲其轴，麻约而归之。锲，刻也。欲绝追者。载葱灵，葱灵，辎车。前后有蔽。寝于其中而逃。追而得之，囚于齐。又以葱灵逃，奔宋，遂奔晋，适赵氏。仲尼曰：“赵氏其世有乱乎！”受乱人故。

公羊传　何以书？国宝也。丧之书，得之书。

谷梁传　其不地，何也？宝玉、大弓，在家则羞，不目羞也。国之大宝，在家则羞也。况陪臣专之乎？耻甚而不目其地。恶得之？得之堤下，或曰阳虎以解众也。

宝玉、大弓既窃于盗，何以复得？盖阳虎惧鲁师将至，遗于道路，以为缓追之计耳。追者获之，以归故府，故书曰得，幸之也。且明佚盗也。不地，未出境也。

六月，葬郑献公。

秋，齐侯、卫侯次于五氏。五氏，杜注：晋地。盖晋大夫邯郸午之私邑。今直隶邯郸县西有五氏城，亦曰寒氏城。

左传　秋，齐侯伐晋夷仪。为卫讨也。敝无存之父将室之，无存，齐人。室之，为取妇。辞，以与其弟，曰：“此役也，不死，反，必娶于高、国。”言欲有功还，取贵族之女。先登，求自门出，死于霤下。斗死于门屋霤下也。东郭书让登，登城非人所乐，故让众使后，而己先登。犂弥从之，曰：“子让而左，我让而右，使登者绝而后下。”恐书先下，故又谲以让之下，入城也。书左，弥先下。书与王猛息。战讫共止息。王猛，齐人。猛曰：“我先登。”书敛甲曰：“曩者之难，今又难焉。”敛甲起欲击猛。猛笑曰：“吾从子，如骖之靳。”靳，车中服马也。外二马谓之骖，少次服后，盖不敢与书争。晋车千乘在中牟，救夷仪也。中牟，杜注：荥阳有中牟县。迥远，疑非也。《正义》荡阴县西有牟山，中牟盖在山侧。今河南汤阴县西有中牟城，在牟山下，是其地也。卫侯将如五氏，齐侯在五氏，将往助之。卜过之，道过中牟，畏晋，故卜。龟焦，兆不成。卫侯曰：“可也。卫车当其半，寡人当其半，敌矣。”卫侯怒晋甚，不复顾卜，欲以身当五百乘。乃过中牟。中牟人欲伐之，卫褚师圃亡在中牟，褚师圃，卫旧大夫。曰：“卫虽小，其君在焉，未可胜也。齐师克城而骄，城谓夷仪也。其帅又贱，帅，东郭书。遇，必败之，不如从齐。”乃伐齐师，败之。获齐车五百乘，事见哀十五年。齐侯致禚、媚、杏于卫。三邑，杜注：皆齐西界。媚当在今禹城县杏当在今博平县。齐侯赏犂弥，犂弥辞曰：“有先登者，臣从之，皙帻而衣貍制。”皙，白也。帻，齿上下相值。制，裘也。公使视东郭书，曰：“乃夫子也，吾贶子。”公赏东郭书，辞曰：“彼宾旅也。”言弥与己若宾主相让。旅，俱进退。乃赏犂弥。齐师之在夷仪也，齐侯谓夷仪人曰：“得敝无存者，以五家免。”给其五家，令常不共役事。乃得其尸。公三禭之，禭，衣也。比殡，三加禭，深礼厚之。与之犀轩与直盖，犀轩，以犀皮为饰卿之车也。直盖，高盖。而先归之。坐引者，以师哭之，停丧车以尽哀也。君方为位而哭，故挽丧者不敢立。亲推之三。齐侯自推丧车轮三转。

齐、卫伐晋不书伐，而书次者，盖二国虽有玩晋之心，而晋势尚强，未敢轻伐，聊次五氏，以观其衅，故不以伐告。其后又次于垂葭，又次于渠蒢，至哀元年而后伐，则其欲有所逞也久矣。

秦伯卒。

冬，葬秦哀公。

秦自晋悼以后寖不见于经，盖退保西陲，军旅、朝聘之事不交于中国。卒葬得书，从告也。

十年，春，王三月，及齐平。

左传　十年春，及齐平。

平侵齐之怨也。时诸侯惟鲁从晋，至是亦叛，列国无盟主矣。及者，内志也。一国所欲，故不称公。

夏，公会齐侯于夹谷。公至自夹谷。夹，公羊、谷梁作颊。夹谷，杜注：即祝其也。《地理志》济南淄川县西南有甲山，亦名夹山，一名祝山，上有夹谷台。案，淄川去鲁甚远，今莱芜县有夹谷峪，《名胜志》以为莱兵劫鲁侯处，意近之。

左传　夏，公会刘侯于祝其，实夹谷。孔丘相，犂弥言于齐侯曰：“孔丘知礼而无勇，若使莱人以兵劫鲁侯，必得志焉。”莱人，齐灭莱所俘之人。齐侯从之。孔丘以公退，曰：“士兵之。以兵击莱人。两君合好，而裔夷之俘以兵乱之，裔，远也。非齐君所以命诸侯也。裔不谋夏，夷不乱华，俘不干盟，兵不逼好，于神为不祥，盟将告神，犯之为不善。于德为愆义，于人为失礼，君必不然。”齐侯闻之，遽辟之。辟去莱兵也。将盟，齐人加于载书曰：“齐师出竟，而不以甲车三百乘从我者，有如此盟。”如此盟诅之祸。孔丘使兹无还揖对，曰：无还，鲁大夫。“而不反我汶阳之田，吾以共命者，亦如之。”要盟不洁，故略不书。齐侯将享公，孔丘谓梁丘据曰：“齐、鲁之故，旧典。吾子何不闻焉？事既成矣，会事成。而又享之，是勤执事也。且牺、象不出门，牺、象，酒器，牺尊、象尊也。嘉乐不野合。嘉乐，钟磬也。飨而既具，是弃礼也。若其不具，用秕稗也。秕，谷不成者。稗，草似谷者。言享不具礼，秽薄若秕稗。用秕稗，君辱。弃礼，名恶。子盍图之？夫享，所以昭德也。不昭，不如其已也。”乃不果享。孔子知齐侯怀诈，故以礼拒之。齐人来归郓、讙、龟阴之田。阳虎九年以此奔齐。经在围卫下，而传在前者，次鲁事。郓、讙、龟阴，杜注：三邑皆汶阳田。泰山博县北有龟山，阴田在其北也。今龟山在新泰县西南，泗水县东北。

谷梁传　离会不致，二国会曰离。何为致也？危之也。危之则以地致，何也？为危之也。其危奈何？曰颊谷之会，孔子相焉。两君就坛，两相相揖，齐人鼓噪而起，群呼曰噪。欲以执鲁君。孔子历阶而上，不尽一等，阶，会坛之阶。而视归乎齐侯，曰："两君合好，夷狄之民，何为来为？"命司马止之。齐侯逡巡而谢曰："寡人之过也。"退而属其二三大夫曰："夫人率其君与之行古人之道，属，语也。夫人谓孔子。二三子独率我而入夷狄之俗，何为？"罢会。齐人使优施舞于鲁君之幕下，优，俳。施，其名也。欲嗤笑鲁君。孔子曰："笑君者罪当死。"使司马行法焉，首足异门而出。齐人来归郓、讙、龟阴之田者，盖为此也。因是以见，虽有文事，必有武备。孔子于颊谷之会见之矣。

齐、鲁相仇，始于阳虎。至是虎败，孔子与闻国政，既已讲信修睦，而与齐平，齐景志在求霸，亦欲亲鲁以为援，遂欢然释憾，会于夹谷，成礼而还。左氏、谷梁载却莱兵、索汶阳田事，皆欲侈张圣人，而不知其陋也。夫圣人过化存神，从容揖让，暴慢自戢，如传所称，则春秋战国之士多优为之，而谓孔子出此乎？

晋赵鞅帅师围卫。

左传　晋赵鞅围卫，报夷仪也。前年齐为卫伐晋夷仪。初，卫侯伐邯郸午于寒氏，邯郸，杜注：广平县。今直隶邯郸县西南有故城。午，晋邯郸大夫。寒氏即五氏也。前年，卫人助齐伐五氏。城其西北而守之，宵熸。午众宵散。及晋围卫，午以徒七十人门于卫西门，杀人于门中，卫开门与午斗。曰："请报寒氏之役。"涉佗曰："夫子则勇矣，然我往，必不敢启门。"亦以徒七十人，旦门焉，步左右，皆至而立，如植。佗先至，步行门左右，然后其徒皆至而立，如植木不动，以示整。日中不启门，乃退。反役，晋人讨卫之叛故，曰："由涉佗、成何。"于是执涉佗，以求成于卫。数卫侯手故。卫人不许。晋人遂杀涉佗，成何奔燕。君子曰：此之谓弃礼，必不钧。言必见杀，不得与人等。《诗》曰："人而无礼，胡不遄死？"涉佗亦遄矣哉！《诗·鄘风》。遄，速也。

讨五氏之次也。晋自召陵以后凡用兵书侵，以义之不足以服人也。此役书围，以力之不足以服人也。

齐人来归郓、讙、龟阴田。田上谷梁有之字。

公羊传　齐人曷为来归运、讙、龟阴田？孔子行乎季孙，三月不违，不言行乎定公者，政在季氏。齐人为是来归之。

取济西、取汶阳言取，不言归，以其介大国而得之，故书曰取。归济西、归讙及阐言归，不言来，以其请之而后得，非彼自以归也。此则齐人服义自以地归鲁，非假兵力智计而得之，与前后归田者异，故言来归。

叔孙州仇、仲孙何忌帅师围郈。

左传　初，叔孙成子欲立武叔，公若藐固谏曰：藐，叔孙氏之族。"不可。"成子立之而卒。公南使贼射之，不能杀。公南，叔孙家臣，武叔之党。射公若。公南为马正，使公若为郈宰。武叔既定，使郈马正侯犯杀公若，弗能。其圉人曰："吾以剑过朝，公若必曰：'谁之剑也？'吾称子以告，必观之。吾伪固而授之末，则可杀也。"圉人，武叔之圉人。伪为固陋不知礼者，以剑锋末授之，欲因推而杀之。使如之。公若曰："尔欲吴王我乎？"见剑向己，逆呵之。鱄诸杀吴王亦用剑刺之。遂杀公若。侯犯以郈叛，犯以不能副武叔命，故叛。武叔懿子围郈，弗克。

秋，叔孙州仇、仲孙何忌帅师围郈。郈，公羊作费。

左传　秋，二子及齐师复围郈，弗克。叔孙谓郈工师驷赤曰：工师掌工匠之官。"郈非唯叔孙氏之忧，社稷之患也，将若之何？"对曰："臣之业，在《扬水》卒章之四言矣。"《扬水》，《诗·唐风》。卒章四言曰："我闻有命。"叔孙稽首。谢其受己命。驷赤谓侯犯曰："居齐、鲁之际而无事，必不可矣。无所服事。子盍求事于齐以临民？不然，将叛。"侯犯从之。齐使至，驷赤与郈人为之宣言于郈中，曰：诈为齐使言。"侯犯将以郈易于齐，齐人将迁郈民。"众凶惧。驷赤谓侯犯曰："众言异矣。不与始同。子不如易于齐，与其死也，犹是郈也，而得纾焉，何必此？言以郈易取齐邑，与郈无异，胜于守郈为叛人所杀。齐人欲以此逼鲁，必倍与子地。且盍多舍甲于子之门，以备不虞？"侯犯曰："诺。"乃多舍甲焉。侯犯请易于齐，齐有司观郈。将至，驷赤使周走呼曰："齐师至矣。"郈人大骇，介侯犯之门甲，以围侯犯。驷赤将射之，伪为犯射郈人。侯犯止之，曰："谋免我。"侯犯请行，许之。郈人许之。驷赤先如宿，宿，杜注：故宿国。侯犯殿。每出一门，郈人闭之。闭其后门。及郭门，止之，曰："子以叔孙氏之甲出，有司若诛之，群臣惧死。"驷赤曰："叔孙氏之甲有物，吾未敢以出。"物，识也。赤还救侯犯也。犯谓驷赤曰："子止而与之数。"数甲以相付。驷赤止而纳鲁人。侯犯奔齐，齐人乃致郈。致其名簿也，为下武叔如齐传。

郈，叔孙氏邑。书围则叛可知。以二卿伐之，自夏至秋再围而不克，则家臣之强亦可知矣。《春秋》之始，王室初卑，诸侯擅命。其后诸侯少怠，而大夫倾公室以自张。至是家臣复拟其后，争为叛窃。逆道弥甚，召祸弥速，而春秋以终，此天下之势也。

宋乐大心出奔曹。

宋公子地出奔陈。地，公羊作池。

左传　宋公子地嬖蘧富猎，地，宋景公弟，辰之兄也。十一分其室，而以其五与之。与富猎也。公子地有白马四，公嬖向魋，魋欲之。向魋，司马桓魋也。公取而朱其尾、鬣以与之，与向魋。地怒，使其徒抶魋而夺之。魋惧，将走，公闭门而泣之，目尽肿。母弟辰曰："子分室以与猎也，而独卑魋，亦有颇焉。子为君礼，礼，辟君也。不过出竟，君必止子。"公子地出奔陈，公弗止。辰为之请，弗听。辰曰："是我迋吾兄也。迋，欺也。吾以国人出，君谁与处?"冬，母弟辰暨仲佗、石彄出奔陈。佗，仲几子。彄，褚师段子。皆宋卿。众之所望，故言国人。

冬，齐侯、卫侯、郑游速会于安甫。安甫，公羊作鞍。杜注：安甫，地阙。

盟咸、盟沙，特相盟耳。今则诸国参会，益无惮于晋矣。

叔孙州仇如齐。

左传　武叔聘于齐。谢致郈也。传在辰奔后，经书在前，从告。齐侯享之，曰："子叔孙，若使郈在君之他竟，寡人何知焉? 属与敝邑际，故敢助君忧之。"以致郈德叔孙。对曰："非寡君之望也。所以事君，封疆社稷是以，以犹为也。敢以家隶勤君之执事? 夫不令之臣，天下之所恶也，君岂以为寡君赐?"言义在讨恶也。

夹谷之会，齐人既归鲁田，侯犯奔齐，齐又致郈，故卿往谢之。

宋公之弟辰暨仲佗、石彄出奔陈。暨下公羊、谷梁有宋字。

宋大夫公子母弟奔者三。乐大心以谗奔，公子地以向魋之嬖奔，辰为地请留不许，亦以魋奔也。仲佗、石彄称暨，暨者，不得已之辞，见胁于辰不能自主也。宋公以宠魋故奔其二弟，辰以地故自绝于君，又率二卿以行，佗、彄身为卿佐，有君不事，而惟辰是从，皆罪也。一书而并见矣。

十有一年，春，宋公之弟辰及仲佗、石彄、公子地自陈入于萧以叛。萧，杜注：宋邑。

谷梁传　宋公之弟辰，未失其弟也，言未失其为弟之道。及仲佗、石彄公子地，以尊及卑也。自陈，陈有奉焉尔。入于萧，以叛入者，内弗受也。以者，不以也。叛，直叛也。

夏，四月。

秋，宋乐大心自曹入于萧。

左传　十一年春，宋公母弟辰暨仲佗、石彄、公子地入于萧以叛。秋，乐大心从之，大为宋患，宠向魋故也。

出奔陈则称暨，入于萧以叛则称及，及非不得已之辞，得已而不已者也。辰虽始祸，而佗、彄与地果于从逆，其罪无别，故不称暨。叛人群聚于萧，而大心自曹入之，其从叛可知矣，故不书叛。

冬，及郑平。叔还如郑涖盟。涖，公羊、谷梁作莅。

左传　冬，及郑平，始叛晋也。

鲁自僖公以来世服于晋，及范、荀纳货，同盟解体，齐张于东，郑、卫先往鲁及齐平，然犹未显与晋绝也。至是鲁、郑同盟，四国之好成，晋遂失诸侯，不可复收矣。

十有二年，春，薛伯定卒。

夏，葬薛襄公。

《春秋》书薛伯卒者三，盖至是晋霸既衰，三桓强盛，自比于小国，邦交始通，故赴及，而鲁必会其葬也。不书月日，史略之。

叔孙州仇帅师堕郈。

谷梁传　堕犹取也。

卫公孟彄帅师伐曹。

左传　十二年夏，卫公孟彄伐曹，克郊。郊，杜注：曹邑。当在今山东曹县界。还，滑罗殿。罗，卫大夫。未出，不退于列。未出曹竟，罗不退在行列之后。其御曰："殿而在列，其为无勇乎？"罗曰："与其素厉，宁为无勇。"素，空也。厉，猛也。言伐小国当如畏者以诱致之。

此及十三年再书卫彄伐曹，著列国无盟主也。彄，卫侯兄絷，字公孟，故其子以字为氏。

季孙斯、仲孙何忌帅师堕费。

左传　仲由为季氏宰，将堕三都。仲由，子路。三都，费、郈、成也。强盛将为国害，故欲毁之。于是叔孙氏堕郈，季氏将堕费，公山不狃、叔孙辄帅费人以袭鲁。不狃，费宰。公与三子入于季氏之宫，登武子之台。费人攻之，弗克。入，及公侧。至台下。仲尼命申句须、乐颀下伐之，二子，鲁大夫。孔子时为司寇。费人北，国人追之，败诸姑蔑。姑蔑，鲁地。《括地志》在泗水县东。今县治东南有故城。二子奔齐。二子，不狃、叔孙辄。遂堕费。

公羊传　曷为帅师堕郈、帅师堕费？孔子行乎季孙，三月不违，曰："家不藏甲，邑无百雉之城。"于是帅师堕郈、帅师堕费。雉者何？五板而堵，五堵而雉，百雉而城。

堕都之事，孔子因其机而为之。盖三家之城其邑将以自利也。而家臣凭倚其城，数叛而不能制，非独鲁患之，三家亦患之矣。孔子行乎季孙，制国以礼，谓都城无过百雉，适有动乎三家之心，于是各帅其众自堕其邑，绝不疑其害己。此固有不言而信、不怒而威者矣。堕郈以一卿、堕费以二卿者，费强于郈故也。

秋，大雩。

冬，十月，癸亥，公会齐侯，盟于黄。齐，公羊作晋，误。

隐六年盟于艾，齐、鲁为盟之始也。而齐霸遂兴，书以志诸侯之合。此盟于黄，齐、鲁为盟之终也。而晋霸遂失，书以志诸侯之散。此亦《春秋》之始终也。

十有一月，丙寅，朔，日有食之。

公至自黄。

十有二月，公围成。公至自围成。

左传　将堕成，公敛处父谓孟孙："堕成，齐人必至于北门。成在鲁北竟故。且成，孟氏之保障也。无成，是无孟氏也。子伪不知，我将不堕。"冬十二月，公围成，弗克。

谷梁传　非国言围。围成，大公也。　何以致？危之也。何危尔？边乎齐也。

三家孟氏最弱，季、叔为强，费、郈已堕，而成不堕者，盖因公敛处父之言，觉其不利于己，而三家之虑变矣。且费、郈之叛，荐为叔、季之害，而公敛在成，方有功于孟氏，则孟氏之不肯以师堕也固宜。故经不言三家，直书公。公行，非越境不书至，致围成，危之也。

日讲春秋解义卷六十

定　公

十有三年，春，齐侯、卫侯次于垂葭。葭，公羊作瑕。谷梁无卫侯字。垂葭，杜注：改名郹氏，高平钜野县西南有郹亭。今属济宁州。

左传　十三年春，齐侯、卫侯次于垂葭，实郹氏。使师伐晋，将济河，诸大夫皆曰："不可。"邴意兹曰：意兹，齐大夫。"可。锐师伐河内，河内，杜注：汲郡。今河南卫辉府治。传必数日而后及绛。传，告晋。绛不三月，不能出河，则我既济水矣。"乃伐河内。齐侯皆敛诸大夫之轩，唯邴意兹乘轩。以其言当。齐侯欲与卫侯乘，共载。与之宴，而驾乘广，载甲焉。使告曰："晋师至矣。"齐侯曰："比君之驾也。寡人请摄。"以己车摄代卫车。乃介而与之乘，驱之。或告曰："无晋师。"乃止。传言齐侯轻，所以不能成功。

夏，筑蛇渊囿。蛇渊囿，《水经注》水又西迳铸城西。京相璠曰："济北有蛇丘城，城下有水，鲁囿也。"今蛇丘故城在山东肥城县南。

杜氏预以为书不时也。此与受女乐事正相类，盖孔子去，而鲁君臣之志荒矣。

大蒐于比蒲。

卫公孟彄帅师伐曹。

秋，晋赵鞅入于晋阳以叛。

左传　晋赵鞅谓邯郸午曰："归我卫贡五百家，吾舍诸晋阳。"十年，鞅围卫，卫人惧，贡五百家。鞅置之邯郸，今欲从于晋阳。杜注：晋阳，赵鞅邑。午许诺。归告其父兄。父兄皆曰："不可。卫是以为邯郸，言卫以五百家在邯郸，故与邯郸亲。而置诸晋阳，绝卫之道也。不如侵齐而谋之。"侵齐，则齐当来报，欲因惧齐而徙，则卫与邯郸好不绝。乃如之，而归之于晋阳。欲如是谋而后归卫贡。赵孟怒，召午，而囚诸晋阳。鞅不察其谋，谓不用命，故囚之。使其从者说剑而入，涉宾不可。涉宾，午家臣。乃使告邯郸人曰："吾私有讨于午也，二三子唯所欲立。"午，鞅同族，别封邯郸，故使邯郸人更立午宗亲。遂杀午。赵稷、涉宾以邯郸叛。稷，午子。夏六月，上军司马籍秦围邯郸。邯郸午，荀寅之甥也。荀寅，范吉射之姻也。婿父曰姻。寅子娶吉射女。而相与睦，故不与围邯郸，将作乱。攻赵鞅。董安于闻之，安于，赵氏臣。告赵孟曰："先备诸?"赵孟曰："晋国有命，始祸者死，为后可也。”安于曰：“与其害于民宁我独死。惧见攻，必伤害民。请以我说。”赵孟不可。秋七月，范氏、中行氏伐赵氏之宫，赵鞅奔晋阳晋人围之。

谷梁传　以者，不以者也。叛，直叛也。

鞅入晋阳，以拒范、中行，而直书曰叛者，惟辟作威，邯郸午无罪而赵鞅专杀不忌，其心已无君矣。及荀、范伐之，鞅不诉于君而擅兴晋阳之甲，非叛而何？土地、人民皆君所有也，鞅始欲夺邯郸之民以自封殖，终则据君之邑与同列相攻，使得逃于王法，则乱贼无所惧矣。

冬，晋荀寅、士吉射入于朝歌以叛。荀寅下公羊有及字。

左传　范皋夷无宠于范吉射，而欲为乱于范氏。皋夷，范氏侧室子。梁婴父嬖于知文子，文子，荀跞。文子欲以为卿。韩简子与中行文子相恶，简子，不信也。中行文子，荀寅。魏襄子亦与范昭子相恶。襄子，曼多也。昭子，士吉射。故五子谋，五子，范皋夷、梁婴父、荀跞、韩不信、魏曼多。将逐荀寅，而以梁婴父代之；逐范吉射，而以范皋夷代之。荀跞言于晋侯曰：“君命大臣，始祸者死，载书在河。为盟书沈之河。今三臣始祸，而独逐鞅，刑已不钧矣。请皆逐之。”冬十一月，荀跞、韩不信、魏曼多奉公以伐范氏、中行氏，弗克。二子将伐公。齐高强曰：“三折肱知为良医。强，子尾子。昭十年奔鲁，遂适晋。言历疾痛多，然后深知良医治疗之法。唯伐君为不可，民弗与也。我以伐君在此矣。三家未睦，三家，知、韩、魏。可尽克也。克之，君将谁与？若先伐君，是使睦也。”弗听，遂伐公。国人助公，二子败，从而伐之。丁未，荀寅、士吉射奔朝歌。

人臣不忌其君，未有不终于乱者也。晋大夫不忌其君，为日已久。自卫孙林父逐君，晋卿实为之主，其后意如出君，又从而把持之，翼助他国之乱臣，皆有欲为乱之心也。而其君冥然不悟，一听其所为。及是而三卿俱叛，岂一朝一夕之故哉？

晋赵鞅归于晋。

左传　韩、魏以赵氏为请。十二月，辛未，赵鞅入于绛，盟于公宫。

公羊传　此叛也，其言归何？以地正国也。其以地正国奈何？晋赵鞅取晋阳之甲，以逐荀寅与士吉射。荀寅与士吉射者，曷为者也？君侧之恶人，曷为以叛言之？无君命也。

谷梁传　此叛也，其以归言之，何也？贵其以地反也。以晋阳归晋。贵其以地反，则是大利也？非大利也？许悔过也。许悔过，则何以言叛也？以地正国也。以地正国，则何以言叛？其入无君命也。

归，易辞也。韩、魏为之请，晋侯许之，复而寅与吉射去国出奔，无有难之者，故其归为易。《春秋》书之，以著叛逆之臣安然归国，见晋之无人也。叛臣至于书归，则佚贼不足录矣。先儒以归为善辞，遂谓鞅有叛迹而无叛心，非也。卫孙林父亦书归，何善之有？

薛弑其君比。

称国以弑，与晋州蒲、莒庶其、吴僚同。国小，而其事失传，无可考矣。

附录左传　初，卫公叔文子朝，而请享灵公。欲令公临其家。退，见史鳍而告之，史鳍曰："子必祸矣。子富而君贪，罪其及子乎！"文子曰："然吾不先告子，是吾罪也。君既许我矣，其若之何？"史鳍曰："无害。子臣，可以免。言能执臣礼。富而能臣，必免于难。上下同之。言尊卑皆然。戍也骄，其亡乎！戍，文子之子。富而不骄者鲜，吾唯子之见。骄而不亡者，未之有也。戍必与焉。"及文子卒，卫侯始恶于公叔戍，以其富也。公叔戍又将去夫人之党，灵公夫人南子党，宋朝之徒。夫人诉之曰："戍将为乱。"

十有四年，春，卫公叔戍来奔。卫赵阳出奔宋。卫赵阳，公羊、谷梁作晋赵阳。

左传　十四年春，卫侯逐公叔戍与其党，故赵阳奔宋，戍来奔。终前传史鱼之言。

附录左传　梁婴父恶董安于，谓知文子曰："不杀安于，使终为政于赵氏，赵氏必得晋国，盍以其先发难也讨于赵氏？"文子使告于赵孟曰："范、中行氏虽信为乱，安于则发之，是安于与谋乱也。晋国有命，始祸者死。二子既伏其罪矣，敢以告。"告使讨安于。赵孟患之。安于曰："我死而晋国宁，赵氏定，将焉用生？人谁不死，吾死莫矣。"乃缢而死。赵孟尸诸市，而告于知氏曰："主命戮罪人安于，既伏其罪矣，敢以告。"知伯从赵孟盟。知伯，荀跞。而后赵氏定，祀安于于庙。赵氏庙。

二月，辛巳，楚公子结、陈公孙佗人帅师灭顿，以顿子牂归。二月，公羊作三月。孙，公羊作子。牂，公羊作牄。

左传　顿子牂欲事晋，背楚而绝陈好。二月，楚灭顿。

楚患列国百余年，柏举既败，其威始戢，诸侯皆贰，而陈犹比而从之。至是国势渐复，以顿弃楚，即晋与召陵之会，而陈旧尝围顿，与之有怨，遂连兵灭之，以动诸侯。自是楚威复振，灭胡，疆蔡，克戎蛮，以通少习胁晋，而晋至以京师事楚。越十有八年，及湣公之身，而为楚所灭矣。《春秋》书之，以罪楚之肆虐，而陈助强灭邻，实自毙也。

夏，卫北宫结来奔。

左传　夏，卫北宫结来奔，公叔戍之故也。

五月，于越败吴于槜李。吴子光卒。槜，公羊作醉。槜李，杜注：吴郡嘉兴县南醉李城。今槜李城在浙江嘉兴县南。

左传　吴伐越，报五年越入吴。越子句践御之，句践，允常子。陈于槜李。句践患吴之整也，使死士再禽焉，不动。使死士再掠阵，如高固入晋师桀石投人，禽之以徇齐垒。使罪人三行，属剑于颈，以剑注颈。而辞曰："二君有治，治军旅。臣奸旗鼓，犯军令。不敏于君之行前，不敢逃刑，敢归死。"遂自刭也。师属之目，越子因而伐之，大败之。灵姑浮以戈击阖庐，姑浮，越大夫。阖庐伤将指，取其一屦。其足大指见斩，遂失屦，姑浮取之。还，卒于陉，去槜李七里。释经所以不书灭。夫差使人立于庭，夫差，阖庐嗣子。苟出入，必谓己曰："夫差，而忘越王之杀而父乎？"则对曰："唯，不敢忘。"三年，乃报越。后三年，哀元年。

书败，诈战也。系卒于败，下见以伤卒。不书灭，还兵而陨，非阵殁者比。去槜李未远，故不地。

公会齐侯、卫侯于牵。牵，公羊作坚，又作击。杜注：魏郡黎阳县东北有牵城。今故牵城在直隶内黄县之西南，濬县之北。

左传　晋人围朝歌，公会齐侯、卫侯于脾、上梁之间，脾、上梁间，杜注：即牵。谋救范、中行氏。齐、鲁叛晋，故助范、中行也。析成鲋、小王桃甲率狄师以袭晋，二子，晋大夫，范、中行氏之党。战于绛中，不克而还。士鲋奔周，小王桃甲入于朝歌。

公至自会。

秋，齐侯、宋公会于洮。

左传　秋，齐侯、宋公会于洮，范氏故也。谋救范氏。

卫、郑、鲁皆与齐盟，惟宋尚未绝晋，至是始为此会，盖亦从于齐也。传谓牵、洮二会皆谋救范、中行氏。是时，卫有公叔戌之难，宋有公子辰之难，齐景不能为二国定乱，乃合谋以助晋之叛臣，卫、宋不能自治其叛臣，而惟齐之从，党逆奖乱，世变不可复问矣。此《春秋》降为战国之自也。

天王使石尚来归脤。周、鲁之交止此。书天王止此。

公羊传　石尚者何？天子之士也。天子上士，以名氏通。脤者何？俎实也。实，俎肉也。腥曰脤，熟曰膰。

谷梁传　脤者，何也？俎实也，祭肉也。生曰脤，熟曰膰。其辞石尚，士也。辞犹书也。何以知其士也？天子之大夫不名。石尚欲书《春秋》，欲著名于《春秋》。谏曰："久矣周之不行礼于鲁也。请行脤，贵复正也。

祭肉曰脤。礼，诸侯入朝助祭，然后受俎实。周衰，列国职贡不修，祀事不相，而特使石尚归脤于鲁者，盖晋霸已失，王室无所恃赖，故借此以亲同姓之国。自是王使不见于经，盖周室益微，使命不复加于诸侯矣。

卫世子蒯聩出奔宋。

左传　卫侯为夫人南子召宋朝。南子，宋女也。朝，宋公子，旧通于南子，在宋呼之。会于洮，大子蒯聩献盂于齐，过宋野。蒯聩，卫灵公大子。盂，杜注：邑名。就会献之，故自卫行而过宋邑。野人歌之曰："既定尔娄猪，盍归吾艾豭？"娄猪，求子猪也。得牡则定，以喻南子。艾，老也。豭，牡豕，以喻宋朝。大子羞之，谓戏阳速曰："从我而朝少君，速，大子家臣。少君南子。少君见我，我顾，乃杀之。"速曰：

"诺。"乃朝夫人。夫人见大子，大子三顾，速不进。夫人见其色，啼而走，见大子色变，知欲杀己。曰："蒯聩将杀余。"公执其手以登台。大子奔宋，尽逐其党。故公孟彄出奔郑，自郑奔齐。大子告人曰："戏阳速祸余。"戏阳速告人曰："大子则祸余。大子无道，使余杀其母。余不许，将戕于余。若杀夫人，将以余说。余是故许而弗为，以纾余死。谚曰：'民保于信'，吾以信义也。"使义可信，不必信言。

蒯聩出奔，书世子，罪灵公也。南子之恶甚矣，其欲去世子，如哀姜乱鲁，骊姬乱晋，盖恶其斥己之淫，而以欲杀诬之。灵公惑于其谮，不能明辨，致使奔宋。宋，南子家也。使蒯聩果负谋杀南子之名以出，乃敢奔其母家乎？以此知左氏所记，特南子之谗言，非实录也。

卫公孟彄出奔郑。

宋公之弟辰自萧来奔。

辰奔而入叛，叛而复奔，三书宋公之弟，著其失弟道，又以见宋国之无政也。书自萧，罪据邑也。书来奔，讥纳叛也。

大蒐于比蒲。书蒐止此。

《春秋》田狩之事，公行者必书公。公观鱼于棠，公狩于郎，皆是也。自昭之蒐红，政在三桓，蒐田之礼，虽公自行皆不曰公。观下书邾子来会，则公亲蒐明矣。而不书公，足以知公之不得为政，而大夫专国也。

邾子来会公。

诸侯相见于郤地曰会。今公蒐于国内，而邾子来会，非其地也。此与公及齐侯遇于谷，萧叔朝公同。来者既非，受者亦失，交讥之也。

城莒父及霄。莒父、霄，皆鲁邑。在今莒州境。

讥劳民，与城诸防、城诸郓同例。是岁无冬，史阙文。

附录左传　冬十二月，晋人败范、中行氏之师于潞，潞，晋地。获籍秦、高强。二子，党范氏者。终景王言籍父无后。又败郑师及范氏之师于百泉。郑助范氏，故并败之。百泉，卫地。在今河南卫辉府西北苏门山下卫源也。

十有五年，春，王正月，邾子来朝。邾朝止此。

左传　十五年春，邾隐公来朝。隐公，邾子益。子贡观焉。邾子执玉高，其容仰。公受玉卑，其容俯。玉，朝者之贽。子贡曰："以礼观之，二君者，皆有死亡焉。夫礼，死生存亡之体也。将左右周旋，进退俯仰，于是乎取之。朝、祀、丧、戎，于是乎观之。今正月相朝，而皆不度。不合法度。心已亡矣。嘉事不体，何以能久？嘉事，朝礼。高仰，骄也。卑俯，替也。骄近乱，替近疾。君为主，其先亡乎？为此年公薨、哀七年以邾子益归传。

邾子以前会为未成礼，于岁首复朝，未几奔鲁之丧，盖削弱已甚，又齐、鲁同盟，晋霸既失，邾无所恃，故惧鲁而卑屈至此。

鼷鼠食郊牛，牛死，改卜牛。

公羊传　曷为不言其所食？据食角。漫也。

谷梁传　不敬莫大焉。不敬，故天灾最甚。

二月，辛丑，楚子灭胡，以胡子豹归。

左传　吴之入楚也，在四年。胡子尽俘楚邑之近胡者。楚既定，胡子豹又不事楚，曰："存亡有命，事楚何为？多取费焉。"二月，楚灭胡。

召陵之侵，顿、胡之君皆与，是后楚有吴患不能报。前年灭顿，今复灭胡，盖不得逞于中国，而吞噬小弱，以快其宿憾也。

夏，五月，辛亥，郊。

公羊传　曷为以夏五月郊？据鲁郊当卜春三正也，又养牲于涤宫，不过三月。三卜之运也。运，转也。已卜春三正不吉，复转卜也夏三月，周五月，得二吉，故五月郊也。

壬申，公薨于高寝。

左传　夏五月壬申，公薨。仲尼曰："赐不幸言而中，是使赐多言者也。"

谷梁传　高寝，非正也。

高寝，宫名。定公乘昭公之后，政在季氏，值阳虎既奔，三桓亦微，孔子为政，纲纪粗立，正可以有为之时，而惛于女乐，不竟其用，至其末年会牵、会洮，城莒父、城霄，无非助乱劳民之举，鲁之益弱宜矣。

郑罕达帅师伐宋。罕，公羊作轩。

左传　郑罕达败宋师于老丘。罕达，子齹之子。老丘，杜注：宋地。今河南陈留县北有老丘城。

宋公子地奔郑，郑为之伐宋，欲取地以居之，自此二国构兵，与隐公初年公子冯事正相类。盖霸统既绝，诸侯无所系属，各竞其私，而莫之能禁也。

齐侯、卫侯次于渠蒢。渠蒢，公羊作蘧蒢，宋地。

左传　齐侯、卫侯次于蘧挐，谋救宋也。蘧挐，即渠蒢。

五氏、垂葭之次，皆为谋晋。至是复出兵观望，而明年遂有伐晋之举。左氏以为救宋，非也。郑从齐方坚，齐得卫、得鲁，皆郑谋之。最后宋始附齐，其交未久，齐不应救宋以仇郑。且郑非强国，合齐、卫以敌之，亦何惧而不果哉？

邾子来奔丧。诸侯始奔丧。

公羊传　其言来奔丧何？奔丧非礼也。

谷梁传　丧急故以奔言之。奔丧之制，日行百里，故传言急，所以申匍匐之情也。

周衰，小国以事天子之礼事大国。天子崩葬，诸侯皆无奔丧、会葬之事，而鲁君尝奔齐、晋之丧，会楚之葬，经不书，讳之也。邾子、滕子来奔丧、会葬，而皆书者，志其礼之僭也。

秋，七月，壬申，姒氏卒。姒，谷梁作弋。

左传　秋七月壬申，姒氏卒。不称夫人，不赴，且不祔也。

公羊传　姒氏者何？哀公之母也。何以不称夫人？哀未君也。

谷梁传　妾辞也，不言夫人薨。哀公之母也。

成风、敬嬴皆书薨、书夫人，而定姒不书夫人，书卒，或谓哀公初立未成君，又丧在殡，不及尊其母，故鲁史所书如是，理或然也。

八月，庚辰，朔，日有食之。

九月，滕子来会葬。

丁巳，葬我君定公，雨，不克葬。戊午，日下昃，乃克葬。昃，谷梁作稷。

左传　葬定公，雨，不克襄事，礼也。襄，成也。雨而成事，若汲汲于欲葬。

谷梁传　葬既有日，不为雨止，礼也。雨不克葬，丧不以制也。　乃，急辞也，不足乎日之辞也。见宣八年葬敬嬴传。

国君葬具无不备，故不为雨止。雨不克葬，讥不能葬也。事与宣公葬敬嬴同，葬敬嬴言日中而克葬，此言日下昃乃克葬，日中则裕于日昃矣，故谷梁子曰："乃急辞也。"

辛巳，葬定姒。

左传　葬定姒不称小君，不成丧也。公未葬而夫人薨，不赴不祔，故不称小君。反哭于寝，故书葬。

公羊传　定姒何以书葬？未逾年之君也，哀未逾年。有子则庙，庙则书葬。

葬不称小君，不备夫人之礼，著其实也。礼，并有丧葬，则先母而后父。今定公薨在五月，姒氏卒在七月，不同月，葬各有期，是以先葬定公。若同月，则定姒当先葬矣。

冬城漆。

左传　冬，城漆。书，不时告也。实以秋城，冬乃告庙。

二丧葬事毕，又兴土功，其困民也甚矣。

日讲春秋解义卷六十一

哀　公

公名蒋，定公之子，盖夫人定姒所生。谥法恭仁短折曰哀。

周　敬王二十六年。敬王四十一年，孔子卒。鲁哀公十九年，敬王崩，子元王立。此据《左传》所载。按诸本，敬王崩或作哀公十七年、十八年，或作哀公二十年，未详孰是。

郑　声公七年。声公二十二年，孔子卒。

齐　景公五十四年。鲁哀公五年，景公卒，安孺子荼立。是年弑，悼公阳生立。哀十年，悼公弑，子简公壬立。哀十四年，田常弑简公，立其弟骜为平公，而相之，专其国权，齐自是为田氏矣。

宋　景公二十三年。景公三十八年，孔子卒。

晋　定公十八年，晋霸衰微。鲁哀公十三年，会吴子黄池，吴始称伯。

卫　灵公四十一年。鲁哀公二年，灵公卒，孙出公辄立。是年，晋纳卫太子蒯聩于戚，父子争国。哀十五年，蒯聩入，是为庄公，辄出奔。哀十七年，庄公弑，立公孙般师。十二月，齐伐卫，立公子起，执般师以归。哀十八年，卫逐起，辄得入。

蔡　昭侯二十五年。鲁哀公四年，昭侯弑，子成侯立。

曹　伯阳八年。鲁哀公八年，宋灭曹。

滕　顷公十六年。鲁哀公四年，顷公卒，子隐公虞母立。哀十一年，隐公卒。

陈　闵公八年。鲁哀公十六年，楚灭陈，杀闵公。

杞　僖公十二年。鲁哀公八年，僖公卒，子闵公维立。

薛　惠公三年。鲁哀公十年，惠公卒。

莒　郊公。

邾　隐公十一年。鲁哀公七年，鲁入邾，执邾子益。哀八年，归吴，又讨邾子，囚诸楼台，栫之以棘，使诸大夫奉子革以为政。哀十年，邾子益来奔。

许　元公十年。鲁哀公十三年，元公卒。

小邾　详见昭公元年。

楚　昭王二十二年。鲁哀公六年，昭王卒，子惠王章立。哀十六年，楚白公胜杀令尹子西，攻惠王，叶公攻白公，白公自杀，惠王复国。哀十八年，惠王卒。

秦 惠公七年。鲁哀公三年，惠公卒，子悼公立。鲁哀十八年，悼公卒，子共公立。

吴 夫差二年。鲁哀公元年入越，栖越于会稽，越行成。哀十年，吴诛伍员。哀十四年，会晋黄池，越入吴。哀二十年，越围吴。哀二十二年，越灭吴。

越 句践二年。鲁哀公元年，吴入越，栖于会稽，以行成，用大夫种、范蠡为政。哀十四年，入吴。哀二十年，围吴。哀二十一年，始来聘鲁。哀二十二年，灭吴，乃以兵北渡淮，与齐、晋诸侯会于徐州，周元王使人赐句践胙为伯，越兵横行于江淮东，诸侯毕贺，号称霸王。

日讲春秋解义卷六十一

哀　公

名蒋，定公之子，母定姒。以敬王二十六年即位。十四年，西狩获麟，《春秋》终。谥法恭仁短折曰哀。

元年，春，王正月，公即位。

楚子、陈侯、随侯、许男围蔡。

左传　元年春，楚子围蔡，报柏举也。在定四年。里而栽，栽，设板筑为围垒，周匝去蔡城一里。广丈，高倍。垒厚一丈，高二丈。夫屯，夫，兵也。垒未成，故令人屯守蔡。昼夜九日，如子西之素。子西本计，为垒当用九日而成。蔡人男女以辨，辨，别也。男女各别，系累而出降。使疆于江、汝之间而还。使蔡徙都于江北，汝水之南，欲令近楚为私属。蔡于是乎请迁于吴。楚还，蔡人更叛楚就吴。为明年蔡迁州来传。

随属楚，不与会盟，至是楚人德其免昭王于难，列于诸侯，故见经。许既灭复见者，楚封之也。楚徙蔡于江、汝之间，不书迁蔡，实未迁也。胡氏安国乃谓迁蔡而书围，见楚子复仇为可恕，此大失《春秋》之旨。入郢者，吴也。楚不能报吴，而搂二三小国以释憾于蔡，既已悖矣，且楚诱杀蔡侯般，而灭其国，用隐太子，拘蔡昭侯，蔡之仇楚岂在入郢下，岂蔡宜得报而楚独不宜得报乎？观楚频年灭顿、灭胡，何仇之复？其志直欲蚕食小国，不尽并诸侯不止耳而以复仇之说恕之，误矣。

附录左传　吴王夫差败越于夫椒，报檇李也。檇李役在定十四年。夫椒，杜注：吴郡吴县西南大湖中椒山。《通典》包山一名夫椒，即西洞庭山也。在今江南吴县西南。遂入越。越子以甲楯五千保于会稽，会稽，杜注：上会稽山也。在会稽山阴县南。《水经注》古防山也。《周礼》扬州之镇在今浙江会稽县东南。使大夫种因吴大宰嚭以行成。种，越臣文种也。吴子将许之，伍员曰："不可。臣闻之，树德莫如滋，去疾莫如尽。昔有过浇杀斟灌以伐斟鄩，浇，寒浞子封于过者。二斟，夏同姓诸侯。襄四年传曰："浇用师灭斟灌。"灭夏后相。夏后相，启孙。后相失国，依于二斟，复为浇所灭。后缗方娠，逃出自窦，后缗相妻。归于有仍，后缗，有仍氏女。生少康焉。为仍牧正，牧官之长。惎浇能戒之。惎，毒也。戒，备也。浇使椒求之，椒，浇臣。逃奔有虞，为之庖正，以除其害。虞，舜后诸侯也。杜注：梁国有虞县。

今故虞城在河南虞城县南。庖正，掌膳羞之官。赖此得不见杀也。虞思于是妻之以二姚，而邑诸纶。思，有虞君也。虞思自以二女妻少康。姚，虞姓。纶，杜注：虞邑。今虞城县东南有故纶城。有田一成，有众一旅。方十里为成，五百人为旅。能布其德，而兆其谋，兆，始。以收夏众，抚其官职。襄四年传曰："靡自有鬲氏，收二国之烬，以灭浞而立少康。"使女艾谍浇，女艾，少康臣。谍，候也。使季杼诱豷，豷，浇弟。季杼，少康子后杼也。遂灭过、戈，复禹之绩。过，杜注：浇国。戈，杜注：豷国。祀夏配天，不失旧物。今吴不如过，而越大于少康，或将丰之，不亦难乎！言与越成，是使越丰大，必为吴难。句践能亲而务施，施不失人，亲不弃劳。与我同壤，而世为仇仇。于是乎克而弗取，将又存之，违天而长寇仇，犹言天与不取。后虽悔之，不可食已。食，消也。已，止也。姬之衰也，日可俟也。姬，吴姓。介在蛮夷，而长寇仇，以是求伯，必不行矣。"弗听。退而告人曰："越十年生聚，而十年教训，二十年之外，吴其为沼乎！"谓吴宫室废坏为污池。为二十二年越入吴起本。三月，越及吴平。吴入越，不书，吴不告庆，越不告败也。

鼷鼠食郊牛，改卜牛。郊牛下谷梁有角字。

夏，四月，辛巳，郊。

谷梁传　此该之变而道之也。该，备也。《春秋》书郊终于此，故于此备说郊之变。变谓郊非其时，或牲被灾害。于变之中，又有言焉。于灾变之中，又有可善而言者。鼷鼠食郊牛角，改卜牛，志不敬也。郊牛日展觓角而知伤，展道尽矣。展道虽尽，所以备灾之道不尽，讥哀公不敬，故致大变。郊，自正月至于三月，郊之时也。夏四月郊不时也，五月郊不时也。夏之始可以承春，以秋之末承春之始，盖不可矣。不时之中有差别，夏始承春，方秋之末，犹为可也。九月用郊。用者，不宜用者也。在成十七年。郊三卜，礼也。三卜，即传末以十二月上辛卜之说。四卜，非礼也。僖三十一年、襄十一年皆四卜。五卜，强也。成十年五卜。卜免牲者，吉则免之，不吉则否。牛伤不言伤之者，伤自牛作也，故其辞缓。宣三年郊牛之口伤，以牛自伤，故辞缓。全曰牲，伤曰牛，未牲曰牛，其牛一也，其所以为牛者异。已卜日成牲而伤之曰牛，与未卜日未成牲之牛，二者不同。有变而不郊，故卜免牛也。已牛矣，其尚卜免之，何也？灾伤不复以郊，怪复卜免之。礼，与其亡也宁有，礼，与其无卜，宁尝有卜。尝置之上帝矣，故卜而后免之，不敢专也。卜之不吉，则如之何？不免。安置之？系而待六月上甲，始庀牲，然后左右之。庀，具也。待具后牲，然后左右前牛，惟我所用，不复须卜，已有新牲故也。《周礼》曰："司门掌授管键，以启闭国门。祭祀之牛系焉。"然则未左右时，监门者养之。子之所言者，牲之变也。而曰我一该郊之变而道之，何也？此弟子问谷梁子之词。我以六月上甲始庀牲，十月上甲始系牲，十一月、十二月牲虽有变，不道也。牲有变则改卜牛，以不妨郊事，故不言其变。待正月，然后言牲之变，此乃所以该郊。至郊时，然后言其变，重其妨郊也。十二月不道，自前可知也。至正月然后道，则二月、三月亦可知也。此所以该郊，言其变道尽。郊，享道也。贵其时，大其礼。其养牲，虽小不备可也。享者，饮食之道。牲有变，则改卜牛，郊日已逼，庀系之礼，虽小不备，合时得礼，用之可也。子不志三月卜郊，何也？弟子以经不书而谷梁独言之，故复问也。三月，谓十二月、正月、二月也。郊自正月至于三月，郊之时也。有变乃志，常事不书。我以十二月下辛卜正月上辛，如不从，则以正月下辛卜二月上辛，如不从，则以二月下辛卜三月上辛，如不从，则不郊矣。意欲郊而卜不吉，故曰不从。郊必用上辛者，取其新洁莫先也。

定公薨，未及小祥，而僭行天子之郊礼。释凶服从吉，则为不孝于亲。矧郊之祭也，丧者不敢哭，凶服不敢入国门，今在丧而蒇事，则为不敬于天。一举而犯三不韪焉，郊之失礼，未有甚于此者也。

附录左传　夏四月，齐侯、卫侯救邯郸，围五鹿。赵稷以邯郸叛，范、中行氏之党也。五鹿，杜注：晋邑。吴之入楚也，在定四年。使召陈怀公。怀公朝国人而问焉，曰："欲与楚者右，欲与吴者左。陈人从田，无田从党。"都邑之人无田者随党而立，不知所与，故直从所居。田在西者居右，在东者居左。逢滑当公而进，当公，不左不右。曰："臣闻，国之兴也以福，其亡也以祸。今吴未有福，楚未有祸，楚未可弃，吴未可从。而晋盟主也。若以晋辞吴，若何？"公曰："国胜君亡，非祸而何？"楚为吴所胜。对曰："国之有是多矣，何必不复？小国犹复，况大国乎？臣闻，国之兴也，视民如伤，是其福也。如伤，恐惊动。其亡也，以民为土芥，是其祸也。楚虽无德，亦不艾杀其民。吴日敝于兵，暴骨如莽，草之生于广野，莽莽然，故曰草莽。而未见德焉。天其或者正训楚也，祸之适吴，其何日之有？"陈侯从之。及夫差克越，乃修先君之怨。秋八月，吴侵陈，修旧怨也。传言吴不修德而修怨，所以亡。

秋，齐侯、卫侯伐晋。

左传　齐侯、卫侯会于乾侯，救范氏也。师及齐师、卫孔圉、鲜虞人伐晋，取棘蒲。鲁师不书，非公命也。孔圉，孔烝鉏曾孙。鲜虞，狄师贱，故不书。棘蒲，晋地。今赵州城内有棘蒲社。

前此齐、卫伐晋夷仪、河内皆不书，诸侯犹有所忌，未成乎伐也。至是晋益衰，无异于列国，齐、卫遂连兵伐之，《春秋》特书以著霸统之绝也。王道尽而霸统复亡，世变于是穷矣。

附录左传　吴师在陈，楚大夫皆惧，曰："阖庐唯能用其民，以败我于柏举。今闻其嗣又甚焉，将若之何？"子西曰："二三子恤不相睦，无患吴矣。昔阖庐食不二味，居不重席，室不崇坛，平地作室，不起坛也。器不彤镂，彤，丹也。镂，刻也。宫室不观，观，台榭。舟车不饰，衣服财用，择不取费。选取坚厚，不尚细靡。在国，天有菑疠，亲巡其孤寡而共其乏困。在军，熟食者分，而后敢食。必须军士皆分熟食，不敢先食。分犹遍也。其所尝者，卒乘与焉。所尝甘珍。勤恤其民，而与之劳逸，是以民不罢劳，死知不旷。知身死不见旷弃。吾先大夫子常易之，所以败我也。今闻夫差次有台榭陂池焉，过再宿曰次。积土为高曰台，有木曰榭，鄣泽曰陂，积水曰池。宿有妃嫱嫔御焉。妃嫱，贵者。嫔御，贱者。皆内官。一日之行，所欲必成，玩好必从。珍异是聚，观乐是务。视民如仇，而用之日新。夫先自败也已，安能败我?"为二十二年越灭吴张本。

冬，仲孙何忌帅师伐邾。

邾之事鲁至矣。前年，邾子来奔丧，今逾年而遽伐之，盖鲁之强臣利取邾田，不复知有礼义也。

附录左传　冬十月，晋赵鞅伐朝歌。讨范、中行氏。

二年，春，王二月，季孙斯、叔孙州仇、仲孙何忌帅师伐邾，取漷东田及沂西田。癸巳，叔孙州仇、仲孙何忌及邾子盟于句绎。书盟止此，句绎，杜注：邾地。应在今山东邹县境。

左传　二年春，伐邾，将伐绞。绞，杜注：邾邑。当在今滕县境。邾人爱其土，故赂以漷、沂之田而受盟。

谷梁传　取漷东田，漷东未尽也。及沂西田，沂西未尽也。以其言东西，则知其未尽也。三人伐，而二人盟，何也？各盟其得也。季孙不得田，故不与盟。

邾自昭公时诉鲁于晋，叔孙、季孙见执。今晋失霸，邾子惧，比来朝会三卿，犹以为憾，帅师伐取其田，复盟以要之。三子皆书，不举重者，各将其兵，政不自公出也。三人伐而二人盟，谷梁以为各盟其所得也，莫强于季孙，何独无得季氏？志在灭邾，二田不足弃其欲，又以昭公伐意如、阳虎囚桓子，皆赖叔仲之救，故以田归二家，使与邾盟，以示己不屑与。且包藏祸心，欲复图其国，而未肯盟也。

夏，四月，丙子，卫侯元卒。

左传　初，卫侯游于郊，子南仆。子南，灵公子郢。公曰："余无子，将立女。"蒯聩奔，无大子。不对。他日，又谓之，对曰："郢不足以辱社稷，君其改图。君夫人在堂，三揖在下，三揖，卿、大夫、士也。孤卿特揖，大夫以其等旅揖，士旁三揖。见《周礼·司士》。君命只辱。"夏，卫灵公卒。夫人曰："命公子郢为大子，君命也。"对曰："郢异于他子，言用意不同。且君没于吾手，言公没时已在左右。若有之，郢必闻之。且亡人之子辄在。"辄，蒯聩之子出公也，灵公適孙。乃立辄。

滕子来朝。滕朝止此。诸侯来朝亦止此。

晋赵鞅帅师纳卫世子蒯聩于戚。

左传　六月乙酉，晋赵鞅纳卫大子于戚。宵迷，阳虎曰："右河而南，必至焉。"戚在河东，是时晋军已渡河，师夜行失道，阳虎忆渡处在戚之北，河既北流，据水所向则东为右，故欲出河右而南行也。使大子絻，絻，始发丧之服。八人衰绖，伪自卫逆者。欲为卫人逆，故衰绖成服。告于门，哭而入，遂居之。

公羊传　戚者何？卫之邑也。曷为不言入于卫？父有子，子不得有父也。明父得有子而废之，子不得有父之所有，故夺其国。

谷梁传　纳者，内弗受也。帅师而后纳者，有伐也，何用弗受也？以辄不受也。以辄不受父之命，受之王父也。信父而辞王父，则是不尊王父也。其弗受，以尊王父也。

蒯聩之出与纳，《春秋》再以世子书，则知蒯聩为无辜，而被此名以出，故正其名而谓之世子，所谓与之继世者也。书纳于戚，见为辄所拒，而不得入于卫也。程子谓，纵令蒯聩得罪于父，不得复立辄，亦不得背父，而不与其国，为辄计者，委于所可立，使不失君之社稷，而身从父，则义矣。谷梁尊王父之说，非也。

秋，八月，甲戌，晋赵鞅帅师及郑罕达帅师战于铁，郑师败绩。铁，公羊作栗，又作秩。杜注：铁，丘名，在戚城南。今直隶开州北有戚城，其南为王合里，即铁丘也。

左传　秋八月，齐人输范氏粟，郑子姚、子般送之。子姚，罕达。子般，驷弘。士吉射逆之，赵鞅御之，遇于戚。阳虎曰："吾车少，以兵车之旆与罕、驷兵车先陈。旆，先驱车也。以先驱车益其兵车以示众。罕、驷自后随而从之，彼见吾貌，必有惧心，晋人先陈，郑人随之，不知其虚实，见车多必惧。于是乎会之，会，合战。必大败之。"从之。卜战，龟焦。兆不成。乐丁曰：乐丁，晋大夫。"《诗》曰：'爰始爰谋，爰契我龟。'《诗·大雅》。言先人事而后卜筮。谋协以故兆，询可也。"询，谘询也。故兆，始纳卫大子，卜得吉兆。言今既谋同，可不须更卜。简子誓曰："范氏、中行氏反易天明，不事君也。斩艾百姓，欲擅晋国而灭其君。寡君恃郑而保焉。今郑为不道，弃君助臣，二三子顺天明，从君命，经德义，除诟耻，在此行也。克敌者，上大夫受县，下大夫受郡，《周书·作雒篇》千里百县，县有四郡。士田十万，十万亩也。庶人工商遂，得遂进仕。人臣隶圉免。去厮役。志父无罪，君实图之。志父，赵简子之改名也。言已事济君，当图其赏。若其有罪，绞缢以戮，桐棺三寸，不设属辟，属辟，棺之重数。王棺四重，君再重，大夫一重。素车朴马，以载柩。无入于兆，兆，葬域。不卿之罚也。"为众设赏，自设罚，所以能克敌。甲戌，将战，邮无恤御简子，邮无恤，王良也。卫大子为右。登铁上，望见郑师众，大子惧，自投于车下。子良授大子绥而乘之，曰："妇人也。"言其怯。简子巡列，曰："毕万，匹夫也。七战皆获，有马百乘，死于牖下。毕万，晋献公卿也。皆获，有功。死于牖下，言得寿终。群子勉之，死不在寇。"言有命。繁羽御赵罗，宋勇为右。三子，晋大夫。罗无勇，麇之。麇，束缚也。吏诘之，御对曰："痁作而伏。"痁，疟疾也。卫大子祷曰："曾孙蒯聩，敢昭告皇祖文王、烈祖康叔、文祖襄公，蒯聩，襄公之孙。郑胜乱从，胜，郑声公名。释君助臣，为从乱。晋午在难，午，晋定公名。不能治乱，使鞅讨之。鞅，简子名。蒯聩不敢自佚，备持矛焉。戎右持矛。敢告无绝筋，无折骨，无面伤，以集大事，无作三祖羞。大命不敢请，佩玉不敢爱。”不敢爱，故以祈祷。郑人击简子，中肩，毙于车中，毙，踣也。获其蜂旗。蜂旗，旗名。大子救之以戈，郑师北，获温大夫赵罗。罗无勇，故郑师虽北犹获罗。大子复伐之，郑师大败，获齐粟千车。赵孟喜，曰：“可矣。”赵孟，简子。傅傁曰：“傅傁，简子属也。虽克郑，犹有知在，忧未艾也。”初，周人与范氏田，公孙龙税焉。龙，范氏臣，为范氏收周人所与田之税。赵氏得而献之。得龙以献简子。吏请杀之，赵孟曰：“为其主也，何罪？”止而与之田。还其所税。及铁之战，以徒五百人宵攻郑师，取蜂旗于子姚之幕下，献，曰：“请报主德。”追郑师，姚、般、公孙林殿而射，前列多死。晋前列。赵孟曰：“国无小。”既战，简子曰：“吾伏弢呕血，弢，弓衣。鼓音不衰，今日我上也。”功为上。大子曰：“吾救主于车，退敌于下，我，右之上也。”邮良曰：“我两靷将绝，吾能止之，止，使不绝。我御之上也。”驾而乘材，两靷皆绝。材，横木。明细小。传言简子不让下自伐。

《春秋》舍齐、秦、楚外无与晋战者，盖无能与晋敌也。今以蕞尔之郑，而赵鞅帅师与战，幸而胜之，其衰甚矣。书及，所以辨主客。皆言帅师，其众敌也。

冬，十月，葬卫灵公。

十有一月，蔡迁于州来。蔡杀其大夫公子驷。书迁止此。

左传　吴泄庸如蔡纳聘，而稍纳师。师毕入，众知之。泄庸，吴大夫。元年，蔡请迁于吴，中悔，故因聘袭之。蔡侯告大夫，杀公子驷以说。言不时迁者，驷之为。哭而迁墓。将迁，与先君辞，故哭。冬，蔡迁于州来。

州来灭于吴，蔡之徙，此实吴人迁之，而经以自迁为文者，楚既疆蔡，蔡背楚，请迁于吴，而中悔，及其事急，又委罪执政，谋之不臧，谁之咎也？故经以自迁为文。而杀公子驷，则书大夫而称国，见君与用事大臣擅杀之，而不以其罪也。

三年，春，齐国夏、卫石曼姑帅师围戚。

左传　三年春，齐、卫围戚，求援于中山。中山，鲜虞。

公羊传　齐国夏曷为与卫石曼姑帅师围戚？伯讨也。此其为伯讨奈何？曼姑受命乎灵公而立辄，灵公者，蒯聩之父。以曼姑之义为固，可以拒之也。拒之者，为灵公命故。辄者曷为者也？蒯聩之子也。然则曷为不立蒯聩而立辄？蒯聩为无道，灵公逐蒯聩而立辄。然则辄之义可以立乎？曰：“可其可奈何？不以父命辞王父命，不以蒯聩命辞灵公命。以王命辞父命，是父之行乎子也。重本尊统之义。不以家事辞王事。以父见废故，辞让不立，是家私事。以王事辞家事，是上之行乎下也。

谷梁传　此卫事也，其先国夏，何也？子不围父也。不系戚于卫者，子不有父也。子有父者，戚系卫，则为大夫属于卫。

主兵者，卫也。而齐助子围父，逆乱人伦，莫甚于此，故恶其不义，以为兵首。

所以深罪其党恶，而训天下后世讨乱贼之法也。戚不书卫，承前纳卫世子蒯聩之文也。其义与围宋彭城异者，彭城已披于楚，故还系之宋，戚，卫地，而卫世子居之，何用复书卫乎？

夏，四月，甲午，地震。

五月，辛卯，桓宫、僖宫灾。

左传　夏五月辛卯，司铎火。司铎，宫名。火逾公宫，桓、僖灾。桓公、僖公庙。救火者皆曰顾府。言常人爱财。南宫敬叔至，命周人出御书，俟于宫。敬叔，孔子弟子南宫阅。周人，司周书典籍之官。御书，进于君者也。曰："庀女，而不在，死。"庀，具也。子服景伯至，命宰人出礼书，景伯，子服何也。宰人，冢宰之属。以待命。命不共有常刑。校人乘马，巾车脂辖，校人，掌马。巾车，掌车。乘马，使四匹相从，为驾之易。以脂膏辖，为行之易。百官官备，府库慎守，官人肃给。国有火灾，恐有变难，故慎为备。济濡帷幕，郁攸从之。濡物于水，出用为济。郁攸，火气也。从之为备。蒙葺公屋，以濡物冒覆公屋。自大庙始，外内以悛。悛，次也。先尊后卑，以次救之。助所不给。有不用命，则有常刑无赦。公父文伯至，命校人驾乘车。备缓急。季桓子至，御公立于象魏之外，象魏，门阙。命救火者，伤人则止，财可为也。命藏象魏，《周礼》正月县教令之法于象魏，使万民观之，故谓其书为象魏。曰："旧章不可亡也。"富父槐至，曰："无备而官办者，犹拾沈也。"槐，富父终生之后。沈，汁也。言不备而责办，不可得。于是乎去表之槁，表，表火道。风所向者，去其槁积。道还公宫。开除道，周匝公宫，使火无相连。孔子在陈，闻火，曰："其桓、僖乎！"言桓、僖亲尽而庙不毁，宜为天所灾。

公羊传　此皆毁庙也，其言灾何？复立也。曷为不言其复立？据立武宫言立。《春秋》见者不复见也。于哀公时立，即于哀公时灾，既书灾，则立可见，故得省文。何以不言及？据雉门及两观。敌也。亲过高祖，亲疏敌等。何以书？记灾也。

谷梁传　言及，则祖有尊卑。解经不言及僖。由我言之，则一也。远祖恩无差降如一，故不言及。

桓、僖亲尽而宫存者，盖季氏出于桓，立于僖，世专国政，隆其私恩，而不毁焉耳。不书及，二宫分明，且祖无尊卑也。

季孙斯、叔孙州仇帅师城启阳。启，公羊作开启。阳本鄅国，后属鲁。杜注：琅琊开阳县。今山东沂州北有故城。

启阳，故鄅国。昭十八年，邾人袭鄅，鄅子从帑于邾。其地在邾东鄙，近费。鲁既取漷东沂西田，因夺而城之，惧其难，故以师。季氏以叔孙附己，故与同城，而地则季氏得之。

宋乐髡帅师伐曹。

曹奉乐大心入萧以叛，宋方有乱，故且从齐盟，未暇致讨。今闻齐景耄，而无畏于齐，故修曹之怨也。

附录左传　刘氏、范氏世为婚姻，刘氏，周卿士。范氏，晋大夫。苌弘事刘文公，为之属大夫。故周与范氏。赵鞅以为讨。六月癸卯，周人杀苌弘。终违天之祸。

秋，七月，丙子，季孙斯卒。

左传　秋，季孙有疾，命正常曰：“无死。正常，桓子之宠臣，欲付以后事，故敕令勿从己死。南孺子之子，男也，则以告而立之。南孺子，季桓子之妻。言若生男，告公而立之。女也，则肥也可。肥，康子。季孙卒，康子既位。既葬，康子在朝。在公朝也。南氏生男，正常载以如朝，告曰：“夫子有遗言，命其圉臣曰：‘南氏生男，则以告于君与大夫而立之。’今生矣，男也，敢告。”遂奔卫。康子请退。退，辟位也。公使共刘视之，共刘，鲁大夫。则或杀之矣。乃讨之。讨杀者。召正常，正常不反。畏康子也。

蔡人放其大夫公孙猎于吴。

猎，盖驷之党。蔡实背楚迁吴，以自启衅，而委之罪，故不去其官而称人，言国乱无政，众人擅放之也。

冬，十月，癸卯，秦伯卒。

叔孙州仇、仲孙何忌帅师围邾。

邾子已受盟于句绎，今逾年而复围之，其弃信肆虐甚矣。

附录左传　冬十月，晋赵鞅围朝歌，师于其南。范、中行所在。荀寅伐其郛，伐其北郭围。使其徒自北门入，己犯师而出。使在外救己之徒击赵氏，围之北门，因外内攻得出。癸丑，奔邯郸。十一月，赵鞅杀士皋夷，恶范氏也。

四年，春，王二月，庚戌，盗杀蔡侯申。二月，公羊作三月。杀，公羊、谷梁作弑。

左传　四年春，蔡昭侯将如吴。诸大夫恐其又迁也，承，承惩也。盖楚言。公孙翩逐而射之，翩，蔡大夫。入于家人而卒。以两矢门之，翩以矢自守其门。众莫敢进。文之锴后至，锴，蔡大夫。曰：“如墙而进，多而杀二人。”并行如墙俱进。锴执弓而先，翩射之，中肘，锴遂杀之。故逐公孙辰，而杀公孙姓、公孙盱。盱，即霍也。

公羊传　弑君，贱者穷诸人，此其称盗以弑何？据宋人弑其君处臼称人。贱乎贱者也。贱于称人者。贱乎贱者孰谓？谓罪人也。蔡侯近罪人，卒逢其祸，故以为人君深戒。

谷梁传　称盗以弑君，不以上下道道也。以上下道道者，若卫祝吁弑其君完之类是。直称盗，不在人伦之序。内其君而外弑者，不以弑道道也。襄七年，郑伯将会中国，其臣欲从楚，不胜其臣，弑而死。不使夷狄之民加乎中国之君。故曰郑伯髡原如会，未见诸侯。丙戌，卒于操，是不以弑道道也。春秋有三盗，微杀大夫谓之盗，十三年冬盗杀陈夏区夫是。非所取而取之谓之盗，定八年阳货取宝玉、大弓是。辟中国之正道以袭利谓之盗。即杀蔡侯申者是。

称盗、称杀，窃发而未得其主名也。左氏以杀蔡侯为公孙翩，既得其主名，翩虽贱，亦当从齐邴歜、阎职杀商人之例，而书人、书杀，则其说未可据也。国君行，则师从，居有兵卫，而为盗所杀，见蔡之无臣子也。不言君，盗不得君其君也。以盗为文，故不得言弑。其与阍弑吴子异者，阍则有主名，而食庶人在官者之禄也。宣十七年书蔡侯申卒，而此复书蔡侯申，盖传写之误。

蔡公孙辰出奔吴。

书公孙辰出奔于盗杀蔡侯申之后，则辰与闻乎杀矣。

葬秦惠公。

宋人执小邾子。

代曹执邾子，盖齐景图霸无成，而宋亦有志于争权也。与宋襄执滕子围曹同例。

夏，蔡杀其大夫公孙姓、公孙霍。

晋人执戎蛮子赤归于楚。蛮，公羊作曼。书执止此。

左传　夏，楚人既克夷虎，夷虎，蛮夷叛楚者。乃谋北方。左司马眅、申公寿余、叶公诸梁致蔡于负函，致方城之外于缯关。三子，楚大夫也。此蔡之故地人民，楚因以为邑。致之者，会其众也。负函、缯关，杜注：皆楚地。负函当在今信阳州境。曰："吴将泝江入郢，将奔命焉。"为一昔之期，袭梁及霍。一昔，一夜也。伪辞当备吴，夜结期，明日便袭梁、霍，使不知之。梁、霍，杜注：梁，河南梁县西南故城也。梁南有霍阳山。皆蛮子之邑。单浮余围蛮氏，蛮氏溃。浮余，楚大夫。蛮子赤奔晋阴地。阴地，杜注：河南山北自上雒以东至陆浑。司马起丰、析与狄戎，楚司马眅也。丰析，杜注：析县属南乡郡，析南有丰乡，皆楚邑。今河南淅川县及内乡县之西北境，皆析地也。丰乡城在淅川县西南。发此二邑人及戎狄。以临上雒。左师军于菟和，菟和，杜注：山在上雒东。今陕西商州东有菟和山。右师军于仓野，仓野，杜注：在上雒县。今商州东南有仓野聚。使谓阴地之命大夫士蔑曰：命大夫，别县监尹。"晋、楚有盟，好恶同之。若将不废，寡君之愿也。不然，将通于少习以听命。"少习，杜注：商县武关也。今武关在商州东少习山下。言将开道以伐晋。士蔑请诸赵孟，赵孟曰："晋国未宁，安能恶于楚？必速与之。"士蔑乃致九州之戎，九州戎，在晋阴地陆浑者。将裂田以与蛮子而城之，以诈蛮子。且将为之卜。卜城。蛮子听卜，遂执之，与其五大夫，以畀楚师于三户。三户，杜注：丹水县北有三户亭。今三户城在淅川县西南。司马致邑立宗焉，以诱其遗民，楚复诈为蛮子作邑，立其宗主。而尽俘以归。

公羊传　赤者何？戎曼子之名也。其言归于楚何？据执曹伯畀宋人，不言归于宋。子北宫子曰："辟伯晋而京师楚也。"晋人执戎曼子，归于楚，若不书戎曼子名，则与伯执归京师同文，故辟其文而名之。

霸主执列国之君，归于京师，正也。今执而与楚，宜从执曹伯畀宋人之例，乃与归于京师同文，以著世变，见情实。晋与天下诸侯皆有罪焉耳。

城西郛。

六月，辛丑，亳社灾。亳，公羊作蒲。

公羊传　蒲社者何？据鼓用牲于社，不言蒲。亡国之社也。社者，封也。封土为社。其言灾何？据封土非火所能烧。亡国之社盖掩之，掩其上而柴其下。故火得烧之。掩柴之者，绝不得使通天地四方，以为有国者戒。蒲社灾，何以书？记灾也。

谷梁传　亳社者，亳之社也。亳，亡国也。亳即殷也，殷都亳，故谓之亳。亡国之社以为庙屏，戒也。立亳社于庙外，以为屏蔽，取其不得通天，人君瞻之而致戒心。其屋亡国之社，不得达上也。

记曰丧国之社屋之，武王克商，班其社于诸侯，使为鉴戒，屋之故有灾。据左氏七年以邾子益来献于亳社，则新作亳社之屋可知矣。不书者，以其当作，故不志也。

秋，八月，甲寅，滕子结卒。

冬，十有二月，葬蔡昭公。

葬滕顷公。

附录左传　秋七月，齐陈乞、弦施、卫宁跪救范氏。陈乞，僖子。弦施，弦多。庚午，围五鹿。九月，赵鞅围邯郸。冬十一月，邯郸降。荀寅奔鲜虞，赵稷奔临。临，杜注：晋邑。今直隶临城县东有故城。十二月，弦施逆之，遂堕临。逆稷，纳之他邑，以临险，固故毁之。国夏伐晋，取邢、任、栾、鄗、逆畤、阴人、盂、壶口。八邑，杜注：晋地。栾在赵国平棘县西北。鄗即高邑县也。潞县东有壶口关。今直隶栾城县及赵州北境皆古栾邑地。柏乡县北故城镇，即故鄗城地。逆畤，《水经注》谓之曲逆水。今曲逆故城在完县东南。壶口关在山西黎城县东北大行山口。会鲜虞，纳荀寅于柏人。柏人，杜注：晋邑。赵国柏人县。今直隶唐山县西有故城。

五年春，城毗。毗，公羊作比，又作芘。

夏，齐侯伐宋。

定十四年，齐与宋会洮，至此忽伐之者，齐方挟诸侯以伐晋，而宋人伐曹、执小邾子，欲与争霸，故讨之。然景公内实不能正其国，而惟力是竞，是以郑、卫、鲁、宋虽从之而不心服也。

晋赵鞅帅师伐卫。

左传　五年春，晋围柏人，荀寅、士吉射奔齐。初，范氏之臣王生恶张柳朔，言诸昭子，使为柏人。为柏人宰也。昭子，范吉射。昭子曰："夫非而仇乎？"对曰："私仇不及公，好不废过，恶不去善，义之经也，臣敢违之？"及范氏出，出柏人奔齐。张柳朔谓其子："尔从主，勉之。我将止死，王生授我矣。授我死节。吾不可以僭之。"僭，不信也。遂死于柏人。为吉射距晋伐死。夏，赵鞅伐卫，范氏之故也，遂围中牟。

是时齐方弱晋，而列国诸侯坚于党齐者，卫、郑耳。荀寅、士吉射乃赵鞅之仇，卫实庇之，鞅度齐兵力强盛，未可与争，寅、射附卫，未可猝动，于是计纳蒯聩以为卫主，故为之伐卫。前此，晋师皆书侵，此独书伐者，赵鞅欲释私憾，故用大师而伐国围邑，志在必克也。

秋，九月，癸酉，齐侯杵臼卒。杵，公羊作处。

左传　齐燕姬生子，不成而死。燕姬，景公夫人。不成，未冠也。诸子鬻姒之子荼嬖，诸子，庶公子也。鬻姒，景公妾。荼，安孺子。诸大夫恐其为大子也，言于公曰："君之齿长矣，未有大子，若之何？"公曰："二三子闲于忧虞，则有疾疢，亦姑谋乐，何忧于无君？"景公意欲立荼而未发，故以此言塞大夫请。公疾，使国惠子、高昭子立荼。惠子，国夏。昭子，高张。置群公子于莱。莱，杜注：齐东鄙邑。今山东黄县东南有莱子城。秋，齐景公卒。冬十月，公子嘉、公子驹、公子黔奔卫，公子鉏、公子阳生来奔。皆景公子在莱者。莱人歌之曰："景公死乎不与埋，三军之事乎不与谋，师乎师乎，何党之乎？"师，众也。党，所也。之，往也。称谥，盖葬后而为此歌，哀群公子失所。

冬，叔还如齐。

闰月，葬齐景公。

公羊传　闰不书，此何以书？据楚子昭卒不书闰。丧以闰数也。谓丧服大功以下诸丧当以闰月为数。丧曷为以闰数？据卒不书闰。丧数略也。略犹杀也。以恩杀故并闰数。

谷梁传　不正其闰也。闰月，附月之余日，丧事不数。

凡丧以年断者，不以闰数。以月断者，则以闰数。三年之丧，二十五月而毕，苟数闰则二年内已有二十五月，安得谓之三年？且以闰数而书，则崩薨卒葬凡有闰者皆宜书，何独书于此？故知书闰者，讥其以闰月葬，失丧事不数之义也。

附录左传　郑驷秦富而侈，嬖大夫也，而常陈卿之车服于其庭。郑人恶而杀之。子思曰："《诗》曰：'不解于位，民之攸塈。'子思，子产子国参也。《诗·大雅》。攸，所也。塈，息也。不守其位，而能久者鲜矣。《商颂》曰：'不僭不滥，不敢怠皇，命以多福。'"僭，差也。滥，溢也。皇，暇也。言驷秦违《诗·商颂》，故受祸。

日讲春秋解义卷六十二

哀　公

六年，春，城邾瑕。瑕，公羊作葭。书城止此。邾瑕，杜注：任城亢父县北有邾娄城。在今山东济宁州南。

邾瑕，如鲁济之类，鲁有负瑕，故称邾以别之。不书取，盖未尝取而疆城，见鲁之弱邾也。

晋赵鞅帅师伐鲜虞。

左传　六年春，晋伐鲜虞，治范氏之乱也。四年，鲜虞纳荀寅于柏人。

昭十二年，楚虔方炽，而晋伐鲜虞。十五年，楚平初立，布德于诸侯，而荀吴再伐之。定四年，召陵罢会，士鞅及卫孔圉会伐。五年吴方入郢，士鞅又伐之，于是尽失诸侯。此年复有赵鞅之师，则晋霸之衰，皆由诸大夫贪伐鲜虞，以自封殖故也。

吴伐陈。

左传　吴伐陈，复修旧怨也。元年未得志故。楚子曰："吾先君与陈有盟，不可以不救。"乃救陈，师于城父。陈盟在昭十三年。

夏，齐国夏及高张来奔。

左传　齐陈乞伪事高、国者，高张、国夏受命立荼，陈乞欲害之，故先伪事焉。每朝必骖乘焉。所从必言诸大夫，言其罪过。曰："彼皆偃蹇，将弃子之命。偃蹇，骄傲。皆曰：'高、国得君，必逼我，盍去诸?'固将谋子，子早图之。图之莫如尽灭之。需，事之下也。需，疑也。及朝，则曰："彼虎狼也，彼谓诸大夫。见我在子之侧，杀我无日矣。请就之位。"欲与诸大夫谋高、国，故求就之。又谓诸大夫曰："二子者祸矣。"言高、国二子。恃得君而欲谋二三子曰：'国之多难，贵宠之由，尽去之而后君定。'既成谋矣，盍及其未作也，先诸?作而后悔，亦无及也。"大夫从之。夏六月戊辰，陈乞、鲍牧牧，鲍国孙。及诸大夫以甲入于公宫。昭子闻之，与惠子乘如公，昭子，高张。惠子，国夏。战于庄，败。高、国败也。庄，六轨之道。国人追之，国夏奔莒，遂及高张、晏圉、弦施来奔。圉，晏婴之子。圉施不书，非卿。

陈乞将立阳生，故先逐国、高，国、高奔，而后陈乞弑君之谋得遂矣。故先书二卿之奔于弑君之前，以著难所自作。而国、高不能卫上，委君而逃之，罪亦见矣。

叔还会吴于柤。

齐景既卒，吴欲争霸，鲁先往会之。

秋，七月，庚寅，楚子轸卒。

左传　秋七月，楚子在城父，将救陈，卜战不吉，卜退不吉，王曰："然则死也。再败楚师，不如死。前已败于柏举，今若退还亦是败。弃盟逃仇，亦不如死。死一也，其死仇乎?"命公子申为王，不可。则命公子结，亦不可。则命公子启，申，子西。结，子期。启，子闾。皆昭王兄。五辞而后许。将战王，有疾。庚寅，昭王攻大冥，大冥，杜注：陈地。在今河南项城县境。吴师所在也。卒于城父。子闾退，曰："君王舍其子而让群臣，敢忘君乎?从君之命，顺也。从命许立。立君之子，亦顺也。二顺不可失也。"与子西、子期谋，潜师闭涂，逆越女子章，立之而后还。闭涂，不通外使也。越女，昭王妾。章，惠王。是岁也，有云如众赤鸟，夹日以飞三日。楚子使问诸周大史，周大史曰："其当王身乎！日为人君，妖气守之，故以为当王身。云在楚上，唯楚见之，故祸不及他国。若禜之，可移于令尹、司马。"禜，禳也。王曰："除腹心之疾，而置诸股肱，何益?不谷不有大过，天其夭诸?有罪受罚，又焉移之?"遂弗禜。初，昭王有疾，卜曰："河为祟。"王弗祭。大夫请祭诸郊，王曰："三代命祀，祭不越望。诸侯望祀竟内山川星辰。江、汉、睢、漳，楚之望也。四水在楚界。祸福之至，不是过也。不谷虽不德，河非所获罪也。"遂弗祭。孔子曰："楚昭王知大道矣。其不失国也，宜哉!《夏书》曰：'惟彼陶唐，帅彼天常。有此冀方，今失其行。乱其纪纲，及灭而亡。'《夏书·五子之歌》也。唐虞及夏同都冀州，不易地而亡，由于不知大道故。又曰：'允出兹在兹，由己率常可矣。'"《夏书·大禹谟》。言信出己则福亦在己。

附录左传　八月，齐邴意兹来奔。高、国党。

齐阳生入于齐，齐陈乞弑其君荼。荼，公羊作舍。

左传　陈僖子使召公子阳生。僖子、陈乞召在七月，今在八月下，记事之次。阳生驾而见南郭且于，且于，齐公子鉏。与阳生同奔，居鲁南郭。曰："尝献马于季孙，不入于上乘故又献此，请与子乘之。"畏在家人闻其言，故欲二人共载，以试马为辞。出莱门而告之故。鲁郭门也。阚止知之，先待诸外。阚止，阳生家臣子我也。待外，欲俱去。公子曰："事未可知，反与壬也处。"壬，阳生子简公。戒之，遂行。戒使无泄言。逮夜至于齐，国人知之。故以昏至，不欲令人知也。国人知而不言，言陈氏得众。僖子使子士之母养之，隐于僖子家内。子士母，僖子妾。与馈者皆入。僖子又令阳生随馈食之人入处公宫。冬十月丁卯，立之。将盟，盟诸大夫。鲍子醉而往。其臣差车鲍点曰：点，鲍牧之臣。差车，主车之官。"此谁之命也?"陈子曰："受命于鲍子。"遂诬鲍子曰："子之命也。"见其醉，故诬之。鲍子曰："女忘君之为孺子牛而折其齿乎？而背之也。”孺子，荼也。景公尝衔绳为牛，使荼牵之，荼顿地，故折其齿。悼公稽首，曰：悼公，阳生。“吾子奉义而行者也。若我可，不必亡一大夫。言己可为君，必不怨鲍子。若我不可，不必亡一公子。公子，自谓也。恐鲍子杀己故要之。义则进，否则退，敢不唯子是从？废兴无以乱，则所愿也。”鲍子曰：“谁非君之子？”乃受盟。使胡姬以安孺子如赖，胡姬，景公妾也。安，孺子之号。赖，杜注：齐邑。去鬻姒，荼之母。杀王甲，拘江说，囚王豹于句窦之丘。三子，景公嬖臣，荼之党也。公使朱毛告于陈子，曰：朱毛，齐大夫。“微子则不及此。然君异于器，不可以二。器二不匮，君二多难。敢布诸大夫。”僖子不对而泣，曰：“君举不信群臣乎？以齐国之困，困又有忧。内有饥荒之困，又有兵革之忧。少君不可以访，是以求长君，庶亦能容群臣乎！不然，夫孺子何罪？毛复命，公悔之。悔失言。毛曰：“君大访于陈子，而图其小，可也。”大谓国政，小谓杀荼。使毛迁孺子于骀，不至，杀诸野幕之下，葬诸殳冒淳。恐骀人不从，故毛驻于野，张帐而杀之。骀，杜注：齐邑。殳冒淳，杜注：地名。《路史》殳成国一名冒泽。实以冬杀，经书秋者，史书秋记始事，遂连其死通以秋告鲁。

公羊传　弑而立者不以当国之辞言之，此其以当国之辞言之何？据齐公子商人弑其君舍而立书公子。为谖也。此其为谖奈何？景公谓陈乞曰：“吾欲立舍何如？”陈乞曰：“所乐乎为君者，欲立之则立之，不欲立则不立。贵自专也。君如欲立之，则臣请立之。”阳生谓陈乞曰：“吾闻子盖将不欲立我也。”陈乞曰：“夫千乘之主，将废正而立不正，必杀正者。晋世子申生是也。吾不立子者，所以生子者也，走矣。”与之玉节而走之。节，信也。析玉与阳生留其半，为后当迎之，合以为信，防称矫也。奔不书者，未立为嗣。景公死而舍立。陈乞使人迎阳生于诸其家。于诸，置也。齐人语也。除景公之丧，期而小祥，服期者除。诸大夫皆在朝，陈乞曰：“常之母有鱼菽之祭，常，陈乞子。重难言其妻，故云尔。齐俗，妇人首祭事。言鱼豆者，示薄陋无所有。愿诸大夫之化我也。”言欲以薄陋余福共宴饮。诸大夫皆曰：“诺。”于是皆之陈乞之家，坐，陈乞曰：“吾有所为甲，甲，铠。请以示焉。”诸大夫皆曰：“诺。”于是使力士举巨囊而至于中霤，巨囊，大囊。中央曰中霤。诸大夫见之，皆色然而骇。色然，惊骇貌。开之，则闯然公子阳生也。闯，出头貌。陈乞曰：“此君也已。”诸大夫不得已，皆逡巡北面，再拜稽首而君之尔，知陈乞有备，故不得已遂君之。自是往弑舍。

谷梁传　阳生入而弑其君以陈乞主之，何也？不以阳生君荼也。其不以阳生君荼，何也？阳生正，荼不正。不正则其曰君，何也？荼虽不正，已受命矣。已受命于景公而立，故可言君。入者，内弗受也。荼不正，何用弗受？以其受命，可以言弗受也。先君已命立之，于义可以拒之。阳生其以国氏，何也？取国于荼也。

阳生之入与小白书入同，然小白之入，齐无君，阳生之入，齐有君，则不得与小白比。系阳生于齐者，以上文无所蒙，下不言归，不书齐阳生，将不知其为何国公子，非以其当有国而系之齐也。杀荼者，朱毛。得国者，阳生。曷为不以罪齐？无知者罪阳生，而归狱于乞，于是齐政由陈氏矣。彼阳生者，一亡公子而已，乞不有无君之心，则阳生何由而入？荼何自而弑？《春秋》明正其罪，所以正首恶、杜乱源也。

冬，仲孙何忌帅师伐邾。

既城瑕，则邾无所恃，故明年遂有入邾之役，此其始事也。

宋向巢帅师伐曹。

七年，春，宋皇瑗帅师侵郑。

左传　七年春，宋师侵郑，郑叛晋故也。定八年，郑始叛。

宋连岁有事于曹，意郑为援而侵之。左氏以为为晋故也，宋之叛晋久矣，岂复为晋讨郑乎？

晋魏曼多帅师侵卫。

左传　晋师侵卫，卫不服也。五年，晋伐卫，至今未服。

夏，公会吴于鄫。鄫，谷梁作缯。

左传　夏，公会吴于鄫。吴欲霸中国。吴来征百牢，子服景伯对曰："先王未之有也。"吴人曰："宋百牢我，是时，吴过宋，得百牢。鲁不可以后宋。且鲁牢晋大夫过十，晋大夫，范鞅也。在昭二十一年。吴王百牢，不亦可乎？"景伯曰："晋范鞅贪而弃礼，以大国惧敝邑，故敝邑十一牢之。君若以礼命于诸侯，则有数矣。有常数。若亦弃礼，则有淫者矣。淫，过也。周之王也，制礼，上物不过十二，上物，天子之牢。以为天之大数也。天有十二次，故制礼象之。今弃周礼，而曰必百牢，亦唯执事。"吴人弗听。景伯曰："吴将亡矣，弃天而背本。违周为背本。不与，必疾于我。"言放其凶疾。乃与之。大宰嚭召季康子，嚭，吴大夫。康子使子贡辞。大宰嚭曰："国君道长，盖言君长大于道路。而大夫不出门，此何礼也？"对曰："岂以为礼？畏大国也。畏大国，不敢虚国尽行。大国不以礼命于诸侯，苟不以礼，岂可量也？寡君既共命焉，其老岂敢弃其国？大伯端委以治周礼，仲雍嗣之，断发文身，裸以为饰，岂礼也哉？有由然也。"大伯，周大王之长子。仲雍，大伯弟也。大伯、仲雍让其弟季历，俱适荆蛮，遂有民众。大伯卒，无子。仲雍嗣立，不能行礼致化，故效吴俗。言其权时制宜以辟灾害，非以为礼也。端委，礼衣。反自鄫，以吴为无能为也。弃礼，知其不能霸也。

比年书会吴，所以著公之失谋于始，而遗患于后也。

秋，公伐邾。八月，己酉，入邾，以邾子益来。

左传　季康子欲攻邾，乃飨大夫以谋之。子服景伯曰："小所以事大，信也。大所以保小，仁也。背大国不信，大国，吴也。伐小国不仁。民保于城，城保于德。

失二德者，危，将焉保？”二德，信与仁也。孟孙曰：“二三子以为何如？怪诸大夫不言，故指问之。恶贤而逆之？”孟孙贤景伯，欲使大夫不逆其言。恶犹安也。对曰：“禹合诸侯于涂山，执玉帛者万国。诸大夫对也。诸侯执玉，附庸执帛。今其存者，无数十焉。唯大不字小，小不事大也。言诸侯相伐，古来已然。知必危，何故不言？”知伐邾必危，自当言，今不言者，不危故也。大夫以答孟孙所怪，且阿附季孙。鲁德如邾，而以众加之，可乎？”孟孙忿答大夫。言不可。不乐而出。季、孟意异，佞直不同，故罢馀。秋，伐邾，及范门，邾郭门也。犹闻钟声。邾不御寇。大夫谏，不听。茅成子请告于吴，成子，邾大夫茅夷鸿。不许。曰：“鲁击柝闻于邾，言其近。吴二千里，不三月不至，何及于我？且国内岂不足？”言足以距鲁。成子以茅叛。茅，杜注：高平西南有茅乡亭。在今山东金乡县西北。师遂入邾，处其公宫，众师昼掠。掠取财物。邾众保于绎，绎，杜注：邾山也。在邹县北。今峄山一名邾峄山，在邹县东南。师宵掠，以邾子益来，益，邾隐公也。昼掠，传言康子无法。献于亳社，以其亡国与殷同。囚诸负瑕，负瑕故有绎。负瑕，杜注：鲁邑。高平南平阳县西北有瑕丘城。在今山东滋阳县西。前者鲁得邾之绎，民使在负瑕，故使相就以辱之。邾茅夷鸿以束帛乘韦，自请救于吴，无君命，故言自。曰：“鲁弱晋而远吴，冯恃其众，冯，依。而背君之盟，辟君之执事，辟，陋。以陵我小国。邾非敢自爱也，惧君威之不立。君威之不立，小国之忧也。若夏盟于鄫衍，鄫衍即鄫也。秋而背之，成求而不违，言鲁成其所求，无违逆也。四方诸侯，其何以事君？且鲁赋八百乘，君之贰也。贰，敌也。鲁以八百乘之赋贡于吴，言其国大。邾赋六百乘，君之私也。为私属。以私奉贰，唯君图。”之吴子从之。为明年吴伐我传。

公羊传　入不言伐，此其言伐何？内辞也，若使他人然。讳获诸侯，故不举重而两书，使若鲁公伐而去，他人入之以来者。邾娄子益何以名？绝。曷为绝之？获也。曷为不言其获？内大恶讳也。

谷梁传　以者，不以者也。益之名，恶也。恶其不能死社稷。《春秋》有临天下之言焉，有临一国之言焉，有临一家之言焉。其言来者，有外鲁之辞焉。非己内有，从外来者，曰来。今鲁侯身自以归而曰来，是外之也。

三家欲并邾，而使公主兵，盖迫于三子，不得已也。获则三家享其利，讨则公受其恶，《春秋》以讳不在公，故直书而不避也。不言灭，明年鲁归邾子，未能有其国也。在外曰以归，在内曰以来，内外之别也。

宋人围曹。

冬，郑驷弘帅师救曹。

左传　宋人围曹，郑桓子思曰：桓，谥。“宋人有曹，郑之患也，不可以不救。”冬，郑师救曹，侵宋。初，曹人或梦众君子立于社宫，社宫，社也。而谋亡曹，曹叔振铎请待公孙强，许之。振铎，曹始祖。旦而求之曹，无之。无所谓公孙强者。

戒其子曰：“我死，尔闻公孙强为政，必去之。”及曹伯阳即位，好田弋之说，说之。因访政事，大说之。有宠，使为司城以听政。梦者之子乃行。强言霸说于曹伯，曹伯从之，乃背晋而奸宋。宋人伐之，晋人不救，筑五邑于其郊，曰黍丘、揖丘、大城、钟、邘。为明年入曹传。黍丘，杜注：梁国下邑县西南有黍丘亭。按，下邑即今河南之夏邑县亭，在县西南。揖丘当在今曹县界。大城当在今曹州界。钟当在今定陶县界。邘亦在定陶境内。

列国无盟主，诸侯擅侵伐，更相吞噬。书围曹，罪宋也。自鲁救晋后，凡晋、楚之救皆不书，此书救曹，以大国不能援，而诸侯自相救，为世道之穷也。

八年，春，王正月，宋公入曹，以曹伯阳归。

左传　八年春，宋公伐曹，将还，褚师子肥殿。子肥，宋大夫。曹人诟之，不行。诟，詈辱也。不行，殿兵止也。师待之。公闻之，怒，命反之，遂灭曹。执曹伯及司城强以归，杀之。终曹人之梦。

公羊传　曹伯阳何以名？绝。曷为绝之？灭也。曷为不言其灭？讳同姓之灭也。何讳乎同姓之灭？力能救之而不救也。力能获邾娄，而不救曹，故责之。

宋公灭曹，而经书入，先儒以为灭者，亡国之善辞，曹不书灭，言自灭也。考之《春秋》所书，曹久困于宋，非有大恶不幸而亡，与诸国灭者无以异，何独文致其罪，以为自灭？或又以为曹亡《春秋》之终，孔子至此不忍书灭。此皆以私意穿凿附会，而不知其于义无当也。宋之入曹，盖取其地而不绝其祀，故不以灭告。观孟子时有曹交为曹君之弟，则战国之世曹尚未亡，如陈、蔡、许灭而复存之类耳。

吴伐我。书伐我始此。

左传　吴为邾故，将伐鲁，问于叔孙辄。辄，故鲁人。叔孙辄对曰：“鲁有名而无情，有大国名，无情实。伐之必得志焉。”退而告公山不狃。不狃，亦故鲁人。公山不狃曰：“非礼也。君子违，不适仇国。违，奔亡也。未臣而有伐之，奔命焉，死之可也。未臣所适之国，若有伐本国者，则可还奔命，死其难。所托也则隐。曾所因托，则为之隐恶。且夫人之行也，不以所恶废乡。今子以小恶而欲覆宗国，不亦难乎？辄，鲁公族，故谓之宗国。若使子率，子必辞，王将使我。”子张病之。子张，辄也。王问于子泄，子泄，不狃。对曰：“鲁虽无与立，缓时若无能自立。必有与毙。急则人人知惧，皆将同死战。诸侯将救之，示可以得志焉。晋与齐楚辅之，是四仇也。与鲁而四。夫鲁，齐、晋之唇，唇亡齿寒，君所知也，不救何为？”三月，吴伐我。子泄率，故道险，从武城。故由险道，欲使鲁成备。初，武城人或有因于吴竟田焉，侨田吴界。拘鄫人之沤菅者，曰：“何故使吾水滋？”鄫人亦侨田吴。滋，浊也。及吴师至，拘者道之，以伐武城，克之。鄫人教吴，必可克。王犯尝为之宰，澹台子羽之父好焉，国人惧。王犯，吴大夫，故尝奔鲁为武城宰。澹台子羽，武城人，孔子弟子也。其父与王犯善，国人惧其为内应。懿子谓景伯：“若之何？”

对曰："吴师来，斯与之战，何患焉？且召之而至，又何求焉？"吴师克东阳而进，舍于五梧。明日，舍于蚕室。三邑，杜注：鲁地。东阳，今名关阳镇，在山东费县西南。又县西有五梧城，即古五梧也。蚕室亦应在县西北境。公宾庚、公甲叔子与战于夷，获叔子与析朱鉏。公宾庚、公甲叔子并析朱鉏为三人，皆同车。传互言之。献于王。王曰："此同车，必使能，国未可望也。"同车能俱死，是国能使人，故不可望得。明日，舍于庚宗，遂次于泗上。微虎欲宵攻王舍，微虎，鲁大夫。私属徒七百人，三踊于幕庭。于帐前设格，士试跃之。卒三百人，有若与焉，卒，终也。终得三百人任行。有若，孔子弟子。与，在三百人中。及稷门之内。三百人行至稷门。或谓季孙曰："不足以害吴，而多杀国士，不如已也。"乃止之，吴子闻之，一夕三迁。畏微虎。吴人行成。求与鲁成。将盟，景伯曰："楚人围宋，易子而食，析骸而爨，在宣十五年。犹无城下之盟。我未及亏，而有城下之盟，是弃国也。吴轻而远，不能久，将归矣。请少待之。"弗从。景伯负载，造于莱门。负载书，将欲出盟。乃请释子服何于吴，吴人许之。以王子姑曹当之，而后止。释，舍也。鲁恐吴不信，欲留景伯为质，既得吴之许，复求吴王之子以交质，吴人不欲留王子，故遂两止。吴人盟而还。不书盟，讳耻。

前此书侵伐必言四鄙，见鲁之边鄙犹有守御之备也。至是吴师直造国都，则鲁之四境藩屏荡然，而国不足为国矣。

夏，齐人取讙及阐。阐，公羊作僤。后同。杜注：阐在东平刚县北。今山东宁阳县，本鲁阐邑地，故刚城在县东北。

左传　齐悼公之来也，在五年。季康子以其妹妻之，即位而逆之。季鲂侯通焉，鲂侯，康子叔父。女言其情，弗敢与也。齐侯怒。夏，五月，齐鲍牧率师伐我，取讙及阐。

公羊传　外取邑不书，此何以书？所以赂齐也。曷为赂齐？为以邾娄子益来也。

谷梁传　恶内也。

凡内失邑不书，自我与之则书取，此与济西田是也。鲁入邾，而以其君来致齐以为辞，故致赂以说之。不书伐，兵未加也。

附录左传　或谮胡姬于齐侯，胡姬，景公妾，六年以安孺子如赖者。曰："安孺子之党也。"六月，齐侯杀胡姬。传言齐侯无道，所以不终。

归邾子益于邾。

左传　齐侯使如吴请师，将以伐我，乃归邾子。齐未得季姬，故请师。吴前为邾讨鲁，惧二国同心，故归邾子。邾子又无道，吴子使大宰子余讨之，子余，大宰嚭。囚诸楼台，栫之以棘。栫，拥也。使诸大夫奉大子革以为政。革，邾大子桓公也。为十年邾子来奔传。

谷梁传　益之名，失国也。于王法当绝故。

先书吴伐我，又书齐取二邑，然后书归邾子于邾，则是畏吴惧齐，不胜困挫，而后归之也。

秋，七月。

附录左传　秋，及齐平。九月，臧宾如如齐莅盟。齐闾丘明来莅盟，宾如，臧会子。闾丘明，婴之子也。盟不书，略之。且逆季姬以归嬖。鲍牧又谓群公子曰："使女有马千乘乎？"有马千乘，使为君也。鲍牧本不欲立阳生，故讽动群公子。公子诉之，公谓鲍子："或谮子，子姑居于潞以察之。潞，杜注：齐邑。若有之，则分室以行。若无之，则反子之所。"出门，使以三分之一行。半道，使以二乘。及潞，麇之以入，麇，束缚也。遂杀之。

冬，十月二月，癸亥，杞伯过卒。

齐人归讙及阐。

左传　冬，十二月，齐人归讙及阐，季姬嬖故也。

归不言来者，齐本取讙、阐胁鲁归邾子，今既听命，则齐遂所欲，非以鲁能改过迁善服其义而归之也。归济西田言我，此不言我者，济西田不独我有之，而所归独吾，故封讙与阐则无疑焉耳。

九年，春。

附录左传　九年春，齐侯使公孟绰辞师于吴。齐与鲁平，故辞吴师。吴子曰："昔岁寡人闻命，今又革之，不知所从，将进受命于君。"为十年吴伐齐传。

王二月，葬杞僖公。

宋皇瑗帅师取郑，师于雍丘。雍丘，杜注：雍丘县属陈留郡。今河南杞县治。

左传　郑武子賸之嬖许瑕求邑，无以与之。賸，罕达也。瑕，武子之属。请外取，许之。瑕请取于他国。故围宋雍丘。宋皇瑗围郑师，许瑕师。每日迁舍，作垒堑成，辄徙舍合其围。垒合，郑师哭。子姚救之，大败。子姚，武子賸也。二月，甲戌，宋取郑师于雍丘，使有能者无死，惜其能也。以郑张与郑罗归。郑之有能者。

公羊传　其言取之何？易也。其易奈何？诈之也。诈谓陷阱奇伏之类。

谷梁传　取，易辞也。师而易取，郑病矣。以师之重而宋以易得之，则郑师将弱矣。

取郑师者，掩袭而尽俘以归也。观左氏所载，使有能者无死而止，以二人归，则杀人多矣。《春秋》之末特书取师者二，盖诈力相倾，奇变滋起，故甚其谲，恶其尽，谢氏所谓著其祸之大者是也。

夏，楚人伐陈。

左传　夏，楚人伐陈，陈即吴故也。

六年，吴伐陈，楚昭救之，卒于城父，不克而还，陈以无援故即吴。楚惠不念已之不能庇陈，而愤其背已，今年伐陈，明年公子结复伐之，十三年公子申又伐之，终春秋之世，陈困于楚，弗克自振。备书其事，而楚人暴横不道之罪著矣。

秋，宋公伐郑。

左传　宋公伐郑。报雍丘。

宋自齐景之殁，妄图兴霸。前年以曹伯阳归，郑不能救，今又取郑师，其志益骄，以郑为易与，遂亲帅师以伐其国，明年偏师再伐，十二年向巢又伐。至十三年而丧师于嵒与雍丘之役得失相当盖所自取也。

附录左传　秋，吴城邗，沟通江、淮。邗，杜注：于邗江筑城穿沟，东北通射阳湖，西北至宋口入淮，通粮道。广陵邗江是也。　晋赵鞅卜救郑，遇水适火，水火之兆。占诸史赵、史墨、史龟。皆晋史。史龟曰："是谓沈阳，火阳得水故沈。可以兴兵。兵，阴类也，故可以兴兵。利以伐姜，不利子商。姜，齐姓，火师之后。火弱，故伐利。子商，姓属水，故伐不利。伐齐则可，敌宋不吉。"史墨曰："盈，水名也。子，水位也。赵鞅，姓盈。宋，姓子。水盈坎乃行，子姓又得北方水位。名位敌，不可干也。二水俱盛，故言不可干。炎帝为火师，神农有火瑞，以火名官。姜姓其后也。水胜火，伐姜则可。"史赵曰："是谓如川之满，不可游也。既盈而得水位，故为如川之满不可游，言其波流盛。郑方有罪，不可救也。郑以嬖宠伐人，故以为有罪。救郑则不吉，不知其他。"阳虎以周易筮之，遇泰☷乾下坤上，泰。之需☵乾下坎上，需。泰六五变。曰："宋方吉，不可与也。不可与战。泰六五曰："帝乙归妹以祉，元吉。"帝乙，纣父。阴而得中，类王者嫁妹，得如其愿，受福禄而大吉。微子启，帝乙之元子也。宋、郑，甥舅也。宋、郑，为婚姻甥舅之国。宋微子之后，今卜得帝乙卦，故以为宋吉。祉，禄也。若帝乙之元子归妹，而有吉禄，我安得吉焉?"乃止。

冬，十月。

附录左传　冬，吴子使来儆师伐齐。前年齐与吴谋伐鲁，齐既与鲁成而止，故吴恨之，反与鲁谋伐齐。

十年，春，王二月，邾子益来奔。

左传　十年春，邾隐公来奔，齐甥也，故遂奔齐。终子贡之言。

益先为鲁所俘，复之未几，而自失其国，又来奔鲁，其不知耻甚矣。

公会吴伐齐。三月，戊戌齐侯阳生卒。

左传　公会吴子、邾子、郯子伐齐南鄙，师于鄎。鄎，杜注：齐地。邾、郯不书，兵并属吴。齐人弑悼公，赴于师。以说吴。吴子三日哭于军门之外，徐承帅舟师将自海入齐，徐承，吴大夫。齐人败之，吴师乃还。

阳生之死，传书弑而经书卒。杜氏预谓以疾赴。以事势推之，齐为大国，其止吴师，小嫌也，齐人何至遽弑其君以说乎？盖当时以吴师在齐，而悼公适毙，遂以为杀耳。传如此类，皆未可信，信经可也。

夏，宋人伐郑

晋赵鞅帅师侵齐。

左传　夏，赵鞅帅师伐齐，经书侵，以侵告。大夫请卜之。赵孟曰：“吾卜于此起兵，谓往岁卜伐宋不吉，利以伐姜，故今兴兵。事不再令，再令，渎也。卜不袭吉，袭，重也。行也。”于是乎取犁及辕，犁辕，杜注：犁，一名隰。济南有隰阴县，祝阿县西有辕城。今山东临邑县西有漯阴故城，即齐犁邑。禹城县西北有瑗城，即辕也。毁高唐之郭，侵及赖而还。

乘吴之乱，伐齐之丧，无名甚矣，故书侵。

五月，公至自伐齐。

葬齐悼公。

卫公孟彄自齐归于卫。

彄，蒯聩之党，今归于卫，是从辄而背蒯聩也。故春秋后蒯聩入国，彄复奔齐。

薛伯夷卒。夷公羊作寅

秋，葬薛惠公。

附录左传　秋，吴子使来复儆师。伐齐未得志，故为明年吴伐齐传。

冬，楚公子结帅师伐陈。吴救陈。书救止此。

左传　冬，楚子期伐陈。吴延州来季子救陈，谓子期曰：“二君不务德，二君，吴、楚。而力争诸侯，民何罪焉？我请退，以为子名，务德而安民。”乃还。季子，吴王寿梦少子也。寿梦以襄十二年卒，至今七十七岁。寿梦卒，季子已能让国，年当十五六，至今盖九十余。

陈之祸，吴为之也。吴不挟陈以从己，则楚、陈无衅，何用救为？书救，著其志在争诸侯，非真有扶危恤患之义，盖与楚之救郑同耳。

日讲春秋解义卷六十三

哀　公

十有一年，春，齐国书帅师伐我。

左传　十一年春，齐为鄎故，鄎在前年。国书、高无丕帅师伐我，及清。清，杜注：齐地。济北卢县东有清亭。卢县，今长清县也。季孙谓其宰冉求曰：冉求，鲁人，孔子弟子。"齐师在清，必鲁故也，若之何?"求曰："一子守，二子从公御诸竟。"季孙曰："不能。"自度力不能使二子。求曰："居封疆之间。"封疆，竟内近郊地。季孙告二子，二子不可。求曰："若不可，则君无出。一子帅师背城而战。不属者，非鲁人也。属，臣属也。言不战为不臣。鲁之群室，众于齐之兵车，群室，都邑居家。一室敌车，优矣。子何患焉? 二子之不欲战也宜，政在季氏。当子之身，齐人伐鲁而不能战，子之耻也。大不列于诸侯矣。"季孙使从于朝，俟于党氏之沟。党氏沟，杜注：朝中地名。武叔呼而问战焉，问冉求。对曰："君子有远虑，小人何知?"懿子强问之，对曰："小人虑材而言，量力而共者也。"言所问非己材力所及，故不能言。武叔曰："是谓我不成丈夫也。"知冉求非己不欲战，故不对。退而搜乘，孟孺子泄帅右师，孺子，懿子之子武伯彘。颜羽御，邴泄为右。二子，孟氏臣。冉求帅左师，管周父御，樊迟为右。樊迟，名须，鲁人，孔子弟子。季孙曰："须也弱。"有子曰："就用命焉。"虽年少，能用命。有子，冉求也。季氏之甲七千，冉有以武城人三百为己徒卒。步卒，精兵。老幼守宫，次于雩门之外。雩门，南城门。五日，右师从之。五日乃从，言不欲战。公叔务人见保者而泣，务人，公为，昭公子。保，守城者。曰："事充政重，事充，繇役烦。政重，赋税多。上不能谋，士不能死，何以治民? 吾既言之矣，敢不勉乎!"师及齐师战于郊，齐师自稷曲，稷曲，杜注：郊地名。师不逾沟。樊迟曰："非不能也，不信子也。请三刻而逾之。"与众三刻约信。如之，众从之。师入齐军。冉求之师。右师奔，齐人从之。陈瓘、陈庄涉泗，二陈，齐大夫。孟之侧后入以为殿，之侧，孟氏族，字反。抽矢策其马曰："马不进也。"林不狃之伍曰："走乎?"不狃，鲁士。五人为伍。不狃曰："谁不如?"曰："然则止乎?"不狃曰："恶贤?"徐步而死。言鲁非无壮士，但季孙不能使。师获甲首八十，冉求所得。齐人不能师。宵，谍曰："齐人遁。"冉有请从之三，季孙弗许。孟孺子语人曰："我不如颜羽，而贤于邴泄。二子与孺子同车。子羽锐敏，子羽，颜羽。锐，敏。言欲战。我不欲战而能默。泄曰：‘驱之。’”言驱马欲奔。公为与其嬖僮汪锜乘，皆死，皆殡。孔子曰：“能执干戈以卫社稷，可无殇也。”时人疑童子当殇。冉有用矛于齐师，故能入其军。孔子曰：“义也。”言能以义勇。不书战，不皆陈也。不书败，胜负不殊。

《春秋》详内而略外，故外之侵伐书国，而鲁书四鄙，此以国言之者。胡氏安国谓曲在我，特书伐我，非也。按，传载老幼守宫，次于雩门之外，师及齐师，战于郊。右师奔，齐人从之，至于涉泗，则兵实加国都矣。故直言伐我，明与他伐异耳。自哀公已前，诸侯来伐，无兵及近郊者，至是政在季氏，生事启衅，二家不肯同力，前之吴师，后之齐师，召之而来，傅国都而止。《春秋》两书伐我，所以著鲁之益衰，不能守其四封，而至见陵之甚也。

夏，陈辕颇出奔郑。辕，公羊作袁。

左传　夏，陈辕颇出奔郑。初，辕颇为司徒，赋封田以嫁公女。封内之田，悉赋税之。有余，以为己大器。大器，钟鼎之属。国人逐之，故出。道渴，其族辕咺进稻醴、梁糗、腶脯焉。醴，浊酒也。糗，干饭也。腶脯，捶脯施姜桂也。喜曰：“何其给也?”对曰：“器成而具。”具此醴、糗。曰：“何不吾谏?”对曰：“惧先行。”恐言不从，先见逐。

五月，公会吴伐齐。甲戌，齐国书帅师及吴战于艾陵。齐师败绩，获齐国书。书战、书获止此。齐、鲁交兵亦止此。艾陵，杜注：齐地。

左传　为郊战故，公会吴子伐齐。欲以报也。五月，克博，壬申，至于嬴。博、嬴，杜注：齐邑。二县皆属泰山。今泰安州东南有博阳故城。中军从王，吴中军。胥门巢将上军，王子姑曹将下军，展如将右军。三将，吴大夫。齐国书将中军，高无丕将上军，宗楼将下军。陈僖子谓其弟：“书尔，死我必得志。”书，子占也。欲获死事之功。宗子阳与闾丘明相厉也。相劝厉致死。子阳，宗楼也。桑掩胥御国子。”国书。公孙夏曰：“二子必死。”亦劝告勉之。将战，公孙夏命其徒歌《虞殡》。《虞殡》送葬歌曲。示必死。陈子行命其徒具含玉。子行，陈逆也。具含玉，亦示必死。公孙挥命其徒曰：“人寻约吴发短。”约，绳也。八尺曰寻。吴发短，欲以绳贯其首。东郭书曰：“三战必死，于此三矣。”三战，夷仪、五氏与今。使问弦多以琴，弦多，齐六年奔鲁。曰：“吾不复见子矣。”言将战死。陈书曰：“此行也，吾闻鼓而已，不闻金矣。”军以鼓进，以金退，不闻金，言将死也。传言吴师强，齐人皆自知将败。甲戌，战于艾陵，展如败高子，齐上军败。国子败胥门巢。吴上军亦败。王卒助之，大败齐师。获国书、公孙夏、闾丘明、陈书、东郭书，革车八百乘，甲首三千，以献于公。公以兵从，故以劳公。将战，吴子呼叔孙曰：“而事何也?”问何职。对曰：“从司马。”从吴司马所命。王赐之甲、剑铍，曰：“奉尔君事，敬无废命。”叔孙未能对，卫赐进，曰：赐子贡孔子弟子。“州仇奉甲从君。”而拜公。使大史固归国子之元，归于齐也。元，首也。吴以献鲁。置之新箧，褽之以玄纁，加组带焉。褽，荐也。置书于其上，曰："天若不识不衷，何以使下国？"言天识不善，故杀国子。

公会伐而不与战也。盖自季孙擅鲁，陵暴小国，披其田邑，皆三桓共之。而危辱之地，则使公试焉，由来旧矣。齐怨已深，复假吴师以挑其祸，故迫公自行，叔孙以世行从，而季、孟不出，盖败则公受其殃，胜亦公主其怨也。鲁师不出，公徒寡约，不足以战，而从吴司马，如陈、蔡之君附于楚乘，故特书公会吴伐齐于前，复大书齐国书及吴战于后，以发疑端，见情实，而著季孙之恶也。先儒谓属辞之法当然，非也。使鲁师成列，公实与战，则书公会吴伐齐，甲戌及齐国书战于艾陵可矣。即欲著国书志为此战，书齐国书帅师及我师、吴师战于艾陵可矣。何故迂其义而为公不与战之辞哉？书获国书，又书师败绩，见师、将皆陨，与大棘之战同。传曰大夫生死皆曰获，故国书、华元无异辞。

附录左传　吴将伐齐，越子率其众以朝焉，王及列士皆有馈赂。吴人皆喜，唯子胥惧，曰："是豢吴也夫！"豢，养也。若人养牺牲，非爱之，将杀之。谏曰："越在，我心腹之疾也。壤地同而有欲于我。欲得吴。夫其柔服，求济其欲也，不知早从事焉。从事，击之。得志于齐，犹获石田也，无所用之。石田不可耕。越不为沼，吴其泯矣。使医除疾，而曰必遗类焉者，未之有也。《盘庚》之诰曰：'其有颠越不共，则劓殄无遗育，无俾易种于兹邑。'《盘庚》，《商书》。颠越不共，从横不承命者也。劓，割也。殄，绝也。育，长也。易种，转生种类。是商所以兴也。今君易之，将以求大，不亦难乎？"弗听。使于齐，属其子于鲍氏，为王孙氏。私使人至齐属其子，改姓为王孙，欲以辟吴祸。反役，王闻之，使赐之属镂以死。役，艾陵役也。属镂，剑名。将死，曰："树吾墓槚，槚可材也，吴其亡乎！三年，其始弱矣。盈必毁，天之道也。为十三年越入吴起。

秋，七月，辛酉，滕子虞母卒。

附录左传　秋，季孙命修守备，曰："小胜大，祸也。齐至无日矣。"

冬，十有一月，葬滕隐公。

卫世叔齐出奔宋。

左传　冬，卫大叔疾出奔宋。疾即齐也。初，疾娶于宋子朝，子朝，宋人，仕卫为大夫。其娣嬖。娣，所娶女之娣。子朝出，出奔。孔文子使疾出其妻而妻之。疾使侍人诱其初妻之娣置于犁。犁，杜注：卫邑。而为之一宫，如二妻。文子怒，欲攻之，仲尼止之。遂夺其妻。或淫于外州，外州，杜注：卫邑。外州人夺之轩以献。轩，车也。以献于君。耻是二者，故出。卫人立遗，疾弟。使室孔姞。文子女，疾妻。疾臣向魋，纳美珠焉，与之城鉏。城鉏，杜注：宋邑。今直隶滑县东有鉏城。宋公求珠，魋不与，由是得罪。及桓氏出，在十四年。城鉏人攻大叔疾，卫庄公复之。使处巢，死焉。殡于郧，葬于少禘。终言疾之失所。巢、郧、少禘，杜注：皆卫地。今巢亭在河南睢州。初，晋悼公子慭亡在卫，使其女仆而田。仆，御以猎。大叔懿子止而饮之酒，懿子，大叔仪之孙。遂聘之，生悼子。悼子，大叔疾。悼子即位，故夏戊为大夫。夏戊，悼子甥。悼子亡，卫人翦夏戊。翦，削其爵邑。孔文子之将攻大叔也，访于仲尼，仲尼曰："胡簋之事，则尝学之矣。胡簋，礼器名。夏曰胡，周曰簋。甲兵之事，未之闻也。"退，命驾而行，曰："鸟则择木，木岂能择鸟?"以鸟自喻。文子遽止之，曰："圉岂敢度其私访? 卫国之难也。"圉，文子名。度，谋也。将止，仲尼止。鲁人以币召之，乃归。于是自卫反鲁，乐正，《雅》《颂》各得其所。

经书内外大夫奔者六十，于定、哀之世尤多，盖政在大夫，各欲自专，始则相猜相忌，终乃相攻相逐也。

附录左传　季孙欲以田赋，丘赋之法，因其田财，通出马一匹，牛三头。今欲别其田及家财，各为一赋，故言田赋。使冉有访诸仲尼。仲尼曰："丘不识也。"三发，三发问。卒曰："子为国老，待子而行，若之何子之不言也?"仲尼不对，不公对。而私于冉有曰："君子之行也，度于礼，施取其厚，事举其中，敛从其薄。如是，则以丘亦足矣。丘十六井，出戎马一匹，牛三头，是赋之常法。若不度于礼，而贪冒无厌，则虽以田赋，将又不足。且子季孙若欲行而法，则周公之典在。若欲苟而行，又何访焉?"弗听。为明年用田赋传。

十有二年，春，用田赋。

左传　十二年春王正月，用田赋。终前年事。

公羊传　何以书? 讥。何讥尔? 讥始用田赋也。田，谓一井之田。赋，敛取其财物也。礼，税民公田不过什一，军赋十井不过一乘。哀公外慕强吴，空尽国储，故复用田赋，过什一。

谷梁传　古者，公田什一。用田赋，非正也。古者五口之家受田百亩，为官田十亩，是为私得其什而官税其一，故曰什一。今乃弃中平之法，而田财并赋，言其赋民甚矣。

用者，不宜用也。田赋之说，杜预、范宁皆云丘赋之法，因其田财通出马一匹、牛三头。今别其田及家财，各出此赋，则是比先王之制加倍不翅矣。况家财有无难均，说未可信。要之赋之本义，专为出军，计丘而出兵车，赋之常法，今计田而出，故曰田赋。盖春秋诸侯会盟礼繁，兵戎事广，不能复守先王之籍，故鲁用不足则初税亩，益兵则作丘甲。至哀公，远事强吴，事充政重，二犹不足，复用田赋，盖托以军用，加敛于田，计田而出货财也。其数之多寡则不可考，大约税亩多乎什一，田赋又多乎税亩矣。税亩，私田始有征也。田赋，私田又加征也。

夏，五月，甲辰，孟子卒。

左传　夏五月，昭夫人孟子卒。昭公娶于吴，故不书姓。讳娶同姓，故谓之孟子，若宋女。死不赴，故不称夫人。不称夫人，故不言薨。不反哭，故不言葬小君。反哭者，夫人礼也。以同姓故，不成其夫人丧。孔子与吊，适季氏。季氏不絻，放绖而拜。孔子始老，故与吊。絻，丧冠也。孔子以小君礼往吊，季氏不服丧，故去绖，从主人节制。

公羊传　孟子者何？昭公之夫人也。其称孟子何？讳取同姓，盖吴女也。

谷梁传　孟子者何也？昭公夫人也。其不言夫人，何也？讳取同姓也。

孟子，吴女，昭公之夫人。其生也，昭公既谓之孟子，故史亦因之不改。不书夫人，书卒，著季氏逐其君，又黜其夫人也。观左氏记孔子与吊，而季孙不絻，放绖而拜，则知当时不以小君待之矣。不书葬，不成丧也。

公会吴于橐皋。橐皋，杜注：在淮南逡遒县东南。今江南巢县西北有柘皋镇，即古吴邑也。

左传　公会吴于橐皋。吴子使大宰嚭请寻盟。寻鄫盟。公不欲，使子贡对曰："盟，所以周信也，周，固也。故心以制之，制其义。玉帛以奉之，言以结之，明神以要之。寡君以为苟有盟焉，弗可改也已。若犹可改，日盟何益？今吾子曰，必寻盟。若可寻也，亦可寒也。"乃不寻盟。

秋，公会卫侯、宋皇瑗于郧。郧，公羊作运。杜注：郧，发阳也。广陵海陵县东南有发繇亭。今江南如皋县东立发壩，古发阳也。亦名古郧。

左传　吴征会于卫。初，卫人杀吴行人且姚而惧，谋于行人子羽。卫大夫。子羽曰："吴方无道，国无道，必弃疾于人。吴虽无道，犹足以患卫，往也。长木之毙，无不摽也。摽，击。国狗之瘈，无不噬也。瘈，狂也。噬，齧也。而况大国乎？"秋，卫侯会吴于郧。公及卫侯、宋皇瑗盟，而卒辞吴盟。吴人藩卫侯之舍。藩，篱也。围其馆舍。子服景伯谓子贡曰："夫诸侯之会事，既毕矣，侯伯致礼，地主归饩，侯伯致礼，以礼宾也。地主，所会主人也。饩，生物。以相辞也。各以礼相辞让。今吴不行礼于卫，而藩其君舍以难之，难，困苦也。子盍见大宰？"乃请束锦以行。以赂吴。语及卫故。若本不为卫请者。大宰嚭曰："寡君愿事卫君，卫君之来也缓，寡君惧，故将止之。"子贡曰："卫君之来，必谋于其众。其众或欲或否，是以缓来。其欲来者，子之党也。其不欲来者，子之仇也。若执卫君，是堕党而崇仇也。堕，毁也。夫堕子者，得其志矣。且合诸侯而执卫君，谁敢不惧？堕党崇仇，而惧诸侯，或者难以霸乎！"大宰嚭说，乃舍卫侯。卫侯归，效夷言。子之尚幼，子之，公孙弥牟。曰："君必不免，其死于夷乎！执焉，而又说其言，从之固矣。"后出公辄卒死于越。

宋向巢帅师伐郑。

左传　宋、郑之间有隙地焉，曰："弥作、顷丘、玉畅、嵒、戈、钖。凡六邑。今杞县东北有玉帐，或云古玉畅也。子产与宋人为成，曰："勿有是。"俱弃之。及宋平、元之族自萧奔郑，在定十五年。郑人为之城嵒、戈、钖。以处平、元之族。

九月，宋向巢伐郑，取钖，杀元公之孙，遂围嵒。十二月，郑罕达救嵒，丙申，围宋师。此事，经在十二月螽上，而传本在下，更具列其月以为别者，丘明本不以为义例，故不皆齐同。

冬，十有二月螽。螽，公羊作蝝。

左传　冬，十二月，螽。季孙问诸仲尼，仲尼曰："丘闻之，火伏而后蛰者毕。火伏在今十月。今火犹西流，司历过也。犹西流，言未尽没。知是九月，历官失一闰。

公羊传　何以书？记异也。何异尔？不时也。蝝者，与阴杀俱藏。周十二月，夏之十月，不当见，故为异。

杜氏预以为失闰，虽书十二月，实今九月，气尚温，故螽。然明年九月螽，又十二月螽，虫灾亟作而不时，沴气所感，非关闰也。

十有三年，春，郑罕达师师取宋师于嵒。

左传　十三年春，宋向魋救其师。救前年围嵒师。郑子賸使徇曰：子賸，罕达。"得桓魋者有赏。"魋也逃归，遂取宋师于嵒，获成讙、郜延。二子，宋大夫。以六邑为虚。空虚之，各不有。

公羊传　其言取之何？易也。其易奈何？诈反也。反，报也。前宋行诈取郑师，今郑复行诈取之，苟相报偿，不以君子之道，故曰诈反。

谷梁传　取，易辞也。以师而易取，宋病矣。

书取师，罪其以多杀为功，不仁之甚也。宋、郑自老丘之役彼此结怨，悉其诈力，必欲尽敌而后已。此春秋将变而为战国之势也。

夏，许男成卒。成，公羊作戊。

公会晋侯及吴子于黄池。书会止此。黄池，杜注：陈留封邱县南有黄亭，近济水。在今河南封邱县西南。

左传　夏，公会单平公、晋定公、吴夫差于黄池。单平公，周卿士。

公羊传　吴何以称子？吴主会也。吴主会，则曷为先言晋侯？不与夷狄之主中国也。其言及吴子何？会两伯之辞也。不与夷狄之主中国，则曷为以会两伯之辞言之？重吴也。曷为重吴？吴在是，则天下诸侯莫敢不至也。

谷梁传　黄池之会，吴子进乎哉！遂子矣。吴，夷狄之国也，祝发文身。祝，断也。文身，刻画其身以为文也。欲因鲁之礼，因晋之权，而请冠端而袭。端，玄端服。袭犹著也。其藉于成周，藉谓贡献。以尊天王，吴进矣。吴，东方之大国也。累累致小国以会诸侯，以合乎中国。吴能为之，则不臣乎？言其臣也。吴进矣。王，尊称也。子，卑称也。辞尊称而居卑称，以会乎诸侯，以尊天王。吴王夫差曰："好冠来。"孔子曰："大矣哉！夫差未能言冠而欲冠也。"不知冠有差等，惟欲好冠。

黄池之会，左氏曰先晋，《国语》曰先吴，后之说经者互有所主。夫宋之盟，晋国方强，而卒先楚人，则谓晋定之不能先吴，似也。吴方在会，而边遽以越乱告，则谓吴内惕而不敢复争，亦似也。惟赵氏匡以为吴、晋敌礼，而会如宾主。然故《晋史》即云晋为先，而《吴语》即云吴先歃，各自护其主，《春秋》据其事实以两霸之辞言之，故曰及，此于情事为合。吴称子，为与晋侯同为会主，故不称人。谷梁以为进之，非也。黄池地近鲁，前此鲁数与吴会，故是会公独往，不更序诸侯。诸侯实未至，非大会，而末言之也。

楚公子申帅师伐陈。

乘吴出会而伐陈，畏强陵弱之实见矣。

于越入吴。

左传　六月丙子，越子伐吴，为二隧。隧，道也。畴无余、讴阳自南方，先及郊。二子，越大夫。吴大子友、王子地、王孙弥庸、寿于姚自泓上观之，观越师。泓，杜注：水名。弥庸见姑蔑之旗，曰："吾父之旗也。不可以见仇而弗杀也。"姑蔑，杜注：越地。东阳大末县。今浙江龙游县有姑蔑域。弥庸父为越所获，故姑蔑人得其旗。大子曰："战而不克，将亡国，请待之。"弥庸不可，属徒五千，属，会也。王子地助之。乙酉，战，弥庸获畴无余，地获讴阳。越子至，王子地守。丙戌，复战，大败吴师。获大子友、王孙弥庸、寿于姚。丁亥，入吴。吴人告败于王，王恶其闻也，自刭七人于幕下。以灭口。秋七月辛丑，盟，吴、晋争先。吴人曰："于周室，我为长。"吴为大伯后，故为长。晋人曰："于姬姓，我为伯。"为侯伯。赵鞅呼司马寅曰："日旰矣，大事未成，二臣之罪也。寅，晋大夫。旰，晚也。大事，盟也。二臣，鞅与寅。建鼓整列，二臣死之，长幼必可知也。"对曰："请姑视之。"反曰："肉食者无墨。墨，气色下。今吴王有墨，国胜乎？国为敌所胜。大子死乎？且夷德轻，不忍久，请少待之。"乃先晋人。吴人将以公见晋侯，子服景伯对使者曰："王合诸侯，则伯帅侯牧以见于王。伯，王官。侯牧，方伯。伯合诸侯，则侯帅子男以见于伯。伯，诸侯长。自王以下，朝聘玉帛不同。故敝邑之职贡于吴，有丰于晋，无不及焉，以为伯也。今诸侯会，而君将以寡君见晋君，则晋成为伯矣，敝邑将改职贡。鲁赋于吴八百乘。若为子男，则将半邾以属于吴，半邾，三百乘。而如邾以事晋。如邾，六百乘。且执事以伯召诸侯，而以侯终之，何利之有焉？"吴人乃止。既而悔之，谓景伯欺之。将囚景伯。景伯曰："何也立后于鲁矣。何，景伯名。将以二乘与六人从，迟速唯命。"遂囚以还。及户牖，户牖，杜注：陈留外黄县西北东昏城是。今故城在河南兰阳县东北。谓大宰曰："鲁将以十月上辛，有事于上帝先王，季辛而毕。何世有职焉，自襄以来，未之改也。鲁襄公。若不会，祝宗将曰：'吴实然。'吴人信鬼，故以是恐之。且谓鲁不共，而执其贱者七人，何损焉？"大宰嚭言于王曰："无损于鲁，而只为名，适为恶名。不如归之。"乃归景伯。吴申叔仪乞粮于公孙有山氏，申叔仪，吴大夫。公孙有山，鲁大夫。旧相识。曰："佩玉繠兮，余无所系之。繄然服饰备也，己独无以系佩。言吴王不恤下。旨酒一盛兮，余与褐之父睨之。”一盛，一器也。睨，视也。褐，寒贱之人。言但得视，不得饮。对曰："梁则无矣，粗则有之。若登首山以呼曰，庚癸乎！则诺。”梁，精米粗，粗粝也。首山，地阙。庚西方，主谷。癸北方，主水。军中不得出粮，故为私隐。传言吴子不与士共饥渴，所以亡。王欲伐宋，杀其丈夫，而囚其妇人。以宋不会黄池故。言吴子悖惑。大宰嚭曰："可胜也，而弗能居也。”乃归。

吴方争中国之诸侯，越遂乘其无备而入之。《春秋》继书于黄池之后，所谓因事属辞，见吴子之勤远略而忘近忧也。

秋，公至自会。

晋魏曼多帅师侵卫。公羊无曼字。霸国侵伐止此。晋事亦止此。

公羊传　此晋魏曼多也。曷为谓之晋魏多？据上七年言曼多。讥二名。二名非礼也。

此霸国侵伐之终事也。晋主夏盟，威动天下，今其衰也，赵鞅、魏曼多数加兵于卫，而卒不能服，岂力不足哉？强家多门，各自封殖，不在诸侯，志于怙权营私而已。

葬许元公。

九月，螽。

冬，十有一月，有星孛于东方。

公羊传　孛者何？彗星也。其言于东方何？见于旦也。旦者，日方出。时宿不复见，故言东方，知为旦。何以书？记异也。周十一月，夏九月，日在房、心。房、心，天子明堂布政之庭，于此旦见，与日争明者，诸侯放恣之象。

不言宿者，平旦众星皆没，而孛乃见，故不言所在之次。

盗杀陈夏区夫。区，公羊作彄。

春秋之季，世变日异，至于盗兴，而专杀国君、大夫，则乱极矣。区夫，征舒之后。征舒戮于楚，而陈人犹使世执国政。经因其为盗所杀而书之，与书宋华孙同。

十有二月，螽。

二年之内三书螽，田赋为害，民力穷而天变作也。

附录左传　冬，吴及越平。终伍员之言。

十有四年，春，西狩获麟。

左传　十四年春，西狩于大野，叔孙氏之车子鉏商获麟。大野，杜注：高平钜野县东北大泽是也。今山东嘉祥县西有获麟堆。车子，微者。鉏商，名。麟，麏身，牛尾，狼额，马蹄，有五采，腹下黄，高丈二。以为不祥，以赐虞人。时所未尝见，故怪之。虞人，掌山泽之官。仲尼观之，曰："麟也。”然后取之。言鲁史所以得书获麟。

公羊传　何以书？记异也。何异尔？非中国之兽也。然则孰狩之？薪采者也。薪采者，则微者也。曷为以狩言之？大之也。曷为获麟大之也。曷为为获麟大之？麟者，仁兽也。有王者则至，无王者则不至。有以告者曰："有麏而角者。"孔子曰："孰为来哉！孰为来哉？"反袂拭面，涕沾袍。颜渊死，子曰："噫！天丧予。"子路死，子曰："噫！天祝予。"祝，断也。西狩麟，孔子曰："吾道穷矣。"《春秋》何以始乎隐？祖之所逮闻也。托记高祖以来事，可及问闻知者。所见异辞，所闻异辞，所传闻异辞。何以终乎哀十四年？曰："备矣。"君子曷为为《春秋》？拨乱世，反诸正，莫近诸《春秋》。则未知其为是与？其诸君子乐道尧舜之道与？末不亦乐乎尧舜之知君子也？制《春秋》之义，以俟后圣，以君子之为，亦有乐乎此也。君子谓孔子。乐者，乐其贯通百王而无间。

谷梁传　引取之也。狩地不地，不狩也。非狩而曰狩，大获麟，故大其适也。其不言来，不外麟于中国也。其不言有，不使麟不恒于中国也。

冬猎曰狩，大野在鲁西，故言西狩。常事不书，书之，为获麟记异也。《春秋》绝笔于此。杜氏预谓感麟而作，因以为终，诸儒多从之。学公、谷者则谓文成致麟，而胡氏因之。此皆世儒欲推尊孔子，而未得其实也。谓文成致麟，则麟出而死安得为瑞？谓感麟而作，则无麟将不作乎？且周衰，乱臣贼子接迹于世，孔子道既不行，作《春秋》以明王法，视诸经尤重且急，而直待前卒之二年始从事于此，理不宜然。或又谓义在《春秋》，不在起止，孔子得鲁《史记》自隐公至获麟，遂删修之。然国史编年之体，按年纪事，至年终乃止，则哀十四年之事，鲁史自当备录，何为忽至于十四年春而遂止乎？盖麟，仁兽，圣世之嘉瑞，时无盛王出，而遇获，圣心能无感乎？故伤之而遂绝笔焉。与凤至图出之叹同。善乎朱子之言曰："获麟之说，不敢定谓书成致麟，亦不敢定谓感麟而作，大概非时而出，见戕于人，自是不祥。"此可以息众说之穿凿矣。

日讲春秋解义卷六十四

哀　公

附录鲁史

自以下至十六年，皆鲁史记之文，弟子欲存孔子卒，故并录以续《春秋》。

小邾射以句绎来奔。句绎，杜注：地名。

左传　小邾射以句绎来奔。射，小邾大夫。《春秋》止于获麟，故射不在三叛人之数。孔子弟子既续书鲁策，以系于经，丘明亦随而传之，终于哀公，以卒前事。曰："使季路要我，吾无盟矣。"子路信诚，人素服之，故不须盟。使子路，子路辞。季康子使冉有谓之曰："鲁有事于小邾，不敢问故，死其城下可也。彼不臣而济其言，济，成也。是义之也。由弗能。"

夏，四月，齐陈恒执其君，置于舒州。舒州，今山东滕县东南薛城是。

左传　齐简公之在鲁也，阚止有宠焉。简公，悼公阳生子壬。阚止，子我。事在六年。及即位，使为政。陈成子惮之，骤顾诸朝。成子，陈常。心不安，故数顾之。诸御鞅言于公曰：鞅，齐大夫。"陈、阚不可并也，君其择焉。"择用一人。弗听。子我夕，夕视事。陈逆杀人，逢之。陈逆，子行，陈氏宗也。子我逢之。遂执以入。陈氏方睦，宗族和。使疾而遗之潘沐，备酒肉焉。使诈病，因内潘沐，并得内酒肉。潘，米汁，可以浴头。飨守囚者，醉而杀之而逃。子我盟诸陈于陈宗。失陈逆，惧其反为患，故盟之。初，陈豹欲为子我臣，豹亦陈氏族。使公孙言己，言己，介达之。已有丧而止。既而言之，曰："有陈豹者，长而上偻，肩背偻。望视，目望阳。事君子必得志。欲为子臣，吾惮其为人也。恐多诈。故缓以告。"子我曰："何害？是其在我也。"使为臣。他日，与之言政，说，遂有宠。谓之曰："我尽逐陈氏而立女，若何？"对曰："我远于陈氏矣。言已疏远。且其违者不过数人，违，不从也。何尽逐焉？"遂告陈氏。子行曰：子行，陈逆。"彼得君，弗先，必祸子。"子行舍于公宫。子行逃而隐于陈氏，今又隐于公宫。夏五月壬申，成子兄弟四乘如公。成子之兄弟，昭子庄、简子齿、宣子夷、穆子安、廪丘子意兹、芒子盈、惠子得，凡八人。二人共一乘。子我在幄，幄，帐也。听政之处。出逆之，遂入，闭门。成子入，反闭门，不纳子我。侍人御之，子我侍人。子行杀侍人。素在内，故得杀之。公与妇人饮酒于檀台，成子迁诸寝，徙公使居正寝。公执戈将击之。疑其欲作乱。大史子余曰："非不利也，将除害也。"成子出舍于库，以公怒故。闻公犹怒，将出，曰："何所无君?"子行抽剑曰："需，事之贼也。谁非陈宗? 所不杀子者，有如陈宗。"言子若欲出，我必杀子。乃止。子我归，属徒攻闱与大门，闱，宫中小门。大门，宫门也。皆不胜，乃出。陈氏追之，失道于弇中，适丰丘。弇中，狭路。丰丘，杜注：陈氏邑。丰丘人执之以告，杀诸郭关。齐关名。成子将杀大陆子方，子方，子我臣。陈逆请而免之，以公命取车于道。子方取道中行人车。及耏，众知而东之。知其矫命，夺车逐使东。出雍门，齐城门也。陈豹与之车，弗受，曰："逆为余请，豹与余车，余有私焉。事子我而有私于其仇，何以见鲁、卫之士?"传言陈氏务施。东郭贾奔卫。贾即子方。庚辰，陈执公于舒州。公曰："吾早从鞅之言，不及此。"悔不诛陈氏。

庚戌，叔还卒。

五月，庚申，朔，日有食之。

陈宗竖出奔楚。

宋向魋入于曹以叛。曹，杜注：八年，宋灭曹以为邑。

左传　宋桓魋之宠害于公。恃宠骄盈。公使夫人骤请享焉，而将讨之。夫人，景公母。欲因享讨之。未及，魋先谋公，请以鞌易薄。鞌，杜注：向魋邑。薄，杜注：公邑。欲因易邑，为公享宴而作乱。公曰："不可。薄，宗邑也。"宗庙所在。乃益鞌七邑而请享公焉。伪喜于受赐。以日中为期，家备尽往。甲兵之备。公知之，告皇野曰："余长魋也。少长育之。皇野，司马子仲。今将祸余，请即救。"司马子仲曰："有臣不顺，神之所恶也。而况人乎? 敢不承命。不得左师不可，左师，向魋兄向巢也。请以君命召之。"左师每食击钟。闻钟声，公曰："夫子将食。"既食，又奏。奏乐。公曰："可矣。"以乘车往，曰："迹人来告曰：主迹禽兽者。'逢泽有介麇焉。'逢泽，杜注：《地理志》云在荥阳开封县东北。远，疑非。盖宋都睢阳去开封四百余里，或宋都之旁别有逢泽，不可考。公曰：'虽魋未来，得左师，吾与之田若何?'皇野称公命。君惮告子。难以游戏烦大臣。野曰：'尝私焉。'君欲速，故以乘车逆子。"与之乘，至，公告之故，拜不能起。司马曰：即皇野。"君与之言。"使公与要誓。公曰："所难子者，上有天，下有先君。"言不使祸难及子。对曰："魋之不共，宋之祸也。敢不唯命是听。"司马请瑞焉，瑞，符节，以发兵。以命其徒攻桓氏。桓氏，向魋。其父兄故臣曰："不可。"司马故臣与桓魋无怨者。其新臣曰："从吾君之命。"遂攻之。子颀骋而告桓司马。子颀，桓魋弟。桓司马即魋也。司马欲入，入攻君。子车止之，车亦魋弟。曰："不能事君，而又伐国，民不与也，只取死焉。"向魋遂入于曹以叛。

莒子狂卒。六月，宋向魋自曹出奔卫。宋向巢来奔。

左传　六月，使左师巢伐之，欲质大夫以入焉。巢不能克魋，恐公怒，欲得国内大夫为质，还入国。不能。亦入于曹取质。不能得大夫，故入曹，劫曹人子弟而质之，欲以自固。魋曰："不可。既不能事君，又得罪于民，将若之何?"乃舍之。舍曹子弟。民遂叛之。向魋奔卫。向巢来奔，宋公使止之，曰："寡人与子有言矣，不可以绝向氏之祀。"辞曰："臣之罪大，尽灭桓氏可也。若以先臣之故，而使有后，君之惠也。若臣则不可以入矣。"司马牛致其邑与珪焉，而适齐。牛，桓魋弟也。珪，守邑符信。向魋出于卫地，公文氏攻之，公文氏，卫大夫。求夏后氏之璜焉。与之他玉，而奔齐，陈成子使为次卿。司马牛又致其邑焉，而适吴。不欲与魋同国。吴人恶之而反。赵简子召之，陈成子亦召之，卒于鲁郭门之外，阬氏葬诸丘舆。阬氏，鲁人也。丘舆，杜注：泰山南城县西北有舆城。今山东费县西舆城是。录其卒葬所在，悯贤者失所。

齐人弑其君壬于舒州。

左传　甲午，齐陈恒弑其君壬于舒州。壬，简公也。孔丘三日齐，而请伐齐三。公曰："鲁为齐弱久矣，子之伐之，将若之何?"对曰："陈恒弑其君，民之不与者半。以鲁之众，加齐之半，可克也。"公曰："子告季孙。"孔子辞。辞不告。退而告人，曰："吾以从大夫之后也，故不敢不言。"尝为大夫而去，故言后。

秋，晋赵鞅帅师伐卫。

八月，辛丑，仲孙何忌卒。

左传　初，孟孺子泄将圉马于成。泄，孟懿子之子孟武伯也。圉，畜养也。成，杜注：孟氏邑。成宰公孙宿不受，曰："孟孙为成之病，不圉马焉。"病，谓民贫困。孺子怒，袭成。从者不得入，乃反。成有司使，孺子鞭之。恨恚，故鞭成有司之使。秋八月辛丑，孟懿子卒。成人奔丧，弗内。袒免哭于衢。听共，请听命共使。弗许。惧，不归。不敢归成，为明年成叛传。

冬，陈宗竖自楚复入于陈，陈人杀之。

陈辕买出奔楚。

有星孛。

饥。

十有五年，春，王正月，成叛。

左传　十五年，春，成叛于齐。武伯伐成，不克，遂城输。以逼成。

夏，五月，齐高无丕出奔北燕。

左传　夏，楚子西、子期伐吴，及桐汭。桐汭，杜注：宣城广德县西南有桐水。出白石山西北，入丹阳湖。陈侯使公孙贞子吊焉，吊为楚所伐。及良而卒。良，杜注：吴地。将以尸入，《聘礼》若宾死，未将命，则既敛于棺，造于朝，介将命。吴子使大宰嚭劳，且辞曰："以水潦之不时，无乃廪然陨大夫之尸，廪然，倾动貌。以重寡君之忧。寡君敢辞上介。"芋尹盖对曰：盖，陈大夫，贞子上介。"寡君闻楚为不道，荐伐吴国，灭厥民人。寡君使盖备使，吊君之下吏。备犹副也。无禄，使人逢天之戚，大命陨队，绝世于良，废日共积，废行道之日，以共具殡敛所积聚之用。一日迁次。一日即迁次，不敢留君命。今君命逆使人曰：'无以尸造于门。'是我寡君之命委于草莽也。且臣闻之曰：'事死如事生，礼也。'于是乎有朝聘而终，以尸将事之礼，朝聘道死，以尸行事。又有朝聘而遭丧之礼。遭所聘之丧。若不以尸将命，是遭丧而还也，无乃不可乎！以礼防民，犹或逾之。今大夫曰：'死而弃之'，是弃礼也。其何以为诸侯主？先民有言曰：'无秽虐士。'虐士，死者。备使奉尸将命，苟我寡君之命达于君所，虽陨于深渊，则天命也。非君与涉人之过也。"吴人内之。传言芋尹盖知礼。

郑伯伐宋。

秋，八月，大雩。

左传　秋，齐陈瓘如楚。瓘，陈恒之兄子玉也。过卫，仲由见之，曰："天或者以陈氏为斧斤，既斫丧公室，而他人有之，不可知也。其使终飨之，亦不可知也。若善鲁以待时，不亦可乎？何必恶焉？"仲由事孔子，故为鲁言。子玉曰："然，吾受命矣。子使告我弟。"弟，成子也。

晋赵鞅帅师伐卫。

冬，晋侯伐郑。

及齐平。

左传　冬，及齐平。子服景伯如齐，子赣为介，见公孙成，公孙成，成宰公孙宿也。曰："人皆臣人，而有背人之心。况齐人虽为子役，其有不贰乎？言子叛鲁，齐人亦将叛子。子，周公之孙也。多飨大利，犹思不义。利不可得，而丧宗国，将焉用之？"丧宗国，谓以邑入齐，使鲁有危亡之祸。成曰："善哉！吾不早闻命。"传言仲尼之徒，皆忠于鲁国。陈成子馆客，曰："寡君使恒告曰，寡人愿事君如事卫君。"言卫与齐同好，而鲁未肯。景伯揖子赣而进之，对曰："寡君之愿也。昔晋人伐卫，在定八年。齐为卫故，伐晋冠氏，丧车五百。在定九年。冠氏，杜注：阳平馆陶县。因与卫地，自济以西，禚、媚、杏以南，书社五百。二十五家为一社，籍书而致之。吴人加敝邑以乱，在八年。齐因其病，取讙与阐。亦在八年。寡君是以寒心。若得视卫君之事君也，则固所愿也。"成子病之，乃归成。公孙宿以其兵甲入于嬴。嬴，杜注：齐邑。

卫公孟彄出奔齐。

左传　卫孔圉取大子蒯聩之姊，生悝。孔圉，孔文子也。蒯聩姊，孔伯姬。孔氏之竖浑良夫，长而美，孔文子卒，通于内。通伯姬。大子在戚，孔姬使之焉。使良夫诣大子所。大子与之言曰："苟使我入获国，服冕乘轩，三死无与。"冕，大夫服。轩，大夫车。三死，死罪三。与之盟，为请于伯姬。良夫为大子请。闰月，良夫与大子入，舍于孔氏之外圃。圃，园。昏，二人蒙衣而乘，二人，大子与良夫。蒙衣，为妇人服也。寺人罗御，如孔氏。孔氏之老栾宁问之，称姻妾以告。自称婚姻家妾。遂入，适伯姬氏。既食，孔伯姬杖戈而先，大子与五人介，舆豭从之。舆豭豚，欲以盟。迫孔悝于厕，强盟之，孔氏专政，故劫令逐辄。遂劫以登台。栾宁将饮酒，炙未熟，闻乱，使告季子。季子，子路也，为孔氏邑宰。召获驾乘车，召获，卫大夫。驾乘车者，不欲战。行爵食炙，奉卫侯辄来奔。季子将入，遇子羔将出，子羔，卫大夫高柴，孔子弟子。将出奔。曰："门已闭矣。"季子曰："吾姑至焉。"子羔曰："弗及，不践其难。"谓政不及己。季子曰："食焉，不辟其难。"子羔遂出。子路入，及门，公孙敢门焉，守门。曰："无入为也。"言辄已出。季子曰："是公孙也，求利焉而逃其难。由不然，利其禄，必救其患。"有使者出，乃入。因门开而入。曰："大子焉用孔悝？虽杀之，必或继之。"言己必继孔悝为难攻大子。且曰："大子无勇，若燔台，半，必舍孔叔。"大子闻之，惧，下石乞、盂黡敌子路。二子，蒯聩党。以戈击之，断缨，子路曰："君子死，冠不免。"不使冠在地。结缨而死。孔子闻卫乱，曰："柴也其来，由也死矣。"孔悝立庄公。庄公，蒯聩也。鲁史书于明年春，从告。庄公害故政，欲尽去之。故政，辄之臣。先谓司徒瞒成曰："寡人离病于外久矣，子请亦尝之。"归，告褚师比，欲与之伐公，不果。比，褚师声子，为明年瞒成奔起。

十有六年，春，王正月，己卯，卫世子蒯聩自戚入于卫。

卫侯辄来奔。

二月，卫子还成出奔宋。

左传　十六年春，瞒成、褚师比出奔宋。瞒成，即子还成。以伐庄公不果故奔。卫侯使鄢武子告于周，曰：武子，卫大夫肸也。"蒯聩得罪于君父君母，逋窜于晋。晋以王室之故，不弃兄弟，置诸河上。河上，戚也。天诱其衷，获嗣守封焉。使下臣肸敢告执事。"王使单平公对曰："肸以嘉命来告余一人。往谓叔父，余嘉乃成世，复尔禄次，敬之哉！方天之休，言天方授尔以休。弗敬弗休，悔其可追。"传终蒯聩之事。

夏，四月，己丑，孔丘卒。仲尼既告老去位，犹书卒者，鲁之君臣，宗其圣德，殊而异之。鲁襄二十二年生，至今七十三也。四月十八日，乙丑，无己丑。己丑，五月十二日。日月必有误。　孔子作《春秋》终于获麟，公羊、谷梁经是也。弟子欲记圣师之卒，故采鲁《史记》以续夫子之经，而终于此。丘明因随而作传，终于哀公。自此以下无复经矣。

左传　夏四月己丑，孔丘卒。公诔之曰："旻天不吊，不慭遗一老。俾屏余一人以在位，仁覆闵下，故称旻天。吊，至也。憖，且也。屏，蔽也。茕茕余在疚。呜呼哀哉！尼父，无自律。”疚，病也。律，法也。言丧尼父无以自为法。子赣曰：“君其不没于鲁乎！夫子之言曰：‘礼失则昏，名失则愆。’失志为昏，失所为愆。生不能用，死而诔之，非礼也。称一人，非名也。天子称一人，非诸侯之名。君两失之。”

六月，卫侯饮孔悝酒于平阳，平阳，杜注：东郡燕县东北有平阳亭。今直隶滑县韦城南有平阳城是也。重酬之，大夫皆有纳焉。纳财贿也。醉而送之，夜半而遣之。载伯姬于平阳而行。载其母俱去。及西门，平阳门。使贰车反祏于西圃。使副车还取庙主。西圃，孔氏庙所在。祏，藏主石函。子伯季子初为孔氏臣，新登于公。升为大夫。请追之，遇载祏者，杀而乘其车。许公为反祏，孔悝怪载祏者久不来，使公为反逆之。遇之，曰：“与不仁人争，明无不胜。”必使先射，射三发，皆远许为。许为射之，殪。传言子伯不仁，所以死。或以其车从，从公为。得祏于橐中。孔悝出奔宋。

楚大子建之遇谗也，自城父奔宋。在昭十九年。又辟华氏之乱于郑，在昭二十年。郑人甚善之。又适晋，与晋人谋袭郑，乃求复焉。郑人复之如初。晋人使谍于子木，请行而期焉。请行袭郑之期。子木，即建也。子木暴虐于其私邑，邑人诉之。郑人省之，得晋谍焉。遂杀子木。其子曰胜，在吴。子西欲召之，叶公曰：叶公子高，沈诸梁也。“吾闻胜也，诈而乱，无乃害乎?”子西曰：“吾闻胜也，信而勇，不为不利，舍诸边竟，使卫藩焉。”叶公曰：“周仁之谓信，周，亲也。率义之谓勇。吾闻胜也，好复言，而求死士，殆有私乎?私谋复仇。复言，非信也。期死，非勇也。期，必也。子必悔之。”弗从。召之，使处吴竟，为白公。白，杜注：楚邑。汝阴褒信县西南有白亭。请伐郑。子西曰：“楚未节也。言国新复，政令尚无节度。不然，吾不忘也。”他日，又请，许之。未起师，晋人伐郑，楚救之，与之盟。胜怒曰：“郑人在此，仇不远矣。”比子西于郑人。胜自厉剑，子期之子平见之，曰：“王孙何自厉也?”曰：“胜以直闻，不告女，庸为直乎?将以杀尔父。”平以告子西，子西曰：“胜如卵，余翼而长之。以鸟为喻。楚国第，用士之次第。我死令尹、司马，非胜而谁?”胜闻之，曰：“令尹之狂也，得死，乃非我。”子西不悛。胜谓石乞曰：石乞，胜之徒。“王与二卿士，二卿士，子西、子期。皆五百人当之，则可矣。”乞曰：“不可得也。”五百人不可得。曰：“市南有熊宜僚者，若得之，可以当五百人矣。”乃从白公而见之，与之言，说。告之故，辞。承之以剑，按剑指其喉。不动。胜曰：“不为利谄，不为威惕，不泄人言以求媚者，去之。”吴人伐慎，慎，杜注：汝阴慎县。今江南颍上县西北有慎城。白公败之。请以战备献，所得铠杖兵器，欲献用之以为乱。许之。遂作乱。秋七月，杀子西、子期于朝，而劫惠王。子西以袂掩面而死。惭于叶公。子期曰：“昔者吾以力事君，不可以弗终。”抉豫章以杀人而后死。以效其多力。豫章，大木。石乞曰："焚库弑王，不然不济。"白公曰："不可。弑王不祥，焚库无聚，将何以守矣？"乞曰："有楚国而治其民，以敬事神，可以得祥，且有聚矣，何患？"弗从。叶公在蔡，蔡迁州来，楚并其地。方城之外皆曰："可以入矣。"子高曰："吾闻之，以险徼幸者，其求无餍，偏重必离。"险犹恶也。所求无餍，则不安。譬如物偏重则离败，欲须其毙而讨之。闻其杀齐管修也，而后入。管修，楚贤大夫，故齐管仲之后。杀贤则失民。白公欲以子闾为王，子闾，平王子启，五辞王者。子闾不可，遂劫以兵。子闾曰："王孙若安靖楚国，匡正王室，而后庇焉，启之愿也，敢不听从？若将专利，以倾王室，不顾楚国，有死不能。"遂杀之，而以王如高府，高府，楚别府。石乞尹门。为门尹。圉公阳穴宫，负王以如昭夫人之宫。公阳，楚大夫。昭夫人，王母，越女。叶公亦至，及北门，或遇之，曰："君胡不胄？国人望君如望慈父母焉。盗贼之矢若伤君，是绝民望也。若之何不胄？"乃胄而进。又遇一人曰："君胡胄？国人望君如望岁焉，岁，年谷也。日月以几。冀君来。若见君面，是得艾也。艾，安也。民知不死，其亦夫有奋心，犹将旌君以徇于国，旌，表也。而又掩面以绝民望，不亦甚乎！"乃免胄而进。言叶公得民心。遇箴尹固，帅其属将与白公。子高曰："微二子者，楚不国矣。二子，子西、子期也。柏举之败，二子功多。弃德从贼，其可保乎？"乃从叶公。使与国人以攻白公，白公奔山而缢。其徒微之。微，匿也。生拘石乞，而问白公之死焉。对曰："余知其死所，而长者使余勿言。"长者谓白公也。曰："不言将烹。"乞曰："此事克则为卿，不克则烹，固其所也，何害？"乃烹石乞。王孙燕奔頯黄氏。燕，胜弟。頯黄，杜注：吴地。在今宁国府境。沈诸梁兼二事，二事，令尹、司马。国宁。乃使宁为令尹，子西之子，子国也。使宽为司马，子期之子。而老于叶。传终言之。

卫侯占梦嬖人，以能占梦见爱。求酒于大叔僖子，僖子，大叔遗。不得，与卜人比，而告公曰："君有大臣在西南隅，弗去惧害。"托占卜梦而言。乃逐大叔遗，遗奔晋。

卫侯谓浑良夫曰："吾继先君，而不得其器，若之何？"国之宝器，辄皆将出。良夫代执火者而言，曰：将密谋，屏左右。"疾与亡君，皆君之子也。召之而择材焉，可也。召辄。若不材，器可得也。"辄若不材，可废其身，因得其器。竖告大子。大子疾。大子使五人舆豭从己，劫公而强盟之。盟求必立己。且请杀良夫。公曰："其盟免三死。"盟在十五年。曰："请三之后，有罪杀之。"公曰："诺哉！"

左传　十七年春，卫侯为虎幄于藉圃，于田藉之圃新造幄幕，皆以虎兽为饰。成，求令名者，而与之始食焉。大子请使良夫。以良夫应为令名。良夫乘衷甸两牡，衷甸，一辕，卿车。紫衣狐裘，紫衣，君服。至，袒裘，不释剑而食。食而热，故偏袒，亦不敬。大子使牵以退，数之以三罪而杀之。三罪，紫衣、袒裘、带剑。

三月，越子伐吴。吴子御之笠泽，笠泽，今江南吴县西南太湖是也。夹水而陈。越子为左右句卒。句卒，钩伍相著，别为左右屯。使夜或左或右，鼓噪而进。吴师分以御之。越子以三军潜涉，当吴中军而鼓之，吴师大乱，遂败之。左右句卒为声势以分吴军，而三军精卒并力击其中军，故得胜也。　晋赵鞅使告于卫曰："君之在晋也，志父为主。请君若大子来，以免志父。不然，寡君其曰，志父之为也。"谓己教使不来。卫侯辞以难。大子又使椓之，椓，诉父，欲速得其处。夏六月，赵鞅围卫。齐国观、陈瓘救卫，国观，国书之子。得晋人之致师者。子玉使服而见之，释囚服，服其本服。曰："国子实执齐柄，而命瓘曰：'无辟晋师。岂敢废命？子又何辱？"言不须来致师，自将往战。简子曰："我卜伐卫，未卜与齐战。"乃还。畏子玉。　楚白公之乱，陈人恃其聚而侵楚。聚，积聚也。楚既宁，将取陈麦。楚子问帅于大师子谷与叶公诸梁，子谷曰："右领差车与左史老，皆相令尹、司马以伐陈，其可使也。"言此二人，皆尝辅相子西、子期伐陈，今复可使。子高曰："率贱，民慢之，惧不用命焉。"右领、左史，皆楚贱官。子谷曰："观丁父，鄀俘也。武王以为军率，是以克州、蓼，服随、唐，大启群蛮。彭仲爽，申俘也。文王以为令尹，实县申、息，朝陈、蔡，封畛于汝。开封畛北至汝水。唯其任也，何贱之有？"子高曰："天命不谄。谄，疑也。令尹有憾于陈，十五年，子西伐吴，陈使贞子吊吴，以此为恨。天若亡之，其必令尹之子是与，君盍舍焉？舍右领与左史。臣惧右领与左史有二俘之贱，而无其令德也。"王卜之，武城尹吉。武城尹，子西子公孙朝。使帅师取陈麦。陈人御之，败。遂围陈。秋七月己卯，楚公孙朝帅师灭陈。终郑裨灶言，五及鹑火，陈卒亡。王与叶公枚卜子良，以为令尹。枚卜，不斥所卜以令龟。子良，惠王弟。沈尹朱曰："吉，过于其志。"志，望也。叶公曰："王子而相国，过将何为？"过相，将为王也。他日，改卜子国，而使为令尹。子国，宁也。　卫侯梦于北宫，见人登昆吾之观。杜注：卫有观在于昆吾氏之虚。今濮阳城中。按，濮阳即今直隶开州，州西南有濮阳县城，城中有昆吾台。被发北面而噪曰："登此昆吾之虚，绵绵生之瓜。绵绵，瓜初生也。良夫言己有以小成大之功，若瓜之初生，谓使卫侯得国。余为浑良夫，叫天无辜。"本盟当免三死，而并数一时之事为三罪，杀之，故自谓无辜。公亲筮之，胥弥赦占之，赦，卫筮史。曰："不害。"与之邑，置之，而逃奔宋。言卫侯无道，卜人不敢以实对，惧难而逃也。卫侯贞卜，正卜梦之吉凶。其繇曰："如鱼竀尾，竀，赤也。鱼劳则尾赤。衡流而方羊裔焉。横流方羊，不能自安。裔，水边。言卫侯将若此鱼。大国灭之，将亡。阖门塞窦，乃自后逾。"此皆繇辞。冬十月，晋复伐卫，秦伐未得志故。入其郛。将入城，简子曰："止。叔向有言曰，怙乱灭国者无后。"不欲乘人之衰。卫人出庄公而与晋平。晋立襄公之孙般师而还。十一月，卫侯自鄄入，般师出。辟蒯聩也。初，公登城以望，见戎州。戎州，杜注：戎邑。今山东曹县有楚丘故城。汉置己氏县即戎州也。问之，以告，公曰："我姬姓也，何戎之有焉？"翦之。削坏其邑聚。公使匠久。久不休息。公欲逐石圃，石圃，卫卿，石恶从子。未及而难作。辛巳，石圃因匠氏攻公，公阖门而请，弗许。逾于北方而队，折股。终如卜言，乃自后逾。戎州人攻之，大子疾、公子青逾从公。青，疾弟。戎州人杀之。公入于戎州己氏。己氏，戎州人姓。初，公自城上见己氏之妻发美，使髡之，以为吕姜髢。吕姜，庄公夫人。髢，髮也。既入焉，而示之璧，曰："活我，吾与女璧。"己氏曰："杀女，璧其焉往?"遂杀之而取其璧。卫人复公孙般师而立之。十二月，齐人伐卫，卫人请平。立公子起，起，灵公子。执般师以归，舍诸潞。潞，杜注：齐邑。　公会齐侯，盟于蒙。齐侯，简公弟平公骜也。蒙，杜注：在东莞蒙阴县西。今山东蒙阴县西有故城。孟武伯相。齐侯稽首，公拜。齐人怒，武伯曰：'非天子，寡君无所稽首。"武伯问于高柴曰："诸侯盟，谁执牛耳?"执牛耳，尸盟者。季羔曰："鄫衍之役，吴公子姑曹。季羔，高柴也。鄫衍在七年。发阳之役，卫石魋。"发阳，郧地。在十二年。石魋，石曼姑之子。武伯曰："然则彘也。"彘，武伯名也。鄫衍则大国执，发阳则小国执。据时执者无常，故武伯自以为可执。　宋皇瑗之子麇，瑗，宋右师。有友曰田丙，而夺其兄酁般邑以与之。酁般愠而行，告桓司马之臣子仪克。克在下邑，不与魋乱，故在。子仪克适宋，告夫子曰："麇将纳桓氏。"公问诸子仲。子仲，皇野。初，子仲将以杞姒之子非我为子。为適子。杞姒，子仲妻。麇曰："必立伯也，伯，非我兄。是良材。"子仲怒，弗从，故对曰："右师则老矣，不识麇也。"言右师老，不能为乱，麇则不可知。公执之。执麇。皇瑗奔晋，召之。召令还。

左传　十八年春，宋杀皇瑗。公闻其情，复皇氏之族，使皇缓为右师。言宋景公无常也。缓，瑗从子。　巴人伐楚，围鄾。鄾，杜注：楚邑。今湖广襄阳县东北有鄾城。初，右司马子国之卜也，观瞻曰："如志。"子国未为令尹时，卜为右司马，得吉兆，如其志。观瞻，楚开卜大夫观从之后。故命之。命以为右司马。及巴师至，将卜帅。王曰："宁如志，何卜焉。"宁，子国也。使帅师而行。请承。承，佐。王曰："寝尹、工尹，勤先君者也。"柏举之役，寝尹由于以背受戈，工尹固执燧象奔吴师，皆为先君勤劳。三月，楚公孙宁、吴由于、薳固败巴师于鄾，故封子国于析。君子曰：惠王知志。知用其意。《夏书》曰："官占，唯能蔽志，昆命于元龟。"《书·大禹谟》。官占卜筮之官。蔽，断也。昆，后也。言当先断意，后用龟也。其是之谓乎！志曰："圣人不烦卜筮。"惠王其有焉。　夏，卫石圃逐其君起，起奔齐。卫侯辄自齐复归，逐石圃，而复石魋与大叔遗。皆蒯聩所逐。

左传　十九年春，越人侵楚，以误吴也。误吴，使不为备。　夏，楚公子庆、公孙宽追越师，至冥，冥，杜注：越地。不及，乃还。　秋，楚沈诸梁伐东夷，报越。三夷男女及楚师盟于敖。从越之夷三种。敖，杜注：东夷地。　冬，叔青如京师，敬王崩故也。言敬王能终其世，终苌弘言东王必大克。叔青，叔还子。

左传　二十年春，齐人来征会。夏，会于廪丘。为郑故，谋伐晋。十五年，晋伐郑。郑人辞诸侯。秋，师还。终叔向言晋公室卑。　吴公子庆忌骤谏吴子曰："不改，必亡。”弗听。出居于艾，艾，杜注：吴邑。豫章有艾县。今艾城在江西宁州西。遂适楚。闻越将伐吴，冬，请归平越，遂归。欲除不忠者以说于越，吴人杀之。

十一月，越围吴，赵孟降于丧食。赵孟，襄子无恤。时有父简子之丧。楚隆曰：楚隆，襄子家臣。“三年之丧，亲暱之极也。主又降之，无乃有故乎?”赵孟曰：“黄池之役，先主与吴王有质，黄池，在十三年。先主，简子。质，盟信也。曰：‘好恶同之。’今越围吴，嗣子不废旧业而敌之，嗣子，襄子自谓。欲敌越救吴。非晋之所能及也，吾是以为降。”楚隆曰：“若使吴王知之，若何?”赵孟曰：“可乎?”隆曰：“请尝之。”乃往。先造于越军，曰：“吴犯闲上国多矣，闻君亲讨焉，诸夏之人莫不欣喜，唯恐君之志不从，请入视之。”许之。告于吴王曰：“寡君之老无恤，使陪臣隆敢展谢其不共。黄池之役，君之先臣志父得承齐盟，曰：‘好恶同之。’今君在难，无恤不敢惮劳，非晋国之所能及也，使陪臣敢展布之。”王拜稽首曰：“寡人不佞，不能事越，以为大夫忧，拜命之辱。”与之一箪珠，箪，小笥。使问赵孟，曰：“句践将生忧寡人，寡人死之不得矣。”王曰：“溺人必笑，吾将有问也。以自喻所问不急，犹溺人不知所为而反笑。史黯何以得为君子?”史黯，晋大夫蔡墨。云不及四十年亡吴，王感问此也。对曰：“黯也，进不见恶，退无谤言。”王曰：“宜哉!”

左传　二十一年夏五月，越人始来。越既胜吴，欲霸中国，始遣使适鲁。

秋八月，公及齐侯、邾子盟于顾。顾，杜注：齐地。今山东范县东南有顾城。齐人责稽首，责十七年齐侯为公稽首，不见答。因歌之，曰：“鲁人之皋，数年不觉，使我高蹈。皋，缓也。高蹈犹远行也。言鲁人皋缓，数年不知答齐稽首，故使我高蹈来为此会。唯其儒书，以为二国忧。”二国，齐、邾也。言鲁据周礼，不肯答稽首，令齐、邾远至。是行也，公先至于阳谷。先期至。齐闾丘息曰：息闾丘明之后。“君辱举玉趾，以在寡君之军，群臣将传遽以告寡君。比其复也，君无乃勤。为仆人之未次，次，舍也。请除馆于舟道。”舟道，杜注：齐地。辞曰：“敢勤仆人?”

左传　二十二年夏四月，邾隐公自齐奔越，曰：“吴为无道，执父立子。”越人归之，大子革奔越。邾隐公八年为吴所囚，十年奔齐。　冬十一月丁卯，越灭吴，请使吴王居甬东。甬东，杜注：越地，会稽句章县东海中洲也。按，海中洲即舟山。今之定海县县东有翁山，即甬东也。辞曰：“孤老矣，焉能事君?”乃缢。越人以归。以其尸归。终史墨、子胥之言也。

左传　二十三年春，宋景曹卒。景曹，宋元公夫人，小邾女，季桓子外祖母。季康子使冉有吊，且送葬，曰：“敝邑有社稷之事，使肥与有职竞焉，肥，康子名。竞，遽也。是以不得助执绋，使求从舆人。求，冉有名。舆，众也。曰：‘以肥之得备弥甥也，弥，远也。康子父之舅氏，故称弥甥。有不腆先人之产马，使求荐诸夫人之宰，其可以称旌繁乎!”称，举也。繁，马饰繁缨也。终乐祁之言，政在季氏。

夏六月，晋荀瑶伐齐，荀瑶，跞之孙知伯襄。高无丕帅师御之。知伯视齐师，马骇，遂驱之，曰："齐人知余旗，其谓余畏而反也。"及垒而还。将战，长武子请卜。武子，晋大夫。知伯曰："君告于天子，而卜之以守龟于宗祧，吉矣。吾又何卜焉?"且齐人取我英丘，英丘，晋地。君命瑶非敢耀武也。治英丘也。以辞伐罪足矣，何必卜?"壬辰，战于犂丘。犂丘，杜注：隰也。今山东临邑县有犂丘亭。齐师败绩，知伯亲禽颜庚。颜庚，齐大夫颜涿聚。　秋八月，叔青如越，始使越也。越诸鞅来聘，报叔青也。

左传　二十四年夏四月，晋侯将伐齐使来乞师，曰："昔臧文仲以札师伐齐，取谷。在僖二十六年。宣叔以晋师伐齐，取汶阳。在成二年。寡君欲徼福于周公，愿乞灵于臧氏。"以臧氏世胜齐故。臧石帅师会之，取廪丘。臧石，宾如之子。军吏令缮，将进。晋军吏也。缮，治战备。莱章曰：莱章，齐大夫。"君卑政暴，往岁克敌，禽颜庚。今又胜都，取廪丘。天奉多矣，又焉能进？是躛言也。躛，过也。役将班矣。"晋师乃还，饩臧石牛。生曰饩。大史谢之，曰：晋大史。"以寡君之在行，牢礼不度，不如礼度。敢展谢之。"终臧氏有后于鲁。　邾子又无道，越人执之以归，终子赣之言。而立公子何。何亦无道。何，大子革弟。　公子荆之母嬖，荆，哀公庶子。将以为夫人，使宗人衅夏献其礼。宗人，礼官。对曰："无之。"公怒曰："女为宗司，立夫人，国之大礼也，何故无之?"对曰："周公及武公娶于薛，武公，敖也。孝、惠娶于商，孝公，称。惠公，弗皇。商，宋也。自恒以下娶于齐，桓公始娶文姜。此礼也则有。若以妾为夫人，则固无其礼也。"公卒立之，而以荆为大子。国人始恶之。恶公。　闰月，公如越，得大子适郢，适郢，越王大子。得，相亲说也。将妻公，而多与之地。公孙有山使告于季孙。季孙惧，使因大宰嚭而纳赂焉，乃止。嚭，故吴臣也。季孙恐公因越讨己，故惧。

左传　二十五年夏五月庚辰，卫侯出奔宋。卫侯辄也。卫侯为灵台于藉圃，与诸大夫饮酒焉。褚师声子袜而登席。古者见君解袜。公怒。辞曰："臣有疾，异于人。足有创。若见之，君将嗀之，嗀，呕吐也。是以不敢。"公愈怒。大夫辞之，不可。共辞谢公，公不可解。褚师出，公戟其手，手屈肘如戟形。曰："必断而足。"闻之，褚师与司寇亥乘曰："今日幸而后亡。"恐死，以得亡为幸。公之入也夺南氏邑，南氏，子南子子公孙弥牟。而夺司寇亥政。公使侍人纳公文懿子之车于池。懿子，公文要。公有忿，使人投其车于池水中。初，卫人翦夏丁氏，在十一年。以其帑赐彭封弥子。彭封弥子，弥子瑕。弥子饮公酒，纳夏戊之女，嬖，以为夫人。其弟期，大叔疾之从孙甥也，期，夏戊之子。姊妹之孙为从孙甥，与孙同列。少畜于公，以为司徒。夫人宠衰，期得罪。公使三匠久。公使优狡盟拳弥，狡，俳优名。拳弥，卫大夫。使俳优盟之，欲耻辱也。而甚近信之。故褚师比、公孙弥牟、公文要、司寇亥、司徒期因三匠与拳弥以作乱，比，袜登席者。弥牟，丧邑者。要，失车者。亥，夺政者。期，得罪者。皆执利兵，无者执斤。斤，工匠所执。使拳弥入于公宫，信近之，故得入。而自大子疾之宫噪以攻公。鄄子士请御之，鄄子士，卫大夫。弥援其手曰："子则勇矣，将若君何？不见先君乎？君何所不逞欲？先君，蒯聩也。乱不速奔，故为戎州所杀。且君尝在外矣，岂必不反？当今不可，众怒难犯，休而易间也。"乃出。将适蒲，蒲，杜注：近晋邑。今直隶长垣县故蒲城是。弥曰："晋无信，不可。"将适鄄，鄄，杜注：齐界上邑。弥诈不知谋，故公信之。弥曰："齐、晋争我，不可。"将适泠，泠，杜注：近鲁邑。弥曰："鲁不足与，请适城鉏，以钩越，城鉏，杜注：近宋邑。宋南近越，转相钩牵。越有君。"乃适城鉏。弥曰："卫盗不可知也，请速，自我始。"乃载宝以归。欺卫君，言君以宝自随，将致卫盗，请速行。己为先发，而因载宝归卫也。公为支离之卒，支离，陈名。因祝史挥以侵卫。挥，卫祝史。卫人病之。懿子知之，知挥为内间。见子之，子之，公孙弥牟文子也。请逐挥，文子曰："无罪。"懿子曰："彼好专利而妄，夫见君之入也，将先道焉。若见君有入势，必道助之。若逐之，必出于南门而适君所。虽知其为君间不审察，私共评之。夫越新得诸侯，将必请师焉。"挥在朝，使吏遣诸其室。难面逐之，先逐其家。挥出，信，弗内。再宿为信。五日，乃馆诸外里。外里，公所在。遂有宠，使如越请师。请师伐卫，求入。　六月，公至自越。前年行，今还。季康子、孟武伯逆于五梧。五梧，杜注：鲁南鄙。郭重仆，为公仆。见二子，曰："恶言多矣，君请尽之。"二子不臣之言甚多，欲使公尽听之。公宴于五梧，武伯为祝，祝，上寿酒。恶郭重，曰："何肥也？"訾毁其貌。季孙曰："请饮彘也。以鲁国之密迩仇仇，臣是以不获从君，克免于大行，又谓重也肥。"公曰："是食言多矣，能无肥乎？"以诮三桓之数食言。饮酒不乐，公与大夫始有恶。为二十七年公孙邾起。

左传　二十六年夏五月，叔孙舒帅师会越皋如、后庸、宋乐茷纳卫侯，舒，武叔之子文子也。皋如、后庸，越大夫。乐茷，宋司城子潞。卫侯，辄也。文子欲纳之，文子，弥牟。懿子曰："君愎而虐，少待之，必毒于民，乃睦于子矣。"卫师侵外州，大获。越纳辄之师。出御之，大败。卫师败。掘褚师定子之墓，焚之于平庄之上。定子，褚师比之父也。平庄，陵名。文子使王孙齐私于皋如，曰：齐，卫大夫王孙贾之子昭子也。"子将大灭卫乎，抑纳君而已乎？"皋如曰："寡君之命无他，纳卫君而已。"文子致众而问焉，曰："君以蛮夷伐国，国几亡矣。请纳之。"众曰："勿纳。"曰："弥牟亡而有益，请自北门出。"欲以观众心。众曰："勿出。"重赂越人，申开守陴而纳公，申，重也。开重陴而严设守备，欲以恐公，使不敢入。公不敢入。师还，立悼公，悼公，蒯聩庶弟公子黚也。南氏相之。以城鉏与越人。公曰："期则为此。"司徒期也。司徒期聘于越，为悼公聘。公攻而夺之币。期告王，越王。王命取之。期以众取之。公怒，杀期之甥之为大子者。忿期而及其姊为夫人者，遂复及夫人之子。遂卒于越。终言之也。终效夷言，死于夷。　宋景公无子，取公孙周之子得与启，畜诸公宫，周，元公孙子高也。得，昭公也。启，得弟。未有立焉。

于是皇缓为右师，皇非我为大司马，皇怀为司徒，皇怀，非我从昆弟。灵不缓为左师，不缓，子灵围龟之后。乐茷为司城，茷，乐溷子。乐朱鉏为大司寇。朱鉏，乐輓子。六卿三族降听政，三族，皇、灵、乐也。降，和同也。因大尹以达。大尹，近官有宠者，六卿因之以自通达于君。大尹常不告，而以其欲称君命以令。国人恶之。司城欲去大尹，左师曰："纵之，使盈其罪。重而无基，能无敝乎？"言势重而无德以为基，必败。冬十月，公游于空泽。空泽，杜注：宋邑。在今河南虞城县东。辛巳，卒于连中。连中，馆名。大尹兴空泽之士千甲，甲士千人。奉公自空桐入，如沃宫。奉公尸也。空桐，杜注：梁国虞县东南有地名空桐。今虞城县空桐泽有空桐。亭沃宫，宋都内宫名。使召六子曰："闻下有师君请六子画。"画，计策。六子至，以甲劫之，曰："君有疾病，请二三子盟。"乃盟于少寝之庭，曰："无为公室不利。"大尹立启，奉丧殡于大宫。三日而后国人知之。司城茷使宣言于国曰："大尹惑蛊其君而专其利，今君无疾而死，死又匿之，是无他矣，大尹之罪也。"言大尹所弑。得梦启北首而寝于卢门之外，卢门，宋东门。北首，死象。卢门外，失国也。已为乌而集于其上，咮加于南门，尾加于桐门。桐门，北门。曰："余梦美，必立。"大尹谋曰："我不在盟，少寝盟但以君命盟六卿，大尹不盟。无乃逐我复盟之乎？"使祝为载书。六子在唐盂，唐盂，杜注：地名。将盟之。祝襄以载书告皇非我。襄，祝名。皇非我因子潞、门尹得、左师谋曰：子潞，乐茷。门尹得，乐得。"民与我，逐之乎！"皆归授甲，使徇于国曰："大尹惑蛊其君，以陵虐公室。与我者，救君者也。"众曰："与之。"大尹徇曰："戴氏、皇氏将不利公室，戴氏即乐氏。与我者，无忧不富。"众曰："无别。"恶其号令与君无别。戴氏、皇氏欲伐公。公谓启。乐得曰："不可。彼以陵公有罪，我伐公，则甚焉。"使国人施于大尹。施罪于大尹。大尹奉启以奔楚，乃立得。司城为上卿，盟曰："三族共政，无相害也。"　卫出公自城鉏使以弓问子赣，且曰："吾其入乎？"子赣稽首受弓，对曰："臣不识也。"私于使者曰："昔成公孙于陈，僖二十八年，卫成公奔楚，遂适陈。宁武子、孙庄子为宛濮之盟而君入。在僖二十八年。献公孙于齐，在襄十四年。子鲜、子展为夷仪之盟而君入。在襄二十六年。今君再在孙矣，谓十五年孙鲁，今又孙宋。内不闻献之亲，外不闻成之卿，则赐不识所由入也。《诗》曰：'无竞惟人，四方其顺之。'《诗·周颂》。言强惟得人也。若得其人，四方以为主，而国于何有？"

左传　二十七年，春，越子使后庸来聘，且言邾田，封于骀上。欲使鲁还邾田，封竟至骀上。二月，盟于平阳。平阳，杜注：西平阳。孔氏颖达曰："高平南有平阳县。"在今山东邹县西南。三子皆从。季康子、叔孙文子、孟武伯，皆从后庸盟。康子病之，言及子赣，曰："若在此，吾不及此夫！"盖子赣十二年当辞吴盟，故思之。武伯曰："然。何不召？"曰："固将召之。"文子曰："他日请念。"言季孙不能用子赣，临难而思之。　夏四月己亥，季康子卒。公吊焉，降礼。礼不备。　晋荀瑶帅师伐郑次于桐。　郑驷弘请救于齐。弘，驷歂子。齐师将兴，陈成子属孤子，三日朝。属会死事者之子，使朝三日，以礼之。设乘车两马，系五邑焉。乘车两马，大夫服。又加之以五邑。召颜涿聚之子晋，曰："隰之役，而父死焉。隰役在二十三年。以国之多难，未女恤也。今君命女以是邑也，服车而朝，无废前劳。"乃救郑。及留舒，留舒，杜注：齐地。今山东阿县西南有留舒城。违谷七里，谷人不知。言其整。违，去也。及濮，雨，不涉。濮，杜注：水自陈留酸枣县傍河，东北经济阴至高平入济。子思曰：子思，国参。"大国在敝邑之宇下，是以告急。今师不行，恐无及也。"成子衣制杖戈，制，雨衣也。立于阪上，马上出者，助之鞭之。知伯闻之，乃还，畏其得众心。曰："我卜伐郑，不卜敌齐。"使谓成子曰："大夫陈子，陈之自出，陈之不祀，郑之罪也，十七年，楚灭陈，非郑之罪。盖知伯诬辞。故寡君使瑶察陈衷焉，衷，善也。谓大夫其恤陈乎？若利本之颠，瑶何有焉？"成子怒曰："多陵人者皆不在，知伯其能久乎？"中行文子告成子，曰：文子，荀寅。此时奔在齐。"有自晋师告寅者，将为轻车千乘，以厌齐师之门，则可尽也。"成子曰："寡君命恒曰：'无及寡，无畏众。'虽过千乘，敢辟之乎？将以子之命告寡君。"成子疑其有为晋之心也。文子曰："吾乃今知所以亡。自恨己无知。君子之谋也，始、衷、终皆举之，而后入焉。谋一事，则当虑此三变，然后入而行之，所谓君子三思。今我三不知而入之，不亦难乎？"　公患三桓之侈也，欲以诸侯去之。欲求诸侯以逐三桓。三桓亦患公之妄也，故君臣多间。公游于陵阪，遇孟武伯于孟氏之衢，曰："请有问于子，余乃死乎？"问可得以寿死否。对曰："臣无由知之。"三问，卒辞不对。公欲以越伐鲁，而去三桓。秋八月甲戌，公如公孙有陉氏，有陉氏即有山氏。因孙于邾，乃遂如越。国人施公孙有山氏。以公自其家出故也。终子赣之言，君不没于鲁。　悼之四年，晋荀瑶帅师围郑。悼公，哀公之子。哀公出孙，鲁人立之。未至，郑驷弘曰："知伯愎而好胜，早下之，则可行也。"乃先保南里以待之。保，守也。南里在城外。知伯入南里，门于桔柣之门。郑人俘酅魁垒，酅魁垒，晋士。赂之以知政，欲使反为郑。闭其口而死。将门，将攻郑门。知伯谓赵孟："入之。"对曰："主在此。"主谓知伯。言何不自入也。知伯曰："恶而无勇，何以为子？"恶，貌丑也。简子废嫡子伯鲁，而立襄子，故知伯言其丑且无勇，何以立为子。对曰："以能忍耻，庶无害赵宗乎！"知伯不悛，赵襄子由是惎知伯，惎，毒也。遂丧之。知伯贪而愎，故韩、魏反而丧之。《史记》晋懿公之四年，鲁悼公之十四年，知伯帅韩、魏围赵襄子于晋阳。韩、魏反与赵氏谋，杀知伯于晋阳之下。在《春秋》后二十七年。